Stanley Elkins
[美] 斯坦利·埃尔金斯 著
Eric McKitrick
[美] 埃里克·迈特里克

韩 华 译

The Age of Federalism
The Early American Republic, 1788-1800

1788—1800年的美利坚共和国

上 册

山西出版传媒集团　山西人民出版社

献给理查德·霍夫施塔特

致　谢

多年前，C.范恩·伍德沃德（C. Vann Woodward）和理查德·霍夫施塔特（Richard Hofstadter）就曾鼓励我们研究本课题，而在此之前的许多年前，甚至在我们离开研究生院之前，我们就和他们建立了友谊。

此外，我们的其他朋友和同事也为我们提供了很多的帮助，比如，他们在自己擅长的专业领域方面，向我们提出建议，或者帮我们找到鲜为人知的原始资料，这样帮助我们的朋友、同事有很多。现在，他们中的一些人可能已经忘记了他们曾经对我们的帮助，但我们没有忘记。这些朋友和同事有：Edith Abbott（伊迪丝·阿博特）、Robert Averitt（罗伯特·埃夫里特）、Jason Bitsky（贾森·比茨基）、Lawson Bowling（劳森·鲍林）、Howard Brown（霍华德·布朗）、David Cannadine（大卫·康纳汀）、Elizabeth Capelle（伊丽莎白·卡佩勒）、John Catanzariti（约翰·卡坦扎里蒂）、Jack Chatfield（杰克·查特菲尔德）、Barbara Chernow（芭芭拉·切尔诺夫）、Laura Downs（劳拉·唐斯）、Joseph Ellis（约瑟夫·埃利斯）、Dorothy Fennell（多萝西·芬内尔）、Eric Foner（埃里克·方纳）、Peter Gay（彼得·盖伊）、Carl Hovde（卡尔·霍夫德）、Nelly Hoyt（内莉·霍伊特）、Mary-Jo Kline（玛丽-乔·克兰）、Mary McGovern（玛丽·麦戈文）、Diana Meisinger（黛安娜·迈辛格）、Mark Nackman（马克·纳克曼）、Robert Paxton（罗伯特·帕克斯顿）、Caroline Pierce（卡罗琳·皮尔斯）、Jacob Price（雅各布·普莱斯）、Robert Rutland（罗伯特·拉特兰）、David Schuyler（大卫·斯凯勒）、Craig Thurtell（克雷格·瑟特尔）、Dorothy Twohig（多萝西·图伊）、Leo Weinstein（里奥·温内斯坦）和 Isser Woloch（伊塞·沃洛克）。

本杰明·德莫（Benjamin DeMot）以詹姆斯式的敏锐洞察力，坚持认为本书应该在目前结尾的地方结束，而不需要有冗长的"结论"部分。R.杰克逊·威尔逊（R.Jackson Wilson）真诚地阅读了全部书稿，和此前对待我们的许多研究工作一样，他一如既往地对书稿提出了不少有价值的建议，并督促我们注意一些我们可能忽视了的问题。

我们必须在此特别提及两个人，在最终的修订过程中，他们对我们这项研究的综合影响，使我们花了一年的时间去理解和消化。金斯利·欧文（Kingsley Ervin）是纽约格雷斯教会学校（Grace Church School）的校长，在帮助他人了解并更清楚地表达自己的意思方面，他有着大量的职业经验。他仔细地检查书稿的每一行，在几乎每一页都写下了简短的笔记，我们认为他所做的这些工作对结果产生了很大的影响。巴纳德学院（Barnard College）的赫伯特·斯隆（Herbert Sloan）同样一丝不苟地提供了帮助，他凭借自己对风格的感觉，也凭借对相关文献的全面掌握做到了这一点，他在每个方面的造诣都堪称惊人。他机智地弥补了我们在不止一个方面的无知，我们因此避免了一些实实在在的错误。对这两位朋友的帮助，我们的感激之情难以言表。

就像老一套的惯用语所说的，作者的家人们对本项研究一直持"支持"与"宽容"的态度。他们还给予我们一些非常显著的支持。纳塔莉·卡姆肯（Natalie Lamken）和多萝西·埃尔金斯（Dorothy Elkins）阅读了书稿的校样。伊妮德·迈特里克（Enid McKitrick）全权负责（用相当于完美音感的视力）将杂乱的书稿录入计算机。从两种意义上说，伊迪丝·迈特里克（Edyth McKitrick）的眼光同样挑剔［这样的例子有许多，举一例说明。在稍早的书稿中，我们把托马斯·潘恩（Thomas Paine）的父亲描述为"一位温和而有些软弱的胸衣匠人"，伊迪丝在书稿页边空白处，简明扼要地提出一个问题："你的意思是说他的紧身胸衣掉下来了？"］。

约翰·西蒙·古根海姆基金会（John Simon Guggenheim Foundation）、美国国家人文基金会（National Endowment for the Humanities）和普林斯顿高等研究院（Institute for Advanced Study at Princeton）提供了奖学金，我们因此可以在本研究过程中最艰难的几个阶段专心地向前推进。如果没有上述资金的帮助，本项研究工作所要花的时间将比现在更漫长。

因迪亚·库珀（India Cooper）在纽约出版界的私下声誉已然令人感到惊叹，她向我们展示了，书稿的编辑工作不只是一门艺术，更是一门精妙的艺术。

斯坦利·埃尔金斯

埃里克·迈特里克

总目录

上 册

引　言　建国一代的思维模式与情感模式 / 1

第一章　合法性 / 47

第二章　财政和意识形态 / 122

第三章　1790年詹姆斯·麦迪逊的矛盾心态：国家主义者与理论家 / 219

第四章　共和国的首都 / 263

第五章　杰斐逊与自耕农共和国 / 319

第六章　国务卿杰斐逊 / 341

第七章　党派政治的出现："共和派" / 420

第八章　法国大革命在美国 / 493

下 册

第九章　美国和英国 / 615

第十章　平民主义浪潮 / 746

第十一章　华盛顿的退休 / 810

第十二章　约翰·亚当斯和"平衡"之道 / 874

第十三章　亚当斯和汉密尔顿 / 966

第十四章　和解方案 / 1066

第十五章　1800年联邦主义者的思维模式 / 1145

索　引 / 1249

目 录

上 册

引 言　建国一代的思维模式与情感模式 / 1

第一节　理解美国革命的意义 / 3
第二节　18世纪英国的"宫廷党"与"乡村党"的心态 / 16
第三节　新生美利坚共和国中的"宫廷党"与"乡村党" / 24
第四节　美国"宫廷党"的理念及其他问题 / 29

第一章　合法性 / 47

第一节　乔治·华盛顿：共和主义者 / 52
第二节　罗马式简朴 / 68
第三节　行政机构的建立 / 75
第四节　建议与同意 / 83
第五节　权利法案与司法体系 / 87
第六节　财政收入、关税与吨位税 / 96
第七节　合法性的确认 / 109

第二章　财政和意识形态 / 122

第一节　詹姆斯·麦迪逊：仇英的政治经济学 / 125
第二节　亚历山大·汉密尔顿和贸易乌托邦 / 146
第三节　愿景 / 178
第四节　亲英派的政治经济学 / 190

第三章　1790年詹姆斯·麦迪逊的矛盾心态：国家主义者与理论家 / 219

第一节　麦迪逊关于债务融资的态度 / 224
第二节　麦迪逊关于联邦接管州债的态度 / 236
第三节　决议 / 246

第四章　共和国的首都 / 263

第一节　文化理论 / 264
第二节　杰斐逊和联邦城 / 271
第三节　城市的概念 / 289
第四节　首都的概念 / 292
第五节　想象中的首都 / 295

第五章　杰斐逊与自耕农共和国 / 319

第六章　国务卿杰斐逊 / 341

第一节　1790年的努特卡湾事件 / 345

第二节　银行 / 361

第三节　杰斐逊与哈蒙德 / 390

第七章　党派政治的出现："共和派" / 420

第一节　汉密尔顿的工业愿景 / 421

第二节　麦迪逊修改《联邦党人文集》/ 428

第三节　汉密尔顿受到围攻 / 438

第四节　1792年的费城报纸之战 / 454

第五节　调查汉密尔顿 / 470

第八章　法国大革命在美国 / 493

第一节　两国人民如何看待彼此 / 493

第二节　对法国大革命的最初反应 / 501

第三节　忧心忡忡的美国人眼中的法国大革命 / 505

第四节　公民热内和他的任务 / 531

第五节　确定美国的中立 / 539

第六节　热内任务的失败 / 546

第七节　法国大革命与美国的党派政治 / 564

第八节　事后思考：来自巴黎的观点 / 579

引 言
建国一代的思维模式与情感模式

本书是一场关于"初始状态"的深刻探索。它的起点是美利坚合众国首次以自我认知的民族身份登上历史舞台的时刻，即确立其至今仍在运行的组织结构的那一历史节点。然而，尽管这一结构至今依然存在，其最初所承载的特质与内涵却已发生了翻天覆地的变化，而这一变化的进程实际上几乎从一开始便已悄然展开。本书旨在还原这一早期内涵的某些方面，还原从"殖民地"到"国家"这一转变的深远意义——尤其是那些直接参与这一实体的创建并推动其运转的人们，他们的经历在这种转变中有怎样的不同。我们的研究范围聚焦于国家公共生活（public life）的初始阶段，即我们称为"联邦主义时代"（Age of Federalism）的这一历史时期。联邦主义作为一种理解社会目标并引导集体事务的方式，其存在时间并不长久。我们希望尽可能全面地分析联邦主义的兴起、衰落与消亡的过程，并探究是什么取代了它。

一种常见的视角是将这一历史时期［也可合理地称之为"华盛顿时代"（Era of Washington）］视为某种"黄金时代"（Golden Age）。从某种意义上说，这种说法不无道理；然而，任何有力的修辞手法都往往会唤起特定的意象，同时排斥其他同样贴切，甚至可能更为重要的图景。在这种情况下，"立法者的时代"（age of the lawgivers）这一说法，伴随着古罗马的庄严余韵，使得这一历史时期显得比实际更加遥远。这种距离感本身已然成为一个重要问题，尽管不得不承认，这些立法者所建立的许多制度框架至今仍然运转良好。

确实，直到20世纪，研究这一历史时期的学者，无论在其他方面存在何种分歧，通常都以一种总体上积极的态度看待美国独立革命后的时代。他们在建国一代的理性判断和务实精神中发现了许多值得尊敬之处。[1] 然而，这种研究倾向在20世纪50年代末和60年代发生了较为突然的转变，取而代之的是一种截然不同的研究重点。正如马歇尔·斯梅尔瑟（Marshall Smelser）所言，联邦主义时期如今被视为一个"激情的时代"（Age of Passion）。在这种背景下，这一修辞手法产生了积极作用，至少暂时驱散了此前的大多数历史形象。约翰·豪（John Howe）断言：

> 在18世纪90年代的大部分时期里，美国的政治生活呈现出粗野而扭曲的特征，其显著特点是极端夸张的言辞与阴谋论式的幻想。当时的事件经常被以末世论的视角解读，共和自由看似危在旦夕。或许最令人注目的是，那些不久前还在抗击英国的斗争中携手合作，并共同致力于创建更为稳固的大陆政府的人，如今却成了势不两立的敌人，他们之间早先建立的信任基础不知为何已经完全瓦解。[2]

几乎可以确定，那确实是一个充满激情的时代。我们研究的核心任务之一，便是尽可能深入理解联邦主义时代所蕴含的激情，并把握其深远意义与历史价值。随即我们可以清楚地看出，这种情感在本质上与私人利益之间几乎没有关联，而是源于人们对新生共和国未来的深切忧虑：它将展现何种特质，选择何种道德方向，又由哪些人物为其奠定主导基调。这些情感集中体现在围绕新设立的财政部及其公共财政体系的激烈辩论中，以及对一个由财政部主导的中央政府可能对社会结构、各州权利和公共道德状况产生何种影响的尖锐分歧上。同样强烈的情绪也弥漫在关于美国与欧洲两大强国的关系的争论中——这两大强国在18世纪90年代的大部分时间里都处于交战状态，而美国究竟应在多大程度上同情革命中的法国，多大程度上同情前母国英国，这一问题引发了激烈的争辩。这些重大问题背后所蕴含的炽热情感，最显著的体现莫过于18世纪90年代初亚历山大·汉密尔顿（Alexander Hamilton）与托马斯·杰斐逊（Thomas Jefferson）之间形成的尖锐对立。

第一节 理解美国革命的意义

尽管这一点并非始终显而易见，但毋庸置疑，任何试图深入理解这些激情本质的努力，都无法忽视这样一个问题：在激情退却时，那一代人是如何思考社会、政府以及人类状况的。在过去的30年中，这一主题已成为研究的重点。学者们深入探讨了这一代人的思维模式如何影响了他们对自己在革命进程中的角色，以及在此后建立宪法联邦（constitutional union）中的历史使命的认知。这些研究成果极为重要，因为它们为后来的历史学家提供了前所未有的坚实理解基础，而这些研究本身也在某种意义上成为历史的一部分。因此，我们有必要稍作停顿，对这些研究成果进行简要评述。此外，值得一提的是，这些研究——其中最为突出的是伯纳德·贝林（Bernard Bailyn）、J.G.A.波考克（J. G. A. Pocock）以及戈登·伍德（Gordon Wood）的著作[3]——是在几乎难以想象的困难条件下完成的。它们代表了一场非凡的学术救援行动，成功挽救并重新发掘了那些随着时间流逝几乎完全湮灭的思想遗产。

这些思想遗产究竟为何物，又因何湮灭，其本身就是一个重要问题。然而，大多数研究美国历史的学者对此鲜有明确论述。与此同时，学界普遍认为，迄今对美国社会最为精准且具有深远影响的描绘，非阿历克西·德·托克维尔（Alexis de Tocqueville）一个半世纪前出版的《论美国的民主》（Democracy in America）莫属。关于托克维尔作品产生巨大影响的原因，至今仍存争议。[4]然而，无论具体原因为何，其中关键的一点在于，他的著作所描绘的社会图景引发了极为广泛的共鸣。如果在1790年描绘出类似的社会图景，即便是由另一位托克维尔完成，也几乎可以肯定不会产生同样的效果。可以认为，资本主义、民主和平等主义文化的规范及其社会价值体系的主要构成要素，大约在1830年前后才逐步确立，而在此之前并没有出现太多。因此，《论美国的民主》成为我们所见到的第一幅现代性图景——或许正因如此，它才显得格外鲜活。然而，假如托克维尔的美国之行（1831—1832年）提前数年进行，他是否还能以同样的清晰与自信去观察、倾听、得出结论并做出预测，这一点值得怀疑。事实上，在1830年之前的约15年间，美国社会经历了一场价值体系的重组与思想情感模式的深刻转变，其规模与影响或许超越了此后任何时期的变化。[5]

因此，要重现建国一代——或者更广义地说，革命一代——的思想与情感是极为困难的：他们思想中的大部分内容早已无法引发任何共鸣或回响。例如，一个"民主的"（democratic）一词尚未带有褒义色彩的社会，或者"私人的"（private）与"公共的"（public）的意义与我们今天赋予它们的含义完全颠倒的社会，其与当代社会的差异如此显著，以致即便我们能够以某种方式"看见"它，也难以用一种轻松认同的语气来描绘我们的所见。

这项"重现"工作正是在面对诸多障碍的情况下展开的。这项工作与其说是重新发现或揭示，不如说是对那些或许一直存在但其整体轮廓早已模糊不清的碎片进行精心细致的重构。伯纳德·贝林于1967年出版的《美国革命的思想起源》（*Ideological Origins of the American Revolution*）无疑是这种方法的典范，这一著作为此后所有相关研究奠定了方向。[6]

贝林研究的主题是一种特定的思想架构，一种观察和思考公共事务的独特方式。在北美殖民地，这种思想架构早在革命爆发之前，甚至在任何关于反抗或独立的念头萌生之前，就已广泛传播。对于理解美国革命的起源，这些思想与人们长期积累的不满情绪同样重要。它们的作用并非是对这些不满进行"合理化"，而更像是反过来：当不满情绪出现时，正是这些思想赋予其意义，并引导人们形成了应对这些不满的方式。那些具备一定教育背景和阅读经验并且在公共事务上发言的殖民地作家——贝林研究了革命时期的数百份政治小册子——往往会在每一步论述中都引用"权威"观点。因此，我们对他们的阅读内容以及他们特别易于接受的思想有了相当清晰的认识。

这些思想的来源十分多样，但呈现出显著的选择性：包括古代经典作品，尤其是与罗马共和国衰落时期相关的著作［如普鲁塔克（Plutarch）、西塞罗（Cicero）和塔西佗（Tacitus）的作品］；启蒙时期的理性主义［洛克（Locke）、孟德斯鸠（Montesquieu）和卢梭（Rousseau）关于自然权利及统治者与被统治者之间隐含"契约"的论述］；某些清教圣约神学（Puritan covenant theology）的思想脉络；以及或许最为重要的，来自英国内战时期激进的"共和制"（Commonwealth）的代表人物［如哈林顿（Harrington）、弥尔顿（Milton）、内维尔（Neville）和西德尼（Sidney）］的改革著作及其后续的改编版本。这些核心思想在18世纪初的英国被重新整理并系统化，用以反对罗伯特·沃波尔（Robert Walpole）爵士那漫长且据说腐败不堪的执政时期。以这种形式，这些思想持续不断地流入北美殖民地，并在那里受到非同寻常的关注和研究。

贝林最重要的贡献之一，是他阐明并具体分析了18世纪英美世界中，思想跨大西洋传播的主要渠道。在沃波尔时代，那些反对派的论战者和政治小册子作家——批评"宫廷党"（Court）政策的"乡村党"（Country Party）的代言人——尽管言辞犀利且立场坚定，但在英国本土始终只是一个影响有限的边缘群体。然而，他们的著作在北美殖民地却产生了极为深远的影响。其中最具代表性的是《独立辉格党》（*The Independent Whig*）和《加图书信》（*Cato's Letters*），这两部作品由约翰·特伦查德（John Trenchard）和托马斯·戈登（Thomas Gordon）合作撰写，自18世纪20年代起以连载和单行本形式出版，其在北美殖民地的传播范围或许超过了任何同类作品。另一份值得注意的乡村党刊物是《工匠报》（*The Craftsman*），这是亨利·圣约翰（Henry St. John），即博林布鲁克子爵（Viscount Bolingbroke），用以发表反对政府的檄文的重要平台。为何这些著作在北美殖民地能够产生如此深远的影响，而在英国本土却未能引发同样的共鸣？答案或许可以从这些思想的内在特质以及北美殖民地社会对自身的认知中找到。

18世纪的政治思想以一个基本假设为立足点，这一假设构成了其他所有观念的底层基础。公民生活的核心事实——也是理解一切政治冲突及其结果的关键——在于自由与权力之间不可调和的对立关系（antinomy）。权力本质上具有侵略性、扩张性和不稳定性；而自由则是被动的、脆弱的，容易受到侵害和颠覆。对权力的欲望一旦失去约束，便成为人类最危险的渴求；而维护自由（或法律、或权利）则需要持续不断的警觉、道德修养与坚定意志。历史中不乏令人痛惜的案例：如威尼斯、瑞典、丹麦等国家的人民，因疏于防范、沉溺于奢靡或懒散怠惰，任由自由被剥夺，最终使自己被置于暴政的统治之下。

相比之下，英国人被认为是一个独特而幸运的民族，堪称当时世界上最自由的人民。他们的这种自由得益于其混合宪政体制（mixed constitution）的卓越设计，这一体制由国王、贵族和平民，即"一人、少数人与多数人"共同组成。其非凡之处在于，这三方中的任何一方若试图扩张，都会受到其他两方的制衡。正是这种权力平衡机制有效遏制了专断权力的侵蚀，防止政体滑向极端化，无论是君主专制、贵族寡头政治，还是民众的无政府状态或暴民统治，从而维护了英国民族的自由。

在这一点上，几乎所有人都达成了一致：自由与权力之间永无休止的对峙，以及英国平衡宪政体制所带来的福祉，这是当时被广泛认可的共识，无论是宫廷党与乡村党，还是宗主国与殖民地，皆对此深信不疑。然而，反对派的论战者对其进行了独特的解读，并对此加以强调。他们声称，这种平衡虽然尚存，却正被一场源自高层的致命腐败逐步侵蚀。这种腐败如同腐朽之毒，正逐渐渗透至英国公共生活的各个层面。一个追逐权力的内阁，正在通过贿赂、出售政府与教会的荣誉和职位，以及操控"袖珍选区"（pocket borough）等手段，削弱议会的独立性，由此催生出奢靡、挥霍、放纵、依附与奴性的风气。或许在不久的将来，这个内阁及其庞大的寄生者、养老金领取者和公职人员队伍，再加上一个唯命是从的教会、日益壮大且具有依附性的金融势力、代价高昂的战争、日益沉重的税收与消费税、公共债务，乃至一支过度膨胀的常备军，将会以压迫与奴役的枷锁，将整个民族牢牢束缚起来。

在这些末日预言般的呼声中,也夹杂着对改革的诉求,旨在强化逐渐衰退的警觉性并遏制腐败的蔓延。然而,这些改革在汉诺威王朝统治下的英国几乎难以想象。这些改革主张包括:建立更为公平的选举权制度,废除"腐败选区"(rotten borough),按照人口比例分配代表席位,要求代表居住在其选区并反映选民意愿,全面实现新闻出版自由,以及取消政府对宗教事务的干预。

然而,那些在英国本土被视为不切实际、出自边缘群体的乌托邦式空想,在北美殖民地却被视为一种受到普遍认可的常识。这些思想一方面确认了殖民地居民大多数已经享有的权利与自由,另一方面也起到了警示作用,提醒这些尚且自由、品德高尚、地理位置优越且未被腐化的英属殖民地人民在未来应警惕潜在的威胁。这种"局外人"(outsider)的心态逐渐扩散,渗透到整个社会,最终形成了一种独特的社会认同。因此,当18世纪60年代那些令人不安的预警逐渐化为眼前的现实时——诸如前所未有的税收政策、新设并扩编的殖民地海关官员队伍、推行英国国教会的威胁,以及最后的殖民地议会的暂停、港口的关闭以及红衫正规军的驻扎——殖民地人民已经完全掌握了一套语言和表述体系,能够清晰准确地描述眼前所发生的一切:这是王室大臣们精心策划的阴谋,旨在逐步剥夺他们的自由,使他们逐步沦为奴隶。

贝林提出的范式,探讨了18世纪的信仰体系如何转化为一种推动革命的意识形态。在之后围绕这一主题展开的研究中,这一范式通常被视为开辟新视角的起点,而非对探索可能性的限制。[7]这些研究大多延续了原有理论框架的基本结构,并在此基础上加以丰富和拓展。J.G.A.波考克的研究便是其中的突出代表。

波考克的著作中,1975年出版的《马基雅维利时刻:佛罗伦萨政治思想与大西洋共和主义传统》(*The Machiavellian Moment: Florentine Political Thought and the Atlantic Republican Tradition*)堪称其思想的集大成之作，为理解18世纪英美社会的政治智慧提供了更为丰富且时间跨度更为广阔的历史背景。这种政治智慧的起源——或者说复兴，若从古典传统的角度来看——可以追溯到文艺复兴时期意大利的城邦国家。这一复兴总体上体现了对公共生活集体性的重新认识，甚至可以说是对"公共生活"这一概念本身的重新发现——一种人们可以思考并参与的公共领域，在这个领域中，个人能够以其为基准来评估自身的价值，并追求自我实现。

波考克凭借其渊博的学识，为我们注入了一些关键概念，这些概念如今已成为我们的词汇体系不可或缺的组成部分。他推广了"公民人文主义"(civic humanism)一词，[8]为一脉复杂多样的思想传统提供了一个统领性的概念框架，使我们能够更清晰地梳理其中原本容易被忽略的思想脉络。此外，他还重新强调了"美德"(virtue)这一概念的重要性——这个词在从文艺复兴到18世纪的政治思想中居于核心地位，但在现代语境中，其含义已完全脱离了当时的内涵。

15世纪末至16世纪初，佛罗伦萨共和国的动荡时期使当时的一批知识分子——那些在法律、外交或国家官僚体系中谋求发展的学者——面临一个特殊而紧迫的自我认知问题。中世纪基督教思想的范畴无法为这一问题的界定提供令人满意的词汇。"天城"(Heavenly City)固然重要，但现实中迫切需要用准确的语言阐释世俗共和国在此时此地正在发生的事情、可能的未来及其背后的原因；同时，还需探讨人类行为——无论短期还是长期——如何影响共和国的命运。这要求他们对理想的共同体及其构成要素，以及人类在世俗领域中追求的最佳环境，形成比当时的流行观念更为清晰的构想。这一思想的成果最显著地体现在弗朗切斯科·圭恰迪尼(Francesco Guicciardini)、多纳托·贾诺蒂

(Donato Giannotti),尤其是尼科洛·马基雅维利(Niccolò Machiavelli)的著作中。他们从亚里士多德(Aristotle)的《政治学》(*Politics*)和波利比乌斯(Polybius)的《通史》(*Histories*)中重构了"混合与平衡的宪政体制"(mixed and balanced constitution)的概念,认为这是最不易动荡的政体形式,同时为人类的自我实现提供了最广阔的空间。因此,"马基雅维利时刻"(Machiavellian Moment)成为思想史上的一个关键转折点。在这一时刻,思想因无法再承受现实经验所带来的巨大压力,而发生了深刻的自我转型。对于理性的人而言,这一时刻提供了一种新的生活模式,这种模式不仅可以与对永恒事物的沉思生活相媲美,甚至对某些人而言显得更加可取。这是一种公民生活的模式,即一种在共同体中积极参与行动的生活,以理性为武器,抵御命运(fortuna)的无常,并直面偶然性、历史以及兴衰循环。如果人愿意接受这一挑战,他所依靠的武器便是"美德"。这里的"美德"不仅仅意味着"男性气概",更指一种圆满的人性——在人性巅峰状态下展现出的品质,在这种品质下,个人通过服务共和国而实现自身的完整与价值。

波考克所描述的另一个"马基雅维利时刻"(实际上,他的著作中描绘了多个这样的时刻)出现在17世纪的英国。此时,公民人文主义思想逐渐渗透到英国的思想界,并在这一过程中引发了另一场思想变革。在英国护国政体时期*的理论家中,詹姆斯·哈林顿尤为突出。他在1656年出版的《大洋国》(*The Commonwealth of Oceana*)中提出了

---

* 护国政体(Interregnum)是指英国历史上的一个特殊时期(1649—1660年),这段时期介于查理一世(Charles I)被处决和查理二世(Charles II)复辟之间。在这一时期,英国没有国王统治,而是处于共和政体下,由奥利弗·克伦威尔(Oliver Cromwell)及其继任者领导。——译者注。如无特别说明,本书页下注均为译者注。

一个混合且平衡的共和制度，这一构想与佛罗伦萨的理想高度契合，同时为其同时代人的社会政治意识中较为激进的观点提供了更深刻的理论支撑。哈林顿特别强调了两项他认为实现真正的公民参与所必需的核心原则：第一，公民在保卫共同体时拥有持有武器的权利，这一思想源自马基雅维利以公民兵取代受雇于任何君主或统治者的雇佣兵的理论；第二，公民拥有永久产权，这是保障公民在判断、行动和选择上具有独立性的根本条件。

文艺复兴—共同体思想在18世纪初迎来了最后一次嬗变，波考克称之为"新哈林顿主义"（neo-Harringtonian）。这一转变既使该思想与王政复辟后的政治秩序相适应，又将其改造为沃波尔时代反对派的重要修辞工具，同时重新定义了宫廷党与乡村党之间的政治二元对立。哈林顿在护国政体时期提出的理想的宪政平衡，包含两个主要阶层："少数人"（the few，即一种基于才能的轮替式"自然"贵族）和"多数人"（the many，即广大民众），但并未纳入君主这"一人"（the one）要素。随着君主制的复辟，这一构想不得不让位于更为常见的三权结构。然而，文艺复兴时期公民人文主义的核心对立面——宪政平衡与不稳定、自由与权力、美德与腐败——依然保持着旺盛的生命力。"腐败"（corruption）这一概念的内涵，尤其在安德鲁·马维尔（Andrew Marvell）、特伦查德与戈登、博林布鲁克、安德鲁·弗莱彻（Andrew Fletcher）及查尔斯·达维南特（Charles Davenant）的著作中，被大幅扩展。"腐败"不再仅限于简单的贿赂行为，而是涵盖了行政权力通过大臣及其下属代理人削弱议会独立意志的各种手段。这些手段不仅助长了分裂、派系和政党的滋生，还扭曲了议会本应承担的警戒与监督职能。受到官职任命和养老金诱惑的议员，可能会支持一系列措施——如关于不断增加的消费税、国债以及常备军的措施——而这些措施的后果往往会超出议会能够掌控的范围。腐败的最终结果将导致权力平衡的瓦解，并最终危及自由的存在。

正是这种政治语言的谱系、渊源与形式，在1776年之前的半个多世纪里，一直牵动着殖民地美国人的政治神经。

贝林所构建的理解历史的框架，经波考克的完善与扩展后，在戈登·伍德的《美利坚共和国的缔造，1776—1787》(*The Creation of the American Republic, 1776-1787*)中得到了进一步延伸，并最终实现高度完善。[9]伍德的研究聚焦于公民人文主义思想发展中的一个高峰阶段——或者用他更倾向的表述，"古典共和主义的辉格传统"（Whig tradition of classical republicanism）。这一阶段以美国人完成革命事业并制定联邦宪法为标志。伍德主张，在1776至1787年的这11年间，美国人处在试图将他们对理想共同体的古典—辉格—共和主义的理解付诸实践的过程中（尽管最初并不十分成功），其间，政治思想的分类体系经历了一次重要的重构。最终成果——联邦宪法——不仅是政治学领域的一项划时代创新，其制定者对自身成就的理解及其理论阐释，更是深刻地变革了政治思想，以至于几乎标志着塑造他们政治意识的整个传统的终结。

《邦联条例》（Articles of Confederation）的缺陷仅是促使制宪者朝着这一结果迈进的部分原因，而且可能只是次要因素。更为关键的影响来自革命初期人们在高度乐观的情绪中制定各州的共和宪法的实践，以及在革命结束时以相对失望的态度观察这些宪法实际运行的经验。推动殖民地诉诸武装抵抗的核心信念在于：曾经维系英国人自由的君主、贵族与平民之间的权力均衡，几乎因行政权力的侵蚀而遭到致命破坏。这种侵蚀腐化了议会作为人民健康与安全守护者的正当职能。因此，各州在建立新共和国时的主要动机是重新调整政府权力的平衡，以确保此类滥用权力的现象不再发生。州长的权力被大幅削弱，其否决权、任命权和召集权与皇家总督时期相比被大幅削弱；与此同时，立法机构在制定法律、监督司法运作以及掌控财政收入分配方面的权力得到了极大的扩展。各州普遍设立了频繁选举的制度，通常为每年一次，并根据人口比例划分选区和分配代表席位（在这些新政体中不存在"腐败选区"）。这一安排的双重目标是：使议会尽可能直接反映广大民众的意愿与特性，同时让州长几乎没有操控议会的余地。结果是，在大多数州中，民选议会成为实际的最高主权机关。然而，这些议会几乎从一开始就以专断、短视和不负责任的方式行使其权力，各州的情况几乎如出一辙。

在这一过程中，传统的政治理解模式——即便可能是"共和的"——遭遇了前所未有的压力。首先，那种通过平衡社会"阶层"（estates）的不同诉求而构建的"混合"宪政理念——一人、少数人与多数人——已不再具有吸引力，无论人们试图以何种方式对其加以改造。尽管共和理论并未完全排除某种形式的君主制，[10]但显而易见，每年选举产生的州长，无论其形式上的权力多么广泛，都无法成为真正意义上的"至高统治者"；同样，上议院的设立也无法以任何类似于世袭贵族的制度为基础，因为美国从未存在过这样的贵族阶层。那么，除了自身之外，平民阶层究竟还需要制衡哪些社会等级？如果平衡作为一种治理原则必须继续存在于人们对共同体自治的思考中（这一点显然不可避免），那么这种平衡就必须以全新的方式加以实现。

此外，一个令人担忧的问题开始在越来越多人的脑海中浮现，而詹姆斯·麦迪逊（James Madison）对此尤为关注——在这些分散的共和政体中，"美德"变成了什么样子？在古典政治理论中，少数杰出人物始终占有一席之地，这些卓越之士凭借非凡的才能与智慧（"开明见解与高尚情操"）[11]为共同体效力，公正地引领国家事务。然而，随着和平时期日常事务的恢复，这种精神似乎已变得极为罕见。在麦迪逊及其他许多观察者看来，各州的立法机构已然沦为狭隘的地方利益的纷争之所，其成员大多追逐私利，见识肤浅，漠视少数群体的权利，他们通过不公正的法律（如法定货币法案，这些法案允许债务人以几无价值的货币清偿所欠债务），完全缺乏对公共福祉及其构成要素的整体性认识。这或许表明，在小型共和体中，美德要么难以立足，要么其影响范围过于狭隘。或许，现在正是重新尝试，开启新的篇章，扩大美德的施展空间，将这个不确定的邦联转变为一个伟大的共和国的时机。

伍德的卓越贡献在于，他成功地识别并勾勒出了一条思想路径——事后来看，这似乎是解决当时所有紧张关系的唯一可行之路。当时，关于主权的问题仍然是一个悬而未决的悖论：主权的本质是什么？主权归属何处？人们应如何看待主权？事实上，人民主权（sovereignty of the people）这一理念本身并非新创，自英国内战时期便已被纳入辉格党的理论之中。然而，这一概念长期以来更多停留在陈词滥调的层面，缺乏实际意义。在通常情况下，人民的"主权"处于沉寂状态，只有在人民反抗暴政的极端情境下才会直接显现。与此同时，国家的最高权威——实际运作的主权——掌握在议会手中，对此不存在任何上诉的途径。这种"议会"通常被理解为"国王在议会中"（king-in-Parliament），或者更确切地说，由国王、贵族和平民共同组成。此外，主权被视为不可分割的整体。没有任何政府职能能够排除议会的权威；而将主权的任何部分与其他机构共享，则会构成"国中之国"（imperium in imperio），这既是用词上的不当，也在逻辑上站不住脚。

关于议会对殖民地拥有的正当权力，18世纪60年代和70年代围绕主权问题的辩论始终未能得出明确结论。尽管主权在理论上被认为是不可分割的，殖民地人民也从未明确否认这一点，但在实践中，主权似乎确实被以某种方式分割开来，并且这种情况早已存在——议会事实上行使着一部分主权，而殖民地的地方议会则行使着另一部分。然而，当时并没有适当的词汇能够准确描述这一现象。当然，随着独立的实现，人民主权的理念面临前所未有的紧迫性。然而，关于主权的完整逻辑——主权如何被分割、如何被分配或委托，甚至它是否能够被分割——依然未有定论。尤其是，当主权被普遍视为归属于各州时（这一点似乎已被普遍视为理所当然），大陆会议（Continental Congress）是否能够声称拥有任何形式的主权属性，就成了一个值得深究的实质性问题。

多种因素的交织——一方面是革命期间社区生活中民众参与行动的扩展与强化，另一方面是18世纪80年代的困惑与不满——促使人们逐渐意识到，主权问题迟早需要以全新的方式加以重新审视。通过观察从民间自卫行动到临时公民大会等各种草根活动，可以清楚地发现，人民主权绝非一种静止的或休眠的状态。而且，人们进一步认识到，主权的范围并不限于政府的正式机构，可能根本不应将其视为存在于政府手中，甚至不应认为其被转移或委托给了政府。主权可以在不改变其所在之处的情况下，完全掌控自身的力量与权力，并按照人民的意愿朝任何方向展开。同样显而易见的是，人民对自己选出的代表的怀疑，与他们过去对皇家总督、法官和地方官员的怀疑别无二致。这一现象表明，将不受约束的议会视为完全反映人民意志的工具存在问题，而主权意识也开始重新审视其对权力工具的分配方式。

最终形成了一种新的综合理论，这一理论可能詹姆斯·威尔逊（James Wilson）表述得最为清晰。从中提炼出的论述框架，使得1787至1788年联邦宪法的支持者能够逐一驳斥反联邦主义者（Antifederalists）提出的所有反对意见。反联邦主义者声称，各州的主权已被集权化政府侵蚀，这一政府拥有令人震惊的庞大行政权力，其建立过程通过非法手段规避了《邦联条例》，后者明确规定，任何条款的修订都必须获得各州政府的一致同意。对此的回应是：州的主权并未被侵占，因为主权从未归属于州。主权既不属于统治者或政府官员，也不属于州政府，甚至不属于任何形式的政府，而是属于全体人民。人民拥有至高无上的权威，他们绝不会允许主权被转移至其他任何地方。尽管人民可能不会事实上也不能放弃任何部分的主权——这也意味着，从根本上讲，主权确实是不可分割的——但人民仍可以根据自身意愿分配主权的职能，并在必要时重新收回这些职能。如果人民通过由自己选举产生的大会进一步认定，主权的权力应当以新的方式进行平衡——例如，不再是在社会阶层之间，而是在政府各部门之间进行平衡——并且这一主张获得多数人的同意，那么人民所服从的便不是任何其他统治者、任何先前的法律或宪章，也不是任何高于自身的权力，而是他们自己。这一论点，至少在当时的形式下，被证明是无可辩驳的。

第二节　18世纪英国的"宫廷党"与"乡村党"的心态

刚才讨论的著作——贝林、波考克和伍德的研究成果——为"意识形态"这一概念赋予了前所未有的精细内涵，并将其发展成为一种极为有效的工具，可以用以揭示政治行动的序列与历史变迁的周期。在这里，意识形态被定义为一种共享的参照体系——由或多或少形式化的抽象观念构成，通过共同的信念加以整合，并由伴随这些观念的希望、恐惧、焦虑与偏见所维系。然而，意识形态并非促成行动的"起因"，也不应主要被视为既有行动的"正当理由"。思想固然可能对行动的方向产生重要影响，也可能在事后为行动提供"合理依据"，但这并非问题的核心。意识形态与行动之间的关系实际上更为紧密：思想本身始终存在于行动发生的同一力场中,从未真正缺席。人类无法——也确实不能——在不理解自身行为意义的情况下采取协调一致的行动。意识形态通过思考、言辞和著述等形式得以表达,可被视为人们寻求行为意义的媒介。

因此,意义的赋予在最基本的层面上必须根据已有的内容加以塑造。思想的集合、附着于其上的价值观,以及将其转化为语言的表达方式,都必须来源于某种共同的资源库。否则,便不会产生共鸣、认同,也无法形成意义。正如波考克那句脍炙人口的名言所言,"人们无法完成他们无法用语言描述的事情;而他们所做的事情,必须在某种程度上是他们能够言说并构想的内容"。[12]

意识形态无论具有何种"合理化"功能,都同时承担着限制作用。人们所依赖的语言为其可想象的行动范围设定了界限;他们既无法完全随心所欲地行事,也不能任意创造语言为其行为辩护——更确切地说是赋予行为以意义。

这一原则显然并非没有悖论与令人困惑之处,这样的问题在18世纪英国与北美殖民地的公共生活中屡见不鲜。人们可能在一些根本性问题上持截然相反的立场,却依然能够在本质上相同的思想价值体系与共同的参照框架中找到各自立场的意义。[13]反之,绝大多数人或许因各自不同的动机与利益而支持同一事业——例如美国革命——但他们仍然从同一思想传统中汲取养分,无论他们想要达成怎样的目标与意义共识。[14]

在汉诺威王朝统治时期,英国宫廷党与乡村党之间的争端鲜明地揭示了上述悖论:共同认可的价值观能够被用来服务于截然不同,甚至彼此对立的政治目标。17世纪末至18世纪初,辉格党(Whigs)与托利党(Tories)之间的政治分歧曾一度严重困扰英国政局(尽管这两党在现代意义上并不能完全被视为"政党")。然而,随着18世纪20年代沃波尔爵士的崛起，以及辉格党在议会中逐步确立主导地位，这些旧有的分歧大幅减弱。取而代之的，或者说在其基础上叠加的，是一种更为根本的对立：一种源自局外人心态的猜忌与不满。这种乡村党视角以乡村土地贵族为核心，矛头直指宫廷党所代表的既得利益集团。这个集团以根深蒂固的行政内阁为基础，与伦敦金融城崛起的货币与交易势力结盟，并依靠王室恩赐在议会中进行选择性利益分配，从而巩固了自身的权力地位。"宫廷党—乡村党"这一二元对立因多重原因对我们的研究具有重要意义。它不仅塑造了英国政治长达半个多世纪的主导特征，而且在18世纪90年代的美国，还会出现与其极为相似的情况。此外，用于描述这一对立的语言建立在两派共同认可的一套词汇体系之上：在英国，两派之间甚至具有——正如多位学者所指出的——一种"共生关系"（symbiotic relationship）。[15]

17世纪90年代的"金融革命"（Financial Revolution）标志着英国经济与政治生活史上的一个重大转折点。这场革命不仅开创了一种全新且本质上现代化的政府资源动员与管理理念，还催生了两个具有深远影响的新制度——一个有资金保障的公共债务体系，以及一家具有准公共职能的大型中央银行。这一公共财政体系诞生于威廉三世（William Ⅲ）统治时期，随后在乔治一世（George Ⅰ）和乔治二世（George Ⅱ）时期，经由沃波尔爵士和亨利·佩勒姆（Henry Pelham）领导的内阁的治理，逐步发展至成熟且稳定的状态。然而，这一体系也成为促使宫廷党和乡村党矛盾加剧的重要议题之一，即所谓的"金钱治国"（government by money）。

威廉三世对路易十四（Louis XIV）治下的法国发动战争的政策虽然得到了公众的广泛支持，但事实证明，这场战争的开支远远超过了英国以往任何类似的军事行动。常规税收和临时性私人贷款显然无法满足这场规模空前且开支持续增长的战争的需求，威廉的财政官员与伦敦最富有的一批商人达成协议,安排了一系列规模空前的贷款。这些贷款以未来特定的税收作为担保,而作为回报,金融家们获得了一份特许状,从而能享有某些银行业务领域的垄断特权。由此在1694年成立的英格兰银行(Bank of England)负责管理政府存款,协助政府筹划未来借贷,开展私人商业活动,并发行可作为公共货币流通的票据。[此外,东印度公司(East India Company)和南海公司(South Sea Company)这两大特许垄断企业,也曾在一段时期内管理过大部分公共债务。]这一公共财政体系的转型在两个主要领域产生了深远影响:一是国家的商业活动,二是政府机构的运作方式。这样大规模的金融变革必然会引发一场行政体制的变革。[16]

在18世纪,战争以大致规律的间隔周期性爆发,并持续较长的时间,而为维持这些战争所需的公共债务不断增长——尽管事实证明,这些债务能够依托政府稳健的信用体系得到充分支持——这些共同推动了一个前所未有的货币市场的形成,催生了多种新型投资形式,并塑造了一个全新的贸易阶层。这一新兴阶层的核心活动集中在公共证券及相关可流通票据的交易上,以及通过各类金融操作实现这些交易的盈利。同时,周期性的战争状态及政府可支配资金的显著增加,也促使财政部、海军部和战争部大幅扩充官僚机构以应对这些变化。而罗伯特·沃波尔爵士巧妙运用王室恩惠及其他形式的赏赐,对其进行有针对性的分配,以确保政府的政策在下议院中能够获得可靠的多数票支持。这一策略被他运用得出神入化。[17]

如果说由此形成的乡村党反对派拥有某种共同的情感与目标,那么这种情感与目标来源于一种难以明确界定的复杂情绪:一种被排除在核心权力之外的疏离感;对金钱在伦敦和威斯敏斯特塑造的新型权力形式及其日益扩大的影响抱有的深刻怀疑;以及对那些被认为威胁到乡村绅士们世代守护的传统标准与价值观之人的强烈敌意。乡村党的声音,加上来自各类知识分子的附和,使对时政的评判显得尤为高亢而严厉。

在乡村党看来,一个危机四伏的新时代已经到来。在这个时代,那些对国家自由、福祉与道德具有最深远影响的决策与选择,正逐渐脱离传统上被视为最可靠守护者——国家的土地所有者阶层——的掌控,而转由某个遥不可及的领域控制。尽管1688—1689年的光荣革命(Glorious Revolution)据称已清除了君权神授论的最后残余,但王权的行政权力却以全新的形式获得了更大的分量,如今比以往更有渗透性,其威胁也日益凸显。议会两院已不再被视为政府中的独立力量,也不再被认为是国家生活中自由与美德的守护者。这是因为,公共服务中的美德赖以维系的根基——土地财产与永久产权,作为独立判断与自主行动的最可靠保障——正逐渐被金钱的力量所侵蚀。一方面,日益增长的国债和持续不断的战争的开支,主要由乡绅阶层通过土地税与消费税承担;[18]另一方面,伦敦金融城中那些财富并非基于土地固有价值,而是依赖纸面资产与信用等短暂价值的商人,却在国家利益受损的代价下不断积累财富。与此同时,王室内阁凭借其扩大的主动权与行动自由,以及这一唯命是从的新兴阶层的支持,通过分配官职、荣誉和特权,逐步侵蚀了议会的独立意志,使之屈从于王权的意志。宪政中神圣的权力平衡——国王、贵族与平民三者之间的古老均衡——正岌岌可危,濒临腐败的深渊。

因此,乡村党反对派的立场可以被视为进行改革的冲动,或是对变革的抵制,或两者兼而有之。通过回望一个理想化的过去——当时国王"自给自足"(lived of his own),但凡涉及超出日常开支的事务(如偶尔的对外军事行动),都必须征求议会的同意,乡村党的发言人不断呼吁回归廉价、简朴且诚实的政府。他们批评消费税和土地税使国家陷入贫困;出于同样的理由(并且因为负担与收益的不公分配),

反对战争和债务融资；他们反对常备军，认为其威胁国家自由；他们反对这一切，原因在于这些因素可能腐蚀国家的美德。与此同时，为了捍卫平衡的宪政与真正的混合制政府，乡村党不断提出《职位法案》（Place Bills），以限制王室的恩赐权力，并减少领取养老金者和议会中公职人员的数量。他们还呼吁更频繁地举行选举，以遏制下议院中长期占据席位的成员所面临的种种诱惑。甚至有人提及选举权改革，但这并非出于任何"民主"倾向——无论是宫廷党还是乡村党，都无意将选举权扩展至无产阶级（如果有所偏好，他们更可能倾向于提高选举资格标准，而非降低）。选举权改革的重点在于调整代表权和选举实践，旨在赋予土地利益更大的权重，同时限制宫廷人士和股票投机者通过金钱买入议会席位的机会。简言之，乡村党提出的每一项主张，无论是支持还是反对任何形式的变革，都在某种程度上指向宫廷权力的膨胀、对宪政平衡与公民美德的威胁，而这一切的根源，则是金钱腐蚀力量的影响。

那些倾向宫廷党立场或不认同乡村党观点的政治评论者，在回应乡村党的政治论战时，并未采用从根本上挑战乡村党所坚持原则的话语体系。事实上，他们通常声称自己在原则上同样信奉这些原则。然而，他们更强调政府运作、对外关系以及经济生活中的实际与技术性考量，认为这些现实因素要求对那些原则的过于教条化的解读进行修正。

英国的混合与平衡宪政体制，正如当时各方所公认的，无疑是世界上最卓越的政治制度。然而，这一体制的各组成部分在严格意义上并非完全独立；若各部分真正完全独立，反而会破坏整体的平衡。国家不仅需要在自由与权威之间维持均衡，还必须在所有具有重大影响力的利益集团之间实现平衡。这些利益集团不仅包括土地所有者，还涵盖商业、金融、专业阶层以及宗教团体。政府的职责不仅在于代表这些利益集团,更在于协调它们之间的关系。国王、贵族与平民共同结合为至高无上的权力主体,而这一权力主体内部同样需要平衡,这种平衡并非依赖分立制衡,而是依赖和谐协作。王权——行政权力——在维持这种平衡中扮演着不可或缺的角色。而要实现这一目标,王权必须积极且有目的地行使其保留下来的特权:掌控外交政策,尤其是授予官职与荣誉的权力。若行政部门在立法机构中缺乏发言人,或下议院在宫廷中未能拥有代表,和谐的关系与有见识的辩论便无从谈起。同样,认为授予某人官职会自动腐化其良知的说法并不公平。若非如此,功绩与忠诚又如何得到应有的认可?事实上,《职位法案》甚至可以被视为对美德原则本身的冲击:如果国王选拔德才兼备之士为其效力,而这些人因此被排除在下议院之外,或者,如果他们作为议员被迫在两种身份之间做出选择,并最终选择留任现职,那么无论是王权还是议会,都将因此失去公共服务中一项至关重要的美德来源。

宫廷党的支持者与常人无异,同样会对战争带来的沉重负担深表遗憾,承认债务可能失控的风险,认可对常备军进行必要监督,甚至承认金钱、商业与美德之间并非总是和谐共存。然而,18世纪的国际格局已为英国的国家利益开辟了广阔的舞台。遍布全球的海外贸易网络、庞大的殖民帝国,以及在欧洲列强的权力均衡中保持应有地位的需求,这一切都要求英国推行积极的外交政策,并依靠一支专业化的陆海军力量来实现这些目标。更重要的是,若无可靠的公共财政体系作为支撑,这些重大的承诺与责任将难以设想,更无法有效维系。

因此,尽管关于奢侈、腐败与美德的传统公民人文主义价值观未被完全否定,但宫廷党的论述显然对这些观念进行了新的诠释。例如,无论公民兵制度相较于常备军曾被视为拥有何种固有的美德,如今都无法想象派遣这样一支队伍前往法国或其他战场送死。至于公共债务,其庞大的规模以及政府稳健的信用,反而被视为投资者爱国精神与诚信的体现。随着国家的繁荣与商业的兴盛,奢侈若能为公共生活带来精致与便利,也未必必然导致腐败。因此,面对乡村党的末世论警告,宫廷党展开了全面辩护,强有力地捍卫了新兴金融体系、负责管理这一体系的政府架构、那些既支持又从中获益的群体,以及据称由此带来的国家福祉。

关于英国社会的基本结构及其公共事务的管理,到18世纪中叶,政治共同体(political nation)中的主流情感已显著偏向宫廷党。随着时间推移,尽管双方在言辞上针锋相对,但愈加清晰的现实使他们的争论逐渐失去了生死攸关的意义。首先,政治共同体本身——统治阶级及其选民群体——相较于整个社会人口而言依然规模有限,而其中大多数成员都有着需要维持这一现状的共同利益。此外,那些对核心权力的运作稍有了解的人,无论是否倾向乡村党,都能清楚地看到,无论是威斯敏斯特的政府事务,还是伦敦金融城的贸易与交易活动,其高层运作的轨迹早已不可逆转。在沃波尔及其继任者的领导下,英国政府的财政体系虽然复杂多变,却已发展成为当时世界上最强大、最稳定且最先进的体系——这一点与波旁王朝的法国形成了鲜明对比。法国的财政体系因陈旧而支离破碎,在法国大革命前夕已濒临崩溃。同时,以伦敦商业机构为核心向外辐射的私人信贷、保险和交易网络,其精密程度远超世界其他任何地区(这一体系与北美殖民地的繁荣密切相关)。

因此,乡村党在设想如何改变这一切时,甚至在决定是否真正需要改变时,实际上面临着诸多限制。其中最为关键的制约因素,是一系列贯穿政治生活各个层面的观念,这些观念涉及长久存在且组织化的反对派的正当性。当时,几乎无人愿意公开承认常规政党可能具有积极意义;宫廷党与乡村党互相指责对方煽动派系分裂。而许多乡村绅士，为了维护自身独立自主的形象，往往回避参与任何持久而系统的行动，不愿公开挑战宫廷党的既定政策或试图迫使现任政府下台。无论这些异见者的言行如何，他们必须展现出站在最崇高道德立场上的姿态，表现得毫不谋取私利。他们的角色是适时提醒国王提防奸臣的阴谋诡计，并始终将宪政安全与国家道德健康视为首要关切。

总体而言，宫廷党与乡村党之间的共同利益和联系，或许比两者之间的分歧更加重要。1740年，詹姆斯·汤姆森（James Thomson）创作了一首颂歌。这位领取宫廷俸禄的诗人，却以乡村党风格的诗歌闻名。同年，伦敦声乐教师兼临时剧院经理托马斯·阿恩（Thomas Arne）为这首颂歌谱曲。阿恩虽渴望获得王室青睐，但始终未能如愿。然而，这首颂歌却取得了巨大的成功，其庄严而高昂的韵律使各派人士都能齐声吟唱，而他们也确实如此。这首颂歌正是《统治吧，不列颠尼亚》（"Rule Britannia"）。

第三节　新生美利坚共和国中的"宫廷党"与"乡村党"

回到本书的核心主题。在18世纪90年代的美国，我们似乎目睹了历史的重演。乔治王朝时期英国的宫廷党与乡村党之间的政治对立，与华盛顿时代的美国所出现的政治分化呈现出显著的相似性。

正如兰斯·班宁（Lance Banning）所指出的，英国乡村党的核心关切与新生的美利坚共和国中一部分人的关切惊人相似，这些关切几乎在每一个关键节点上都帮助迅速形成了针对新联邦政府政策与行动的反对立场。这些焦虑与担忧虽然在初期表现得较为隐晦，但实际上从一开始就已存在，随时准备爆发。政府成立仅数周后，埃尔布里奇·格里（Elbridge Gerry）便公开反对设立单一的财政部长职位，理由是财政部在英国历来是追逐权力的首相们赖以立足的权力基地。早在1789年7月,威廉·麦克莱(William Maclay)就声称,他已经察觉到一个"宫廷党"的雏形正在形成,并认为这一派系正试图通过部长级的影响力和腐败手段,建立一个中央集权的政府,以吞并各州并摧毁共和美德。"导火索已经埋下,而亚历山大·汉密尔顿手持火柴,随时准备引燃。"[19]随着汉密尔顿的施政纲领在接下来的两年中逐步显现——包括规模庞大的债务融资、强大的国家银行、消费税、国家补贴的制造业,最终甚至还包括常备军——其与沃波尔时代的政策的相似之处已然显而易见。正是在反对这些政策及其隐含意义的过程中,"杰斐逊主义思潮"(Jeffersonian persuasion)应运而生。

"宫廷党—乡村党"这一对立可以被视为理解反对派逻辑的关键概念,还可以如德鲁·麦考伊(Drew McCoy)所主张的那样,将对它的理解延伸至其显而易见的政治和宪政含义之外。麦考伊指出,杰斐逊和麦迪逊的回应并非仅仅是被动的反应;相反,它体现了一种已经成熟且系统化的替代性构想,描绘了共和国的经济与道德未来。在他们看来,汉密尔顿的体系正对这一构想发起生死攸关的挑战。他们的理念不仅呈现了一种特定版本的政治经济学理论,同时也表达了对共和政体的独特理解。18世纪所理解的"政治经济学"(political economy)与后来逐渐取代它的、基本上价值中立的"经济学"(science of economics)有着根本性的不同。它不仅指国家经济事务的管理,还涵盖了政府与社会经济秩序之间的整体关系,并且具有明显的道德维度。[20]

启蒙思想在这一领域并非只是描绘社会进步的单一图景。其中包含一条杰斐逊派非常关注的思想脉络,即假定文明要不可避免地经历从青春到衰老的周期性演变,最终走向衰退与腐朽。政治经济学所面临的核心问题在于如何延续文明的青春活力,并尽可能推迟衰败的到来。此外，早在托马斯·马尔萨斯（Thomas Malthus）于18世纪末发表其著名的人口论之前，人口增长的压力已被视为一个关键变量。以农业为主的社会被认为本质上最具美德、最少受到腐败侵蚀、最能抵御衰退，因此也是美利坚共和国最理想的社会形态。弗吉尼亚人主张，这种社会的增长与扩张应通过空间的拓展而非时间的延续来实现；只要多余人口能够不断迁移至未开垦的土地，并且这类土地保持充足，社会的活力便可持续，衰退便得以延缓，从而在某种意义上战胜时间的侵蚀。

英国被作为一种具有警示性的对立图景加以呈现。这时的英国社会已发展到"足够先进"——或者更准确地说，"足够老化"的阶段，已经在衰退的进程中走得相当远。在这个土地资源枯竭的国家中，日益增长的人口不再能够依赖农业为生，被迫涌入城市。那些境况最为恶劣的人以乞讨为生，而稍微幸运一些的人则在制造奢侈品的工厂中从事勉强维持生计的工作。这些奢侈品主要供贵族阶层消费，其中很大一部分也用于出口，而工厂主则由此积累了巨额财富。一部分社会沉溺于贪腐与奢靡之中，而另一部分则陷入贫困与野蛮的境地。与此同时，一种被误解的政治经济体系——所谓的"重商主义"（mercantilism）——认为国家的繁荣自然依赖于国内商业的特权与垄断结构，以及通过精心设计的贸易法规，保护其广泛的海外市场网络，对其他地区保持经济上的主导地位。这种政府的影响无处不在，其试图主导国际贸易的渠道，并通过海军力量、常备军以及日益加重的债务负担，维系其过度扩张的对外干预。然而，国家的真正财富却被转移，用于金融和商业阶层的不正常积累。整个社会被不计后果地推向最终的退化、腐败与崩溃阶段。

尽管存在诸多警示与潜在危险，美国人深知，他们无法将共和国简单地设想为一个永续扩张、维持原始斯巴达式美德的农业乌托邦。

虽然美德与商业之间存在内在的不协调,"商业"始终被视为一个值得警惕的概念,且其从未真正具备亚历山大·汉密尔顿等人认为它所具有的那种解放力量,但他们依然清楚,商业是不可或缺的。同样,他们也离不开制造业的支持。然而,他们相信,通过一系列重要的选择,共和国依然能够在相当长的时期内避开英国先例中令人担忧的陷阱。商业不可或缺,制造业同样如此,但二者必须是"适当的类型"(right kind)。为了保障国家农业的福祉,一种主要承担将农业剩余产品运往全球市场的商业模式至关重要。至于制造品,"不适当的类型"(wrong kind)指的是共和国人民并不需要的奢侈品,这些产品产自英国的大型工业作坊。而"适当的类型"的制造品是能够满足适度舒适生活所需的必需品,这些产品可以由本土的家庭工业或手工业者生产。诚然,对于詹姆斯·麦迪逊这样一位思想者而言,奢侈品与必需品之间的界限常常显得模糊。尽管他的同胞们大量采购从其他地方无法获得的各种等级的羊毛制品、棉布、刀具、工具和陶器,但麦迪逊却更倾向于关注蕾丝和银质鞋扣等奢侈品。

然而,最需要避免的是由商业、制造业、货币和公共信贷组成的不正当联盟,这种联盟是由一个过度干预的政府推动形成的。在亚当·斯密(Adam Smith)对重商主义的著名批判中,他设想了一个自由贸易的世界,在这样的世界中,适当类型的商业能够蓬勃发展。美国人深知,这样的理想世界尚未实现。然而,通过制定正确的外交政策——一种无须战争、军事力量,也无须依赖庞大的国债和消费税来维持的政策——这一目标是可以达成的。他们相信,英国和欧洲的广大民众对美国粮食的需求,以及他们的商人和制造商对美国原材料的需求,远远超过美国对其奢侈品的需求。基于这一需求关系,可以设计出一项"和平胁迫"(peaceable coercion)政策,即通过可能采取的歧视性关税和其他制裁手段,促使他们公正对待美国的贸易,让美国和全球其他地区的贸易沿着"自然的"轨迹自由流动。杰斐逊和麦迪逊对这一政策深表认同，事实上，他们几乎立刻着手推动该政策的立法工作。

约翰·默林（John Murrin）提出了一种考察"宫廷党—乡村党"对立关系的独特视角，即通过直接比较美国与英国这两个社会中乡村党对宫廷党的挑战，观察这一挑战是如何得到解决的，并进一步思考两者之间究竟存在怎样的相似性及其相似程度究竟如何。从这一视角观察可以发现，尽管两国使用的政治词汇在表面上可能惊人地相似，但最终结果却截然不同。默林比较的社会时期是两国的"革命定局"（Revolution Settlements）：英国的革命定局形成于1689年光荣革命后的三十年间，而美国的革命定局则形成于独立战争后的二三十年间。在这两个社会中，"宫廷党—乡村党"的紧张关系都伴随着各自迈向革命定局的过程，并在某种程度上塑造了其现代社会的雏形。然而，对于英国而言，这一历史过程无疑以宫廷党为主导；而对于美国而言，这一过程则明确无误地以乡村党为核心。在英国，政治、社会和经济变革紧密交织，最终促成了一个中央集权的国家和一个高度整合的经济体系。这一体系，无论优劣，注定成为世界上最具活力的经济体，其核心位于伦敦。而英国政府的特性在一定程度上受其对国家"重要需求"的理解所影响——无论这种认知是否准确。相比之下，美国直到19世纪中叶才实现类似程度的经济整合，而这一过程几乎未受到政治监督的影响。在此之前，共和国的政治结构早已固定，其"革命定局"已经完成，从而排除了任何类似宫廷党选项的可能性。诚然，在共和国诞生时及其早期的动荡时期，宫廷党选项曾短暂地被视为一种可能性。然而，正如默林所指出的，随着1800年杰斐逊派成功挑战联邦主义，并以乡村党原则作为其政治指引，杰斐逊派实际上在实践中将国家政治和政府完全从"更广泛的经济与社会变革模式"中剥离开来。[21]

本书的核心议题之一是探讨宫廷党选项——联邦党人对共和国未来的设想——在18世纪90年代究竟是如何被扼杀的,以及这一选项在多大程度上是因自身的内在缺陷而走向终结的。

第四节 美国"宫廷党"的理念及其他问题

那么,宫廷党选项究竟包含什么?所谓的"联邦党人理念"(Federalist persuasion)又是指什么?实际上,这一理念的内容存在两个版本,一个出现在联邦主义时期之初,另一个则在其后期出现。然而,大多数叙述往往将二者混为一谈,模糊了它们之间的差异。但无论是哪个版本,这一理念都不如乡村党的观点那样根基深厚,也不具备后者的自信。联邦主义最初能够被接受,主要基于一个后来被证明相当脆弱的前提。这一前提的一方面是,费城制宪会议在一个既深具历史意义又充满不确定性的时刻完成的工作,可能为一种稳定而宏大的国家愿景铺平了道路,尽管这一愿景当时尚未被明确界定。另一方面,联邦主义被认为能够包容一系列价值观与期望,而这些价值观与期望大体上被认为已在革命中经受了检验并得到了确认。确实,在最初阶段,这一切似乎是可行的。然而,这种愿景很快转变为一种出人意料的新形式——既新颖又特立独行,却显得与原有的设想格格不入。在赋予联邦主义全新面貌的过程中,亚历山大·汉密尔顿的作用尤为突出,几乎无人能够企及。

联邦主义的最初形式,自然可以追溯到《联邦党人文集》(The Federalist)。这部非凡的论文集按编号排列,旨在说服那些对新宪法持怀疑态度的人。然而,《联邦党人文集》究竟在多大程度上实现了这一目标，当然无法准确衡量，其影响也主要局限于纽约州。但更重要的是，这些论文整体上不仅界定了作者主张的核心内容及其外延边界，还展现了他们通过诉诸读者的经验、抱负和思维习惯来实现说服目的的努力。从这一视角来看，这些论文与其说是在回应具体争议，不如说更深刻地反映了当时那些可以协商或被普遍接受的价值观。例如，很明显，这些论文所反映的社会并非一个"民主"社会，而是一个由精英主导的世界（二者类似于英国宫廷党和乡村党之间的关系）。署名"普布利乌斯"（Publius）的三位作者——约翰·杰伊（John Jay）、詹姆斯·麦迪逊和亚历山大·汉密尔顿——对此毫不讳言，坦率直陈。文集的核心主题之一，是强调公共服务应由那些具备特殊才能的人承担，而一个更广阔的政治共同体将比当时的环境更有助于这些人才的发现与任用。文集中频繁提及"美德"，当然，其对人民的美德给予了极大的尊崇。然而，这里的"人民的美德"更多地被理解为一种明智选择的能力，而非直接行动的能力。正如麦迪逊在《联邦党人文集》第57篇中所言，人民的职责在于"选出那些拥有最多智慧以辨别真理、最多美德以追求共同利益的人"，这些被选中的人"还应凭那些使他们有资格担任这一职位的卓越品质而显得与众不同……"。[22]

其他一些更为具体的目标也被提出，而在这些问题上，"普布利乌斯"同样表现出坦率和直言不讳的态度。关于政府的"活力"（energy），每位"普布利乌斯"都曾讨论过。他们一致认为，在经历了此前几年优柔寡断和无所作为的局面后，这种活力是值得欢迎的——既为了赢得外国列强的尊重，也为了激发民众对自己国家的认同感。他们每个人都指出了古代邦联在军事上的薄弱之处。麦迪逊虽然在著名的第10篇中对"大共和国"进行了经典论述，但他既不是唯一为这一理念辩护的人，也不是最早提出这一理念的人。在此前的篇章中，杰伊和汉密尔顿就已经对此进行了阐释。文集中多次强调了健全公共信用的重要性，以及政府无可争议地拥有征税权这一事实的至高无上性。同时，他们也都认为，政府在和平时期筹建陆军或海军的权力不应受到实质性的阻碍或限制。汉密尔顿甚至直接质疑了传统上反对常备军的观点，而麦迪逊在其他地方引用了汉密尔顿关于这一主题的文章，以支持自己的立场。[23]

然而，与对基本原则的任何阐释一样，这些观点本质上仍然是抽象的。《联邦党人文集》中几乎没有任何内容能够真正预示联邦主义即将呈现的具体形态与细节。这些具体内容很快随着汉密尔顿财政部发布的一系列政策文件逐渐浮出水面，包括关于公共信用、税收、国家银行以及政府推动制造业发展的计划。而这些政策的出台，却激起了一种高度一致的反应，这种反应可能让汉密尔顿本人和其他人一样感到不安。尽管他所提出的方案中的某些细节是可以被预见的，但几乎没有人真正为这样一个全面而系统的设计做好准备，尤其是他的昔日合著者、"普布利乌斯"的成员之一麦迪逊。当这些政策全面显现时，许多人感到自己仿佛正面对着后沃波尔时期英国重商主义的一个令人不安的复制品——一个移植而来的体系，充斥着宫廷影响力、腐败，并且秉持以"金钱治国"为核心的治理模式。随之而来的，是看似完全复制了英国"宫廷党—乡村党"对峙局面的情形。在英国，这种对峙中宫廷党曾占据压倒性优势，人们普遍认为，这种情况在美国可能重演，尤其是当一支强大的军事力量作为最后一环被纳入其中时。

然而，在美国，情况的发展完全不同，实际上根本不能称之为"复制品"。两种情境截然不同。

实际上，美国的宫廷党和乡村党的立场，即便在其表达最为充分的时期，也仅停留在抽象层面，完全缺乏英国对应模式所具备的关键特征：直接的实践经验与时间积淀，受大都市与帝国复杂事务所迫而形成的妥协，以及由深厚社会结构孕育出的自我意识。在美国，乡村党立场是两者中更为古老的一方,但它的来源是一种远离现实视野、遥不可及的抽象概念。这种抽象的来源使得乡村党立场呈现出一种简洁而平衡的特性,未被过多的已知事实或具体环境中的复杂条件所束缚。尽管如此,这一立场作为一种思想框架,为历史上最为高效、破坏最小的革命提供了强大的思想支持。

然而,同样的抽象性也可以用来描述宫廷党的选择,尤其是当汉密尔顿为其赋予了具体形式时。他以一种几乎没有任何后来的美国政治家能够匹敌的专断风格,勾勒出他的伟大国家蓝图。这一蓝图脱离实践,建立在当时世界上最先进的政治经济体系之上——经过一个世纪的试验与演化的英国模式。汉密尔顿试图将这一模式直接移植到一个几乎完全缺乏接纳条件的环境中,这个环境既没有任何经验基础,也缺乏必要的物质与人力资源。然而,这一模式或许可以主张,其早期形式在美国革命期间确实经历过某种考验。联邦主义愿景的最初萌芽,可以追溯到战争时期"大陆主义"(Continentalist)一派的思想主张。这一派的观点更鲜明地体现在华盛顿参谋部、外交使团以及大陆会议战争委员会的视角中,而非州或地方政府的立场。他们因共同目标的紧迫性而凝聚,致力于协调13个独立州的行动,共同对抗外敌,同时克服地方当局与民众之间的矛盾。正是在这一过程中,以及在那些与之息息相关的人物的经历中,民族主义的愿景焕发出最强大的号召力。[24]然而,与"地方主义"相比,"大陆主义"在许多方面处于劣势。大多数人对革命的认知,主要来自身边发生的事件,即所在州和社区的活动。除了对总司令(Commander-in-Chief)的普遍崇敬之外(这种崇敬即便在联邦主义衰落后仍长期延续),联邦主义的价值观及其社会接受程度,或许在《联邦党人文集》所展现的形式中达到了顶峰。

乡村党立场是一种以怀疑与抵抗为核心的意识形态,在革命时期展现出坚韧且实用的特质,但在国家建设的情境下却未必是一种优势。

然而，这种思想几乎在一开始便迅速崛起，挑战了汉密尔顿对国家未来的另一种设想。它以未经修饰的抽象理念为基础，并借助当时广泛流行的"字面化理解"的思维方式传播开来，其扩散速度如同一种没有免疫机制遏制的传染病般迅猛。美国的宫廷党及其追随者几乎无法依赖英国宫廷党所拥有的资源，也缺乏源于稳固支持、丰富经验和既往成果的自信与从容。[25]因此，他们很快发现自己不得不在两种抽象理念之间做出选择，而这种选择在短时间内变得尤为严峻。他们被迫站队，并迅速意识到，尽管初衷并非如此，他们却不可避免地形成了党派。同时，他们仍深陷于一个将党派和派系视为全然有害的价值体系之中，而他们自身也未能摆脱这一观念的束缚。然而，党派的出现却成为这一时代最引人注目的变化，尽管在这一过程中，人们表现出的某种隐晦的回避态度，使得任何试图对这一时期的政治激情及其伴随的阴谋与指控进行厘清的过程都模糊不清。无论如何，联邦主义的回应带有一种"被围困的正义感"，不过是面对不服从与叛乱势力时对既有秩序的一种僵化防御。发展至此，联邦主义的表现令人唏嘘不已。

诚然，在联邦主义兴起的初始阶段，社会中确实存在一些具有鲜明诉求的利益集团，其中每个集团对未来都有其独特的愿景，而联邦主义的某种形式可能会对它们各自产生重要影响。这些利益既包括私人领域的诉求，也涵盖多种公共利益。一些州政府希望通过联邦主义的推行，在困境重重的局面中获得实质性的救济。例如，有些州受制于邻州的商业法规；另一些州面临军事边界缺乏防护所带来的威胁；还有一些州承担着自身税收已无法支撑的沉重债务。在私人利益方面，有些诉求相对直截了当。例如，对于那些拥有可支配资本并投资于战争债券的商人而言，任何能够偿还债务的中央政府都应获得支持；又如商船的船主认为，任何形式的国家权力都能比现有保障更有效地确保航行安全。至于所谓的"农业利益集团"，这一曾被普遍视为天然抵制联邦主义的力量，²⁶其态度在很大程度上取决于地方环境。联邦主义的推行可能意味着利益，也可能带来损害，甚至可能两者皆无。例如，南卡罗来纳的大种植园主因某些原因而支持联邦主义，而弗吉尼亚的大种植园主则基于完全不同的理由反对它。在马萨诸塞州西部的农村地区，普遍的债务危机和大规模的土地止赎问题引发了谢斯起义（Shays's Rebellion）。然而，随着联邦政府承担了州债务，该地区的税收压力得到了显著缓解。此后，这一地区反而成为整个新英格兰，甚至全国范围内，联邦主义最为稳固且持久的堡垒之一。

然而，当联邦主义的整体构想最终落地时，这一体系既未能真正满足任何特定利益集团的需求，也未能建立起稳固的相互依存关系。因此，无论从长远性还是实际成效来看，联邦主义的设计始终未能真正实现其预期目标。对某些群体而言，这无疑是一场措手不及的现实冲击。这种冲击在城市工匠群体中尤为明显。最初，他们将联邦主义视为一种救世力量，寄希望于这一体系能够保护他们免受外国的竞争。在纽约市，这些工匠甚至曾集体游行以庆祝新宪法的颁布，并在一辆巨大的花车上刻上"汉密尔顿"（HAMILTON）的字样以示敬意。然而，当他们逐渐意识到，汉密尔顿后来谈及的"制造业"，所指的并非他们所从事的手工业时，他们似乎经历了一场深刻的幻灭。正如肖恩·威伦茨（Sean Wilentz）所言，很少有其他群体能够在构建美国共和主义理念的过程中发挥如此重要的作用——这是一种以城市声音表达的乡村党思想。²⁷

然而，一个问题仍需探讨：在我们所称的"联邦主义时代"这一历史时期中，思想与情感究竟是如何经历强化、松动、转变，甚至彻底逆转的？我们发现，尽管"思想史"的视角在我们理解这一主题时不可或缺，但它无法全面囊括这一复杂的历史现象。看起来，也没有任何单一的研究方法能够完全胜任；或许每一种方法都至关重要，但没有一种可以独立完成这一任务。如果非要为这一过程起个名字，"政治"或许是最贴切的概括，而本书也将以政治视角为主要切入点展开讨论。然而，外交、经济事务以及军事问题也需要深入探讨，某些领域甚至不可避免地需要涉及技术细节。对于贯穿这一切的线索，或许某种近似于文学敏感性的洞察力才能捕捉到：一种文化和解的逐步形成。这种和解并非完全偶然，而是经过了参与者的深思熟虑。他们为"国家文明"赋予了一种独特的内涵，这种内涵与世界其他任何地方都截然不同，无论是过去还是现在，皆是如此。

这一历史进程必须以多种方式加以展现，而非局限于单一手法。在此过程中，我们需要提供基于真实历史经验的观察视角，偶尔聚焦于某一天的具体场景，展现群体与个人在互动中的行为与对话，以及我们如何得知或推测他们当时的感受与随后的行动。在这些场景中，或许会有两三位人物表现得相对出色。然而，即便我们的审视尽量保持客观与超然，也难以完全免除他们对某些事件的责任。对于那些倾慕伟大人物的读者而言，细节所展现的真实可能既超乎也低于他们的预期。读者将遇到的两位核心人物——汉密尔顿与杰斐逊——将以其在历史中应有的地位呈现。然而，他们的形象无不笼罩着一种近乎悲剧性的讽刺意味：一种自欺欺人的执念。这种执念不仅深刻影响了他们的个人命运，也对那个时代的精神气质与发展方向产生了深远的作用。至于联邦党人整体，尤其是汉密尔顿，我们将看到他们在日常事务中取得了许多令人瞩目的成就，并为继任者留下了一份清晰而系统的"政治遗产"。然而，对于这些成就的意义，尤其是他们在完成自身使命时所引发的精神困境，或许只有在全面回顾历史之后，才能做出更为公允的评判。

此外，我们还观察到一些难以归类的重大现象。这些现象几乎是独一无二的,既无法简化为更普遍的范畴,也几乎不可能在这一特定历史语境之外出现。下面,我们将列举其中几例。

其一,是一种似乎不属于任何范畴的"利益",在某种意义上,它甚至比其他所有利益的总和更为引人注目。从某种角度来看,它可以被视为少数个人职业生涯在某个历史时刻的交汇,每个人都面临独特而重大的机遇。然而,如果当事人将这种可能性,无论出于自豪还是谦卑,视为某种接近"永恒"的存在,那么这一机遇的意义便被提升至几乎难以企及的高度。那些有幸身处这样一个显然"百年难遇"的历史时刻的人,无论以何种方式,都必须直面这一机遇,牢牢把握,并在它消逝之前充分利用。1787年春天齐聚费城的那批"革命时代的年轻人",无疑正是这样的一群人。[28]他们对自身能力与价值的认知,不仅取决于他们在当时的作为,更取决于后人如何评价这些作为,以及这些作为将如何塑造他们的身份。在这样的背景下,机遇、利益与回报的意义,唯有当参与国家建设的机会能够与那些较为微不足道的诱惑相比较时,才得以显现。毫无疑问,绝大多数聚集于费城的人,以及后来前往纽约参加第一届国会的人,都成了联邦党人,并始终保持这一身份。在他们自身的认知中,他们是一群特殊的精英,是被选中的少数。[29]他们的行为,无论是在费城还是在随后的岁月中,几乎都与他们对自身"开创地位"的深刻认知密不可分。在这一点上,即便是英国宫廷中的贵族,无论其出身多么古老高贵,也从未经历过如此事件,或感受过如此重任。

除此之外,还有一种现象,由于缺乏更为贴切的术语,我们姑且称之为"弗吉尼亚原则"(Virginia principle)。它与另一个特殊的精英群体有关——这些人出身于一种独特的社会环境,其才华、阅历和地位使他们倾向于以一种或许只能称之为"弗吉尼亚视角"(Virginia way)的方式看待问题。这个群体中的绝大多数成员——除了华盛顿、马歇尔、李氏家族中的少数人,以及极少数其他例外——很快便感到自己及其所代表的群体被完全排除在"大蓝图"(Grand Design)之外。他们的核心人物杰斐逊和麦迪逊,比其他任何人都更深刻地塑造了反对派的面貌,确立了反对派的基调,并明确界定了敌对阵营。值得注意的是,第一届政府中对政策产生疏离感的高级官员,无一例外全是弗吉尼亚人。[30]在接下来的章节中,还将进一步展示与此相关的特征,这些特征几乎使我们不得不将"弗吉尼亚"归于一个独特的类别。

其中的一个显著特征是一种强烈的情感,这种情感在某种程度上支配或取代了几乎所有其他思想范畴,以及大多数涉及国家核心利益的政策考量,尤其是从乡村党的视角看来。这种情感即为"英国恐惧症"(anglophobia),它使"英国"(England)一词几乎成为可以玷污一切的象征。在所有受此情感驱使的人物中,杰斐逊和麦迪逊无疑是最具代表性的典型。这种对英国的恐惧与敌意贯穿他们对汉密尔顿式联邦主义的敌视,后者的存续完全依赖于与英国的繁荣商业往来。同时,这种情感也为18世纪90年代盛行的对法国的狂热崇拜奠定了深厚的基础——联邦党人对此不屑一顾,愤愤地将其称为"法国狂热"(Gallomania)。

另一个现象与弗吉尼亚的历史背景及其始终坚持的"反都市主义"(anti-metropolitanism)密切相关,这便是新共和国首都选址的决定。1790年,为了争取通过州债承担方案所需的票数,汉密尔顿同意将首都设在波托马克河畔的一片无人居住的荒地,而不是一个已有的中心城市。这一决定可能对美国文化的未来产生了比弗吉尼亚人其他任何行动所能产生的更为深远的影响。首都选址的这一最初选择,很可能催生了一种分散化、多中心化且本质上带有地方主义特征的文化形态,而这种文化特别缺乏一种精致且深度交融的共同意识。文化与政府一样,需要一个权威的核心。而文化权威若要有效运作,必须与政治、经济及其他形式的权威保持紧密联系。在大多数繁荣的文明中，各领域的核心力量通常汇聚于同一地点，并通过相互作用而获得共同发展。此外，这些地方往往是人们实际居住的生活空间。在这样的环境中，政府通过社会价值体系，赋予城市生活满足感和意义，使其具有合理性。然而，美国文明却不得不在缺乏这种合理性的条件下实现自身的繁荣。

因此，乡村党的理念最终占据了主导地位。乍看之下，乡村党的选择——杰斐逊共和主义（Jeffersonian Republicanism）——似乎不过是地方主义和区域主义的延伸，仅此而已，就像联邦主义最终也仅仅沦为一种激烈的排他主义。然而，这种解读显然未能全面揭示杰斐逊共和主义对美国未来的深远意义。杰斐逊派的崛起至少具有两种潜在功能，或意料之外的后果，而这些影响直到本研究所涉时期结束后才逐渐显现。尽管杰斐逊共和主义——尤其是杰斐逊本人——以强烈的反商业言辞闻名，但正是杰斐逊共和主义，而非汉密尔顿式的联邦主义，为19世纪美国中产阶级资本主义的兴起与发展奠定了政治基础，并促成了与之相伴的价值观的形成。[31]19世纪初，在一个又一个商业城镇中，雄心勃勃的年轻人纷纷组建杰斐逊委员会（Jefferson committee）。这一行动并非源于某种精心设计的经济意识形态，而是出于其他一些因素，这些因素可以被简单地称为"包容性政治"（politics of inclusion）。[32]

无论其精英背景如何，杰斐逊主义（Jeffersonianism）的这一潜在功能被迫成为必要的，甚至可以说是不可避免的，完全是由早期反对派的紧迫需求造成的：一种对所有人敞开大门、给予认可与欢迎的政治姿态。而联邦主义基于其自身处境，几乎无法为这种包容性留出任何空间。在这一点上，美英之间的比较虽然最初呈现出某种富有启发性的相似之处，但最终因两国"革命定局"的巨大差异而截然不同。在英国，实际参与政治的群体规模有限且易于管理；而在美国，这一政治共同体几乎涵盖了所有公民，从实际操作的角度看，其管理方式仍需探索。需要指出的是，杰斐逊派本身并未构成这样一个广泛的政治共同体，他们也未曾参与决定其规模的过程。在共和国诞生之时，这一政治共同体早已存在，只是等待他们的到来。

事实上，政治共同体的条件早在美洲殖民地建立之初便已具备，并体现于两项制度安排中：其一是广泛分配的个人永久产权，其二是每个殖民地都设立的代议制议会（representative assembly）。这两项制度安排源自英国为以最低成本开发和管理殖民地所做的选择，与新大陆的另一大殖民强国——西班牙的做法形成了鲜明对比。诚然，在革命爆发之前，殖民地的地方议会和地方政府由一小群相对稳定的名流阶层所掌控，而这些名流与其选民之间的关系多由"尊崇习俗"（habits of deference）所维系。然而，在这一切的背后——无论是地方政府中占据主导地位的精英与最不起眼的议会成员之间，还是城镇会议中的选任官员与坚持直言的普通居民之间，抑或是弗吉尼亚某县的法庭日（Court Day）上乡绅与那些他们通过款待其朗姆酒争取其选票的自耕农之间的实际差距有多少——存在着一种法理上的连续性。这一连续性由上述两项早期的制度条件所奠定，并将所有人纳入其中。在革命期间，这种连续性逐渐显露出其潜在的本质：一方面，效忠英王的保王党（Loyalists）作为地方精英的重要组成部分，其地位被大幅削弱；另一方面，战时社会所面临的诸多问题，使每一位成员都需参与其中。到了1790年，这些社区的政治特征已与1775年时截然不同。[33]

杰斐逊主义者及其继承者对这些社区的影响——或许更为准确地说，这些社区与政治共同体对杰斐逊主义者所产生的作用——构成了"革命定局"，以及由此衍生的一切后续发展的真正基础。政治本身逐渐被视为一种"利益"，它拥有自身独立的逻辑，既区别于其他利益形态，又与之平等并存。换言之，当"党派"（party）和"派系"（faction）

这两个概念最终摆脱其不正当性的污名，并被赋予相对具有建设性的功能时，这一革命定局便宣告完成。

与此同时，公民人文主义所倡导的美德观念也经历了最终的转变，而古典传统中自由与权力之间的对立关系，也在这一过程中找到了一种可以接受的解决方式。这一解决之道不仅仅在于抑制人类对权力无止境的渴求，更在于寻求一种方式，将这种渴求引导至最为良性且破坏性最小的渠道。这种方式旨在约束并规范争端与派系活动，同时在如此庞大的政治共同体中，为每一位合法居民——无论其社会地位高低——的诉求提供合法的表达空间。如前所述，这一渠道直到本书结尾所述时期之后才得以完全确立。它成为这个社会得以实现其自我定义的所有利益（无论是值得称道的还是其他性质的利益）的先决条件。唯有当这一渠道被发现并被广泛接受时，才能真正宣告"民主"已成为该社会的主导理念与核心治理价值。[34]

与此同时，本书尝试捕捉推动这一趋势的力量初露端倪的迹象，同时也给予那些阻碍这一趋势的力量以应有的关注、适度的重视和公正的评价。

注释

1. 查尔斯·比尔德（Charles Beard）在 *An Economic Interpretation of the Constitution of the United States*（New York, 1913, 1935）, p. xvii 中称"美国宪法之父们"属于"历代伟大的实务型政治家"。理查德·霍夫施塔特在 *The American Political Tradition and the Men Who Made It*（New York, 1949）p.15 中指出，"现代评论家普遍认为，围绕宪法的辩论达到了政治领域中罕见的智识高度，而宪法本身是世界上实用治国术的杰作之一"。这些"伟大的实务型政治家"中，大多数在18世纪90年代继续活跃于政坛，他们无疑都是联邦党人。据约翰·C.米勒（John C. Miller）在 *The Federalist Era, 1789–1801*（New York, 1960）p.277 的描述，到那个十年结束时，"他们已将一纸羊皮书转化为可行的政府工具；他们证明了自己是尽职、诚实且高效的管理者；他们证明了共和主义与稳定可以和谐共存"等等。

2. Marshall Smelser,"The Federalist Period as an Age of Passion,"*AQ*,X(Winter 1958),391-419;另见同作者,"The Jacobin Phrenzy: Federalism and the Menace of Liberty, Equality, and Fraternity,"*Review of Politics*,XIII(Oct. 1951),457-482;以及"The Jacobin Phrenzy: The Menace of Monarchy, Plutocracy, and Anglophobia, 1789-1798,"同上,XXI(Jan. 1959),239-258。John R. Howe Jr.,"Republican Thought and the Political Violence of the 1790s,"*AQ*,XIX(Summer 1967),147-165(引文见pp.150-151)。

3. 尽管本章探讨了该类文献的一些特征,但关于更为详尽的文献列表及其史学讨论,读者可参考Robert E. Shalhope,"Toward a Republican Synthesis: The Emergence of an Understanding of Republicanism in American Historiography,"*WMQ*,3rd Ser.,XXIX(Jan. 1972),49-80;以及同作者,"Republicanism and Early American Historiography,"同上,XXXIX(Apr. 1982),334-356。为协调该领域著述中呈现的多元观点,沙尔霍普教授(Robert E. Shalhope)提出了自己的综合见解,详见*The Roots of Democracy: American Thought and Culture 1760-1800*(Boston,1990)。

4. 最具代表性的例子见Abraham S. Eisenstadt, ed., *Reconsidering Tocqueville's Democracy in America*(New Brunswick, N. J., 1988)。

5. 肖恩·威伦茨甚至认为这一转变期更为短暂:"即使我们承认每个历史时刻在某种意义上都是过渡性的,我们仍有充分理由将1828年至1833年的五年间——更具体地说,托克维尔1831年短暂访美前后的那段时期——视为美国历史的转折点。事件以快速而具有戏剧性的方式接连发生,这进一步强化了这一印象……"参见"Many Democracies: On Tocqueville and Jacksonian America,"同上,213-214。

6. 本书的一个较早且相对不够完善的版本,最初作为Bernard Bailyn, ed., *Pamphlets of the American Revolution*(Cambridge, Mass., 1965)第一卷的总序发表。该文随后于1967年以*Ideological Origins*为名单独出版,并荣获班克罗夫特奖和普利策奖。

7. 参见James A. Henretta et al., eds., *The Transformation of Early American History: Society, Authority, and Ideology*(New York, 1991)。该书探讨了(正如封面所言)"伯纳德·贝林的著作及其影响如何改变了我们对美国历史的理解"。

8. 这一术语早在文艺复兴研究中已被广泛使用,尤以汉斯·巴伦(Hans Baron)的著作为代表,特别是其两卷本著作 *The Crisis of the Early Italian Renaissance*

（Princeton，1955）。波考克对此多有赞誉。

9. 在讨论中，我们对时间顺序稍作调整，将 *The Creation of the American Republic, 1776-1787*（Chapel Hill，N.C.，1969）置于波考克的著作之后，尽管该书的实际出版时间比 *The Machiavellian Moment* 早六年。但我们认为，这一调整并无大碍。波考克的研究聚焦的时期远早于伍德关注的历史阶段，而波考克的早期论文及其他著作——这些作品充分展现了他后续研究的方向——在伍德开始其研究时早已为他所熟知。

10. 关于这一问题，参见 Pocock，"States，Republics，and Empires：The American Founding in Early Modern Perspective，" Terence Ball and J.G.A.Pocock，eds.，*Conceptual Change and the Constitution*（Lawrence，Kans.，1988），pp.61-62。

11. 麦迪逊在《联邦党人文集》第10篇中的表述，参见 Jacob E. Cooke，ed.，*The Federalist*（Cleveland，1961），p.64。

12. J.G.A. Pocock，"Virtue and Commerce in the Eighteenth Century，" *Journal of Interdisciplinary History*，III（Summer 1972），p.122。关于这一原则的较为宽泛的表述，可参见 Clifford Geertz，"Ideology as a Cultural System，" David E. Apter，ed.，*Ideology and Discontent*（Glencoe，1964），pp.47-76；更为凝练的表述则见于戈登·S.伍德的两篇文章："Intellectual History and the Social Sciences，" John Higham and Paul Conkin，eds.，*New Directions in American Intellectual History*（Baltimore，1979），pp.27-41；以及"Ideology and the Oringins of Liberal America，" *WMQ*，3rd Ser.，XLIV（July 1987），628-640。

13. 一个绝佳的例证是 Quentin Skinner，"The Principles and Practice of Opposition：The Case of Bolingbroke versus Walpole，" Neil McKendrick，ed.，*Historical Perspectives：Studies in English Thought and Society in Honour of H. J. Plumb*（London，1974），pp.93-128。斯金纳（Skinner）指出，博林布鲁克的意识形态武器仅限于那些沃波尔派辉格党人自身可能认同的价值观，尽管秉持犬儒主义态度的博林布鲁克本人并不真正相信这些价值观［我们倾向于认为他确实相信这些价值观，至少在表述时如此，但这一点无论如何都不影响论证的有效性。关于博林布鲁克更为积极的解读，可参见 Isaac Kramnick，*Bolingbroke and His Circle：The Politics of Nostalgia in the Age of Walpole*（Cambridge，Mass.，1968）］。另一个类似的案例，如果塞西莉亚·肯扬（Cecelia Kenyon）的观点是正确的，是美国宪法批准辩论中的争论。她曾断言："联邦党人与反联邦

党人之间的共同点比分歧更为强大。"参见 Kenyon, ed., *The Antifederalists*（Indianapolis, 1966）, p. xcvii。

14. *WMQ*, 3rd Ser., XLIV（July 1987）, 549-640 中围绕伍德的著作 *The Creation of the American Republic* 展开的专题讨论，也许提供了一种可作为佐证的解读方式。此外还有很多种解读方式。

15. 例如，Pocock, *Machiavellian Moment*, pp.508–509; H. T. Dickinson, *Liberty and Property: Political Ideology in Eighteenth-Century Britain*（London, 1977）, p.95。

16. 关于金融变革，参见 P. G. M. Dickson, *The Financial Revolution in England: A Study of the Development of Public Credit, 1688–1756*（London, 1967）；以及 John Brewer, *The Sinews of Power: War, Money, and the English State, 1688–1783*（New York, 1990）。

17. 关于辉格党的优势地位及其对政治与行政实践所施加的新秩序形式，可参见 J. H. Plumb, *The Growth of Political Stability in England, 1660–1730*（London, 1967）；H. T. Dickinson, *Walpole and the Whig Supremacy*（London, 1973）；以及同作者，*Liberty and Property*。我们发现后者第3至第5章对于理解18世纪英格兰的"宫廷党—乡村党"意识形态分歧尤为有帮助。

18. 确实，到18世纪末，乡绅阶层成功将大部分税收负担转嫁给了其他社会阶层；尽管如此，他们仍然感到自己承受了沉重的压力。参见 Brewer, *Sinews of Power*, p.206。

19. Lance Banning, *The Jeffersonian Persuasion: Evolution of a Party Ideology*（Ithaca, N.Y., 1978）, p.125。

20. Drew R. McCoy, *The Elusive Republic: Political Economy in Jeffersonian America*（Chapel Hill, N.C., 1980）。以上段落为我们对麦考伊论点的解读。

21. John M. Murrin, "The Great Inversion, or Court versus Country: A Comparison of the Revolution Settlements in England（1688–1721）and America（1776–1816），" J. G. A. Pocock, ed., *Three British Revolutions, 1641, 1688, 1776*（Princeton, N.J., 1980）, pp.368–453。

22. Cooke, ed., *Federalist*, pp.384–385. John Zvesper, *Political Philosophy and Rhetoric: A Study of the Origins of American Party Politics*（Cambridge, 1977）, pp.24–25，以及理查德·霍夫施塔特在上文注释1中所引的文章都讨论了这种精英主义倾向。霍夫施塔特提到，埃德蒙·伦道夫（Edmund Randolph）、埃尔布

里奇·格里、威廉·利文斯顿（William Livingston）和查尔斯·平克尼（Charles Pinckney）等人（他们最终都转向了乡村党立场）对"民主的动荡与愚蠢"表示忧虑，参见 *American Political Tradition*, p.4。关于"普布利乌斯"的修辞策略，参见阿尔伯特·弗特旺格勒（Albert Furtwangler）的优秀著作 *The Authority of Publius: A Reading of the Federalist Papers*（Ithaca, New York, 1984）。

23. Cooke, ed., *Federalist*，各处可见。文中提到的要点可通过该版本的优秀索引加以核对，该索引详细列出了"普布利乌斯"在书中涉及的所有主题。此外，Thomas Engeman et al., eds., *The Federalist Concordance*（Chicago, 1988）对此亦是极为有用的参考工具。

24. Stanley Elkins and Eric McKitrick, "The Founding Fathers: Young Men of the Revolution," *PSQ*, LXXVI（June 1961），181–216，探讨了这一"大陆主义"的视角。此外，可参见 E. James Ferguson, "The Nationalists of 1781–1783 and the Economic Interpretation of the Constitution," *JAH*, LVI（Sept. 1969），241–261。

25. 关于英国对宫廷党的辩护，可参见 Dickinson, *Liberty and Property*, pp.121–162。我们尚未发现美国有类似规模且同样自信的运动，能够以汉密尔顿式的方式向公众证明广义的联邦主义理念；也未见现代有关18世纪90年代分歧的研究文献中试图揭示此类努力的存在。Richard Buel Jr., *Securing the Revolution: Ideology in American Politics, 1789–1815*（Ithaca, N.Y., 1972）对实际问题冲突的"接触点"做出了非常有价值的分析；John Zvesper, *Political Philosophy*（见上文注释22）则很好地阐释了联邦主义在遭到杰斐逊共和主义持续挑战之前的世界观。然而，这两部著作均未探讨联邦主义系统性的论战性反击，或实际上是否曾进行过这样的反击。

26. 这显然是指一种假设，该假设最初主要由查尔斯·比尔德的著作传播开来，认为联邦党人与共和党人之间的分歧在经济上源于商业利益与农业利益之间的根本对立。

27. Sean Wilentz, *Chants Democratic: New York City and the Rise of the Working Class, 1788–1850*（New York, 1984），特别是 pp.62–103。

28. 再次参见 Elkins and McKitrick, "Young Men of the Revolution,"见上文注释24。

29. 值得注意的是，在费城制宪会议的55名代表中，有24人后来在新联邦政府中担任国会议员或高级行政、司法职务；而在第一届国会的95名成员中，有58人可归为联邦党人，其中41人在其整个政治生涯中始终保持这一立场。参见 Clinton

Rossiter, *1787: The Grand Convention*（New York，1966）；Kenneth C. Martis, ed., *The Historical Atlas of Political Parties in the United States*, *1789–1989*（New York，1988）；以及 *Dictionary of American Biography* 中的相关条目。

30. 这三人分别是麦迪逊（最初几乎是政府在国会中的非正式发言人）、杰斐逊和埃德蒙·伦道夫。关于我们所称的"弗吉尼亚原则"，一些具有启发性的线索可见于 Lance Banning, "James Madison and the Nationalists, 1780–1783," *WMQ*, 3rd Ser., XL（Apr. 1983），227–255；尤其是 Herbert Sloan, *Principle and Interest: Thomas Jefferson and the Problem of Debt*（New York，1994）。

31. 乔伊斯·阿普尔比（Joyce Appleby）曾主张，自由资本主义在理论和实践上是杰斐逊共和主义的核心目标。尽管这一观点并非我们的解读（杰斐逊本人在其著作及主要公共行为中对创业精神诸多方面的持续敌意，若有任何指向，可能恰恰相反），但我们承认，通过某种重新安排，加之某些历史的讽刺性因素，这一观点或许具有一种特殊的合理性。作为一种经济蓝图，在19世纪的美国，自由放任的资本主义绝非杰斐逊派所设想或期望的目标。然而，作为政治需求与政治选择的产物，这一结果几乎不可避免。毫无疑问，汉密尔顿联邦主义的中央集权、高金融、大商业倾向，以及其依赖与英国紧密商业关系的特质（被认为会污染公共美德并威胁共和自由），激起了杰斐逊派的反对。共和党人在1801年上台后，决心将政府从此类事务中撤出（并取消为支持这些事务而征收的税收），避免与外国的联系，并尽量减少对公民日常活动的干预。此外，杰斐逊派在建立政党时，从作为反对派开始，就几乎不受限制地寻求各方支持——结果形成了一种包容性政治，任何人都可加入。这种环境为后来19世纪经济扩张中表现出的不受约束的个人主义提供了最有利的条件，无论那些最初开启这一局面的人心中持有何种经济理论。

阿普尔比教授的观点引发了广泛讨论，这些讨论还涉及一个相关问题，即如何评估约翰·洛克对美国和英国社会向现代性过渡时所伴随的世界观的影响的重要性。参见 Joyce Appleby, "Commercial Farming and the 'Agrarian Myth' in the Early Republic," *JAH*, LXVIII（Dec. 1981），833–849；"What is Still American in the Political Philosophy of Thomas Jefferson?" *WMQ*, 3rd Ser., XXXIX（Apr. 1982），287–309；"Republicanism and Ideology," *AQ*, XXXVII（Fall 1985），461–473；"Republicanism in Old and New Context," *WMQ*, 3rd Ser., XLIII（Jan. 1986），20–34 [以上均重印于 *Liberalism and Republicanism in the Historical*

Imagination（Cambridge, Mass., 1992）］；以及 *Capitalism and a New Social Order: The Republican Vision of the 1790s*（New York, 1984）。另见 Isaac Kramnick, *Republicanism and Bourgeois Radicalism: Political Ideology in Late Eighteenth-Century England and America*（Ithaca, N.Y., 1990），特别是 Chs. 1 and 6；Sloan, *Principle and Interest*, Introduction；Lance Banning, "Jeffersonian Ideology Revisited: Liberal and Classical Ideas in the New American Republic," *WMQ*, 3rd Ser., XLIII（Jan. 1986）, 3–19；以及 James T. Kloppenberg, "The Virtues of Liberalism: Christianity, Republicanism, and Ethics in Early American Political Discourse," *JAH*, LXXIV（June 1987）, 9–33。

32. 默林在"Great Inversion," p.429 中对此进行了有力的论述。

33. 关于殖民地时期地方和省级政府由精英控制的证据非常丰富。以下研究对此提供了详实说明：Richard L. Bushman, *Puritan to Yankee: Character and the Social Order in Connecticut, 1690–1765*（Cambridge, Mass., 1967）；Edward M. Cook, *The Fathers of the Towns: Leadership and Community Structure in Eighteenth-Century New England*（Baltimore, 1976）；Robert Zemsky, *Merchants, Farmers, and River Gods: An Essay on Eighteenth-Century American Politics*（Boston, 1971）；Gary B. Nash, *Quakers and Politics: Pennsylvania, 1681–1726*（Princeton, N.J., 1968）；以及 Rhys Isaac, *The Transformation of Virginia, 1740–1790*（Chapel Hill, N.C., 1982）。

34. 迄今，对美国这一"前所未有"的民主社会的兴起所作的最全面论述，当属戈登·伍德的 *The Radicalism of the American Revolution*（New York, 1991）。伍德在书中详尽分析了18世纪90年代对传统公民人文主义价值体系的诸多关键挑战。他指出，尽管1800年杰斐逊派的胜利并未标志民主秩序的全面确立——这一目标还需一代人的努力——但这一胜利确实象征着一种信念的逐渐式微。这种信念曾为大多数宪法制定者所共有，即公民生活的规范应主要由一群无私的精英来设定（正如麦迪逊在《联邦党人文集》第10篇中所言，这些精英是拥有"开明见解与高尚情操"的人）。

第一章
合法性

大陆会议于1788年10月10日完成了最后一项事务后，随即永远退出了历史舞台。[1]这一转变通常意义上并不具有"革命性"；它是在没有剧烈动荡的情况下实现的。没有政治犯，没有流血事件，几乎看不到政变的迹象——即便与拿破仑之后法国历次共和国的更迭相比也是如此，更不用说与过去两百年间其他国家的诸多变革相比了。然而，时间会模糊一切，而这种秩序井然的过渡或许比我们通常认为的更加值得珍视。事实上，这种局面的实现并非一帆风顺，而是克服了重重阻力，并付出了巨大的努力才得以达成。

在新联邦宪法制定运动的第一阶段，充斥着阴谋、颠覆和非法操控。这种情况几乎是不可避免的，因为一方面，民众普遍表现出了惰性；另一方面，国家唯一有效的权力分散在各州，由不愿削弱自身利益的统治集团掌控。最初，这场运动的推动力主要来自少数意志坚定的个人，而非广泛的民众支持与认同。后者既非自然形成的，也无法一蹴而就。相反，这种支持需要通过主动争取、精心培养和艰苦努力才能获得。所有的行动都无法提前公开，而且必须小心谨慎地逐步推进。召开制宪会议的提议，最初仅被表述为"为了唯一且明确的目的，即修订《邦联条例》"，² 而非彻底废止这一条例。当会议最终召开时，十三个州中的十二个州的代表在绝对保密的环境下展开了讨论。新宪法的批准程序经过精心设计，完全突破了当时法律的框架。根据《邦联条例》的规定，任何修改都需经所有州一致同意，而新宪法却规定只需九个州批准即可生效。这种"批准"既不是通过全民公投获得，也不是由各州立法机构表决——因为若交由立法机构，几个州可能会直接拒绝或设置重重障碍。批准程序通过特别召开的批准宪法大会完成，这些会议的代表在决策中拥有较大的自由裁量权，并未受到严格指示。事实上，有两个州没有批准宪法；另外四个州的批准过程斗争激烈，且双方势均力敌；而在除三个州之外的所有其他州中，反联邦主义者的势力都十分强大。

当新罕布什尔州于1788年6月21日成为第九个批准新宪法的州时，这部新的根本大法便在名义上取代了旧的《邦联条例》。然而，即使在接下来的五周内，实力雄厚的弗吉尼亚州和纽约州——第十个和第十一个批准宪法的州——相继完成了批准，新共和国依然未真正建立。从理论上看，新政府的架构显然比旧的框架更为强大，而批准程序至少为这种强大提供了实现的可能性。然而，事实上，新政府尚未比前政府拥有更多的实际权力。它既无法推动任何实质性变革，也无法约束或强制任何人。

这并不意味着，新宪法在其内容广为人知并且其意义被越来越多的人认真思考后，变得"不受欢迎"。到1788年夏末，新宪法或许已经通过各种渠道，在一定程度上赢得了多数公众的支持，尽管这种支持更多表现为一种预期性的认可。然而，这是否足够？这种支持仍需在公开场合充分展现，并在众人的见证下付诸行动。联邦主义者——宪法的支持者——在这场斗争中展现了更深的投入、更高的热情，并凭借更为灵活的策略压倒了行动相对迟缓的反对派。然而，反联邦主义者依然存在，他们的不满情绪究竟有多深，人们并不清楚。同样不确定的是，为了安抚他们并化解他们所代表的乡村党的情绪，需要采取哪些措施，以及需要付出多大的代价。宪法未包含权利法案，这一点曾是宪法批准过程中的一个重大障碍。一些州仍可能改变立场；某些州的立法机构甚至可能尝试推翻其批准大会的决定。还有可能出现几个州联合起来，要求通过一系列削弱宪法效力的修正案的情况。甚至有人提出，应召开第二次制宪会议。最后，如果1788年秋季的选举未能展现出对新国家政府模式的热情支持，或者未能产生一个具有决定性优势的由联邦主义者组成的多数派，那么新政府的存续前景恐怕不会比旧政府更为乐观。

简而言之，问题不仅仅在于新宪法能否被接受，更在于其合法性的根本确立。这一问题的解决应当在新政府正式组建之前便展开，而在新政府运转一段时间之前，不能认为这一问题得到了彻底解决。新政府必须展现出足够的能力、权威与尊严，而这一切都必须建立在民众的普遍信任之上。同时，政府的每一步行动都将是史无前例的首次尝试，因此每一步都承载着双重意义——既具有象征价值，又具有实际功用。无论这些行动如何执行，它们都将对合法性的确立产生独特而深远的影响。

诚然，美国社会内部以及政府圈层中的深层分歧不久便会显现。然而，在最初阶段，这些分歧却被极大地遏制住了。新共和国的第一年——在此语境下，指的是从1788年秋季，而非1789年春季开始，延续至1789年秋季——堪称一段取得了卓越成就的篇章。在这一年里，几乎每一项决策以及每一个具有重大意义的行动都取得了非凡成功。而这些成功的关键在于，它们都是合法性方面的成功。

新国会的首次选举确立了联邦党的多数派优势。然而，这一胜利并非是唾手可得的。宪法的支持者们再次付出了巨大努力，因为他们在除佐治亚州以外的所有州都遭遇了反对势力的挑战。直到1789年年初，他们的全面胜利才逐渐显现。这主要是因为各州立法机构需要重新制定选举法，而这一过程进展缓慢；部分选举甚至推迟到1789年2月或3月才举行。值得注意的是，在反联邦主义势力较强的纽约州，由于立法机构内部的分歧导致的僵局，参议员直到7月才得以选出，而该州的总统选举人则根本未能产生。此外，弗吉尼亚州、纽约州、马萨诸塞州和南卡罗来纳州的国会代表团中均有反联邦主义者的身影。当选举结果最终揭晓时，联邦主义者确实有理由感到宽慰。在59名众议员中，仅有11人属于反联邦主义者，而20名参议员中持反联邦主义立场的更是只有2人。1788年11月，圣约翰·德·克雷夫科尔（St. John de Crèvecoeur）从纽约致信托马斯·杰斐逊，对"弗吉尼亚议会明显的反联邦倾向"表达了忧虑。然而，早在10月20日，他已对多数其他州的局势表现出谨慎的乐观态度。他写道："被称为反联邦主义的局部不满情绪，如今似乎已大为平息。当前唯一的期望是，这些乡村党派系不要在联邦参议员和众议员的选举中占据上风。如果能在这两个机构中确保联邦主义者占据多数，一切将顺利推进。"[3]

在争取公众支持的过程中，宪法的拥护者展现出了远超反对派的积极性。然而，联邦主义者的主动进取与反联邦主义者的相对消极仅能部分解释这一结果。同样重要的是一个无须人为推动的事件——乔治·华盛顿全票当选为美利坚合众国首任总统。

大陆会议于1788年9月决定，应于1789年1月7日选出总统选举人。这一决定意味着，从州长发布公告、召集立法机构制定新选举法，到推举候选人并完成投票，所有程序都必须在极为有限的时间内完成。在5个州，选举人通过普选产生；而在其余各州，则由州立法机构指派，或如新泽西州那样，由州长与议会共同任命。然而，无论选举人的产生方式如何，各州选举人团均于1789年2月4日这一天在各州首府集会，并在完全不知晓其他州选举人团决定的情况下，一致将选票投给乔治·华盛顿。无论是联邦主义者还是反联邦主义者，都没有考虑其他人选。约翰·亚当斯（John Adams）当选为副总统，但其所获选票不足华盛顿的一半，其余选票则分别投给了另外10位候选人。[4]

  华盛顿将担任首任总统的普遍预期，自1787年9月宪法制定完成时便已确立，甚至可能更早。这一预期在全国范围内几乎无人质疑，并在此后成为人们设想新国家政府中即将实施的重大变革的核心基础。这种共识在很大程度上也是联邦主义者在首次国会选举中取得压倒性胜利的原因。更重要的是，在批准宪法的过程中，这一预期不仅起到了不可估量的推动作用，甚至可以说，若无此预期，宪法的批准或许根本无法实现。关键在于，民众普遍认为，由宪法创建的共和国将由华盛顿，而非他人领导。

  然而，为何会出现如此毫无异议的一致性？为何乔治·华盛顿被视为唯一合适的候选人？诚然，他是国家最杰出的军事人物，但在革命一代的政治理念中，军事人物并非必然享有敬重，反而常常成为怀疑的对象。同时，华盛顿也不应被简单地看作一位威严的象征性人物，可以作为掩饰他人政治意图的工具而被从隐居中召回。事实上，华盛顿本人——更重要的是，他的过往经历以及众所周知的事迹——不仅是共和国合法化的关键所在，更是缓解共和国公民的恐惧、激情与偏见所不可或缺的核心因素。华盛顿的作用远远超越了他大陆军总司令的身份。自1775年起，他便开始履行行政职能，服务于整个国家。这些职能不仅限于军事领域，还涵盖了民政与政治事务，其广度和复杂性超过了其他任何一个人的职能。此外，这些职能在几乎每一个环节都依赖于高度的自愿同意——这一原则是革命得以持续的关键——而华盛顿始终坚定践行这一原则。他始终认为，自己所行使的权力必须由立法机构授予，并在其认可下终结。1783年，他主动放弃了手中的权力，这一决定意义深远，再次印证了他的原则立场。因此，无论是直接的还是象征性的，华盛顿的权威在近15年间稳步增长。从某种意义上说，自1775年起，他实际上一直在履行美利坚合众国总统的职责。

第一节　乔治·华盛顿：共和主义者

　　1775年，乔治·华盛顿被选为大陆军总司令之所以显得如此合乎逻辑，其原因与1789年他被推选为总统的原因极为相似。这两次推选都源于他在此前职业生涯中的表现与成就，而这些长期以来一直接受着公众的严格审视。他的职业生涯兼具代表性与独特性，而这种特质或许只有在弗吉尼亚殖民地的特殊环境中才能得以孕育。[5]

　　华盛顿在青年时期经历了一个重要的转折点，这在某种程度上或许带有一定的偶然性。这一转折与他强烈的军事抱负密切相关，对他此后的人生轨迹以及自我认知的塑造产生了深远影响，堪称一个看似偶然却意义非凡的关键节点。

　　我们往往不会想起，早在18世纪50年代，华盛顿在与法国人进行的边境战争中所取得的卓越成就便已广为人知。甚至在他20岁出头时，他的名字便已传入乔治二世国王的耳中。华盛顿凭借在月桂山（Laurel Mountain）和必要堡（Fort Necessity）的英勇表现，以及在迪尤肯堡（Fort Duquesne）担任布拉多克（Braddock）将军副官时的果敢行动而声名鹊起。23岁时，他已晋升为弗吉尼亚军队的总司令，拥有上校军衔，肩负着保卫弗吉尼亚长达350英里的边境防线的重任。从那时起，直到1758年法国人最终放弃迪尤肯堡，并允许英国人在其废墟上建立皮特堡（Fort Pitt），华盛顿潜在的行政才能在严峻的考验中得到了充分锤炼。他必须在充满挫折的环境中处理招募、补给和人事管理等复杂问题，而这些挑战与他25年后再次面对的困境颇为相似。然而，同样具有深远意义的是，到1758年底，26岁的乔治·华盛顿告别军事生涯，转而开启了一段在许多方面截然不同的新篇章。他被选入弗吉尼亚市民院（House of Burgesses），并在那里工作了长达15年的时间；他辞去了军职；根据兄长遗嘱的安排，他正式全面接管了弗农山庄（Mount Vernon）；在新年过后不久，他迎娶了玛莎·柯蒂斯（Martha Custis）———一位性情温和的年轻寡妇，她拥有可观的财产，并抚养着两个孩子。

在从迈向成熟到成为绅士种植园主，并以平民身份投身公共事务的5年间，乔治·华盛顿展现出强烈的雄心壮志。之后，这种雄心虽未消减，但其性质与内涵却发生了一系列复杂而引人深思的变化。

最初，华盛顿并不满足于仅仅担任弗吉尼亚民兵的军官。他曾一度渴望在英王的正规军中获得正式军衔，并在得体的范围内竭尽所能，努力实现这一目标。然而，他的请求却不知为何被埋没在18世纪中叶英国复杂而隐秘的恩庇体系（patronage system）中，与之一起消散的还有他对皇家提拔的期望。尽管如此，华盛顿成功地平复了自己的失望情绪，并且似乎并未产生普通人因自尊心受挫而可能产生的内心挣扎。他依然高度重视自己的声誉，但这一声誉的基础已悄然发生变化——从辉煌的战功转向了弗吉尼亚邻里对他的良好评价。这一转变不仅反映了华盛顿对声誉来源的重新认知，也与他对他所处的特定世界中，权威实际归属的理解密切相关，尽管这种理解未必在理论上有所体现。这或许主要是一种重心的转移，甚至可能是在他尚未完全意识到的情况下悄然发生的。然而，无论如何，他的重心已经从他曾经倚重的英国王室，逐渐转向了弗吉尼亚议会。关于这一点，我们将在后文中进一步探讨。

在接管弗农山庄之前，甚至在尚未满20岁时，华盛顿被另一种形式的抱负驱使着。这是一种耗费心力的追求——对西部土地的强烈占有欲。他几乎痴迷于在西部大规模购置土地、将其开垦，并引入商业与人口的构想。这种获取土地与开发的循环，起初完全是他"私下"自我的体现，源于个人的抱负与私利。他坚信，这一过程将为他带来财富、财产以及社会地位。事实上，为了实现这一目标，华盛顿投入了大量时间与精力，并在此过程中展现出卓越的行政才能。然而，在处理某些事务时——尤其是面对那些妨碍其计划和抱负的人——他表现得极为精明，甚至近乎无情。在军队里服务时，他利用自己作为测量员的收入，在弗吉尼亚边境购置了数千英亩土地。在这一时期，他首次见到了宾夕法尼亚西部河流沿岸肥沃的冲积平原，并随后在皮特堡地区购入了1.5万英亩土地。最终，华盛顿通过不断施压，成功说服弗吉尼亚总督博特图尔特（Botetourt）兑现了对他昔日部下的土地承诺。华盛顿随即果断行动，通过预先测量和购买他人被奖励的土地，最终占有了超过4万英亩的土地。与此同时，华盛顿的头脑中充满了关于陆路与水路交通的设计构想，这些计划日益丰富且详尽。他深刻认识到，要使这些计划成功，需要建立一个覆盖范围更广的合作网络，需要与邻近社区协作，共同开发西部地区。[6]

然而，这种源自个人抱负的循环，最终以与其开始时截然不同的方式告终。随着时间的推移和环境的变化，华盛顿逐渐意识到，他曾经设想的丰厚回报并不会如愿而至。然而，在这一过程中，他的自我意识逐渐转变，并层层深化，塑造出了一种全新的身份。这种身份以多种方式占据了他的精神世界，而他对西部的愿景，尽管已转向完全不同的层面，却依然保持着不减的热情。

上述的两个问题——声誉与权威——以及它们所隐含的深远意义，赋予了乔治·华盛顿在18世纪60年代和70年代的职业生涯一种独特的内在逻辑。在此期间，除了持续在弗吉尼亚市民院担任关键且稳定的职务外，他还在多个领域发挥了重要作用，包括担任费尔法克斯县的治安法官、特鲁罗教区波希克教堂（Pohick Church）的教区委员会成员及后来的教堂监护人。此外，他还是1774年通过《费尔法克斯县决议》（Fairfax County Resolves）的会议的主席。与此同时，作为弗农山庄的主人，华盛顿在社区中扮演了一种带有半公共性质的角色。他不仅以极大的耐心和努力重振了这片曾经衰败的庄园，还通过一系列创新举措推动其发展，例如以小麦取代烟草作为主要作物、建造面粉磨坊、出口波托马克河的渔获，并不断扩展他在西部的土地持有量。此外，他还积极承担了多项社区职责，包括执行遗嘱、担任邻居子女的监护人、为租户提供法律咨询，以及慷慨地借贷资金（尽管他在个人财务管理上谨慎克制，但在帮助他人时却从不吝啬）。他成为华盛顿家族中最成功的一员，而弗农山庄也因此成为整个家族事务的核心基地。

华盛顿是一位兼具财富与经验，同时广受尊敬的人物。正是在这样的背景下，他于1774年8月作为代表参加了在威廉斯堡召开的第一次殖民地大会（Provincial Convention）。在大会上，他被选为第一届大陆会议（First Continental Congress）的代表。在会议期间，他认真出席各项议程，并以低调而稳健的判断给其他代表留下了深刻印象。随后，他再次当选为代表，出席了1775年的第二届大陆会议（Second Continental Congress）。正是这次大会，从其成员中推选出华盛顿，并全票通过，任命他为革命军的总司令。

鉴于华盛顿在历史长卷中占据的崇高地位，以及他本人一贯表现出的克制与内敛，对其品格、个性及内在本质的探究，长期以来使大多数传记作者——尤其是20世纪的传记作者——陷入无尽的思索与困惑。其中最为杰出的传记作家之一，道格拉斯·弗里曼（Douglas Freeman），在多年研究行将结束时，以一种与研究对象本身相称的谨慎态度，几近无奈地承认：据他的研究发现，乔治·华盛顿确实如表面所呈现的那般，且始终如一。正如马库斯·康利夫（Marcus Cunliffe）所言，1772年查尔斯·威尔森·皮尔（Charles Willson Peale）所绘肖像的面容，展现了一位"正直之人"的形象，他"与世界和平共处"，"掌控着自己和周围的环境"。这几乎是所有与华盛顿同时代之人的普遍看法，少有例外。然而，那个时代与当今时代之间，无论是人格形成的方式，还是思考与定义这些问题的视角，都存在着显著的差异。这种差异是针对整个18世纪的世界而言的，但革命前的弗吉尼亚社会也许更为突出。

一个值得关注的现象是"品格"（character）一词的含义——它被视为客观可见的特质，其含义不仅比现代用法更为广泛，而且有着明显的区别。华盛顿就任总统后曾宣布，他将尽可能只任命"最高品格者"（the first Characters）担任高级公职。这个词既可指个人，也可指个人所具备的特质。虽然这种双重含义至今仍存在，但两种用法的应用已显著改变。在华盛顿时代，"品格"本质上具有公共意义，几乎等同于"声誉"（reputation）。它也有私人层面的含义，如同今日，但当时公共与私人之间的界限远比现在模糊："个性"（personality）一词在当时几乎不被需要，因而极少被用。[7]

正因如此，乔治·华盛顿的品格或许并非难以捉摸。他的整体特质从其外在的举止和实际的行为中清晰可见。同样，"声誉"不仅仅是社区对他的评价，还深刻反映了他对自身的认知。因此，对于华盛顿这样一位时代与环境的代表性人物而言，在私人生活与公共事务之间分配精力时，显然会更倾向于后者，而这在今天看来可能并不是"自然的"。这种倾向不仅在一定程度上解释了那个时代更为庄重和正式的社会风尚，也揭示了为何在两代人之后，"个人主义"（individualism）作为一种被普遍接受的价值观兴起时必然伴随着一场深刻的心理革命。

在18世纪中期的弗吉尼亚，一个人若想在社会中拥有影响力，必须对广泛的事务和人群承担责任。社会本身，以及在其中可实现的抱负和它给予的回报，使得所谓的"私人事务"实际上早已超越了私人范畴，因为这些事务与许多人的利益息息相关。像华盛顿这样的富有种植园主，掌控着一个庞大的社会网络，其中的成员包括奴隶、佃农、邻近的自耕农，以及庞大的亲属和族人群体，他们都以某种方式直接或间接地依附于他。然而，同样值得注意的是，尽管这样的人处于社会阶梯的顶端，他并不属于一个严格意义上的等级体系。更确切地说，这种等级体系的独特之处在于它没有明确的顶点。他属于一个身份地位相当者组成的群体，而对他的最终认可，无论性质如何，都不来自向上的权威，而是来自横向的同侪。这一体系的具体体现是一个集体性机构——市民院。市民院作为一个整体，赋予个人以声誉。然而，要成为市民院的一员，他必须通过选举，选举人不是他的市民院同僚，而是他的邻里，无论贫富。从这个意义上说，他在一定程度上反而依赖于那些依附于他的人。[8]

随着18世纪70年代革命危机高潮的到来，所有殖民地都几乎以一种近乎自然而然的方式接受了共和主义理念。这一现象若不结合殖民地长期存在的代议制政府的历史进行观察，实难得到合理解释。然而，这种接受过程在某些殖民地比在其他地区显得更加自然与顺畅。值得深思的是，为何弗吉尼亚——在所有殖民地中——如此鲜明地成为共和制共同体的典范，甚至超越了那些社会和政治生活实践更具"民主"特质的殖民地？为何革命时期共和主义的政治、军事及理论领导力量会如此集中地源自弗吉尼亚？又为何共和主义特质在弗吉尼亚能够如此迅速地被接受，对此几乎达成一致共识，且未遭遇重大阻力？弗吉尼亚并没有像其他许多殖民地那样，面临任何具有社会地位或重要性的托利党阶层的反对。答案再次指向了市民院，以及它在弗吉尼亚社会生活中所产生的深远意义。

　　市民院作为一个整体,代表了弗吉尼亚的社会、经济和政治精英阶层,其成员负责管理整个殖民地的事务。他们之所以能够行使这种权力,是因为他们具有一种坚定的信念——他们的行动符合全体民众的利益。这种信念似乎得到了定期选举的支持,在这些选举中,相当比例的自耕农积极参与了投票。市民院完全由种植园主精英构成,其成员在利益上具有一种北方殖民地罕见的高度同质性。而在南方的各精英集团中,市民院无疑是历史最悠久且最为稳定的。这种稳定性在其内部表现为成员构成的高度延续性,议长、书记员以及常设委员会主席等职位通常由同一批人长期担任。在市民院中,围绕利益或影响力的派系纷争极为罕见,这与其他殖民地的普遍现象形成了鲜明对比。然而,市民院的内部结构虽然稳定,却并不僵化。由于任期和权力的稳定性,其内部形成了一种强烈的集体荣誉感,为识别、培养和提拔人才创造了理想的环境。有能力的年轻人可能在初入市民院后不久便被任命至重要委员会,甚至担任委员会主席,超越那些资历更深的同僚。因此,在弗吉尼亚种植园主绅士阶层中,成功的职业生涯必须通过赢得同侪的尊重与支持来实现,通过其他途径获得成功的机会相对有限——例如纽约精英阶层所依赖的其他职业渠道或英国关系网,在弗吉尼亚并不常见。[9]

　　在大约1760年之前的那段时期,与其他殖民地议会类似,弗吉尼亚市民院逐步取得并行使了一系列特权和权力,涉及财政、军事政策、任命、选举、区划以及公共工程等领域。同时,市民院逐渐建立起对自身尊严和特权的强烈认同感。这种发展导致了一个显著结果:当这些特权和权力受到挑战时——尤其是在1763年之后的数年间,英国王室和议会在多个明确议题上对其提出质疑——市民院能够以非凡的团结精神做出回应。《印花税法案》(Stamp Act)颁布后,市民院及整个弗吉尼亚殖民地通过决议表达了反抗立场，被任命为印花税征收员的官员在威廉斯堡面对愤怒的民众时，被迫宣布，"在获得本殖民地议会许可之前"，将不再履行职务。1768年，市民院在一份抗议《汤森法案》(Townshend Acts) 的请愿书中宣称："只有那些获得我们自身同意的法律，才有权治理我们的内部事务和向我们征税。"总督随即解散了市民院。然而，其成员随后非法集会，并通过了一项拒绝进口英国商品的协议，该协议在整个殖民地得到了严格遵守。1774年《强制法案》(Coercive Acts) 颁布后，市民院宣布设立禁食祈祷日，旨在"使我们万众一心，通过一切正当且适宜的手段，坚决抵抗对美国权利的每一次侵犯"。这些行动的背后，是他们作为个人与集体对挑战的清醒认知——这种挑战以最直接的方式针对他们自身。弗吉尼亚与许多其他殖民地的情况不同，像帕特里克·亨利（Patrick Henry）这样持教旨激进主义立场的人——他也是这一精英群体的成员——所提出的主张，能够被不同性格和立场的人接受，而不会引发内部重大分裂。因此，这一过程具备内在的逻辑性：所有这些反抗行为最终得以转化为明确的共和主义原则，并由这一精英群体的另一位成员托马斯·杰斐逊为所有殖民地系统化地加以阐述。对代表弗吉尼亚人民的代议机构的挑战，也被进一步概括为对整个邦联自由的威胁。[10]

身处这场风暴核心的乔治·华盛顿从未对抵抗的必要性产生过怀疑。他与帕特里克·亨利形成了鲜明对比：亨利侃侃而谈，却不善倾听，且偶有懒散之态。然而，尽管二人性格迥异，其核心经历却本质上相似，并且他们以各自的方式做出的回应最终指向了同一目标。更重要的是，对这两位政治人物而言，当时的历史环境恰如其分地促成了他们共同形成的一种信念——这一信念最初潜藏于意识之中，随后逐渐明晰：任何对权力和服从的合法主张，若未建立在立法机构最终认可的基础之上，便不具备正当性。

1774年，乔治·华盛顿与帕特里克·亨利、佩顿·伦道夫（Peyton Randolph）、理查德·亨利·李（Richard Henry Lee）、本杰明·哈里森（Benjamin Harrison）、理查德·布兰德（Richard Bland）和埃德蒙·彭德尔顿（Edmund Pendleton）一同前往参加第一届大陆会议。亨利以一句"我不是弗吉尼亚人，而是美国人"的宣言激励了所有与会者。华盛顿一如既往地寡言少语，但专注倾听了这一宣言及会议的所有议程。他目睹了冗长的辩论，察觉到了各方之间的相互猜疑与利益冲突——必须对这些分歧加以调和，才能实现共同行动。与许多其他代表不同的是，华盛顿始终未显露出任何不满或急躁情绪。1775年春，列克星敦和康科德战役爆发后不久，第二届大陆会议召开。华盛顿再次当选为代表，并身着军装出席会议。这一举动被普遍视为他确信武装冲突不可避免并已做好准备的象征。他原以为自己会被任命为弗吉尼亚民兵部队的指挥官。会议期间，他被任命负责两个委员会的事务，并成为另一个委员会的成员，这些委员会均与防务和军需物资相关。在履行职责的过程中，他展现出一贯卓越的判断力，能够排除多种选择而做出明智决策；他在军事问题上的专业知识，也显然优于其他与会代表。与会者很快意识到，若要维系当时为解放波士顿而集结的庞大军队（主要来自新英格兰地区，但也包括其他殖民地的部队），大陆会议必须全面接管他们。而确保南方殖民地支持的最佳方式，就是任命一位弗吉尼亚人担任总司令。尽管华盛顿并不急于接受这一职务，也不认为自己的能力足以胜任，并明确拒绝领取任何薪酬，[11]但鉴于他的个人品质已广为人知，这一任命几乎是顺理成章的选择。提名由马萨诸塞州的约翰·亚当斯提出，其堂兄塞缪尔·亚当斯（Samuel Adams）附议，几乎未遇到任何反对意见。华盛顿之所以接受这一职务，是基于一种微妙的平衡：一方面，他曾私下表明自己"全心全意打算将生命和财产奉献于我们所从事的事业"；另一方面，他厌恶任何可能让他被误解为追求个人荣誉的公职（这也是他拒绝领取薪酬的原因）；此外，他同样担忧如果拒绝履行职责，自己的"品格"会遭到损害。

在担任总司令的初期，华盛顿似乎重新展现了年轻时对军事行动的热情。他理所当然地认为，军事成功依赖于好战精神，并将与敌军直接交战视为军队的主要使命。然而，他对战略和战术的理解相对粗浅，而其实际军事训练也十分有限。因此，他不得不高度依赖自身天生的判断力。尽管这种能力总体上较为可靠，但华盛顿并非总能依靠它避免失误，有时甚至会表现出一定的鲁莽。1775年接下来的时间里，他曾两次提议对英军占领的波士顿发动正面攻击，但均被部下成功劝阻。最终，美军通过围城战术将这座城市攻克。1776年，他希望在长岛与豪（William Howe）将军一决高下，但由于未能保护左翼防线，并在局势已无可挽回时选择增援防线而非撤退，几乎全军覆没。在布兰迪万和日耳曼敦的战役中，若他的指挥更为谨慎，战败所造成的损失可能会小得多。

然而，华盛顿一次又一次地被两个无法忽视的现实所警醒：军力的弱势与后方支援的不可预测性。在军事指挥方面，他很早便认识到，革命战略的首要任务是维持军队的存在，这意味着必须尽量避免大规模会战。唯一的例外是约克镇战役（Battle of Yorktown），这场战役经过精心策划和大规模组织，并以远超敌军的兵力展开。然而，从根本上讲，华盛顿的角色远不止是战场指挥者。正如弗里曼所言："他十分之一是战场指挥官，十分之九是行政管理者。"即便如此，这一评价仍不足以全面概括他所承担职责的广泛性。这场革命的本质在于，它是由13个独立政府以各自的方式推动的事业，因此，在几乎所有需要协同合作的场合，行政权力的缺失都不可避免。由于华盛顿率领的军队是整个革命事业的核心支柱，他作为总司令的职责远远超越了战术甚至行政的范畴。他的角色同样具有政治属性，[12]作为广义上的执行者，他不仅负责内政，还统筹外交事务。华盛顿必须克服自身的地方主义倾向。他克制了最初对以新英格兰士兵为主的部队"洋基作风"（Yankee ways）的反感，同时组建了一支由来自各殖民地的优秀青年组成的参谋团队。这一举措可能在一定程度上使他对"美利坚合众国"这一事业的承诺更加具体，而当时对于大多数人来说，这仍是一个相对抽象的概念。他的文书工作量极为繁重。他需要处理一系列与部队有关的问题，包括招募、补给、服装、粮食和薪资等，这些问题迫使他不得不与大陆会议各委员会、各州州长及其立法机构，以及军队驻扎地区的地方官员和民众展开不间断的谈判。[13]在筹备约克镇战役期间，他甚至成功地与法国波旁王朝的陆海军进行了谈判，为战役的最终胜利奠定了基础。

大陆会议深刻认识到革命危机所暴露的行政权力真空问题，因此在1776年底投票授予华盛顿为期6个月的实质上的独裁权。然而，这种权力实际上无法真正按照独裁方式行使，从这个意义上说，其实际效用相当有限。无论是与地方、各州或大陆会议的交涉，还是与供应商乃至自己军队的互动，几乎都必须建立在高度自愿同意的基础之上。这种对"自愿同意"原则持续不断的认知，在很大程度上划定了华盛顿在整个战争期间行动的边界，也成为他在那些岁月中展现克制与自律的重要基石。另一方面，华盛顿对大陆会议的尊重，多半源于他内心的真诚信念。对立法权威的敬重，早已成为他长期培养的素养，这种敬重至少可以追溯到他担任立法者的时期——那时，他习惯于享受他人给予的同样尊重。

此外，华盛顿的行动多次受到审视，并始终暴露于公众视野之中。随着时间的推移，人们对他及其功绩进行评价时，至少可以依据日益丰富的公开证据。华盛顿的个人形象最终承载象征意义，几乎是历史发展的必然；他的个人榜样不仅成为一种象征，还进一步激发了相当一部分民众坚持到底的决心。各地民众的自豪感逐渐与这位人物紧密相连——他的声望随着国家及其事业在国内外声誉的提升而不断攀升。华盛顿的法国盟友——那些王室成员和贵族将领对他的高度赞誉,无疑让任何听闻或读到这些评价的普通美国民众深感振奋。正如罗尚博(Rochambeau)麾下一位军官所言:"我将能够瞻仰如此伟大之人的那一天,视为幸运之日。"[14]

华盛顿的克制至少有一次未能坚持住,那是美国独立战争结束后,在纽约的弗朗西斯酒馆与其麾下的军官们告别之时。这一场景令在场者终生难忘。没有人发表演说。总司令稍微尝了一些为宴会准备的食物和酒后,请每位军官上前与他握手。魁梧的亨利·诺克斯(Henry Knox)——他的炮兵司令,曾是波士顿的一位书商,从战争伊始便追随其左右——第一个上前。这一刻,华盛顿那几乎从不外露的情感终于占了上风。他双眼含泪,不忍仅以握手作别,便将诺克斯拥入怀中并亲吻了他。他以同样的方式与其他军官告别,所有人都哽咽无言。随后,他转身离开,沿着码头步行至怀特霍尔,那里有一艘驳船正等待送他过河。在波尔斯胡克,他换乘马匹,开始了归家的第一段旅程。抵达国会所在地安纳波利斯后,他简短地向议会述职,并正式交还指挥权。1783年平安夜,他终于回到了弗农山庄。

此时,华盛顿的影响力和声望已达巅峰。然而,在其他社会结构中,领导者的角色往往展现出与华盛顿截然不同的特点。西蒙·玻利瓦尔(Simón Bolívar)——"解放者"(Liberator)——的名字常被与华盛顿相提并论。玻利瓦尔被誉为"拉丁美洲的华盛顿",两人都被视为"国家的拯救者"。但实际上,这两位领导者之间存在显著差异,这种差异尤其体现在他们对自身与权威关系的理解上。玻利瓦尔虽出身贵族,但他的贵族身份与"弗吉尼亚式"观念几乎毫无关联:他几乎未从同辈中获得社会或政治上的认可。他的权威、荣耀与特权完全源自国王的个人授予。然而,拿破仑入侵西班牙半岛导致王权崩塌,这一事件使得新大陆殖民地中,像玻利瓦尔这样雄心勃勃的人得以迅速建立属于自己的权威与声望。他完全依靠个人的"魅力"来塑造自己的角色——这一术语用来形容华盛顿时,既不准确,也显得勉强。与拿破仑相似(玻利瓦尔的动机和内心的野心与拿破仑极为相近),玻利瓦尔凭借军事功绩成了一位实质上的"无冕之王"。他具有征服者的冲动,可以抛开法律的束缚,而后通过征服为自己的行为辩护。他以傲慢轻蔑的态度对待地方政务会及其他立法机构,并亲自起草和颁布宪法。尽管他偶尔流露出强烈的情感,但他性格中的自负使其极为独立,几乎不需要依赖他人。这种特质不仅体现在他对待军事和政治方面的下属的态度上,同样表现在他与情人之间的关系中。他不承认有任何人与自己的身份相同,尤其是拉丁美洲的其他革命领袖。他厌恶秘鲁的解放者圣马丁(San Martín),尽管后者在秘鲁的举措与玻利瓦尔在委内瑞拉的行动如出一辙。另外,正是玻利瓦尔将弗朗西斯科·米兰达(Francisco Miranda)交给了西班牙人。真理对玻利瓦尔的意义,与其对拿破仑的作用异曲同工。他伪装成共和主义者,但内心却渴望在自己的统治下重建帝国。他曾对一位知己坦言,"不必担忧有色人种,我奉承他们只是因为我需要他们;民主在我唇间",他指着自己的心,"而贵族精神在此"。在构成权威的各种关系中,这两个"华盛顿"之间,犹如他们所处的两个世界般截然不同。[15]

华盛顿"退休"后,他虽已不再掌握任何正式权力,却依然以一种道德权威的身份发挥着影响。弗农山庄宾客盈门,各阶层的访客络绎不绝,争相征询他的意见并寻求建议。早在1784年春,他便再次卷入一项关乎国家利益的事务。当时,新近成立的革命军官社团——辛辛那提勋章会(Order of the Cincinnati)——因其法国成员而被指控为

"外国阴谋"，又因其世袭会员制度而被批评为"永久贵族"。作为该组织的总会长，华盛顿建议对其结构和规则进行全面改革，以消除所有可能引发争议的因素。[16]同年秋季，华盛顿前往俄亥俄河上游考察自己在该地区的土地资产。这次考察成为一系列事件的开端，并最终促使他在不到三年后主持了费城的制宪会议。

华盛顿的私人事务再次不知不觉地融入了公共事务。他最初的关注点是解决西部水路运输问题，但这一关注最终延伸至邦联政府在各类事务中表现出的全面局限性，商业问题仅是其中之一。在华盛顿的直接倡导下，弗吉尼亚率先启动了改善波托马克河航道的计划，随后马里兰参与其中。1785年春，双方在弗农山庄达成了相关协议。这一协议进一步促成了1786年9月召开的安纳波利斯会议（Annapolis Convention）。会议旨在讨论各州之间的共同商业关切，共有5个州派代表出席。会议原本期望13个州全部参与，但这一目标未能实现。此时，邦联政府的无能已显而易见。由亚历山大·汉密尔顿起草的安纳波利斯会议报告，呼吁召开全体会议以修订《邦联条例》。早在一年前，华盛顿就曾写道："狭隘、猜忌和地方主义过多地渗透到我们的公共决策中，阻碍了邦联的良好治理。简言之，在我看来，邦联不过是一个有名无实的影子……"[17]1786年末至1787年初的冬天，谢斯起义——发生在马萨诸塞州西部的债务人暴动——似乎进一步印证了这一判断。这场事件使华盛顿深信，一个既无法化解民众不满又无法维持社会秩序的政府，根本称不上是一个真正的政府。

华盛顿原本并不愿意在1787年5月前往费城，最终很勉强地同意出席。有时，人们认为他被宪法运动的核心人物所推动，尤其是汉密尔顿和麦迪逊，他们据称利用了华盛顿对新英格兰地区可能陷入无政府状态的担忧。然而，这种说法在一定程度上低估了华盛顿自身的主动性，以及他卸任以来几乎每一步行动都蕴含的公共意义。实际上，有两条努力的路径最终汇聚于费城，但它们在此之前事实上已然融合。其中较为人知的一条，与汉密尔顿和麦迪逊的名字密切相关，体现为他们建立全新政府框架的坚定决心。而另一条路径，则是推动内陆水路运输向西部延伸的运动，其主要倡导者正是华盛顿本人。在这一方面所采取的重要举措——通过立法、批准股份公司、召集会议等——均源于华盛顿的倡议，并出于对他明确意愿的尊重。若无他的推动，这些举措或许根本无法实现。正如麦迪逊在1785年1月写信给杰斐逊时所言："他对这一事业的热忱几乎难以形容，这表明，像他这样具有远见卓识且长期专注于伟大目标的人，无法忍受空虚。"[18]这一切的背后，是华盛顿的"品格"——以18世纪该词的特殊含义而言。在八年半的公共服务中，他的品格已与革命的成功和国家的统一紧密相连。似乎任何表明事态未能如他所期望的那般发展的迹象——无论是根本性的民众不满、社会动荡，还是缺乏为共同利益推进计划的意愿或能力——都不可避免地被认为与他有关，并在某种程度上成为他的责任。从这个意义上讲，华盛顿从未真正"退休"。他从未放弃自己的领导地位。尽管不能说通往费城的每一步都由华盛顿亲自率先迈出，但大多数步骤无疑都受到他的榜样力量的影响，并在他的庇护下得以完成。当关键时刻到来时，人们普遍认为，没有华盛顿的参与，成功几乎不可想象。尽管内心抗拒，他却无法为自己的缺席找到令人信服的理由。当他抵达费城时，便被一致推选为制宪会议主席。

在乔治·华盛顿的领导下，美国总统职位作为一种有效的行政力量开始崭露头角。考虑到华盛顿本人对这一角色的深刻理解，以及他就职前国家所面临的混乱与猜疑，这一过程或许带有某种偶然性。然而，从华盛顿为这一角色所做的长期且深入的准备来看，这种偶然性显得微不足道。与任何一位继任者相比，华盛顿的准备时间都显然更为充裕，过程也更加全面。费城制宪会议成为这一准备工作的最终彩排。在长达四个月的会议期间，国内最杰出的思想家们向华盛顿系统阐述了国家对行政权力的需求、可能坚持的权力限制、可行与不可行的选项，以及能够证明正确决策合理性并警示错误选择风险的理论与历史依据。华盛顿一如既往地专注聆听，他所接受的这些内容堪称一场全面而系统的课程，其深度与广度远非任何时代、任何学术机构所能比拟。[19]

对华盛顿而言，这不仅仅是一份职责说明，更是一种提醒，一种对他早已熟知并实践过的理念的整理和规范。在制宪会议期间，大多数代表都清楚地意识到，他们所描绘的理想的行政首脑，其实就坐在他们面前。事实上，许多人当时便默认华盛顿将成为这一职位的不二人选。他们为行政权力设定平衡机制时，几乎可以肯定是以华盛顿为参照的——除了英王乔治三世（George III），他们几乎没有其他历史经验可借鉴。简而言之，他们所考量的是：华盛顿是否能同时体现他们期望的强力与克制，是否会避免他们所担忧的软弱，或他们所厌恶的专制。正如皮尔斯·巴特勒（Pierce Butler）所言，行政权力之所以被赋予如此广泛的职能，很大程度上是因为"许多代表将目光投向华盛顿将军，视其为未来的总统，并基于对其品格的信任，勾画出总统应拥有的权力框架"。[20]

1789年春，华盛顿从弗农山庄启程前往纽约，准备出任首任总统。尽管他竭力保持行程低调，这次长达八天的旅途却逐渐演变为一场振奋人心的巡游。沿途六个州的民众通过这一旅程，以象征性的方式见证并确认了他们与代表们共同缔造的这一历史成就。4月16日，将军乘坐马车离开弗农山庄，在亚历山德里亚接受市政晚宴款待后，渡过波托马克河，随即由马里兰第一步兵团（First Maryland Infantry）护送进入巴尔的摩，享受了城市的最高礼遇。他随后在威尔明顿再次受到隆重欢迎。抵达宾夕法尼亚边界时，当地行政长官亲率代表团迎接，并在费城为他举行了盛大的晚宴和阅兵仪式。此后，他由城市骑兵队（City Troops of Horse）护送，继续前往特伦顿。跨越阿松平克溪（Assunpink Creek）的桥梁——此地正是1777年1月华盛顿率领大陆军顽强抵御英军进攻的战场，如今被装点得绿意盎然。桥头两侧，身着白衣的少女列队迎接，一边撒花铺路，一边吟唱专为这位英雄创作的颂歌。在普林斯顿、新不伦瑞克和伊丽莎白镇，都举行了隆重的欢迎仪式。沿途每座城镇都以隆隆炮声宣告他的到来。在一些地方，将军不得不暂时离开马车，改骑为他特别准备的骏马（作为当时最杰出的骑手之一，他显得格外英姿勃发）。4月23日，一艘装饰华丽的驳船载着他穿越纽瓦克湾（Newark Bay），驶入纽约港。礼炮齐鸣，港内所有船只随即升起旗帜致敬。全城停工，钟声回荡，数千名热情洋溢的市民挤满海滨。"各界民众无不欢呼雀跃，以激动的欢呼声迎接这位国父的到来。"这一天的庆祝活动以地方行政长官府邸举行的盛大晚宴圆满落幕。[21]

在这场持续八天、自发形成的政权合法性确认仪式中，华盛顿投入了大量情感，他是仪式的核心人物。一周后，他又在联邦大厅（Federal Hall）面向华尔街（Wall Street）*的开放式廊柱下，经历了另一场庄严的典礼。纽约州总理罗伯特·R.利文斯顿（Robert R. Livingston）主持了总统就职宣誓仪式。当宣誓结束后，他转身面向民众，以豪迈的手势高声宣告："美利坚合众国总统乔治·华盛顿万岁！"

第二节　罗马式简朴

自华盛顿抵达纽约的那一天起，参议院和众议院，以及某种程度

＊ Wall Street的字面意思是"墙街"，音译为华尔街。

上华盛顿本人的注意力，都集中在了一个当时引发广泛争议，但此后再未对任何一届美国政府造成困扰的议题上——头衔、仪式与官方礼节的规范。这种关注持续了大约三周。到1789年5月中旬，这一问题的大部分内容被最终敲定，此后再无讨论的必要。然而，这些讨论和辩论所引发的激烈反响，使其在后世几乎所有关于这一时期的历史著述中都占据了特殊的位置。至于这一事件在历史叙述中应占据的比重，至今仍是一个值得探讨的问题；而它在实际历史记载中之所以获得如此显著的关注，很大程度上得益于两位意志坚定的关键人物：副总统约翰·亚当斯与宾夕法尼亚参议员威廉·麦克莱。二人就头衔及其他礼仪程序问题展开了公开争论。关于这场争论的大部分史料来自当事人麦克莱参议员，而最详尽的记录则保存在他的个人日记中。

在这场争论中，两人的表现都难称出色。亚当斯坚持头衔的礼仪性，这一立场使他招致了支持君主制的指控，而这个指责贯穿了他的一生。作为参议院的主持官员，他在一定程度上负责总统当选人接待礼仪的安排以及政府事务的启动。在此过程中，亚当斯的表现颇似一位过于紧张的女主人，急切地希望每个细节都尽善尽美。此外，他似乎滥用了自己的职权，频繁打断其他议员的发言，并以类似授课的方式表达自己的观点。麦克莱的表现同样令人不敢恭维。他也是一个过于较真的人物；作为来自宾夕法尼亚边疆地区的参议员，他习惯性地对沿海地区的势力持怀疑态度，尤其是对马萨诸塞的影响力。他是那种在几乎任何会议上都能见到的典型人物——总是起身提出程序问题。这两人占用了参议院大量时间，而在这段插曲中，参议员们的投票选择，很可能仅仅取决于他们对亚当斯和麦克莱交替引发的烦躁与容忍之间的微妙平衡。

4月23日，在亚当斯的提议下，参议院任命了一个委员会，与众议院共同商议"美国总统和副总统职务应附加何种称谓或头衔"，以及即将举行的就职典礼应如何安排。次日，麦克莱试图删除关于头衔的相关条款，但未获通过。当亚当斯询问是否应称呼众议院议长为"尊敬的"（Honorable）时，参议院通过投票予以否决。4月25日，亚当斯再次向参议院征询意见：他究竟应以参议院议长还是美国副总统的身份接待总统。对此问题，参议院无人能给出明确答案，而麦克莱则在其日记中对亚当斯进行了尖锐的嘲讽。尽管史料未明确记载他是否公开进行了这些讽刺，但他在日记中写道："我认为我已经发言足够多次了。"4月30日，就职典礼当天，亚当斯显得焦虑不安："总统想必会向国会发表讲话。我该如何应对？我们该如何接待？是应该站立还是就座？"经过一番混乱后，最终决定在总统讲话时全体起立。当华盛顿终于现身时，副总统在致欢迎辞时表现得颇为局促，不仅语无伦次，甚至一度忘记了自己原本准备好的发言内容。而麦克莱则对总统在发表就职演说时表现出的笨拙感到尴尬。典礼结束后，参议院随即任命了一个委员会负责起草答复。²²

次日清晨，在宣读会议记录时，麦克莱发现其他成员似乎未能全神贯注，便认为有必要基于原则对"他最仁慈的演讲"（his most gracious speech）这一表达提出强烈反对。他强调，这一表述（由亚当斯指示秘书采用）与针对英国王室演说的惯用措辞如出一辙。亚当斯对此极为不满，坚称这些用语并无不妥。然而，经过一番争论，参议院最终决定将其删除。与此同时，两院还就信息传递方式以及信使是否应在进出时行礼的问题展开讨论。4月23日，参议院通过了一项决议，要求信使行礼，但众议院对此嗤之以鼻，并否决了这一规定。参议院未再坚持。在此期间，华盛顿总统正试图厘清公共与私人社交生活的界限，并低调地寻求建议〔由于参议员麦克莱以其对排场和礼仪的激烈批评而声名远扬，总统特意委托阿瑟·圣克莱尔（Arthur St. Clair）将军以委婉的方式征询他的意见〕。5月7日，在参议院就总统演说回复稿展开的辩论中，麦克莱提议删除关于政府的"尊严与辉煌"（dignity and splendor）的措辞。然而，参议院经投票决定保留这一表述，令亚当斯欣喜不已。与此同时，有关头衔问题的争论也在这几天达到了高潮。[23]

5月5日，参众两院联合委员会提交报告称："在宪法明确规定的职务名称之外，附加任何称号或头衔均属不当。"众议院随即接受了这一报告，但参议院于8日否决，并由此引发了一场持续至14日的激烈辩论。副总统亚当斯与弗吉尼亚的理查德·亨利·李是头衔最坚定的支持者。李坚称，"世界上的所有民族，无论是文明社会还是野蛮部落，都必须设立头衔"。麦克莱则多次起身发言，强调"人们对华盛顿将军的敬重已达极致，无须更多修饰"，并认为美利坚合众国总统这一职务无须额外头衔。对此，亚当斯在议长席上多次插话，尖锐地表示，单纯的"总统"一词让他联想到消防队或板球俱乐部的主席，认为要体现政府的尊严，需要更为庄重的称谓。随后，参议院成立了一个新的头衔委员会，该委员会迅速提出建议，主张采用"美利坚合众国总统陛下暨自由保护者"（His Highness the President of the United States of America, and Protector of their Liberties）这一头衔。[24]

参议院提议与众议院组建一个协商委员会，重新讨论头衔问题。5月11日，经过辩论，众议院同意了这一提议。然而，当委员会召开会议时，众议院代表仍然坚决反对设立任何形式的头衔。最终，为了"维护与众议院的和谐关系"，参议院于5月14日投票决定，正式称呼应为"致美利坚合众国总统"（To the President of the United States），不再附加其他头衔。在整个争议过程中，华盛顿本人始终未公开表态（正如麦克莱在日记中所写，"若他确有表态，我必定会得知"）。然而，事后，华盛顿在一封私人信函中坦露了自己的真实想法：

实情是，这一议题在我抵达之前便已被提出，与我毫无关系，也未曾事先知会于我。即便在我获悉此事后，相关讨论仍继续进行，这违背了我的意见。我早已预见并预言了这一提议会遭遇的反应，也料到政府的反对者会如何利用这一争议。所幸此事已告一段落，我希望永不重提。[25]

事实上，这一争议自此再未被提起。尽管当时曾出现短暂的反复，但关于最终结果从未有过真正的悬念。主导几乎所有人思想的，是一个深深植根于革命意识形态的核心原则：罗马共和国的庄严与朴素。自他们记事以来，拉丁经典的意象便以多种形式渗透到他们的生活、言语、思想和行动之中。当时流行的年鉴中，常引用贺拉斯（Horace）、维吉尔（Virgil）和奥维德（Ovid）的诗句，颂扬勤劳耕作的美德。革命时期的主要宣传者多为古典学者，他们署名时常使用古典笔名。不进口协议的推行也借助了罗马节俭与克制的象征意义。整个革命文学都充满了罗马共和国的意象——一个被凯撒专制阴影威胁的共和国。因此，在制宪会议上频繁援引古代共和国的历史经验，也就显得合乎情理。从政府机构的命名——"总统""参议院""国会"——到官方图徽、国家格言，乃至建筑风格，无不体现出浓厚的罗马特色。他们认为，个人的行为举止同样应当符合罗马的经典风范。正如詹姆斯·麦迪逊在众议院就头衔问题进行最后一次辩论时所言（据一位观察者描述，他当时"神情宛如一位严厉的监察官"）："我们的举止越是简朴，越是契合共和精神，就越能获得真正的理性尊严。"[26]

罗马公民典范的最佳化身，无疑是乔治·华盛顿本人。他对此深有自觉，事实上，多年来他一直在扮演这一角色。至此，华盛顿的生平与罗马共和国的伟大英雄辛辛纳图斯（Cincinnatus）、费边（Fabius）和加图（Cato）之间的相似之处已被反复论述。在青年时期，他曾与莎莉·费尔法克斯（Sally Fairfax）共同阅读艾迪生（Addison）的戏剧《加图》（Cato）；多年后，他在福吉谷（Valley Forge）为部队安排了这部戏剧的演出。彼时，人们已将他视为加图的化身。乔治·华盛顿的军事战术甚至使"费边式的"（Fabian）一词首次进入了英语词汇。战争结束后，他如辛辛纳图斯般解甲归田，重返农耕生活。1788年，布里索·德瓦维尔（Brissot de Warville）在访问弗农山庄后写道："人们常将他比作辛辛纳图斯，这一比喻可谓贴切。这位著名的将军如今不过是一位全身心投入农场事务的乡绅……"三年后，年轻的夏多布里昂（Chateaubriand）拜谒华盛顿。此前，他曾远远目睹华盛顿乘坐四匹马拉的马车外出，心中不禁疑虑，这样的交通工具是否符合辛辛纳图斯的质朴形象。"然而，当我递上介绍信时，我立刻感受到他那古罗马先贤般的简朴气质。"[27]

　　除了保持朴实无华的作风，总统的个人风范还需兼具庄重与职责感。寻求这一平衡殊为不易，华盛顿认为在最终做出决定之前，审慎地进行一些私下探询是明智之举。他是否应出席社交聚会？是否应进行拜访？是否需要举办宴会？是否应接待来访？在什么情况下，又该多长时间接待一次？此外，他还需考虑如何保护自己的工作时间。在就职初期，他曾坦言："如果我不将本应用于休息和恢复精力的时间投入到处理这些事务中，我将无暇顾及任何政务。"他一度考虑是否应彻底谢绝所有邀约，也不接待任何来访。"然而，我对此有两点顾虑：……其一，我深知这种前所未有的做法必然会被视为对君主威仪的刻意模仿；其二，这般深居简出将切断来自民众的重要信息渠道，反而使我更加依赖少数人的建议。然而，要找到一个恰如其分的折中方式，却比初看时困难得多……"最终，他决定不主动拜访，不接受邀请，也不举办大型宴会，但偶尔会前往剧院，并每周举行一次持续一小时的会晤，每次邀请少数几位宾客留下共进晚餐。一份当时关于这些会晤的记载提到，这些场合庄重而严肃，并生动地描绘了总统的仪态：

> 他身着黑色天鹅绒礼服，头发梳理整齐，经过粉饰，并以丝制发囊束于脑后；双手戴黄色手套，手持一顶三角帽，帽上饰有帽徽及约一英寸宽的黑色羽饰。他佩戴膝扣与鞋扣，左腰佩挂一柄长剑，其剑柄由精工抛光钢材制成，外衣覆于佩剑之上，使剑柄及外衣后摆下的剑鞘若隐若现。剑鞘为白色抛光皮革制成。
>
> 他总是站在壁炉前，面朝入口处，以庄重的鞠躬迎接来宾。其手势明确地表明，这种礼节并不包含握手，即便是面对最亲密的朋友，他也恪守这一规范，以示平等与公正。
>
> 访客入厅后，依次环绕厅堂而立。下午三点一刻，房门关闭，当日的宾客阵列随即形成。总统从右侧开始，与每位访客交谈，呼其姓名并简短寒暄。待巡视一圈后，他回到原来的位置，访客则依次上前向总统致意并告退。至下午四时，这场例行接待仪式便告结束。[28]

此外，每天还设有一个时段，供来访者就公务事宜会见总统。正如弗里曼所言，通过这一安排，"他追求的并非职位的荣耀，而是工作的简化"。[29]

在公共事务的处理上，罗马传统要求同时具备"朴实"（simplicitas）与"庄重"（dignitas）两种美德，关于这一基本原则，当时并无分歧。[30]即便是在关于头衔的争论中，双方也都援引了罗马的例证：一方坚称罗马从未使用敬称，另一方则举证说明罗马确实使用过，比如"至尊者"（Vir amplissimus）、"显贵者"（Vir Clarissimus）、"至尊执政官"（Vir amplissimus Consul）和"至高者"（Vir Summus）等称谓。约翰·亚当斯反驳道:"这些称号在罗马最简朴的时代也十分常见……［此外］我还要进一步指出,'元老院议员'(Patres Conscripti)这一称号比'阁下'(my Lords)更加高贵……"³¹

总的来说,每个人或多或少都带有罗马风范。乔治·华盛顿被视为罗马典范的化身,而约翰·亚当斯紧随其后,被称为"第二位罗马人"。据霍华德·芒福德·琼斯(Howard Mumford Jones)所言,亚当斯"每次为公众执笔,总像披着一件罗马长袍"。然而,与许多其他人一样,亚当斯尚不确定这个共和国究竟能够维持多久。他认为,若能为少数主要官员授予显著的荣衔,或许能够赢得民众更深的敬意。然而,多数参与讨论的人似乎认为,亚当斯所追求的那种合法性,必须通过更为间接的方式来实现。³²

第三节　行政机构的建立

美国建国之初,并没有任何行政部门——既无财政部、国务院,也无战争部或其他类似机构。同时,人们对这些部门一旦设立后的运作模式、权力归属以及最终的责任承担等问题也缺乏明确的概念。宪法对此未作任何规定,也没有现成的机制能够自动解决这些问题。在国会展开讨论和辩论之前,在通过相关法律、确立任命官员的标准之前,革命时期普遍存在的疑虑——这些疑虑源于美国人对英国政治的深刻认知——可能会以多种形式爆发,从而导致问题沿着截然不同的路径被解决。对行政权力的恐惧,尤其是对英国恩庇体系腐败的担忧——这一体系曾严重侵蚀英国国家的道德根基——正是促使美国革命爆发的关键原因。因此,当美国人再度面临这些问题时,他们绝不会轻率行事。此外,这些问题最终得以确立清晰的原则,很大程度上得

51 益于詹姆斯·麦迪逊——这位来自弗吉尼亚、年仅38岁的国会议员——在思想上的深远影响和在议会中的卓越领导。

人们有时认为，将内阁官员定义为总统的助手——需向总统负责，而总统也对其行为承担最终责任——而非将其视为在职能上与总统形成某种对立关系的部长，这一决定最初完全出自华盛顿。然而，这种看法仅部分符合事实。各部门首先必须正式设立，而各部门负责人由谁任命、在何种条件下任职，则属于国会的权限范围。与此同时，邦联时期大陆会议的部门官员——包括担任外交事务秘书（Secretary of Foreign Affairs）的约翰·杰伊、财政委员会（Treasury Board）成员，以及担任战争部长（Secretary of War）的亨利·诺克斯——需要作为过渡安排暂时留任，继续履行职务。这一过渡期持续至1789年9月，个别职务安排甚至延续至1790年3月。

1789年5月19日，在关于关税问题的长时间辩论后，新泽西代表伊莱亚斯·布迪诺特（Elias Boudinot）提议国会设立财政部（Department of Finance）。纽约代表埃格伯特·本森（Egbert Benson）则将讨论焦点引向一个更为根本的问题——应设立哪些部门。他建议成立外交部、财政部和战争部。正是在这一关键时刻，麦迪逊开始主导议题的讨论。他赞同组建所有这些部门，但由于明确自己的目标，并意识到若首先讨论财政部，将引发所有部门中最具争议性的辩论，麦迪逊决定从外交部入手。他提出了一项具体提案："应设立外交部，其负责人称为'外交部长'，由总统在参议院的建议与同意下任命，并可由总统罢免。"麦迪逊深知，"可由总统罢免"这一措辞是整个问题的核心所在。如果罢免权也需要参议院的建议与同意，或者只能通过弹劾程序实现，那么总统与各部门负责人之间的权力关系将发生重大改变。此外，麦迪逊进一步主张，总统的罢免权并非源于立法赋予，而是源于宪法，这一权力自始就内含于宪法之中。[33]

经过长时间的辩论,麦迪逊最终赢得了这场争论。然而,事情并未就此结束。在参议院,这一问题因惯有的对行政权力的猜疑而变得更加复杂,同时也由于参议院对自身特权的敏感,以及对众议院试图削弱其权力的不满情绪而进一步激化(这种情绪在此前关于头衔的争论中已初露端倪)。麦克莱坚信,麦迪逊正策划一项阴谋,试图亲自掌控行政权力,并"将总统置于宪法之上,同时将参议院置于宪法之下"。参议院关于罢免权的投票被推迟至7月16日才进行,最终结果出现了平局。令麦克莱尤为愤慨的是,副总统投下了决定性的关键一票,打破僵局,从而使众议院的立场得以维持。[34]

同样的权力斗争以更加复杂的形式表现在财政部的组织问题上。争论的焦点在于财政部应该由单一负责人领导,还是应按照以往的惯例由委员会管理。此外,与外交事务相比,更为棘手的问题是:如果财政部由一人领导,其职能、权力和权限在涉及国家财政、税收与信用的领域应当如何界定。麦迪逊再次主导了讨论,他主张财政部应由单一部长领导,并在总统拥有对其的罢免权的控制范围内,赋予其最大程度的权力与行政效能。他成功论证了委员会制会分散责任并削弱行政效率,但他关于部长应"设计并报告改善和管理财政及维护公共信用的方案"的提议,则遭到了强烈反对,因为这被认为是国会的专属权力。最终达成的妥协是允许部长"设计并准备"这些方案,而这一妥协与原提案在实质上并无太大差别。参议院再次展现出强硬态度。与此前一样,它试图通过自身的建议与同意来限制总统的罢免权。麦迪逊在将此情况通报众议院时,建议众议院拒绝这一修改,众议院采纳了他的建议。8月25日,参议院在经过激烈讨论后勉强接受了这一安排。投票结果再度陷入僵局,而副总统亚当斯再次以关键一票打破僵局。[35]

麦迪逊究竟在何时得知他的朋友亚历山大·汉密尔顿将出任首任财政部长,以及汉密尔顿本人是否直接参与了相关立法,这些问题至今仍无从考证。然而,无论如何,麦迪逊在所有关键问题上都取得了胜利,而从后来的发展来看,汉密尔顿显然是这一职位的最佳人选。1789年9月11日,汉密尔顿被总统正式提名为财政部长,并于同日获得参议院的确认,随即开始履行职责。次日,亨利·诺克斯的提名也获得确认,他此前被重新任命为战争部长。杰斐逊于9月25日获得提名,并于次日获得参议院确认。华盛顿选择杰斐逊担任国务卿(Secretary of State),他所在部门的职能范围得到了扩展,其名称也从"外交部"(Foreign Affairs)改为"国务院"(Department of State)。然而,直到1790年3月22日,这位新任国务卿才正式接掌部门事务。关于总统的权力,费城制宪会议遗留下来的另一个模糊之处在此时得到澄清。宪法已赋予总统强大且独立的行政权力,而如今,在其内阁成员获得任命并通过确认后,总统对这些部长拥有完全的掌控权。他们无疑是"属于他"的。[36]

使政府获得合法性的下一阶段——任命各类职位以争取全国范围的广泛支持——如今完全取决于华盛顿本人。在这一问题上,他同样面临多种选择。职位任命的标准既非自动生成,也非显而易见,而是需要经过审慎且有意识的决策。

18世纪英国的历史提供了一个重要的先例。75年前,罗伯特·沃波尔爵士通过精心设计并成功实施的王室恩庇体系,为英国的政治生活带来了高度的稳定。恩庇体系不仅涉及金钱与特权,更重要的是,它关乎权力与影响力。在18世纪20至30年代,沃波尔通过有计划地分配官职——这些职位的具体价值可以被衡量、分级并为人所熟知——有效缓解了辉格党与托利党贵族之间的权力斗争。这种斗争曾在光荣革命后的多年间,使英国的政治与政府陷入持续的动荡之中。通过这一手段，沃波尔建立了一套贵族与乡绅之间相互交织的地位、职位与权力体系。这一体系后来被称为"建制"（Establishment），其成员即是英国的统治阶层。这是一个在此之前从未在如此有序的基础上存在过的阶层。沃波尔利用一系列职位——从守门人、管家、教会院长，到陆海军委任官职、准男爵爵位、殖民地总督，直至枢密院（Privy Council）成员资格——成功地稳定了地方选区和宫廷的政治局势，从而在下议院年复一年地维持了多数派的稳定地位。[37]

这一体系虽运转良好，但正如我们所见，它在政治边缘和建制之外催生了所谓的乡村党心态——一种局外人的心理状态。心怀不满的托利党乡绅、"独立辉格党人"（independent Whigs），以及伦敦咖啡馆的常客们，无不鄙视这种被讥为"罗宾政府"（Robinarchy）的政治体系，并对其腐败、奢靡、腐朽选区，以及充斥其中的大批谋取官职者、裙带关系和寄生者予以猛烈抨击。同时，这种政治心态（如我们已见）对北美殖民地尤具吸引力：总体而言，殖民地的政治理解并非以宫廷党的立场为基础，而是深深植根于乡村党的政治态度。[38]

因此，基于历史经验，"恩庇"对美国人而言是一个高度敏感的话题。英国恩庇体系以其深不可测的隐秘性而显得阴险可疑，通过皇家总督、海关官员以及驻军等渠道介入殖民地事务，几乎在每一个触及之处都埋下了矛盾的种子。在美国人的经验中，恩庇制度总是由他人掌控，而他们所认识的人对此全然无力抗衡；在他们的想象中，这一制度所能赋予的权力几乎无所不能，且多用于不正当目的。正是在这样的历史背景下，在由此衍生的种种偏见与猜疑之中，乔治·华盛顿于1789年面临如何在联邦共和国中分配职位的艰难抉择。[39]

当然，华盛顿也可以选择走向另一个极端：利用自己的任命权，不是为了奖赏朋友或惩罚敌人，而是为了尽可能将他所能找到的最具才干之士安排在各个职位上。从某种意义上说，这正是他所做的，或者说是他努力尝试去做的。他确实以此为理由为自己的做法辩护。然而，华盛顿的选择并非可以用如此简单的方式来概括，他自己也未曾以这种方式看待问题。单纯的专业水准、技术能力、个人训练与个人才干——后来公务员制度改革者所倡导的"择优制度"（merit system）——与华盛顿对任命对象的要求相比仍有较大差距。他所追求的远远超越了这种意义上的"才干"；他最典型的表述是，他寻找的并非是"最优秀的人"，而是"最高品格者"。这两个概念虽然并非完全对立，但也绝不是完全等同。

从某种意义上说，华盛顿所面临的问题与沃波尔所面临的并无本质区别，因为他的任命同样需要服务于超越单纯填补职位空缺的更广泛目标，其核心本质具有政治属性。他同样关注自己的恩庇体系是否能够让人对他的政府忠诚。然而，为了实现这一目标，华盛顿所能利用的政治资源却有着根本性的不同。他所需应对并寻求合作的权力基础不是显赫的家族，而是地方社区。所谓"最高品格者"，是指那些凭借个人能力与公共服务记录，在地方社群中赢得高度尊敬的人士。

华盛顿实际上面临着一系列准自治的共和体，以及"共和国中的共和国"的复杂局面。在特定社区内，只有被任命的官员得到该社区的认可——这种认可基于他们在当地已建立的声望，该声望使其资历优于其他候选人——联邦政府才能在这些地方真正确立其合法性。华盛顿写道：

> 共和政体的本质在于其成员几乎处于平等状态，因此，他们对所有荣誉性或利益丰厚的职位分配都极为敏感。我深信，如果新政府的行政部门在任命问题上采取不明智或不得人心的措施，政府本身将面临被彻底颠覆的极大风险。在当前这一关键时刻，争取人民的善意至关重要；而在我看来，

公共福祉的大厦若非建立在民众的支持与情感基础之上，将绝无可能成功。

两年后，华盛顿的邮政总长（Postmaster-General）指出："一个职能范围仅限于特定州的职位，理应由该州的公民担任。同样，一个主要涉及某县或某镇的职位，应当由该县或该镇的居民出任——前提是当地有具备相应资格的人选。这一原则显然一直指导着美利坚合众国总统的任命决策。"[40]

高层职位——最高法院和内阁——的地理分配经过了精心且谨慎的考量。内阁中马萨诸塞州、纽约州和弗吉尼亚州的均衡配置获得了广泛认可；同样，最高法院中的代表来自6个州的设置也得到了普遍肯定，其首任首席大法官是来自纽约的约翰·杰伊。然而，无论是这些高层职位，还是华盛顿任命的其他约350个职位，其核心标准始终是"最高品格者"。这一标准的衡量依据主要包括个人才干、能力以及先前的公共服务经历——例如在邦联政府时期担任类似职务、曾任选举产生的公职，或是在革命期间以军事或民事身份履行职责。所有这些因素共同构成了华盛顿对其任命对象最为看重的一点：赢得了同胞的尊敬与信任。这一原则在华盛顿提名本杰明·菲什伯恩（Benjamin Fishbourn）担任萨凡纳港海关官员时的理由中得到了完美体现。华盛顿向参议院解释道："他能够晋升至军事职级，必然是因为赢得了民兵军官的信任；能够当选为议会议员，说明他获得了自由民的信任；能够被议会选入理事会，则表明他得到了议会的信任；而能够被理事会任命为萨凡纳港的税务官，则进一步证明他赢得了理事会的信任。"[41]

因此，那种在英国体系中至关重要的家族纽带——曾是维系整个体系运转的关键力量——在美国试图建立一个本就更为脆弱的忠诚网络时，其作用显得极为有限。这类家族关系不仅不能作为优先考虑的因素；相反，在任命过程中应当尽力避免它，它实际上成了一种明显的负担。华盛顿的侄子布什罗德（Bushrod）在1789年夏天对此有切身体会。当时，华盛顿在信中明确告知他：

> 你不会怀疑我希望看到你被任命到新政府中担任任何你能够胜任的荣誉或有酬职位；但无论你对所提及职位的胜任程度如何，你在律师界的资历尚不足以让我提名你担任联邦地区法院检察官，而不选择你所在州的那些资历更深、声望更高的普通法院律师——他们同样渴望获得这一任命。即使不受原则的约束，我在提名过程中的政治行为也必须极为谨慎，并能够经受住正当的批评，因为"百眼巨人"阿耳戈斯（Argus）的目光正注视着我，任何可能被解读为偏袒亲友的失误都不会被忽视。42

48年前，愤怒的罗伯特·沃波尔爵士曾在下议院中激烈辩驳道：

> 我的行为与其他处于相同职位的人有何不同？我将审计官的职位授予我的儿子，为自己的家人谋求职位，这难道有错吗？我相信，除非有人能够证明我让他们担任了他们无法胜任——在信任和责任方面——的职务，否则他们的晋升不应被视为我的过错。43

华盛顿则完全规避了类似的指责；事实上，他的防护机制早已存在，因为他所面对的政治共同体与沃波尔时代的环境本质上截然不同。在新的合众国，古罗马共和主义的标准不仅适用，而且在某种程度上是不可避免的。他分配职位的依据不是"贵族义务"，而是"公民美德"。

第四节 建议与同意

1789年8月22日，星期六，华盛顿总统在战争部长诺克斯的陪同下，来到参议院议事厅，寻求参议院批准他计划与南部印第安部落谈判的条约草案。参议员麦克莱在其日记中记载，此举显得过于仓促，未提前一天通知参议员们，导致他们陷入尴尬与不安之中。麦克莱声称，正是他通过坚持推迟讨论此事，确保参议员们能够在无外界压力的情况下进行充分审议，从而化解了这一困境。华盛顿因未能实现其"控制参议院"的意图而愤然离去，认为自己的尊严受到了冒犯。据另一种说法，总统在离开时愤怒地表示："他发誓再也不会踏入那个地方，否则将受到诅咒。"[44]

第一个故事只部分符合事实，而第二个故事的证据则存疑。但这一事件确实发生过。不过，这件事发生时，总统与参议院已就双方口头沟通的问题进行了超过两周的讨论，并完全达成了程序共识。在这两周期间，参议院充分掌握了关于印第安部落冲突的所有事实，并清楚地了解到正在考虑签订一项条约。此外，华盛顿事实上再次前往了参议院，并且两天后参议院批准了他提出的所有要求，尽管这种磋商方式随后被废弃。然而，无论具体细节如何，这一事件仍具有重要的启示意义，因为它同时构成了正面和反面的先例。有些程序必须经过实践，其不可行性才能充分显现，而这些意外后果本身也会成为某种形式的先例。在这一案例中，参议院的"建议与同意"（advice and consent）的概念得到了更清晰的阐释，同时行政与立法关系的性质，以及总统职位本身的性质，也得到了更为精细的定义。总统既不能被视为完全的主权者，但也绝非仅仅是一个首相。[45]

华盛顿在这一时期仍然坚持认为，在启动任何可能会签订条约的外交谈判之前，他应当寻求参议院的"建议与同意"。这一要求似乎符合宪法的字面规定。然而,具体如何实施并不明朗,参议院率先采取行动以探索这一问题。8月6日,参议院成立了一个委员会,其任务是"与总统商议,在缔结条约和任命官员时,总统与参议院之间应采取何种适当的沟通方式"。委员会与华盛顿进行了两次会谈,其间,华盛顿还向麦迪逊征求了关于自己应采取何种立场的建议。在第一次会谈中,华盛顿认为口头沟通"不可或缺,因为这些条约涉及多种事项,每项都需要深入考量,其中一些可能还需要广泛讨论;若仅通过书面形式进行交流,不仅耗时,还难以令人满意"。然而,在第二次会谈时,他的态度有所松动。他开始认为,有些情况可能适合口头沟通,而另一些情况则更宜采用书面形式。委员会完全接受按照总统的意愿行事,并向参议院提交了相关报告,该报告也得到了参议院的批准。正是在这样的背景下,华盛顿于8月21日向参议院发出通知,宣布他将"于明日上午11时30分在参议院议事厅与参议员会面,就与南部印第安部落谈判的条约条款进行协商"。[46]

当华盛顿总统和诺克斯将军准时抵达,所有人就座后,问题很快显现出来。首先,由于街道上马车往来喧嚣,会场内几乎难以听清讨论内容。华盛顿为此次陈述做了充分准备,他认为自己已将所有内容浓缩为最简明的形式——一份简短的文件,既概述了印第安问题的背景,又列出了他希望参议院提供"建议与同意"的七个具体问题。这份文件由副总统亚当斯宣读,但他的朗读节奏似乎过于仓促。随后,参议员罗伯特·莫里斯(Robert Morris)因未能完全听清内容而致歉,并解释称这是街道上的噪音所致。他请求重新宣读文件,于是文件被再次宣读。之后,副总统立即重新宣读了第一个问题(这已是第三次宣读),并以提问结束:"诸位是否建议并同意,还是有其他意见?"

会场内陷入一片死寂,无人知晓该如何回应。气氛已然紧张之际,参议员麦克莱——一位素来以制造困难著称的人——站起身来,要求宣读先前所有的条约及相关文件。他宣称:"我们有责任尽可能充分地了解这一议题。"这一要求耗费了更多时间。当议程再次回到第一个问题,即关于切罗基人(Cherokees)的议题(此时该问题已被宣读四次)时,有人提出,一位预计即将抵达的来自该地区的信使或许能提供更多信息。面对这一情况,华盛顿尽力保持耐心,并表示他不反对推迟讨论该问题。

会议刚进行到第二个问题时,便因一场冗长而艰难的讨论陷入僵局,争论的焦点是他们是否真正采用了正确的方式来处理此事。尽管已有几位议员开始表达不满,麦克莱仍再次发言,主张将所有事项交由特别委员会审议,并由委员会提交报告。此时,华盛顿的耐心已被彻底耗尽。

> 当我坐下时[麦克莱写道],美国总统猛然起身,显得极为愤怒。他开口的第一句话是:"这完全违背了我来此的全部目的。"随后,他继续说道,他特意携战争部长一同前来,就是为了提供所有必要的信息;部长对整个事务了如指掌,但现在却因拖延而无法继续推进。

华盛顿逐渐恢复冷静,并表示愿意将相关问题推迟至下周一再议。关于组建特别委员会的提议,此后再无人提及。总统与诺克斯部长随即退场,参议院也因即将是周末而宣布休会。周一上午,华盛顿再次出席会议,此时他已显得从容平和,参议院也顺利通过了他提案中的所有剩余事项。然而,此后无论是华盛顿本人还是任何继任总统,都未再举行类似的会议。[47]

这一事件的深远影响尚未完全显现,仍潜藏于表面之下。回顾历史,其中一个较为明显的启示是,这标志着人们开始认识到,对于外交事务进行公开的事前磋商，无论其具体形式如何，都存在一定的局限性。华盛顿将在一段时间内仍通过书面方式，在缔结条约前与参议院进行沟通，但随着18世纪90年代国际局势日益复杂微妙，谈判的保密性逐渐被视为不可或缺，这一做法最终被废止。这种困境的出现是必然的。然而，已经日益清晰的是，具有实际操作意义的是"同意"，而非"建议"；后者实际上仅仅是一种法律上的形式。事实上，自亨利七世（Henry VII）时期以来，英国立法程序中的"建议与同意"早已被视为一种形式化的法律表达，而美国的制宪者很可能在未加深思熟虑的情况下沿用了这一表述。

麦克莱强烈暗示的另一点是，总统亲自来到参议院并展示其威严的行为，侵犯了参议院的尊严，而参议员们的反应要足以令总统避免再次采取类似举动。然而，几乎没有证据表明其他参议员也持相同观点。在这种情境下，更可能的是，参议员们的尴尬并非源于愤怒，而是源于他们深刻认识到自身以及华盛顿所受的约束。

从根本上看，这一事件并非挑战了华盛顿的权威，而是戏剧性地确认了他的权威，并进一步巩固了总统职位的合法性——这一合法性源于美国宪法以独特形式赋予总统职位的权力。换言之，华盛顿在处理条约事务时选择遵循他所认为的宪法条文的字面规定，保持克制，而未完全掌握主动权。然而，这种克制在众人面前被证明难以实际操作。他以类似首相的姿态出现在立法机构面前陈述己见，而参议员们的反应则传递出一个信息：他的地位远超首相，无须通过这种方式将自己的声望置于风险之中。

未来磋商仍将继续，但将转入私密空间。行政部门仍会向参议院解释其行动和政策，但这种解释将以非正式方式进行。这类职责将由国务卿而非总统承担，且不再在公开的参议院全体会议上进行，而是在闭门委员会中展开，有时甚至通过更为非正式的渠道进行。简言之，

"建议"这一环节几乎完全转变为非官方性质。

可以说,行政与立法部门的某些互动规则从一开始便是制度的"内在特性"。然而,由于这些规则较为隐晦,需要通过实践或事件来验证它们的存在。而当这种验证发生时,行政与立法部门在正式辩论层面的直接对峙被证明极具破坏性,因此这种对峙后来便不再发生。

第五节 权利法案与司法体系

在美国宪法的历史进程中,修订往往极为慎重。1804年第十二修正案通过后,经过了长达60年的间隔才迎来下一次修正,而第十五修正案与第十六修正案之间则相隔43年之久。从1798年到1913年的115年间,宪法仅新增了5项修正案。此外,自第十一修正案起,每一项修正案都围绕特定目标制定,以回应当时被视为亟须解决的重大问题。因此,值得深思的是,为何前十项修正案——广为人知的《权利法案》(Bill of Rights)——在性质上与后续修正案如此不同?又为何这些修正案会在联邦政府成立仅6个月时,便以一种似乎过于仓促的方式完成?相比后来的修正案,这些条款并不具体,而是宽泛、笼统的且范围广泛。事实上,大多数条款仅仅重申了普通法实践中早已确立的原则。更令人关注的是,为了制定这些修正案,国会不得不推迟大量紧迫事务,而这些事务在许多人看来可能更急需处理。事实上,仓促推动《权利法案》,并非为了回应这些修正案所针对的具体问题,而是为了满足一种更为普遍的需求。这种需求本质上是政治而非法律层面的。与当年许多其他举措一样,它关乎政府本身的合法性,以及其运作所依据的宪法的合法性。

华盛顿始终对可能被指控越权(例如擅自启动立法程序)的风险

保持高度敏感，因此在就职演说中，他谨慎地避免向国会直接建议应采取的具体措施——仅有一次例外。他唯一提出的建议是运用修订宪法的权力，确保"自由人的特有权利"能够"获得更为牢不可破的保障"。这一关于权利法案的提议，虽然是以谦逊且间接的方式表达的，却清晰地反映了他的真实意愿。事实上，这一提议的背后，是长达一年半的紧张关系与公开的政治争端。自1787年9月制宪会议休会以来，这种紧张局势便已显现；到华盛顿在1789年4月30日的就职演说中提及"针对该制度提出的异议"以及"引发这些异议的不安情绪"时，这种紧张关系仍未完全缓解。[48]

在费城制宪会议接近尾声之际，当所有重大妥协都已达成、宪法框架基本确定时，弗吉尼亚州的乔治·梅森（George Mason）提议为新宪法增添一部权利法案作为序言。然而，这一提议被否决，主要原因在于代表们经过一个炎热夏季的艰苦工作后，急于结束会议，不想因开启全新议题而导致不可避免的延误。然而，在低估权利法案的必要性的同时，他们某种程度上也成为自身急躁情绪的受害者。另一方面，梅森未更早提出这一建议，使他面临被指控故意破坏的风险。在会议期间，他关于其他议题的多项提议均遭忽视，此时他已对制宪会议的整体情况感到不满。就在会议结束前一两天，他起草了一份题为"对该政府宪法的反对意见"（Objections to this Constitution of Government）的文件，其中开篇便指出宪法缺乏权利法案。随后，他未签署宪法便愤然离开（根据麦迪逊的记载，梅森当时"情绪极为恶劣"）。梅森的"反对意见"随后被印刷并在各州广泛传播，缺失权利法案因此成为反对宪法者主要攻击的一点。"煽动民众的恐慌，"华盛顿愤怒地写道，"似乎是他计划的根本目的。"[49]

在接下来的几个月中，围绕批准宪法的争论愈演愈烈，联邦主义者一再发现，他们最薄弱的环节在于忽视了权利法案。正是由于这一原因，北卡罗来纳州和罗得岛州未能批准宪法。而在其他几乎所有州（仅有三个州例外），对于保障个人权利的修正案的呼声则对批准进程构成了严重威胁。反联邦主义者试图使所在州的批准宪法大会采纳的策略主要有几种。其中一种策略是"先制定修正案"（previous amendments）：由州拟定一系列修正案提案，并声明在这些提案被实质性通过之前，该州将拒绝批准宪法（这正是帕特里克·亨利及其支持者在弗吉尼亚州尝试推动的策略）。另一种策略是"附条件批准"（conditional ratification）：州批准宪法大会批准宪法，但附带条件，即如果在规定时间内未能实现该州所期望的修改，则该州保留撤销批准的权利。这一策略——正如麦迪逊所指出的，实际上并不是真正的批准，甚至"比直接拒绝还要糟糕"——最终在纽约州以微弱劣势被否决。此外，还有一种策略是提议召开第二次联邦制宪会议以修订宪法。这一方案直至1789年春季仍在纽约及其他一些地区被讨论，华盛顿在准备即将发表的就职演说时，无疑对此深感忧虑。为了暂时化解这些潜在的障碍，马萨诸塞州提出了一项妥协方案，并被其他州广泛采纳：无条件批准宪法，同时附上一份推荐修正案的清单。与此同时，多个宗教派别，尤其是浸信会（Baptists），也对宪法提出了强烈质疑。弗吉尼亚州的一次浸信会大会曾讨论，新宪法是否"为安全享有宗教自由提供了充分保障"；对此，与会者一致认为"它并未做到这一点"。简而言之，这就是1789年6月国会开始讨论修正案时的整体形势。[50]

在这一问题上，与第一届国会会议期间的其他大多数议案一样，詹姆斯·麦迪逊的声音占据了主导地位。起初，麦迪逊与其他一些人一样，认为联邦层面的权利法案并无必要，因为大多数州宪法已经保障了这些权利。此外，在宪法正式生效之前动用修正权，可能会带来不利影响。许多修正案的倡导者显然试图超越权利法案的范围，并通过限制联邦权力，使宪法变得与在费城通过的那份脆弱的妥协文本完全不同。但就列举公民权利这一原则本身而言，麦迪逊在弗吉尼亚州批准宪法大会召开期间已经开始转变立场（华盛顿也有类似转变），并承认这类权利应在新政府运行后不久被纳入宪法。怀有报复心的亨利利用地方上的种种疑虑，成功阻止了麦迪逊当选参议员。这些疑虑甚至可能使麦迪逊失去众议院席位，若非他在此期间做出了明确承诺。他公开表示自己"真诚地认为宪法应当进行修订，首届国会应当制定并向各州推荐批准最令人满意的条款，以保障所有基本权利，尤其是最广泛意义上的信仰权利、新闻出版自由、获得陪审团听审的权利，以及免受一般逮捕令侵扰的保障等"。麦迪逊认为，这些修订将为"自由提供额外的保障"，但他的主要目的还是"安抚那些本意良好的宪法反对者"。正是基于这一初衷，麦迪逊于1789年5月4日正式通知众议院，他计划在三周后就宪法修正案问题发起辩论。[51]众议院直到6月8日才开始讨论这一问题，若非麦迪逊的坚持，该问题可能根本无法进入议程。面对诸多反对意见，麦迪逊以极大的技巧推动了这场运动，并几乎凭借个人努力促成了最终的成功。一些立场强硬的联邦主义者完全反对任何形式的修正案，而无论是联邦主义者还是反联邦主义者，都对因讨论修正案而耽搁紧急事务表示不满。然而，麦迪逊希望尽快完成这项工作，并坚持在国会内部进行，而非再召开一次制宪会议。此外，舆论似乎开始转向支持他的立场。他谨慎地提前宣布了自己的意图，并广泛宣传了自己的观点。在辩论首日，他向众议院宣读了一系列提案，其中大多数最终被纳入宪法，许多条款甚至保留了麦迪逊本人的原始措辞。[52]

在修正案的性质与范围的界定上，麦迪逊不得不再次面对来自联邦主义者与反联邦主义者的双重压力。各州提出的修正案数量庞大，种类繁杂。此外，许多反联邦主义者，尤其是在各自州内具有重要影响力的领袖，倾向于将州权与个人权利视为同等重要，甚至认为州权更为重要。与之相对,大多数联邦主义者反对任何可能削弱政府权威与活力的内容,对这一点,麦迪逊仍然表示认同。然而,许多联邦主义者更希望通过完全避免修正案的方式来规避潜在威胁。麦迪逊的解决方案是聚焦于个人权利,避免涉及任何削弱联邦权力的内容,并着重强调普遍原则而非具体条款。

最终的方案——涉及言论、出版与信仰自由,获得陪审团听审的权利,以及人身与财产安全等多项权利——最初被提交给一个特别委员会审议。委员会的报告经历了多次延期和广泛讨论。8月24日,17项拟议修正案被提交至参议院;9月10日,参议院将其缩减至12项;最终,经联席会议委员会定稿后,这些修正案于9月25日获得两院正式通过。在随后的州批准过程中,12项提案中的两项——一项关于代表名额分配的规定,另一项涉及国会议员薪酬——未获批准,其余10项则正式构成《权利法案》,成为美国宪法的一部分。[53]

在完成其工作的一年前,以及当他刚开始转变立场时,麦迪逊只是承认,一部恰当制定的权利法案不会带来危害。然而,随着时间的推移,他逐渐发现了支持这一主张的更为积极的理由。麦迪逊坚信,暴政的最大可能性以及对自由的真正威胁并非来自政府本身,而是源于多数派的滥权——因为政府不过是多数派行使权力的工具。基于这一信念,他推断,权利法案的作用不仅仅在于提供一套具体规则,更在于树立一种公共标准。其益处将随着时间的推移逐步显现,并通过社会对其核心价值的逐渐认同而发挥长期作用。"以庄严方式宣告的政治真理,会逐步成为自由政府的基本准则,并随着它们融入国家的共同情感,抵消利益驱动和情绪冲动带来的影响。"因此,如果自由在某些时期受到政府的威胁,这样的标准将"成为诉诸社会共识的有力依据"。正如杰斐逊睿智地提醒麦迪逊的那样,权利法案还"为司法机构提供了一种法律上的制衡手段"。[54]

尽管如此，麦迪逊急于推动权利法案的通过，关注的重点并非其长远益处，而是政府的合法性与公众的接受度。他深知，权利法案将成为向政府反对者展现出的最引人注目的和解姿态，同时将为他们提供改变立场的最便利途径。这一点很快得到了验证。1789年9月，华盛顿收到罗得岛州立法机构的消息称，这些修正案"已经在一定程度上缓解了该州民众的情绪，并给他们带来了一定的满足感"。北卡罗来纳州也传来类似的反馈，并于同年11月加入联邦，而罗得岛州则在次年春季紧随其后加入。[55]

随着宪法的制定工作告一段落并获得多数人的认可，如何构建一个能够对宪法进行法律解释的司法体系成为亟待解决的议题。当负责起草1789年《司法法案》（Judiciary Act）的参议员们在春季着手这一任务时，这一问题实际上尚未有明确的解决方案。宪法第3条赋予了他们几乎完全的自由裁量权：

> 美利坚合众国的司法权应被授予一个最高法院，以及国会适时设立的各级下级法院……
> 司法权应适用于依据本宪法、美利坚合众国法律，以及根据其权力已签订或未来将签订的条约而产生的所有法律案件和衡平法案件……

若法案的制定者全力以赴，他们本可以在宪法赋予的权力之下，于这一关键历史时期，构建一种最为有效的国家统一工具。他们本可以建立一个由数量充足且分布广泛的法院组成的体系，使司法服务能够便利地覆盖全国，并赋予这些法院宪法司法条款，以及普通法和成文法所允许的最广泛管辖权。这一体系将使最高法院能够通过便捷的上诉机制以及迅速积累的判例法体系，有效监督各州法院系统。最终，这将逐步形成一个完全统一的国家法律和司法程序体系。然而，《司法法案》的起草者并未采取这一路径，因此这种结果也未能实现。1789年9月完成的《司法法案》确立了联邦司法运作的基本条款与假设，这些条款与假设自此成为联邦司法体系的运行基础，但州法律与联邦法律从未整合为统一的国家法律体系。事实上，法案的制定者不仅需要考虑建立一个理性且全国性的法律体系，还面临诸多其他挑战。与1789年的大多数决策一样，寻求妥协与争取广泛认可的需求，深刻影响了这一系列司法决策。

1789年4月7日，参议院成立了特别司法委员会（Special Judiciary Committee），由奥利弗·埃尔斯沃思（Oliver Ellsworth）担任主席。该委员会由10名成员组成，每州各派一名代表，这符合当时参议院的构成原则。鉴于这种地理上的均衡分配，以及委员会成员中包括了一些强烈主张州权，甚至带有反联邦主义倾向的人物（尤以弗吉尼亚州的理查德·亨利·李为代表），大部分重大分歧很可能在提案提交参议院全体会议之前，在委员会内部得到了调解。总体而言，情况似乎确实如此，尽管存在少数例外。

原则上，联邦主义者中的强硬派主张对宪法进行广义解释，认为宪法已赋予联邦法院广泛的权力，而国会一旦设立了这些法院，便无权剥夺其任何权力。然而，自制宪会议以来，反联邦主义者的批评始终集中在这一问题上。批评者或主张完全不设立下级联邦法院，或主张尽可能限制这些法院的管辖权。他们主张将大多数涉及联邦事务的初审权交由州法院，仅保留最高法院的上诉审查权，而许多拟议中的宪法修正案也正在朝这一方向努力。最终，双方均未能完全实现各自的目标。委员会主席埃尔斯沃思虽为坚定的联邦主义者，但似乎从一开始便预见到这一结果。然而，即便是埃尔斯沃思也未曾料到，他所在委员会提出的法案最终会受到如此多的限制。无论如何，当《司法法案》最终定稿时——从埃尔斯沃思的最初构想到委员会草案，再到参议院修订版，最终形成参众两院联席委员会报告的法案——可以明显看出，国家法院体系的建立更多是基于政治妥协的需求，而非严格按照宪法文本的授权。

《司法法案》确实依照宪法的设想，设立了由6名成员组成的最高法院，以及联邦地区法院和巡回法院体系，尽管在下级法院的设置问题上曾遭遇一些反对意见。然而，这些司法辖区范围过于广阔，而辖区内的法院数量却十分有限，每个州仅在一至两地设有法院。因此，相较于州法院，这些联邦法院在可及性和便利性方面明显不足。此外，最高法院的大法官被要求每年在各州主持两次巡回法庭，但当时落后的交通条件使得这一任务极为艰难，其导致诉讼延误、审判推迟，并带来许多其他不便。至于宪法看似授予国家法院的广泛管辖权——涵盖"依据本宪法、美利坚合众国法律，以及根据其权力已签订或未来将签订的条约而产生的所有法律案件和衡平法案件"——在实际操作中，这一管辖权被界定得相当狭窄。

尽管《司法法案》允许最高法院受理各州最高法院关于联邦问题的上诉，但绝大多数涉及联邦问题的民事案件，其初审仍由州法院负责。此外，联邦法院除针对合众国的刑事犯罪案件外，并不享有普通法管辖权。同样，联邦法院在多样性案件（diversity cases）——涉及不同州居民或外国公民当事人的案件——中的管辖权也受到严格限制。此类案件的争议金额必须超过500美元，更为关键的是，诉讼当事人之一必须是提起诉讼所在州的公民。这一规定，再加上第34条的条款，即"各州的法律……应作为联邦法院普通法审判中的裁决准则"，实际上阻碍了全国性普通法体系的形成。因此，联邦司法体系在推动国家统一化方面的作用，从此受到各地法律体系多样性的限制。[56]

有学者认为,这些司法安排与宪法起草者的初衷存在重大偏离。[57]从表面上看,这种观点似乎成立,然而在这一问题上,表象可能具有误导性。事实上,关于司法部门曾引发重大关切的证据并不充分。在制宪会议上,司法机构所引发的关注和讨论,与行政及立法部门相比,显得微不足道。最终形成的宪法条款措辞宽泛,既可以解释为广泛授权,也可以理解为有限授权,而这种模糊性正是会议支持采用此类措辞的理由之一。实际上,联邦主义者的核心关切仅在于确保联邦权威能够通过司法途径得到执行,并在联邦政府与州政府之间,或州际争端中,设立一个最终上诉的保障机制。这一原则在制宪会议上并未受到严肃质疑,且1789年《司法法案》事实上对此做出了充分安排。确实,少数联邦主义者,例如亚历山大·汉密尔顿和古弗尼尔·莫里斯(Gouverneur Morris),可能曾设想建立一个强大而系统化的国家法院体系以及统一的国家法律体系。然而,即使是这些人物,也未能就此特定问题展开深入或集中的思考,因为他们的注意力更多地被其他议题所吸引。总体而言,联邦主义思想在司法事务上的表现,从未达到人们可能预期的那种统一性或聚焦程度。[58]

　　事实上,作为政府三大分支之一的国家司法机构在当时显得较为抽象,其实际存在感远不及其他两个部门。对于联邦主义者和反联邦主义者而言,更为具体且切实可感的是各州早已建立的法律机构——这些机构的历史可以追溯到殖民地时期,在革命期间几乎未受影响,同时通过时间的积淀和传统的延续,积累了大量的既得利益。因此,当联邦制度需要被具体细化时,保护这些既得利益并抵制对州权的侵蚀,自然成为一种可以预见的趋势。即便是最坚定的联邦主义者,也很少愿意抗拒这些利益诉求,尤其是在替代方案本应显而易见却事实并非如此的情况下。由此,事态顺理成章地朝着妥协与和解的方向发展。[59]

第六节　财政收入、关税与吨位税

表面上看，财政收入问题似乎是第一届国会会期中最为中立且客观的议题。各方一致认为，联邦财政收入法案对于维持政府运转至关重要。此外，人们普遍认同，大部分财政收入理应通过联邦进口税筹集，即对外国进口商品征收关税。事实上，这类进口税早在邦联时期便被提出，虽然因当时实行一致通过原则而未能付诸实施，但除一个州外，其余各州均接受了该方案。因此，1789年，此问题本不应遭遇太多阻力，尤其是詹姆斯·麦迪逊在众议院完成组织工作后，立即提议直接实施1783年制定的进口税法案。[60]然而，麦迪逊并未止步于此，而这恰恰引发了争议。他在这一原本简单直接的提案中加入了吨位税（tonnage duties）条款，因为他深知这将直接打击英国的航运业。由此引发的辩论远远超出了财政收入的范畴，触及了美国革命遗留下的最深层情感，并预示着这个新生国家即将面临一场精神危机——在这场危机中，物质利益与意识形态方面的信念之间原本的和谐关系将变得极为不确定。

1789年关税法案辩论的初始阶段存在一定的误导性。这一阶段主要围绕进口关税的性质及税额展开，而吨位税问题则稍后才被提上议程。其特点是既有华丽的演说辞藻，也不乏尖锐的言辞交锋。然而，尽管辩论气氛热烈，这一阶段更像是一个利益谈判的场所，而非围绕基本原则的深层次斗争。讨论范围相对有限，辩论边界较为清晰，双方关注的目标和利益具体且可量化。更重要的是，此阶段几乎没有引发严重的对立情绪。

麦迪逊于4月8日提出的方案首先建议对所有进口商品征收5%的从价税（ad valorem tax），这一规定完全沿袭了1783年关税法案的内容，对此无人提出异议。其次，他列出了一份简短的特定商品清单（包括朗姆酒、葡萄酒、茶叶、糖蜜等），这些商品将按固定金额征税。这一做法同样源自1783年的关税法案，麦迪逊所列商品与1783年提案中的清单几乎完全一致。尽管具体税额尚未确定，需由国会补充，麦迪逊仍认为当前最明智的选择是沿用此前已达成的税率安排。这不仅是通过财政收入法案的最简便途径，还能充分利用春季进口货物所带来的税收机会。这一方案合理性极高，而若有必要，更持久且全面的财政体系可在未来制定。

然而，即便仅作为临时措施，这份特定商品清单也未能顺利通过。自1783年以来，美国的商业环境已发生显著变化，曾经广为接受的自由贸易理念——关税仅被视为获取财政收入的工具，而非保护本国产业的手段——也随之转变。独立战争期间及其后兴起的本土制造业，在18世纪80年代中期因大量廉价英国商品涌入而受到严重冲击。同时，为偿还州债，多个州已建立各自的进口税体系；因此，将这些体系的财政功能与对保护州内新兴产业（尤其是那些受外来竞争影响最严重的行业）的尝试相结合，成为一种合理选择。无论如何，保护主义的倾向已然萌芽，地方性既得利益格局也开始显现。正因如此，1789年关税法案的辩论刚刚开始，麦迪逊最初提出的特定商品清单便被迅速扩充。随着清单项目的增加，围绕各类商品具体税率的讨价还价也愈发激烈。[61]

例如，宾夕法尼亚州的托马斯·菲茨西蒙斯（Thomas FitzSimons）为该州在未来一个半世纪的关税政策奠定了鲜明的基调。他作为"生铁凯利"（"Pig-Iron" Kelley）的卓越先驱，主张对钉子、大钉、小钉、扁钉、劈铁、轧铁、铸铁制品以及各种形式的钢材系统性征税。此外，他还提议对马鞍、鞋靴、帽子、手套、马车以及其他多种商品征税——这些商品均是宾夕法尼亚州已有可观生产规模的工业品。然而，菲茨西蒙斯也表示愿意保持"理智的"态度。"当我们逐条审议这些商品时……诸位先生可以自由提出异议；若其理由充分，该项目便可从清单中剔除……"（后来，他确实同意将小钉和扁钉从税目中删除。）南卡罗来纳州的托马斯·都铎·塔克（Thomas Tudor Tucker），一如该州后来的议员们，希望彻底取消列举的商品清单。他认为，大多数关税将对南卡罗来纳州造成沉重负担，因为该州几乎没有制造业。这一观点几乎成为他每日辩论中的核心内容。然而，他也愿意妥协："如果诸位能够接受适度的税率，我们愿意予以同意……"[与此同时，塔克的同僚伊达诺斯·伯克（Aedanus Burke）则提议对大麻征税，以鼓励该作物在南卡罗来纳州的种植。] 在整场辩论中，最富文采的言辞无疑来自马萨诸塞州的年轻才俊费舍尔·埃姆斯（Fisher Ames）。他为了反对对糖蜜征收高额关税而发表了慷慨激昂的陈词。马萨诸塞州每年大量进口糖蜜，并将其广泛用于各种用途（包括酿造朗姆酒），而这些进口主要依靠渔业出口所得资金支付。埃姆斯严肃警告，糖蜜价格的上涨将对渔业造成毁灭性打击，并使联邦各阶层陷入忧虑。"任何体面的家庭，"他说，"都离不开一些甜味……母亲们将不得不告诉孩子们，他们平日习惯的食物因新法律而被禁止。孩子们会因此对剥夺他们无辜食物和父辈职业的政府心生憎恨……"埃姆斯的努力最终有所回报。他事后简洁地写信给友人乔治·米诺特（George Minot）："又一场糖蜜之战结束了。正如大多数现代战争的胜利，这场胜利不够彻底，但我们至少成功减少了一美分的税率。"[62]

尽管这场辩论耗费了大量时间，其主要依据仍是地方利益，而非关于自由贸易或保护主义的系统性理论信念。在这一阶段，这类意识形态立场仍处于变化之中。虽然从最终通过的法案中确实可以辨识出保护主义的原则，但在整个过程中，财政收入始终是首要考量，而政府在具体情况下能够合理预期征收的税额则成为实际衡量的标准。例如，麦迪逊原则上认为"商业应当自由"（费舍尔·埃姆斯甚至认为麦迪逊的一次演讲几乎直接引用了亚当·斯密的观点);然而,他却能够毫不费力地为多项保护主义条款辩护,丝毫不觉得自己的思想有矛盾之处。另一方面,埃姆斯的主要言论看似是关于自由贸易的论战,但他坦承:"对美国的航运与制造业给予再多的鼓励,恐怕都不为过。"简言之,1789年的关税法案具有温和的保护性质,大多数提出合理保护诉求的利益群体都至少获得了象征性的回应,同时也符合政府对财政收入的基本要求。[63]然而,随后关于吨位税的辩论性质则完全不同。至少在辩论的一方看来,这场争论已超越狭义的经济利益,而关乎自革命以来被深切感受到的国家独立理念。

麦迪逊在4月8日提出的关于财政收入的决议,除了涉及从价税和特定商品关税的内容外,还包括一项关键条款,即关于吨位税的规定。他在介绍这一部分时故意轻描淡写,甚至以略带贬低的语气称其为"关于吨位税的几条条款而已"。然而,这实际上是麦迪逊最为坚持和看重的条款,而这或许正是他最初刻意淡化其重要性的原因。根据他的提案,所有驶入美国港口的货船均需按吨位缴税,税额根据船只类别分为三档:由美国建造且由美国人拥有的船只缴纳最低税额;与美国签有商业条约的国家的船只适用较高税率;"其他国家"的船只则缴纳最高税额。这一分类的政策意图十分明确:由于美国与法国签有商业条约,而与英国则无,美国政府实际上将采取一种优待法国航运,同时对英国航运不利的系统性政策。[64]

吨位税法案中的歧视性条款(最终被单独列为一项法案)在最初并未引发激烈争论。更准确地说,即便麦迪逊已明确表示其主要针对的是英国,相关辩论仍迟迟未能聚焦核心问题。事实上,最初的反对声音来自少数派——南卡罗来纳州和佐治亚州的代表。他们反对的并非区别对待英国与其他国家,而是任何可能导致外国船只在运输南方农产品时被收取更高运费的歧视性原则。与此形成对比的是,这一条款受到其他大多数议员的支持，尤其是新英格兰地区的代表，因为这不仅能为美国航运业带来实质性利益，还能为其未来发展提供激励。根据提案，与美国签有条约国家的船只每吨缴税30美分，其他国家的船只每吨50美分，而美国本国船只则仅需每吨缴纳6美分。从表面上看，几乎没有哪位美国船东会对这种差别税率感到不满。即便是针对英国的歧视性条款，从原则上讲也并非毫无道理。英国的政策早已对美国航运施加了诸多限制，例如禁止美国船只进入西印度群岛航线，并规定它们在与英国的直接贸易中只能运送美国产品。这些措施已在大西洋沿岸的各大航运中心引发了强烈的不满情绪。因此，麦迪逊以其一贯严谨而有说服力的论证，使得吨位税法案最终以显著多数票在众议院获得通过。然而，来自纽约的短暂而强烈的反对声音，以及新英格兰部分议员低声表达的担忧，预示着该法案在参议院将面临阻力。[65]

自5月7日众议院就吨位税法案进行投票，到6月17日参议院将修改后的法案——删去了所有歧视性条款——退回，这段时间内，任何可能引发美英商业敌对的政策都激起了迅速高涨的抑制情绪。关于这股抵制情绪的具体形成过程，史料并无详尽记载，但看起来相当明显的是，它源自沿海港口城市的商业团体——很可能最初来自纽约的商界人士。这一事件标志着新政府内部首次在原则性问题上陷入严重僵局，而事实证明，这场对峙没有任何妥协的可能，最终只能由一方让步。在麦迪逊竭力稳住支持票的情况下，众议院两次拒绝接受参议院的修正案，而参议院则同样坚决拒绝撤回其修改意见。最终，众议院于7月1日做出让步。然而，即便在这一时刻，一向以调和者著称的麦迪逊仍表现出少见的顽固与不满，并明确表示他将在时机成熟时再次提出这一主张。[66]

麦迪逊所坚持的立场——他宣称这关系到对"公共利益"以及"国家利益的维护与支持"——确实有着深厚的历史根基。毫无疑问，使美国的商业活动摆脱英国的专断控制曾是革命的重要目标之一，而确保这一成果的延续，则理应成为新联邦政府的长期使命。若要全面理解英国重商主义政策的专横本质，弗吉尼亚的历史经验无疑提供了最佳视角：该州的种植园主们长期以来在某种程度上被动依赖外来的苏格兰中间商阶层。这种信念与经历不仅确立了对国家政策方向的清晰主张，也勾勒出了一幅关于国家未来的独特画面。然而，这既非唯一的政策主张，也非唯一的未来构想。在北方城市，与母国的商业关系一直是直接而非间接的，虽然复杂却有迹可循，不是简单而专断的。到1789年，这些地区已步入新的繁荣时期。旧有的贸易联系得以重新建立，新的商业纽带不断形成，人们对未来的期待也在合理的范围内不断攀升。在这样的背景下，"公共利益"与"国家利益"被赋予了另一种诠释，由此也产生了对任何可能威胁既有秩序的措施的本能抵制。这种差异不仅反映了利益上的分歧，更预示着一场正在酝酿中的原则性冲突。

一种意识形态分歧的雏形已经显现，其最基本形式围绕着美国如何对待外国势力这一问题展开。随着不断的发展，它将逐渐演化为多种形式，最初的表现将仅是其中之一。最终，这一分歧将涵盖国家生活的诸多方面。

麦迪逊提出的吨位税差别待遇政策及其所体现的对外关系方针，并非权宜之策或偶然灵感。相反，这一政策是建立在至少五年的深思熟虑与实践经验基础上的成果，其渊源可追溯至1784年。当时，麦迪逊的密友托马斯·杰斐逊首次前往欧洲，为邦联政府谈判商业条约。杰斐逊最初作为一个专门为此目的设立的委员会的成员，与亚当斯和富兰克林共同工作，随后接替富兰克林担任美国驻法公使，并在该职位上任职至1789年9月。在整个驻欧期间，商业始终是杰斐逊关注的核心议题，而这一议题充满挑战。与最初的期望和付出的巨大努力相比，杰斐逊实际取得的成果极为有限。然而，正是在这段驻欧经历中，他逐渐形成了一系列关于商业本质及其作为国家政策工具的深刻见解。[67]

一切问题的根源在于一个关键事实：美国的对外贸易实际上被英国垄断。在这一贸易关系体系中，英国重新施行了旧有的航海法案，大幅限制了美国的行动自由。美国人曾作为英属殖民地居民享受该制度下的诸多优势。但如今，他们以外国国民的身份，不得不面对很多令人反感的限制措施。其中最主要的限制包括：禁止美国船只参与利润丰厚的西印度群岛贸易，以及将美英直接贸易限于美国本土生产的商品。在和平谈判期间，思想开明的谢尔本伯爵（Earl of Shelburne）曾短暂提出一种"商业联盟"的设想，主张英美两国的航运业互享特权。然而，谢尔本很快意识到，他的政府绝不会容忍这样的安排，这一构想也因此不了了之。英国的真实立场在谢菲尔德伯爵（Earl of Sheffield）于1783年出版的《论美利坚合众国之商业》（*Observations on the Commerce of the United States*）一书中得到了明确阐述。谢菲尔德主张，英国没有理由对美国的贸易做出任何特殊让步；恰恰相反，英国有充分理由坚决拒绝这样做。大不列颠已经在无须承担治理成本的情况下，获得了其利益要求的所有与美国各州的贸易。此外，从美国人的视角来看，他们的利益已经得到了充分满足，无论其政府持何立场，美国人都会继续主要与英国进行贸易。鉴于伦敦提供的独一无二的信贷便利，以及英国制造业的领先地位和英国商品在价格与品质上的双重优势，美国人实际上别无选择。另一方面，允许美国进入西印度群岛贸易将直接损害英国的利益。这不仅会推动美国造船业和航运业的扩张，还会直接威胁英国商人和船东的利益，甚至——考虑到对英国海员的吸引力——危及英国海军的实力。谢菲尔德坚决表示："《航海法案》(Navigation Act)是我们海上强权的基石,使我们赢得了全球贸易。如果我们修改这一法案,允许任何国家与我们的岛屿通商,或容许任何国家将非本国产品运入英国,我们就等同于背弃《航海法案》,并牺牲英国的海洋力量。"1783年7月,英国政府发布了枢密院令,全面重申了《航海法案》的核心原则。英国政府实际上采纳了谢菲尔德的建议。[68]

直接与英国谈判以达成互惠安排,既非杰斐逊的计划,也非他的愿望。他的宏伟构想是建立一个美国能够彻底摆脱对敌对强权依赖的世界,而实现这一目标的核心手段是通过美国贸易的吸引力来争取欧洲其他国家的支持。他设想通过与多国签订一系列商业条约,实际上形成一个自由贸易共同体,从而削弱英国对美贸易的垄断地位,并迫使其调整现有政策。然而,委员会为达成这些条约所付出的努力几乎完全失败。大多数国家对此表现冷漠,另一些国家则自身没有殖民地,而没有任何国家愿意在"最惠国待遇"(most favored nation)条款之外给予美国特别优惠。在18世纪的欧洲,这一条款几乎无法提供任何实质性利益。委员会任期结束时,其成员几乎未取得任何实际成果。

1785年5月,杰斐逊在巴黎履新后,迅速将关注点转向法国。他认为,既然在当时条件下实现自由贸易已无可能,那么次优选择便是尽可能将美国的贸易从主要敌人英国转向主要盟友法国。由韦尔热内(Vergennes)领导的法国外交部因其开明态度,对杰斐逊的主张持开放态度。杰斐逊提出,如果法国希望美国人购买法国商品,就必须为美国产品提供市场;法国商人需要在信贷政策上更加灵活;法国制造业则应根据美国市场的品味和需求进行调整。这些谈判确实取得了一定成效:鲸油市场被独家授予美国渔业;数家法国商行同意大量进口佐治亚州和卡罗来纳州的大米。至于美法之间的烟草贸易,此前两国均存在垄断现象。尽管法国的烟草进口与销售垄断仍由总农务公司（Farmers-General）掌控，无法改变，但美国方面授予罗伯特·莫里斯的从美国出口到法国的烟草销售特许权被取消。通过上述举措及其他一些较小的让步，到1789年，法国市场至少在理论上对美国贸易的开放程度达到了前所未有的水平。

然而，这些努力对美国的对外贸易格局——无论是与法国还是与英国——未能产生显著影响。与法国的贸易基本维持原状；而英国制造业则进入了空前的扩张阶段，不仅生产效率大幅提升，产量也显著增长。这一扩张推动英国对美国及其他地区的出口量远超战前水平。事实上，过去和未来，英国在美国市场的成功得益于其一系列难以匹敌的优势，包括：基于长期经验的对美国市场的深入了解；紧密的贸易关系网络；以及充足的信贷储备，而正是这些知识与经验为信贷提供了可靠的保障。此外，伦敦作为一个规模庞大的贸易中心，使美国商人的代理人能够灵活选择回程货物，同时高效处理运抵的货物。最后，英国还拥有当时欧洲最先进的制造技术。正因如此，美国人使用的大部分五金制品、刀剪工具、各类铁钢制品、陶器、玻璃器皿及毛织品几乎全部由英国制造。1787年至1790年间，美国制成品进口中有高达87%的产品来自英国。[69]

相比之下，美国与法国的贸易关系既简单又松散，并且规模极为有限。这种关系笼罩在相互猜疑与知识匮乏的阴影之中，除了上层社会间礼节性的友好往来外，几乎没有任何维系关系所需的实质基础。在有限的交往中，美国方面始终占据绝对优势。无论是法国制造业的现状、法国资产阶级的思维方式，还是法国的整体经济状况，都不足以支持"法国是美国的'天然'贸易伙伴"的论断，甚至无法预示"法国在可预见的未来会成为主要商业强国"。首先，法国对美国市场的经验极为有限，且几乎完全是负面的。独立战争结束后，大量法国货船涌入美国港口，对其船主而言，这些经历大多以灾难告终，因为他们对潜在买家群体几乎一无所知。这些货物通常是草率拼凑而成，带有明显的猜测性，要么包装粗糙，要么不合时令，要么不符合公众的喜好，或者无法与英国提供的更廉价、更优质的同类商品竞争。由于无法或不愿提供信贷、要求迅速付款、时刻担心受骗以及缺乏稳定的商业关系，货主——或他们通常委派的代理人，即船长或管货员（supercargo）——在大多数情况下不得不匆忙低价出售这些货物，只为尽快处理掉它们。此外，贸易条件也明显偏向美国。1784年，法国开放了若干西印度群岛的港口，美国与这些地区的贸易量远远超过其与法国本土的贸易量，前者是后者的5倍甚至6倍。从根本上来说，美国人对法国商品兴趣寥寥。1784年至1790年间，美国从法国进口的商品总额仅为其从英国进口的1/20。这些商品主要是奢侈品，例如白兰地、葡萄酒、地中海水果和女性精美服饰。而通过向法国销售美国产品所获得的贸易盈余，几乎无一例外地被美国直接用于购买英国的制成品。[70]

法国制造业长期停滞不前，难以摆脱低效状态，这在很大程度上归因于其过时的内部关税、出口税以及消费税结构。这种税收体系使得法国产品在国际竞争中一开始便背负约15%的额外成本。因此，当王室大臣们在1786年出于一种误导性的"开明"理念，与英国签订有限自由贸易协定时，其结果无疑是灾难性的。正如他们本应预料到的，法国制造业在随后涌入的英国商品洪流中全线溃败。而阻碍法国建立可与英国相媲美的对外贸易格局的最后一个关键因素，是法国商人阶级自身的保守性。这一阶级的心态更倾向于食利者（rentier）而非企业家（entrepreneur），他们主要关注维护和巩固既有利益，而非开拓新的商业领域。因此，法国各港口城市的商会几乎在所有方面都反对向美国贸易做出让步，因为这些让步可能会以某种方式削弱他们对法国国内市场的控制。[71]

因此，在法国大革命前夕，杰斐逊与法国部长及贵族知识分子进行谈判时，所处的氛围带有一种友善却略显朦胧的理想主义色彩。法国人对美国无疑抱有善意，但这种善意多少显得有些浅尝辄止，他们对法国经济现实的理解也颇为有限。重农学派（Physiocrats）——在它的影响下，1786年，法国与英国签订了《伊登条约》（Eden Treaty）——对自由贸易理论的教条式坚持，使他们未能意识到这是一项极为不利的协议。在对美关系方面，拉法耶特（Lafayette）、孔多塞（Condorcet）以及杰斐逊的其他友人普遍认为，扩大双边贸易将是一件非常有益的事情。然而，他们始终未能认识到，这种所谓的互惠关系在实质上并不存在真正的对等。虽然杰斐逊成功为美国打开了一些此前封闭的法国市场，但美国人实际上并未给予相应的回报——他们更倾向于将资金花在英国而非法国，用于购买那些在其他地方无法获得的商品。杰斐逊本人也不例外。有一次，他在巴黎四处寻找一款新发明的油灯却未能如愿，最后在访问英国时才找到理想的款式。另一次，他甚至略带歉意地向拉法耶特解释自己购买英国马具的原因：

> 我选择从英国进口的马具的理由非常明确。这些马具是镀银的，而据我所知，法国并不生产此类马具。我偶尔不得不购买英国的制品，并非出于对英国的偏好，而是基于实际需求的考虑。[72]

无论如何，杰斐逊和法国政府高层都与法国资产阶级少有直接接触，从他们的行动来看，他们恐怕从未真正理解这一阶层的诉求。不久之后，当资产阶级开始在国家决策中发出自己的声音时，这种贸易问题上的"官方善意"将会骤然终止。随着法国大革命爆发和雅各宾派崛起，自由贸易的讨论将不复存在，取而代之的将是一套严格的经济民族主义政策。[73]

18世纪80年代中期的美国正深陷经济萧条，对英国重新实施《航海法案》普遍感到强烈不满。亚历山大·汉密尔顿曾撰文主张采取报复措施。波士顿的商人在1785年集体表决，决定"竭尽全力"阻止与驻该市的英国商业代理人继续开展贸易往来。约翰·亚当斯则认为，美国可能需要制定自己的航海法案。在整个邦联时期，杰斐逊与麦迪逊的通信中充满了对英国及其相关事物的强烈敌意。然而，尽管他们在反对英国上立场一致，根本目标却存在显著分歧。从纽约和新英格兰的视角看，即在汉密尔顿与亚当斯看来，政策的首要目标是说服英国放宽限制并调整其商业政策。而对杰斐逊与麦迪逊而言，目标则是彻底摆脱美国对英国的商业依附关系。[74]

到1789年夏季，这种分歧已逐渐公开化。随着美国经济重新繁荣，商人们开始发现新的市场机会，期望随之高涨。用于对英直接贸易的贵金属储备逐步恢复。与此同时，人们的关注点也从英国贸易的限制性条件转向了其带来的收益。美国对华贸易的初步尝试已经展开，同时，越来越多的美国商船出现在波罗的海的俄罗斯港口。更为重要的是，尽管英属西印度群岛在法律上仍对美国关闭，但实际上，富有进取精神的美国船主通过各种手段重新获得了准入机会。在当地种植园主、总督和海关官员的默许下，通过伪造文件及其他几乎成为惯例的策略，到1789年时，这些产糖岛屿的需求几乎与往常一样得到了满足，尽管纳尔逊（Nelson）指挥的加勒比海舰队竭力阻止这一切。与此同时，杰斐逊在法国推动扩大美国在法属岛屿贸易特权的努力，虽然初衷并非如此，却无意间助推了英美商业的复苏与繁荣。因此，尽管在1789年人们依然沿用几年前的强硬措辞，但其背后的信念已显得不再坚定。波士顿商人斯蒂芬·希金森（Stephen Higginson）在写给约翰·亚当斯的信中说道："我深感建立一种更为平等且稳定的对英贸易关系的必要性，但我尚未确信我们能够通过强制或安抚手段使他们接受更加互惠的条件——不过，就目前而言，我认为安抚的方式更可行，也更有希望。"[75]

1789年春季，詹姆斯·麦迪逊提出吨位税方案，并主张对英国实施歧视性政策，为此他提出了几项主要论据。他指出，美国与英国之间的贸易渠道是"人为的"，这使得英国"在我们的对外贸易中占据的份额远超其自然应得的比例"。此外，他认为英国对美国贸易的依赖程度远高于美国对英国的依赖；当前从英国进口的大部分制成品不久将在美国实现本土化生产。最后，在列举法国给予美国商业的种种优惠待遇后，麦迪逊宣称："我们的政策……应顺应自然发展方向，为其提供动力。"参议员麦克莱对此评论道，麦迪逊之所以"全力推动这一歧视性政策，是为了通过我们的驻巴黎公使托马斯·杰斐逊向法国示好"。[76]

麦迪逊的立场遭到了纽约市商人、众议员约翰·劳伦斯（John Laurance）的挑战。劳伦斯坚称，这一政策只会导致两败俱伤的商业战争，既无必要也无益处；美国采取温和立场反而更能实现目标；同时，他警告英国对美国造成损害的能力远远超过美国对英国的反制能力。尽管如此，反对声音起初并未迅速汇聚成势，麦迪逊的主张最终在众议院获得通过。马萨诸塞州的费舍尔·埃姆斯开始对麦迪逊的立场产生怀疑。他在5月3日的记录中写道："他的政治立场过于亲法。"两周后，他进一步评论道："我认为他是个好人，也是个有能力的人，但他过于理论化，缺乏商界人士通常具备的那种审慎。"[77]

当吨位税法案提交参议院审议时，商界已然警觉。他们对歧视性政策可能引发弊端的预测，似乎成功影响了几位关键参议员的立场——参议院几乎全体一致地同意删除法案中的这一条款。最终版本的法案于9月19日通过，规定关税标准为：美国船只每吨征收6美分，所有外国船只——无论其所属国家是否与美国签订商业条约——均每吨征收50美分。埃姆斯此时已明确自身立场，因此对此结果深感宽慰。他写道："参议院……仿佛是上天指派来阻止鲁莽任性的孩童玩火的机构，他们摒弃了那荒谬、不明智、疯狂的，区分与美国有盟约关系的外国人与其他外国人的歧视性政策。"[78]

这一争议虽被暂时搁置，但并未得到真正解决。在接下来的25年里，它将以各种形式持续存在，深刻影响美国政治生活中的几乎所有重要议题，同时加剧政治阵营的分化。

第七节　合法性的确认

第一届国会的第一次会议于1789年9月29日休会。会议期间可能出现的紧张情绪——尽管尚未发展为严重的分裂或派系斗争——随之逐渐平息。在此之后，直到来年1月的第一个星期一，国家政务事实上重新由行政部门掌控。华盛顿一向以严谨沉稳著称，但此时他有充分理由感到欣慰，几乎是首次觉得自己可以稍稍松一口气。然而，他仍心存好奇，想了解自己对新政府迄今取得成就的谨慎乐观是否得到了全国民意的支持。于是，他决定通过一次前往新英格兰的访问，亲自探察民情。6个月前，他从弗农山庄前往纽约参加就职典礼时，所受到的热烈欢迎充分体现了民众对未来的高度期待和信心。而此次旅程，则在某种程度上成为一次对政府已取得成果的检验。他于10月15日离开纽约，此行持续约一个月。

这次访问的成果完全符合华盛顿的期望。与之前一样，沿途各地纷纷举行欢迎仪式、游行和宴会，吸引了大批热情洋溢的民众。旅程的高潮或许出现在剑桥——1775年他首次接掌大陆军指挥权的地方——

以及波士顿,当地为纪念1776年解除围城的胜利,特地搭建了装饰华美的纪念拱门。华盛顿的日记一向平淡无奇,但这一段时间却难得展现出几分生动。这位欣喜的总统详细记录了民众的欢呼声、音乐声,以及"人数众多的集会"。这次对新英格兰的访问——此前他尚未以总统身份造访该地区——进一步彰显了联邦政府的存在感。尤其是马萨诸塞州,它不仅是新英格兰的重镇,更是关系到新共和国整体福祉的关键所在。[79](次年春天,他访问了罗得岛——该州此时已正式批准联邦宪法——此行取得了类似的积极成果。)

结束新英格兰之行后,华盛顿开始准备与1790年初复会的国会展开工作。此时,他数周以来首次抽出时间撰写了一封长篇私人信函,寄给凯瑟琳·麦考利·格雷厄姆(Catharine Macaulay Graham),一位曾造访弗农山庄的英国女士。信中虽涉及诸多话题,但核心主旨——对刚刚过去的一年的由衷满意——跃然纸上。

> 当前的政府尚非尽善尽美,但我几乎毫不怀疑,它已是当今世界上最优良的体制之一……在如此重要的问题上,能够在分布如此广泛、习俗在诸多方面存在显著差异的公民之间达成如此程度的一致,这本身几乎堪称奇迹。而公民对政府日益增长的共识与善意,不仅令人瞩目,更是极为有利的因素。就新政府迄今的运作而言(它已完全组建并正常运行),其成效之令人满意,远远超出最乐观者当初的预期。[80]

1790年伊始,华盛顿流露出这样的语气确实有充分理由。然而,此后他再未以如此昂扬的精神状态写下过类似的信函。

注释

1. *Journals of the Continental Congress*（Washington, 1904-57），XXXIV，599-601. 会议虽未正式宣布休会，但自1788年10月10日起已无法凑足法定人数。

2. Resolution of Feb. 21, 1787, 同上，XXXII, 74。

3. C. O. Paullin, "The First Elections Under the Constitution," *Iowa Journal of History and Politics*, II（Jan.1904），3-33；关于更详细的内容，参见 Merrill Jensen et al., eds., *The Documentary History of the First Federal Elections*, *1788-1790*（Madison, Wis., 1976-89），4V。St. John de Crevecoeur to Jefferson, Oct. 20, Nov. 20, 1788，*PTJ*，XIV, 29, 274。

4. Edward Stanwood, *A History of the Presidency*（Boston, 1901），pp. 20-30. 在新罕布什尔州——5个以普选方式选举总统选举人的州之一——无一候选人获得多数票。法律规定，如出现此种情况，选举人名单由州立法机关全权指定，该州按此执行。随着时间推移，越来越多的州开始采用普选方式，至1832年，除一州外皆已采用。唯一的例外是南卡罗来纳州，其选举人继续由州议会任命，直到1860年。此外，到1832年，除马里兰州和南卡罗来纳州外，所有州均采用"全州名单制"（general ticket），即由全州选民统一投票选出选举人，而非按选区选举。相比之下，在首次总统选举中，凡采取任何普选形式的州，其选举均按选区进行，使得一个州的选举人票可能被分散开来。首个全州名单制选举法由弗吉尼亚州于1800年通过，旨在确保该州的全部选举人票都投给某一位候选人。见同上，pp. 21, 38, 47, 59, 60, 83, 93, 103, 133, 164。

5. 本节内容主要引自 Douglas S. Freeman, *George Washington*（New York, 1948-1957），7v；并参考了 Marcus Cunliffe, *George Washington: Man and Monument*（Boston, 1958）中的许多洞见。

6. 关于该主题最全面的研究，参见 Rick W. Sturdevant, "Quest for Eden: George Washington's Frontier Land Interests"（未发表的论文，U. of Calif., Santa Barbara, 1982）。

7. 参见 *Oxford English Dictionary*（Oxford, 1933），II, 280-281 中的词条；以及 Bergen and Cornelia Evans, *A Dictionary of American Usage*（New York, 1957），pp. 90, 366 关于 "character" 和 "personality" 的内容。

8. 参见 Bernard Bailyn, "Politics and Social Structure in Virginia," James M. Smith, ed., *Seventeenth-Century America: Essays in Colonial History*（Chapel Hill, N.C.,

1959), pp. 90–115。

9. Charles S. Sydnor, *Gentlemen Freeholders: Political Practices in Washington's Virginia*（Chapel Hill, N.C., 1952），尤其是 Chs. 7–8; Bernard Bailyn, *The Origins of American Politics*（New York, 1970），p. 77; Rhys Isaac, *The Transformation of Virginia, 1740–1790*（Chapel Hill, N.C., 1982），尤其是Chs. 5–6。

10. *Virginia Gazette*, Oct. 25, 1765，引自 Thomas J. Wertenbaker, *Give Me Liberty: The Struggle for Self-Government in Virginia*（Philadelphia, 1958），p. 228; Jack P. Greene, *The Quest for Power: The Lower Houses of Assembly in the Southern Royal Colonies, 1689–1776*（Chapel Hill, N.C., 1963），第364页及以后的内容。

11. 马文·基特曼（Marvin Kitman）在 *George Washington's Expense Account*（New York, 1970）中虽然并非完全严肃，却因其观点引起广泛关注。他依据1833年出版的华盛顿战时账目的影印本，称华盛顿拒绝领取薪资，但在1783年提交了一份高达449,261美元的总部实付费用账单，账单抵销甚至超过了薪资金额。然而，根据后来的估算，考虑到大陆币在华盛顿七年任期内的严重贬值，这笔金额若换算为硬通货，实际价值不足2万美元。参见 Marshall Smelser, "A Cool Half Million," *Book World*, July 19, 1970; 以及马库斯·康利夫的评论, *JAH*, LVIII（June 1971），138。

12. 此处"行政"（administrative）与"执行"（executive）之间的区分尤为重要。根据爱德华·S.科温（Edward S. Corwin）的定义，政府中的执行职能是"对紧急状况反应最为迅速的权力……紧急状况是指那些尚未具备足够稳定性或重复性的情境，因而无法按常规规则应对"。参见 *The President: Office and Powers, 1787–1957*（New York, 1957），p. 3。

13. 例如，相较于华盛顿，国会更愿意动用强征物资的权力。参见 *Journals of the Continental Congress*, IX, 1013–1015, Dec. 10, 1777; Brant, *Madison*, I, 319; II, 114–115。

14. Thomas Balch, ed., *Journal of Claude Blanchard, Commissary of the French Auxiliary Army... 1780–1783*（Albany, N.Y., 1876），p. 93，引自 Freeman, *Washington*, V, 267; 另见Gilbert Chinard, ed., *George Washington as the French Knew Him*（Princeton, N.J., 1940），全书各处。

15. Salvador de Madariaga, *Bolivar*（New York, 1952）敏锐地指出，若无拿破仑的

先例，玻利瓦尔与圣马丁皆难以为人所理解。参见 p. xviii 及全书各处。

16. *WGW*, XXVII, 393.
17. Washington to James Warren, Oct. 7, 1785, 同上, XXVIII, 290。
18. *PTJ*, VII, 592.
19. 关于1787年制宪会议全过程的"官方"记录，参见 Max Farrand, ed., *The Records of the Federal Convention of 1787*（New Haven, Conn., 1937）, 4v., 其中第4卷（包含对前3卷的增补和修订）已经被 James Hutson, ed., *Supplement to Max Farrand's... Records...*（New Haven, Conn., 1987）所取代。部分与会代表留下了会议笔记，其中以詹姆斯·麦迪逊的记录最为详尽，该笔记的原始版本收录于 *Records*, I–II。麦迪逊的笔记另有一较易使用的版本——因拼写经过校正且排版更为清晰——收录于 Jonathan Elliot, ed., *Debates on the Adoption of the Federal Constitution*, 2nd ed.（Philadelphia, 1836）, 该书亦为艾略特（Elliot）编纂之各州批准宪法大会记录系列的第5卷。关于华盛顿在费城会议中的角色，参见 Arthur N. Holcombe, "The Role of Washington in the Framing of the Constitution," *Huntington Library Quarterly*, XIX（Aug. 1956）; 另见 Frederick Byrne, "The Model Chief Executive: George Washington and the Establishment of the Executive"（未发表的硕士论文，Columbia U., 1989）。
20. Benjamin Rush to Timothy Pickering, Aug. 30, 1787, Lyman Butterfield, ed., *Letters of Benjamin Rush*（Princeton, N.J., 1951）I, 440; [William Lewis to Thomas Lee Shippen], Oct. n, 1787, *PTJ*, XII, 230; Pierce Butler to Weedon Butler, May 5, 1788, Farrand, *Records*, III, 302; Freeman, *Washington*, VI, 117n.
21. *New-Jersey Journal*, Apr. 29, 1789, 引自同上, p. 183。
22. Edgar S. Maclay, ed., *Journal of William Maclay*（New York, 1890）, pp. 1–10; *AC*, 1 Cong., 1 Sess., 24, 29. 1988年，麦克莱的日记有新版出版，作为 Linda G. DePauw et al., eds., *Documentary History of the First Federal Congress of the United States of America, March 4, 1789–March 3, 1791*（Baltimore, 1972–）的第9卷。新版为麦克莱原始笔记的逐字转录，并附有详尽注释。然而，由于1890年版对拼写与标点进行了规范化处理，在引用时更为便利，因此本文所引均出自1890年版。
23. *AC*, 1 Cong., 1 Sess., 24, 29–31, 191, 213; Maclay, *Journal*, pp. 1, 10–

12，14，15-16，18，21-22。

24. 同上，pp. 22-29；*AC*，1 Cong.，1 Sess.，31，33-35，247。麦克莱对决议的记载版本比*AC*中的更具夸饰色彩："美利坚合众国总统陛下暨其权利之保护者"（His Highness the President of the United States of America and Protector of the Rights of the Same）。

25. Maclay，*Journal*，pp. 30-38；*AC*，1 Cong.，1 Sess.，36，294，318-324；Fisher Ames to George Minot，May 14，27，1789，*WFA*，I，36-37，46；Washington to David Stuart，July 26，1789，*WGW*，XXX，362-363 and n. 另见 James Hart，*The American Presidency in Action*，1789（New York，1948），pp. 34-40。有一种传说称，华盛顿本人实际上希望拥有一个头衔，并倾向于"至高尊者"（His High Mightiness）这一称谓。然而，该传说似乎并无事实根据。最早使之广为流传的是 Rufus W. Griswold，*The Republican Court; or, American Society in the Days of Washington*（New York，1854），pp. 153-154。上书的素材来源于 Henry A. Muhlenberg，*Life of Major-General Peter Muhlenberg, of the Revolutionary Army*（Philadelphia，1849），pp. 317-318，后者当时刚出版没多久。据称，彼得·穆伦伯格（Peter Muhlenberg）当时是宾夕法尼亚州的国会代表，与其他几位议员（其中至少还有一位宾夕法尼亚人）一同受邀赴总统官邸晚宴，席间华盛顿征询其对"至高尊者"这一称谓的意见，穆伦伯格则以玩笑话搪塞，后来在正式投票中，他反对一切头衔提案。这则传闻具有典型的家族轶事特征，可能随着代代相传而不断被渲染。以下三点均使该故事的真实性令人怀疑：（1）麦克莱对此事一无所知（他与其他宾夕法尼亚议员联系密切，且自称若真有此事定会最早得知并记载）；（2）前文引述的华盛顿致斯图尔特的书信；（3）穆伦伯格因为未被任命为印第安战事军队的指挥官（该职由阿瑟·圣克莱尔担任）而对华盛顿心怀不满——值得注意的是，书中有关头衔的记载与对穆伦伯格怨忿的描写出现在同一页（p.318），颇具对照意味。

26. Richard M. Gummere，*The American Colonial Mind and the Classical Tradition: Essays in Comparative Culture*（Cambridge，Mass.，1963），尤其是 Chs. 1-2，4，6，10-11；Howard Mumford Jones，*O Strange New World; American Culture: The Formative Years*（New York，1964），pp. 227-272；Chares F. Mullett，"Classical Influences on the American Revolution，" *Classical Journal*，XXXV（Nov. 1939），92-104；Gilbert Chinard，"Polybius and the American Constitution，"

Journal of the History of Ideas, I（Jan. 1940），38-58；Bernard Bailyn，*The Ideological Origins of the American Revolution*（Cambridge，Mass.，1967），pp. 23-26。有一位国会议员发现同僚的行为远未达到其理想中的"罗马标准"（他原本想当然地认为国会应以古罗马为楷模），参见 Fisher Ames to George Minot, May 23，27，July 8，1789，*WFA*，I，35，45，64。有关麦迪逊的评论，见 J.-P. Brissot de Warville，*New Travels in the United States of America*，1788，ed. Durand Echeverria（Cambridge，Mass.，1964），p. 147；有关麦迪逊在"头衔"问题上的演讲，见 *PJM*，XII，155。

27. Samuel E. Morison, "The Young Man Washington," *By Land and by Sea: Essays and Addresses*（New York, 1953），pp. 168-171；Cunliffe, *George Washington*, pp. 16-17，190-197；Fredric M. Litto, "Addison's Cato in the Colonies," *WMQ*, 3rd Ser., XXIII（July 1966），431-449；Albert Matthews, "Some Sobriquets Applied to Washington," *Publications of the Colonial Society of Massachusetts*, VIII（1906），275-287；Frank Monaghan, *Supplementary Notes on the Inaugural Journey and the Inaugural Ceremonies of George Washington...*（New York，秘人发行，1939），p. 9；Brissot de Warville, *New Travels*, pp. 342-343；Chinard, *Washington as the French Knew Him*, pp. 93-94 以及其他各处。Garry Wills, *Cincinnatus: George Washington and the Enlightenment*（Garden City，N.Y.，1982）是对华盛顿的公共形象中辛辛纳图斯主题的深刻且精彩的研究。

28. "Queries on a Line of Conduct to Be Pursued by the President," *WGW*, XXX, 319-321；Washington to Madison, May 12，1789，and to David Stuart, July 26，1789，同上，322-323，361-362；Hamilton to Washington, May 5，1789，*PAH*, V, 335-337；Adams to Washington, May 17，1789，*WJA*，VIII, 491-493；Freeman, *Washington*, VI, 199-203；William Sullivan, *The Public Men of the Revolution: Including Events from the Peace of 1783 to the Peace of 1815*（Philadelphia，1847），p. 120。

29. Freeman, *Washington*, VI, 202.

30. 路易·德·丰塔纳（Louis de Fontanes）在1800年于法国荣军院为华盛顿所作的悼词中说："华盛顿出生在一个富裕家庭，在农业生产中，他如同古罗马英雄般使其家境更加辉煌。尽管他是虚荣浮华的敌人，但他希望共和制的习俗能够以体面的面貌呈现。"见 Chinard, *Washington as the French Knew Him*, p. 135。

31. Maclay, *Journal*, pp. 23, 24; Benjamin Rush to Adams, July 21, 1789, Butterfield, *Letters*, I, 523; Adams to Rush, July 28, 1789, *Old Family Letters; Copied from the Originals for Alexander Biddle*（Philadelphia, 1892）, pp. 47–51.

32. Jones, *O Strange New World*, p. 259; John R. Howe, Jr., *The Changing Political Thought of John Adams*（Princeton, N.J., 1977）, Chs. 5–6.

33. *AC*, 1 Cong., 1 Sess., 368–383, 456–585, 590–591; Hart, *American Presidency*, pp. 155–184; Leonard D. White, *The Federalists: A Study in Administrative History*（New York, 1948）, pp. 20–25; *PJM*, XII, 170–174. 汉密尔顿在Federalist 77中明确指出，"参议院的同意不仅对任命，甚至对罢免也是必要的"。然而，麦迪逊在深入思考这一点的深远含义后认为，如果行政机构不具备此权力，可能会被积极进取的参议院逐步侵蚀。Madison to Edmund Randolph, May 31, 1789, *PJM*, XII, 189–190. 另见Joseph P. Harris, *The Advice and Consent of the Senate: A Study of the Confirmation of Appointments by the United States Senate*（Berkeley, Calif., 1953）, pp. 17–43。

34. Maclay, *Journal*, pp. 97, 103–104, 106, 109–117.

35. Hart, *American Presidency*, pp. 214–239; *AC*, 1 Cong., 1 Sess., 71–72, 384–396, 592–607, 612–615, 778.

36. 同上，78–79, 90。与杰斐逊的提名同时进行的还有弗吉尼亚州的埃德蒙·兰道夫（Edmund Randolph）和纽约州的塞缪尔·奥斯古德（Samuel Osgood）分别被提名为总检察长和邮政总长。

37. 参见J. H. Plumb, *The Growth of Political Stability in England, 1675–1725*（London, 1967）。

38. Bailyn, *Origins of American Politics*, pp. 31–58, 143–146.

39. 例如Oliver M. Dickerson, *The Navigation Acts and the American Revolution*（Philadelphia, 1951）, pp. 208–265，讨论了殖民地对由皇家任命人员进行的"海关勒索"的反应。沃波尔的影响在1789年的美国仍然是一个挥之不去的存在，参见Maclay, *Journal*, p. 123的内容："当沃波尔腐化英国上议院时，他是通过宫廷恩惠、贷款、职位、彩票券、合同、官职或人们对这些的期待，还是通过叮当作响的金币做到的，在道德或政治上有何不同？动机和结果显然是一样的。但沃波尔是个恶棍。那么，追随他脚步的人又会是怎样的人呢？"

40. Washington to Samuel Vaughan, Mar. 21, 1789, *WGW*, XXX, 240; Timothy

Pickering to Ebenezer Bowman, Oct. 10, 1791, 引自 White, *Federalists*, p. 260。关于这一时期的行政程序, Carl E. Prince, *The Federalists and the Origins of the U.S. Civil Service*（New York, 1977）是一本深入且极有价值的研究，尽管其赋予早期公务员制度某种党派导向的专业性，而我们认为这种专业性直到几年后才逐步形成。

41. Gaillard Hunt, "Office–Seeking During Washington's Administration," *AHR*, I（Jan. 1896）, 270-283; *WGW*, XXX, 371. 另见 White, *Federalists*, 253 页及以后的内容。

42. July 27, 1789, *WGW*, XXX, 366.

43. E. Neville Williams, The Eighteenth-Century Constitution, *1688–1815: Documents and Commentary*（Cambridge, 1960）, p. 129.

44. 关于此事件的唯一当代记载见 Maclay, *Journal*, pp. 128-133。另一句引文来自约翰·昆西·亚当斯（John Quincy Adams）1824 年 11 月 10 日的日记，其中提到关于这一事件的两种说法（一种是华盛顿"说他会被诅咒"，另一种是他只是"发誓"）。这两种说法均由威廉·H.克劳福德（William H. Crawford）转述，而克劳福德可能是从詹姆斯·门罗（James Monroe）那里听来的。然而，门罗自己并未亲历此事，而是道听途说的，直到 1790 年 12 月 6 日他才在参议院就职。参见 Adams, ed., *Memoirs*, VI, 427。

45. 国会不仅提前获得了相关信息，而且还为条约的签定提供了经费，参议院也批准了负责谈判的委员会成员的提名。*AC*, 1 Cong., 1 Sess., 58-59, 65, 684-688, 690-703, 763-766; Ralston Hayden, *The Senate and Treaties, 1789–1817: The Development of the Treaty-Making Functions of the United States Senate During the Formative Period*（New York, 1920）, pp. 16-29。

46. *WGW*, XXX, 369-375; *AC*, 1 Cong., 1 Sess., 65.

47. 参见同上，66-71; Hart, *American Presidency*, pp. 80-97; 以及 Maclay, *Journal*。

48. *WGW*, XXX, 295.

49. Farrand, *Records*, II, 637-640; Robert A. Rutland, *The Birth of the Bill of Rights*（Chapel Hill, N.C., 1955）, pp. 115-120; Madison to Jefferson, Oct. 24, 1787, 以及 Washington to Madison, Oct. 10, 1787, *PJM*, X, 215, 190。关于华盛顿对梅森不满的其他表述，参见 letters to Bushrod Washington, Nov. 10, 1787, and to David Stuart, Nov. 30, 1787, *WGW*, XXIX, 309-312, 323-324。

50. Rutland, *Bill of Rights*, pp. 126–189; Madison to Hamilton, [July 20, 1788], *PAH*, V, 184–185; Robert B. Semple, *A History of the Rise and Progress of the Baptists in Virginia* (Richmond, 1810), pp. 76–77. Helen E. Veit et al., *Creating the Bill of Rights: The Documentary Record from the First Federal Congress* (Baltimore, 1991), 是一部重要的文献集, 涵盖了立法历史、国会辩论, 以及有关提案修正案的信函和其他文件。

51. Brant, *Madison*, II, 264; Washington to John Armstrong, Apr. 25, 1788, *WGW*, XXIX, 464–467; Madison to George Eve, Jan. 2, 1789, *PJM*, XI, 404–405; *AC*, 1 Cong., 1 Sess., 247.

52. 同上, 424–449。

53. 同上, 74–88, 660–665, 703–763, 765–778, 903, 905, 913–914, 916; Rutland, *Bill of Rights*, pp. 190–218。

54. Madison to Jefferson, Oct. 17, 1788; Jefferson to Madison, Mar. 15, 1789; *PTJ*, XIV, 16–21, 659–662.

55. Gov. John Collins to Washington, Sept. 26, 1789, Veit, *Bill of Rights*, p. 298; Griffith J. McRee, *Life and Correspondence of James Iredell* (New York, 1857–1858), II, 270–273; Walter Clark, ed., *State Records of North Carolina* (Winston, Goldsboro, Charlotte, Raleigh, 1895–1914), XXII, 43–52.

56. 上述内容基于 Charles Warren, "New Light on the History of the Judiciary Act of 1789," *Harvard Law Review*, XXXVII (Nov. 1923), 49–132; Julius Goebel, Jr., *History of the Supreme Court of the United States: I, Antecedents and Beginnings to 1801* (New York, 1971), 457–508; *AC*, 1 Cong., 1 Sess., 18, 46, 47, 49, 50, 659, 782–785, 796–834, 892, 894; Maclay, *Journal*, pp. 85–109, 117–118; 以及 *Statutes at Large*, I, 73–93。

57. 此类论点由 William W. Crosskey, *Politics and the Constitution in the History of the United States* (Chicago, 1953), 尤其是 I, 610–674; II, 754–764 提出。

58. Farrand, *Records*, I, 124–125. 关于汉密尔顿对司法问题的看法, 见 *Federalist* 82, Cooke ed., pp. 553–557。古弗尼尔·莫里斯作为宪法文风委员会(Committee on Style)的主席, 负责宪法措辞工作。他多年后写道, 司法条款与其他条款不同, 措辞必须保持一定程度的模棱两可。"在这一问题上, 不同意见的持有者展现了极高的专业敏锐度, 因此必须选择那些既能表达我的个人观点, 又不会让他人感到不安或伤害其自尊的措辞。据我回忆，这是唯一一部分没有引发争议便通过的条款。"To Timothy Pickering, Dec. 22, 1814, Farrand, *Records*, III, 420。根据另一位代表亚伯拉罕·鲍德温（Abraham Baldwin）的说法，确实有一些条款"没有最终确定"，其中包括司法条款。见同上，370。

59. 关于殖民地法律体系的讨论，有的直接反驳了克罗斯基（Crosskey）"宪法起草者认为自己可以从零开始"的假设，参见 Julius Goebel, Jr., "*Ex Parte Clio*," *Columbia Law Review*, LIV（Mar. 1954）；以及同一作者，*Supreme Court*, I, 1-95。

60. 对比参看 *Journals of the Continental Congress*, XXIV, 195-201, 257-261；以及 *AC*, 1 Cong., 1 Sess., 102-104。

61. 关于1789年关税法案的背景，参见 William Hill, "The First Stages of the Tariff Policy of the United States," *Publications of the American Economic Association*, VIII（1893），455-614。

62. *AC*, 1 Cong., 1 Sess., 106, 115, 156, 158, 224-225, 295-296；Ames to Minot, May 14, 1789, *WFA*, I, 37.

63. 同上，49；Ames to Minot, July 2, 1789, 同上，58；*AC*, 1 Cong., 1 Sess., 11 页及以后的内容。

64. 同上，103。

65. 同上，108, 234-247, 252-265, 272-290。

66. 同上，608-610, 615-619；Maclay, *Journal*, pp. 47-48, 51-52, 76-78, 89, 91, 96-97；*WFA*, I, 38-39, 48-49, 57-60。关于纽约商界对参议院拒绝歧视性条款的影响，证据虽然稀少，但颇具说服力。亚历山大·汉密尔顿在10月向乔治·贝克维斯（George Beckwith）表示："在讨论税收法案和吨位税法案期间，我坚决反对那些由一些绅士热烈支持的歧视性条款。我特地向我们这里的商界人士了解情况，除少数例外，他们都反对任何形式的歧视性条款，理由是这将引发贸易战争。"见 *PAH*, V, 488-489。众议院中反对歧视性条款的主要人物是来自纽约的约翰·劳伦斯，他是商人，汉密尔顿曾积极推动，使他成为国会议员。见同上，268-269, 274-277, 283-286。（麦克莱在 *Journal*, P.47 中称劳伦斯是"英国代理人和商人们的工具"。）麦迪逊在1789年5月9日写信给杰斐逊时提到，反对歧视性条款的力量"主要得到了这座城市的支持，而这座城市深受英伦主义影响"。见 *PJM*, XII, 143。6月17日，麦克莱提到"这座城市的影响力",7月1日,他说道:"但请注意纽约市的影响力,或者让我称之为英国的影响力。他们在参议院开始工作,在讨论进口税法案之前,他们已确保获得多数票来拒绝歧视性条款。"*Journal*, pp. 78, 96。

67. Vernon G. Setser, *The Commercial Reciprocity Policy of the United States, 1774-1829* (Philadelphia, 1937), pp. 52-98; Lawrence S. Kaplan, *Jefferson and France: An Essay on Politics and Political Ideas* (New Haven, Conn., 1967); Malone, *Jefferson*, II, Chs. 1-10; Merrill D. Peterson, "Thomas Jefferson and Commercial Policy," *WMQ*, 3rd Ser., XXII (Oct. 1965), 584-610; Jacob M. Price, *France and the Chesapeake: A History of the French Tobacco Monopoly, 1674-1791, and of Its Relationship to the British and American Tobacco Trades* (Ann Arbor, Mich., 1973), II, 756-787.

68. Lord Sheffield, *Observations on the Commerce of the United States* (London, 1784), 6th ed. [pub. orginally 1783], pp. 264-265.

69. Phyllis Deane, *The First Industrial Revolution* (Cambridge, 1965, 1979), pp. 56-58; T. S. Ashton, *Economic Fluctuations in England, 1700-1800* (Oxford, 1959), pp. 62-63; Phyllis Deane and W. A. Cole, *British Economic Growth, 1688-1959: Trends and Structure* (Cambridge, 1962), p. 87.

70. John F. Stover, "French-American Trade During the Confederation, 1781-1789," *North Carolina Historical Review*, XXXV (Oct. 1958), 399-414; Carl L. Lokke, *France and the Colonial Question: A Study of Contemporary French Opinion, 1763-1801* (New York, 1932), pp. 63-67; Setser, *Commercial Reciprocity*, pp. 81-92。根据威廉·肖特(William Short)的说法,法国立法者理所当然地认为"与美国的商业是亏损的。许多法国商人也支持这一观点,他们告诉我,没有一个法国公司开展与美国的商业而没有亏损"。Short to Jefferson, Oct. 21, 1790, *PTJ*, XVII, 609。

71. J. F. Bosher, *The Single Duty Project: A Study of the Movement for a French Customs Union in the Eighteenth Century* (London, 1964), pp. 72-83; Henri See, "Commerce Between France and the United States, 1783-1784," *AHR*, XXXI (July 1926), 732-752; Lokke, *Colonial Question*, pp. 65-66; Kaplan, *Jefferson and France*, pp. 31-32.

72. Louis Gottschalk, *Lafayette Between the American and the French Revolution*,

1783—1789（Chicago，1950），pp. 202-258. Jefferson to Richard Henry Lee，Apr. 22，1786；to Lafayette，Nov. 3，1786；*PTJ*，IX，397-398；X，505. 看起来，杰斐逊试图打破烟草垄断的努力实际上产生了与他所期望的相反的效果。"在莫里斯的合同结束后，"根据约翰·F.斯托弗（John F. Stover）教授的说法，"英国迅速占有了美国的大部分烟草作物。1789至1790年间，英国进口的美国烟草量是法国的七倍多。"见"French-American Trade，"p. 409。

73. 关于山岳派（Montagnard）对旧制度（以及后来的吉伦特派）的经济自由主义思想的反应，在国民公会的限制性立法中得以体现，参见 Frederick L. Nussbaum，*Commercial Policy in the French Revolution：A Study of the Career of G. J. A. Ducher*（Washington，1923）。在此书以及上文提到的斯托弗、洛基（Lokke）以及博舍（Bosher）等学者的著作中，我们可以看到法国对杰斐逊做出的让步本质上是脆弱的。

74. *Federalist* 11［Hamilton］，Cooke ed.，pp. 66-67；Hill，"First Stages，"592-594；Adams to Jefferson，Aug. 7，1785，*PTJ*，VIII，354-355；Editorial Note，同上，VII，468-469；Setser，*Commercial Reciprocity*，pp. 97-98。关于杰斐逊和麦迪逊在18世纪80年代提及英国和英国人时的语气，参见*PTJ*，VII，122，421，506；VIII，39-40，460-461；X，233。

75. Edward Channing，*A History of the United States*（New York，1905-1932），III，408-423；Dec. 21，1789，"Letters of Stephen Higginson，1783-1804，"*AHA:AR，1896*，I，772。

76. *AC*，1 Cong.，1 Sess.，181-182，185，239-240；Maclay，*Journal*，p. 97。

77. *AC*，1 Cong.，1 Sess.，234-236；*WFA*，I，35，42。

78. 同上，45-46；*AC*，1 Cong.，1 Sess.，903；*Statutes at Large*，I，24-27。

79. William S. Baker，*Washington After the Revolution*（Philadelphia，1898），pp. 15-160；*DGW*，V，474-475。

80. Jan. 9，1790，*WGW*，XXX，496-497.

第二章
财政和意识形态

在影响新共和国早年政治生活的所有事件中，最重要的莫过于亚历山大·汉密尔顿和托马斯·杰斐逊二人在18世纪90年代产生的严重的个人恩怨和政治敌意，这是发生在美国历史上的经典事件。二人之间由此而来的争端，因处于典型的政治环境而具有经典的影响力。从某种意义上说，这种私人恩怨从谨慎提防迅速发展到相互猜疑，再之后产生互不相让的仇恨，而尤其重要的是，它存在于华盛顿政府里的两位最高官员之间。杰斐逊和汉密尔顿之间的争端最终将为他们自己吸引大量相互对立的追随者，并成为两个秉持相互对立原则的党派的基础。因此，若不考虑汉密尔顿的联邦党人和杰斐逊的共和党人之间的纷争，人们就无法理解18世纪90年代美国国家生活的特点和性质。然而，值得我们注意的是，杰斐逊这一方的原则基础不是由他本人奠定的，而是出自他的伙伴——弗吉尼亚州的詹姆斯·麦迪逊。探讨18世纪90年代政治热情必须迈出的第一步，正是考察詹姆斯·麦迪逊与朋友亚历山大·汉密尔顿的疏远。

对于当时的人来说，汉密尔顿和麦迪逊二人的决裂及随之带来的后果，好像无法以任何容易理解的方式去进行预测，尽管历史学家在漫长的追述往事的过程中提出了合理化的理论解释，使其看起来是某种正确趋势的一部分。二人的决裂导致了联邦党和共和党的对立，这一方面被视作银行和商业利益与农业利益之间基本冲突的表现；另一方面，它似乎将强有力的联邦政府的拥护者与州权的拥护者区分开来。还有一点，二者间的冲突不亚于精英统治和早期民主政体间的冲突。这些说法都没有错，每个版本都提供了一种从远距离理解问题的方法。然而，从更直接、更人性化的层面进行观察，历史学家并没有解释曾经在最重要的事情上，观点和兴趣都一致的汉密尔顿和麦迪逊，他们的友谊破裂的原因。

这一代人与美国历史上其他任何一代人的不同之处在于，他们对任何具有公共性质的问题的每一次反应，几乎都会受到他们刚刚所经历的独立革命的深刻影响。我们早就将我们的革命者视为了"开国元勋"，这样的头衔也许是衡量他们成功的真正标准。但是，对他们的这种认定也表明，从心理学上可信的角度去看待他们的动机，或者是将这些"国父们"想象成哪怕有一丁点不"明智"的样子都已经变得非常困难。我们对这些人物及其行动的任何看法都必须考虑到革命者易变的意识，即他知道他接下来的一步，或他参与促成的任何历史运动中其他任何人接下来的行动，都可能对未来几代人的命运产生影响。

革命运动的副产品是共和的意识形态。但是，在将一种意识形态秩序强加到与政府、社会、自由和权威有关的事务上的过程中，人们，尤其是那些处于核心位置的人物，表现出了极其个人化的一面。随着对世界的认知边界不断扩大，一个人会意识到他在如下方面的能力随之增强：描述世界，给别人留下世界是以这样和那样的方式运转的深刻印象，以及指明应当朝这个方向而非那个方向追求人民的健康和幸福。因此，有这样一种理解领导人物的角度：他们的个人属性，他们作为个体的观点和行动，以及他们之间的日常关系，对他们正在重新创造的社会所产生的不只是偶然的影响。他们对那个社会的承诺，并不局限于机械的"利益"范畴。总之，他们将他们独有的个性与对社会的特定理解紧密联系在一起，因此，对这种特定理解的挑战，将是对他们的根本挑战。

在这样的环境下所能产生的力量是惊人的，这一代人中一些人的职业生涯清楚地证明了这一点。革命战争结束四年后，通过再次重塑政府和说服国家正式批准他们所做的事情，他们在革命中做出的承诺得到了加固和强化。在整个过程中，"重要的事情优先"（first things first）的必要性，保持了某种目的上的单一性和思想上的大致统一。但是，新政府成立，以及它的合法性获得确立后，一种新的意识形态问题——直到当时还不是最紧迫的问题，逐渐变得突出起来。革命使美国成为共和制国家，此时已经确定美国各州组成的不再是共和制的邦联，而是共和制国家。然而，除此之外还有什么呢？除了宪法文字和华盛顿将军所代表的共和价值观之外，它的特征是什么呢？在1790年初，这些问题的答案在很大程度上还取决于未来。但现在，这些已经成为过去，我们因此很难想象这些问题给当时的领导人究竟带来了多么沉重的压力。

20世纪，新兴国家的情感和思想活动中的主要压力，是国家自我定义的问题。这个新国家将向世界展示怎样的面貌和性格；它的经济生活应该以何种方式组织起来，其广泛和独立的程度如何；它与其他国家关系的质量如何；最重要的是，它以前母国为参照定义自己的方式：这些问题在当今似乎没有"理性"基础的世界导致了紧张局势，甚至造成了动荡。一些社会努力解决国民经济问题的路径，似乎只间接地影响其真正的物质利益。意识形态派系斗争中最痛苦的是文化取向差异导致的斗争，这在局外人看来几乎是不真实的。[1]像大多数建立在革命基础之上的其他国家一样，美国也没能逃脱这种压力。事实上，正是这个问题破坏了詹姆斯·麦迪逊和亚历山大·汉密尔顿之间的私人和政治关系。

第一节　詹姆斯·麦迪逊：仇英的政治经济学

詹姆斯·麦迪逊职业生涯中最具建设性的时期，大约是从1780年到1790年的这十年，这一时期他的形象已或多或少变得传统。这是一个谦逊的调和者、折中的政治家的形象。在我们看来，詹姆斯·麦迪逊智慧、精明，他在历史和政治科学领域学识渊博，但他并不坚持自我。他是一个稳重的建设者，考虑别人的想法和感受，既愿意调动他们的力量，也会把功劳归于他们。麦迪逊谦逊、足智多谋、不知疲倦，他取得诸多成就，在很大程度上是因为他愿意在别人上床休息后仍然长时间地工作。因此，詹姆斯·麦迪逊几乎不由自主地成为美国宪法的总设计师。

上述对麦迪逊的形象描述只有一个方面不属于他。但如果再增加一两点，即使余下部分都不变，也不知为什么，整个效果就改变了。詹姆斯·麦迪逊并不是真正的妥协者，他是一名革命者；他的思想体系的预设，植根于他的内心深处，而且不可动摇；尽管所有的表象看起来都与此相反，他却是他所在时代最固执、最任性的人之一。在他看来属于根本原则的问题上，他总是不动声色地、毫不妥协地按自己的方式行事。

从目前的研究来看，我们对麦迪逊本质的洞察只能到此为止。但参照麦迪逊的个性和职业生涯中的某些固定点去观察他，确实有助于我们绕开一些悖论。其中最重要的固定观察点，可能是这位男士几乎可以麻痹人的羞涩。在麦迪逊所有的其他特征中，其中有一些与他的腼腆是相当不协调的，比如他的野心、他的才华、他的坚韧，以及他的知识权威，所有这些在他的成长和发展过程中，都以某种方式组织起来，并做出调整去适应他的腼腆。这种心理调整过程产生了一些非常有趣的附带结果。麦迪逊在早年就曾设法使自己的才能得到认可，尽管直到30岁他才在公众集会上讲演。麦迪逊在来往信件中提到的他个人的资料少得令人抓狂，他在晚年整理自己的文章以便出版（直到他去世后才出版）时，好像系统地删除了几乎所有有着"私人"性质的材料，尽管这样的材料最初就不太可能真正大量存在过。出于以上所述及其他的原因，詹姆斯·麦迪逊的人格特征比他同时代的、可以和他进行比较的任何领袖人物都更难重建。

对麦迪逊来说，思想有着强烈的重要性，美国宪法史上一些最引人注目的思想就来源于麦迪逊。然而，一般意义上的著者的自豪感，却是麦迪逊很早就学会放弃的某种东西，如果他确实曾有这种自豪感的话。动机和思想同样至关重要，他一次又一次地把起因归于别人，而不宣称是为他自己，这对一个平时不习惯慷慨大方的人来说，是一种不寻常的微妙行为。不露身份远比成为众人瞩目的焦点舒服得多。正如一位作者所言："麦迪逊身材矮小（5英尺6英寸），十分缺乏自信，人们不会怀疑他会在任何事情上与他们竞争……"[2]他可以尽最大的努力帮助别人挽回面子，他也很清楚怎样在不激怒别人的情况下，实现他所谋求的措施。然而，正如我们所看到的，麦迪逊的这种灵活性是有局限性的。无论如何，我们都必须记住，麦迪逊所做的一切都是一个既胆怯又固执的人所为的。

除了极度缺乏个人自信外，詹姆斯·麦迪逊的工作方式还存在一个重要的关联因素，这个因素对理解他的整个职业生涯非常重要。麦迪逊没有准备好通过利用人格的直接力量——就像他所在时代的许多人，诸如帕特里克·亨利，可以而且确实做的那样——独自面对所处的环境。他在有效地开展工作时，总是会在某种"掩护"之下发挥作用。通常情况下，麦迪逊只有在委员会而非论坛的环境中，才可以展示一个产生公共影响的自我。这一惯常做法几乎无一例外，即使是作为麦迪逊事业巅峰的制宪会议，在很多方面也是一个不公开的委员会，其实际议事程序在50多年后才得以公开，而且当时之所以公开，是因为麦迪逊本人自己选择这样做。另外，麦迪逊还有另一种形式的"掩护"，那就是他一直保持着提前做好准备。在没有做好最充分的事先准备的情况下，麦迪逊不会开始讨论任何政策或法律问题，这意味着他对相关方面的了解几乎总是比在场的任何人都至少多出两倍。因此，一个人在历史上留下的深刻印象，与其说是他的个人形象，不如说是他掌控自己生活方式的知识和智慧。麦迪逊的"掩护"原则甚至以一种奇特的方式在他的社会关系领域里起着作用。不同的目击者对麦迪逊在社交场合中的表现的描述可能完全不一样，因此令人感到困惑、百思不得其解。有人可能认为他令人着迷、富有魅力；而有人可能认为他是一个"阴沉呆板的家伙"。玛格丽特·贝亚德·史密斯（Margaret Bayard Smith）对詹姆斯·麦迪逊的描述可能是最贴切的："这位妙趣横生、有趣而健谈的要人，如果现场有一位陌生人或无关紧要的人存在，他就会表现得沉默、冷漠和令人厌恶。"[3]

詹姆斯·麦迪逊生于1751年，在弗吉尼亚山麓地带的蒙彼利埃种植园里长大，种植园的位置靠近拉帕汉诺克河上游的支流拉皮丹河。关于他的祖先，麦迪逊写道："我的祖先是种植园主，有名望但并不是最富有的阶层。"麦迪逊的父亲詹姆斯·麦迪逊（James Madison）上校，曾是当地地方官、治安法官、大地主、圣托马斯教区（St.Thomas Parish）的负责人，可能是奥兰治县最重要的人物。麦迪逊上校没有获得他想要的所有知识，他决心让他的儿子接受最好的教育。年幼的詹姆斯在国王与王后郡敦刻尔克的一所预备学校就读，由能干的苏格兰牧师唐纳德·罗伯逊（Donald Robertson）执教。在预备学校，以及在之后一季的私教辅导中，麦迪逊学习了拉丁语、希腊语、法语、西班牙语、逻辑学、数学和地理学，并通过阅读孟德斯鸠和洛克的著作培养了对政治哲学的兴趣。1769年，麦迪逊进入普林斯顿的新泽西学院（College of New Jersey）*学习，在两年多一点的时间里完成了四年的常规课程；1771年9月，他获得了学士学位。[4]

在麦迪逊就读的几年中，普林斯顿不仅充满知识分子的活力，也已经受到几乎完全公开的共和主义的渗透，随着时间的推移，新泽西学院充满了革命情绪。校长约翰·威瑟斯彭（John Witherspoon）对此表示赞同，甚至对革命情绪推波助澜。约翰·威瑟斯彭是一位身材魁梧、精力充沛、有影响力的长老会牧师，他刚从苏格兰来到普林斯顿，当时，道德和政治哲学上最先进的时代思想正在苏格兰产生。威瑟斯彭的学生亲切地称呼他为"博士"，他本人将成为《独立宣言》（Declaration of Independence）的签署者和大陆会议的成员。1770年，纽约商人违背了他们的禁止进口协议，他们写给费城商人的一封为自我辩护的信的副本，在普林斯顿的校园里被学生特意雇来的公共刽子手焚烧了，"他们全都身穿黑色长袍，在钟声响起时出现"。[5]

法律和神学都是麦迪逊众多学术兴趣中的一部分，然而，鉴于他说话声音不够洪亮、个性腼腆拘谨，他似乎从来没有认真考虑过将律师或是牧师作为他的职业。麦迪逊显然很清楚地意识到了自己的局限，这可以从他年轻时摘录的红衣主教莱兹（Cardinal de Retz）和其他人的格言中关于人的胆怯及其行为的常见词条上做出判断。在普林斯顿，麦迪逊是美国辉格协会（American Whig Society）的创始成

---

* 新泽西学院于1896年改名为普林斯顿大学。——编者注

员之一。有关美国辉格协会和它的竞争对手克里欧协会（Cliosophic Society）之间的早期活动和目的，除了两协会间所谓的纸上战争外，我们所知甚少，然而，詹姆斯·麦迪逊第一次从中找到了一种不受约束的公开表达的方式。两个社团的成员都写了讥讽对方的小诗，这些讽刺作品将由指定的发言人在一个开放的大厅里向全体学生宣读，而写讽刺作品的真正作者则一直匿名，麦迪逊是其中重要的匿名作者之一。麦迪逊的诗略带一点粗俗，这在某种程度上多少改变了我们对麦迪逊的这种印象：他不是一个机智幽默的人。麦迪逊的辉格同僚中，有休·亨利·布拉肯里奇（Hugh Henry Brackenridge）、威廉·布拉德福德（William Bradford）和菲利普·弗雷诺（Philip Freneau）；亚伦·伯尔（Aaron Burr）是克里欧协会的一名成员。[6]在毕业典礼上，每位毕业生都要发表演讲，麦迪逊是一名优秀的毕业生，当时的身体状况也不错，但他做不到公开发表演讲。麦迪逊的这一行为得到了谅解。回家后，麦迪逊患上了癫痫样癔症，这种疾病与"过度用功学习、白日梦、疑病症和身体自卑感"有关，正如约瑟夫·布洛伊尔（Josef Breuer）和弗洛伊德（Freud）后来写到的那样，在身患这些疾病的受害者中，"人们可能会遇到才智超人、意志最坚强、原则最崇高、思维最细腻者"。麦迪逊曾一度给他的朋友布拉德福德写信，悲观地预言他自己会早逝，这使布拉德福德感到有些惊慌，但麦迪逊似乎通过锻炼和暂时放松阅读恢复了自己的状态。不到一年，麦迪逊恢复了健康。[7]

1774年初，五六名浸礼会传道人因无证传教，在库尔佩珀县被拘禁，这件事使詹姆斯·麦迪逊异常激动，他还因此第一次公开发表言论和进行公共行为。"我既没有耐心关注议论，也不会思考与此事相关的任何事情，"他在给布拉德福德的信中这样写道，"我为此争吵、责骂，也被辱骂和讥笑了这么久，但毫无意义，我因此失去了起码的耐心。"我们目前尚不清楚麦迪逊在当时到底做了什么,但他似乎代表异见者发挥了一定的影响力,麦迪逊家乡地区的浸礼会教徒从那时起就开始支持他。美国革命的到来实际上为23岁的麦迪逊开启了真正的事业。"在与英国的争端开始时,"麦迪逊后来在他的"自传"(典型地用第三人称指代自己)中这样写道,"他以高昂的热情投入到美国的事业中……"这在某种程度上似乎是在他父亲的保护下进行的。1774年,在自耕农的会议上,小詹姆斯被选为奥兰治县安全委员会(Orange County Committee of Safety)的成员,老詹姆斯当选为主席。1776年,父子俩被选入旨在为弗吉尼亚设计新政府的代表会议。在通过《弗吉尼亚权利法案》(Virginia Declaration of Rights)期间,这位年轻人再次呼吁宗教自由。在代表会议上,麦迪逊成功地修改了乔治·梅森有关宗教的条款,将保证"宽容"修改为更充分地保障宗教信仰"自由"。麦迪逊在新成立的州立众议院议员的竞选中败北,这次失败大概是他拒绝向选民提供免费酒的结果。但是,州立众议院议员对麦迪逊的才能都有目共睹,他们将他选入弗吉尼亚州国务委员会(Council of State),在弗吉尼亚州选举的前两任州长帕特里克·亨利和托马斯·杰斐逊手下任职。1779年底,詹姆斯·麦迪逊被选为大陆会议的代表,他一直担任代表,直到1783年10月。麦迪逊的传记作者写道,麦迪逊离开大陆会议时,他已经使自己成为"每一次捍卫独立、旨在建立强大而坚定的联邦的活动中公认的领导者"。[8]

麦迪逊在大陆会议的表现卓越,主要因为他不知疲倦地进行委员会的工作,还有撰写信件、指示和报告,而不是由于他的演讲。麦迪逊的工作直接涉及一系列重要事务,包括防卫、军队财政、税收、贸易、外交和西部土地。麦迪逊投身于工作之中,几乎没有缺席一天的会议,这样的专注度使他不可避免地在此过程中,从整个大陆的宏观视角思考北美殖民地的革命,该视角几乎容不下狭隘的局部性利益或地方性利益。也正是在这段时间，麦迪逊第一次遇见1782年进入大陆会议的亚历山大·汉密尔顿，俩人几乎在所有的事情上意见一致，并迅速地成为朋友和盟友。

与麦迪逊的民族主义思想相伴而行的是他对英国的怨恨，英国在南方的活动又极大地加深了麦迪逊的这种怨恨。"黑人、马匹、烟草等，"麦迪逊在给菲利普·马泽（Philip Mazzei）的信中写道，"而不是他们敌人的旗帜和武器，是展示他们胜利的战利品。"传记作家欧文·布兰特（Irving Brant）认为，麦迪逊对这些掠夺的反应，"加深了他的仇英情感，这种仇视在接下来的几年里一直影响着他的思想和情感"。在麦迪逊的思考中，理性和明智的一面可能更加突出，然而，除非将这种仇英情感视为麦迪逊思考过程中的一种重要力量，否则，对其根本无法理解。[9]

尽管如此，从革命结束，到联邦宪法的制定和批准，人们主要从麦迪逊的民族主义中寻找推动他在这一整个过程中行动的力量——在弗吉尼亚州议会连任两届议员、参加未能实现目的的安纳波利斯会议、重返国会、1787年获得费城制宪会议的席位、1788年获得弗吉尼亚州批准宪法大会的席位。

詹姆斯·麦迪逊对费城制宪会议的杰出贡献，包括一项重要理论和一项重要方案，而不是在做出妥协上，大部分妥协方案由其他人提出。这一理论被称为"联邦主义"（Federalism），面对当时流行的观点——只有规模较小的共和国才能正常运转，"联邦主义"对庞大共和国可以正常运转做出了合理化解释；面对几个州惧怕中央权力意味着暴政的情况，这一理论为强大的中央政府做出了辩护。麦迪逊的方案被称为"弗吉尼亚方案"（Virginia Plan），它详述了一系列关键举措，如果联邦主义要运转起来，这些举措在麦迪逊看来都是必不可少的。大部分举措都获得了通过，这在很大程度上归功于麦迪逊本人的坚持。

然而，其中有两项，尽管麦迪逊全力挽救，最终依然没有通过。麦迪逊固执地反对州权对国家权力的侵犯，反对在国家立法机构的任何一个部门里实行各州平等。众议院代表人数与各州人口成比例，参议院代表人数各州平等，当这一伟大的妥协被提出时，用麦迪逊自己的话说，他"不仅要坚定地反对委员会的报告，而且还要准备好应对任何可能随之出现的负面事件"。[10] 对这一妥协案，麦迪逊怀着深深的厌恶在最后做出了让步。另一项他执意要批准通过但最后失败的条款是联邦政府对所有州法律拥有全面否决权。在麦迪逊看来，联邦司法部门的权威并不是合乎要求的替代者。然而，麦迪逊关于联邦至上的大多数观点，准确地说都具体体现在了完整的宪法之中，尽管如果麦迪逊能完全按照自己的思路行事，联邦政府的权力将更大。

次年，麦迪逊和汉密尔顿在约翰·杰伊的协助下，在《联邦党人文集》中为制宪会议的工作和美国宪法的逻辑进行辩护。就麦迪逊而言，《联邦党人文集》中的文章所阐述的思想，以及他在费城完成的工作中贯穿的想法，它们的形成在逻辑上都受到他较早时期的知识经验的影响。

麦迪逊时期的新泽西学院有九名代表参加制宪会议，这比其他任何一所大学的代表人数都多，比与该大学最接近的两个竞争对手的代表总数还要多一位。[11] 对麦迪逊来说，选择普林斯顿的新泽西学院，而不是选择更方便的威廉与玛丽学院（College of William and Mary），这本身就表明他至少在一定程度上做好了思想准备。麦迪逊最初的革命性冲动，表现为对弗吉尼亚圣公会组织和对英国派主教到美国活动的强烈反对。麦迪逊家族本身是英国圣公会教徒，但父子俩似乎对英国国教在威廉与玛丽学院的影响产生了很深的怀疑，他们因此更喜欢普林斯顿长老会（Presbyterian Princeton），此时的普林斯顿长老会已经以自由主义观点闻名,而且都"把她*说得好像是反对圣公会的堡垒"。宗教自由在普林斯顿得到了坚持,相关话题也常常被争论。詹姆斯·麦迪逊在《联邦党人文集》第10篇中预设的一个重要前提是,利益的多种性可以对政治稳定和反对多数人专制起到保障作用,这一观点非常合乎逻辑地源自麦迪逊早期对弗吉尼亚教会局势的反应,以及他在整个18世纪70年代和80年代推翻圣公会在弗吉尼亚特权地位的不寻常的决心。1774年初,麦迪逊在给威廉·布拉德福德的信中这样写道:"如果英国国教在北方所有殖民地都是公认的普遍宗教,就像在我们这里一样……我确信,奴役和服从可能将在我们中间逐渐地渗透、蔓延开来。"麦迪逊的这种思想来自伏尔泰,他和普林斯顿的同学们阅读了伏尔泰的著作。麦迪逊喜欢引述伏尔泰的这段精妙语言:如果在英国仅允许有一种宗教,"人民很可能会变得专横;如果只有两种宗教,人民就会互相割断对方的喉咙;但是,当有大量的宗教时,大家都能幸福地生活、和睦相处"。[12]

当时不仅是在普林斯顿可以接触到启蒙思想,在殖民地各地的大学和学院都容易接触到:洛克和孟德斯鸠、瓦特尔(Vattel)和柏拉马基(Burlamaqui),甚至卢梭和伏尔泰的著作,对关注公众问题的任何一位知识分子来说,或多或少都是基本的知识储备。尽管如此,普林斯顿当时的环境似乎还包含了某种不一样的东西,许多作者试图解释詹姆斯·麦迪逊和他的同时代人在普林斯顿学习时期,其间所蕴含的特殊活力。各种因素似乎以一种恰当的方式交织在一起,形成了普林斯顿这样的环境氛围。随着受托人成功地说服了杰出的约翰·威瑟斯彭接任领导职务,新泽西学院的声望大大提高,而当年轻的詹姆斯·麦迪逊不到一年后第一次来到普林斯顿时,威瑟斯彭对学院充满活力的

---

* "她"指普林斯顿长老会。

重组所带来的令人兴奋的状态还没有过去。[13]

此外，更重要的是，威瑟斯彭刚刚从苏格兰来，他接受教育的地方——爱丁堡当时是英语世界最重要的知识中心。同一时期的英国大学，在圣公会庞大的权威组织的控制之下无声地深陷泥潭，其培养的主要专业人员是英国圣公会神职人员的候选人，这些大学暮气沉沉，毫无生机；然而，苏格兰的大学充满活力。这是一种争论不休、躁动不安的力量，整体而言，苏格兰社会中存在太多的紧张因素，这种躁动不安是整个社会的一个特征。对于一个非常贫穷的国家来说，1707年的合并*为经济发展开辟了道路，这种发展将至少与英国的经济发展形成互补而不是竞争，但是，由此所带来的却绝不是迅速或均衡的繁荣发展。与此同时，苏格兰人表明自己至少愿意讨论对几乎所有问题的改进措施。他们经过深思熟虑，实现了土地保有制和农业上的改革，发展了苏格兰商业，并在工业上取得了科学技术方面的进步。他们无休止地讨论选举改革，但所获甚微。甚至频繁的移民潮（主要向美洲移民）和1715年、1745年的詹姆斯党人叛乱（Jacobite Rebellions），都反映出这些紧张因素既有有益的一面，也具有破坏作用。苏格兰民众对教育抱着极大的热情。1696年的一项法案规定苏格兰各地教区都要设立一所学校，因此，苏格兰人在18世纪发展了比欧洲任何国家都更好的教育体系。贫穷但聪慧的苏格兰男孩可以进入大学学习，这在当时的英格兰简直难以想象。这些大学在公法、科学、医学以及神学等领域为一系列强烈的职业雄心提供服务，其独特性之一是存在非官方的学生辩论社团，教授只有受到邀请才能参加，这些社团里的争论十分激烈且充满了活力。此外，苏格兰和英格兰之间存在既相互吸引又相互排斥的文化张力，为苏格兰知识分子的生活又增添了一个特殊元

---

* 1707年，苏格兰与英格兰合并为一个国家。

素。一方面，英格兰的不同政见者和不信奉英国国教者在格拉斯哥和爱丁堡会受到欢迎，但在牛津和剑桥不会；另一方面，冒险进入伦敦文学界的苏格兰人，他们绝对不能忘记他们的地方主义。18世纪，在保守的英国，局外人，如反对者、批评者和乡村党，他们的思想几乎没有正式的或稳定的表达渠道。而在苏格兰，所有这些在大学里差不多都制度化了。[14]

简言之，这就是18世纪"苏格兰启蒙"（Scottish Renaissance）的背景，它产生了一批令人敬畏的杰出人物：大卫·休谟（David Hume）、亚当·斯密、弗朗西斯·哈奇森（Francis Hutcheson）、托马斯·里德（Thomas Reid）、亚当·弗格森（Adam Ferguson）、约翰·米勒（John Miller）、威廉·罗伯逊（William Robertson）和卡姆斯勋爵（Lord Kames）。这些知识渊博、生活在同时代的名人，他们彼此都相识。1768年，约翰·威瑟斯彭离开苏格兰，前往美国担任新职务时，他已熟悉这些杰出人物中的所有人。

约翰·威瑟斯彭给予学生们的东西，以及威瑟斯彭成为美国当时最伟大的老师的原因，主要并不在于他建立起了与学生的亲密关系。威瑟斯彭为学生们做了一些更重要的事情，他带给学生们思想观念上的消息，而凑巧其中的大部分对他都没有什么用处。然而，在如何对待思想观念上，威瑟斯彭几乎不由自主地以自己为示范，鼓励学生们对自己的思想进行选择。在知识见解上，威瑟斯彭好争执、自以为是且武断。他特别喜欢攻击的目标之一是弗兰西斯·哈奇森的道德哲学体系，他认为这套体系肤浅得令人感到遗憾；另一方面，哈奇森道德哲学体系的政治层面，首次具体讨论了殖民地和母国应该分离的条件，威瑟斯彭在思想和行为上完全赞同哈奇森的这一学说。威瑟斯彭在关于道德哲学的讲演中，猛烈抨击大卫·休谟是"异教徒"，而在他关于雄辩口才的讲演中，大卫·休谟变得"睿智"起来，并具有"在批评领域的广泛和准确的判断力"。对威瑟斯彭来说,有一条原则似乎很有用:如果人们怀疑某物有害,"他们就应该去了解它;如果他们想要表明某物是假的,他们就必须深知那是什么"。他列出了学生应该阅读的书单,其中包括启蒙运动时期的优选著作,无论是有害的还是其他性质的。此外,有证据表明,年轻的詹姆斯·麦迪逊如饥似渴地读完了威瑟斯彭列出的所有著作,或者几乎所有的著作。[15]

詹姆斯·麦迪逊关于扩大的共和国和政治人物本性的理论,可能以最精简的形式出现在了《联邦党人文集》第10篇中。正如道格拉斯·阿代尔(Douglass Adair)所阐述的那样,[16]该理论背后的假设,其所隐含的独特的探究精神,甚至它的某些主要思想,在苏格兰人赋予启蒙思想独特锋芒的背景下,都具有更多的意义。启蒙思想的"乌托邦主义"不只是理性的构想。另一方面,诸如埃德蒙·伯克的假设,即政府和宪法是缓慢的有机发展的产物,二者只能以同样的途径发生变化,在"乌托邦主义"中几乎没有立足的空间。与此同时,埃德蒙·伯克这样的假设,也与19世纪浪漫主义的核心信念之一没有太多的共同之处,这一核心信念是所有关于政府和社会事项的讨论,都必须要以特定的民族、特定的民族国家的独特性格和需求为出发点。启蒙时期的政治哲学家们往往是万能的设计者,他们为未来做了无限的设想。但他们也坚持认为,这样的设想不仅要建立在理性的基础上,还要基于经验和证据,因此能提供一定的自由和心理保护。在一种"现实主义"的态度背后——这是一种对任何拟议制度的先验的怀疑态度,一种对人性大多数方面的审慎的悲观态度——他们可以自由地探究人们可能预测、计划和促进自己进步的路径。

在苏格兰,对这种心态的关注可能比其他任何地方都更强烈。人们承认,苏格兰人,尤其是休谟、史密斯、弗格森,他们有资格被称为经验主义的社会科学的奠基人。他们的学说有一个共同的基本前提,那就是人们在社会中发生的行为是有规律的，这种规律差不多在所有的时间和地点或多或少是一致的，而且人的本性自身不会发生很大的变化。因此，如果那些原则建立在经验和观察基础之上，那么，政治和政府科学就可能是可靠的，其所具有的可预测性原则在任何地方都会适用。由此进一步得出，经验的材料可以在历史研究中发现，包括对古代共和国和现代国家的历史研究（正是出于这样的原因，约翰·威瑟斯彭第一次将历史引入新泽西学院的课程）。因此，国家政权的建立和联邦的形成必须以对历史经验的科学解读为指导，当然，要时刻牢记，对这些历史经验的解读可能存在多种方式。[17]

道格拉斯·阿代尔想象了詹姆斯·麦迪逊撰写《联邦党人文集》第10篇时，大卫·休谟的《论文集》（Essays）翻开在他书桌上的场景。当然，这种说法因二人之间的一些相似之处而显得合理。1752年，休谟希望将来某一天有机会实践论文《论完美共和国》（Idea of a Perfect Commonwealth）中的设想："要么通过解散某个旧政府，要么联合起来，在世界的某个遥远的地方组建一个新政府。"[18]1788年，在休谟思想的帮助下，麦迪逊在理论上证明了他刚刚帮助实践的事情的正确性。休谟和麦迪逊都认为，在自由政府的所有危险之中，最严重的危险是派系之争。孟德斯鸠认为只有小国才能作为共和国进行治理，这一学说得到了广泛认可，虽然如此，休谟依然坚持认为，大共和国比小共和国更容易控制党派之争的危险，这给了麦迪逊极大的启发。每个人都理所当然地认为，派系和党派是邪恶的，也或多或少互换使用这两个术语。根据麦迪逊的观点，派系是指一定数量的公民群体——不论其在总体中占多数还是少数，受到某种"激情……或利益"驱使，联合起来，采取行动，不顾其他公民的利益，或不顾整个社会的正当权益。少数派的计划可能遭受多数裁定的共和原则的挫败，但是，如果该少数派赢得了多数人的支持，那么，补救措施在哪里？

麦迪逊断言，派系思想植根于"人性之中"。[19]和休谟一样，麦迪逊也认为可能有很多形成派系的理由，以及派系建立的基础多种多样，包括阶级、宗教与财产等。那么，麦迪逊认为的最容易产生派系的分歧究竟是什么？一些现当代研究者一直在探讨这个问题。但无论这个问题的答案是什么，对于其中一点麦迪逊是肯定的，那就是：如果派系没有以某一个借口形成，那么就会以另一个借口组建起来。人们互相攻击，这是因为攻击性是人的本性，这两种说法是同义重复。[20]然而，针对派系的补救措施并不是消除它的根源，因为那是不可能的，也不是剥夺成立派系的自由，因为剥夺自由就是剥夺一切。这种解决方法"比疾病本身更槽糕"。针对派系的正确补救措施不是消除其起因，而是控制派系形成的后果。

休谟在《论完美共和国》一文中说，小共和国"脆弱和不确定"，因为居住紧密的民众更容易受到突然而至的大众激情潮流的影响，并有利于形成专横的多数派。休谟宣称：

> 在一个以高超技巧构建的大政府中，有充足的空间范围和可能性去完善民主制度，从下层民众开始……到指挥一切行动的上级执法官。与此同时，各地距离遥远且相差很大的地方，无论是阴谋、偏见，还是强烈的情感，都很难促使人们采取任何违背公众利益的措施。[21]

麦迪逊认为，美国已经建立起来的政府正是这样一个政府，他还表明，正是在这样的政府的治理下，所有人的权利都将得到最安全的保障。在这个疆域辽阔的共和国中，代表的选举将更加广泛，"将有更多的党派类型"，这将防止任何一个党派"在数量上压倒并压迫其他党派"；尽管"派系领导人可能在其特定的州内点燃火焰，但［他们］无法使火焰蔓延到其他州，形成一场大火灾……"。因此，麦迪逊总结说，"在联邦范围和适当结构方面……我们看到了共和国对共和国政府最常见的弊病的治疗措施"。[22]

《联邦党人文集》的第10篇文章是麦迪逊撰写的系列文章中的第一篇，它代表了麦迪逊多年来阅读与思考的浓缩精华。这些思想之前散见于麦迪逊的往来书信，以及在制宪会议之前，麦迪逊撰写的《合众国体系之恶》（Vices of the Political System of the United States）和《关于古代和现代联邦》（On Ancient and Modern Confederacies）两篇文章，以及他在制宪会议上的演讲中。在现代，《联邦党人文集》第10篇被解读为"经纪政治"（brokerage politics）的大纲、妥协艺术和"隐私政治"（politics of privacy）。[23]然而，确切地说，在1789年几乎不存在这些，对詹姆斯·麦迪逊来说尤其如此。哲学家、制度的创建者，不太可能为别人的"私人机会"扮演妥协掮客的角色，更不会为别人的思想体系充当掮客。实际上，"隐私政治"几乎没有给麦迪逊做出选择和拥有机会的余地，因为麦迪逊不可能像普通人一样拥有这些选择和机会，他最珍视的个人选择根本不可能是私密的。这些选择产生于思想和体系的领域；麦迪逊的机会是公共利益。1789年，费舍尔·埃姆斯第一次评论詹姆斯·麦迪逊，他说麦迪逊完全是一位公众人物，他"生来如此，没有其他职业生涯"。[24]因此，麦迪逊无法清楚地意识到，他所做出的这些选择，用他自己解释的话来说，何时可能变得强硬，甚至可能具有危险的"党派性"。

麦迪逊和他的朋友汉密尔顿，就共和国的组织结构、权力范围、强有力的行政机构以及对大量财政收入的需要，甚至需要胁迫各州等方面，都可能达成了一致意见。但是，关于共和国的性质，它的道德体系，它将向世界其他地方展示的面貌，这些几乎不可能想象的重要问题，他们的意见永远不会达成一致，尽管他们对此尚不知道。詹姆斯·麦迪逊认为，共和国的道德风气绝不能因依赖英国的阴影而受到一丁点玷污。这是最根本的、最深层的一点。他一直思考的可能是横跨大陆的共和国，但他观察他的共和国的眼光，无论从他所说的还是所做的看，依然是一个弗吉尼亚人的视野。

1789年春夏期间，麦迪逊大力推进他对英国的歧视性征税措施，这是新政府成立之前他已经形成的信念的产物，麦迪逊决心尽快将这种信念付诸实践。对与美国签订贸易协定的国家（尤其是法国）的船只，仅征收统一的吨位税；对没有与美国签订贸易协定的国家（特别是英国）的船只，征收更高的关税。实施这些措施的主要目标既不是增加美国的税收收入，也不是给美国航运业带来好处。通过对所有国家征一样的税，同样可以，甚至可以更好地实现这些目标。麦迪逊的歧视性征税方案，也不只是为了获得美国与英属西印度群岛的贸易许可权而制定的讨价还价的谈判工具。麦迪逊几乎没有把自己设想成美国商人利益的代言人。事实上，在商人们对他的歧视性征税方案表示反对时，他将敌意转向商人们，指责他们过度地屈从于英国的影响力。麦迪逊要实现的目标关乎共和国的尊严，人们预料英国可能会不择手段地去贬低它。现在，她*采用的手段是贸易，只要母国"在我们的贸易中所占比例比她自然应得多得多"，她就会继续使用这种手段。面对这种形势，如果可能的话，真正的解决方法可能是完全改变贸易途径，转向法国。在过去的几年里，托马斯·杰斐逊一直在通过外交努力实现这一目标；现在，麦迪逊希望通过立法来实现转向法国的目标。[25]

詹姆斯·麦迪逊通常不是一个充满激情的人，费舍尔·埃姆斯认为自己"无法解释麦迪逊对歧视的迷恋"。[26]但是，如果埃姆斯是弗吉尼亚人，而不是新英格兰人，具有弗吉尼亚的价值观，并以弗吉尼

---

*"她"指英国。

亚人的眼光看待世界，那么他就会认为，麦迪逊的行为显然不是基于"利益"，而是基于原则。此时，埃姆斯可能会像弗吉尼亚人一样，对他们所认为的贸易的道德风险、债务的道德地位，以及英国将这些塑造成腐败工具的道德影响做出反应。

1779年12月，麦迪逊第一次当选为大陆会议的代表，但因大雪影响，麦迪逊被迫滞留在弗吉尼亚直到3月初。当时，大陆会议面临的最关键问题之一是独立战争的财政，麦迪逊利用这段时间写了一篇关于货币的论文，为自己的新职责做准备。12年后，也就是1791年，他将同一篇论文发表在菲利普·弗雷诺在费城的报纸上，理由是其中的论点在当时与他撰写这篇论文时一样有效。关于这篇文章的经济意义存在争议，尽管如此，它还是智慧的，包含合理的技巧和丰富的知识。但是，文章中有关债务问题所表明的态度特别令人感兴趣，这是曾经渗入麦迪逊少年时代的一种态度，并将继续伴随他一生。[27]

1779年至1780年的财政危机是由过度发行大陆币所引起，这些大陆币当时正处于惊人的贬值过程中。人们考虑了各种补救措施，包括贬值货币和增加税收，以及赎回有息债务凭证等，结果是，大陆会议尝试了所有这些措施的组合体。但是，每一种措施背后的常识性假设都是，发生货币贬值的主要原因是流通中的货币过多，因此应该减少货币数量以稳定其价值。麦迪逊质疑的正是货币的"数量论"，他认为，影响价格的主要变量并不是货币的数量（与商品数量和有效的服务有关），而是公众对货币可赎回性的信心，不管货币数量是多少。作为一种智力实践，麦迪逊的这篇论文很奇怪，其原因是麦迪逊自己并没有提出具体的补救措施，这是一方面；另一方面，麦迪逊对他所反对的一种补救措施，即债务融资，进行了巧妙的、精心的攻击。他没有提到征税的必要性（尽管他注意到了征税的必要性，这从他的书信中可以肯定地看出，他在代表大会上也极力提倡征税），但他缩小了征税或者任何其他权宜之计得以合理化的范围。例如，不应减少应征税的货币数量，而是应向公众保证政府的财政收入足以履行其义务（这一直是弗吉尼亚为殖民地战争提供资金的技术手段，那就是：发行纸币，然后用一部分税款将其赎回）。针对货币贬值的最恶性、最不合理，也是最应该避免的补救措施，就是任何形式的公债。通过增加发行纸币所带来的利息费用，"我们创造了新的支出。货币的价值取决于对它的赎回时间，因此，为了增加我们货币的价值，我们不得不采用一项措施，该项措施将赎回时间推迟到更久远的日子。我们没有向公共债权人偿还资本，而是付给他们巨额利息，以改变一张显示应付给债权人金额的有价债券的名称……"。詹姆斯·麦迪逊是最不可能否认公债是神圣义务的人。与之相反，在整个邦联时期，政府的偿还能力和信用是他最密切关注的问题之一。但他肯定是最不可能将公债视为公共福祉的人。确切地说，几乎每个弗吉尼亚人在对待任何形式的债务上都有着一种特殊心态，这种心态在他们的思想和感情的交界地带徘徊。[28]

弗吉尼亚殖民地的经济生活具有十分有序的组织性，弗吉尼亚人对商业、信贷、金融和贸易的大部分知识都来自英国人的传授。这些很可能是有益的教训，因为在所有这些领域里，英国人的经验和技术都可能比世界上任何其他国家更成熟、更先进。但正是弗吉尼亚人在生产贸易网上的定位，使得他们在这个关系网的塑造中可能扮演的任何角色都是相对被动的。正是这种精神上的固化，而非生产和贸易系统在长周期内运行得如何的问题，造成了弗吉尼亚人在行为上的主要差异。弗吉尼亚人依赖生产贸易网，这是一回事，以积极方式认同整个体系的福祉，并将其价值内在化，则又完全是另一回事。他们一定会注意到体系中的任何波动，不管对他们是否有利，他们都将其视作局外人和他们无法触及的势力的行为；由于事情的性质，他们失去了在制定标准、流程和操作规范方面的真正创造力。对于体系所带来的有益之处，他们只需要感谢自己和自己的行业。对于体系的弊端，他们可以归咎于英国的中间商链条，后者对无形的价值进行操纵，编织信贷与债务的陷阱，利用无形的工具，在进程中的每一步都分割了弗吉尼亚人合法的利润份额。正是在这样的模式下，当时的大多数弗吉尼亚人形成了他们的思维习惯。[29]

一些历史学家暗示，促使弗吉尼亚种植园主阶级参加革命的强烈动机，是他们拒绝偿还他们拖欠的英国商人的债务。尽管事实证明这种说法有所夸大，但毋庸置疑的是，到18世纪60年代和70年代，笼罩在弗吉尼亚人生活上空的最浓黑的乌云是债务的阴影。在独立战争前夕，弗吉尼亚人欠英国债主的债务比其他任何殖民地的人都更多，而且几乎和其他所有殖民地拖欠英国债主的债务总和一样多。面对1763年、1773年烟草价格暴跌的局面，弗吉尼亚大多数重要家族都不愿意改变其稳步上升的生活方式，这使得他们面临严重的危机。[30] 乔治·华盛顿这样写道，一个深陷困境中的人应该紧缩开支，但是，"我以某种方式生活，如何改变我的生活方式呢？我对我这样做感到十分惭愧；而且，除了我的生活方式要做出改变外，这还会引起人们对我的财产会缩水的怀疑，世人决不能怀有这样的想法……我确信，许多人一开始走上错路时就是这么想的，直到毁灭降临"。财政部长兼众议院议长约翰·罗宾逊（John Robinson）在1766年去世时，人们发现他向经济拮据的种植园主借出10万英镑以上的公共资金（public funds），而且罗宾逊留下的债务人名单中包括了众多弗吉尼亚州种植园主的名字。[31]

约翰·罗宾逊事件引发了深深的沮丧情绪〔其中一些沮丧情绪肯定渗入了麦迪逊家族，因为罗宾逊遗产的共同管理人埃德蒙·彭德尔顿是麦迪逊家族的密友，彭德尔顿的养子，即未来的"加罗林县的约翰·泰勒"（John Taylor of Caroline）是小詹姆斯的同学〕，然而，公众对此事的反应似乎相当平静。约翰·罗宾逊的名字逃脱了在这种情况下通常是预料中的那种羞辱，原因是他"同情处于困境中的人"。[32]事实是，这些孤注一掷的交易背后的迫切需要，在每个人的经历中都太过常见，因此这一事件不足以成为影响广泛的丑闻。相反，约翰·罗宾逊事件和这一时期上流阶层经济生活中一系列不那么引人注目但同样令人感到压抑的资金短缺，引起了一场更广泛的道德危机。他们开始谴责自己是懒惰、奢侈等堕落行为的牺牲品。威廉·纳尔逊（William Nelson）悲叹道，"奢侈之风已经成为我们的祸根"。根据纳撒尼尔·萨维奇（Nathaniel Savage）的说法，"在这个紧要关头，唯一可以开出的药方就是节俭和勤奋，这是在懒惰、穷奢极欲的摇篮里长大的弗吉尼亚人很难下咽的一剂良药"。[33]然而，种植园主偿还债务，或者设法偿还债务，这在《弗吉尼亚法典》（Virginia Code）中是毫无疑问的。即使在革命危机最严重的时候，赖账都从来没有对公共道德构成威胁。在托马斯·杰斐逊之后担任州长的托马斯·纳尔逊（Thomas Nelson）和其他人一样深陷债务之中，但他公开宣称："上帝作证，我会像诚实的人一样偿还债务。"[34]就烟草种植园主的经济环境而言，债务是存在的事实，也是一种必要的罪恶。但它决不是一种邪恶、一种导致无数其他邪恶的邪恶，这是它最重要的特征，很少弗吉尼亚人能够想象得到。

但如果以为弗吉尼亚人找不到现成的替罪羊，那就是对他们的期望太高了。所有这些罪恶的真正始作俑者是英国商人，兰登·卡特（Landon Carter）宣称，正是英国商人的职业，"像赶走一只巴结的小狗一样将良心踢出门外"，而他的经纪人"在所从事的交易中是个恶棍"。托马斯·杰斐逊解释弗吉尼亚人欠英国的大笔债务时，正是以这种邪恶为核心进行阐述的：

英国商人从给他们寄售的烟草上获得了巨额利益，他们因此不遗余力地增加烟草寄售量。为达此目的而使用的强大的刺激手段，就是向种植园主提供优厚的烟草价格和信贷，直到种植园主因此而深陷债务之中，在不卖掉土地和奴隶的前提下，种植园主无法偿还英国商人的债务。在这种情况下，英国商人降低烟草价格，这导致无论种植园主的运输量多么庞大，在必需品方面的开销多么节俭，英国商人都绝不允许种植园主还清债务。这些债务已经由父传子，传了好几代了，种植园主因此成了伦敦某些贸易机构的附属财产。

杰斐逊本人从不会量入为出，他也无法察觉到商人同样依赖种植园主，就像种植园主依赖商人一样——在美国革命之前的十到十五年，许多种植园主实际上一直靠商人维持生计，原因是一名商人如果试图限制种植园主的信贷，那么他就会冒着疏远所有其他客户的风险，因为这些客户中的大多数相互都有联系。但是，就整个社会对自身经验的看法而言，不存在一个最终的"公正"看法。可以肯定的是，对于一个弗吉尼亚人来说，这段特殊经历对思想的影响十分深远。债务和债务的概念，商人和商业特有生活方式的理念，都与革命时期的仇英心理密切相关。[35]

詹姆斯·麦迪逊在他的文章中经常使用的术语是"民族性"。对麦迪逊来说，如果弗吉尼亚的经验意味着什么的话，那就是对母国任何形式的更多的依赖，除了贬低民族性之外，不会对民族性的纯洁性产生其他影响。有了这一基本原则，就可以理解麦迪逊后来在整个公共生活中的大多数言行了。

第二节　亚历山大·汉密尔顿和贸易乌托邦

詹姆斯·麦迪逊和亚历山大·汉密尔顿的职业生涯和前景，在某种程度上说，发生了几乎可以被称为反动的转向。从某种意义上说，在任何革命周期的不稳定阶段，总是存在某种开放的思想和精神，以及一个宽泛的、共同的目标，但这样的情况不可能长久，随着时间推移和革命成就的巩固，它注定发生变化。麦迪逊和汉密尔顿两人合作撰写《联邦党人文集》时，开放、充满希望和各种可能性的阶段显然达到了巅峰。贯穿《联邦党人文集》大多数文章的目标和意图，其一致性显然比内部的众多变化更令人印象深刻，而且十分容易想象，为每一篇文章署名的"普布利乌斯"一直被同样的精神和基本相同的思想鼓舞着。然而，虽然"普布利乌斯"一直保持着开放，但不出两三年，麦迪逊和汉密尔顿就表现得封闭、固执起来，他们逐渐远离了代表他们活力和才华的联盟——"普布利乌斯"，最后成为敌人。人们应该注意和了解他们在这件事情发生前后的样子。在某些重要的方面，他们都发生了变化，而如果不了解他们对彼此的影响和促成作用，很难对他们的逐渐疏远进行理解。

如果不是某种持之以恒的寻找"过错方"的强烈愿望，这个问题不会是现在这样。出于各种原因，汉密尔顿似乎更被认为是"过错方"，如果我们从二人各自的性格出发，向外延伸探讨，对此就很容易理解。汉密尔顿所展现的活力、他的自我坚持，以及无论在何处都引人注目的特质，都与麦迪逊截然不同，其中似乎包含了构成尖锐的个性冲突的全部因素。但是，如果是这样的话，二人的冲突肯定会推迟好几年，原因是在这段时间里，他们俩是好朋友，有很多机会去了解与认识对方。因此或许还有另外的原因。有一种不同的解释认为，两人的冲突与汉密尔顿对权力的渴望有关，他精心策划，想尽可能掌握更大权力，这使他的不太积极的合作者感到了沮丧。然而，和通常的革命者一样，他们都对权力入迷，对权力全神贯注；不过，当我们更仔细地观察汉密尔顿时，发现事实并不像人们常常描述的那样，即汉密尔顿"精于算计"，很可能，汉密尔顿确实没有麦迪逊精于算计。没错，他们之间确实发生了某种权力较量。但比赛需要双方参与。我们可以想象，在1789年春夏，麦迪逊对自己的地位感到很满意。作为华盛顿最信任的顾问以及他的弗吉尼亚同胞，麦迪逊在基本立法的构建方面很大程度上能按照自己的方式行事，因此，他注意到汉密尔顿影响的突然介入，还有汉密尔顿的财政部——财政部还是他麦迪逊建立的——所形成的影响，不可能不感到某种程度的焦虑。汉密尔顿以其宏大的财政体系，夺取了国会和总统的很大一部分注意力，于是在此前仅有一种主导力量的局面里，出现了两种势力。[36]

不过，与纯粹的权力相比，更加不易觉察的是危险的来临。也许正是汉密尔顿的宏伟设计本身，其自身体系的庞大规模，让麦迪逊感到厌恶，并促使他竭尽全力地进行反对。有人认为，汉密尔顿决心实施他构建的十分理想化的、乌托邦式的整个财政体系，这是导致二人合作破裂的主要原因，汉密尔顿的乌托邦式财政体系包括基金计划、承担州政府债务、建立国家银行等等。汉密尔顿坚决地拒绝妥协，拒绝接受任何改变，这正是昔日二人的团结破裂的原因所在。汉密尔顿这一经过深思熟虑的详细计划确实是"乌托邦式的"。但是，麦迪逊本人为共和国的政治和经济所精心设计的那些方案同样是乌托邦式的，麦迪逊同样固执地推动这些计划，同样不愿妥协，无论是在制宪会议上还是在1789年的立法会议上。有关汉密尔顿的财政构想计划，更确切的说法是，以前仅有一个乌托邦存在，现在却有两个，因此引起冲突的主要不是汉密尔顿和麦迪逊两人，甚至不是利益，而是愿景。[37]

如果汉密尔顿的职业生涯结束于与麦迪逊关系破裂之前，我们极有可能将汉密尔顿视为美国历史上最有魅力和最具活力的人物之一。那些确定了我们如今所看到的局面的压力,大部分都是在关系破裂之后出现的;不管怎样,通常来说,一位对自己非凡的能力绝对自信、对自己的公众荣誉永远敏感的浪漫青年,不会优雅地老去。但汉密尔顿人生的前34年证明了另一条法则,即一位魅力四射、有着英俊的外表、富有才华和充满活力的年轻奇才,期望世界——他在意的那部分世界——对他倾心相待,并非是不合理的。

汉密尔顿的出生背景,被一种足够激发丰富想象的热带神秘氛围所笼罩,其经历足以和司汤达(Stendhal)笔下的英雄人物相媲美。据推测,汉密尔顿于1755年1月11日出生在英属西印度群岛的尼维斯岛,是一位私生子,更确切地说,汉密尔顿是在邻近尼维斯岛的圣克罗伊岛上长大的。汉密尔顿的母亲雷切尔·弗西特·莱温(Rachel Fawcett Lavien)是一位不幸的美人,她不专一的情欲,最终导致她被戴绿帽子的丈夫以通奸罪和她离婚。由于在法律上无法再婚,汉密尔顿的母亲投靠了詹姆斯·汉密尔顿(James Hamilton)。詹姆斯·汉密尔顿是一位年轻友善的苏格兰人,几个世纪以来,他的家族在艾尔郡一直拥有土地和席位。但作为家里排行第四的儿子,詹姆斯不得不独立谋生,早年就来到西印度群岛。詹姆斯·汉密尔顿从未取得成功,一事无成。作为各个不同商号的职员,他四处漂泊奔波,可能在1765年把雷切尔和他们的两个儿子,即小詹姆斯和亚历山大遗弃在西印度群岛的圣克罗伊岛上。雷切尔在克里斯琴斯特德经营一家小商店,虽然她在三年后死于热病,使两个男孩成为事实上的孤儿,但她也比詹姆斯·汉密尔顿更能养家糊口。即便如此,不知出于什么原因,老詹姆斯·汉密尔顿从未失去儿子们的感情。几年后,他们得知老詹姆斯·汉密尔顿的下落,亚历山大自此开始给他汇钱,并断断续续与他保持联系,直到他81岁离开人世。[38]

我们并不清楚亚历山大早期是如何接受教育的，但毫无疑问的是，他的早期教育起到了很大的作用。亚历山大还是小男孩时，他阅读了每一本能够得到的书籍，他最喜欢的著作者是蒲柏（Pope）和普鲁塔克；亚历山大会两种语言，他从母亲那里学会了说、读和写法语。他写得一手好字，擅长算术，又具有用清晰、有力的文字表达自己主张的能力，所有这一切汇聚起来，使亚历山大成为圣克罗伊岛上比克曼（Beekman）和克鲁格（Nicholas Cruger）所开设商铺的一笔宝贵财富。亚历山大13岁左右就到这家店铺做伙计了。

年轻的汉密尔顿虽然没有财富，但他在对自己最可能有利的情况下，接受了商业世界的价值观、规范、思维习惯和世界眼光。这些虽从表面上并没有带给汉密尔顿更好的发展前景，但他的雄心壮志实际上因此得到了热情的支持和鼓励，而且汉密尔顿的老板和圣克罗伊社区认识他的其他人都对他极为关照。尼古拉斯·克鲁格是一位正直善良的人，他很快发现这位年轻人的非凡能力，并和汉密尔顿成为朋友，允许他在店铺中担起很大的责任，并给予他在店铺事务方面的自行决定权。汉密尔顿17岁时，圣克罗伊岛上有影响力的人物筹集了一笔可观的基金，送他去北美接受大学教育，克鲁格可能捐助了其中的大部分。克鲁格在纽约有很好的人脉〔他的叔叔是商会（Chamber of Commerce）的第一任会长〕，他在纽约为这位年轻人开了一个提供生活费的账户。在纽约，新来的汉密尔顿前去投靠并且为汉密尔顿的生活负责的人都是商人。简言之，商业和商业事务的世界，是一个汉密尔顿从少年时代起就知道的世界，他对这个世界的看法，和他未来的朋友詹姆斯·麦迪逊十分不一样，麦迪逊那样的人只是从外面了解这个世界。对汉密尔顿这样的人，以及那些在他人生开端帮助他的人来说，商业世界的路径是有序的、公平的，本质上是仁慈的。

汉密尔顿性格中最引人注目的特质，在我们对他最初的一瞥中闪现出来，尽管转瞬即逝。那就是他对掌握与他有任何联系的每一项业务都有强烈的需求，他要么是自己经营这些业务，要么是指导别人去做。一个人确信自己在几乎所有事情上比任何人都知道如何做得更好，这种情况通常会令人恼火。在亚历山大·汉密尔顿身上不止一次出现这种情况。但在大多数情况下，汉密尔顿身上的这种特质，在其他人看起来并不是缺陷，而是一种突出的优点，因为他总可以比别人做得更好。这是因为汉密尔顿既有深刻的智慧，又有充沛的精力，还有一种把事情做好的热情。他可以在短时间内完成大量的工作，并且愿意承担责任、做好安排、预测突发事件。

我们在汉密尔顿16岁时就看到了上述这一切。尼古拉斯·克鲁格曾进行一次为期5个月的航海旅行，在旅行期间，他将圣克罗伊岛的生意完全交给了这位男孩。年少的汉密尔顿虽然忙得不可开交，但他往来书信的文字里还是时不时地流露出兴奋、激动和热情。汉密尔顿收取应向店铺缴纳的款项（"请相信我，先生，我会尽力的"），要求克鲁格在其他岛屿上的贸易伙伴及时向他报告他们的账目状况，还干脆利落地指出他们账目上的错误。汉密尔顿将原本由一位律师承担的店铺法务事务工作交给了另一位律师，后来，汉密尔顿的老板在赞同他的这一做法时评价道，前一位律师"在店铺的法务事务上十分失职，白白浪费了大量资金"。汉密尔顿建议尼古拉斯在库拉索的兄弟蒂勒曼·克鲁格（Tileman Cruger），对店铺的单桅帆船船长做出明确指示（"更确切地说，我认为他似乎更需要从这样的航运中吸取经验"）；汉密尔顿在他自己给牛顿（Newton）船长的指示中，告诫他"不断反思你刚刚经历的这次不幸的旅程，努力弥补由此造成的巨大损失……"。这发生在牛顿运回一批生病的骡子之后，汉密尔顿通过迅速地安排牧场饲养，成功地挽救了其中大部分骡子，但这些骡子不得不降价出售。他怀疑蒂勒曼·克鲁格不会费心地为这艘单桅帆船配备武器，以抵御西班牙殖民地区海岸巡逻队队员的攻击（事实证明这一直觉是正确的），因此，他在确定枪支的租用价格后，命令牛顿船长做这件事。最后，他在价格和其他问题上做出决定，这些决定必须依赖某些复杂的变量，比如，鉴于卸货延迟和在作物收获之前可能往返的航行次数，将一部分胡乱装载的货物卸下来，在克里斯琴斯特德出售，而不是送到库拉索，这样做是否值得。18年后，他将以同样的语气和精神给美国财政部的税务官员写信。[39]

为了让自己具备进入大学所需的经典文学方面的知识，1772年秋天，汉密尔顿进入新泽西州伊丽莎白镇的一所学院学习，并在大约一年时间里完成了该课程。在伊丽莎白镇的学院上学的时候，汉密尔顿得到了长老会牧师、毕业于普林斯顿的休·诺克斯（Hugh Knox）的推荐——休·诺克斯曾是亚历山大孩童时在圣克罗伊岛的一名资助人，因此获得了伊莱亚斯·布迪诺特和威廉·利文斯顿（William Livingston）的资助。伊莱亚斯·布迪诺特和威廉·利文斯顿都是律师，他们办事干练，是有教养的绅士，并都秉持着辉格党的良好原则；二人都与汉密尔顿结下最热烈的友谊。汉密尔顿的第一选择是新泽西学院，据说"因为它更偏向共和主义者"。他去拜访了约翰·威瑟斯彭博士，威瑟斯彭博士对汉密尔顿的准备工作留下了深刻印象，但后来不得不遗憾地通知他，管委会成员无法批准他按照自己的节奏跳级学习的请求［他们可能还记得不久前的两起玩命学习、过度劳累的例子，即约瑟夫·罗斯（Joseph Ross）和詹姆斯·麦迪逊被准许了类似的安排，结果前者在毕业一年里离世，后者则处于心力交瘁的崩溃状态］。1773年，汉密尔顿回到纽约，进入了国王学院（King's College）学习。在国王学院，汉密尔顿好像被单独安排了一门特殊的学习课程。[40]

汉密尔顿在国王学院究竟学习了多长时间——或许是两年多一点——对此的记载并不令人满意；他在那里究竟研究了什么，也不清楚。但确实有证据表明,他充满活力的阅读习惯,与其说是被动地遵守他人设定的标准,不如说是他在周围各处的政治意识迅速发展的时候,掌握了一切可能对他有用的东西。而他之所以如此,原因十分明显,那就是还在学生时期的青年汉密尔顿,已经满怀热情地投身到了美国革命之中,这使他自己及他的辩论才能获得了纽约自由之子(New York Sons of Liberty)以及整个社区有影响力的辉格党人的青睐。[41]

在1774年末至1775年初的冬天,汉密尔顿和英国圣公会牧师、托利党最具影响力的人物塞缪尔·西伯里(Samuel Seabury)引人注目的宣传册较量,无疑让人感到振奋。在波士顿倾茶事件(Boston Tea Party)发生及英国对此采取报复措施后,纽约是否会支持第一届大陆会议以及它是否会抵制英国货,关于这些问题有非常大的不确定性,而且这种不确定性将持续到列克星敦和康科德事件的发生。与此同时,像西伯里用笔名发表的《一位韦斯特切斯特农夫的来信》(Letters of a Westchester Farmer)这样的托利党的抨击,似乎产生了令人不安的巨大影响力。西伯里在致纽约农夫的《关于大陆会议纪要的自由思考》(Free Thoughts on the Proceedings of the Continental Congress)中,抨击"非法的、专制的国会"举措,谴责纽约商人的阴谋,即从不进口商品及随之带来的商品短缺所必然导致的商品价格上涨中赚取收益,并预测了由此导致的毁灭性后果,尤其是对农民而言,由于禁止出口,他们将无法出售剩余的农产品。西伯里坚持认为,英国人可以十分容易地将他们的贸易转移到别的地方,如果贸易争端发展到武力冲突的地步,他们可以在一次战役中摧毁殖民地。因此,西伯里竭力主张纽约人抵制国会的伪装行为,拒绝服从国会对他们做出自我牺牲的要求,并依靠合法成立的当局来解决他们可能有的任何不满。这样的情势促使19岁的汉密尔顿匿名发表了他自己的宣传册子。在《全面辩护》(A Full Vindication)中,汉密尔顿挑战了西伯里有关"农夫"的论点,并尖锐地为大陆会议的贸易抵制举措辩护，认为这是自由人在看到自己的诉求遭到蔑视后维护其自由的唯一途径。汉密尔顿也捍卫商人的荣誉，他告诫农民要抵制对他们自私心理的迎合，并嘲笑牧师文中的"农夫"根本就不是农民，而是牧师用于伪装的一件工具。西伯里完全不知道与他辩论的对手是谁，他准备了一篇冗长的答辩文章，言辞激烈，充分阐述了托利党争取国会最大权力的全部理由。汉密尔顿奋起应战西伯里的辩论文章，他发表了第二本宣传册子，与第一本宣传册相比明显地更胜一筹。在《农夫一驳就倒》(*The Farmer Refuted*)中，我们看到了这位年轻人充分展现出的力量，从中也看到了他自己以及他的国家的未来。[42]

《农夫一驳就倒》是一本80页的小册子，汉密尔顿在20岁生日后不久出版，其中包含了几项引人注目的要素。其中一项突出的要素是，它几乎涵盖了北美殖民地人民从理论上对他们很快将采取的行动进行辩护的全部思想范畴。在这本小册子中，我们可以看到辉格党关于自然法和代议制性质的每一项重要论点。汉密尔顿对议会大臣阴谋的担忧无处不在：他们设计的限制北美殖民地人民自由的方案越来越多，通过强迫殖民地人民供养常备军，以及大量的养老金领取者、禄虫和不劳而获者，随意处置他们的生命和财产。《农夫一驳就倒》的另一个显著特征，是它在已经形成的商业世界观的基础上，对国家繁荣所要依赖的条件有着出色的把握。汉密尔顿对英国国债、英国对外贸易状况的了解明显地超过了西伯里，而且他根据自己的经验，讨论了西印度群岛及其对美国供应的依赖，让人印象深刻。汉密尔顿还预测了英国在武力征服殖民地方面所要面临的军事上的和外交上的重重困难，以及在这种情况下，北美殖民地最有可能发动的那种战争。事实证明，汉密尔顿的这些预测，无论从哪方面来看都是正确的，不仅如此，与西伯里的预测相比，汉密尔顿的预测还要现实得多。[43]

或许汉密尔顿的《农夫一驳就倒》最普遍的特征,就是启蒙运动的最典型的思维习惯,尤其是苏格兰人的思维习惯在其中的大部分篇幅里都有所反映,而这一普遍特征是西伯里的文章明显缺失的。其中有这样一种信念存在,它既坚定又是乌托邦式的,即一个人的学识和经验都可以被工具性地用来把握未来、影响未来的发展。汉密尔顿所引用的大卫·休谟的观点——源于汉密尔顿未来的朋友麦迪逊在撰写《联邦党人文集》第10篇时所引用的同一篇文章——预示着"普布利乌斯"会理所当然地认为,没有一种成功的政府架构可以不考虑约束私人利益,以提升公共的利益。汉密尔顿从洛克、孟德斯鸠、格劳秀斯(Grotius)、普芬多夫(Pufendorf)、柏拉马基、科克(Coke)和布莱克斯通(Blackstone)的作品里汲取了他所需要的法律和政治思想,从著名的重商主义者马拉基·波斯尔思韦特(Malachai Postlethwayt)的作品和商事习惯法(Lex Mercatoria)中获得了关于贸易和商业的知识。汉密尔顿认为,各种殖民地宪章、查理十二世(Charles XII)和彼得大帝(Peter the Great)的战争,以及罗马行省的压迫,这些历史给我们的教训具有普遍性。从汉密尔顿对未来美国潜在的力量和无限资源的描绘来看,很容易想象,在他自己的幻想中,他会为了未来伟大的事业,参与指导对这些力量和资源的使用。

投身军旅生涯的汉密尔顿,不仅以加倍的良好姿态展现出他在撰写宣传册时表现出的力量,还增加了活力、闯劲、敏捷的判断和无所顾忌的血气之勇的品质。1775年初,汉密尔顿和国王学院的同学们开始每天早晨在圣乔治礼拜堂旁边的教会墓地训练。同年8月的一个晚上,汉密尔顿和其他志愿者一起,冒着港湾里一艘军舰的炮火,成功地从炮台上抢走了大约20门大炮,以防止这些大炮落入英国人手中。1776年1月,汉密尔顿了解到纽约省议会(New York Provincial Congress)决定募集一支炮兵部队,在激进的负责人亚历山大·麦克道尔（Alexander McDougall）的支持下，汉密尔顿着手争取这支炮兵部队的指挥权。在此期间，汉密尔顿充分学习了射击技术，测试成绩为合格，并于同年3月获得炮兵部队的指挥权。作为一名部队的训练者和行政管理者，汉密尔顿展现出了敏捷和高效的特质。他参与了华盛顿军队穿越新泽西州的撤退，在新不伦瑞克、特伦顿和普林斯顿的战斗中，汉密尔顿无一例外地表现出色。这位年轻军官的本领和智慧给华盛顿留下了深刻的印象，1777年初，华盛顿邀请汉密尔顿上尉加入自己的幕僚，担任侍从副官。华盛顿写道："对我来说，绝对有必要拥有既能替我思考又能执行命令的助手。"1777年3月1日，在汉密尔顿过完22岁生日后7周的时候，华盛顿正式任命汉密尔顿为陆军中校。[44]

　　作为一名助手，汉密尔顿在工作上表现出了出色的执行能力，并使自己成为对总司令非常有价值的侍从副官。汉密尔顿的确替将军"思考"。他所做的远不止是抄写华盛顿的信件和急件，在许多情况下，实际上是他自己起草了这些信件——仅仅有一些宽泛的指导原则作为依据。华盛顿向大陆会议提交的报告、向其他指挥官下达的命令，以及战役计划，很多都出自汉密尔顿之手，并受到他的影响，华盛顿采取行动所依据的许多信息，都是由其年轻的侍从副官收集、评估和组织的。在执行命令的过程中，汉密尔顿会通过个人的主动性增加行动的活力。1777年9月，汉密尔顿和一支小队负责在威廉·豪将军向费城挺进的路途上销毁面粉。小队遭到火力攻击，汉密尔顿因此逃过斯库尔基尔河，并敦促大陆会议的代表离开费城。在不到两天的时间里，他指导从勉强的费城居民那里征召补给品，并设法用船只将大部分可用的军需物资运送到特拉华河上游，以使英国人无法得到这部分物资。1777年10月萨拉托加战役（Battle of Saratoga）结束后，华盛顿交给汉密尔顿一项需谨慎处理的微妙任务，即前往霍雷肖·盖茨（Horatio Gates）将军在奥尔巴尼的总部，在自负、顽固的盖茨愿意分配增援部队的前提下，尽可能多地从盖茨的部队中调取增援人马。尽管汉密尔顿和盖茨在增援部队的问题上争论不断,但对华盛顿三个旅的援军要求,盖茨还是只同意了划拨一个旅的援军。然而,汉密尔顿打探到盖茨划拨的这个旅是三个旅中力量最弱的一个,于是他打着华盛顿的旗号,自作主张地要求盖茨再派出一个旅的增援。最后盖茨抱怨着让了步。1778年,汉密尔顿通过华盛顿和他自己的努力,着手平息了约翰·沙利文(John Sullivan)将军引发的危险的不满情绪。沙利文愤怒指责法国舰队没有留在纽波特协助他进攻罗得岛,从而引发这种情绪。德斯坦(d'Estaing)海军上将似乎对汉密尔顿在相互调解方面所做的努力感到非常满意。在1778年6月关键的蒙茅斯战役(Battle of Monmouth)中,汉密尔顿迅速出现在战场上。在此之前的四天里,汉密尔顿负责收集情报,在分布广泛的部队之间充当联络人。他没有在报告、战术建议和直接指挥权之间划出十分严格的界限,并在战斗当天的协调行动中发挥了不小的作用。汉密尔顿"愿意战死疆场",他让人射杀了他骑着的马。根据有偏见的查尔斯·李(Charles Lee)将军的说法,汉密尔顿处于"一种异常的勇敢状态"。[45]

汉密尔顿无疑是一名忠诚的下属。与此同时,他对如何管理一切很有想法。1776年夏末,甚至在汉密尔顿成为华盛顿的侍从副官之前,他就制定了一项寡不敌众的大陆军从长岛撤离的计划,并决定给华盛顿将军写一封匿名信,将该计划转告华盛顿。汉密尔顿和他南卡罗来纳的朋友、助手约翰·劳伦斯(John Laurens),二人都憎恨奴隶制,他们制定了一个让南卡罗来纳的奴隶参军的方案,并敦促当时的大陆会议主席约翰·杰伊采纳该方案。汉密尔顿写道:"这一方案的核心部分是在发给黑人武器的同时给他们以自由。这将确保他们的忠诚,激发他们的勇气,我相信,一旦我们为黑人的自由打开一道门,即便是对那些身为奴隶的人,也将产生正面的影响。"正如人们所预料的那样，南卡罗来纳的立法机关没有通过这一方案。汉密尔顿还就如何惩罚保王党人士、如何避免不同地区军队之间的嫉妒等问题向纽约州会议提出建议；汉密尔顿向州长乔治·克林顿（George Clinton）讲授了为军事用途而不定期征用财产的知识，并向其阐述了纽约州向国会派去最优秀人才的重要性。对于国会本身，汉密尔顿也提出了各种有益的建议。通过威廉·杜尔（William Duer），他大力主张加强军事组织建设；通过伊莱亚斯·布迪诺特，他提出扩大监察长权力的建议；通过约翰·杰伊，他提出在南卡罗来纳州征召民兵。[46]

汉密尔顿并没有把自己关注的范围局限于军事领域。在大陆军指挥部忙碌的日常工作中，汉密尔顿总能挤出时间，他不仅广泛地阅读书籍，还撰写了一系列堪称为国家文件的文献，以及有着巨大价值的小论文，它们所探讨的都是美国国家未来的强盛。在这些文献中，有一封1780年写给詹姆斯·杜安（James Duane）的信，汉密尔顿在信中提出了解决"国会缺乏权力"的方案；在1781年写给罗伯特·莫里斯的一封更长的信中，汉密尔顿勾勒了一个完整的财政体系轮廓；1781年、1782年，汉密尔顿还在《纽约报》（New York Packet）上发表了题为《大陆主义者》（The Continentalist）的六篇系列文章，开出了一整套赋予联邦力量和活力的政治处方和经济处方。[47]

毫无疑问，亚历山大·汉密尔顿怀着宏大的抱负，具有强大的自尊心与强烈的个人荣誉感，他还有着制定全面计划的偏好，而对他制定的这些计划，没有人比他自己更了解如何去执行。他对权力和运用权力着迷。然而，人们不能从这样的描述中对汉密尔顿做出推测，以为他是一位精于算计的阴谋家、冷酷无情的马基雅维利主义者、诡计多端的秘密策划者，以及一心盯着重大机会的人。不论好坏，所有这些都不是汉密尔顿性格的一部分。[48]他纯粹的热情、他的急躁与冲动，以及他保持前进的迫切需求，所有这些都抑制了他的精于算计的谨慎，而这种谨慎本来可以使他成为一个完全不同的人。因此，1781年2月，他与华盛顿决裂——结果导致他离开了将军的参谋部——只不过是因为他神经紧张、脾气暴躁，以及因不在战场上而变得越来越烦躁。如果不是华盛顿对汉密尔顿宽容对待，以及他真正欣赏这位副官的卓越才能，这次决裂很可能是永久性的，甚至可能导致汉密尔顿的职业生涯由此黯然失色。1780年，汉密尔顿在莫里斯敦向伊丽莎白·斯凯勒（Elizabeth Schuyler）求爱，这可能给他带来了一些附带的好处，但即便如此，这也不像是一件"精心策划"的事情。在汉密尔顿的信件中可以看到深陷爱情中的愚蠢言行，而菲利普·斯凯勒（Philip Schuyler）从一开始就对他聪颖的女婿十分满意。汉密尔顿和拉法耶特、约翰·劳伦斯，以及其他同时代男士的私人关系中充满了冲动的情绪、情感与热情。正是对荣誉的强烈渴望、对危险的蔑视，以及对建立功绩的重视，使汉密尔顿成为约克镇关键战役之一的一名英雄。盟军在查尔斯·康沃利斯（Charles Cornwallis）将军左侧建立起围攻线之前，必须占领约克河附近英军的两个坚固炮楼。汉密尔顿最终说服了华盛顿任命他独立掌控战场指挥权，并坚持由他来指挥进攻其中的一个炮楼，而这一壮举取得了显赫的成就。之后，"谨慎"才重新占据上风。汉密尔顿在写给他的新娘的信中说：

> 两天前的晚上，我的伊丽莎白，我的责任与荣誉迫使我采取行动，这让你的幸福冒着极大的危险。我指挥进攻敌人的一座炮台，我们很快就拿下了这座炮台，并且几乎没有造成损失。你将在费城的报纸上看到详细情况。当然，以后不会再有这样的事情发生了；其余的都要靠办法；如果再有机会，也不会轮到我去执行了。[49]

在约克镇的英军投降后不到一周的时间里，汉密尔顿辞去了职务并离开了军队。他迅速回到奥尔巴尼与家人团聚，并准备从事法律工作。他只用了几个月时间就完成了学业。1782年7月，汉密尔顿获得了律师执业资格，随后于10月获得了法律顾问资格。与此同时，罗伯特·莫里斯任命他为纽约州的大陆税务官。汉密尔顿在向立法机关陈述州政府应承担的责任时给人留下了深刻的印象，并因此在1782年7月当选为国会议员。此时的汉密尔顿年仅27岁。同年11月，汉密尔顿在费城就职，在那里他首次见到了詹姆斯·麦迪逊。两人似乎立刻意识到了彼此是盟友。[50]

与詹姆斯·麦迪逊一样，亚历山大·汉密尔顿几乎完全关注战争中大陆军一方的情况。他同样痴迷于国民身份和国家地位的概念，对于"国民性格"也格外关注。在指挥中心看这一切，让他有一种痛苦不堪的感觉。在那段时间的私人信件中，汉密尔顿对各州未能为共同事业而振作起来，经常流露出羞辱和绝望的情绪。他认为，人民"决心不去追求自由"，由于自私、私人利益和地方偏见，军队长期缺乏人员、衣物和补给。没有一个合格的国家政府；他告诉杜安，"根本缺陷"是"国会缺乏权力"。造成这种情况的原因有三个。其一是各州"小心提防所有不在自己手中的权力"；其二是国会在行使其合法权力时表现得胆怯和优柔寡断；其三是缺乏充分的国家收入，也没有足够的精力来征税。汉密尔顿在国会任职的八个月中，几乎将所有的注意力和精力，都集中在了确保国家收入充足上。没有充足的国家收入，任何政府都无法拥有权威或自尊。[51]

汉密尔顿立即与麦迪逊一起领导了这场运动，运动以失败告终，又促使他们在国家建设的最高层面进行新的努力。除罗得岛州外，其他所有州都同意征收5%的进口关税，这是确保政府收入并在偿还债务方面取得进展所需的最低税率。在1782年末至1783年初的冬季，国会

第二章 财政和意识形态 159

试图对罗得岛施加特殊压力的努力彻底失败,同时,麦迪逊所在的弗吉尼亚州的立法机关改变了立场,撤销了先前对征收5%进口关税的批准。压制这项关税的原因,是担心任何不通过州立法机关、直接向民众征收关税或其他税款的权力,都会削弱州的主权,而且,这将只会是强制性的联邦税收、高昂的财政开支和永久的金融利益集团增长的开端。在这样的背景下,汉密尔顿和麦迪逊开始做出努力,他们希望在解决各州严重疑虑的情况下恢复征收进口关税,并设计既能让各州接受又能满足政府需要的其他形式的税收。但事实证明,他们的计划不可能达到预期目的。汉密尔顿和麦迪逊所能采取的最佳策略是与各州达成妥协,将征税限制在25年内,并由各州自行指定的代表来征收。同时,邦联每年向各州征收150万美元的款项,同样限期为25年。汉密尔顿甚至自己也无法投票支持他帮助设计的这一计划,但尽管如此,在计划通过后,他仍然强烈敦促自己所在的州接受它,理由是这样总比没有好。他知道债务不可能在此期限内还清,新征收的款项也毫无价值,而且在这样一个不稳定的税收基础上,公共债券永远无法成为流通媒介。麦迪逊对这一计划也不满意,但他针对各州撰写了一篇有力的演讲,支持该计划。然而,由于计划需要获得一致同意,而这一点最终未能实现,因此,在邦联时期的剩余时间里,国会无法获得任何定期收入。1783年7月,汉密尔顿感到厌倦,辞去了国会职务。他在国会最后的行动之一,是为召开制宪会议修订《邦联条例》准备了一系列决议。但由于"缺乏支持",这些决议都被放弃了。麦迪逊在10月也离开国会,返回了弗吉尼亚。[52]

在汉密尔顿担任国会议员的任期内发生的两件小事表明,他对无能为力的屈辱感极度不满,同时再次表现出他冲动和急躁的情绪,这多次让他差一点做出不顾后果的举动。其中一件事发生在关于联邦征税的辩论中,当时的重点是安抚罗得岛和弗吉尼亚的代表团,因为他们担心外来者会干涉他们公民的自由。汉密尔顿毫不掩饰地表达了他希望看到联邦税收官员队伍,这些官员将由国会任命并支付薪水,以激励他们支持国家权威,达到"渗透各州并团结各州"的目的。麦迪逊其实也有同样的想法,但当他看到进口关税的反对者们对汉密尔顿的表态暗自交换微笑时,心中肯定感到一惊,他急忙将争论转移到其他方面。另一件事涉及一支被拖欠薪水且濒临叛变的军队。驻扎在纽堡附近营地的这支军队,越来越感到不安,同时,军官代表在费城等待着国会公正地解决账目问题。汉密尔顿对自己所经历的挫折感到愤怒,但他突然意识到,在这个关键时刻,可以巧妙地利用一支心怀不满的军队,促使国会觉醒并制定一套真正健全的财政制度,而华盛顿有可能成为这一努力的领导者。汉密尔顿向华盛顿提出了这项建议,并告诉包括麦迪逊在内的国会朋友们,他已经开始行动。我们不知道麦迪逊对此有什么看法,因为他只是记录了下来,并没有发表评论。然而,华盛顿坚决拒绝卷入其中。他表示,军队"是一个危险的工具"。[53]

这两位年轻的国家缔造者在1786年9月的安纳波利斯会议上再次合作。这次会议虽然未能直接实现制定更有序的商业规章制度的目标,但却成了召开1787年制宪会议的推动因素。汉密尔顿撰写了这次会议的演讲稿。然而,作为费城会议的代表,由于多种原因,汉密尔顿的影响力远不及麦迪逊。其中一个原因是他受到来自纽约的两位同僚耶茨(Yates)和兰辛(Lansing)的限制,这两位坚定的反联邦主义者几乎在每次投票时都会推翻他的提议。尽管如此,汉密尔顿仍全力以赴地争取宪法的批准。正是他构想了《联邦党人文集》的写作计划并使其在媒体上发表,他本人撰写了其中85篇文章中的51篇,麦迪逊撰写了29篇,约翰·杰伊撰写了5篇。所有这些文章都在极其紧迫的时间内完成。它们于1787年10月至1788年5月在纽约的4份报纸上发表,并在1788年春季以书籍形式出版。弗吉尼亚州和纽约州对宪法的批准都面临着不确定性，需要付出巨大的努力。在弗吉尼亚州的批准宪法大会上，主要负责推动批准的是麦迪逊，而在反联邦主义者占多数的纽约州批准宪法大会上，宪法的成功批准主要归因于汉密尔顿的努力。汉密尔顿最接近受到民众赞誉的一次，可能是在1788年7月23日纽约市举行的盛大市民庆祝活动上，当时已经有足够多的州批准宪法，新的联邦的成立已经确定无疑。由于波基普西的会议尚未结束，汉密尔顿本人无法参加这次活动，但他成为当天的英雄。各行各业的人都参加了这次盛大的游行，其中最引人注目的是一艘名为"汉密尔顿"的护卫舰模型，它被用轮子拉着在街道上行进。⁵⁴

这些迹象并没有预示着亚历山大·汉密尔顿和詹姆斯·麦迪逊之间即将爆发巨大分歧。一些历史学家认为，寻找这一分歧的起源是非常必要的，他们甚至试图从《联邦党人文集》中寻找线索。根据在文集中的发现，他们认为，尽管这两位作者在当时有共同的目标，但实际上他们并没有真正地达到和谐一致。"普布利乌斯"实际上存在着内部矛盾，他同时拥有两种思想，发出两种声音。

认为"普布利乌斯"具有"双重人格"的观点，其灵感来自约翰·昆西·亚当斯（John Quincy Adams）在1836年的一句评论，他认为《联邦党人文集》中，汉密尔顿的第9篇文章和麦迪逊的第10篇文章是对"派系及其补救措施的对立论述"。但是，亚当斯只是表达了这样的意思，即这两篇文章是为了确立一个共同观点而做出的不同尝试，也就是一个大型共和国确实有能力吸收派系所带来的弊端。然而，一些现代作家却以此为基础，推断出纽约州的"普布利乌斯"和弗吉尼亚州的"普布利乌斯"，二者在最基本方面存在分歧。麦迪逊在《联邦党人文集》第10篇和第51篇中强调的是一种多元主义观点：派系产生于社会内部的分歧，这些分歧在很大程度上是多样化的和变化的，而在一个大国，这种多样性正是控制派系的关键。派系不仅因此受到限制,还可以相互制衡。然而,汉密尔顿在第9篇中似乎认为派系只需要被"压制",他在其他文章中强调的也不是多元主义,而是权力。在他的文章中,可以察觉到明显的威权主义色彩。他强调需要一个有充分活力与能量的独立行政机构,对立法机关和民众的过度行为进行约束。汉密尔顿引用了卢梭的格言:尽管"民众通常都追求公共利益",但他们并不"总是正确地理解促进公共利益的方法"。他主张建立一个具有无限期任期的司法机构,以制衡州和国家的立法机构,并展示"国家权力的威严"。他赞美统一的国家体系,各州在此体系中处于从属地位,而麦迪逊则更关注州与国家之间的权力划分。汉密尔顿强调国家政府的那些"不受限制的"和广泛的权力,而麦迪逊则提醒读者,这些权力"极其有限且受到界定"。[55]

但有人认为,汉密尔顿在1787年6月18日费城会议上的演讲,揭示了他笔下"普布利乌斯"的真实性格,并展示了他与麦迪逊之间分歧的真实程度。在这段冗长而充满激情的演讲中,汉密尔顿明确表达了他的一些真实信念。与麦迪逊不同,汉密尔顿认为派系不是多样化的和变化的,而是持久不变的:少数与多数、富人与穷人、债务人与债权人。由于他们的利益本身是持久的,因此,这些利益不仅应该在政府中获得相对永久的代表位置,还应被视为保持平衡的力量。除了有代表性的下议院之外,还应设立一位任期不限定的民选行政首脑,类似共和制度下的"君主",以及一个选举产生且议员终身任职的参议院,类似一种贵族阶层。汉密尔顿坚持认为,英国政府是最好的模式。甚至英国政府备受批评的"腐败"行为——授予官职、荣誉和发放报酬——也不尽然是糟糕的,因为通过这样的途径,行政首脑能够获得忠诚,以维持"宪法的平衡"。[56]

这种推理有其合理之处。然而,仅仅通过研究《联邦党人文集》本身,并不能揭示出汉密尔顿和麦迪逊之间的巨大分歧。我们需要参考二人在其他公开场合的言论，才能对《联邦党人文集》进行这种解读，而且在这本文集中，他们的观点和目标的相似之处远比任何可能值得强调的差异更为明显。[57]在以"普布利乌斯"的身份撰写文集中的这些文章之前，他们各自的行动中就已经显现了这种相似性。从他们在整个18世纪80年代的行动中，我们可以找到许多类似的例子。例如，汉密尔顿在写给杜安的长信中，坚持认为国会具有强制各州的默示权力（implied power），而几个月后麦迪逊在写给杰斐逊的信中也持同样观点。此外，中央政府接管州债，这是汉密尔顿在1790年的《公共信用报告》（Report on Public Credit）中的一个观点，这也成为两人后来分歧的焦点，但同样的观点在麦迪逊于1783年发表的关于同一主题的报告中也可以找到。在不区别对待不同类别公共债权人的重要原则方面，两人也持相似观点。麦迪逊在1783年4月致各州的演讲中表达了对这一原则的支持。在1782年12月针对罗得岛的强烈回应中，强调了由中央政府征收和管理国家税收的必要性，这篇回应可能出自两人中的任何一个人之手。碰巧，它由汉密尔顿撰写，而麦迪逊予以支持。汉密尔顿1782年发表的《大陆主义者》和麦迪逊1783年发表的《北美人》（North American）表达了相同的观点，两者都强烈主张国家权力。[58]

简而言之，在整个18世纪80年代，两人因共同的国家利益而保持团结，几乎没有过多关注具体问题上的细微差别。两人都高度重视国家稳定的财政收入，对国会的无能心生鄙视，对州政府狭隘的地方主义感到烦躁，所有这些方面都激励着他们倾注全部的努力。在促成制宪会议的召开以及会后宪法的批准工作中，他们都展现出比其他所有人更积极的态度。

汉密尔顿在1787年6月18日会议上慷慨激昂的演讲引发了很多讨论。许多人对此次演讲的主张表示反对，一些人则试图解释其背后的意图。一些同情汉密尔顿的学者认为，他的演讲言论可能是经过深思熟虑后故意采取的策略，即纯粹出于战术需要而采取一种极端的民族主义立场，他知道自己的计划不会得到认真考虑。然而，有人对此观点表示怀疑，尽管汉密尔顿确实没有对演讲中的主张抱有期望。对他来说，这次演讲本身可能已经成为一个目标。要理解这一点，可能还需要考虑汉密尔顿个人性格的另一方面，这个方面之前并未强调过。那就是汉密尔顿冲动和不耐烦的一面，尤其是在他无法控制事态发展时，他往往会陷入绝望和沮丧之中。在一生中的关键时刻，他不止一次地经历过这种情绪。汉密尔顿在1787年6月18日的这场演讲的直接背景并不难理解。当时，他几乎默默无言地在费城会议上坐了三周，心中充满了对强大行政首脑的渴望，而且是越强大越好，要比会议上讨论的任何设想都更有权力。他几乎准备亲自提议会议选举一位至高无上的领导者，只要这可以避免最近邦联政府的荒谬行为。会议对弗吉尼亚方案——他并未参与该方案的制定，以及新泽西方案（New Jersey Plan）存有许多争论，后者将恢复大部分旧有的弱点，而正是这些弱点摧毁了邦联。伟大的机会似乎正再次溜走，像往常一样，汉密尔顿是唯一真正意识到事态严重性的人。此外，汉密尔顿在自己所在的州代表团中被耶茨和兰辛孤立，他们有意地压制他的民族主义热情，确保他无法取得任何成果。因此，对汉密尔顿来说，发表自己的意见，提出自己的计划已经成为当务之急，无论这项计划最终的结果如何。[59]

汉密尔顿在1787年6月18日会议上的演讲持续了大半天，他事先做了非常充分的准备，演讲充满了激情，但略带学院派的风格。演讲结束后，他似乎感到稍微松了口气。演讲得到了热烈的掌声，第二天，会议从中断的地方继续进行。汉密尔顿并未真正指望自己的观点会受到重视，这一点他也明确表达过。汉密尔顿对会议进展并不完全满意，一直心存忧虑，但他在会议期间离开了一段时间，回纽约处理个人事务。他在重新回到会场后，没再惹什么麻烦。他对费城制宪会议最终文件的形成并未产生太大的影响，但他在各种小事上积极协助解决问题，并在最后强烈地敦促在场的每一个人在文件上签字。当涉及他自己负责规划的联邦党人方案时，他变得十分振奋。尽管作为全职律师的工作压力很大，但在接下来的几个月里，汉密尔顿以极快的速度撰写了数千字的热情洋溢的文章，详细阐述联邦共和国的优点，我们有理由相信，他对其中的每个字都深信不疑。

"普布利乌斯"写作的知识背景受到苏格兰启蒙运动的影响；而汉密尔顿和麦迪逊遵循的主要假设基本上源自大卫·休谟的观点。他们相信，有可能建立一门"政治科学"，从中推导出促进政治进步的正确原则。人们可以通过自己的努力，设计全新的政府机构和制度，并将其付诸实施，而不必受制于反复无常、习俗或环境。他们相信，可以通过对经验的理性思考来实现这一目标。经验的一个重要组成部分是历史，即其他人的经验，因为在相似的情境下，各时代的和不同地方的人们，他们的行为往往遵循着大致可以预测的模式。[60]

从这些普遍原则中，汉密尔顿和麦迪逊找到了广泛的共识。他们都借鉴了历史的教训、现代和古代联盟的教训，以及最近的教训，即邦联的教训。这些教训表明，再次进行尝试是正义的也是必要的。他们都强调人类固有的弱点、派系的弊端，以及强化政府手段的必要性。他们都不信任多数派，对州政府持怀疑态度，并接受默示权力的原则——这一原则的最经典表述并非出自汉密尔顿，而是麦迪逊。麦迪逊在第44篇中宣称："没有比以下原则更明确的了，那就是，在需要达到某个目的时，相应的手段是被授权的；在授予进行某一事项的一般权力时，其中也包括了完成该事项所需的每项具体权力。"然而，无论是汉密尔顿还是麦迪逊，他们在某个方面对某种权力做出强调时，都会在其他方面对这种权力进行限制，并指出制衡权力的手段。因此，在汉密尔顿和麦迪逊相互制衡的同时，"普布利乌斯"也以同样的方式实现了自我制衡。[61]

然而，即使在这一时期，如果说汉密尔顿和麦迪逊在思想上几乎没有差异，那也是一种误导。对他们两人来说，创造力的聚焦点并不相同。这种差异体现在他们对政治理论的反应和调整方式上。这并不是说他们的想法有很大的不同；他们的观点都来自相同的源头。但在涉及政府理论时，汉密尔顿的回应相对简单粗暴，他的想象力受到更多限制，关注的高度和广度也不够敏锐。在对待"党派"问题时，两人都自然而然地遵循休谟的观点，认为这是一个重要问题。但汉密尔顿的回应方式非常传统和常规，特别是在6月18日的演讲中，他使用了"混合政府"和"平衡"这些常见的理论范畴，但却没有采取进一步措施使其完全适应美国的政治环境。麦迪逊同样使用了"平衡"的语言，但他的方式更加大胆和独创。在党派问题上，他对休谟的理论进行了特别敏锐的调整，以满足美国政治环境的需求，其结果就是《联邦党人文集》第10篇中的内容。

一个更典型的例子是汉密尔顿关于"腐败"的著名评论。几年后，当汉密尔顿再次提及这一观点时，杰斐逊表示感到非常震惊。这一观点也直接来源于休谟，而且本身就是一个经久不衰的话题。然而，在休谟的论述中，这一概念显得有些微妙。休谟将"腐败"作为行政长官任命权的代名词，与国王在面对议会时如何保持独立性有关。尽管汉密尔顿热衷于建立强大的行政机构，但他对休谟这一观点的含义并不像麦迪逊那样敏感，如果不是麦迪逊，他很可能会忽视这一教训。在《联邦党人文集》第77篇中，汉密尔顿较为随意地认为，参议院不仅应批准行政长官的任命，还应批准其对下属官员的撤职。而麦迪逊则认为，如果撤职权不在行政长官手中，且仅由他一人掌握，那么行政长官的独立性及其对行政机构的控制将会被大大削弱。为了阐明这一观点，麦迪逊在1789年春季行政部门建立期间，不得不针对众多的

第二章 财政和意识形态　167

反对意见进行了大量紧急辩论。因此，是麦迪逊，而不是汉密尔顿，看到了休谟"腐败"观点的全部优势，并且根据美国的环境进行了敏锐的调整。[62]

然而，在另一个领域中，两人在想象力方面的表现几乎完全相反。这个领域就是政治经济学。在这方面，麦迪逊的想象力并不是很丰富。事实上，麦迪逊在这个领域有时表现出拘泥于字面意思和反应迟缓的特点，就像汉密尔顿处理政府理论问题时一样。而汉密尔顿则正好相反，他反应迅捷，富有洞察力，而且适应能力强。在政治经济学领域，他能够像麦迪逊在《联邦党人文集》第10篇中处理政府问题时一样，创造性地转化和本土化外国思想。当然，研究汉密尔顿的学者们明确指出了亚当·斯密、雅克·内克尔（Jacques Necker）、詹姆斯·斯图尔特（James Steuart）和马拉基·波斯尔思韦特等人对汉密尔顿思想演变的影响。[63]但人们通常忽视的是，在经济思想方面，甚至比在政治思想方面程度更深的是，对汉密尔顿来说，最契合的思想似乎仍然是大卫·休谟的。

为什么休谟对汉密尔顿的经济思想产生的影响在某种程度上被忽视了？这个问题可能与另一个问题有关，即休谟作为经济思想家的地位，与他的朋友兼学生亚当·斯密的关系。斯密作为"古典经济学之父"的显赫地位，从多方面影响了历史学家的思维习惯。汉密尔顿当然也从斯密的著作中受益，并且非常关注他的思想。然而，他在一些关键问题上与斯密存在分歧。由于斯密及其对重商主义的挑战在历史研究中具有重要意义，因此，对于汉密尔顿经济思想的大多数分析往往集中在他是否是"重商主义者"的问题上。[64]此外，大卫·休谟的声誉本身也有些特殊。在20世纪30年代之前，休谟并未得到大多数学院派哲学家的重视，后来才被认为是"英国最伟大的哲学家"。[65]

休谟的经济著作只占他全部著作中的一小部分。然而，人们对这些著作的重新关注表明，它们与休谟的其他著作一样，展现了他深思熟虑的思维方式。在此之前，这些著作因其零散性以及休谟是斯密的"前辈"的身份而被忽视。但还有另一个因素使情况变得更加含糊难解。休谟和斯密之间的真正区别不是重商主义和自由放任之间的区别，甚至不是自由放任的初级形式和完备成熟形式之间的区别，而是在其他方面。直到最近，经济学家们才开始系统地关注这些问题。斯密关注的不是产生激励的条件，而是经济生活在社会中运行的一般"规律"，在这些社会中，激励及其支持条件或多或少地被视为理所当然。然而，休谟并不将这些事物视为理所当然；他将它们放在重点考虑范围内，并关注经济发展社会学的一些问题。[66]亚历山大·汉密尔顿也是如此，这就解释了为什么一些经济学家在他的著作中看到了"现代性"。[67]汉密尔顿很早就阅读了休谟的著作，尽管他的信件和报告中多次提到斯密、科尔伯特（Colbert）和波斯尔思韦特——他从他们的著作中挑选自己认为有用的内容，但逐段来看，他的思想与休谟的思想有惊人的相似之处。

在大卫·休谟1752年发表的经济学文章中，我们可以看到他对经济发展最佳条件的理论性设想。这些卓越的设想可以被看作今天的发展经济学的雏形。同时，人们还可以观察到，在休谟写这些文章时苏格兰正在经历的实际变化。苏格兰作为一个萧条、贫穷和落后的国家，曾给休谟留下了深刻的印象。但从18世纪20年代到大约1750年，苏格兰社会经历了一个转型期，在这段时间里，苏格兰的对外贸易、制造业和农业技术都稳定增长。这些进步引起了知识界的极大兴趣。事实上，当时知识界的繁荣，即所谓的苏格兰启蒙运动，与整个社会活力的提升密切相关。[68]［休谟的《论艺术的进步》（Of Refinement in the Arts）被视为他的经济学论文的代表作，这并非偶然。］在休谟对经济发展的设想中，苏格兰所起到的作用与托克维尔对民主未来的预测中美国所发挥的作用非常相似。在这两种情况下,观察者都具有处于两种存在状态之间的优势,因此能够进行想象性比较。而且,在每种情况下,理论和描述之间的界限都模糊不清。

尽管斯密的确具有创新性,但对于休谟这一代人来说,苏格兰生活中的变化对他们的知识挑战可能比对斯密那一代人更大。而且,在休谟所在的1750年,未来可能并不像1776年《国富论》(*The Wealth of Nations*)出版时看起来的那样明确。到了1776年,苏格兰经济在扩张的道路上已经更加稳固,斯密可以将身边的事物理所当然地视为普遍现象。[69]正如沃尔特·白芝浩(Walter Bagehot)后来所言,斯密不仅能看到"每个人身上都有苏格兰人的影子",而且还能制定只有在完全发达的社会中才能被视为公理的经济行为法则。然而,在某个时期,苏格兰人的性格和观念并不像后来那样,也不会自然地认为人的本能是"交换和贸易"。《国富论》倾向于假设一种机械式的经济心理学,认为企业家精神或多或少是天生的,而休谟则关注与社会经济生活不同状态相关的工作、创造和创新带来的满足感。[70]斯密的著作是一部广泛而系统的论述,涉及一些被认为是普遍适用的原则,但其中的指导原则,即自由贸易,是专门为当时世界上最强大的商业大国英国的福祉设计的。而休谟使用了散文形式,他的著作可能不够系统和全面,但在想象力上可能更具灵活性。他能够从两个方向观察,一方面回顾本世纪初苏格兰生活的懒散和贫困,另一方面展望一个由商人、制造商、农民和工匠组成的充满活力的社会,因此,他能够从一种特别敏锐的角度来理解转型的意义。此外,在他年轻时,苏格兰乡下人笨拙、保守和迟钝的形象仍然占主导地位,因此休谟不愿赞美乡村生活的美德或假设其道德优越性。他认为,活力和精致主要存在于城市,良好的社会是以商业为主导的。这一切都与亚历山大·汉密尔顿的性格和观点完全一致。汉密尔顿怀着建立一个伟大国家的愿景,他完全赞同启蒙运动的信念，即人们可以理性地设计机构和制度，以实现社会内在精神的目标。在当前的情况下，这些机构和制度可以激励美国人民充分利用眼前的巨大机遇。激励可以通过给予贸易和工业特殊的荣誉和优惠来实现。在这方面，大卫·休谟的政治经济学论文为他提供了设计和理论基础。

《论商业》（Of Commerce）是休谟1752年出版的著作中的第一篇论文，标题恰如其分，[71]主要探讨了商业与国家权力之间的关系。该文认为，在以农业为主、商业规模较小的社会里，其生产水平往往只能满足基本需要。由于奢侈品（也就是我们所称的"消费品"）稀缺，人们努力工作以追求盈余积累的动力有限。无论田园诗人如何描述，这种社会常常滋生懒散和冷漠。此外，在危急时刻，这样的社会需要人们承受非同寻常的艰辛和牺牲。在这种情况下，国家几乎没有资源支持军队，而组建军队的行为本身就会剥夺基本劳动力，进而将社会经济推向生存边缘。休谟承认，在早期的罗马和古斯巴达等国家里，这一原则似乎并不适用，这些国家的生活虽然简朴，但他们能够依靠掠夺物资组建并维持庞大的军队。如果以这些国家为榜样，就需要人们具备超越人性的爱国主义精神和自我克制，而这些必须在持续受到威胁的环境中才能得到培养。

另一方面，繁荣的商业和工业能够创造相同的力量，而不会提出相应的要求。在和平时期，奢侈品和舒适生活的诱惑激励人们更加努力，从而在商业和农业中形成能量、进取心和效率持续增长的正循环。最终，相当一部分人将从事满足基本生活需要之外的商品和服务方面的生产。农民和工匠可以进一步努力，直到仅依赖一小部分劳动力就能满足基本需求的供应，而整个社会也会逐渐适应普遍繁荣的生活。这样，在紧急情况下，从事奢侈品生产的那部分劳动力将成为一种可利用的盈余资源。在货币经济中，可以通过大幅减少对奢侈品的需求的税收手段迅速高效地利用这些盈余，这将为政府提供雇佣与购买资源和人力的资金，并使公正、公平地分摊由此带来的牺牲变得可能。

事实证明，这是对英国在法国大革命期间如何进行战争的一个非常准确的预测。对亚历山大·汉密尔顿来说，该预测在1/4个世纪前就已经显而易见。在1775年的《农夫一驳就倒》中，他已经意识到美国在现有财富和未来资源方面的巨大潜力。然而，通过在福吉谷的痛苦经历，他也发现美国还没有能够利用这些潜力的手段。尽管美国人可能自以为是罗马共和国的精神继承者，但在现实中，美国农民却不得不出售物资以换取英国的金币，而其他美国人则接近饥饿的状态。在这样的环境下，无论是罗马人的美德还是斯巴达人的爱国主义都无法解决问题。

休谟对商业社会的辩护不止有增强国家实力这一个论据。在《论艺术的进步》中，他坚持认为这样的社会不仅能在危机时期使国家变得强大，而且从本质上讲，它是一个优良的社会。商业社会具有带来繁荣和活力的前景，它是一个富裕的商业国家，而不是贫瘠落后的国家，它将培养出富有人情味、善于社交和具有美德的人民。如果奢侈是进取心的回报和有益工作间的调剂，那么奢侈本身并不一定是坏事。一个人最幸福的时候是他的生活达到了劳动、快乐和休息的适当平衡的时候，而对此最理想的环境是"工业和艺术繁荣发展"的环境。人们既欣赏劳动，也欣赏作为回报的享乐，而休息（"懒散"）是劳动过程中的休憩，并非堕落，而是有助于恢复活力。"思想变得更有活力，拓展了能力和才智；通过勤奋而诚实的工作，满足了其天然的欲望，并阻止了不自然欲望的滋生，这些欲望通常在安逸和懒散中产生。"此外，机械技艺的改进通常会促进人文艺术的提升。"在孕育了伟大的哲学家和政治家、杰出的将军和诗人的时代，通常也会涌现出熟练的织工和船匠。"高雅的艺术越是繁荣，人们就越善于社交。

> 他们涌入城市；热衷于获取和传播知识；展示他们的智慧或修养；展现自己在交谈、生活方式、服饰和家具方面的品味。好奇心吸引着智者；虚荣心吸引着愚蠢者；而享乐则吸引所有人。各种特定的俱乐部和社团随处可见；男女之间以轻松愉快的方式相遇；人们的性情和行为都在迅速变得文雅。因此，除了从知识和人文艺术中获得提升之外，他们不可避免地从相互交流的习惯中感受到人性的进步，并为彼此的享乐和休闲做出贡献。就这样，劳动、知识和人性被紧密地联系在一起，形成了一条无法分割的纽带……[72]

这种"劳动、知识和人性"的结合不仅对个人有益，而且构成了一种公共利益。所有商品消费的增加不仅创造了一笔可以在紧急情况下使用的盈余劳动储备，而且培养了有序的方式和勤劳的习惯，这对促使政府和法律变得更加温和、人道和理性，都将产生最好的影响。休谟不同意那种认为贫穷和朴素使罗马人变得高尚，或者认为被征服地区的奢华最终腐化了罗马人的观点。他认为，腐化罗马人的是"一个设计不善的政府以及无限扩张的征服范围"。在一个如波兰般缺乏商业的现代社会中，只会产生两个阶级：租户和地主、农民和贵族。前者只适合被统治，而后者则沦为小暴君，在二者中间没有一个阶级来捍卫自由或促进法律平等。在这样的社会中，无知、野蛮和"卑劣精神"盛行，所有的享乐和懒散都会逐渐地变得邪恶。

这为建立一个城市商业社会提供了充分的理由。在这种社会中，有德行的普通人并非自耕农，而是熟练的城市工匠。然而，对于很多美国人来说，包括托马斯·杰斐逊在内，这种理念并没有丝毫吸引力。事实上，在意象方面，苏格兰启蒙运动的观点与法国完全不同，前者对乡村田园风光兴趣不大。在爱丁堡，很少有像在凡尔赛宫中那样扮演女神和牧羊人的淑女和绅士。[73]

休谟在其他文章中探讨了一些具体问题，包括货币、利息、贸易平衡、税收和公共信贷等。每篇文章都提供了与汉密尔顿关注的问题直接相关的建议，并扩展了休谟对商业和工业发展的整体论证。《论货币》(Of Money)和《论利息》(Of Interest)探讨了在任何特定时间可用于流通的货币供应量与整体经济生产力水平之间的关系。在这两篇文章中，休谟挑战了某些常见的假设。根据传统观点，增加货币供应量会导致价格的成比例上涨。但休谟指出，只有当"每个人"都能在一夜之间得到同等数额的货币时，才会出现这种情况。如果新增的货币集中在相对较少的人手中，就会创造一种条件，在这种条件下，新增货币将被用于增加社会的真实财富，这些财富并非金钱，而是生产的商品。这样就会带来更多的实物商品，因此价格不会随着货币增加而上涨。关于利率，休谟提出了类似的论点。在18世纪，利率被认为是社会经济健康的晴雨表。人们普遍认为，利率与可用于流通的货币供应量直接相关，即货币越充足，利率越低，反之亦然。但休谟否认了利率以这种直接的或机械的方式发挥作用。关键的变量仍然是流动资本集中的程度和方式，其前提假设是流动资本被掌握在社会中最有活力和最有进取心的人手中。这些人是商人，他们能够就货币的替代用途做出最理性的选择。正是这个过程——无论是通过直接投资还是通过有利息的放贷的方式——而不是简单的货币数量，决定了利率的水平。

因此，在休谟的经济世界中，中心人物不是地主，而是商人。（在18世纪，商人、贸易商、银行家和制造商之间没有明显的区分）。商人比地主或农民更"节俭"，在地主和农民那里，"钱从未积聚成大笔资金"，而是"分散到无数人手中，有些人在闲暇时将其挥霍掉"，还有些人用于购买"日常生活必需品。只有商业才能把资金汇集成可观的金额"：这一过程对于创造真正的财富至关重要，这种财富不是货币，而是工业。同样的逻辑也适用于对外贸易。在《论贸易平衡》（Of the Balance of Trade）和《论贸易猜忌》（Of the Jealousy of Trade）这两篇文章中，休谟认为，货币供应量与进出口量之间并不存在重商主义者传统观点中所坚持的直接关系。如果每个国家都鼓励发展繁荣的商业和制造业体系，那么任何一个国家都没有必要猜忌其他国家。它们之间的贸易关系将带来好处，每个国家的繁荣将成为所有人的繁荣，而货币平衡的问题——重商主义的最大问题——将会自行解决。最繁荣的商业关系将是最繁荣国家之间的关系，无论它们生产的产品是什么。关键人物还是商业资本家，应该鼓励他们在发展繁荣的国内经济和蓬勃的对外贸易方面发挥主动作用。

至于公共政策，税收是一种可以积极造福整个社会的工具。合理的税收（不是征收人头税，因为它具有任意和不公正的弊端，而是对奢侈品征税，这不会产生人头税所具有的两个弊端），如果征收得当，这将对企业形成激励而不是抑制。人们将因此受到鼓励，更加勤奋地工作，以维持习惯的生活水平，这不仅有利于国家的财政收入，也有利于整个经济的健康和效率。

然而，关于债务融资的好处，休谟并不像汉密尔顿那样乐观。事实上，《论社会信用》（Of Public Credit）几乎完全关注的是不断抵押政府收入以资助连续的战争和支持日益增长的公共债务，这种做法所带来的恶果。休谟预言，在英国，这种不断加重、已经失控且再也无法掌控的负担，注定会导致"我们公共信用的彻底崩溃"。休谟承认，债务融资可能有其优势。商人手中的公共证券可作为一种可转让的资本形式，用于利润的投资；持有证券可以产生利息，也可以用于抵押以获得即时现金，或者随时出售，所有这些都代表了资源的流动性，可以迅速动员各种形式的企业，有助于"将技艺和产业推广到整个社会"。但休谟不信任政府部门,担心它们不会让公共债务发挥这种良性作用。因为政府部门会发现,只需不断累积债务就可以履行财政和政治义务,这种做法非常诱人。"让政治家以这种方式向后代开具账单,相当于让一个挥霍无度的儿子在伦敦的每家银行都有信贷额度,这样做是非常不明智的。"[74]

但对于汉密尔顿来说,优势比责任更为重要。休谟的担忧是在近四十年前表达的,现在的情形已经发生了很多变化。汉密尔顿知道,尽管自1750年以来英国的公共债务大幅度扩张,但其信用比以往任何时候都要强大,更重要的是,英国在同一时期的经济增长惊人。与英国不同,美国并不打算受到无休止的战争困扰,因此可以稳步减少而不是增加公共债务。同时,债务融资与国家银行相结合,不仅为美国提供了之前无法获得的信贷来源,还将提供稳定的流通货币,可以满足贸易需求。商业企业家们将因此获得必要的资本,以开发整个大陆的巨大潜力。这个大陆拥有未开发的丰富资源和勤劳的、不断增长的人口。即使公共债务没有减少,或者只是非常缓慢地减少(这可能是汉密尔顿心中的想法),用于支持公共债务的税收也将成为一个稳步减小的负担,因为人口会不断增加而且越来越富裕。那么,为什么不将公共债务视为公共福祉呢?

1781年,汉密尔顿在大陆军指挥总部给罗伯特·莫里斯写了一封长信,这实际上是他关于政治经济和金融方面的第一份政府文件。据了解,他在撰写这封信时借鉴了大卫·休谟的文集。到了1786年左右,他在公共信用和资金筹集方面得到了一些新的启示。他深入研究了雅克·内克尔关于这一主题的著作,并借鉴了其他权威人士的观点,使自己的思路更加具体化。到他就职时,他已综合分析了几乎所有这些观点,而当他在1789年开始起草他的第一份财政部报告时,他自己的宏伟愿景已经完全地呈现在他面前。[75]

在汉密尔顿看来，公共信用对国家福祉至关重要，因此必须采取一切手段对它进行保护。与任何国家发生战争都会对信用构成威胁，而与英国再次发生严重争端将会摧毁信用。我们与英国的商业关系为我们带来了最具流动性的财富，如果没有来自这些商业活动的公共的和私人的收入，国家债务将无法获得支持。换言之，美英两国的繁荣息息相关、密不可分。

上述这些原则不仅是汉密尔顿在1789年9月就职时制定计划的理论基础，它们还构成了一个完整的意识形态体系的核心。正是这种整体的世界观，而非其中的任何一个部分，决定了他与詹姆斯·麦迪逊的友谊将走向破裂。他们关于政府的观点并没有实质性的不同，甚至在确保国家财政收入和公共债务的重要性上也基本达成了一致。更确切地说，麦迪逊也有自己的世界观，其核心是对英国的强烈反感。围绕这两种意识形态核心所聚集的元素将形成两种截然不同的方式来定义国家的价值观及未来的道德构想。在汉密尔顿的宏大设计完全形成后，詹姆斯·麦迪逊于1790年1月从弗吉尼亚返回时，才完全感受到其影响和意义。

汉密尔顿上任时，两人之间可能已经存了一些戒心。汉密尔顿当然知道麦迪逊对英国航运的歧视性计划，而麦迪逊也一定知道汉密尔顿反对这些计划。在他们最后一次的书信往来中，可以感觉到他们的疏远；他们在信中表达了关切，但措辞非常客气。他们互相借书，重申彼此之间的温情。汉密尔顿声称，他对自己发现得太晚感到懊恼，他不知道麦迪逊在国会休会后仍然在纽约停留了一段时间；他原以为对方会立即返回弗吉尼亚。如果他早点知道，他们可能会好好谈一谈。他还表示希望听到麦迪逊关于财政收入和公共债务的想法。但从这些字里行间，可以读出更多东西；他们最近并没有积极安排双方见面。也许他们最后的友好时间是1789年的夏天，当时他们显然多次一起在城市里漫步。多年后，也许是半个多世纪后，一位老太太回忆起很久以前，当她还是个小女孩时，曾经见过他们"在夏天一起交谈，然后转身，笑着和一个在邻居家院子里爬上爬下的猴子玩耍"。[76]

第三节　愿景

当亚历山大·汉密尔顿就任财政部长时，夏季即将过去，秋天的气息已经开始弥漫。国会议员们不久后将离开这座城市，总统本人也会很快启程前往新英格兰地区。因此，在接下来的一段时间里，财政部长可以独立处理财政部事务。我们可以想象，在那个特定的时期，对于一个精力旺盛的人来说，这是一个特别适宜的环境。在那个时代，人们的日常生活节奏是围绕着能最大限度地利用日光而进行调整的；人们在黎明时分起床，很早就上床睡觉，工作时间更长，用餐时间也与后来的时代完全不同。这可能是一些公职人员在一天之内能完成大量工作的部分原因，即使仅有一两位文员协助他们。此外，在1789年的纽约，美国政府的官员们几乎可以在步行几分钟的距离内找到所有东西。比如，在9月下旬的某个早晨，亚历山大·汉密尔顿走出他的住所，沿着华尔街向上走，经过联邦大厅，再往前走一个街区到百老汇大道，就来到了位于三一教堂（Trinity Church）下面的财政部。从那个地方，他可以看到鲍灵格林公园（Bowling Green），再往前就是大海；早晨沿着这个方向散步，他可以绕过炮台公园再回来。树叶刚开始变色，那时的曼哈顿树木葱茏。毫无疑问，当他在树林间穿行时，脑海中充满各种计划。[77]

汉密尔顿的任命在9月11日，并于同一天得到了参议院的确认。那是一个星期五，人们可能会认为他至少会等到周一早上再开始工作。

然而，他立即投入工作，整个周日他都在办公室里，忙得不可开交。他在前一天确定立即需要10万美元作为政府的运营费用，并已安排从纽约银行（位于皇后街，就在华尔街他住所的拐角处）贷款其中的一半款项。现在，他写了一封信给费城北美银行行长，请求提供另外的5万美元。他解释道，他会把这封信交给一位特别信使，因为他不希望在这件事上有任何延误。他还写信给新任命的助手们，明确表示希望他们立即到岗。他与法国公使穆斯蒂埃伯爵（Comte de Moustier）就美国偿还法国债务问题进行了会谈。他想从一位被任命来处理革命期间公共账目问题的专员那里了解关于这些账目的全貌。这一切实际上意味着，亚历山大·汉密尔顿几乎从一踏入财政部的瞬间，就开始处理各种短期和长期的重大事务。一方面，他亲自负责整顿办公室，关注每一个细节，确保工作顺利进行——就像18年前尼古拉斯·克鲁格不在时，他在圣克罗伊所做的那样。另一方面，他着手为美国构建一个完整的金融体系。在接下来的日子里，汉密尔顿将忙于处理各种紧急需求，向税务官员发出指令，并准备国会要求的两份重要报告，其中一份关于民事和军事支出的预估，另一份关于前财政主管签发的授权书，每份报告都要求在两天内完成。他还开始收集信息：从各州州长那里了解州债务状况，从各行各业的知名人士那里收集关于贸易、航运以及其他可能对他的宏伟计划有所帮助的信息。[78]

汉密尔顿设计方案的主要特点，在1790年1月9日的《公共信用报告》中得到了完整的体现，这些特点很可能在10月初国会休会到11月中旬华盛顿总统返回期间的这6个星期左右的时间里，已经在他的头脑中成形。[79]至于设计是如何演变的，这个过程或许可以被想象为在两个层面上展开。一个层面是理论和想象，即整体概念的构建；另一个层面是实际细节和具体选择。

在汉密尔顿的思考过程中，有一种独特的方法几乎贯穿他推理的每个阶段，这也似乎为他在将理论偏好转化为具体政策时所做的关键选择提供了线索。这种独特的方法就是愿景预测：将事实和情况整理为一些模式，这些模式描绘了当前尚未出现，但未来可能会实现的状态。在最高层面上，汉密尔顿的想象力受他对美国可能成为，以及应该成为何种状态的愿景预测所主导。这是一个他深思熟虑的愿景，自从15年前处于青年时期的他发表了那篇檄文《农夫一驳就倒》以来，他就以各种方式思考着这个关于经济增长和经济发展的愿景。经济增长的潜力——不断增长的人口、无限的自然资源、大片等待开垦的土地、充满活力的人民——无疑是存在的。问题在于如何采取行动，如何将这些潜力变为现实。到目前为止，面临着两大困难。其一是政治性的困难，即政府如何行使权力的问题。此问题在很大程度上已经得到解决，汉密尔顿的努力对建立这样一个政府起到了极大的推动作用。其二是经济上的困难。这正是汉密尔顿现在准备应对的挑战，即如何最有效地调动民众的经济活力，从而使美国财政部的政策能够产生影响。

在汉密尔顿的计划中，推动力无疑来自商人阶层。这些人能够并且愿意利用资本创造更多的资本——他们建造船只、开发市场、提供商品，并做出影响社区资源用途的决策。在18世纪，"商人"（merchant）一词包括了各种形式的企业，但实际上，那时的企业之间并不像后来那样有明显的区分。因此，这个词还有一种智识上的含义：商人知道，而且必须知道，关于世界及各类事务的大量信息。所以，亚历山大·汉密尔顿相信，商人阶层能够在国家生活中发挥创造性作用。这种信念基于一个理念，即这个阶层是各种知识、经验和思想的容器。无论如何，他决心为这些人提供一个国家层面的经济环境，让他们的能量得以发挥。这个环境应该包括可调动的资本、容易获得的国内外信贷、用于商业交易的稳定货币，以及政府对那些能为整个社会带来最大利益的企业的鼓励。

汉密尔顿对美国社会的愿景与他对美国政府的愿景相辅相成。汉密尔顿认为，为确保国内外信贷的稳定性，政府必须建立起一种稳健的税收制度，为革命时期各种复杂的公共债务进行有序的筹资，并建立一个能确保货币正常流通和管理政府日常财政事务的银行机构。这两种愿景的实现，将使国家在各个方面都得到加强。而这样的国家，在和平时期繁荣昌盛，在战争时期具有自卫能力，并具备完成伟大使命的实力。

因此，在理论和愿景的层面上，汉密尔顿的思想早已成形。在制定管理公共债务计划的细节时，他现在从实际选择的角度进行思考。其中有一点是确定的，即最终确立一笔可靠的货币收入，从而使对债务的偿还变得确定起来。新政府将明确承诺用未来税收支持再融资，以统一简化的方式为整个战争债务提供资金，并用新发行的证券兑换大陆会议在过去几年的动荡条件下发行的证券。有了新的税收收入，利息支付实际上就会获得保证。汉密尔顿认为，在适当的保障下，这种应对国债的运作可以成为"国家的福祉"（a national blessing）。债务最终必须偿还。但与此同时，如果有充足的资金作为支撑，这样的债务也意味着大量的流动资金。实际上，美国的征税权正在被资本化，以便商人阶层，即主要的债权人，利用这些资金来促进国家发展。据汉密尔顿了解，这就是英国金融革命产生的长期效应。[80]

那么，在进行债务融资时应该考虑哪些条件呢？是按面值进行融资，即采取与大陆会议时期的债务完全相同的利息条件吗？对于大陆会议时期的证券的原始持有人和当前持有人是否应该区别对待呢？如何处理旧债的应计利息？ 在关税不再作为主要的收入来源后，联邦政府是否应该承担各州剩余的战争债务？如何维持新证券的价值？建立稳定的货币体系应该采取哪些具体措施？是否有鼓励国内制造业发展的具体方法？

应对上述有些问题的决策很快就被制定出来。在是否区别对待原始持有人和当前持有人的问题上，尽管有些人倾向于采取区别对待的政策，但汉密尔顿可能从未对此产生任何疑问。诚然，可以基于公平原则提出一个有说服力的观点，即要求大陆会议时期的证券的二级持有人与以折价出售证券的原始持有人分享资金利润。根据这一方案，新证券持有入获得的金额不应超过旧证券当前的市值加上利息，而剩余部分（市值与面值之间的差额）则归原始持有人所有。许多大陆军退伍军人收到这些证券以替代拖欠他们的薪酬，在困难时期，他们以远低于面值的价格将其出售给投机者。因此，有人认为，国家新的偿债能力所带来的好处，不应让投机者独自占有，这些退伍军人也有权享受。[81]

但汉密尔顿不接受这种观点。首先，区别对待是违背契约的行为，对相关个体是不公正的。公众已签订了合同，向证券持有人或受让人支付了面值，合同的目的是使证券可转让，即允许所有者"通过以市场价出售证券来利用财产，并确保购买者的交易安全"。其次，区别对待破坏了公共信用，因为它损害了公共证券的流动性，即凭借可转让的安全性作为货币流通的能力。[82]此外，汉密尔顿反对区别对待还有一个根本原因，此原因与他的思想本质密切相关，并在某种程度上构成了其他所有原因的基础——他不希望公共债务的持有过于分散。他希望这些债务所代表的资源能够集中在特定的人群手中，以便最大限度地利用这些资源进行生产性经济活动。

公共信用的绝对稳健是其他一切的先决条件。汉密尔顿非常清楚，作为一个主权国家，美国将从这种稳健中获得直接的声望和未来的安全。他也深知，革命政府的主要弱点是无法筹集资金，因此，他或许是过于执着地决心，再也不让这种情况发生。然而，提高政府地位只是他的目标之一。汉密尔顿深信，在一个资本匮乏的国家中，债务融资（尽管只能通过无懈可击的稳定的公共信用）可以充当资本。因此，最值得关注的问题是持有这些债务的人是谁以及他们如何利用这些债务。他对投机本身并不赞同；投机可能是公共信用不稳定的原因，也可能是其症状。一旦建立了信用，投机就会自然停止；如果再次出现可能引发投机的情况，他会采取一切措施来阻止它。然而，在融资之前的阶段，尽管投机性活动具有一些潜在的弊端，但它也可能有助于实现他几乎无法反对的两个目标。在此过程中，债务会在价值上接近面值，并且更为集中。[83]

分散在全国各地的小额资本并不能真正发挥资本的作用，因为这些小额资本难以被调动起来，用于经济的发展。小额资本只会在人们消费时推高物价。事实上，在美国革命期间，正是英国的采购和法国的补贴所带来的资金注入，首先导致了美国人对外国奢侈品消费的急剧增加，然后在18世纪80年代后期，当信贷耗尽时，又导致经济突然陷入低迷。要使债务融资所创造的资本成为"真正的财富增加"，而不是"资本的虚假增长"，就必须让其成为"工业运作的新动力"，而这只有那些能够利用这些资金来建造船只和工厂、开展商业活动并促进贸易发展的人士才能实现。另一方面，如果将这些资金不加区分地分配给农民和退伍军人，就像休谟所举的例子一样，如果"每个人……在一夜之间口袋里多了五英磅"，那会发生什么呢？这样的钱，"无论多么充足，也永远无法积累为大量资金；只会导致物价上涨，而不会产生进一步的影响"。[84]

在解决了区分对待的问题后，汉密尔顿开始考虑是否应按面值进行融资，以及联邦政府是否应该承担除了大陆债务之外的各州债务。这两个问题是相互关联的。很可能在10月底之前，他就首先在是否承担各州债务的问题上做出了决定，认为这是可行的，并且应该这样做。汉密尔顿的理由既出于经济方面的考虑，也含有政治方面的因素，但政治原因更紧迫且更复杂。

汉密尔顿的意图之一是通过联邦政府承担债务的途径，达到凝聚国家和州政府的债权人的目的。他希望这些债权人依赖联邦政府并且支持联邦政府，他非常担心这些债权人可能将形成两个相对立的金融利益阶层，进而对公共财政产生分裂性影响。汉密尔顿的另一个目标是避免州政府和联邦政府在可用的税收资源上进行竞争。他将在报告中以"便利性"为标题来提出这个目标。如果一个州政府因债务负担沉重，试图对威士忌等商品征收消费税，以支撑沉重的债务，就会使联邦政府陷入两难的境地。这时，如果联邦政府想要为了自身对威士忌征税，就将面临一个棘手的选择：要么给该州的酿酒商带来难以承受的负担，要么放弃一项最合理、最可取的国家财政收入来源。换句话说，如果一个州决定对某一特定物品征税，那么很可能会阻断联邦在其他所有州对该物品征税的渠道，如果多个州都背负着大量债务需要偿还，这种困境只会变得更糟。因此，汉密尔顿要求联邦政府承担所有未偿还的州债务的初衷，是为了避免州政府和联邦政府之间不必要的且具有破坏性的竞争，同时也是为美国财政部提前占据最佳的收入来源。[85]

然而，在影响是否应承担债务这一问题的所有政治因素中，最复杂的是革命时期的账目问题，这一问题从邦联时期就一直悬而未决。尽管各州的账目问题和债务问题密切相关，但并非完全相同，理解它们之间的差异，对于理解汉密尔顿打算通过债务承担来实现的目标，以及理解随后引发的一系列辩论，都非常重要。

从一开始，美国革命就达成了一个共识，并将其写入了《邦联条例》，即革命的成本应由美国国家政府来承担，而不是由各个州单独承担。然而，在实际操作中，由于大陆会议没有独立的税收权，用于战争的资金只能通过贷款和州政府对"共同费用"的贡献获得。在很大的程度上，各州不得不自行偿还战争债务并管理自己的支出，尽管这些支出需要得到大陆会议的授权，才能被视为对"共同费用"的贡献。至于各州贡献的分配原则（基于人口和资源的不同），只要战争仍在进行，就不可能确定绝对的规则。尽管大陆会议直接摊派时采用的是基于人口的标准，但只有在最终核算和权衡多种情况后，才能有把握地引用这一规则或任何其他规则，来最终确定各州是否贡献了它们应缴纳的份额。[86]

对各州账目进行清理的任务将十分艰巨。由于所涉事端错综复杂，即使在最理想的情况下，最终的核算也很难做到完全公正，坚持严格和统一的会计程序根本不切实际。在多数情况下，很难分清大陆会议已授权和未授权开支之间的界限。有些州将资金用在没有得到大陆会议授权但却非常有益的支出上；有些州承担了本应由大陆会议承担的费用；南方许多州（特别是弗吉尼亚）要么没有保留适当的记录，要么因为英军入侵而丢失了记录。最后，各州的支出多寡及其筹资方式也存在很大差异。马萨诸塞州、弗吉尼亚州和南卡罗来纳州都声称支出非常大。马萨诸塞州保留了详细的记录，但希望获得对一项未经授权的重大行动（佩诺布斯科特湾远征）的认可。南卡罗来纳州也有良好的记录，但在大陆会议的专员进行妥善审查之前，就将本州公民对大陆会议的未清偿索赔并入该州的债务。弗吉尼亚州几乎没有证据能够说明该州在1779年到1780年抵御英军入侵的斗争中支出的金额。使清理各州账目变得更复杂的是，到1787年，弗吉尼亚州已偿还了大部分州债，而南卡罗来纳州和马萨诸塞州仍然背负着巨额债务，这两个州并不希望削减这些债务，但由于税收资源有限，它们无法继续支付债务。

理想情况下，应该存在一种公平解决所有这些问题的方法。实际上，早在1787年，就成立了一个总委员会来解决这一问题。该委员会首先会剔除那些没有任何大陆会议授权的支出，然后再将各州的支出总和计算出来。接着，根据某种分配标准（尽管人口标准存在缺陷，但可能是最公平的），该委员会将逐个确定每个州对于"共同费用"的贡献是否超过或少于其份额。也就是说，委员会将确定哪些州是债权人，哪些州是债务人，然后债务人将通过补偿债权人来弥补其对"共同费用"贡献不足，这样账目就算结清了。然而，这样一个"理想"的解决方案几乎不太可能实现，也不值得特别期待。首先，任何被发现对"共同费用"的贡献少于份额的州，都不可能愿意补偿那些贡献超过份额的州，事实上，这一点已经被大多数人所接受。人们心照不宣地认为，既然新宪法已经建立了一个具备偿还能力的联邦政府，那么这个政府无论如何都会承担应付给债权州的差额。然而，即便是如此，在最好的情况下，核算过程本身也需数年的时间尚能完成。考虑到各种未解决的不满情绪，延误本身将造成内在的不稳定和潜在的危险局面。例如，弗吉尼亚等州，它们确信自己做出了过多的牺牲，但缺乏完整记录可以证明这一点，因此，这些州担心总委员会不会公正地对待它们。另一方面，马萨诸塞和南卡罗来纳等州背负着巨额的债务，这些债务是真实存在的，但与它们做出的牺牲不成比例，然而它们现在急需得到救济。总而言之，上述均为汉密尔顿在当下所面临的情况，他正在寻求解决办法。

汉密尔顿建议采取两个相对简单的步骤，以便迅速地解决问题。首先，联邦政府承担所有未偿还的州债务，这将立即缓解马萨诸塞州和南卡罗来纳州的债务压力。第二步是达成最终结算账目的基础，确保在这个过程中没有任何州吃亏。具体而言，"所有向合众国支付的款项、提供的物品以及战争期间的其他支出，无论是用于一般还是特定的防御，无论是否经过授权"都会被记录在各州的贷方账户上；而联邦政府承担的所有债务则被记录在各州的借方账户上；差额的总额中，各州所占的份额将会"根据为此目的设定的某种公平比率"进行计算；

仍然是债权州的州,将从联邦政府获得最终的补偿。[87]

汉密尔顿的计划将对州债务的承担与最终对账目的结算联系在一起,具有以下两个重要特点。首先,该计划显然十分慷慨。汉密尔顿在努力抑制联邦内部的分裂倾向,他为每一方都提供了一些利益。其次,它本质上是一个没有明示的愿景。汉密尔顿做出了预测——尽管只有部分证据,因为完整的结果还需要一段时间才能得出——那些负担最沉重的战争债务的州很可能被证明是做出最大牺牲的州,并在最终的账目核算中成为"债权人"。同时,作为"债务人"的州的债务当然将由联邦政府接管,这意味着联邦债务将大幅增加。从汉密尔顿的整体思路来看,除了他所期望的所有政治优势之外,这一计划的经济优势非常明显。它将为发展资本提供另一个可靠的来源。

如果联邦承担州债务,将在已经计算出的超过5400万美元的公共债务上,再增加大约2500万美元,这就直接引出了与利息相关的选择问题,即如何确定这7900万美元债务的融资条款。[88]如果按照面值融资,本金利率为6%,以实物货币形式支付,这从理论上讲是可行的。但在实际上,这将对财政部的资源造成极大的压力,超出了财政部长可以轻松考虑的范围。对此显然需要做出一些调整。当汉密尔顿考虑不同的备选方案时,他得到了各种各样的建议。在此期间,他收到的两封信可以体现出他在制定方案时的可操作范围。

波士顿的斯蒂芬·希金森和费城的威廉·宾厄姆(William Bingham)都是商人,两人都是坚定的联邦党人,都对公共信用的完善十分关注。但是,他们中一人的关注似乎更强调公共责任感,而另外一人,尽管他的表述有理有据,却带有明显的利己色彩。宾厄姆坚信,任何低于6%的利率都是不可接受的,因为这将意味着对公共债权人的失信。即使在6%的利率下,债务的市场价值也需要相当长的时间才能达到面值。到那时,可能需要重新谈判债务以获得更低的利率。而希金森则警告,为了以硬币的形式向那些以每英镑不超过2或3先令的价格购买债务的人支付6%的利息而向民众征税,将会招来麻烦。他认为,还有其他方法可以履行对公共债权人的承诺,而"不会危及社会和平或政府稳定"。希金森提出了一个方案,即名义上为债务提供6%的利率,但其中只有一半以硬币支付,另外的3%将以票据形式支付。他也认为,在政府信用稳定后,可能会发行新的贷款;希金森和宾厄姆一样,推测最终的平均融资成本会略高于4%。[89]

然而,汉密尔顿并没有接受上述二人提出的两项计划。更准确地说,他通过一个简单的设想将这两种方案结合起来,避免了它们各自的缺点。宾厄姆和希金森都预见到美国信用最终会稳定下来;汉密尔顿对这一点也从未怀疑过。他像他们一样进行了测算,认为未来的情况(包括健全的公共信用)将促进国家生产力和企业的增长,并导致利率普遍下降,从而使美国最终能够以接近4%而不是6%的利率偿还债务。那么,这些预期既然已经有了合理的支撑依据,为什么不从一开始就将这些预期考虑进去呢?因此,汉密尔顿建议,从一开始就以4%的利率进行公共债务融资,并保证债务融资整个存续期内的利率水平都维持在4%。

宾厄姆和希金森的预测都有些片面,涉及一系列只会逐步实现的线性结果;而汉密尔顿的预测则更为全面。债务融资这一措施本身就明确体现了政府的意图,从而使得所有这些后果都足够明显,因此人们会立即开始行动,仿佛这些结果已经存在一样。他认为,"概率始终是契约的合理依据"。宾厄姆希望实施一项全面的税收计划,然后将这些资源进行抵押,通过法律明确承诺,这些收入的首要用途是准时支付利息;他坚持认为,要不然,债务就会贬值。汉密尔顿并不认为有必要进行这样的抵押。尽管他很清楚,美国的税收相对其资源来说是不足的,但他似乎和希金森一样,认为舆论的容忍度是有一定限度的。宾厄姆还预测，即使债务以6%的利率进行融资并提供最强的安全性，在公开市场上的初始价值也只有面值的60%左右，而且许多公共债权人会拒绝以低于6%的利率认购。然而，汉密尔顿对国家的潜力有着敏锐的洞察力，对这些预测并不以为然。宾厄姆认为，政府有可能在未来的某个时候利用利率下降的机会，以较低的利率重新谈判债务，但这需要政府能够根据自己的意愿进行赎回。而汉密尔顿则建议，确保每年偿还债务的金额不超过特定的比例，并为此设立一个偿债基金。这样，债权人从一开始就知道自己的处境，而汉密尔顿相信他们也会认识到其中的好处。[90]

与此同时，汉密尔顿向债权人提供了多种可选方案。其中之一是，以6%的利率获得其本金2/3的证券，剩余1/3以每英亩20美分的优惠价格折换成公共土地。另一个方案是，所有证券都以6%的利率计息，但其中1/3在10年后才开始计息。几乎在每种方案中，政府的直接货币成本都会超过4%。[91]

汉密尔顿关于利息的论点既精确又简洁。他声称，有"充分的理由相信"，如果采取有效的措施建立公共信用，"美国政府的利率将在很短的时间内至少降至5%，并且在不超过20年的时间内，它还会进一步降低，可能降到4%"。然后他解释道，有"两个主要原因""可能会带来这种影响"。其中一个原因是显而易见的，以至于我们可能会怀疑威廉·宾厄姆故意忽略，因为他在自己的论述中没有提到它。这个原因就是"欧洲的低利率"。在欧洲的一些地方，3%至4%的利率就会"被认为是不错的利率"，而在其他地方可能还会更低。因此，鉴于美国有利的地理位置——美国远离欧洲的冲突，以及美国明显的税收资源，美国对外国资本应该能提供最坚实的安全保障并具有最强大的吸引力。"这种优势已经引起了欧洲放贷人的注意，尤其是荷兰人。"[92]

汉密尔顿认为利率会降低的另一个主要原因是，"通过公共债务融资，增加了国家的货币资本"。关键词是"资本"，而不仅仅是金钱。这一观点再次反映了汉密尔顿从休谟那里汲取的思想。虽然他无法直接向一个以农业为主的国家明确表达这一观点，但毫无疑问，他再次考虑到了集中的问题。休谟曾写道："唯一必要的是，国家的财产或控制权，无论规模大小，都应该集中在特定的人手中，形成可观的数额，或构成巨大的货币利益。这会吸引众多贷款人，从而降低贷款利率……"[93]

这就是亚历山大·汉密尔顿宏伟的设计。虽然大陆债券最初设定的利率是6%，但实际融资利率将为4%。通过这种方式，公共信用的稳健性从一开始就变得显而易见。为了确保定期支付利息，将建立一个稳定的税基，其中包括联邦关税，再加上一项由汉密尔顿亲自起草的对国内和进口烈酒征收消费税的新消费税法作为补充。同时，将利用邮局的部分收入建立一个偿债基金，用于每年偿还本金的一部分（5%至6%），并通过在公开市场上不定期购买来稳定其价值。旧债务的应计利息凭证将被视为本金，并按照与其他债务相同的条件进行融资。[94]最终，各州在革命时期的债务将由联邦政府承担，与之相关的还有一个最终解决革命账目的计划，该计划的慷慨程度足以使每个州都能受益。国家银行将提供可靠的流通货币，并管理财政部的金融交易。财政部长承诺，他将很快提交一份关于该主题的独立报告。他的工业发展梦想是他对公共财政的思考的合理延伸，目前还没有完全明确的计划。但很显然，他于两年后在《关于制造业的报告》(Report on Manufactures)中提出的理论基础在1789年秋季就已经奠定。

第四节 亲英派的政治经济学

还有一个关键因素对汉密尔顿计划的成功至关重要，因此有必要将其纳入计划本身。这涉及美国对待英国的基本立场，而在这个时候，这一立场尚未确定。汉密尔顿的计划基于稳定的收入。尽管他希望扩大收入来源，将消费税包括在内，但实际上，最基本的、最易于收取、最不令纳税人反感的收入来源仍然是关税，即对国外进口商品征收的税。此外，尽管关税与海外贸易量有关，但关税的性质决定了政府能够随着国内经济的发展而不断增加收入。因此，与英国贸易中断对于美国来说将是致命的危险。由于偿付能力的主要基础是进口关税收入，而其中90%来自英国，因此与英国的贸易战几乎肯定会摧毁整个体系。这在很大程度上决定了汉密尔顿的整体思维方式。他不仅认为避免任何形式的敌对行动是必不可少的，并且相信两国越接近积极合作与理解的关系，整个体系就越安全。因此，他对各种迹象保持着高度警惕。幸运的是，在他就任财政部长后不到3个星期，发生了一件似乎千载难逢的事情。9月底，一位英国政府的非正式发言人在纽约出现。这人就是乔治·贝克维斯（George Beckwith）少校，他是加拿大总督多切斯特勋爵（Lord Dorchester）的副官，而且恰好是从伦敦直接过来的。[95]

贝克维斯少校的任务非常简单。英国政府对春季和夏季美国国会讨论的歧视性吨位措施感到不安；贝克维斯此行的目的是告知美国政府中有影响力的人，如果实施此类措施，英国将采取报复行动。英国派遣贝克维斯来美国，除了因为两国之间尚未建立正式的外交渠道外，还因为他具备执行这项任务的良好资格。贝克维斯少校是一位干练而谨慎的军官，在革命后期曾在纽约为英国将军盖伊·卡尔顿（Guy Carleton）爵士处理英国的情报活动。当卡尔顿（现在是多切斯特勋爵）成为加拿大总督时，贝克维斯随同他前往魁北克。然后在1787年和1788年，他作为多切斯特的秘密代理人在美国停留了一段时间，以观察情况，并结识了许多人，其中不少是对英国有好感的人。贝克维斯在1788年写道："美国对英国的兴趣正在普遍增长。只要他们建立了政府，并表明他们能够提供实质性回报，那么，保持对该国的友好态度，表现出与他们签订商业条约的意愿，将是一项明智的决策。"尽管贝克维斯的举止很谨慎，但他亲和的性格使他似乎获得了与他打交道的所有人的好评。[96]

1789年夏天，当美国就吨位问题进行辩论的消息传到英国时，贝克维斯正好在英国度假。一些政府官员知道他对美国的情况非常了解，因此当他准备返回美国时，内政大臣威廉·温德姆（William Wyndham），即格伦维尔勋爵（Lord Grenville）派他"向美国行政当局传递格伦维尔勋爵的信息"。贝克维斯将向多切斯特勋爵报告结果，后者再将其转达给格伦维尔。贝克维斯于9月30日或更早的时日抵达纽约，在那里停留了一周到十天，然后前往魁北克。他向康涅狄格州的参议员威廉·塞缪尔·约翰逊（William Samuel Johnson）和纽约州的菲利普·斯凯勒传达了信息。在与贝克维斯会面后，斯凯勒安排了他与自己的女婿亚历山大·汉密尔顿会面。[97]

汉密尔顿抓住这个机会，向贝克维斯阐述了他认为对两国都有利的安排。他表示，他最希望达成的是一项商业条约，"在你们认为符合你们利益的范围内"。理想情况下，这将基于谢尔本勋爵在美国革命结束时提出的自由原则，尽管汉密尔顿认识到，从随后的航海法、管理法案以及某些英国政论家著作中所反映的精神来看，实现这种自由现在已变得不太可能。尽管如此，他认为，英国至少可以让美国的船只"在一定的尺寸限制下"进入西印度群岛；这比"严格遵守你们目前的计划，在商业问题上建立敌对关系"要好。此外，汉密尔顿指出，美国与英国贸易带来的好处要远远超过美法贸易。"法国能够提供的东西，远不如你们的产品重要或适合我们，而我们的原材料也不像适合你们那样适合法国。"当贝克维斯提出吨位歧视性问题和采取的政策措施时（他被委派前往美国，就是要对此提出警告），汉密尔顿向他保证："在讨论《税收和吨位法案》（Revenue and Tonnage Bills）时，我坚决反对某些人强烈支持的歧视性条款。"贝克维斯表示，他对在这些支持者中发现詹姆斯·麦迪逊的名字感到惊讶，"考虑到他的良好品质和其他资格，我原本期待他会有完全不同的行为"。汉密尔顿承认，他"同样对此感到相当惊讶"。

> 事实上，虽然这位先生很聪明，但他对这个世界了解甚少。我对他的正直毫不怀疑；他的目标和我一样，与他一起行动的先生们也是如此，但他们实现目标的方式却截然不同。[98]

总而言之，汉密尔顿希望向贝克维斯表达的主要观点是，"我一直更愿意与你们建立联系，而不是与其他任何国家，我们都是用英语思考，并且有相似的偏见和喜好"。他心中所期望的是一项商业条约；他甚至在谈话中含糊地暗示，这可能在未来发展成为"政治友谊"。此外，他还向贝克维斯保证，"我所提出的那些想法是可靠的，因为它们源自我们国家最有见识的人，我可以自信地向你保证，这是华盛顿将军的想法，也是参议院大多数人的想法"。[99]

总的来说，虽然汉密尔顿在这次会面中并没有明显的轻率行为，但这确实有些牵强。也许这种沟通方式本身不会被认为有什么问题。虽然贝克维斯少校没有官方身份，但把他视为英国间谍或者"秘密特工"在这里活动，那实在有些夸张。贝克维斯少校到纽约这件事肯定是众所周知的。他曾参加华盛顿的招待会，并与华盛顿总统讨论了总统最近与多切斯特勋爵之间的一项事务。考虑到汉密尔顿个人的目标，他一旦看到机会，就很可能会去抓住它。然而，真正的问题在于汉密尔顿对华盛顿观点的陈述。他可能没有扭曲观点的字面意思，但却没有传达出其精神实质。[100]

　　与英国的关系确实是华盛顿非常关注的问题。如果在其他条件平等的情况下，汉密尔顿向贝克维斯提出的那些目标能够实现，他无疑也会感到高兴。然而，其他条件并不平等。华盛顿和汉密尔顿考虑的优先事项截然不同，对华盛顿来说，两国之间的全面联系肯定不是首要问题。在考虑任何友谊之前（除了最敷衍的那种友谊），一些严重的困难必须得到解决。其中最重要的问题是，英国人没有撤离在美国西北部的边境哨所，这是他们在1783年的和平条约*中承诺的，然而英国一直对这个承诺置若罔闻。与此直接相关的是，整个西北地区印第安部落持续的敌对情绪。鉴于美国军事力量的不足，通过签订条约的方式对西北地区进行安抚，以及推动定居的努力都面临着严重的障碍，而且只要英国驻军继续占据西北部边境哨所，这种情况就会一直持续下去。另一方面，从经济和战略角度考虑，加拿大当局对保留这些哨所有着迫切的动机。在蒙特利尔，英国商人建立了毛皮贸易的仓库，这是"北美最大、最赚钱的单一产业"。[101]供应毛皮的印第安人大多生活在美国边境以南，他们也依赖这些被英国驻军占领的哨所的供给和保护。因此，对于英国人来说，放弃这些哨所就意味着放弃对毛皮的贸易以及对印第安盟友的控制，这对加拿大的军事安全造成的后果是总督们不敢想象的。和平条约一签订，英国政府就感受到了这些考虑因素所带来的压力。此后，邦联议会无法阻止各州立法机构阻挠追讨欠英国的债务和骚扰前保王党人，这违反了条约的第4条、第5条和第6条，成为英国人不归还哨所的固定借口。这进一步考验了俄亥俄河谷定居者对美国的忠诚。这些群体既需要安全，也需要密西西比河的自

---

* 1783年的和平条约指的是美国与英国于1783年9月在法国巴黎签署的《巴黎条约》（Treaty of Paris）。——编者注

由航行权来运输他们的农产品，然而，他们两样都没有得到。在肯塔基州和其他一些地方，英国人通过阴谋煽动人们的不满情绪，鼓励分离主义倾向。总统非常了解所有这些因素的相互关联。[102]

此外，还有更多的困难。和平条约引发的另一个问题是，英军在革命期间和革命之后掳走的奴隶没有得到归还或补偿，这违反了第7条的规定。此外，英国政府忽视在美国建立公使馆和派遣正式公使的重要性，这是对美国主权的侮辱。约翰·亚当斯在18世纪80年代担任美国驻伦敦公使，但几乎被英国人所忽视。在英国政府表现出交换公使的诚意之前，华盛顿不愿任命新的公使。最后，当然还有与英属西印度群岛的贸易问题。

汉密尔顿在与贝克维斯谈话时并没有忽视这些问题。除了交换公使的问题外，他小心翼翼地触及了所有的议题。然而，亚历山大·汉密尔顿在紧急情况下忽视了那些在任何外交事务中都必须遵守的基本惯例。他迫切希望获得友谊，并将自己的整个计划都建立在这个基础上。但在外交领域中，即使友谊是其中一个目的，也要在对立的环境中保护自己。这并不是一场正式的谈判，而是一次倡议。确实，汉密尔顿和贝克维斯都没有进行正式谈判的权力。但这并不妨碍他们进行模拟，尤其在这个动荡时期，每次模拟都十分重要。

汉密尔顿的脑中再次出现了一个愿景。激起他想象力的是这个愿景的广度，而不是当前紧迫的外交问题和困扰，这一点非常符合他的性格。我们可以看到，在这些问题上，汉密尔顿的思维方式与他对国家财政的考虑非常相似。"概率始终是契约的合理依据。"为什么不现在就基于概率采取行动呢？如果我们以理性的方式行事（他对自己和贝克维斯如是说），商业上的相互理解将自然而然地形成；在紧密的商业关系下，会有更深入的相互了解，甚至可能会扩展到实际联盟，这是完全合乎逻辑的。(当然，历史将证明他是对的，尽管这需要一个世

第二章　财政和意识形态　195

纪左右的时间，并伴随着若干挑战。）因此，将华盛顿本人纳入这一愿景中，预见一些尚未实现但可能在未来实现的事情，这种诱惑无疑是无法抗拒的。尤其是考虑到汉密尔顿告诉贝克维斯的另一件已经成为事实的事情时，更是如此。他告诉贝克维斯，一个特别使团将很快受到派遣，前往英国就他们刚才讨论的问题与英国政府进行交流。实际上，华盛顿一直在考虑采取这样的行动，而且他可能已经做出决定，由精明的古弗尼尔·莫里斯（当时正在巴黎处理私人业务）执行这一任务。在接下来的几天里，华盛顿会起草一份给莫里斯的指令和委任状，并在他启程前往新英格兰之前发送出去。[103]

詹姆斯·麦迪逊对这样的任务持反对意见是合乎逻辑的——至少现在还不是时候。10月8日，麦迪逊前往弗吉尼亚州，在启程前他向华盛顿辞行，总统询问他的意见。华盛顿后来在日记中记录："关于派私人代表前往英国了解其对西部哨所和商业条约的态度，他认为如果不必太急，最好等到杰斐逊先生到达后再做决定，杰斐逊或许能够提供关于这方面的信息……"[104]詹姆斯·麦迪逊曾提出吨位的歧视性计划，他认为现在与英国和解还为时过早，因此试图拖延时间。他不希望自己的计划选项被取消，特别是这可能会对美国与法国的关系产生影响。在与英国和解的必要性问题上，他与汉密尔顿的观点显然存在明显的差异。

但对华盛顿来说，派遣私人代表前往英国显然存在紧迫的必要性，而且是出于比这两个人更为直接的原因。汉密尔顿希望能达成商业协议，以阻止歧视的发生；麦迪逊则希望在看清歧视性措施可能产生的后果之前，不要过早达成这样的妥协；而华盛顿则希望通过外交手段解决分歧，并希望立即开始。没有人知道杰斐逊什么时候会到达，杰斐逊本人还不知道自己被提名为国务卿，而且即便他知道了，也不确定他是否会接受这个职位。华盛顿最关注的问题是西北边境的局势，他已经掌握了他所需要的所有信息，这些信息让他充分相信问题的紧迫性。[105]我们因此可以做出推测，在前往新英格兰之前，他希望将所有工作安排妥当。

对亚历山大·汉密尔顿而言，所有这些带来的一个明显的副效应是，他对英国形成了一种非常特殊的态度。几乎在所有事情上，汉密尔顿都将持有亲英的立场，这构成了他意识形态的基本组成部分，并将在未来的政治分裂中具有非同寻常的重要性。

这种倾向与汉密尔顿的整个经历和性格是一脉相承的。他不仅认为自己的财政计划从根本上取决于与英国的相互理解，而且该计划本身在性质上绝对是"英国式的"。这是对英国思想和英国经验的重新整理，没有这些，这个计划几乎不可想象。汉密尔顿构想的新社会最接近于英国的模式——至少是英国社会中对美国影响最大的一些方面，即与贸易、制造业和国际商业相关的方面。贸易的首要地位；信用的突出性和普遍性，不是作为临时手段，而是作为一种生活方式；银行；债务融资；大规模货币交易：所有这些形成的画面，对弗吉尼亚人詹姆斯·麦迪逊来说，都是负面和可恶的，但对亚历山大·汉密尔顿来说，却都是积极、充满活力和具有创造性的。正是这种对汉密尔顿来说充满希望的画面，使弗吉尼亚人憎恨英国及其所有影响。他们一直认为，与英国的分离应该是全面的，不只是在政治上，在经济上也要分离，而最重要的，在道德上也要分离。从所有迹象看，这种分离还没有完成。而对于汉密尔顿来说，基本事实是他对贝克维斯说的："我们都是用英语思考。"

这种对英国及英国叙事方式的偏好在汉密尔顿的过往经历中由来已久，即便是革命也没有对此真正地产生影响。汉密尔顿的这种偏好由许多因素共同导致，而他在西印度群岛的生活可能是其中最具决定性的因素。西印度群岛当地的居民一直从事种植业，但商人们赋予了这个地方生机，他们带给了西印度群岛与外部世界接触的机会（值得一提的是，正是这些商人首先认识到亚历山大·汉密尔顿的才能）。要理解和欣赏18世纪商人的国际性特征，这可能是一个最好的范例。

此外，汉密尔顿还经常强调对英国宪法的尊重。他在费城称赞英国政府是"世界上最好的"，这使他后来被指责支持"君主制"，然而，汉密尔顿在余生中一直否认这一点。但他最希望的是政府具有活力，而要实现这一点，一个有活力的行政部门是必不可少的。"就这个问题而言，英国模式［是］唯一的好模式"，他认为，它是唯一"将公共力量与个人安全结合起来"的模式。在追求活力的同时，他对秩序也充满激情，而在英国宪政中能找到秩序最恰当的平衡。他相信，在英国宪政的指导下，"我们将在共和主义原则允许的范围内，尽可能地……实现持久性和稳定性"。[106]

这种对秩序的热情涵盖了从汉密尔顿的身边环境到更广泛的整个社会的各个方面，而且从一开始就一直伴随着他。他厌恶个人事务的混乱，同时也痛恨社会的无政府状态。尽管汉密尔顿年轻时是一名狂热的辉格党人，但在1775年，他迅速地采取行动，保护国王学院的托利党校长迈尔斯·库珀（Myles Cooper），使他免受爱国者暴徒的伤害。18世纪80年代，作为一名崭露头角的律师，汉密尔顿为前保王党人辩护，反对公众对他们进行报复性的法律骚扰。这些行为都非常符合他的性格。可以说，汉密尔顿的骄傲，以及他对个人和公共荣誉的敏感，都体现出了强烈的"英国"精神。他的国家需要确立自己的国家地位；无论是否发生过革命，他都希望它以正确的方式进行。因此，美国首先要与它曾经与之斗争过的国家达成协议。汉密尔顿珍视国家的荣誉，他主张美国应该保持良好的荣誉，尤其是在前母国面前。实际上，汉密尔顿愿意拿起武器，这与其说是出于愤怒，不如说是为了荣誉，即使是与英国对抗，他也愿意为了荣誉而再次拿起武器。因此，如果他的国家在维护主权的过程中采取任何卑鄙的行动，他都会将其视为个人的羞耻，并且，他的许多行为和言论都可以从这个角度进行解读。在1784年备受关注的"罗格斯诉沃丁顿案"（Rutgers v. Waddington）中，他基于国际法和国际荣誉的立场，反对判处向纽约一家酿酒厂的所有者支付惩罚性损害的赔偿金，该酒厂的财产在战争期间被一位英国商人占有。1782年，他为19岁的英国军官查尔斯·阿斯吉尔（Charles Asgill）求情。为报复英军绞死一名美国囚犯，阿斯吉尔被随机抽选，将面临死刑。汉密尔顿认为这样的行为有损我们的尊严。他反对说，"如果我们把仇恨发泄在一个无辜的人身上，人们会怀疑我们对处决过于热衷"，而且这将"对将军的声誉产生特别不利的影响"（当时担任国会议员的詹姆斯·麦迪逊投票赞成执行死刑）。另外，1780年，出于对荣誉的考虑，汉密尔顿建议批准安德烈少校（Major André）提出的对他处以枪决而非绞刑的请求。[107]

无论如何，从1789年秋天开始，亚历山大·汉密尔顿采取了一系列的行动，为过去的各种影响注入了新的推动力。

然而，汉密尔顿对英国的看法和他对早日达成和解的期望，真实程度又是怎样的呢？他在实现自己迫切希望发生的事情方面，成功的机会又有多大呢？他与贝克维斯少校的接触——在接下来的几个月里还会有更多的接触——总的来说令人鼓舞。贝克维斯非常友善；两人似乎相处得十分融洽。然而，我们不能假定贝克维斯给汉密尔顿的印象完全反映了英国政府的意图，其原因是加拿大和英国政府在美国问题上，至少在一个重要方面存在利益分歧。在多切斯特勋爵和他的助手看来，加拿大边境的安全是一个尤其值得关注的问题，相比之下，与美国就西印度群岛贸易达成和解至少是值得考虑的。因此，贝克维斯自己的意愿可能会影响他给别人留下的印象，而汉密尔顿也会留意抓住这些印象。[108] 但事实证明，前述这些都没有根据，最终也没有取得任何成果。

然而，还有一个需要考虑的因素，即威廉·皮特（William Pitt）和谢尔本在美国革命后直接展现出的开明态度，这可能会起到一定作用。他们曾考虑过与美国达成有利的协议，该协议可能会扩展到包含大英帝国与其殖民地之间贸易活动的全部特权。皮特是一个理性的人，他的商业观念源于大卫·休谟和亚当·斯密的理性智慧，休谟和斯密的思想对皮特的影响很大。但到了1789年，这种观点已经不再是英国的主流思想，甚至不再是皮特自己的主导思想。在贸易问题上与美国和解的想法曾短暂闪现，但最多只是半心半意的。在谢尔本离任后不久，皮特和查尔斯·詹姆斯·福克斯（Charles James Fox）就彻底放弃了自己的和解计划，几乎不带有任何遗憾情绪。在这个问题上，占主导地位的思想派别以谢菲尔德勋爵为代表，而政治派别则以坚定的重商主义者霍克斯伯里勋爵（Lord Hawkesbury）为代表。到了1789年，实际上甚至在更早，一些曾被视为美国"朋友"的人士，如皮特和福克斯，在实践中也完全接受了这一观点。与大多数人一样，他们现在都强烈倾向于认为，与美国维持现状是最好的立场。[109]

然而，还有一个需要考虑的问题，即詹姆斯·麦迪逊所设想的替代方案是否真实存在。麦迪逊已提出或将要提出的方案都基于一种假设：美国有能力也有意愿胁迫英国采取互惠政策，如果互惠无法实现，那么应该完全放弃与英国的贸易，并在其他地方寻求建立新的商业模式。但无论当时还是后来，都没有证据可以证明这种假设的有效性。谢菲尔德已经提出他的理由，结果是对《航海法案》的坚定拥护，这种拥护源于这样一种信念，即这对维护英国的海上实力至关重要。很明显，对于任何敌对行为，最初的反应都将是报复，首先是取消美国船主已经享有的所有特权，这些特权的数量相当可观。这将造成巨大的损失，因为西印度群岛的开放将变得更加遥不可及。麦迪逊也明白，要有效地对英国施加压力,必须既切断从美国到英国的原材料出口,又阻止英国制成品进入美国港口,他准备在下一届国会中提出这些想法。这将导致大部分英美贸易停止,相当于实质性的禁运。因此,一个非常重要的问题是哪一方会首先妥协。确实,英国人有大量商业利益将处于危险之中,大约占其总量的1/6,这些困扰肯定不容忽视。[110]但对美国人来说,这一比重高达3/4,因此在计算放弃这些商业利益的成本时,必须将国家的政治稳定也考虑在内。这将削弱目前解决国家财政问题的所有努力,并可能导致美国海外信用的崩溃。此外,当时仍在致力于巩固公民忠诚度的新政府,将不得不要求民众做出一系列巨大的牺牲——粮食作物市场萎缩,整个商业和航运业面临严重压力,美国人在近些年首次享受到的繁荣也随之消失——所有这些都是为了一个目标,但与所付出的代价相比,这个目标的实际价值似乎很抽象。表面上的目标是通过正式条约开放西印度群岛的贸易,而实际上大部分贸易已经可以通过非正式渠道进行。至于所谓的替代方案,即一种全新的贸易模式,它是否只是一种理论构想呢?这个问题已经得到了验证,结果令人沮丧。[111]无论如何,按照目前制定的政策,无论其性质如何,双方的意志博弈将决定最终的结果。麦迪逊是否真正尝试过对这些步骤进行预测,或仔细考虑其将带来的影响,这些都值得怀疑。简而言之,这是美国陷入两难境地的第一个例子,而美国人从来都不愿接受其中的教训:胁迫另一个国家极为困难,需要自律和自我牺牲。

关于英国对美国采取的任何行动(无论是出于期望还是因为担心),还有一个最终因素需要考虑,该因素将汉密尔顿派和麦迪逊派的观点都置于一个或多或少脱离现实的境地。这一因素就是英国根本完全忽视美国。美国人无论出于何种目的引起的英国人的关注,以及英国政府对于美国任何政策的关注,都是微乎其微的。这也是美国人(他们自然是自己宇宙的中心)最无法意识到的一个因素。1790年初春,古弗尼尔·莫里斯抵达伦敦，他等了一个月才收到英国外交部长的初步回应，而且没有获得任何实质性进展。[112]在过去的七年里，这种忽视一直是常态，并将在未来继续如此。尽管有明显的例外情况，但还是有一个简单的规则可以用来评判这种状况。这项规则便是，英国当局对美国事务表现出的关注程度，与他们为继续解决自1783年以来悬而未决的事务所付出的努力成正比，而他们自1783年以来没有采取任何行动。

注释

1. 有关这个问题，参见Seymour M. Lipset, *The First New Nation: The United States in Historical and Comparative Perspective*（New York, 1963）, pp. 61–66。
2. T. V. Smith, "Saints: Secular and Sacerdotal—James Madison and Mahatma Gandhi," *Ethics*, LIX（Oct. 1948）, 52.
3. 玛莎·布兰德（Martha Bland）和托马斯·希彭（Thomas Shippen）的观点，引自Brant, *Madison*, II, 33; Gaillard Hunt, ed., *The First Forty Years of Washington Society, portrayed by the Family Letters of Mrs. Samuel Harrison Smith*（New York, 1906）, pp. 235–236。
4. 关于麦迪逊的早年生活，参见Brant, *Madison*, I, Chs. 1–7。
5. Madison to James Madison, Sr., July 23, 1770, *PJM*, I, 50; Mark A. Noll, *Princeton and the Republic, 1768–1822*（Princeton, N.J., 1989）, pp. 3–58.
6. *PJM*, I, 7–17, 61–68; Jacob N. Beam, *The American Whig Society of Princeton University*（Princeton, N.J., 1933）, pp. 1–61; Brant, *Madison*, I, 84–89.
7. 同上, 106–108。Joseph Breuer and Sigmund Freud, *Studies in Hysteria*（New York, 1936）, p. 9. Madison to Bradford, Nov. 9, 1772, Apr. 28, 1773; Bradford to Madison, Mar.1, 1772; *PJM*, I, 75, 80, 84。
8. Madison to Bradford, Jan. 24, 1774, 同上, 106, 170及以下几页; Douglass Adair, ed., "James Madison's Autobiography," *WMQ*, 3rd Ser., II（Apr. 1945）, 198–199; Brant, *Madison*, II, 301。
9. 同上, 159; Madison to Mazzei, July 7, 1781, *PJM*, III, 180。
10. Farrand, *Records*, I, 529.
11. *Princeton*（9）: Bedford, Davie, Dayton, Ellsworth, Houston, Madison, Alexander

Martin, Luther Martin, Paterson; *Yale*（4）: Baldwin, Ingersoll, Johnson, Livingston; *William and Mary*（4）: Blair, McClure, Mercer, Randolph; *Harvard*（3）: Gerry, King, Strong; *King's*（2）: Hamilton, G. Morris; *College of Philadelphia*（2）: Mifflin, Williamson; *Oxford*（1）: C. C. Pinckney; *St. Andrews*（1）: Wilson. Clinton Rossiter, *1787: The Grand Convention*（New York, 1966）, pp. 146–147.

12. Irving Brant, "Madison on the Separation of Church and State," *WMQ*, 3rd Ser., VIII（Jan. 1951）, 3–24; Francis Alison to Ezra Stiles, Aug. 1, 1769, 引自 Varnum L. Collins, *President Witherspoon: A Biography*（Princeton, N.J., 1925）, I, 124; Madison to Bradford, Jan. 24, 1774, *PJM*, I, 105; Brant, *Madison*, I, 68; Olive H. G. Leigh et al., eds., *The Works of Voltaire*,（Akron, Ohio, 1903）, XII, 295, XXXIX, 218–219。

13. Thomas J. Wertenbaker, *Princeton, 1746–1896*（Princeton, N.J., 1946）, pp. 48–117; "John Witherspoon," Willard Thorp, ed., *The Lives of Eighteen from Princeton*（Princeton, N.J., 1946）, pp. 68–85; Donald R. Come, "The Influence of Princeton on Higher Education in the South Before 1825," *WMQ*, 3rd Ser., II（Oct. 1945）, 359–396; Francis L. Broderick, "Pulpit, Physics, and Politics: The Curriculum of the College of New Jersey, 1746–1794," 同上, VI（Jan. 1949）, 42–68; Collins, *Witherspoon*, I, 109页之后及其他各处; Noll, *Princeton*, pp. 16–27。

14. Henry Hamilton, *An Economic History of Scotland in the Eighteenth Century*（Oxford, 1963）, 全书各章节; David Kettler, *The Social and Political Thought of Adam Ferguson*（Columbus, Ohio, 1965）, pp. 15–41; John Clive and Bernard Bailyn, "England's Cultural Provinces: Scotland and America," *WMQ*, 3rd Ser., XI,（Apr. 1965）, 200–213; Caroline Robbins, " 'When It Is That Colonies May Turn Independent': An Analysis of the Environment and Politics of Francis Hutcheson（1694–1746），" 同上, 214–251。其他可以参考的论著还有: Anand C. Chitnis, *The Scottish Enlightenment: A Social History*（London, 1976）; Istvan Hont and Michael Ignatieff, *Wealth and Virtue: The Shaping of Political Economy in the Scottish Enlightenment*（Cambridge, 1983）; Richard B. Sher and Jeffery Smitten, eds., *Scotland and America in the Age of the Enlightenment*（Princeton, N.J. 1990）。

15. Robbins, "When It Is That Colonies May Turn Independent"; Collins, *Witherspoon*

I, 28, II, 203, 205; Ralph A. Ketcham, "James Madison and the Nature of Man," *Journal of the History of Ideas*, XIX (Jan. 1958), 62–76; I. Woodbridge Riley, *American Philosophy: The Early Schools* (New York, 1907), p. 489; Broderick, "Pulpit, Physics, and Politics," pp. 65–66n.; Douglass Adair, "James Madison," Thorp, ed., *Eighteen from Princeton*, pp. 137–157.

16. Douglass Adair, "'That Politics May Be Reduced to a Science': David Hume, James Madison, and the Tenth *Federalist*," *Huntington Library Quarterly*, XX (Aug. 1957), 343–360.

17. Collins, Witherspoon, II, 208, 211. 以下著作对苏格兰社会科学家进行了有价值的讨论：Gladys Bryson, *Man and Society: The Scottish Inquiry of the Eighteenth Century* (Princeton, N.J., 194.5)。另参见 Richard B. Sher, *Church and University in the Scottish Enlightenment* (Princeton, NJ. 1985), pp. 160–162, 267–268; Chitnis, *Scottish Enlightenment*, pp. 91–123; Roy Branson, "James Madison and the Scottish Enlightenment," *Journal of the History of Ideas*, XL (Apr.–June 1979), 235–250。

18. David Hume, "The Idea of a Perfect Commonwealth," T. H. Green and T. H. Grose, eds., *Essays Moral, Political, and Literary* (London, 1882), I, 481.

19. *Federalist* 10, Cooke ed., p. 57.

20. "人类陷入相互仇恨的倾向十分强烈，如果没有相当重要的实质性的理由出现，最愚蠢、最异想天开的分歧就完全可以点燃彼此间不友好的情感，激起他们最强烈的冲突。"同上，58–59；如果麦迪逊把这句话放在段落结尾处的想法之后，而不是前面，他的意图的顺序和逻辑可能会更清晰一些。如果明确无误地认识到，不同的财产利益只是形成派系，以及伴随着派系一起的一系列其他方面的最常见的动机之一，那么许多关于《联邦党人文集》第10篇的争论可能就可以避免。但麦迪逊在这个问题上的最基本的信念是，如果人们没有进行派系攻击的直接动机，那么他们肯定会找到动机。根据T. V. 史密斯（T. V. Smith）的说法，"在麦迪逊的思想深处，他在此处所要表明的是经济利益，经济利益十分明显，重要性日益增强，但经济利益只是一种内在酸性的外在污点，这种酸性往往会侵蚀友爱的纤维。"参见"Saints: Secular and Sacerdotal," p. 50。休谟曾写道："人们有划分个人派别的倾向，哪怕是表面上最微小的差异也会导致他们分裂。在赛马比赛中，还有什么差异可以比制服颜色的不同更微不足道的呢？然而，这种差异却在希腊帝国产生了两个最根深蒂固的派系,即PRASINI和VENETI。这两个派系之间从未停止过仇恨,直到他们摧毁了那个令人不满意的政府。""Of Parties in General," *Essays*, I, 128。

21. *Essays*, I, 492; Adair, "Hume and the Tenth *Federalist*," 351.

22. *Federalist*, Cooke ed., pp. 63–65.

23. Smith, "Saints: Secular and Sacerdotal"; Ralph L. Ketcham, "James Madison and T. V. Smith: A Study in the Politics of Privacy," *Antioch Review*, XX (Fall 1960), 261–282.

24. Ames to George R. Minot, May 29, 1789, *WFA*, I, 49. 在各处推销图书的图书销售员小塞缪尔·惠特科姆(Samuel Whitcomb, Jr.)写道:"麦迪逊先生的外表、手势、表情或举止都没有显示出他在智力或性格上有任何非凡的过人之处,但与他交谈得越多,他的优点就越多地被发掘出来,他就越受欢迎……他的思想就是他的一切。" William Peden, ed., "A Book Peddler Invades Monticello," *WMQ*, 3rd Ser., VI (Oct. 1949), 636。

25. 参见上文,67–78。

26. *WFA*, I, 48.

27. "Money," *PJM*, I, 302–310.

28. 同上,309。关于麦迪逊论点的讨论,另见Janet A. Riesman, "The Origins of American Political Economy, 1690–1791"(未发表的论文, Brown U., 1983), pp. 390–397。

29. 从18世纪中叶开始,市场营销活动和交易体系发生了相当大的变化,主要是朝着提高效率的方向发展,其结果之一是,更多的零售业务分布在了弗吉尼亚州。然而,这既不是通过弗吉尼亚的主动性实现的,也没有伴随着本土商人阶级的发展。这是苏格兰公司的成果,导致了苏格兰居民数量的倍增,从而构成了一种域外共同体,它的利益和态度在很多方面都与当地农业人口不同。这种发展只会加剧种植园主自己在整个系统运作中的被动感。Jacob M. Price, *Capital and Credit in British Overseas Trade: The View from the Chesapeake, 1770–1776* (Cambridge, Mass., 1980), pp. 84–203; Timothy H. Breen, *Tobacco Culture: The Mentality of the Great Tidewater Planters on the Eve of the Revolution* (Princeton, N.J., 1985), pp. 84–203。

30. E.g., Charles A. Beard, *Economic Origins of Jeffersonian Democracy* (New York,

1915), p. 270; Isaac S. Harrell, *Loyalism in Virginia: Chapters in the Economic History of the Revolution* (Durham, N.C., 1926), 26页及以后的内容。有关这一论点的充分讨论，参见Emory G. Evans, "Planter Indebtedness and the Coming of the Revolution in Virginia," *WMQ*, 3rd Ser, XIX (Oct. 1962), 511-533。

31. Washington to George Mason, Apr. 5, 1769, *WGW*, II, 502. 关于约翰·罗宾逊事件，参见Donald J. Mays, *Edmund Pendleton, 1721-1803: A Biography* (Cambridge, Mass., 1952), I, 174-208; Joseph A. Ernst, "The Robinson Scandal Redivivus: Money, Debts, and Politics in Revolutionary Virginia," *Virginia Magazine of History and Biography*, LXXVII (Apr. 1969), 146-173。

32. Robert Carter Nicholas, 引自Mays, *Pendleton*, I, 188。

33. 引自Evans, "Planter Indebtedness," 519。另见Gordon S. Wood, "Rhetoric and Reality in the American Revolution," *WMQ*, 3rd Ser., XXIII (Jan. 1966), 3-32。

34. Emory G. Evans, "The Rise and Decline of the Virginia Aristocracy in the Eighteenth Century: The Nelsons," Darrett B. Rutman, ed., *The Old Dominion: Essays for Thomas Perkins Abernethy* (Charlottesville, Va., 1964), p. 77.

35. Jack P. Greene, ed., *The Diary of Colonel Landon Carter of Sabine Hall, 1752-1778* (Charlottesville, Va., 1965), I, 373, II, 813; *PTJ*, X, 27; Jefferson to Lucy Ludwell Paradise, Aug. 27, 1786, 同上, 304-305。关于士绅们对自己的信用受到质疑的敏感，以及他们疏远一个由血缘关系组成的阶级的危险，参见Evans, "Planter Indebtedness," pp. 522-523。导致弗吉尼亚仇英情绪的另一项因素，是1781年康沃利斯将军指挥的军队对财产的破坏。Elizabeth Cometti, "Depredations in Virginia During the Revolution," Rutman, ed., *Old Dominion*, pp. 135-151; Madison to Mazzei, July 7, 1781, *PJM*, III, 180; Jefferson to William Jones, Jan. 5, 1787, *PTJ*, XI, 14-18。另见Breen, *Tobacco Culture*, pp. 124-203。

36. 关于汉密尔顿不同观点的精彩讨论，参见Clinton Rossiter, *Alexander Hamilton and the Constitution* (New York, 1964), 3-33。

37. 以下论著讨论了汉密尔顿专横和不妥协的一面：Cecelia M. Kenyon, "Alexander Hamilton: Rousseau of the Right," *PSQ*, LXXIII (June 1958), 161-178。

38. 关于汉密尔顿在西印度群岛的童年和早期生活，我们所知甚少。对于现存的官方记录、当代回忆和其他信息碎片最好的收集，参见Broadus Mitchell, *Alexander Hamilton: Youth to Maturity, 1755-1788* (New York, 1957), I, Chs. 1-3。

39. 这封信，以及汉密尔顿与尼古拉斯·克鲁格、蒂勒曼·克鲁格、威廉·牛顿等人的通信，收录在 *PAH*, I, 9–30。

40. 同 上，80; Nathan Schachner, ed., "Alexander Hamilton Viewed by his Friends: The Narratives of Robert Troup and Hercules Mulligan," *WMQ*, 3rd Ser., IV（Apr. 1947），203–225; Brant, *Madison*, I, 105。

41. Mitchell, *Hamilton*, I, 53–64; Schachner, "Narratives," pp. 212–215. 在 John C. Hamilton, *Life of Alexander Hamilton*（New York, 1840），I, 21–23 中有这样一个故事：1774年7月6日，纽约激进派领袖亚历山大·麦克道尔主持在菲尔兹广场（现在的市政厅公园）上举行的一次公众集会，汉密尔顿在这次集会上的即兴演讲首次引起了纽约爱国者领导层的注意。米切尔（Mitchell）认为这个故事是可信的，但没有其他证据可以证实它的可信。1968年，汉密尔顿的一封截至当时不为人知的信（这封信没有注明日期，但可能是在1774年的某个时候写的）曝光，这封信不仅表明汉密尔顿还是学生时就认识麦克道尔，而且麦克道尔对他评价很高，还借给他一些书。*New York Times*, Feb. 19, 1968。

42. Samuel Seabury, *Letters of a Westchester Farmer*, ed. Clarence H. Vance（WhitePlains, N.Y., 1930）. 这包括四个宣传册，它们是: *Free Thoughts*, *The Congress Canvassed*, *A View of the Controversy*, 以及 *An Alarm to the Legislature*。汉密尔顿的 *Full Vindication* 和 *The Farmer Refuted*，载入 *PAH*, 1, 45–78, 81–165。纽约的环境为这场争论提供了背景，参见 Carl L. Becker, *The History of Political Parties in the Province of New York, 1760–1776*（Madison, Wis., 1910），142页以后以及其他各章节。

43. Moses C. Tyler, *The Literary History of the American Revolution, 1763–1783*（New York, 1897），I, 384, 391; 以及 William H. Nelson, *The American Tory*（Oxford, 1961），pp. 74–78。

44. Mitchell, *Hamilton*, I, 77–105; Washington to Joseph Reed, Jan. 23, 1776, *WGW*, IV, 269, VII, 218.

45. Hamilton to John Hancock, Sept. 18, 1777, and to Elias Boudinot, Sept. 8, 1775, *PAH*, I, 326–328, 347–365, 545–547; Mitchell, *Hamilton*, I, 125–142, 158–173; "Proceedings of a General Court-Martial...for the Trial of Major-General Lee, July 4, 1778...," *Collections of the New-York Historical Society for the Year 1873*, *Lee Papers*, III, 201.

46. Mitchell, *Hamilton*, I, 175–177; Hamilton to Jay, Mar. 14, 1779, *PAH*, II, 17–19; to New York Committee of Correspondence, Apr. 20, Aug. 18, 1777, 同上, 233–234, 316; to George Clinton, Dec. 22, 1777, Feb. 13, 1778, 同上, 368, 425–428; to Duer, June 18, 1778, 同上, 499–500; to Boudinot, July 26, 1778, 同上, 528–529; to Jay, Mar. 14, 1779, 同上, II, 191。

47. To Duane, Sept. 3, 1780, 同上, 400–418; to R. Morris, Apr. 30, 1781, 同上, pp. 604–635。*The Continentalist* 重印于同上, II, 649–652, 654–657, 660–665, 669–674; III, 75–82, 99–106。

48. 的确，汉密尔顿在他的职业生涯中偶尔会冒险使用一些政治诡计，其中最引人注目的，是他在选举中对约翰·亚当斯使用的阴谋伎俩（本书第十一章和第十五章将讨论）。但这些轻率、容易被识破的举动是他做过的最笨拙的事情之一，而且都适得其反。

49. Hamilton to Philip Schuyler, Feb. 18, 1781, *PAH*, II, 563–568 是华盛顿和汉密尔顿决裂的主要消息来源。关于汉密尔顿与伊丽莎白·斯凯勒的浪漫关系，米切尔在其著作中的讨论既友好又审慎，这与约翰·C. 米勒（John C. Miller）在其著作中的论述形成鲜明对比。参见 Mitchell, *Hamilton*, I, 196–208; John C. Miller, *Alexander Hamilton: Portrait in Paradox* (New York, 1959), pp. 62–66。Hamilton to Elizabeth Hamilton, Oct. 16, 1781, *PAH*, II, 682。

50. 同上, III, 87, 89, 93–94, 98, 117, 122, 189。亚历山大·汉密尔顿于1782年11月10日辞去了税务官的职责，并将其转交给了托马斯·蒂洛森（Thomas Tillotson）。同上, III, 195。Mitchell, *Hamilton*, I, 261–284; Brant, *Madison*, II, 188。

51. Hamilton to George Clinton, Mar. 12, 1778.; to Duane, Sept. 3, 1780; *PAH*, I, 439–442; II, 400–418.

52. E. James Ferguson, *The Power of the Purse: A History of American Public Finance, 1776–1790* (Chapel Hill, N.C., 1961), pp. 146–176; Brant, *Madison*, II, 209–253; Mitchell, *Hamilton*, I, 283–326; *PAH*, III, 420–426.

53. Madison, "Debates in the Congress of the Confederation," *PJM*, VI, 143–145, 265–266; Hamilton to Washington, Feb. 13, Mar. 17, Mar. 25, 1783, *PAH*, III, 253–255, 290–293, 305–308; Washington to Hamilton, Mar. 12, Apr. 4, 1783, 同上, 286–288, 315–316; Richard H. Kohn, *Eagle and Sword: The Federalists*

and the Creation of the Military Establishment in America, 1783–1802 (New York, 1975), pp. 17–35.

54. "Address of the Annapolis Convention," Sept. 14, 1786, *PAH*, III, 686–690. 关于《联邦党人文集》中某些文章的作者身份，多年来一直存在争议，上述数量直到最近才最终确定。关于这些争议，以及通过历史分析和统计技术最终确定作者身份的过程，参见 Douglass Adair, "The Authorship of the Disputed Federalist Papers," *WMQ*, 3rd Ser., I (Apr. 1944), 97–122, 以及 (July 1944), 235–264; Frederick Mosteller and David L. Wallace, *Inference and Disputed Authorship: The Federalist* (Reading, Mass., 1964), 特别是 pp. 1–15, 263–267; 以及 Adair, "The Federalist Papers: A Review Article," *WMQ*, 3rd Ser., XXII (Jan. 1965), 131–139。*PAH*, IV, 287–301 和 *PJM*, X, 259–263 也讨论了作者身份的问题。关于在弗吉尼亚批准会议上的麦迪逊，参见 Brant, *Madison*, III, 185–228。关于纽约的复杂情况仍在争论中。除了 Mitchell, *Hamilton*, I, 426–465, 另参见 Linda G. DePauw, *The Eleventh Pillar: New York State and the Federal Constitution* (Ithaca, N.Y., 1966), 尤其是 Alfred F. Young, *WMQ*, 3rd Ser., XXV (Apr. 1968), 286–289; Young, *The Democratic Republicans of New York: The Origins, 1763–1797* (Chapel Hill, N.C., 1967), pp. 109–128; Robin Brooks, "Alexander Hamilton, Melancton Smith, and the Ratification of the Constitution in New York," *WMQ*, 3rd Ser., XXIV (July 1967)。

55. 这种观点的主要代表有 Douglass Adair, "Disputed Authorship"; Alpheus T. Mason, "The Federalist: A Split Personality," *AHR*, LVII (Apr. 1952), 625–643; 以及在较小程度上，Benjamin F. Wright, Editor's Introduction, *The Federalist* (Cambridge, Mass., 1961), pp. 1–86。约翰·昆西·亚当斯的这句话参见 *Eulogy on the Life and Character of James Madison* (Boston, 1836), p. 32。

56. *PAH*, IV, 178–211. 这些关于"腐败"的评论是几天后在一次简短讲话中发表的。同上，217。

57. Rossiter, *Hamilton and the Constitution* 强烈暗示了这种情况。

58. Hamilton to Duane, Sept. 3, 1780, *PAH*, II, 400–418; Madison to Jefferson, Apr. 16, 1781, *PJM*, III, 71–72; VI, 312–313, 493; Brant, *Madison*, II, 233, 245; *PAH*, III, 213–223; Continentalist (同上，n. 47); I. Brant, ed., "Two Neglected Madison Letters" [*North American* I and II], *WMQ*, 3rd Ser., III (Oct. 1946), 569–

587。*PJM* 的编辑对麦迪逊是《北美人》的作者提出质疑,他们认为作者更有可能是费城的理查德·彼得斯(Richard Peters),他在大陆会议任职期间与麦迪逊成为密友。但无论如何,麦迪逊的观点与《北美人》中的观点非常相似。VII,319-346。

59. Rossiter, *Hamilton and the Constitution*, pp. 46, 277n 提出了汉密尔顿的演讲是出于战术需要这一论点。

60. Douglass Adair(同上,p. 86 及 n. 16)讨论了休谟对麦迪逊的影响;关于休谟对汉密尔顿的影响,参见 Rossiter, *Hamilton and the Constitution*, Chs. 4 and 5,其他各处,以及 Gerald Stourzh, *Alexander Hamilton and the Idea of Republican Government*(Stanford, Calif., 1970), pp. 77-80。

61. 例如,约翰·默瑟(John Mercer)困惑地评论道:"认真研究它[联邦党人文集]的人会发现,它不仅具有争论性,而且针对不同阶层的美国公众提出了不同的论点,就像是一个在混杂的集会上表现出能力和技巧的辩论者。因此,从这个文集的不同文章,有时甚至从同一篇文章中,可能得出相反的原则和观点。例如,"普布利乌斯"在某些篇章中表明政府(不仅仅是阐述,而是向民众论证)是一个中央政府,然而其他篇章则表示不是中央政府;还有一些篇章认为,州立法机构有权在州法庭上审判联邦政府的行为,而其他篇章则认为各州没有这样的权力。" *Proceedings and Debates of the Virginia State Convention of 1829-1830*(Richmond, 1830), p. 187。

62. 休谟关于"腐败"作为议会的制衡和维持行政长官独立性的手段,参见 "Of the Independency of Parliament," *Essays*, I, 120-121;汉密尔顿在《联邦党人文集》第71篇中也评论了民众意愿及其判断之间的差异,通常认为这一观点来自卢梭,但同样可能是来自休谟。参见 *Essays*, I, 97, 113, 287-288, 365, 376; John B. Stewart, *The Moral and Political Philosophy of David Hume*(New York, 1963), p. 199。关于麦迪逊和撤职权,参见上文,151,以及 n. 33。

63. 关于汉密尔顿经济思想的起源,最有用的总结是编辑们对《公共信用报告》和《关于制造业的报告》的介绍,*PAH*, VI, 51-65; X, 1-15。

64. 本杰明·F. 赖特(Benjamin F. Wright)说:"汉密尔顿是一位重商主义者。"约翰·C. 米勒的观点较为平衡:"他更多地受到重商主义代表科尔伯特的影响,而不是倡导自由放任主义的亚当·斯密的影响。"但克林顿·罗西特(Clinton Rossiter)反驳道:"英国和法国的所有重商主义者和新重商主义者都无法削弱他对亚当·斯密常识观点的喜爱。"另一方面，布罗德斯·米切尔（Broadus Mitchell）认为，"他拒绝并驳斥了自由放任的理论……在那些使欧洲强国崛起的准则中找到了更可靠的指导"。在约瑟夫·多夫曼（Joseph Dorfman）看来，汉密尔顿也许是一位重商主义者，"但他有自己处理逻辑的方式"。然而，在引用汉密尔顿在《大陆主义者》第5篇中的一段话后，罗素·柯克（Russell Kirk）感叹道："这就是重商主义。虽然汉密尔顿认真阅读了亚当·斯密的著作，但他的内心仍然停留在17世纪。"但路易斯·哈克（Louis Hacker）不同意这种观点。"他的……偏好非常明确。他明确并完全遵循亚当·斯密的论点，但他的观点被误解了这么久，这令人惊讶。"保罗·斯图登斯基（Paul Studenski）有不同意见。"他的观点……更倾向于重商主义而非自由放任。"哈克还认为："汉密尔顿在他的著名报告中多次驳斥重商主义。"那么，汉密尔顿到底是重商主义者还是自由放任政策的倡导者呢？罗西特明智地认为，"答案是，两者兼而有之，他具有折衷的、非教条的思维方式，能够接纳科尔伯特和亚当·斯密两位大师的最佳观点"。Wright, *Federalist*, p. 21; Miller, *Hamilton*, p. 290; Rossiter, *Hamilton and the Constitution*, pp. 119, 179; Mitchell, *Hamilton*, I, 248; Joseph Dorfman, *The Economic Mind in American Civilization, 1606–1865*（New York, 1946）, I, 410; Russell Kirk, *The Conservative Mind from Burke to Santayana*（Chicago, 1953）, p. 68; Louis M. Hacker, *Alexander Hamilton in the American Tradition*（New York, 1957）, pp. 12, 166; Paul Studenski and Herman E. Kroos, *Financial History of the United States*, 2nd ed.（New York, 1963）, p. 45。

65. H. R. Trevor-Roper, in D. F. Pears, ed., *David Hume: A Symposium*（London, 1963）, p. 89. 斯图尔特·汉普夏尔（Stuart Hampshire）认为，休谟是"所有用英语写作的哲学家中，目前在英国大学中最受尊敬的"。同上, p. 3。

66. Eugene Rotwein, *David Hume: Writings on Economics*（Madison, Wis., 1955）, pp. cx-cxi.

67. 参见 Peter F. Drucker, "On the 'Economic Basis' of American Politics," *The Public Interest*, No. 10（Winter 1968）, 30–42。

68. 参见上文, pp. 84–85。

69. 大卫·休谟（1711—1776年）比亚当·斯密（1723—1790年）年长12岁，但从某种意义上，可以说两人在思想上相隔了近一代。休谟的第一本书《人性论》（*A Treatise of Human Nature*）于1739年出版，而斯密的第一本书《道德情操论》

(*The Theory of Moral Sentiments*)直到1759年才出版。除了一篇以外，休谟的所有经济学论文都是在1752年发表的；斯密的《国富论》发表于1776年，即24年后。

70. 对比研究参见Rotwein, *Hume*, pp. cvi-cx。

71. 1752年，休谟出版了《政治论文选》(*Political Discourses*)一书，包含12篇文章，其中7篇关于经济主题[如果像罗特温（Rotwein）那样算上《论古代国家之人烟稠密》(Of the Populousness of Ancient Nations)，则为8篇]。这些论文包括《论商业》，《论艺术的进步》[在第一版和后来的一版中题为《论奢侈》(Of Luxury)]，《论货币》，《论利息》，《论贸易平衡》，《论赋税》(Of Taxes)和《论社会信用》。1758年添加了另一篇文章《论贸易猜忌》。这些论文都被重印于Rotwein, *Hume*一书中，其中附有对休谟经济思想的介绍分析，这本身就构成了一本简短的书。本书引用的版本出自Green and Grose, 1882, *Essays Moral, Political, and Literary*。

72. "Of Refinement in the Arts," 同上, I, 301–302。

73. 参见下文，201，以及n. 11。

74. "Of Public Credit," *Essays*, I, 371.

75. 参见Donald F. Swanson and Andrew P. Trout, "Alexander Hamilton, 'the Celebrated Mr. Neckar,' and Public Credit," *WMQ* 3rd Ser., XLVII（July 1990），422–430. 好几位作家都注意到汉密尔顿著作中多次引用了休谟的观点，在*PAH*的索引以及同一版本的汉密尔顿财政报告的前言中，这些引用都可以很容易地找到。然而，本文作者深信，汉密尔顿不仅仅是在某些特定问题上引用了休谟的观点，在他早期阅读的阶段，就已经将休谟对商业和工业发展的整体愿景融入了自己的思想。据悉，他在大学期间就熟读了休谟的《论文集》和《关于几个主题的论文》(*Treatises on Several Subjects*)（其中包含了所有相关的论文），并在1774年至1775年与西伯里关于一本小册子的争议中提到了这些文章。在准备给罗伯特·莫里斯的信件（1781年4月30日）时，他向蒂莫西·皮克林要了一本他已经熟悉内容的《休谟散文集》，作为参考[这本书也被列入汉密尔顿的图书馆书目清单，参见Allen McLane Hamilton, "The Intimate Life of Alexander Hamilton"（New York, 1910），p. 74]。这封信收录在*PAH*, II, 604–635，篇幅长达31页，这是证明汉密尔顿充分借鉴了休谟基本经济假设的最佳证据。仔细阅读上文注释71所引述的文章，然后再阅读这封信，就会清楚地看到这一点。另一方面，在汉密尔顿写给莫里斯的信中，哲学框架非常明显，但在《公共信用报告》和《关于国家银行的报告》（Report on a National Bank）中就不那么突出了，因为这两份报告更具技术性，而且更侧重于对眼前细节的关注（事实上，在《关于国家银行的报告》中，汉密尔顿很少引用休谟，因为休谟并不赞成公共银行）。然而，哲学框架再次出现在《关于制造业的报告》中，尤其是在汉密尔顿评论工匠和农民在努力和创业精神上的差异时（*PAH*, X, 241, 255-256），借鉴了休谟的《论艺术的进步》；评论债务积累时（同上，282；参考了《论社会信用》）；以及评论人头税的有害性时（*PAH*, X, 312；参考了《论赋税》）。Garry Wills, *Explaining America：The Federalist*（Garden City, N.Y., 1981），pp. 66-71，是为数不多强调休谟对汉密尔顿经济思想影响的现代著作之一。

76. Hamilton to Madison, Oct. 12, 1789，是对麦迪逊的一封信的回复（后来麦迪逊的信丢失了）；Madison to Hamilton［Nov. 20-28, 1789］, *PAH*, V, 439, 531; John C. Hamilton, *History of the Republic of the United States of America，as Traced in the Writings of Alexander Hamilton and of His Contemporaries*（New York, 1857-64）, IV, 29n。

77. 关于1789年纽约市的一般特征，以及当时人们的日常生活方式，参见Thomas E. V. Smith, "The City of New York in the Year of Washington's Inauguration"（New York, 1889），该书中有一幅优秀的地图；Isaac N. Phelps Stokes, "The Iconography of Manhattan Island"（New York, 1915-1928），6v.；Sidney I. Pomerantz, "New York：An American City, 1783-1803：A Study of Urban Life"（New York, 1938）；Stephen Decatur Jr., "The Private Affairs of George Washington, From the Records and Accounts of Tobias Lear, Esquire, His Secretary"（Boston, 1933）; and Margaret M. Christman, The First Federal Congress, 1789-1791（Washington, 1989）。

78. 关于汉密尔顿新就职几天内的日程——尤其是第一个星期天——从他的通信记录就可以看出来：*PAH*, V, 366页及以后的内容。

79. Ferguson, "Power of the Purse", pp. 271-272.

80. "国家的福祉"一词首次出现在汉密尔顿1781年4月30日写给罗伯特·莫里斯的信中；在他1790年1月9日的《公共信用报告》中，这个词再次出现："为当前债务适当融资，将使其成为国家的福祉。" *PAH*, II, 635; VI, 106。关于汉密尔顿报告的先例，最佳来源是同上，VI, 51-58中的引言。另参见Donald F. Swanson, "The Origins of Hamilton's Fiscal Policies"（Gainesville, Fla., 1963）。关于汉密尔顿财政计划最清晰的描述，参见 Forrest McDonald, "Alexander Hamilton: A Biography"(New York, 1979), pp. 117-188。

81. 关于区别对待债券持有人的论点，参见 Introductory Note, PAH, VI, 60-61；以及汉密尔顿自己的讨论，73-78。

82. 同上，74，76。

83. McDonald, "Hamilton", pp. 152-160.

84. 集中原则是大卫·休谟经济思想的核心，也是现代增长经济学的指导概念（调动稀缺资源），早在邦联时期，汉密尔顿、罗伯特·莫里斯和其他一些人就已经理解了这一原则。他们认为，一个稳定的国家政府可以通过融资债务、设立国家银行等，帮助创造有利条件，以实现资本集中，并对社会企业产生有益影响。汉密尔顿在1781年4月30日给莫里斯的信中提到了这一原则。他提到需要"建立大量的信贷，以弥补货币资本的不足，并实现现金的所有用途"，这不仅对个人投资者有利，而且会对"[国家]未来的商业产生最有利的影响，成为国家力量和财富的来源"。*PAH*, II, 617. E.詹姆斯·弗格森（E. James Ferguson）说："由于在美国投资资本的利息高于债务利息支出，如果投资得当，筹资所创造的新资本将带来国民收入的净增长。此外，由于债券持有者多为有产者，证券价值增加所带来的收益将流向那些能够将其用于投资而非消费的人。"The Nationalists of 1781-1783 and the Economic Interpretation of the Constitution," *JAH*, LVI (Sept. 1969), 248. 罗伯特·莫里斯在1782年写道，债务融资"将财产分配到那些能够使其产生最大效益的人手中"，这将增加国家收入，"而原始股本仍然保持不变"。Report to the President of Congress, July 29, 1782, E. James Ferguson et al., *The Papers of Robert Morris* (Pittsburgh, 1973–), VI, 63. 休谟的集中原则悄然地出现在汉密尔顿的《公共信用报告》中；实现"货币的大部分用途"的债务融资可以刺激贸易和制造业的发展，"因为筹集了更多的资本"，并使商人能够"有更多资金开展业务"。*PAH*, VI, 70-71. 他在1790年12月13日的《关于国家银行的报告》中进一步发展了这一观点，强调"国家的活跃资本"。"正是这种资本创造了就业；使劳动和工业充满活力并得到发展。每次增加这种资本都有助于推动二者的发展，从而创造更多的产品。"同上，VII, 317. 当汉密尔顿在次年撰写《关于制造业的报告》时，他几乎重复了莫里斯十年前的叙述。他将融资债务称为"商业的发动机，或工业和商业的工具"，宣称"虽然融资债务不是绝对增加的资本，也不是实际财富的增加，但是通过作为产业运作的新动力，在一定的程度上，它有可能增加社会实际财富，就像一个勤俭的农民借钱来改善他的农场，最终可能会增加他的实际财富一样"（这里可以将"勤俭的农民"理解为"有企业家精神的商人资本家"）。同上，X，281-282。在《论货币》一文中，休谟阐述了货币（或信贷）的增加如何实际上增加社会财富。关键在于集中。"当一定数量的货币流入一个国家时，最初并不会分散到众多人手中，而是被少数人控制，这些人会立即寻求利用它来获取好处。"正是商人和制造商会利用这些资金吸纳更多劳动力，生产更多商品，并增加社会的总体福祉。*Essays*，I，313。另一方面，后来担任杰斐逊政府和麦迪逊政府财政部长的艾伯特·加勒廷（Albert Gallatin），持有与汉密尔顿完全不同的财政原则。他认识到了汉密尔顿体系背后的理论假设，并直接对这些假设提出挑战。加勒廷坚持认为，没有理由假设债务融资产生的信贷资源实际上会成为投资资本。相反，他认为，"个人突然获得的资本……其使用方式与其他所有突然获得的财富相同；它使这些个人能够消费，能够花更多钱，而且他们已经花钱很奢侈了"。"A Sketch of the Finances of the United States"（1796），Henry Adams，ed.，*The Writings of Albert Gallatin*（Philadelphia，1879），III，147。

85. Report, *PAH*, VI, 78-81.

86. 同上，81-83。对这个问题及其对承担州债影响的唯一完全令人满意的讨论是 Ferguson, *Power of the Purse*, pp. 203-219，308页及以后的内容。

87. Report, *PAH*, VI, 82.

88. 汉密尔顿计算出国内债务约为2700万美元，应计利息为1300万美元，仍在各州手中、尚未清算的大陆币约为200万美元，外债约为1200万美元。他估计要承担的州债务总额约为2500万美元。截至1791年9月30日，已融资或登记的债务总额约为5020万美元，而且在最终核算中似乎不太可能超过5200万美元。Report, *PAH*, VI, 86-119; *ASP: F*, I, 149-150。国会同意承担2150万美元州债，实际认购额只有1820万美元。最终结算后，向债权州支付了额外400万美元，使总额达到约2200万美元。联邦债务总额达到约7400万美元，与汉密尔顿最初估计的7900万美元相差无几。Ferguson, *Power of the Purse*, pp. 330, 332-333; Whitney K. Bates, "The Assumption of State Debts, 1783-1793"（未发表的论文，U. of Wisconsin, 1951), pp. 226, 228-229。

89. Higginson to Hamilton, Nov. 11, 1789; Bingham to Hamilton, Nov. 25, 1789; *PAH*, V, 507-511; 538-557; 另参见 James O. Wettereau, "Letters from Two Business

Men to Alexander Hamilton on Federal Fiscal Policy, November, 1789," *Journal of Economic and Business History*, III(Aug. 1931), 667–672。

90. 的确，汉密尔顿的报告中反映了宾厄姆和希金森信件中的某些语言和情感。同样，报告中也体现了麦迪逊建议的根据蒸馏器大小对国内烈酒征收消费税，以及约翰·威瑟斯彭反对区别对待不同债权人类别的观点。Madison to Hamilton, Nov. 19, 1789; Witherspoon to Hamilton, Oct. 26, 1789; *PAH*, V, 525–527, 464–465。然而，这里强调的是，汉密尔顿必须在关于如何支付债务利息的不同观点之间做出选择，以及他对这个问题做出决定的独特方式。他关于利息的讨论，请参见Report，同上，VI, 85–99；关于偿债基金，196；关于"概率"的评论，88。

91. Report，同上，90–97。汉密尔顿提出了七个不同的计划，包括使用西部土地进行部分支付，或以土地奖励来补偿减少的利息，债权人可以从中选择。即期利息平均在4%到5%之间。然而，在1790年8月4日的融资法案中，国会将这些选择减少为一个方案：66⅔%以利息为6%的股票支付，余下的33⅓%以递延股票支付，从1800年开始支付6%的利息。应计利息的利率为3%，这与汉密尔顿的建议不同，即应计利息享有与其他债券相同的条件。与汉密尔顿计划的其他不同之处包括：大陆币按100:1兑换实物货币，而不是汉密尔顿建议的40:1，以及向州债券支付的利率略低于联邦债券。Ferguson, *Power of the Purse*, pp. 296–297; *AC*, I Cong., 2 Sess., 2303–2311; 或者 *Statutes at Large*, I, 138–144。

92. Report, *PAH*, VI, 89。

93. 同上; Hume, "Of Interest," *Essays*, I, 323。

94. 参见注释91。

95. 这段插曲的基本资料来源于Douglas Brymner, *Report on Canadian Archives, 1890*（Ottawa, 1891），其中首次披露了描述贝克维斯与汉密尔顿及其他人会谈的文件。贝克维斯给他的每个信息提供者都分配了一个代码编号，参见Brymner's introduction, pp. xli-xliii。

96. Beckwith to Dorchester [1788]，同上，p. 101; Samuel F. Bemis, *Jay's Treaty: A Study in Commerce and Diplomacy*, rev. ed.（New Haven, Conn., 1962），pp. 57–59。

97. Beckwith to Henry Dundas, June 20, 1792, 引自同上，p. 378; Brymner, *Canadian Archives*, pp. 121–123。

98. 同上，pp. 125–129；另见 *PAH*, V, 482–490。

99. 同上，483，485，486。

100. 本书作者认为，Julian Boyd, *Number 7: Alexander Hamilton's Secret Attempts to Control American Foreign Policy*（Princeton, N.J., 1964）过于夸大其词，给汉密尔顿与贝克维斯的对话渲染了一种阴谋和欺诈的气氛，而这是没有证据的。其他两位研究这一时期外交的学者也得出了类似的结论，参见Charles R. Ritcheson, *Aftermath of Revolution: British Policy Toward the United States, 1783-1795*（Dallas, Tex., 1969），p. 431n., 以及对*Number 7*, *Journal of Southern History*, XXXI（Feb. 1965），202-203 的评论；Jerald A. Combs, *The Jay Treaty: Political Battleground of the Founding Fathers*（Berkeley, Calif, 1970），pp. 52-56。

101. Bemis, *Jay's Treaty*, p. 6.

102. 同上，pp. 1-27，148-153。西北领地总督阿瑟·圣克莱尔少将在1789年整个春夏期间在纽约推动了与领地相关的各种立法和行政行动，并与总统保持密切联系。他向华盛顿提供了大量关于印第安人事务不稳定的信息，总统完全认同他对问题严重性的看法。圣克莱尔早就已经意识到，英国对哨所的保留、印第安部落的好战状态以及英国在肯塔基人中的阴谋活动（煽动分裂主义，并在他们与控制密西西比河航运的西班牙人对抗时给予他们获援助的希望）是密切相关的。Washington to Beverley Randolph, July 15, 1789, *WGW*, XXX, 355-356; St. Clair to Washington, Sept. 14, 1789, William H. Smith, ed., *The St. Clair Papers...*（Cincinnati, 1882），II, 123-124; St. Clair to John Jay, Dec. 13, 1788, 同上，101-105。在1789年的会议期间，华盛顿多次向国会发送关于西北地区印第安人问题的信息和文件：*ASP: IA*, I, 5-54, 57-58；在夏季时，华盛顿考虑过直接要求英军交出这些哨所。Washington to Madison,［Aug. 1789］, *WGW*, XXX, 394。

103. 同上，439-442。

104. *DGW*, V, 456; Boyd, *Number 7*, pp. 15-19.

105. 参见注释102。

106. *PAH*, IV, 192-193; Rossiter, *Hamilton and the Constitution*, pp. 153-156; Louise B. Dunbar, *A Study of "Monarchical" Tendencies in the United States from 1776 to 1801*（Urbana, Ill., 1922），pp. 85-88。

107. Mitchell, *Hamilton*, I, 74-75, 219, 239-240, 341-345; Brant, *Madison*, II, 181-182; Hamilton to Henry Knox, June 7, 1782, *PAH*, III, 92；关于汉密尔顿

和荣誉，请参见 Combs, *Jay Treaty*, pp. 55–57。
108. 贝克维斯在1791年1月和3月与格伦维尔通信，强烈主张达成贸易协议的好处。参见同上，pp. 52–53, 89; Ritcheson, *Aftermath of Revolution*, pp. 118–119。从贝克维斯1788年就同一主题写给多切斯特的信来看，很可能他一直都赞成这样的安排，而这对汉密尔顿来说肯定是显而易见的。Brymner, *Canadian Archives*, p. 101。
109. 参见上文, pp. 69–70。
110. 这些估算是进口和出口的总和。然而，在从英国出口到美国的贸易中，比例要悬殊得多：这部分贸易额占美国总进口额的约90%，占英国总出口额的约17%。参见 Bemis, *Jay's Treaty*, pp. 45–49。
111. 参见上文, pp. 70–72。
112. 参见上文, pp. 215–222。

第三章
1790年詹姆斯·麦迪逊的矛盾心态：
国家主义者与理论家

从1789年10月9日到1790年1月20日，詹姆斯·麦迪逊一直不在纽约。他在往返旅程的开始和结束时都受到了疾病的困扰，而在此期间，他的头脑也被各种问题所纠缠。这些问题累积起来，使他陷入了同时身为联邦主义领袖和弗吉尼亚州领袖的两难处境。在1790年的国会会议期间，詹姆斯·麦迪逊几乎投入了全部精力来寻找解决这一困境的途径。

麦迪逊得知他的朋友杰斐逊正在从法国回国的途中，所以他在纽约多停留了一周左右，希望可以迎接他。最后，麦迪逊启程往南。但他在费城停了下来，又等了将近三个星期，期待着杰斐逊的到来。尽管杰斐逊的消息一直未传来，但麦迪逊在费城偶然遇到了宾夕法尼亚州的参议员罗伯特·莫里斯，两人就国家首都应该设在何处的问题进行了深入交谈。[1] 这一议题已经在刚刚结束的1789年的国会上引发了广泛的辩论，还涉及一些公开的和秘密的复杂操作。会上经历了多次的讨价还价，多次达成共识随后又将其否决，至休会时，该问题仍旧悬而未决。罗伯特·莫里斯和麦迪逊一样，都全程参与了该问题的讨论。

大体而言，有两派激烈争论，第三派掌握着权力的平衡。多年来，杰斐逊、麦迪逊和华盛顿本人一直梦想着有一天将首都设在波托马克河畔。就这一方案而言，在其他因素保持不变的情况下，南方其他各州将支持弗吉尼亚人。然后是宾夕法尼亚州的派别，其中莫里斯是主要人物，他们对宾夕法尼亚州三个潜在地点中的一个或多个抱有希望。这几个地点包括费城和日耳曼敦，两者都位于特拉华河畔或其附近，以及尚未确定的萨斯奎哈纳河附近的某个地点。宾夕法尼亚人由于内部利益的不同，并不总是团结一致，他们从邻州获得的支持也有所起伏（例如，马里兰州自然倾向于将首都设在萨斯奎哈纳河附近，而特拉华州和新泽西州则更希望设在特拉华河畔）。最后，还有由纽约州和新英格兰地区的其他北部州组成的第三派。他们本应最倾向于将首都设在纽约，但意识到人们普遍对地理中心地位的渴望，他们对纽约的最大期望是，它可以多做几年的临时首都。但在所有其他可能的地点中，北方州最不能接受的地点就是波托马克河畔。

因此，在这三个派别之间，实际上存在两个问题，而不仅仅是一个问题：临时首都和永久首都。实际上，它们具有同等重要性，构成了两个可以相互博弈、讨价还价的方案。人们普遍有一个没有明确表达的假设，即永久首都可能会设在一个尚未开发的地方，比如一个村庄或更小的地方，而不是一个现有的大城市。这意味着，无论选址在哪里，都需要一段时间的准备，因此，政府无法立即迁移到那里。同样，人们假设，在此期间，临时首都将设在两个最大的城市之一，即纽约或费城。这一点作为一个讨价还价的筹码，它的重要性在于，这两个城市的支持者都怀有一个吸引人的希望，但又都未明言，即一旦临时首都设在其中一个城市，就可能会找到一种方式让它长期作为首都。在所有的博弈背后，一直存在并将继续存在两种动机，即地理便利和地方自身利益。在这种情况下，可能存在各种利益组合，不能指望有一个"合理"的解决方案，同时，由于涉及的利益纷杂，可以预料将一直存在各种轻微的背叛行为。所有这一切都完全可以被理解，甚至被认为是理所当然的。[2]

罗伯特·莫里斯当时向麦迪逊提议一项宾夕法尼亚州和南方州的交易。根据这项交易，临时首都将迁至费城，而永久首都将设在波托马克河畔。然而，这样的安排以前已经尝试过，而破坏它的正是罗伯特·莫里斯本人（莫里斯特别想在日耳曼敦地区选址，因为他在那里有一些有价值的土地）。麦迪逊毫不怀疑，如果莫里斯有机会，他会再次破坏这项交易，同时仅仅把这样的交易作为一种威胁。在这种威胁下，北方州可能会同意将首都设在宾夕法尼亚州的任何地点，以便让纽约继续作为临时首都，从而避免将永久首都选在波托马克河畔。因此，当莫里斯说他打算"采取严肃态度与南方州进行对话"时，麦迪逊持怀疑态度，并表达了自己的看法。"我告诉他，鉴于过去的情况，如果宾夕法尼亚州希望南方州倾听它的意见，就必须以非常严肃的态度与这些州对话……"在与罗伯特·莫里斯会谈后不久，麦迪逊就病倒了，卧床不起，在房间里大约待了两周，可能患了痢疾。直到11月的第一个星期，麦迪逊才到达蒙彼利埃。[3]

麦迪逊立即向华盛顿报告了他对国家首都选址问题的看法，而除此问题外，麦迪逊在该时间段还面临着两个主要的困扰。一个是他所在的弗吉尼亚州在批准他亲手制定的权利法案修正案方面态度顽固，另一个涉及托马斯·杰斐逊未来在共和国事务中将要扮演的角色。

亨利·李（Henry Lee）在11月底写信给麦迪逊时说："我相信这个州对政府的敌意和以前一样强烈。实际上，如果将议会视为人民情绪的准确指标，我毫不怀疑这一事实。"关于弗吉尼亚州对美国的忠诚度，麦迪逊比李更有信心，但显然，反联邦主义在弗吉尼亚州仍然非常强大，而且立法机构正在采取各种策略阻止修正案的批准。对于眼前的这些修正案，弗吉尼亚人几乎没有异议。但他们想要更多，他们所关注的焦点不仅仅停留在个人权利上，还包括州权。弗吉尼亚州的两位参议员写道："我们不可能忽略，如果不对提案做出进一步修正，那么宪法的自然运作将必然趋向于对国家的巩固……"反对者担心，如果当前的修正案获得批准，那么召开大会以进一步修正法案的紧迫感将会消失。他们的主要目标是废除国会的直接征税权。直接征税的主题在接下来的几年里在弗吉尼亚州的公共讨论中反复出现，麦迪逊一定已经意识到，弗吉尼亚人对于任何形式的征税都非常敏感，这一点可以追溯到查尔斯·汤森（Charles Townshend）和诺斯勋爵（Lord North）的时代。未来几年需要考虑这一点，特别是在涉及公共信用的规定时。在这方面，任何超出基本要求的事情肯定都会遭到弗吉尼亚的抵制。亨利·李问道："难道你们不能用西部土地的收入来支持国内债务的票据赎回吗？这样做之后，由贸易产生的收入是否足以支持政府开支和支付外债利息？我希望如此，因为如果情况不是这样的话，我不知道你们将会或者能够采取何种措施。"[4]

无论如何，弗吉尼亚州议会设置了足够多的障碍，导致修正案的批准暂时没有任何进展。弗吉尼亚州虽然是"最早考虑批准的州之一"，但据一位研究《权利法案》的权威人士称，"是（必须达到的11个州中）最后批准这些修正案的"。[5]

麦迪逊的另一个关注点是，能否说服杰斐逊接受华盛顿的国务卿提名，这个问题让他非常焦虑。在麦迪逊动身前往弗吉尼亚的前一天，华盛顿告诉他有关古弗尼尔·莫里斯任务的计划，麦迪逊从中能感受到对他所坚持的英国路线的某种隐约的威胁。他希望华盛顿推迟决定，直到杰斐逊回来。然而，总统继续按计划行事，还将他给莫里斯的指示的副本寄给了在蒙彼利埃的麦迪逊。麦迪逊就这个问题写了一份备忘录,其中提出了三个要点。首先,英国应该在两国签订其他条约之前履行已经缔结的条约;其次,他所提出的对英国实施商业歧视性措施的计划失败,不是因为该计划存在"原则错误",而是因为有人认为它"缺乏力度";第三,麦迪逊坚信,在与英国进行任何谈判之前,等待杰斐逊的到来将带来很大的好处。实际上,在得知莫里斯任务的当天,他就紧急地写信给杰斐逊:

> 我希望在您得知为您提供的新职位后,尽快与您在公开场合见面。在这个问题上,您不应该让公众失望,这一点极为重要。只要有适当的机会,相信事实是可以向您证明的。我特别恳求您,不要急于反对……一上岸就给我写信。[6]

杰斐逊于11月23日抵达诺福克,在那里他第一次听到了自己被任命的消息。他并不想接受这个职位,给华盛顿的回复也含糊其辞。杰斐逊的保留意见之一是,国务卿除了处理外交事务外,还要承担一些国内事务。12月下旬,麦迪逊骑马来到蒙蒂塞洛,与杰斐逊重聚并进行了深入交谈。他建议杰斐逊接受这个职位,并向他保证国内事务将会很轻松。麦迪逊满怀希望地向华盛顿报告,他朋友的一些疑虑已经被消除,现在情况看起来更为有利。麦迪逊先是因为母亲生病,然后又因自己的疾病在弗吉尼亚州耽搁,未能及时到达纽约参加1月4日的国会复会。再一次痢疾发作使他在乔治敦停留了一段时间,最终他在1月20日到达纽约。几天前,财政部长汉密尔顿提交了《公共信用报告》,麦迪逊坐下来准备给杰斐逊写信时,还没有来得及充分研究这份报告。尽管在那时杰斐逊接受国务卿职位的意向似乎已经相当明确,麦迪逊还是进行了最后一次的努力推动。三周后,杰斐逊最终接受了该职位。现在,一个新的担忧浮现在麦迪逊的脑海。这个问题涉及那些从事公共证券投机活动的人,麦迪逊所受的教育及其背景让他对这类人持厌恶态度。在写给杰斐逊的那封信中,他提到了汉密尔顿的报告:"在报告发布之前,对股票的狂热已经导致其价格大幅上涨,而投机者仍在探索内陆和偏远地区,以利用持有人的无知。"7

第一节　麦迪逊关于债务融资的态度

詹姆斯·麦迪逊对汉密尔顿提出的体系进行了出人意料的攻击:针对债务融资计划,麦迪逊建议区别对待当前持有者和原始持有者;针对由联邦接管州债的计划,麦迪逊提出了一些几乎肯定会导致该计划不被接受的反对方案。这些行动引发了一系列令人困惑的问题。如果麦迪逊自己的计划通过,债务将会大幅增加,而且他的计划(如果可以称之为计划)将使公众付出比汉密尔顿的计划更多的代价。在联邦议会中,麦迪逊曾经支持由联邦接管州债,反对区别对待债券持有人,这与他现在要采取的立场完全相反。他一直是公共信用的坚定支持者,而且他本人最近也在建立强大的财政部门方面发挥了领导作用。然而,在1790年初,他却准备对他以前的密切同事和朋友亚历山大·汉密尔顿的计划发起最坚决的反对。汉密尔顿对此感到震惊,他永远无法完全理解这一点。那么,如何解释这种突然的转变呢?考虑到麦迪逊似乎非常看重一致性,这究竟是多大程度的转变呢?

从结果来看,研究这一时期国家财政的权威人士怀疑,麦迪逊之所以这样做,是为了使弗吉尼亚州获得更多的物质利益。但考虑到麦迪逊的正直和固执,我们不妨先从他对自己行动的解释开始探讨。据他所说,改变的不是他个人,而是问题本身。在关于债务融资的辩论开始前不久,他和汉密尔顿进行了最后一次谈话,在谈话中他向汉密尔顿承认了自己将要采取的行动。汉密尔顿回忆说，麦迪逊"在解释自己的理由时表示，他最初反对区别对待，但在那之后发生了大量的债务转让，从根本上改变了问题的状况"。总的来说，麦迪逊指的是投机者和投机行为的迅速出现，这一点是显而易见的。我们有理由相信他的话，并得出结论，他的行动基本上是由原则驱动的。但这种原则究竟是什么呢？如果麦迪逊对商业活动有足够的了解，就像人们普遍认为的那样，为什么投机对他来说会如此令人震惊，而对汉密尔顿却不会呢？答案很可能在于詹姆斯·麦迪逊作为一个弗吉尼亚人的社会背景，就像他的很多其他行为一样。同时也有可能因为，尽管他对金融事务的理解在某种程度上可能已经很充分，但与一个完全专注于此类事务的人相比，在理解上存在着质的差异。[8]

　　国内各类债务市场价值的波动，以及这些债务的转移和集中过程，已有近10年的历史。在这方面，有三种一般类别的票据，如果加上州债，则总共有四种类型。最可靠的一类是大约1100万美元的"贷款证书"（loan certificate），代表的是战争期间有能力的公民直接借给国会的钱。直到1782年，这些证书的利息一直按时支付。在那之后，它们的市场价格稳定在票面价值的2折至2.5折，并一直保持到1788年。第二类是总金额为1700万美元的"最终结算证书"（final settlement certificate），它们于1783年被发放给士兵作为军事服务费，并被发放给为军队提供物资和服务的平民债权人。这些证书的大部分，尤其是士兵所持有的，发放后不久就被出售了。出售的折扣非常大，市场价格通常是票面价值的1折至1.5折，直到新的联邦政府开始运作才有所改变。第三类是应计利息证书（indent），其总面值约为1300万美元。由于不确定是否能够以与本金相等的条件获得融资，这些证书具有更高的投机性。在1789年之前，它们的市场价格可能从未超过票面价值的1折。[9]

在有法定数量的州批准了宪法，新的联邦政府的建立已成定局的情况下，所有类别的票据都开始升值。各类票据价格的上涨在1789年的最后一个季度尤为剧烈，当时大量从事投机活动的投机者们，对汉密尔顿即将提出的建议、会采取的形式竭尽全力地进行预测。例如，作为最稳定的一类票据，贷款证书在1789年12月的报价为票面价值的5折，自年中以来，价格几乎翻了一番。但此时被认为最好的投机机会是各州的债务，这些票据的价格仍然在票面价值的1折到2折之间，应计利息证书的价格也很低。参议员麦克莱在他的日记中提到了对州债的投机，他写道，有船只和"带着大量资金的特使"前往南方购买证书。麦迪逊在写给杰斐逊的信中也提到，特使们"仍在内陆和偏远地区探寻，以利用持有人的无知"。他所指的就是同样的情况。与此同时，大部分州债早已从其原始持有人手中出售，集中在相对较少的人手中。有具体记录的1230万美元的大陆证券由3300人持有，其中100人持有500万美元，另外170人持有260万美元。而州债的集中程度更为惊人。例如，北卡罗来纳州72%的债务由一个小到可以容纳在一个房间里的群体持有。[10]

据称，这种疯狂的投机活动在很大程度上是因为投机者在财政部长的报告发表之前获得了内幕消息。虽然目前无法确定内幕消息泄露的具体范围和可能造成的影响有多大，但这种可能性是存在的。汉密尔顿本人似乎非常谨慎。对于一位试图从他那里套取消息的朋友，他回答道："你说不会让我做出不适当的事，我相信你是真诚的……但是你还记得有关凯撒妻子的那句格言吗？"另一方面，这段时期，在纽约的各种晚宴上与汉密尔顿坐在一起的人中，有些人出于利益考虑，对财政部长谈话的每个细微之处都保持高度敏感，无论汉密尔顿本人多么谨慎。其中一位是克雷吉和康斯特布尔商行（mercantile firm of Craigie and Constable）的安德鲁·克雷吉（Andrew Craigie）。尽管克雷吉不能完全肯定，但他知道如何将看似无关的信息联系起来并做出逻辑推断。在一次这样的晚宴后，他预测汉密尔顿会建议对应计利息进行平等的融资和联邦接管州债。事实证明，他在这两点上都是正确的。此外，在财政部，汉密尔顿的助手是一个将私人利益和公共利益混合在一起的人，他就是毫无顾忌、缺乏谨慎且让人难以捉摸的威廉·杜尔，他的投机活动最终给他自己带来了耻辱。在这种情况下，汉密尔顿是否能够保守住他的所有秘密非常值得怀疑。与此同时，国内外市场都弥漫着兴奋的氛围。对于美国商人和荷兰银行家来说，美国的公共证券是眼前最吸引人的东西。[11]

但问题仍然是：在投机的景象中，有什么因素会让一个人疯狂起来？这在很大程度上取决于个人和其所处的环境，我们应该对此有清晰的认识，以便更好地理解像詹姆斯·麦迪逊这样职业生涯正处于这一阶段的人。对于麦迪逊的传记作者欧文·布兰特来说，这根本不是一个问题。在布兰特的书中，品行高尚的麦迪逊，对投机者进行了坚决的抨击，这些投机者显然代表着黑暗势力，但这场善与恶的冲突戏剧却奇怪地缺乏紧张感。而在E.詹姆斯·弗格森（E. James Ferguson）的《钱包的力量》（The Power of the Purse）中，事情似乎并不那么简单。弗格森假定麦迪逊对现实生活非常了解，认为他在债务融资辩论中的举动是"出于政治上的权宜之计，而不是对普通人的关怀"。麦迪逊的计划是让大陆军退伍军人成为融资计划的部分受益者，从而增加债务，使联邦接管州债的做法变得不可行，这样他就可以两全其美。无论如何，他都可以确保"自己的道德地位无懈可击"。如果他的计划真的被接受，就会排除联邦接管州债的可能性，而弗吉尼亚坚决反对由联邦接管州债。简而言之，这是"恢复以州为主导的政治的第一步"。[12]

这种观点在描述詹姆斯·麦迪逊的公共行为中出现的转变方面具有一定的真实性。当然，其具体的形式和策略相当复杂，这是可以预料的，因为麦迪逊一直知道他对事件的影响力几乎完全取决于议会的环境。而结果的确会再次使麦迪逊更贴近他弗吉尼亚人的出身。但这仍然无法完全捕捉到他性格中更微妙的波动，这些波动并不总是可以用理性的标准来衡量。在一切之前，我们应该优先考虑几个因素。其中一个是，在政府是否按时偿还其全部债务并在国际舞台上保持良好信誉方面，詹姆斯·麦迪逊是最坚定的国家主义者。在这个问题和其他问题上，麦迪逊的观点已经多次与弗吉尼亚州的狭隘偏见相对立。然而，另一个问题是，对于日常的贸易和金融世界，包括麦迪逊在内的弗吉尼亚人无法真正体验"真实生活"，或者像费城人和纽约人那样理解它们。在他自己的世界里，这些行为就好比贪婪的赌博，因此，他怎么可能不对它们感到震惊呢？最后，詹姆斯·麦迪逊自身与新共和国的氛围和特征有着极大的利害关系。在亲自参与塑造共和国的一切之后，现在出现了一些他在理智上可以预见但在内心无法认同的影响：这些影响施加者的行为方式是他不熟悉的，这些人与他不属于同一类别。

在商业社会的生活中，最显著的特点或许就是，对决定商品价格的一系列复杂因素有着持续而坚定的关注。对于那些能够操纵这些因素、准确预测并从中获益的人，尽管可能有些勉强，但人们还是会给予一定的尊重。当然，农业社会也存在类似情况。但在那里，真正的对手是大自然；"诚实"并不是一个问题，而且也不一定要用计谋战胜其他人。在那种环境下，人们并不会追求"暴利"。然而，商业世界确实有其特殊的道德观。任何投资决策都涉及风险，而且在任何人都可能遭受潜在损失的前提下，人们不会放弃自己承担风险所应得的回报。在这个意义上，诚实和不诚实的交易者具有相同的道德准则；从某种程度上说，从正常的活动转向投机只是跨越了一条可能存在但非常模糊的界限。市场大多数时候处于波动中，无论波动的方向如何，投机都会出现，只是程度的问题。

1790年的联邦债券市场也是如此。一方面，投机（尤其是在这种情况下）是不可避免的，尽管此时的普通投机者针对的不是寡妇和退伍军人，而是其他投机者。另一方面，正是这种投机过程使债券价格接近面值。支持融资的人具有一定的常识，认为越早达到面值越好，因为一旦达到，投机就会停止。事实上，具有讽刺意味的是：从18世纪80年代初开始，没有任何其他人的工作比詹姆斯·麦迪逊的工作对整个投机过程更关键。在这个时期，投机一直有其自身的生命力，只受一个重要因素的影响，那就是最终是否会有一个有能力履行其承诺的政府。同时，投机群体对可能影响证券价格的每一条消息都非常敏感。詹姆斯·麦迪逊为支持实物货币收入而奋斗，明确反对歧视待遇并支持联邦接管州债，在费城为宪法而努力，在里士满演讲，在纽约为宪法的批准写作，起草了第一部关税法，并组建了财政部，他对这些消息的形成可能比任何其他个人都更具重要性。

然而，基本事实仍然是，詹姆斯·麦迪逊并非来自商业高度发达的地区。因此，与来自沿海城市的人相比，他对商业事务与政府事务之间的关系缺乏自然的理解，还没有真正形成一种有机的认识。沿海地区的传统知识超出了他的经验范围，而生活在那里的人，即商人和投机者，是完全不同的类型，他们"深受英国文化影响"。弗吉尼亚州的贵族们自身构成了一个非常特殊的群体。由于他们的心理长期适应于自身的内部控制经验，当主动权和控制权似乎转移到其他地方时，他们可能变得非常不稳定。公共债务被詹姆斯·麦迪逊毫不留情地谴责为"公共诅咒"，这是弗吉尼亚人几乎无法控制的一个问题。这个问题是由其他地方的内部人士控制的，他们的行为和做法引起怀疑、敌意和鄙视。例如，当亨利·李向他的战时老友亚历山大·汉密尔顿索要一些内幕消息时，就深刻地体会到这一点。他不但没有得到内幕消息，反而收到了汉密尔顿关于"凯撒妻子"的说教。此后不久，亨利·李愤怒地写信给麦迪逊，说宁愿做任何事情也不愿忍受"固执无礼的北方多数派的统治"。他认为，唯一的解决办法是将政府所在地迁至波托马克河畔，并废除"赌博式的金融体系"。[13]

我们无法准确知道麦迪逊在融资问题上是如何迅速做出决定的，也无法完全了解他做出这一决定的过程。直到1790年1月20日左右，也就是他抵达纽约的那一天，报告才印刷出来。从他四天后写给杰斐逊的信来看，他最初对此持谨慎和保守的态度。[14]他没有立即参加辩论。但当他最终在2月11日发表开场陈述时，他已决定了立场；他已经听取并考虑了各种论点。

对整个计划（除了有关外债的规定，这部分无人质疑且被迅速采纳）最为激烈的反对者，莫过于佐治亚州的詹姆斯·杰克逊（James Jackson）。好争论的杰克逊在所有涉及财政复杂性的问题上，都秉持着极端保守的立场，如果能找到一种完全不偿还债务的方法，他可能会感到非常满意。他立即公开地抨击投机者，形容他们是"贪婪的狼，正在寻找可以吞食的猎物"。他指责这些人"掌握了报告中的信息"，并表达他希望政府的所在地"在森林中的某个地方，远离人口密集的城市；这样我那些毫无防备的同胞们就能得到警告，知道他们所面临的危险，并能防范投机者的阴谋"。杰克逊坚持认为，至少应该有一些规定，让"勇敢的退伍老兵"受益，投机者从他们那里"榨干了……国家为了感谢他们的勇气和辛勤付出所给予的微薄报酬"。这些情绪在詹姆斯·麦迪逊的心中都引起了共鸣。然而，杰克逊要求在处理报告之前拖延很长时间——显然是希望尽可能地激起对报告的抵制——而且他对整个债务融资计划进行了情绪化的攻击，这些都使得他的立场过于偏激，对此麦迪逊无法完全认同。[15]

麦迪逊也不认为缩减债务规模的论点在道义上可以接受。新罕布什尔州的塞缪尔·利弗莫尔（Samuel Livermore）提出了这样的论点。利弗莫尔认为，没有理由按照原先承诺的6%的利率全额支付，因为这笔债务"不是为了有效的借贷，而是用于购买贬值的票据、高价提供的服务，或以超过其实际价值供应的货物或物资"。否则，按面值兑付大陆币也是合乎逻辑的，而汉密尔顿曾建议以40∶1的比例收回大陆币。利弗莫尔同意，财政部长提出的4%的利率已经减少了债务利息，但这还不够，更接近3%的利率会更好。然而，尽管麦迪逊可能赞同其中的一些逻辑，但这种解决办法对他来说过于简单粗暴。无论是没有假装谈判就直接采取单边行动，还是随意削减债务，都不太符合他对公共尊严的理解。汉密尔顿提出的4%的方案，符合普遍预测的利率逐步下降的趋势，至少具有合理的一致性。（利弗莫尔试图将债务与纸币发行相提并论，但这可能并没有给麦迪逊留下太多印象，因为纸币与贷款证书不同，从未具有类似实物货币的价值。）大约在这个时候，参议员麦克莱试图让麦迪逊对自己提出的按3%的比例削减债务的计划产生兴趣。麦迪逊没有仔细阅读就把麦克莱的提案退回给了他。麦克莱愤怒地表示，"他的傲慢似乎让他拒绝一切交流"。[16]

与此同时，新泽西州代表伊莱亚斯·布迪诺特、纽约州代表约翰·劳伦斯、南卡罗来纳州代表威廉·L.史密斯（William L. Smith）和马萨诸塞州代表费舍尔·埃姆斯都为维护公众信心和公共信用提出了有力的论据。史密斯宣称："我们现在的情况不是决定我们是否会有公共债务。我们已经有了……因此，我们必须偿还……我们面临的唯一问题是如何偿还。"埃姆斯同样认为别无选择："那么，如果公共契约对我们来说是一项庄严的义务，我们就有责任忠实地履行。"他接着问道："难道我们要说，这个政府显然是为了保护财产而建立的，但在其首次的行动中，它剥夺了合法与政府签订合同的公民个人的七千万美元吗？"国家的信用将会消失，"所有这些风险都是为了什么呢"？但詹姆斯·麦迪逊在这方面不需要被说服。在过去十年，他本人一直在为公众信心和良好的公共信用进行辩护。即使他希望，他也无法在这些问题上改变自己的立场。[17]

因此，唯一能让他在打击投机者的同时又不损害债务面值的办法，就是在公平正义的基础上，区别对待现有持有者和原始持有者。宾夕法尼亚州西部的托马斯·斯科特（Thomas Scott）提出了一个这样的计划，但该计划可能会减少债务的总资本价值。南卡罗来纳州的伊达诺斯·伯克提出了一项有关区别对待的一般性动议，但第二天他撤回了这项动议，其理由是自己实际上并未打算投该项动议的赞成票。[18]麦迪逊一定感到有些尴尬。因此，在2月11日首次发言前，麦迪逊对自己的立场没有太大的把握。

然而，在麦迪逊发言之前，出现了一次非常令人不愉快且不合时宜的干扰。费城的贵格会在年度集会时提出了一份请愿书，请求废除奴隶贸易，此事在众议院引起了突如其来的激烈争论。从这件事可以看出很多问题，其中包括詹姆斯·麦迪逊的国家主义情绪仍然非常强烈，以及他不愿做任何可能严重疏远北方州和南方州的事情。来自佐治亚州和南卡罗来纳州的议员愤怒了，精力充沛的杰克逊，两天前还在抱怨"诚实勤劳的社会成员将促进富人的安逸和奢侈"，现在却将怒火转向了诚实勤劳的贵格会教徒。"我们现在的幸福归功于他们吗？"让他们查阅《圣经》，"他们会看到，奴隶制不仅是被允许，而且受到赞扬"。南方州要求不要将请愿书提交给委员会，因为它要求国会采取违宪行动，而且正如伯克所说，"南方州的权利不应受到威胁，他们的财产也不应面临危险，仅仅是为取悦那些对后果毫不关心的人们"。另一方面，北方州坚持认为应将请愿书提交给委员会，以便恰当考察国会在（按劳伦斯的话来说）"这种有损人性的贸易"上到底有多大权力。麦迪逊感到震惊。他表示，"摆在委员会面前的这个问题本来并不重要，仅仅是各位的严肃反对使其显得如此重要"。他保证,他们可以"投票支持请愿书的提交,而不必支持请愿书中的诉求"。按照地区划分进行投票的众议院,决定提交请愿书,麦迪逊与北方州代表一起投了票。[19]

现在转向公共债务问题,麦迪逊以他一贯的谦逊和恭敬的语气开始发言。他表示,到目前为止他一直保持沉默,以便保持思想的开放性,并从其他人的思想中受益。但现在是时候提出自己的一些思考了。首先,无论别人怎么说,债务仍然是一项不可侵犯的国家责任,就像合约订立时一样。其次,他坚决反对任何削减本金或利息的想法,金额应完全是美国最初承诺支付的数额:"一定金额的本金,加上6%的利息。"他断言:"在我看来,没有任何逻辑、没有任何魔法可以削弱这种责任的力量。"这样,他就在道义上占据了最高的立场。特别是,麦迪逊坚持6%的利率是对汉密尔顿的一种非常明智的反击,因为汉密尔顿曾建议以更低的利率为债务融资。麦迪逊实际上是在说,如果我们要偿还债务,那就真正地偿还。

因此,债务毫无疑问地存在。真正的问题是,债务应该归还给谁?麦迪逊认为,原始持有人和当前持有人都有合法的权利要求。"向两者都支付可能超出了公众的能力;而且其总额将远远超过公众所获得的价值,因此没有人会期望这样做,甚至债权人自己也不会有这种期望。完全拒绝任何一方的要求同样是不可接受的……"唯一体面的选择是妥协:"让方案有利于当前持有者,使他们获得市场上的最高价格;原始持有人得到余下的部分。"这可能不会实现"完美的正义",但会比目前提出的任何建议都要"更真实地实现公正"。当前持有者中的大多数人仍然可以获利,没有任何理由抱怨,而原始持有者则是一开始被迫接受贬值的证券,然后以任何他们能获得的价格将证券出售,因此,至少应该得到"与他们的贡献相称的报酬"。麦迪逊通常不会考虑干预合同。但在目前的情况下,由于"波动幅度达到百分之七八百","普通准则"已经不再适用。归根结底，赌徒们获得的暴利让麦迪逊感到困扰。[20]

实际上，麦迪逊的立场并没有得到太多支持，史密斯、劳伦斯、塞奇威克和埃姆斯提出了一连串的反对意见。没有人对原始持有人实施过欺诈行为，没收一个人的财产然后将其给予另一个人也并非公平。区别对待持有人将严重损害国内外的公共信用；正是债务的可转让性使其升值，而现在这一点却受到了质疑。最后，追溯原始债权人的工作将成为一场行政噩梦，使整个国家充满"不满、腐败、诉讼和伪证"。费舍尔·埃姆斯恳请这位来自弗吉尼亚的先生重新考虑。"那位先生帮助制定了宪法。我毫不怀疑，正因为他的卓越能力，宪法才更完善；我希望他出于对自己工作的热爱以及对他所支持事业的热忱，将放弃一项可能使他内心的最初愿望和他的国家的希望落空的措施。"[21]

麦迪逊坚持己见、激烈争辩，而且很生气。"他必须放弃一直珍视的每一种情感，然后才能勉强接受，美国应该为那些从她的资金中获利的人竖立感激之碑，而不是为那些拯救她自由的人。"他重申，士兵和供应商被迫接受贬值的票据作为服务报酬，国会应该"关注的不是形式，而是实质——不是字面意义，而是公平性"。区别对待并不一定不可行，只要及时支付利息，就不会破坏公共信用。然而，在2月22日的投票中，麦迪逊的提议以压倒性的36∶13的投票被否决。其中支持的13票中有9票来自弗吉尼亚州的议员。麦克莱写道："这个人的固执毁掉了反对派。"[22]

关于区别对待的利弊，已经引发很多辩论。就实际可行性而言，追溯原始持有人会非常复杂，但并非不可能，因为相关记录确实存在。至于这样的操作是否会损害公共信用，没有确切的技术术语可以回答这个问题。但极有可能会产生负面影响。采用汉密尔顿的计划能够确保政府的信用，这无可置疑；采用麦迪逊的方案则会带来不确定性，而商界对不确定性的反应不佳。从理论上讲，根据麦迪逊的提议，美国按照债券面值的6%的利率全额支付，完全有理由期待获得无可挑剔的信用。然而，在实际情况中，那些建立和定义信用的人（拥有资本的人）对这种安排可能感到失望，外国投资者也可能因此受到伤害。再加上美国的公共财政持续混乱，这些可能会导致信用明显下降，进而增加融资成本。毫无疑问，只有商人感到满意，才能确保公共信用。如果像詹姆斯·麦迪逊威胁的那样，完全疏远商人，无疑会导致困难。无论如何，麦迪逊坚持认为区别对待的做法不会损害公共信用，这相当于在冒险预测商人们的行为。但事实上，他并不是在做出预测。他告诉世界和那些商人的，不是他们要怎么做，而是他们应该怎么做。

关于詹姆斯·麦迪逊的动机，必须要说的是，他并没有什么阴险的意图。的确，他在前一年11月回复汉密尔顿请求他提出建议的信时，并未提到区别对待的问题。[23] 而且，退伍老兵转让债券的交易也不是最近才发生的，而是多年前就开始了。因此，麦迪逊对自己改变主意的解释——最近的投机狂热——开始时显得有些可疑。但在10月初离开纽约之前，他一直在思考其他事情，而真正引人注目的投机活动发生在9月至1月之间。直到回来后，他才意识到该计划的全部影响。他当然从一开始就知道，自己在众议院中属于少数派。但如果说他没有认真对待这件事，那是不公平的。当然，他可能希望获得间接利益，但如果他的动机如他所说，那么，他的立场当然是一致的。当时，大部分投机活动都集中在各种州债券上，这意味着他可以通过不涉及大陆老兵的方式，打击投机者。虽然这种做法赌注很高，但这样的努力是值得的。也就是说，按照麦迪逊提议的条款，以6%的利率和区别对待大陆债券持有人的方式进行融资，这样高昂的成本将使得联邦接管州债变得不可能，从而对一个利润丰厚的投机领域造成严重破坏。即使在区别对待问题上成功的可能性微乎其微，他也可以利用在这个问题上获得的任何支持，在联邦接管州债的方案很快被审议时，以其他理由反驳它。

无论如何，詹姆斯·麦迪逊都坚信自己所做的一切，他的主要动机是打击投机。在与其他人辩论期间，他写信给杰斐逊，其中没有任何隐藏的动机，他坚持认为，投机者应该"只获得市场上的最高价格"，而"余下的部分应该用于安慰原始持有人"。此后不久，麦迪逊写信给多年来一直反对区别对待的弗吉尼亚人爱德华·卡林顿（Edward Carrington），他在信里反驳道："在这样的一个制度下，将奖励从为之付出最宝贵代价的人身上转移到几乎没有付出任何代价的人身上，肯定存在着严重的、道德上的和政治上的问题。"[24]

第二节 麦迪逊关于联邦接管州债的态度

1790年美国国会关于联邦接管州债务的争议，不仅仅是共和国早期历史中的重要组成部分，而且具有深远的意义。在共和国的最初几年里，每个重大问题及其处理方式都注定会对共和国的未来产生不成比例的巨大影响，其中，接管州债务的问题无疑具有最重要的影响。该问题在技术上很复杂，比债务融资的问题更难理解，同时又充满了各种延迟的或突发的意识形态冲突导致的纷争，因此需要谨慎对待。在1790年7月底最终得到解决之前，它受到一系列其他问题的干扰或交叉影响，每个问题都对最终结果产生了一定的影响。这些问题涉及的不仅是国家财政，还包括海事政策、美国与法国和英国的关系、奴隶制、各州权利以及国家首都选址等多个方面。

意识形态和国家主义一直是对麦迪逊产生重大影响的主要力量。对他来说，这两者不再像以前那样完全一致，而是经常处于潜在冲突状态。一方面，作为一个独特的弗吉尼亚人，他坚守着一种特定版本的井然有序的世界观；而另一方面，他认识到有必要将各种不协调的元素融合到国家的构建中，这些元素并非都与弗吉尼亚人的观点相符，有些甚至可能相悖。为了和平解决联邦接管州债的问题，麦迪逊会让自己的国家主义立场占据主导地位。但他可能会不情愿这样做，考虑到他的犹豫和固执，这种不满情绪将继续存在。

麦迪逊试图阻止联邦接管州债的计划，他采用的策略并不像处理债务融资问题时那么直接，而且目标更为混杂，可能更分散。正是这种分散性，加上问题本身的复杂性和麦迪逊巧妙的策略，使人们难以深入了解他的思维方式。在整个过程中，每一步都揭示了一些重要的内容，而且每一步在某种程度上都是合理的。然而，如果我们假设整个模式完全合乎理性，可能会忽视某些内容。回顾整个过程并对各种变量进行可能的组合排列之后，会产生一种印象，我们最好不要忽视它。那就是，詹姆斯·麦迪逊之所以这么做，是因为他内心对整个体系（其中包括联邦接管州债）的厌恶感正在蔓延，他越深入了解这个体系及其多层含义，就越不喜欢它，并且在一定的限制范围内，他会以任何方式打击它。他希望以某种方式破坏亚历山大·汉密尔顿头脑中构想出来的那个完美整体，他已不再信任汉密尔顿的总体目标，而汉密尔顿的设计正逐渐显露出越来越多的一致性。在这一点上，麦迪逊的意识形态推动着他继续前进。

然而，最终这些限制起到了决定性的作用。一方面，麦迪逊从不怀疑国家荣誉需要建立在无懈可击的国家信用之上。而另一方面，负债累累的马萨诸塞州和南卡罗来纳州坚决要求联邦接管州债的态度，使他最终确信，如果不满足他们的要求，任何有关公共信用的安排都有可能被破坏，甚至联邦本身也会受到威胁。因此，他在革命时期账目和其他事项上为弗吉尼亚州争取到了最有利的条件。麦迪逊是一个非常敏锐的人，所有这些选择和考虑因素显然一直存在于他的脑海中，并且从一开始就处于错综复杂的关系中。

根据不同的诉求，可以将联邦接管州债的支持者和反对者分为四五个不同的类别。如前所述，汉密尔顿本人的立场非常明确。他的目标是将所有公共债权人，无论是州级的还是全国性的，统一为一个整体，从而消除他们之间的潜在利益冲突，为新政府提供来自统一金融界的稳固支持。这也将减少州政府和联邦政府之间对税收来源的竞争。此外，通过将联邦接管州债与最终解决革命时期账目问题联系起来，联邦政府将提供一种方式，使那些面临最大的革命债务压力的州获得即时的压力缓解，并在随后的最终结算中，慷慨地考虑所有州的诉求。因此，尽管没有明确表述，但新增的2500万美元的公共债务实际上将成为推动经济发展的额外投资资本。[25]

债务负担最重的州，尤其是马萨诸塞州和南卡罗来纳州，强烈要求联邦政府接管州债。在接受宪法时，它们放弃了最重要的收入来源，即进口关税，因此无法偿还自己的债务。从理论上讲，无论联邦政府是否接管州债，最终的结算都会解除这些州的债务负担，因为它们庞大的债务表明它们为战争付出的份额超过了应付出的份额。也就是说，它们将成为债权州，因此有权获得补偿。但它们不愿意等待，希望联邦政府立即接管州债。无论如何，最终结算无法立即进行，至少需要时间让委员完成审核。此外，这些州无法确保关于最终结算的立法会通过。潜在的债务州可能会设法破坏这一进展。它们不能确定委员们是否能够公正地对待它们的要求，也不知道其他州（尤其是弗吉尼亚州）会采取何种方法夸大自己的诉求，这将直接损害它们自身的利益。因此，马萨诸塞州和南卡罗来纳州有充分的理由希望联邦政府立即承担它们的债务，这样对它们来说，至少在事实上达成了最终结算的目的。同时，它们自己的债权人存在不确定性风险。当这些债权人看到联邦政府的债权人似乎享受了特殊待遇,而自己却必须等待,他们可能不会坐视不管,而是会采取行动。

弗吉尼亚州、北卡罗来纳州等州代表了另一类利益,它们反对由联邦政府接管州债。它们的动机非常复杂,其中虽然确实包含了意识形态的因素,但这种意识形态被一些具体的州利益所覆盖。对于这些州的反应的解释,通常其中一部分内容是正确的,即由于它们已经偿还了大部分自己的债务,所以不愿意在联邦接管其他州的债务后分担额外的税收负担。它们确实对自己的税收感到不满,并且也表达了这种不满,这也是许多历史学家所接受的观点。但还有更多的原因。它们确实已经偿还了一部分债务,但并非全部,如果真的需要由联邦接管州债,它们希望在联邦接管之前而不是之后进行账目最终结算。特别是弗吉尼亚州,它期待从最终结算中获益,相信这将给它带来比联邦接管州债更大的益处。也就是说,如果联邦接管州债是在最终结算之后才进行,那么,所要承担的州债的总额就会减少,原因是那些对共同费用的贡献不足的州,将被认为无权获得补偿,而弗吉尼亚州在债权州所获金额中的份额就会相应地增加。但如果联邦立即开始接管州债,可能根本不会进行最终结算。对于已经偿还了大量债务的州来说,它们没有什么动力支持慷慨的最终结算,反而有很多理由推迟它,尤其是考虑到弗吉尼亚州财务记录的混乱情况可能会被提出质疑。因此,对于弗吉尼亚州和北卡罗来纳州而言,尽早进行最终结算将实现其他州通过联邦接管州债所达到的目的,对它们来说,如果不能完全阻止联邦接管州债,那么尽可能推迟这件事也是有利的。这样做既可以阻止州债券价值的急剧上涨(反正它们自己的州债券大多在州外的投机者手中),又可以保留自行清偿债务的各种选择。从它们的角度来看,将最终结算所得的资金仅仅用于让投机者获利,这是令人遗憾的。极有可能正是出于此原因,它们选择在反对联邦接管州债的论述中避免提及投机者问题；没有必要冒险被指责怀有逃避债务的动机。[26]

最后一类利益由债券持有人代表，他们在某种程度上与其他类别有重叠。州债券持有者（从马萨诸塞州的观点看，他们是马萨诸塞州正直的、受人尊敬的公民，但从弗吉尼亚州的观点看，他们可能是外来投机者，不应该获得补偿）显然有充分理由希望联邦政府承担这些债务，而且越快越好。然而，那些投资组合主要由大陆债券而不是州债券构成的投资者们，并不认为联邦政府接管州债是一件好事。相反，他们强调，联邦税收资源不应被过于庞大和沉重的公共债务拖累，从而削弱他们自己持有的债券的价值。简而言之，金融领域关于联邦政府接管州债的观点并不一致，其中的反对意见往往来自保守派。[27]

以上就是利益关系的全貌。联邦接管州债的支持者重申汉密尔顿的观点，坚信联邦政府有足够的资源接管州债，并再三向持怀疑态度的各州保证，任何可能由接管州债带来的不公平都将在最终的账目结算中彻底消除。也就是说，某个州被接管的债务将被记录在其账目中，最终结算时，该州因战争开支应获得的最终补偿也会减少相应的金额。这一切都非常合情理，但是，如果在委员会统计出共同费用、计算出各州对其贡献的超额或不足后，上述州成为债务州，这种情况该怎么办呢？举例来说，纽约州出现了这种情况（实际上确实如此），那么联邦政府将接管该州的债务，却无法强迫纽约州弥补其账目上的欠款。六年后，在委员会完成最终结算后，艾伯特·加勒廷（Albert Gallatin）将在一篇关于公共财政的论文中详细讨论该问题及其相关困难。加勒廷同意，根据最终得出的结果，联邦政府接管州债和最终的账目结算已经非常地接近公平。但他认为，如果联邦政府等最终结算完成后再接管州债，那么可以用一半的成本实现同样程度的公平。然而，加勒廷的这一观点建立在事后的观察基础上。他在1796年所了解的账目最终情况，在1790年时并没有人知晓，因为在当时那还是未来的事。此外,还有其他一些事情也是未知的。当一些州确信不立即减轻债务可能导致信用或税收结构崩溃时,无法预测这些州可能采取何种行动。[28]

关于联邦接管州债的辩论于2月23日开启,前一天国会刚刚否决了麦迪逊的动议,即在进行公共债务的融资时区别对待持有人。这一次,麦迪逊只等了一天就加入了辩论,而且他处理问题的技巧仍然是一种典范。辩论的走向在很大程度上取决于他的行动、观点以及他创造的心理效应。他做的第一件事就是将注意力从接管州债转移到最终账目结算的问题上。他并没有对联邦接管州债表示反对。但他提议,作为对未决议案的修正,"同时采取有效措施,对各州在战争期间的全部支出进行清算并记账……在清算过程中,将接受各州能够提供的最佳证据"。换句话说,他在告诉大家,在为最终账目结算做出明确规定之前,他认为联邦接管州债将不会有太大的进展。在进行最终结算时,对各州提供的证据的解释会比委员会根据现行规定所做的解释更宽松,尤其是弗吉尼亚州,应给予其更多时间,让其充分地陈述自己的诉求。支持联邦接管州债的人果然上钩了。他们向麦迪逊表示,只有在确保有一个公正的最终结算方案的条件下,他们才会同意联邦接管州债。麦迪逊的动议获得了全票通过。[29]

麦迪逊现在调整了他的策略,开始采取更坚决的立场。他提出一个问题:既然联邦政府要负责所有的战争债务,那么为什么它不公平地承担已支付的债务,就像承担尚未支付的债务一样呢?麦迪逊的这一提议可能会被认为十分荒谬,因为这将使债务在财政部报告预估的2500万美元的基础上再增加1500万美元。但对于麦迪逊来说,该提议有一个很好的逻辑。一方面,这样的计划实际上对弗吉尼亚州更划算,因为该州可以凭借已支付的债务获得联邦证券,这部分收入能够使其减少或免除州税,而且超过了弗吉尼亚人为支持增加的联邦债务而必须支付的额外联邦税款。另一方面,麦迪逊基于更广义的公正概念，提出替代的联邦接管州债方案，模糊了汉密尔顿方案的道德基础，使得那些原本倾向于支持汉密尔顿方案的人变得不太确定。如果真正的公正需要付出如此巨大的代价，也许最终会有足够多的人说服自己，认为联邦没有必要接管州债。[30]

马萨诸塞州和南卡罗来纳州急于确定联邦接管州债的问题。为了让麦迪逊停止争论，费舍尔·埃姆斯提出要详细阐述一个慷慨的最终清算计划。麦迪逊公开表达了自己的担忧。"我必须承认，我担心，尽管我们可能采取各种措施，但在最终清算和调整账目时，仍可能会面临无法预料的困难；我相信，如果最终清算失败，承担现有的州债务确实将造成巨大的不公正。"同时，他补充说："如果我们能够确保道义上的确定性，并确信这一结果将迅速实现，那么我们可以合理地推迟接管州债，直到相关事项得到妥善解决。"这样一来，麦迪逊不仅引发了更多的疑虑，而且重新回到了他的弗吉尼亚同伴亚历山大·怀特（Alexander White）早些时候在一项不成功的提议中表达的立场，即如果要真正实施联邦接管州债的计划，就应该先确定最终清算方案。南卡罗来纳州的史密斯意识到麦迪逊试图推迟接管州债的计划。史密斯希望通过一项修正案，从而使麦迪逊的提议不再受欢迎。这项修正案要求将所有已付和未付的州债本金与利息全部计算在内，这将使所增加的债务不是1500万美元，而是2700万美元。经过这样的修改后，麦迪逊的提案未能通过。然而，即使有史密斯荒谬的附带条件，投票结果也令人不安地非常接近（28∶22）。显而易见，推迟接管州债的想法看起来越来越有吸引力。[31]

现在，联邦接管州债的支持者们全力推动这项议案进入投票阶段。3月9日，缺席的议员被召回，甚至生病的议员也被搬来，把联邦接管州债纳入融资法案的最初决议以31∶26的投票结果通过。但投票差距现在更小了，对接管州债的支持变得非常不稳定。来自北卡罗来纳州的新成员——他们都反对联邦接管州债——开始参与辩论。他们的主要发言人休·威廉姆森（Hugh Williamson）希望有更多时间讨论公共信用的问题，尽管该问题已被充分地讨论过。威廉姆森的提议被否决，但在3月29日，众议院以29∶27的投票结果，决定重新提交关于联邦接管州债的议案。实际上，3月9日的投票已被逆转。当4月12日再次对联邦接管州债的议案进行投票时，终于有了足够多的反对意见，以31∶29的票数击败了该议案。如果这一新的多数派能够保持下去，那将意味着完成后的融资法案不包含联邦接管州债务的条款。[32]

因此，麦迪逊取得了胜利，或者说，当众议院最终在4月26日投票结束关于联邦接管州债的辩论时，似乎是这样。[33]那么麦迪逊的胜利有多大价值呢？他是否准备不惜任何代价坚持下去呢？麦迪逊依然是一个国家主义者和革命爱国者，但他对于团结整个国家的希望已不像年初时那样坚定了。在过去的几周发生的事情，无疑削弱了他对于阻止联邦接管州债而感到的兴奋，并让他产生了某些预感。

在过去数周所发生的事情中，有一件是奴隶制问题的重新浮现。3月16日，众议院的一个委员会提交了两份反对奴隶制的请愿书，一份由贵格会在2月11日首次提出，另一份在次日收到，由宾夕法尼亚州促进废除奴隶制协会（Pennsylvania Society for Promoting the Abolition of Slavery）首次提出。第二份请愿书向国会呼吁，"你们将促进对这个苦难族群的仁慈和正义，你们将尽一切的努力，去阻止对我们同胞的各种形式的交易"，这具有一定的历史意义。这份请愿书是由该协会主席、备受尊敬的富兰克林签署并递交的，这也是他职业生涯中最后一次公开行动。富兰克林的职业经历包括在大陆会议任职、签署《独立宣言》、负责与法国达成战时联盟、实际起草与英国的和平条约、参与费城会议，并签署联邦宪法。[34]

委员会报告，这些请愿书促使他们"审查现行宪法下国会与废除奴隶制相关的权力"。其结论是，在1808年之前，国会无权禁止奴隶贸易，也无权解放在该年份之前在美国国内出生或输入美国的奴隶，或干涉各州关于奴隶制的"内部规定"。然而，国会可以规范奴隶贸易并征收宪法所提及的10美元进口税；言下之意是，国会可能对1808年后的奴隶解放和其他事项具有管辖权；同时，国会应鼓励州立法机构"根据需要不时修订法律，并推动实现请愿书中提到的目标"。报告最后说，"在国会有权处理的所有事务中，他们将根据正义、人道和良好政策的原则，为了请愿者的人道目标而行使权力"。[35]

南方议员对此的激烈反应让詹姆斯·麦迪逊深感沮丧，这些南方议员无法看到他们在北方议员眼中的形象，而麦迪逊却能够看到。伊达诺斯·伯克将贵格会会员斥为间谍、叛徒和敌人的供应商，直到他被责令停止。南卡罗来纳州的史密斯坚持认为，接受目前形式的委员会报告"会激起骚乱、暴乱和叛乱"。随后，史密斯发表了一段演讲，该演讲几乎涵盖了未来70年南方州支持奴隶制的所有论点，包括奴隶制在经济上的不可或缺性，黑人天生不适合其他身份，异族通婚的恐怖，历史和《圣经》中对奴隶制的认可，以及奴隶制对培养文化、提升修养和展现勇气的社会的支持。于是，通过一系列修改，委员会的报告删除了所有可能冒犯奴隶主的内容，并以一票的优势通过。麦迪逊曾向埃德蒙·伦道夫（Edmund Randolph）坦言，相关辩论"非常不体面，令人感到耻辱"，他提议将报告的原始版本和修正版本都载入众议院日志。他的提议以29∶25的投票结果通过。在这两次投票中，麦迪逊都支持北方议员。[36]

身为南方人的詹姆斯·麦迪逊认为，"南方议员的真正策略［应该是］尽量低调地推动事态发展，利用这个机会获得国会的权力，同时承认宪法所施加的限制"。作为一个国家主义者，詹姆斯·麦迪逊对这个问题的提出感到遗憾，这并非因为他不愿冒险挑战奴隶制，而是因为他不愿冒险危及联邦的团结。然而，他逐渐认识到，国家主义的代价就是容忍极端分子，这需要以一种高度模糊的方式，既抵消他们的影响，又安抚他们。[37]

本杰明·富兰克林于1790年4月17日辞世，享年85岁。对于伯克和杰克逊等人来说，富兰克林的生活和行为或许已经不再那么重要，但这些仍然深深地影响着詹姆斯·麦迪逊的意识和良知。4月22日，麦迪逊在众议院演讲，深情地讲述了富兰克林对人类和他的国家所做出的卓越贡献，并在结束时提出以下决议：

> 众议院获悉本杰明·富兰克林逝世的消息，作为一位杰出的公民，他的非凡才智不仅是人性的灿烂光辉，也为科学、自由和国家做出了许多宝贵的贡献。为了表达对他的怀念和敬意，众议院决定，所有议员将在未来一个月内佩戴传统的哀悼徽章。[38]

与此同时，麦迪逊也对受挫的接管州债支持者的绝望言论感到担忧。康涅狄格州的耶利米·沃兹沃思（Jeremiah Wadsworth）在4月1日宣称："我必须承认，先生，我对联邦接管州债的前景几乎失去了希望，同时，我也将对国家政府感到绝望。"马萨诸塞州的西奥多·塞奇威克（Theodore Sedgwick）在4月12日发表了一场激烈的演讲，其间，他被弗吉尼亚州的一名议员制止了。康涅狄格州的罗杰·谢尔曼（Roger Sherman）在4月21日提出了一项提案，试图以略微修改过的形式重新引入联邦接管州债的议题，麦迪逊随后发表了一篇演讲，反映出他内心的一些冲突。他仍然非常希望事情按照他的意愿进行，但又担心可能带来灾难性的后果。他希望联邦接管州债的支持者们不要仅凭微弱的多数，推动"一件如此重要又微妙的事情"（尽管他自己获得的多数也并非压倒性的）。最后，他恳请他们"不要频繁断言，如果州债得不到解决，联邦债务也将得不到解决；更不要说，如果联邦不接管州债，就会危及联邦"。然而，就在几天前，他致信詹姆斯·门罗（James Monroe）："如果我们继续保持多数席位，我们将冒受到他们所预言的事情威胁的风险。"39

第三节 决议

在5月的第二个星期，弗吉尼亚的理论家麦迪逊再次集中精力关注另一个问题。他在2月份曾试图用他自己的融资计划取代汉密尔顿的总体规划，但未能成功。他针对联邦接管州债的问题再次进行了尝试，尽管这次看起来更有可能成功，但在议案获得足够支持并通过两院表决之前，仍然无法确定。现在，他又有机会从另一个方面抨击这一总体规划体系，前提是假定美国与英国有密切的海上联系。麦迪逊再次提出他在前一年曾极力推动但未能成功的计划，即通过对英国船只征收歧视性关税，尽可能地削减英国在美国贸易中的份额，并将其转移到法国。在这方面，他得到了新任国务卿托马斯·杰斐逊的积极鼓励。

麦迪逊再次提出歧视性关税计划的机会来自新罕布什尔州朴次茅斯商人的请愿，他们请求政府保护他们的造船业。众议院委员会在关于请愿书的报告中，建议将目前对所有抵达美国港口的外国建造船只征收的吨位税从每吨50美分提高到1美元，该报告于5月10日被采纳。麦迪逊趁机大幅扩大了委员会建议的范围，他提出了一项修正案，将该税收适用于"所有未与美国签订商业条约的国家建造的船只"。这项修正案的影响远远超出了美国的造船业；现在它的影响范围涵盖了美国的整个商业和外交关系。一方面,该计划对法国豁免(并因此对法国有利),因为美国确实与法国签订了商业条约。麦迪逊为法美贸易描绘了一个乐观的前景,这更多地是基于愿望而非事实:不久的将来,"法国的贸易给美国带来的利益可能是其他贸易国的三倍"。另一方面,他的计划显然使英国受到了歧视性的待遇。在这里,麦迪逊坚持的观念同样更强调指导性而非预测性,他认为:"我们没有英国可以做得更好,而她没有我们则会更糟;我们可以通过削减奢侈品消费获得优势。"[40]

麦迪逊的修正案获得通过,第二天他又提交了另一项修正案,进一步加强了立场。他提出,不仅应该对那些未与我们签订条约的国家的船只征收更高吨位税,而且还应该禁止这些船只运载任何美国原产的农产品或原材料。这项提案遭到了强烈的反对。西奥多·塞奇威克抗议说:"这是一种无用的情感宣言,不是由理智指导的……"麦迪逊反驳道,这根本不是情感宣言,而是一种"冷静而适当的措施";考虑到西印度群岛的存在和英国的繁荣依赖于美国的贸易,"如果她冒险中断贸易,那将是疯狂的"。他的修正案再次获得通过,但增加了一条规定,豁免"任何允许使用美国船只进口鱼类或其他腌制食物、谷物和木材的国家"(这可以被视为一种贿赂,以期望英国人开放西印度群岛的贸易)。国会要求提交一项法案,麦迪逊现在已经得到了他想要的一切。杰斐逊兴高采烈地写信给他的新女婿:"吨位法很可能会通过,我相信,它一定会产生有益的影响。在这个我认为无法回避的问题上,它展示了我们政府的活力。"[41]

然而,事情随后开始发生变化,就像1789年一样,出现了一股神秘的阻力,逐渐地削弱了麦迪逊的多数票。原则上,每个人都希望看到英国放宽商业限制,没有人会反对任何可能促使他们这样做的手段。但是,强烈的疑虑、重新思考和各种私下劝说(毫无疑问,汉密尔顿又在其中扮演了一定的角色），使许多成员改变了对这种特殊手段的看法。南方州担心，这将导致它们的农产品航运能力不足和运费上涨，"对南卡罗来纳州和佐治亚州征税，以补贴马萨诸塞州和新罕布什尔州"。北方州认为，英国人很可能会进行报复，而贸易战将彻底毁掉美国的商业。结果，到6月23日，所有歧视性条款都已从法案中删除，吨位税也有所降低，这样一来，无论通过什么法案，都只不过是对1789年吨位法的重新制定而已。[42]

与此同时，杰斐逊一直在安排当地报纸发表他收到的或征集的要求采取歧视性措施的信函。在此期间，他收到伦敦的古弗尼尔·莫里斯发来的一份报告：

> 我有一些理由相信，现任政府打算继续占领西北哨所，并拒绝为黑奴支付赔偿。如果是这样的话，他们将尽力寻找最好的借口掩饰他们的违约行为。我还倾向于认为，他们认为与美国签订商业条约是完全没有必要的，并且他们确信可以在不签订条约的情况下从我们的贸易中获得所有利益。当然，我们可以在我们的港口对他们实施限制，但他们认为，这种做法会被美国的一些人视为另一些人出于私利而不是公共利益所采取的行动。

这封信无疑让杰斐逊和麦迪逊感到非常愤怒，不仅因为信中所传达的消息，还因为英国政府对美国人的行为以及他们不愿（甚至可以说是无能力）采取团结行动的预测都十分准确。[43]

麦迪逊并未放弃，他在6月30日又进行了一次尝试。歧视性待遇的构想既然已被否决，也许提出"对等原则"会更受欢迎。对此，麦迪逊解释道，目前的英美贸易并不存在对等性，他现在提出了一种实现对等的方式，即对那些不允许美国船只运载特定物品进出美国的国家，将禁止其在自己的船只上运载同样的物品。麦迪逊的固执终于让詹姆斯·杰克逊失去了耐心。"他认为弗吉尼亚的那位先生，一个接一个地提出令人反感的建议实在是不可思议；这位先生最心爱的一个提案已经失败了，他仍顽固地坚持自己的目标，现在又提出了另一个，我认为同样令人反感。"于是，在当时的会议期间，再也没有听到有关歧视性待遇或"对等原则"的内容。[44]

根据托马斯·杰斐逊的说法，1790年的两个最重要的问题——联邦接管州债和为国家首都选址——于6月的某个时候在他的餐桌上达成了共识。他亲自主持了这次会面，詹姆斯·麦迪逊代表支持将国家首都设在波托马克河附近的派别，而亚历山大·汉密尔顿则代表支持联邦政府接管州债的派别。6月2日，众议院通过了一项融资法案，其中未涉及联邦政府接管州债的问题，无论参议院可能采取何种行动，汉密尔顿的计划都会受阻，除非众议院能够以某种方式推翻自己的决定。汉密尔顿感到绝望。杰斐逊写道：

> 有一天，我去拜访总统。当我走近门口时，遇到了汉密尔顿，他的神情阴郁、憔悴，有一种难以形容的沮丧。甚至他的衣着也显得草率，不再注重细节。他要求与我交谈。我们站在门口附近的街道上。他开始谈起联邦接管州债的话题，强调了它在总体财政安排中的必要性，以及对保持联邦完整的不可或缺性：特别是新英格兰地区的各州，在战争期间的花费巨大……［并且它们］将把接管州债作为联邦持续存在的必要条件。至于他自己，如果他没有足够的信誉来推行这样一项措施，他将毫无用处，那样的话，他决心辞职。他同时

指出，尽管我们各自负责不同部门的具体工作，但行政管理及其成功是我们共同关心的问题，我们应该共同努力，支持彼此……考虑到目前的情况，我认为达成和解的第一步，是让麦迪逊先生和汉密尔顿上校就这个问题进行友好讨论。我立即写信给他们两人，邀请他们第二天来我家共进晚餐，并强调我们将独处……他们来了。我向他们开启了这个话题，承认自己未能充分理解这个问题，但鼓励他们一起考虑这件事。他们这样做了。最后，麦迪逊先生默许了一个提议，即该议题将由参议院以修正案的形式再次提交给众议院，他不会投赞成票，也不会完全撤回反对，但他不会坚决抵制，而是听其自然。我记不清他们中的哪位说，该提议对南方各州来说将会是一剂苦药，因此应该做些什么来安抚它们；把政府所在地迁至波托马克河畔，这是一项公正且可能受到它们欢迎的措施，而且这是联邦政府接管州债后的一项适当的措施。他们同意与［弗吉尼亚州的］怀特先生和李先生谈一下……他们这么做了。李先生毫不犹豫地参与进来。怀特先生起初有些犹豫，但最终还是同意了。这一方案于是以修正案的形式提交给众议院，并因怀特和李的投票改变而获得通过。然而，如果不能争取到宾夕法尼亚州的支持，将首都迁至波托马克河畔的提议就无法实现。汉密尔顿亲自承担了这一任务，据我所知，他主要是通过罗伯特·莫里斯作为中间人，以同意将费城作为临时首都为条件，获得了宾夕法尼亚州的投票。这就是关于联邦政府接管州债的真实历史……[45]

在后续事件的证实下，历史学家普遍认为杰斐逊关于条件交易的故事是可信的。然而，鉴于有人对杰斐逊版本的连贯性提出了质疑，对此展开进一步的思考可能是必要的。根据雅各布·E.库克（Jacob E. Cooke）的观点，杰斐逊声称的这种规模的交易根本不可能发生，而且，在那次晚宴上所说过的任何话，也不可能决定融资法案和定都法案以其最终形式通过。在很大程度上，首都选址和联邦政府接管州债这两件事是无关的，虽然确实进行了一些讨价还价，但关键的交易是针对每项措施单独进行的。关于"定都"，即首都选址问题的谈判，是在弗吉尼亚和宾夕法尼亚代表团之间达成的，而且在6月20日晚宴之前就已经达成，而联邦接管州债的问题也不是仅凭两名弗吉尼亚国会议员就可以解决的。至于其他方面，偶然性肯定会起到一定的作用："偶然性也许像隐秘的原因或阴谋一样，经常决定事件的进程。"[46]

这种观点虽有道理，但历史有时难以解释。在这种情况下，全面重新审视证据后，我们得出这样的结论：综合考虑，没有什么比托马斯·杰斐逊所叙述的故事更能简明地描述所发生的事情。的确，在这件事发生时，关于首都选址的问题已经达成了基本共识。而且，对每个法案的细节讨论，在很大程度上独立于另一个法案。但这两个问题的命运都尚未确定，都要等到最后一刻才能确定。整个过程中，多数票一直非常不稳定，关于首都问题的讨价还价已经进行了一年多，期间频繁地达成和解除协议，这样的情况令人紧张。要最终敲定任何像这样的交易，一些更广泛的共识是必不可少的，不仅是为了达成协议，也是为了使其持续有效。诚然，仅凭杰斐逊、麦迪逊和汉密尔顿三人无法强制实行一个最终决议。但考虑到当时的情况，一个合理的猜测是，如果没有他们的默许，很可能不会达成任何解决方案。可以假设，他们在那次安静的晚宴上达成的共识，为确保他们在法案通过之前保持一致提供了必要的道德支持，并且由于在接下来的十到十五年中可能发生任何事情，也保证了协议在之后仍然有效。即使这次会面没有取得其他成果，也至少确保了对支持联邦接管债务者来说至关重要的一件事，那就是詹姆斯·麦迪逊的沉默。

首都选址问题涉及两个因素。一个是地理上的可及性（纽约人会认为是"便利性"，而弗吉尼亚人则会认为是"中心性"）；另一个是州与地方的自身利益。这些考虑因素相互作用，使得永久首都有可能选择一个相对位于中心位置的地方（可能是波托马克河附近或宾夕法尼亚州的某个地方），而且只有选择几乎完全未开发的地点才能避免地方间的嫉妒心理。所有这些都意味着在准备永久首都的同时，必须在某个地方设立临时首都，而被设为临时首都的两个最有可能的地点是纽约和费城，尽管巴尔的摩也被人提及。在所有这些因素的影响下，最终安排在理论上可能呈现出几乎无穷无尽的形式，同样，出现僵局（无法达成任何协议）的可能性也相当大。事实上，1789年议会在试图解决这个问题时，就已经遇到这种情况。[47]

有多少地方就会有多少地方利益，但最强大的单一地方利益集团是纽约和费城的利益集团。这两个城市的策略都是力争成为临时首都，同时暗中希望时间和环境能使自己成为永久首都。其次，大致有三个区域性集团，尽管它们的凝聚力只是表面上的。一个是整个南方州集团，其中最重要的是弗吉尼亚州。它们的目标是将永久首都设在波托马克河附近，这一点在集团内的各州之间达成了普遍共识，但在临时首都的策略上却存在着严重分歧。南卡罗来纳人更倾向于纽约，而弗吉尼亚人则倾向于认为，实现其目标的最好办法是达成一项包括费城在内的交易。第二个区域性集团由包括新英格兰地区和纽约州在内的北方州组成，它们的主要愿望是让首都远离遥远的波托马克河，并尽可能暂时留在纽约市。第三个，也是关键的一个区域性集团，由宾夕法尼亚州在众议院和参议院的代表组成。与其他州不同，宾夕法尼亚州对临时首都和永久首都选址的争夺都非常激烈，从一开始，它就有可能获得其中的一个，甚至是两个。然而，在1790年会议初期，由于内部分歧，宾夕法尼亚人几乎放弃了将宾夕法尼亚州作为永久首都选址的认真努力，开始将大部分精力集中在将临时首都迁至费城。因此，早在2月，宾夕法尼亚人就已经做好准备，如果别无选择，他们愿意将永久首都选在波托马克河畔，但要将临时首都设在费城作为交换条件。[48]

这种新出现的思维方式在5月的最后一周和6月的前两周受到了测试。那段时间的事件可以被看作纽约和费城争夺临时首都地位的最后斗争，其他力量都围绕着这两个城市进行组合和重新组合。宾夕法尼亚州的策略是首先争取将下一届议会的地点移至费城，而不做出关于永久首都的承诺。纽约的策略是首先提议在波托马克河畔设立永久首都，以换取纽约多做几年临时首都（与费城的支持者不同，纽约人意识到，如果没有对等的交换条件，他们成功的机会很小）。在这个精心编排的舞台剧中，每个参与者似乎都对影响其他所有人的因素和力量有着敏锐的认识。罗伯特·莫里斯无法说服其他人在参议院提出宾夕法尼亚州的动议，最后他自己提出了。5月26日，当他和来自纽约的参议员鲁弗斯·金（Rufus King）对视时，发生了欢快的一幕。莫里斯多次起立发言，要求对他的动议进行表决。他一开始轻声笑了一下，金也笑了，其他人也跟着笑起来；当身材臃肿的莫里斯不断起身时，笑得一次比一次开心，同样身材臃肿的金也回以一次比一次热烈的笑声；最终，除了沮丧的麦克莱，整个会议室里的人在没有恶意的欢乐中沸腾起来。[49]

莫里斯的动议在参议院以两票之差落败，然而第二天，宾夕法尼亚州的菲茨西蒙斯在众议院提出了同样的提案。尽管南卡罗来纳州、纽约州和新英格兰地区强烈反对，但该提案还是在5月31日以38：22的投票结果获得通过。与此同时，南卡罗来纳州的皮尔斯·巴特勒开始在参议院推动将纽约作为临时首都。5月31日，巴特勒提出了一项议案，提议将永久首都设在波托马克河畔，条件是纽约继续作为临时首都，并成功地使众议院委员会暂时搁置关于费城的决议,以等待预期中的罗得岛州参议员的到来。弗吉尼亚人和卡罗来纳人都希望将首都设在波托马克河畔,尽管如此,他们在该问题上也存在分歧。卡罗来纳人确信,最佳策略是支持纽约作为临时首都,因为与费城相比,纽约更难保持首都地位。但弗吉尼亚人开始相信,将永久首都设在波托马克河畔的唯一途径是通过宾夕法尼亚州。的确,宾夕法尼亚人不值得信任,但纽约人的可靠性更差。一旦争取到临时首都地位,二者当然都会努力保持首都地位,但如果失败,纽约人将比宾夕法尼亚人更坚决地抵制将首都迁至南方,他们甚至可能与宾夕法尼亚达成协议,将永久首都设在波托马克河以外的其他地方。[50]

两项提案(分别支持费城和纽约)在参议院的命运在众议院引发了一种异常情况。6月8日,费城提案在参议院再次被否决,关于波托马克河的提案也被否决,原因是,费城的支持者同意投票反对任何永久地点提案,认为这是他们的敌人为分裂他们而采取的策略,如果通过这样的提案,他们可能会失去一切。于是,众议院的费城支持者决定坚持众议院先前的投票,并试图重新通过将下届议会地点暂时移至费城的动议。但他们被一项以巴尔的摩取代费城的修正案挡住了,该修正案以三票的优势通过。异常情况就是巴尔的摩的出现,支持它的人很少。但三名巴尔的摩支持者加入了反费城联盟,由于议会混乱,以及众议院的规则禁止再次将费城提案纳入议程,修正后的法案获得通过。然而,参议院不可能接受巴尔的摩提案,这在之前的反复投票中已经很明确,因此现在必须做出某种妥协。汉密尔顿和杰斐逊分别意识到了这一点。[51]

汉密尔顿一直为联邦接管州债的事情感到困扰,他在6月12日会见了罗伯特·莫里斯。如果莫里斯能在众议院争取到五票,在参议院争取到一票,以支持联邦接管州债的提案,汉密尔顿将努力说服纽约人支持在特拉华河附近设立永久首都。莫里斯告诉他,这笔交易还必须包括将费城作为临时首都。莫里斯之所以这样说,可能是因为尽管他本人支持联邦接管州债,而且他自己拥有特拉华河附近的土地,因此很难抗拒在那里进行首都选址的诱惑,但他同时也知道,大多数宾夕法尼亚人更喜欢萨斯奎哈纳河,并且反对联邦接管州债,如果不以费城作为交换条件,他就没有机会说服他们。然而,无论如何,这项交易并未成功。宾夕法尼亚人拒绝了莫里斯的提议,而纽约人也不愿放弃临时首都的地位,拒绝了汉密尔顿的提议。[52]

6月14日,托马斯·杰斐逊也与莫里斯进行了接触,提议将临时首都迁往费城,以换取将永久首都设在波托马克河畔。在对巴尔的摩的投票结果感到震惊后,弗吉尼亚州的议员们开始与宾夕法尼亚州代表团进行类似的接触。现在,这两个利益集团都认为这种交换最有希望实现各自的目标,而在6月20日杰斐逊、汉密尔顿和麦迪逊举行那场著名的晚餐会议之前,双方已经在这方面达成了共识。[53]

然而,问题仍然存在:为什么这次晚餐会议被认为如此重要?为什么需要举行这次会议呢?杰斐逊和麦迪逊应该知道将首都设在波托马克河畔的目标已经近在眼前,因为他们亲自参与了弗吉尼亚和宾夕法尼亚之间的接触。杰斐逊此时已经准备在联邦接管州债问题上让步,麦迪逊似乎也是如此,两人都担心坚持立场可能带来的后果。[54]那么,他们为什么还要费心与汉密尔顿交涉呢?在某种程度上,我们必须相信这些当事人自己的判断,因为他们对实地情况的了解不亚于其他人,而他们深信进一步达成共识是必要的。这也引发了一些思考:对最高级别的政治家来说,"交易"意味着什么?

对弗吉尼亚人来说,与汉密尔顿达成共识意味着他将承诺支持将波托马克河作为首都选址,对他的回报是他们已经准备做出让步;同时,这也为他们不再反对联邦政府接管州债提供了私下道义上的认可。

而对汉密尔顿来说,尽管他确切知道杰斐逊和麦迪逊实际上无法真正"推动"联邦接管州债,但与他们达成协议可以实现一些目标。它可以使众议院中的两位弗吉尼亚议员改变立场,并隐含地唤起南方州议员们的正义感:既然已经确保波托马克河的选址,他们就应该在联邦接管州债问题上表现得更加理性。而最重要的保证——这对汉密尔顿来说价值无穷——就是詹姆斯·麦迪逊,这位迄今在联邦接管州债问题上最具策略性的反对者,不再反对这件事。当然,汉密尔顿在首都选址问题上抛弃了他的纽约同胞。正如他在两天后向鲁弗斯·金解释的那样,"费城和波托马克河的安排很糟糕,但是它将确保融资计划和联邦接管州债,而坚持将纽约作为临时首都会破坏这些计划"。同时,汉密尔顿已经准备让他在参议院的盟友在细节上做出必要的妥协,以便提出一个可接受的融资方案,其中将包括联邦接管州债。[55]

简而言之,在该层面上的交易不能仅通过简单的机械标准或投票结果来判断,因为如果完成交易所需的必要条件不具备,交易就不可能实现。但此交易不仅具有价值,而且也是必须进行的。因此,它将由相关的最重要人物批准,并尽可能地赋予其合法性,这些重要人物是唯一有能力以自己的名誉保证履行交易的人。实际上,正是出于这个原因,托马斯·杰斐逊、亚历山大·汉密尔顿和詹姆斯·麦迪逊在1790年6月20日晚上采取了行动。

到了7月中旬,一项定都法案已经通过,一项包含联邦接管州债的融资法案也即将完成。对定都法案来说,最关键的是6月29日参议院的投票:马萨诸塞州和南卡罗来纳州的参议员转变立场,从支持纽约转向支持费城,而这两个州最渴望联邦接管州债。[56]一项可接受的融资法案也是参议院起草的,一直以来,参议院对于联邦接管州债的接受程度都要高于众议院。法案中,联邦政府接管州债的范围被限定在规定的金额内,而某些州(尤其是弗吉尼亚州、北卡罗来纳州和佐治亚州）则获得了额外的补贴。在最终的账目结算中，各州的支出证据将会获得宽松解释。应计利息证书的兑换利率降至3%，对全部债务支付6%利率的要求也被悄悄地压了下去；此外，还规定以100∶1的比率回收大陆币，而不是建议的40∶1。尽管这些妥协很重要，但对汉密尔顿来说，并没有在原则上做出很大让步，都在他随时可以接受的范围内。该法案于7月12日提交委员会审议，并于16日在参议院通过。7月26日，该法案在众议院通过。在众议院，仅凭两位弗吉尼亚议员的票数可能是不够的，但是，如果没有他们，该法案的通过将面临巨大困难。[57]

其中一位弗吉尼亚议员是理查德·布兰德·李（Richard Bland Lee），他在那个月的早些时候发表了一次演讲，当时众议院正准备对定都法案进行最后的表决。李的演讲中包含了一些暗示，其核心是南方州不会接受在波托马克河以外的其他地点设立首都，但如果北方州接受这一点，南方州将接受联邦政府接管州债的提议。同一天，即7月6日，詹姆斯·麦迪逊发表了另一篇演讲。麦迪逊从不说任何没有事先考虑过的话。众所周知，宾夕法尼亚人即将获得将国家首都设在"友爱之城"*10年的机会，他们会非常重视任何留住首都地位的机会。但他们和其他北方人一样，只能被信任。"我们的法案，"麦迪逊说，"不像米底人和波斯人的法案那样不可改变。没有任何规定可以防止被废除……但我相信，公共利益和政府的承诺将会得到尊重。"[58]

"政府的承诺"这个外交辞令很巧妙。共和国的法律一旦制定出来，行政长官就有责任确保法律得到执行。在目前的情况下，行政长官很快就会实现自己的愿望，因此有充分的理由立即采取行动。[59]此外，尽管财政部长和国务卿对他们所达成协议的其他部分不太满意，但为实现这一目标，还是做出了承诺。

---

* "友爱之城"（City of Brotherly Love）是费城的昵称。

注释

1. Madison to Jefferson, Oct. 8, Nov. 1, 1789; to Washington, Nov. 20, 1789; *PJM*, XII, 433, 439, 451–453.

2. 关于"定都问题"(首都选址问题)最完整的叙述,见 Kenneth Bowling, "Politics in the First Congress, 1789–1791"(未发表的论文,U. of Wisconsin, 1968), pp. 152–199。

3. Madison to Washington, Nov. 20, 1789, *PJM*, XII, 451–453.

4. 同上; same to same, Dec. 20, 1789, 同上, 458–459, Hardin Burnley to Madison, Nov. 28, Dec. 5, 1789, 同上, 455–456, 460。Edmund Randolph to Washington, Nov. 26, Dec. 6, 15, 1789; Richard Henry Lee and William Grayson to His Excellency the Governor of Virginia, Sept. 28, 1789; the same to The Honorable the Speaker of the House of Representatives in Virginia, Sept. 28, 1789; David Stuart to Washington, Dec. 3, 1789; Edward Carrington to Madison, Dec. 20, 1789; all in *Documentary History of the Constitution of the United States of America, 1786–1870* (Washington, 1894–1905), V, 214–225, 227–230。Madison to Washington, Jan. 4, 1790; Henry Lee to Madison, Nov. 25, 1789; *PJM*, XII, 466–467, 454–455。

5. Robert A. Rutland, *The Birth of the Bill of Rights, 1776–1791* (Chapel Hill, N.C., 1955), p. 215. 弗吉尼亚州最终在1791年2月15日批准了修正案。关于一项否决联邦政府征收直接税权力的修正案的辩论,参见 Helen Veit et al., eds., *Creating the Bill of Rights: The Documentary Record from the First Federal Congress* (Baltimore, 1991), pp. 206–213。

6. 参见上文,pp. 127–128。Madison, memorandum dated Oct. 8, 1789; Madison to Jefferson, Oct. 8, 1789; *PJM*, XII, 433–434。

7. Malone, *Jefferson*, II, 241–249; Brant, *Madison*, III, 287–289; Jefferson to Washington, Dec. 15, 1789, *PTJ*, XVI, 34–35; Madison to Washington, Jan. 4, 1790, *PJM*, XII, 466–467; Washington to Jefferson, Jan. 21, 1790; Madison to Jefferson, Jan. 24, 1790, *PTJ*, XVI, 116–118, 125–126, 184.

8. E. James Ferguson, *The Power of the Purse: A History of American Public Finance, 1776–1790* (Chapel Hill, N.C., 1961), pp. 297–299. Hamilton to Edward Carrington, May 26, 1792, *PAH*, XI, 428.

9. Ferguson, *Power of the Purse*, pp. 251–257, 270; Joseph S. Davis, *Essays in the*

Earlier History of American Corporations(Cambridge, Mass., 1917), I, 339–341.

10. 同上; Maclay, *Journal*, p. 179 (Jan. 18, 1790); Madison to Jefferson, Jan. 24, 1790, *PJM*, XIII, 4; Whitney K. Bates, "Northern Speculators and Southern State Debts: 1790," *WMQ*, 3rd Ser., XIX (Jan. 1962), 30–48。

11. Speeches of James Jackson (Ga.), Jan. 28, 1790, *AC*, I Cong., 2 Sess., 1095, 1096; Maclay, *Journal*, pp. 177–178; Hamilton to Henry Lee, Dec. 1, 1789, *PAH*, VI, 1; Ferguson, *Power of the Purse*, pp. 271–272; Davis, *American Corporations*, I, 174页及以后的内容。Robert F. Jones, "William Duer and the Business of Government in the Era of the American Revolution," *WMQ*, 3rd Ser., XXXII (July 1972), 393–416; Cathy Matson, "Public Vices, Private Benefit: William Duer and his Circle, 1776–1792," William Pencak, ed., *New York and the Rise of American Capitalism* (New York, 1989), pp. 72–123。

12. Brant, *Madison*, III, 290–305; Ferguson, *Power of the Purse*, pp. 298, 302.

13. Madison to Jefferson, May 9, 1789; to Henry Lee, Apr. 13, 1790; *PJM*, XII, 143, XIII, 148. Henry Lee to Hamilton, Nov. 16, 1789; Hamilton to Lee, Dec. 1, 1789; *PAH*, V, 517, VI, 1. Lee to Madison, Apr. 3, 1790, *PJM*, XIII, 137.

14. Madison to Jefferson, Jan. 24, 1790, *PJM*, XIII, 4.

15. *AC*, I Cong., 2 Sess., 1094, 1099–1100; 1139–1143.

16. 同上, 1145–1147; Maclay, *Journal*, pp. 200–201。

17. *AC*, I Cong., 2 Sess., 1131–1137, 1143–1144, 1149–1155.

18. 同上, 1191–1197, 1182, 1191。

19. 同上, 1182–1191, 1197–1205; Donald L. Robinson, *Slavery and the Structure of American Politics, 1765–1820* (New York, 1971), pp. 302–304。

20. *AC*, 1 Cong., 2 Sess., 1191–1196.

21. 同上, 1206–1240。

22. 同上, 1270–1296, 1298; Brant, *Madison*, III, 298; Maclay, *Journal*, p. 202。

23. Madison to Hamilton, Nov. 19, 1789, *PJM*, XII, 449–451.

24. Madison to Jefferson, Feb. 14, 1790; to Edward Carrington, Mar. 14, 1790; *PJM*, XIII, 41, 104.

25. 参见上文, p. 121。

26. 这一段和上一段参考了 Ferguson, *Power of the Purse*, pp. 203–219。

27. 同上，p. 304。

28. Albert Gallatin, "A Sketch of the Finances of the United States," Henry Adams, ed., *The Writings of Albert Gallatin* (Philadelphia, 1879), III, 70–203.

29. *AC*, 1 Cong., 2 Sess., 1338–1342, 1384.

30. 同上，1384–1392。

31. 同上，1392–1393, 1403；怀特的动议于2月25日提出，第二天就被否决了（1345–1377）；1406, 1408。

32. Maclay, *Journal*, p. 209; *AC*, 1 Cong., 2 Sess., 1478–1480, 1525.

33. 同上，1544。

34. 请愿书载于同上，1182–1183, 1197–1198。

35. *AC*, 1 Cong., 2 Sess., 1473–1474；另见 Robinson, *Slavery in Politics*, pp. 304–306。委员会报告中提出的时间点1808年的重要性，源于宪法第1条第9款的规定，即奴隶的进口可以合法地持续到该年。

36. 同上，pp. 306–311; *AC*, 1 Cong., 2 Sess., 1450–1473; Madison to Randolph, Mar. 21, 1790, *PJM*, XIII, 110。

37. 同上。

38. *AC*, 1 Cong., 2 Sess., 1534; Brant, *Madison*, III, 309.

39. *AC*, 1 Cong., 2 Sess., 1513, 1525–1526, 1532–1544; Madison to Monroe, Apr. 17, 1790, *PJM*, XIII, 151.

40. *AC*, 1 Cong., 2 Sess., 1557, 1570–1572.

41. 同上，1572–1581; Jefferson to Thomas Mann Randolph, May 30, 1790, *PTJ*, XVI, 450；另参见 Madison to Monroe, June 1, 1790, *PJM*, XIII, 233–234。

42. *AC*, 1 Cong., 2 Sess., 992–993, 997, 1006, 1653–1655, 1656–1657, 2240–2241; Maclay, *Journal*, p. 310; *New York Daily Advertiser*, June 29, 1790. *AC*中对这项措施的报道不够清晰，让人很难理解。似乎在1790年7月1日，埃尔布里奇·格里提议众议院同意参议院的修正案，取消歧视，众议院以31:19的投票结果接受了这个提议。参见 *DHFFC*, VI, 1951。

43. "Documents on American Commercial Policy," 以及 Washington to Jefferson, June 19, 1790, 带附件, *PTJ*, XVI, 513–535。

44. *AC*, 1 Cong., 2 Sess., 1656–1657.

45. 上述内容是一份未注明日期的备忘录，大约写于1792年，重刊于 *PTJ*, XVII,

205—207，是杰斐逊留下的关于接管州债和定都问题的两份记录之一；另一份包含在1818年为备忘录文集"Anas"写的导言中，重刊于 *WTJ*, I, 161–164。他还在1792年9月9日给华盛顿的一封信中简要提到了这件事，称他当时被"财政部长欺骗了……成为推进他的计划的工具，当时我还没有充分理解他的计划；在我的政治生涯中，这是我最后悔的错误之一"。*PTJ*, XXIV, 352。

46. Jacob E. Cooke, "The Compromise of 1790," *WMQ*, 3rd Ser., XXVII（Oct. 1970），523–545.

47. 该讨论要感谢肯尼斯·鲍林（Kenneth Bowling）的《第一届国会中的政治》（*Politics in the First Congress*）第6章的详实资料，我们同样假设杰斐逊的晚宴发生在1790年6月20日。我们稍微修改了鲍林关于两个投票联盟的观点，并根据托马斯·菲茨西蒙斯关于宾夕法尼亚州"掌握着平衡"的说法，认为在某些方面，宾夕法尼亚州代表团单独构成第三个派别（Cooke, "Compromise," 525, n.6）。关于"中心性"和"便利性"，参见 *AC*, 1 Cong., 2 Sess., 1660–1679。"在一个代表性机构中，当涉及最具地方利益忠诚度的问题时，国家的'中心'只能以抽象的理论中心来定义，例如制图师、测量员或人口统计学家所构建的中心点。"James S. Young, *The Washington Community: 1800–1828*（New York, 1966），p. 16。关于鲍林对库克的"Compromise"的批评以及库克的回应，参见 "Dinner at Jefferson's: A Note on Jacob E. Cooke's 'The Compromise of 1790'", *WMQ*, 3rd Ser., XXXIII（Apr. 1976），314。另参见 Norman K. Risjord, *Chesapeake Politics, 1781–1800*（New York, 1978），pp. 363–393；Forrest McDonald, *Alexander Hamilton: A Biography*（New York, 1979），pp. 181–188；以及 Charlene B. Bickford and Kenneth R. Bowling, *Birth of the Nation: The First Federal Congress, 1789–1791*（Madison, Wis., 1989），pp. 67–75。

48. 参见上文，pp. 133–134；Maclay, *Journal*, p. 190；Bowling, "Politics," p. 173。南卡罗来纳州和其他两个南方州倾向于选择纽约，不仅是因为纽约有更便利的海上交通，还因为南方州意识到费城在奴隶制问题上持敌对态度，这一点体现在贵格会的请愿书和宾夕法尼亚州的法律上，后者要求释放任何在该州停留超过6个月的奴隶。Kenneth R. Bowling, *The Creation of Washington, D.C.: The Idea and Location of the American Capital*（Fairfax, Va., 1991），pp. 89, 176, 191, 212。

49. Bowling, "Politics," pp. 173–174；Cooke, "Compromise," 528–529；Maclay, *Journal*, pp. 271–275.

50. *AC*, 1 Cong., 2 Sess., 1622, 1625–1626; Madison to Monroe, June 1, 1790, *PJM*, XIII, 233–234; Maclay, *Journal*, pp. 278–282; Richard Henry Lee to Thomas Lee Shippen, June 5, 1790, James C. Ballagh, ed., *The Letters of Richard Henry Lee* (New York, 1914), II, 521–522; Bowling, "Politics," p. 174.

51. Maclay, *Journal*, pp. 284–286; Bowling, "Politics," pp. 175–177; *AC*, 1 Cong., 2 Sess., 1660–1663; Jefferson to George Mason, June 13, 1790, *PTJ*, XVI, 493.

52. Maclay, *Journal*, pp. 292–295.

53. 同上，p. 294; Bowling, "Politics," p. 182; Peter Muhlenberg to Benjamin Rush, June 17, 1790, 引自同上，p. 183。

54. 麦迪逊在1790年6月17日写给门罗的信中说："我怀疑，在某种程度上承认这种邪恶仍将是不可避免的。"杰斐逊在6月13日向乔治·梅森写了类似的话，并补充说："总的来说，我认为在我们这样的政府中，给予和接受都是必要的。"*PJM*, XIII, 247; *PTJ*, XVI, 493。

55. King, *King*, I, 384.

56. 库克称6月29日参议院中的投票转变"令人费解"，因为马萨诸塞州的参议员在后来的投票中又转而反对费城。然而，通过简单的解释，就基本上可以解开这个谜团，原因就是新形成的一种观点：首都选址和联邦接管州债这两个问题实际上是相互关联的。马萨诸塞州的议员似乎被汉密尔顿说服了，即如果没有费城和波托马克河的交易，他们永远不会实现联邦接管州债的目标，这就很容易理解他们最初的转变（以及南卡罗来纳州议员巴特勒的转变）。然而，他们这样做是不情愿的，因为他们不愿意抛弃纽约。之后他们转变可能是因为他们相信，费城—波托马克河方案（在6月29日的第一次投票中以16∶9的多数票通过）即使没有他们的投票也能够通过。该议案最终于7月1日在参议院获得通过，7月9日在众议院获得通过。Cooke, "Compromise," 537; King, *King*, I, 384–385; *AC*, 1 Cong., 2 Sess., 994–1001, 1660–1680, 1681–1682; Bowling, "Politics," pp. 190–194。

57. *AC*, 1 Cong., 2 Sess., 1005–1011, 1686–1712; Ferguson, *Power of the Purse*, pp. 321–322. 最终账目结算被一项单独的议案提出，该议案于6月22日在众议院通过，7月9日在参议院通过。同上，p. 322; *AC*, 1 Cong., 2 Sess., 1005, 1646, 2306–2307。

58. 同上，1661–1662, 1665–1666。

59. Risjord, *Chesapeake Politics*, p. 385, 特别是n.93。

第四章
共和国的首都

在经历过独立革命的人中，有少数但足以引起人们注意的人士，对这场革命及其结果对美国文化前景的影响抱有极大的期望。正如约瑟夫·埃利斯所描述的那样，这些美国人现在拥有（或者说想象自己拥有）一种以往所缺乏的基本要素，可以释放这个幸运民族的创造力。这就是个人自由和公民自由。自由是一种奇迹般的力量，它能给任何想象到的努力插上翅膀。所有其他障碍都可以忽略不计，因为最大的障碍——依赖性——已经被消除。不仅农业和工业将取得巨大进步，艺术、文学以及所有其他领域也将迎来前所未有的繁荣。除了斯拉·斯泰尔斯（Ezra Stiles）设想的"绘画、雕塑、雕像"和"希腊式建筑"之外，约翰·特朗布尔（John Trumbull）还宣布：

> 斯梯尔和艾迪生将会看到，在这片土地上，
> 新的荣耀与昔日辉煌不相上下；
> 在这个崛起的时代将出现和莎士比亚一样伟大的作者
> 在舞台上展现出神奇的魔力。

这个梦想就是建立"美国的雅典"。¹

事实将证明，这个梦想不过是海市蜃楼。预期的复兴并没有发生；美国的雅典也没有成为现实。当这个幻想破灭时，第一代人将步入暮年，他们仍然想知道究竟发生了什么——或者更确切地说，没有发生什么——而后来的几代人也一直在思考这个问题。根据"文化"（culture）这个词的本义，即让万物在大地上生长，革命后的美国社会当然会更加繁荣。但如果按照"文化"后来所指的意思，这个国家的大部分地区在未来的许多年里仍然是一片荒地。我们现在仍然无法确定造成这一结果的所有可能的原因。

在特朗布尔那一代人的意象中，有一个方面很令人好奇。他们所描绘的"雅典"并不是一个真正的"地方"；它只是一个抽象的隐喻，象征着即将在美国各地大量涌现的艺术和知识。奇怪的是，他们并不认为他们想象中的雅典是一个真正的城市或大都市的中心，在那里，非同寻常的事情会由于不同寻常的原因发生，而且在其他任何地方都极不可能发生。如果他们中有足够多的人这样想，结果可能会有所不同（我们只能猜测）。

第一节　文化理论

"高雅文化"（high culture）一词很可能是在美国最早被提出，较古老的文明显然没有迫切需要来使用这个词描述一种区别。²这看起来很奇怪，因为至少在美国建国后的前一百年里，根据后来对"文化"的理解，美国拥有的文化无疑比世界上其他任何主要的民族社会都要少。关于如何解释这种缺失，以及到底缺少了什么，人们已经进行了很多思考。文学是最受关注的领域，尽管在同一时期，美国的其他表现艺

术可能存在类似的匮乏，事实上已经有人指出了这一点。³

人们把这种匮乏视为19世纪早期美国文化领域的主要事实。不知何故，在这一时期，缺少了一套能够敏锐地反映感受或观察到的经验的符号体系。作为替代的语言——一种"精致"和"高雅"的语言风格——并非起源于美国国内，而是必须从其他地方甚至从其他时代引进。这种语言似乎没有太多资源来描述普通生活中的各种矛盾，无论生活是高贵还是低贱，也不能从大大小小的事件中汲取营养。拉尔夫·沃尔多·爱默生（Ralph Waldo Emerson）在1838年指出，人们可能会有不同的期望。"但是，美国人在绘画、雕塑、诗歌、小说和雄辩方面所取得的成就的标志，似乎是一种没有宏伟气势的优雅，本身并不是创新，而是衍生，就像一个造型优美的花瓶，但里面是空的……"⁴

在精致的词汇和日常生活（甚至不太日常）的词汇之间，似乎存在着几乎无法逾越的鸿沟。事实上，在20世纪初就这一主题发表的两段最有影响力的论述中，其核心前提正是这种脱节。乔治·桑塔亚纳（George Santayana）于1911年发表了一次后来变得很著名的演讲，该演讲的标题中包含一个短语——"文雅的传统"（The Genteel Tradition）。这个短语现在人人皆知，几乎没有美国文化历史的批评家不使用它。桑塔亚纳认为，美国不仅仅是"一个有着陈旧心态的年轻国家"；它是"一个拥有两种心态的国家，一种是继承自父辈的信仰和标准，另一种则是年轻一代的本能、实践和发现的表达"。他说，这种年轻人的脾气，"代表着咄咄逼人的进取心；而另一种心态则是文雅的传统"。⁵在四年后的1915年，年轻的范·威克·布鲁克斯（Van Wyck Brooks）也表达了同样的观点。布鲁克斯断言，在美国生活中，思想和声音被分为两种对立的类型。因此，他非常认同一组著名的反义词，即"高雅"（Highbrow）和"低俗"（Lowbrow），这两个相互对立的词汇一直保留在美国人的词汇中。这两种类型的人居住在两个世界，彼此之间"没有社区，也没有和睦的中间地带"。[6]

对于布鲁克斯和桑塔亚纳来说，文学艺术可以检验他们关于美国文化的大部分观念。桑塔亚纳认为，部分美国人的思想"已经在死水中缓缓漂浮"，而布鲁克斯则说，即使是这部分人，也会"认为作家只有在死后才属于文学；活着的时候，作家是模模糊糊的其他东西"。[7]的确，大约在20世纪中叶的某段时期（下文还是引用自桑塔亚纳）——

> 新英格兰经历了一个令人惬意的小阳春；一种令人愉快的反思性文学表明，那样一个红黄斗艳、如锦似火的季节是多么辉煌……然而，这只是树叶的收获；这些贤人的人生观已被削弱，变得贫乏无味；他们的收获是纯净、甜蜜的晚年。有时，他们试图通过探讨本土话题来恢复自己的思想活力……[例如]《瑞普·凡·温克尔》(*Rip van Winkle*)、《海华沙》(*Hiawatha*) 或《伊凡吉琳》(*Evangeline*)；但这些似乎并不比斯威夫特（Swift）、奥西安（Ossian）或夏多布里昂的灵感更具有美国特色……他们的文化一半是虔诚的生存，一半是有意的获得；而不是从新鲜体验中必然绽放出来的花朵。[8]

简而言之，无论美国文学取得什么样的进展，这种进展都与其说是横向扩展，不如说是一种直系血统，即它是"一种欧洲文化，但并没有欧洲思想的那种压力和责任"。在当代生活的快节奏下，文学厌恶拜金社会的野蛮力量，仅仅为了避免受到污染就耗费了过多的资源。并不是说美国人不愿意给予"文化"某种程度的尊重。但这是一种有隔阂的尊重，与周末和工作日之间的隔阂差不多，而且在很大程度上由女性推动和负责。[9]

至于这种直系血统是由什么组成的，布鲁克斯和桑塔亚纳都无法详尽地做出解释。他们都看到，美国人思想中既有积极主动的一面，又有深思熟虑的一面，二者之间存在着不正常的鸿沟；他们都正确地认为，后者是孤立的、衍生的和虚无的。然后，他们都试图在清教徒的传统中，在加尔文主义脱离现实的抽象概念和"痛苦的良心"（agonized conscience）中，找到这种隔阂的起源；还有一些作家也采取了类似的方法。（早期的清教徒似乎应该承担很大的责任，因为他们影响了后代对欧洲模式的反常偏好。）[10]但是，即使从基因角度出发寻找其中的原因有着可取之处，可能也不能作为一种完全的因果解释。在这种从清教徒身上寻找根源的做法基本上衰退之后，才出现了需要解释的文化状态。与其说这是一个有关思想史的问题，也许还不如说这个问题涉及文化社会学、文学艺术家所处的环境，以及阻碍和抑制文学艺术家创作的条件（最后这一点得到大多数批评家原则上的认同）。

还有一种类似的理论认为，商业是最大的破坏者。有文学抱负的联邦主义者很早就提出了这一观点。温思罗普·萨金特（Winthrop Sargent）在1805年写道，"国家格言"就是"赚钱"。"当一个国家主要充斥着赚钱的激情时，除了随之而来的邪恶之外，没有什么可以期待……在这样的国家里，天才就像岩石上的槲寄生；它的存在似乎只能依靠自身的能力，以及从细微的露珠中汲取营养。因此，文学的进步非常缓慢……"范·威克·布鲁克斯在1922年断言，马克·吐温（Mark Twain）的职业生涯给我们的教训是"贪得无厌的本能和创造力……是截然对立的"，马克·吐温在社会商业价值观的诱惑下背叛了自己的才华，而任何作家的艺术天赋都必然会被"对世俗成功的追求"所扼杀，就像马克·吐温一样。毫无疑问，爱默生也持有相似的观点。他建议，学者和诗人"必须像新娘一样接纳孤独"，"如果他为此而难过"，"渴望人群……那么，他的心就在市场上，他听不见，也无法思考"。然而，也可以提出一种完全相反的观点，以狄更斯（Dickens）、雨果（Hugo）、司汤达、巴尔扎克（Balzac）和19世纪欧洲大多数其他伟大的小说家为例，即直接了解金钱、权力和人群本身就是作家最需要的艺术灵感来源。[11]

还有人认为，在美国，无论是官方还是非官方，都没有任何受到认可的机制对思想和精神上的创作进行资助。不久后成为英国桂冠诗人的罗伯特·骚塞（Robert Southey），在1809年写道，美国政府本身应当受到指责，"因为它对文学的支持很少"。骚塞认为，美国有责任"为其他国家树立榜样，资助和促进那些才华横溢者的努力，所有文明国家都认为拥有这些天才是最值得骄傲的事情，也是唯一永久的荣耀"。玛格丽特·富勒（Margaret Fuller）在1844年感叹道："只要有几名抄写员传播一名伟大诗人的作品，就会有王公贵族资助文学和艺术。而在这里，只有公众……"[12]

没有王公贵族或悠闲的有钱人支持高雅文化：也许这就是致命的不足之处。亨利·詹姆斯（Henry James）在他那本著名的传记中，列出了霍桑（Hawthorne）在实现卓越成就时所缺乏的一切，这可能会被解读为他在暗示同样的观点："没有君主，没有宫廷，没有个人忠诚，没有贵族。"但是，从他列举的其余内容（"没有政治社会，没有体育阶层，没有埃普索姆或阿斯科特"等）可以清楚地看出，詹姆斯实际上是在指一些完全不同的东西，"支持"并不是他的主要观点。他在关于霍桑的那本著作中一开始就阐明了自己的主要观点，那就是"需要一个复杂的社会机制来激励作家创作"。[13]

和以往的理论相比，更近期的一份声明包含了更为完备的元素，这主要得益于现代女权主义思想的补充。安·道格拉斯（Ann Douglas）在《美国文化的女性化》（*The Feminization of American Culture*）中，阐述了19世纪美国受过教育的中产阶级女性在文化领域，尤其是在文学领域取得的突出地位，这与美国生活中其他领域的女性相对软弱形成对比。因此，道格拉斯非常认真地对待女性这个主题，而桑塔亚纳则以一种居高临下的讽刺态度来处理这一在他看来基本边缘化的主题。

在19世纪前三十多年的短短时间内，美国经历了史无前例的精神转变。各种声音从社会各个角落汇聚到一起，以确定最适合即将进行的竞赛的、最适合新兴资本主义秩序实现最佳运转的思想态度、工作习惯、社会价值观和功能分工。女性被分配了新角色——作为家庭的管理者和家庭道德的守护者，或者作为教师和传教士，这无疑间接起到了解放女性的作用。然而对于大多数女性来说，最终结果却令人窒息和压抑。女性的生活受制于一种特殊的隔离，受到一种将愿望和经验隔离在外的精神屏障的束缚，这在欧洲社会中没有一个完全类似的对应物。在划定的家庭生活和教导"范围"内，妇女可以通过坚持不懈、道德力量和一定程度的反抗，获得相当大的权威。尽管这些领域可能会有所扩展，但它们的分隔和边界都不应受到挑战，事实上也极少受到挑战。[14]

一位受过教育的女性只有为数不多的方式，可以展现她的人性和作为女性的天性，而文学是其中的方式之一。事实上，从19世纪20年代起，女性创作的这类文学作品的数量就相当可观。这是一种女性可以生产的商品，以此来满足市场的需求，强调时代的价值观，并从中获得收益。但是，这种表达方式常常缺乏深度，不会对读者提出太高要求。书籍、期刊、小说、诗歌以及各种类型的道德说教作品都主要面向女性读者。这些作品以深沉感伤的语气著称；其中充满了对宗教的虔诚，但过于关注情感，缺乏实质性内容；作品中没有反抗，而是庆祝美国女性被赋予的神圣职责。无论是参与非常高效的社会化过程，还是处于缺乏公认的情感替代模式的环境中，美国女性文学创作者发现她们自愿接受了加在身上的禁锢。

此外，鉴于当时的批判精神以及越来越多的女性读者［纳撒尼尔·威利斯（Nathaniel Willis）写道，"女性，决定了能否获得文学声誉"］，这种文学的感伤化也不可避免地影响到了男性作家。很少有人愿意冒险，那些敢于冒险者的读者也相对较少。¹⁵

中产阶级女性获得了较多的名气，并拥有自己的风格，这在道格拉斯的著作中得到进一步的证实。道格拉斯描述了她们与自由派新教神职人员之间不同寻常的联盟，这些神职人员已不再拥有加尔文教派先辈那样强大的世俗权威和教会权威。"19世纪的牧师越来越多地进入女性的领域。"他们需要获得她们的支持；而女性也需要得到他们的关注。作为牧师，这些男士讨好并鼓励女性。但作为男人，他们和美国社会中其他任何群体一样，竭尽全力将女性禁锢在受限范围内。他们声称："只要你待在适当的范围内，你就会受到崇拜……一旦踏出这个范围，你将不复存在。"因此，在这些女性作为教区居民、教师、传教士、家庭守护者，以及文化创作者和守护者所做的大部分工作中，都可以听到那种所需要的、振奋情感的语气。[16]

这种说法表明了一些重要观点，即美国人的情感以一种特殊的方式形成，而艺术和表达在美国生活的中心潮流中变得越来越衰弱。它为之前的理论提供了解释，并使"文雅的传统"变得容易理解。如果回到18世纪，也就是最初讨论的时间点，我们也许可以做出一些大胆的推论。

在共和国成立之初，美国人几乎无法想象把大都市作为国家文明的一面镜子。相反，事实证明，反城市、反大都市的革命思想将是其最持久不变的特征之一。美国历史上的殖民地阶段没有给美国人带来任何大都市的体验，除了最糟糕的经历：大都市就是伦敦，一个看不见、摸不着的地方，腐败无所不在，而且，众所周知，所有剥夺殖民地自由的计划都是在大都市里酝酿的。当共和国缔造者们做出最早的决策时，他们基本上有一个明确的目标，那就是不在美国建立那种大都市。

这对国家的文化身份将产生什么样的影响，还不清楚，这一问题至今仍未解决。在19世纪美国城市的发展过程中，美国精神缺少一种崇尚城市生活乐趣和好处的明确模式；同样，也没有一个大都市首都，可以帮助国家社会形成自我认识。伦敦或巴黎都没有成为典范，或者说是不可能成为典范。但如果以它们为模板，最终会有至少三种力量的交汇：政治权威的力量、商业和金钱的力量，以及艺术和知识的力量。与这些不同能量场相关的男男女女之间的日常交易——无论是琐碎还是正式的，腐败的还是高尚的，在白天还是在黑夜进行；他们在市场、更衣室、餐桌、长廊、后巷甚至卧室里的言行举止——都不会发生在一个"独立范围"内，而是会构成事实、认知和感觉的主体。文化就是在这样的基础上形成，并通过这些主体以各种形式表现出来。[17]

与英国和法国的情况不同，在19世纪早期的美国，并不存在一种特定的时间和地点环境，可以让政治和政府、国家经济生活以及思想生活，还有艺术表达领域里最杰出的人才以一种方式相互作用（形成所谓的"复杂社会机器"）。因此，每一个领域的人才都会独立于其他两个领域，在单一领域里实现最大的意图和目的，文化也会有自己的准则和表现形式，而不会以被视作国家生活中心的大都市首都为标杆或权威。

1790年联邦政府的所在地也不会选这样的一个大都市中心，这几乎从一开始就非常明确。主导这一决定的人正是托马斯·杰斐逊。

第二节　杰斐逊和联邦城

正如我们所看到的，1790年6月，托马斯·杰斐逊在"政府所在地—国家债务"这一问题的最终方案上发挥了至关重要的作用。但他当时所做的还只是一系列行动中的第一步，这些行动不仅关乎国家首都的位置，还涉及首都本身的建设规划。这是他多年来一直在思考的问题，而现在他开始解决问题，这可以说是杰斐逊在第一届政府任期做出的第一次重大政治行动。他为此所付出的时间、精力和思考比其他任何联邦官员都要多，也给其他美国人关于联邦政府所在地以及城市建设的观点带来了深远的影响。

实际上，这不是杰斐逊第一次对联邦城（Federal City）密切关注。他在弗吉尼亚州曾经有过类似的经历。1777年，杰斐逊提议将州府从威廉斯堡迁至里士满，理由是后者更安全和更中心化。里士满当时只是一个有约1800人的小村庄。在1779年杰斐逊当选为州长后，议会非常不情愿地同意了这一提议。"根据杰斐逊的宏伟构想，"他的一位传记作者写道，"新首都将建成六个大型公共广场，每个广场上都有一座带有砖砌门廊的精美建筑。"第一座专门为共和制政府设计的公共建筑，是位于里士满的古典议会大厦。它的灵感来自尼姆的古罗马方形神殿，是根据托马斯·杰斐逊的设计建造的。[18]

弗吉尼亚人最终成功地争取到首都所在地，这在很大程度上是因为乔治·华盛顿的声望以及众所周知的事实：他一直希望共和国的首都建在波托马克河畔。此外，华盛顿的道德权威无疑是使这一决定坚定不移的主要因素。总统立即开始实施1790年的《定都法案》（Residence Act），并启动相关步骤，以便划定在十年后可以正式投入使用的场地。作为华盛顿这项工作的主要助手，国务卿托马斯·杰斐逊在总体概念和直接细节方面的参与似乎远超华盛顿，而且只要他继续任职，就会持续参与。

杰斐逊对联邦首都的关注至少可以追溯到1783年秋天，当时他向弗吉尼亚议会提议，弗吉尼亚州和马里兰州在波托马克河岸购买土地，在那里建造公共建筑，然后"把这些建筑交给国会掌管"。他还充实了麦迪逊留给他的一套笔记的内容，其中细致地列出了在波托马克河畔建都的所有优势。[19]当然，到目前为止，这一切都还没有任何结果。尽管联邦政府在18世纪80年代曾多次迁移，先后设在费城、普林斯顿、安纳波利斯、特伦顿和纽约等地，但杰斐逊的热情依然不减。当成功终于在1790年到来时，杰斐逊为华盛顿起草了一份关于迅速、有效地实施《定都法案》的备忘录，并立即就任华盛顿总统的首席顾问，负责管理所有与联邦城相关的事务。他还协助监督皮埃尔·查尔斯·朗方（Pierre Charles L'Enfant）少校和委员会的工作，为他们及华盛顿在选址、规划城市布局和建筑设计方面提供了大量帮助。总之，波托马克河畔的联邦城是托马斯·杰斐逊最看重的一个任务，他要尽力确保在法律规定的十年过渡期结束时，国会能够真正搬迁到那里。

就像费城人和纽约人看待他们各自的城市一样，杰斐逊也意识到将首都设在波托马克地区可能给当地带来一些好处。但是，这些并不是他的重点关注，甚至没有引起他的太多注意。他不同意将城市作为推动发展的引擎的观点；他对未来城市的愿景远远超过了其商业优势。事实上，他希望新首都保持"次要商业中心"的地位，并建议"让诺福克拥有主要商业中心的所有优势"。当构想在弗吉尼亚州建立联邦城的好处时，他倾向于从更广泛的道德影响范畴来看待：弗吉尼亚州能够将自己的特殊价值观推向新成立的共和国。首都将建在以农村为主的环境中，远离"所有快速蔓延的商业城市"的腐败。此外，弗吉尼亚人将优先享有联邦政府提供的服务，并"让行政官员产生对他们有利的偏见"。当然，这样一个地方还可以作为通往西部的重要门户，而波托马克河则相当于通往内陆的公路，西部居民可以通过这一通道将剩余农产品出口到欧洲，并在此获取换回的外国商品。在杰斐逊的脑海中,对具体运作细节还没有一个清晰的计划,但这也不是他的思考重点。他似乎认为,这主要是有关影响的问题:弗吉尼亚州可能会对所有的活动和运动产生影响,商业只是一种直接表现,而新兴的西部农业区则一定会受到影响。[20]

此外,杰斐逊对有机会从零开始建设首都感到兴奋,只要新共和国的理念能体现在政府中心,他关于新共和国的愿景就有可能以实体形式呈现出来。可以提前制定建筑规范,以确保城市内住宅建筑风格统一,格调高雅。可以规划一些林荫大道和宽阔的街道;并提供充足的资金用于修建宽敞的公园和大型公共广场。公共建筑可以设计得富有创意,规模宏大。因此,通过规划合理的城市布局,并在设计和建设的每个阶段都坚持保护共和国的尊严和精神的升华,建造者们可以将联邦城打造为对美国梦想的完美体现。通过这种巧妙、完美的阐述,这座城市可以作为宪法的一种实体化象征。[21]

1791年8月,华盛顿聘请的皮埃尔·查尔斯·朗方少校提交了一份计划,朗方是一位充满激情的法国工程师,他的计划远比杰斐逊本人在3月份交给华盛顿的那份简单草图有雄心壮志。尽管如此,它还是非常符合杰斐逊本人的希望和期待。根据菲斯克·金博尔(Fiske Kimball)的说法,朗方在杰斐逊的网格状设计上增加了呈辐射状分布的街道,"同时保留了杰斐逊提出的主要元素的总体布局"。朗方设计的"林荫大道"宽160英尺,由80英尺宽的车道和两侧各30英尺宽的林荫步道构成。还有几个大型公众广场,"五个大型喷泉不断地喷水",面积宽广的公园和花园,以及许多公共建筑,它们在布局上将充分展现波托马河岸的美景。朗方声称,这个计划完全出自他自己天才般的原创想法。但除了从杰斐逊那里汲取的元素之外,他的设计中最值得注意的一点是,它与法国皇家凡尔赛宫有惊人的相似之处。查尔斯·摩尔(Charles Moore)在文章中写道:"朗方计划的主要特点是,从一个焦点到另一个焦点的远景视野，呈辐射状的道路，尤其是整座城市形成了一个表达清晰的统一整体——这些想法和理想已经在凡尔赛宫得到了实现。凡尔赛曾被规划为法国的首都，而朗方早年曾在这个城市度过。"[22]

然而，与凡尔赛宫的这些相似之处，乍一看令人振奋，但如今也可能被视为不祥的兆头。鉴于即将到来的一系列灾难，难怪华盛顿这座城市注定在未来的一百年里无法摆脱肮脏的泥泞。凡尔赛宫的确是一座宏伟的建筑，尽管在法兰西岛的开阔土地上建造这样的宫殿，需要一位专制君主的意志。然而，即使有法国国王和四万名士兵在那里，凡尔赛宫仍无法作为首都，甚至无法成为一座城市。当朗方计划在美国建立一座共和国的凡尔赛宫时，最初的凡尔赛宫已不再是法国的首都，不久之后，它将沦为法国旧制度的一个博物馆。在大革命前的近半个世纪里，宫廷逐渐失去对巴黎的影响力。巴黎不仅是商业和金融的中心，也是艺术、知识和各种人才的聚集地。尽管国王可以命令一小群朝臣在凡尔赛宫侍奉他，但那是令人沉闷的囚禁；与此同时，法国最有才华、最有抱负、最有影响力的人纷纷被吸引到巴黎，这种趋势持续存在且不可阻挡。[23]

无论如何，至少要等一个世纪之后，朗方的宏伟构想才开始符合美国首都的要求。在那段漫长的时期，很少有地方（无论是在基督教世界，还是其他地方）像波托马克河畔的华盛顿市那样遭到如此激烈的抨击和广泛的嘲笑。1851年，当让-雅克·安培（Jean-Jacques Ampère）访问那里时，仍然看到"没有房屋的街道"和"没有街道的房子"，所有这些都"有力地表明一个真理，即一个人无法随心所欲地创造一座宏伟的城市"。到了20世纪初，朗方的计划终于开始显现出一些可行性，至少1901年的公园委员会（Park Commission）这样认为。委员会重新启动了这项计划，并斥巨资来实施它的一些主要功能。虽然人们可能会怀疑，一个需要一百年才能实施的计划显然是一个糟糕的计划，然而，西奥多·罗斯福（Theodore Roosevelt）时期实施的美化工程恢复了皮埃尔·查尔斯·朗方的声誉，事实上使他的声誉更加不朽了，朗方的设计也因此基本上保留到了今天。即便如此，另一位美国总统的女儿在半个世纪后提到对她来说最重要的事情时，仍然认为华盛顿特区只是一个乡村小镇而已。[24]

哪里出了问题？第一条线索可能是，当托马斯·杰斐逊在1790年将注意力转向联邦城时，面临着许多麻烦。

一开始，一切似乎都进展顺利。根据1790年的法案，总统可以在波托马克河沿岸大约80英里范围内的任何地点修建一座10英里见方的联邦城。华盛顿在秋天进行了个人考察，随后与杰斐逊和麦迪逊进行了协商，最后在1791年1月24日，他发布了一份由杰斐逊起草的公告，宣布了他的选择。（国会已于1790年8月12日离开纽约，此时正在费城开会。）这是一片菱形形状的地区，位于东部支流的上方，其中将包括弗吉尼亚州和马里兰州的土地，它们分别位于河的两侧。重要的定居点包括亚历山德里亚和乔治敦的一些村庄。[25]

华盛顿可能早在1790年8月就已经做出决定，因为当时杰斐逊为他起草的备忘录就是以同一地点为前提。在这份文件中，杰斐逊提出了两项原则，一项是关于总统的权力，另一项涉及融资问题，这些原则为此后所有政策奠定了基础。杰斐逊认为，在整个首都选址的确定过程中，应当最充分地行使行政权力。首先，这应当包括在华盛顿特区内购置土地。此外，还应对法案进行宽泛的解释，以保证公共建筑及整个联邦城获得充足的土地（整个过程应有计划地实施）。总统拥有制定计划的权力，其中包括街道布局、公共建筑设计，以及建造私人住宅的条例（杰斐逊对所有这些问题都有自己的想法，他在备忘录中提到了其中的一部分）。最后，应该任命三位监督官，以全面监督这项工作。监督官由总统任命，他们"在每个问题上都要依照总统的指示行事"，并应"对建筑有一些品位"。关于一般政策中的另一个要素，即融资问题，资金的主要来源应当是出售土地所得的收入，而这些土地可以通过现有业主出让或以收购等方式获得。最好不要依赖马里兰州和弗吉尼亚州的拨款，尽管这两个州实际上已经分别承诺了7.2万美元和12万美元的拨款。更不能指望国会，因为如果向国会请求拨款或任何其他形式的援助，都有可能重启关于定都问题的讨论。而这个构想的致命弱点就在这里。[26]

1791年1月，华盛顿发布公告，任命三名监督官，并指派安德鲁·埃利科特（Andrew Ellicott）少校出任测量师。此外，朗方少校将制定城市规划，设计建筑，以及负责建设施工。埃利科特在2月份的第二周就开始工作；朗方在3月初接受了杰斐逊初步的指示，很快也开始工作。朗方负责勘察修建公共建筑的最佳地点，并绘制地面图纸；与此同时，杰斐逊本人也满怀憧憬。他认为，国会大厦应采用古典风格的设计，而总统官邸则应是现代风格。他让人给少校送去二十几块"最漂亮的私人建筑正面"图板，他认为可以把这些图片刻印出来，免费分发给当地居民，以提高他们的品位。他还转交给朗方一些他在欧洲旅行期间收集的城市规划资料。[27]

1791年3月底，华盛顿会见了波托马克河东岸（这里是他决定修建联邦城的地点）的土地所有者，并与他们达成协议。他们同意将罗克溪与东部支流之间大约3000到5000英亩的土地出让给美国。这片土地将被划分为多个地段，土地所有者将保留其中间隔的土地。如果私人拥有的土地被征用于公共目的（除街道外），将按规定的价格得到补偿。当然，对土地所有者的好处是，随着美好未来的来临，他们手中的土地也将稳步升值。与此同时，朗方正在制定他的计划。他根据华盛顿和杰斐逊的建议进行了各种修改，最终于夏天准备就绪。这个计划非常宏大。杰斐逊在8月底看了这份计划，表示"非常满意"。[28]

9月8日，监督官在乔治敦召开会议，杰斐逊和麦迪逊出席。会议决定将联邦城命名为"华盛顿市"，将联邦区命名为"哥伦比亚特区"。根据杰斐逊在前一年备忘录中提出的一般原则，会议还做出了其他决定。应尽快在现场进行土地出售（华盛顿和杰斐逊已安排在10月17日举行拍卖会，总统、国务卿以及国会议员詹姆斯·麦迪逊都将出席）。现在就开始借钱是不明智的，至少要等拍卖会确定地块价值之后，而且必须获得立法授权。土地所有者出让土地用于公共广场时，在通过出售出让的地块筹集到资金之前，不应向土地所有者支付任何费用。对私人建筑也规定了各种限制；禁止建造木屋，房屋不得延伸至街道，房屋高度不得超过35英尺。应立即开始公共建筑的挖土造砖工作。[29]

然而，就在这个时候，一切都开始崩塌，因为已经形成的环境条件使得这种崩溃几乎不可避免。

从一开始就存在的基本问题是，对这件事情的投入本身极其有限。国家的首都，当从这个国家的主要活动场景中脱离时，就已经被剥离为一个抽象的概念。所有的投入基本上只是勉强遵守第一届国会（现已不复存在）以微弱多数达成的协议，即在1800年将首都迁到波托马克河沿岸地区。一方面，正如预期的那样，宾夕法尼亚人正在竭尽全力阻碍这一计划。州立法机关正在考虑为费城的联邦建筑拨款；并且在筹集资金用于在那里为总统建造一座官邸。华盛顿对于这一切阴谋一直深感不安，等建筑完工的时候，他将会断然拒绝入住。[30]另一方面，不管是否存在宾夕法尼亚人的阴谋，一块空地能够激发出来的全社会的想象力、民族意识和爱国主义肯定是有限的。因此，如果不能强迫人们去新首都（就像路易十四和彼得大帝在建造新首都时能够实际做的那样），那么唯一可做的就是利用人们的投机贪婪，这实际上正是政策制定者的选择。联邦城的融资对于房地产投机者来说是一种风险投资。但即便是这类房地产投资，也要求有可见的城市基础设施，然而，这些基础设施当时并不存在。在这种情况下，要想吸引城市资金，如果不能在商业和金融中心进行土地销售，那么这一点就不太可能实现。[31] 由于投入的不足，产生了两种重大责任，即金融责任和权力责任，二者共同形成了一个无法逃脱的闭环。

这项工作面临的普遍问题就是缺钱。决定主要依靠卖地的收入，这实际上从一开始就限制了资金来源。因此，为了阻止负面言论的传播，避免打击潜在购买者的信心，有必要在报告进展情况时欺骗国会。所有这一切都表明，行政机构和整个政府都大力支持这项政策，但是它只获得了少量的财政支持。因此，如果行政部门想要扭转局面，要求国会提供资金，就会遭到全面审查，并有可能让整个项目面临被取消的风险。

更为严峻的是，缺钱意味着缺乏权威。这意味着无法控制资源、人力，甚至忠诚——即使在直接参与这项工作的小圈子内也是如此。由于国会与行政机构实际上相互独立（无论是出于需要还是故意如此），总统的所有个人权力，尽管在每件事上都得到国务卿的充分支持，但却无法指挥其他机构，甚至不能将所有人团结在一起。在这种特殊的情况下，皮埃尔·查尔斯·朗方成为这个项目的一个重要象征，他是现场唯一一个行动始终如一的人。朗方被派去做一件事时，他无法抗拒这样的想法：权威总是以某种方式在某处存在，他可以借此完成他的任务，于是他就这样做了。因此，无论他那臭名昭著的脾气是什么样的，他几乎注定会成为第一个牺牲品。事实上，他在1792年2月底就离开了，那时他只工作了不到一年的时间。

朗方自始至终都强烈反对当地的土地销售，他在8月份（第一次出售土地的两个月前）就曾警告华盛顿，土地出售会失败，因为这些地段当时还没有什么价值。而且，这项政策和他的计划完全不符，会有损政府的尊严，应该同时进行各方面的工作，而实现这一目标的唯一途径是发行大量债券。尽管华盛顿和杰斐逊完全支持朗方的计划，但他们不愿或者说无法面对随之而来的影响，于是，他们继续推进自己的政策，而朗方的预言逐渐成为现实。[32]

第一次土地拍卖的结果令人失望，尽管有两位国家最高级别政要和弗吉尼亚州的主要国会议员出席了拍卖会。政府手中的10000宗地块中只出售了35宗，其中4宗还是监督官为维持竞价而自己拍下的；实际现金收入只略高于2000美元。由于自己推行的政策陷入困境，华盛顿在向国会做年度致辞时，并没有完全披露联邦城的运行情况。他宣布："由于销售情况良好，市场前景乐观，有充足的资金修建必要的公共建筑，人们完全可以期待这些建筑的进度顺利推进。"[33]

第二次土地拍卖于一年后的1792年10月8日举行。然而，这也是一次失败，华盛顿明白这一点。尽管如此，他仍认为应该再举办一次；他不赞成派代表到各个城市推介（"在我看来，这似乎是在兜售土地"）；在当年的年度致辞中，他也没有向国会提及此事。第三次拍卖会于1793年9月17日举行，为此华盛顿做了大量的准备工作，希望这次拍卖能够大获成功。当天，总统前来为国会大厦奠基，游行队伍中有两支铜管乐队、一支弗吉尼亚炮兵连和附近的共济会成员。他们身着五颜六色的服装，穿过树林，向詹金斯山［Jenkins's Hill，后改名为卡皮托林山（Capitoline Hill）］行进。当到达古斯克里克［Goose Creek，后改名为台伯河（Tiber）］时，他们开始分散行动，借助一根圆木和"几块大石头"爬了过去。尽管奠基活动没有出现意外，但拍卖会的情况比前两次还要糟糕。在受到这次挫折之后，华盛顿暂停了所有的公开出售。同样，华盛顿在国会对此只字未提，但在写给英国农学家阿瑟·扬（Arthur Young）的一封长信中，他热情洋溢地谈到了这座联邦城。"城内建筑数量迅速增加,影响力逐渐扩大。我毫不怀疑,凭借大自然赋予它的优势,加上它靠近富裕的内陆地区和西部领土,联邦城将成为美国的商业中心。"然而,事实并非如此(尽管我们的第一任总统很诚实)。[34]

不知为何,朗方少校相信总统和他的顾问们总有一天会被自己的逻辑说服,因此他莽撞地投入这项工作,毫不妥协,但这给他带来了厄运。1791年10月进行首次拍卖时,雕刻师没有准备好用于分发的城市地图副本,证据表明,这主要是由于朗方少校本人的阻挠,他实际上拒绝了监督官在拍卖会上使用他的地图。[35]在接下来的一个月里,他与监督官发生了直接冲突,他不顾监督官的劝阻,让工人拆除了当地土地所有者正在建造的一所房屋,因为它建在他设计的新泽西大道上。为了解决这一问题,华盛顿让杰斐逊警告朗方,他必须"服从监督官的权威"。然而,当朗方在费城详细报告即将开展的行动,并向他的助手艾萨克·罗伯多(Isaac Roberdeau)发出冬季工作的指示时,由于资金有限,监督官决定延后这项工作到春季进行。罗伯多认为自己必须遵从主人的命令,拒绝了监督官的要求,于是监督官解雇了75名工人,并以非法侵入罪将罗伯多监禁。华盛顿试图在朗方和监督官之间进行调解,迫使少校服从监督官的指令,但他的努力以失败告终。[36]这位暴怒的法国人宣布,他"宁愿放弃事业成功将会带来的名誉,也不愿在这种制度下工作,因为这种制度不仅会毁掉这一事业,而且会使我成为破坏它的主要原因",对于监督官,他决心"不再屈从于他们的意志和反复无常"。杰斐逊于是在1792年2月27日写信给他:"我奉总统之命通知您,尽管他希望您继续担任在该项目中的职务,但您提出的条件是不可接受的,因此,阁下的服务必须结束。"朗方立即预言,接替他的人也都不会有什么好结果。事件再次证明,他是正确的。他的继任者,安德鲁·埃利科特和塞缪尔·布洛杰特(Samuel Blodgett),也

将遭遇类似的命运。³⁷

或许不应该将责任推到监督官身上。他们地位显赫，能力出众，华盛顿很熟悉他们，而且他们是无偿服务。由于不是当地居民，他们只能大约每月见一次面。诚然，现在他们在整个特区都遭到轻视，但他们的处境本来就极其艰难。他们受到来自各方面的指责。在朗方看来，他们"思想狭隘"，"无知且不称职"，"对这种操作的细节知之甚少"。他们从华盛顿本人口中听到，"如果监督官的行动不积极，不能取得进展……而这个州[宾夕法尼亚州]为国会等机构提供宽敞的办公场所，那么政府就会留在原地"。华盛顿警告，尽管这种情绪不是来自他自己，而是来自敌人，但最好的应对措施是"坚持不懈，全力以赴"。³⁸

最让监督官头疼的是当地的土地所有者。他们从一开始就是一群不守规则的人，尽管这恰恰是目前的情况所致。在公布联邦城的确切位置之前，几个地方同时进行测绘，目的是制造假象以防止投机行为，土地所有者已经为此而感到焦虑不安。为了与他们达成后续协议，华盛顿不得不亲自出面。因为边界的不确定性，一些人退出了项目，总统不得不再次上场，劝说他们重新加入。³⁹朗方被解职后，出现了一个支持他的群体，导致了更多分歧。土地所有者期待着那些承诺大大提升财产价值的伟大计划，他们围住华盛顿和杰斐逊，请求让朗方复职，但未能成功。⁴⁰监督官只能一步一步地推进工作，但他们在某个地方采取的任何行动，都必然会引起其他地方的不满。例如，他们试图修建一座横跨罗克溪的桥梁，这一举动被认为是偏袒乔治敦。但是，后来有一名叫哈博（Harbaugh）的倒霉的桥梁建造师，因缺乏设计拱门的经验，导致桥梁倒塌，从而以某种方式解决了该争议。到1793年8月，托马斯·约翰逊（Thomas Johnson）和大卫·斯图尔特（David Stuart）这两名监督官已经受够了，于是提出辞职。由于华盛顿找不到替代他们的人，他们不得不在接下来的一年多时间里留任。第三名监督官是丹尼尔·卡罗尔（Daniel Carroll），他于1795年辞职，因劳累过度，次年去世。[41]

这种普遍缺乏凝聚力和控制的情况，甚至体现在总统官邸和国会大厦这两座主要建筑的设计和施工中。在失去朗方的服务后，杰斐逊在报纸上刊登广告，征集规划方案，但三个月后才收到一份回复。总统官邸只征集到两种设计方案，最终入选的是来自南卡罗来纳州的爱尔兰人詹姆斯·霍本（James Hoban）的方案。在该方案中，这将是一座庄严的建筑，两端带有侧翼，灵感来自都柏林莱因斯特公爵（Duke of Leinster）的住所。中间的建筑像一个大盒子，是当时唯一施工的部分，即便如此，当杰斐逊本人在1801年搬进去的时候，也只是完成了部分工程。在1814年英国人烧毁这座建筑时，它仍未完工。直到1833年，也就是开始施工40多年后，美国总统才有了一栋完工的官邸可以居住。[42]

至于国会大厦——在它奠基时，没有任何人能够预测它最终会是什么样子，则面临更大的困难。国会大厦的建设项目授予了威廉·桑顿（William Thornton）博士，他最著名的成就是发明了一种教聋哑人说话的方法，而他的建筑知识则来自在准备设计之前匆忙阅读的所有能够收集到的书籍。与此同时，费城的斯蒂芬·哈雷特（Stephen Hallet）对建筑有一定了解，他一直满怀希望地相信这个项目会分配给自己。哈雷特已经在这个项目上工作了一段时间，试图实施杰斐逊提出的各种建议。他曾努力尝试根据杰斐逊鼓励里士满当局采用的罗马神庙形式进行设计，但没有成功。然后，他又试图依照杰斐逊的蓝图设计一座类似于万神殿的建筑。当哈雷特还在研究他的设计时，桑顿的设计出现了。桑顿的设计遵循了同样的思路，据杰斐逊说，他的设计"简洁、高雅、美观"，"吸引了所有人，最终获得通过"。[43]

但是桑顿博士没有制作施工图纸的资格或经验，于是这项苦差事就交给了他失望的竞争对手——"可怜的哈雷特"。哈雷特在考虑到时间、实用性和费用的前提下,提出有必要进行认真的修改。在华盛顿缺席的情况下,这些事情不得不由杰斐逊来负责。华盛顿在弗农山庄无可奈何地观察到,他们在采纳计划之前没有做这些事情,是非常不幸的。但到了现在,华盛顿已经准备接受几乎所有事情:"不管计划是好是坏,我们都必须采用,并努力将其付诸实施。"他告诉监督官,杰斐逊和一个建筑师研讨会现在推荐的是"哈雷特先生制定的计划,尽管保留了桑顿博士的原始想法,而且从整体上看,可以认为是他的[桑顿的]计划",但"根据哈雷特先生的想法实施的成本,不会超过按照桑顿博士的想法实施的成本的一半"。1793年9月18日,奠基仪式举行,尽管当时尚未解决各种细节问题,例如东侧是否要修建门廊或凹槽。这些模棱两可的情况似乎一直存在,因为作为监理建筑师的哈雷特坚持自己的计划而不是桑顿的计划,结果哈雷特在第二年被解雇。哈雷特的继任者乔治·哈德菲尔德(George Hadfield)也犯了类似错误,得到类似的结果,桑顿博士则成为监督官。经过其他种种修改,国会大厦将在71年后完工。[44]

因此,缺乏凝聚力、缺乏控制和缺乏资金,导致了同一个结果,即不得不使用马里兰州和弗吉尼亚州的原始拨款支持大部分的运营。土地销售表现不佳,监督官在华盛顿的授权下开始秘密借钱,或者更确切地说是试图借钱,尽管法律没有授权他们这样做。三位在金融界享有盛誉的人,即詹姆斯·格林里夫(James Greenleaf)、约翰·尼科尔森(John Nicholson)和罗伯特·莫里斯,组成了一个财团。该财团将购买数千块土地,分七年付款,并通过运作使土地升值,然后以更高的价格向私人买家出售其中一部分土地,从而能够每月向监督官提供一笔运营费用;同时,他们计划将这些土地(其所有权在付款前已转让给该财团)作为抵押品,在国外谈判一笔大额贷款。然而,财团发起人却出售不掉这些土地,从而无法支付分期付款,也无法让投资者(无论是外国投资者还是国内投资者)对任何此类性质的贷款感兴趣。他们的整个计划彻底失败,到1797年秋天,三个人都被关进了债务人监狱。与此同时,工作努力并担任过特区施工监理的塞缪尔·布洛杰特,在监督官的支持下组织了一次盛大的抽奖活动。但这件事也以布洛杰特入狱这一糟糕结局而告终。[45]

随着监督官不得不凭借个人信用从当地银行贷款,华盛顿在经历了很多内心挣扎之后,终于在1796年初做出痛苦选择,要求国会授权以公共财产为抵押,公开借款。他在给国会的信中非常巧妙地回避了问题。他向国会转交了监督官的一份备忘录,其中请求通过相关授权的法案。华盛顿对众议院和参议院表示,建设首都这样的项目,"肯定会遇到困难:有的困难已经发生;但大部分已被克服,我毫不怀疑,如果妥善珍惜剩余的资源,避免因仓促和大量出售而造成财产损失,那么,所有需要的建筑……可以按时完工,而不需要联邦财政部的额外援助"。但华盛顿和监督官都清楚地知道,他们所要求的并不是贷款,而是"来自财政部的援助",原因与其他计划失败的原因是一样的。备忘录的关键是最后一句:"如果抵押的财产被证明不足以偿还贷款,美国政府将对不足部分进行补充。"也就是说,这些土地可能并非一文不值,但它们肯定"不足以偿还贷款",因为很少有人真正相信联邦城会有什么结果。这个问题被拖延了4个月之久,最终才获得一笔50万美元的贷款授权。[46]

即便如此,获得授权的贷款额度并不等同于拿在手里的贷款。即使有"美国政府将对不足部分进行补充"的承诺,也无法吸引参与者。直到马里兰州提供了10万美元的救援,监督官们才得以维持下去,但一直依靠微薄的资金运行。显然,这也不是"因仓促和大量出售而造成财产损失"的问题。监督官已经竭尽所能地,不是"珍惜"这些财产,而是说服人们购买并在那里建造房屋。建筑规则早已被放弃。但所有这一切都是徒劳的,当政府于1800年迁到华盛顿市时,亚当斯总统的财政部长失望地发现,"城里几乎没有房屋建筑,大多数只是简陋的小茅屋"。许多年之后,一位早期的土地所有者提议,"愿将城里的部分土地免费赠送给愿意来这里建房的人"。[47]

然而,关于华盛顿建城的任何事实描述,无论细节多么令人沮丧,都无法帮助我们深入理解在那个时间和地点发生(或没有发生)的事件的意义和后果。朗方是这个宏伟计划的制定者,他的行为完全符合该计划的要求和目标。但这个计划本身呢?正如刘易斯·芒福德(Lewis Mumford)所说,无论是在形式上还是功能上,它都与共和政体没有什么关系。这是一个巴洛克式的城市规划,而巴洛克风格的本质是绝对主义、规律性和展示性。

芒福德认为,巴洛克设计的主导原则是抽象的几何图形,不允许任何障碍物破坏几何图形在建筑设计中的实现。该计划的重点是建造大厦和纪念碑,它们象征着威严和权威。城市的道路和交通系统,以及主要街道和林荫大道,几乎完全是为满足贵族的需求和便利而设计的。这里没有真正的工作场所:没有为社区的公共生活或人们的谋生方式提供任何条件。所有这些都是不被看到的,从某种意义上说,也是不被考虑的。此外,这项计划必须整体地执行,否则根本无法实施。因此,它就像凡尔赛宫一样,被冻结在时间中,没有为以后的发展留出空间,因为发展会损害和破坏它的完美性。最后,实施巴洛克式计划的方式必定要涉及专制行为。[48]

作为巴洛克式的设计,朗方的计划当然具有技术上的精湛之处。这位艺术家兼工程师不是从街道系统开始,而是从主要的公共建筑和广场着手,这些是构建其他一切方面的基础。他充分利用有挑战性的地点，例如，他的设计灵感包括，利用台伯河的水建造一个从国会山流下的瀑布。对于这个设计，芒福德评价道，"可与贝尼尼的设计相媲美"。朗方提出的方案具有"一个绝妙的巴洛克式计划"的所有表面特征："公共建筑的选址，宏伟的街道，轴线设计，庞大的规模，以及环绕的绿色植物。"[49]但是，作为一个美国社区，作为一个共和制国家的生活中心，这又意味着什么呢？

"宏伟的街道"可能是主要的反常事物。这些宽160英尺的林荫大道，加上它们的分支道，总共占地3600英亩，超过所有剩余的可供私人住宅和公共建筑利用的土地总和。需要有50万的人口才能证明设计这些林荫大道的合理性，但事实上，在城市剩余的空间中，只能容纳略多于10万的人口。铺设这些道路需要的资金可能相当于全部国债的1/4。在所有巴洛克式的城市规划中，都隐含着两个关于大道的假设。一是街道要宽大笔直。这并不是中世纪或文艺复兴时期城市的典型特征，但对于贵族们日常出行时快速行驶的马车和精神抖擞的马匹来说，是非常理想的，甚至是不可或缺的。因此，在巴洛克式城市的生活中，最引人注目的景象之一就是"权贵们的日常游行"，普通民众在人行道上目瞪口呆地看着这一切。另一个假设是，出于同样的原因，这样的街道要非常适合军事阅兵和军队行进。[50]

可以想象，有人可能提议将华盛顿的街道用于上述两种用途之一，尽管对于任何一种用途，托马斯·杰斐逊肯定都会感到恐慌。不过，这种危险是不太可能发生的；因为这样的街道需要内燃机发明出来才能真正发挥作用，而当那一天来临时，它们已经开始过时了。

但比街道系统更基本的一个问题是，除了政府活动之外，城市的生活还需要什么来维持？这一点从来都没有引起朗方的重视，也没有人愿意真正去关注。巴洛克式城市的重心不是政府本身，而是威严——具体体现在法庭、展示和纪念碑上。但这一切背后的日常生活是怎样的呢？是什么给这个地方带来了人口、资源、繁荣、改善和活力？是什么样的人群？他们为什么选择来到这里，他们想要做什么？

在朗方计划所附的"观察"和"参考资料"中，有许多内容是关于"壮观的喷泉""宏伟的建筑"和"宽广的街道"的，但却没有涉及促进商业的工程，他只提到一个拱廊，在拱廊下面，"商店将处于最方便和最舒适的位置"。在朗方的计划中，确实设计了一条从东部支流穿过城市部分地区的运河，但从他的报告来看，他考虑这项设施，似乎并不是为了使这个地方成为一个贸易枢纽，而是为了满足城市本身的需求。事实上，将波托马克河作为进出西部的航运主干道，一直都是一厢情愿的想法，可能只是出于希望把首都设置在弗吉尼亚州的冲动。这条河上有五条大瀑布，河道很浅，所以从一开始就不是一个可靠的选择。所有通过开挖运河、疏浚河道和修建水闸连通俄亥俄州的努力都历经了数十年之久，最后均以失败而告终。乔治敦的港口贸易量每月最多不过两三艘货船，实际上从18世纪90年代起就开始减少。在华盛顿市建成后的头十年里成立的四家商业企业中，只有一家啤酒厂幸存下来。[51]

> 因此，一位外国政要在1811—1812年观察到，哥伦比亚特区"没有任何大型商业机构"；"没有任何形式的贸易"（1828）；"完全没有任何商业景象、声音或气味"（1832）。1829年的一本给新来者的手册上写道："在华盛顿，最伟大、最体面的生意就是经营寄宿公寓。"[52]

即使支付工资，也无法吸引足够多的劳动者参与公共建筑项目。因此，相当一部分劳动是由奴隶完成的，这是巴洛克风格和专制主义在这座城市唯一体现出来的地方。约翰·C.米勒（John C.Miller）评价道，华盛顿和圣彼得堡的一个共同点是，两者都主要是由不自由的劳动力所建造。至于政府机构人员，也就是那些居住在联邦城、在林荫大道上炫耀自己的达官贵族们，在1800年时，他们只有不到300人，零散分布在森林和沼泽地之中，这种体验并不愉快。他们在当地遇到了令人不安的一群人，这些人主要由漂泊者、流浪者和冒险家组成。这群人像过客一样经过，给这个地方并未带来任何积极影响，只是使得这里更加压抑。"人们很穷，"奥利弗·沃尔科特（Oliver Wolcott）说，"他们过着像鱼一样的生活，相互蚕食。"[53]

第三节　城市的概念

华盛顿建城的失败当然是由执行规划失败造成的，它也可以被看作建城计划本身的失败，该计划充满了不合常理之处。但人们可能想知道，是否还有其他的选择呢？是否有更好的计划呢？是否其他计划更有可能被成功地实施呢？从历史经验来看，这些似乎都不太可能。

从历史上看，城市——无论是首都还是任何其他类型的城市，根本不是被"创造"出来的，它们都经历了萌芽和发展的过程。然而，这并不意味着城市发展不受控制，或者没有计划。对于中世纪欧洲的城市来说，执行的"规划"通常首先包括一个基本的初始布局，即一个教会、一个军事要塞和一个市场。然后，在市政监管下，根据市政标准，城市随时间的推移而逐步地扩张。这样的城市规划和市政监管背后的推动力是明确的现实需求，以及已经存在的价值观。这是建设华盛顿市的一项主要挑战。另外，该项目并没有被托付给一个新成立的公共机构，而是掌握在那些不喜欢城市、对城市几乎一无所知、对城市生活也没有什么经验的人手中。

中世纪城市的出现是一个引人入胜的主题，人们很容易沉迷于其中。然而，即使是随意的调查也会发现一个不争的事实：商业在这些城镇的兴起过程中不可或缺［亨利·皮朗（Henri Pirenne）甚至说，没有市场，就不能称之为城市］。其他功能，无论是军事功能还是宗教功能，都很少独立于城市的商业生活而存在。根据古代编年史，即使是北欧入侵者，也会先去掠夺，然后留下来进行贸易。11世纪，佛兰德的伯爵为保护他们的地区，会有意识地创造和平的商业环境；约翰·蒙迪（John Mundy）写道："他们建造坚固的城堡，排干沼泽地里的水，这些措施刺激了城镇和乡村的发展。"教会做出了更多贡献，它们调动了大量资金，并通过著名的高利贷法，努力确保资金的合理使用。[54]正如罗伯特·S.洛佩兹（Robert S. Lopez）所指出的那样，在已知最早的文字中，"城市"的象形文字是在圆圈内画一个十字。十字象征着汇合的道路，人员、物品和思想在这些道路上来来往往。圆圈代表护城河或城墙——即使这样的隔断在现实中不存在，也在道义上存在——它能将城内的公民团结在一起，保护他们免受外界侵害，并增强他们作为社区成员的自豪感。理查德·L.迈耶（Richard L. Meier）说："城市不仅是一个十字路口，外来者在这里聚集并交易，它还是一座活生生的文化宝库——从高到低，应有尽有。"城市存在的目的，"是在相对安全的条件下，促进人员、商品和服务的流通，并积累信息"。[55]

随着中世纪晚期商业的扩张，必然会给城市带来一些新的特征，其中包括更复杂的法律形式、经济组织模式（行会和贸易公司等）、获得城市社区地方控制权的新政治形式，以及商人和工匠等新被认可的社会阶层，与农村文化截然不同的城市文化也随之开始出现。人们看到更多的外来者，相互之间更加了解，旅行得更频繁，交谈得也更多。教育成为一种商品，在像热那亚这样的贸易中心，教育变得不可或缺，几乎没有文盲。[56]中世纪的大学在城镇而非乡村得到了发展。所有这些都使得社会发展模式更复杂、更多样化，也更具有活力。

这种生活模式带来了很大压力，但它同时也建立起一套价值观和一种忠诚，其力量取决于城市作为一个企业实体的特点，以及它对公民利益的认可，公民只能以团体身份要求这些利益。值得注意的是，在中世纪及以后的时期，许多公共和私人建筑都是在市政府的控制下建造的。重要的行会都在市议会中有代表，同时，城市规划和建设项目也总是由担任市政府官员的建筑大师监督。弗里茨·罗里格（Fritz Rörig）写道："从13世纪起，在接下来的几个世纪里，整个布鲁日由一个市政建筑委员会负责建造。该建筑委员会通过刻意地，甚至是夸张地强调栏杆差异的方式，保持统一的建筑外观；它负责道路铺设和城镇供水；它鼓励人们采用瓦片屋顶以取代茅草屋顶；总之，委员会对所有建筑活动都进行了干预。"[57]

在这类规划中，社会性一直得到明确承认。最典型的例子是意大利文艺复兴时期的城市广场。佛罗伦萨、锡耶纳、比萨和威尼斯等地的广场都具有各种公共用途。广场两旁商店林立，工匠们在那里工作，并受到过路人的检查和评论。餐厅和餐桌沿街排列，教堂位于广场的一端。那里既是集市，又是游乐场，是情侣们漫步的地方，是聚会交友和聊天的场所，也是市民举行庆典和宗教游行的舞台。广场是城市状况的一面镜子。[58]

错综复杂而多样化的城市生活为各种复杂的城市人物提供了生活环境。例如，几个世纪以来，佛罗伦萨在生产和交易成吨布料的同时，也诞生了但丁（Dante）、薄伽丘（Boccaccio）、萨伏那洛拉（Savonarola）、乔托（Giotto）、多那太罗（Donatello）、吉贝尔蒂（Ghiberti）、布鲁内莱斯基（Brunelleschi）、米开朗基罗（Michelangelo）、达芬奇（da Vinci）、马萨乔（Masaccio）、弗拉·安杰利科（Fra Angelico）、弗拉·菲利普·利比（Fra Filippo Lippi）、阿尔贝蒂（Alberti）、德拉·罗比亚（della

Robbia)、德尔·萨尔托（del Sarto）、吉兰达里奥（Ghirlandaio）、马基雅维利、切利尼（Cellini）和伽利略（Galileo），更不用说巴尔迪（Bardi）、皮蒂（Pitti）、美第奇（Medici）等。此外，还包括传奇人物布翁德蒙蒂（Buondelmonte），据说他的谋杀案促使了历史上归尔甫派（Guelfs）和吉伯林派（Ghibellines）的出现。对于一个在这种环境下出生和成长的人来说，城市无论是好是坏，都是他内在和外在自我的重要组成部分。当但丁被逐出佛罗伦萨后，他感到自己已经不复存在。[59]

在18世纪末的美国，城市还未能实现这样的理想状态：作为一个法人团体，作为一个大圆形中间的十字交汇处，以及作为一个充满生机的社区。那些规划美国第一座城市的人并不了解或完全理解这种城市的概念。

第四节　首都的概念

有人可能会说（有循环论证的风险），多数大城市都是在已有的基础上发展起来的。这种逻辑同样适用于首都：它们不是随意创建的；它们几乎不可能凭空出现。

但也有例外。一个令人愉悦的例子是圣彼得堡。圣彼得堡由彼得大帝于18世纪初开始建造，在他的有生之年基本完工。此例甚至与华盛顿城的创建也有一定的相似之处。彼时，彼得亲自所选的地点在涅瓦河的河口，那里是一片荒原，多雾，不健康，而且沼泽遍布。该选址并未受到欢迎，除了沙皇本人之外，整个俄罗斯几乎没有人愿意去那里。

但沙皇不是普通人。彼得·罗曼诺夫（Peter Romanov）身材魁梧，身高近7英尺，浑身充满恶魔般的力量。他每次看到工匠工作，都会渴望自己也掌握这门手艺,于是每次他都会去向工匠学习:石匠、铁匠、木匠、印刷工,甚至钟表匠等。当时的俄国人对船舶、航海和造船一无所知;彼得在外国人的帮助下,自学了有关这些奥秘的所有知识。1698年,他甚至带着一小队随从前往英国,住在泰晤士河畔德特福德靠近皇家码头的一所房子中,白天在造船厂工作,晚上放纵狂欢,把房子里搞得一团糟。彼得几乎是凭一己之力创建了俄国的海军。他富有个人魅力,意志坚定,脾气暴躁。偶尔发生的近卫军兵变(近卫军是俄罗斯的一个职业军人阶层,与文艺复兴时期意大利的雇佣兵有些类似),被彼得以残酷手段镇压了下去,他的手段令人毛骨悚然,包括大规模殴打、开膛和绞刑等。这就是俄罗斯人民的父亲,也是国家的独裁者,他建立了圣彼得堡这座城市,并用自己的名字命名了这座城市。[60]

彼得想要建一座首都;他还想要建一个伟大的商业中心,并在波罗的海上建造一个港口和海军基地,以此将俄罗斯从经济、政治和文化上都转向欧洲。实际上,在他的心目中,"通往西方的窗口"的构想先于建设首都的想法。1703年建设开工时,彼得亲临现场,住在一个用两天时间为他建造的小房子里。最初的工程是在延尼萨里(Yanni-Saari),亦即野兔岛(Hare Island),建造圣徒彼得和保罗的堡垒;它由六座大堡垒组成,其中一座由彼得亲自监督建造。由于泥土匮乏,也没有独轮推车,劳工们不得不排着长队,用外衣的裙摆或旧垫子做的袋子运输泥土。当时的技术比较原始。

至于劳动力,每年大约有4万人被从帝国的各地强制征召(彼得最早的一次征召对象是"几千名小偷":判处发配到西伯利亚的犯人将被送往涅瓦河)。由于痢疾、瘟疫、营养不良、冻伤和过度劳累,所征召劳动力的死亡率极高。自始至终,精力充沛的彼得在写信时,总是会在信的开头写下"来自天堂"的话语。

他聘请了外国建筑师,其中主要的两位建筑师能力尤为出众。多梅尼科·特雷齐尼（Domenico Trezzini）负责建造大量宏伟的公共建筑，包括彼得和保罗的堡垒，他还对几种类型的住宅设计产生了重要影响。亚历山大·让－巴蒂斯特·勒布隆德（Alexandre Jean-Baptiste Leblond）设计并实施了巴洛克式的街道规划，其中包括宏伟的涅夫斯基大街（Nevsky）和沃兹涅先斯基大街（Vosnesensky）。涅夫斯基大街全长2.5英里，是瑞典囚犯用石头铺成的，他们还必须在每个星期六打扫这条街道。勒布隆德曾在凡尔赛宫景观设计师勒诺特（LeNôtre）门下学习，他在沙皇的花园里建造了石窟和喷泉，并利用丰坦卡运河（Fontanka canal）的水修建了瀑布。勒布隆德被授予很大的自由度。

由于自愿前往圣彼得堡定居的人很少，彼得采取强制性措施，迫使人们移居这座城市。根据他的一项命令，1000个显赫的贵族家庭要在涅瓦河的一边建造住所；500名商人和500名小贩将在河对岸建房；另外，有2000名各行各业的工匠"必须在商人和小贩的这一侧定居……"。[61]火灾一直是圣彼得堡潜在的风险，彼得决定（大约80年后，杰斐逊也做了同样的决定），所有房子都应该用砖石建造，他为此发布了一项命令。他同时还规定，在此期间不得在其他任何地方建造石头建筑，以确保帝国的每一位石匠都能根据需要，随时保障圣彼得堡的建筑工程。

彼得非常重视城市的商业和港口设施。他在涅瓦河左岸建造了大量码头和造船厂，为了保护海上通道，他在科特林岛（Kotlin Island）修筑了一座堡垒，后来这里被命名为克朗斯塔特（Kronstadt）（他亲自在岛上测量了海峡水深，然后又动手绘制了图纸）。为了连接内陆，他开始修建一条直接通往莫斯科的道路，并在拉多加湖（Lake Ladoga）周围修建了一条连接伏尔加河和涅瓦河的运河。这条非同寻常的运河始建于1718年，在他去世后不久完工。沙皇想方设法地吸引外国商船定期在圣彼得堡停靠，例如，减少港口费和提供物美价廉的各种俄罗斯产品。第一艘船于1703年抵达时，欣喜若狂的彼得微服出海，亲自驾船入港，还向吓坏了的船长赠送了500个金币的礼金，并向全体船员赠送礼物。

俄罗斯公主玛丽亚（Tsarevna Maria）曾虔诚地祈求圣彼得堡重新变为沙漠，然而，这个地方仍然繁荣发展起来。1710年，皇室和所有政府机构永久地安置在圣彼得堡；对外贸易持续增长；1714年的建筑普查报告显示——也许有些夸张——圣彼得堡各种类型的房屋总数高达34550座。不管怎么说，到1725年，也就是彼得去世的那一年，这座城市的人口已达到10万。[62]

在西方世界所知的人造城市中，圣彼得堡是唯一一个成功实现了真正首都所有功能的城市。[63]从最完整的意义上看，一个社会的"首都"不仅应是政治中心，还应是经济和文化中心；只有拥有彼得大帝那样的力量和意志，才能成功地将这三者从无到有建立起来并保存下来。除了圣彼得堡这个连路易十四都无法复制的非凡例子之外，最能体现一个国家文明最有机的形式的是伦敦和巴黎这样的首都，几个世纪以来，政府、金融和商业、学术和艺术的精英们经常在这里汇聚交流。"尽管国王可能更喜欢温彻斯特，"丹尼斯·布罗根（Denis Brogan）写道，"但伦敦的本质特征更符合首都的要求。"到了14世纪爱德华三世（Edward III）和杰弗雷·乔叟（Geoffrey Chaucer）的时代，国王们也开始喜欢伦敦了。当时，伦敦在皇家文件中被称为"全英格兰的一面镜子"。[64]

第五节　想象中的首都

在19世纪的大部分时间里，华盛顿特区是一个破败不堪的村庄，甚至最基本的物质条件也让人难以忍受。即使在我们这个时代，它也从未具有过那些因"事物的本质"而被选为首都的城市所具有的任何特征。从华盛顿和杰斐逊所受的羞辱和失败经历中，我们已经注意到，他们幻想着可以基于其他一些原则做出选择而不受惩罚，但最终还是付出了代价。

也许，我们可以通过尝试反向预测，获得一些启示。1790年的选择可能是完全随机的；可以想象，"事物的本质"可能会指向不同的方向。如果在1790年决定不把首都迁移到其他地方，会带来什么后果呢？

根据历史记载，纽约比圣彼得堡和凡尔赛都更古老。众所周知，彼得·米努伊特（Peter Minuit）在1626年购买了曼哈顿，但这件事情的发生是荷兰人在新阿姆斯特丹建立和规划定居点之后，而不是之前。自1609年哈德逊（Hudson）的探险以来，贸易公司一直在沿哈德逊河而上，在河口附近航行，并在曼哈顿设立临时总部。[事实上，在米努伊特所处时代的一个世纪之前，维拉萨诺（Verrazano）曾在1524年亲自勘察这个地方，并随后向弗朗西斯一世（Francis I）热情描述了它。在巴黎，还有一张日期为1570年、作者不详的地图，该图相当详细地绘制了这个地区的地形。]无论如何，荷兰西印度公司（Dutch West India Company）的计划在1625年已经实现，指示公司工程师建堡垒的指令上也显示了这一年的日期。尽管荷兰西印度公司在概念方面缺乏想象力，而且当初的意图也相对有限，但是凭借其巨大的天然优势，新阿姆斯特丹迅速作为贸易中心取得了成功。当时的重点是贸易和军事保护，而不是殖民地的发展，这使得该地多年来人口一直低于应有的水平。尽管如此，这座城镇的国际化和多语言特征似乎早已出现。17世纪40年代，艾萨克·乔格（Isaac Jogues）神父在访问新阿姆斯特丹时报告说，这个城镇及其周边地区所使用的语言多达18种。当英国人在1664年接管新阿姆斯特丹时，他们看到的是一个繁华的商业集市，那里有码头、仓库、砖石建筑以及用鹅卵石铺成的街道。这些街道是沿着人和动物最早走出来的自然路径建成的，形成了一种不规则的格局，在某种程度上，这种格局一直延续到了今天。穿过岛上的北线防御工事（这条防线被命名为华尔街），有许多小村庄，如鲍厄里村和哈勒姆，它们最终会融入新阿姆斯特丹的发展之中。18世纪中叶，许多旅行者在评论这座城镇时，都会提到十分干净整洁的环境、有山墙的房屋、整齐铺设的街道以及平坦的人行道。在独立革命前夕，这里的人口约为2.5万。[65]

面对英国人的占领，纽约的人口下降至5000左右。后来随着托利党难民和英国士兵的涌入，人口又有所增加。1783年11月英国人撤离后，人口再次下降到了1万至1.2万之间。但在接下来的3年里，人口增加了一倍以上，在1786年达到23614人。那些年，纽约在商业和人口方面发生了显著的扩张，许多人预计它很可能最终超越费城。事实上，纽约不久之后就在这两方面超过了费城。1790年的人口普查显示，纽约的人口为33131，费城为28522，不过这个结果并不完全准确；如果将费城周边的"自由区"也计算在内，纽约直到1810年后才会在人口上超过费城。但在商业方面，纽约相对于费城的优势在18世纪90年代就已经很明显了，塔列朗和拉罗什富科-利昂库尔（La Rochefoucauld-Liancourt）等来访者，他们都清楚地感受到这一点。纽约在1789年的沿海贸易登记吨位方面已经领先，在1794年的总吨位数、1796年的进口价值和1796至1797年的出口价值上均超过了费城。[66] 到1800年，纽约已经可以预见它将在19世纪成为世界上最大的港口，而这一愿景最终也实现了。如果纽约成为美国的政治和商业首都，这在某种程度上也是符合历史发展规律的。

1784年12月，国会投票决定将首都迁往纽约后，民间团体和个人组织纷纷行动起来,计划和实施各种项目,为政府提供便利条件。他们决定通过大规模的改建和重建,将市政厅改建为联邦大厅,并不断向市政府和州政府施加压力,要求加快工作进度。在这样的背景下,该项目获得了拨款支持;热心公益的市民提供了现金贷款;项目按照皮埃尔·查尔斯·朗方制定的计划实施。项目最终花费为6.5万美元,这是最初拨款的两倍,但纽约市对这一结果感到非常自豪。1790年5月,在纽约市指派的一个委员会的领导下,一座总统官邸的修建工作开始在乔治堡遗址上展开,该建筑位于鲍灵格林公园的南面,俯瞰着炮台(Battery)。这是一座非常精美的住宅建筑,在次年完工,但是那时联邦政府已经离开了纽约。尽管如此,人们仍然充满希望,制定了宏伟的规划,一群人甚至提出一项计划,要在布鲁克林高地上为政府建造一座类似于雅典卫城的宏伟建筑。[67]

所有这一切都代表了集中的能量、金钱、公共精神和公民自豪感,对于一个新成立、尚处于探索阶段的联邦政府来说,这些资源极大地有利于建立适当的环境,也有助于政府在未来以有尊严的方式进行发展。这种公民的能量,最明显、最直接地体现在政府首都的有形设施上。但也有一些不是那么显而易见的表现形式。就像巴黎和伦敦一样,如果一座崛起的城市将自身资源与政府资源结合起来,其产出可能远远超过单独各部分的总和。

此外,它将是一个易于到达的首都:不仅对国会议员、州政府官员和政府雇员来说如此,而且对于整个国家的人民来说也是这样。在关于定都问题的辩论中,经常听到波托马克河处于"中心地位"的论点,但即使在1790年,这也只是一个抽象的概念。这个论点并不是基于当时的人口(尽管弗吉尼亚人坚持认为,随着西南地区的发展,波托马克河区域终有一天会成为人口的中心),而是基于地理位置。然而,即使在此基础上讨论"中心地位",从逻辑上讲,最重要的因素其实并不是在地图上的位置，而是前往该地区的速度和便利性。从大西洋沿岸的各个地方都可以通过水路方便地到达纽约，从纽约北部和新英格兰西部也可以通过河流前往纽约，而且进出纽约的船只比其他任何港口都多，因此，1790年时，纽约市可能比全国其他任何地方都更容易到达。即使对南方人来说也是如此。人们从新奥尔良（实际上，从密西西比河谷的任何地方）前往纽约，比去华盛顿更快、更容易。即使从查尔斯顿出发，去华盛顿也不如去纽约方便。

然而，"中心地位"的真正含义并不在于地理位置，甚至也不在于旅行的便利性。归根结底，中心地位是指，与其他地方相比，更多的人有更多不同的理由去这个地方。在美国人民看来，其中包括每年北上购物的众多南方种植园主，纽约在19世纪越来越多地呈现出中心地位的特征，尽管它不是政府的中心。[68]

这样一个首都可以为联邦政府本身做出重要贡献。它将使政府在最能看见国民的地方与国民接触，而这可能只有在真正的交通枢纽才能实现。如果人民选出的代表在这里能过上体面的、文明的生活，那么当他们返回家园时，可能会在思想和精神上比初来时更开明。在19世纪的华盛顿，国会议员甚至连这一点也无法做到，他们住在军营般、连队式的地方，生活孤独，他们在那里"像熊一样生活，被残酷对待，终日昏昏沉沉"。[69]但是对于国会议员来说，真正的首都，它所代表的不只是体面的生活。国会议员作为人民代表，将被各种力量所包围，而不仅仅是彼此陪伴，这些力量将激发他们对国家特征进行深入了解。对于他们来说，首都可以作为"全美国的一面镜子"。

所以，我们再次回到了文化的问题，是什么将一个国家的首都与其文化联系在一起？如果文化被简单地看作展出的艺术品，那么几乎在任何地方都可以很容易地建立"文化"。然而，如果文化被视为塑造这些艺术品的力量，那么它实际上就会变得非常复杂。也许文化本身可以被认为是一面镜子，在关键时刻由我们当中最聪明或最有激情的人拿起对着我们。在这面镜子中，我们得以瞥见一些重要的知识：我们是谁，我们是什么，以及我们用来管理自己的力量是什么。从某种意义上说，那些拿起镜子的人需要站在我们集体生活的"交通枢纽"。然后，我们看到我们自身，我们的习俗、愿望和幻想，以及我们的房屋、城市和乡村；我们甚至能更清晰地看到那些我们选择出来管理我们的人士，政府本身也是文化的一部分。因此，创造社会愿景的艺术家和思想家，他们中应该有相当一部分处于中心地位，而代表权力的人士也必须参与其中，同时要考虑这些艺术家和思想家的观点。

文化的结构性支持——共和制社会的文化资源得以维持和更新的社会环境，实际上是物质环境——似乎是一个我们不甚了解的主题。但是，从我们所知道的来看，如果没有合法的首都，这个过程充其量只能是一个非常不稳定的过程。纽约的早期经历中存在着许多能让民族文化汇聚的要素，但另一方面，又缺少某些关键要素，这可能会提供一些线索，说明民族文化是如何发挥作用的。

一个很好的例子就是纽约剧院。纽约剧院具有卓越的文化组织系统，似乎从一开始就比其他美国城市的剧院有明显优势。然而，这种优势并非完全出于偶然，而是由在关键时刻发生的一些影响的交织作用所促成。刘易斯·哈勒姆（Lewis Hallam）的父亲在革命前几年开设了约翰街剧院（John Street Theater）。1785年，刘易斯·哈勒姆回到纽约，重新经营这家剧院。他们在那里演出了莎士比亚、谢里丹（Sheridan）、艾迪生和哥尔德斯密斯（Goldsmith）的剧目，并于1787年推出了罗雅尔·泰勒（Royall Tyler）的《对比》（*The Contrast*）。泰勒因此成为首位由专业演员表演其作品的美国剧作家。泰勒的成功直接激发了威廉·邓拉普（William Dunlap）做出决定。邓拉普是一个相当优秀的年轻人，刚从英国回来，在英国时，他曾在本杰明·韦斯特（Benjamin West）门下学习绘画，现在他决定尝试撰写剧本。邓拉普的喜剧《父亲，或美国的香迪主义》（*The Father, or American Shandyism*）于1787年上演，也获得了成功。[70]

然而，纽约剧院本身是受到社会强烈反对的对象。国内的革命道德观反对无聊的娱乐活动。舞台剧一直受到神职人员和其他人的谴责，一些人向公共委员会和州立法机构请愿，要求禁止这类演出。尽管并没有采取任何行动，但在1789年，许多纽约人仍不确定他们应如何看待这些问题。美国总统给出了决定性的暗示。华盛顿热爱戏剧；他在1789年举办了戏剧派对，并邀请了许多高级官员和国会议员参加。据《每日广告》（*Daily Advertiser*）报道，1789年11月24日，约翰街剧院的上座率达到有史以来的最高，"因为总统和夫人来到现场，人们事先就有所耳闻"。演出的剧目恰好是威廉·邓拉普的新喜剧《达比的回归》（*Darby's Return*），据说这是乔治·华盛顿唯一一次在公共场合大笑。威廉·邓拉普由此开始了他的作家、翻译家、演出商和经理人的职业生涯，到50年后退休时，他最终获得了"美国戏剧之父"的美誉。邓拉普的兴趣非常广泛。因为戏剧事业使他长期面临财务困境，所以他通过做第二职业——绘画来维持生计（他在1783年为华盛顿将军和夫人绘制了粉彩肖像画，当时他只有17岁）。他似乎认识镇上的每个人，对年轻的作家和艺术家非常友善，在文学、绘画、戏剧和商业领域都建立了广泛的人脉。邓拉普的两本著作，1832年出版的《美国戏剧史》（*The History of the American Theatre*）和1834年出版的《美国设计艺术的历史与发展》（*The History and Progress of the Arts of Design in the United States*）至今仍是珍贵的参考资料。[71]

邓拉普认识很多在纽约生活和工作的画家，其中包括吉尔伯特·斯图尔特（Gilbert Stuart）、约翰·范德林（John Vanderlyn）、爱德华·萨维奇（Edward Savage）、约翰·特朗布尔、托马斯·科尔（Thomas Cole）、阿舍·杜兰德（Asher Durand）、塞缪尔·莫尔斯（Samuel F. B. Morse）和约翰·卫斯理·贾维斯（John Wesley Jarvis）。除了科尔和杜兰德，这些人的名气主要来自他们绘制的政治家肖像画。但是，如果政治家想要画肖像画，就必须和画家处于同一地方；否则，画家就必须跟着他们到处旅行。例如，吉尔伯特·斯图尔特在1794年干脆关闭了他在纽约的工作室，搬到了费城。正是在费城，斯图尔特完成了他最著名的肖像画，其中最重要的是华盛顿的肖像画。[72]

威廉·邓拉普去世15年后，爱丁堡的出版商威廉·钱伯斯（William Chambers）短暂访问了纽约。"没有法院，"钱伯斯写道，"甚至连州议会所在地都没有，这使得纽约不可能成为一个适合富有闲暇的阶层或众多文学人士居住的地方。"钱伯斯只是想当然地认为文学和政治权力之间存在密切关系，并认为它们之间的严重脱节会产生后果。可以想象，这种联系在美国尤为紧迫，因为至少自18世纪60年代以来，美国的文化就非常政治化，而且美国社会的许多创造力都被用于政治化目的。理查德·霍夫施塔特写道："在美国成立之初，知识界和权力之间的关系不是问题。领导者就是知识分子。"他问道，为什么后来政治和知识界会分道扬镳呢？毫无疑问，这其中有很多原因。但是，纯粹的物理隔离——没有一个首都城市能够同时让作家和政治家发挥作用，同时他们也愿意在那里居住——肯定是其中的一个原因。[73]

事实上，威廉·邓拉普时期纽约的文坛领军人物——华盛顿·欧文（Washington Irving）、詹姆斯·费尼莫尔·库柏（James Fenimore Cooper）和威廉·卡伦·布莱恩特（William Cullen Bryant）——并未受到被人所忽视或未被认可的困扰。他们在自己的能力范围内拿起镜子，用文字准确地反映和描绘当时的社会和文化，每个人可能都得到了在当时的美国任何一个文人所能期望的良好回报。此外，这三个人在年轻时都是联邦党人，成熟时期转变为杰克逊的民主党人，他们都非常熟悉拥有政治权力的人物。欧文（他在年幼时就获得过华盛顿将军的祝福）曾担任美国驻伦敦公使馆的秘书，并一度担任公使馆的负责人；他是马丁·范布伦（Martin Van Buren）的好朋友，范布伦当选总统后，曾希望他任职海军部长；他还曾出任美国驻西班牙公使数年。库柏的父亲声名显赫，是纽约最北部地区的地主和国会议员。库柏家族与约翰·杰伊家族的关系非常亲密，事实上，库柏的《间谍》(*The Spy*）就是由杰伊给他讲的一个故事改编而成的。库柏在政治上积极支持德威特·克林顿（DeWitt Clinton），他发表了大量关于政治问题的文章。他去世时在纽约举行的追思会由丹尼尔·韦伯斯特（Daniel Webster）主持。布莱恩特一生都与政治有密切的关系。他也是范布伦的朋友，并支持范布伦参加总统竞选。布莱恩特在《纽约晚报》(*New York Evening Post*）担任编辑长达半个世纪，受到了当时所有主要政治人物的尊敬。1860年，布莱恩特在库珀联盟学院（Cooper Union）作为元老，为亚伯拉罕·林肯（Abraham Lincoln）作了介绍。[74]

　　这些都是支持他们三个人的条件；由于其他条件的限制，他们的同伴很少。甚至可以猜测，如果有更多同伴，他们三人就不会像现在这样有如此重要的影响力。

　　对于那些最初就来到美国生活的外国人，纽约是他们的主要入境口岸。这无疑是使早期纽约的音乐生活优于其他城市的主要因素。例如，洛伦佐·达·彭特（Lorenzo da Ponte）在纽约的活动产生了重要影响——他曾为莫扎特（Mozart）创作了《唐·乔万尼》(*Don Giovanni*）的剧本，并即将结束他在哥伦比亚学院教授意大利语的职业生涯——他在那里负责推动意大利歌剧的演出，从19世纪20年代中期起，这样的演出将几乎有规律地上演。1842年爱乐协会（Philharmonic Society）成立，主要推动力来自丹尼尔·施莱辛格（Daniel Schlesinger）。施莱辛格是一位钢琴家,曾接受贝多芬(Beethoven)一个学生的训练,是城里最优秀的音乐家。此外,爱乐协会管弦乐队的成功,在很大程度上得益于协会内的一些德国音乐家。[75]对于一个国际大都市来说,这种情况并不罕见;伦敦的音乐生活不只是由英国人构成的,巴黎的音乐生活也不只有法国人参与其中。移民在国家发展中起到非常重要的作用,而纽约作为首都和国际大都市,可能会使移民的重要性更加显著。曾经有一段时间,美国的共和神话鼓舞了半个欧洲的民众,大量欧洲人被吸引到这座有望成为伟大首都的城市,而他们代表了欧洲文化中最有创造力的精神。

乔治·华盛顿对联邦政府所在地的最大愿望之一,就是那里有一所全国性大学。托马斯·杰斐逊也有同样的愿望。他曾经有个妙想,想让日内瓦大学的全体教职员工搬到美国来,在波托马克河畔重新安置。这些幻想从未实现,并且在未来很长一段时间里,华盛顿市也没有出现任何类似高等教育的机构。1789年5月6日,就职一周后,华盛顿总统在纽约出席了哥伦比亚学院的年度毕业典礼。他的继子曾在该校短暂学习过,但当时这所学校并不重要。然而,这所学校至少已经存在一段时间,可以作为未来大学的基础。哥伦比亚学院已经形成一个可以追溯到35年前的传统,即它有少量捐赠来自三一教堂和其他来源,校友中则有一些有影响力的人物,如首席大法官、财政部长、美国宪法的起草人和纽约州总理。如果纽约市和州政府在18世纪90年代给予的支持(这些支持很重要)一直持续到19世纪,如果又获得联邦政府的道义支持,哥伦比亚学院本可以更早地成为一所全国性大学,并跻身世界主要的学习中心,但实际情况并非如此。[76]

从本质上来说,那些首次发生且只发生过一次的事件,作为先例,具有重要的影响力。在联邦政府成立后的约一年内,几乎所有的先例都是如此，特别是在1790年，决定将首都从纽约迁出，随后又从费城迁出。这一决定意味着对国家政府在城市发展和设计方面对公众想象力可能拥有的道德权威的放弃。在关键时刻做出这一选择，实际上相当于官方认可了一种价值观，而这种价值观并没有将城市发展放在首位。如果政府一开始就致力于现有城市的发展，那么从某种意义上讲，政府就必须关注这座城市的未来福祉和增长，而如果是这样，这种情况就不会发生。从此以后，除了消极的模式和标准外，将很少再有其他的模式和标准。城市不再被定义为由公众监督的文明生活场所，不再被视为必要的邪恶和赘生物，可以不受控制地自由发展。在美国的官方叙事中，城市也不再有什么地位。

这是国父们留给这个国家的另一种价值观，尽管在文化上它可能会使"城市"的概念变得令人厌恶，但这并不一定是件坏事。它充满了农业意象，蕴含着关于农村繁荣与和平的理想，对当时的大多数人来说，这肯定有其吸引人的一面。在许多方面，现在仍然如此。此外，它完全符合那些受到古典传统启发的革命意识形态，这些古典传统涉及罗马共和国、辛辛纳图斯、加图和萨宾农场（Sabine farm）。

在美国的文化记忆中，比起其他任何一位国父，这种乡村愿景更多地会让人联想到托马斯·杰斐逊。理应如此，因为杰斐逊对乡村愿景的描述最完整且最令人信服。

注释

1. Joseph J. Ellis, *After the Revolution: Profiles of Early American Culture* (New York, 1979), pp. 4, 9. 埃利斯的副标题中的"Profiles"（人物简介）涉及四个有代表性的人物——查尔斯·威尔森·皮尔、休·亨利·布拉肯里奇、威廉·邓拉普和诺亚·韦伯斯特（Noah Webster），对他们的描述说明了这种期望未能实现所带来的幻灭感。正如尼尔·哈里斯（Neil Harris）所说，这可以被称为"从未发生过的革命"（"The Making of an American Culture: 1750–1800," Charles F. Montgomery

and Patricia E. Kane, eds., *American Art, 1750–1800, Towards Independence*［Boston, 1976］, p. 31）；下文注释4中引用的爱默生演讲提到的也是这种落空的期望。

2. 也许出自 Thomas Wentworth Higginson, in "A Plea for Culture," *Atlantic Monthly*, XIX（Jan. 1867）, 29–37；另参见 Lawrence W. Levine, *Highbrow/Lowbrow: The Emergence of Cultural Hierarchy in America*（Cambridge, 1988）, pp. 213–214关于这篇文章的讨论。范·威克·布鲁克斯在1915年写道："我向一个俄罗斯人、一个英国人和一个德国人提出这些术语［'高雅'和'低俗'］，并依次询问他们的国家是否有任何符合这些术语所隐含概念的东西。每个人的回答都是，这是美国式的概念，是真正美国独有的文化现象……" *America's Coming-of-Age*（New York, 1915）, p. 6。

3. 例如，Neil Harris, *The Artist in American Society: The Formative Years, 1790–1860*（New York, 1966）, 尤其是 Chs. 2–5。Lillian B. Miller, *Patrons and Patriotism: The Encouragement of the Fine Arts in the United States, 1790–1860*（Chicago, 1966）对这一领域的活力进行了很好的论述，但从作者自己提出的证据中，也可以看到艺术领域的萧条。另参见 David Grimsted, *Melodrama Unveiled: American Theater and Culture, 1800–1850*（Chicago, 1968）, 尤其是 Ch. 7。

4. Edward Waldo Emerson, ed., *The Complete Works of Ralph Waldo Emerson*（Cambridge, Mass., 1903）, I. 156–157。

5. George Santayana, *The Genteel Tradition: Nine Essays*, ed. Douglas L. Wilson（Cambridge, Mass., 1967）, pp. 39–40。

6. *Coming-of-Age*, pp. 7–8。

7. *Genteel Tradition*, p. 40; *Coming-of-Age*, p. 4。

8. *Genteel Tradition*, p. 78。

9. *Coming-of-Age*, p. 94. 事实上，关于美国文化是衍生物的批评，在19世纪的大部分时间里一直是反复出现的主题。奥雷斯特斯·布朗森（Orestes Brownson）："我们现在是英国的文学附庸，继续向母国致敬。我们的文学温顺且逢迎，缺乏新鲜感、自由度和独创性。我们以英国人的身份写作，而不是作为美国人写作。"康尼利厄斯·马修斯（Cornelius Mathews）："我们的作家……盲目地坚持陈旧的、外国的模式……他们是英国人，或德国人，或其他美国以外的人。"赫尔曼·梅尔维尔（Herman Melville）："让我们抛开这种在文学上对英国的奴才主义吧。"

引用自 Richard Ruland, ed., *The Native Muse: Theories of American Literature* (New York, 1972), I, 272, 301, 324。

桑塔亚纳:"美国人的意志住在摩天大楼,而美国人的智慧则住在殖民地的豪宅中。一个是美国男性的领域;而另一个,至少主要是以美国女性为代表。"布鲁克斯:"事实上,美国的公众分为两类,举止文雅的公众和从事商业的公众。一类主要是女性,另一类主要是男性。"*Genteel Tradition*, p. 40; *Coming-of-Age*, p. 111。

10. 同上, pp. 8-14; *Genteel Tradition*, pp. 40-44。随后,此类观点大量涌现,但远不如布鲁克斯或桑塔亚纳的论述温和,其中包括 H. L. Mencken, "Puritanism as a Literary Force," *A Book of Prefaces* (Garden City, N.Y., 1917), pp. 197-283; Randolph Bourne, "The Puritan's Will to Power," *Seven Arts*, I (Apr. 1917), 631-637; Waldo Frank, *Our America* (New York, 1919), pp. 45-46, 75; James Truslow Adams, *The Founding of New England* (Boston, 1921), pp. 64-85; Ernest A. Boyd, "Puritan: Modern Style," *Portraits: Real and Imaginary* (New York, 1924), pp. 106-117; Harvey O'Higgins and Edward H. Reede, M.D., *The American Mind in Action* (New York, 1924), pp. 1-25, 132-140; 及其他各处; Langdon Mitchell, *Understanding America* (New York, 1927), pp. 110-111; 以及 Vernon L. Parrington, *Main Currents in American Thought: An Interpretation of American Literature from the Beginnings to 1920* (New York, 1927), I, 85。Frederick J. Hoffman, "Philistine and Puritan in the 1920s: An Example of the Misuse of the American Past," *AQ*, I (Fall 1949), 247-263 讨论了其中的一些著作。当然,在佩里·米勒(Perry Miller)的著作发表之后,对清教徒影响的提及变得更加复杂;如 Robert E. Spiller et al., eds., *Literary History of the United States*, 3rd ed. (New York, 1963), I, 54-81; Max Savelle, *Seeds of Liberty: The Genesis of the American Mind* (New York, 1948), pp. 5, 10, 27, 360-369, 586; Richard Chase, *The American Novel and Its Tradition* (New York, 1957), p. 11; John C. Gerber, ed., *Twentieth Century Interpretations of the Scarlet Letter: A Collection of Critical Essays* (Englewood Cliffs, N.J., 1968); SacvanBercovitch, *The Puritan Origins of the American Self* (New Haven, Conn., 1975), pp. 136-186。另一方面,我们还记得莱昂内尔·特里林(Lionel Trilling) 20 世纪 50 年代初在哥伦比亚大学讲授美国文学时,随口说的一句话:"如果你想'解释'美国文化,不要从'清教主

义'开始。先尝试其他方法。"

11. Lewis P. Simpson, ed., *The Federalist Literary Mind: Selections from The Monthly Anthology and Boston Review*（Baton Rouge, La., 1962）, p. 68; Van Wyck Brooks, *The Ordeal of Mark Twain*（London, 1922）, pp. 94, 212; Emerson, *Complete Works*, I, 173-174.

12. Ruland, *Native Muse*, I, 71, 343.

13. Henry James, *Hawthorne*（New York, 1879）, pp. 42-43, 3. 詹姆斯在这里详细阐述了霍桑的抱怨："如果不经过一番挣扎，一个作家就会很难想象，如果一部浪漫小说的故事背景是一个没有阴影、没有历史、没有神秘、没有生动而晦暗的不道德行为，什么都没有，只有普普通通的繁荣和平淡无奇的白天的国家，正如在我亲爱的祖国那里的快乐生活，写起来会多难。"詹姆斯·费尼莫尔·库柏在霍桑之前三十年就说过类似的话："没有历史记录可以作为历史学家的素材，没有愚蠢行为（除了粗俗和平庸）可以让讽刺作家嘲笑；没有礼仪可以让剧作家用于创作；没有晦涩小说可以激发浪漫作家的想象力；没有严重违反礼仪的行为让道德家批判；也没有丰富的文学手段用于诗歌创作。"引用自 Ruland, *Native Muse*, I, 224-225。

14. Ann Douglas, *The Feminization of American Culture*（New York, 1976; rev. ed., 1988）. 关于这种新的社会角色分配是如何发挥作用的例子，其中也包括了道格拉斯提到的女性—牧师联盟的实例（见下文），参见 Paul E. Johnson, *A Shopkeeper's Millennium: Society and Revivals in Rochester, New York, 1815-1837*（New York, 1978）。另参见 Jessica S. E. Young, "Rocking the Cradle: The First Generation of Nineteenth-Century American Career Women"（未发表的论文，Columbia U., 1988）；当然还有如今已成为经典之作的 Barbara Welter, "The Cult of True Womanhood: 1820-1860," *AQ*, XVIII（Summer 1966）, 151-174。

15. *Feminization*, pp. 103, 234-235. "值得一提的是，霍桑、梅尔维尔、梭罗（Thoreau）和惠特曼在19世纪50年代所有作品的销量，还比不上国内一部比较流行的小说的销量。"同上，p. 96。

16. 同上，p. 44。"我认为……"弗朗西丝·特罗洛普（Frances Trollope）写道，"只有从神职人员那里，女性才会得到全世界每个女性都非常珍视的那种关注。在欧洲国家，女性可以在社会各个阶层有一定影响力，而在美国，只有与神职人员合作，她们才可以拥有这样的影响力……作为回报，她们似乎将自己的内心和灵魂都交给了他们。" *Domestic Manners of the Americans*[orig. pub. 1832], ed. Donald Smalley(New York, 1949), p. 75。

17. 奇怪的是,很少有批评文章将这个问题(布鲁克斯和桑塔亚纳都没有提到过)作为评价美国文化历史的一个可能因素。但也有例外。库柏在1838年指出,"如果没有首都",美国人民,"尽管他们可能比世界上任何其他相同数量的人都更同质化,但他们在观点、礼仪、社会准则甚至语言上都将没有相同的标准"。布朗森在同一年写道:"我们从来没有觉得我们是一个国家,有自己国家的大都市。华盛顿只是一个小村庄,那里有政府机关,是国会召开会议的地方;它没有为我们的文学制定基调,甚至对我们的政治也只能在某种程度上产生影响。"罗伯特·赫里克(Robert Herrick)在1914年评论道:"我们还没有像英国或法国那样发展成为一个比较同质化的国家,而是居住在一块大陆的广袤地区,没有一个具有无可争议的突出地位的中心大都市,将不同民族的社会、经济和政治生活聚集在一起——就像伦敦将一个分散的帝国凝聚在一起,而巴黎对每个法国人来说都是祖国一样。"他补充说,由于城市生活像"军营"一样,"美国城市从来没有像伦敦、巴黎和罗马那样富有想象力地表达过自己。对于小说家来说,我们的城市就像是他笔下人物吃饭睡觉的大酒店——酒店的名字毫无意义"。Ruland, ed., *Native Muse*, I, 230, 403–404; *idem*, ed., *A Storied Land: Theories of American Literature*, II(New York, 1976), 343, 349。关于将一个社会的政治、经济和文化生活分开的后果,非常有启发性的一部著作是R. P. Blackmur, "The American Literary Expatriate," David F. Bowers, ed., *Foreign Influences in American Life*(Princeton, N.J., 1944), pp. 126–145。

18. Fiske Kimball, *Thomas Jefferson, Architect*(Boston, 1916), pp. 31–33, 38, 40–43, 142–148;引文来自Merrill D. Peterson, *Thomas Jefferson and the New Nation*(New York, 1970), p. 175。

19. "Documents Concerning the Residence of Congress," *PTJ*, VI, 361–370.

20. 同上,362, 364–365; Jefferson to George Gilmer, June 27, 1790, 同上, XVI, 574–575。

21. 关于宪法和首都布局之间有意设计了对应关系的讨论,参见James S. Young, *The Washington Community, 1800–1828*(New York, 1966), pp. 1–10。

22. Kimball, *Jefferson, Architect*, p. 51; L'Enfant, "Observations Explanatory of the Plan," Elizabeth S. Kite, ed., *L'Enfant and Washington, 1791–1792: Published*

and Unpublished Documents Now Brought together for the First Time (Baltimore, 1929), Charles Moore, Foreword to 同上, p. vi; F. Kimball, "The Origin of the Plan of Washington," *Architectural Review*, VII (Sept. 1918), 41–45; Elbert Peets, "The Genealogy of L'Enfant's Washington," *Journal of the American Institute of Architects*, XV (April, May, June 1927), 115–119, 151–154, 187–191; John W. Reps, *Monumental Washington: The Planning and Development of the Capital Center* (Princeton, N.J., 1967), pp. 1–25; F. Kimball, "L'Enfant, Pierre Charles," *DAB*, XI, 165–169. "国会大厦在位置上与皇宫相对应，总统府与大特里亚农宫（Grand Trianon）相对应，购物中心与公园相对应，国会大厦东街、东宾夕法尼亚大道和马里兰大道与巴黎大道、索镇大道和圣克卢大道相对应，西宾夕法尼亚大道基本上与特里亚农大道相对应。"同上，167。

23. J. McManners, "France," in Albert Goodwin, ed., *The European Nobility in the Eighteenth Century: Studies in the Nobilities of the Major European States in the Pre-Reform Era* (New York, 1967), p. 25; Orest Ranum, "The Court and Capital of Louis XIV: Some Definitions and Reflections," in John C. Rule, ed., *Louis XIV and the Craft of Kingship* (Columbus, Ohio, 1969), pp. 265–285; Jacques Chastenet, "Paris, Versailles, and the 'Grand Siècle,'" in Sir Ernest Barker, ed., *Golden Ages of the Great Cities* (London, 1952), pp. 213–239; Alexis de Tocqueville, *The Old Regime and the French Revolution*, tr. Stuart Gilbert (Garden City, N.Y., 1952), p. 75. 有人认为，严格地说，路易十四并不想要一个"首都"；他只是想要一个政府所在地。但他还想让凡尔赛成为法国的社会、学术和艺术中心，事实证明这是不可能的。

在使用"肮脏的泥泞"（boggy squalor）这个描述时，我们也注意到了肯尼斯·鲍林试图消除许多早期到访者的一种错误看法，即华盛顿是一座建立在沼泽上的城市。他纠正说，"沼泽"指的是树木大部分时间都泡在水中的地形，这种地形在华盛顿是很少见的。但那里有潮汐沼泽，并且低洼地带（位于现今华盛顿市西南部主要政府大楼的周围）饱受排水问题的困扰，这些问题一直持续到20世纪。Bowling, *Creating the Federal City, 1774–1800: Potomac Fever* (Washington, 1988), pp. 94–95; 另见 Don Alexander Hawkins, "The Landscape of the Federal City: A 1792 Walking Tour," *Washington History*, III (Spring/Summer 1991), 10–33。

24. J.-J. Jusserand, Introduction to Kite, ed., *L'Enfant and Washington*, pp. 1-30（引文来自 p. 28）；玛格丽特·杜鲁门·丹尼尔（Margaret Truman Daniel）的话，由克里夫顿·丹尼尔（Clifton Daniel）向著作者转述。

25. Wilhelmus B. Bryan, *A History of the National Capital; From its Foundation Through the Period of the Adoption of the Organic Act*（New York, 1914）, I, 108-115; Washington to Jefferson, Jan. 4, 1791, 以及 Proclamation, Jan. 24, 1791, *WGW*, XXXI, 191, 202-204。

26. Draft of Agenda for the Seat of Government, Aug. 29, 1790（曾被错误地认为日期是 1790 年 11 月 29 日）, *PTJ*, XVII, 460-461；另参见 Editorial Note, 同上, 452-460。

27. Washington, Commission Appointing Commissioners, Jan. 22, 1791; to Jefferson, Feb. 1, 1791; *WGW*, XXXI, 200, 206-207; Bryan, *National Capital*, I, 125-127; *Georgetown Weekly Ledger*, Mar. 12, 1791; Jefferson to Ellicott, Feb. 2, 1791; to L'Enfant, Mar. 1791, Apr. 10, 1791; to Washington, Apr. 10, 1791; Ellicott to Jefferson, Feb. 14, 1791; L'Enfant to Jefferson, Mar. 10, 11, 1791; all in Saul K. Padover, ed., *Thomas Jefferson and the National Capital: Containing Notes and Correspondence exchanged between Jefferson, Washington, L'Enfant, Ellicott, Hallett, Thornton, Latrobe, the Commissioners, and others, relating to ... the City of Washington, 1783-1818*（Washington, 1946）, pp. 40-47, 58-61.

28. Washington to Jefferson, Mar. 31, 1791, *WGW*, XXXI, 256-258; Bryan, *National Capital*, I, 154; Ellicott to L'Enfant, Sept. 12, 1791, Kite, ed., *L'Enfant and Washington*, p. 73.

29. Notes on Commissioners' Meeting, Sept. 8, 1791, Padover, ed., *Jefferson and National Capital*, pp. 70-74.

30. 杰斐逊在 1791 年 4 月 10 日的一封信中向华盛顿描述了这些计划，他在信中附上了宾夕法尼亚州议会辩论的副本；同上, pp. 60-61。华盛顿对这个问题一直焦虑不安，参见 *WGW*, XXXI, 262-264, 372-374, 376-377, 381, 422-423, 495, 504; Bryan, *National Capital*, I, 139-141; Freeman, *Washington*, VI, 324n。

31. James S. Young, *Washington Community*, pp. 27, 256-257, n. 20 提到了这一点。华盛顿确实考虑过这个问题，但似乎并不认真。 Washington to Commissioners, Nov. 17, 1792, *WGW*, XXXII, 226。

32. L'Enfant to Washington, Aug. 19, 1791, Kite, ed., *L'Enfant and Washington*, pp.

67–72.

33. David Stuart to Washington, Oct. 19, 1791, 同上, p. 78; Bryan, *National Capital*, I, 159–160; *WGW*, XXXI, 400。

34. Washington to Commissioners, Sept. 29, Nov. 17, 1792; Fourth Annual Address to Congress, Nov. 6, 1792；同上, XXXII, 170–171, 205–212, 225–226。Bryan, *National Capital*, I, 204（销售日期有误）, 213–214。1793年9月25日的《哥伦比亚镜报》(*Columbian Mirror*) 和《亚历山大公报》(*Alexandria Gazette*) 报道了庆祝活动，1847年8月26日的《国家通讯》(*National Intelligencer*) 也收录了相关记录。Washington, Fifth Annual Address to Congress, Dec. 3, 1793; to Arthur Young, Dec. 12, 1793; *WGW*, XXXIII, 163–169, 176。安德鲁·埃利科特在穿越亚历山德里亚以南的地区分界线时，对当地居民的贫困和土地的贫瘠感到震惊，但他非常清楚华盛顿的信念有多么强烈。埃利科特在给妻子的信中写道："总统对这个国家如此热爱，我不愿意让他知道我对这个国家的真实感受。"June 26, 1791, 引自 Bryan, *National Capital*, I, 173。关于三次公开销售，参见 Bob Arnebeck, *Through A Fiery Trial: Building Washington, 1790–1800*（Lanham, Md., 1991）, pp. 70, 132–137, 174–175。

35. Tobias Lear to L'Enfant, Oct. 6, 1791; L'Enfant to Lear, Oct. 19, 1791; Kite, ed., *L'Enfant and Washington*, pp. 74–78. 华盛顿不认为朗方本人应对延迟负责，但他的确表示"雕刻师的行为中有某些难以解释的地方"。Washington to David Stuart, Nov. 20, 1791, *WGW*, XXXI, 419–423。

36. 在朗方与联邦城的关系进入最后阶段时，发生了一连串事件，包括拆除丹尼尔·卡罗尔（Daniel Carroll，其中一名监督官的侄子）位于达丁顿的房屋，罗伯多被解职和监禁，以及华盛顿、杰斐逊和监督官试图让少校为制作城市规划雕板提供便利条件，但没有成功。Bryan, *National Capital*, I, 165–169, 173–176对所有这些事件进行了描述，Malone, *Jefferson*, II, 378–382中有更简洁的版本。相关信件往来参见 Kite, ed., *L'Enfant and Washington*, pp. 79–155。

37. L'Enfant to Jefferson, Feb. 26, 1792; Jefferson to L'Enfant, Feb. 27, 1792; 同上, pp. 147, 150, 151–152。朗方立即宣称："迫使我离开这个项目的原因，也将阻止其他有能力的人……从事这项必定会让他的期望落空、每项努力都受挫的工作……" To Jefferson, Feb. 27, 1792, 同上, pp. 152–153。次年，埃利科特和监督官之间的紧张关系，导致埃利科特及其整个团队遭到解雇。1793年4月9

日，华盛顿恢复了埃利科特的职务，但大约一周后，埃利科特接到一个在宾夕法尼亚州勘测道路的任命，他立即接受了新的任务。塞缪尔·布洛杰特于1793年1月被任命为负责项目施工的总监，一年后被解职。Bryan, *National Capital*, I, 193-194, 209-211, 226-227。Washington to Commissioners, Apr. 3, 1793, *WGW*, XXXIII, 404-406。Washington to David Stuart, Apr. 8, Nov. 30, 1792；to Benjamin Stoddert, Nov. 14, 1792; to Thomas Johnson, Jan. 23, 1794；同上，XXXII, 19, 223-224, 244-245, XXXIII, 250-252。在朗方被解雇后，委员们提出重新聘用罗伯多。"考虑到他是一个误入歧途的年轻人，我们对他的同情多于怨恨。"罗伯多不无讽刺地答复，他明白自己"作为一个误入歧途的年轻人"得到了原谅，"但我担心自己今后的表现会不尽如意，因此，既然有可能不依赖这项荣誉而存活，我拒绝接受聘用"。Kite, ed., *L'Enfant and Washington*, p. 161n。

38. David Stuart to Washington; L'Enfant to Jefferson, Feb. 26, 1792；同上，pp. 147, 149。Washington to Stuart, Mar. 8, 1792, *WGW*, XXXI, 504, 506。

39. Washington to William Deakins, Jr., and Benjamin Stoddert（部分内容由杰斐逊撰写草稿），Mar. 2, 1791; to Jefferson, Mar. 31, 1791；同上，XXXI, 226-227, 256-258。Bryan, *National Capital*, I, 128-129, 131-134, 138-147。*DGW*, VI, 103-106, 164-166（Mar. 28-30, June 27-30, 1791）。

40. Kite, ed., *L'Enfant and Washington*, pp. 167-181; Jefferson to Thomas Johnson, Feb. 29, 1792; to George Walker, Mar. 1, 1792, Padover, ed., *Jefferson and the National Capital*, pp. 100-102; Bryan, *National Capital*, I, 178-180.

41. 同上，pp. 189-190, 211, 237, 255 及 Washington to Thomas Johnson, Jan. 23, Feb. 23, 1794; to Commissioners, Apr. 27, 1794; to Johnson, June 27, 1794; to Tobias Lear, Aug. 28, 1794, *WGW*, XXXIII, 250-252, 277, 343, 415, 481-482。Washington to Johnson, Mar. 6, 1795, 同上，XXXIV, 134。同上，177, 186, 196-197。

42. Malone, *Jefferson*, II, 384-385; Bryan, *National Capital*, I, 195, 376-377, 405, 458-460; II, 238.

43. 同上，I, 195-202; Malone, *Jefferson*, II, 385-387; Kimball, *Jefferson, Architect*, pp. 54-56; Jefferson to Daniel Carroll, Feb. 1, 1793, Padover, ed., *Jefferson and National Capital*, p. 171。

44. Bryan, *National Capital*, I, 202-204, 241-242, 259-260, 314-319, 377-378, 449-454, 456, 618, II, 433-434. Washington to Jefferson, June 30, 1793; to

Commissioners, July 25, 1793; *WGW*, XXXII, 510–512, XXXIV, 29–30.

45. Bryan, *National Capital*, I, 187, 205–208, 214–221, 224–225, 227–231, 233–236, 243–246, 256–259, 281, 283–285, 295–298, 553.

46. 同上, I, 264–270; *WGW*, XXXIV, 420; *ASP: Misc*, I, 134。

47. Bryan, *National Capital*, I, 270–272, 278; Gibbs, *Memoirs*, II, 377; Kite, ed., *L'Enfant and Washington*, p. 165n.

48. 我们的这部分讨论借鉴了刘易斯·芒福德在《城市文化》(*The Culture of Cities*)（纽约，1938年）中对巴洛克风格的阐述，尤其是77–139。

49. 作者同上, *The City in History: Its Origins, Its Transformations, and Its Prospects* (New York, 1961), p. 405。

50. 同上, pp. 404–405（芒福德的"6万"英亩的说法可能应为"6000"）；另见 *Culture of Cities*, pp. 94–98。

51. Kite, ed., *L'Enfant and Washington*, pp. 55, 65. 波托马克公司（Potomac Company）于1785年在华盛顿的支持下成立，他们在瀑布周围修建了运河，并试图通过移除岩石来改善河床。然而，经过35年的努力和花费巨资之后，仍然收效甚微，因为尽管有了这些改进，但唯一可能的通航时间是洪水泛滥期间。根据1823年审查公司事务的委员会报告，"在一整年中，装载货物和农产品的船只在波托马克河上通航的全部时间加起来不超过45天"。切萨皮克和俄亥俄运河公司（Chesapeake and Ohio Canal，波托马克公司的后继公司）于1828年开始动工。到1850年，在花费了将近1000万美元后，运河已经修到坎伯兰，"但是最初修建一条通往俄亥俄州的水道的目的"，卡特·古德里奇（Carter Goodrich）认为，"已经被心照不宣地放弃了。运河只通到了山脚下，而当时铁路已承担了大部分的贸易运输份额"。Bryan, *National Capital*, I, 69–70; Goodrich, *Government Promotion of American Canals and Railroads, 1800–1890* (New York, 1960), pp. 76–81。关于在乔治敦航行和装卸的危险性，参见 Bryan, *National Capital*, I, 497–498; Young, *Washington Community*, p. 22。一名地理学家关于波托马克河作为一条通航河流的看法，参见 Harry R. Merrens, "The Locating of the Federal Capital of the United States"（未发表的硕士论文，U. of Maryland, 1957), pp. 52–54。

52. Young, *Washington Community*, p. 24, 引自 Augustus J. Foster, Thomas Hamilton, Frances Trollope, 及 E. A. Cooley。

53. Bryan, *National Capital*, I, 231–232, 323; John C. Miller, *The Federalist Era, 1789-1801*(New York, 1960), p. 253; Young, *Washington Community*, pp. 25–26, 28–31; Gibbs, *Memoirs*, II, 377–378.

54. John H. Mundy and Peter Riesenberg, *The Medieval Town*(Princeton, N.J., 1958), p. 25.

55. Robert S. Lopez, "The Crossroads Within the Wall," Oscar Handlin and John Burchard, eds., *The Historian and the City*(Cambridge, Mass., 1963), pp. 27–43; Richard L. Meier, "The Organization of Technological Innovation in Urban Environments,"同上, p. 75。

56. Mundy and Riesenberg, *Medieval Town*, pp. 36–66；关于热那亚，参见 Lopez, "Crossroads," pp. 36–39。

57. Fritz Rörig, *The Medieval Town*(Berkeley, Calif., 1967), p. 172. 另参见 Mumford, *City in History*, pp. 299–314; Mundy and Riesenberg, *Medieval Town*, pp. 40–41（以及阿维尼翁的……关于服饰和规则的条例，引自同上，p. 157）。特别是关于佛罗伦萨的一些伟大市政工程的描绘，如建造"三环"（城墙）；圣母百花大教堂的钟楼——工程由艺术家乔托监督，动工时，主教率领着举行了一场盛大游行；重建维琪奥桥，桥两端各有43家用石头建造的商店，"市镇每年可从这些商店中获得超过80金弗罗林的租金收入"；Ferdin and Schevill, *History of Florence: From the Founding of the City Through the Renaissance*(New York, 1936), pp. 252–256。

58. 参见 Mumford, *City in History*, pp. 225, 299, 311, 322, 以及 Notes to Plates 21, 25, 26。这座城市确实认为自己拥有"灵魂"——当下的商业性、神话般的过去和公民使命三者相结合的愿景——这在 Donald Weinstein, "The Myth of Florence," Ch. 1 of *Savonarola and Florence: Prophecy and Patriotism in the Renaissance*(Princeton, N.J., 1970) 中表现的相当明显。

59. Thomas C. Chubb, *Dante and His World*(Boston, 1966), p. 451.

60. 本段和下一段落的资料来源均为 Ian Grey, *Peter the Great: Emperor of Russia*(Philadelphia, 1960), 以及 Christopher Marsden, *Palmyra of the North: The First Days of St. Petersburg*(London, 1942)。

61. 同上，pp. 51–52。

62. 同上，p. 56。人口数据的来源为 William B. Steveni, *Petrograd Past and Present*

（Philadelphia, 1916）, p. 39。

63. James Holston, *The Modernist City: An Anthropological Critique of Brasilia* (Chicago, 1989); Alan Riding, "Brasilia: A City of the Future Grapples with a Troubled Present," *New York Times*, Jan. 3, 1988; Kurt F. Fischer, "The Golden Age of Planning and Its End: A Cultural Perspective on Canberra," *Ekistics*, LII (July/Aug. 1985), 290–300; Peter Musson, "Capitalist Utopias," *Geographical Magazine*, LXIII (Aug. 1991), 26–28; Jean Gottmann, ed., "Capital Cities" [一个研讨会], *Ekistics*, L (Mar./Apr. 1983), 86–152。

64. Denis Brogan, "Implications of Modern City Growth," Handlin and Burchard, eds., *Historian and the City*, p. 54; Gwyn A. Williams, *Medieval London: From Commune to Capital* (London, 1963), p. 311 及其他各处; D. W. Robertson, *Chaucer's London* (New York, 1968), pp. 313–314。

65. John W. Reps, *The Making of Urban America: A History of City Planning in the United States* (Princeton, N.J., 1965), pp. 147–154; Fred R. Frank, "The Development of New York City, 1600–1900" (未发表的硕士论文, Cornell U., 1955), pp. 1–24; Bayrd Still, *Mirror for Gotham: New York as Seen by Contemporaries from Dutch Days to the Present* (New York, 1956), pp. 3–36。

66. 同上, pp. 37, 54–55, 66–67; Sidney I. Pomerantz, *New York: An American City, 1783–1803: A Study of Urban Life* (New York, 1938), pp. 21–22, 158–159。

67. 同上, pp. 233–236。

68. 关于相对距离和便利性, 参见 Robert G. Albion, *The Rise of New York Port, 1815–1860* (New York, 1939), pp. 107, 416。

69. Augustus J. Foster, *Jeffersonian America* (San Marino, Calif., 1954), p. 9.

70. Ellis, *After the Revolution*, pp. 113–158; George C. D. Odell, *Annals of the New York Stage* (New York, 1927–49), I, 232 页及以后的内容。

71. Pomerantz, *New York*, pp. 474–480; Paul L. Ford, *Washington and the Theatre* (New York, 1899), pp. 35–43 及其他各处; 关于邓拉普及其活动的更多内容, 参见 Oral S. Coad, *William Dunlap: A Study of His Life and Works and of His Place in Contemporary Culture* (New York, 1917); 以及 Grimsted, *Melodrama Unveiled*, pp. 1–21。

72. Charles F. Montgomery and Patricia E. Kane, eds., *American Art, 1750–1800:*

Toward Independence (New Haven, Conn., 1976), pp. 68-143; Harold Dickson, *Arts of the Early Republic: The Age of William Dunlap* (Chapel Hill, N.C., 1968), pp. 24-41; Richard McLanathan, *Gilbert Stuart* (New York, 1988), pp. 86-87.

73. Still, *Mirror for Gotham*, p. 147; Richard Hofstadter, *Anti-Intellectualism in American Life* (New York, 1963), 145 页及以后的内容。

74. 关于欧文, 参见 Stanley T. Williams, *The Life of Washington Irving* (New York, 1935), 2v.；关于库柏, 参见 George Dekker, *James Fenimore Cooper: The American Scott* (New York, 1967)；关于布莱恩特, 参见 Charles H. Brown, *William Cullen Bryant* (New York, 1971)。

75. Arthur Livingston, ed., *Memoirs of Lorenzo da Ponte* (New York, 1959), pp. 213-256; April Fitzlyon, *The Libertine Librettist: A Biography of Mozart's Librettist Lorenzo da Ponte* (London, 1955), pp. 239-278; Henry E. Krehbiel, *Chapters of Opera: Being Historical and Critical Observations and Records Concerning the Lyric Drama in New York from Its Earliest Days down to the Present Time* (New York, 1909, 1980), pp. 1-52; Howard Shanet, *Philharmonic: A History of New York's Orchestra* (Garden City, N.Y., 1975), pp. 54-76.

76. 事实上,日内瓦大学的计划并不像看起来那样荒唐——或者更确切地说,如果不是因为地理环境,它就不会看起来那样荒唐。日内瓦市的一个新敌对政权使大学全体教职员工处于危险境地,他们的代表弗朗索瓦·德·伊弗诺伊斯（François d'Ivernois）在 1794 年向杰斐逊提出,如果能在美国得到必要的支持,他们考虑整体搬迁到美国。然而,杰斐逊在弗吉尼亚州立法机关和华盛顿本人那里收集到的反馈都表明,这种支持是不可能的,因为波托马克地区没有设施可以容纳他们,并且当地的年轻人也没有做好准备,来接受这些博学之人所提供的优质教学。如果这件事发生在纽约这样的城市背景下,结果可能会大不相同。D'Ivernois to Jefferson, Sept. 5, 23, 1794, Jefferson Papers, LC; Jefferson to Wilson Cary Nicholas, Nov. 22, 1794, *WTJ*, VI, 513-515; to John Adams, Feb. 6, 1795, Lester J. Cappon, ed., *The Adams-Jefferson Letters: The Complete Correspondence Between Thomas Jefferson and Abigail and John Adams* (Chapel Hill, N.C., 1939), I, 256-257; to d'Ivernois, Feb. 6, 1795, *WTJ*, VII, 2-6; to Washington, Feb. 23, 1795, Jared Sparks, ed., *Correspondence of the American Revolution: Being Letters of Eminent Men to George Washington* (Boston, 1853), IV, 464-469; Washington

to Jefferson, Mar. 15, 1795, *WGW*, XXXIV, 146–149。关于哥伦比亚学院，参见David C. Humphrey, *From King's College to Columbia, 1746–1800*（New York, 1976），尤其是pp. 208–228, 269–305；以及John S. Whitehead, *The Separation of College and State: Columbia, Dartmouth, Harvard, and Yale, 1776–1876*（New Haven, Conn., 1973）, pp. 21–31。

第五章
杰斐逊与自耕农共和国

托马斯·杰斐逊在1783年写道:"那些在土地上劳作的人,是上帝挑选的人,如果上帝曾经进行过选择的话,他已经赐予他们特殊的财富,那就是丰盈的、真正的美德。"这句话可以被理解为,正如经常被解读的那样,仅仅是对农业的一种形式上的肯定。但是鉴于他后来的想法,就没这么简单了。确切地说,农业及其从业者身上所具备的这种美德,似乎与其他领域及其从业者缺少的美德形成鲜明对比。可以说,"一般而言,任何一个州内其他阶层公民与农民在人数上的比例,就是其不健康部分与健康部分的比例,可以作为衡量其腐败程度的晴雨表"。这一观点很有吸引力,值得进一步探讨。如果杰斐逊能够按照重要性对事物进行优先排序,他就不会把精力放在商业或工业上("让我们的工厂留在欧洲")。在一段关于城市的文字中,他非常明确地表达了自己的观点,把自己的真实想法展现得淋漓尽致。"大城市的群众对纯粹政府的作用就像疮痍对人体的作用一样。"这是托马斯·杰斐逊在他唯一的正式著作中表达的观点,他认为城市是一种外来的、不自然的力量,会对同胞的道德标准进行腐蚀,并一直坚持这一观点。这对美国的流行文化和知识文化产生了特殊的影响，即使是在其最著名的倡导者去世多年之后。[1]

我们完全有理由按照字面上的意思来理解杰斐逊的观点，他的整个职业生涯，可以加强而不是削弱这样一个结论，即他所说的正是，而且将一直是他的真实想法。但他的职业生涯本身可能有多种解读方式，其中的许多矛盾和冲突，为寻找最合理的解读方式带来了各种阻碍。一个例子是，杰斐逊很享受城市中的许多乐趣。甚至可以说，实际上他不由自主地喜欢城市，但在理论上却反感它们。年轻时，他到威廉斯堡上大学，参加社交活动，威廉斯堡成为促使他觉醒的重要力量。威廉斯堡虽然算不上一个大城市，但对他来说，却具有更多像城市而非乡村的功能；尽管它的规模不大，但作为地方文化中心和弗吉尼亚精英的聚会场所，对杰斐逊来说，它比华盛顿更像是一座"首都"。他在巴黎的那些岁月也充满惬意：精彩的书籍、优美的音乐、美酒佳肴和志趣相投的朋友。但这些乐趣是双刃剑，既有吸引力又招致厌恶感。与巴黎直接的接触只是证实了他的信念，即欧洲是孕育罪恶的温床；巴黎在许多方面堪称整个欧洲的精华，但它以自身的魅力而成为诱惑之都。也许不只是对他，而是对所有的外地人都是如此。一位朋友询问欧洲最适合年轻人学习的地方，杰斐逊将自己的回信变成了一篇令人不安的说教，内容不是关于欧洲提供的诸多机会，而是强调那里充满危险。在欧洲，关于性的想象盛行不衰（年轻人"想起欧洲女性妖艳的服饰和艺术，就会怜悯和鄙视自己国家的贞洁情感和单纯"）；实际上，杰斐逊对美国年轻人的建议是，为了保护自己，他们最好还是留在本国。[2]

看来，尽管杰斐逊相信自己可以抵制这种诱惑，但他并没有一个稳定的参照标准，可以让自己全身心地享受快乐。享受快乐必须在可接受的范围内。即使是费城，他也以严厉的眼光看待这件事。他称费城为"古老的巴比伦",并借黄热病大流行之机对他的朋友本杰明·拉什（Benjamin Rush）说,这其实是件好事,因为黄热病暴发将"阻止那些危害人类道德、健康和自由的大城市发展"。但杰斐逊本人很喜欢费城的优雅精致、那里的哲学学会（Philosophical Society of Philadelphia）,以及他遇到的有教养的朋友。1783年,当联邦政府搬迁时,他决定,无论国会搬到哪里,都要让自己的女儿玛莎（Martha）在费城接受教育,并"在全市范围内寻找最优秀的法语、音乐、舞蹈和绘画老师"。[3]

多位作家曾评论并试图解读杰斐逊身上的矛盾和冲突,[4]但与其将这视为一种缺陷,不如看作杰斐逊思想中的独特品质。可以暂且将这种品质称为"脱节"（disjunction）,即杰斐逊在心理上习惯于在一般和特殊之间建立一个开放的空间,有时这个空间可能非常大。

杰斐逊不是一个系统理论家,也不是任何类型的系统建设者。他对理论、经验和必要性进行了融合,但都无法与麦迪逊的"扩展共和国"（extended republic）理论或汉密尔顿的公共财政体系相提并论。他在弗吉尼亚州的许多立法成就,以及他的无数实用发明、数据表格和测量方法,都证明了他拥有非常广泛的能力。但他的大脑习惯于在两个完全不同的层面上工作。一个层面是概括性的、一般性的陈述,另一个层面是具体的技术细节。他既是一位乌托邦主义者,又是一个喜欢设计小物件的人。

他在这两种角色上都可以发挥所长。《独立宣言》是世界上最鼓舞人心的宣言之一,其宏伟的抽象概念和强有力的语言已得到全世界的认可。而杰斐逊在具体又直接的领域里也同样出色。将他在弗吉尼亚州的立法起草工作、他的发明以及他在蒙蒂塞洛的各种物品和装置等同起来,可能会有误导性,但它们之间有一个共同点。所有这些都表现出令人惊叹的专注于细节的能力。然而,尽管杰斐逊在一般和具体这两个层面的能力都很出色,他却很少能同时兼顾二者。我们看不到这两个层面的相互作用；一个层面没有对另一个层面产生明显的影响，也不会随着时间而发展。在真正复杂的问题上，尽管杰斐逊花费了大量的时间，但很难说他把这些问题从头到尾都厘清楚了。

他的那些立法创新显然取得了成功，包括废除长子继承制和指定继承权、修订《弗吉尼亚法典》以及颁布《宗教自由法》（Statute of Religious Liberty），这些都需要创造性的想象力和坚持不懈的努力。但这些只是在已有一定准备的情况下，对现行制度进行自由化改革，而不是从根本上改变甚至挑战现行制度。人们注意到，杰斐逊的所有改革思想都具有"先验性"的特征，也就是说，他从未真正考虑过失败的可能性，以及可能导致失败的具体条件。在很大程度上，他似乎早就确定了自己的想法，即世界应该是什么样子，当遇到挫折时，他不会重新审视自己的假设，而是再次尝试。他可以对一个记者说："自由是一步一步积累起来的，我们必须充分利用我们已经拥有的东西，并不断地为尚未实现的目标而努力。即使要说服人们做有利于他们自己的事情，也需要一些时间。"[5]他作为改革者是这样一种人：他已经基本上明白什么对民众有益；但是，正是民众自己的坚持己见，导致他们无法正确地审视这些问题。而在逐步推导得出联邦主义理论或公共信用体系的过程中，似乎需要更深入地理解其中涉及的有关操作的基本原则。

在杰斐逊的思想中，一般与特殊、长期与短期、宽泛概念与具体实施之间存在着脱节，但这似乎被他"实用主义"的历史声誉所掩盖了。他很清楚，事实情况经常与他关于人类进步的理想建构和宏伟计划不符，并且他可以做出让步。当他的基本信念在银行、商业和制造业等问题上受到别人和环境的挑战时，他当然有能力进行调整。他可以承认，尽管美国人本来只应当为欧洲提供原材料和食物，但政府官员不能毫无顾忌地依照这一理论采取行动，因为"我们的民众有着对航海和商业的强烈偏好"；他也可以承认，尽管汉密尔顿的体系"十分邪恶"，但它是法律，必须得到维护。但正如A.惠特尼·格里斯沃尔德（A. Whitney Griswold）所说，这种情况只是"权宜之计，而不是原则上的让步"。⁶简而言之，他可以在不改变自己信念的情况下做到这一点。真正的"实用主义"不仅包括调整自己的行动，还包括调整自己的思想；事实上，就一个像杰斐逊这样长寿的人来说，令人惊讶的是，他很少改变对任何事情的看法。

对这种脱节情形的进一步检验，可能不是在成功的改革中，而是在失败的改革中。杰斐逊在1778年和1779年提议，以象征性的低价出售小块土地，因为他坚信，自耕农是构建理想共和国的理想公民，但这一提案遭到了弗吉尼亚议会的否决。弗吉尼亚州的权力机构关注的不是由小农，而是由拥有大庄园的种植园主构成的社会。杰斐逊从未充分考虑过这对西部定居的影响——不是西北部，而是西南部，来自弗吉尼亚的移民最有可能在这一地区定居。它不会是一个由小农组成的社会；而会是大种植园主的权力远远超过自耕农，就像在弗吉尼亚州一样。他提出的《增进知识扩散法》（Bill for the More General Diffusion of Knowledge）构想了一个类似新英格兰地区的公共教育体系。由于种种原因，这项提案被否决了。在人烟稀少的国家管理这一体系将面临巨大的费用和难度；提案中提出的新行政部门似乎会危及县法院的管辖权；此外，还有宗教方面的各种挑战：一方面，这项计划看起来过于世俗化，可能会对宗教构成威胁；另一方面，威廉与玛丽学院将处于整个体系的顶端，而非圣公会的信徒对其影响力持怀疑态度。然而，最根本的问题是，大部分税收负担将由弗吉尼亚州的精英阶层承担，而他们不愿意负担较贫穷邻居的子女的教育费用。在接下来的90年里，这种模式在整个南方一直存在。然后是杰斐逊提出的逐步解放并鼓励私人释放奴隶的计划。该计划是他在修改殖民地奴隶法的过程中提出来的，但最终没有取得任何成果，杰斐逊本人也没有坚持推动。他解释道："人们认为最好暂时搁置这个问题，在今后提到这个法案的时候，再以修正案的方式尝试解决。"尽管杰斐逊对奴隶制深恶痛绝，但奴隶制是弗吉尼亚州日常生活不可或缺的一部分，而且可能会长期存在，因此，他不打算投入全部精力，以解决这个问题。[7]

所有这一切的脱节都是由于极其广泛的改革目标和分阶段的愿景——包括实际层面的和理论层面的——之间的矛盾，通过这些愿景，改革的实施措施，或者说改革的失败，都可以被预测到，这两者其实是一回事。在马克思（Marx）和恩格斯（Engels）的著作中，描述了一个无法有效应对挑战，甚至无法理解其自身生存基本条件的阶级。杰斐逊就是这样的一个例子。有些人可以克服所处社会地位的某些特定因素对思想的限制，避免让视野受到阻碍，但杰斐逊并不在这些人之列。从某种意义上说，杰斐逊是一个真正具有激进思想的人，他的一些政敌后来也对这一点给予充分肯定。但这只在一定程度上是正确的；其他人会嘲笑他是一个"壁橱哲学家"，这是一种粗俗的说法，意思是这些"激进"的想法并没有被激进地实施，在许多情况下根本就没有得到实施。而要实现这一点，需要一种与托马斯·杰斐逊完全不同的性格，或者更准确地说，需要一种完全不同的思维方式。在不同的思维方式下，他会衡量所面临挑战的规模，以及他的支持者和反对者的特点；他不会满足于依靠启蒙和时间来自行解决问题，在此期间，他也许可以"一步一步取得进展"；而且他会知道，在重大问题上，反对者不会轻易地"通过修正案"而受控制。另一方面，托马斯·杰斐逊可以让自己真正相信，如果新泽西州代表在联邦议会上投票支持1784年的法令，就可以永远阻止奴隶制进入西南部地区。[8]

杰斐逊对社会的看法，当然主要是参考他自己的《弗吉尼亚笔记》（*Notes on the State of Virginia*）。这本书不是系统性论文，也不是一部关于人、社会和政府本质的理论著作，他也没有这样的意图。因此，不能用通常适用于理论体系的标准来衡量它。那么，这本书反映了多少杰斐逊的正式观点？它在杰斐逊自己心中有多重要，以至于他最终决定将其出版呢？无论这些问题的完整答案是什么，《弗吉尼亚笔记》尽管明显缺乏系统性，但它在意识形态层面上，确实是非常全面的陈述。这是一种通过特定媒介表达的世界观——法国公使巴尔贝-马布瓦（Barbé-Marbois）提出了一些"问题"，杰斐逊对这些问题做出了回应——他发现这正是自己的想法。人们从书中可以清楚地看到，杰斐逊坚信，无论他的同胞做出什么样的行为，无论他自己不得不做出怎样的让步，美国都应该继续保持农耕社会的状态。这种观点不仅仅有功利主义方面的原因——美国拥有大片未开发的土地，人口稀少，专注发展农业最有经济效益——而且也有意识形态方面的原因。无论经济上的权宜之计如何，一个由自耕农构建的社会本质上比其他任何社会都更稳定、更有道德感、更符合共和精神。不难看出，这种世界观始终是杰斐逊几乎所有改革计划和公共政策理念的指导原则和试金石。它适用于长子继承制、指定继承权、教育和奴隶制的问题，也适用于他的土地法案、1784年和1785年的法令，以及他对商业、制造业和城市的态度。还适用于他对英国的态度，他认为商业是英国人用来破坏美国的手段，因此，美国应该打击英国的商业，以消除自身的腐败。

将杰斐逊的农业乌托邦解释为某种形式的阶级利益，这是不恰当的，尽管在重农学派中能够清晰地看到阶级利益，而杰斐逊肯定受到他们的著作吸引。重农学派所关注的是大规模的科学农业，而几乎不关心农业劳动者或自耕农的利益。然而，杰斐逊是一位自由主义者和理想主义者，这使得他成为美国文化中永远具有魅力的人物。有人认为，杰斐逊的自耕农共和国就是扩大版的弗吉尼亚。这种看法有一定的道理。确实，杰斐逊的愿景应该是源自弗吉尼亚州，这可以从它融合了当地的各种偏见中看出，甚至可以说，弗吉尼亚州的自耕农是杰斐逊所设想的典范。但是，杰斐逊理想中的弗吉尼亚自耕农并不一定只有一个版本。事实上，弗吉尼亚自耕农吸引杰斐逊的那些特质，正是由他不愿意写进自己理想标准的条件所促成的。也就是说，他理想中的自耕农应该态度恭顺，愿意服从上层社会，受到外界（如一名蓄奴种植园主）事实上的影响和控制，并讨好像杰斐逊这样有仁慈观点和社会地位的人。杰斐逊似乎没有预料到，一旦这个阶层的农民摆脱了困境，比如说，当他们搬到肯塔基地区，就会变为一群天天吵架、剥削他人的人。[9]最好将杰斐逊的自耕农共和国理解为一位有人文气息、有教养的弗吉尼亚绅士在道德、意识形态和文学上的创作。

关于杰斐逊思想和信念的文学来源，利奥·马克斯（Leo Marx）的著作尤其具有启发性。正如马克斯教授所指出的，这些思想显然可以追溯到18世纪的一些主流思想。英国和法国文化中，乡村意象的流行有几方面因素，一是关于景观的观念的发展和转变，这不仅体现在绘画中，也体现在诗歌、园艺和建筑上。例如，艾迪生拒绝了严格按照几何形状和界线布局的井然有序的英国花园模式，而选择了"花园和森林的和谐混合"，他想将这种混合或"中间"景观（middle landscape）模式推广到所有乡村。同时，田园诗般的旧风格被在两个极端之间达成的新平衡取代，其中一个极端是野性自然，另一个则是过度形式化的风景或失去本性的城市。这在一些作品中得到体现，如詹姆斯·汤姆森的《四季》（The Seasons）：

> 现在我离开这座城市，
> 远离它的烟雾，困倦，和喧嚣的禁锢，
> 让我经常在沾满露水的田野中徜徉吧，
> 那里有清新的气息……

年轻的杰斐逊急切地将这些诗句，以及同一来源的其他诗句，记录在他的读书札记中。[10]

另一方面因素是政治经济学家（重农学派和亚当·斯密）关于农业至上论的著作。尽管斯密的主要影响力不在农业领域，但他的确说过，一个国家，无论其财富来源于何处，都必须有坚实的农业基础。最后一方面因素，与其他两方面因素同时存在，由当时关于人性本质的各种辩论引起。最令人满意的解决方案是18世纪版本的"中间状态"（middle state）学说，即人是动物和智慧物种之间的过渡阶段，这种学说的起源可追溯到古代。甚至卢梭也意识到，在某种程度上，"高贵的野蛮人"需要一些改进。很明显，自耕农是完美的过渡人物。中间状态和中间景观的主要元素在苏格兰人休·布莱尔（Hugh Blair）的作品中得到了明确的融合，他的《修辞学和纯文学的演讲》（Lectures on Rhetoric and Belles-Lettres）在美国非常受欢迎，麦迪逊和杰斐逊也都十分熟悉。

然而，在欧洲，这种对乡村的热情在很大程度上是贵族们的时尚，更多的是一种审美观念，不能直接按字面意思来理解。[11]许多人接受它，是出于对被大卫·休谟视为文明影响的商业精神的厌恶，他们只是在适当距离内与住在中间景观中的强壮的农民进行接触。与此同时，他们在伦敦或巴黎的社交圈中度过冬季，而不是在宁静的中间景观中。另一方面，对托马斯·杰斐逊来说，乡村理想是更加严肃的事情。在他看来，这是革命为美国未来开辟的整个愿景的核心。

杰斐逊热爱各种设施，包括物理设施、文化设施、书籍、音乐、图片等，这已成为他生命中不可或缺的一部分。与此同时，当他从蒙蒂塞洛的山顶俯瞰时，他看到的是一片未开发的广袤之地，上面生活着未受教化、不谙世事、无知和未受教育的人们，这片土地正等待着他们开垦和播种。这里有一种文化模式，即中间景观，它能够同时容纳他及这片土地。它为精致、感性、享受和优雅提供了一个合法和受认可的审美框架；也为他的国家的未来命运提供了一个道德轮廓。杰斐逊认为，那种展现美德、质朴和诚实劳动的景象，以及在乡村环境中享有共和自由的图景，是适宜让同胞们去憧憬的。他可能在事实上与他们有些疏远，但他在精神上慷慨地支持他们。强大的自耕农群体，闲置和荒芜的西部：那里有所有的原材料；如果所有人都认同他的观点，启蒙运动最好的一面就可以具体化，文学作品中的场景也可能成为现实。

尽管如此，杰斐逊对美好事物的热爱确实给他的思想带来了某些特殊的影响。这包括许多奇怪的东西，不仅有书籍、葡萄酒和法国美食，还有在蒙蒂塞洛的无数精巧设计：哑巴侍者、特殊的上菜架、隐秘的仆人住所、他自己设计的窗帘织物，以及古怪的八日钟。最引人注目的是他对所有这些事务的细致关注；他可以不断地四处奔波，以确保一切都井然有序［同样的品质也体现在他在国会大厦项目中对拉特罗布（Latrobe）的精细管理上］。[12] 简而言之，他关心的是整体效果。他希望对自己的国家产生全面的影响，就像他在蒙蒂塞洛所做的那样，并且他最想做的事情就是亲自动手去完成任务。但是这种冲动会导致某些特质的产生，而且一个喜欢在细节和效果上面下功夫的人可能会投入比他自己意识到的更多的精力。

人们把托马斯·杰斐逊与其独特的世界观联系在一起，而他的成长经历为这种世界观的形成提供了更多的线索。杰斐逊的成长经历可能对他产生了双重影响：一方面，加深了他对乡村理想的向往，另一方面，则使这种理想的不协调之处变得模糊。

杰斐逊于1743年出生在弗吉尼亚州皮德蒙特的古奇兰县（后来被称为阿尔伯马尔），该县位于当时定居点的最西端。杜马斯·马龙

（Dumas Malone）说，他的"第一声哭啼，可能得到了群狼嚎叫的呼应"。他的父亲彼得·杰斐逊（Peter Jefferson）对他的一生产生了重要影响。彼得身材高大、体格健壮，是里瓦那地区最早的定居者之一，据说曾在自己家里招待过印第安人。他帮助勘测西部边界，在荒原中探险，亲身体验其中的危险和艰辛，这些都成为家族传说的一部分。据说，在边疆，彼得与性格粗犷的人为伴，对社会等级的礼仪细节不屑一顾。所有这些似乎都让托马斯·杰斐逊感到自豪和满足。"我父亲的教育，"他在晚年说，"被严重忽视了。"但他又补充说，"他意志坚定，判断力敏锐，渴望获取信息，并通过阅读大量书籍来提高自己"。[13]

从这位与众不同的父亲身上，托马斯·杰斐逊受到了两方面的影响。彼得·杰斐逊和丹尼尔·布恩（Daniel Boone）不一样，如果将他视为白手起家的人，就会遗漏一些重要信息。从进入成年开始，彼得就一直是弗吉尼亚统治阶级的稳固成员，就像他的父亲一样。事实上，杰斐逊家族几乎从一开始就在这个州活动。1619年，一个名叫约翰·杰斐逊（John Jefferson）的人作为弗吉尼亚公司（Virginia Company）的员工来到这里。托马斯·杰斐逊的曾祖父托马斯·杰斐逊一世（Thomas Jefferson I，1697年去世）拥有几名奴隶，是"一个有地位的人"；他的祖父托马斯·杰斐逊二世（Thomas Jefferson II，1677—1731年）曾在亨赖科县做了20年的治安官，还担任过警长和民兵队长。彼得·杰斐逊在49岁去世时，是阿尔伯马尔县的首位公民。他曾担任过古奇兰县的治安官和警长，在阿尔伯马尔县担任过治安官和衡平法院法官、民兵中校、副警监，并且是弗吉尼亚市民院的一员。他的妻子来自伦道夫家族，该家族的血统（尽管托马斯声称对此并不在意）"可以追溯到英格兰和苏格兰"。彼得去世时，他的财产［其中没有任何财产来自他的妻子简·伦道夫（Jane Randolph）］有60多个奴隶和约7500英亩土地，其中2/3将留给长子托马斯。[14]

托马斯本人从未亲身经历过边疆地区的艰苦环境。到他那个时候，边疆已经完全融入中间景观。他的少年时光在父亲最亲密的朋友威廉·伦道夫（William Randolph）的塔克霍庄园（Tuckahoe）度过，威廉·伦道夫在托马斯两岁时去世；作为朋友忠实的遗嘱执行人，彼得将在接下来的7年里负责管理这个地方。当时还是婴儿的托马斯似乎是被放在枕头上，由一名骑马的奴隶带过去的。在那里，他和伦道夫家里的孩子们一起接受私人教师的教育，当他回到杰斐逊家的种植园沙德韦尔（Shadwell）时，又被送到几英里外的詹姆斯·莫里（James Maury）牧师的学校学习希腊语和拉丁语。长期认真地学习始终是他最大的安慰和快乐，他一直感激父亲给予他的良好教诲。但他父亲的形象在某种程度上是一种理想化的想象；儿子从来没有真正了解过他。多数时候，当一个人在家时，另一个却不在家；而且，当彼得去世时，他的儿子只有14岁。3年后，托马斯进入了威廉与玛丽学院学习。当他到达威廉斯堡时，他第一次看到如此庞大且重要的城市。[15]

在威廉斯堡，年轻的杰斐逊受到弗吉尼亚州两位有着良好教育的知识分子吸引，他们是威廉·斯莫尔（William Small）和乔治·威思（George Wythe），他们给予了杰斐逊友谊和特别关注。斯莫尔是苏格兰人，他是数学和自然哲学教授。斯莫尔的宗教观点不符合正统；他以纯粹世俗和理性的方式向杰斐逊介绍了科学的奥妙，还指导他学习逻辑学、伦理学、修辞学和纯文学。杰斐逊在大学里学习了两年，然后在威思的指导下开始学习法律。威思是一位古典学者，也是弗吉尼亚州最有学识的律师之一。[16]

如果说托马斯·杰斐逊早期生活的一个重要榜样是彼得·杰斐逊，那么，另一位重要榜样很可能是皇家总督弗朗西斯·福基尔（Francis Fauquier），福基尔温文尔雅、才智出众、风度翩翩，是杰斐逊见过的第一个欧洲文化的化身。杰斐逊认为福基尔是有史以来担任殖民地总督职务的最有能力的人，他不仅智慧卓越，而且很有魅力，对艺术、科学、音乐和文学都有独到见解，还对法国文化有浓厚的兴趣。福基尔、斯莫尔和威思是亲密的朋友，志趣相投，后来年轻的杰斐逊也被他们接纳。杰斐逊永远不会忘记在总督府举行的四人亲密的晚宴。他回忆说，在那里"听到了比我一生中任何时候听到的都更理智、更理性和更具哲学性的讨论"。学过小提琴的杰斐逊还被邀请参加总督每周举办的音乐会，参与演奏四重奏。他很早就知道成为圈内人意味着什么。[17]

实际上，他一直都是圈内人。他的崛起迅速而平稳，州内精英领导人很快认可了他的能力，他在25岁左右的时候就进入了统治阶层。24岁时，他被授予最高法院的执业资格，26岁时就进入了弗吉尼亚市民院，而不是按照惯例先在县法院当学徒。1769年，他亲自担任建筑师，开始建造蒙蒂塞洛。1772年，他与年轻寡妇玛莎·威利斯·斯凯尔顿（Martha Wayles Skelton）结婚，他的岳父约翰·威利斯（John Wayles）拥有可观的财富。第二年，威利斯去世，加上玛莎继承的遗产，杰斐逊的财富增加了一倍。即使在卖掉超过一半的遗产以偿还威利斯的债务后，他仍拥有一万英亩的地产，其中包括3个大型种植园和几个小种植园，以及180名奴隶。同时，他还被任命为阿尔伯马尔县的副警监和县测量员。在弗吉尼亚市民院，他担任了重要的委员会的职务，他的绘图技能在那里得到了认可和应用。随着整个统治阶级朝同一个方向发展，他发现自己越来越多地参与到反对君主专制的斗争中。杰斐逊1774年出版的小册子《英属美洲权利概论》（*A Summary View of the Rights of British America*）迅速传播，他也随即被同僚们选为大陆会议的代表。经过这次考验，他在32岁时就已经跻身为弗吉尼亚的8到10位主要人物之一，与华盛顿、李、彭德尔顿和亨利等人并列。4年后，也就是1779年，他将被选为州长。[18]

这种圈子的约束力量显而易见。它给了他想要的一切：财富、社会地位、最充分发挥才能的机会，以及普遍的认可。因此，他可以自由地决定这些东西中哪些是他最看重的，哪些是最不看重的，而不必放弃其中的任何一项。在这种情况下，他不太可能对这种系统提出基础性的挑战，不管他认为需要纠正的缺陷是什么。他可能以为自己能够客观地看待这个系统，但他绝不可能完全站在一个局外人的角度来看。

基于对杰斐逊的性格和个性的了解，我们可能会进一步加深对他的思想和思维方式的理解。他从不担心自己身体的健康：他身材高大，体型瘦弱，体质健康，消化功能良好。他的体态不太优雅，比较笨拙，但即使他缺乏运动时的自然协调性，他的双手却相当灵活。与他那个时代的许多人不同，他对军事活动毫无兴趣，无论是实践上还是理论上。尽管他名义上是县里的第一军事官员，荣获上校军衔，但他从未上过战场；他有许多兴趣，但对于陆地或海上战争的战略或技术却没有任何兴趣。他经常宣称自己是一个爱好和平的人。[19]

杰斐逊的外表令人愉悦，但他并不太爱与人交往。他非常和气，但经常会很挑剔，而且有一种疏离感；他甚至偶尔会显得有些冷漠，尽管他会避免公开表达敌意。但在大多数情况下，他还是非常友好，特别是当他在小团体中不再害羞时；由于他对许多学科有深入了解，因此是一个很有趣的人。尽管有不易察觉的疏离感，他在弗吉尼亚州仍被视为一个好邻居。此外，他总是慷慨大方地为聪明的年轻人提供帮助，作为他们的赞助人和庇护者。例如，他与詹姆斯·麦迪逊之间的友谊就存在着这种因素，他们两人是在18世纪70年代中期相识的。可以想象，他几乎是完美的导师人选。

杰斐逊特别勤奋，几乎达到了一种强迫自己的程度。他厌恶放纵和懒惰（尤其是赌博），热衷于将时间用于做有道德意义的事情，可能有些过于严厉。他似乎被混乱的景象所困扰，有些焦虑不安。梅里尔·彼得森（Merrill Peterson）评论道："他的总体倾向是要让经验的混乱服从于理性的约束……"他经常定一些计划让自己忙碌起来，也许是因为这能让他的精神平静下来。他喜欢制定时间表和相应的行为规则，尤其是为他的孩子们。他的女儿玛莎是一个异常安静、性格温和的女孩，能够轻松应付几乎所有这些要求。在费城期间，她每天早上8点开始练习音乐，下午5点到睡觉前"阅读英语并进行写作"，而她总是不在家的父亲（显然是无意之中）没有给她留出吃饭的时间。一次，杰斐逊在一封关于保持身体和衣服清洁的书信中告诉她，"对男性来说，没有什么比女性缺乏清洁和精致更令人厌恶的了"。人们不禁好奇，当时玛莎会有怎样的想法。[20]

杰斐逊不是一个好斗的人。他不喜欢面对面的争论，尽量避免发生这种情况。的确，在书面或远距离交流时，他可能会表现得冷漠无情，甚至残忍，但不会在面对面时这样做。正如理查德·霍夫施塔特所说，杰斐逊具有最先进的思想，"但他不习惯以折断长矛的方式捍卫自己的思想"。在大陆会议上，他大部分时间都保持沉默，因为他缺乏辩论的天赋，在法庭上，如果需要他即席发言，他会处于劣势。如果没有详尽的笔记，他会感到束手无措。有一次，杰斐逊为几个即将开庭的案件准备好了笔记，笔记却意外地被烧毁了，他顿时陷入恐慌之中，并请求延期审理。他尽可能只在普通法院处理上诉案件，在那里他无须面对陪审团。托马斯·杰斐逊不擅长随机应变，尤其是在压力下。[21]

但由于本质上的乐观主义，杰斐逊很少觉得有必要折断长矛去捍卫什么。他相信，而且也经常说，随着时间的推移，一切都会好起来。因此，也许是由于他乐观的性格、"先验"的思维习惯和对理性的信仰，他的时间表、规则，以及关于世界的计划和蓝图，都更多地反映了他所期望的事物的样子，而不是实际的状况。

同时，他对令人不快的事情深恶痛绝，这使他十分敏感，即使对他自己最轻微的批评也会让他感到恼怒。他无法忍受被指责，可能出现的指责往往会激发他为自我辩护的冲动，而这又会阻碍他正常的思维过程。最后，他也没有什么幽默感。他很少进行讽刺，尤其不会自嘲。他经常对整个国家和"不知道保护［他们］免于毁灭所必需的家庭节约做法"的年轻人进行关于节俭的说教，[22]他自己却拥有书籍、厨师、众多仆人和奢侈的装饰，而这种生活无法仅靠他的收入维持。搬家时，他坚持对所住的每所房子都进行大规模改造，无论住的时间有多么短暂。对此，似乎没有什么其他的解释。当然，他总是按照自己精心制定的计划采取行动。

实际上，在杰斐逊漫长的一生中，他的大部分特质都是有益的，至少不是有害的。但也有例外，其中对他来说最糟糕的经历之一，是他在独立战争期间担任弗吉尼亚州州长的那段日子。在杰斐逊卸任后，尽管弹劾他的动议被取消，但议会仍对他在1780至1781年本尼迪克特·阿诺德（Benedict Arnold）入侵该州时的行为提出了一些质疑。杰斐逊不是一个好战的角色，不过弗吉尼亚州行政部门的权力有限，一个州长如果表现得过于好战，不免让人产生怀疑。然而事实上，其他参与战争的各州州长的权力与弗吉尼亚州州长并无太大差别，但他们更加积极地运用这些权力。杰斐逊无疑是一位勤奋的州长，最令人印象深刻的就是他一丝不苟地对待大量的文书工作。但是，杰斐逊一直认为，弗吉尼亚州在战争中的作用只是作为主要的补给基地，支持卡罗来纳州的战斗，因此，他几乎没有考虑英军入侵的可能性。所以，当阿诺德开始进攻时，他完全没有准备，并且即使有明显的迹象表明这一点，他仍然不愿意相信。当敌人沿着詹姆斯河向上游推进时，他延迟了两天才做出决定，最后他召集了民兵，但民兵没有及时赶到，因此对抵抗入侵毫无用处。阿诺德所率部队占领里士满后，实施了各种破坏行为，然后向南撤退。

敌军可能重新占领里士满，甚至在南方的整个英国军队都可能再度来袭，这种可能性非常大。但是，杰斐逊仍然担心后果，试图避免采取那些令人不安的措施，比如让疲惫的民兵或征召的劳动力建造防御工事。杰斐逊说，他怀疑这些措施是否合法。实际上，这正是州长可以尽可能发挥自己能力的机会，除非有来自议会的巨大阻力。然而，真正让杰斐逊崩溃的正是英军主力的进攻。这件事反映了杰斐逊的性格，即坚持理智、审慎思考，同时对周围环境的理解不足，就如同1940年德军在前线推进时法国总参谋部的行为。当混乱的政府从里士满转移到夏洛茨维尔、在塔尔顿（Tarleton）的突袭下又转移到斯汤顿时，杰斐逊没有随着政府一起转移。他一直在默默计算着自己任期的结束日期，当6月2日到来时，尽管立法者仍在途中，他的继任者还没有被任命，他仍然立即摆脱了所有让他头痛的事务。后来，当杰斐逊得知自己被弹劾的消息时，他感到非常惭愧，持续数月陷入沮丧之中。[23]

对于理论与实践、计划与执行之间的脱节，杰斐逊似乎总能在他的头脑中协调它们，并与它们共存。这一点可以从他在最混乱时期写给脾气暴躁的斯特本男爵（Baron Steuben）的一封信中看出。杰斐逊的这封信要么是一次罕见的坦率表达，要么是一种弗洛伊德式的失言。对弗吉尼亚州防御措施所出现的意想不到的问题，斯特本感到沮丧。"我们只能对命令的下达负责，"杰斐逊回答说，"而不是对命令的执行负责。"[24]

然而，无论是杰斐逊的政治声望还是个人荣誉，似乎都没有因为他在战争时期担任州长的痛苦经历而受到严重损害。10月，华盛顿在约克镇取得巨大胜利，在这种气氛中，弹劾者的情绪迅速地缓和下来，尤其是因为他们发现，杰斐逊的继任者托马斯·纳尔逊的管理方式有些专横。弗吉尼亚人回想起，即使面临巨大的困难，包括在货币贬值到几乎一文不值的情况下，杰斐逊州长仍勤勉尽责，对合法性和私人权利的问题一丝不苟。他已经尽了最大努力，而且鉴于他不仅在担任州长的两年里，还有从革命开始以来为公共利益所做出的牺牲，年底时，议会更愿意向他表达一致的感谢。[25]因此，杰斐逊认为自己获得了认可，而他一直坚信自己的行为和决定都是正确的。我们当然无从得知，他是否从这次经历中更深刻地认识了自己。

即使在战时担任弗吉尼亚州的州长期间，杰斐逊也一直用创新的方式为美国的自由主义传统做出贡献，他的名字与这一传统的联系比其他任何政治家都更紧密。在国家进行自我反思或评估事物的真正价值方面，自由主义传统也许无法提供最精确的标准，但它确实提供了一些有价值的标准。必须承认它本质上的温和性：它的和平倾向，它的良好意图，以及它对知识和理性的坚定信念。通过言传身教，托马斯·杰斐逊和其他人一样，使这一观点基本上成为官方共识：政府不应该采取强制手段。尽管随着时间的推移，这种观点可能会成为私人之间使用胁迫和暴力的借口，但美国政府本身在大多数情况下并不认为有必要通过对公民施加武力来维护其尊严。[26]

因此，托马斯·杰斐逊被恰当地视为这种传统的代表人物和象征。如前所述，这种传统中包含一系列价值观，给农村带来积极影响，但对城市造成负面影响。此外，它还包括了美国人对首都的特殊态度。在美国人的生活中，首都仅仅被视为"政府所在地"，并无其他特殊功能。

1780年，杰斐逊发起将州首府从威廉斯堡搬迁至里士满的行动，这一举动开创了先例，接下来的几年里，其他几个州也相继地将州首府搬迁到新地方，其中包括从纽约市搬迁至奥尔巴尼，从费城搬到兰开斯特，然后又搬到哈里斯堡，以及从查尔斯顿搬到哥伦比亚。事实上，几乎每个州都以不同的形式经历了这一进程。通常的模式是，首府往往位于该州的中心，但不一定是最重要的城市。把首都作为经济、文化和政治资源集聚地的观念已被彻底抛弃，这意味着迁移首都或从头开始建设首都都不会受到什么限制。因此，首都成为政治交易的重要内容，其中涉及的变量包括地方政府的雄心壮志、边远地区对政府便利可及的渴望，以及人口稠密的地区愿意放弃原本就不可能拥有的首都，以换取他们想要或可接受的回报。[27]最后的结果令人难以理解。将首都迁至波托马克河岸，不仅未能形成整个国家的文化中心，而且也没有形成什么独具特色的地方文化中心。例如，由于奥尔巴尼是州府所在地，它阻碍了纽约州成为真正意义上的"帝国州"（Empire State）。而另一方面，由于种种原因，波士顿仍然保持其中心地位，因此最接近于发挥真正的州首府的作用，这样的情况并非偶然。波士顿有州街、州议会大厦、教堂、哈佛大学和法尼尔厅，从一开始就是新英格兰的"中心"，而且在某种意义上这种地位从未改变过。这将对19世纪美国的文化和政治发展产生一定的影响。

联邦政府在费城驻扎的十年间，国家文化受到的影响将被延后。在此期间，费城这座城市似乎和纽约一样，是不错的选择，甚至可能更好。托马斯·杰斐逊在1790年至1800年期间居住在费城，他一直坚信城市带来了负面影响，并强烈反对城市中出现的商业特征。尽管如此，他仍然对费城生活的各种便利条件感到满意。

注释

1. Thomas P. Abernethy, ed., *Notes on the State of Virginia*（New York, 1964）, pp. 157–158；另参见 Roland Van Zandt, *The Metaphysical Foundations of American History*（The Hague, 1959）, pp. 170–180；关于杰斐逊反对城市的观点在美国知识界的影响，参见 Morton and Lucia White, *The Intellectual versus the City: From Thomas Jefferson to Frank Lloyd Wright*（Cambridge, Mass., 1962）, 尤其是 Chs. 3–4。关于杰斐逊本人的文献当然很多，尤其是"托马斯·杰斐逊和……"这类文献。因此，

缺乏耐心的读者可能会欢迎 Merrill D. Peterson, ed., *Thomas Jefferson: A Reference Biography* (New York, 1986)。这是由多位权威人士撰写的论文集, 几乎涵盖了与杰斐逊相关的所有活动。John C. Foley, ed., *The Jeffersonian Cyclopedia* (New York, 1900) 仍然是一本非常有帮助的著作。

2. Jefferson to John Banister, Jr., Oct. 15, 1785, *PTJ*, VIII, 635–637.

3. Jefferson to Washington, Apr. 10, 1791, 同上, XX, 88; to Rush, Sept. 23, 1800, *WTJ*, VII, 458–459; Merrill D. Peterson, *Thomas Jefferson and the New Nation* (New York, 1970), p. 268。

4. "他的思想中有很多模糊不清的地方, 使得试图做出连贯一致的理解变得不可能。" Richard Hofstadter, *The American Political Tradition, and the Men Who Made It* (New York, 1948), p. 24。"自从杰斐逊去世后, 学者们一直试图在他那些难以把握、缺乏系统性的思想中寻求秩序, 或者强行为其设定某些秩序, 但未能取得多大成功。这些思想与通常的一致性标准相去甚远。" Leo Marx, *The Machine in the Garden: Technology and the Pastoral Ideal in America* (New York, 1964), p. 135。

5. Jefferson to the Rev. Charles Clay, Jan. 27, 1790, *PTJ*, XVI, 129.

6. Jefferson to G. K. van Hogendorp, Oct. 13, 1785, 同上, VIII, 633; to DuPont de Nemours, Jan. 18, 1802, *WTJ*, VIII, 125–127; A. Whitney Griswold, *Farming and Democracy* (New York, 1948), p. 35。

7. 关于杰斐逊这一时期改革活动的讨论, 参见 Peterson, *Jefferson*, pp. 97–165。关于杰斐逊及其对奴隶制的渐进式做法, 参见 John C. Miller, *The Wolf by the Ears: Thomas Jefferson and Slavery* (New York, 1977), 尤其是 pp. 39–40, 120–121, 206–207; William W. Freehling, "The Founding Fathers and Slavery," *AHR*, LXXVII (Feb. 1972), 81–93; David B. Davis, *The Problem of Slavery in the Age of Revolution* (Ithaca, N.Y., 1975), pp. 171–175。引用的句子见 "Autobiography," *WTJ*, I, 68。

8. "因此, 我们看到数百万未出生婴儿的命运悬在一个人的舌头上," 他写道, "在那可怕的时刻, 天堂一片寂静。" Jefferson to Jean Nicolas Démeunier, June 22, 1786, *PTJ*, X, 58。"杰斐逊的实践活动," 理查德·霍夫施塔特评论说, "通常是以某种最低限度的计划为目标, 无须激烈的冲突或大量精力的消耗即可实现。他讨厌激烈的争论, 当他的原则会引起同事或邻居的愤怒时, 他就不再坚持了。" *American Political Tradition*, p. 25。

9. "印第安人战争的紧迫性, 土地投机的刺激和轻松获得巨额利润的诱惑, 不可避免地会导致士气低落。由于没有建立起人们接受的社会生活方式，人们只能从事诸如打架、摔跤、诈骗、走私等违法行为，还有赌博和酗酒，这进一步削弱了道德和宗教生活的吸引力。"Niels H. Sonne, *Liberal Kentucky, 1780–1828*（New York, 1939），p. 12。

10. 关于本段和下一段的资料，我们非常感谢马克斯教授的出色研究。*The Machine in the Garden*, pp. 88–105。

11. "但他们的崇拜中有一种奇特的奢侈现象，一种看似神经质的倾向，[政治经济学家]理性理论对此也无法解释。18世纪中叶后，上层阶级对田园风光的喜爱风靡一时，达到了疯狂的地步。无论是在英国的偏远村庄还是路易十六的宫廷，人们都热衷于园艺和扮演农民。"同上，p. 98。

12. "杰斐逊并不满足于以常规的方式制定法律，他喜欢在灵感受到激发时提供实用的建议。他经常从自己大型图书馆藏的建筑著作中汲取灵感。"Paul F. Norton, *Latrobe, Jefferson, and the National Capitol*（New York, 1977），p. 73。

13. Malone, *Jefferson*, II, 3; Jefferson, "Autobiography," *WTJ*, XXIV, 2。

14. 同上，1n.，2; Malone, *Jefferson*, I, 7–33。根据马龙教授的说法，对杰斐逊家族背景的研究显示，"杰斐逊家族早期的状况比人们通常想象的要富裕得多，而且地位也非常显赫"。I, 426。

15. 同上，I, 21–22，37–48。

16. 同上，I, 49–74。

17. "Autobiography," *WTJ*, I, 4; Malone, *Jefferson*, I, 75–87; Jefferson to L. H. Girardin, Jan. 15, 1815, L&B, XIV, 231–232。

18. Malone, *Jefferson*, I, 88页及以后的内容。

19. 我们在这几页中关于杰斐逊个性的介绍，除另有说明外，都是基于上一条注释第I部分中的信息，其中提供了非常完整的信息；索引部分的词条"个人品质和特征"（Personal Qualities and Characteristics）非常有帮助。

20. Peterson, *Jefferson*, pp. 30–31; to Martha Jefferson, Nov. 28, Dec. 22, 1783, *PTJ*, VI, 360, 417.

21. *American Political Tradition*, p. 25. 普通法院和州长委员会实际上由同一批人组成，杰斐逊在陈述案件时，实际上面对的是自己的熟人和圈内人士，而不是面对陪审团。Frank L. Dewey, *Thomas Jefferson, Lawyer*（Charlottesville, Va., 1986），pp. 18–20。

22. Jefferson to John Banister, Jr., Oct. 15, 1785, *PTJ*, VIII, 637.
23. 关于杰斐逊战时担任州长的情况，参见 Peterson, *Jefferson*, pp. 166–240；当然还可参见 Malone, *Jefferson*, I, 301–369。
24. Jefferson to Steuben, Mar. 10, 1781, *PTJ*, V, 120.
25. 同上, VI, 135–136。
26. Richard Hofstadter and Michael Wallace, eds., *American Violence: A Documentary History* (New York, 1970), p. 36.
27. Rosemarie Zagarri, "Representation and the Removal of State Capitals, 1776–1812," *JAH*, LXXIV (Mar. 1988), 1239–1256.

第六章
国务卿杰斐逊

在杰斐逊加入华盛顿内阁的20多年前，也就是他首次涉足公共生活的时候，发生了一起具有重要意义的大事件，该事件决定了他后来担任国务卿时所遵循的外交政策路线。这就是1769年弗吉尼亚市民院为反对《汤森法案》和抵制英国货物而通过了不进口协议。所有北方殖民地的领导团体都签署了类似的协议。随后，除了茶叶税，《汤森法案》中的所有税都废除了，不进口协议基本上实现了它设定的目标。这种通过施加商业压力而获得成功的经历令杰斐逊终生难忘。[1]

不难理解，杰斐逊会觉得这种形式的胁迫非常有吸引力。这是一种不需要流血的行动方式。此外，从弗吉尼亚的角度来看，这一经历似乎表明，尽管会有一些不便，但代价是可以承受的，不会造成永久性损害。弗吉尼亚的乡村生活井然有序，可以承受并化解贸易停滞的影响；对奢侈品和工业制成品的消费可以推迟，而在此期间也不需要任何人挨饿。根据史料记录，弗吉尼亚在执行不进口协议时不像北方商业团体那样严格，但这当然也与弗吉尼亚没有一个中心港口以及难以抵挡走私诱惑有关。但也许真正的难题还是如何让人们自愿遵守这个规定。如果不进口协议或其他形式的商业抵制政策成为殖民地的法律，这样就能基本上解决这个问题。

这一切很可能让杰斐逊对作用相对有限的商业抑制手段更加坚信不移，这就导致了局限性，使他不能敏感地察觉到此类政策可能对高度依赖商业活动的社会产生哪些影响。此外，杰斐逊的极度仇英心理也丝毫没有因和平时期到来而缓和，这就促使他在心中形成了一个理想方案，希望以此来解决美国与英国新关系中出现的各种问题。从1790年到1793年国务卿任期结束，他始终认为，美国面临着一系列困难，其原因是英国将美国船只排斥在西印度群岛贸易之外和违反1783年的和平条约，如果美国有针对性地施加商业压力，将会比其他手段更有效地解决这些问题。

与杰斐逊的仇英情绪形成鲜明对比的是他对法国的偏爱。正如不进口协议塑造了他后来的外交政策思想，杰斐逊从1785年至1789年出任美国驻法公使的经历也对他产生了极大影响。他在这段时期的主要任务是削减英国对美国贸易的垄断，而他打算通过扩大与法国的贸易关系实现这个目标。美国先前的计划是，通过建立一个包括美国和欧洲其他国家在内的大自由贸易共同体，限制英国的垄断。这个组织的目标是贸易互惠：美国将与每个国家签订双边贸易条约，最终迫使英国取消对美贸易限制，从而使其与其他国家获得同等贸易条件。但美国已经放弃了该计划，因为美国打算与之签约的几个国家对此项计划都不感兴趣。在这样的情况下，杰斐逊随即做出推断，即实现预期目标的最佳途径是集中与法国发展贸易关系。通过与法国政府达成协议，他将尽一切努力扩大法美贸易。这样做的出发点是，随着法美商业往来活动增多，美国与英国之间的贸易量和重要性都会不断减少。同法国发展贸易就意味着减少对英贸易的依赖。[2]

对杰斐逊来说，法国和法国人的吸引力相当大。当然，这种吸引的基础是战时联合对抗共同敌人所建立的纽带,而大多数美国人也在某种程度上认同这种联合中的慷慨情感。杰斐逊在驻法期间与法国人结下的深厚友谊更是为这些情感赋予了特殊色彩——虽然他当时不止一次地访问伦敦,但在英国却找不到类似的友谊。拉法耶特、孔多塞、拉罗什福科和杜邦·德·内穆尔(DuPont de Nemours)等人在政界都很有影响力,他们所关注的问题在许多方面也与杰斐逊相似。

一方面,杰斐逊认为这些人所持的思想观点奠定了法国大革命的基础。作为自由派贵族成员,他们有强烈的亲美立场,深受美国革命的鼓舞,渴望对波旁王朝的君主制进行自由化改革。尽管杰斐逊目睹了从1787年显贵会议(Assembly of Notables)到1789年革命爆发期间的一系列事件,但由于他自己被这种自由主义精神所包围,所以不太可能见到这场革命真正带来的灾难影响。当时的场景在他看来肯定和修订《弗吉尼亚法典》差不多。"我认为有可能,"杰斐逊在1788年给詹姆斯·门罗的信中热情洋溢地写道,"这个国家在两三年内就会享有一部相当自由的宪法,而且一滴血的代价都不需要付出。"[3]对于资产阶级在争取平等过程中的杀戮激情,他可能并没有什么直接认识。

在他与这些法国朋友的交往中,另一个方面无疑存在误导性,那就是这些法国朋友对他的贸易计划给予了热情鼓励。这些人深受大农业思想和重农主义的影响,而与法国的商业和制造业没有任何联系。尽管如此,他们还是非常愿意向法国商人力陈自己的思想,自称为其指明真正的利益所在,甚至不惜偶尔玩弄一下计谋,比如,1786年和英国签署极具破坏性的自由贸易条约时的所作所为。无论如何,根据杰斐逊当时的处境,他的理论无法与法国资产阶级的思想(属于极端保守的重商主义)真正达成一致。几年后,在雅各宾派的领导下,这种重商主义将上升为法国的国家政策。[4]

因此,尽管在某些有限的领域达成了共识,杰斐逊扩大法美贸易的努力仍然收效甚微。然而，当他在1789年秋天启程离开法国时，他不是从失败的政策（大多数政策）上面吸取教训，而是选择从为数不多的成功政策（可能微不足道）中寻求经验。也许，凭借持续不断的努力仍然有望实现目标（"逐步"地取得进展）。而正是本着这一精神，杰斐逊在1789年和1790年积极支持麦迪逊提出的征收歧视性吨位税的方案，并在随后的每一年都重提这一计划。

杰斐逊的这些观点所固有的特点，以及他对投机和商业腐败的深深厌恶，导致了他与汉密尔顿之间的激烈冲突。即使不考虑两个人的性格差异，双方之间产生矛盾也几乎是不可避免的。对杰斐逊来说，外交和国内政策是密不可分的，对汉密尔顿来说同样如此，因此，两人都不可避免地会一再插手对方部门的事务。一方面，杰斐逊的理想外交政策严重威胁着汉密尔顿的国内政策。另一方面，按照汉密尔顿设想的体系，美国将奉行杰斐逊所鄙视的亲英外交政策，不仅如此，不久后建立的合众国银行还会进一步加强这一体系，对此，杰斐逊极力反对。早在杰斐逊离任之前，二者间这种根本性分歧就已经导致双方在意识形态上形成严重僵局，派系之争非常激烈，这对政府所采取的每一项措施，无论是对外还是对内都产生了影响。

当时，杰斐逊作为国务卿深信，解决英美关系困局的唯一途径，就是通过长期施加商业压力，暴露英国对美国市场和美国供给的依赖。然而，他没有机会去完善这项政策并实现预期效果。在他担任国务卿期间，英美之间的重点冲突一直没有得到解决，包括与西印度群岛的贸易、对英国债权人的债务、英军的劫掠行动，以及英国继续占领西北边界哨所等问题。随着欧洲战事爆发，在1793年末到1794年初的冬天，愤怒情绪将两国推到了战争边缘，这就让达成和解成为当务之急。然而，杰斐逊没有留下来主持此事，尽管麦迪逊一再恳求，他还是在1793年12月辞去国务卿的职务，当《杰伊条约》（Jay Treaty）签署时，杰斐逊已再次回到了宁静的蒙蒂塞洛。《杰伊条约》使英美关系进入了稳定的十年，尽管不是以杰斐逊所期望的方式。

第一节　1790年的努特卡湾事件

将杰斐逊国务卿（相当于美国的外交部长）任期的第一阶段，与欧洲外交史上一个与美国没有太大关系的事件联系在一起，这似乎并不完全合乎逻辑。但这件事可能具有启发意义。在1790年春夏两季的大部分时间，英国和西班牙因为努特卡湾（Nootka Sound）危机而濒临战争边缘。这是皮特外交政策中的一个重大事件，该事件对英国和欧洲大陆的局势具有重要意义。从时间点上看，此时也是美国检验它与英国关系的第一次机会。在今后四年中左右英美关系的所有因素，实际上都在这场危机外围的各种往来中得以展示。

1789年秋天，亚历山大·汉密尔顿和乔治·贝克维斯少校进行了试探性会谈，对此当然没有任何官方通报；甚至，没有证据表明汉密尔顿向任何人透露过这件事。他们的会谈将在1790年重新启动，但即便在那时——即使华盛顿和杰斐逊都知道——二人的会面也很难被视为真正意义上的外交往来。但古弗尼尔·莫里斯的使团就不一样了。在莫里斯抵达伦敦之前的一年中，美国政府已经证明了自己的稳固性。尽管莫里斯不是特命全权公使，但他持有总统签发的国书，委任他作为驻英特使。1790年3月29日，当莫里斯递交国书时，他推测英国外交部应该会感到满意，因为英国现在可以在一个稳定和友好的基础上与美国进行往来了。此外，在美国人看来，莫里斯的处境非常有利，因为英国正处于一场国际危机的边缘，而美国有可能为它增加一些优势。从表面上看，这对莫里斯的使团来说应该是一个好兆头。

然而，英国人对莫里斯的回应并没有证实这种希望。他们似乎并不急于和他打交道。莫里斯在伦敦总共停留了近六个月，在此期间获得了四次面谈机会，但英国人好像还不确定应该如何对待他。在某个短暂窗口期，似乎出现过开始真正谈判的可能性。但莫里斯提出的要求太多，超出了英国人愿意给予的范围；他们保持礼貌，但不做出任何承诺。最终，莫里斯在任务结束离开英国时也没有取得任何成果。

至于为什么会有这样的结果，错误在哪一方，有几种合理的解释。其一就是英国外交部的强硬态度：观点狭窄，思想僵化，阻碍了任何有创造性的外交手腕的实施。另一个因素是莫里斯本人：他脾气暴躁，有时又聪明过头，过高地估计了自己的作用，从而错过了在1790年开启一个理性的新纪元的机会。还有一个原因是，汉密尔顿所奉行的路线与杰斐逊的政策截然不同，这削弱了美国官方政策的力量，让美国无法在重大问题上统一口径。

上述每种解释都有一些道理。但也许还有更深层的原因，可以解释在1790年及其后几年中美国和英国之间发生的事情，以及为何没有发生另一些事情。对于发现事实真相来说，外交惯例本身和外交史册的记录方式有时制造的障碍比它们提供的帮助还要多。外交是在主权国家之间进行的，这就意味着双方的正式关系，至少在接触时，必须近似于对等。但很明显，事实上，这种关系并不对等。那么真实的关系究竟是怎样的呢？

几乎所有关于这段时期英美外交关系的著作都是美国人撰写的。此外，这些作者不得不通过当时的美国人——莫里斯、华盛顿、汉密尔顿和杰斐逊这些人——的眼光看待这段时期的英美关系，因为大部分原始资料也来自美国。英国方面的资料相对很少。这种资料匮乏本身可能就是一条发现事实真相的线索，应当被视为证据的一部分。

在合众国成立初期，英国和美国之间的力量存在巨大差距，这一点已得到公认，关于这方面的争议在于美国是否能将它的力量集中用于外交活动上，以实现其目的。但最难以评估和衡量的还是更深层的东西。这与其说和权力相关，不如说是考虑到各方的力量和各种需要关注的事项，一方所提出的诉求能够在多大程度上吸引对方的注意。如前所述，问题在于美国对英国的关注程度和英国对美国的关注程度之间存在着巨大差距。

要了解这段历史，也许最有用的一种方法就是将皮特的外交政策及其执行方式作为背景。很显然，在这方面，皮特政府决定对美国采取或者不采取的任何行动，其动机都是为了维持现状——过去七年的经历表明，该现状大体上令人满意。因此，无论从何种角度出发，美国人影响英国改变态度的能力都极为有限。既然大多数美国人都希望改变现状，那么，不管是亲英派还是仇英派，说到底，所有人都处于同样的僵局中，都没有什么可选方案，也都面临着差不多的失败机率。不过，尽管他们所采取的行动不会产生太大影响，但并不表示这些行动没有产生任何影响，而这些微弱影响正是需要努力的地方。如果在1790年尚存一些改变现状的可能性，那么要实现这一点，就意味着美国人必须准备好向英国人提供一些他们希望从美国得到的东西，而这些东西是英国人无法以其他方式获得的。这些东西可能包括美国政府承担偿还战前美国人欠英国债权人的债务的责任；可能还包括终止针对英国航运业的所有歧视性措施。但无论如何，美英双方谁也不可能不劳而获。

1911年出版的一本关于威廉·皮特的传记体学术著作，对努特卡湾危机的整个过程进行了叙述，其中甚至都没有提到美国。皮特（至今仍被普遍认为是英国最伟大的首相）面临的新挑战在一定程度上改变了双方的力量平衡，尽管改变得不是很多。[5]不过，还是值得从皮特和英国的角度出发，对这场危机进行观察。

1783年，24岁的皮特出任首相，此时欧洲宫廷认为英国的地位已经衰微，用奥地利皇帝约瑟夫二世（Joseph II）的话说，英国已沦为一个"二流国家"。但7年后，一切都发生了变化。在皮特亲自主持的外交政策下，主要以牺牲法国为代价，英国在欧洲外交事务中的地位完全获得了恢复，而皮特本人的威望也如日中天。英国的崛起始于1786年，当时荷兰极不稳定的政治局势以及法国在那里不断扩大的势力引起了皮特的兴趣。为了避免局势继续恶化，最终导致荷兰完全依附于法国，皮特开始小心翼翼地在荷兰培植英国的影响力，同时争取到普鲁士的援助。到了1787年夏末，一场内战迫在眉睫，皮特在说服内阁和国王批准军事行动和海战准备之后，便认为英国已经处于优势地位，可以告知法国政府，英国不能对法国在荷兰的武装干涉继续"做一个冷漠的旁观者"。随即，法国断然否认了自己有干涉荷兰的意图。于是，荷兰奥兰治王朝的统治重新得到巩固。英国的外交使团欢欣鼓舞，而这一事件被普遍认为是皮特取得的胜利。威廉·伊登（William Eden）并不赞成这次行动，但还是"为他的勇气而感到震动"。这件事也促成了次年由英国、荷兰和普鲁士组成的三国同盟的建立。1790年，在同盟国的努力下，欧洲中部的一场战争被阻止，其中起主导作用的是英国。[6]

英国与西班牙的冲突最早出现于1790年的1月和2月，当时有消息称，一名西班牙海军军官在努特卡湾（后来的温哥华）扣押了两艘英国商船，这件事引发了一系列的示威和反示威活动。西班牙大使称，一艘英国船只试图"以英国国王的名义占领努特卡湾"，他坚持要对这种行为进行惩罚，并防范今后发生类似行为。英国人要求先释放被扣押船只，然后双方再谈判领土权的问题。但双方都不想主动挑起敌对行动，于是这件事长时间处于搁置状态，直到4月中旬，被扣船只的船主约翰·米尔斯（John Meares）回到英国的家中，讲述了他的遭遇。

米尔斯向外交部报告，他已在努特卡建了一些建筑，包括一个永久定居点，并开始沿着西北海岸线进行探险和贸易活动；被扣押船只上的船员在墨西哥受到虐待和监禁，而西班牙人已正式宣布他们占有整个区域。根据历史悠久的1493年的教皇诏书，新世界的大部分土地被划分给了西班牙。西班牙人关于努特卡湾的声明以及其他一些主张，都是基于这份文件。[7]

皮特认为，英国需要对当前局势采取果断行动，不仅是要回应所遭遇的侮辱，还要全面解决过去十几年来英国在探险、贸易和捕鲸活动中遇到的一系列原则、利益和其他问题。此外，英国还需要倾全力做好应战准备，以确保不会遭遇失败。4月30日，在其请求下，皮特获得了对一个战列分舰队进行装备的授权；5月3日，皮特下令海员在5月4日至5日夜间向前推进；5月5日，英国政府首次向振奋的公众披露整个事件。皮特的计划分两个阶段推进：第一阶段是要求西班牙立即归还扣押船只并赔偿损失，随后双方将就更广泛的议题展开谈判；第二阶段将就北美洲和太平洋地区未被占领区域的贸易和主权问题达成一般性谅解。

7月24日，西班牙非常不情愿地接受了皮特的第一阶段要求，这要归功于英国大张旗鼓的军事部署。海军集结尤为快速：共调集了93艘战列舰，其中40艘正在进行装备，25艘在6月底前已经出海，其余的战列舰大部分将在夏末准备就绪。英国加强了在直布罗陀海峡、加勒比海和印度的战略部署，其中印度的部署是为进攻菲律宾做准备。三国同盟配合默契，普鲁士和荷兰都确认，它们准备好了在需要时履行各自义务，届时普鲁士将从陆地，荷兰将从海上提供支援。皮特甚至与拉丁美洲的爱国军人弗朗西斯科·米兰达秘密会谈，其目的是判断如果在拉美发生起义，英国是否有可能趁此机会抢占西班牙在新世界的所有殖民地。而西班牙方面主要依赖于与法国签订的《波旁家族盟约》（Bourbon Family Compact）。尽管路易十六（Louis XVI）仍然在位，但国民议会（National Assembly）是否愿意支付部署海军的费用，这一点非常令人怀疑。事实证明，《波旁家族盟约》的约束力并不足以让法国负担这笔支出。到了10月，西班牙已经打算满足皮特的大部分要求。双方于10月28日签署了一份公约，确认和认可了英国对努特卡的占领，并重新全面界定了整个太平洋地区的领土和海洋主权问题。对皮特来说，努特卡事件从某种意义上可以说是他外交生涯的巅峰。[8]

古弗尼尔·莫里斯于3月份到达英国，此时英国尚未对外公布努特卡危机事件，外交部处理与美国相关外交事务的方式也有些耐人寻味。与西班牙有关的主要事务由皮特本人亲自处理，而不是交给外交大臣，这种做法相当不寻常。外交大臣由卡马森勋爵（Lord Carmarthen）担任，他最近刚获授利兹公爵（Duke of Leeds）的爵位，但他并没有什么实权，因此深感皮特低估了自己的能力。[9]另一方面，皮特在这段时期对美国事务很少甚至根本不关心，他把和莫里斯打交道的所有事情都交给了利兹公爵。至于美国事务中涉及商业的问题，早就授权给枢密院的贸易委员会处理。自1786年以来，该委员会的主席一直由能力出众的重商主义者霍克斯伯里勋爵担任。在这个问题上，皮特自己早就盘算好了；他欣然接受霍克斯伯里勋爵有关英美关系的界定，并且在可预见的未来，不可能发生变化。在处理一些琐碎的事宜方面，也许会有一些调整，比如涉及对方母港收费和特权的问题，但没有人打算改变西印度群岛的贸易状况，而这正是美国人最关心的问题（事实上，霍克斯伯里勋爵原本希望对美国实行的吨位税进行报复，尽管当时的吨位税还不是歧视性的）。[10]最后，与加拿大的沟通由内政大臣威廉·温德姆·格伦维尔负责，他不久后获授格伦维尔勋爵。关于美加边境局势以及美国通过立法实施歧视性待遇的信息，都是通过内政大臣这个渠道传递的。上述的几条沟通渠道相互联系，尽管不是很正式。不同渠道间不需要特意协调，因为它们的作用是提供信息而非进行谈判。但不管怎样，英国人并不急于谈判，这也是他们不想急着交换公使的主要原因。

古弗尼尔·莫里斯奉命向外交部提出3个重要问题。他首先要表明，随着美国新政府和法院体系的建立，英国方面不应再继续反对履行和平条约下的未尽义务，包括将边境哨所移交给美国人，并对战争期间掳走的奴隶进行赔偿（英国人"反对"的理由是，英国债权人在收回美国公民战前所欠债务时困难重重，尽管有和平条约第4条的规定，但在邦联制下，美国各州法院都不愿意提供协助）。第二个问题是，英国是否考虑与美国签订商业条约，以及签订条约的条件是什么。向美国船只开放英属西印度群岛将是签约的一个必要条件；莫里斯要明确"不同意在条约中免除这一条件的任何想法"。最后，他还要提到派驻公使的意图，指出之前没有向英国派驻公使，因此"未能使英国对美国的友好和善留下印象"。莫里斯在3月29日与利兹公爵的首次会面中提出了这些问题。[11]

公爵态度亲切，但言辞闪烁，令人很沮丧。莫里斯对谈话内容的记述很有意思。"我向您保证，"外交大臣说，"我非常希望两国之间建立友好的商业往来和更多交往，我可以代表国王陛下的其他大臣，他们都持有同样观点。"关于他们打算如何处理哨所和奴隶的问题，"他[摘自莫里斯的报告]并不完全了解情况。至于最后一个问题，他表示一直希望对此有所行动，但总是会有什么事情发生，干扰了他们的计划。然后他转变了话题，我重新把话题拉回来，而他再次偏离话题"。当莫里斯提出公使的问题，公爵说："我希望向美国派驻一位公使，但我又希望找到一位能完全胜任这项任务的人……但这非常困难，还有很长的路要走。"（"他又一次改变了话题。"）莫里斯建议公爵不妨考虑一下这些问题，将自己更详细的想法厘清楚，然后以书面形式进行正式答复。利兹公爵欣然接受建议,然后向莫里斯躬身送客,并承诺及时做出答复。[12]

莫里斯等了一个月,在又发出两封提醒函后,才收到对上述那些问题极为简短的一封回信。在此期间,英国外交部一直在秘密地忙着处理"努特卡危机"。利兹公爵首先以生病和"事务繁忙"为由,对未能早日复函表示歉意。然后,他告知莫里斯,在英国臣民的损失得到补偿或赔偿之前,英国不能履行其在和约中的各项义务。关于商业,"我只能说,英国政府真诚希望与美国建立一种真正的、有诚意的友好往来机制……"。莫里斯向华盛顿报告,英国人不打算与他们打交道。"也许现在这个时刻",他说,"这个国家感到自己比任何时候都更强大",尽管他认为英国人的这种感觉"很荒谬"。不管怎样,在他看来,英国"宁愿先和我们保持现状"。[13]

和平条约中最棘手的问题是美国西北边境哨所的归属,其历史可追溯到七年前。加拿大当局认为,出于经济和战略考虑,应当保留这些哨所。它们有助于保护加拿大边界以南的皮毛贸易,并与俄亥俄河谷的印第安人保持友好关系,不过加拿大官员通常也很谨慎,不去煽动这些部落反对美国人。同时,英国还愿意用债务问题和美国人对待保王党的问题作为借口,达到保留哨所的目的。在动荡的邦联制时期,这基本上成为伦敦的既定政策。[14]

对于美国人来说,这些哨所不仅涉及国家荣誉,而且严重阻碍了在旧西北部和俄亥俄河谷的和平定居。在这些地方定居一定会遭到印第安人的抵制,美国人怀疑印第安人受到了英国人的暗中怂恿。与此密切相关的是,定居西部的美国人强烈希望获得密西西比河的航行权,打开农产品出口的一条通道,但西班牙不允许美国人使用这条河。这些不满情绪,加上印第安人的不稳定和好战状态,使西部居民躁动不安,在英国人甚至西班牙人可能的煽动下,[15]他们有可能加入脱离联邦的运动。因此,印第安人的问题已经困扰着华盛顿好几个月了,而此时此刻——1790年春天——美国政府正在积极准备着在俄亥俄州与肖尼族(Shawnees)开战。

关于边境哨所的第三种观点来自伦敦,英国外交部并不完全赞同加拿大的观点。此时,在保留这些哨所的必要性方面,英国的态度似乎有了一些松动,格伦维尔已经意识到,总有一天他们可能不得不放弃这些哨所。[16]但是,战前债务问题本身也十分重要,也许不应该仅仅被视为占领哨所的一个借口而已。多年来,英国商人一直都在抱怨他们的债务未能获得赔偿,皮特政府因此饱受困扰。现在,英国政府似乎已经有了一个结论,即美国政府有可能以某种形式直接承担偿还债务的责任。但从莫里斯得到的指令看,美国政府显然有不同的观点。条约规定"任何一方的债权人都不应有任何法律上的障碍"。既然现在已经建立了一个稳定的政府,美国人认为这本身就是一种充分的保证了。不管怎样,债务问题依然存在,直到几年后,两国政府才最终解决了这一问题,通过一笔约260万美元的支付进行了清偿。[17]

5月5日,英政府将努特卡危机公之于众。英国外交部无论对美国在战争一旦爆发时的态度有任何担忧,都没有重启与莫里斯的对话。皮特已经决意在必要时开战;英国已经做了充分的战争准备,此次行动事关重大,不管美国采取任何行动,都不可能对政策产生太大影响。尽管如此,格伦维尔当然还是希望加拿大那边一切正常。5月6日,他写信给加拿大总督多切斯特勋爵,就一些事项进行讨论。他认为西班牙"极不可能"袭击英国在北美的领地,但美国却有可能趁机要求英国撤出这些哨所,因此,西班牙在和英国交战时,可能会煽动美国人积极参战。目前皮特还没有考虑增援加拿大的计划,因此他建议多切斯特勋爵推迟他原计划在英国的休假,以便在必要时督促加拿大民兵的集结。格伦维尔还向多切斯特勋爵通报了莫里斯使团的情况。他说,

第六章 国务卿杰斐逊 353

由于美国"不执行条约",有必要对莫里斯采取强硬态度,但同时通过非正式的手段,培植"我们在美国的更多利益",尽可能多地了解美国人关于英西战争的舆情,也许是个好主意。也许可以让美国人相信,相比于加入西班牙阵营对抗英国来获得哨所,在英国的帮助下对抗西班牙从而获得密西西比河的航行权是一个更容易实现的目标。[18]

在同一封信中,格伦维尔还谈到了另一个问题。他希望将目前仍独立的佛蒙特州纳入英国的利益范围,并就此提出了一些建议。这与伦敦对艾伦兄弟的暗中唆使有关。当地的一些团体希望佛蒙特尽快加入联邦,而艾伦兄弟正在策划抵制行动。列维·艾伦(Levi Allen)试图与英国人谈判达成单独的商业条约,并争取让英国承认佛蒙特独立;他似乎也曾考虑过与加拿大建立最终的政治联盟。同时,英国人也在和肯塔基的类似组织秘密通信。[19]

219 看上去英国人似乎在考虑两种截然相反且相互排斥的政策:一是与美国联手对抗西班牙;另一个则是牺牲美国的利益,鼓励分裂活动。确实如此——如果这些计划真成为"政策"的话。但问题是这些想法是否得到了认真对待,这一点令人怀疑。这些试探性的策略都比较模棱两可,一旦变得不可行,可以完全放弃,事实上,很快就会出现这种情况。

5月20日,莫里斯又与利兹公爵进行了一次会谈,这次会面是他主动提出的,涉及另外一个议题。莫里斯自告奋勇要为一些美国水手向英国政府求情,有关这些水手的事件自5月5日起被多篇新闻报道。公爵表示歉意,答应与有关人员交涉此事,并邀请莫里斯次日来访。第二天,当莫里斯再度登门,正赶上外交大臣与首相在闭门密谈。于是,他们三人讨论了强征美国水手的问题,很快解决了这件事,然后把话题转到总体上的英美关系。皮特重申了利兹公爵之前的承诺,表示英国政府愿意考虑签订商业条约。莫里斯有些情绪激动地反驳说,"在双方对现有条约感到满意之前，考虑签订新条约是毫无意义的"。皮特指出，美国迟迟不履行1783年的条约，已经造成了严重侵害。而莫里斯则称："侵害程度比想象的要小得多。"皮特问能否换一种考虑问题的角度，"看看是否有可能，双方大体上相互抵销某些赔偿"（他似乎已经想到了一个简单的交易：以哨所抵销债务）。

> 我立即回答说："如果我理解的没错，皮特先生，您希望订立一个新条约，而不是履行旧条约。"他承认，在某种意义上，这的确是他的想法。我说，即便如此，我也不认为有什么会比履行旧条约更好。

一周后，莫里斯向华盛顿报告了发生的一切。现在，莫里斯认为发生战争的可能性很大，并预言"他们会为我们的中立地位开一个好价格"。皮特和利兹"答应，他们会协商一下，然后把商量的结果告诉我"。但这两个人肯定已经决定了干脆什么都不做（除非他们把这件事忘得一干二净），因为在接下来的四个月里，莫里斯没有等到他们的任何消息。至于5月21日面谈时达成的共识，双方没有任何进一步沟通——尽管事情本来向前推进的可能性也很小。[20]

与此同时，在美国这里，多切斯特已经派贝克维斯前往纽约（早在格伦维尔5月6日的信写好之前）。贝克维斯在纽约停留了两三周，尽可能地打听美国在西北地区的军事行动。其间，贝克维斯见了汉密尔顿等一些人。他向格伦维尔报告说，那些行动确实是针对印第安人的，没有任何迹象表明美国人打算攻打边境哨所，而且"依我拙见，他们希望建立对于美国的真正利益和未来繁荣极为重要的关系"。[21]战争危机来临时，多切斯特收到了格伦维尔的信，7月，贝克维斯再次被派到纽约，这次他的主要消息来源还是汉密尔顿。贝克维斯奉命向汉密尔顿表示，希望战争的可能性不会影响美国对英国的友好态度，并指出如果英国与西班牙发生战争，美国可能会从与英国的关系中获益。汉密尔顿认为这种可能性比贝克维斯含糊其辞的承诺更重要。贝克维斯再次表示，格伦维尔为推迟会见莫里斯感到抱歉，并巧妙地暗示，事情进展不顺利的原因之一是美国"不执行条约"。这次谈话是在7月8日上午进行的，汉密尔顿当天就向杰斐逊和华盛顿汇报了此事。[22]

当时，华盛顿刚刚收到莫里斯初步报告的他截至5月29日的所有活动，感到非常恼火，因此，汉密尔顿的这个新消息对平复他的心情没起什么作用。华盛顿在日记中写道，英国人似乎在说：

> 尽管莫里斯先生是官方正式委任的公使，获得授权前来与我们确认撤离美国境内西部哨所的意图以及其他一些事项，但我们不愿意给他任何令人满意的答复；只有通过这种未经正式授权的方式，我们才能确定贵国是否愿意与我们结盟，共同对抗西班牙。如果的确如此，我们将与贵国签订一个商业条约，并承诺也许会履行[我们]已经承诺履行的义务。

对华盛顿来说，在西北边境哨所问题得到解决之前，一切都处于停顿之中。汉密尔顿得到指令，在今后与贝克维斯的会谈中，仍然应该以礼相待，但要让贝克维斯明白，自己并不代表官方。汉密尔顿要尽可能多地获取信息，但不要做任何承诺。后来他们的确又进行了几次会面，汉密尔顿竭力推动结盟的可能性，因为他现在非常希望双方能够结盟。然而，最终他也未能如愿以偿。美国政府对结盟不感兴趣，而贝克维斯也只能含糊其辞地鼓励，因为他的政府对结盟也并不真正有兴趣。双方结盟充其量只有极其微弱的可能性，而随着努特卡危机的解决，这一点希望也完全消失了。[23]

1790年夏天，联邦政府定都和政府债务接管的危机得到了解决。值得注意的是，在这一时期，汉密尔顿和杰斐逊在大多数关于美国利益的事项上观点相对一致。两人都充分认识到收回西北哨所以及英国向美国派遣公使的重要性。他们都全力支持华盛顿在俄亥俄州对印第安人的军事行动。他们同样迫切希望西班牙让出密西西比河的航行权。汉密尔顿告诉贝克维斯，"我们必须得到它"。杰斐逊在给美国驻马德里的临时代办的信中也说，我们将以某种方式得到它，"它对我们必不可少"。此外，两人都对英国试图夺取新奥尔良（同样是从西班牙人手中）的行动极为不满，因为美国也想这样做。华盛顿一度认为英国人实际上可能正在考虑这样的行动，他询问杰斐逊和汉密尔顿的意见：如果英国人要求美国允许英军穿越美国领土，美国应该怎么做？杰斐逊建议不作答复，但如果必须答复，他建议允许通过；汉密尔顿也建议允许通过，因为如果拒绝，英军最终还是要穿越美国领土，而美国就不得不为了捍卫国家荣誉而向英国宣战。[24]

尽管如此，汉密尔顿已有了对杰斐逊保持警惕的理由。当美国和英国互换公使时，汉密尔顿希望这件事能尽快进行，这样双方就可以在美国政府所在地紧锣密鼓地开始正式谈判。他很担心会发生任何阻碍谈判顺利进行的事情。他在一次会谈中对贝克维斯说：

> 我们的现任国务卿杰斐逊先生，我相信他是一位正直的绅士，非常渴望实现那些符合其职责和国家利益的目标，但从他关于贵国政府的某些观点和其他潜在苗头来看，他可能会让整个谈判遇到一些困难，而他对此很容易找到理由进行辩解。

汉密尔顿说，如果遇到这样的困难，贝克维斯可以把情况告诉他。

他将会确保"这些困难得到清晰理解和开诚布公的分析"。[25]

古弗尼尔·莫里斯在伦敦等了一整个夏天后,终于又给利兹公爵写了一份信,对四个月的沉寂表示遗憾,并告知自己在伦敦停留的时间不多了。莫里斯推测说,由于公爵并未澄清对条约期望进行哪些具体的修订,因此他"理解为无条件拒绝"履行英国方面的义务。公爵回复说,他很乐意在莫里斯回美国之前与他见面(莫里斯曾提到过他要回欧洲,而不是回美国)。莫里斯于9月15日前往拜访。

利兹公爵重申了他的一贯观点,"他真诚希望建立真正的友好关系"。他还向莫里斯表示,"希望很快能确定驻美公使的人选"。莫里斯试图打探更多英国关于贸易、哨所和努特卡危机的意图,但只得到了通常的含糊回答。[26]

至此,也许可以推断:既然努特卡已不再是威胁,莫里斯对英国人来说也就没有什么利用价值了。尽管努特卡危机尚未解决,但西班牙已签订了第一个投降协议,这让签订第二个投降协议的可能性非常大。事实上,过了一个月,西班牙就签订了第二个协议。但事件的巧合具有误导性;莫里斯对英国人从来都没有多大用处。原因也不是某些人认为的那样,他在英国已经成了不受欢迎的人。莫里斯一到伦敦,就向法国公使透露了他此行任务的性质,还曾经有一两次与反对派领袖查尔斯·詹姆斯·福克斯一起露面;这些轻率行为招致了一些对他的负面评论。但并不能确定,这就是外交部和他保持一定距离的主要原因;如果英国政府认为与莫里斯认真打交道会有好处的话,仅仅是这些"轻率行为",并不足以阻止外交部认真对待他。[27]

那么,推测也许是,对英国人而言,各个渠道的沟通主要是为了收集信息,在此基础上,他们就可以确认能否在美洲部署尽可能少的力量。这些沟通最多也只能解决债务和哨所的问题,尽管解决的希望也不算太小。皮特当时正忙于欧洲危机的诸多细节,如果解决这些问题可以让他摆脱那些怒气满腹的英国债权人，他似乎愿意考虑，而格伦维尔也确信，如果印第安人可以接受的某种安排（将印第安人居住区作为缓冲区）可行的话，将有助于促进边境地区的和平，这些哨所也可以放弃。[28]但按照莫里斯所得到的指令，他不能接受这样的条件，而英国人也没有强烈坚持要这样做。甚至，这样的妥协结果在当时的情况下对美国利益来说是否是一件好事也是值得怀疑的，因为一旦接受，在后来的全面解决方案中就不能用这些事项作谈判筹码了。

莫里斯奉令明确地表示，符合美国人利益的商业条约，应该允许美国与英属西印度群岛进行贸易。而从来没有任何迹象表明英国人愿意对此进行讨论。事实上，在霍克斯伯里的贸易委员会报告（将于1月份发布）提交给内阁前，他们甚至都不会确定讨论的内容。这份报告还涉及派驻公使的问题：公使所执行的政府指令也是基于报告内容。[29]

最后一个问题涉及应当如何评价汉密尔顿的角色以及他与贝克维斯的会谈。这方面的负面评价已经众人皆知了。[30]汉密尔顿让贝克维斯确信，美国国内有相当一部分人对英国有好感，不赞成对英国船只实施的歧视性规定。他的这些行为促使英国人打定主意，恢复了对美强硬立场，从而削弱了美国实现其意图和利益的能力。但这种观点也有失偏颇，因为实际上几乎英国人见到的每一个美国人都以不同方式促成了同样的结果——让英国人下定决心。这其中包括，华盛顿和莫里斯在西北边界哨所问题上采取的不可谈判立场，汉密尔顿以及与他持相同观点的人，让英国人确信在美国有一批亲英者，甚至还有艾伦兄弟及其部下的分裂行动，所有这些都让英国人得出结论，即他们不必着急地与美国谈判新条件。

一位学者建议，不妨以一种更积极的方式来看待汉密尔顿与贝克维斯的往来：假设美国希望有机会与英国建立友好关系，在未来重修旧好，那么，这些来往实际上对以后实现这一目的有帮助。[31]虽然这个观点听起来很新颖,但它可能有一定道理;可以推测在美利坚共和国内部应该有某种方式使亲英立场得以维持。此外,有证据表明,乔治·贝克维斯在很大程度上受到了汉密尔顿愿景的影响。贝克维斯并非一个木头人,而是有自己独立的判断力。在不久之后的1791年,关于歧视性政策的情绪日益高涨,英国计划实施的政策比外交部原设想的力度更大,贝克维斯为此向格伦维尔强烈谏言。也可以说,汉密尔顿作为美国亲英派的代言人,通过保持他在贝克维斯心目中的可信度,向英国人表明了他们不能逾越的界限。在哨所、密西西比河的航行权、分离主义运动和新奥尔良等问题上,汉密尔顿都阐明了美国的底线。当贝克维斯试探着提出格伦维尔的缓冲区计划时,汉密尔顿断然拒绝。[32]汉密尔顿可能还有另一种策略,那就是淡化美国政府内部真正的意见分歧,设法让贝克维斯相信,一旦英国采取任何歧视性政策,美国政府将作为一个整体进行反击。但贝克维斯知道事实并非如此,因为他还有其他消息来源可以对比进行核实。

那么,在这个问题上确实存在着一个平衡点。然而,结论必定是:如果平衡这么不稳定,如果连美国的加拿大支持者的意见在国内都无人理会,那么,汉密尔顿的努力无论如何都没有多大意义。

在1790年8月美国政府迁都费城后,国务卿杰斐逊回到蒙蒂塞洛的家中停留了6个星期,在他前往弗吉尼亚的为期18天的旅途中,他的朋友詹姆斯·麦迪逊一路相伴。回到费城后,他撰写了关于莫里斯使团的报告,提交给总统。"莫里斯先生的信,"他写道,"消除了人们对英国内阁的意图和军事部署可能持有的任何疑问。"他建议,"我们将为那些可能被拒绝的正义主持公道,但在我们做好准备之前",[33]不要再提出任何要求。然后,他重新提起那个从未被他忘记的目标——施加商业强制手段。他将在下届议会期间,在自己的职责范围内尽全力实现这一目标。

第二节 银行

1790年9月,杰斐逊和麦迪逊踏上了返回弗吉尼亚州的旅程,两个月后,又北上费城,他们在途中有充分的机会讨论和思考各项计划。不久前结束的国会会议发生了很多事情。弗吉尼亚人在定都问题上成功了,尽管不得不在偿还各州债务的问题上让步。他们对汉密尔顿关于公共信用的安排没有进行任何重要的修改。歧视性吨位税立法再次受阻。同时,莫里斯的使团提供了新的证据,证明英国人在针对美国的欲望、要求和利益上态度坚定。

杰斐逊和麦迪逊可能仍然认为在债务接管和首都地点这两个问题上讨价还价是一个可以容忍的解决方案,但他们在弗吉尼亚听到了很多关于债务接管的抱怨。[34]他们也毫不怀疑宾夕法尼亚人会尽其所能使费城保住首都地位,从而挫败弗吉尼亚在波托马克河畔定都的愿望。然而,他们最关注的不是这些问题,而是外交事务:新成立的合众国的尊严,以及他们希望合众国向世界其他国家展示的特质。他们决心再次努力,为自己的国家建立影响力,使英国对美国有所忌惮。这一次,他们又想到了贸易这个工具。

然而,在即将到来的国会议事期——从1790年12月6日至1791年3月3日的短暂会期——外交事务与国内财政政策的彼此关联进一步显露出来。汉密尔顿所创建的公共财政体系的下一个重要环节是创建国家银行,这项议题让杰斐逊和麦迪逊试图推出吨位税法和航行法的努力显得微不足道。银行最重要的支持者(至少在杰斐逊和麦迪逊看来),就是那些代表"英国利益"的一批人,即北方和沿海地区的投机商与贸易商,而杰斐逊他们为使英国人改变主意而做的一切努力,似乎正在受到这些人的破坏。他们认为,这些人正在编织一张向英国臣服的网络,而他们对这个不断扩大的新兴体系的所有构成部件都越来越怀疑。

杰斐逊和麦迪逊都是阻止建立银行的主要力量,尽管他们未能成功,但麦迪逊产生了更为深远的影响。他从思想意识上强烈反对,甚至对《联邦党人文集》中关于建立一个强大国家政府的论点也进行了驳斥。为此,他将发表一个新学说派别的第一份重要声明,尽管这个学说之前也有人提出过,但没人拥有麦迪逊这样的显赫地位。该学说主张"对宪法进行严格解释",不过,这并没有成功地阻止新银行的成立。于是,麦迪逊和杰斐逊转向一个全新的行动。一开始,他们不过是非常偶然和随意地将持不同政见者组织在一起,以反对政府,或者更确切地说,反对政府中的一些影响势力,他们日益相信这些势力威胁到了自己建立一个幸福的合众国的愿景。他们几乎没有意识到或真正理解,这样做会产生什么样的深远影响。

这两位弗吉尼亚人精心准备了他们的计划——为针对英国的立法行动奠定基础。麦迪逊为华盛顿的国会开幕致辞起草了建议稿。"我建议你们认真思考一下,"他在建议稿中写道,"通过鼓励发展航海业,减少商业对外国商船的依赖……我们能在多大程度上、以何种方式避免陷入窘境……"他所设想的是实施旨在削减英国航海贸易的航海法案,推出鼓励美国渔业的措施,并保护美国在地中海的贸易。当这份致辞送达众议院后,麦迪逊本人撰写了回信,他在回信中衷心地赞同自己的观点。华盛顿收到回信后,又请麦迪逊再为他起草一份答谢函。"我期待,"麦迪逊写道,他后来承认这是他自己给自己回信,"你们在本届议会期间的审议将产生最幸福的结果。"[35]

与此同时,杰斐逊动手起草有关这些政策的一系列报告,每一篇报告都旨在为麦迪逊助一臂之力,推动众议院通过相关提案。在12月15日关于莫里斯使团的报告中,他用犀利的言辞描述了英国人对美国诉求模棱两可的态度,建议在美国的这些要求得到解决之前,不要重启与英国的谈判。两周后，他又提交了一份关于地中海贸易的报告，并在同一天提交了另一份关于美国人被阿尔及尔海盗扣押的报告。报告就重新打开地中海贸易市场、在该地区摆脱巴巴里势力（Barbary powers）劫掠的行动步骤提出了建议。英国等国向巴巴利国家购买和平，这是一种臭名昭著的做法，因为其他国家试图迫使这些海盗就范的努力会因此受到阻碍。要消除这些不利影响，也许可以与地中海地区的小国家进行合作，利用海军的力量确保港口开放。鉴于麦迪逊在前两个国会议事期的吨位税提案均未通过，1791年1月18日，杰斐逊提交了《关于吨位税法的报告》（Report on the Tonnage Law），与麦迪逊方案有所不同的是，他建议对法国实行更灵活的歧视性吨位税。法国政府曾抱怨，美国对外国船舶征收吨位税违反了战时两国签订的友好商业条约。尽管杰斐逊认为法国人在这一点上并没有法律依据，但他还是觉得，出于友谊和法国人对某些美国产品的优惠，可以放宽法律，给予他们各种特殊让步。最后，在1791年2月1日的《关于鳕鱼和鲸鱼渔业的报告》（Report on the Cod and Whale Fisheries）中，杰斐逊指出，美国渔业未能从战时衰退中恢复过来，主要是由于英国对美国渔业产品征收高额关税，甚至施行完全将其排斥在外的政策，这与法国的友好态度形成鲜明对比。他提出了一系列具体的激励措施，如降低渔业用品的关税，以及制定一部针对英国运输贸易而有利于美国的航海法案。渔业复苏将为不断壮大的商船队伍提供一个"海员培养所"。[36]

然而，整个国会议事期都未对这些议题采取任何行动。众议院委员会受托负责起草一项鼓励美国航海业发展的议案，但直到2月12日委员会解散，都没有完成草案。对于杰斐逊的各份报告也没有采取任何行动。杰斐逊终于在1月14日说服华盛顿，发布了关于莫里斯使团的报告（这份报告已送达总统，但没有提交给国会），他还为该报告起草了华盛顿的附信，敦促采取行动。众议院随即任命了一个新的委员会，麦迪逊也是该委员会成员。2月21日，委员会以一票优势通过了一项仿照英国航行法起草的议案。但当时会期已接近尾声，法案支持者已经来不及将其提交给众议院。于是该议案被移交给国务卿。国务卿受命撰写了一份关于美国对外贸易整体状况的报告，并提出了他认为适当的改进措施。[37]

国会如此缺乏热情的主要原因是，在本次会期的大部分时间里，国会的关注点都在汉密尔顿的两个新提案上，一是关于消费税制度的提案，另一个提案关乎建立一家国家银行。1790年8月，汉密尔顿奉令就支持公共信用可能需要的进一步措施编写报告。他于12月完成了该报告，并于当月的13日和14日提交给国会。[38]

首先，汉密尔顿建议征收酿酒税，以增加额外收入，用于支付公共债务利息。麦迪逊对此没有异议，他知道这种收入是必要的；他本人在一年前也曾提议征收类似税种。围绕着这项政策有很多的辩论，但都没有威胁到政策的顺利推出。该项措施于1月27日和2月26日分别在众议院和参议院通过，标志着汉密尔顿财政计划第一阶段的完成。[39]联邦政府现在有足够的收入支付当前开支以及全部债务的所有利息了。这意味着长期以来吸引欧洲金融家的税收潜力不再只是一个预测，而是成为事实。汉密尔顿曾预测，财政部有能力在不承受过度压力的情况下偿还债务，随着这一点得到证实，联邦债券的价格将会进一步接近面额，从而渐渐地不再被视为投机项目。鉴于债券集中度相对较高，而且美国有许多有利可图的投资机会，联邦债券将逐渐成为经济发展的流动资本池。[40]

然而，要让这些资本充分运转起来，必须采取进一步措施。应当建立一种机制，使债券持有者可将持有的债券和硬币交由一个公共机构处置，从而让资金集中达到新高度，使整个商业社会都能利用这些资源，而这对债券持有者个人也是有利的。汉密尔顿认为，可以通过组建一家大型国家银行来实现这一目标。

　　1791年12月14日的报告中提议建立的国家银行，代表了汉密尔顿财政计划的第二阶段。银行旨在为政府和商界提供一系列重要服务。首先，它将作为政府的主要财政代理人，协助收税、支付和转移资金，并在需要时提供及时的短期信贷。此外，国家一旦出现紧急状况，银行即是一个现成的资金来源。对于一个传统上缺少硬币的经济体来说，银行纸币还可作为一种被普遍接受的、方便的货币。但最重要的是，只要允许银行进行商业运营，凭借硬币和政府债券构成的资本基础，银行就可以为商界提供庞大的、可靠的和便捷的信贷来源，供其拓展商业项目。最后，还有一项对发展公共信用很重要的措施，那就是允许使用政府债券按照面值购买新银行的股票——购买股票的价款中，3/4用债券支付，另外1/4以硬币支付——这就推动了美国政府债券的价格进一步接近面值。

　　国家银行的总资本额设定为1000万美元，超过当时所有美国银行的资本总和。其中，200万美元来自联邦政府。剩下的800万美元由私人投资者认购，其中1/4为硬币，其余是政府债券。纸币流通量定为1000万美元，是私人投资者提供的硬币价值（200万美元）的5倍。[41]

　　我们无法最终准确地解释汉密尔顿银行计划的所有出处，尽管其中一些主要来源已经非常明确。与汉密尔顿的第一份《公共信用报告》不同，这个计划并非是从大卫·休谟那里直接得到理论灵感。休谟认识到银行在为经济扩张提供信贷方面是有用的，但他也认为，银行会产生通货膨胀的影响，而且对货币流出有不当鼓励。但汉密尔顿可能从一些公认的权威学者那里找到了有利于银行及其功能的理论，如波斯尔思韦特和亚当·安德森（Adam Anderson）。他还大量运用了亚当·斯密的理论。他写道，硬币存入银行后将作为"纸币发行的基础"，从而将"死库存"（dead stock）转化为生产资本。这段生动的描述就是直接从《国富论》中借鉴的。此外，汉密尔顿的最终计划与英格兰银行的章程之间也有很多相似之处，有可能他手边就有一份这个文件。不过，二者之间还是有很大的差别，其中最主要的是，他的计划规定银行总资本中只有3/5是政府债券，而英格兰银行的总资本则是全部由政府债券构成。[42]

汉密尔顿编写该报告的目的是说服众人；毫无疑问，它在这方面成功了，而且现在依然如此。凭借大量阅读和个人经验，汉密尔顿对银行业务的理论和实践都了如指掌，因此可以有把握地、有选择地运用他的权威。按照汉密尔顿的理解，成立美国银行是为了满足美国经济的特殊需要，其中最主要的就是提供一个可靠的信贷来源，以及提供基于最少量稀缺货币的大量流通媒介。

尽管汉密尔顿的想象力过于丰富，不可能盲从任何一位权威，但他借鉴的先例基本上都来源于英国，这一点耐人寻味。此外，还有一位"权威"是汉密尔顿在报告脚注中不能明确引用的，但他所做的每一件事上几乎都有这个人的影子。那就是威廉·皮特本人。汉密尔顿对皮特的参考借鉴比比皆是，与其说皮特影响到一系列具体政策的制定（尽管汉密尔顿确实照抄了皮特的一些政策），[43]不如说汉密尔顿将皮特视为自己的职业样板。在皮特的时代，首相这一职位显然发挥了实际作用，但"首相"这一称谓本身当时尚未得到官方认可。皮特的公开角色是财政部长，官方头衔是财政大臣和首席财政大臣。[44]

当威廉·皮特于1783年12月就职时，英国背负着2.43亿英镑的债务，几乎是美国独立战争爆发前的两倍。仅仅是支付这笔债务的利息，每年就需要从政府总收入（1200万英镑到1300万英镑）中拿出680万英镑，这大约相当于英国2/3的税收收入，而1774年时债务利息只占约1/4的税收收入。许多英国人确信，国家已经濒临破产。[45]

但皮特和后来的汉密尔顿一样，敏锐地看到了自己国家的经济潜力。他认为有必要采取一系列措施，通过证明政府有能力管理债务并最终减少债务，重新建立英国对未来的信心。他随即启动了改革方案，具体措施包括：收紧海关手续，防止走私猖獗导致长期巨额收入损失；有选择地增加税收，实现少量的盈余；以尽可能优惠的条件为流动债务提供资金；以及设立一个偿债基金，开始为最终偿清债务做准备。1792年2月，皮特向议会陈述他那份著名的报告时，宣布改革即将取得全面的成功。随着税收收入的稳步增长，政府不仅能够支付所有开支，还向偿债基金新注入了约25万英镑的资金，并削减了大约相同数额的税负。此外，在过去的10年里（其中大部分时候都是皮特担任首相），英国的进口额从970万英镑增加到1910万英镑，出口额及转口贸易额由1220万英镑增加到2000万英镑。其实皮特的改革措施早在1792年之前就已经明显见效。汉密尔顿从1789年担任财政部长以来，一直密切关注着英国的进展。[46]

此外，皮特之所以能在1790年的努特卡事件中对自己的计划充满信心，也与这些成就有直接关系。当时英国的财政状况已经足够稳定，国家可以耗费巨资扩充海军军备，并向西班牙提出要求。简而言之，英国的外交事务和国内政策之间密切相关，皮特对二者都十分关注，在这两方面都取得了引人瞩目的成功。贝克维斯曾告诉汉密尔顿，皮特的政策是为了"让世界看到英国的领导地位"，可以想象，汉密尔顿本人也会赞同这种行事方式。皮特曾经做过的这些事情，汉密尔顿也可以做，而且在很多方面还可以做得更好——他拥有皮特所不具备的优势，因为他可以从一张白纸开始。但他需要有想象力和胆识，而不只是把自己视为一个普普通通的内阁部长。一切迹象表明，他的确做到了这一点。[47]

一开始，银行立法就经历了精心的策划、组织和管理。众议院中支持银行立法的人数是反对者的两倍，参议院中更是高达3倍。国会一收到报告，马上印刷成册供议员使用；报告副本被提供给了报纸，几天后，报纸就发布了报告全文。众议院通过一项流程（具体过程现在已不可知），决定由参议院发起相关议案。参议院任命了一个由5人组成的委员会，其中4人都曾参加过费城会议。1791年1月3日，委员会将起草的议案提交参议院。在接下来的两周半时间里，参议院对该议案展开辩论，并在1月20日通过，随后移交给众议院批准。众议院三读议案，没有提出任何修订案，然后从2月2日起对是否通过该议案开始辩论。[48]

银行的反对者们自始至终都处于劣势。虽然这并没有让反对者有所退缩，但他们反对的实质和理由往往不太一样。当然，其中有一些人就是根本不信任银行，而且持这种看法的人还不少。"这家银行，"马里兰州的斯通（Stone）认为，"将在政府的支持下在国内追逐金钱利益；它可能会对州和个人进行贿赂。"佐治亚州的杰克逊认为，银行只会"有利于美国的一小部分人，仅仅是商人的利益……"。他把银行称作"对公共资金的……垄断，目的是为即将成立的公司谋取利益"。不过，当时乡村党原教旨主义者在银行的反对者中占比还不是很大，尽管这个群体将对下一代人的政治生活产生重要影响。人们反对银行，但并不完全清楚为什么。斯通"认为它是一种狡猾而隐蔽的活动，悄无声息地接近目标，它的罪恶一开始并不明显……"。麦克莱指出，银行的反对者们"没有系统，没有计划，也没有经过认真考虑"。[49]

反对者们还有一个略为具体的动机，他们对此并未公开承认，但显然它真实存在，那就是对于首都地点的担心。银行将设立在费城，有人因此担心，这样一个有强大影响力的机构设在费城，会不会影响1800年将首都迁往波托马克河岸的计划。詹姆斯·麦迪逊似乎也有这种担心。据说麦迪逊曾与宾夕法尼亚人商议，试图将银行的特许有效期从20年减少到10年，如此一来，当联邦政府搬离费城时，银行的特许有效期也正好到期。一方面，未来的首都所在地是弗吉尼亚州尚存影响力中最显著的一个象征；另一方面，在一个弗吉尼亚州可能越来越难以控制的系统中，中央银行将增加一个新的障碍。当减少特许期的计划失败后，反对者仅剩的手段就只有以违反宪法为由阻挠银行成立了。

反对者的领袖是麦迪逊本人，他提出的理由是应当对宪法进行狭义解释。[50]

麦迪逊首先讨论了银行的利弊。他承认，银行可以促进商业，这对商界和政府都有好处。然而，银行最大的弊端是，纸币流通会加速贵金属外流。面对这种情况，亚当·斯密给出的答案是，硬币将被用于进口有助于提高一个国家生产能力的工具和其他商品。但麦迪逊"表示怀疑，按照美国目前的做法，进口的可能都是一些对国家没有长期用途的物品"。这意味着，会有越来越多的硬币被运往英国，换回不需要的货物，而这种贸易是詹姆斯·麦迪逊当时正在努力阻止的。此外，这家银行对公众来说也不是一项好交易。它将在公共债权人中造成歧视，因为只有特定类别的证券可以被用于股票认购，而且认购期设定得非常短，这就歧视了那些居住在远处的人。麦迪逊认为，由于美国幅员辽阔，再考虑到一家银行发生挤兑可能带来的恶果，"经营几家分布合理的银行，比经营一家银行"更能实现银行的好处。（结果证明，这些反对意见中提到的弊端，都将以某种方式通过一项补充法案得到解决。）麦迪逊还否认公债的整体价值将会提升；他说，只有那些实际认购的证券的价值会提升。事实证明，他的这一预测是错误的。[51]

但麦迪逊的主要论据还是基于宪法。根据宪法，因为"联邦政府受到限制的特殊方式"，国会无权组建银行。宪法对于联邦政府并非一般性授权，明确排除某些特定权力，而是正好相反。授权"仅限于明示的特定权力，而没有列举的权力则由其他主体保留"。这就意味着，宪法第一条中没有任何规定能够为组建一家银行的权力提供依据。宪法规定，国会有权"赋课并征收税款……以偿付国债和用于合众国共同防务与公共福利"，"以合众国之信用借款"，以及制定为执行宪法授予权力所"必要与适当"的全部法律——这些规定都不可适用，因为所列举的国会权力中并不包括组建银行的权力。这份议案并不涉及征收税款和借款的问题，宪法中关于"必要与适当"的规定也没有赋予国会权力，增加宪法中原本没有的内容。

麦迪逊宣称，"默示"和"解释"的原则是极其危险的；在此原则下，可以形成一条能够达到任何目的的链条。"议案要求的自由解释度与宪法本身规定的规则相悖"，因为宪法对重要权力做出了明文列举，而不是通过默示的方式授权的。例如，相比于成立银行与借款权的关系，组建军队更有理由被视为宣战权的一种附带权力，但在宣战权下，征集军队、制定军队规则、规范和征召民兵等权力都不是默示权力，而是明确列举出的。麦迪逊认为，拟成立的银行甚至都没有必要性，"最多只是提供了方便"。关于这些解释的规则（"不包括现在主张的自由度问题"），制宪者已经有了更深的理解，并在第九和第十修正案中加以重申。

麦迪逊的观点自始至终都建立在一个极不稳定的基础上，他自己一定也感觉到了，尤其是在埃姆斯、格里、塞奇威克和布迪诺特等银行支持者对他的论证进行评论之后。"不管怎么说，似乎都得承认，"埃姆斯说，"一家公共银行对贸易是有用的，对收入可以说是非常重要，而且在公共紧急情况下，它几乎不可或缺。"关于宪法问题，埃姆斯认为，如果国会除了宪法明文列举的权力外，不能行使任何其他权力，那么"现在才将其作为行事原则为时已晚"，因为在过去两年中，几乎没有任何一部法律不需要采用默示和解释的原则。他不理解，为什么消极解释会比积极解释更安全？"不行使我们拥有的权力，可能和去夺取我们没有的权力一样有害。"即使未做明文规定，征募军队也会是宣战权下的默示权力：假如国家受到侵略，没有人会辩称，最安全的做法是不组建军队。至于"必要与适当"条款，埃姆斯并没有"声称这个条款赋予了国会任何新的权力；但认为它确立了默示权力的原则"。"这种解释可以是安全的，因为它有助于促进社会利益，促进政府实现其目标，而不会损害任何人的权利或任何州的权力。"这一原则当然也适用于组建银行的权力，因为这对"管理贸易和收入、提高公共信用与国防水平的整体权力而言是一个必要事件"。[52]

格里声称，这位来自弗吉尼亚州的先生所阐述的解释规则不是通常使用的规则，国会以前不曾使用过这个规则，它也不是制宪会议所理解的规则，而是"专用于这个场合"的。他为麦迪逊诵读了布莱克斯通关于解释立法意图的一篇长篇演讲，主张"从用词、上下文、主题、效果和影响或法律精神与理由"等方面解释立法意图。塞奇威克则提醒说，麦迪逊本人曾在1789年提出，应当给予总统行政权力，允许他按照自己的意愿罢免他任命的官员，这种权力"按照解释和默示的原则，属于总统；因为宪法并没有明确授予他这一权力"。[53]

实际上，所有这些论点都可以在《联邦党人文集》第44篇中找到，布迪诺特从中摘录了一大段内容。"普布利乌斯"写道：

> 假定宪法正面列举"必要与适当"的各项权力，以便其他权力生效；试图这样办时，就要牵涉宪法涉及的每个课题，对每个题目的法律方面，加以彻底考察；不但要考虑各种事情的现在状态，还要考虑将来可能出现的各种变化：因为，每当实施一项一般权力时，各项具体的权力，作为实现一般权力的手段，总会随着对象的变化而产生种种区别；即使对象相同，手段也要适当变化。

"普布利乌斯"还说,禁止国会使用任何未被明确授予的权力,将"使政府无所作为";行使任何一项重要权力时,"都不得不反复使用解释或默示的办法";宪法从来不想在"要么无所作为,背叛公众的委托;要么不惜违反宪法,大胆执行'必要与适当'的权力"之间做出两难选择。他最彻底的断言是:"无论法律上,还是理性上,没有任何公理,比下述公理更为明确:既有需要实现的目的,就要有得到授权的手段;无论如何,一旦为做一件事而授予一项一般权力,这种权力中就包含着做这件事所需要的所有具体权力。"[54]

这是一个颇具讽刺意味的时刻。《联邦党人文集》的作者在当时还不为人知,但有传言说,这篇文章的作者是汉密尔顿,因此,布迪诺特以为自己是在读汉密尔顿的文字。但实际上这些文字是詹姆斯·麦迪逊所撰写,人们可能会想知道,麦迪逊在听到这些话时脑子里在想些什么(就目前所知,他并没有向布迪诺特澄清真实的作者身份)。不管怎样,麦迪逊在最后的辩论中虽然固执己见,却不是很有说服力。他重申了他的宪法依据以及对议案本身的具体反对意见,"重述"了他在1789年支持总统拥有罢免权的理由(但没有说明这些理由是什么),然后提出动议。议案以39∶20的票数通过。麦迪逊似乎一直都知道,自己没有机会阻止议案通过,他的策略是尽可能实现两个目标中的一个。最低目标是为以后的修正案创造可能性;最高目标是争取说服华盛顿支持否决议案。事实上,他和华盛顿就这一问题"进行了几次自由探讨",总统认真听取了他的观点。总统甚至让他准备一份意见书,以备自己决定行使否决权时使用。[55]

华盛顿确实很困惑。他以前从未行使过否决权。在这个他不了解的领域,他对自己的判断力没有信心,而一位值得信赖的顾问所提出的这些宪法论据必然会让他感到十分不安。除了麦迪逊之外,华盛顿还征求了另外三个人的意见,然后才做出决定。第一位是司法部长埃德蒙·伦道夫；另一位是国务卿杰斐逊；在听取了前两位的观点之后，华盛顿又征询了汉密尔顿的意见。

伦道夫用了两篇文章，长篇大论地向华盛顿建议，该议案是违宪的，因为宪法列举的权力不能为组建银行提供解释。他说，宪法的序言本身并不能被视为权力的来源（如果是的话，正文就是多余的）；"必要与适当"条款并没有扩大政府的权力；而第十修正案明确地将"必要与适当"限制在列举的权力范围内。[56]

杰斐逊也引用了第十修正案，认为"只要跨出为国会权力划定的界限一步，就等于拥有了无限的权力范围，不再受任何定义的限制"。[57] 汉密尔顿的观点比国会中银行支持者的论点更深入和全面，而且与反对者相比，他从宪法和理论角度的考虑也更周全。他的优势是其他人的意见都已经摆在他面前；[58] 而他也比其他任何人都更了解这个主题。最终，这成为汉密尔顿的又一次伟大辩论，风格与《农夫一驳就倒》和《联邦党人文集》如出一辙。他在辩论中为"默示权力"据理力争。

他开篇提出的观点是关于主权问题的。在"政府"的定义中，一个固有的一般原则是"授予政府的每一项权力，就其性质而言，都是至高无上的，包括……有权使用一切必要的和可以正当使用的手段，以达到这种权力的目的；只要这些手段没有因宪法中的明文规定而受限制和被排除在外，或者不是不道德的，或者没有违反政治社会的根本宗旨"。美国的主权在联邦政府和州政府之间分配，这并不意味着授予其中一方的任何一项权力"就其适当对象而言不是至高无上的"，而是"每一方在某些事宜上有主权，而在其他事宜上没有主权"。能够在任何情况下制定"国家最高法律"的权力，比如宪法的权力，当然必须被视为在该情况下至高无上的权力。他说，宪法中的确没有明文规定成立公司的权力。但是，公司本身不是目的，而是一种手段；国会不能成立一家公司来管理费城的警察，因为国会无权管理该市的警察。

然而，在国会确实拥有的权力下，如果公司正好是实现其目的的正常且合理的一种手段，它就可以成立一家公司——组建银行也是同样的道理。

汉密尔顿在反驳杰斐逊对"必要"的狭义解释上没费太多周折。无论是从语法还是日常用法上看，这个词的意思不过是"需要的、要求的、附带的、有用的或有利于的"，但国务卿似乎在这个词的前面加上了"绝对的"和"不可缺少的"的前缀。很少有法案能通过杰斐逊的严格标准，但不管怎样，一件事的必要程度（既然这完全取决于个人观点）并不能作为是否有合法权利做这件事的标准。接着，汉密尔顿对杰斐逊的论点进行了详细的驳斥，阐明了拟建银行与宪法授权之间的逻辑关系。华盛顿在2月23日收到了议会的意见书，并在两天后签署了法案。[59]

人们通常认为，汉密尔顿的观点是好的法则，而杰斐逊、伦道夫和麦迪逊的观点则是不好的法则。[60]尽管如此，仍然有一个问题需要解答，那就是，为什么汉密尔顿的论证更有说服力呢？要对该问题做出回答，也许不能简单地说对宪法的广义解释比狭义解释更有优势；因为这些优势其实取决于每次争论的具体背景，而每次的具体情况都是迥然不同的。我们不妨考虑一下，为什么主动出击、阐述正面因素、接受积极创新和掌控局面，这些都往往与一个人的强大信念和他的说服力更相关呢？对要达到的目的以及实现这些目的所需的手段进行全面思考，能够极大地激发创造力。在这场辩论中，人们一旦确信政府行使更多权力将对社会产生积极而有益的影响时，他们就会支持广义的解释；而且如果基于广义解释的观点的背后是采取某种行动的紧迫感，这种观点可能就是高质量的。在这样的条件下，人们能够灵活解读宪法关于社会、经济和政治等方面的一系列推断，这有助于加强对宪法的理解而不是限制理解。汉密尔顿和麦迪逊在撰写《联邦党人文集》时，发现自己正是在这样的处境中。

因此，一个同样令人感兴趣的问题是，詹姆斯·麦迪逊自那时起发生了些什么事？杰斐逊转变为狭义解释派所承受的压力要比麦迪逊少，因为他对宪法的投入从来都不及麦迪逊。但麦迪逊的立场现在彻底改变了。麦迪逊否认"普布利乌斯"，就是在否认早期的自己。

弗吉尼亚对债务接管的强烈反对超出了麦迪逊的预期。但困难还不仅仅是这些。组建银行的提议不仅威胁到迁都到波托马克河畔的计划，而且还完全抢夺了另一件重大事情的舞台。该大事就是对英国进行打击，而这也是他和杰斐逊一直下定决心要做的事情。汉密尔顿建立国家银行的计划势头迅猛，他所设计的体系极有可能会成为联邦政府的主要关注点，从而将所有其他事项或替代方案排除在外，甚或取而代之。呈现在麦迪逊面前的世界，正在由一些屈从于英国利益和英国制度的有钱人、商人支配，而这与他最初设想的世界完全不一样。麦迪逊一方面认为，只有从尽可能高的维度寻找依据，也就是从宪法的角度出发，才有可能阻止这股风潮。但在另一方面，麦迪逊同时认识到，目前的事态发展已经表明，宪法终究不是真正的最高依据。麦迪逊的理想世界图景——宪法当然是其中的一个显著特征——现在受到了严重威胁，在这种情况下，他甚至不能再让自己被自己之前对宪法的理解所束缚。

因此，在某种特殊意义上，严格解释原则是人们在处于意识形态压力下的一种手段。它代表着愿意放弃一系列积极的行动机会，作为坚持禁止政府从事一系列自己不赞成的事情的代价。它标志着，当事情发展到某一个节点时，人们就不愿再将宪法视为实现自己目的的一种许可，而更愿意将其看作防止别人图谋侵占和腐化的一种保护。因此，面对援引自《联邦党人文集》第44篇的质疑，现在的詹姆斯·麦迪逊可能会真诚且坚定地回答道，自己以前从来没有预料到广义解释原则会被其他人这样利用，以歪曲他所认为的政府的真正目的。在焦虑不安地等待华盛顿的行动时，他听到了来自同样心神不宁的另一方的声音。"投机者和托利党人的放荡不羁，"他气愤地对杰斐逊说，"远远超出了人们的任何想象。"[61] "投机者和托利党人"是两个最声名狼藉的群体，现在它们组合成一个犀利的短语，代表了他们两人都害怕和憎恨的一个世界。

托马斯·杰斐逊开始憎恨汉密尔顿，并将其视为自己的敌人的那一刻，尚未真正到来。在同一时期提出的铸币厂问题上，两人依然文明相待。不过，他们关于那个问题的沟通往来也值得注意。即使是在铸币厂问题上，似乎也存在某种意识形态上的暗流涌动，这也是二人思想差异的另一个例证。

杰斐逊本人对铸币问题的兴趣可追溯到多年前。1784年，他提出了一种十进制的铸币制度，用与西班牙元等值的美国货币作为基本单位。这项计划是完全合理的，它避免了使用不便的英制英镑、先令和便士，代之以辅币硬币（10分硬币、20分硬币、5分铜币和1分硬币），这些硬币是十进制的，同时在重量和价值上与当时流通的外国硬币（西班牙银币、比塞塔里恩币、半银币和铜币）保持了一致。1786年，邦联国会在做了微小修改后，通过了杰斐逊的计划，同时，还规定美元中必须含有375.6格令纯银，然而，这套方案的实施时间被推迟到了以后。[62]

随后，杰斐逊在1790年春季又起草了一份《关于度量衡的报告》（Report on Weights and Measures），希望设计一套同样是十进制的度量衡标准，可以直接与十进制铸币系统融合在一个大系统中。几乎完全出于巧合，杰斐逊理想中的盎司（1‰立方英尺雨水的重量标准）和他在1784年提议的美元重量几乎完全相等。他认为这是一个近乎神奇的迹象，表明自然界中存在着一种普遍的对称性，这种对称性也体现在铸币问题上。国会在杰克逊准备《关于度量衡的报告》的前后，让汉密尔顿撰写一份《关于铸币的报告》（Report on a Mint）以及实际实施十进制铸币制度的情况说明。因此，杰斐逊怀抱极大的兴趣期待汉密尔顿的报告。在此期间，他转给汉密尔顿一份法国国民议会关于一种铸币新合金材料的报告，并在附函的结尾中表示："他［国务卿］转交此信息，以期财政部长做出更准确的判断，希望将此冒昧行为视为双方之间互惠且无保留沟通的行动。"汉密尔顿此时仍然不想冒犯杰斐逊，同时他意识到自己关于铸币的结论与杰斐逊的并不一致，因此，他在发布报告之前，小心翼翼地给杰斐逊看了报告的一份初稿。[63]

这两份报告所代表的是两种截然不同的思维方式和问题解决方法。杰斐逊基本上使用的是"先验"方法，而汉密尔顿则完全是"经验"方法；杰斐逊的方案基于对称原则，而汉密尔顿预计美国货币将在世界流通，因此，他的方案建立在国际社会现有惯例的基础上。汉密尔顿认为，问题在于确定新美元的重量和含银量标准，以及与黄金之间的比率，这样就可以让银币和金币同时流通，此外，还应该决定如何以最佳方式管理铸币成本。汉密尔顿花了大量时间研究事实，综合考虑了许多令人头痛的复杂变量，这也是为什么他需要这么长时间撰写这份报告。他必须确定当时在美国流通硬币的实际重量和含银量、不同贸易条件下金银的市场比率，以及欧洲各国在铸币税方面的不同经验。他的目标是在所有这些因素之间达到某种合理的平衡，可想而知，他的方案很难成为一项完美的制度。[64]

汉密尔顿和杰斐逊之间的基本分歧点是美元的重量。之前，国会根据当时认为的西班牙元含银量，规定1美元中应含有375.6格令纯银，但是后来，人们发现西班牙元的实际含银量大约在377格令到370格令之间，含银较少的是最新发行的硬币，也是现在美国最常用的一种硬币。如果坚持1785年的规定，就意味着一枚美元硬币会比目前市面流通的西班牙硬币多含5格令左右纯银,从而使兑换问题变得极为复杂。因此,汉密尔顿提出1美元硬币中含371.25格令纯银或24.75格令纯金。这将确立黄金与白银的比率为15∶1,与当时伦敦和阿姆斯特丹市场的比率大致相同。另外,在综合考虑了各种铸币成本管理方法之后,汉密尔顿提议作为试验,将铸币税定为0.5%。[65]

杰斐逊确实被激怒了。他自己的抽象理想化体系被摒弃,取而代之的是一个基于商人和有钱人惯例的体系。实际上,他最初在1784年提出1美元中含375.6格令纯银的方案时,只是为了与西班牙元保持一致。而现在,他的坚持则完全是基于不同的理由,即对称性原则,尽管也没有其他原因来解释为什么1美元应该正好等于1盎司,以及为什么度量衡必须以任何方式与铸币相联系。杰斐逊认为,当国会宣布1美元中含有375.6格令纯银时,关于美元价值的"不确定性"就已经消除了,汉密尔顿无权改变(但杰斐逊忽略了一个事实,那就是不论国会怎么说,实际流通硬币中的含银量仍然少了5格令)。[66]

接下来,任何行动都要等到1791至1792年的下一届国会议事期才能进行了。当时,麦迪逊试图修改华盛顿的年度致辞,把有关度量衡的建议与铸币建议放在一起谈论。汉密尔顿认为,这样一来,看上去就好像是总统本人希望度量衡单位与铸币单位保持一致一样。汉密尔顿在华盛顿最终定稿之前看到了致辞草案,随即指出了其中的暗示。华盛顿说,他并没有这样的意图。于是,在致辞的最终版本中,这两项建议是分开出现的。国会在1792年4月通过了关于建立铸币厂的法案。而杰斐逊的《关于度量衡的报告》从未付诸实施。[67]

在1790年末至1791年初的冬季,当杰斐逊和汉密尔顿就这些事情通信时,他们使用的落款都是"挚爱"(affection)。但他们很快就不再用这个词了,现在的落款变为"尊敬"(esteem),或者简单地用"敬意"(respect)。[68]杰斐逊似乎首先做出改变,很可能汉密尔顿一开始并没有意识到杰斐逊对他的敌意在不断上升。最终的转变显然发生在1791年的1月和2月间。在杰斐逊看来，那段时期的每件事都出了问题。麦迪逊提出的航海法案进展不顺，杰斐逊的几份报告都没有获得采纳，而汉密尔顿的各项计划——消费税、银行和铸币厂——似乎都在走向全面胜利。在国家进口问题上，华盛顿现在似乎也更倾向于接受汉密尔顿的建议，而不是杰斐逊和麦迪逊的建议。

对这些弗吉尼亚人来说，所有这一切逐渐组合成一幅完整的画面，"敌人"的概念在他们的头脑中越来越确定，同时也越来越简明。在这一时期，杰斐逊和麦迪逊使用的语言呈现出一种现象，那就是使用标签词语。他们似乎希望用一些惯用语把所有这些可疑的人及其原则绑定在一起，形成一个方便提及的词汇系统。一个典型例子是麦迪逊所用的"投机者和托利党人"，其中包含了所有和他在国内外各种议题上意见相左的对手。另外一套标签词语用来把"君主主义者"（monarchists）和"贵族"（aristocrats）从"共和党人"（republicans）中分离出来。"贵族"用于指那些很有钱的人，而不是拥有土地的人，而"君主主义者"实际上指那些赞成英国君主制而不是法国君主制的人。"共和党人"也有特殊含义。一个人可能在理论上是"共和党人"，但不属于正确的类型，那么，他就根本不是一名真正的共和党人。

无论如何，需要采取一些行动来对抗这些人的影响。正是在这种紧迫感下，托马斯·杰斐逊开始撰写一批初步显露出政治意义的书信。在他这一时期的通信中，我们看到他最初希望寻找（或建立）未来的支持来源的尝试。他向乔治·梅森建议："要纠正我们目前政府形式中的腐败现象，唯一办法就是增加众议院的人数，使农业代表人数更多，那样也许能让农业收益超过投机者的利润。"他还警告梅森，目前法国政府的成功，"对于维持我们自己的政府，防止它倒退到英国的那种半途而废的议会结构，是必不可少的"。他敦促肯塔基州的詹姆斯·英尼斯（James Innes）竞选国会议员，"对你的共和主义纯洁性充满信心，我知道你将朝着正确的方向努力"。他对英尼斯说，政府需要"榜样"，"这些榜样可以保护我们在未来不会受到现在这些异端邪说的影响"。[69]

杰斐逊在这一时期的通信中，至少有一封越过了界限，在这封信中，他严重冒犯了他的老朋友约翰·亚当斯。1791年4月的一天，众议院的书记员约翰·贝克利（John Beckley）得到了一本托马斯·潘恩最新的小册子《人的权利》（*The Rights of Man*），其中驳斥了埃德蒙·伯克（Edmund Burke）在《法国大革命之反思》（*Reflections on the Revolution in France*）中的批判观点和悲观看法。贝克利把这本小册子借给了麦迪逊，麦迪逊又转借给了杰斐逊，并要杰斐逊读完后将小册子转交给计划推出美国版的费城印刷商。这本小册子以赞赏的口吻将法国大革命（当时仍处于相对和平的君主立宪阶段）与美国革命相提并论，杰斐逊对这种反英论点很满意。在写给印刷商的附函中，他说："我非常高兴地看到，它将在这里再版，终于有人对我们中间出现的政治异端公开发表一些看法了。"从上下文来看，他脑海中浮现的"异端"显然与副总统亚当斯有关。亚当斯一直在《宾夕法尼亚报》（*Pennsylvania Gazette*）上连载题为《论达维拉》（*Discourses on Davila*）的长篇系列文章。和伯克一样，亚当斯对法国发生的事件也不赞成，他认为包括共和制社会在内的所有社会都需要有形式、头衔和特征，并试图通过文章证明自己的这种信念。马龙教授曾怀疑杰斐逊是否真的读了这些文章，但实际上，这些文章在公众中引起不小的轰动，因为当时美国舆论仍然对法国大革命十分有利，而1789年春天关于头衔的争论，也导致亚当斯在某些方面被污名化为"君主主义者"。这些文章的作者被人们嘲笑为君主主义者、托利党人、亲英派和非共和主义者，对杰斐逊来说，这样似乎已经足够了。[70]

然而，当美国版《人的权利》在5月初问世时，杰斐逊惊恐地发现，自己写给印刷厂的附函，在未经他本人允许的情况下即被刊为《人的权利》的序言。读者看出了杰斐逊的影射，大多数报纸都报道了这件事，也转载了这封附函。似乎正是这次轰动事件，导致杰斐逊和汉密尔顿最终公开决裂。[71]与此同时，备感难堪的杰斐逊向华盛顿总统解释，试图为自己开脱："我担心因为一位印刷商的轻率，我冒犯了我的朋友亚当斯先生。亚当斯先生是当今世上最诚实、最无私的人之一，我对他深怀敬重。在他坚守共和主义的时期，我们长期保持意见一致，更加深了这种敬重；在他转为支持世袭君主制和贵族制度之后，我们之间有了不同的意见，但即使这样，我们仍然是朋友。"杰斐逊解释道，他写给印刷商的话本意只是"让内容看上去不那么枯燥"，而且尽管他暗指的确实是亚当斯的《论达维拉》，"但我从来没有想过自己要公开反对这些文章"。由于这场风波未能平息，杰斐逊终于给亚当斯本人写了一封信，进行了与上述类似的解释："你我对政府最佳形式的看法不同，这是我们俩都知道的；但我们处理分歧就像朋友应该做的那样，尊重彼此动机的纯洁性，并把我们的意见分歧限制在私人谈话中。"亚当斯回复说，他很高兴看到杰斐逊的解释，但根本不知道他们之间存在任何"分歧"——

> 我不知道你关于政府最佳形式的观点。有关政府性质的话题，我不记得你我曾在一起认真谈论过。我们之间有过的那些短暂的暗示都是开玩笑式的，非常肤浅，也从来没有辅之以任何解释。如果你认为我怀有或曾经有过这样的图谋或愿望，即希望推行一个由国王、上议院和下议院组成的政府，或者换句话说，拥立一位世袭的行政首脑或一个世袭的参议院……你完全错了。在我的任何公开文章或私人信件中，都没有表达或暗示过这样的想法，我可以向所有人发出挑战，

并完全有把握，没有人能在我写过的某一章节或诗句中找出这样的内容。如果你对我的任何文字有这种解释，我恳请你告诉我，我将保证说服你，那些文章并没有这样的意思。

杰斐逊不愿意让这件事不了了之，坚持继续为自己开脱，并把这场风波归咎于一个以"普布利克拉"（Publicola）的笔名在报纸上为亚当斯辩护的作者。这位作者其实就是亚当斯的儿子约翰·昆西，杰斐逊也肯定怀疑过他的真实身份。杰斐逊的这一行动有些画蛇添足，而且他也没有理会亚当斯已明确否认自己是"君主主义者"。对此，亚当斯没有做出回复，他们之间的通信也就中断了。与此同时，麦迪逊倒是很享受这场风波的整个过程，他坚持认为，鉴于亚当斯的"反共和主义论点"，亚当斯完全没有理由抱怨。约翰·亚当斯的情况也许事实上错综复杂，不过，现在他可以被使用标签词语来归类了。[72]

差不多同一时期，另一个人走进杰斐逊的生活，他就是菲利普·弗雷诺。弗雷诺有一种潘恩式的精神，而且也热衷于使用标签词语，甚至可以说这已经成为他的第二天性。弗雷诺是一位小册子作者、诗人、前记者，还是麦迪逊在普林斯顿的同学，他曾游历世界，但目前他的运气有点差。在1791年春夏期间，杰斐逊和麦迪逊花了很多时间和精力，试图说服弗雷诺用他的新闻天赋为他们服务，以对抗他们所谓的君主派、反共和主义者和亲英派势力。他们最终如愿以偿，尽管耗费了很多精力去讨好弗雷诺，以满足他在这方面的强烈渴求。

不久之后，菲利普·弗雷诺也许就已成为这个国家最有争议的编辑，而托马斯·杰斐逊则郑重其事地否认自己对其言行有任何控制或影响。[73]严格来说，这是事实，因为弗雷诺不是那种会被任何人牵制的类型。不过，当初杰斐逊和麦迪逊决定不惜一切代价把弗雷诺带到费城时，他们就已经了解这个人，也非常清楚由他主编的一份报纸会是什么样子。他们深知，弗雷诺不仅有出色的语言技巧，是一位小有名气的诗人，他还对英国怀有极度的憎恶，对有钱人怀有强烈的敌意，此外，他的乡村党气质和对口诛笔伐的嗜好也众所周知。

菲利普·弗雷诺于1752年出生在一个胡格诺派家庭，在新泽西州蒙茅斯县附近的乡村长大。他与詹姆斯·麦迪逊的年龄相仿。他的家族历经坎坷：父亲和祖父在生意上一开始都获得了成功，但后来都被巨额债务压垮，在破产中去世，他所有的叔叔也都是类似的命运。尽管家境沦落，但家里人还是尽力把菲利普送到普林斯顿读书，在那里，他结识了麦迪逊、休·亨利·布拉肯里奇和威廉·布拉德福德。他放弃了早先成为牧师的计划；曾两次在学校任教，但每次都以不明原因离职；他经常从一个地方搬到另一个地方，期间写了很多诗歌。美国独立战争期间，弗雷诺曾在一条私掠船上做船员，后来他被俘虏，在惨无人道的英国囚船上度过了六个星期。据他的传记作者说，从那时起，他有关英国人（英国人在他的笔下是"狼吞虎咽的怪物"）和"在地狱出生的托利党人"的诗句就成为"仇恨的赞美诗"。他在诗中写道，"模糊的人道主义冲动化为强大的决心——永远消除英国对美国的影响"。[74]

1781年，弗雷诺接受费城出版商弗朗西斯·贝利（Francis Bailey）的聘请，担任《自由人杂志》（*Freeman's Journal*）的编辑。在那里，他使用散文和诗歌形式发表檄文的天赋得到了释放，抨击的目标范围也迅速扩大，不仅包括托利党人和英国人，还有某些政治人物。他对约翰·迪金森（John Dickinson）及其在商界的追随者进行了各种诽谤和谩骂，因为他们试图修改宾夕法尼亚州的宪法，废除强大的一院制立法机构，代之以一个由上议院和独立行政部门相互制衡的政体。这一行动奠定了他在几年后逐渐形成的反联邦主义观点。当作为竞争对手的报纸为约翰·迪金森等人辩护时，弗雷诺发出嘘声：

> 这群卑鄙冷漠的托利党人，
> 当他们得到你的赞美时，
> 显得更卑鄙。

《自由人杂志》后来被人们称为"贝利的夜壶"（Bailey's Chamber Pot）。[75]

弗雷诺很快就转向了其他领域，包括在一段时期担任了一艘近海轮船的船长，并又出版了两卷诗集。他在这些领域都相当成功，尽管他自认为没有得到应有的认可。1790年，他再次回到新闻行业，这次是作为纽约市主要反联邦主义报纸《每日广告》的定期撰稿人和编辑。他猛烈抨击了利用汉密尔顿的融资体系而发财致富的投机者。约翰·特朗布尔、大卫·汉弗莱斯（David Humphreys）和乔尔·巴洛（Joel Barlow）等其他诗人的作品在当时也受到好评；弗雷诺嫉妒心大起，公开攻击他们在名人面前谄媚，贿赂伦敦评论家。他写了一首关于潘恩《人的权利》的颂歌，主题是：

> 一个幅员辽阔的共和国，闻名遐迩，
> 没有国王，直到时间尽头。[76]

2月28日，也就是总统签署银行法案三天后，杰斐逊写信给弗雷诺，邀请他在国务院任职翻译文员。杰斐逊和麦迪逊打算在费城创办一份报纸，以对抗约翰·芬诺（John Fenno）的《美国公报》（*Gazette of the United States*）所大肆宣扬的"君主制、贵族制，以及将民众影响排斥在外的学说"，这也正好是弗雷诺在费城得到认可的一个机会。弗雷诺非常享受别人恳求他的感觉，他愿意慢慢拖下去，这让杰斐逊和麦迪逊在春夏两季的大部分时间都忐忑不安；同时，弗雷诺自己也在考虑，到底是去费城还是退休回乡下，因为尚不确定前者有财政支持。

但随着诱惑不断加码——包括向他承诺公开发行报纸，提供外交内幕消息，以及麦迪逊等人将施加影响扩大报纸订阅用户范围——杰斐逊和麦迪逊终于在1791年7月下旬如愿以偿。由菲利普·弗雷诺主编的《国民报》(*National Gazette*) 计划于10月底开始发行。[77] 与此同时，邮政总长的职位出现空缺，杰斐逊急忙推荐托马斯·潘恩作为自己提名的候选人。潘恩和弗雷诺在费城应该会是一对有趣的组合。也许在参议院批准潘恩的提名过程中，就会出现一些热闹场面。华盛顿可能已经察觉到了这一点，因为关于提名的事再没有进一步的消息了。[78]

杰斐逊在1791年初写的另一封信与他和麦迪逊在春末远足纽约、新英格兰地区的著名的"植物学之旅"有关。这封信是写给在哈德逊河上游地区拥有大量土地的当地显贵罗伯特·R.利文斯顿的。在信中，杰斐逊优雅地谈及了各种中立的话题，基本上都是一些乡绅阶层共同感兴趣的事情。然后，他突然话锋一转："你们这一带的民众是否就像他们的代表所说的那样，对我们政府的行动感到满意？南方积聚了大量的不满情绪，只有上帝知道会在什么时候以何种方式爆发出来。"利文斯顿以同样的态度回复杰斐逊。他也看似随意地从一个话题转到另一个话题，承认他所在的地区相当繁荣，但最终他还是说出了杰斐逊希望他说的话："如果我们的代表认为其所在选区对所有的政府措施都感到满意，那他们就是自欺欺人。"[79]

杰斐逊和麦迪逊的假期旅行从1791年5月17日持续到6月19日。他们从纽约市出发，沿着哈德逊河一路向北，到达乔治湖和尚普兰湖地区，然后穿越新英格兰西部向南，最后返回费城。一路上，他们捕鱼，采集标本，在美国自然风光最优美的地区尽享美景。差不多70年前，克劳德·鲍尔斯（Claude Bowers）在书中将托马斯·杰斐逊刻画为"精明的政客""最早的'派系领袖'"，在这之后，一直有种观点认为，他们这次远足是有目的的政治组织过程，它促成了后来利文斯顿、亚伦·伯尔和乔治·克林顿州长形成弗吉尼亚—纽约"轴心"。这种观点可能是不合时宜的。证据虽然不是完全没有，但很粗略；更重要的是，这种"组织活动"没有先例，事实上，它与当时的所有价值观都严重不符。杰斐逊和麦迪逊与同时代的其他人一样，对"党派"和"派系"的弊端深恶痛绝，因此，他们不可能（至少不可能明知故犯地）亲自着手建立一个派系。在19世纪被人们视为理所当然的那种公开的政治形式，在那时尚属未知。[80]

但另一方面，这里面肯定有一些政治方面的东西存在。让杰斐逊和麦迪逊紧张不安的那种冲动，在后世会被顺理成章地理解为"政治冲动"，尽管当时还没有形成一种公认的形式能够具体表达这种冲动。几乎可以确定，两人确实在途经纽约时，顺道拜访了正在那里开庭的利文斯顿；他们可能还见了伯尔和克林顿，只不过见克林顿的可能性较小。[81]而且，与其他人一起讨论最令大家感到不安的公共事务，尤其是和大体上与自己志同道合的人一起讨论，这是非常符合逻辑的。

如果将这种交往与外交进行类比，也许比用"政治"这一我们更熟悉的19世纪的词汇更有说服力。例如，杰斐逊与罗伯特·利文斯顿的来往就像是确定外交等级的过程，即两个大国有可能今后成为协约国，但在初期阶段它们会利用正式和非正式场合相互接触。杰斐逊和利文斯顿在交流各自地区的农业问题时，可能会感到很满意。他们还可以切磋磨坊机械的改进，作为具有科学兴趣的人，他们无疑会十分高兴地发现，彼此在涉及度量衡和铸币等方面的一系列问题上看法一致。接下来，如果他们对某些人和具体政府措施也有共同观点，那就可能逐渐发展为真正的理解——甚至最终结为同盟。[82]

不管怎么说，罗伯特·R.利文斯顿此时的个人状况，可能让他比一般人更乐于接受杰斐逊和麦迪逊的观点。利文斯顿曾任纽约州的总理，也是面积广袤的克莱蒙特庄园（Clermont）的主人。他的庄园位于哈德逊河东岸哥伦比亚县，在莱茵贝克稍北边一点。利文斯顿非常清楚自己的声望。他曾担任邦联政府的外交事务秘书，是约翰·杰伊的前任。他原本希望在1789年被任命为联邦官员，甚至不顾自己的尊严，向华盛顿提出了这一要求。他表示，自己可以接受首席大法官、国务卿和财政部长这三个职位中的任何一个，然而，这些希望都落空了，这让利文斯顿感到非常羞愧。亚历山大·汉密尔顿和他的岳父菲利普·斯凯勒似乎参与了对他任职的阻止。当约翰·杰伊被任命为首席大法官时，利文斯顿与他的大学友谊陷入低谷。此后不久，利文斯顿就开始抨击汉密尔顿的融资体系和"投机精神"（the spirit of stock Jobbing）（他的传记作者解释说，"作为土地所有者，他害怕稳固的金钱利益的兴起"）。他也不喜欢汉密尔顿的《关于铸币的报告》。这些还不是全部，利文斯顿对外国的态度是亲法；他憎恨英国，称汉密尔顿、杰伊和斯凯勒为"英国统治派"。1791年1月，他与克林顿州长一同发起了一场运动，将斯凯勒从参议员席位上赶了下来，取而代之的是温和的反联邦主义者亚伦·伯尔。这场运动很成功，它的结果让利文斯顿非常满意。[83]

至于他们在纽约—弗吉尼亚的第一轮交流活动中都说了些什么，没有任何记录。但汉密尔顿的朋友罗伯特·特劳普（Robert Troup）的报道显然是基于一些依据："有充分的证据表明，当杰斐逊和麦迪逊在纽约时，他们与总理和伯尔相互大献殷勤。"与此同时，费城的乔治·贝克维斯和纽约的约翰·坦普尔（John Temple）爵士都认为，这两位弗吉尼亚人远足的真正动机是推动反英政策，"尽可能转变人们的观点，以支持和英国的商业战争"。"迦太基必须毁灭，"特劳普对汉密尔顿说，"我猜，这是他们针对你的格言吧。"[84]

7月初，新银行股票在费城发售时的场景，让杰斐逊和麦迪逊感到厌恶至极。

1791年7月4日，银行股票开售，不到一个小时就被抢购一空。根据规则，每股的价格为400美元，认购者以钱币支付1/4的金额，剩下的3/4用政府证券支付。认购者不需要立即付清全款：认购时，只需先预付每股25美元的首付款，就可以获得一张认购证——证明持有人有权购买定额面值的股票，他可以分4期付清余款，每半年支付一次。股票很快售罄，但由于认购证可以转让，一场无比狂热的炒股投机活动随之而来。

为什么这支股票这么有吸引力，又是什么原因导致了这场投机性的"认购证狂热"呢？原因之一是，根据规则，当用于购买银行股票时，任何人所持有的政府债券的价格都将提高到票面价值。这项投资的安全性反过来也要取决于银行本身能否成功。鉴于银行对政府业务的垄断，以及银行健全的组建原则，完全有理由相信它会获得成功，并且创造可观的股息。投资回报率可能达到8%，甚至更高。所以，不仅新银行股票的交易空前活跃，政府债券在整个夏季的市场活跃度甚至超过了汉密尔顿的预期。到了8月1日，政府债券的价格实际上已升至面值，而且再也没有出现跌破面值的情况。[85]

这代表了汉密尔顿整个公共信用体系的成功。而这个体系和银行的持续成功，需要政府源源不断地获得可靠且不受干扰的关税收入。在汉密尔顿看来，保护这些收入的问题，又与国家对外关系的稳定密切相关。

另一方面，从杰斐逊和麦迪逊在7月和8月的通信中，也许可以推断出他们是如何看待这些问题和事件的。"很难讲，"杰斐逊在给门罗的信中说，"赌博欲望会在哪里停止。"杰斐逊对银行和货币的理论知识基本上一无所知，他突然产生一个念头："我们每年要为800万美元的纸币流通支付13%的费用，而不是使用没有流通费用的黄金和白银。"（这个理论的问题在于，它的论据之间其实毫不相干；由于黄金和白银长期稀缺，它们的流通量只有纸币流通量的零头，而纸币的流通实际上并没有给公众带来任何成本。）杰斐逊在写给埃德蒙·彭德尔顿的信中，带着或许不经意的讽刺说道："目前这种投机狂热太强烈了，容不得清醒思考。"他还在7月24日向麦迪逊透露，"最近有几个里士满的商人（苏格兰人、英国人等）来过这里。我怀疑和那些乱七八糟的联邦事务有关"。[86]

麦迪逊心中充满了无情的怒火，愤怒的程度也许甚于杰斐逊。他认为整件事都是"可耻的"，"只是为了争夺巨大的公共财富"。"事实上，"他在从纽约发回的信函中说，"股票投机令所有其他话题都黯然失色。咖啡店里永远挤满赌徒。"麦迪逊也有自己的理论。在8月初，联邦债券的价值升至面值时，他拒绝把这看作一种明显合乎逻辑的变动；麦迪逊认为，这是内幕交易者的阴谋，是人为的泡沫，一旦内幕人员把自己的钱拿出来，泡沫就会破裂。麦迪逊无法理解，联邦债券现在已经有了自己的生命力。他还愿意相信，汉密尔顿正在计划对延期债务进行再融资，以便立即支付这一部分债务的利息，从而满足赌徒们的胃口，这正像杰斐逊所说的，"通过丢入……新的滋养物"（这样一个荒谬的计划将会使政府债务增加20%至25%）。而这一切都属于投机者的一个更为广泛的计划的一部分，该计划的目的是迅速夺取国家的控制权："这个时代的腐化堕落如此明目张胆，其程度已超出我的想象力。"麦迪逊坚持认为："股票投机者将成为政府的禁卫军，将既是政府的工具，又是政府的暴君；他们被政府的慷慨所贿赂，同时又通过喧嚣和勾结监督政府。"[87]

杰斐逊在给爱德华·拉特利奇（Edward Rutledge）写的一封信中，总结了所有问题，提醒那些任性的南卡罗来纳州人，不要忘记他们真正的利益所在（"愿上帝保佑您，平克尼将军、平克尼少将会挺身而出，与您一同帮助我们"）。对于"为使英国人改变主意"而提出的计划所遭遇的一切，他感到痛惜，并"很遗憾地看到您的州对就这一问题提出的措施感到非常嫉妒"。对于当前的认购证狂热，杰斐逊称："美国拥有其他任何国家都无法比拟的公共财富，但它的发展遇到了挫折，在幻想一日暴富的疯狂中受到压抑。"当然，报纸在谈论"公众幸福"时，所讲述的完全是另外一个故事，但那是"因为我们的报纸受股票投机者的控制"。当谈及法国的最新消息时，杰斐逊仍然谨慎地希望"法国大革命将产生令人愉快的结果"。他觉得"我们自己的政府能否永久存在，在某种程度上取决于法国大革命是否成功，如果法国大革命失败，那将成为有力证据，说明美国肯定也会失败"。最后，杰斐逊确认，英国人可能终于要向美国派遣一位正式的公使了。但很明显，这一消息并没有让杰斐逊开心，他不期望——也许甚至不希望——从中会有什么收获。他对此已经深信不疑，即英国人"绝不会认真对待或履行条约"。[88]

第三节　杰斐逊与哈蒙德

1791年10月20日，两位富有魅力的年轻人从英国一路相伴来到费城。两人都正处于事业的新起点，对未来充满希望。这两位年轻人，一位是刚上任的英国驻美公使乔治·哈蒙德（George Hammond），时年28岁，另一位是公使馆秘书爱德华·桑顿（Edward Thornton），他更年轻，只有25岁。他们都拥有无人可及的才能和教育经历。哈蒙德是牛津大学默顿学院的文学硕士和研究员；桑顿在剑桥大学彭布罗克学院获得文学学士学位，并荣获第三名的甲等优异成绩。一切看起来都十分顺利；两人前程似锦。当然，这在很大程度上取决于他们在美国的使命能否取得成功；可以理解，两人都非常希望这次的任务能够圆满完成。

关于乔治·哈蒙德，我们没有任何接近全貌的人物刻画，与他相关的历史记录断断续续，这使我们对他的了解更加不完整。菲尼亚斯·邦德（Phineas Bond）时任英国驻费城领事，虽然他比哈蒙德年长14岁，但级别却比他低，而且，他们在英国的官场活动与社会生活悬殊，因此，他在等待哈蒙德到任时一直惴惴不安。但令菲尼亚斯·邦德极为高兴的是，这位年轻的公使对他很体贴，两人一直以极其热诚和友好的方式相处。爱德华·桑顿也向家乡的资助人吐露："我对哈蒙德先生的仰慕一天天增长……他对我尤其照顾。"有大量证据表明，"面色红润"的哈蒙德相当勤奋，长时间埋头于工作，面对像雪片一样飞来的各种邀请，他实在无暇——满足。但哈蒙德毕竟是个单身汉，过的也不是深居简出的生活；没过多久，他的心就被一位颇为美貌的费城女子玛格丽特·艾伦（Margaret Allen）俘获了。在他担任公使的第二年，他们进入了婚姻殿堂。年轻的桑顿也一直在孜孜不倦地努力工作。公使的所有外交照会都由他手抄两份，字迹虽不优美，但刚劲有力。即使是现在，我们也可以毫无困难地阅读这些公文，这得益于桑顿严谨细致的工作。显然，这位秘书恪尽了职守。[89]

然而，这次任务并没有成功。尽管乔治·哈蒙德努力使自己与费城及美国政府融洽相处，但矛盾几乎从一开始就产生了，这让他对两国达成和解的希望大受打击，他认为有人蓄意挑衅。没过多久，他就觉得自己被人利用了，于是转变为一副僵硬呆板的外表，把真实的自己隐藏了起来，而这对事态发展毫无帮助。他的谈判努力没有结果。与此同时，他还要承受着各种压力——与官方往来时所面对的仇英情绪、加拿大当局对边境局势的长期担忧，以及英国政府对美国事务缺乏关注，导致给他的指示时常毫无价值，无法作为可行的指南——这一切最终让他疲惫不堪。到1795年，他感到已经受够了美国的生活。当年8月，他带着他的新娘离开了美国，再也没有返回。此后不久，罗伯特·利斯顿（Robert Liston）奉命接替哈蒙德的职位。利斯顿认为自己不得不接受这项任命，但他沮丧地向一位朋友吐露心声："我宁愿去其他任何地方。恶劣的气候、艰苦的工作，再加上周围都是不怀好意的持有教条主义的美国佬，我在这个年纪，大概一两年就会完蛋。"[90]

尽管乔治·哈蒙德作为驻美公使未能完全实现他最初的承诺，然而，他还是得到了优厚的回报，由此走上了受人尊敬的职业生涯。后来，哈蒙德担任了多年的外务次长；他与格伦维尔以及才华横溢的乔治·坎宁（George Canning）都是好朋友，并在坎宁的文学圈子里占有一席之地。而爱德华·桑顿，考虑到他比较低微的出身（他的父亲是一名旅店老板），表现就更为出色了。在美国时，桑顿避免让自己过于引人注目。他在美国住了很长时间，担任过多个领事和副部级职务。随后，他接受了外交任命，被派驻到几个欧洲国家，最终被授予巴斯爵级司令勋章（K.C.B.）。无论在美国的经历对他们后来的职业生涯产生了什么影响，他们都建立了某种先例。在未来的一段时期，他们的事例将对那些雄心勃勃的英国外交官起到警示作用：被派驻到美国可能不会给自己带来太多光彩。

我们也只能猜测，如果乔治·哈蒙德的任务进展得稍微顺利一些，他会给美国人留下什么样的印象。这对年轻夫妇在即将到达英国时，在船上写了一封信，从中可以找到一些线索——

> 最亲爱的爸爸［玛格丽特写道］，我们的长途跋涉快结束了，我一上岸就会把这封信寄给您……乔治一直体贴入微；您不知道我和他在一起有多开心。自从我们离开美国后，他

变了很多。他之前的冷酷、拘谨（不仅在陌生人面前），已经完全不见了，每个人都会看到，和他在一起是多么惬意。他对我们亲爱的宝贝是那么温柔……我觉得您在费城没有看到他最好的一面。我想我们在一起会非常幸福。"[91]

然而，究竟是什么情况导致这个充满希望的任务落空了呢？自从独立战争结束以来，英国人一直打算向美国派驻公使，但由于种种原因，直到1791年夏天英国公使才得以成行。这件事在大部分时间中都被认为无关紧要。此外，利兹公爵为搪塞古弗尼尔·莫里斯而使用的借口背后也有一些道理。他说："我希望向美国派驻一位公使，但我又希望找到一位能完全胜任这项任务的人……但这非常困难，还有很长的路要走。"也就是说，一个适合的、能胜任的同时又愿意接受这项任务的人并不容易找到。人们一直在猜测，究竟是哪一件事最终促使外交部采取了这一步行动。领事发回了多份报告敦促派驻公使；受到商业歧视性待遇的持续威胁也许是一个刺激；华盛顿在1791年2月对莫里斯使团的评论可能也是因素之一。但没有任何证据可以确定，到底是哪件事最有关系。这很像是那种棘手的、需要太多的额外努力和关注的长期责任，对于它们，人们往往会先搪塞过去，直到受到越来越紧急的催促。[92]

1791年1月，霍克斯伯里勋爵向枢密院的贸易委员会提交了关于英美贸易状况的报告，这就意味着没什么理由可以继续拖延了。该报告建立在自以为是的重商主义假设上，认为英国的航海系统自战争以来已得到验证，对它的变动越少越好。对英国驻美公使发出的所有指令，在很大程度上都是基于这份报告。事实上，外交大臣格伦维尔要求霍克斯伯里另外起草了一份发给乔治·哈蒙德的指令，内容仅限于商业问题，基本上与霍克斯伯里提交的报告一致，并且要求将该报告作为任何商业谈判都应遵循的指导原则。[93]

最终发给哈蒙德的指令是由格伦维尔自己亲自拟定的,在范围、重点和细节上都比霍克斯伯里起草的版本充实得多,其内容涵盖了从伦敦视角所观察到的两国之间悬而未决的全部分歧。作为当时可以运用的一种合理方式,这些指示从整体上反映了英国官方对于美国的心态。一方面,英国人对美国人仍然不愿意解决战前债务问题深感恼火,因此,他们认为由英国继续占领西北边界哨所是理所应当的。另一方面,英国人也清楚地认识到,他们迟早要从这些哨所撤离。

哈蒙德的"首要目标"是推动全面执行1783年和平条约的第4条、第5条和第6条,即有关债务和保王党待遇的内容。他还要让美国人知道,如果他们"真的有意满足英国在这些方面的正当期望",英国愿就"哨所问题做出切实可行的与合理的安排"。多切斯特勋爵不久之后将从加拿大回英国休假,在他回来后,将就这个问题讨论更详细的指示。"如果有任何机会",哈蒙德还应继续尽力为印第安人和美国人在西部的和平相处做出贡献,"以不容置疑的态度,否认有关多切斯特勋爵一直鼓励印第安人采取敌对措施的任何指责"。最后,如果美国人主动提出谈判,哈蒙德得到授权,可以在互惠互利的基础上,"按照最惠国条件"就贸易条约进行谈判。所有的商业问题都必须先发回英国,进行报告,然后才能写进条约。至于美国与英属西印度群岛的贸易,霍克斯伯里曾希望明确提出,"不能接受这一要求,哪怕只是作为谈判议题也不能接受"。格伦维尔显然不想看起来过于死板,所以在最终的版本中删除了这一点。[94]

哈蒙德的行动自由度并不是很大。但他决心最大限度地使用他所拥有的自行决定权,通过一项尽可能让各方满意的总体方案,成功完成任务。最开始还有一些乐观的理由。有许多迹象表明,美国相当多有影响的人士希望与英国保持良好的关系,因此,哈蒙德也许可以借助这种"对英国的兴趣"实现他的目标。在解决债务问题，也许还有保王党的问题方面，哈蒙德也握有一些有价值的筹码，那就是英国从美国西北部的边境哨所撤离。另外，英国在债务问题上的诉求并非无理要求；大部分美国人承认，英国债权人提出抱怨时有充分的理由。哈蒙德明白英国贸易给美国带来的好处。另外，贝克维斯当然知道，哈蒙德肯定也心知肚明的一点是，鉴于英美贸易的重要性，美国的金融体系需要一段和平时期，以使贸易可以不受干扰地进行。[95]美国人对与英属西印度群岛贸易的期望不高，甚至没有。不过，"最惠国待遇"可能会提供各种便利，有助于两国建立"对等优势"。美国人已经享受到了其他国家所没有的各种好处，对此哈蒙德打算提醒美国人，如果他们再尝试实行任何歧视性措施，英国将进行报复。哈蒙德知道美国国务卿对英国的一切事物都怀有敌意。但他并不认为杰斐逊的观点会在政界获得广泛认同，他希望通过外交策略和良好管理，克服由此产生的任何困难。事情的开端似乎很顺利。为了避免冒犯美国人，哈蒙德做了一件多少有点超出指令的事——没有等美国政府正式宣布任命驻英公使，就先递交了他的国书。他马上得到了华盛顿总统的"接见"。事后，哈蒙德在报告中说，他受到了"无与伦比的礼遇和尊重"，此外，其他"相关人员"也给予了他类似的"礼遇和尊重"。[96]

然而，到了开始讨论的时候，杰斐逊迅速地给这位年轻公使的大部分希望浇了一盆冷水，令他处于了守势。杰斐逊对哈蒙德说，他们的讨论应该以书面形式进行；然后径自向哈蒙德提出两个问题。在爱德华·桑顿看来，杰斐逊的提问"非常唐突，可以说是以一种粗鲁的方式"。杰斐逊的两个问题是：哈蒙德的政府打算如何执行条约的第7条（关于边境哨所），以及哈蒙德本人是否有权谈判商业条约。[97]

杰斐逊在双方后来的换文中也反复提及这两个问题。次日，哈蒙德答复说，由于美国不遵守条约的第4条、第5条和第6条，因此，英国暂停对第7条的执行,因为这些问题是相互关联的,在讨论时不能将它们分开。不过,他已做好充分准备,就双方可采取的所有措施进行讨论,以推动条约的执行。关于另一个问题,哈蒙德向杰斐逊保证,他的政府"真诚地希望促进和推动两国之间的商业往来",他本人愿意"在互惠互利的原则下,就建立双方关系进行谈判"。最后,他对自己受到的"热情接待"表示感谢,并表示:"我的崇高目标是,以任何方式贡献自己的卑微力量,为两国之间的和谐关系与深入了解奠定永久基础。"[98]

杰斐逊在一周后做出回复。他没有理会哈蒙德对第一个问题的回答,关于第二个问题,他写道:

> 当您高兴地说您被"授权转达,英王陛下愿在互惠互利原则下与本政府就建立交往进行谈判",我的理解是,您没有获得任何委任或明确授权同我们签订条约,或就商业问题提出任何具体建议;而只是向我们保证,英王陛下愿意和我们就人员、时间和地点达成一致,以便开始进行这样的谈判。如果我对此理解有误,请您指正……[99]

哈蒙德又试了一次。他在第二天回复:"关于两国之间的商业往来,我尚未获得授权缔结最终条约,[但]我已取得充分授权,在互惠互利的基础上,为此目的进行谈判,以及讨论有助于最大程度促成这一目标的原则。"

又一个星期过去后,杰斐逊又写了一封信,他表现出的态度仿佛哈蒙德什么都没说过:"您表示已获充分授权,就两国间的商业往来安排进行谈判,我很荣幸地通知您,我愿意在您认为适当的任何时间接收您的全权证书,继而将就证书所载目标予以配合。"尽管哈蒙德感到有些气馁，他还是立即做出回复："我只能重复之前的话……我并没有这样一份特别委认状，授予我可以就英美之间的商业往来事宜达成最终协议的权力；但我认为自己完全有权就此与美国政府进行谈判……"他强调了自己的"一般全权代表身份"，以及"总统对我这一身份的认可"。[100]

这时，哈蒙德的忧虑完全被唤起了。他担心，杰斐逊向他提出"如此尖锐和明确的问题"，目的是为了获得证据，证明"我要么是不愿意，要么是未经授权，就商业安排进行任何讨论"。他向格伦维尔解释说，他于是尽量"不留下……任何模棱两可的、不明确的事情，或者会引起人们怀疑陛下是否希望进行公正和坦率调查的问题"。哈蒙德说，杰斐逊在12月13日的信中对他的权限提出质疑，"这真的让我很吃惊"，后来他通过其他人了解到，国务卿一直在试图说服"国会"，就现有条约进行谈判和开始谈判商业条约所需要的权限是有区别的。"但我很难猜到，他会以什么论证方式来证明二者的区别。"[101]尽管如此，杰斐逊还是成功地将这一质疑传得满城风雨。"告诉你吧，哈蒙德，"在一次宴会上，杰斐逊的一个朋友嘲讽道，"大家猜测你的权限有问题，因此，你这次出访的任务不会有任何好结果的。"对此，公使只能辩驳说："我以荣誉发誓，我获得了充分的授权。"[102]

如果杰斐逊愿意的话，他本可以与哈蒙德尽情讨论商业问题，但这显然是他最不愿意做的事情。他似乎已经得出结论，他和哈蒙德从11月29日至12月14日的换文足以说明，可以将这个问题搁置，不再提它了。事实上，这个决定差不多早就确定下来了，当时，杰斐逊还在到处散播英国人永远不会向美国派驻公使的观点，因此，这位公使的出现让他有些尴尬。早在2月份，杰斐逊应众议院委托，开始起草一份关于对外贸易的报告。他打算在报告中再次敦促对英国实施商业抵制，理由是英国不愿意或不打算与美国就商业问题进行谈判。但现在，既然英国向美国派驻了公使，发布这样的报告就站不住脚了。内阁成员说服了杰斐逊，暂时不发布这份报告。然而，他并不太愿意寻找任何可能改变自己观点的新证据。一方面，他知道霍克斯伯里报告的内容；另一方面，他每天都在等待法国提交一份新的商业建议书，这样一来，大家就会看到，法国人的态度要比英国人慷慨得多。[103]

这时杰斐逊已经准备好了下一招杀手锏，并在15日将它递交给了哈蒙德。杰斐逊在信中提议，"为了简化双方的讨论"，他们应该"首先，每一方具体说明他们认为对方违反条约的特定行为"。他写道，"我先给出一个例子"。接着，杰斐逊开始谴责哈蒙德的政府违反条约的第7条，在战争结束时没有撤离西北边境哨所，还带走了大批的美国奴隶。相关文件资料也一并附在函中。哈蒙德礼貌地确认收到来函，承诺一旦自己收集齐相关材料，就会递交一封类似的信函。[104]

与此同时，一个消息传到了费城：西部发生了一件具有重要意义的大事，那就是印第安人彻底击败了由阿瑟·圣克莱尔少将指挥的正在俄亥俄地区作战的美军。

由于许多西部印第安部落拒绝承认根据1783年的条约划定的范围内的美国主权，也不肯与美国讲和，因此在1790年，约西亚·哈马尔（Josiah Harmar）准将率军队在莫米河谷（Maumee Valley）发动了对印第安人的远征。哈马尔的部队有1400到1500人，大部分由民兵组成。他们摧毁了几个村庄和多处粮库，但除了进一步激怒印第安人之外，几乎没有别的成就。随后，西北领地总督圣克莱尔组织了一支规模更大的远征军。他指挥一支由民兵增援的小型正规军，总兵力约为6000人，准备在1791年向印第安人发起进攻。圣克莱尔那支缺乏后援且军官指挥无方的部队，从其位于华盛顿堡的基地（距今天的辛辛那提不远）向北推进，深入到距离现今的韦恩堡约90英里的地区。1791年11月4日，他们在那里遇到了一群印第安人的袭击，900多人遭到屠杀。[105]

与85年后卡斯特（Custer）的失败相比，这次战败带来的耻辱要严重得多，此外，考虑到为扭转失败影响而需要付出的费用、做出的军事行动和重新部署，它的阴影将在今后一段时间内笼罩着公众的情绪，让各级政府忧心忡忡。一方面，对美国人来说，这让西北边境哨所问题变得前所未有得尖锐；另一方面，边境局势日益动荡，也引起了加拿大当局新的焦虑。所有这一切都会让远在伦敦的格伦维尔更有可能派出援军加强防范，而对美国人来说，这将大幅提高迫使英军撤离哨所的代价。

对哈蒙德使团而言，另一件具有重要意义的事情是与财政部长建立了良好的理解，这就让哈蒙德对双方愿为各自想要得到的东西付出什么代价做到了心中有数，因为哈蒙德从财政部长处得到的信息，比他从其他任何地方能得到的都更准确。1791年12月中旬，哈蒙德第一次有机会评估汉密尔顿的态度，他对自己所看到的很满意："这位先生具有公正和自由化的思维方式，这一点得到了充分证实。"同时，汉密尔顿也让公使明白，美国不能接受英国正式提出的那项建议，即由英国在印第安人和美国人之间进行调解（英国政府曾讨论过这个想法）。汉密尔顿之前已向贝克维斯表明同样的观点。[106] 在不久后的另一次会面中，汉密尔顿将两国之间所有的争议点都和哈蒙德过了一遍，并向哈蒙德阐明美国的利益是什么，美国想要的是什么，以及他本人认为什么才是合理的对等交换。关于最后一点，杰斐逊也曾试图通过大量信件阐明自己的观点，但实际上他一直都没有成功。

关于西北边境哨所，汉密尔顿认为这显然是最严肃的一个议题——在这一点上，他与杰斐逊之间没有分歧。在他看来，美国几乎不可能"同意放弃根据条约而获得的任何一部分领土"。不过，汉密尔顿也的确暗示，英国在撤离哨所时，不一定要排除做出某种安排的可能性，以保护在这些地区经营的加拿大毛皮商的利益。关于英国政府解放的奴隶，哈蒙德坚持认为，这不应被视为一个至关重要的问题，而汉密尔顿本人对奴隶制也十分反感，"似乎在一定程度上默认了"哈蒙德的观点。在债务问题上，汉密尔顿承认英国债权人有充分的理由，他认为该问题是"英方产生抱怨的主要原因"。但他确实相信，联邦法院的受理将最终完全解决这一问题。至于"其他争议"，其中可能包括保王党的待遇，汉密尔顿怀疑是否能制定出任何可行的赔偿方式，但他相信，"如果能提出任何合理或可行的解决方式，美国政府将会同意这样的方式"。可以想见，同样的原则应该也可以适用于债务问题：在最后关头，肯定可以找出解决的办法，除非联邦政府不承担解决这些债务的任何及所有责任。最后是美国与英属西印度群岛的贸易问题，汉密尔顿对这一问题的态度坚定。他极力主张美国在运输贸易中至少占有一定份额是切实可行的，但美国船只将遵守对规模和吨位的限制，以"避免干扰英属西印度群岛产品向欧洲的出口"。不过，当哈蒙德向格伦维尔报告时，他小心翼翼地表示，自己在这一点上没有做出任何可能被理解为鼓励的暗示。[107]

  汉密尔顿被指责越权行使了杰斐逊的国务卿职能，从某种角度来说，的确是这样。对汉密尔顿这种个性的人来说，如果他确信国务卿没有充分履行其职责，或者履行职责的方式与他自己所认为的公共利益，以及他本人为谋求公共利益所采取的行动完全背道而驰，他就不太可能在自己的努力受到威胁时保持沉默。同时，如果要达成任何形式的和解，汉密尔顿向哈蒙德详述的条件看起来也是最有可能实现的。汉密尔顿对哨所议题毫不妥协，在皮毛商和债务问题上灵活处理，并渴望在一定限制下获得与英属西印度群岛的贸易。他也不愿意在奴隶问题上大做文章，同时给了哈蒙德一个合理的提示，让他知道英国人对保王党问题可以有什么样的期望，这并不是什么大问题。可以肯定的是，圣克莱尔战败的消息对美国本已有限的讨价还价能力毫无帮助；

不过，在汉密尔顿看来，这些条件是唯一合理的选择，否则两国可能会错误地陷入贸易战。事实上，这几点在一定程度上准确地预言了1794年的杰伊谈判。

目前情况下，哈蒙德也没有别的选择，只能满足杰斐逊的要求。他声称，鉴于事实看起来更支持英国对美方违反条约的指责，他乐于接受杰斐逊提议的程序。他和邦德非常认真地准备了相关文件，于1792年3月5日向杰斐逊递交了一份内容详尽的照会。

从逻辑上看，照会中最薄弱之处是关于英国决定保留西北边境哨所的理由。哈蒙德说，英国这样做实际上是考虑到了美国人先前的违规行为。事实并非如此；英国政府迅速做出了决定，主要是因为英国在边境地区的利益。反过来，杰斐逊也以类似逻辑为己方辩解，称美国各州拖延偿还债务正是由于英军未撤离哨所，但这也不是事实。杰斐逊所说的原因和结果之间也没有什么关系。双方可能都需要一些类似的初步说辞，为己方立场找一些理由，从而为下一步谈判做准备。但是，如果每一方都态度强硬地坚持，唯一的结果就是陷入僵局和相互指责。这绝不是哈蒙德的意图。

照会的其余内容谨慎且巧妙，本身并不具有挑衅性。哈蒙德列举了各州阻碍英国债权人收回债务的一系列行为，并指出，尽管国会根据条约第5条提出了归还战争期间没收的保王党财产的建议，但各州并未给予重视。哈蒙德说，他已竭尽全力确保他的信息准确，尽管他认为内容无误，但如有疏漏之处，他"非常希望能够予以解释和更正"。但无论遭受过何种伤害，哈蒙德重申，他的政府都"真诚希望消除一切误解"，"如果经过适当评估，认为对双方都有利，而且与〔国王陛下〕臣民的正当要求和权利没有抵触，愿就两国各自尚未执行的条约条款进行谈判，并对这些议题的安排达成一致"。简而言之，哈蒙德希望这封信成为谈判基础，而他则非常希望自己成功完成使命。哈蒙德想要的是解决方案，而不是一场辩论。[108]

杰斐逊用了将近三个月的时间准备他的复函。这是一封令人生畏的驳斥函。一位权威人士称这封信是"一份威力非凡的文件"和"令人震惊的答复"；另一位则称其为"一篇出色的法庭陈词"。马龙教授认为，这是杰斐逊作为国务卿所写的最伟大的一篇文章。无论如何，复函表明，杰斐逊想要的并不是一般意义上的谈判。他的主要意图是彻底驳倒哈蒙德的论证，使之完全放弃谈判的念头。不过随之而来会发生什么事情，杰斐逊似乎也没有想清楚。回信的篇幅很长（是哈蒙德原照会的五六倍），而且显然体现了勤勉严谨的态度，据杰斐逊的传记作者描述，信中附上了"一些精美的表格"。[109]

关于保王党问题的处理，杰斐逊称哈蒙德所说的针对保王党的行动都是发生在签订条约之前，而签约之后的行动则涉及处理没收财产和其他已采取措施的立法。杰斐逊坚持认为，英国保留美国西北边境哨所和掳走奴隶构成违约行为在先，这些行为导致债务人失去偿还债务的手段，如果美国愿意，完全有理由因为这些违法行为而解除整个条约。他用了很长的篇幅讨论债务问题。哈蒙德所提出的每个理由都被他以某种方式淡化，通常是称哈蒙德获得的信息不可靠。他还称，鉴于英国的违约行为，美国各州为保护其民众利益而采取了"修改"偿还债务的措施，这不能被视为不当行为。此外，法院现在已对此类案件开放受理，总体来说，法院判决对债权人有利。总之，美国已履行了其和约义务，且已充分证明这一点，因此，他认为英国方面没有理由再拖延下去。

杰斐逊在正式递交给英国公使前，先让麦迪逊、伦道夫和汉密尔顿看了他的复函。麦迪逊建议修改几处；伦道夫在函中看到"异常的严厉"；而汉密尔顿则试图缓和一下信函的对抗语气。汉密尔顿认为，没有必要就战争本身的对错进行争论，但这一点正是该信函的一个特色;他还认为,将1783年4月11日(收到签约的官方消息的日期)之前的所有行为排除在讨论之外,不是很合理;他提出质疑:"就某些州对债务问题的诉讼程序进行完全辩解是否合适。"他认为"进行淡化"而不是"做完全无罪辩解"似乎是更可取的做法。最后,他怀疑在"其中一方有错的假设上进行辩论,能否产生任何结果……解释条约的原则是假设双方都是对的,因为并没有一个权威的裁判"。杰斐逊接受了一些微小改动的建议,但没有进行任何重大修改。[110]

收到这封回函后,哈蒙德很失望,深感气馁。他认为自己已经尽了最大努力;在获取事实方面,任何一方都不可能再有什么进展;同时,他也看不出继续争论和相互指责会有什么用处。于是,哈蒙德决定,他现在唯一能做的就是把杰斐逊的信转给伦敦,等待进一步的指示。令哈蒙德感到震惊的是,杰斐逊的"回函中包含了大量无关紧要的内容,对许多事实断然否认,而这些事实是我基于英国情报人员和这个国家一些受尊敬者的权威信息而整理的,信函还毫无道理地诋毁了战争的方式以及国王陛下的大臣们在签约后的行为,整篇回函充斥着尖锐的态度和语气……"。哈蒙德通知杰斐逊,他决定将回函呈报英国政府,并表示,如果他的任何信息有误,他"非常愿意承认[他的]错误"。但是,由于双方存有的分歧似乎非常广泛,他感到自己有责任"证明消息来源纯正";他只能重复这些消息并加以详述,并相信这样做将"保护我免于被人指责玩忽职守,或涉嫌故意欺骗"。哈蒙德在收到杰斐逊的信后就去见了汉密尔顿,但汉密尔顿也无法给予他什么安慰,只能感叹"他的同事言辞过于激烈",并向哈蒙德保证"这封信远未得到他自己的赞同,也没有忠实地表达美国政府的观点"。当时华盛顿刚从弗吉尼亚州返回,还没来得及亲自阅读这封信。他相信了杰斐逊的话,以为信函已经得到了其他人的认同。[111]就这样,在杰斐逊担任国务卿的剩余任期内,英美关系始终处于停滞状态。

乔治·哈蒙德一直在寻求一种全面解决方案，这一想法得到了汉密尔顿的鼓励。顾名思义，要达成这样的全面解决方案，谈判时必须将各个问题联系在一起，作为一个整体方案的组成部分。而杰斐逊则正相反，他不想要一个全面的解决方案，而是尽一切可能使问题彼此分离。从一开始，杰斐逊就把商业问题与其他问题分开；然后又将哨所问题和债务问题分开。他可能会辩驳说，到目前为止，联邦法院的行动对英国债权人有利。从理论上看的确如此，但事实上，在拖欠债务案件最集中的弗吉尼亚州，根本没有任何联邦案件得到裁决。[112]与哈蒙德的照会不同，杰斐逊的回信不可能作为谈判基础；事实上，这是一个"要么赢双倍，要么全输光"（double or nothing）的显著例子，而这种风格可以说在杰斐逊整个政治生涯的外交活动中都很有代表性。

归根结底，杰斐逊不能想象，使用普通外交手段就能得到他想从英国方面得到的东西。他不希望进行商业安排，因为他认为，美国以后可以通过某种形式的胁迫，以及可能与法国签订的对美国有利的和约，将有利于自己的条件强加给英国。他当然想得到哨所，而且在这个特殊时期，获得这些哨所对美国来说尤其重要，但他似乎已经坚信，实现这个目的的唯一体面的方式就是让对手明白，他们国家的政府在这些事情上大错特错；美国理应不付任何代价地收回这些哨所。他目前对西班牙也采取了类似的态度，声称密西西比河的自由航行权和美国的其他一些诉求，依据的是"已铭刻在人类心上的"国际法。[113]

杰斐逊与哈蒙德在6月初的一个小插曲就很能说明问题。哈蒙德礼貌地回复了杰斐逊5月29日的长篇信函，但对其中关于自己所列举事实的指责表示不满。杰斐逊随即与他会面，邀请他共进晚餐，并向他解释说，自己只是想表明"照会中有几处信息不准确"。据哈蒙德说，他们的长谈最后陷入僵局；他们讨论了各自所做的事实陈述之间的差异，"这是一种基于截然相反的信息，从不同角度进行的讨论，这样的讨论不能使任何一方信服"。最后,杰斐逊问,既然美国已经履行了和约中美方的义务,哈蒙德是否有权"同意履行英方的和约义务,从而缩短讨论时间"。杰斐逊后来对麦迪逊说,哈蒙德"对这个想法报以微笑",这个反应也很正常。但杰斐逊还说,哈蒙德"已经明确承认,英国王室到目前为止只听到了问题的一面之辞,而且是从怀有偏见的人口中,现在是第一次讨论这个问题,它被置于一个全新的基础上。王室不知道关于首先违规的指控,也不知道各州采取的行动正是基于这一指控,这就使这个问题成为一个全新的案例,他收到的任何指示都无法适用于此"。无法相信,哈蒙德真的会对上述内容予以认可。更有可能的是,杰斐逊只是让自己相信哈蒙德的确承认了。[114]

至于汉密尔顿是否在削弱杰斐逊的谈判立场,并没有太多的判断依据;杰斐逊的那种外交方式几乎可以肯定不会带来谈判。汉密尔顿认识到了这一点,并以他的一贯作风介入。此时,通向谈判之路的唯一希望就在他的身上——假定谈判的目的不是考验实力、表现正直姿态或让谈判陷入僵局。尤其是在下面的问题上,汉密尔顿比杰斐逊更有效地维护了美国的利益。圣克莱尔的战败使英国内阁重新萌生了调停并建立一个印第安人缓冲州的想法。5月,哈蒙德接到了新的指示,让他向美方提出这一想法。哈蒙德非常肯定地认为,这绝不可能,但还是决定"冒险试一下"。他先试探了一下汉密尔顿的反应。汉密尔顿"简短而冷淡地答复说,他希望我明白,任何计划,只要包含了放弃领土或权利的内容,或允许任何其他国家干涉美国与印第安人的争端,都会被美国政府视为绝对不可行,也绝对不能接受"。[115]当英国公使想知道一件事是否不合理时,他认为财政部长的意见比国务卿的更有指导意义。

像以往一样,此时伦敦的英国政府对美国的关注度仍然很低。例如,印第安人缓冲带的计划就是在这种情况下产生的灵感,英国人认为该计划可以让所有的麻烦都消失。当这些英国政府官员对美国的关注不是很高时，偶尔就会产生这种不切实际的想法。

至于其他问题，英国外交部的政策绝不是要为解决方案设置一些不可能的障碍，但他们肯定也想在撤离西北边境哨所之前提出交换条件。杰斐逊与哈蒙德的交锋通常被看作一场技巧上的比拼，结果是杰斐逊占了上风。但问题是：这样做的目的是什么？这些外交换文的意图是什么？它们旨在达成什么目标？杰斐逊的信件不是为了促成谈判，而是为了让谈判破裂。1792年夏天，哈蒙德将这些信函呈报给英国政府，英国人对信函的理解正是这样的。当时，英国政府不打算做出任何答复。与此同时，随着欧洲战争的爆发，英国的精力完全放在其他地方上了。[116]

大约10年后，奥利弗·沃尔科特对这个时期发生的所有事件发表了自己的看法。他写道：

> 显然，没有履行和平条约，构成了美英之间真诚和解的一个障碍。杰斐逊先生向哈蒙德先生提议外交换文，但两国的相互指责中应当包含具体细节……杰斐逊先生的信函，非但没有解决双方的争议，而且让这两位外交大臣卷入毫无希望的争论，共同书写了一段战争史。[117]

注释

1. 梅里尔·彼得森认为："这场实验对杰斐逊的职业生涯将产生持久影响。他开始对商业胁迫的原则和策略深信不疑，这不仅体现在反对母国的独立战争中，而且在今后几十年争取民族独立的更宏大的运动中，都是如此。" *Thomas Jefferson and the New Nation*（New York, 1970），p. 36. 另两部近期著作也把杰斐逊对商业胁迫的关注视为他对美国外交关系整体看法的核心，这两部著作是 Robert W. Tucker and David C. Hendrickson, *Empire of Liberty: The Statecraft of Thomas Jefferson*（New

York, 1990）；以及 Doron Ben-Atar, *The Origins of Jeffersonian Commercial Policy and Diplomacy*（London, 1993）。

2. 参见上文，p.70。

3. Aug. 9, 1788, *PTJ*, XIII, 489.

4. 参见上文，p.72。

5. John Holland Rose, *William Pitt and National Revival and William Pitt and the Great War*（London, 1911）。一部新传记的前两卷，即 John Ehrman, *The Younger Pitt: The Years of Acclaim* 和 *The Younger Pitt: The Reluctant Transition*（London, 1969, 1983），记录了皮特在1796年之前的职业生涯。艾尔曼（Ehrman）对一些美国资料进行了研究，霍兰·罗斯（Holland Rose）要么是不知道这些资料的存在，要么是认为这些资料与其主题无关。

6. Ehrman, *Younger Pitt*, I, 520–551.

7. 最完整的研究是 William R. Manning, "The Nootka Sound Controversy," *AHA: AR 1904*, 279–478; 另参见 John M. Norris, "The Policy of the British Cabinet in the Nootka Crisis," *English Historical Review*, LXX（Oct. 1955）, 562–580; Lennox Mills, "The Real Significance of the Nootka Sound Incident," *Canadian Historical Review*, VI（March 1925）; 110–122。1493年，国王斐迪南二世（Ferdinand II）说服教皇亚历山大六世（Alexander VI），一个西班牙人，发布了一道训谕，宣布在离亚速尔群岛和佛得角群岛100里格的一条线的西部和南部的所有土地都属于西班牙。

8. Ehrman, *Younger Pitt*, I, 554–571.

9. 努特卡事件刚发生时，由利兹笨拙地应对相关事务，之后皮特决定亲自接手。但早在荷兰危机时，法国外长蒙莫兰（Montmorin）就曾表示："卡马森勋爵……只是皮特先生的傀儡。"同上，536, 555。

10. 杰拉尔德·A.康姆（Jerald A.Comb）认为，皮特"常常忽视美国的问题，将英国对美政策交给下属官员决定"，这一点似乎无可争议。参见 *The Jay Treaty: Political Battleground of the Founding Fathers*（Berkeley, Calif., 1970）, p. 87。霍克斯伯里私下鼓励英国商人向他的委员会提交请愿书，以表达他们对美国1789年采取的吨位税的不满。出处同上，p.102。

11. Washington to Morris, Oct. 13, 1789, *WGW*, XXX, 440–442.

12. Beatrix Cary Davenport, ed., *A Diary of the French Revolution, by Gouverneur*

Morris, *1752–1816*(Boston, 1939), I, 464–466.

13. Leeds to Morris, Apr. 28, 1790; Morris to Washington, May 1, 1790; 同上, 495, 499。

14. 关于英国保留哨所的主要动机是保护皮毛贸易还是保护印第安盟友, 研究学者的观点各不相同。认为目的是保护皮毛贸易的参见: Samuel F. Bemis, *Jay's Treaty: A Study in Commerce and Diplomacy*, rev. ed. (New Haven, Conn., 1962), pp. 6–10; 认为是保护印第安盟友的参见: Alfred L. Burt, *The United States, Great Britain, and British North America: From the Revolution to the Establishment of Peace After the War of 1812* (New Haven, Conn., 1940), pp. 82–105; 但这两种观点都不否认两种动机在很大程度上是不可分割的。关于对这些分歧的评论, 参见 Combs, *Jay Treaty*, pp. 191–192。

15. 参见注释19。

16. 参见注释28。

17. Charles R. Ritcheson, *Aftermath of Revolution: British Policy Toward the United States, 1783–1795* (Dallas, Tex., 1969), pp. 147–150. 关于最终的债务解决方案, 参见 Bradford Perkins, *The First Rapprochement: England and the United States, 1795–1805* (Philadelphia, 1955), pp. 138–149。

18. Grenville to Dorchester, Dispatches 22, 23, 24 (Secret), May 6, 1790, Douglas Brymner, ed., *Report on Canadian Archives, 1890* (Ottawa, 1891), pp. 131–133.

19. Samuel F. Bemis, "Relations between the Vermont Separatists and Great Britain, 1789–1791," *AHR*, XXI (Apr. 1916), 547–560; Ritcheson, *Aftermath of Revolution*, pp. 152–159; Frederick J. Turner, "English Policy Toward America in 1790–1791," *AHR*, VII (July 1902), 706–735, VIII (Oct. 1902), 78–86; Douglas Brymner, ed., "Vermont Negotiations," *Report on Canadian Archives, 1889* (Ottawa, 1890), pp. 53–58. 西班牙人也在与西部进行密谋; 除了上述第三份文件, 另参见 William R. Shepherd, "Wilkinson and the Beginnings of the Spanish Conspiracy," *AHR*, IXIX (Apr. 1904), 490–506。

20. Davenport, ed., *Morris Diary*, I, 520–523; Morris to Washington, May 29, 1790, *ASP: FR*, I, 123–125. 莫里斯当然是高估了英国对美国可能成为交战国的担忧。外交次长詹姆斯·布兰德·伯格斯(James Bland Burges)确实说过:"如果我们在与西班牙开战时要花一个星期的时间向他们发起猛烈进攻, 以摧毁他们的海军力量，使他们无法在海上与我们对抗，那么，在我们明确知道自己的处境前，我们应该得到美国人，最好还有俄国人的支持。"但美国并不是伯格斯真正关注的对象，他只是用它来举一个例子，为的是不受牵制地开战。伯格斯站在了他的朋友及上司利兹的一边，而利兹反对皮特所采取的更慎重的做法。参见 Burges to Leeds, June 27, 1790, 引自 Norris, "British Cabinet in Nootka Crisis," p. 575n。

21. *Canadian Archives*, *1890*, pp. 134–143. 贝克维斯的报告中与和汉密尔顿的面谈有关的部分，参见134–136；根据朱利安·博伊德（Julian Boyd）所言，档案管理员错误地把这一部分内容标注为1号（这是威廉·塞缪尔·约翰逊的文档编号），而实际上应该是7号（这是汉密尔顿的文档编号）。参见 *Number 7*, p. 33n。Beckwith to Grenville, Apr. 7, 1790, 引自 Bemis, *Jay's Treaty*, p. 790。

22. 多切斯特交给贝克维斯两套指令（"机密"和"次等机密"）。参见 *Canadian Archives*, *1890*, pp. 143–144。关于他与汉密尔顿7月8日的面谈，唯一的记录就是汉密尔顿当日写给华盛顿的备忘录，参见 *PAH*, VI, 484–485。博伊德试图表明，贝克维斯实际上并没有说过汉密尔顿在备忘录中引用的那些话，不过，这一观点并不是基于对贝克维斯和汉密尔顿各自记录的比较（贝克维斯没有记录），而是根据多切斯特给贝克维斯的指令推论出来的。事实上，这些指令和汉密尔顿备忘录中的内容相当吻合——除了双方联盟的前景，由于汉密尔顿愿意相信这一点，他显然高估了联盟的前景。感兴趣的读者不妨自己查看这些文件，参见 Boyd, *Number 7*, pp. 143–149。多切斯特显然想为英国政府没有认真对待莫里斯找借口，他不仅提到了履行条约的困难，而且还称莫里斯不是一位正式获得授权的公使（参见注释27）。华盛顿似乎并不接受这一笨拙的解释。

23. *DGW*, VI, 94–95；杰斐逊7月12日提出的关于汉密尔顿应该对贝克维斯说什么的建议，参见 *PTJ*, XVII, 110。关于汉密尔顿与贝克维斯后续面谈的报告，参见 *PAH*, VI, 493–498, 546–549, 550–551；VII, 70–74, 111–115, 440–442；VIII, 41–45, 342–343, 475–477, 544–545；IX, 29–30。另参见 *Canadian Archives*, *1890*, pp. 145–146, 148–151, 158–159, 161–168, 172。

24. 同上，p. 161。Hamilton to Washington, July 15, 1790, *PAH*, VI, 495。Jefferson to William Carmichael, Aug. 2, 1790, 以及 "Outline of Policy on the Mississippi Question," 日期同上；to Washington, Aug. 27, 1790；*PTJ*, XVII, 111–116, 129–130。Hamilton to Washington, Sept. 15, 1790, *PAH*, VII, 36–57。

25. *Canadian Archives*, *1890*, pp. 148–149；*PAH*, VI, 497.

26. Davenport, ed., *Morris Diary*, I, 597-604. Morris to Leeds, Sept. 10, 1790; Morris to Washington, Sept. 18, 1790, *ASP: FR*, I, 125-127.

27. 关于莫里斯是否作为不受欢迎的人结束了任务，是一个很有趣的例子，表明根据对上下文的不同理解，对同一证据的解读会有多么大的差异。贝米斯（Bemis）认为，如果换另外一个人执行莫里斯的任务，也许会有不同的结果，而且可能更符合美国的利益，他指出："莫里斯不懂得变通，他的行为让他在英国政府和王室都不受欢迎。"里奇森（Ritcheson）认为莫里斯把原本存在的达成谅解的可能性搞砸了，他将这归咎于莫里斯对拉吕泽尔恩（La Luzerne）的信任、他和福克斯的交往，以及他在利兹和皮特面前表现出的趾高气扬：他"太认死理，不懂人情世故"；他"过于高估自己的力量，从而削弱了自己能在伦敦发挥的作用"（汉密尔顿自己的反应也颇为相似）。博伊德的目的是利用所有机会证明汉密尔顿的两面性与欺骗性，因此他用了一整章来论证有关莫里斯行为的叙述其实是汉密尔顿捏造的，在汉密尔顿关于他与贝克维斯面谈的报告中，当提及莫里斯的任务时，汉密尔顿将编造的内容以贝克维斯的名义讲了出来。尽管库姆斯（Combs）思想开明，但对博伊德如此复杂的理论以及汉密尔顿编造出这些内容持怀疑态度，因为这个理论似乎假定贝克维斯的报告是完整的，但实际上并非如此；此外，该理论是基于贝克维斯没有说过的话，而不是他的确说过的话。这些内容几乎肯定是贝克维斯讲出的，汉密尔顿只是对他太轻信了，相信是莫里斯搞砸了一些本来有希望的事情。根据常识判断，库姆斯的观点很有可能是对的。参见 Bemis, *Jay's Treaty*, p. 84; Ritcheson, *Aftermath of Revolution*, p. 102; Boyd, *Number 7*, pp. 66-72; Combs, *Jay Treaty*, pp. 52-55。

但不管怎么说，"不受欢迎的人"这个描述都太夸张了。莫里斯的装腔作势无疑令人恼火。但无论他是不是摆架子，大概结果都不会有很大差别，无非是摆架子给英国人提供了一个拖延时间的理由。在这一点上，莫里斯本人可能为自己做了最好的辩护。他在后来写给罗伯特·莫里斯的信中说："我认为，这是他们敷衍美国的一个绝佳理由。无论是出于什么原因，英国人都会辩称，他们之所以没有给美国恩惠，是因为派去请求他们施惠的人不讨人喜欢。但我相信，英国政府绝不会向英国人民承认，愿意牺牲自己的利益来取悦一个讨人喜欢的家伙。"参见 Davenport, ed., *Morris Diary*, I, 616。

28. 5月31日，格伦维尔就交出哨所一事咨询了弗雷德里克·哈尔迪曼德（Frederick Haldimand）爵士，也就是多切斯特之前的上一任加拿大总督。哈尔迪曼德认为，可以安全地撤离哨所，他还说："如果美国人坚持要拥有这些哨所，那么就应该拿有价值的东西作为英国放弃哨所的交换条件。"参见 *Canadian Archives*，1889，p. 287；Burt，*U.S.，Great Britain，British North America*，pp. 111-112。类似的意见很快传入莫里斯耳中。参见 Davenport, ed., *Morris Diary*，I，123，542-543；Morris to Washington，May 29，1790，*ASP: FR*，I，125。但格伦维尔还是希望保障毛皮贸易和边境的和平，正是出于这些考虑，他想到了将印第安人居住区作为缓冲区的方案。关于这个方案，参见 Bemis，*Jay's Treaty*，Ch.6。

29. 12月，莫里斯返回伦敦，这次他根本没有见到利兹。不过，他确实与外交次长詹姆斯·布兰德·伯格斯交换过意见，伯格斯告诉他，英国已经决定派驻一名公使，但这要取决于霍克斯伯里即将提交的报告。"得到确认后，将立即启动各项工作。希望我们很快就能互换公使……"参见 Morris to Jefferson，Dec. 28，1790，*PTJ*，XVIII，367-368。

30. 其中最极端的评价参见 Boyd，*Number 7*。

31. 参见 Ritcheson，*Aftermath of Revolution*。

32. 与贝克维斯就这些问题的讨论参见 *Canadian Archives*，1890，pp. 126，127，150，161，163，164，171，172。汉密尔顿没有直接提及分离主义运动，但他多次强调美国需要获得密西西比河的航行权，并明确表示，这对于控制西部地区很重要。他还多次明确声明，美国不会容忍外界干涉其与印第安人的和平进程。

33. Malone，*Jefferson*，II，319，331-332；Report on Relations with Great Britain，Dec. 15，1790，*PTJ*，XVIII，302.

34. Malone，*Jefferson*，II，337.

35. *ASP: FR*，I，13-15；*AC*，1 Cong.，3 Sess.，1789，1791，1792-1797；Washington to Madison，Dec. 11，1790；*PJM*，XIII，311-314，316-318.

36. *PTJ*，XVIII，301-303，423-436，565-570；XIX，206-220.

37. *PTJ*，XVIII，232-233；*DHFFC*，III，728；*PTJ*，XVIII，304-307，237；*ASP: FR*，I，128；*PTJ*，XVIII，237；*DHFFC*，III，734.

38. *PAH*，VII，210-236，256-342.

39. 比较参考 Madison to Hamilton，Nov. 9，1789，同上，V，525-527；*DHFFC*，I，656；Maclay，*Journal*，pp.381-383，385-391，398-399，401。关于这场辩论，参见 Kenneth Bowling，"Politics in the First Congress，1789-1791"（未发表的论文，U. of Wisconsin，1968），pp. 237-240。

40. 参见上文，117-118。只要债券价格明显低于面值，就仍然是一种投机，持有者卖出债券时，也就放弃了债券继续升值带来的收益。然而，一旦价格达到面值，债券的投机价值就会急剧减少。它们可能还会继续升值，但只是小幅度和短暂的，因而成为一种获得可靠利息收入的稳健投资工具。如果持有人想把自己的资本投向商业或工业企业，可以很方便地在欧洲货币市场将债券兑换为钱币。

41. 关于汉密尔顿设计的银行章程的详细内容，参见 Report，*PAH*，VII，334-337。当时已有的三家州银行的总资本加起来还不到200万美元。参见 Forrest McDonald，*Alexander Hamilton: A Biography*（New York，1979），pp. 189-210。

42. David Hume，*Essays Moral, Political and Literary*，T. H. Green and T. H. Grose，eds.（London，1882），I，311-312，339-340；对比参考 Report，*PAH*，VII，306-307，和 Adam Smith，*An Inquiry into the Nature and Causes of the Wealth of Nations*（New York，Modern Library ed.，1937），pp.304-305；Charles F. Dunbar，*Economic Essays*（New York，1904），p. 92；Bray Hammond，*Banks and Politics in America, from the Revolution to the Civil War*（Princeton，NJ.，1957），pp. 128-134。关于汉密尔顿的计划所借鉴的理论，最详尽的讨论参见 *PAH*，VII，236-256的编辑介绍说明。个人认购者付款方式的比例是3/4的联邦债券加1/4的钱币，但政府出资完全以钱币形式，使得债券在银行总资本中的比例从3/4变为3/5。

43. 例如他在1790年1月9日关于公共信用的第一份报告中提出的互助会和偿债基金。参见 Dunbar，*Economic Essays*，pp. 77-79，82-88。

44. 然而，正如皮特自己曾对亨利·邓达斯（Henry Dundas）所说的那样，"在处理国家事务时，应该有一位公认的、真正的大臣，在议会中拥有最重要的权力，深得国王的信任并处于最核心地位……这一权力必须掌握在首席大臣手中；该大臣应该……掌管财政大权"。参见 Ehrman，*Pitt*，I，281。"值得一提的是，"邓达斯说，"……与目前国会批准的职责范围相比，在英国政府的早期职位设置中，财政部长更接近于英国财政大臣的职位。"参见 *Economic Essays*，p. 71。

45. Ehrman，*Pitt*，I，157-158. William Bingham to Hamilton，Nov. 25，1789；Samuel Paterson to Hamilton，Sept. 30，1790；*PAH*，V，547-548，VII，81-82。

46. Ehrman，*Pitt*，I，239-275。

47. *PAH*，V，488。"我突然想到，"一位苏格兰崇拜者在给汉密尔顿寄去一些关于英国金融的资料时写道，"伟大的天才可能会希望读一读他们同时代人的作品。英国有许多人认为，皮特先生太渴望在各国之间称霸了，以致尽管英国本身的资源非常丰富,他却没能减少国家的债务。我很高兴,通过阅读您的演讲,证实了我对贵国资源所持的观点。"参见 Samuel Paterson to Hamilton, Sept. 30, 1790, 同上, VII, 82。

48. *DHFFC*, I, 516, 522, 536; Maclay, *Journal*, pp. 364, 368–374; *AC*, 1Cong., 3 Sess., 1738, 1739, 1741, 1745, 1746, 1748, 1873, 1875, 1891–1894. 国会议事录和其他一些资料的重印本,参见 Matthew St. C. Clarke and D. A. Hall, eds., *Legislative and Documentary*, *History of the Bank of the United States*, *Including the Original Bank of North America*(New York, 1967)。另参见 *DHFFC*, IV, 164–215。

49. *AC*, 1 Cong., 3 Sess., 1891, 1936; Maclay, *Journal*, p. 368. 关于银行的辩论,参见 Benjamin B. Klubes, "The First Federal Congress and the First National Bank: A Case Study in Constitutional Interpretation," *Journal of the Early Republic*, X(Spring 1990), 19–41。

50. Bowling, "Politics in the First Congress," pp.233–236; Fisher Ames to George R. Minot, Feb. 17, 1791, *WFA*, I, 95–96; William L. Smith, *The Politicks and Views of a Certain Party*, *Displayed*(Philadelphia, 1792), pp.16–17.

51. *AC*, 1 Cong., 3 Sess., 1894–1902. 在会期的最后几天通过了一项补充法案,将认购开始时间推迟到了1791年7月4日,并确定3%和6%利率的联邦债券均可用于认购。与汉密尔顿的方案不同的是,最初的参议院议案中包含了关于银行分支机构的条款——尽管麦迪逊并不认为这一点符合他反对单一银行的意见。参见 Stuart W. Bruchey, "Alexander Hamilton and the State Banks," *WMQ*, 3rd Ser., XXVII(July1970), 349–378; *PAH*, IX, 538–539; *PJM*, XIII, 372–381。与麦迪逊的预言相反,所有联邦债券都在6月1日前后开始上涨;7月4日,银行股票的认购证开始发售,极大地刺激了债券价格;到8月初,利率6%的债券价格已达到面值,并继续上涨。"麦迪逊在这件事上暴露出了他的弱点,"约瑟夫·戴维斯(Joseph S.Davis)说,"无论是作为心理学家还是经济学家。"参见 *Essays in the Earlier History of American Corporations*(Cambridge, Mass., 1917), I, 202n。尤其是上述文献中187页和210页的图表。

52. *AC*, 1 Cong., 3 Sess., 1903–1909.

53. 塞奇威克在2月4日发表演讲,格里在2月7日发表演讲。参见同上, 1910, 1914, 1945–1954。

54. 同上, 1919–1928。另参见 *Federalist*, Cooke ed., pp.303–305。

55. *AC*, 1 Cong., 3 Sess., 1956–1960; Elizabeth Fleet, ed., "Madison's 'Detached Memoranda,'" *WMQ*, 3rd Ser., III (Oct. 1946), 542; *PJM*, XIII, 383–388.
56. Clarke and Hall, eds., *Documentary History*, pp.86–91.
57. 同上, pp.91–94; *PTJ*, XIX, 275–280。
58. 华盛顿在征询函中附上了他们二位的意见；参见 Washington to Hamilton, Feb. 16, 1791, *PAH*, VIII, 50。
59. 同上, pp.63–134。
60. 杰斐逊和麦迪逊的传记作者都没有为他们二人的观点进行任何辩护；参见 Malone, *Jefferson*, II, 341–344; Brant, *Madison*, III, 331–332。另参见注释49中克卢布（Klubes）的著作。
61. Madison to Jefferson, May 1, 1791, *PJM*, XIV, 16.
62. 杰斐逊1784年的计划，参见*PTJ*, VII, 194–202。*Journals of the Continental Congress*, XXXI, 876–878。
63. C. Doris Hellman, "Jefferson's Efforts Toward the Decimalization of U.S. Weights and Measures," *Isis*, XVI (Nov. 1931), 266–314; Malone, *Jefferson*, II, 276–281; Broadus Mitchell, *Alexander Hamilton* (New York, 1957, 1962), II, 118–122; *PTJ*, XVI, 650–655; Jefferson to Hamilton, Dec. 29, 1790, Jan. 24, 1791, *PTJ*, XVIII, 459–460.
64. Report on the Establishment of a Mint, Jan. 28, 1791, *PAH*, VII, 570–607.
65. 同上，573页及以后的内容。
66. Jefferson to Hamilton, Jan. 24, 1791, *PTJ*, XVIII, 460.
67. Hamilton to Edward Carrington, May 26, 1792, *PAH*, XI, 434–435; *WGW*, XXXI, 403; *Statutes at Large*, I, 246–251.
68. 比较参考*PAH*, VII, 389–390, 408, 423–424, 425–426, 451–452; VIII, 26, 179–180, 234–235, 268, 278–279, 284–286, 289–290, 330, 450, 503–504。
69. Jefferson to Mason, Feb. 4, 1791; to Innes, Mar. 7, 13, 1791; *PTJ*, XIX, 241–242, 521–522, 542–543.
70. Malone, *Jefferson*, II, 354–359.
71. "汉密尔顿上校和贝克维斯上校公开反对我，他们提出一个新观点，认为我可能会冒犯伦敦的王室。汉密尔顿还说，这意味着我反对政府。我的指责针对的是政府的敌人，即那些想把政府变为君主制的人，而他企图把我的指责转向政府本身。"参见 Jefferson to Madison, May 9, 1791, *PTJ*, XX, 293-294。

72. Jefferson to Washington, May 8, 1791; to Adams, July 17, Aug. 30, 1791; Adams to Jefferson, July 29, 1791; 同上, 291-292, 302-303, 310-312, 305-307。麦迪逊从贝克利那里听来并已经告诉了杰斐逊,"普布利克拉"就是约翰·昆西·亚当斯。参见 Madison to Jefferson, June 23, July13, 1791, *PJM*, XIV, 35-36, 46-47; Malone, *Jefferson*, II, 363-370。

73. Jefferson to Washington, Sept. 9, 1792, *PTJ*, XXIV, 356; 另见 Editorial Note and correspondence, 同上, XX, 718-759。

74. Lewis Leary, *That Rascal Freneau: A Study in Literary Failure* (New Brunswick, N.J., 1941), p.84.

75. 同上, pp. 113, 115。

76. 同上, p. 189。

77. Jefferson to Freneau, Feb. 28, 1791; Freneau to Jefferson, Mar. 5, 1791; *PTJ*, XX, 351, 416-417. Madison to Jefferson, May 1, 1791, *PJM*, XIV, 14-16. Jefferson to Madison, May 9, 1791; to Thomas Mann Randolph, May 15, 1791; *PTJ*, XX, 293, 414-416. Madison to Jefferson, July 10, 1791, *PJM*, XIV, 42-44. Jefferson to Madison, July 21, 1791, *PTJ*, XX, 657. Madison to Jefferson, July 24, 1791; Freneau to Madison, July 25, 1791; Madison to Charles Simons and Mann Page, Aug. 1, 1791; *PJM*, XIV, 52-53, 57, 72-73. Freneau to Jefferson, Aug. 4, 1791, *PTJ*, 754. Madison to James Madison, Sr., Nov. 13, 1791; to Henry Lee, Dec. 18, 1791; *PJM*, XIV, 106-107, 154-155. Malone, *Jefferson*, II, 423-427. Brant, *Madison*, III, 334-336.

78. Jefferson to Madison, July 10, 1791, *PTJ*, XX, 616。麦迪逊写道:"我衷心祝愿您在潘恩这件事上取得成功。这不仅是他应得的好处,而且,此刻对他的任命将在各方面为公众谋福利。"参见 To Jefferson, July 13, 1791, *PJM*, XIV, 47。8月12日,马萨诸塞州的蒂莫西·皮克林(Timothy Pickering)被任命为邮政总长,接替即将退休的塞缪尔·奥斯古德。

79. Jefferson to Livingston, Feb. 4, 1791; Livingston to Jefferson, Feb. 20, 1791; *PTJ*, XIX, 240-241, 295-296。

80. Claude G. Bowers, *Jefferson and Hamilton* (Boston, 1925), p. 108. 鲍尔斯没有提到这次旅行,但他用了一整章的篇幅(参见 "Jefferson Mobilizes," pp. 140-160)

来给人留下一种印象，即杰斐逊和他的"副手"在18世纪90年代初有意识地在各州组织活动。在一本受欢迎的教科书中也提到了这次旅行的成果："1791年夏天，杰斐逊和麦迪逊沿哈德逊河北上进行了一次'植物学之旅'，他们无疑发现了研究阿尔斯特县和奥尔巴尼附近的蓝珠百合和其他耐寒多年生植物的机会。"参见 Samuel E. Morison and Henry S. Commager, *The Growth of the American Republic*（New York, 1942）, I, 343。

81. 相关讨论参见 Alfred F. Young, *The Democratic Republicans of New York: The Origins, 1763–1797*（Chapel Hill, N.C., 1967）, pp.194–201；另见 editorial note, *PTJ*, XX, 434–445。

82. 事实上，他们在2月的书信往来中讨论过这些问题（参见注释79）。

83. George Dangerfield, *Chancellor Robert R. Livingston of New York, 1746–1813*（New York, 1960）, pp.241–255。

84. Troup to Hamilton, June 15, 1791, *PAH*, VIII, 478–479; Bemis, *Jay's Treaty*, p.115 and nn.

85. Davis, *American Corporations*, I, 202–212. 除了在1792年3月出现过一次短暂下跌，当时汉密尔顿通过用偿债基金购买股票的方法弥补了损失。

86. Jefferson to Monroe, July to, 1791; to Pendleton, July 24, 1791; to Madison, July 24, 1791; *PTJ*, XX, 298, 669–670, 666–667. 杰斐逊把7%（他假定银行要支付的股息）和6%（可用于认购银行股票的一种联邦债券的票面利息）加在一起，得到了"13%"，他认为这个数额就是公众要为银行票据流通而支付的成本。但6%的产生并不是因为银行和货币，而是由于公共债务。公共债务早已存在，不会因为成立新银行发生任何变化，而7%则是银行商业活动的利润。换一种方式来看，流通媒介（银行纸币）的便利并不是由普通公众付费，而是由那些从银行借款的人付费。

在这方面，值得注意的是，银行实际收到的钱币数额，远未达到法案规定的购买股票应支付的钱币款项。股票认购款中3/4以联邦债券支付，其余的用钱币支付，可以分期。当分期付款到期时，银行已经开始营业了，而银行纸币被认定为钱币的等价物，因此，人们自然会用纸币替代钱币进行付款。参见 Hammond, *Banks and Politics*, pp.123–143。

87. Madison to Jefferson, July 10, Aug. 4, 8, 1791, *PJM*, XIV, 42–43, 65, 69。

88. Jefferson to Rutledge, Aug. 25, 1791, *PTJ*, XXII, 73–75。

89. 没有关于乔治·哈蒙德的传记。参见 *Dictionary of National Biography*, ed. Sir Leslie Stephen and Sir Sidney Lee（Oxford, 1885–1901），VIII, 1125–1126 中悉尼·李（Sidney Lee）撰写的一篇短文；"King George's First Envoy," in Beckles Willson, *Friendly Relations: A Narrative of Britain's Ministers and Ambassadors to America（1791–1930）*（Boston, 1934），pp.3–18；Leslie Reade, "'George III to the United States Sendeth Greeting …,'" *History Today*, VIII（Nov. 1958），770–780。关于桑顿，参见 S. W. Jackman, ed., "A Young Englishman Reports on the New Nation: Edward Thornton to James Bland Burges, 1791–1793," *WMQ*, 3rd Ser., XVIII（Jan. 1961），85–121。"面色红润"的描写出自威廉艾娜·邦德·卡德瓦拉德（Williamina Bond Cadwalader，菲尼亚斯·邦德的妹妹）写给她妹妹的一封信，参见 Beckles Willson, p.6。关于哈蒙德与邦德的关系，参见 Joanne L.Neel, *Phineas Bond: A Study in Anglo-American Relations, 1786–1812*（Philadelphia, 1968），85 页及以后的内容。

90. Liston to Henry Cunningham, 引自 Willson, *Friendly Relations*, p. 19。

91. 同上，p.17。

92. 参见上一注释，pp.216–217, 221；Ritcheson, *Aftermath of Revolution*, 138 页及以后的内容；以及 editorial note, *PTJ*, XVIII, 220–283。

93. 这份报告的印刷数量有限，不久后即被收回；但报告后来被收录于 *Collection of Interesting and Important Reports and Papers on the Navigation and Trade of Great Britain, Ireland, and the British Colonies in the West Indies and America*（London, 1807）。杰斐逊得到了报告的一份摘要，并收录于自己的文集。这份摘要（不是报告原文）后被沃辛顿·C.福特（Worthington C. Ford）以 *Report of a Committee of the Lords of the Privy Council on the Trade of Great Britain with the United States* 为标题重印（Washington, 1888）。另参见 *PTJ*, XVIII, 267–272。霍克斯伯里起草的指令和格伦维尔的最终版指令，参见 IBM, pp. 2–19。

94. 关于霍克斯伯里与格伦维尔观点的差异，参见 Ritcheson, *Aftermath of Revolution*, pp. 141–142。

95. 例如，参见 Brymner, *Report on Canadian Archives, 1890*, p. 140；Hammond to Grenville, Apr. 2, 1793, PRO: FO 5/ 1。

96. Hammond to Grenville, Oct. 23, Nov. 1, 16, 1791（Dispatches 1, 2, 4），PRO: FO 4/ 11, II; Hammond to Grenville, Nov. 1, 1791（private），*Manuscripts of J. B.*

Fortescue, Esq., Preserved at Dropmore(London, 1894), II, 223.

97. Jefferson to Hammond, Nov. 29, 1791, *PTJ*, XXII, 352–353; Thornton to James B. Burges, Dec. 5, 1791, Jackman, ed., "Young Englishman," p. 95.
98. Hammond to Jefferson, Nov. 30, 1791, *PTJ*, XXII, 356–357.
99. Jefferson to Hammond, Dec. 5, 1791, 同上, 378–379。
100. Hammond to Jefferson, Dec. 6, 1791; Jefferson to Hammond, Dec. 13, 1791; Hammond to Jefferson, Dec. 14, 1791; 同上, 380–381, 399, 402–403。
101. Hammond to Grenville, Dec. 6, 19, 1791（Dispatches 8, 13）, PRO: FO 4/11, III.
102. Benjamin Hawkins to Jefferson, Mar. 26, 1792, *PTJ*, XXIII, 342–343.
103. 即使当驻美公使即将启程的消息已得到确认时，杰斐逊仍然对爱德华·拉特利奇说，英国人"不会认真对待或履行条约"，哈蒙德和桑顿到达美国后不久，就听说了他的这种观点。与此同时，杰斐逊仍然希望国会通过一项针对英国贸易的航行法案，并要求美国驻欧洲代表尽其所能地说服法国、西班牙和葡萄牙政府也采取类似行动。杰斐逊在1791年12月已经基本上写好了关于与英国贸易的报告（其中建议了美国应该采取的措施），但在12月的一次内阁会议上，汉密尔顿成功地说服内阁暂时搁浅这份报告，理由是这会让杰斐逊与哈蒙德即将开始的谈判陷入尴尬。参见 Jefferson to Rutledge, Aug. 25, 1791, *PTJ*, XXII, 73–75; Hammond to Grenville, Nov. 16, 1791（Private）, *Dropmore*, II, 229; Thornton to Burges, Dec. 5, 1791, Jackson, ed., "Young Englishman," 95–96; Hammond to Grenville, Dec. 6, 19, 1791, Jan. 9, 1792（Dispatches 8, 13, 3）, PRO: FO 4/11, II-III, 4/14, I; Jefferson to David Humphreys, Mar. 15, 1791, and to William Carmichael, Mar. 17, 1791, *PTJ*, XIX, 572–574, 574–575; Jefferson to Speaker of House of Representatives, Feb. 22, 1792, 以及 Jefferson, Memorandum of Mar. 11, 1792, 同上, XXIII, 143, 258–262。关于杰斐逊希望与法国达成协议，参见 "Questions to be Considered Of," Nov. 26, 1791, 同上, XXII, 344。
104. Jefferson to Hammond, Dec. 15, 1791; Hammond to Jefferson, Dec. 19, 1791; *PTJ*, XX, 409–411, 422.
105. *ASP: IA*, I, 137–138.
106. Hammond to Grenville, Dec. 19, 1791（Dispatch 13）, PRO: FO 4/11, III; *PAH*, X, 373–374; "Conversation with George Beckwith, May 15, 1791," 同上, VIII, 342–343, 以及 Brymner, *Report on Canadian Archives, 1890*, p. 388。

107. Hammond to Grenville, Jan. 9, 1792（Dispatch 3）, PRO: FO 4/14, II; *PAH*, X, 493–496.

108. Hammond to Jefferson, Mar. 5, 1792, *PTJ*, XXIII, 196–212.

109. Jefferson to Hammond, May 29, 1792, 同上, 551–601; Bemis, *Jay's Treaty*, pp. 140, 144; Peterson, *Jefferson*, p. 453; Malone, *Jefferson*, II, 412, 414。

110. Hamilton to Jefferson, May［20–27］, 1792, *PAH*, XI, 408–414; Madison's Notes on Jefferson's Letter to Hammond［ca. May 16, 1792］, *PTJ*, XXIII, 514–516.

111. Hammond to Jefferson, June 2, 1792, *PTJ*, XXIV, 17–18. Hammond to Grenville, June 8, 1792（Dispatch 22）, PRO: FO 4/15; 节选的内容重印于 *PAH*, XI, 454–455。

112. 1793年前，没有任何弗吉尼亚州拖欠的英国债务得到偿还。根据1794年的《杰伊条约》成立了一个仲裁委员会，美国政府最终在1802年以60万英镑结清了这些债务。参见 Ritcheson, *Aftermatch of Revolution*, pp. 238–241; Charles F. Hobson, "The Recovery of British Debts in the Federal Circuit Court of Virginia, 1790 to 1797," *Virginia Magazine of History and Biography*, XCII（Mar. 1984）, 176–200。另参见 *PJnMl*, V, 259–263。

113. Malone, *Jefferson*, II, 410; *PTJ*, XXIV, 301.

114. Hammond to Grenville, June 8, 1792（Dispatch 22）, PRO: FO 4/15; Jefferson to Madison, June 4, 1792, *PJM*, XIV, 314–315.

115. Grenville to Hammond, Mar. 17, 1792, IBM, pp. 25–26; Hammond to Grenville, June 8, 1792（Dispatch 23）, PRO: FO 4/15; *PAH*, XI, 446–447.

116. 格伦维尔确认收到了杰斐逊的来信，表示他"暂且推迟对这些文件做特别考虑"，因为他将把文件转给菲尼亚斯·邦德（当时在伦敦休假）征求意见。同时，他让哈蒙德放心："国王陛下对您在此次事件中所持谨慎态度表示赞许……" 1792年秋，邦德向格伦维尔呈递了报告。1793年2月1日，英法战争爆发，直到1794年6月约翰·杰伊抵达英国后，双方才重新开始讨论这些问题。参见 Grenville to Hammond, Aug. 4, 1792, IBM, pp. 30–31; Bond to Grenville, Oct. 12, 1792, J. Franklin Jameson, ed., "Letters of Phineas Bond to the Foreign Office, 1787–89," *AHA: AR 1896*, I, 512。

117.［Oliver Wolcott］, *British Influence on the Affairs of the United States, Proved and Explained*（Boston, 1804）, pp. 14–15.

第七章
党派政治的出现:"共和派"

从1791年秋季到1792年秋季的12个月间,首次出现了可以被明确区分为反对党派的新生事物。促成这股新生力量的背景,一方面是财政部在政府决策中的影响力不断上升,另一方面则是杰斐逊和麦迪逊强烈呼吁阻止汉密尔顿完成其宏大设计。他们将部分获得成功,而在双方对峙过程中,自1789年底汉密尔顿的计划开始启动以来就不断积累的矛盾,也将在激烈的党派斗争中完全爆发出来。

然而,当汉密尔顿本人在1791年秋天展望未来时,他有充分理由满怀希望自己在两年前提出的国家发展计划,在很快开始的国会会议期间将被全面颁布为法律。自1789年就任财政部长以来,除了在债务接管问题上暂时陷入僵局和夏末短暂的财政恐慌之外,汉密尔顿一直很顺利。麦迪逊曾试图阻止建立国家银行,但正如他之前想要区分政府债券的原始持有人和当前持有人,以及阻止债务接管的努力一样,他的希望再次落空。此外,汉密尔顿的批评者曾预言,如果联邦政府接管巨额债务,美国的信用将会崩溃,但这一预言被证明大错特错。结果是联邦政府接管债务,不仅使美国的海外信用获得大幅改善,而且国内联邦债券的价格也迅速上涨。最后,即将抵达的英国公使有可能推动两国相向而行,离和解目标更进一步。当然,汉密尔顿此时还不知道乔治·哈蒙德会在杰斐逊国务卿那里遇到挫折。

汉密尔顿的计划中只剩下两个主要项目尚未实现。一是国会批准一项计划,通过关税和补贴政策直接援助国内制造业。另一个是建立一家示范性的制造业公司,凭借庞大的资金和组织规模,这家公司可以充分利用政府补贴和节省人工的新机器,并在与欧洲制造商的竞争中获得成功。汉密尔顿认为,这样一家公司能够为未来的美国工业家提供灵感和榜样。

第一节　汉密尔顿的工业愿景

1791年12月5日,汉密尔顿向国会提交了在后世广为人知的《关于制造业的报告》(Report on the Subject of Manufactures)。在此之前,众议院根据总统的建议,要求财政部长起草一项计划,"鼓励和促进能够让美国在必需品(特别是在军需品)方面不依赖于其他国家的制造业"。最初的建议无论是出自汉密尔顿还是来自华盛顿(华盛顿本人对制造业问题感兴趣已经有一段时间了),都不重要,因为该议题本身就是汉密尔顿总体设计中不可或缺的组成部分。[1]汉密尔顿利用此机会准备了一份重要的政策说明,他为此花费了一年多的时间。《关于制造业的报告》既是一系列具体建议,也是一部理论著作,其目的是为政府系统性地扶植工业发展奠定基础。

在理论方面,报告借鉴了同时代经济思想中的各种要素。然而,当把这些要素与美国的具体条件相结合时,在很多情况下从西方经验中找不到先例,因此汉密尔顿的报告表现出明显的创造性。他着力于发挥混合经济的优势，关注整个国家的生产力，体现了现代思想的特征。18世纪有一位作家的经历和见解与汉密尔顿在某种程度上相似，那就是大卫·休谟。休谟的优势在于，他处在苏格兰几乎完全是农业经济的关键时刻，见证了该国的崛起过程，比他的接班人亚当·斯密更直接地感受到这一进程的影响。正如我们所看到的，休谟的思想已经在汉密尔顿的头脑中留下了相当深刻的印象。《关于制造业的报告》敏锐地指出，制造业增长可能为占主导地位的农业经济带来诸多好处，在某种程度上，这是汉密尔顿所有著作中最能体现休谟思想的观点。

此外，汉密尔顿确信，在当前的多种因素作用下，1792年将成为幸运的一年，他计划中的最后一项主要内容有望在这一年里启动。其中一个因素是外国对美国贸易的限制；另一个是欧洲战争和内乱威胁不断增加。同时，融资活动和债务接管都非常成功，美国的海外信用状况良好。所有这些对欧洲投资者而言都具有强大吸引力，他们可能也正在寻找安全的投资领域。汉密尔顿在报告开篇就断言，外国对美国贸易的限制，再加上国内制造业活力增强的各种迹象，不仅让美国制造业的前途比以往任何时候都更光明，而且也为进一步鼓励制造业带来必要性和紧迫感。[2]

"然而，仍有一些受人尊重的意见领袖，不支持对制造业进行鼓励。"一些人（重农主义的信徒）认为，在任何情况下，农业都是最具生产力的经济活动形式；另一些人（亚当·斯密的追随者）的观点更为复杂，他们认为，支持制造业实际上会减少社会总财富。也就是说，一个国家应当集中精力从事它具有"天然"优势的行业；否则，效率最高生产者的利益将会被牺牲，以支持效率较低的生产者。简而言之，美国应该坚持发展农业，让自身和欧洲都从事各自擅长的事情。[3]

汉密尔顿先借助亚当·斯密的理论驳斥重农主义者的论点，然后再反过来质疑斯密关于自由贸易和自由放任的学说。他承认，关于农业"有一种很自然的观点，认为它优于其他任何行业"，但他坚持认为，很难证明这是一个普遍规则。为了夯实他的理论基础，汉密尔顿列举了一系列情形，在这些例子中，制造企业可以明显地提高社会的总生产力。首先是斯密自己的劳动分工原则，它将"耕种者和工匠的职业"分开，从而使劳动者节省了时间，完善了技能，并"提高了劳动生产力"。其次是机器的使用，这可以节省劳动力，而在制造业中机器的应用比在农业中广泛得多。此外，工业能够为那些本来可能无所事事的阶层，以及通常不适合从事农业劳动的人（如妇女和儿童），提供就业机会。工业还有助于吸引有用的新移民阶层，特别是熟练工匠。从一个更微妙的角度考虑（这一点更符合休谟而不是亚当·斯密的精神），工业可以为社会上各种各样的人才提供更广阔的天地，以及为事业进取开辟更多样的领域。最后，工业为剩余农产品创造了国内市场，这既维持了农民的活力，又保护他们免受国外市场不确定性的影响。[4]

接着，汉密尔顿开始反驳另一种论点，即在自由贸易体系下不需要发展混合经济，把工厂建在欧洲对美国来说更有效率。他坚称，事实上美国人所生活的世界并不是这样的。在现实世界中，外国限制始终存在，美国对外国制成品的需求不断增加，而外国对美国产品的需求则波动不定。因此，美国一直处于长期不利的地位。[5]

处于亚当·斯密学说核心的一个相关论点是，"如果任其自生自灭，工业自然会向最有用、最有利可图的方向发展"，因此，不需要政府的任何帮助。但这样的论点忽视了习惯和风俗的抑制作用。人们不会轻易地"自发转向新的事业"，"谨慎而精明的资本家"通常也不愿意把钱投入不确定的风险项目。因此，需要"政府的鼓励和资助"来克服旧习，并为犹豫中的投资者增加信心。此外，还有必要帮助制造商克服最初的障碍，在目前情况下，由于外国竞争者从各自的政府那里得到援助，更加大了这些障碍。简而言之，亚当·斯密的原则始终建立在

"其他条件相同"的假设上，而汉密尔顿则一直强调，这些条件通常是不相同的。[6]

在报告的理论陈述部分，汉密尔顿努力表明，资本稀缺并不是反对大规模发展制造业的正当理由。他建议的补救措施包括成立银行，因为银行"具有扩大一个国家流动资本的强大能力"，能提高美国对外国投资者的吸引力，这些已被经验证明。汉密尔顿反驳了对债务融资的指责，他称债务融资"消除了因资本匮乏而产生的所有不安"。他坚信，尽管债务融资本身不等于国家实际财富的增长，但却是实现国家财富增长的一种强大手段。只要债务不过度，为偿还债务而征收的税赋就有可能激励全社会更加努力。此外，由于公共债务可以自由转让，它还可以作为一种媒介，当难以说服外国人直接投资美国制造业时，它可以吸引他们进行间接投资。换句话说，债务本身是一种有利可图的投资，在欧洲出售债券相当于把钱币进口到美国，如果将这些钱投资于机器，最终产生的利润将大于债券的利息。总之，债务融资对整个社会的作用"就像一位节俭的农场主借钱，用于改善他的农场，最终可能会增加他的实际财富"。[7]

汉密尔顿做出了一个综合性的论断——对一个现代的发展中国家而言，这种观点已被视为理所当然——混合经济比纯农业经济"更有利可图，更繁荣"。与完全依赖外国市场的情况相比，混合经济下对农产品的需求更稳定。对外国客户而言，混合市场更具多样化，因而也更有吸引力。它不太容易受到市场波动的影响，受到冲击的可能性较小。贸易平衡通常更有利于混合经济而不是农业经济，因为"进口制成品似乎总是在消耗纯农业人口的财富"。鼓励一个国家的制造业不一定以牺牲农业为代价。对特定制造业的特殊鼓励政策也许看上去"为了制造商的利益而牺牲了土地所有者的利益"（汉密尔顿想到的是美国南方和北方之间可能产生的利益冲突），但"制造业的总体繁荣与农业

的总体繁荣是密切相关的"。⁸

最后，汉密尔顿建议对特定的制造业产品实行征收保护关税、补贴和奖励相结合的措施。这些建议本身很温和，但其总体意图是推出一项明确的政策，使政府为整个国家利益而积极支持工业发展。⁹

亚当·斯密提出的释放商人——企业家能量的论点，无疑给汉密尔顿留下了深刻印象，但斯密担心企业家会受到"非自然的"限制，而汉密尔顿则认为企业家还会受到一些完全"自然的"限制，为了克服这些限制，企业家在一开始不仅需要自由，而且需要积极鼓励。另外，如果认为汉密尔顿的论点是一种"新重商主义"，那将产生误导。重商主义是为了国家的目的而有意识地控制经济的政策；而汉密尔顿是为了调动整个社会的活力而对关键部门采取短期刺激措施，因此，他的论点主要是一种经济概念，而不是政治概念。同样，如果把汉密尔顿与19世纪早期的保护性关税理论家相提并论，也会产生误导，因为后者也许从汉密尔顿那里得到了启发，但汉密尔顿的目标比他们的复杂得多，远远超出了简单的保护目的（事实上，如果生活在19世纪，汉密尔顿很可能是一名自由贸易主义者：他认为任何利益都不应该一成不变和轻松获得）。对汉密尔顿更具启发性的是大卫·休谟在18世纪中期的著作。休谟敏锐地看到城市和工业扩张所起到的带动作用，而不是像亚当·斯密那样，将这种增长完全交给人们的自然理性或非人格化的"规律"。¹⁰

尽管休谟的思想作为汉密尔顿思想的试金石很有价值，但也只是被运用在一定的范围内。休谟当然认识到了商业活力对一个毫无生气的农业社会能够产生积极影响，并且理解这种影响是一种社会学现象，而不是因为一只看不见的手。然而，休谟没有像汉密尔顿那样，生活在一个拥有丰富资源、在粮食生产上不受限制的未开发大陆，也不像汉密尔顿那样处于一个可以影响事件发展的历史关头。

传统经济学的一个基本假设是资源始终处于某种均衡状态，其核心问题是如何对资源进行最有效分配。直到最近，彼得·德鲁克（Peter Drucker）才提出，"真正的经济学家承认，有目的地创造动态不平衡不仅有可能，也是有意义的"。在《关于制造业的报告》中，汉密尔顿提出在帕塞克大瀑布附近兴建一个工业园区，其目的正是建立这种"动态不平衡"。具体地说，大量制造企业的出现，不仅会起到有益的示范作用，而且这些企业会向高度差异化发展，利用未使用的资源，创造未曾发现的需求，为旧的行业指明新方向。为此，汉密尔顿宣称，"地面和地下的每一处都会被翻遍，目的是寻找之前被忽略的东西。动物、植物和矿物都将获得前所未有的效用和价值"。[11]

"建立有用制造业协会"（The Society for Establishing Useful Manufactures）是对汉密尔顿理论构想的一次实践。事实上，该协会在提交报告的前不久就成立了，在7月至11月之间进行了最初的一些组织工作，新泽西州立法机构通过了它的成立章程。协会的实际推广工作由其他人负责，但这个计划本身主要出自汉密尔顿之手，他可能起草了协会的计划书和特许文书。在细节方面，他得到了财政部助理部长坦奇·考克斯（Tench Coxe）的热心帮助。[12]虽然汉密尔顿从来没有在该协会担任过管理人员，甚至不是协会股东，但这个组织体现了他长久以来最重视的期望，他为其付出了大量的时间和精力，并给予其巨大的支持。

协会的近期目标包括购买土地（不久后在帕塞克河沿岸获得了700英亩土地）、规划一个城镇、建造住宅和"厂房"、安装机器、雇用技术熟练的工匠和其他工人，以及尽快地投入运营。生产的物品有纸、硬纸板、帆布、棉布和亚麻布、印花布、毯子、地毯、线、丝带、长袜、女鞋、草帽、陶器及瓦器、铜丝和铁丝等。可能还有"一个专供制造商的啤酒厂"。如果这样一个庞大的生产基地蓬勃兴起，将对今后各地的制造业产生令人振奋的影响。[13]

协会的法定资本总额设定为50万美元,以后可以增加到100万美元。1791年7月和8月进行了初始的10万美元资本的认购,当9月下旬向公众开放剩余股份的认购时,几天内就被抢购一空。主要认购者包括伊莱亚斯·布迪诺特、尼古拉斯·洛(Nicholas Low)、威廉·康斯特布尔(William Constable)、马修·克拉克森(Matthew Clarkson)、安德鲁·克雷吉、亚历山大·马科姆(Alexander Macomb)、约翰·平塔德(John Pintard)、乔纳森·代顿(Jonathan Dayton)、理查德·斯托克顿(Richard Stockton)、布罗克霍尔斯特(Brockholst)、亨利和菲利普·利文斯顿(Philip Livingston),以及极具影响力的威廉·杜尔。[14]

下一步就是说服新泽西州立法机构为协会批准一份慷慨的特许状;这方面也取得了令人满意的成功。1791年11月22日,威廉·帕特森(William Paterson)州长签署了新建一个小镇的法案,并以他自己的名字为小镇命名。接下来是选出协会董事,杜尔上校当选为协会的"会长"。汉密尔顿本人受协会委托,寻找技术熟练的外国人来监督各个制造部门。[15]

在当时圣诞节日的欢乐气氛中,亚历山大·汉密尔顿一定感觉前途一片光明。他花费大量时间、孜孜不倦地撰写的那份重要报告已经完成,并提交给了国会。建立有用制造业协会已经成功地启动了。联邦债券的价格继续上扬,银行股票和建立有用制造业协会认购证的行情也看涨,8月份短暂经历的金融动荡已成为遥远的记忆。事实上,到了1月份,建立有用制造业协会的认购证已从最初的每股售价19.91美元大涨到每股50美元。[16]

然而,伴随1792年新年而来的将是一系列令人失望的事件。汉密尔顿可能还不知道,建立有用制造业协会的一些主要发起人——包括协会会长威廉·杜尔——此时已经出售了他们认购的部分或全部股份,获得了丰厚利润。如果汉密尔顿希望实现自己的愿景，他最需要依赖的恰恰是这些人的想象力和活力。然而，当汉密尔顿憧憬着提升经济发展和增加国家财富的时候，这些人关注的问题却仅限于眼前的投机收益。到了1792年初春，他们的所作所为将成为财政部长沉重的负担。与此同时，汉密尔顿还面临着一个更紧迫的威胁：托马斯·杰斐逊和詹姆斯·麦迪逊针对他本人及他的所有政策展开了坚决的行动。

第二节　麦迪逊修改《联邦党人文集》

20世纪下半叶涌现出许多新的民族国家——其中一些是通过革命的手段，这使得国家经济发展重新成为一个敏感的问题。但正如理查德·霍夫施塔特所观察到的那样，人们同样也很关注"政治发展的普遍现象"。现在，这两个问题与我们早期历史的相关性要比以往任何时候都更明显；甚至可以说，直到近期这两个问题才被以广泛、概括的形式表述出来，无论是在政治领域还是经济领域都是这种情况。[17]

过去人们一直认为反对党是固有的现象，但现在看来，很显然，在一个通过革命而建立起来的国家，如果没有激烈对抗，就不会出现反对党。在近代史上，美国的经历是体现这一原则的第一个重要实例。新的共和国从革命中孕育出来，它的前途充满不确定性，但这并不是抑制党派形成的唯一因素。其他的限制因素还包括一整套政治信仰和学说，而这些早在革命之前就已经存在了，其可以追溯到18世纪早期的英国，当时任何形式的党派和派系都被视为邪恶力量，具有破坏性和颠覆性。因此，在18世纪90年代的美国，任何一个正直的、有良知的公众人物，如果要参与派系政治，先不说别人怎么看，第一件事就是必须说服自己相信，他的所作所为没有违背所有人（包括自己在内）

都赞同的理论观点。这就是詹姆斯·麦迪逊当时面临的困境,而麦迪逊的应对方式不仅为政治实践带来了令人震惊的创新元素,对政治理论也进行了少量的但却意义重大的修改。

在1791年春夏季的大部分时间,麦迪逊和杰斐逊都在有计划地做准备,他们决心挫败汉密尔顿的计划,并削弱他对国会和总统的影响。麦迪逊本人则打算在众议院继续展开辩论,反对过于宽泛地解释宪法,因为汉密尔顿可能会利用对宪法的广义解释为所欲为。不过,麦迪逊和杰斐逊的活动远远不是反对国会的具体措施这么简单。他们还对全国各地知名人士的政治情绪试探一番,并开始考虑建立区域联盟的可能性。他们花了很多精力说服菲利普·弗雷诺来费城,创办一份有可能在全国发行的"共和派"报纸,还积极为这份报纸争取支持。弗雷诺的报纸于1791年10月31日开始出版,名为《国民报》。至少事后来看,这些活动都是形成政党的前期活动和特征。

霍夫施塔特教授认为,"组建一个合法的反对党——反对观点获得承认、组织有序、活动自由、可以通过和平手段取代现任政府的政党——是一个非常复杂的想法"。实际上,在共和国成立之初,甚至这种想法都不存在。相反,在18世纪的英美思想中,关于政党地位的"根深蒂固的观点"是"政党是邪恶的"。人们认为,社会应该尽可能成为一个有机整体,大家和谐相处,志同道合;党派制造了非自然冲突,并加剧了自然冲突;它们对政治秩序造成的破坏,可能会导致不稳定、无政府状态和暴政。"党派"和"派系"这两个词可以互换使用,但"派系"是一种更糟糕的"党派"形式,受到左右两派的共同谴责。例如,18世纪20年代,特伦查德和戈登等激进的辉格党人对派系进行了抨击;18世纪30年代,博林布鲁克勋爵的"爱国者"对沃波尔政府发起反抗。博林布鲁克提出了最简单和最正统的观点,他的《爱国者君主》(*Idea of a Patriot King*)描绘了一位超越党派私利的淳厚统治者,他不诉诸于暴政,而是通过明智、无私的治国方略征服党派思想。博林布鲁克给包括麦迪逊在内的一些美国国父留下了深刻的印象。[18]

但博林布鲁克希望能以某种方式消灭政党,尽管他承认这仅在理想的条件下才会实现。相比之下,另外一种观点给麦迪逊留下了更深刻的印象。那就是大卫·休谟将政党称为"必要之恶"。党派和派系是不好的,但在一个自由的国家,它们是不可避免的,如果要摧毁它们,就必然会破坏自由本身。通过限制派系可能造成的破坏,可以更好地容忍派系之恶,而这可以通过平衡的政府与温和的氛围来实现。平衡的政府指各种利益及各个政党可以相互制衡的大共和政体。温和的氛围则是指将争论范围限制在基于利益的层面,避免基于原则的争论,以免导致社会分裂。正如我们所看到的,这一论点在麦迪逊撰写的《联邦党人文集》第10篇中处处可见。[19]

然而,休谟的观点和麦迪逊自己在《联邦党人文集》中的论点都不再完全适用于1792年初的实际情况。在《联邦党人文集》中,麦迪逊对可能发生多数人暴政的恐惧,远远超过对制造阻碍的或影响力过大的少数人的恐惧,他在论述中也从未支持通过建立多数人联盟维护合法的多数人的意愿。但汉密尔顿及其信徒的影响力使得他必须不仅要在事实层面,而且还要在理论层面采取补救措施。麦迪逊不太可能赞同埃德蒙·伯克的观点。伯克认为政党起到了积极作用,但这个论点在美国没什么支持者。不过,麦迪逊肯定至少会同意伯克的这句名言:"当坏人联合起来时,好人必须联合起来;否则他们会一个接一个地倒下,在卑鄙的斗争中做出不恰当的牺牲。"[20]

当然,麦迪逊采取行动的直接原因是,面对汉密尔顿的成功,他和杰斐逊经历了令人憋火的挫折感。还有一个不那么直接的原因是弗吉尼亚的政治形势变化,也许更准确的说法是,就他下一步行动将会产生的影响而言,这一变化将缓解他的心理压力。弗吉尼亚在麦迪逊的世界观和价值观体系形成的过程中是不可或缺的要素,对他的良知和精神有很大影响。弗吉尼亚州的反联邦派过去曾给他带来了很多痛苦,他们在批准宪法及后来的《权利法案》上设置了重重障碍,更不用说对他个人的打压,让他不仅没有获得参议院的席位,而且还差一点失去众议院席位。弗吉尼亚对麦迪逊帮助达成债务接管协议也不太满意,事实上,州议会在1790年通过了一项决议,宣布债务接管违宪。但麦迪逊一直在改变,而弗吉尼亚也在变化,二者距离越来越近。不过,如果认为麦迪逊在1791年强烈反对汉密尔顿的政策完全是由于弗吉尼亚州的政治压力而做出调整,那就大错特错了。事实上,旧有问题正在逐渐消退,而一个新的时刻即将到来,届时,詹姆斯·麦迪逊与他的家乡——弗吉尼亚人自己所说的"祖国"——之间将在革命之后首次实现彻底的精神和解。

如果麦迪逊愿意的话,他这时候本可以采取完全不同的行动;他实际上至少可以给予汉密尔顿的计划有条件的支持,同时不在州内招致惩罚性的政治后果。事实证明,弗吉尼亚州在具体"利益"方面其实没有什么可抱怨的。联邦政府接管各州债务的贡献非常大,使得弗吉尼亚州在第二年就能够实施减税措施;1790年末至1791年初的冬季,小麦价格稳步上升。在性格暴躁的帕特里克·亨利的推动下,议会对债务接管进行了投票,虽然决议并未取得压倒性多数的支持,但是除了作为一份留作记录的声明,投票结果不代表任何严肃的决心;一些弗吉尼亚人甚至打算承认,汉密尔顿的金融体系也有其好处。[21]

不过这只是庸俗的利益考虑;在原则层面,弗吉尼亚在意识形态上一直坚定不移,他们憎恶投机者,担心过度"加强"的联邦政府会受"东部"势力控制。所有这些意味着,大多数弗吉尼亚人,无论之前是反联邦派还是联邦派,现在与詹姆斯·麦迪逊在思想和感情上的分歧几乎都不存在了。

乔治·梅森可能是弗吉尼亚州最受尊敬的反联邦派领导人，他在1791年1月做出了一个具有重要象征意义的举动。梅森与麦迪逊长期不和，但他那时给杰斐逊写了一封信，在信中特意请杰斐逊"向我们的朋友麦迪逊先生致以最崇高的敬意"，并向杰斐逊保证，尽管两人最近在"一些政治问题"上存在分歧，但他仍然非常尊重麦迪逊。杰斐逊欣然回信。"我一直听麦迪逊说，"他告诉梅森，"你和他在表面上似乎对制度有不同观点，但实际上，你们二人的相似之处比大多数被归入同一阵营的人更多。"[22] 无论这能否让麦迪逊获得某种精神上的解脱，对一个即将组建政党的人来说，这都有更深刻的意义。他仿佛不再处于一个严重割裂的社会，而是置身于一个地域广阔的州，周围有一群志同道合、紧密团结的人，就好像是18世纪的一个完美社区，而他自己多年来第一次与这个社区实现了意识形态上的和谐。当一个人本身就属于多数人阵营时，他更容易形成并强化对多数派合法性的新认识，也最有可能认同动员一切可能手段，抵制被自己认为是外来的、不合情理的、不自然的和危险的少数人。

当然，除了长期以来的负面看法外，对政党还有一个强大的制约因素，那就是乔治·华盛顿本人。华盛顿是无党派政治的象征，他几乎是一个理想的、拥护共和政体的爱国者君主的化身。如果挑战汉密尔顿，就要冒着挑战总统的政治风险和心理风险。只要华盛顿还健在，杰斐逊的共和党人就永远不能完全解决这个难题。

弗雷诺的《国民报》开办三周后，麦迪逊开始在该报通过一系列文章建立新的理论基础。最初的几篇只能算是预热。在一篇关于政府集权的文章中，麦迪逊写道："这种集权理应避免"，但另外一种形式的集权应在"广大人民群众"中盛行，如此一来，当面对篡权行为时，民众可以"共同表达他们的情绪"。在一篇支持舆论的文章中，麦迪逊认为任何"有助于一般情绪沟通"的事情，如"面向全体民众发行报纸,众议院代表与选民互动",都"有利于自由"。另一篇关于政府的文章对君主制和贵族制的危险提出警告,呼吁每位公民保持警惕,维护共和国利益和"公众权利的理念"。还有一篇文章称,自由需要严格遵守章程和宪法,舆论"应以神圣的热情,确保这些政治经文不会受到任何试图增减原文的篡改"。1792年1月23日,麦迪逊终于发表了关于"政党"的第一份声明。[23]

麦迪逊在文中开宗明义,指出"在每一个政治社会中,政党都不可避免"。文章笼统地承认了政党是"邪恶"的,但文中没有描述邪恶的内容,而是着力阐述如何与邪恶对抗。具体而言,首先,"通过在所有人中建立政治平等"(任何团体的影响力都不应与其人数不成比例)。其次,"不给少数人不必要的机会,防止他们通过无节制的、不应有的财富积累加剧财产不平等"(不用猜就知道这一条在针对谁)。第三和第四(如果我们第一次没有实现目标的话)点是,"通过法律手段,在不侵犯财产权的情况下,将极度富有降低到普通水平,将极度贫困改善到舒适的生活水平",以及"避免对不同的利益采取不同措施,尤其是有利于一种利益而牺牲另一种利益的措施"。最后的关键陈述是:"既然政党的存在不可能被阻止,而且它们的观点水火不容,那就让一个政党制衡另一个政党。——假如说这不符合理性,那它至少符合共和主义的理念。"(无论其他政治理论家是否同意,共和主义只有通过在两个政党之间寻找平衡,才能得以维持。)

在《联邦党人文集》中,麦迪逊曾认为有多种利益存在,相应地也会出现多个政党,但现在看来,"自然"的政党数量("一个政党"和"另一个政党")是两个。旋即他又补充解释道,并不是说制衡是一件好事,就意味着需要通过"人为区分"诸如"国王、贵族和平民"这些群体,使制衡成倍增加。这就像不必制造出新的恶来"相互对抗",因为我们完全可以用已经存在的恶做到这一点。政党仍然是一种必要的恶。但麦迪逊现在的重点主要放在它的"必要性"上。[24]

在另一篇文章《联邦：谁是它真正的朋友？》（The Union: Who Are Its Real Friends?）中，麦迪逊更深入地解释了当前的局势。他在文章中根本没有使用"政党"这个概念，而是以"联邦的朋友"作为题眼进行提问：如果几个党派在我们中间出现，我们应该如何对它们做出辨别？接着，他自己回答了这个问题。他首先列出哪些人不是"联邦的朋友"。这些人赞成"纵容投机精神""不必要的债务积累"、"任意解释"宪法以及"君主制和贵族制原则"，与"民众的共和精神"相对立。而联邦"真正的朋友"是"人民权力"的朋友，是"联邦的伟大目的，也就是自由"的朋友，是"受到限制的共和"政府的朋友。此外，联邦真正的朋友"敌视一切可能为世袭政府铺平道路的公共措施"；他们认为"公共债务损害人民利益，败坏政府的美德"；他们反对"不必要地增加公共债务数额、延长债务期限，或扩大其影响的任何诡计"。

"一言以蔽之……联邦的真正朋友是自始至终坚持共和政策的朋友……反对篡夺权力和君主制……"在这篇文章中，麦迪逊离说出"这就是你应当选择的政党"只有一步之遥了。[25]

随后，在《政党的真实状态》（A Candid State of Parties）中，他明确迈出了这一步。麦迪逊把联邦的朋友和敌人都称为"政党"，并将整个问题放在他认为适当的历史语境中。党派不但是"自然的"，而且它们实际上在革命前就已经存在了。最早出现的是爱国者和托利党，然后是联邦党人和反联邦党人（大多数联邦党人都是真诚的共和派，但也有一些人"公开或秘密地支持君主制"；而大多数反联邦党人虽然反对宪法，但"肯定对联邦和善治很有好感"），现在出现了最"自然"状态下的两个党派（时间和事件发展已经淘汰了其他党派，而以前的那些问题现在也变得无关紧要了）："共和派"和"反共和派"。显然，前者才是联邦"真正的朋友"。

在明确了"政党的真实状态"后，麦迪逊继续讨论"每个党派可能的行为"。反共和派"数量上处于弱势"，肯定会寻求"与有影响力的人联合，特别是最活跃和最有影响的富人阶层，以增强自己的实力"，他们"通过重振已经衰落的党派来削弱对手"，让旧的问题继续存在，从而防止民众的普遍情绪真正融合。与此相反，"共和派意识到，联邦所有地区的广大人民群众……都必须从根本上团结在一起，无论是利益上还是情绪方面，如此，他们自然会搁置所有的旧问题，除了识别是共和政府的敌人还是朋友之外，不进行其他任何区分……"。

哪一方会获胜呢？时间将证明一切；"计谋通常会比数量更占上风"，但共和派的"人数优势如此之大，他们的信念如此之坚定"，人们也许可以期待，最终政府将"以广大人民认可的原则和形式进行管理"。[26]

大卫·休谟和"普布利乌斯"（麦迪逊从前的自己）提出的党派理论并没有被废除，但是麦迪逊的新解释无疑是对其非常重要的修正。至于方向，不能完全说这个修正是毋庸置疑的"前进"。如果说麦迪逊的确朝向"政党制度的理念"又迈出了一步，那么，他是以一种模棱两可甚至误导的方式迈出的。他说得没错，我们必须按照实际情况来应对事情，认识到各方与我们站在一起，并据此行事。另外，坏的一方不再是霸道的多数派，而是违背常理的、别有用心的少数派。基于充分的理由，他重新定义了正常状态，即存在于两党而不是几个党之间的分歧。但与此同时，麦迪逊也将休谟的一个最重要警告抛在了一边。休谟认为，多个政党存在的状态对应着利益的多元化，这种状态的好处是，政党竞争实际上可以限于利益之争，通过相互妥协进行调整，从而避免发展为不可调和的原则性分歧。然而，麦迪逊断言，基于原则的政党分歧才是我们应该接受的状态，政党之间的竞争几乎不亚于善恶之争。如此一来，"政党的邪恶"就被彻底重新定位了。邪恶不是存在于"所有政党"中,而是完全体现在一个政党中,而真正的邪恶也不再是抽象的比喻,而是具体可见的,其可怕程度甚至超出了迄今的所有想象。

因此,坏的政党永远不能被视为合法的,从这个意义上说,我们一如既往地与政党制度的理念相去甚远。的确,在理论演变方面,麦迪逊至少在一个方面不是向前走了一步,而是向后退了一步。在博林布鲁克的设想中,爱国者君主将开启一个黄金时代,届时所有政党都会被解散。同样,在麦迪逊的黄金时代,"共和派"将战胜"反共和派",并使建立任何新政党都变得多余。当然,那只能是在斗争结束之后。而现在,斗争才刚刚开始。

任何人,包括詹姆斯·麦迪逊在内,如果只是作为纯粹的理论家,绝不会有动机在这个特定时刻对这一性质特殊的理论做出改动。而麦迪逊重新定义了党派斗争,明确说明要反对的邪恶具有什么样的特点,这意味着,他宣布了个人对党派的忠诚。他的角色不再只是理论家,而且还是一名党派成员。

麦迪逊的这一系列文章总共有18篇,时间跨度差不多为一年。它们提供了一个特殊且独立的角度,可以作为一份非常完整的索引,帮助人们了解共和党在发展初期的意识形态、偏见和信仰体系。其中,多篇文章中都阐述了上文提到的有关投机、公共债务、集权和严格解释宪法的态度。还有一篇关于畜牧业的文章,几乎是对杰斐逊的《弗吉尼亚笔记》的完美呼应:"那些为自己提供食物和衣服的公民,可以被视为真正独立和幸福的阶层。不仅如此,他们还是公共自由最佳的基础,是公共安全的最强堡垒。"他们免受"在过度发展的城市遇到的苦恼和罪恶",因此,"这个阶层在整个社会中的比例越大,社会本身就必然越自由、越独立、越幸福"(麦迪逊特别补充说,"由公共部门强制推行或扶植的"任何形式的"制造业和机械工业",都应据此进行评判）。此外，仇英情绪在这些文章中也一如既往地强烈体现出来。英国是君主制和贵族制的发源地，充斥着腐败现象，有教养院和疯人院，存在"奢华与铺张"之风，它还是制造业的发源地，而在所有的行业中，制造业导致"一个阶层对另一个阶层最卑微的依赖"。最后，麦迪逊还表达了他对投机者的憎恶（他们利用"不必要的机会"加剧了"财产不平等"），并倡导新涌现的多数主义价值观，如此，他代表他的政党首次公开宣扬了一种新的理论，而随着时间推移，这种理论将成为整个文化的主要象征。与此同时，他试探性地，在某种程度上也是偶然地，第一次提出了接近于平等主义民主（equalitarian democracy）的概念。[27]

麦迪逊《国民报》系列文章的最后一篇发表于1792年12月20日，此时距离他发表第一篇文章的时间正好是一年，这也是人们开始广泛讨论党派问题的关键一年。这篇文章的形式是"共和派"与"反共和派"之间的对话，双方辩论的问题是："谁是民众自由的最佳捍卫者？"共和派宣布，是"民众自己"。而反共和派则反驳道，"民众是愚蠢、多疑、放纵的。他们对信赖自己没有把握。他们在建立了政府后，只考虑服从就行了，让比他们更聪明的统治者考虑他们的自由问题"。至于政府，"赋予它影响力，以武力武装它"，并建立"两大世袭阶层，他们的感情、习惯、利益和特权都与民众的权益互不相容，但通过一种神秘的运作，所有这些结合在一起时却能加强民众的权利和利益"。不出所料，共和派惊恐万分地进行抗议，而反共和派则以怒吼回应："我认为，你缺乏做一名好公民的所有素质，或者更确切地说，缺乏做好臣民的素质……我要向政府检举，你是无神论和无政府主义的帮凶。"最后，共和派不失尊严地回答："我会克制住不向人民告发你，尽管你亵渎了民众的权利并且崇拜暴政。——自由不屑于迫害。"[28]

当然，这与理论没什么太大关系；这是詹姆斯·麦迪逊以他党派成员的新角色进行的激烈论战。这些言辞带有一种乡村党的口吻，与反联邦主义者在上一个十年中的辩论并无二致。这也并不意外；麦迪逊说"搁置所有的旧问题"，是为了争取反联邦主义者的支持而做出的明确的战术性表态。但关于"君主制"和"反共和主义"的讨论现在读起来仍耐人寻味。任何人在美利坚共和国建立君主制的可能性都很小，当时的任何一位具有批判性的观察者应该都不难看到这一点。麦迪逊是真诚的吗？这一点毫无疑问，但和他撰写《联邦党人文集》时的想法相比，他的观点显然已经转变了。

但除此之外，关键点也很可能在于，在这个不明确的政党形成阶段，还没有任何规则，也没有对猜疑甚至仇恨进行分级和控制的分寸感。党派还没有被认为不同于战争中关乎生死存亡的联盟，当然也还没有被看作管理政府事务的轮流执政体系。甚至都不清楚有哪些武器可以选择，更不用说知道哪种武器有什么效果了（"战略往往胜过数量"）。在这种情况下，最冷静的人可能会感到不安，詹姆斯·麦迪逊正是如此。当然，同样的情况也会发生在亚历山大·汉密尔顿身上。

第三节 汉密尔顿受到围攻

纵观美国历史，有两类事件总是能成功地在公众中引起巨大的震动，同时也引发（至少是暂时地）对首要原则的重新认真思考。一类是意外的军事失败，另一类是金融恐慌。在1791年底和1792年初，这两类事件都让美国人赶上了。对于政府广泛鼓励国内制造业发展的计划来说，至少需要有一个公众普遍乐于接受的环境，而此时公众中弥漫的情绪对这一计划非常不利。先是圣克莱尔的军队被印第安人击溃，然后是1792年3月的货币恐慌，这两件事所导致的后果和使人们产生的情绪，使得在这期间实施制造业发展计划，甚至是认真考虑此类计划，都变得绝无可能。《关于制造业的报告》从未实施，而建立有用制造业协会在这一年也遭受挫折，再也没有恢复。此外，在这种背景下，人们有可能打破之前对建立政治党派的各种禁忌，事实上也的确如此。"成功，"费舍尔·埃姆斯写道，"是党派狂热的毒药。"[29]而逆境对党派的影响恰恰相反。

12月9日周五晚上，华盛顿收到圣克莱尔的第一封电报，他在周一早上向国会通报了这个令人沮丧的消息的细节。11月4日黎明前，圣克莱尔的军营遭到突然袭击，军队几乎被完全包围。在敌人的猛烈攻势下，美军无力反击，只能撤退，于是部队仓皇逃跑，民兵们甚至在印第安人停止追击后依然扔掉了手里的武器。在大约1400名官兵中，有超过900人伤亡，最后只有约580人抵达了圣克莱尔位于俄亥俄河的基地华盛顿堡。自从35年前布拉多克的失败以来，如此屈辱的事情还是第一次发生。"这里的所有人都很痛苦。"弗吉尼亚州州长亨利·李在给詹姆斯·麦迪逊的信中写道。李恳求麦迪逊告诉他可能知道的"任何补救情况"，以缓解他的绝望感。"我很遗憾，"麦迪逊回复，"我无法抚慰关于西部灾难的首份报告所造成的创伤。"[30]

在第一份报告发出后不久，一个给人们带来希望的传闻流传了好几天，说是肯塔基州集结了1500名骑兵志愿者奔赴战场，很快要对迈阿密的定居点发动攻击。但事实证明，这个谣言毫无根据，短暂的美好幻想随即让位于悲叹和相互指责，所有这些情绪混杂在一起，而且在报刊读者来信、国会演讲和社论中，大家都各执一词。[31]

此时，一个令人惊讶的论点引起了关注：美国人对印第安人做了错事。"与印第安人的战争是正义的吗？……他们对自己的狩猎场（狩猎场为他们提供唯一的谋生手段）拥有权利，这难道不是和我们对自家房屋与农场拥有权利一样吗？"然而，这种情绪基本上来自东北部，其主要动机可能并非寻找"正义"。东部人已经开始对无节制的西进运动感到担忧,不出几年,对沿海地区人口减少的担心就会成为新英格兰地区政治代言人的一个主要论题。批评声音中还有对投机者的憎恶。"停止进攻行动吧。"《康涅狄格新闻报》(Connecticut Courant)大声疾呼。"他们仅仅是为土地投机者打算……"《波士顿公报》(Boston Gazette)嘲笑说,关于征兵的谣言导致"300多名投机者"离开城镇——这些人通常被称为"猎纸人(Paper-Hunters)或汉密尔顿的游骑兵(Hamilton's Rangers)"。³²

另一种论点是指责英国人。只要容忍英国军队占领西北哨所,就永远不会与印第安人实现和平。"让我们的统治者……下决心打破束缚我们北部边境的可耻锁链。"还有一些人哀叹让正规军参与森林战役的巨大代价。民兵和游骑兵更适合这类战役,成本也更低;"事实上,在远征和印第安人作战时,他们是唯一可以有效调用的力量,因为他们熟悉印第安人的作战方式。"³³

但大多数人都认为,印第安人并没有受到不公正的对待,当地民兵力量也不足以对付他们,需要正规军参战,因此有必要发起一次新的、更猛烈的进攻,而且必须扩充现有的军队来实施这次行动。持这种观点的领导人通常来自与边境关系密切的地区,如弗吉尼亚州和宾夕法尼亚州西部。匹兹堡的休·亨利·布拉肯里奇对印第安人没什么好感,他写了一封措辞严厉的长信,刊登在弗雷诺《国民报》2月2日版的头条。布拉肯里奇称,"在他们被击败和削弱之前,与他们签订任何条约都是荒谬的"。托马斯·杰斐逊在战役前写给华盛顿的信中也说:"至于我自己的想法,我希望今年夏天能彻底击败印第安人。"即使在圣克莱尔失败后,杰斐逊似乎也没有改变想法。事实上,尽管弗吉尼亚人对经济充满怨言,对常备军抱有敌意,但他们在国会中始终非常坚定地支持加强美国的军事力量,并不惜花费巨大代价,以平定印第安人。1792年2月1日，众议院通过了相关法案。[34]

与此同时，正如蒂莫西·皮克林（Timothy Pickering）所说，"仍有许多人对计划和进行西部战役的方式提出批评"。战争部长诺克斯是主要的攻击目标，尽管随着圣克莱尔辞去少将职务、安东尼·韦恩（Anthony Wayne）接替其职，以及政府对要重整旗鼓的明确表态，针对此事中纯粹军事方面的批评渐趋于减弱。然而，国会对这场灾难的原因进行调查之后，发现的最让人震惊的一点是，其中涉及军队承包商的卑劣行为，尤其是考虑到公众对商人和投机者越来越反感的时代背景。委员会的报告披露了供应商"致命的管理不善和疏忽"，给养不足，武器"完全不适合使用"，以及背包和其他装备"数量不足、质量差"。而总承包商不是别人，正是投机之王威廉·杜尔。[35]

威廉·杜尔是一个真正具有象征意义的人物，他的身上体现了最有可能使1792年时的商业世界被乌云笼罩的每一种力量、特质和本能。杜尔是一个典型代表，几乎没有任何其他人比他的例子更能说明，市场精英——尤其是金钱市场的精英——是如何将所有社会群体中最恶劣的那部分人以不可阻挡之势吸引到自己身边的。

杜尔在早期颇具魅力，让人联想到其他一些精力充沛的年轻人，他们都是在美国革命中首次进入公众视野，从此声名鹊起。杜尔出生于1747年，他的父亲是西印度群岛的种植园主，在安提瓜岛和多米尼加拥有大量不动产。他在21岁时第一次表现出对商业的兴趣，当时他获得了一份合同（可能是通过家庭关系），为皇家海军提供桅杆和桁架。他由此来到纽约，在那里遇到了"斯特灵勋爵"（Lord Stirling）威廉·亚历山大（William Alexander）和菲利普·斯凯勒等人，并得到了他们的认可。他很喜欢美国，在哈德逊河上游买了一大片土地，在那里建造了一座豪宅，并兴建了几家工厂。他被任命为治安法官和当地民兵组织的上校。杜尔所有的美国朋友,以及他在西印度群岛的家人,都是辉格党人,这可能意味着在革命开始时,他没有被应该对哪一方效忠的问题困扰过。[36]对于像他一样性格乐观的人来说,良心不安几乎是不合常理的。

杜尔从一开始就积极参与公共事务。他于1775年被选为纽约州议会代表,在1776年与约翰·杰伊和古弗尼尔·莫里斯一起加入起草州宪法的委员会。1777年,他和杰伊以及其他四人成立了秘密的"通信委员会"(Committee of Correspondence),负责"侦查和挫败一切阻止美国自由的阴谋"。杜尔似乎是其中最活跃的成员,他四处奔走,出入于韦斯特切斯特等危险地区,协助当地游击队袭击保王党。他参加了1777年的大陆会议。杜尔是一名朝气勃勃的演说家,非常活跃,曾在七个不同的委员会任职。他还是1778年《邦联条例》的签署者之一,并在那一年帮助挫败了臭名昭著的康威阴谋(Conway Cabal),这无疑有助于他获得总司令的青睐。根据纽约州法院的一名托利党首席大法官的说法,威廉·杜尔是"有史以来最伟大的叛逆者"。[37]

可以肯定的是,杜尔在这一时期并非没有考虑过自己的财富问题。尽管他在国会一直任职到1779年,但早在1777年,他就要求克林顿州长解除自己的职务,这样一来他就可以处理自己的私人事务了。他在战前的商业活动一直都有盈利;他继承了一笔丰厚的遗产;1779年,他缔结了一宗非常成功的婚姻。他的新娘是凯瑟琳·亚历山大(Catherine Alexander),人称"凯蒂小姐"(Lady Kitty),是"斯特灵勋爵"的女儿,在婚礼中由华盛顿将军亲自护送到圣坛前。杜尔的人脉给他带来了利润丰厚的大陆军物资供应合同,在进行这些交易的过程中,他囤积了大量各州和大陆会议发行的证券、认股权证及士兵证书。杜尔的一位传记作者说:"有充分理由相信,在战争结束前,他已经很富有了。"1786年,他被任命为邦联政府国家财政委员会的秘书,他一直担任这一职位，直到1789年。当1789年9月联邦财政部成立时，他又顺理成章地被选为汉密尔顿的助手。就这样，他成为内幕信息的知情人。[38]

然而，尽管杜尔才华出众，精力超群，其早期职业生涯也与同时代其他才俊有相似之处，但他的某些性格特质可能一直在起作用，决定了他最终不会被列入美国开国元勋的行列。例如，他的特点之一是难以长时间保持注意力。在旧项目完成之前，他就会把注意力投向新的项目，而且他总是同时做着数量惊人的事情。他善于交际，和蔼可亲（有一幅他刚刚步入中年时的画像，刻画了他圆滑、平和的形象）；[39] 他喜欢帮助别人，这样能让自己受欢迎——只要不是太麻烦就行。他可以对令人惊讶的计划进行概述，但在跟进细节方面总是有些漫不经心，而且令人难以置信地懒于写信。事实上，可能是出于本能和为了图方便，他认为留下的关于自己以及自己行为的书面痕迹越少，他的生活就会越自由。可以说，他缺乏真正的历史感。总而言之，他缺少杰斐逊、汉密尔顿、麦迪逊和华盛顿等美国国父身上的一种理智，正是这种理智让国父们在履职时力求尽善尽美，因为他们意识到将来有一天自己有可能要对此承担责任。威廉·杜尔很少想那么远。他也没有像其他人那样认真对待公共责任和私人便利之间的界限。然而，在共和国成立之初，很少有人能比他更自信地在各种事务间周旋，或者有比他更合适的头衔来这样做。

在那个年代，通过定期的和大规模的股票投机赚取巨额利润，还是一种奇怪和相当不寻常的生意。1789年之前，公共和半公共证券的价格不会定期在报纸上公布，直到1792年，纽约证券交易所（New York Stock Exchange）才正式成立。但投机行动看重的是内幕消息、机密和快速行动，因此它成为威廉·杜尔整个人格得以自然展现的媒介。

杜尔当时处于如日中天的鼎盛时期。毫无疑问，他最赚钱的活动是那些涉及联邦证券的投机活动，其中有些是他自己进行的投机，有些是与安德鲁·克雷吉和威廉·康斯特布尔等同道中人合作，还有一些是细节可能永远都不会为人所知的操作。杜尔在7个月后离开了财政部，但可以推测，他在那段关键时期获得的信息对他本人及其朋友都很有价值。虽然他的运作中只有很少一部分引起关注，但这些加上他的各种与土地资源和承包（包括上面提到的为圣克莱尔远征供应物资）相关的投机活动，给大家留下了眼花缭乱的整体印象。正是这种具有出色掌控能力的形象，让人们认为杜尔是一个有影响力、足智多谋和精明强干的人，1791年，他自然而然地被选举为建立有用制造业协会的会长。他那富丽堂皇的生活方式似乎证明了一切。"杜尔上校，"一位晚餐客人曾惊叹道，"……过着贵族的生活。我猜他在晚餐及餐后喝了不少于15种葡萄酒，还有最好的苹果酒、波特酒和其他几种烈性啤酒。"[40]

当然，所有这些"成功"都有着很大的偶然因素。一个基本条件是，从1789年至1791年，联邦债券的价格翻了两番。另一个条件是，杜尔掌握了内幕消息，他的职位决定了他比其他人更能在最关键时刻知道事情的走向。此外，他的个人资源一直很丰富。最后，他的人脉使他能够迅速聚集资本进行投机。在这样的条件下，成功是很容易的，至少在短期内是这样。

然而，如果查看完整的记录，会发现事实上威廉·杜尔的许多（可能是大多数）企业都是不成功的。总是有这样或那样的事情发生，导致这些企业走向失败。在独立革命期间，他的一个早期企业破产，这可能不是他的错，因为有一份为法国海军提供物资的合同告吹了。然而，原本应在法国加快推进这个项目的塞拉斯·迪恩（Silas Deane）抱怨说："我很失望没有收到你的任何来信……"类似的抱怨在随后的多次交易中也一再出现。杜尔担任财政委员会秘书期间，一个名叫詹姆斯·贾维斯（James Jarvis）的人签订了一份向邦联政府提供几百吨铜币的合同，杜尔要求自己在其中分一杯羹。那份合同也失败了，原因不明，但杜尔告诉贾维斯，"他不适合签订书面约定"。类似事件后来也重复出现，从中可以一窥杜尔的性格。[41]

当时，"美国有史以来规模最大的私人合同"是1787年曼纳西·卡特勒（Manasseh Cutler）的俄亥俄公司（Ohio Company）计划，即通过分期付款购买西北部地区500万至600万英亩的公共土地。杜尔协助并利用自己的职务特权促成了这个项目。他秘密成立了西奥托公司（Scioto Company），以帮助筹集必要资金和推动销售。1790年至1792年间，由于多种原因，西奥托计划失败。这个项目就不是开拓殖民地的风险项目，而是纯粹的投机活动，费用将以当时仍在贬值的大陆债券支付。但随着政府将变得更强大的前景出现，债券不断升值，这从一开始就破坏了这一投机计划。实际情况是，无论俄亥俄州的土地多么肥沃，持有大量债券的外国人也不愿意用债券换取土地，这就意味着如果想要成功，必须将土地分割为面积较小的地块，面向更广泛的市场出售，鼓励人们实际到那里定居，以此带动更多人前去定居。如此错综复杂的变数需要投入大量精力进行协调，这完全超出了威廉·杜尔这些人的能力。杜尔和他的朋友们沉浸在债务融资和接管州债的兴奋中，几个月都没人回复欧洲代理人的疯狂来信。到1791年末至1792年初的冬天，西奥托计划已经奄奄一息，杜尔他们一无所获。[42]杜尔可能也没有从1791年为圣克莱尔部队供应物资的合同中得到任何好处。[43]这次失败倒不是因为腐败，而是由于疏忽和管理不善——那一年正好国家银行成立，杜尔的注意力都放在了疯狂的投机活动上。

1791年8月金融市场的动荡不安，以及令杰斐逊和麦迪逊极度厌恶的银行认购证与联邦证券的剧烈价格波动，在很大程度上是杜尔及其同伴们的操作导致的。汉密尔顿不得不严厉警告杜尔（这显然伤害了他的感情），最后，财政部不得不入场以稳定债券价格。[44]但杜尔并未接受任何教训，在12月重蹈覆辙。他与亚历山大·马科姆秘密结为同盟，开始向他遇到的所有人大笔借款，计划进行有史以来最大规模的投机活动。到了1792年初，杜尔的很多事情都在同时进行中，他不可能一直盯着所有项目。此时，威廉·杜尔已经迈上了走向终结的最后一段路程。

同一时期，在费城，亚历山大·汉密尔顿的梦想也开始蒙上阴影。1792年2月和3月，汉密尔顿迎来了两次考验，一次关于奖励金原则，另一次关于关税。两次考验的结果构成了一个不太好的前兆，预示着汉密尔顿的工业蓝图在国会不会有任何结果。事实上，从那时起，任何由财政部提出的重大计划的确都遭遇了重重阻碍。

第一次考验是2月3日众议院就鼓励鳕鱼渔业的议案进行辩论。议案建议，为帮助处境艰难的渔业，直接向船主支付吨位奖励金，以此来抵销用于出口的腌制鱼所用盐的关税。就意图和目的而言，议案是在非常有利的形势下出台的。一方面，杰斐逊在前一年的《渔业报告》（Fisheries Report）中建议，向渔业提供某种特别援助。他和麦迪逊希望恢复美国渔业在出口市场上的竞争地位，作为打击英国商业的计划中的一步。另一方面，此类渔业发展计划——无论有没有不可告人的目的——完全符合新英格兰地区的经济利益。该议案实际上是由马萨诸塞州的参议员乔治·卡伯特（George Cabot）发起的。[45]

尽管几乎没人否认应该为渔业做些什么，但"奖励金"（bounty）一词引起了轩然大波。弗吉尼亚州的威廉·B.贾尔斯（William B. Giles）"反对几乎任何形式的奖励金"；它们与"专有权、垄断等"同属一类；"需要奖励金的行业非但不能增加一个国家的实际财富，反而会让财富减少"；如果政府发放奖励金，"就会导致一个彻底的暴政体系"。[46]北卡罗来纳州的休·威廉姆森警告："确立奖励金原则，［和］……

各种各样的人——各行各业的人——都可以从这个缺口切入,直到他们把我们孩子的面包吃光。"[47]即使是来自马萨诸塞州的议员(议案通过与他们的利益直接相关),也对这个词感到不安。格里主张,"事实上,这并不是奖励金"。[48]埃姆斯也提出反对:"不是追求奖励金……我们只是要求把我们的钱还回来。"[49]本杰明·古德休(Benjamin Goodhue)哀叹道:"'奖励金'这个词是一种令人遗憾的表达方式,我希望把它完全从议案中删掉。"[50]

詹姆斯·麦迪逊正是在这个时刻介入的。麦迪逊想要二者兼得;他希望既能挽救议案,又能彻底抛弃奖励金原则。事实证明,他成功了。在这个过程中,麦迪逊遵循了他关于宪法的另一项公开声明的准则,他的论述基本上与一年前在银行法案上的论述相同,只是这一次更为简要。

"在本案中,"麦迪逊说,"我对仅仅是延续和修改退税措施的津贴,与真正的、主动的奖励性质的津贴,做了实质性区分。"他坚持认为,奖励金只能由国会授予,"国会拥有采取任何其认为有利于普遍福利之行动的权力"。然后,他阐述了他新近提出的有限政府学说,主张将政府权力严格约束在列举的权力内,并严肃告诫:

> 如果国会的权力建立在人们争论的自由度上,将颠覆美国人民建立的有限政府基础,并改变其性质……[51]

最后,国会达成了一个令人满意的解决办法,即用"津贴"(allowance)代替议案中出现的"奖励金"这个词,然后通过了该议案。这次辩论的结果是,承认渔业是一个特例,同时给予汉密尔顿报告中对工业产品全面实施奖励金制度的设想致命一击。"这就是弗吉尼亚人的风格,"饱受其苦的费舍尔·埃姆斯在给家乡朋友的信中写道,"它主要针对的是财政部长关于制造业的报告。"[52]

第二个考验针对的是以保护性关税作为奖励金补充的原则，它是随着增加额外收入以支持在西部地区扩大军事行动的问题的出现而出现的。这个考验的发展过程有两个阶段，每个阶段都很重要。

事件的起点是3月7日在国会提出的一项动议："请财政部长向众议院报告，其对筹集下一年度所需额外物资最佳方式的意见。"这原本是根据1789年的法案设立财政部时立下的一项常规程序，而该法案的通过主要是归功于詹姆斯·麦迪逊的努力。之前，提出这项动议只是例行公事，但这一次却引发了一场为期两天的关于基本原则的辩论。动议内容遭到极力反对，理由是这相当于向行政部门"移交立法权"；而"发起财政方面的议案并制定实施方法和手段是众议院的一项特殊职责"；以及"将这项权力移交给财政部长是我们的失职"。麦迪逊似乎是这些反对意见的主导者，他已经准备好了撇清自己和这项动议的关系。他说，当初制定法案时，他的初衷是将询问事实和询问意见二者区分开。尽管西奥多·塞奇威克嘲讽道，财政部长的意见不会破坏"众议院的独立性和纯洁性"，但弗吉尼亚州的约翰·佩奇（John Page）坚持认为，该项动议"不能得到其他原则的支持，但却可能被用来颠覆我们的政府，建立君主制"。这项动议最后以非常微弱的多数票通过。汉密尔顿后来称，麦迪逊"很清楚，如果他赢了，必然的结果就是我辞职……"[53]

一周后，汉密尔顿向众议院陈述了报告，同时建议提高一系列进口关税，以筹集所需资金，这再次引发一场惊心动魄的辩论。马里兰州的约翰·默瑟（John Mercer）质疑："一项旨在保卫边疆的规定，能批准鼓励制造业的制度吗？"为什么众议院"在为与印第安人的战争提供资金的压力下，要考虑大规模征收关税作为间接奖励金呢"？[54] "阁下，"佩奇断言，"这不是一项保护边境的议案，而是鼓励某些制造业的议案……"最后，该议案获得通过（麦迪逊投了反对票），但只是作为一种增加收入的方式，而不是为鼓励新泽西州或其他任何地方的制造业。无论如何，这些关税也不会对美国的工业带来多大好处。[55]

尽管国会的议事程序一波三折，但与1792年的金融恐慌以及威廉·杜尔在其中扮演角色被披露而导致的震荡相比，国会的这些辩论简直不值一提。

杜尔和马科姆之间秘密约定，他们将"参与投机联邦债券以及合众国银行和纽约银行的股票"，双方的合作期限为一年，直至1792年12月31日。他们预测市场将持续上涨，甚至还可能想过要垄断市场。他们签订了大量合同，以在未来的交易中获利。为了支付买股票的费用，他们开始以高昂利息向纽约各阶层的人大量举债，借款金额大小不等。作为建立有用制造业协会的两名主要董事，他们还挪用了协会的大部分现金盈余。这种疯狂的活动具有传染性，到了2月份，整个纽约市都已陷入投机狂热。其他东部城市也受到影响。然而，股票并没有像预期的那样快速上涨，到3月份，资金链断裂的杜尔陷入困境。3月9日，他停止向一些债权人还款。[56]

在这种情况下，杜尔的毁灭是不可避免的。由于美国财政部对杜尔提起诉讼，他的情况暴露于众，这进一步加速了他的垮台。财政部的诉讼针对的是他担任财政委员会秘书期间的账目亏空，金额约为25万美元，他将这笔账"圆滑地拖延"了一年又一年。诉讼由审计长奥利弗·沃尔科特发起。尽管杜尔恳求他的朋友汉密尔顿阻止这一行动，但汉密尔顿认为财政部在这一点上别无选择。财政部曾多次催促杜尔解决此事，他本人也一再承诺补上窟窿。但现在，看样子杜尔即将破产，清算不能再往后拖了。3月23日，杜尔因欠债不还而锒铛入狱。[57]

杜尔的失败引发了连锁反应，到4月初，纽约市陷入恐慌。资金匮乏，商业中断，建筑和各种其他活动暂停，人们痛苦不堪。马科姆于

4月12日入狱。即使在监狱里，杜尔也被疯狂的债主围攻。这些债权人中包括城里每一位有头有脸的商人，还有来自各行各业的职员，"店主、寡妇、孤儿、屠夫、车夫、园丁、集市妇女，甚至还有著名的妓院老板麦卡蒂夫人"。暴徒们威胁要把杜尔从监狱里拖出来开膛破肚，"市长、警长及其随员们"不得不出面制止。杜尔无力还债，绝望地在监狱里度过了余生。他死于1799年。[58]

考虑到恐慌造成的动荡——这是美国历史上的第一次金融恐慌——经济复苏来得非常迅速。与去年8月一样，财政部用偿债基金购买了一些股票，为复苏注入了一定的动力。总之，虽然损失不小，但不是永久性的，到了1792年秋天，情况开始好转。但社会环境已经受到严重影响，人们倾向于认为大部分罪责应由财政部承担，以及财政部不断扭曲了公共道德。包括杰斐逊和麦迪逊在内的许多人开始认为，汉密尔顿本人也卷入了腐败。这种观点与1792年春夏之际公开迸发的派系斗争有直接关系。与此同时，为鼓励制造业的计划争取广泛支持的最后一线希望也化为乌有了。[59]

建立有用制造业协会成为1792年的一个主要牺牲品。尽管该协会仍在继续运作，而且一直持续到1796年，但恐慌还是给协会带来了致命打击。亏空造成的资金损失已经够严重了，但更重要的是声望和士气的问题。在关键的数月里，协会的董事要么在监狱里，要么忙于应对其债权人，有时连每月例会的法定人数都凑不齐，协会还要面对充满敌意的舆论——这些严重干扰，意味着不可能有热情和激情去推动协会的发展。

事实上，在那之后十几年的时间里，美国没有出现任何成功的大型制造企业。按照休谟—汉密尔顿设想的成功工商联合体，在政府支持下，它只需要具有集中资本的能力，就可以走上发展的正轨。但显然，和这个设想相比，某些东西缺失了。那么，为什么远见和理性没有获胜呢？

其中一个显而易见的答案是，管理和技术等不可或缺的要素出现了问题，而且，所有这些要素都不可能在短时间内掌握，而就建立有用制造业协会而言，它正好是在最糟糕的情况下试图解决这些问题。的确，汉密尔顿本人在应对1792年的危机时非常冷静，在各种具体的技术问题上提出了许多合理的建议。然而，除了对威廉·杜尔担任协会会长的最初支持，他还犯了一些真正的错误。其中之一是，在他的强烈建议下，协会任命皮埃尔·查尔斯·朗方为小镇进行规划并负责建筑工程的管理。朗方的思维仍然停留在巴洛克式的城市建设上，对如何规划工厂几乎毫无概念，他将协会的大部分资金浪费在欠缺考虑的设施上面，包括修建一条用于水力发电的运河，如果实施他的这一设计，协会会因此而破产。朗方于1793年被解雇。另一个噩梦是，汉密尔顿招募了一批英国工匠来启动和监督工厂的运营。但事实证明，这些人既无知又笨拙，没有在工厂进行任何日常领导管理之类的活动。真正启动的只有原计划中的一小部分制造业——一些纺纱、织布和印花工厂；机器设计不合理，安装不当；生产过程毫无计划，完全靠碰运气；产品粗制滥造，品质低劣。1796年，协会董事投票决定彻底停止运营，以避免"明显损失"，从而给这段持续了大约4年、由外行领导、分歧和干扰不断的历程划上了句号。[60]直到19世纪二三十年代，随着波士顿协会（Boston Associates）的兴起，才出现了类似汉密尔顿为帕特森镇设想的那种业态。到那时候，将有洛厄尔、奇科皮和霍利奥克等一批城市兴起，它们既是精心规划的成果，也得益于之前遍布新英格兰地区的小工厂在20多年的时间里积累的技术经验。

然而，除了技术和管理上的欠缺之外，也许一个更深层的因素是，汉密尔顿固执地认为，在时机尚不成熟时，可以通过意志支配行为，提前让制造业建立起来。与此同时，杰斐逊—麦迪逊派系对"赌徒"

的愤怒，以及弗吉尼亚人对汉密尔顿及其所代表的一切的憎恨，涉及的也不仅仅是乡村党原教旨主义。汉密尔顿可能比他们看得更远，但值得注意的是，他们非常担心汉密尔顿所释放出的力量正在腐化公众道德，这将导致他们关于共和国的美好愿景永远都无法实现。

建立公共信用，调动社会中最具活力者的资源，从而使公共债务成为一种可以将资本集中用于未来发展的工具，这些都是很好的。这些人的活动将带动债券价格趋于面值，在这一阶段，投机精神可以被视为一种良性力量——为了将来的预期回报而愿意承担合理风险，而且这一切符合公共利益。但肯定需要在这个理论中加入某种中间条件，而休谟和汉密尔顿在这方面都有所欠缺。怎样才能防止投机精神本身变为最终目的呢？

当即时满足的欲望战胜了持续努力和积累的意愿时，魔鬼就会被放出来，整个社会都将感染投机这种流行病——人们会停止习以为常的工作，受到迷惑并产生幻觉，一心去寻找奇迹。清醒的预言家发出的警告将徒劳无益，正如塞斯·约翰逊（Seth Johnson）在1791年写给安德鲁·克雷吉的信中所说的：

> 一个国家最好的支持和最可靠的资源，是其公民的勤劳和节俭。无论以何种方式削弱或破坏这些有益的习惯，都必须被认为是极其有害的。目前对投机的狂热，使一些人突然获得大量财富，各个阶层的人都受到诱惑，开始摒弃那些通过缓慢但必然的方式获得财产的常规商业习惯，转而从事像赌博一样依靠机率的活动。他们因深陷其中而感到焦虑和急切。赢了的人会继续参与，希望得到更多；输了的人，也会因为盼望时来运转而继续投注。他们不仅因为忽略自己的正当职业而不再勤奋，而且许多人因此变得不快乐和不满足……

投机性泡沫总有一天会破灭，而且赌博在任何时候都有人赢、有人输，是一种极具破坏性和制造分裂的力量。正如奥利弗·沃尔科特在1792年的疯狂中所说的那样，只有"一部分人破产"，才能治愈"一些人的邪恶与另一些人的傲慢"。[61]

投机恶魔无疑被视为资本主义恶魔本身。抵制恶魔的自制力——愿意延迟满足，维护社会公认的付出与回报的对等关系——永远只能起一部分作用。这种自制力可以从惩戒和教训中获得，但经验似乎也证明，永远不可能获得完全的免疫力。尽管如此，在19世纪初的美国将看到这种惩戒。

在现代理论的语言中，这个恶魔甚至有一个专有名称："夸大的预期和个性化的流动性偏好"（Exaggerated expectations and personalized liquidity preference）。赫希曼（Hirschman）教授认为，它指的是一种能经常观察到的状态，"一个社会第一次尝到经济发展的甜头时的心理状态"。一方面，机会意识可能导致避免或放弃有益的长期投资，"而选择一些新的'快速致富'活动"。另一方面，"在欠发达国家有这么多能力超群的富人……他们让自己和资金都保持一定的空闲和流动性，以便随时抓住不寻常的机会，这种现象有点令人费解"。[62]换句话说，它可以指对快速赚钱不加控制的弱点——在建立有用制造业协会的案例上，这是一个合适的简洁表述。

而弗朗西斯·卡伯特·洛厄尔（Francis Cabot Lowell）和波士顿协会似乎与威廉·杜尔这类人明显不同。诚然，在后禁运时代（post-Embargo era），他们更多地关注技术和管理问题（这种关注本身就具有生命力），对流程有更多控制，并在新英格兰的许多小型工厂进行多次演练，这些在以前都是不可能的。此外，与18世纪90年代相比，英国等地的制造业在1815年之后的几年中利润丰厚，这种诱人景象更容易被人们看到。但制造业本身是这样一种企业模式，它不仅需要投入大量的资金和精力,而且要对未来抱有期望:仅有汉密尔顿式的愿景是不够的,还需要有大批愿意长期承诺投入巨资的个人。[63]

此外,还需要有适合的文化作为背景,在这种文化下,社会上最受瞩目的企业家能够以某种方式化解公众对其他人赚取巨额利润的猜疑态度。而像洛厄尔镇那样精心构思和实施的项目,不仅与地区利益有明确联系,而且还展示出一系列美德,包括谨慎、自律、延迟满足和面向未来,这些美德将让公众更愿意认可它的成功。尽管杰斐逊派偶尔带有反资本主义的色彩,但他们的传统大体上也不算过分。在我们的历史发展过程中,这种传统表现为各种形式,但综合看来,其主要作用仅仅是对资本主义邪恶和投机的一面进行审查。

可以说,正是亚历山大·汉密尔顿的不耐烦和骄傲,促使了他自己的愿景走向失败。他正确地预见到实现愿景所需的大部分资源。然而,他在用人方面判断失误,而弗吉尼亚人认为这是一个巨大的错误,当然,这种说法体现了弗吉尼亚人的风格,但也并非毫无道理。从汉密尔顿的规划来看,一方面,执行者不能从快速实现目标的角度思考,只是僵化地执行设计。另一方面,同样一批执行者又被寄予厚望,期望他们能进行自我克制。

接下来,发生了汉密尔顿始料不及或被他忽视的一件重要事情;也许正是由于这个疏忽及其造成的后果,他的职业发展从创造性阶段来到了失败边缘。

第四节 1792年的费城报纸之战

1792年3月,除了投机这个恶魔之外,另一个恶魔也被完全释放出来了。这就是党派之争,它在菲利普·弗雷诺及其创办的《国民报》

上体现得尤为突出。如果说第一个恶魔是亚历山大·汉密尔顿放出的，那么，另外一个恶魔无疑要归咎于詹姆斯·麦迪逊和托马斯·杰斐逊。他们下定决心摧毁汉密尔顿的影响力，于是招纳弗雷诺，想借其一臂之力。从3月中旬开始，弗雷诺向财政部发起一系列攻击。汉密尔顿先是忍受了大约18个星期，然后终于开始在约翰·芬诺的《美国公报》上通过专栏进行回击。在1792年秋季大选之前的几个月里，费城爆发了一场激烈的报纸之战，为那一年政党初步形成的过程增添了一个新元素。国会中已经出现了明显的分歧。而现在，这些分歧进一步被正式确定和扩大化：将这些分歧暴露在公众面前，相当于公开承认它们的存在，而且双方事实上都在通过舆论为自己一方争取更广泛的支持。

从某种意义上说，1792年的选举极大地推进了政党的形成，也吸引了新的力量加入。这些新变化令反对财政部的一方非常满意，他们开始自称为"共和派"（republican interest）。然而，与这些选举相关的另一个因素——其涉及对国家行政长官的选择，仍然对党派凝聚力和政党形成起到抑制作用。具体来说，这是指华盛顿勉强做出的决定：如果国内有强烈的意愿要求他连任，他将不按原计划退休。

在《国民报》创办的最初几个月，弗雷诺还比较克制，尤其是相对于他和报纸在后来掀起的风波而言。虽然他支持麦迪逊对"一般福利"条款的狭义解释，但是他的文章最初是支持建立有用制造业协会的。[64] 弗雷诺从一开始就采取反英亲法的立场，但《国民报》也刊登过一位作家的文章，该文章认为，要想摆脱对英国的过度依赖，最佳办法是政府鼓励制造业——这一点与亚历山大·汉密尔顿的观点相符。[65] 汉密尔顿发布他关于制造业的报告时，弗雷诺也刊登了这份报告，但没有进行评论，直到后来他才表示反对报告内容。[66] 关于和印第安人的战争，双方的文章他都会发表，尽管他可能还是赞同他的朋友布拉肯里奇的鹰派观点。麦迪逊的文章也经常发表在《国民报》上，但他的文章直到后来才带有浓厚的党派色彩。[67]

然而，2月的疯狂投机和3月的金融恐慌接踵而来，再加上同一时期国会里的激烈辩论，似乎一下子产生了巨大的压力，迫使弗雷诺选择立场，不能再进行克制。3月15日，弗雷诺开始在《国民报》上连载他的"布鲁图斯"（Brutus）的来信。在接下来的一个月，他以一种鼓动人心的热情，对融资体系发动了猛烈抨击。

> 这是令人愤慨的事实，这种由美国财政部建立的金融制度已引发了很多投机场面，其目的是通过剥削公众，扩大少数富人的利益，将国家最优质的资源永远转移到投机者手中，使美国人民及其子孙后代承担负担，随着时间推移，这种负担不但不会减少，反而会不断加重……无限制的进口和从英国法典复制的关于消费税的法律为这种制度提供支持……[68]

同时刊登的还有署名"一位农夫"（A Farmer）的连载文章，这些文章对建立有用制造业协会和汉密尔顿在"冗长且站不住脚"的《关于制造业的报告》中所述的原则进行了抨击。"一位农夫"称，与"杜尔和汉密尔顿建立国家制造业的计划相比，英国宫廷自己也不可能想出一个更能压迫和毁灭我们的计划"。[69]4月2日，《国民报》刊登了麦迪逊具有浓厚党派色彩的《联邦：谁是它真正的朋友？》。九篇署名"西德尼"（Sidney）的文章抨击了汉密尔顿的消费税制度（"在任何其他国家都没有比这更偏袒、更压迫和更不公正的税收工具"），并以财政部长的最新报告作为证据。[70]报纸头版登载了反对汉密尔顿最为激烈的国会演讲，包括鲍德温（Baldwin）关于消费税的演讲，默瑟关于边境防御筹款的演讲，以及威廉·芬德利（William Findley）关于汉密尔顿建议额外承担州债务的演讲。[71]整个春夏两季，很多文章都在含沙射影地指责，汉密尔顿和他的追随者正在策划将君主制和贵族制强加给美国人民。

质疑1。对于那些依附于君主制和贵族制的人，在他们的内心深处，能否成为一部共和宪法的朋友？

质疑2。我们中间难道不是有一些人公开地，还有一些人众所周知地，拥护君主制和贵族制吗？

质疑3。所有这些原则难道不是与宪法原则相悖吗？

质疑4。这些人难道不是很自然地会希望通过扩大宪法权力，同时使其掌握在少数人手中，将宪法变为世袭政府的幌子吗？

质疑5。许多公共事务难道不是已经表现出这种倾向和意图了吗？……[72]

1789年，约翰·芬诺创办了《美国公报》，这是一份严肃报纸，该报的"目的是传播有利于联邦宪法和政府部门的正面情绪"。作为主编，芬诺无疑在这方面已经做了一些工作。但是，身材高大的芬诺本人有点儿慢条斯理，他强烈反对混乱，也因此感到困惑。他对辩论没有兴趣或天赋，也没有什么资源去应对《国民报》。看到政府受到批评，自己也被嘲笑为"宫廷的印刷机"，他感到很痛苦，但他最多也只能语无伦次地辩解和劝诫。他在6月9日宣称，大多数"谩骂政府者"是"来自其他国家的人，这些人刚逃离奴役，还不知道如何享受自由"。这是芬诺犯下的一个错误，弗雷诺立刻兴奋地扑了上去："听呀！听呀！大家注意听……你们这些外国人，来自各个国家，来自各个地区的外国人！""就在今天早上，他在《美国公报》上咒骂……你们这些外国人是一群反叛的狂犬，一群逃跑的奴隶，你们来这里是为了推翻政府。"[73]

到了7月下旬，陷入苦恼的汉密尔顿肯定是觉得弗雷诺为所欲为的时间已经够久了。7月25日，汉密尔顿在《美国公报》上发表了一篇文笔辛辣的短文，署名"T.L."：

> 《国民报》的主编从政府领取薪水。这笔钱是作为他的翻译费支付给他的呢，还是因为他发表了一些诋毁那些受民众委托为我们管理公共事务的人的文章而付给他的呢？他是想要反对政府的措施，通过虚假的影射来扰乱公共秩序吗？在日常生活中，如果一个人咬伤往他嘴里放面包的手，这人会被认为是忘恩负义；但如果这个人是受雇来做这件事的，情况就不一样了。

弗雷诺仿佛被人从后面咬了一口似的，立刻起来反抗。他称芬诺（他以为芬诺是这篇文章的作者）是一个"卑鄙的马屁精"，试图"毒害民众思想"。在第二封署名"T.L."的信中，汉密尔顿继续追问，想用激将法怂恿弗雷诺说出"是什么促使我们的执政者雇人来谩骂自己"。当然，汉密尔顿指的是弗雷诺以译者的身份从国务院领取小额津贴，他还声称弗雷诺出版《国民报》的报酬也是从同一来源获得。于是，弗雷诺在费城市长面前宣誓作证，坚称《国民报》的主编"在进行这项工作的过程中，完全依据的是自己的判断——自由、不受约束、不受影响"。[74]正是在这个关头，汉密尔顿终于向托马斯·杰斐逊开战了。

汉密尔顿希望公众知道，虽然杰斐逊是"一个主要政府部门的负责人"，但他"公开反对政府制定的几乎所有的重要措施"。从8月4日到12月下旬，汉密尔顿在报纸上刊载了一系列文章，将杰斐逊的不义之举公之于众。他使用了多个假名,包括"美国人"(American)、"卡图卢斯"(Catullus)、"梅特卢斯"(Metellus)等,但所有人都知道这些文章的作者是汉密尔顿本人。文章主要针对杰斐逊提出三项指控。首先,杰斐逊与弗雷诺谈判,安排他"定期从公共资金中领取养老金",这样弗雷诺就可以创办一份"完全反映其雇主政治理念"的报纸。其次,早在1788年,杰斐逊对宪法的忠诚度就值得怀疑,他"一开始甚至反对宪法的通过",除非加上某些限制条件(杰斐逊认为,前9个州应当批准宪法,但其他4个州应该拒绝,以便在制定修正案问题上施加压力)。最后,杰斐逊在担任法国公使期间,表现出"挥霍无度"的作风和对美国财政信誉的轻视。他欺骗一家荷兰银行家的公司,建议他们承担美国欠法国的债务,暗示他们可以获得$16\frac{2}{3}$%的折扣——尽管他知道(或者说相信)美国政府无力偿还这些债务,无论是向法国人还是向荷兰人。[75]

面对这些指责,杰斐逊表面上不动声色,他说自己早年就决心"绝不在公共报纸上发表匿名文章",或"与一个隐藏在暗处的对手公开交战"。他也不需要这样做,因为他的许多朋友,尤其是麦迪逊、门罗和伦道夫这些人,纷纷发表文章为他辩护——显然是通过与杰斐逊的合作。[76] 接下来,在这一年的剩余时间里,公众会看到一场前所未有的、持续不断的政治斗争和个人冲突。在此期间,汉密尔顿还发表了其他的系列文章〔"公民"(Civis)系列和"事实"(Fact)系列〕为财政部辩护,反驳媒体对其部门浪费公共资金和不必要地增加公共债务的指控。[77]

汉密尔顿似乎总是需要有明确的边界才能有效采取行动,他非常善于在受到攻击时为自己辩护,但尤其不擅长对他人发起进攻。他可以清晰准确地解释如何计算拖欠的利息,或者阐述公共债务怎样才能为公众带来好处,但当他自己发起进攻时,就会失去控制,他署名

"美国人"和"卡图卢斯"发表的文章就是这种情况。

汉密尔顿在进攻时表现最好的一次，应该就是和弗雷诺的对阵。显然，杰斐逊和麦迪逊为了说服弗雷诺在费城创办一份报纸，做了很多努力，如果不是他们的坚持，弗雷诺不会来到费城。有关这一点，杰斐逊在华盛顿面前进行详尽的自我辩护时，并不是很坦率。杰斐逊称，他本没有想到办事员的工作与创办报纸会有任何关系，但当他得知弗雷诺的计划（也是他和麦迪逊的计划）时，他表示欢迎，该计划的主要想法是将《莱顿公报》（*Leyden Gazette*）上的外国新闻翻译后在美国出版。[78]此外，弗雷诺在证词中申明，"国务卿托马斯·杰斐逊从未与他就建立或创办《国民报》进行过协商；他作为报纸出版商来到费城，从未受到上述官员的敦促、建议或影响"，[79]然而，这份证词非常令人生疑。实际的"协商"可能主要由麦迪逊执行，但如果没有杰斐逊的积极鼓励，很难达成那样一个结果。

然而，如何对这些事件进行理解是一个更重要的问题。一方面，一名内阁成员唆使创办一份反对政府的报纸，这种行为可能被认为是别有用心。杰斐逊在华盛顿面前申辩说，在批准弗雷诺的政论报纸时，他"只考虑了去谴责支持贵族制和君主制的作家，而没有想要批评政府的行动"。[80]但华盛顿对他这样的辩解以及其他一些解释并不十分信服。汉密尔顿称，杰斐逊每年付给弗雷诺超过250美元的翻译费，这让他感到恐惧。这无疑有点夸张，但弗雷诺接受这笔钱并非明智之举，而杰斐逊作为提供者就更不明智了。事实上，这个微不足道的金额本身恰恰说明了杰斐逊有多渴望把弗雷诺带到费城来——杰斐逊愿意提出任何看似合理的额外诱惑。

但另一方面，创办一份党派报纸也没有什么不道德的，如果这是杰斐逊想要的，那么，他应该可以不受约束地去做这件事。但有可能杰斐逊并不完全清楚自己想要什么。当然，问题在于"党派"在当时不是一个值得尊敬的概念；到目前为止，对于他和麦迪逊实际上正在做的事情，还没有建立任何规则，也没有中性的词汇来谈论这些事。正是这一点——加上杰斐逊和弗雷诺勉强做出的声明——让汉密尔顿的指控显得可信。

另外，弗雷诺坚持说，他是完全独立地发表自己喜欢的内容，而杰斐逊也发誓，自己"从未（无论直接还是间接）试图对《国民报》的内容施加任何影响"，在这方面，他们无疑都说了实话。[81] 要是弗雷诺稍微有点容易受控制的话，杰斐逊也许并不反对提供某些谨慎的指导，但他发现弗雷诺过于敏感，就知道最好不要尝试。在双方最初的交流中，弗雷诺一直拒绝这些弗吉尼亚人的要求，他似乎在怀疑杰斐逊想限制他的自由。他写了一封带有侮辱性的信，只是在一位朋友的强烈阻止下，他才没有把这封信寄出去。所以就算杰斐逊试图告诉弗雷诺应该写什么和刊登什么内容，弗雷诺也几乎肯定不会听从。[82] 不过，杰斐逊当然也没必要这样做。

而汉密尔顿的其他指控，即关于法国贷款和所谓的杰斐逊反对宪法的指控，则没有什么根据。汉密尔顿很可能回想起1788年的情况而怒火中烧，因为当时他和盟友不得不努力争取每一张投票，而几千英里外的杰斐逊轻描淡写地暗示，一些州最好推迟批准宪法。但杰斐逊并没有反对宪法的最终版本，因此，他至少有一些理由为自己辩解（他也的确这么做了），他对宪法的忠诚度其实比汉密尔顿更高。[83] 在贷款问题上，汉密尔顿的指控很荒谬。杰斐逊在1786年向国会提交的计划并非完全不可取，尽管财政委员会最终以合理的理由否决了这一方案，但在美国有一些很受尊敬的人士认为该方案至少值得考虑一下。作为美国驻法国公使，杰斐逊对自己的国家拖欠参加独立革命的法国军官的薪酬，以及未能向法国政府支付贷款利息，感到极大羞辱。他对荷兰人的计划表示欢迎，认为这是解决前述两个问题的一种方式。的确，他也可能没有考虑周全：美国人如果继续拖欠法国贷款，也许仍然可以维持他们在阿姆斯特丹的信用，但如果对贷款重新谈判，然后拖欠荷兰人的贷款，美国人的信用就彻底崩溃了。所以，这并不是个好主意。然而，当汉密尔顿在六年后重提这一事件时，他脱离当时的背景而引用杰斐逊的建议，这就歪曲了杰斐逊的本意。事实上，杰斐逊当时的担忧与汉密尔顿的完全相同，尽管二人的表现方式不同，但他们都非常关注和担心美国信用令人绝望的状态。[84]

所有这些又引发了其他一些问题。为什么汉密尔顿突然向杰斐逊发起攻击？为何选择这一时机？当汉密尔顿将最初对弗雷诺的口诛笔伐扩大范围时，将火力转向麦迪逊难道不是更好吗？毕竟，麦迪逊在说服弗雷诺搬到费城上承担主要责任。在此之前，麦迪逊一直是汉密尔顿不满情绪的主要来源。汉密尔顿在5月写给爱德华·卡林顿的一封长信中，倾吐了因麦迪逊转而反对他及其政策而感到的痛苦。[85]那么，为什么他现在要把所有怒气发泄到杰斐逊身上呢？

汉密尔顿一直感到自己被反对者揪住不放。他非常清楚麦迪逊的反对意见，因为麦迪逊在国会辩论中多次公开陈述，汉密尔顿为此非常苦恼。他也大体上知道，杰斐逊与麦迪逊的观点非常相似。但是，对于杰斐逊自己的反对观点及其采取的具体形式，汉密尔顿还一无所知。他一直不清楚为了破坏他在华盛顿心中的地位，杰斐逊花了多大力气，直到1792年夏天，华盛顿向他透露实情，他才得以知晓。

1792年初，杰斐逊与华盛顿进行了几次私人谈话。在谈话中，针对汉密尔顿的财政部以及其政策导致的道德败坏，杰斐逊似乎没有抑制自己的厌恶之情。他认为财政部"拥有了吞噬整个行政权力的影响力"；它设计了一种制度，引诱公民参与"一种破坏道德的赌博，并将有毒思想引入了政府本身"；他希望《关于制造业的报告》"遭到否决"，因为它必然会让共和国变为一个无限政府。他确信债务已经高到

"超出了偿还的可能性";"它提供了腐蚀立法机构两个部门的手段";"在两院中都有相当多的人投票支持债券和股票投机商的利益"。这意味着国会"的立法是为了自己的利益,而不是为了人民的利益",他毫不怀疑,这种"腐败的力量"正在密谋将政府形式改变为"君主制"。5月23日,杰斐逊给华盛顿写了一封长信,总结了这些指控。[86]

华盛顿深感不安,他于7月29日给汉密尔顿写了一封涵盖内容广泛的信,信中列出了杰斐逊的指控。他没有刻意掩饰杰斐逊的措辞,其中大部分内容都是一字不差地引用,其余内容则略加转述。可想而知汉密尔顿在读这封信时的想法。最高行政长官本人告诉了他这一切,确凿无误,包括杰斐逊准备用什么手段来摧毁自己,他秘密进行了多长时间,散布了什么诽谤,向总统灌输了哪些毒害思想。汉密尔顿在8月3日收到华盛顿的这封信。第二天,他在《美国公报》上对托马斯·杰斐逊发起了疯狂的全面攻击。[87]

对新建立的共和国来说,1792年的选举是历史上第一次类似于以党派为基础进行的竞选。正如众议院书记员约翰·贝克利所说,在大多数州,国会选举在某种意义上被认为是"财政部和共和派之间的斗争"。在纽约,甚至连州长竞选也倾向于按照这种方式组织。两位候选人分别是约翰·杰伊和乔治·克林顿,杰伊基本赞同汉密尔顿的原则,而克林顿是长期担任这一职务的现任州长,他和他的支持者是这个州的共和派捍卫者。[88]

这些竞争虽大多发生在州内,但诺贝尔·坎宁安(Noble Cunningham)指出,已经出现明显的州际合作迹象。弗吉尼亚人——麦迪逊、门罗、杰斐逊和贝克利,他们与许多竞选活动保持着紧密联系,并密切地关注着进展。无论杰斐逊与利文斯顿在前一年的交流中是否暗示过要建立弗吉尼亚—纽约同盟,现在这一同盟都已经成为一个明确的现实。5

月，杰伊与克林顿的竞选进入决胜阶段，克林顿凭借其支持者在三个县的舞弊行为，才得以保住了自己的位置。感到不安的弗吉尼亚人立即意识到，这对他们自己和他们在各地的盟友都会产生不利影响。杰斐逊认为，在这种情况下，克林顿应该拒绝就职；否则，他担心，"共和派的事业将受到损害，支持者将陷入分裂"。但这并不妨碍他们与宾夕法尼亚州和纽约州的共和派领导人共同推进一项计划，即支持克林顿竞选副总统，以替换掉亚当斯。虽然有人提出让亚伦·伯尔竞选这一职务，但麦迪逊和门罗坚持自己的意见。[89]

尽管如此，在1792年，不折不扣的党派活动仍面临着诸多限制因素，正是这些限制，而不是尚未"发现"的组织技巧，导致那一年各地的政治行动中出现奇怪的模棱两可的现象。对候选人的提名过程就体现了这一特点。从逻辑上讲，提名过程需要在选举前进行某种形式的集体行动——当社区中出现会导致分裂的事件和情绪时，这种集体行动因其固有的非正式性，不可避免地会接近于派系之争。然而，一方面，必须完成需要做的事情，另一方面，又不得不接受派系主义的负面价值观以及游离在法律边界之外的"协调措施"，这就可能导致一种极其分裂的心态——一种不再完全了解自己的不安感觉。1792年就是这种情况。

例如，在新罕布什尔州，立法机构已经承担了提名国会候选人的职能，这一安排与后来发展起来的议会党团只有一步之遥。但在1792年，根据一位党派成员的说法，"每个党派都对对方心怀畏惧，他们因此竭力隐藏自身及其计划"。[90]另外，还要决定候选人名单，在某种程度上，这是提拔志同道合且能够和睦相处的候选人所必不可少的步骤。这样做的欲望非常强烈，但是由谁来采取主动行动呢？如果没有其他人的支持，怎么能成功呢？应该如何称呼此类"其他人"呢？这不就是"派系"吗？因此，尽管候选人名单很常见，但都是由个人，或"一些居民",或"受尊敬的商人和机械师"提议并刊登在报纸上,而不是来自任何愿意自称为党派甚至是"利益集团"的团体。事实上,无论以什么形式提议的候选人名单,本身都值得怀疑。即使是像休·亨利·布拉肯里奇这样的铁杆共和派,也可以在菲利普·弗雷诺这个彻底共和派的报纸上发表一篇措辞强烈、严厉的长篇大论,反对作为派系工具的候选人名单、州会议和通信委员会,因为它们侵犯了"广大公民自己思考、判断和行动的权利"。[91]

托马斯·杰斐逊自己的思想也反映出类似的模棱两可。他有充分的理由为国会选举结果感到高兴。他在写给托马斯·平克尼(Thomas Pinckney)的信中说,胜选议员中有"决定性的多数都支持共和派"。尽管议员的党派归属关系通常不会公开宣布,但杰斐逊对参加这些竞选活动的每个人都非常了解,并且给予充分关注,因此,他这么说也不足为奇。[92]

在此大选之年,华盛顿本人的立场,以及他对内阁中存在严重分歧的几位主要成员的重要影响,最后引发了一系列具有讽刺意味的事情。

这位国父此刻有许多担忧。春夏两季出现的派别之争令他深感不安。他对弗雷诺的活动尤其感到愤怒,在弗雷诺的众多恶行中,最令他无法容忍的是煽动西宾夕法尼亚人反对消费税(那里的情况本来就已经很动荡了)。关于在弗雷诺的《国民报》等报纸上刊登的攻击文章并非针对他个人的说法,华盛顿嗤之以鼻,他对杰斐逊说,他"如果把到处扔给自己的小糖球都吞下去,那他一定是个傻瓜"。他声称:

> 当他们谴责政府行政部门时,也是在谴责他,因为如果他们认为这些措施违背了他的观点,那么,他们一定认为是他太大意,没有关注这些措施,或者太愚蠢,以致无法理解。

> 尽管他确实签署了许多他并不完全赞成的法案，但是，他从未签署过任何一项他认为总体来说不合格的法案。[93]

也许，给华盛顿带来最大痛苦的是，他现在看到自己的两位内阁成员，杰斐逊和汉密尔顿之间出现了明显敌意。

与此同时，他自己也厌倦了公职，决定宣布退休。当他向身边的几个人表达了自己的意愿后，引起强烈的震动，所有人都非常恳切地劝他重新考虑。鉴于华盛顿所代表的价值观，这意味着，正是同样的一群人，一方面使派系斗争愈演愈烈，但另一方面又抑制了它的发展。

华盛顿在5月份向麦迪逊谈起了自己的退休想法，说他"发现自己……生命正在衰退，身体明显变得更虚弱，也许能力也在日渐减退；事实上，这种疲倦和不适对他来说几乎无法忍受"。关于应该在什么时间和选择什么方式向全国传达他的这个意图，以及他应该说些什么，他想听听麦迪逊的意见。麦迪逊认为，如果华盛顿下定决心要这样做，那么在大选前留出充足的时间，通过报纸直接向人民发表讲话，要比向国会传达这个信息更好。华盛顿请麦迪逊为他起草一份告别演说稿。麦迪逊依命行事。但他的心情很沉重，在给华盛顿的送文函结尾，他写道：

> 遵照您的嘱咐，先生，我以您即将从公共生活退出的设想，起草了您的告别演说。现在，请允许我向您表达我自己的愿望。我希望您再次考虑您的退休决定……为了您的国家的意愿和利益，再次做出牺牲，尽管这种牺牲可能非常巨大。[94]

类似情况也出现在华盛顿与汉密尔顿和杰斐逊就这一话题的通信中。华盛顿努力在双方之间进行调和，这为两人的矛盾发展增加了一个新的影响因素。

"真不幸,"华盛顿在8月23日写给杰斐逊的信中说,"……我们的四面八方都有公然的敌人和阴险的朋友,与此同时,内部分歧也令我们感到痛苦和撕裂。"他担心,如果不能"更包容对方的意见和行为",政府将四分五裂。"我最真诚的愿望,这也是我最深切的希望,就是各方不要再进行伤感情的怀疑和指责,而是宽宏大度——彼此克制——和暂时相互让步。"华盛顿在给汉密尔顿的信中也表达了类似的态度。他"感到非常遗憾,一方面,由于对彼此的愤怒,双方无法在一起讨论问题,另一方面,在做出决定时,也总是会不适当地牵扯到对方的动机问题",他希望"在所有已造成的伤口上涂上药膏,防止伤口坏死;否则,社会可能会承受致命后果"。[95]

两人都在同一天回复。汉密尔顿称赞了华盛顿为双方和解所做的努力,但他建议,如果他们无法达成妥协,为了公共利益,总统最好把他们两个人都换掉。汉密尔顿承认,他"在最近针对某些公众人物的报复中起了一定的作用"。也就是说,他的确对报纸上攻击杰斐逊的言论负有责任。但他认为,自己是"深受伤害的一方",所以他觉得"暂时还不能退缩"。他倾诉了自己的痛苦:

> 我知道,自从杰斐逊先生来到纽约市就任他现在的职务那一刻起,我就一直是他攻击的目标。我从最真实的消息来源处得知,我经常遭到来自同一团体的最不友善的中伤和影射。我早就看到,在他的支持下,立法机构内成立了一个党派,一心想要和我对着干。从我所掌握的证据来看,我毫不怀疑《国民报》是他出于政治目的而创办的,其主要目的就是尽可能地诋毁我,以及诋毁与我的部门有关的一切措施。

"尽管如此,"他最后说,"我向您保证,阁下,如果您今后基于某种稳定的合作原则,制定一项重新团结内阁成员的计划,我将忠实地同意,在我任职期间执行该计划。我不会直接或间接地以任何言论或行动,使我们的恩怨滑向危险边缘。"[96]

杰斐逊回复华盛顿的长信中则充满了对汉密尔顿的怨恨和为自己的辩护,但他没有做出任何承诺。杰斐逊承认,自己不赞成汉密尔顿的制度("在我的私人谈话中"),但坚称这是因为汉密尔顿所有计划的目的都是在国会中建立一个腐化的团伙,"他想让这个团伙服从财政部长的指挥,目的是一步一步地破坏宪法原则"。他也倾诉了自己的不满。汉密尔顿干涉了他的部门,企图挫败他在商业上亲法反英的计划,并在报纸上向他发起指控,而所有这些指控都是虚假的。和华盛顿一样,杰斐逊也希望尽快退出公共生活。杰斐逊深信,自己"无可非议的正直"值得同胞们尊敬,他宣布:"我不会让自己的退休遭受一个人的诽谤而蒙上阴影,这个人的过往,从历史屈身注意到他的那一刻起,就充满了反对国家自由的阴谋,而这个国家不仅接受了他,给予他面包,还把荣誉堆在他的头上。"[97]

然而,有一件事——尽管只有这一件——是双方一致同意的。那就是华盛顿连任总统是不可或缺的。杰斐逊写道:

> 我完全了解您现在的公职给您的心灵所带来的压抑,也了解您是多么渴望退休后回归家庭生活。但在一定情况下,社会对一个伟大的人有特殊要求,希望他暂且压抑追求个人幸福的愿望,而他的克己行为将造福今人,惠及后代。在我看来,您现在正处于这种情况……

"我相信,先生,"汉密尔顿也写道,"我乞求上帝,请您务必再一次为公众利益牺牲您个人的平静和幸福。"[98]

毫无疑问，政党现在已经形成了。但是，由此而凝聚在一起的那些人，他们仍然受到各种各样的限制，无法直接地推动政党理念。现在，为了说服华盛顿连任总统，他们自愿接受另一派。两人都不打算停止他们的争论，但每个人都以自己的方式避免让最坏情况出现，即美国的政治力量分裂为有组织的政党。无论是对国家还是对他们自己而言，华盛顿就像爱国者君主一样，仍然象征着一个超越党派和派系的政府愿景。他们可能已经朝着"政党制度的理念"迈出了几步，但只走了不到一半的路程。尽管他们不会回头，但他们还是更愿意在华盛顿的影子下继续他们之间的冲突，每个人或多或少地都希望，他们能以对自己有利的方式解决矛盾，同时希望华盛顿会支持自己的观点。他们感觉到自己正在接近未知的领域，心中不免有些忐忑；无论发生什么，他们都希望该领域仍然处于这个新共和国最受认可的合法性的保护下。然而，当他们充满困惑地向华盛顿求助时，也在不知不觉中延长了希望努力摆脱的那种状况。只要政治冲突还是像1792年时一样，可被接受的表达途径受到限制，那么，它就依然避免不了大量诡秘、压抑和恶意的成分。

华盛顿把做决定的时间往后推迟了一天又一天，早已超过了他和麦迪逊之前商定的拒绝连任的合适时间。到了秋天，华盛顿身边最亲近的那几个人都感觉到，他的决心"有所松弛"。过了几个星期，又过了几个月，最后，华盛顿什么也没说，这就相当于他接受了连任。选票于1793年2月13日清点。亚当斯以77∶50的选票击败了克林顿，成功连任副总统。而在总统的选票上，和上次一样，华盛顿获得了每一位投票人的支持。[99]

第五节　调查汉密尔顿

在法兰西共和国的新任公使到达美国之前，又有两次针对财政部和财政部长的攻击，一次是私底下进行的，另一次则是公开攻击。汉密尔顿在这两起事件中都幸存下来，甚至还得到了一些赞扬，当然，这要取决于从谁的角度来看。正如我们之前所看到的，当他本人及他所在部门的事务受到抨击时，他总是能够采取相当精准的行动。

第一次是费城监狱的两名囚犯透露，汉密尔顿本人参与了政府债券的秘密投机活动，这一消息传到了弗吉尼亚州某些国会议员的耳中。经过调查，并未发现汉密尔顿有投机行为，这件事最后以议员们满意的方式秘密解决了。

然而，在为自己澄清的过程中，汉密尔顿不无遗憾地发现，他不得不向调查人员坦白，这件事的起因是他在一年前卷入的一场爱情冒险。他的秘密情人玛丽亚·雷诺兹（Maria Reynolds）恰好是其中一名囚犯已分居的妻子，不仅如此，不久后她又会与另外一名囚犯结婚（但当时还没人知道日后的这一发展）。这是一个不寻常的三人组——玛丽亚、詹姆斯·雷诺兹（James Reynolds）及其助手雅各布·克林格曼（Jacob Clingman），他们每个人的名声都不怎样。这三人中性格最不讨人喜欢的就是玛丽亚，她感情丰富但喜怒无常，总是在为什么事情担心。她经常让自己陷入绝境，然后又总是流着眼泪恳求别人，这时，铁石心肠也会被她融化。因此，她的忠诚总是处于某种混乱状态。她总是被人牵着鼻子走，又经常受到环境打击，生活极不稳定。[100]1792年11月，雷诺兹和克林格曼面临法庭审判，他们涉嫌欺诈和唆使他人作伪证，以骗取对一名已故军人财产的管理权。雷诺兹在过去因交易赃物而被起诉多次；克林格曼到底是如何与雷诺兹走到了一起，这并不清楚，但在此之前警方似乎没有他的记录。他们两人都想摆脱这次困境，于是将目光转向了财政部长，他们中一人暗示，有可能利用某些筹码向汉密尔顿施压，迫使其为了他们而动用影响力。但汉密尔顿拒绝了他们的要求。获得保释后的克林格曼在镇上四处游荡，他向审计长奥利弗·沃尔科特（在该案中提起诉讼的人）和议长弗雷德里克·A. 穆伦伯格（Frederick A. Muhlenberg，克林格曼的前雇主）暗示，雷诺兹"能够对财政部长造成巨大伤害"，他指控汉密尔顿的罪名是非法投机。雷诺兹本人在监狱里接受审讯时，对汉密尔顿的"罪行"究竟是什么含糊其辞，三名国会议员前往监狱，也没从他那里得到任何明确信息。但无论他对汉密尔顿的指控是什么，事情真相都将很快水落石出。这件事要追溯到大约一年半以前。[101]

1791年夏的一天，极度痛苦的玛丽亚·雷诺兹找到汉密尔顿，说她的丈夫抛弃了她，恳求汉密尔顿帮助她回到纽约的朋友那里。她不仅从易动感情的财政部长那里拿到了钱；而且，在那天晚上，她还把他带进了自己的卧室。从这以后，阴谋和欲望的纠缠就紧紧地把汉密尔顿困住了。两人经常见面；不久后，玛丽亚的丈夫又回到她身边；雷诺兹要申请财政部的一个职位，他说自己知道财政部工作人员的投机活动；汉密尔顿假装感兴趣，但拒绝雇用雷诺兹；此后不久，玛丽亚告诉汉密尔顿，她的丈夫终于发现了他们的事情。汉密尔顿已经开始怀疑这两人是串通好的。这位受委屈的丈夫表现出的"愤怒"令人费解，他一方面向汉密尔顿勒索，以换取他对此事保密，但另一方面，他在收到钱后，又鼓励汉密尔顿继续拜访他那含情脉脉的妻子。汉密尔顿试图摆脱这段关系，但玛丽亚极力恳求不要抛弃她。他心软了，于是钱继续从他的口袋流向顺从的雷诺兹。1792年11月，雷诺兹和他的亲信克林格曼被抓获时，事情的发展情况就是这样。[102]

穆伦伯格议长对克林格曼告诉他的含蓄指责感到非常不安，他找来同样听说了此事的众议员亚伯拉罕·维纳布尔（Abraham Venable）

和参议员詹姆斯·门罗，一起商议应该怎么做。他们决定先和汉密尔顿本人对质，然后再决定下一步怎么走。他们带上了汉密尔顿曾经写给雷诺兹的几张模棱两可的纸条，这些纸条是克林格曼给他们的，而克林格曼则是从玛丽亚手里拿到的。1792年12月15日，他们拜访了汉密尔顿，给他看了那些纸条，他承认它们的确是出自他本人。汉密尔顿邀请他们当晚去他家，并告诉他们会向他们出示书面证据，以证明他没有做出任何损害公共利益的不当行为。当晚，他们如约而至，汉密尔顿告诉了他们自己与雷诺兹夫妇的真实关系。当汉密尔顿开始读一些私人通信时，他们请求他停下来，表示已经相信了他。他们最终决定不将此事报告给总统。[103]

与此同时，对克林格曼和雷诺兹的指控也被撤销，作为交换，二人归还了骗取的钱财，并详细说明了他们如何获得用于诈骗的信息。雷诺兹一获释就完全消失了，再没有人听说过他的消息。玛丽亚从克林格曼那里找到了安慰，两人去了马里兰州的塞西尔县，开始了新的生活。[104]

尽管汉密尔顿的这段婚外情暂时被掩盖，但由于詹姆斯·门罗的缘故，这件事并未就此了结。五年后，也就是1797年，费城一位名叫詹姆斯·T.卡伦德（James T. Callender）的记者又将整个故事传得沸沸扬扬，并出现了一种有板有眼的解释，说汉密尔顿与雷诺兹夫人的爱情故事纯属虚构，目的是为了掩盖对雷诺兹实质上是汉密尔顿代理人的猜测。尽管这一新演绎并非詹姆斯·门罗本人所为，但鉴于1792年时的激动情绪，门罗很可能要比其他人更负有间接责任。[105]

正如我们已看到的那样，詹姆斯·门罗对汉密尔顿在报纸上攻击杰斐逊感到愤怒，当1792年克林格曼的暗示传到他耳中时，他还在写文章维护杰斐逊。尽管汉密尔顿通过1792年12月15日的谈话成功地为自己开脱了罪责，门罗并不打算永远隐瞒这个案子。他可能在与汉密尔顿谈话前就把这一切都告诉了杰斐逊和麦迪逊；更重要的是，他以不止一种方式，让似乎无处不在的约翰·贝克利知道了整个事件。贝克利是众议院的秘书，对他来说，八卦和内幕消息就是生命的灵丹妙药；他在发掘这些信息方面具有天赋，也愿意为那些弗吉尼亚人跑腿打杂，这些对他们那一年的政治活动有很大帮助。汉密尔顿要求复制一份詹姆斯·门罗手里的文件，门罗答应了，但他把这项工作交给了贝克利，而贝克利则偷偷地为自己留了一套文件。正是约翰·贝克利在1797年将这些文件交给了卡伦德，而且毫无疑问，他对卡伦德会如何利用这些文件有很多想法。门罗知道这一切，因为他亲自把文件交给了贝克利，但他一生都保守着这个秘密。[106]

然而，关于詹姆斯·门罗的这种行为应该受到什么样谴责的问题，还是必须放在党派之争的环境中进行衡量，即使是比门罗更有正义感的人，他们的判断力在当时也受到党派之争的影响。在1792年12月时，门罗和其他弗吉尼亚人的心中都充满了仇恨和愤怒，他们确信，汉密尔顿肯定在某个方面陷入了腐败，如果他的某一项罪名不成立，那他必定有另外一项罪名。正是本着这种信念，在1793年初，他们开始新的尝试，这次是针对另一个目标。他们着手调查财政部本身的运作，寻找他们仍然坚信会发现的违规行为。

弗吉尼亚州的威廉·布兰奇·贾尔斯现在成为汉密尔顿在众议院的主要对头。贾尔斯是个激情澎湃的人，但他缺乏有效管理激情的智慧，几乎在任何场合，他的正常反应都是先行而后思。"个人仇恨，"杜马斯·马龙认为，"经常影响他的政治判断力，使他的职业生涯飘忽不定，从本质上带来破坏性。"据说，贾尔斯在此期间得到了麦迪逊和杰斐逊的很多鼓励。但这并不意味着他永远顺从，也不能保证他在国会中明智地采取行动。这只不过再次证明，在所有与财政部有关的问题上，弗吉尼亚人现在几乎都能达成一致。[107]

1792年12月底，国会正在辩论的一项议案又引发一连串事件。根据该议案，国会将授权从一笔原定用于偿还法国债务的国外借款中拨出200万美元，用来偿还新成立的合众国银行的贷款，该贷款的目的是为政府持有的银行股提供资金（根据银行成立章程规定），此外，还将授权在荷兰谈判一项新的200万美元贷款。与当时几乎财政部发起的所有计划一样，这项议案也引发了各种问题和质疑。其中一个问题是，既然规定了银行贷款要在10年内还清，每年只需支付20万美元，为什么现在一下子就要200万美元？另外，为什么要用已经从国外借到手的大量资金偿还国内债务，而还要从荷兰再借一笔钱，用于偿还对法国的债务？贾尔斯在圣诞节前一天向众议院提出一项动议，要求财政部长提供一份关于美国贷款状况的报告，包括贷款金额、条款、规定用途和尚未使用的余额。

汉密尔顿立即做出了回应，没有进行任何评论。但是，汉密尔顿的报告并没有让事情就此平息（贾尔斯声称，他无法理解这个报告。毫无疑问，他说的是实情）。相反，报告引发对财政部运作的进一步调查。弗吉尼亚人进行深入调查（再次利用贾尔斯）的根本假设是，汉密尔顿所做的一切都主要是为他的邪恶盟友（投机者）的活动提供尽可能多的资金。[108]1793年1月23日，贾尔斯为此提出5项系列决议，并解释了这些决议的依据。

第一项决议要求提供两份授权的副本，包括允许根据国会的两项法案（1790年8月4日和8月12日的法案）进行贷款谈判的特别授权（即总统的命令），以及关于随后如何使用这些贷款的类似授权。贾尔斯称，汉密尔顿在他最近的报告中并没有提供这些资料（他也没有要求汉密尔顿提供），也没有报告贷款的确切目标。在提到的两项法案中，其中一项（1790年8月4日的法案）具体规定了偿还外债的事宜，另一项（1790年8月12日的法案）则规定了偿还国内债务的事宜。每笔贷款的目的是哪一类？在实际使用时，是否真正将贷款用于该目的了？汉密尔顿似乎将这两类贷款合二为一了。此外，汉密尔顿现在不仅想把为偿还法国债务而借来的钱转用于偿还银行债务，而且还声称，为同样目的（偿还法国债务）借来的钱"可用作偿债基金"——购买国内债务。简而言之，这项决议暗指，汉密尔顿做事随心所欲，在没有得到授权的情况下来回转移资金，将法律玩弄于股掌之间。

第二项决议要求详细说明法国债务的支付方式、支付人和支付时间。这项决议暗指，汉密尔顿未能有效地使用借款，但他声称这些钱没有用于原定目的，是由于"法国局势不稳定"。这必定意味着美国要付出不必要的额外利息——不仅是法国债务的利息，还有为还债而借的钱款的利息。

第三项决议要求提供政府与合众国银行之间截至1792年底的每半月一次的结余。贾尔斯根据他从银行获得的数据以及汉密尔顿报告中的数据，认为有一大笔国外借款被运回美国，然后存入了银行，而银行本身也发放了一系列贷款，这些贷款也存入了银行。贾尔斯想知道这些钱都用在了什么地方，尤其是考虑到国内收入足以支付目前开支的情况下。他认为美国肯定为此支付了15%甚至高达17%的利息：其中包括法国债务的5%的利息，为还债而借的钱款的5%的利息（加上"贿赂和其他费用"），从银行借的钱款的5%的利息。

第四项决议要求提供一份说明偿债基金运作情况的报告——包括已投入的资金金额，这些资金的来源，以及尚未动用的款项。这再次反映了弗吉尼亚人对汉密尔顿的怀疑，包括他将荷兰借款用于何种用途，以及他的该资金中很大一部分"可以用于购买公共债务"的说法。贾尔斯问道，为什么在"国内收入已足够"支付偿债基金时，还要这么做？这个决议仍然是暗指，汉密尔顿在为投机者的利益调动财政资源，也就是说，他准备再一次像1792年3月大恐慌期间那样，通过偿债基金按面值大量购买公共证券,目的是支持市场。弗吉尼亚人认为,汉密尔顿没有理由以高于当时市场的价格买入,而当时的市场价格已经回落到面值以下。

第五项也是最后一项决议要求,提供截至1792年底的所有未使用贷款和收入的报告。贾尔斯认为他在现有数据中发现了两处令人震惊的矛盾之处。一处是国库账户短缺1554852美元;另一处是,根据汉密尔顿的报告,1792年从国外提取了290万弗罗林,而银行账簿似乎显示这个数字是290万的近3倍。

所有这些决议都获得了通过。汉密尔顿确信,这些决议纯粹出于党派之争(当然的确是这样),只是没有直说而已。贾尔斯及其盟友等本次会期快结束时才提出这些要求,因为他们认为汉密尔顿在剩余的时间内不可能提供所要求的答复,这意味着贾尔斯的指控——他在国会发言时将所有这些质疑公之于众——至少在这一年晚些时候新会期开始之前,将一直萦绕在汉密尔顿的脑海中,并对公众的思想产生影响。另一方面,倘若如决议所宣称的那样,贾尔斯想要的就是这些信息而已,那么,他就没有必要占用众议院的大量时间,甚至连财政部的少量时间也不需要占用。他只需给财政部打一通简短的电话,就可以得到对所有问题的解释了。但是相反,贾尔斯偏偏选择在收到这些信息之前,而不是之后,抢先提出指控。[109]

然而,经过一阵忙碌的准备,汉密尔顿提供了决议要求的所有材料。他连续写了3份报告,第一份报告在11天内完成,最后一份在两周后完成。在第一份报告中,汉密尔顿的直接目标是修复已造成的损害,澄清贾尔斯所提出的两个耸人听闻的指控,以避免进一步破坏公众信心——一个是账面上短缺的约150万美元,另一个是明显错误的关于从荷兰运回美国860万弗罗林的报告。二者的答案相对来说都不复杂,只是会计惯例问题,任何熟悉商务的人都不难理解。

"短缺"（shortage）是指应缴（因此已记入政府账户）但尚未收到的税款与实际存入银行金额之间的差额。进口商通常被允许在"4个月、6个月、9个月、12个月，有时甚至两年"的期限内付清关税（汉密尔顿毫不隐晦地指出，如果贾尔斯读了有关法律条文，就应该知道这一点）。事实上，贾尔斯根本没有正确计算出短缺的金额，因为即使是按照他自己的方法，应缴税款和存款之间的实际差异也比他认为的要多出一倍以上。[110]

另一处差异只是账面转账的结果，只有汉密尔顿报告中提到的290万弗罗林发生了实物转移。其余的是政府最初购买银行股票时所需的金额。从法律上讲，政府在购买银行股票之前不能从银行借款，但如果没有银行的贷款或其他来源的资金，政府就无法购买银行股票。解决这一难题的办法是，向政府在荷兰的银行家开出汇票（账面上将显示为来自国外的新贷款），并将这些汇票卖给银行，以获得购买股票所需的金额。由于现在可以合法地向银行借款了，政府立即从银行借同样的金额，然后用所得款项赎回票据并销毁。这样就完全避免了从欧洲运送价值200万美元硬币的烦琐过程。[111]

汉密尔顿在随后的两份报告中澄清了其余问题。他承认把1790年8月4日和8月12日的法案授权的两笔贷款合并在了一起（其中一笔贷款用于偿还法国债务，另一笔用于购买国内债务），并将它们视为同一个基金，不仅在进行贷款时，而且在运用贷款时也是如此。然后，他解释了这样做的理由和必要性。首先，这么大一笔钱不可能一下子在安特卫普和阿姆斯特丹的市场上借到（必须通过一系列贷款才行），而且这样做也不审慎。表现出过度需求对我们的信用没有任何好处，而且，为不是立即需要的闲置款项支付利息也不经济。荷兰银行家曾建议，在单一美国贷款品种下，这些债券更容易出售（在上面的两种用途中，荷兰银行家可能更倾向于把重点放在偿还法国债务上，而不是购买美国国内债务上)。此外,还需要有最大的灵活性,以便最有效地和最经济地利用这些资金。例如,开始及时支付法国债务的利息对于维护美国信用非常重要。但同样重要的是,在债券价格仍然很低的时候,迅速采取行动,尽可能多地回购国内债券——尤其是外国人持有的债券。这不只是一个简单的经济问题,它不仅可以阻止外国人以低于其内在价值的价格大量收购美国财产,而且这种在国内和国外的回购将有力地促进所有美国证券的稳定升值。事实上,这种效果现在已经出现了,但如果事先把钱分配到不同用途的账户,就不可能做到这一点。因此,美国政府在成立初期的信用和任何欧洲国家的一样好,美国的贷款成本在一年内从5.5%下降到了4.5%。正如我们将看到的那样,贷款利率下降和由此带来的节约是解释财政部其他政策的关键点。[112]

贾尔斯称,为偿还法国债务而申请贷款,随后又拖延支付,浪费了大量资金。汉密尔顿解释,法国的"不稳定状况"让暂时拖延非常有必要,并指出,鉴于这种情况,暂时拖延对两国都有利。最根本的困难来自法国货币的贬值和法国殖民地圣多明各的起义。汉密尔顿同意,在法国财政仍然不稳定的情况下,不以贬值的货币付款(尽管美国在最终的调整中不会有损失;事实上还会有少量收益)。他还同意依照法国政府的愿望,将付款转换为救济圣多明各的物资(以美国农产品的形式)。与此同时,贷款中的剩余资金也几乎没有闲置。这笔资金是以5%的平均利息获得的,用于偿还利息在6%左右的债务,也就是说,用以较低利率借入的资金置换以较高利率借入的资金,从而实现节约(汉密尔顿建议用国外借款偿还美国合众国银行的200万美元贷款时,考虑的也是类似的交易:贷款利率是6%,而用于清偿的现有资金只要5%的利率)。在向贾尔斯解释这些资金的真实成本和利息费用时(贾尔斯曾凭空猜测,成本可能高达17%),汉密尔顿充分利用了弗吉尼亚人对基本金融问题的无知,这是可以理解的。[113]

至于贾尔斯所说的财政部有"盈余",而美国却经常要从银行借款用于当前业务,对汉密尔顿来说同样容易解释。汉密尔顿指出,财政部有绝对必要性在任何时候都保有不低于50万美元的现金,因为——与任何最简单的商业运作一样——财政部的收入和支出之间没有密切关联。考虑到收入的季节性波动(收入的大部分来自春季)、推迟汇款和从远处转移资金的滞后性,财政部不仅必须准备应付日常开支(以及意外紧急情况),而且还要准备应对无法准确预测时间的一系列需求。[114]

汉密尔顿把通常需要9个月才能准备好的材料收集在一起,递交了他的最后一份报告,报告对贾尔斯的每一项指控都进行了答复。他的解释准确、详细,而且在大多数情况下都不可辩驳。汉密尔顿详细介绍了财政部的运作历史,这在许多方面似乎都可与他在公共信贷、银行和制造业方面的主要论述相媲美。然而,这一次的背景和后果都明显不同。他现在所取得的,本质上是一种消极的成就——防止自己被对手吞噬。不过考虑到当时的情况,这可能已经是相当大的成就了。

但无论如何,弗吉尼亚人都不会被吓退。在他们看来,汉密尔顿还不如不费这些心思。1793年2月27日,他们又提出了更著名的"贾尔斯决议"(Giles Resolutions),这并非汉密尔顿已经回复的那些决议,而是新提出的九项指控决议,此时离国会休会只有3天了。[115]

关于这些决议,有两点尤其令人感兴趣。一个是新决议的措辞看上去似乎没有考虑汉密尔顿对之前决议的答复。另一个是,虽然这可以归咎于贾尔斯的不负责任,但显然并非如此。这些决议似乎是基于杰斐逊亲自起草的一个版本,而杰斐逊的措辞实际上比贾尔斯提交的版本要严厉得多。有可能是贾尔斯软化了一些措辞,但更有可能是整个弗吉尼亚代表团(也许是在麦迪逊领导下)确定了决议的最终形式。这只不过是弗吉尼亚人在其认为的首要原则上保持基本团结的又一个例子。[116]

所有这些决议都被压倒性的多数投票否决了,这些指控的脆弱性显而易见,即使对许多可能更希望指控成立的人来说也是如此。前两项决议是关于财政部长应严格遵守法律和宪法义务的一般性规定,最后一项则是关于将决议副本转呈总统——这实际上是要求解除汉密尔顿的职务（杰斐逊的原始决议版本中明确提出了这项要求）。这3项决议在没有出现什么争议的情况下就被否决了。其余6项决议指控,汉密尔顿在执行1790年8月4日和8月12日法案的贷款授权时,以及在使用款项时,超越了权限,另外,他没有及时通知国会他从欧洲提款的情况,也没有就为购买公债所提的款项向偿债基金的监督官员提供正式信息。最后,汉密尔顿在答复贾尔斯之前的决议的3份报告的第一份报告里,对这些决议的动机进行了指责,为此他"冒犯了众议院"。汉密尔顿的支持者准备充分（得到了汉密尔顿本人的很多指导）,而他的大多数攻击者则显得力不从心。这些决议中获得赞成票最多的一项获得了48票中的15票；其余的都以3∶1或4∶1的票数被否决。只有5名议员——其中包括贾尔斯和麦迪逊——对所有决议投了赞成票。[117]

那么,弗吉尼亚人是真的相信他们所做的事情吗？答案是毫无疑问的,因为他们确信汉密尔顿"有罪",唯一的问题是犯的是什么罪行。至于他们希望通过这些决议达到什么目的,其中比较聪明的人可能知道这种努力会失败,但还是决心尽可能地让人们对汉密尔顿产生怀疑。杰斐逊在信中向他的女婿暗示了这一点。"贾尔斯先生和其他一两个人,"杰斐逊巧妙地把自己从比较有争议的方面抽离出来,"他们很乐观地认为,真理显而易见,不可能受到否定,因此坚持向前推进。"尽管如此,这些努力在教育民众方面还是有用的,人民"将从中看到他们的危险程度"。不管怎样,这个结果都是由于"目前议会的性质造成的，本届议会的1/3由银行董事和股票投机者组成，他们的投票将有利于其首领；还有1/3的人要么是盲目支持那个政党，要么是不理解这些文件，要么就是虽然理解，但因为过于宽容而没有对指控投赞同票……"。[118]

但是，对汉密尔顿的攻击除了报复和糟糕的政治判断之外，就没有别的了吗？可以想见是有的，弗吉尼亚人的"无知"就可以说明很多问题。他们可能确实在细节上模糊不清，而这可能确实使公平和正确的判断受到影响。但是奇怪的是，他们非常清楚汉密尔顿政策的大方向，正是这一点，不仅让妥协与和解变得不可想象，而且也使弗吉尼亚人学习任何关于公共财政的新知都变得不必要和多此一举。

从理论上，基于无懈可击的健全的财政管理，汉密尔顿能够证明一项对意识形态有深远影响的政策的合理性。他的财务管理政策与其总体哲学宗旨极为吻合。无论他的原则多么符合公众利益，或者无论他在遵循这些原则的过程中取得了什么成就，至少有一点肯定永远不会改变。他所做的一切都不会从根本上与美国社会中一个非常特殊的阶层的利益相抵触，他仍然相信这个国家未来的繁荣掌握在这个阶层手中。对他来说，休谟关于商人——企业主的设想仍然成立，那些大企业家的创造力将改造整个大陆。诚然，弗吉尼亚人以截然不同的眼光看待这类人，对汉密尔顿也出言不逊。但是，当弗吉尼亚人一再指控汉密尔顿利用美国的财政力量为投机者谋利时，他们确实没有说错，因为汉密尔顿从一开始就决心那样做。

例如，汉密尔顿的一项核心运作原则是，为了建立公共信用和确保它的稳健，有必要通过偿债基金的运作，动用政府资源使债券价格与面值相等。这个原则无可厚非，但它同时也为投机者提供了坚实的支撑。为此，汉密尔顿从欧洲借来了很多金币，而且打算借更多，而弗吉尼亚人则完全有理由宣称，这是在用美国信用为国内证券投机商的不义之财作担保。在这一点上，汉密尔顿不可能摆脱干系。换句话说，作为一个尽责的财政部长，汉密尔顿可能会意识到（他也的确意识到了），欧洲的战事发展可能会导致美国的硬币严重短缺，如果他不采取相应措施，那就是他的失职。然而，这些措施的一个必然的——实际上也是有意的——结果就是，建立偿债基金和增加合众国银行的资本无疑会有利于商人和投机者。

汉密尔顿的政策还有一个最终层面，它对意识形态产生了重要影响，尽管这种影响有些不同寻常。这涉及美国政府和法国大革命之间的关系的前景，以及二者应该保持什么样的关系，这在当时已经成为民众密切关注的问题。在暂缓偿还法国债务的问题上，无论可以找出多少技术理由证明这样做的合理性，极其亲法的弗吉尼亚人都不难从中意识到问题的存在。汉密尔顿认为，如果法国旧政权重新掌权，可能会拒绝承认美国已经对新政权的还款，而这是一种风险。从该角度就可看出，不论汉密尔顿有什么样的言行，他在对法国的革命新秩序的态度中都没有任何表示欢迎的意味。在当时大家对法国大革命的一片欢呼声中，他的审慎意见听起来肯定有些不和谐。法国大革命无疑是对美国革命的一种认可，也是对美国的共和主义思想令人振奋的认同。但显然，在美国财政部，有人对法国大革命是非常不赞同的。

注释

1. Washington, First Annual Message to Congress, Jan. 8, 1790, *WGW*, XXX, 493; *House Journal*, I, 141–142.
2. Report on the Subject of Manufactures, *PAH*, X, 230–231.
3. 同上，231–235。
4. 同上，236–259。
5. 同上，261–263。
6. 同上，266–269。

7. 同上，274–282。

8. 同上，293–296。

9. 同上，296–340。

10. 同上，107–108。

11. Peter F. Drucker，"On the 'Economic Basis' of American Politics,"*The Public Interest*，No. 10（Winter 1968），35；*PAH*，X，260。现代的一个概念与这份报告中的观点有些相似之处，请参见Albert O. Hirschman，*The Strategy of Economic Development*（New Haven，Conn.，1958），98–119中对"向后关联和向前关联"（backward and forward linkage）的讨论。

12. 关于考克斯在起草协会成立章程和《关于制造业的报告》中的作用，参见Joseph S. Davis，*Essays in the Earlier History of American Corporations*（Cambridge，Mass.，1917），I，349–357；Introductory Note，*PAH*，X，10–12；Jacob E. Cooke，*Tench Coxe and the Early Republic*（Chapel Hill，1978），pp. 182–200。

13. *PAH*，IX，144页及以后的内容；Davis，*Essays*，I，360。

14. 同上，372–375。

15. 同上，377–378。

16. 同上，408。

17. Richard Hofstadter，*The Idea of a Party System：The Rise of Legitimate Opposition in the United States，1780–1840*（Berkeley，Calif.，1970），p. 3.

18. 同上，第8—10页及以后的内容。

19. 同上，86–87。

20. "Thoughts on the Cause of the Present Discontents"（1770），*The Works of the Right Honorable Edmund Burke*，5th ed.（Boston，1877），I，526.

21. 关于弗吉尼亚政治生活的这一阶段有一个很精彩的讨论，参见Richard P. Beeman，*The Old Dominion and the New Nation*，*1788–1801*（Lexington，Ky.，1973），特别是pp. 56–118。

22. Mason to Jefferson, Jan. 10, 1791；Jefferson to Mason, Feb. 4, 1791；*PTJ*, XVIII, 484, XIX, 242.

23. 完整系列的18篇文章，包括标题和发表日期，均重印于*PJM*，XIV，117–122，137–139，170，178–179，191–192，197–198，201–202，206–208，217–218，233–234，244–246，257–259，266–268，274–275，370–372，426–427；I，302–

309；XVII, 559-560；另参见 Editorial Note, XIV, 110-112。关于其中两篇文章"Parties"和"A Candid State of Parties"的另一篇讨论，参见 Hofstadter, *Idea of a Party System*, pp. 80-86。

24. *PJM*, XIV, 197-198.
25. 同上，274-275。
26. 同上，370-372。
27. "Republican Distribution of Citizens," 同上，244-246。
28. 同上，426-427。
29. Ames to George R. Minot, Feb. 16, 1792, *WFA*, I, 112.
30. Freeman, *Washington*, VI, 336-341；*ASP: FR*, I, 137-138；Francis P. Prucha, *The Sword of the Republic: The United States Army on the Frontier, 1783-1846* (New York, 1969), pp. 22-27；Henry Lee to Madison, Dec. 8, 1791, Madison to Lee, Dec. 18, 1791, *PJM*, XIV, 144, 155.
31. *National Gazette*, Dec. 19, 22, 1791；William H. Smith, ed., *The St. Clair Papers: The Life and Public Service of Arthur St. Clair* (Cincinnati, 1882), II, 267-269.
32. *Philadelphia American Daily Advertiser*, *Newark Gazette*, *Connecticut Courant*, 均重印于 *National Gazette*, Jan. 9, 12, 26, 1792；*Boston Gazette*, Dec. 26, 1791, 引自 Donald R. Stewart, *The Opposition Press of the Federalist Period* (Albany, N.Y., 1969), pp. 58-59。另参见同上，pp. 65, 359-360；以及 speeches in Congress, *AC*, 2 Cong., I Sess., 337-338。关于报纸和其他著作中观点的另一份有用摘要，参见 Freeman, *Washington*, VI, 340-341, fn.91。
33. Letter from Albany, 重印于 *National Gazette*, Jan. 9, 1792；*AC*, 2 Cong., 1 Sess., 338-342；Stewart, *Opposition Press*, p. 361。
34. *National Gazette*, Jan. 9, 19, 23, Feb. 2, 1792；*AC*, 2 Cong., 1 Sess., 343-355；Jefferson to Washington, Apr. 17, 1791, *PTJ*, XX, 145. 杰斐逊在给门罗的信中写道："我希望今年夏天我们能把印第安人打得一败涂地，然后把我们的计划从战争变为贿赂。" Apr. 17, 1791, *PTJ*, XX, 234. Stewart, *Opposition Press*, pp. 360-361。他声称："联邦党人敦促派一支规模更大的正规部队进行保护，但东部的民主党人强烈反对。"但这一说法似乎不正确。从《国民报》和国会辩论中可以看出，对这个问题的看法并没有按照"党派"路线产生分歧。弗雷诺在他的报纸上刊登关于印第安人战争的所有不同观点，但他自己的观点似乎与弗吉尼亚人以及他在普林斯顿的同学、属于极端鹰派的布拉肯里奇的观点相似。另一方面，弗雷诺称（*Washington*, VI, 340）"这场辩论中没有尖锐的政治问题"，尽管这在理论上没错，但有人认为，虽然辩论本身没有党派性，但它的副作用和造成的相互指责风气，在很大程度上为后来的党派之争奠定了基础，不论是关于1792年的关税法（为军事目的筹集额外收入），还是关于一系列其他问题的争论。

35. To Mrs. Pickering, Jan. 7, 1792, Octavius Pickering and Charles W. Upham, *The Life of Timothy Pickering*（Boston, 1867–1873）, III, 23.（"就我自己而言，"皮克林补充道，"我从一开始就对战争感到遗憾，因为这并非不可避免。但也许我错了。"）费舍尔·埃姆斯写道，战争部长的敌人"没有闲着"。Ames to George R. Minot, Feb. 13, 1792, *WFA*, I, 109。"可怜又诚实的诺克斯似乎受到了严重的打击。"亨利·李说，尽管他又补充说，在某种程度上，这是诺克斯自找的："重大灾难多次发生，要求政府方面详细调查负责准备和执行措施的相关人的行为。" Lee to Madison, Jan. 17, 1792, *PJM*, XIV, 189。Stewart, *Opposition Press*, pp. 61, 360; Davis, *Essays*, I, 259–263; House Committee Report, "Causes of the Failure of the Expedition Against the Indians," May 8, 1792, 以及 supplementary report, Feb. 15, 1793, *ASP: MA*, I, 36–44。关于华盛顿对于圣克莱尔辞职的处理，及其对韦恩的任命，参见Freeman, *Washington*, VI, 341–342; 以及 *St. Clair Papers*, II, 282–286。

36. Davis, *Essays*, I, 113–114; Robert F. Jones, *"The King of the Alley": William Duer, Politician, Entrepreneur, and Speculator, 1768–1799*（Philadelphia, 1992）, pp. 1–15。

37. Davis, *Essays*, I, 114–117。

38. 同上，118–123。

39. 查尔斯·威尔森·皮尔的肖像画作品，画于1780年；刊登在Clarence Bowen, ed., *History of the Centennial Celebration of the Inauguration of George Washington…*（New York, 1892）; 这幅肖像的线描图刊登在 *National Cyclopaedia of American Biography*, VII, 503。

40. 曼纳西·卡特勒，引自Davis, *Essays*, I, 126。琼斯（*Duer*, pp. 129–134）估计，杜尔在财政部工作期间，通过投机政府证券获得了25万至37万美元的资金。

41. "The Deane Papers," iv, *Collections of the New-York Historical Society*（New York,

1890), XXII, 168; Davis, *Essays*, I, 129.

42. 同上，124–150, 213–253。
43. 同上，259–263。
44. 同上，205–207; Hamilton to Duer, Aug. 17, 1791, *PAH*, IX, 74–75。
45. *AC*, 2 Cong., 1 Sess., 51, 362; Henry Cabot Lodge, *Life and Letters of George Cabot*(Boston, 1877), pp. 38–39, 40–42, 46–54.
46. *AC*, 2 Cong., 1 Sess., 363–364.
47. 同上，376。
48. 同上，381。
49. 同上，369。
50. 同上，383。
51. 同上，385–389。
52. 同上，374, 400–401。议案在最初措辞中所使用的对渔业的"奖励金"一词，似乎并非一种创新，而是自1789年《税收法》(Revenue Act)以来一直在使用，至少是非正式地使用。《税收法》规定，对从美国出口的鱼类按单价进行付款，"作为退税的替代方式，用于抵销所消耗的进口盐已缴纳的关税"，1790年8月10日的关税法进一步提高了支付金额。现在这项措施的意图只是通过将"目前已有的奖励金"从出口鱼类转移到所使用船只，使渔民更直接地受益。同上，362; William H. Michael and Pitman Pulsifer, eds., *Tariff Acts Passed by the Congress of the United States from 1789 to 1895, Including All Acts, Resolutions, and Proclamations Modifying or Changing Those Acts*(Washington, 1896), pp. 11, 13。Ames to Thomas Dwight, Jan. 30, 1792, *WFA*, I, 112。
53. *AC*, 2 Cong., 1 Sess., 437, 439–440, 442, 452; Hamilton to Edward Carrington, May 26, 1792, *PAH*, XI, 433.
54. "Report Relative to the Additional Supplies for the Ensuing Year," Mar. 16, 1792, 同上，139–149; *AC*, 2 Cong., 1 Sess., 349–354。这篇演讲的日期被误记为1月27日；但它只可能是在1792年4月17日至21日之间的某个时间。
55. 同上，569, 572。
56. Davis, *Essays*, I, 279–289.
57. 同上，290–295。Duer to Hamilton, Mar. 12, 1792; Hamilton to Duer, Mar. 14, 23, 1792; Robert Troup to Hamilton, Mar. 19, 1792, *PAH*, XI, 126, 131–132, 155–

158. Jones, *Duer*, pp. 176-178。

58. Seth Johnson to Andrew Craigie, Mar. 25, 1792; H. M. Colden to Jeremiah Wadsworth, Apr. 18, 1792；引自Davis, *Essays*, I, 296, 304。"据报道，昨晚在关押杜尔的地方周围聚集了一群人，他们威胁要杜尔现身，最后不得不去叫州长和民兵。"Jefferson to Henry Remsen, Apr. 14, 1792, *PTJ*, XXIII, 426。

59. Davis, *Essays*, I, 310-315. 实际上，这项计划从来就没有什么成功的机会。弗吉尼亚州和南方各州代表农业利益而反对汉密尔顿的，出于意识形态和利益的原因，当然会坚决反对这项计划。同时，尽管当时北方城市众多的工匠作坊主赞成为其产品设置保护性关税，但还没有出现19世纪成为北方工业特征的"制造业利益集团"。而当时规模最大的企业是从事航运和海外贸易的企业，英国制造业在它们的生意中举足轻重，因此，它们对这项计划也缺乏热情。Jacob E. Cooke, *Alexander Hamilton* (New York, 1982), pp. 101-102。

60. 这一段的材料摘自Davis, *Essays*, I, 454-503。

61. Johnson to Craigie, Aug. 20, 1791, 引自同上, 208, Oliver Wolcott to Oliver Wolcott, Sr., Jan. 30, 1792, Gibbs. *Memoirs*, I, 72。

62. Hirschman, *Strategy of Economic Development*, pp. 20-21。

63. 关于霍利奥克、洛厄尔、奇科皮、沃尔瑟姆等19世纪早期新英格兰地区的工业中心的情况，参见Caroline F. Ware, *The Early New England Cotton Manufacture: A Study in Industrial Beginnings* (Boston, 1931); Vera Shlakman, *Economic History of a Factory Town: A Study of Chicopee, Mass.* (Northampton, 1935); 尤其是Robert F. Dalzell Jr., *Enterprising Elite: The Boston Associates and the World They Made* (Cambridge, Mass., 1987)。

64. *National Gazette*, Jan. 12, 1792, Dec. 1, 1791.

65. 同上, Nov. 17, 24, 28, Dec. 1, 1791。

66. 同上, Dec. 26, 29, 1791, Jan. 2, 5, 9, 12, 1792。

67. 同上, n. 23。

68. *National Gazette*, Mar. 15, 1792. 其他"布鲁图斯"的来信刊载在1792年3月19日、22日、26日以及4月5日和9日的报纸上。

69. 这位农夫似乎是费城共和党人乔治·洛根（George Logan）博士，他强烈反对汉密尔顿的政策。他的文章断断续续地出现在1792年3月和4月的《国民报》上，并于当年8月以小册子的形式出版，标题为*Five Letters addressed to the Yeomanry*

of the United States: Containing some Observations on the Dangerous Scheme of Governor Duer and Mr. Secretary Hamilton, to establish National Manufactories. By a Farmer。

70. 署名"西德尼"的文章刊登在1792年4月23日、26日、30日、5月3日、7日、10日、17日、21日、24日的《国民报》上。

71. 同上,June 7, Apr. 26, May 7, 1792。

72. 同上,June 11, 1792。另参见更详细的"Rules for changing a limited Republican Government into an unlimited hereditary one," July 4, 7, 1792。

73. *Gazette of the United States*, June 9, 1792; *National Gazette*, June 11, 1792.

74. 同上,July 28, 1792; *Gazette of the United States*, Aug. 4, 8, 1792。汉密尔顿的第三封署名"T. L."的信出现在同上,August 11, 1792。

75. 有三封署名"美国人"的信(1792年8月4日、11日、18日),六封署名"卡图卢斯"的信(1792年9月15日、19日、29日,10月17日,11月24日,12月22日),以及一封"梅特卢斯"的信(1792年10月24日),刊登在《美国公报》上。

  菲利普·马什(Philip Marsh)将这一时期刊载于其他报纸的一些文章也归在汉密尔顿身上,但这似乎是错误的。其中包括:"Original Communications," June 27, 1792; "Detector," July 28, Aug. 23, 1792; "Candor," Aug. 18, 1792; "Scourge," Sept. 22, 1792; "Americanus," Oct. 20, 1792; 以及"C," Nov. 10, 1792; 所有的出处都同上。参见Marsh, "Hamilton's Neglected Essays, 1791-1793," *New-York Historical Society Quarterly*, XXXII(Oct. 1948), 280-300; 作者同上,"Further Attributions to Hamilton's Pen," 同上,XL(Oct. 1956), 351-360; Malone, *Jefferson*, II, 470-473。但*PAH*的编辑们没有发现任何证据证明汉密尔顿写过这些文章,不仅如此,他们已证明,*Scourge*一文的作者是威廉·劳顿·史密斯(William Loughton Smith)。参见XI, 581-582; XII, 123, 225, 266, 411-412, 558; XIII, 33。

76. Jefferson to Henry Remsen, Apr. 17, 1792, *PTJ*, XXIV, 387. 伦道夫在1792年9月8日的《美国公报》上以"阿里斯蒂德"(Aristides)的名义发表文章,也许还有1792年9月26日的《国民报》(但也有可能这第二封署名"阿里斯蒂德"的信是其他人写的);门罗和麦迪逊合作,撰写了一系列标题是"为杰斐逊先生辩护"(Vindication of Mr. Jefferson)的文章,刊登在1792年9月22日、10月10日、13日、20日、30日,11月8日,12月3日、31日费城的《美国每日广告》上,并相继在《国民报》和《美国公报》上转载。这些文章后由菲利普·马什编辑成一本小册子出版，即 *Monroe's Defense of Jefferson and Freneau against Hamilton*（Oxford, Ohio, 1948）。关于"辩护"的故事，以及杰斐逊在其中扮演的角色，参见 Marsh, "'The Vindication of Mr. Jefferson,'" *South Atlantic Quarterly*, XLV（Jan. 1946）, 61–67; 作者同上, "Madison's Defense of Freneau," *WMQ*, 3rd Ser., III（Apr. 1946）, 269–280; 作者同上, "Monroe's Draft of the Defense of Freneau," *PMHB*, LXXI（Jan. 1947）, 73–76; Malone, *Jefferson*, II, 475–476; Brant, *Madison*, III, 362–363。

77. *National Gazette*, Jan. 5, 12, Dec. 17, 1792. 汉密尔顿以"阿米库斯"（Amicus）的化名为自己辩护，驳斥关于他在制宪会议上主张君主制的指控。同上，Sept. 12, 1792。*PAH*, XII, 320–327, 354–357, 570–571。

78. Jefferson to Washington, Sept. 9, 1792, *PTJ*, XXIV, 356.

79. *Gazette of the United States*, Aug. 8, 1792; *PAH*, XII, 188–189.

80. Jefferson to Washington, Sept. 9, 1792, *PTJ*, XXIV, 357.

81. 同上, 356; 同上, n. 79。半个多世纪后，鲁弗斯·格里斯沃尔德（Rufus Griswold）发表了一篇文章，大意是弗雷诺在晚年时承认，他曾在《国民报》上撰写由杰斐逊"口授"的反对华盛顿的文章，他对此感到非常悔恨。该故事似乎非常值得怀疑，菲利普·马什已经令人信服地否定了它。"The Griswold Story of Jefferson and Freneau," *AHR*, LI（Oct. 1945）, 68–73。

82. Elisha Boudinot to Hamilton, Aug. 16, 1792. "这事我知道，"布迪诺特引用他侄女的丈夫威廉·布拉德福德的话说，"当时我在纽约，得知 J 先生给他（弗雷诺）写了一封信，他很生气，认为干涉了他的独立性，诸如此类。他写了一封非常具有侮辱性的回信，并拿给查尔兹先生（Mr. Childs）看，查尔兹先生阻止了他寄出这封信。这就是我知道的整个故事。" *PAH*, VII, 210–211。后来，在《国民报》顺利发行之后，杰斐逊好像有一次给弗雷诺寄了一篇约翰·芬诺报纸的剪报，也许是在暗示应该对其进行一些评论。弗雷诺傲慢地回答说，他以后也许会这样做，"等没有更有趣的事情发生时"。Lewis Leary, *That Rascal Freneau: A Study in Literary Failure*（New Brunswick, N.J., 1941）, p. 389n。

83. 例如，Jefferson to Washington, Sept. 9, 1792, *PTJ*, XXIV, 354。

84. 关于杰斐逊和转移法国贷款的建议详情，参见 Malone, *Jefferson*, II, 188–189, 470–471。

85. Hamilton to Carrington, May 26, 1792, *PAH*, XI, 426–445.
86. 这些引文的出处按顺序分别是"Conversations with the President," Feb. 28, 29, July 10, 1792; Jefferson to Washington, May 23, 1792, *WTJ*, I, 174, 177, 177–178, 200, XXIII, 537。
87. Washington to Hamilton, July 29, 1792, *PAH*, XII, 129–134. 汉密尔顿在1792年8月3日确认收到这封信。同上，139。
88. 引文出处：Noble E. Cunningham Jr., *The Jeffersonian Republicans: The Formation of Party Organization, 1789–1801* (Chapel Hill, 1957), p. 29。
89. 同上，pp. 33–49；关于杰伊与克林顿的竞选，参见 Alfred F. Young, *The Democratic Republicans of New York: The Origins, 1763–1797* (Chapel Hill, N.C., 1967), pp. 304–323; Carol R. Berkin, "The Disputed 1792 Gubernatorial Election in New York"（未发表的硕士论文，Columbia U., 1966）; Jefferson to Madison, June 21, 1792, 以及 to Monroe, June 23, 1792, *PTJ*, XXIV, 105, 114–115; Brant, *Madison*, III, 364。
90. William Page to William Plumer, June 26, 1792, 引自 Cunningham, *Jeffersonian Republicans*, p. 34。
91. 同上，38页及以后的内容。
92. Jefferson to Washington, Sept. 3, 1792, *PTJ*, XXIV, 696。
93. "Conversations with the President," July 10, 1792, *WTJ*, I, 199–200.
94. Memoranda of Conversations with the President, May 5, 9, 1792; Madison to Washington, June 20, 1792; *PJM*, XIV, 299–304, 319–324.
95. Washington to Jefferson, Aug. 23, 1792, *PTJ*, XXIV, 317; Hamilton, Aug. 26, 1792, *PAH*, XII, 276–277.
96. Hamilton to Washington, Sept. 9, 1792, 同上，347–349。
97. Jefferson to Washington, Sept. 9, 1792, *PTJ*, XXIV, 351–359.
98. Jefferson to Washington, May 23, 1792, 同上，XXIII, 539; Hamilton to Washington, July 30–Aug. 3, 1792, *PAH*, XII, 139。
99. Freeman, *Washington*, VI, 371, 378–379, 383–384.
100. 目前已知的关于雷诺兹事件的每一个细节都载于 *PAH*, XXI, 121–144, 215–285 以及其他各处，形式包括：（1）所有相关方的有关信函，并附有编辑注释；（2）汉密尔顿撰写的雷诺兹小册子（Reynolds Pamphlet）的原稿，汉密尔顿在其中对这一事件进行了描述,以及1797年出版的印刷版本(二者都带有注释);(3)最有用的是芭芭拉·切尔诺夫的一篇令人印象深刻的学术论文,这份篇幅长达24页、排版紧密的介绍性文字为人们提供了极有价值的服务,它对从当时到现在出现的每个故事版本的所有证据都进行了审视。在这方面不太成功的是朱利安·博伊德(Julian Boyd),他在 *PTJ*, XVIII, 611-688 中做了类似工作(有些奇怪的是,杰斐逊与这一事件并无直接关系),他的主要目的似乎是证明汉密尔顿在财务上犯有不当行为。较早的讨论参见 Broadus Mitchell, *Alexander Hamilton: The National Adventure, 1788-1804* (New York, 1962), II, 399-422,其中假定故事的主要情节和汉密尔顿说的差不多。切尔诺博士对证据的研究倾向于支持米切尔(Mitchell)关于这件事的观点,即汉密尔顿的过失仅限于肉体的脆弱,本文作者也认为这一观点是最合理的。

101. *PAH*, XIII, 116n.; XXI, 278-279.

102. "Reynolds Pamphlet,"同上,XXI, 250-256。

103. 同上,XIII, 116n.; XXI, 278-279。

104. 同上,XXI, 128-129; Richard Folwell to Edward Jones, Aug. 12, 1797,同上,XXI, 190n。

105. 同上,XXI, 121-122n。上文注释100中提到的博伊德基本上采用了卡伦德的解释。而切尔诺博士的论文则指出了博伊德—卡伦德故事版本中的一些疑点。

106. *PAH*, XXI, 131-138。这件事差点引起汉密尔顿和门罗之间的决斗。

107. Dumas Malone, "William Branch Giles," *DAB*, VII, 283;作者同上,*Jefferson*, III, 15-18。

108. *AC*, 2 Cong., 2 Sess., 759; *PAH*, XIII, 451-462, 475-477.

109. *AC*, 2 Cong., 2 Sess., 835-840; Introductory Note, *PAH*, XIII, 532-541.

110. Report of Feb. 4, 1793,同上,548-549; Mitchell, *Hamilton*, II, 251。

111. *PAH*, XIII, 549-552; Mitchell, *Hamilton*, II, 251-252.

112. Report of Feb. 13, 1793, *PAH*, XIV, 26-32.

113. 同上,35n., 43-46; Report of Feb. 19, 1793,同上,113-114。

114. 同上,46-49, 103-110。

115. *AC*, 2 Cong., 2 Sess., 899-900.

116. *PAH*, XIII, 539; Mitchell, *Hamilton*, II, 260-261; Malone, *Jefferson*, III, 27-28, 30-33。另参见 Eugene R. Sheridan, "Thomas Jefferson and the Giles Resolutions,"

WMQ, 3rd Ser., XLIX（Oct. 1992）, 589–608。

117. *AC*, 2 Cong., 2 Sess., 900–905, 907–963（引文来自贾尔斯介绍决议时的评论，以及第八项决议的文字，同上，895, 900）; Mitchell, *Hamilton*, II, 261–266。

118. Jefferson to Thomas Mann Randolph, Mar. 3, 1793, *WTJ*, VI, 194–195.

第八章
法国大革命在美国

第一节　两国人民如何看待彼此

在西欧的所有民族文明中，美国人在历史进程中与之关系最密切的就是英国和法国的文明。但这两种关系存在着巨大差异。在性质、质量和实质上，英美关系与法美关系都大相径庭。

我们在与法国人的关系方面几乎没有什么积累，这和我们与英国人的关系不同。即使到现在，我们也极少看到美国人和法国人相互渗透，共同成长。因此，一名现代作家仍然可以抱怨两国人民"相互不了解"，敦促"双方社会在教育其公民了解对方方面做得更好"——在过去两百年间的任何时候，他的这番话都适用，而在这期间，状况既没有改善，也没有变得更差。[1]

在这方面，过去的经验充满了矛盾。在所有外国人写的关于美国的书中，最有洞察力的是一名法国人的作品。但是，尽管有托克维尔存在，我们也很难想象一个主要社会对另一个主要社会抱有持久的误解或长时间不了解——或是受到离谱误导的影响——有比法国对美国更甚的。诚然，我们唯一的一位非美国籍民族英雄是拉法耶特侯爵，而我们最引人瞩目的国家纪念碑——自由女神像——是法国人民的礼物，它是用法国人民捐款筹集的资金建造而成的。然而，尽管彼此曾经存在怀有激情的时期——准确地说，是最热烈的相互依恋的时期——但时断时续，而且通常随之而来的是失望。两国比较常见的状态是彼此怀疑，甚至彼此反感；更常见的是长期漠不关心和"相互不了解"，有时甚至双方看起来是在主动达到这种状态。²在早期，相当多的法国人被美国吸引，因为他们从远处看到的美国，就像阿卡迪亚（Arcadia）*一样。但等他们真的来到美国，就会发现，事实往往令人震惊。1851年，一名书评人在评论布莱克伍德出版社（Blackwood）的旅游书籍时曾这样写道："事实上，没有比法国人和美国人更对立的两个角色了。对一个法国人来说，无论他的先入之见多么强烈，在这样一个他曾深情地期待获得巨大满足感的国家，他都不可能感到满意。"³考虑到这两个社会在语言、礼仪、品味和思维习惯方面所存在的巨大差异，很难找到一个关键因素，对这种反复吸引和排斥的怪异现象进行解释。即便如此，也肯定存在着这样的一个因素。

在双方进行各种往来的过程中，一个重要的事实是，两国人民都非常地以自我为中心。从本质上看，谁都对另一方不感兴趣。二者的相互依恋一直都缺乏某种深度：在所有的热情中，都有某种奇怪的选择性和条件性。事实上，越是仔细地审视这种迷恋，就越能明显观察到，它更多的是出于对本国的关注，而不是对另一个社会的特性感兴趣。因此，在理解二者关系的波动时，不应参照普通的相互关系，而是应当参照对自我利益的即时需求，或许还有其他的东西：另一个社会中的一些元素是自己社会完全没有的，这些元素从而在很大程度上变为

---

* 阿卡迪亚位于希腊南部，在诗歌和小说中常被用来指代世外桃源。

一种逃避困难的途径、一种奢侈享受,以及一种具有异国情调的幻景。而这些东西——自我陶醉和幻景——有时很难分开。[4]

从这个意义上说,确实出现了某种一致性的模式,而且,这一切早就开始了。18世纪中叶以前,法国几乎没有对英国殖民地的第一手资料。然而,这并不妨碍法国知识分子将他们所知道的一切,应用于自己的某些哲学和意识形态问题,而这些问题让各类沙龙充满活力。

18世纪60年代,一种理论形成了,并在此后流行多年,人们广泛地认可这一理论。该理论认为,新大陆极端不利的气候,导致生活在那里的所有动物和人类发生了大规模退化。在美洲大陆的荒原上,只能生长出发育不良、胆小怯懦的动物,以及生性懒惰、变态反常的印第安人;即使是欧洲人,处于那些不友好的地区,也只能退化。在新大陆的殖民者卑鄙、腐败、寿命较短;他们的女人停止生育的时间更早;他们进口的牛也会一代一代地变得越来越小。科尼利厄斯·德波(Cornelius DePauw)、伏尔泰、雷纳尔神父(Abbé Raynal)和博物学家布封(Buffon),都曾以某种形式提出这种"退化"(degeneration)理论,然而,他们都未曾到访过美国。实际上,他们的热情有两个目的,但都不是出于对新大陆本身的直接兴趣。一是想要唤起人们对殖民主义罪恶的关注,因为这威胁着法国的真正利益和活力;另一个则是反对所谓的局外人卢梭(他也从未去过美国)对高贵的野蛮人的幻想,因为这显然是对文明生活的威胁。[5]

但就在这个时候,法国人对其他方面的考虑,引发了关于美国的一种与原有观点诸多方面迥然不同的看法。随着1763年屈辱的《巴黎和约》(Peace of Paris)的签订,七年战争结束,法国人在随后的几年里自然而然地对英国与其殖民地之间的矛盾越来越感兴趣,并对殖民地人民捍卫其权利和自由的行为给予更多善意的关注。另一种考虑与法国启蒙运动的一种重要观念有关。这就是著名的"进步思想",即

"人类精神的进步"（le progrès de l'esprit humain）：相信人们有能力通过理性改善其政治、经济、道德和智力条件，并相信其中任何一个领域的进步都会促进所有其他领域的进步。哲学家们深知，法国自己的政治和经济结构长期以来一直需要改革。他们开始意识到，美国人争取自由的斗争，在合理的范围内，可以作为一个有用的样板。[6]

当然，这就需要重新真实地定义美国人。1767年，几乎是天赐良机，本杰明·富兰克林来到巴黎，这是他第一次访问巴黎，并且随后在那里居住了九年。当时，富兰克林因其卓越的科学成就和在伦敦对殖民地权利的捍卫而颇负盛名，他迅速地在巴黎的社会名流和贵族圈走红，人们对他的喜爱达到一种狂热的程度。波利内公爵夫人（Comtesse de Polignac）在宫廷中大谈富兰克林，国王为此送给她一个精致的塞弗尔（Sèvres）酒壶，里面是富兰克林的画像，画像周围环绕着杜尔哥（Turgot）的格言："他从苍天处取得闪电，从暴君处取得民权。"[7]

事实证明，富兰克林非常善于提高自己的知名度，尤其是在列克星敦和康科德事件之后，当亲美的情绪蔓延到法国各个阶层时，他适时地讲了一套既符合美国利益又符合东道国利益的美国故事。根据这些描述，美国显然在政治和宪法自由方面取得了巨大进步，同时打击了法国的宿敌英国的利益。美国大陆上生活着一群德行端正的耕耘者，那是一个富有潜力但并不奢华的繁荣世界（富兰克林平静地告诉重农主义者，这是因为美国人都接受了重农学派的学说）。通过贵格会的故事和"好人理查德"（Bonhomme Richard）的格言，他暗示了一幅宽容、谨慎和勤俭持家的画面。但富兰克林最杰出的功绩是说服法国学术界相信，除了这一切之外，美国还是一个在科学和智力方面取得巨大进步的国家，图书馆和学院比比皆是。他自己的例子深深吸引了众人，当他明智地将费城哲学学会的会员资格授予多位法国学者时，他们感到受宠若惊，并愿意相信他说的任何事情。"著名的富兰克林告诉我们，"其中一位法国人写道，"在宾夕法尼亚州，没有一个工人不在午餐时间阅读报纸，晚饭后花一个小时阅读几本优秀的哲学或政治著作。"至少在一个短暂的历史时期，美国似乎为自由派改革者的进步论提供了切实的证据。"如果美国人，"正如杜兰·埃切维里亚（Durand Echeverria）所说，"是繁荣、自由、宽容和有道德的，他们必然是开明的。"[8]

这种狂热的美国主义将一直持续到法国大革命的最初阶段，美国人及其革命带给法国人巨大的鼓舞。然而，这样的情况并没有持续很久。尽管这样的鼓舞有着短暂的光亮，但事实证明它非常脆弱：法国大革命的进程一失控，法国人就不再需要这种鼓舞了。[9]

于是，对美国的怀疑和猜疑再次出现，并从此永远成为一层基底，之后的任何亲美幻想将只能在这层基底上不定期地涌现。在18世纪90年代来到美国的移民和流亡者对美国已彻底不再抱有幻想。他们发现，粗俗的美国人一点也不"开明"。他们没有教养、不讲礼貌、缺少闲暇，也没有什么学识。他们除了工作，什么都不做；他们除了钱，什么也不想。毕竟，"退化"理论还是有着一定的道理。[10]

事实上，"退化"理论在法国经过很长时间才消亡，即使在对美国的"进步"最狂热的时期，它也只是部分消退而已。杰斐逊在18世纪80年代早期撰写《弗吉尼亚笔记》的主要目的就是抨击这一理论。1786年，雷内尔夫人（Madame Renelle）在《新地理学》（*Nouvelle Géographie*）中同时提到了进步的美国和退化的美国这两种理论，并没有让人感觉很不协调。[11]

甚至可以说，除了早期的荒谬之处以外，"退化"理论的观点从来都没有消亡：总的来说，法国人一直认为"退化"这个形象化的描述，是处理美国及美国方式问题最方便的框架，随着美国的全球地位变得日益强大，这个框架越来越有用。也就是说，美国的环境——无论人们怎么看待它——已经产生了一系列影响，这种影响有可能蔓延到并腐蚀整个文明世界。贪婪支配着美国人性格的方方面面，支配着美国人对其身心能量的每一次使用。法国人对贪婪并不陌生。然而，法国人的大部分努力都是为了保护和维持其已经拥有的财富，并去享受这些财富，而美国人的整个生命——连带着他们的组织天赋和与之相适应的思维习惯——都致力于获得越来越多的财富，甚至不惜为此放弃所有的享受、教养或优雅。

这种看待和理解美国的"模型"一直延续到现代。从好的方面看，法国的宣传家偶尔会建议，美国人可以向法国人传授一些"实用"的组织方法，而美国人也可以从法国人那里学到一些让自己变得秩序井然的东西。然而，占主导地位的可能仍然是悲观的一面：乔治·杜哈曼（Georges Duhamel）在60年前担心（与比他早一个世纪的司汤达的担心并无二致），这些组织所取得的壮举，再加上归纳法，会扼杀一个法国人认为值得为之生活的一切。现在，随着麦当劳和速食午餐的出现，"退化"已经差不多完成了。[12]

整体上，随着时间的推移，美国人对法国的了解可能比法国人对美国的了解多一些，尽管如此，这也不过是程度上的差异罢了。和法国人对待美国一样，美国人对法国的兴趣和注意力也很分散。

美国人对法国最热情的回应，出现在法国人满足他们最深层的需求时：顾及他们的自尊心，安抚了他们对自己民族身份的不确定感。因此，美国人更感激的是拉法耶特，而不是路易十六，这不仅仅是因为法国对美国革命的援助。拉法耶特的贡献——作为一名军人献身于共和自由，满怀感激地接受荣誉公民称号，承认自己是美国国父的义子——是无法计量的；它代表了完全认可美国对自身的所有评价和对未来的一切期望。总的来说，托克维尔的《论美国的民主》在美国受到好评：这直接与托克维尔认可——或者说似乎认可——美国的政治与社会安排的程度成正比。美国人不会想到，在撰写这本书时，托克维尔更关心法国的前途，而不是美国的未来，也不会想到他很快就会对美国完全失去兴趣。无论如何，他们永远不会非常系统地使用托克维尔的书，即使这本书被冷落了一个世纪后重新流行起来。美国人在1917年对法国怀着巨大热情，一想到自己因为对拉法耶特的崇高敬意而做出的慷慨回报，就会激动不已。对他们来说，英国舰队的安全可能比法国国土的安全更具有历史价值，但英国的军事合作代表团仅得到礼节性的接待，而法国代表团则受到狂热欢迎。然而，当美国士兵到达法国时，他们对法国人一点也不感兴趣。在"一战"和"二战"中，出于某种原因，他们似乎与德国人相处得更好。[13]

美国和法国相互之间有太多的猜疑，两国民众及其行事方式太不相同，这些都决定了两国关系不会很融洽。美国人也有他们固定的认知习惯，这些习惯早已有之——早在法国和印第安人发生战争时就形成了——而且历久不衰。法国人在最糟糕的情况下会背信弃义［迪尔菲尔德大屠杀（Deerfield massacre）］；即使作为朋友（在革命结束时的和平谈判中），他们充其量也只能做到表里不一。在宗教问题上，法国人要么听凭耶稣会摆布，要么沉迷于自由思想。他们道德败坏、轻浮浅薄，他们允许女人插手国家事务，甚至在所有事情上拥有过多的影响力。最后，他们无可救药地不切实际。詹姆斯·罗素·洛厄尔（James Russell Lowell）说过，法国人是"我见过的最奇妙的生物，他们说话聪明，行动愚蠢"。[14]

法国对美国的文化影响一直难以捉摸，本质上是很有限的。持续知识摄入这种事情并未发生；在内战后的几十年中，美国生活中的专业化程度大幅提高，但法国教育制度阻止了美国年轻人进入法国大学攻读高等学位。于是，他们纷纷转向德国大学。[15] 法国的舶来品，无论

第八章　法国大革命在美国　499

是在字面意义上还是比喻意义上，通常都属于奢侈品：美食、时装和香水；甚至连文学作品也要偷偷摸摸地吸收。在19世纪，对法国文学最了解和最有同情心的美国评论家可能是亨利·詹姆斯，然而，对于他所看到的文学作品反映的道德状况，詹姆斯却抱有最深切的保留态度。阅读缪塞（Musset）的作品时，他对这些诗句很反感，"女士们在混乱的沙发上翻滚，情侣们为了掩饰词汇枯竭而互相撕咬"。另一方面，法国人对美国文学的品位（当他们注意到美国作品时）也通常让美国人感到有些困惑。法国人接受坡（Poe）和惠特曼（Whitman）是出于可疑的动机（作为象征主义的代表），而他们在20世纪40年代末对海明威（Hemingway）、斯坦贝克（Steinbeck）、考德威尔（Caldwell）和多斯·帕索斯（Dos Passos）的迷恋，则让美国批评家感到震惊，认为当时法国人已经走向疯狂。[16]

1860年，年轻的亨利·亚当斯（Henry Adams）在巴黎停留了几个月。这是他第一次去巴黎，他在此后的岁月中将多次造访巴黎。虽然人在巴黎，正如他在《教育》（*Education*）一书中所写，他"特别不喜欢帝国和皇帝，但……他最不喜欢的还是法国人的思想"。然而，他继续写道："一个奇怪的结果是，由于对法国人完全没有责任，并且真诚地不赞成他们，他反而觉得可以自由地享受自己所反对的一切。乍一听，这种想法很可笑；但事实上，正是基于这种想法，几千名美国人在那里度过了大部分时间。"限定条件是："法国不是认真的，他在那里也不是认真的。"[17]

法国不是认真的。无论是亚当斯，还是他的曾祖父，甚至是他曾祖父的朋友杰斐逊——更不用说成千上万追随他们的美国人——永远都不会完全摆脱这种猜疑。

第二节　对法国大革命的最初反应

为了方便记录历史，通常会将美国民众对法国大革命投入巨大热情的这段时期，归类为两国外交关系的一段插曲，其中，以1793年公民埃德蒙·查尔斯·热内（Edmond Charles Genet）作为法兰西共和国第一任公使抵达美国为高潮。然而，这样就几乎会遗漏关于热内事件及其发生背景中所有最有趣的内容。事实上，如果仅仅将其作为外交关系和外交政策中的一个问题来看，这一事件几乎毫无意义。无论1778年美国与法国订立的条款是什么，在1793年的国际动荡形势下，如果将美国的命运与大革命中法国的命运联系起来，即使是以最有限的方式，也都既不符合美国的任何国家利益，又不能缓解国际外交的任何当务之急。美国在当时的决定是保持中立，这一决定基本上获得了普遍认同，尽管对许多人来说，这只是一种行动上的中立，而不是思想上的中立。

美国民众对法国大革命表现出了巨大热情，尽管如此，美国实际上可做的选择却非常少，而大多数美国人在认真权衡之后真正愿意付出的代价也十分有限。之所以出现这种不相称，是因为民众的情绪只是以最间接的方式涉及外国利益。民众情绪主要反映了源自美国的需求和关切，热内没有把握住这种关系，这可能是他在短暂的驻美期间所犯下的几乎所有错误的原因。但另一方面，这些失误在多大程度上应该归咎于热内本人，可能是另一个问题。

对美国来说，法国大革命具有两大作用。其中最重要的一点，在于它培育了美国人对自身的看法。这一点的价值至今仍难以估量。当法国大革命开始时，美国已经用自己的革命向世界展示了一个热爱自由的民族的能力。1789年时，美国正在大胆探索一条宪政共和国的道路，此时，它仍然亟须获得一切可能的认可，以证明过去的选择、目前的进程以及其自身的性质具有合法性。对美国来说，法国大革命还具有另一个作用，那就是在美国的党派之争开始进入公众视野之际，它可以作为国内政党发展的一个重要参照系，尽管这一作用随着法国大革命的进一步深入才开始显现。如果没有这两大作用，美国人对法国大革命就不会投入这么多关注与情感。法国大革命中没有任何东西是美国人真正想模仿的，或需要国家有目的地采取行动：公共安全委员会（Committee of Public Safety）、断头台、向敌对的大国宣战，所有这些都得不到美国人的认同。相反，是法国人在模仿美国人，而美国人则有选择性地看待法国人的所作所为：通过美国人的视角，且仅考虑美国的需要。此外，美国人的热情出现在法国大革命的早期阶段，即改革阶段，而不是后来的暴力、弑君和恐怖阶段。在美国人眼中，此早期阶段持续了三年或更长时间，当时法国大革命几乎得到了所有人的认可。但随着革命开始改变性质，它对美国的作用也随之变得不明确，直到这个时候，党派问题才逐渐显现出来。

1789年5月，法国召开三级会议（meeting of the Estates-General），6月成立国民议会，7月攻占巴士底狱，8月颁布《人权和公民权宣言》（Declaration of the Rights of Man and Citizen）——后来成为成文宪法的序言，这些消息令美国人欢欣鼓舞。想到一个伟大而古老的王国正以我们为榜样，这真是太不可思议了。华盛顿本人在以下这些时刻肯定也深感欣慰：他收到拉法耶特派人送来的巴士底狱的钥匙时，上面写着，"这是我以儿子对义父的名义、副官对将军的名义、自由主义的传教士对主教的名义，向您表达的敬意"；或者当托马斯·潘恩对他说"美国的原则打开了巴士底狱，这一点不容置疑；因此，钥匙来到了正确的地方"时；或者当他听到凯瑟琳·麦考利·格雷厄姆的以下说法时——

在大西洋的这一边，现在，所有的自由之友都为一件事而欢欣鼓舞，而这很可能是因为美国独立战争而加速出现的。你们不仅自己拥有人类最宝贵的福祉，而且还帮助在欧洲唤起这种精神。我真诚地希望，这种精神能很快消灭欧洲残余的一切野蛮奴役，所有欧洲国家长期以来都或多或少地遭受过这种奴役。[18]

显然，《人权和公民权宣言》模仿了美国的《独立宣言》和《弗吉尼亚权利法案》。[19]法国人正在起草一部宪法，也显然是受到了美国宪法的启发。制宪议会（Constituent Assembly）的许多主要人物——如拉法耶特、孔多塞、拉博·圣艾蒂安（Rabaut St. Etienne）和拉罗什福科——都是美国的热心朋友，他们也都直言不讳地这样说。或者说，这一切都已经在美国发生了。[20]

在这一时期，法国对美国的每一个公开或官方表态都充满恭维。当富兰克林于1790年4月去世时，巴黎宣读了庄严的公民悼词，议会下令全国哀悼三天。1791年9月，路易十六致信华盛顿总统，宣布他已接受了新近完成起草的宪法，并祈祷上帝将法国"非常亲密的、伟大的朋友和同盟，并置于公正和神圣的保护下"。1792年8月，法国议会史无前例地授予三位美国人（乔治·华盛顿、詹姆斯·麦迪逊和亚历山大·汉密尔顿）荣誉公民的称号。[21]

在美国和法国的第一段蜜月期，没有任何党派之争的迹象，因为联邦党人（包括未来的联邦党人）与那些即将成为他们政治对手的人，一起欢迎革命的到来。1789年10月，芬诺的《美国公报》称，法国的这场运动是"能够引起人类注意的最光荣的事件之一"。早期的热情支持者包括约翰·杰伊、约翰·马歇尔（John Marshall）、蒂莫西·皮克林、昌西·古德里奇（Chauncey Goodrich）、罗伯特·古德洛·哈珀

(Robert Goodloe Harper)、亚历山大·汉密尔顿、诺亚·韦伯斯特(Noah Webster),以及新英格兰的几乎所有公理会神职人员。马歇尔后来回忆说:"我们都对法国怀有强烈的感情——几乎没有人比我更强烈。我真诚地相信,人类自由在很大程度上取决于法国大革命的成功。"[22]1792年的事件使美国的感情达到了一个巅峰。4月,法国与奥地利、普鲁士君主国之间爆发了战争,在不伦瑞克公爵(Duke of Brunswick)的领导下,两国联军决心恢复法国国内秩序,阻止革命进一步发展。由于军队组织混乱,夏季战役一开始法国就打得很不顺利。但随后不久,在9月20日的瓦尔米战役中,法国军队击退了联军,两天后,法兰西共和国宣布成立(君主制已于8月废除)。消息传到美国,所有的美国人都为之疯狂。12月14日,也就是消息传来的那天,费城钟声齐鸣,张灯结彩,在随后的6个星期里,各地都举行了盛大的公民庆祝活动,巴尔的摩在12月20日举办,纽约在12月27日,费城在1月1日,查尔斯顿在1月11日,萨凡纳在1月24日。其中最隆重的是1月24日波士顿举行的庆祝活动。庆祝从上午的游行开始(有堆满面包的马车、一头烤牛和几大桶潘趣酒),然后是下午的游行、法尼尔厅的盛大宴会,州议会大厦灯火辉煌,晚上还燃放了焰火。同一天,在普利茅斯,牧师罗宾斯博士(Dr. Robbins)引用先知但以理(Daniel)的话作为颂词:"上帝的名是应当永远称颂的……他废王。"根据当时的报道,游行队伍在爱国音乐的伴奏下穿越整个城镇,然后"队伍在下午退场,他们对自己、对同伴和对国家都感到很满意"。[23]

随着法国革命形势的发展,在1793年3月底和4月初,法国又传来了第二波消息,然而,这次的消息既维持了民众的兴奋感,同时又使公共和私人感情多了一丝模棱两可的感觉和反思精神。1793年1月21日,国王路易十六因叛国罪被公开处死。2月1日,法兰西共和国向英国和荷兰宣战,整个欧洲于是陷入战争状态。另一幅黑暗、阴郁的革命画面正在幕后形成，它与前一年发生的某些事件相互关联，令人深感不安，但这种不安情绪基本被民众普遍的欢欣庆祝掩盖了。这幅黑暗画面呈现的是：巴黎和其他地方的骚乱、九月的屠杀事件，最重要的是，拉法耶特被他的军队和议会中的支持者抛弃后，逃出法国，随后被奥地利人俘虏。形势发展到现在，美国公众人物已经开始重新审视他们对法国大革命的看法，而且愈发可能出现的是，本来已经因其他问题而产生的党派分歧，很快就会由于这一新问题的出现而进一步扩大。正是在这个时候——1793年4月8日——法兰西共和国第一任公使、公民埃德蒙·查尔斯·热内在查尔斯顿登岸了。

然而，关于法国大革命，还有另外一个需要提出的方面，如果不提及的话，就无法完全理解热内的冒险活动。在这一时期，有几位美国公众人物出于这样或那样的目的在法国生活，他们对法国事务有着广泛了解，并对大革命的问题进行了深入思考。通过他们的视角，更近距离地观察这些问题，可能有助于理解为什么美国人总体上采取了那些行动。

第三节　忧心忡忡的美国人眼中的法国大革命

在法国大革命刚开始时，美国经验被视为最高理想及可被模仿的对象，不少法国人为自己对美国事务和美国情况有充分了解而感到自豪。然而，他们的这些知识总有一些让人捉摸不透的地方——不时会有近乎迷人的无知，或是有选择的忽略，更不用说他们是怎么使用这些知识的了。例如，当这些所谓的美国主义者第一次就法国的宪法进行辩论时，他们主张借鉴美国的例子，建立一个不分立的最高立法机构，反对英国式的"君主—上议院—下议院"的制衡架构。然而，尽管美国确实没有上议院，但实际上，美国国会和除一个州以外的所有州议会都是两院制，不过"平衡"——美国和英国宪法所依据的理论基础——是这些美国主义者最不希望看到的。[24] 无论事情大小，这样的分歧都经常出现。后来，法国国民公会（National Convention）决定向一些杰出的外国人颁发荣誉公民身份，经过考虑，他们决定把荣誉授予华盛顿、汉密尔顿和麦迪逊，但把这三个人的名字都写错了，写成了"Georges Washington""Jean Hamilton"和"N. Madisson"。[25]

另一方面，美国的许多头面人物，包括美国总统，对法国和法国政治也十分了解，并给予极大关注。其中四位人物，由于有对法国事务的直接经验，因此比一般人更感兴趣。副总统约翰·亚当斯作为外交官在国外驻了十年时间，其中两年是在法国度过的，他在那里结识了一些启蒙哲学家。如前所述，托马斯·杰斐逊曾出任美国驻法国公使四年，直到1789年临近年底才回国就任国务卿。1789年初，古弗尼尔·莫里斯因私事来到巴黎，随后被任命为美国驻法公使，他担任该职务一直到詹姆斯·门罗接替他，因此，他目睹了法国大革命直至热月政变前的所有阶段。另外，还有托马斯·潘恩——他的出生地不是美国，但后来由美国人收养，潘恩对法国大革命的参与比上述其他几位都更多。他不仅认识大多数的启蒙思想家，而且还在吉伦特派当政时担任立法议会的代表。上述几位除了都参加过美国独立战争之外，还代表了美国人在十多年来获得的关于法国的持续知识和经验。而且，由于他们中每一个人都处在一个足够接近权力中心的位置上，因此当法国人面临一种全新且令人困惑的状况时，他们可以向法国人提供重要建议，而且，他们在许多场合也都慷慨地这样做了。

但是，他们的建议总是遭到拒绝。这是理所当然的，尽管乍一看，其中很多建议似乎很合理——因为虽然他们掌握了大量信息，同情法国大革命，且与法国关系密切，但这些人实际上对法国人的要求并没有多少切身体会，就像法国人对美国人的要求一样。尽管他们每个人开出的药方看起来都不一样，但他们看待任何问题时，都忍不住要参照与法国情况迥异的美国经验，并把他们看到的一切都用一个美国词语来解释。事实上，从某种程度上看，他们恰恰是在最密切关注法国事务的时候，做出了最不切实际的评价。

约翰·亚当斯的例子最能说明这个问题。亚当斯在1778年初到法国时，被人们误认为是他的堂兄塞缪尔［"啊，就是那位著名的亚当斯"，《常识》（*Common Sense*）的作者］，[26]虽然他为此感到有些恼火，但法国知识分子对美国革命的兴趣又令他感到非常高兴和受宠若惊。然而，杜尔哥、孔多塞及其追随者们，甚至在此时就已经确信，只有将所有立法权交给一个至高无上的一院制议会，才能实现法国的宪法改革。亚当斯对此感到震惊，尤其是在法国大革命之前的五年左右，这种与最合理的政治学原则［亚当斯在《关于政府的思考》（*Thoughts on Government*）中所阐述的原则］完全相悖的异端邪说竟然在法国广为接受。亚当斯本人是1780年马萨诸塞州宪法的主要设计者，他大量研究了古代史和近代史，以及无数关于政府的著作，想当然地认为自己是这方面的权威。1787至1788年，他在三卷本的《为美利坚合众国政府诸宪法辩护》（*Defence of the Constitutions of Government of the United States of America*）中阐明了自己的观点，这在很大程度上也是为了给法国人提供指导意见。[27]

亚当斯的主导信条是"平衡"。在18世纪英国反对派的思潮中，坚持平衡是其核心要素，而美国革命本身也正是基于这种思想。君主、上议院和下议院，三者之间不可思议的平衡理应是英国宪法最纯粹的特征，但遭到王室政权的破坏，这反过来导致了极度的暴虐。美国以共和制取代君主立宪制并没有改变基本原则，即行政部门与上下两议院之间的权力分立和平衡,这对制约其中任何一方的过度行为都是不可或缺的。在这方面,尽管约翰·亚当斯比他的同胞们表达得更直接,但大多数美国人都在某种程度上接受这一传统智慧。亚当斯深信,只有在这样一个框架内,才有可能进行任何政府改革,他就此向法国人发表了长篇大论的告诫。1790年,当国民制宪议会投票决定建立软弱的行政部门和一院制立法机构的消息传到美国时,亚当斯厌恶地摊开双手,认为这"必然会让法国陷入严重而持久的灾难"。[28]

对于美国以外的其他国家的革命,亚当斯的态度中有一个奇怪的悖论——尽管这一点也得到了他的同胞(包括杰斐逊在内)的广泛认同。也就是说,一方面,美国经验是独一无二的。其他民族可能无法复制美国经验;法国人并没有完全准备好接受美国人已实现的自由程度。另一方面,如果他们朝这个方向努力(亚当斯当然不想否认他们有这样做的权利),唯一能够想象的模式就是美国模式。因此,无论他们做什么,都会在某种程度上被根据是否接近美国模式来进行评判。[29] 最重要的是,必须实现平衡,贵族、独立的第三等级和拥有否决权的国王对维持平衡都发挥着不可或缺的作用。国民议会没有把亚当斯的《为美利坚合众国政府诸宪法辩护》作为指南,对于这一点,亚当斯从未原谅法国人。

诚然,亚当斯和埃德蒙·伯克都是从一开始就反对法国大革命。但他们的理由大相径庭。亚当斯不是伯克主义者(没有几个美国人是);事实上,他认为伯克的《法国大革命之反思》中任何有价值的观点都来自他自己。伯克对骑士时代的感叹让他感到冷酷无情;他反对伯克"愚蠢的群众"(swinish multitude)的说法;他也无法想象为什么伯克会说,1789年之前的法国拥有"几乎接近人们希望的一部好宪法的要素"。[30] 诚然,亚当斯认为法国人必须从那些已经存在的要素(国王和贵族)开始。但他从未像伯克那样过于强调传统和习俗;没有美国人会那样做。简而言之，如果说法国人想要一场革命，那么，他们进行革命的方式是完全错误的。

亚当斯整个思想体系的主要缺陷，在于他对贵族制的观点以及关于分权的信条。他在这两方面的态度都非常美国化。尽管他对法国贵族的轻浮和放荡感到震惊（就像大多数美国人一样），但他仍然认为这些贵族只不过是拥有很多财富和影响力，有某些出身优势和可能的天赋，在他看来，任何社会中的"贵族"都是如此。他认为在任何国家，甚至在一个共和国，都应该给这样一个阶级留一席之地。他不能理解的是——其他美国人也很难理解，因为他们没有这方面的经验——法国社会中根深蒂固的特权性质及其程度、资产阶级摧毁贵族阶层的决心，以及法国贵族对任何会彻底改变其地位的社会变革的顽强抵抗。即使是最温和的法国改革者也明白，如果不巩固国家权力来打破这种束缚，就不可能进行改造，如果没有改造，就意味着陷入僵局。在美国，革命精神源于对中央集权的反抗。亚当斯从未意识到，对法国来说，他（以及他的大多数同胞）认为理所当然的那种分散和分权，只会导致倒退。[31]

在法国的问题上，尽管托马斯·杰斐逊的观点可能不严谨，但比亚当斯的观点更灵活。毫无疑问，杰斐逊更乐观。但尽管如此，令人惊讶的是，他们在许多偏见上几乎并无二致。与亚当斯相比，杰斐逊对法国政治形势的评估是否更有洞察力，或者不那么美国化，这些都值得怀疑。例如，皇家财政总监卡洛讷（Calonne）曾提出，通过征收不可豁免的土地税来改革法国陈旧的税收制度，并建立由所有纳税人选举产生的省级议会。当1787年的显贵会议阻止了这项改革计划时，杰斐逊并没有对贵族们的唯利是图感到震惊，而是认为他们在面对王室侵占自身利益的威胁时表现出了良好的独立精神。"我认为，"他在写给亚当斯的信中说,"在三个月的时间里,仅仅通过一场舆论的革命,王室权威所丧失的,以及国民所取得的权利,就与在斯图亚特王朝统治下的英国通过内战获得的成就一样多。"[32] 贵族的复兴在1788年达到巅峰,然而,杰斐逊认为,省议会要求给予贵族和神职人员更多的权力,这是"一场制约王权的自由主义运动"。[33] 同年8月,他镇定自若地向门罗打包票:"这个国家在两三年内就会享有一部相当自由的宪法,而且一滴血的代价都不需要付出。"(尽管"英国报纸",他补充说,"把整个国家描述为刀光剑影的场面"。)[34] 直到巴黎议会要求三级会议分开进行,杰斐逊才开始看到贵族阶层的"邪恶本性"。但和亚当斯一样,他基本上无视贵族特权这个关键问题,直到1789年5月,他还在敦促拉法耶特做出"妥协"——这是第三等级完全不能接受的——建立两院制的立法机构,其中一个代表特权阶层,另外一个则代表第三等级。他也主要从"平衡"的角度考虑问题,假定君主立宪制代表了法国人愿意接受的所有自由的限度。6月3日,杰斐逊通过拉博·圣艾蒂安向法国国王提出"权利宪章"(Charter of Rights)的建议,这与当时主要领导人愿意接受的条件相差甚远。[35]

直到6月中旬,代表们成立了国民议会,宣布只有国民议会才是法兰西民族的唯一合法声音,杰斐逊才开始意识到,法国面临的首要问题是,贵族不愿意交出他们的特权地位,而国王也无法摆脱他们的影响。[36] 然而,当第三等级宣布独立,而国王似乎也已经默许时,杰斐逊的乐观情绪又立刻恢复了。"我认为,"杰斐逊在收拾行李准备启程回美国时写信给潘恩,"任何事情都不可能阻碍他们最终制定一部好宪法,这部宪法的原则和优点,应该是介于英国和美国的宪法之间。"[37]

尽管革命的每一个新阶段都让杰斐逊感到有些意外,但毫无疑问,与亚当斯相比,他更能够适应发展变化。这是因为他非常愿意相信,一切都会好起来的,即使摆在他面前的证据显示似乎并非如此。造成这种情况的一个原因是他对英国的仇恨,也正是这一点让他接受了法国发生的所有事件。在杰斐逊离开法国之前,麦迪逊告诉他,美国国会已经否决了他关于向英国征收吨位税的提案,而且将英国贸易置于与法国同等的地位。杰斐逊勃然大怒,称英国这个国家"在战争中动用天堂、大地和地狱来消灭我们,在和平时期的所有议会中侮辱我们,任何时候,她的利益需要时,就对我们关闭大门,在外国诽谤我们,[等等]"。这一切都与法国形成了鲜明对比:"在对待我们的态度上,不可能有比国民议会更好的。我们的革命进程在任何场合都被他们视为典范;尽管在激烈的辩论中,人们通常倾向于反驳对手主张的所有权威观点,但我们的意见却被当作《圣经》一样对待,可以进行解释,但不容质疑。"这基本上只是一种幻想。也许正如七年后皮埃尔·阿德(Pierre Adet)所说的那样:"杰斐逊先生之所以爱我们,是因为他憎恨英国……"³⁸

回到美国后,杰斐逊继续收到来自法国的消息。到了1791年初的那几个月,在杰斐逊关注的国内事务上出现了一个新的因素,它与法国发生的事件之间虽仅存间接关系,但却让杰斐逊更坚定了他对法国传来的消息的反应。此新因素就是他对汉密尔顿的财政系统越来越反感,他怀疑汉密尔顿偏爱英国,并愈发确信——这种想法从此再也没有动摇过——汉密尔顿及其追随者正在策划将美国政府引向君主制。他在给乔治·梅森的信中写道:"我非常焦虑地期待着法国新政府的稳固建立……我认为,法国政府的建立和成功,对于巩固我们自己的政府,防止它倒退回英国宪法下的那种妥协方案,是必要的。"他警告说,我们中间有些人相信英国模式"包含了人类制度中所有完美的东西……"。第二年6月中旬,他给拉法耶特写了一封信,开头是:"我亲爱的朋友,看到你正率领着一支伟大的军队对抗外国敌人,以捍卫你们国家的自由。"但接下来,这封信的内容全都是关于美国的"腐

败""股票投机者"和"君主主义者"的。杰斐逊在信中实际上只是附带提及法国。³⁹

关于法国的消息必须是有利的，否则，杰斐逊就会流露出对消息来源的不满情绪。华盛顿对签署一封祝贺国王接受法国宪法的信心存些许疑虑，因为他怀疑法国的情况开始恶化。杰斐逊对此大为恼火，他确信，华盛顿的这种犹豫不是出于对事实状况的担忧，而是由于受到美国驻巴黎的新公使的不良影响。"事实是，古弗尼尔·莫里斯是一名自命不凡的君主主义者，他对所有违背自己意愿的事实都视而不见、不为所动，反而相信他所希望的一切都是真的，他传递的坏消息让总统的思想不断受到不良影响。"⁴⁰自从杰斐逊离开法国后，威廉·肖特（William Short）一直在巴黎担任临时代办，最近刚从巴黎调到海牙。他关于1792年夏季事件的报告远不如莫里斯的报告温和。肖特的报告使杰斐逊陷入深深的焦虑之中。肖特在信中使用了这样的措辞："法国那些疯狂和堕落的人，他们以自由的名义摧毁了自己的政府""在任何国家都是最疯狂、最邪恶和最残暴的集会""街道真的是血流成河""巴黎的暴民和煽动者的狂怒已经达到了极限""如果听到现在的领导人被民众绞死，我一点都不会感到惊讶。从一开始，这就是这场革命的道德准则"。肖特是杰斐逊自己的门徒，曾担任他的私人秘书。现在他只能独自面对，记录下这些最可怕的事件。⁴¹

1793年1月3日，杰斐逊严厉斥责了肖特："一段时间以来，你信中的语气让我感到痛苦，因为你在信中非常强烈地谴责了法国雅各宾派的行为。"然后，他给肖特讲了一通关于做鸡蛋卷之前必须打破鸡蛋的道理。"在这场必要的斗争中，"杰斐逊说，"许多有罪的人没有接受审判就倒下了，还有一些无辜的人也倒下了。我和所有人一样为此而感到痛惜……"但他接着写了下面这段关于"亚当和夏娃"的名言：

> 整个地球的自由取决于这场战斗,以这么少的无辜者的鲜血就可以赢得这样的奖品,这样的事曾经发生过吗?我的个人情感因为这场事业的一些殉道者而痛惜不已,但我宁愿看到半个世界的人口灭绝,也不愿这个事业失败。即使每个国家只剩下一个亚当和一个夏娃,只要他们是自由的,也胜于目前的状况。

杰斐逊直言不讳地说出了他恼火的原因,这些原因只是顺带与法国发生的事情有关。其中的一个原因是:"我已经向你表达了我的感受,因为这确实是在100个美国公民中99个人的想法。最近在美国为法国人的成功而举行的盛大宴会和欢庆活动,表达了民众内心的真实情感。如果你的同胞们知道了你草率做出的结论,他们将感到非常厌恶。"另一个原因是:"在美国有一些持相反原则的人……他们都对法国抱有敌意,而把英国看作他们的希望所在。"杰斐逊说,这些人接受美国宪法,"只是将其作为通向君主制的垫脚石"。但是,"共和主义在法国的成功对他们的前景造成致命打击,我希望对他们的计划也是如此。我已忠实地向你描述了你的国家的情感,你可以据此来管理自己"。[42] 4天之后,杰斐逊的心态变得比较平和了。在提到法国军队的有利消息时,他兴高采烈地对他的女婿说:"这些消息在这里引起的轰动,以及公共报纸上关于此的种种迹象,都表明我们自己的政府将要采取的形式,对法国所发生事件的依赖程度远远超出了任何人之前的想象。"换句话说,对法国的热情现在似乎给共和党带来了巨大的好处。[43]

也许像杰斐逊和亚当斯这样的人此时已经失去了准确判断的能力,因为他们离开法国太久了,现在他们要么把听到的一切都归入先入为主的抽象概念,而这些抽象概念在美国环境之外毫无意义,要么根据国内的政治需求解读来自国外的所有新闻。然而,其他一些美国人仍然留在法国当地,他们可以根据直接观察到的现象形成自己的观点。

其中之一就是古弗尼尔·莫里斯。有一些证据表明,莫里斯在许多方面比其他人更有洞察力。[44]但也有一种相反的观点,那就是认同杰斐逊的评价,对莫里斯的可靠性和能力不屑一顾,认为他是旧制度的象征。[45]事实上,这两种判断都不完全符合莫里斯的情况。

古弗尼尔·莫里斯是他那个时代最有天赋的作家之一,尽管他从来没有写过任何书,而且就目前所知,也没有考虑过追寻文学之路。他具有非常敏锐的智力(和伶俐的口齿),善于社交,为人随和,并且对人与人之间的复杂关系有鉴赏家一般的兴趣,这些特质既培养了他的天赋,也在某种程度上解释了这一点。他还有一种恶作剧式的幽默感,这是在几乎所有其他美国国父身上难以见到的特质。所有这些都可以从莫里斯那本从未打算出版的卓越日记和他的信件中看到。由于他的任性固执和与众不同(汉密尔顿称他是"这个国家的本地人,但天生具有异国情调"),莫里斯在美国政治家的群体中显得有些格格不入。[46]

莫里斯于1752年出生在纽约的莫里萨尼亚;他的父亲刘易斯·莫里斯(Lewis Morris)是庄园的第二任领主。莫里斯在国王学院接受教育,跟随威廉·史密斯(William Smith)学习法律,并在19岁时获得律师资格。当革命到来,尽管他的母亲和他的一个同父异母的兄弟是保王党人,但他本人全心全意地投身于美国革命事业。他在纽约州议会中发挥了领导作用,并与杰伊和利文斯顿共同起草了纽约州的第一部宪法(莫里斯主张宗教宽容和废除奴隶制,第一个目标达成了,但另一个却没有实现)。他参加了1778年和1779年的大陆会议,起草了国会的一些最重要的文件,并在罗伯特·莫里斯手下担任了四年的财政助理主管。他逐渐了解华盛顿,从此对他忠心耿耿。作为制宪会议的代表，莫里斯希望有一位终身当选的总统（自然是华盛顿），并由其亲自任命所有参议员。其中的一些妥协，包括关于奴隶制和参议院平等代表权的妥协，他一点也不喜欢。但是，正如麦迪逊进行了让步一样，莫里斯也忠实地接受了这些条款，而正是由于古弗尼尔·莫里斯的神来之笔，美国宪法才呈现出我们现在看到的形式。此后不久，他启航前往法国，头脑中孕育着各种商业计划的设想，包括投机美国土地和美国外债的计划，他将代表罗伯特·莫里斯、威廉·康斯特布尔和他本人进行谈判。但生意只占据他的一部分时间和精力，法国是他最喜欢的国家。他对英国没有什么好感。[47]

莫里斯带着华盛顿、富兰克林和穆斯蒂埃伯爵的介绍信来到法国，很快就进入了法国社会最有影响力的圈子，并一举成功。他很快就认识了每个人，包括弗拉霍特伯爵夫人阿德莱德·玛丽·艾米丽（Adélaïde Marie Emilie, Comtesse de Flahaut），并与她开始了一段令人陶醉的爱情，这段浪漫关系持续了三年之久。莫里斯在这里的竞争对手是欧坦教区（Autun）的主教塔列朗，他愉快地取代了塔列朗的地位，成为伯爵夫人最亲密的朋友。莫里斯听到关于政治和宫廷阴谋的所有内幕谈话，同时也目睹了革命的最初场景。但他以相当讽刺的眼光看待这一切。他对看到的人和事件没有什么幻想，在日记和信件中写下冷静判断后的观察结果。

他认为贵族阶级自私、堕落、不负责任。"他们在宫廷大吵大闹，紧紧抓住过去几个世纪的珍贵特权不放，而他们的对手却完全赢得了各地公众的信任。"[48]他看到国民议会拥有人民和军队的忠诚，而贵族们无休止的阴谋诡计注定要失败。他在1790年1月告诉华盛顿，议会中的温和中间派（"一个良好的自由政府的真正朋友"）是善意的，尽管他们"不幸地从书本上获得他们的政府理念，是值得赞赏但只会纸上谈兵的家伙；……从书里拿出来的制度在任何地方都不适合，只能重新放回书里,这并不令人奇怪"。第三类群体"由所谓的忿激派(Enragés)组成,即疯人派(Madmen)。他们是人数最多的,相当于在美国被称为讼棍律师的那一类人……"。他不知道议会制定宪法的努力会有什么结果("他们有的全是浪漫精神和浪漫的政府理念,就美国而言,幸运的是,这种弊病在一切还来得及的时候就被治愈了")。他对国王的大臣评价不高[蒙莫兰(Montmorin)"意图很好,非常好。但他没有努力实现这些意图"]。至于国王本人,如果路易十六"不是那么优柔寡断",他仍然有可能重新获得权力。毫无疑问,正是这些坦率的信件——清晰、准确和全面——让华盛顿在1792年初决定任命莫里斯为驻法国公使。[49]莫里斯对公共财政感到绝望。在目前的政府部门,"既没有富于想象的头脑,也没有敢于冒险的勇气,更没有实施行动的人手。因此,他们将继续堆积一个又一个系统,而不会取得任何进展。可怕的原始诅咒再次降临到他们身上。本来就是空谈,仍要归于空谈"。[50]

这些话出自一名美国辉格党人,他当然不是伯克主义者,他的许多态度似乎与亚当斯或杰斐逊没有什么不同,只是他看到的可能更清楚一些,对细节的感知也更生动一些。诚然,他对事态发展并不乐观,而且认为1791年的宪法没有什么好处。他仍然认为君主立宪制是法国所能期望的最好形式,并且坚信,一个有否决权的强大行政机构、一个代表人民的议会和一个夹在二者中间的由贵族构成的上议院,是最好的选择。即使杰斐逊早已放弃了这种想法,而贵族作为一种独立制度也已经被废除很久了,他仍然坚持这一观点。尽管如此,他向贵族和国王提出的大部分建议——他有渠道接触到这两方——都是相当理智的。

贵族必须停止密谋。"我直截了当地告诉他,"莫里斯在与卢森堡伯爵(Comte de Luxembourg)交谈后写道,"贵族必须保持安静,除非他们想被绞死。"[51]1791年夏天,他对国王说了同样的话,还有很多其他建议，尽管语气更加恭敬。国王和王后应该禁止任何人与他们谈论尚未颁布的宪法，理由是："我们不希望以任何方式使这个问题受到影响或损害，这是国家和国家元首之间的庄严惯例。"[52]国王应当向议会发表讲话，莫里斯自告奋勇地起草了讲稿：

> 先生们，
> 　　在此演说的不再是你们的国王。路易十六现在已成为他个人。你们刚刚把王冠交给他，并告知他必须接受的条件。

　　在宣布他对法国人民的爱，以及他的责任感让他别无选择，只能接受宪法之后，国王应该以男子汉的方式指出宪法的错误，提出修改建议，这实际上也是为了加强他自己的地位而进行讨价还价。[53]

　　与此同时，人们普遍预期，法国将在1792年春天面临面包短缺。莫里斯已经准备好一个计划，即国王可以在美国购买面粉（莫里斯将无偿地提供援助），将其储存在英国，然后在发生饥荒时免费分发给穷人。这将表明国王对其子民的关心，从而加强他们对国王的忠诚。[54]

　　莫里斯的明智建议中没有任何一个被采纳。9月14日，国王无条件地接受了宪法；他没有发表莫里斯为他准备的讲话；面粉计划也不了了之。莫里斯建议的行动计划虽然保守，但是很人道，着眼于稳健的改革，比如建立强大而负责任的行政机构、健全的财政、纪律严明的军队，为穷人提供面包等等，但这些似乎都从未得到认真对待。这是因为，这些计划尽管表面上看起来很理智，但对当时法国的事态几乎不能产生任何影响，它们和杰斐逊的乐观主义或亚当斯迂腐的教条主义一样抽象，一样与法国的政治现实脱节。

　　首先，法兰西民族的发展势头已经超越了18世纪英美政治学的传统智慧及对平衡政府的执着，莫里斯仍然困在其中，但即使国王和他的首席大臣蒙莫兰也多少明白了这一点。尽管莫里斯对法国贵族没有多少尊重,但他仍相信,必须有一个世袭的参议院来平衡强大的君主制(他认为这是不可或缺的)和民选的立法机构。从大革命开始一直到君主制垮台前夕,他一直对拉法耶特、国王和其他任何愿意倾听的人反复强调这一点。显然,莫里斯是个能够自嘲的人。他在1791年12月7日的日记中写道:"今天早上,我努力为这个国家准备了一种政府形式。"第二天,他接到一个电话,对方告诉他,尽管自己从未去过美国,但对美国了如指掌,他研究宪法问题已经有50年了,得出的结论是,美国宪法"一无是处"。这个人还说,他已经给华盛顿将军写了一封信告知这一点,并附上了一部新宪法。"我尽快摆脱了他,但我不禁感到震惊,一个为美国制定宪法的法国人和一个为法国施行同样善举的美国人是如此相似。自爱告诉我,二者非常不一样……但是自爱是一个危险的顾问。"55

除了"平衡"之外,莫里斯还陷入了另一个有点微妙的困局。虽然美国没有君主制,也没有人认真考虑过建立君主制,但莫里斯为法国设想的那种君主制——尽管他了解法国的特殊情况——是只有美国人才能想到的。莫里斯对路易十六的建议都遵循了一种模式。所有经历过本国独立革命的美国人,无论他们对其他问题的看法有多么不同,都理所当然地认为,任何领导人都需要尽一切努力赢得公民的忠诚、支持和认同,才能进行权威领导。但莫里斯所面对的这个人已经失去了勇气。即使他曾经有过主动性,现在他也不再有了。令他失去斗志的不仅仅是民众的愤怒,还有法国贵族不断积累的力量、影响力和道德权威。简而言之,莫里斯设想的"君主"更像是华盛顿将军。尽管莫里斯本人可能对路易十六也没有什么信心,但他可能多少都曾想象过,"君主"读着他的演讲稿,采取他精心设计的行动步骤。

莫里斯一直是以私人身份来做这些事情的,但他的活动已经众所周知了。即使在美国，他现在也被冠上"君主制人士"的名声，被认为是行事轻率、对自己的言辞控制不足的人。他于1792年6月就任美国驻法国公使。华盛顿在给他的信中严肃地表示，对他的任命有很多反对意见，并告诉他遭到反对的原因。莫里斯在回信中表示懊悔，承诺要"谨慎行事"。他还告诉法国外交部长迪穆里埃（Dumouriez），"目前作为公众人物，我认为不干涉他们的事务是我的职责"。[56]

莫里斯一开始并没有兑现他的诺言。他仍然沉浸于法国内政，提出无数建议，插手假想中的宪法，并为国王保管钱财。直到1792年8月10日杜伊勒里宫被攻占，法国君主制实际上终止，这些荒唐行为才停止——尽管后来有几个惊恐万分的贵族躲进莫里斯的家中避难，凭着他的聪明才智和勇气，这些贵族才没有被抓走。

不过，从这一刻开始，莫里斯就不再插手法国内政了，他现在扮演的主要角色是一名负责任的外交官。他做得很好。他一直是个非常勤奋的人，尽管他的生活中也不乏社交活动、晚宴、歌剧、喜剧和对某位夫人的拜访。现在他不再经常出门了。他写给国内的报告详细、超然、不带感情色彩，即使在描述像1792年9月巴黎大屠杀这样的场面时也是如此，而当他做出预测时，大多数都相当准确。莫里斯是在恐怖时期唯一留在法国的外国代表，他干练而忠实地为本国利益服务。但是对于吉伦特派建立的新法兰西共和国政府来说，鉴于莫里斯过去的活动，他并不是一个受欢迎的人物。吉伦特派领导人与他没有什么来往，而且或多或少地孤立他。他们懒得就拟派往美国的新公使征求他的意见，关于他的任务目标，他们也没有告诉他任何信息。

最后具有讽刺意味的是，莫里斯的确从未赞同法国大革命所走的道路，但是他也不同意肖特的悲叹，他从未质疑过议会的权力，从不怀疑法国人或任何其他民族具有以他们选择的任何方式改变其政府的权利。但更重要的是，莫里斯现在所处的位置对吉伦特派的作用远远大于他对王室的用处。对热内的出使能够有什么样的期望，或哪些是不能期望的，莫里斯可以给予指导。由于莫里斯非常美国式的干预，吉伦特派认为他与旧政权之间存在根深蒂固的阴险关系，而实际上二者从未有过这种关系。事实上，王室对莫里斯的关注并不比吉伦特派自己对他的关注更多。

托马斯·潘恩是第一个明确呼吁北美殖民地独立的人，他从一开始就是法国大革命的支持者，甚至还在一些特殊环境下实际参与了法国议会的审议，因此肯定值得特别关注。他的经历中特别有趣的一点是，尽管作为英国移民，他在美国出现得相对较晚，但在某些方面，他比迄今看到的任何美国人都更像美国人。潘恩在很多方面都超越了他的时代：没有任何根基，自我推销，不受阶级的束缚，对传统和制度的要求没有耐心，他的失败和成功也是如此。要不是他在一生中蒙蔽了太多次他的同胞——他们花了很长时间才原谅他——他肯定会在19世纪中期被视为美国人的一个典型，代表着美国人性格中的某些基本特征。[57]

潘恩永远不可能从心理上受制于18世纪英国的社会和经济环境，尽管同样的环境有资源确保像他这样古怪的人在生命的头37年里不会成为一名失败者。他于1737年出生在诺福克郡的塞特福德。他的父亲是一位紧身胸衣制造商，为人温和，但没有什么能力。他的母亲是一名律师的女儿，似乎是受到某种惩罚，下嫁给了地位比她低的人。他们"苦恼地"将独生子送到当地的文法学校。托马斯很聪明。他喜欢数学、科学和诗歌，但他懒得学习拉丁语，然而如果他这个阶层的人希望进入专业领域，拉丁文是最基本的先决条件。他13岁时就在父亲的行业做学徒，然而尽管他具有使用工具的天赋，并且先是成为一名熟练工，然后又干了几年裁缝，但最后也没有成功。他通过了消费税部门的考试，但因在给货物盖章时懒得检查货物而被解雇。复职后，他卷入了一起事件，这让他第一次尝到了被普遍关注的滋味。那是一场由税务官为改善待遇而发起的运动。⁵⁸潘恩写了一份请愿书，然后又写了一本小册子，分发给整个消费税部门和政府部门。他在伦敦待了很久，经常去咖啡馆，听科学讲座，花了很多时间投身于这场运动。他滔滔不绝地为税务官辩护。他还发现，这种关注让自己感到非常满意，此后他再也不能适应长时间不受关注的生活了。但他这次的努力一无所获，事实上，他第二次遭到解雇，因为他没有请假就离开了他在刘易斯（Lewes）的岗位，玩忽职守，但也可能是因为他参与了早期的工会活动。潘恩确信，对此负有责任的不是别人，正是乔治三世本人，因为他也渴望提高自己的收入。在当时的情况下，人们可能会赞同他的愤怒结论，即国王总体上是一种不必要的奢侈品，尤其是现在的这个国王。潘恩在伦敦时，获得了一位重要人物充满慈爱的关注。这个人就是白手起家的本杰明·富兰克林，此后潘恩一直将他视为自己最崇拜的美国人。⁵⁹

与此同时，潘恩第二任妻子的烟草商店——原本可以作为他的副业——濒临破产。潘恩遭到消费税部门解职后，处境陷入绝望。他决定去美国，以摆脱困境。这段一直不尽如人意的婚姻解除后，他用从妻子那里得到的35英镑和解金购买了头等舱的船票。1774年11月，也就是第一届大陆会议休会期间，他带着富兰克林的介绍信在费城登陆。⁶⁰

潘恩凭借记者的身份取得了自己的第一次重大成功；他担任罗伯特·艾特肯（Robert Aitken）新近创办的《宾夕法尼亚杂志》（*Pennsylvania Magazine*）的总编，帮助杂志的发行量翻了一番。他愿意写任何主题的内容，并开始形成自己的风格，这种风格能在人们阅读时吸引他们的注意力；用他的话说，他平衡了"过度的激情和冷静的性情"。他全身心地投入到费城的生活中，广交朋友，满怀热情地接受了他的新国家，变得比美国人更美国化。到1775年底，各地谈论最多的就是独立，潘恩看到人们情绪高涨，觉得他也应该公开讨论这个话题。他早就丢手不管乔治三世了。《常识》出版于1776年1月，也就是潘恩来到美国一年多的时候，然后迅速成为美国第一本畅销书。在这本50页的小册子里，托马斯·潘恩充满信心地呼吁，结束对君主政体和世袭政府的一切屈从。毫无疑问，在帮助美国民众从思想上做好彻底分离的准备方面，他比任何其他人都做了更多工作。[61]

潘恩后来从多个方面为美国革命做出巨大贡献，华盛顿本人比任何其他人都更感激他。潘恩在1776年大陆军撤退到新泽西州期间在军队中服役；他的"危机"（Crisis）系列文章（"这是考验人类灵魂的时代"）在那个冬天极大地鼓舞了军心；1777年至1779年，他担任国会外交事务委员会（Committee on Foreign Affairs）秘书，1781年前担任宾夕法尼亚州议会秘书；1781年，他陪同约翰·劳伦斯成功出访法国，获得资金和物资援助。战争结束后，纽约州送给他一个位于新罗谢尔的农庄，作为对其贡献的认可；宾夕法尼亚州送给他300英镑；国会投票同意授予他3000美元。华盛顿公开表示，他认为潘恩应该得到供养。[62]

此时，享有盛誉的潘恩已经开始把心思转向完全不同的事情。他发明了一座铁桥，并对其寄予厚望。1787年，他得出结论，要想建成这座铁桥并借此致富，最好的方法就是得到法国科学院（French Academy of Sciences）和伦敦皇家学会（Royal Society of London）的认可。怀着这样的想法，他于当年4月启航前往欧洲。他计划早一点返回，但实际上这次旅行一去就是15年。[63]

潘恩后来被誉为"激进分子"，这并不是他有意寻求的名声，当然这一名声也不是基于他在美国独立战争中的活动。这完全是由于他在欧洲的所作所为，但即便如此，他也是无意中卷入的。此外，对英国公众来说，这个名声基于的是他在《人的权利》中表达的反君主和改革思想，而对美国人来说，基于的则是他在《理性时代》(*The Age of Reason*)中关于"亵渎"的自然神论者的言论。他的个人特征——好争吵、缺乏自律、邋遢不修边幅、嗜酒成性——对于那些因为其他原因已经打算回避他的人来说，正好提供了让人讨厌他的新理由。他对法国大革命的参与，使英国上层阶级对他也没有什么好感，尽管在此之前他已经在那里建立了一些人脉，而且对这些人脉毫不避讳。

在美国，正如潘恩最新传记的作者所说，他"不会为伟大的社会实验进行宣传"，而且"很少在注定失败的事情上冒险投入精力或声誉"。[64]在那里，他主要是一个美国民族主义者。早在《常识》一书中，他就呼吁建立一个强大的中央政府、一支国家海军和一个公共债务体系（最早提出"国家债务就是国家债券"的不是汉密尔顿，而是潘恩）。[65]他对纸币计划或乡村党的狭隘主义没有耐心，而且他与汉密尔顿和麦迪逊一样，在18世纪80年代时赞成国家征税。在此期间，他衷心认同罗伯特·莫里斯及其盟友关于北美银行和财政责任的政策，并撰写了一系列犀利文章支持他们。他赞成新宪法，说如果当时他在场，他一定会投赞成票。简而言之，他是一名坚定的联邦主义者。[66]

而且他还不仅如此：他远远走在时代之前，是一名天生的民主主义者。他相信那些不限制天赋（和运气）的事业，厌恶特权，而且完全愿意与任何人交往。他的熟人中不仅有费城的工匠，还有遍及各地的重要人物。就像美国人一直喜欢做的那样，他也有喜欢"拽人名"的毛病。[67]至于他关于政府的想法，其实非常简单。他不受"平衡"这样的抽象概念束缚，因为他对关于这一主题的大多数标准论文一无所知。他认为应该经常轮流执政，并倾向于一院制立法机构，因为他认为这种形式在集中权力和表达民意方面更有效。不过，联邦宪法未能建立一院制立法机构似乎也没有让他过度困扰。这些观点大部分都被写进了《常识》，他后来的著作也基本上是他最初的共和原则的变体。

总而言之，美国社会中任何具有一定规模的群体都能从托马斯·潘恩的革命著作（事实上，是从大部分的革命著作）中找到他们可以完全赞同的内容。

潘恩回到英国后，针对英国的情况，以及在对法国大革命的浓厚兴趣的激励下，他可以说是把《常识》这本书重新写了一遍。正是因为这本书，他最终被赶出了英国，并被指控犯有煽动叛国罪。如果他止步于此，现在他的名字在美国就不会受到什么争议，早就和独立战争中其他神圣的爱国者名字排列在一起了。不管怎样，当潘恩最初回到旧世界时，除了他的铁桥之外，他的脑子里并没有其他想法。

在1787年5月至1792年9月期间，潘恩为了自己的桥梁多次往返于英国和法国（这是一座设计很好的桥，完美符合机械原理，尽管潘恩未能从中获益）。[68]多亏了富兰克林的一些老朋友，他设法从科学院获得了支持。不过，尽管有杰斐逊和拉法耶特的许诺，潘恩还是没能激起法国政府的兴趣，在塞纳河上修建这座桥。在这一时期，潘恩对法国政治没有太大的兴趣。与杰斐逊的观点相比，他的观点既不尖锐也不先进；他主要的伙伴都来自杰斐逊圈子中的自由派贵族；法国大革命开始后，他对革命的认可遵循了杰斐逊温和的乌托邦路线。事实上，在英国逗留期间，他对法国事件的看法完全受杰斐逊的信件影响。[69]

尽管潘恩在英国修建铁桥的事情进展不顺利，但他还是在那里待了相当长的一段时间，至少按照他的说法，他非常享受这段时期公爵和伯爵朋友们的陪伴，他和埃德蒙·伯克的关系也很好。起初，他和伯克主要谈论桥的事情，尤其是他自己的那座桥，但随着时间推移，他们越来越多地涉及政治。潘恩认为，法国和英国没有建立更好的关系，这是件很令人遗憾的事；他认为英国社会和政府可以在这些方面进行一些改进，而法国目前所做的努力可以作为一个有益的例子。但生性沉闷的伯克在所有问题上都持相反的观点。[70]

一开始,他们的关系似乎并没有受到这些分歧的干扰。但到了1791年1月,伯克受够了这一切。潘恩从巴黎给伯克写了一封热情洋溢的信,告诉他革命进行得非常顺利,并说他在英国也应该欣然接受这场革命。伯克冷冷地回复说,革命可能会不可逆转地腐蚀英国,他不打算用余生来破坏英国宪法。"你不知道吗,"伯克怒气冲冲地说,"我一直都反对所谓的改革……因为我根本不认为他们是在改革。"此后不久,他在议会中对革命进行了猛烈的抨击。潘恩感到深受伤害。回到伦敦后,他说:"我对伯克先生非常不满……我没有去拜访他。"1790年11月1日,伯克发表了《法国大革命之反思》。潘恩此时已经做好了一切准备,他于次年3月出版了《人的权利》的第一部分。[71]

从这件事来看,潘恩似乎需要与别人产生冲突,这样才能刺激他厘清思绪,然后写出一部伟大的著作。潘恩在谈到伯克时写道:"如果不是他引起我们的争论,我很可能是一个沉默的人。"鉴于潘恩的懒惰,以及他的敏感和虚荣,人们可能会相信他的话。然而,事实上,任何两个人都不会比他们的思想更不相容。潘恩的思想几乎在任何意义上都是新世界的代表,而伯克——无论他在实施《印花税法案》时期对美洲殖民地有何种感情——就其本质而言,与18世纪的任何英国思想家一样,都鲜明地反对美国。伯克认为社会契约和自然权利理论基本上是浪费时间。在他看来,政府的合法性取决于多种因素,而不仅仅是公民的同意,因为不负责任的煽动有可能导致公民随时撤回他们的同意。合法性最纯粹的体现是英国宪法,它是时间、经验、智慧以及英国人独特的环境和性格的积淀。它意味着政府中的世袭原则,就像财产一样,它还意味着一个地位稳定的教会,所有这一切都通过权利、义务和情感加以巩固,形成一个整体,如果轻率的改变颠覆了其中的一个方面,可能会导致整体的瓦解。法国大革命代表着对所有这些原则的攻击,它的榜样效应可能具有致命的传染性。英国的改革团体对法国的事件欢欣鼓舞，这很可能会损害英国人对其宪法的忠诚，因此他们应该受到抵制和谴责。[72]

潘恩并没有完全理解伯克的论点，这些观点虽然充满了怨气，但却微妙且复杂。他甚至在读到伯克的观点之前就已经开始回复了；他对导致法国大革命的实际情况知之甚少，而且他在《人的权利》一书中根本没有讨论这些问题。此外，尽管自1776年以来，他对政府的一些想法有所变化，但他自己对自然权利理论的理解一直不全面。然而他所知道的，已足以满足他的目的，这些目的简单明了。法国人一直生活在错误的政府下，他们正在采取行动改变它。英国人也应该这样做，而他，潘恩，打算启迪他们。他谴责君主制、世袭权力和国教的原则是不自然的、不必要的、低效的和腐败的；他坚持认为，任何一个合法政府都应以公民的同意为基础，这种同意应该尽可能地广泛、直接并经常表达出来。人的权利，除了自治的权利之外，还无可争议地包括观点、言论和宗教信仰的自由。[73]

《人的权利》的第一部分已经很成功了，而1792年2月中旬问世的第二部分引起更大轰动。据说这部著作在一年内售出20万册。部分原因是由于恶名，但不全是潘恩的名声；伯克自己的立场也非常极端，以致广受指责。因此，许多人在阅读了这两部作品后，对其中任何一部都不太赞同。此外，宪政改革派对伯克的攻击感到愤怒，因此他们积极推动潘恩的思想，尽管几乎没有人能接受潘恩从根本上抨击英国政府的方式。《人的权利》第二部分中的一个因素深深地吸引了1792年在英国各地兴起的工人俱乐部，并且实际上刺激了它们的发展。这就是潘恩在谴责国王和世袭头衔的同时提出的社会福利建议。固然，这自始至终都是一个政治主张——潘恩认为，一切都应该源自一个建立在健全原则上的政府——而他的所有观点都只不过是对《常识》的详尽重复。但是潘恩"权利"理论的一个推论（尽管可能有些含混），是社会应形成一种权利的"共同股份",个人有权偶尔从中获利,税金应用在救济穷人、资助贫困儿童教育、养老和(顺便)提高税务官员的工资等有价值的事情上,而不是浪费在宫廷和朝臣身上。潘恩不认为自己是下层阶级的特别发言人,他在美国也没有倡议过这种改革,因为他认为没有必要。"那里的穷人不受压迫,富人没有特权。工业的发展不因负担宫廷挥霍无度的费用而受到限制。"[74]

总而言之,有些信条在美国很少令人惊讶,基本上被视为常识,但到了英国却成为一触即发的有争议的问题。一方面,由于潘恩对英国政府的全面攻击,他遭到了公诉,并在1792年9月永远离开英国后,被判定违法。另一方面,《人的权利》最终会成为英国工人阶级运动的一本奠基之作,而这本著作在当时大获成功,部分应归功于它的作者不是一名英国人,而是一个局外人。他是一个美国人,而美国人是幸运的。[75]

然而,尽管潘恩很激进,但他从来不是一个嗜血的人。暴力和战争对他毫无吸引力,他对法国的国王、教士和贵族也没有任何个人层面的敌意。不能责怪他们在那之前没有享受过共和国的好处。他也从来没有对英国人(无论是工人还是其他任何人)说过,他们应该奋起砍掉压迫者的脑袋。他只是想让他们睁开眼睛。美国人很少从其他方面考虑社会变革问题。

托马斯·潘恩职业生涯的转折点是在法国大革命期间,当时他在法国避难,在那里受到了令人满意的关注。1792年8月,他被授予荣誉公民的身份,9月,当选为代表加来海峡省的国民公会成员。他就任时,君主制已被废除,迪穆里埃的军队在瓦尔米阻止了普鲁士人的入侵。尽管这段时间看起来很有利,但从这之后,形势不知何故开始接二连三地让人感到失望。

潘恩受邀参加罗兰夫人(Madame Roland)和所谓的布里索派

第八章 法国大革命在美国 527

(Brissotins)的集会,布里索派是公会中最具美国思想的团体,当时仍在公会占主导地位(他第一次见到埃德蒙·查尔斯·热内就是在罗兰家,当时热内正在被培养为下一任驻美国公使)。但潘恩不会说法语,在没有翻译帮助的情况下,他只能有限地参与非正式讨论或公会程序。因此,恰恰是在潘恩表面上获准完全参与时,他作为局外人的特征体现得最明显。他被安排到一个起草新宪法的委员会,但在那里没有什么影响力。他的想法是,宪法应该简短、简单、普遍适用(就像美国宪法一样),而实际制定的宪法(基本上是美国主义者孔多塞的作品)却长达85页,详细论述了法国的一系列特殊问题和要求。潘恩在公开集会上的第一个行动是反对丹东(Danton)的全面改革计划,该计划主张罢免所有现任法官,代之以民众选出的普通公民。没有人比潘恩更致力于公众统治,但他经历过宾夕法尼亚州不负责任的民粹主义,这段经历让他相信,受过教育和培训的法官对于防止行政和立法机构篡改人民的真正权利至关重要。在这个问题上,潘恩的意见也被恭敬地忽略了。他对法国司法机构僵化、极端保守、墨守成规的真实情况,几乎一无所知。[76]

潘恩为拯救国王生命所做的最大努力是他短暂的立法者生涯中的巅峰一幕,显示了他最有魅力,同时也最具美国特色的一面。1793年1月,潘恩在国民公会审判路易十六时发表演讲,由另一名代表进行翻译,其中阐述了一个完全合乎逻辑的论点。他宣称,自己一生都从原则上反对君主制,早在这种情绪为公众熟知之前,他就在巴黎帮助建立了一个共和俱乐部。他还认为,制宪议会应该在1791年6月国王逃往瓦雷讷时,就把握时机废除君主制,而不是欢迎国王回来。此外,他还投票赞同对路易十六进行审判,以证明君主制对任何人都有腐化的力量。这一点现在已得到了证实。那么,为什么还要向路易·卡佩(Louis Capet)这个人复仇呢?公会应该考虑到他成长过程中的不利因素,以及如果他在更有道德的环境中长大,可能会变成什么样子。潘恩力陈,为什么不能将路易十六流放到美国,让他恢复正常生活呢?"在那里,从此远离王室的苦难和罪行,他可以从持续的公共繁荣中认识到,真正的政府制度不在于国王,而在于公平、平等和受尊敬的代表制。"

在死刑判决以极微弱的优势通过投票后,潘恩最后请求缓刑。他指出,处决路易十六将在美国引起"普遍的悲伤",劝说公会"不要因此伤害你们盟友的感情"。但无论潘恩扭转局势的可能性有多大,在现实中都被冷酷无情的马拉(Marat)彻底打消了。马拉高呼道,托马斯·潘恩是一名贵格会教徒,在原则上反对所有死刑,因此根本没有资格投票决定这件事。他的这番话打乱了潘恩的计划。[77]

尽管投票结果仅有微弱优势,但这并不能真正体现潘恩实际上的隔绝状况——无论是在导致判决的情绪方面,还是在需要执行死刑的必然性方面。托马斯·潘恩是国民公会中最彻底远离君主制及其理念的人。但这正是问题所在。对他来说,所有的问题在十八年前就已经完全解决了;而对其他人来说,一切都没有得到解决。很有可能的是,革命到了现在的阶段,为了使革命继续下去,处决路易十六是唯一可行的途径。对几代法国人来说,君主代表的不仅仅是政府,还有法国本身,尽管路易十六的权威在1793年时已经消失殆尽,但王权的神秘性仍然在空气中挥之不去。如果要真正废除君主制,现在已经没有回头路了,必须采取全面行动。必须证明路易十六对法国犯下了叛国罪——他与流亡者和外国王公密谋颠覆法国大革命——在这之后,就没有理由让他逃脱惩罚了。目前,消除国王神性的最合乎逻辑的方法就是对他执行死刑。[78]

对于这一问题的两方面考虑,公会成员或多或少都表现出复杂的情绪——害怕、凶残、压抑和惊恐。潘恩是唯一一位真正超然在外的投票者；王权的魔杖从未触及他。一位作家曾说，早在1776年，托马斯·潘恩就参与了象征性地"处死"乔治三世的活动。这也许是真的，但也只是象征性地。[79]对他和其他大多数美国人来说，不需要也不希望进行其他类型的杀戮。现在仍然如此（关于处死路易十六在美国产生的影响，潘恩说得一点不错）。尽管如此，这完全是从非法国人的角度看待这件事。托马斯·潘恩作为立法者，从理论上讲，可能比约翰·亚当斯、托马斯·杰斐逊或古弗尼尔·莫里斯更有权建议法国人如何管理他们的革命。但他是否更有资格这样做，则是另一个问题。他认为自己是"世界公民"，但实际上，这一切不过是在推广"1776年精神"。

随着雅各宾派的胜利，潘恩的大部分吉伦特派朋友会在1793年底之前被送上断头台，而潘恩本人也会被投入监狱。在狱中，他完成了《理性时代》，对有组织的宗教和正统的《圣经》教义发起了攻击。潘恩当然相信造物主，但是他童年模糊的精神生活不可能使他建立坚定的信仰——他的父亲是贵格会教徒，母亲是圣公会教徒。这部作品与他的政治著作并不矛盾。他一直都反对权威体系；而且，造物主本身被赋予了太多帝王般的排场，被进行了太多的虚构，而理性则要求将这些东西抽离。写这本书的另一个原因是法国无神论的兴起，他对此进行了谴责。但现在，不管他是否明白，他终于要与美国断绝关系了。他对大多数美国人崇拜的形式进行了直接攻击，这样做太过分了。美国人对他避而远之，塞缪尔·亚当斯和帕特里克·亨利现在也加入其他爱国者对他进行谴责。[80]在这之后，美国关于汤姆·潘恩这个"激进分子"（就激进主义往往意味着某种极端和危险的东西而言）的故事，就不再以他的政治和社会学说为基础了，而是以他所谓的"不忠"为基础。

国王被处决后，随着恐怖活动的开始，托马斯·潘恩变得越来越失望和愤世嫉俗，即使在他获释后也依然如此。但这种情绪并不是针对一般的革命的，对于一般的革命，他仍然从普遍的视角（美国的视角）进行考虑。他只是对这场革命，也就是法国大革命失望。唉，法国不是认真的。

第四节　公民热内和他的任务

这位来自法兰西共和国的新公使——年轻、勇敢、风度翩翩——在1793年4月初抵达美国，受到了热烈欢迎。然而，这位公使做了一件接一件搅乱两国关系的蠢事，不到三个月，华盛顿的内阁就一致同意要求法国政府召回他。毫无疑问，这与他的个性特点有很大关系。但究竟有多大关系呢？当时的时机和环境非同寻常，而且在任何革命局势中都可能存在一些会动摇几乎任何人的判断的因素。但就热内来说，还有一个完全在他自身之外的特殊因素，这使他的情况与众不同。这个因素与法国大革命的狂风暴雨无关，而是存在于美国革命后看似平静的气氛中，但正是这一因素让他几乎失去理智。

埃德蒙·查尔斯·热内于1763年1月8日出生在凡尔赛，祖籍勃艮第，他的家族曾经拥有土地，但显然没有所有权，一度陷入困境。从他祖父和父亲的时代，一直到他这一代，他们家都得到了贵族和皇室的资助。埃德蒙的父亲埃德梅·雅克·热内（Edmé Jacques Genet）由舒瓦瑟尔公爵（Duc de Choiseul）安排在外交部，并最终成为翻译局局长。作为英美事务专家，老热内处于一个重要的战略位置。在美国革命爆发后，他的办公室提供了有利于美国革命的信息，对外交部的工作很有帮助。在法国的美国情报人员也从中获益，他们对老热内的印象是和蔼可亲，善于交际。（老热内还安排出版了《常识》的法文版，尽管他搞错了作者的名字。）[81]他的四个女儿——埃德蒙的姐姐——都曾为女王服务，得到玛丽·安托瓦内特（Marie Antoinette）的信任。[82]

埃德蒙是家中唯一的男孩，深受父母和姐妹们的溺爱，也是宫廷里的熟人，因此有些被宠坏了。但他也的确非常聪明，是个神童。他在学习语言方面表现出色［13岁时就翻译了摄尔修斯（Celsius）的瑞典语著作《埃里克十四世的历史》（History of Eric XIV），为此获得国王古斯塔夫三世（Gustavus III）授予的金质奖章］；他还是一位优秀的音乐家，唱歌很好听。他命中注定要从事外交工作，这一职业通常只限于贵族，但由于他的家庭在宫廷中的影响力，他在实习时期就曾被派往几个欧洲首都执行临时任务。父亲在1781年去世后，埃德蒙被任命为继任者，担任翻译局局长，尽管他当时只有18岁。这个年轻人相貌英俊，个头中等偏上，有一头红发。他精力充沛，热情洋溢，举止迷人，身材匀称。但他有时会过于冲动。

1793年，30岁的埃德蒙·查尔斯·热内来到美国时，充满了革命热情。人们不禁好奇，鉴于他受到皇室宠爱，前途无量，他是如何产生那些不切实际的共和思想的？用机会主义这个词形容他有点过于强烈了，而且可能也不公平，因为他无疑是相信共和理念的；在那个剧变的时代，热内也不是唯一一个需要在情感上变通才能维持生计的公务员。事实上，由于他父亲的工作性质，他的家庭中一直允许存在一定程度的共和思想。1787年至1792年间，他在凯瑟琳二世（Catherine II）统治时期被派往俄国，先是担任公使馆秘书，然后是临时代办，这段不太顺利的经历不仅戏剧性地改变了他的观点，而且引起了吉伦特派的注意。当热内回国时，正逢吉伦特派控制着法国政府。俄国女皇之前对热内颇有好感，但她在原则上对宪法持怀疑态度。当她得知法国国王已经同意宪法，并且被扣押在杜伊勒里宫（1791年中，法国国王在瓦雷讷被抓获）后，她就断绝了同法国的关系，也不再接收来自热内的任何信件。1792年7月，热内最终被勒令离开俄罗斯，那时他似乎已经就宪法、自由和其他问题发表了一些积极的声明。

回到巴黎后，热内受到了吉伦特派的布里索、勒布朗（Pierre-Henri Lebrun-Tondu）、迪穆里埃和罗兰的热情接待，他们欢迎他加入他们的社交圈。这些人都怀着传播普世自由的宏大愿景，与热内志趣相投。

11月，热内被任命为驻美国公使，接替让－巴蒂斯特·泰尔南（Jean-Baptiste Ternant），这可能是美国主义者布里索的建议。当时国王正在等待审判，在潘恩的建议下，布里索派希望热内护送王室成员到美国。这一计划因1793年1月21日国王的处决而被推翻。次月，热内乘坐护卫舰"伏击号"（*Embuscade*）前往美国。[83]

人们普遍认为，吉伦特派在处理外交事务上不负责任，他们对这些事务几乎一无所知。在1791年10月至1792年8月的立法议会（Legislative Assembly）期间，吉伦特派作为最大的派别崭露头角；他们在1792年3月夺取对内阁的控制权，并在随后的国民公会中保持优势，一直到1793年6月。所有进入立法议会的议员都是新手，因为前一届制宪议会取消了其成员的连任资格。他们在外交关系方面的指导和顾问是雅克·皮埃尔·布里索·德瓦维尔，他得到这一职位可能在很大程度上是由于他们的无知。

布里索是一个出身卑微的人，他通过编辑新闻刊物而进入公众视野。尽管没有什么实际才能，但他的精力很充沛。他的思想有点普世主义，满脑子都是关于普世哲学词典、普世语言和普世兄弟会的计划。他一度被美国的愿景所触动，认为美国是普世自由的中心。他过于乐观，不能容忍无理的阻碍。[84]

布里索热情高涨，他认为没有理由不把大革命的原则传播到全世界，如果必要的话，可以使用武力。他对德国王子包庇和鼓励越过法国东部边境的反革命流亡分子感到愤怒，并开始呼吁对奥地利开战。

他成为外交委员会的主要成员，尽管他很少采用传统的"外交"做法；他深信旧的形式是腐败的，应该废除。人民应该与人民直接对话；当战争不是针对民众，而是针对暴君的政府时，暴君统治下的民众就会受到鼓舞，挣脱枷锁。[85]但所谓的"山岳派"中的雅各宾派却强烈反对战争，理由是这会耗尽国家的力量。罗伯斯庇尔（Robespierre）警告说：

> 美国作为我们成功的榜样是毫无价值的，因为二者的情况不同；至于说我们会在交战国家中看到迅速的回应，最好是记住……没人喜欢拿着武器的传教士。我们要做的是把自己的事情安排妥当，先争取自身的自由，然后才是为别人提供自由。[86]

1792年4月法国对奥地利宣战，布里索的努力与此有很大关系。之后，法国的敌人中先是添加了普鲁士，后来又加上了英国、荷兰和西班牙。脾气乖戾的伊波利特·丹纳（Hippolyte Taine）写道："就是这个无耻之徒……凭着游牧民族的一知半解、从报纸上看来的零星观点和在阅览室读到的故事，加上他自己写的一些文字和俱乐部演讲，就决定了法国的命运，在欧洲发动了一场将夺去六百万条生命的战争。"[87]正是布里索所代表的这种心态为热内的任务定下基调，并决定了下达给他的任务指令。

然而，美国在法国政策中占据什么地位，甚至美国是否处于一个重要的地位，则是另外一个问题。"政策"本身在1793年伊始就遇到了问题，当时法国政局极度混乱，负责制定政策的公务员大多人心惶惶，他们在几个月后就会纷纷逃命。此外，临时行政委员会召开会议批准热内的任务时，路易十六正在接受决定生死的审判（布里索本人已吓得手足无措，并改变了他几周前的立场，投票赞同处死国王）。在这种情况下，美国在任何人心目中可能都没有很重要的地位。

鉴于法国在国内和欧洲的当务之急，毫不奇怪，关于热内之行下达的指令反映出法国人不仅对美国当地的情况了解甚少，而且也不清楚美国人对他们会有什么样的期望。指令中提到很多兄弟般的共同利益。但美国人几乎很难从中看到非常有吸引力或与其利益相关的内容。这些指令所透露出的政策纲要——热内本人显然被允许为其添加一些夸张的修辞[88]——带有某种无所畏忌的色彩，尤其是在措辞和感情方面。但是，就架构而言，即便它们存在某种架构，其机制与鲁布·戈德堡（Rube Goldberg）的机械类似，因为每一个假设都以一种特殊的方式依赖于其他假设，如果其中任何一部分出问题，整个框架就会轰然倒塌。同时，这些指令充满矛盾。[89]

在热内的所有任务目标中，最有影响的是要唤醒路易斯安那、佛罗里达和加拿大的民众，向他们宣传法国大革命的原则。然后，这些民众将摆脱压迫者的枷锁，奋起进攻西班牙和英国在新世界的势力，而这将为法国在即将到来的战争中创造有利条件。热内将采用各种手段：发动宣传攻势、发展间谍，以及在边境地区（特别是肯塔基）煽动渴望获得密西西比河航行权的美国冒险者协助发动对西班牙领地的远征。他还将鼓励法国和美国的海员，以新世界的港口为基地，装备私掠船袭击英国船只。他为此获得了一些空白的捕拿特许证和军事委任状，可以在最有效的场合分发。但这些指令都没有具体内容。一方面，这是"一个浩大的项目"，需要"最伟大的活动"；另一方面，"如果美国人愿意的话，执行就会很容易"，[90]也就是说，如果美国人愿意扮演分配给他们的角色的话。然而，指令也认识到，"至少在一段时期内，美国人保持绝对中立"的可能性是存在的[91]——如果美国人这样做，他们就会拒绝执行这个受到控制的脚本。此外，如果法国人希望获得美国供应的物资（指令的其他部分提到了），这种中立又将是绝对必要的。

第二个重要目标是谈判一项新的条约，该条约将取代1778年签署的、目前仍有效的条约。新条约将首先"更新和巩固我们的商业关系，并将其建立在永恒真理的原则上"；它将被赋予"更大的自由度，成为国家契约，使两国人民的商业和政治利益融合在一起，建立密切关系，以各种方式协助自由帝国的扩张，保障人民的主权，惩罚仍然坚持排他性殖民和商业制度的国家，并宣布这些国家的船只不得进入我们两国的港口"。[92] 吉伦特派承认，美国人可能会对新条约存有犹豫。因此，热内应当一方面要求订立新的条约，另一方面坚持严格遵守现有的条约，特别是其中关于相互给予两国私掠船特权的条款。同时，为了鼓励美国人并进一步证明法国的善意，他还要向美国人展示2月19日国民公会通过的一项新法令，该法令宣布向美国商业完全开放法国及其殖民地的港口。

但法国人的逻辑也有些站不住脚。开放法国本土和殖民地港口的法令并非出于慷慨，而是战时的需要。就美国人而言，这让签订新条约变得多余，至少在目前是这样，因为这条法令给予了他们在过去十年一直要求的大部分东西。法国在新协约中唯一具体提到的政治问题，是重申了1778年《同盟条约》（Treaty of Alliance）规定的相互保障对方财产。一方面，法国表示在未来一段时间内不会援引这一规定；另一方面，他们又指示热内将其作为自由进入法国殖民地港口的必要条件，尽管法国刚通过的法令已经向美国开放了这些港口。法国人补充说，对美国人来说，这一相互保障只是名义上的，但对法国而言，这种保障将"非常真实"，因为美国一旦发生危险，法国就会派军队前往美国港口，"保护他们免受任何侮辱"[93]（这究竟有多"真实"，将取决于整个英国舰队是否会被一场热带气旋吞噬）。

至于严格坚持遵守现有条约的指令，这意味着热内要坚持法国人的解读，而这与美国人对条约的理解大相径庭。按照法国人的解读，美国人不仅允许法国私掠船将其战利品带入美国港口，同时拒绝给予英国人同样的特权（条约的确允许英国人这么做），而且实际上还允许在美国港口武装和装备法国的私掠船，更不用说在美国领土上裁决他们的战利品了。法国人还认为1778年的条约中规定了对他们有利的歧视性吨位税。1789年，正是由于担心这种微乎其微的可能性，贝克维斯少校匆匆赶到纽约，提出含蓄的警告。[94]简而言之，如果美国人接受法国对现有条约的解释，那么法国人也会在新条约中得到他们所要求的一切，同时，无论是否签订新条约，这都相当于美国向英国宣战，会立即引来英国的报复。

最后，热内最不张扬、最不引人注目但可能是最重要的一个目标，就是全部收回美国革命时期欠法国的债务，当时这笔债务的规模约为560万美元。美国人从1790年起已经开始定期还款，这要早于所有人的预期；此外，美国还向泰尔南提供紧急预付款，用于救济法国的圣多明各殖民地；美国在这方面的表现让吉伦特派受到激发，他们希望在最紧迫的危急时刻取得巨大进展，推进法国争取普世自由的斗争。热内此次出使的所有经费都将来自预期获得的资金：包括他需为法国的军队和殖民地获取的经费，维持法国在美国的外交和领事机构的费用，以及他在加拿大、佛罗里达或路易斯安那可能开展任何活动的费用。[95]

所有这一切都表明，实际上，除了第三个目标，前两个笼统的目标——打击法国在新世界的敌人，以及与美国签订新条约——没有任何意义。为了给实现第三个目标（获得所需要的资金）至少创造一点机会，从逻辑上讲，热内应该放弃前两个目标。也就是说，只有美国在所有其他方面保持中立，它才有可能继续向法国提供补给，因为如果美国参战，它的航运就会中断，而如果美国纵容热内在路易斯安那和佛罗里达按计划发动那些活动，或签署热内奉命谈判的那种条约，美国的中立性也会受到破坏。看来，吉伦特派委员会只是想利用美国人，以他们所能想到的一切方式对抗英国和西班牙。但他们一方面希望从美国的中立中得到好处，另一方面又希望美国与他们联手作战。他们期望他们精力充沛的公使，通过适当的管理手段，可以使美国人欣然接受这两方面的要求。

肩负着这样一副重任，当船驶近美国时，即使是热内这样乐观和富有激情的人，可能也会有一些担忧。此外，他的个人成功，以及他的事业，都取决于他对这项任务的执行情况，因此他又必须相信受命表达的崇高情感，而且让自己对完成任务怀有信心。然而，由于风向变化，他乘坐的"伏击号"没有在费城登陆，而是于1793年4月8日到达了查尔斯顿。[96]热内在那里受到了热烈欢迎，这使他产生了一种强烈而持久的欣快感，似乎赶走了他心中的所有疑虑。这一转变完全应感谢美国人。

热内在码头受到一大群热情洋溢的民众迎接；当地政要和南卡罗来纳州的议员也前往欢迎；他很快与州长威廉·莫尔特里（William Moultrie）进行了一次长谈。莫尔特里的慷慨相助让他感到安心。那位"可敬的老兵，是我们革命的真诚朋友"，热内兴高采烈地写信回国，"我得到了他力所能及的一切帮助"。莫尔特里确实是鼎力相助，他兴致勃勃地听热内介绍了整个计划，认为热内没有理由进行拖延，他建议立即开始武装私掠船并颁发授权，还允许热内从查尔斯顿开始。他还认为，组织对西班牙殖民地进行远征并没有违反中立原则。他甚至推荐了他认为可能参加这项行动的人，并为热内写了介绍信。此外，他还下令加强港口防御。他向热内保证，据他所知，没有任何法律禁止这些活动。[97]

热内立刻开始工作。他拿出四份空白的捕拿特许证，授权四艘法国私掠船["共和号"（*Républicain*）、"无套裤汉号"（*Sans Culotte*）、

"反乔治号"(*Anti-George*)和"爱国者热内号"(*Patriote Genet*)]进行劫掠活动,船上配备的基本上是美国水手。他命令当地的法国领事米歇尔-安格·德·曼古里特(Michel-Ange de Mangourit)设立法庭,用于裁决这些私掠船捕获的英国战利品。当然,所有这些活动,都是在他与美国政府进行任何正式磋商之前,甚至是在他被正式接见之前开展的。热内还开始制定对西班牙控制的佛罗里达进行远征的计划,具体安排交给了热心的曼古里特。⁹⁸

4月18日,热内离开查尔斯顿,踏上了前往费城的旅程。路上一共用了28天,是他自己估计的时间的两倍。热内决定让"伏击号"从海路去费城,而自己则经陆路前往,因为现在他有理由相信,他在查尔斯顿受到的礼遇会在其他地方重演,而如果美国公民希望向他致敬——或者说,向法国致敬——他觉得应该给他们提供尽可能多的机会来这样做。热内在州长莫尔特里和参议员拉尔夫·伊扎德(Ralph Izard)的陪同下出城。他的这趟旅行非常令人满意,一路上都有热闹的欢迎仪式——无数的宴会、演讲、钟声、礼炮——当他于5月16日抵达费城时,整个城市都为之欢呼雀跃。⁹⁹

第五节 确定美国的中立

1793年春天,美国政府对欧洲的交战国确立了中立政策,并在这一年的晚些时间详细阐述了该政策。许多权威人士都对这项政策的持久性和合理性进行了评论。当初制定这项政策时,美国并没有明确的先例或经验可借鉴,但该政策经受住了随后一个半世纪的考验。¹⁰⁰当时,财政部长和国务卿提出了两种截然不同的外交政策,一种是亲英政策,另一种则是亲法政策。因此,这项政策的成功并非顺理成章。毫无疑问，它在很大程度上归功于，华盛顿在他的两位内阁成员之间做出了良好判断，选择了一条明智的路线。但就是这些吗？

当时双方的意见尽管不一致，但实际上分歧并没有看上去那么大。事实上，如果仅仅作为一项外交政策，双方的意见根本不存在分歧。每一位内阁成员都深信美国不参与战争的必要性，任何人都毫不怀疑，应该以某种方式明确表达与欧洲所有大国和平相处的决心。这是最迫切的目标，执行方式上的任何不同相对而言都不重要。

但从另外一个角度看，这些差异肯定也不是微不足道的。然而，它们的重要性并非源于国际关系原则，而是源于对国内党派和意识形态的考虑，以及双方都想要从当前问题中谋求最大党派优势的决心。因此，双方之间争吵不断，相互指责。但在需要在国家利益和其他事情之间做出明确选择的任何时刻，尽管有私下抱怨，没有人会真正犹豫；对于什么是国家利益，几乎不存在任何疑问。

因此，华盛顿的角色在战略上非常关键，因为每一次他实际上都是最终的政策决定人。只有华盛顿的观点丝毫没有因党派利益而变得复杂化。他面对着两种截然不同的论点，每一种观点都以机智和巧妙的方式呈现。但是这两种观点之间的距离又很近，足以让他凭借自己的判断力做出精确的选择，而最终决策也反映了这一点。因此也可以说，华盛顿是在一个接近理想的环境下做选择的，尽管他本人在当时可能不会这样认为。

1793年2月1日，法国向英国和荷兰宣战。4月初，这一消息在美国得到证实后，华盛顿立即缩短了在弗农山庄的行程，匆匆赶回费城。他在4月17日回到费城。第二天，他给4名内阁成员都发去一份清单，上面列有13个问题，涉及行政部门在欧洲战争背景下应采取的行动，并要求在19日开会讨论这些问题。杰斐逊相当恼火，他有理由怀疑这些问题大部分是由汉密尔顿准备的。杰斐逊指出，清单虽然是总统的笔迹,"但从风格、巧妙构思和逻辑上可以明显看出,这不是出自总统,它们是以一连串精心设计的论证链为基础提出来的,简而言之,这些语言来自汉密尔顿,这些问题同样来自他"。清单上的问题本身并不能完全解释杰斐逊的烦躁(毕竟,对这些问题可以基于利弊进行分析,事实上也的确如此)。但汉密尔顿已采取了主动,杰斐逊现在对他的一举一动都表示怀疑。杰斐逊当然知道必须制定一项政策。但是他也意识到,目前共和党人正在从民众对法国的热情中获益,而政策很难不与这一点发生冲突。因此,如果可能的话,他本想拖延一下时间。实际上,他也被邀请准备相关的议程材料,但他推辞了。[101]

在13个问题中,只有前两个问题和最后一个问题在4月19日的会议上得到解决。第一个问题也是最紧迫的问题:"为阻止美国公民插手法国和英国之间的战争,是否应当发布一份公告?公告中是否应包含中立声明?声明中应写什么内容?"这个问题使杰斐逊感到很不舒服。一方面,美国需要进行表态,因为必须提醒民众国家目前处于和平状态,并且必须警告他们不要采取任何协助或危害交战方的行动,另一方面,也应当让全世界看到美国发出了这样的警告。但杰斐逊不希望发表一份正式的中立声明,甚至不愿意立即发布任何文件。不过,他给出的两个理由都有些模棱两可。他说,根据宪法,具体宣布中立不属于行政部门的权力范围,因为这将是一个"不参加战争"的声明,只有国会才能决定这件事。汉密尔顿对此的回答是,是否发动战争的问题确实应由国会决定,但现在面临的并不是那样的问题。无论国会最终怎样做,在此期间,行政部门的职能就是执行法律,而如果要执行的法律与中立状态有关,行政部门就必须确定这样的状态存在,并立即发表此类声明。(第13个问题是,如果已经决定不参与战争,国会是否应该召开特别会议来讨论欧洲的战争问题?)杰斐逊的另一个反对理由是,最好推迟发表任何的中立声明,"因为这对参战国来说很有价值，它们应该为此而出价，我们可以合理地要求一个价格。这是中立国最大的一个特权"。汉密尔顿对此的回答是，国家的中立绝不是一件可谈判的商品，假装可以对中立进行谈判既可鄙又荒谬，越是拖延宣布中立地位的时间，就越有可能被拖入战争。不仅他知道，而且整个欧洲都知道，美国唯一的选择就是保持中立，如果我们邀请任何参战国"出价"，唯一的结果就是向世界表明，我们高估了自己的影响力，而且把我们的原则拿出来拍卖。[102]

杰斐逊似乎并未进行反驳；他同意立即发表公告；也许在一开始提出自己的观点时，他就没有打算强烈坚持。唯一能证明他当时观点的证据没有被写进他的私人备忘录，那上面对此只字未提，而是见于他后来写给麦迪逊和门罗的信件，信中带有推诿和自我辩解的意味。杰斐逊是一个称职的外交家和国务卿，顾及国家的最大利益，因此他能够意识到，并不存在真正的选择。一些作家错误地声称，杰斐逊主张对法国采取"善意的"（benevolent）[103]中立，但事实并非如此，因为他深知这种做法会带来危险。然而，在另一个身份下，即作为共和党的新兴领袖，他还是受到了其他一些相互对立的冲动的影响。他对英国充满了仇恨；而且，无论是华盛顿还是其他任何人，都无法从他的头脑中驱散君主制即将到来的执念，他深信，汉密尔顿及其"财政主义者"和"英国贵族"的追随者正在密谋终结美国的共和政体。抵御这些阴谋最好的堡垒就是法国大革命的成功——更具体地说，是美国人对法国大革命的持续热情。保持这种情绪将加强民众在"人类自由"（human liberty）事业中的力量，"人类自由"是杰斐逊在提到法国和美国事务时喜欢用的一个词。他也知道，在他的盟友和追随者中存在一些幻想，认为可以在自己不付出任何代价的情况下，极力怂恿法国人对抗英国。显然是顾及这一点，他告诫麦迪逊，"我担心公平的中立会让我们的朋友不愉快，尽管这对于避免战争灾难是必要的"。[104]从这封信和当时其他几封信中可以看出,虽然杰斐逊不愿承认,但他多多少少还是明白,自己不可能二者兼得。

杰斐逊在自己的备忘录中写道:

> 所有人都同意应发表一份公告,禁止我国公民在海上参与任何交战国或针对任何交战国的任何敌对行动,警告他们不得携带任何被现代国际惯例视为违禁品的物品到这些国家,并禁止他们从事有悖友好国家对交战国家义务的一切行为和活动。[105]

不过杰斐逊的不满还是从两个细节上得到了缓解。一是声明没有使用"中立"一词,尽管这个让步有多大,以及是否真的为这个词进行了争论,都值得怀疑。事实上,包括杰斐逊在内的所有人,在发表声明之前和之后都在使用这个词,因为并没有一个真正的同义词可以替代它。另一个细节是这份声明是由伦道夫起草的。通常这类文件会让杰斐逊起草,但既然这次由别人来做,杰斐逊就不必直接为此负责了。他后来对麦迪逊说,他觉得这份声明"起草得很糟糕","软弱无力","充满淡而无味的观点"。但当伦道夫把草稿拿给他看时,他既没有提出反对意见,也没有建议任何修改。《中立声明》(Neutrality Proclamation)于4月22日发布。[106]

4月19日的会议还解决了13个问题中的第二个问题:"是否应该接见法兰西共和国的公使?"在这一点上没有任何争议,华盛顿、汉密尔顿、诺克斯、伦道夫和杰斐逊都认为应该接受。事实上,华盛顿已经就此写信给莫里斯,汉密尔顿和约翰·杰伊在几周前也得出了同样的结论。然而,第三个问题——是否应该有限制条件地接见这位公使——引起的麻烦最大,因此被推迟决定。"无限制条件"意味着美国仍然认为自己受1778年条约的约束；"有限制条件"则意味着该条约无效或暂时中止。会议决定，对于这个问题和其余的几个问题（所有这些问题都涉及美法条约和美国在条约中的义务），将以书面形式提交意见。华盛顿在5月6日前收到了书面答复，并在同一天做出决定。这一次，与汉密尔顿的观点相比，杰斐逊的更合理一些，他认为应该无限制条件地接见法国公使，而且条约继续完全有效。

汉密尔顿认为，在法国目前的内政和外交情况下，法国与美国的条约应被视为"临时暂停"。他通过冗长而复杂的论证，陈述了支持这一论点的四个主要理由。首先，这些条约是与路易十六及其继承人和继任者签订的，尽管它们是在国家之间而不仅仅是在政府之间签订的真正条约，而且一个国家也有权以其选择的任何方式改变其政府，但目前的情况涉及一场结果尚不明朗的内战，同时，这些条约不要求一个国家协助另一个国家的君主反对其臣民，更没有要求一个国家协助另一个国家反对其君主。第二个原因是，法国发动的对外战争是进攻性的，而《同盟条约》是防御性的。此外，根据国际法权威机构的规定，在任何情况下变得"无用、危险或令人不快"的联盟都可以被放弃，美国应自主决定现在是否确实存在这种情况。最后，汉密尔顿提出，假如美国通过无条件地接见新公使，重申了自己的法国盟友身份，那么，"假如法国目前的执政党在竞争中失利，我们与法国未来政府的关系会怎样"？[107]

杰斐逊对汉密尔顿的论点进行了驳斥，并为制定中的政策纲要进行了一些澄清。他认为，完全可以就条约具体条款的适用情况推迟做出决定，而不必因为预料到可能永远都不会发生的危险和不便而暂停整个条约。这种暂停不仅不符合道义，而且也是一种直接的敌对行为，远比等直接危险出现时再行动的风险要大得多。条约是与国家签订的，而不是与政府签订的——汉密尔顿已承认了这一点，同时，国际法中没有任何条款支持因政府形式发生变化而废除或中止条约。无论如何都很难争辩说，美国人更喜欢与君主制国家结盟，而不是与共和国。

杰斐逊关注的是条约中那些可能以任何方式带来困难的条款。《同盟条约》第11条规定，相互保障每个国家的财产。但美国被要求保卫法属西印度群岛的可能性非常小。这显然是非常危险的行动，因此，根据国际法而拒绝遵守是完全合理的，但由于法国很可能根本不会要求这样做，基于预期对它进行不必要的侮辱没有任何意义。《友好商业条约》（Treaty of Amity and Commerce）第17条规定，法国军舰和私掠船可以带着战利品进入美国港口，并且不允许法国的敌人这样做。但目前由所有相关国家签订的条约中都有类似规定，任何一个国家都无权就此提出申诉（事实证明，也没有国家这样做）。最后，条约第22条规定，法国的敌人无权在美国港口装备私掠船或在那里出售战利品。"但我们也同样可以拒绝法国这样做，"杰斐逊宣称，"因为没有相反的规定，我们应该根据公平中立的原则拒绝他们。"

在接见公使的问题上，汉密尔顿似乎认为，如果美国不在接见公使时明确表明条约"暂时中止"，那就等于告诉欧洲，美国将自己视为法国在当前冲突中的盟友，不仅承认条约的全面实施，而且排除了今后放弃条约的任何可能性。"但是，"杰斐逊坚持说，"我不认为接见一位公使与条约有任何关系。条约中没有任何字眼提到派驻公使的问题。派驻公使是我们之间按照国家的共同惯例进行的，对继续还是废除这些条约都没有任何影响。"一方面，接见一个国家的公使意味着承认其政府的合法性，但另一方面，如果通过暂时中止与该国的盟约来设定限制，又相当于否认了这种合法性。从一般原则出发，杰斐逊希望尽可能淡化这种承认行为。它只不过是对一种事实情况的承认，不排除随时有可能承认也许在下个月掌权的继任政府，而且对未来修订现行条约也不会造成任何障碍。[108]

第八章 法国大革命在美国 545

事实上，华盛顿从未怀疑过这些条约的有效性，他在5月6日就已经向杰斐逊表明了这一点。此外，他还决定无条件地接见热内——但"不要太热情或殷勤，只要能让他满意就行"。[109]他提出的那13个问题——尽管只是作为一个开始——实际上已经解决了。

在最后几个问题上，杰斐逊和汉密尔顿之间的分歧很大。但这些差异也主要是因为国内的党派之争，而不是对美国的条约义务有不同看法。汉密尔顿憎恨法国大革命，其程度不亚于杰斐逊对英国的厌恶，并且他决心竭尽全力阻止共和党攻击他的财政体系。在他看来，财政体系的成功取决于与英国之间没有任何冲突。不过，就这些条约而言，杰斐逊和汉密尔顿一样，都不愿意在任何可能危及美国外部安全的情况下受到它们的约束。

在1793年余下的时间里，一方面，美国将继续阐明其保持中立的原则，而另一方面，公民热内将迅速陷入绝境。

第六节　热内任务的失败

对热内事件进行全面调查（所有此类调查都是根据美国人的视角进行的）后，人们通常都会对他的彻底毁灭和任务的完全失败感到不可思议。热内有进行观察的时间；在1793年春夏期间，如果他真想成功地实现哪怕是部分目标，他怎么可能看不到，至少在某些方面，他的任务目标以及为实现这些目标而使用的方法必须有所改变呢？人们倾向于认为这个人本身是无可救药的。但如果从另一个角度来看这一事件——比如说，从热内自己的视角——可能就会有其他思考，并提出进一步的问题。例如，其他法国人，不管他们在外交方面有多少经验，有多少人对当时的情况会有截然不同的反应呢？也许，热内以一种他自己也无法理解的方式,对美国人的意图做出了误判——尽管吉伦特派的思想意识和热内自己的性情在这方面都没有起到很大"帮助",但热内亲眼看到的美国景象呈现出合理的逻辑,而且是美国人自身的行为证明了所有这些意图和目的。此外,事情发展的时间线也表明,热内还没来得及调整他的看法就已经为时已晚。6月中旬的关键时期真是短得可怜。直到那时,他才第一次听到关于美国政策的全面阐述,而在此之前,没有任何发生在他身上的事情可以让他为此做好准备,他根本无法相信这个事实。在短短几天内,他就要完全使出法国的外交手段,根本没有回头路可走。

热内于5月16日抵达费城,在18日下午受到总统接见,并递交了国书和谈判新条约的授权书副本。他发表了简短的演说,在场的国务卿似乎感到非常满意。热内说:

> 我们知道,在目前的情况下,我们有权要求你们保护我们的岛屿。但我们并不想这样做。我们希望你们只做对自己有利的事情,而我们将尽一切力量推动……我们把你们视为世界上唯一能真诚地爱我们并值得我们爱的人。

杰斐逊兴奋地对麦迪逊说:"没有什么能比他的使团任务更深情、更慷慨……简而言之,他提供一切,不求回报。"[110]

热内在他发回国的报告中没有对总统当时的态度进行描述。华盛顿对他的欢迎肯定既庄重又礼貌,但无论总统是热情还是寡言,热内似乎都没有注意到。[111]此时此刻,这个城市的领导人物是他自己,这令他兴奋不已。就在前一天,一大群人挤满周围的街道,满载着费城市民的祝贺来到他的住处,他即兴进行了演讲。此外,费城的法国慈善协会(French Benevolent)、德国共和协会(German Republican)和西塞罗协会（Ciceronian Societies）也发表了演说。那天晚上，在费城的法国人举办了晚宴，大厅里充满兄弟般的情谊和对美法友谊的热情赞誉（其间，热内站起身，演唱了一首爱国歌曲）。自年初以来，美国各地涌现出很多协会，费城民主协会（Democratic Society of Philadelphia）是最新成立的组织之一，当时正在组建之中，有人请热内给它起个名字，他欣然应允。[112]

在递交国书的四天后，这位新公使满怀信心和幸福感，向国务卿发去了他的第一封照会。他对国务卿寄予极大的希望。[113]他在信中建议美国以预付款的方式清偿对法国的剩余债务。按照他的逻辑，这是帮了美国人一个大忙。这将极大地刺激两国贸易，因为这笔钱将用于"今后从美国采购法兰西共和国的军队、舰队和殖民地所需的大部分生活用品和物资"。他有一些夸张地说："现在，难道还有比这更明摆着的好事吗？用你们自己的产品偿还欠我们的债务，没有现金外流，也不需要……银行家的烦琐操作？同时，这还为你们提供了偿还债务的手段，让你们的国民变得富裕……"[114]

第二天，也就是5月23日，热内写了第二封信，进一步摆出姿态。他随函附上2月19日法令的副本，表明法国（"那个慷慨的国家和忠实的朋友"）已向美国贸易开放了她的港口。他说，法兰西共和国希望把美国人当作兄弟一般，"让他们也享有她自己的公民从她巨大的财富中享有的所有恩惠；邀请美国人分享她的航行权，让他们的船只与其本国船只享有的相同权利；并授权我向贵国政府提议，签订真正的家庭契约，即两国之间的契约，建立自由和兄弟般的友好基础，希望在此基础上促进两国人民的贸易和政治制度……"。[115]

在收到回复之前——他的三个任务目标中的两个都取决于这些答复——他写了第三封信，摆出另外一个故作大方的姿态。就在热内到达之前，杰斐逊收到英国公使乔治·哈蒙德对于以美国港口为基地的法国武装船只活动（这些活动基本上都是热内安排的）的强烈抗议。杰斐逊写了一封信给泰尔南，即将退休的泰尔南又将这封信转交给他的继任者进行答复。杰斐逊在信中指出，法国领事在裁决一艘被法国护卫舰俘获的英国船只时，行使了不当的权力；法国船只在查尔斯顿进行了非法装备并获得授权，船上配备了一部分美国水手，"与和我们和平相处的国家进行对抗"；在美国领海内被"伏击号"俘获的英国船只"格兰奇号"（Grange）必须归还给其所有者。热内的回应是，他们会归还"格兰奇号"，并大肆宣称这是一份免费的礼物，"以便让美国政府看到我们的恭敬和友谊"，但他不承认遭到抱怨的其他行为以任何方式违反了美国法律或1778年的条约。他似乎确信，随着更多的讨论和对条约的仔细研究，就会清楚它的真正含义。[116]

几天之后的6月1日，热内作为主宾出席了另一场，也是迄今最隆重的公共晚宴（"我住在这里的时候，永远都有宴会，我收到了来自美洲大陆各地的致辞"），这场晚宴由费城的许多重要人物赞助。到处洋溢着歌声和祝酒词，甚至从外面的一个炮台传来阵阵炮声。杰斐逊没有出席晚宴，但热内有理由相信——或者说，他认为自己有理由相信——写祝酒词的不是别人，正是国务卿本人。同一天，弗雷诺的《国民报》发表了署名为"维瑞塔斯"（Veritas）的系列文章中的第一篇。这些文章直接攻击了总统本人，称他在没有征求国家意愿的情况下，就擅自发表了中立宣言，不区分美国对不同交战国的义务，因此这个行为实际上否定了美国与法国的友谊。文章宣称："这些条约使我们长期以来获得了重要优势，现在我们却认为自己对其没有义务……"热内猜测这些文章的作者也是杰斐逊。[117]

可以肯定的是，杰斐逊与那些臭名昭著的"维瑞塔斯"的文章毫无关系，他也不可能花时间为招待法国公使的公共晚宴写祝酒词。但热内为什么会认为是他呢？又该如何解释热内对杰斐逊的特殊看法，以及他希望从杰斐逊那里得到的东西呢？

热内与杰斐逊的最初几次会面是一个关键因素，重塑了他在这一时期的心态。正是在这几次会面中，关于如何理解他与联邦政府的关系、联邦政府内部可能存在的分歧、他对华盛顿应持何种态度、舆论的影响，甚至联邦制度本身的性质，热内获得了最权威的指引。到6月1日左右，他对这些问题的看法似乎已经相当明确了。

关于这些早期会议，在两个方面上似乎没有什么疑问。其一是杰斐逊让热内了解了内阁成员的意见分歧。"杰斐逊……告诉我一些关于内阁成员的有用信息，而且一点也没有对我隐瞒。参议员莫里斯和财政部长汉密尔顿走的是亲英路线，他们对总统的思想影响最大，他〔杰斐逊〕要与他们的努力抗衡还是有一些困难的……"如果热内后来对杰斐逊的指责是可信的话，那么杰斐逊还说过，"然而，人民是支持我们的，你们的朋友将会在下一届国会中占多数席位，但召集立法机构不能急于求成，因为城镇中所有无所事事的投机者和捐客都会蜂拥而至，而辛勤劳作的耕种者则反应迟缓，操之过急就会给前者留下反击的时间"。[118]

杰斐逊所做的另一件事，就是以口头形式答复了热内提出的签订新条约的建议，而热内似乎对他的答复很满意。他告诉热内，根据宪法规定，对条约的控制权属于参议院，因此在参议院开会之前不能讨论这个问题。热内平静地接受了这个解释，于是这件事就被搁置了下来。这个解释实际上是一种回避，但与其他误解相吻合。

总而言之，这些早期对话为热内的某些结论提供了依据，尽管这些结论后来被证明过于夸大。结论之一是，国务卿自己的观点与其同僚以及华盛顿总统的观点之间存在着明显分歧，杰斐逊对此深表遗憾。而杰斐逊的真实观点，如果公开的话，将和"维瑞塔斯"的观点最为接近。另一个结论是，私掠船的问题以及应当如何解释条约的问题，仍然悬而未决。"我告诉他，我完全相信，"杰斐逊在他的记录中写道，"出于对他和对法国的尊重，总统会聆听他在这个问题上的任何意见，并坦诚地进行重新考虑。"此外，热内还认为，国会是最终仲裁者和最高权力机构，它将最终表达人民的意愿，无论行政部门如何思考或行动。这一观点现在已经牢牢印在他的脑海里了。显然没有人告诉过他，当时行政部门中的任何人都不希望重新开始谈判一项新条约，因为这将带来无穷的麻烦。相反，杰斐逊给出的借口是他们必须等待和参议院磋商，这听起来非常合理，尤其是杰斐逊还告诉他，新一届国会比行政部门更有可能"支持我们的观点"。对于热内在这个时期最需要获得指引的那些问题，显然，杰斐逊的答复既不明确也不坦率。然而，站在杰斐逊的立场上，我们可以感受到，正是在这段时间里，他对于自己必须执行的政策感到最为紧张，甚至感到困惑。[119]

对于每天听到的人民的声音和见到的人民代表，这位法国公使完全没有怀疑。但人民代表要到12月才能开会，在此期间，他要面对一个可能不完全符合人民意愿的行政部门。他会按章办事，尽可能保持着自己的克制，尽管在提起时，他总会充满不屑地抱怨"陈旧外交"的"曲折道路"。[120]但如果他有一两次的言行有点过分，那应该也不会是致命错误，因为他显然具有试错的空间。他的背后站着广大民众，而杰斐逊本人的态度似乎也支持他的这种信念。国务卿可以作为他的某种缓冲区。

6月1日（举行盛大晚宴的当天，也是第一封"维瑞塔斯"的信件发表的日子），热内又给杰斐逊写了一封信。内容是两名美国人，吉迪恩·亨菲尔德（Gideon Henfield）和约翰·辛格尔特里（John Singletary），他们应征在一艘法国私掠船上担任船员，热内说他"刚获悉"，两人遭到联邦当局逮捕并监禁。"指控他们的罪名是我的头脑无法想象的，我的笔几乎拒绝写出来，他们的罪名是为法兰西服务并与她的孩子们一起捍卫共同而光荣的自由事业。"热内认为，没有法律或条约禁止他们的行为，他呼吁国务卿和总统"干预"，立即释放他们。杰斐逊的回复采取了和解态度（他的初稿语气更为温和，但他的同僚们坚持让他重写这封回信）。他说，亨菲尔德和辛格尔特里是被民事治安法官拘禁的，行政部门无法控制他们的诉讼案；他们将在受人尊敬的法官面前接受陪审团审判；"如果没有违反美国的法律，就不必担心，［他们的］案件将会得到相应的审理。"[121]

6月5日，第一个明确表明遇到麻烦的迹象出现了。当天，杰斐逊通知热内，总统已重新考虑了公使关于私掠船问题的观点（根据他在5月27日的信中所述），但仍然坚信，"每个国家都有权禁止任何其他国家在其范围内的主权行为［即武装私掠船或征募其公民］，中立国有义务禁止损害任一交战国的行为"，任何武装私掠船都必须驶离美国港口。这意味着，关于如何解释1778年条约中的这些问题，美国的态度——或者更确切地说，美国行政部门的态度——和法国的态度，无论在过去、现在还是将来，都存在分歧。也就是说，这种分歧还将持续下去，直到人民的意愿能够撼动行政部门，或者人民代表向行政部门提出质问。[122]

更严重的打击发生在6月11日。那天，杰斐逊写信给热内说，尽管美国将履行协议，定期支付到期债务，但即使只是这样，资源也已经非常紧张了，因此，通过提前还清债务换取物资采购订单是不可能的。与此同时，财政部长就热内的提议回复了一份很简短的备忘录。汉密尔顿说，美国的信贷状况不允许这样做，而且鉴于目前其他地方对美国产品的需求，就算这笔钱还是会花在美国国内，也不会有太多优势。如果这是美国政府的最终决定，这就意味着，热内的资金只能让他实现任务目标中的一小部分。[123]

热内看到这些信件后，一下子坐在写字台前，意识到自己已不再处于谈判地位,也就是说,关于1778年条约赋予私掠船的权利以及为他的任务提供资金这两件事,普通意义上的谈判已经结束。在此之后,如果继续与美国政府的行政部门打交道,能够期待的收获也微乎其微。但如果他接受了这一点,他的使命实际上就结束了。他遇到了挫折,但这非常不合情理。在他看来,自己遵照新外交的革命理念,毫无保留地把所有计划摆到桌面上,没有任何隐瞒,因为他相信行政部门的意愿和国家意志最终将会是一致的。但他从中得到了什么呢?首先是华盛顿忘恩负义和固执己见,全然不顾条约中的神圣义务。在这一点上,公使确实有他的一些道理。他以18世纪的"善意中立"概念为例;1778年的条约中没有任何条款禁止他的那些行为(似乎杰斐逊也有过这个念头),美国的任何其他法律也都没有禁止;法国在美国独立革命期间曾允许美国人在法国港口装备私掠船。还有,美国民众对法国的热情也是毋庸置疑的。[124]

热内得到的另外一个结果,就是美国自私地,甚至是不诚实地拒绝了向法兰西共和国提供帮助,而这些帮助是法国最需要的。热内不相信,鉴于法国所处的绝境,如果美国的商业真像汉密尔顿自己说的那样繁荣,美国会没有能力支付对法国的剩余债务。在这方面,热内同样也有一定理由。事实上,后来美国政府在两年内又改变主意,还清了对法债务。[125]但当时的形势是,汉密尔顿在热内到达前已私下向英国公使保证,美国不会提前还款,因为哈蒙德已明确表示,英国在公海上会将使用美国还款购买的货物视为法国货物并采取相应措施,即使这些货物尚未付款并且由美国船只运输。[126]

热内的情绪状态,更确切地说是几种状态,在他接下来写给杰斐逊的三封信中表现得十分明显,这三封信是在同一天发出的。他在信中非常沮丧地写道,"美国总统坚持认为,一个处于战争状态的国家无权将战争委任状授予停泊在中立国港口的船只;他认为这是一种主权行为"。热内认为，在自然法、各国的惯例甚至总统的公告中，都找不到任何理由，可以剥夺船只武装自卫的权利，或宣布这些武装自卫是一种"主权"行为。这"当然不是美国人民的意愿。他们兄弟般的呼声响彻在我周围的每一个角落，他们的语气毫不含糊……"。最后，他希望"联邦政府在力所能及的范围内遵守两国签订的公约；通过这种大方、谨慎的行为，他们至少给世界树立了一个真正中立的榜样，不是在面临危险时懦弱地抛弃他们的朋友，而是即使在无法做得更好的情况下，也至少严格遵守双方约定的义务"。他确实做出了一个"让步"。他说，他已向法国的领事们发出指令，只向那些宣誓尊重美国领土"和总统政治观点"的船长授予委任状，"直到主权代表确认或拒绝他们为止"。热内可能没有意识到，这种措辞正在挑战可接受的极限，或者说他是在回避真正的问题——法国是要武装私掠船以袭击英国商船，而不是武装商船进行自我防卫。[127]

在谈到物资供应和债务问题时，他的语气转为略带轻蔑的高傲口吻："思想高尚的自由人不会让自己遭受两次拒绝。"他现在别无选择，只能向美国商人和农民"转让"法国债务，并要求未来以分期的方式还款。"我将要采取的这个权宜之计，可能会给法国带来麻烦；但由于联邦政府认为它有权在未征求国会意见的情况下自行决定这个重要议题，我被迫使用这个权宜之计，我有义务遵照我得到的指示行事。"[128]

最后，费城的民事机构（以"藐视条约"和"藐视国际法"为由）阻止一艘法国私掠船出售掠夺的战利品；而在纽约，另一艘私掠船在出海时被扣留。热内在提到这些事件时，表现出克制的愤怒和咄咄逼人的强硬态度。他要求立即归还物件，"并赔偿损失和利息"；他希望他捍卫"法国的利益、权利和尊严"，以及反对那些"暗中诋毁"他们的人的努力获得支持；他还希望总统使用"人民赋予他的所有权力强制执行法律和条约"。[129]

6月17日，杰斐逊给热内写了一封信，综合论述了中立、国际法、1778年的条约性质等问题以及美国政府的立场。他指出，所提到的武装船只并不是出于自卫目的，而是"对与美国和平相处的国家实施敌对行动"。他非常明确地表示，美国不会允许法国代理人继续在其港口武装和装备私掠船。他否认1778年的条约中有任何条款赋予了法国这一权利，称总统的公告中也"没有任何一个字"有这样的暗示。杰斐逊接着说："先生，您想想，这种观点同样违背了自然法则和各国惯例。"然而，美国政策所依据的正是这些法则和惯例，杰斐逊大量引用了法学家瓦特尔关于严格的公正性和未经主权国家许可在外国领土招募军队等问题的观点。然后，他用最强烈的措辞写道："如果我们的公民谋杀和掠夺与我们和平相处的国家的人员，或者与他人联合起来这样做，在行政部门及其磋商机构看来，这和谋杀或掠夺或联合他人谋杀和掠夺本国公民是一样的，都违反了国家法律；如果发生在其管辖范围内，同样必须受到惩罚……"因此，美国会起诉任何违法者，而且，从现在起，这不仅包括本国公民，还将包括其管辖范围内的外国人。[130]

这封信还附有另外一封信，后者指出行政部门无权干涉有关收缴战利品的个人诉讼案。这些案件由司法部门负责，将依据包括法兰西共和国在内的"所有文明国家承认和实施的"法律原则进行审理。[131]

两天后，在6月19日，杰斐逊回复了热内的威胁，即以债务"转让"作为物资供应的付款。他认为，热内经过反思就会发现，这种措施"无论在原则上还是实践上都大有问题，对美国的信用来说影响重大，而法国的收效也不乐观，因此您自己也会觉得它不合适"，他认为，如果没有"相互协调"，这类"共同关切"的问题就不会得到解决。[132]

所有这一切，竟然都出自作者"维瑞塔斯"！在这种背景下，热内终于在6月22日大爆发。对于热内的行为，亚历山大·汉密尔顿后来郑重地评价，"这也许是有史以来一名公使对友好的驻在国发出的最无礼的文件"。[133]

从一开始,热内就对美国——乃至所有国家——的公务员所采用的旧外交方式嗤之以鼻。"当事情按照其真正的原则进行时,讨论是短暂的。让我们以共和主义者的身份进行澄清。不要因外交上的微妙之处而把自己降低到古代政治的水平。"国务卿的论证虽然"极其巧妙",但却无法被接受。公使的正当抗议得到了总统的"观点"的回应,但这还不够,"您引用了瓦特尔的格言,为违反互利条约的行为进行辩护和开脱。先生,这种行为与我们的不一样"。[134]

热内坚持认为,他并没有迫使美国政府履行其条约义务,而是提出证据,以对美国商业的新优惠来证明法兰西共和国对美国的关切。但对这种关切,美国不仅没有等待国会召开,而且对他设置了重重障碍。"美国人民不希望我们受到这样的对待。"他坚持认为,对战利品的管辖权完全属于法国的领事法庭,希望纽约与费城的民事当局立即纠正这种违规行为。条约确实允许法国在美国港口武装船只,如果联邦政府不能保护法国的商业或其岛屿,那么,至少不应该阻止其公民的爱国主义热情,或迫使他们"手无寸铁地离开你们的港口",或惩罚那些"聚集在我们旗帜下的美国公民,因为政府非常清楚,没有任何美国法律赋予政府这种以严酷行为阻止民众热情的可鄙权力"。至于政府计划将这些问题交给哪些法官,他并不清楚。他郑重地表示,唯一真正的仲裁人应该是"诚信和理性"。[135]

就常规外交而言,这是一种自断后路的行为。与此同时,总统已经启程前往弗农山庄,要到7月11日才能回来,所以在那之前不可能有任何答复(事实上,自始至终都没有)。此外,鉴于热内刚刚对杰斐逊使用的那些措辞,人们也许会猜测,除了绝对必要的正式公务活动,国务卿此后不会再和热内有任何瓜葛。但事实似乎并非如此。他们的个人关系并未受到损害,热内继续将杰斐逊描述为"一个具有良好品质的人,但为人软弱,所以他才会签署自己不相信的东西,并在公开场合为其辩护,尽管他在私下谈话和匿名文章中会谴责这些观点"。[136]

热内仍然需要推进他的最后一项任务——远征西南部西班牙领地的计划。7月5日,杰斐逊同意热内登门拜访,并且"不是以国务卿的身份,而是以杰斐逊先生的个人身份",对一些想法进行讨论。这次谈话有两个版本,一个是杰斐逊的,另一个是热内的。二者并不矛盾,但每个版本都包含了另一个版本遗漏的某些有趣细节。

根据杰斐逊的记录,热内"非常快速"地念了一遍他准备发给法国植物学家安德烈·米肖(André Michaux)的指令。热内已聘请米肖作为代言人前往肯塔基州。米肖将负责宣传,鼓动路易斯安那的民众起义(对于加拿大民众,也会有类似的鼓动);他还打算与肯塔基的一些美国人取得联系,那些人提议组建一支部队,并争取吸收印第安人加入,然后向新奥尔良进军[其中一个美国人是乔治·罗杰斯·克拉克(George Rogers Clark)将军,他目前时运不佳,正处于焦躁不安的状态]。大约两个星期前,热内想任命米肖为肯塔基州的领事,希望杰斐逊能向他颁发一份许可,但杰斐逊回答说,外国政府无权在内地任命领事。不过,他确实为热内准备了一封介绍信,把米肖引荐给了肯塔基州州长艾萨克·谢尔比(Isaac Shelby)。

至于热内计划的远征行动,"我告诉他",杰斐逊记录道,"他诱使肯塔基州的官兵去对抗西班牙,实际上是给他们的脖子套上了枷锁,因为如果他们对一个与美国和平相处的国家采取敌对行动,肯定会被绞死。除此之外,我并不关心路易斯安那会发生什么起义"。热内随后拿出了杰斐逊为米肖写的介绍信,根据杰斐逊的记录,热内表示"在那封信中,我只是说米肖是一名研究植物学和自然学的学者,但他希望除此之外,州长还能看到米肖的更多身份,比如,一位值得信任的

法国公民。我收回了那封信,重新写了一封"。^137

热内对这件事的叙述包含在他寄回国的一封信中,内容更详尽。其中的核心内容是:

> 杰斐逊先生似乎很清楚这项计划的作用,但他告诉我,美国已经开始与西班牙就在新奥尔良以南为美国人开设出口通道的事宜进行谈判,只要谈判没有中断,美国的微妙处境就不允许他们参与我们的行动;不过,他让我明白,他认为肯塔基州居民自发地涌入新奥尔良更有助于推动事态发展;他让我联系肯塔基州的几位代表[国会议员],特别是布朗先生。布朗先生深信,只要密西西比河的航运不自由,他的地区就不会繁荣,因此他以一名美国人所能表现出的最大热情采纳了我们的计划。他向我展示了如何成功地行动,给了我许多值得信赖的人的联系方式,并承诺运用他所有的影响力确保我们的计划获得成功。^138

这次会谈没有产生明显的外交影响,因为杰斐逊没有向总统通报这件事,并且远征计划继续进行。^139 但与此同时,另一个事件已拉开序幕,这件事将使整个内阁认为他们已经受够了热内,他必须离开。这就是"小莎拉号"(*Little Sarah*)事件。

7月初,内阁听到关于英国商船"小莎拉号"的传闻,这艘商船在5月初被"伏击号"俘获,此后一直被法国人扣押在费城港口。据说,法国人重新将这艘船命名为"小民主号"(*Little Democrat*),并配备武器装备,准备将其改装为私掠船,这就违反了总统的命令。宾夕法尼亚州的州长托马斯·米夫林(Thomas Mifflin)奉命提供进一步的信息,他在6日报告说,"小民主号"在入港时携带4门炮,现在已有14门,似乎已经准备好启航。7日，米夫林进一步报告说，他于前一天晚上派宾夕法尼亚州务卿亚历山大·J.达拉斯（Alexander J. Dallas）去见热内，要求他阻止"小民主号"出海。热内勃然大怒，不仅拒绝扣留这艘船，而且给人一种"小民主号"第二天就会启航的印象。他还盛气凌人地威胁，要越过总统直接向人民发出呼吁。[140]

于是杰斐逊答应亲自去拜访热内。当他建议暂时扣押"小民主号"直到总统返回时，热内又一次大发雷霆，重申了他在6月22日的信中表达的关于法国有权在美国港口武装船只的大部分论点。在这个过程中，公使逐渐冷静了下来，尽管他仍然拒绝做出明确承诺，但据杰斐逊说，他通过"眼神和手势"表示"这艘船不会在那之前离开"（杰斐逊后来告诉米夫林，"我很满意，尽管船会顺河而下一段距离，但它不会出港"）。似乎正是在这次谈话中，杰斐逊第一次明确反驳了热内关于国会是主权机构的观点，热内为此"表示极为惊讶"。杰斐逊对这位法国公使越来越感到不安，当晚就给麦迪逊写了一封信抱怨。"在我看来，从来没有这么糟糕的任命〔；〕……头脑发热、充满幻想、缺乏判断力、容易冲动、不尊重他人，甚至在书面和口头的沟通交流中对总统恶语相向，说要向国会乃至人民发出呼吁，以最独断的方式提出最不合理和毫无根据的主张，等等。他使我的处境极为困难。从个人角度来说，他对我是公正的，给他时间发泄，他就会慢慢冷静下来，然后我就可以自由地向他提出建议，他也尊重我的建议，但他很快会再次发作……"杰斐逊可能确实"可以自由地向他提出建议"。但他似乎遗漏了一件事，那就是直截了当地告诉热内，如果他坚持让"小民主号"出海，其结果肯定是美国要求法国将他召回——事实正是如此。[141]

7月11日，当华盛顿返回费城时，他看到一沓来自国务卿的文件，上面写着"立即关注"。其中包含三份文件，都与"小民主号"有关。[142]

首先是一份备忘录，叙述了杰斐逊和热内的会谈，以及热内对达

第八章 法国大革命在美国 559

拉斯说的向人民发出呼吁的威胁。[143]

第二份文件叙述了7月8日杰斐逊、汉密尔顿和诺克斯与米夫林州长的一次会谈（米夫林与热内会面的第二天），米夫林对下一步他应该采取什么步骤感到困惑。汉密尔顿和诺克斯想在特拉华州的泥岛（Mud Island）上建立一个由民兵防守的炮台，如果"小民主号"试图在总统对此事做出决定之前离开，就阻止她（与英国人的反应相比，汉密尔顿显然不太关心法国人的反应）。杰斐逊强烈反对。他说，自己确信这艘船不会在总统回来之前离开，试图用武力阻止她几乎肯定会导致流血事件，特别是预计到法国舰队即将抵达，这一行动甚至可能引发战争。他不明白为什么美国政府需要对英国人的反应如此关注；英国人没有任何理由抱怨，他们强征入伍的美国公民比法国人征募的还要多。这一切可能都是真的。但与此同时，"小民主号"已顺流而下，到了泥岛南边的切斯特（正如热内说的那样，这艘船将顺河而下，但他没有说会到哪里），所以无论如何，现在采取行动已经太晚了。[144]

第三份文件是热内7月9日发出的一封信，他在信中通知杰斐逊，"小民主号"将在准备就绪后启航。他还坚称，这不需要"我讨论，而且……不会给贵国政府带来任何新的困难。当条约生效时，作为国家代言人的政府只能遵守条约"。[145]

华盛顿非常生气。"难道法兰西共和国的公使要藐视本政府的法令，而且免受惩罚吗？然后用向人民发出呼吁来威胁行政部门［？］对于这种行为，以及美国政府的屈服，世界会如何看待？"他召集了第二天的会议。正是7月12日的这次会议，决定了热内的命运。又过了五个星期，内阁才最终确定了要求法国政府召回他的所有细节。在此期间，内阁考虑了各种方案，包括暂停公使职能，公开他的通信，或是通过不陈述理由的请求表达希望将其召回的愿望。这些方案都没被采纳。但内阁最终还是达成了一致。将由国务卿起草一封信，信中将描述热内的行为，并引用他在通信中的某些言辞，然后，由美国驻巴黎公使将这封信转交法国政府。热内的言行本身就能说明问题。杰斐逊在信中还会将热内的这些行为与法国政府的意图加以区分；重申双方的友谊，并表示，相信正是出于这样的友谊，美国才忍受了这位公使这么久，而法国政府也会用新的继任者来替换他。[146]

在7月12日的会议上，内阁开始解决一个更普遍、在许多方面甚至更紧迫的问题。这就是需要制定一套详尽的规则，来管理交战国在美国港口和美国领土上的行为。明确定义美国中立条件的过程始于《中立声明》。自那时起，总统及其幕僚们陆续收到了一些具体事件的报告，这些事件几乎都是热内的活动引起的，因此，他们也许可以（事实上，他们必须）将这些事件与较为普遍的原则相结合，从而完成对中立条件的确定。随着这类事件的增多，这项工作不能再等了；必须将中立制度化。

一开始，他们希望得到最高法院大法官的协助。因此，最初的尝试是向法院提出一系列问题，这些问题涉及根据现行法律和条约可能合理，也可能不合理的一些做法。同时，法国和英国的公使接到通知，在美国港口的任何私掠船都要暂时停在那里，等待总统的进一步命令（两三天后，热内不顾这一命令，让"小民主号"启程离港）。然而，大法官们对在裁决这些问题时行使司法外职能犹豫不决，以宪法为由婉言拒绝。内阁对此已有心理准备，随即开始自行制定规则。这项工作于7月29日之前完成，在1793年8月3日由所有人签署通过，争议极少。[147]

这些规则——以及后来的详细阐述——主要分为几类，其中最重要的规则关注的是在美国港口武装和装备外国船只的问题。规则禁止出于军事目的而装备外国船只的行为，这就一劳永逸地解决了美国对

1778年条约的解释问题（尽管条约没有明确允许这种武装行为，但也没有禁止；而现在这些行为被明文禁止）。这些规定同样适用于对商船的武装，甚至为其自身防御目的而进行的武装也被禁止。在一般原则的基础上，这些规则设定了某些限定条件，目的是避免违反1778年的条约和避免不必要的诉讼。[148]

至于外国交战方在美国领土上征募美国公民，内阁制定的规则只是间接地回应了这一问题。但是亨菲尔德案的审判结果（一个亲法国的陪审团于7月29日宣判亨菲尔德无罪）表明，有必要建立一项不容置疑的原则，将此类征募确定为非法。联邦检察机关和地区法院的立场是，根据普通法、国际法和美国的条约，亨菲尔德应以扰乱治安的罪名（确实如此）受到惩罚。但法律界本身对这些问题的认识还很不清楚，这种模棱两可的情况在几个月后通过联邦法令而得到了解决。同时，士兵也遵循和海员一样的原则。例如，1793年8月底，当内阁终于正式收到有关热内打算在肯塔基州招募士兵进攻新奥尔良的明确信息时，立即要求谢尔比州长采取行动进行阻止。[149]

当法国私掠船开始在靠近美国海岸的地方抢夺战利品时，美国领海的界线才首次成为一个问题。1793年11月，华盛顿决定，将美国领海距海岸线的距离确定为一里格或三英里，这是已知任何其他国家确定的领海距海岸线的最小距离。事实证明，英国和法国政府都非常接受这条规则。[150]

关于对战利品的领事管辖权，美国的一贯立场是，如果外国领事在美国领土上设立海事法庭，对该国私掠船俘获的战利品进行裁决，就侵犯了美国在国际法下的主权。1793年9月，在多次警告法国公使该国领事不得擅自行使此类管辖权后，法国驻波士顿领事因藐视地区治安官并以武力夺取战利品而被撤销领事许可证书，标志着美国果断地确立了这一原则。至于在美国出售其他法庭依法裁决的战利品，在

1794年《杰伊条约》禁止这种做法之前，或多或少是被默许的。[151]最后，关于违禁品问题，1793年春天，美国在回应英国公使的抱怨时宣布了自己的立场。美国不会禁止其公民出售战时属于国际公认的违禁品类别的货物，但如果这些货物出售给一个交战国时被另一个交战国没收，提供这些货物的人将不受——正如总统公告中明确声明的那样——美国政府的任何保护（然而，美国后来拒绝承认1793年6月8日的英国枢密院令，该命令将违禁品的范围扩大到了食品）。涉及中立国权利的一个相关问题是1778年《友好商业条约》中的"自由船只，自由货物"（free ships, free goods）原则。根据该原则，中立国船只所载的非违禁品，无论其所有者是谁，交战国的船只都不得扣押。从理论上，美国可以赞同这一原则，而且美国也确实这样做了，但只要世界上最强大的海军力量拒绝接受这个原则，它就难以付诸实践。1793年7月24日，杰斐逊直言不讳地把这些都告诉了热内。事实上，美国无法改变中立国权利的这一特征，在接下来的1/4个世纪里，这将给美国的对外关系蒙上一层阴影。[152]

这些原则大部分都体现在1794年春天通过的《中立法》（Neutrality Act）中。它们为一个非常精确的系统奠定了基础，预见到各种各样的突发事件，直到20世纪仍然被证明是充分而可靠的。这可能是埃德蒙·查尔斯·热内为美国做出的最大贡献，尽管就这件事而言，他并不会因此而得到任何荣誉。1823年，乔治·坎宁在下议院宣称："如果我希望在中立制度方面有一个指南的话，我应该采取1793年，美国在华盛顿总统和杰斐逊国务卿任职时制定的制度。"[153]

8月中旬之前，热内和在美国的任何人都不知道，吉伦特派在6月的第一个星期就倒台了。从此，法国开始由极端的雅各宾派和马克西米连·罗伯斯庇尔领导下的公共安全委员会统治。大多数吉伦特派领导人将在年底前被送上断头台，在这种背景下，当莫里斯在10月8日将杰斐逊的报告递交给新任外交部长德福格（Deforgues）时，几乎没有人对牺牲热内而感到内疚。

第七节　法国大革命与美国的党派政治

如前所述，美国民众对法国普遍都怀有慷慨之情。但是，一直以来都存在着一个微妙的区别，极少欧洲人能理解这种隐蔽的限制条件，更不用说一名法兰西共和国的政府官员了。这种微妙之处并非基于国际政治或经济利益的相互考量（尽管肯定有某些一厢情愿的想法，认为这种"利益"可以被诱导），而是基于美国本身难以估量的象征意义，它与法国大革命或欧洲的国际政治几乎毫无关系。这就是美国人的自我评价，他们对自己的描述，以及对自己新创立的共和国道德本质的看法。其中有一个根深蒂固的组成部分，那就是强烈希望尽可能地将民族性格从英国的阴影中分离出来，以及从所有看起来带有英国影响的东西中分离出来。法国像是一种隐喻，代表了一个充满希望的选择。法国人民建立共和自由的努力，法国对英国威胁的挑战，她与古老的君主制、贵族制和欧洲专制势力的斗争：所有这些都强烈激发了美国人的想象力。但在这些鼓舞中，美国从来没有认真考虑过要参与欧洲事务。几乎没有美国人想要为此而参与任何形式的实际敌对行动；对法国的同情可能会全心全意地保持下去，但他们没有想过自己需要为之付出实际代价。

这也正是共和党领导人竭尽全力避免的情绪，正如他们决意消除汉密尔顿财政部的影响，因为他们认为这些影响将对美国政府和共和国本身的性质造成破坏。对他们来说，这是一场反对"英式"原则和君主制威胁的真正战争，是一场不流血的殊死搏斗。对法国的感情是实现这一目标的主要手段，但其本身并不是目的，因此，一个基本的要点就是尽可能保持最初的简单性和普遍性。如果事件带来复杂性并需要做出具体反应，就非常可能只会产生麻烦。

毫无疑问，随着战争的逼近，美国必须保持中立。但对于共和党来说，这本身就是一个难题。共和党人想要中立，但他们也想保持对法国的热情，希望能以一种常规方式，同时实现这两个目标。因此，在1793年春季、夏季和秋季的所有活动中，关键是二者兼顾，避免让事情变得复杂。此外，还有一些事情正在以初级的方式萌芽，其重要性超越了任何具体问题，这就是共和党自身的健康。因此，1793年法国大革命在美国上演的真正具有戏剧性的一幕不是围绕外交政策，而是围绕内部党派之争，而埃德蒙·热内则成为主要的牺牲品。

这里出现了一项真正的创新元素。历史学家早就正确地认识到，法国大革命后的美国政治与以前不同，因为其在政党的形成方面又迈出了新的一步。但这一步是怎样的呢？它似乎包括管理舆论，不是像以前那样针对个人或具体问题，而是针对一种普遍的情绪问题，其核心问题是谁应该成为这种情绪的监护人。在此过程中，情绪本身变得异常混乱，而竞争者以及他们之间的分歧变得越来越尖锐。竞争者之间的凝聚力似乎变得和情绪一样重要，甚至可能更重要。

共和党人的主要领导者是杰斐逊、麦迪逊和门罗；而"政府的朋友"——早期的联邦党人——是汉密尔顿、杰伊和鲁弗斯·金。联邦党人的意图并不难以理解，也没有什么矛盾之处。汉密尔顿和他的盟友希望把中立原则作为对正确理性以及对美国政府忠诚的试金石，他们想尽可能详细地揭露热内活动的严重性，并尽可能将更多责任推给共和党人，指责他们是和平与秩序的敌人。另一方面，共和党的努力需要有很多的灵活性。事情并没有按他们希望的方式发展；最有力的论据都在对方手中；现在的关键是，他们要防止法国问题变得具体化，超出他们能提供帮助的范围。能否最终处理好僵局,是衡量他们成功与否的真正标准。

在舆论方面,有两个事件从一开始就让人感到困惑,其特殊性很难被忽视。一件是《中立声明》的发布;另一件是路易十六被处决。

《中立声明》大体上受到了欢迎,[154]缘于两个很明显的原因。一是民众普遍渴望和平。杰斐逊本人对此态度也非常明确。"也许没有哪个国家像我们这样彻底地反对战争。"他在4月20日写给莫里斯的信中说。"这种情绪可见于民众生活的方方面面。"另一个原因是华盛顿具有崇高威望。然而,这并不意味着这份宣言没有引起批评,也不意味着它没有激起共和党人的强烈不满。杰斐逊也意识到了这一点,他警告麦迪逊说,公平的中立"对我们的朋友来说会是一个令人不快的药丸"。[155]这是因为他们觉得,中立不应该要求一个人绝对公正,过于明确地宣布国家的中立性会削弱民众对法国的感情。因此不难想象,他们希望找出反对意见,由于这是行政部门第一次在国会休会期间承担如此重要的责任,因此反对意见很多。[156]有人说,行政部门在这件事上承担了更适合由立法部门承担的职能。共和党的很多理论家都支持这种观点,其中包括麦迪逊和门罗。

然而,6月初,《国民报》发表了"维瑞塔斯"的几篇文章,将这一立场引入极端,暴露了它固有的脆弱性。"维瑞塔斯"辩称,公正的中立意味着抛弃法国,而盟友的义务必须包括愿意拿起武器,他还抨击华盛顿妄图无视这一义务。杰斐逊看到这些文章时,感到非常震惊。他认为这是对共和党立场的一种讽刺,是财政部的"亲英派"和"独裁者"为诋毁共和党人而捏造的。然而,当热内看到文章时,却认为它们出自杰斐逊笔下。这件事再次证明了两个人想法的真实差距。[157]

关于法国国王被处决的消息,最早是在3月下旬传到美国的,杰斐逊在报告时说（也许是一厢情愿地），它"没有像我预期的那样，引起独裁者的公开谴责"。而另一方面，乔治·哈蒙德称，这件事"在美国激起比我所希望或预期的更普遍、更强烈的憎恶感"。至少可以这么说，人们对这个消息的反应通常较为平淡，除了少数例外情况，例如，《国民报》上的文章惊呼，"路易·卡佩失去了他的头颅"，而大多数共和党人都不可能对此无动于衷。[158]关于这次处决的分歧被认为是迄今共和党和联邦党在法国大革命问题上最强烈的分歧。这对共和党人来说是一个严峻的考验，许多人对此深感沮丧，不过，如果就此得出结论，共和党人对法国大革命的支持大幅减少，那可能是错误的。[159]无论如何，这是一个挑战，而人们在这种情况下的反应几乎总是防御性的。人们说了很多言不由衷的话，比如麦迪逊说，如果路易十六"是个背叛者，他就应该像其他人一样受到惩罚"，杰斐逊也说，君主"可以像其他罪犯一样接受惩罚"。[160]但不管怎样，这一事件可能加强而不是削弱了中立的总体倾向。对于各种困惑的最合理解决办法，就是坚信美国的最佳行动方案是和平，无论人们在其他领域有多少同情心。

要评价接下来发生的事情的政治影响，最公平的看法可能来自杰斐逊本人。不是作为国务卿的看法，在那个位置上，目标相对而言比较单一，而是作为一名新兴政党最高领导人的看法。正是从杰斐逊的这一角色中，人们清楚地看到了共和党的党派目标：既要享有中立的好处，又要维持亲法情绪，还要尽可能地不让这种情绪变得具体化。于是就形成了一种模式，一方面是杰斐逊与麦迪逊和门罗的互动，另一方面是他们与汉密尔顿阵营的对立关系。

在此期间，杰斐逊的压力很大程度上不是来自要向对手证明自己的行为是正确的，而是必须向他的两位朋友证明这一点。如果这两位朋友中的任何一个人必须承担他的责任，他们的思想就不会那么简单了。

杰斐逊从一开始就毫不怀疑中立的绝对必要性,他向麦迪逊重申了自己曾对莫里斯讲过的那些话,尽管他承认,这对"我们的朋友"可能有"令人不快"的影响。在这方面,他尽可能地采取淡化手段,包括在声明中删去了"中立"字眼,并设法让其他人起草文件,从而让自己撇清关系。当"伏击号"捕获一艘英国船只并将该船沿特拉华河运到费城港时,杰斐逊对5月2日(热内抵达美国之前)的盛大公众集会感到非常兴奋。"当她出现在眼前时,"他兴高采烈地写信给门罗,"码头上挤满成千上万的人……在那里从来没有出现过这么多人,当看到英国国旗被撤下,法国国旗在他们头顶飘扬时,人们爆发出欢呼声。"对于人们在准备迎接热内时洋溢出的热情,他同样充满欣喜。"他的到来似乎为民众提供了一个表达他们的感受的机会,而无须顾及政府的冷静和谨慎。"然而,这种热情和强烈情绪,本身就可能导致尴尬的局面。它可能会使政府的官方政策承受不必要的公众压力,从而危及平衡的另一侧。"我希望我们能够将民众热情抑制在公平中立的范围内。"[161]

无论如何,真正的恶棍是"独裁者"和"证券投机商",杰斐逊在信件中明确了这一点。欢迎法国战利品的人是"自耕农","不是有钱人,也不是投机商"。他明确地告诉布里索,"我们也有贵族和独裁者"。他希望革命能够产生一个有能力维护自由的政府。"如果不是这样,我觉得,这里的英国专制主义的热心使徒就会增加其门徒数量。""老托利党人,"他对门罗说,"还有我们那些靠英国资本起家的商人、证券投机商以及大商业城镇的闲散富人,他们与国王同流合污。而其他形形色色的群体都与法国人站在一起。这场战争已经激发并推动了两个政党的发展,而如果仅仅依靠我们自己的力量,是永远无法做到这一点的。"关于汉密尔顿,他表示,"如果我们拒绝向英国人给他的每一个指令妥协,他就会惊慌失措"。他的表述都很简单、笼统,避免具体化。[162]

接下来，热内登场了，他"提供一切，不求回报"。也许法国人会配合，让美国既维持这种情绪，又保持中立地位。作为一名外交官，杰斐逊可能并不真正相信这一点，但作为党派领导人，他显然希望是这样。无论如何，说服麦迪逊和说服他自己一样重要，因为回到弗吉尼亚州的麦迪逊已经开始给他带来麻烦。事实上，麦迪逊对这份声明非常愤怒，他认为这是"一个最不幸的错误"。"它损害了国家荣誉，因为它似乎无视对法国的条约义务。它伤害了公众的感情，因为它看起来对自由事业漠不关心。它似乎还违背了宪法的形式和精神，让行政部门作为管理战争与和平的国家机关，而这些事宜的管辖权应属于政府其他部门。"[163]

杰斐逊的反应是进一步让自己与《中立声明》撇清关系。"我们应该勇敢而坚决地采取中立态度，维护交战各国在这种情况下赋予我们的自由权利，我相信这会让我们的盟友感到满意。"这份声明的起草人不是杰斐逊，而是伦道夫。"我敢说，你从声明的懦弱就能判断出它出自谁的笔下。"杰斐逊书信中有关伦道夫的内容耐人寻味，他在这一时期对这位不幸的总检察长一直言辞刻薄。伦道夫多少有些亲法，并且适度地倾向于共和党人，尽管他的个性不是很强，但他在内阁会议中试图根据事情的是非曲直进行判断，并且起到了一定的调和作用。相比之下，诺克斯是汉密尔顿的坚定支持者。伦道夫是除华盛顿之外唯一一个试图保持无党派立场的人。但这正是问题所在。在麦迪逊和门罗面前，杰斐逊把自己描绘为正在孤军奋战，永远不知道他能否指望伦道夫（"介于对与错之间的中间派"），每当伦道夫表现出与他不一致的独立思想时，他都会在私下里对伦道夫大肆辱骂。"事实上，"他对门罗说，"为了保持哪怕是表面上的中立，我们也必须在议会中拼命争夺每一寸土地，因为我们的票数一般是 $2\frac{1}{2}:1\frac{1}{2}$。"他写信给麦迪逊："伦道夫经常吹毛求疵，但这往往就成为决定……我亲爱的先生，现在一切都取决于一个人的意见,而这个人是我所见过的最优柔寡断的人。""他是我见过的最可怜的变色龙,没有自己的颜色,只能反映离他最近的那个颜色。"杰斐逊对汉密尔顿能够影响诺克斯而感到恼火("他是个傻瓜"),同时似乎也对他自己无法控制伦道夫而气恼。[164]

杰斐逊还试图在另一个问题上保护自己,那就是热内建议的商业条约。一方面,杰斐逊知道不可能通过这个条约,另一方面,他也知道麦迪逊本人对商业的关注。他向热内暗示,自己赞成这个条约,理论上他可能的确如此,但在实践中他不可能赞成。"然而,我知道这些提议会遭到反对,我怀疑它们不会被接受。"到了5月27日,杰斐逊可以宣布自己的判断是正确的了。"他[伦道夫]在大多数情况下,甚至一直都是,会投票反对任何被视为倾向于其中一方的事情,即使在形式上并未违反中立。"[165]

杰斐逊面临的困境正在加剧:热内拒绝接受美国的中立态度,这使事情变得复杂;"维瑞塔斯"的信件和公众的敌意反应;以及弗雷诺对华盛顿的无理行为。他现在越来越渴望退隐到蒙蒂塞洛,永远摆脱所有的烦恼。但是麦迪逊不肯让他回归平静,对他讲了一大通关于公共职责的话,并劝诫他,除非在"所有的好公民都会尊重的情况下",否则不要离开。这仿佛是一个宣泄的出口,杰斐逊的痛苦和自怜突然迸发出来。他在6月9日哀叹,自己已经"完全和忠实地偿还了"服务的债务,没有人对他有任何进一步的要求,他"从早到晚都被工作弄得筋疲力尽","因此,你和我不要在这个问题上再争论了"。[166]

然而,情况正在发生变化。到了6月的最后一个星期,继热内22日的那封无礼的信之后,事情已经变得非常清楚了:杰斐逊的主要对手就是法国公使本人,因为他一直都在指责杰斐逊所希望的平衡、简单和非具体化的感情。他开始小心翼翼地向麦迪逊和门罗表达这一观点,试探性地为共和党构建一种新的姿态。接着,随着"小莎拉号"

事件的发生，情况发生了真正的变化。

7月12日，汉密尔顿在内阁提出召回热内的动议。[167]杰斐逊不仅没有反对，而且，他显然看到了一个解决他所有问题的绝佳方案，而这个方案来自他的敌人。的确，风险仍然存在。但很明显，热内现在已成为众矢之的，而杰斐逊开始恢复镇静。他的头脑开始变得清醒；他现在成为一名党派战术家。他不再因陷入苦恼而无法行动，也不再一看到门罗或麦迪逊的来信就感到不安，而是开始主动出击，发出指令。

至于另一方的情况，汉密尔顿的行动显然与杰斐逊、麦迪逊和门罗的一样带有党派色彩。但对汉密尔顿来说，党派要求和公共利益的要求——至少在他看来——是一致的，远好于共和党面临的那种模棱两可的情况。至少在开始阶段，他可以追求具体的单一目标，而他的对手不可能做到这一点。

与杰斐逊不同，汉密尔顿在针对法国和法国公使的政策上从未有任何犹豫；他对待严格中立的态度是绝对的、无条件的和毫不妥协的。一方面，他对法国大革命现在的状况一点也不同情；法国目前的统治者"玷污了一项曾经辉煌、本来可以取得胜利的事业"。另一方面，他的整个金融体系依赖于与英国的和平关系。一有任何战争的苗头，他就会急忙向哈蒙德保证，"无论何时发生战争，他都决心尽其所能促使这个国家保持严格的中立性，不与其公共义务相冲突……"。[168]当内阁讨论《中立声明》、条约义务、接受公使、签订新条约以及提前偿还法国债务等问题时，他一直以最激进的方式确保中立。尽管汉密尔顿确信，自己的观点和美国政府的真实声音是一致的，但他几乎从未想过，在自己的行为中，公共政策和党派之争的边界在哪里，甚至也不知道党派是否与此有关。

热内受到公众的热烈欢迎，这让汉密尔顿感到不安，他尽可能地削弱和化解这种热情。5月17日费城商人支持华盛顿《中立声明》的讲话，无疑得到了他的鼓励，尽管同一天晚上公众对热内的热情演讲抢走了更多风头。但在回答关于参与公民人数的询问时，汉密尔顿回复，"相对而言，他们中只有一小部分人拥有商业机构"。在关于颠覆的话题上，汉密尔顿的著作和言论直接卷入了党派之争。他认为，那些组织欢迎仪式的人，"除了极少数以外，其余的都是美国政府的敌人和闹事者……我们也有捣乱者"。对法国的热情"旨在通过各种歪曲和欺骗手段，首先是控制［，］最后演变为推翻联邦政府的工具"。阴谋和颠覆的阴影不仅令杰斐逊着迷，同样也对汉密尔顿产生影响。[169]

弗雷诺的极端爱国主义和"维瑞塔斯"的过激言论（两者很可能是同一个人）为汉密尔顿提供了理想机会，他立刻抓住这个进攻机会。"维瑞塔斯"影射说，《中立声明》是在"谄媚者的麻醉剂"的作用下，在未征求人民意愿的情况下发布的，带有"双重交易""君主制的神秘"和"宫廷阴谋"的味道。这句话对共和党没什么帮助，而正是在这种背景下，汉密尔顿在6月29日以"帕西菲斯"（Pacificus）的笔名出现在公众面前。[170]

整个7月，汉密尔顿在《美国公报》上陆续发表7篇文章，讨论了宣布中立的行政权力、1778年条约中对法国的承诺、对法国在美国独立战争期间的援助表示感谢，以及《中立声明》的适当性和时机等问题。以一种出庭律师的冷酷语调，他在文中写道，总统既有权力也有责任通知外国以及美国本国公民，美国处于和平状态，同时，美国根据法律必须遵守中立国的义务（那些反对的人一定是想让我们卷入战争，或者是在寻找借口攻击总统）。美国不会因为中立而不再履行其条约义务（那些不需要参战的义务），但其中不包括保卫法属西印度群岛（这种保证的前提是，必须在不危及国家基本安全的情况下具备执行的手段，而美国显然没有这种手段，而且这也只适用于防御性战争）。至于感谢法国的义务，这必须根据法国在签订条约时的特殊利益来判断，即削弱英国的实力，同时也要考虑到法国王室在那之后想要限制美国实力的愿望。国民公会非常高兴地为我们指明了这一点，揭露了背信弃义的波旁王朝不希望美国人在1787年组建一个更强大政府的想法。这是我们已经知道的事实，此外，我们还知道（汉密尔顿刻意地补充），法国在美国最热心的党徒（反联邦主义者）也不希望这样。最后，批评者曾提出质疑，为什么政府不能推迟宣布中立，以观望是否可以从交战国那里得到一些好处。汉密尔顿坚持认为，这份声明的关键正是在于，它应该是适应时局发展的一种自发行为，在任何人提出要求之前就主动发表，而且，为了消除一切模糊性、诱惑和危险，必须尽快发表。"帕西菲斯"论辩有力，似乎得到了广泛认可。[171]

到了7月的第二个星期，汉密尔顿又拿到了一个强有力的武器——除了对和平的普遍渴望和华盛顿的威望之外——那就是热内的行为，以及他要向公众发出呼吁的威胁。凭借这一优势，汉密尔顿在内阁会议上发起猛烈攻击，要求向公众曝光热内的所作所为。他的观点对华盛顿影响很大。华盛顿在这段时间感到极度困扰和疲惫，而内阁会议也经常因为诺克斯听到的有关总统反对者的八卦消息而被打断。根据杰斐逊的说法，华盛顿曾一度情绪失控，高呼，"上帝啊，他宁愿躺进坟墓里，也不愿意面对现在的处境"。

> 他宁愿待在自己的农场，也不愿意被拥为全世界的皇帝，然而，他们却指控他想成为国王。那个无赖弗雷诺每天给他寄三份报纸，仿佛相信他会成为报纸的传播者，华盛顿认为这只不过是一种侮辱自己的无耻企图。[172]

颇具讽刺意味的是，在这一时期，汉密尔顿和杰斐逊在另一个层面上进行了非常有效的合作，制定出了一套有关中立的规则。

汉密尔顿不知疲倦。到了7月下旬，在他的积极鼓励下，他的朋友们在各地组织公众集会，甚至在弗吉尼亚州也不例外，表达民众对总统的支持和对声明的赞成。他们似乎大获成功。汉密尔顿极力主张正式公开热内的行为，同时，7月31日，他在题为"不要雅各宾派"（No Jacobin）的系列信件的第一封信中非正式地披露了这件事。"在这座城市传播着一个谣言，"他宣称，"法兰西共和国的公使威胁要绕开美国总统，向人民发出呼吁。"这一切激起了更多谴责外国官员煽动美国人民的行为的集会。党派之争现在已渗透到各个层面，无论是私人部门还是公共部门，但汉密尔顿派显然已迫使亲法派全线退却。汉密尔顿在马里兰州的一位联系人过去一直催促扩大传播"帕西菲斯"的文章，但现在他确信已经不再需要了。这位联系人写道：

> ［这个问题］已经解决了，这里的人普遍都抱有支持政府措施的情绪……热内先生的行为被认为是一种非常幸运的情况，因为它证明了民众对自己政府的信心和支持政府尊严的愿望，其程度超过了政府最热情朋友的期望。[173]

然而表象是具有欺骗性的，最终他们还是没有取得真正的胜利。并不完全清楚究竟发生了什么，但肯定与杰斐逊的灵活应变有很大关系。共和党人最大限度地减少了热内造成的损害，将他和自身隔离，最终摒弃他，同时，拒绝对热内的所作所为彻底曝光，试图挽救残存的亲法情绪，最后，通过吸收联邦党人最强有力的论点，削弱了论点的威力。在这一过程中，杰斐逊显然直接和间接地以各种形式发挥着作用。

杰斐逊的第一步行动是给麦迪逊写了一封信，怂恿他驳斥"帕西菲斯"。"如果没有人回应他，"杰斐逊在7月7日愤怒地写道，"那么，他的学说就会被认为是理所当然的。看在上帝的分上，我亲爱的先生，拿起你的笔来，揭穿最引人注目的异端邪说，当着公众的面把他撕为碎片。没有别人能够并且愿意接受这个挑战。"（杰斐逊在一周前曾抱怨，"一段时间以来，除了争吵者和混混，没有人花心思回应"。）麦迪逊不情愿地接受了这个委托，因为他知道自己也无能为力（"我希望能找到其他人来做这件事"）。他承认，这项任务是"我经历过的最不愉快的任务"，而随后的"赫尔维迪乌斯"（Helvidius）的信件也证明了这一点。这些文章相当沮丧地论述了宪法对外交和国内事务中行政权力的限制，以驳斥他认为"帕西菲斯"从"英国政府的皇家特权"中借用的理论。不过，这似乎并不重要。"赫尔维迪乌斯"可能不是很有说服力，但它只是作为后防，与此同时，其他行动在别的领域也产生了作用。[174]

杰斐逊的一个非常重要的行动是在内阁中坚持，将召回热内的控制权完全掌握在自己手中，同时不暂停他行使公使的职能，也不正式公开披露他的通信和活动。内阁成员倾向于公开热内的行为，形势对杰斐逊不利，但他的努力最后还是成功了。杰斐逊分了两个阶段说服总统，这件事直到8月份才完全解决。第一个阶段中，杰斐逊无疑对汉密尔顿冗长的"陪审团演说"进行了有效回应。汉密尔顿认为，抵制民主社团有害影响的最好方法就是将热内事件完全公之于众。杰斐逊反驳说，这将让更多人"为了维护自由结社的权利"而加入社团，并将这件事转变为总统和热内之间的竞争，而这将有损总统的尊严；同时，这也会暴露内部分歧，并且使总统"向共和党宣战"，"使他不再是国家的领导人，而成为一个政党的领袖"。[175]

在第二个阶段，杰斐逊通知华盛顿他打算在9月底辞职，此举产生了决定性的影响。8月6日，华盛顿骑马去见他，双方显然达成了一项心照不宣的协议，华盛顿不会公开热内事件，而杰斐逊也将再留任几

第八章 法国大革命在美国 575

个月。双方还交换了其他的保证。杰斐逊郑重地说,"总统不了解我们所称的共和党的观点,也没有与其进行过任何沟通",但他帮助总统明白,他们"态度坚定地支持政府"。华盛顿回应,他认为"共和党的观点非常纯洁",如果有人想把政府改为君主制,"在美国,没有人比他自己更坚决地反对"。杰斐逊随即表示,"美国没有任何理性的人会怀疑你有任何其他想法"——但他忍不住又补充说,尽管如此,仍有一些人认为"我们的政府一无是处","我们必须推翻它,建立更有活力的政府"。然后,他们就"联邦的共和精神"达成了一致。几天后,杰斐逊写信说他会留任到年底,同时,他在处理热内的问题上也如愿以偿。[176]

与此同时,杰斐逊知道,麦迪逊和门罗打算在弗吉尼亚即将举行的会议上提出极度亲法的决议,他还知道门罗特别偏袒法国公使,因此向他们发出了明确的警告。"我们一致决定,要求法国政府召回热内。如果共和党不舍弃他,将损害共和党的利益。"[177]

杰斐逊与驻巴黎的美国公使进行了很长时间的巧妙谋划,让法国政府获悉了他们的公使令美国难堪的行动和言论,这项工作在8月中旬完成。美国没有提出强制性的召回要求,而是呼吁两国人民继续保持一如既往的友好关系,并且表示,相信法国政府在了解情况后,肯定会采取正确行动。"在这些交往的过程中,"杰斐逊平静地写道,"我们深信,他没有一次符合他的上司的意图和期望。"他挑选了热内的一些信件随函附上,相信这些信件可以说明剩下的问题。做了细微的改动后,杰斐逊起草的照会在8月20日获得内阁一致通过。[178]

在随后的会议和决议中,共和党人设法与舆论重新保持一致(麦迪逊收到了关于热内的机密信件的副本),这体现了托马斯·杰斐逊可靠的政治直觉。8月11日,杰斐逊给麦迪逊送去了一份观点敏锐的报告,分析了当前的可能性,以及在即将召开的国会会议上可能取得的成果,并直言不讳地提出了党内指示。共和党应该重新开始对财政部进行攻击，就像上届会议期间的贾尔斯决议一样（众议院可能已经证明了汉密尔顿的清白，但不必理会这一点；杰斐逊可不会轻易退让）。另一方面，每个人都必须停止对《中立声明》的吹毛求疵。对中立的渴望是压倒性的，对总统的支持也是如此；各个城镇都在表明这种立场，在这样的情况下，如果共和党人继续对"一些小问题"争论不休，就会表现得非常糟糕。热内的行为引起了所有人的愤慨。"这些城镇开始纷纷表示，他们不赞成外国人对自己政府的任何此类反对，并宣称他们坚决支持总统，《中立声明》是这种态度的基础。"杰斐逊自己已经认识到"放弃一艘沉船的必要性，因为它只会让所有抓住它不放的人一同沉没"。因此，他快速地进行总结："我认为，共和党真正的明智之举是，明确支持保持中立状态，避免对应该由谁来宣布中立的问题吹毛求疵，彻底放弃热内，同时，向他的国家表达深厚友谊和承诺，相信他的行为有悖其国家的意志。这样，我们就可以站在正确的一边，并让人民也站在我们这一边。"[179]

事实上，共和党的会议正是遵循了这样的指示。那些会议决议总是一开始就表达出对宪法的强烈支持，反对任何"颠覆或违反宪法"的行为，其所使用的措辞是任何联邦党人都不能反对的；接着就是认可一切维护和平的"公正和光荣的手段"，并认可行政部门行使其权力来实现这一目的。这种迂回曲折的说法出自依然固执的麦迪逊笔下，但大多数会议都和联邦党人一样，强调这些权力包括颁布《中立声明》。然后，决议会赞扬和感谢华盛顿的"杰出服务"和"爱国美德"，这也和联邦党人使用的那些溢美之词（"我们敬爱的总统"）一致。决议还对法国在独立战争期间对美国的援助表示感谢，赞赏法国人民争取自由的斗争（联邦党人的决议中也有类似措辞），反对任何疏远两国人民的行为。由麦迪逊和门罗起草的决议版本在一些会议中获得支持，这些会议补充说，削弱与法国的关系即意味着朝向英国制度迈出了一步，因此也意味着朝向君主制迈出了一步，但大多数共和党人还是不希望写得那么具体或过火。最后，决议宣布，所有外国代言人都应当只和行政部门打交道，任何向人民发出的呼吁（"民众仅通过他们在不同部门的代表与外国打交道"）都是"极不适当的"。除了在论述《中立声明》及与法国人民的友谊时的语气和强调点不同，现在共和党人的决议和联邦党人的决议之间几乎没有实质性差异，华盛顿对它们都欣然欢迎。[180]

不过，杰斐逊在他的各项指示中还涉及另一层面，在这方面，党派斗争的紧迫感丝毫没有减弱。根据刚刚收到的消息，1793年6月8日，英国枢密院颁布一项命令，所有运送谷物或面粉到法国本土或殖民地港口，供法国军队使用的船只都必须停航，船上的货物将被没收。杰斐逊"赞成将整个事件……提请国会讨论"。他已经计划在离开公职时，提交一份关于美国商业状况及英国对其施加的限制的重要报告，这份报告在他手里已经很久了。自1789年以来，他和麦迪逊每年都试图建立一个制度对英国人进行商业报复，他的这份报告将作为重新启动这项计划的基础，新的枢密院令正好提供了又一项证据。此外，现在这份报告还可以将人们的注意力吸引过来，从而缓解热内的行为造成的伤害。[181]

在9月和10月期间，费城流行的黄热病夺去了大约四千人的生命，其影响之一是导致政治暂时停顿。大约两万名居民，包括政府的所有高级官员，都逃离了这座城市。某种程度上为全国报纸提供新闻服务的费城报纸行业，除了弗雷诺的《国民报》外，都暂停出版，甚至弗雷诺最终也在10月26日放弃了，而且再也没有恢复出版。不确定这种活动与交流陷入瘫痪的状况对哪一方有利。但很可能对共和党人没有什么大碍，尽管他们失去了弗雷诺和最有活力的两位地方领导人，而对联邦党人来说则没有什么好处，他们在8月和9月初的势头明显放缓。事实上，菲利普·弗雷诺和埃德蒙·查尔斯·热内一样，已经基本上失去利用价值。[182]

到1793年12月的第一个星期国会重启时，党派之间已经取得某种平衡，共和党人以最小的损失存活下来。华盛顿在致辞中对法国持肯定态度，而对英国持否定态度，他把杰斐逊和热内的大部分信件以一种实事求是的方式转交给国会，因为这已不再是一个争论焦点了。参众两院（现在都是共和党占多数席位）保证，他们将全力和衷心支持总统。对热内来说，这意味着游戏的结束：他彻底没戏了。随着杰斐逊发布关于商业的报告，他和麦迪逊关于打击英国航运业的旧计划也重新启动，共和党人再次采取攻势。[183]

第八节 事后思考：来自巴黎的观点

热内很快被召回，不过他再也没有踏上法国领土，这对他来说可能是最好的选择。关于热内的任务是否会影响法国对美政策，还有一两个问题有待解答。

一种回答是不会产生太大影响，这或许是最好的结果。尽管如此，对热内事件的处理方式还是令人很感兴趣。法国政府完全愿意批驳热内为执行其任务而做出的所有张扬行为——私掠活动，征募美国公民组建军队，远征佛罗里达和路易斯安那的计划，以及他的大多数公开言论。由此可以得出结论，法国的政策确实相当灵活，甚至灵活得令人恐惧。但这将取决于政策是否一开始就很明确，也取决于美国在法国新政府的对外关系决策中扮演了什么角色（如果有的话）。从一开始，法国各政府部门就根本不屑于和他们在美国的代表写信沟通。[184]法国当然制定了对美国的政策，但这是一种相当直接和简单的政策。归根结底，法国——尤其是新的雅各宾政权——想从美国得到一样东西，而且只有一样东西，那就是为她的军队提供补给。其他的一切——所有吉伦特派的空洞幻想——都无关紧要，雅各宾派可以接受，也可以毫不犹豫地放弃。

这就是雅各宾派处理热内事件时的一个关键因素。对他们来说，衡量热内的成功与否，不在于他的优雅姿态、革命热情、私掠船缴获的战利品，或者他在美国南部和西南部策划的军事行动，而在于他是否确保了持续不断的物资供应。当他失去美国政府的支持时，他对自己的政府也就没有任何用处了。但还有另外一个关键因素，一个与美国几乎毫不相干的因素，这就是法国国内政治的现实状况，它与美国政治中与法国有关的事件形成了奇怪的镜像。布里索和其他吉伦特派的人员即将被送上断头台，在这个事件上，热内和他的活动正好提供了另一项证据，即使不是关键证据，也很方便拿来使用。

自4月中旬以来，吉伦特人在内阁中几乎完全失去权力。6月2日，在巴黎民众的起义中，吉伦特派被驱逐出国民公会，雅各宾派取代他们成为国民公会的多数派。吉伦特派领导人要么逃跑，要么立即被逮捕。6月14日，德福格接替勒布朗出任外交部长。几个月以来，法国的军事状况不断恶化；军队陷入混乱；迪穆里埃已投靠敌方。在旺代省和其他一些省份，爆发了血腥的叛乱。法国的所有麻烦当然都被归咎于吉伦特派。7月10日，公共安全委员会重组，罗伯斯庇尔于7月27日当选为委员。委员会每天都在开会，经常持续到深夜，不知疲倦。它希望团结士气低落、几近溃败的法国，在无政府状态中建立秩序并取得胜利。

热内在获得正式接见后的第一批发回法国的信件——日期截至6月19日——于7月下旬抵达外交部。信中内容几乎全是他在美国如何大受欢迎、他对私掠船的武装以及他远征佛罗里达和路易斯安那的计划；不过，他也抱怨了自己的活动受到"老华盛顿"的阻碍，这多少为他的精彩成功故事笼罩了一层阴影。疲惫不堪的德福格对这些事情丝毫不感兴趣，在回信中透出不耐烦的语气。他说，自己从信中只看到了激怒美国政府的可能性，而美国政府"一直在努力为我们供应物资"。[185]

德福格告诫热内，他被这些友好的表示过度奉承，"你自作主张武装私掠船，下令在查尔斯顿市招募军队；甚至在你还没有得到美国政府的承认之前，在它同意如此重要的措施之前，不，应该说，是在它肯定不会同意的情况下，因为你的眼前就摆着美国总统的声明，你就擅自对战利品进行裁决"。如果一名外国官员在法国做了这样的事情，会发生什么？德福格对热内的行动明显持有怀疑态度，"你武装的肯塔基人和加拿大人距离你的住所200里格，而你在那里只停留了4个星期。此外，我也无法想象，你如何筹备进军新奥尔良的海军远征队"。热内也不可能"在不损害美国中立地位的情况下"做这些事情，而导致的后果，至少是"让他们的政府首脑对你产生反感"。最后，他训诫热内停止所有这些胡言乱语，不要再对自己的"虚假声望"抱有幻想，而是应该集中精力"赢得总统和国会的信任"。当然，当热内收到这个建议时，已经来不及了。[186]

8月和9月是法国和公共安全委员会面临最严重危机的时期。盟军集结在比利时边境一带。8月29日，土伦连同法国的整个地中海舰队一起向英国投降。英国的封锁加剧了粮食短缺，导致9月5日巴黎发生骚乱。8月27日，国民公会投票通过大规模征兵和全面动员法令，在整个9月和10月，拉扎尔·卡诺（Lazare Carnot）完全投入到组织和装备国家军队的艰巨任务中。9月17日通过了《嫌疑犯处治法》（Law of Suspects）（恐怖统治的基础），9月29日通过了《全面限价法》（Law of Maximum）（价格控制）。

9月13日，公共安全委员会的主要成员之一伯特兰·巴雷尔（Bertrand Barère）向委员会提交了一份关于美国事务的备忘录。大约一周前，巴雷尔和托马斯·潘恩偶然在街上相遇，这份备忘录的大部分工作是由潘恩完成的,其中许多(甚至大多数)建议也来自潘恩。这份备忘录多少会让人想起吉伦特派制定的美国计划(潘恩在前一年也参与了该计划);其中对所有的方面都有所涉及。最近出现了一种传言(结果证明是毫无根据的),说鉴于6月8日枢密院令实施后的一系列扣押行为,美国已经对所有英国船只关闭了港口,并准备断绝关系。相应地,备忘录指出了这种情况可能给法国带来的一些好处,以及法国为利用这种优势而可能采取的行动。法美应当建立一个"永久联盟",同时缔结一项包含不受限制的商业特权的条约。美国人自己有可能占领加拿大,更不用说路易斯安那了,应该鼓励他们这样做。美国人是"世界上最好的私掠船员",可以利用他们对抗法国在海上的敌人。但最重要的一件事是物资补给,这在清单上居于首位并且对于其他一切都必不可少。"美国将为我们提供至少200船粮食,我们可以用军舰护送。"此外,还应该派一个特别委员会"与国会打交道"。法国外交部已经对公民热内产生了怀疑,这倒不是因为美国政府的抱怨(这些抱怨在一个月后才会到法国),而是根据热内自己的信件产生的。然而,根据巴雷尔的建议,或更有可能是潘恩或路易–纪尧姆·奥托(Louis-Guillaume Otto)的建议,鉴于热内在美国很受欢迎,暂时让他留任。[187]

这份文件是公共安全委员会正在进行的一项工作中的一部分,目的是为法国军队在未来一年中的物资供应寻求所有可能的来源,而美国只是其中之一。9月13日,委员会发布了一项命令:"临时执行委员会应立即派遣明确具有爱国主义精神的有识之士,或采取其认为合适的其他措施,在土耳其达尔马提亚、巴巴里国家、意大利、瑞典、丹麦和北美购买粮食……"[188]

当月晚些时候,德福格再次写信给热内,他脑子里想到的只有一件事。他写道(自6月19日以来,他一直没听到任何消息),"强烈感觉到信息的匮乏,你所负责的为各政府部门大量采购物资的任务不容丝毫拖延，我们完全不知道你在这方面采取了什么措施"。他坚决要求，"你必须立即通知我们，为共和国供应物资的美国船只的名称和目的地"，以及"一份准确和详细的报告，内容包括船上的货物构成及其购买成本、运费和保险费金额"。[189]

事实上，热内一直在忙着处理各种各样的其他问题。他向美国提出的清偿所有债务的建议被断然拒绝，尽管他最终拿到了1793年到期的还款，但他不得不用这笔钱来支付他此次任务的所有费用，而且实际上他的资金在11月初就会耗尽。这些费用被用于维持驻美国的所有领事和公使机构，对7月中旬从饱受战乱的圣多明各抵达的法国舰队进行改装和补给，救济舰队带来的数千名难民，以及为圣多明各和安的列斯群岛的其他殖民地购买物资。1793年夏天抵达法国本土的补给船，要么是热内的前任泰尔南之前安排好的，要么是以私人名义提供的。热内自己是否安排过任何补给船，还是一个疑问。热内于7月22日写信回国，叙述了自己遇到的诸多困难，然后他支支吾吾地说，"这个季节不适合运送面粉，因为很可能抵达时会变质"。而且无论如何，他"相信委员会从未将美国真正视为一个来源，能够为法国提供充足的粮食供应"，这些粮食供应"只能恢复信心，重新在共和国的各个市场建立竞争，除此之外，没有其他用途"。"我现在认为，"他又满怀希望地补充道，"我的前任所订购的物资已经完全实现了这个目的。"[190]

早在收到这封信件之前，公共安全委员会就已经开始仔细审查他们各个驻外代表的忠诚度和表现。[191]一份可能由奥托在9月份起草的关于美国的报告，试图对热内的行为（其中的一些细节当时已逐渐传到法国）采取宽容的态度，但也承认需要对此采取一些措施。"这位公使的轻率令人惊讶，因为他应该知道，只有政府，而不是利用他虚荣心的那些民众，才能让他得到他应该争取的那些利益……""恐怕我们再也不能像以前那样从那个国家获得大量物资了。"报告的结论是，公民热内的意图"非常爱国",因此召回他"是不明智的"。尽管如此,"有必要立即遏制他的冲动性格,命令他对美国政府采取最谨慎的行为,让他重新回到赢得美国政府信任的道路上"。[192]

但留任热内的所有理由似乎都已经变得很微弱,因此,当古弗尼尔·莫里斯在10月8日向德福格递交杰斐逊的长篇备忘录时,德福格甚至不用咨询委员会就可以告诉莫里斯,他们会把热内召回。他在10月10日以书面形式重申了这一承诺,表示公使的行为令他们感到"极其愤慨"。委员会第二天就处理了这个问题,整个过程没有遇到什么困难。委员会成员面前摆着奥托的一份简短的备忘录,奥托还是建议不要直接召回热内,因为"他在金融和其他事务方面的运作非常先进",而且他仍然"享有很高的人气"。既然现在"有人对他的爱国诚意有怀疑",而且他已经"在美国政府那里不受欢迎",就应该立即给他派"两名专员作为副手",要求他"只能与他们协同开展工作"。但委员会并不这么认为。委员会的意见占了上风,在奥托的备忘录上,热内名字旁边的空白处被写上了"召回"。"根据报告予以逮捕,并采取必要措施。"一份命令被马上起草出来。一个四人组成的调查团将"对热内及其同伙的犯罪行为予以纠正","请求当局将热内等人送上一艘前往法国的护卫舰","解除热内派出的所有私掠船的武装,并禁止所有法国人侵害美国的中立地位"。[193]

当这个由约瑟夫·福谢(Joseph Fauchet)领导的调查团准备离开时,热内的名字又短暂地出现在两件让他声名狼藉的事件中,然后他就永远从人们的视线中消失了。这两次事件都是雅各宾派对吉伦特派领导人进行大清洗的附带影响,特别是对布里索、勒布朗和前财政部长艾蒂安·克拉维埃(Etienne Clavière)的审判。第一件事与G.J.A.杜歇(G.J.A.Ducher)写的一本小册子有关。杜歇经常写一些关于贸易和金融问题的文章,最近受到了罗伯斯庇尔的青睐。他长期以来一直鼓吹法国的经济民族主义政策，对杰斐逊提倡的自由贸易计划深恶痛绝，而吉伦特派则指示其驻美国公使，大力推动这些计划。这实际上是皮特策划的一个险恶阴谋，他付钱给以克拉维埃为首的一批代言人，试图实施这一阴谋。如果他们的阴谋得逞，英国就会侵占法国的殖民地（至少是法国的商业利益），在法国所有的制造业和贸易中心煽动反革命活动，然后把美国卷入与英国的战争，从而破坏美国中立给法国带来的所有好处。为了编写这本小册子，杜歇获准查阅外交部的档案。10月28日，国民公会下令印刷出版小册子。此时，对吉伦特派的审判才刚刚开始；包括布里索在内的21人在10月31日被送上断头台。克拉维埃在监狱中自杀。勒布朗四处躲藏，在12月下旬被逮捕和处决。[194]

另一件事是11月17日，在罗伯斯庇尔对国民公会的一次长篇演讲中，又一次提到热内的名字。这篇演讲表面上的主题是法兰西共和国的外交关系，其中包含了几个层面的解读。作为一篇充满意识形态色彩的长篇大论，它几乎没什么实际内容，目的是鼓舞法国人民的信心，同时向世界重新定义革命的原则。法兰西共和国是理性和自由的堡垒与捍卫者，她的存在对人类来说是不可或缺的。一方面，法国是弱小国家的朋友，其中包括瑞士各州和美国；另一方面，如果法国在这方面或革命的宏大目标上受到任何挫折，都应归咎于皮特的阴谋和吉伦特派叛徒的背信弃义。然而，这场斗争的舞台应该是整个欧洲大陆。在这篇长达30页的演说中，只有一段专门谈论美国事务，其中大部分内容都是从杜歇的小册子上抄来的。这段话的要点是：

> 一个名叫热内的人被勒布朗和布里索以全权代表的身份派往费城。他忠实地执行了他所属派系的观点和指示。他使用最不同寻常的手段激怒美国政府，造成对我们的不利局面。他丝毫不加掩饰地威胁美国人，向他们提出有悖两国利益的建

议；他在应用我们的原则时荒谬至极，使我们的原则受到怀疑或令人生畏。[195]

多份文件和备忘录都就热内事件的处理方式提出了建议，总的来说，这些建议各不相同，而且与公共安全委员会的最后决定也相差甚远。关于这种差异的最恰当解释可能是，建议的提出人主要是一些"美国通"——对美国事务有一定了解或关注的人，如奥托、潘恩和杜歇，但他们在其他事务上的影响非常有限，而委员会成员的思想则不受这种限制，他们只在涉及法国内部事务及其在欧洲地位的问题上非常有选择性地采取行动。人们看到，热内一方面被视为不容置疑的爱国主义者，另一方面又被看作反革命叛徒。人们还看到，一方面，可以建议给予美国全面的商业特权，另一方面，如果在向美国人永久开放法国市场时，将减少或以其他方式损害法国航海、商业或制造业的利益，就会遭到强烈抵制。所有人都意识到法国对战时物资的迫切需要。然而，委员会清楚地看到，这种需要比其他任何事情都重要得多。

遇到的一切困难都可以很方便地归咎于吉伦特派，而对付热内最合乎逻辑的方法就是把他和其他人一起除掉。对于这一点，杜歇的小册子提供了最方便的方案：他们都在为皮特的利益工作。另外一个有点隐晦但同样有用的方案，是杜歇关于吉伦特派的自由贸易计划会损害法国商业利益的论点。诚然，在给热内的继任者福谢的指示中，最后也包括要与美国谈判新的商业条约，给予彼此广泛的特权。但法国人似乎对此并不很认真。福谢及其团队成员并没有像热内一样被授予实际权力，可以缔结这样一项条约；他们只能与美国人进行讨论，任何提议都要向巴黎汇报。只要美国方面仍然对新条约感兴趣，法国就会继续表达同样的兴趣，这无疑是一种上策。显然，尽管美国人在和平时期曾有过这样的想法，但目前这种意愿并不强烈。无论如何，杜歇的立场，而不是新条约，最符合法国商业阶层的情绪，在当前的国家危机中，雅各宾派不愿意失去商业阶层的政治支持。[196]

所有上述考虑同样适用于吉伦特派关于远征北美或在当地煽动叛乱的计划。这些都无足轻重，即使是在法国占有路易斯安那的那段时期，也没有多少证据表明这些计划在法国的国家政策中占据重要地位。同样，只有"美国通"，尤其是在美国边境活动的冒险家，才会关注这些计划或真正参与其中。

在所有的计划中，加拿大问题最不受重视。对法国民众而言，他们从来也搞不清楚——这些似乎也无关紧要——"璀璨的加拿大之星"是否应该"重新加入美国群星"（根据热内的指示），或者是否应该鼓励美国人夺取该省（根据巴雷尔和潘恩的文件），或者加拿大人（根据奥托的备忘录）是否应该自己摆脱英国的枷锁。热内的代表亨利·梅齐埃尔（Henri Mézières）十分清楚加拿大人自己的立场，他认为加拿大人怀有深深的敌意，他甚至不敢发表热内的革命宣言。梅齐埃尔在1793年9月沮丧地报告："自由就像正午的太阳一样，让它突然照亮完全陷入无知和奴役的重重阴影中的民众，是不合适的。"[197]

至于计划对佛罗里达和路易斯安那发起的行动，两者都没有进展到关键节点，尽管佛罗里达远征队更接近一些（确实如此，以至于福谢都不太情愿放弃这个计划了）。新的委员会下令立即取消所有行动。这些计划不值得花费精力，也不值得因此而损害美国的中立性，从而激怒美国政府。[198]

路易斯安那的情况最为有趣，根据弗雷德里克·杰克逊·特纳（Frederick Jackson Turner）长期以来的一个著名观点，法国政治家（无论是保王派还是革命者），都从未停止过对路易斯安那的幻想，希望在密西西比河谷这个新大陆的腹地重建庞大的帝国领地。特纳的描述显然很牵强，因为这在很大程度上取决于他所指的是哪些"政治家"，他们有多大影响力，以及他们的建议对法国政策有多重要。正如米尔德里德·弗莱彻（Mildred Fletcher）所写的那样："法国在1763年毫不犹豫地把路易斯安那交给了西班牙，而西班牙则毫无热情地接受了它。作为法国的殖民地，路易斯安那从来没有支付过管理费用，在西班牙的统治下，它也肯定不会这样做。"韦尔热内毫不费力地把它夺了回来。1787年至1789年间担任法国驻美国公使的埃利·德·穆斯蒂埃对路易斯安那情有独钟，他写了一份长达330页的备忘录，极力主张将其收回，但巴黎似乎没有人对此感兴趣。正如我们所见，布里索和一些美国主义者同样对路易斯安那很感兴趣。这个话题在18世纪90年代中后期时不时会被提起，但大多是作为外交上的交易。只有塔列朗一个人持续地努力推动这件事，他最终成功地说服拿破仑，通过秘密外交渠道收回路易斯安那。由于第一执政官当时主要关注的是欧洲，法国对路易斯安那的控制只持续了不到3年的时间。不过，塔列朗与穆斯蒂埃、布里索、潘恩、奥托和热内一样，也是一位"美国通"。[199]

埃德蒙·查尔斯·热内在帝国州纽约州度过了他的余生。1794年2月，福谢抵达美国后，执行自己接到的指令，请求美国政府批准逮捕他的前任。在第一次会见福谢的当天，华盛顿就这个问题与鲁弗斯·金进行了讨论。金在不久后记录，"关于热内的命运，我表达了自己的担忧；只要他的阴谋还对我们造成危险，我们就希望他倒霉——我们不再有同情心，也不再担心他会成为牺牲品"。华盛顿已经做出了自己的决定。当新任公使礼貌地提出请求时，华盛顿礼貌地拒绝了，这件事就这样过去了，没有带来什么麻烦。与此同时，埃德蒙和纽约州州长的女儿科妮莉亚·克林顿（Cornelia Clinton）幸福地坠入爱河。他们于1794年11月6日结婚，之后在一起幸福地生活了15年多，直到1810年科妮莉亚不幸去世。他们有6个孩子。1814年，热内与玛莎·奥斯古德

（Martha Osgood）结婚，生活也很幸福，他们又生了5个孩子。虽然他在1804年归化入籍美国，但他并没有参与公共生活；不过，他在其他方面相当活跃。他本可以在拿破仑加冕后回到法国，但他考虑了一下，然后把这个想法抛在了脑后。热内投身于农业和公共环境改善计划，如运河和流行病预防；他的商业投资不是很成功，但他在社交场合举止得体，似乎很受大家欢迎。他在1834年去世，目前哈德逊河谷和其他许多地方都有热内家族的后人。至于埃德蒙·热内本人，玛莎·热内总是"为他的杰出才华被埋没而感到悲伤"。热内一直搞不明白1793年发生在他身上的事情，尽管他花了一些时间反思这件事究竟应该归咎于谁。最终，他得出结论，导致他垮台的邪恶天才根本不是冷酷的"老华盛顿"，也不是"英国贵族"汉密尔顿，而是假装成他朋友的杰斐逊。[200]

1831年8月的一个星期天，已经步入老年的农民热内在他位于奥尔巴尼附近的乡间别墅里，接待了两个年轻的法国访客，古斯塔夫·德·博蒙特（Gustave de Beaumont）和阿历西斯·德·托克维尔。托克维尔尤其渴望了解所有关于美国人及其生活方式的知识，他无疑认为这位德高望重的绅士在这方面具有丰富经验。据热内的儿子回忆，在那个夏日，他们一直聊到接近日落，然后两个年轻人骑马离开了。后来托克维尔出版了著名的《论美国的民主》。但关于那次拜访，以及那场漫长而真诚的谈话——无论是在书中还是在作者的私人日记中——从来没有人提到一个字。[201]

注释

1. Stanley Hoffman, "Old Whine, New Bottles," *New York Times*, May 19, 1976. 然而，关于两国人民"相互不了解"的主题，法国有一个引人注目的例外，那就是 Patrice Higonnet, *Sister Republics: The Origins of French and American Republicanism*（Cambridge, Mass., 1988）。这是一份简明的学术研究报告，阐述了美国独立战争和法国大革命的深层差异——这些差异根植于两个社会的不同特

点和历史经验，以及两场革命各自产生的后果。

2. 我们开始调查这种情况时，有3份随机的、看起来不太重要但却十分有趣的史料吸引了我们的注意力。其一是1927年出版的伊丽莎白·B.怀特（Elizabeth B. White）的优秀著作，*American Opinion of France from Lafayette to Poincaré*，这本书在史密斯学院图书馆的书架上摆放了将近50年，书页都没有裁开；其二是E.马尔科姆·卡罗尔（E. Malcolm Carroll）的*French Public Opinion and Foreign Affairs, 1870-1914*，其中没有一处提到美国；最后是创办于1948年的季刊*The French American Review*，该季刊对增进两国人民相互了解寄予厚望，但在出版3期后就停刊了。停刊前的最后公告中说："虽然地方历史学会得到了相对较多的成员支持，但像我们这样以全国发行为目标的期刊似乎缺乏大量公众的支持。因此，大家同意停止《法版美国评论》的出版。"

3. 引自Frank Monaghan, *French Travellers in the United States, 1765-1932: A Bibliography*（New York, 1933），ix。

4. "幻景"主题在吉尔伯特·奇纳德（Gilbert Chinard）的作品中反复出现，特别是*L'Exotisme américain dans la littérature française au XVIe siècle*（Paris, 1911）和*L'Amérique et le rêve exotique dans la littérature française au XVIIe et au XVIIIe siècle*（Paris, 1913）；它在Durand Echeverria, *Mirage in the West: A History of the French Image of American Society to 1815*（Princeton, N.J., 1957）中也得到了充分的体现，后面的一些叙述也引用了这本书。

5. 同上，pp. 3-14。

6. 同上，pp. 21-22, 26, 67。

7. 这句话的法语原文是"Eripuit fulmen coelo sceptrumque tyrannis"。同上，p. 50。

8. 同上，pp. 24-25, 29, 31-34, 48, 75, 152-161。

9. 同上，p. 183。后来的自由女神像事件是个例外，当时，恰逢19世纪80年代法兰西第三共和国的政治领导人迫切需要加强和巩固法国的共和性质，美国因此再次成为典范。他们大力支持为纪念碑筹款的运动，因为这座纪念碑将再次象征着这两个姐妹共和国的团结。参见Sanford Elwitt, *The Making of the Third Republic: Class and Politics in France, 1868-1884*（Baton Rouge, La., 1975），pp. 136-169。

10. Echeverria, *Mirage in the West*, pp. 177-178, 180, 183, 188-205, 219-220; Frances S. Childs., *French Refugee Life in the United States, 1790-1800: An American Chapter of the French Revolution*（Baltimore, 1940），pp. 74-75。

11. Echeverria, *Mirage in the West*, p. 144.
12. André Siegfried, "France and the United States: What Each Can Learn from the Other," *American Society Legion of Honor Magazine*, XX（Winter 1949）, 297–306; J.J. Servan-Schreiber, *The American Challenge*（New York, 1968）; Georges Duhamel, *America the Menace: Scenes from the Life of the Future*（Boston, 1931）; James F. Marshall, "Stendhal and America," *French American Review*, II（Oct.-Dec. 1949）, 240–267. 另参见 C. E. Andrews, "French Authors Take Revenge," *Bookman*, LXXIII（Mar. 1931）, 15–21; 以及 Grace Flandran, "On What It Is to Be French," *AQ*, I（Spring 1949）, 9–22。
13. Phillips Bradley, Introduction to Alexis de Tocqueville, *Democracy in America*（New York, 1945）, I, 特别是 xl-lii; Elizabeth B. White, *American Opinion of France, From Lafayette to Poincaré*（New York, 1927）, pp. 277, 285。值得注意的是，当拉法耶特在1824—1825年访美时，他在法国已受到排挤，因此，法国报纸没有报道任何有关他在美国受到热烈欢迎的消息。所以，他并不真正代表法国，而是仅代表美国人眼中的法国。另外，六年后，当来自保王党家庭的托克维尔和博蒙特在美国各处走动时，他们也很担心自己不得不在公共场合为共和党人拉法耶特祝酒。参见同上, pp. 79–85, 以及 George W. Pierson, *Tocqueville and Beaumont in America*（New York, 1938）, pp. 89–90, 146。
14. Howard Mumford Jones, *America and French Culture, 1750–1848*（Chapel Hill, N.C., 1927）, 特别是 pp. 569–572; 洛厄尔的话引自 White, *American Opinion*, p. 211。
15. 这是因为，法国大学不会将高等教育学位授予外国学生，除非候选人的低等学位也是由法国的教育机构颁授；而德国大学则对希望获得此类学位的外国学生几乎没有限制，因此，很多美国人都去德国求学。同上, pp. 235–236。
16. Jones, *America and French Culture*, pp. 300–309; Eliot G. Fay, "Henry James as a Critic of French Literature," *French American Review*, II（July-Sept. 1949）, 184–193; Gay Wilson Allen, ed., *Walt Whitman Abroad*（Syracuse, N.Y., 1955）, pp. 56–60; Harry Levin, "Some European Views of Contemporary American Literature," Margaret Denny and William H. Gilman, eds., *The American Writer and the European Tradition*（Minneapolis, 1950）, pp. 177–180. 法国人知道，不应把这些作家误认为知识分子，这些人的作品"缺乏艺术性"；然而，在法国人目前疲

惫不堪的状态下，他们似乎觉得，美国人的故事中有一种原始的阳刚之气，充满力量与行动，而这正是法国小说可以增加的一些内容。因此，某种程度的自我鞭笞可能是不可避免的，在这种情况中，惯常的居高临下的语气几乎消失了。但也仅此而已，实际上并没有完全消失。亨利·佩尔（Henri Peyre）在1947年说："新世界的作家们教会法国人某些别具一格的东西，比如对写作的漠视，对情节统一等规则的彻底脱离，以及不受艺术束缚的蓬勃活力。""American Literature Through French Eyes," *Virginia Quarterly Review*, XXIII（Summer 1947），421–438。事实上，几十年来，似乎一直有一群法国青年，在法国中学的管教下焦躁不安，试图从美国的廉价惊险小说中寻求解脱。霍华德·C.赖斯（Howard C. Rice）回忆说，在法国南部城市的一次扶轮社（Rotary Club）会议上，一名律师告诉他，自己小时候如饥似渴地阅读了尼克·卡特（Nick Carter）和水牛·比尔（Buffalo Bill）的违禁译本。那位律师坦言："我是在塞居尔伯爵夫人（Comtesse de Ségur）和玫瑰图书馆（Bibliothèque Rose）的熏陶下长大的——从这些违禁书中，我第一次看到了别的东西，行动（尽管是糟糕的文学作品！）和新鲜空气！" Howard C. Rice, "Seeing Ourselves as the French See Us," *French Review*, XXI（May 1948），432–441。

17. *The Education of Henry Adams: An Autobiography*（Boston, 1918），p. 96. 直到他第一次访问巴黎的三十多年后，亚当斯才逐渐开始欣赏法国的大教堂。Richard L. Shoemaker, "The France of Henry Adams," *French Review*, XXI（Feb. 1948），292–299。

18. Lafayette to Washington, Mar. 17, 1790, Louis Gottschalk, ed., *The Letters of Lafayette to Washington, 1777–1790*（Philadelphia, 1976），p. 348; Paine to Washington, May 1, 1790, Philip S. Foner, ed., *The Complete Writings of Thomas Paine*（New York, 1945），II, 1303; Catharine Macaulay Graham to Washington, Oct. 1789, Jared Sparks, ed., *Correspondence of the American Revolution; Being Letters of Eminent Men to George Washington from the Time of His Taking Command of the Army to the End of His Presidency*（Boston, 1853），IV, 328; Louis M. Sears, *George Washington and the French Revolution*（Detroit, 1960），pp. 76–77. 拉法耶特派人把钥匙交给在伦敦的潘恩，潘恩又通过信件将钥匙转交给华盛顿。凯瑟琳·麦考利·格雷厄姆是伦敦市长的妹妹，她本人是一位著名的历史学家。Lucy M. Donnelly, "The Celebrated Mrs. Macaulay," *WMQ*, 3rd Ser., VI（Apr.

1949), 173-207。

19. 罗伯特·R. 帕尔默（Robert R. Palmer）特别强调了这部宣言与弗吉尼亚宣言的相似之处。参见 *The Age of the Democratic Revolution: A Political History of Europe and America, 1760-1800*（Princeton, N.J. 1959-64），I, 487-488, 518-521。

20. 然而，这种"美国主义"并不像在美国那样自发和全心全意。相反，它成为议会政治中明确的派系竞争战略，目的是击败"英国主义"政党，而后者则希望在法国宪法中保留英国宪法的某些元素。这种立场对美国主义者来说不无尴尬，因为他们的主要目标之一是建立一院制立法机构，但这在美国的先例中几乎得不到认可。Joyce Appleby, "America as a Model for the Radical French Reformers of 1789," *WMQ*, 3rd Ser., XXVIII（Apr. 1971）, 267-286。

21. *AC*, 1 Cong., 3 Sess., 1791-1792, 1798, 1883, 1968-1969, 2116-2118（Dec. 1790-Feb. 1791）；同上，2 Cong., 1 Sess., 100, 456-457（Mar. 1792）。关于为什么授予汉密尔顿荣誉公民称号，而不是杰斐逊，帕尔默猜测，可能是由于杰斐逊与当时已被剥夺权力的拉法耶特关系密切，议会认为汉密尔顿比杰斐逊更有利于法国的革命。*Age of the Democratic Revolution*, II, 55。

22. *Gazette of the United States*, Oct. 10, 1789; John Jay to M. Grand, Mar. 1, 1790, and to Robert G. Harper, Jan. 19, 1796, *CPJJ*, III, 386, IV, 198-203; John S. Adams, ed., *An Autobiographical Sketch by John Marshall* …（Ann Arbor, Mich., 1937）, p. 13; John Marshall, *The Life of George Washington*（Philadelphia, 1804-07）, V, 186, 389-391; Chauncey Goodrich to Oliver Wolcott, Feb. 9, 1793, Gibbs. *Memoirs*, I, 87; Robert Goodloe Harper, *Select Works* …（Baltimore, 1814）, I, 50-51; Gilbert L. Lycan, *Alexander Hamilton and American Foreign Policy: A Design for Greatness*（Norman, Okla., 1970）, pp. 134, 136-137; John C. Miller, *Alexander Hamilton: Portrait in Paradox*（New York, 1959）, pp.363-364; Harry R. Warfel, *Noah Webster: Schoolmaster to America*（New York, 1936）, p.226; Gary B. Nash, "The American Clergy and the French Revolution," *WMQ*, 3rd Ser., XXII（July 1965）, 392-412. 露丝·H. 布洛赫（Ruth H. Bloch）提出了一个很有用的观点，她认为，大多数美国人不是自然神论者和自由思想者，尽管他们中的少数领导人可能是；对许多人来说，这些事件具有强烈的宗教意义；他们认为革命"正朝着建立一个千年王国的方向发展"。*Visionary Republic: Millennial Themes in American Thought, 1756-1800*（Cambridge, 1985）, p. 156。

23. Charles D. Hazen, *Contemporary American Opinion of the French Revolution* (Baltimore, 1897), pp. 164–171.
24. Appleby, "America as a Model," 各处；另见注释20。
25. "LOI. Qui confere le titre de Citoyen Frangois a plusieurs Etrangers. Du 26 Aout 1792, Tan quatrieme de la Liberte," *PAH*, XII 545–546; Brant, *Madison*, III, 373.
26. 潘恩的《常识》法文版不久前在巴黎出版，但这本书的作者被误认为是塞缪尔·亚当斯。*AP: DAJA*, II, 351–352。
27. Edward Handler, *America and Europe in the Political Thought of John Adams* (Cambridge, Mass., 1964), p. 40. 这项研究对下面的讨论有很大帮助。
28. 同上, p. 129。
29. 同上, pp. 6–7。
30. 同上, p. 158。
31. 有大量的文献记载了亚当斯关于贵族制的观点，其中大部分是基于亚当斯为适用于美国国情而对英国宪法进行的不合时宜的修改，但英国宪法永远不可能完全适应美国国情。除上文中引用的汉德勒（Handler）的著作外，另参见John R. Howe, Jr., *The Changing Political Thought of John Adams* (Princeton, N.J., 1966)；以及Gordon S. Wood, *The Creation of the American Republic*, *1776–1787* (Chapel Hill, N.C., 1969)，特别是pp. 567–592。然而，我们认为，同样可以反过来看这一点：亚当斯关于贵族制的观点，鉴于其形成时的美国环境，与他为美国设想的人工设计的贵族制相比，更不适用于欧洲"真正的"贵族制。
32. Jefferson to Adams, Aug. 30, 1787, *PTJ*, XII, 68.
33. Robert R. Palmer, "The Dubious Democrat: Thomas Jefferson in Bourbon France," *PSQ*, LXXII (Sept. 1957), 396.
34. Jefferson to Monroe, Aug. 9, 1788, *PTJ*, XIII, 489.
35. Jefferson to Thomas Lee Shippen, Sept. 29, 1788, 同上, 642。Malone, *Jefferson*, II, 217–219。Jefferson to Lafayette, May 6, 1789; to St. Rabaut de Etienne, June 3, 1789, *PTJ*, XV, 98, 166–168。
36. "国王是诚实的，希望他的臣民幸福，但世袭贵族的权宜之计对他来说是一个非常困难的问题。相反，他的偏见、习惯和人脉决定了他从内心支持它。" Jefferson to John Jay, June 17, 1789, 同上, 189。
37. Jefferson to Paine, Sept. 13, 1789, 同上, 424。

38. Jefferson to Madison, Aug. 28, 1789, 同上, 366-367; Adet to Minister of Foreign Relations, Dec. 31, 1796, CFM, 983。
39. To Mason, Feb. 4, 1791; to Lafayette, June 16, 1792; *PTJ*, XIX, 241, XXIV, 85-86.
40. "Anas," Mar. 12, 1792, *WTJ*, I, 187-188.
41. Short to Jefferson, July 20, 31, Aug. 15, 24, 1792, *PTJ*, XXIV, 243, 271, 298, 322, 324.
42. Jefferson to Short, Jan. 3, 1793, *WTJ*, VI, 153-156.
43. Jefferson to Thomas Mann Randolph, Jan. 7, 1793, 同上, 157。
44. 体现莫里斯对法国大革命的洞察力和高度敏锐性的著作包括：Hazen, *Contemporary American Opinion*, pp. 54-119; Hippolyte Taine, *Derniers essais de critique et d'histoire*（Paris, 1923）, p. 307; Adhémar Esmein, *Gouverneur Morris, un témoin américain de la révolution française*（Paris, 1906）; Daniel Walther, *Gouverneur Morris, témoin de deux révolutions*（Lausanne, 1932）; Sears, *George Washington and the French Revolution*, 特别是 pp. 188, 205; 以及 Jean-Jacques Fiechter, *Un diplomate américain sous la Terreur: les années européennes de Gouverneur Morris, 1789-1798*（Paris, 1983）。
45. 例如，Alexander DeConde, *Entangling Alliance: Politics and Diplomacy Under George Washington*（Durham, N.C., 1958）, pp. 311-341; Albert H. Bowman, *The Struggle for Neutrality: Franco-American Diplomacy During the Federalist Era*（Knoxville, Tenn., 1974）, pp. 99-122。
46. 关于这一时期的莫里斯，最优秀的一部著作是 Beatrix C. Davenport, ed., *A Diary of the French Revolution by Gouverneur Morris*（Boston, 1939）, 2v., 它基本上超越了（尽管对于莫里斯其他时期的生活来说并非如此）Anne C. Morris, ed., *The Diary and Letters of Gouverneur Morris*（New York, 1888）, 2v., 和 Jared Sparks, ed., *The Life of Gouverneur Morris, with Selections from His Correspondence and Miscellaneous Papers*（Boston, 1832）, 3v. 目前还没有一本令人满意的记录莫里斯一生的传记。Max M. Mintz, *Gouverneur Morris and the American Revolution*（Norman, Okla., 1970）也很有用，但比较简短。Mary-Jo Kline, "Gouverneur Morris and the New Nation, 1775-1778"（未发表的论文，Columbia U., 1970）具有学术性和完整性，但仅涵盖莫里斯1789年去欧洲之前的时期。汉密尔顿的这句评论参见 Davenport, ed., *Diary*, I, xii.

47. 这一点应该强调。莫里斯当然不像汉密尔顿那样，愿意竭尽全力避免冒犯英国。恰恰相反，他在1790年出访伦敦期间的亲法态度和对英国的敌意让汉密尔顿非常恼火。事实上，莫里斯本来希望看到法国对英国开战，并实际参与了一些秘密行动煽动他们。参见 Davenport, ed., *Diary*, I, 506-509; Mintz, *Morris*, pp.211-226。直到与法国大革命疏远后，他才得出结论，英国才是美国最好的朋友。

48. Davenport, ed., *Diary*, I, 137; Morris to Washington, July 31, 1789, Jan. 24, 1790, 同上, 170-172, 379-387。

49. 也许还有汉密尔顿的暗中推动; Morris to Hamilton, Mar. 21, 1792, *PAH*, XI, 162。

50. Morris to Short, Apr. 7, 1790, Davenport, ed., *Diary*, I, 470.

51. 同上, II, 53。

52. Morris to Montmorin, July 30, 1791, 同上, 230。

53. 同上, 249-252。

54. 同上, 264-269。

55. 同上, 321-323。

56. Washington to Morris, Jan. 28, 1792, *WGW*, XXXI, 468-470; Morris to Washington, Apr. 6, 1792, Davenport, ed., *Diary*, II, 403, 429.

57. 关于潘恩的一部优秀传记是 David F. Hawke, *Paine*（New York, 1974）, 我们从这本书中引用了大量细节，但它并没有完全超越 Moncure D. Conway, *The Life of Thomas Paine: With a History of His Literary, Political, and Religious Career in America, France, and England*（New York, 1908）, 2V。

58. Hawke, *Paine*, pp. 7-17.

59. 同上, pp. 17-18。

60. 同上, pp. 19-25。

61. Eric Foner, *Tom Paine and Revolutionary America*（New York, 1976）, 很好地描绘了出版《常识》这本书时费城的政治背景。

62. Hawke, *Paine*, pp. 57-147.

63. 同上, p. 168。

64. 同上, p. 107。

65. *Common Sense*, Foner, ed., *Complete Writings*, I, 32.

66. E. Foner, *Tom Paine*, pp. 183-209; Hawke, *Paine*, 149-159, 184.

67. 例如，Paine to Jefferson, Sept. 9, 1788, *PTJ*, XIII, 587-590；关于潘恩和费城的工匠，参见 E. Foner, *Tom Paine*, pp. 99-100。

68. 潘恩自费建造了一座拱桥，并在帕丁顿展出了一段时间，引起了很多人的兴趣，尽管没有人愿意买下来。不过，后来威尔河上著名的桑德兰桥（Sunderland bridge）就是根据潘恩的基本设计建造的，而且这项工程的监理实际上是潘恩在约克郡沃克铁厂（Walker iron works）培训过的一个人。尽管潘恩本人没有因桑德兰桥获得任何经济奖励，但他在制定这座桥以及随后其他许多铁桥的建造原则方面起到了先驱作用，这一点得到了该领域权威的认可。参见 W. H. G. Armytage, "Thomas Paine and the Walkers: An Early Episode in Anglo-American Cooperation," *Pennsylvania History*, XVIII（Jan. 1951），16-30；Audrey Williamson, *Thomas Paine: His Life, Work and Times*（London, 1973），pp. 105-106；以及 Hawke, *Paine*, pp. 212-213。当潘恩将拉法耶特赠送给华盛顿的巴士底狱钥匙（见上文，p. 309）交给华盛顿时，他故作姿态地写了一封信，甚至在这封信里，他也忍不住改变话题，向华盛顿介绍自己的桥。Foner, ed., *Complete Writings*, II, 1303。

69. Hawke, *Paine*, pp. 175-187.

70. 同上，pp.188-202。

71. Paine to Burke, Jan. 17, 1790, 以及 Burke to Paine, 无日期, 引自 R. R. Fennessy, *Burke, Paine and the Rights of Man: A Difference of Political Opinion*（The Hague, 1963），pp. 103-104；Paine to Thomas Walker, Apr. 14, 1790, Armytage, "Paine and the Walkers," 25。

72. "Preface", *Rights of Man*, II, Foner, ed., *Complete Writings*, I, 349；Fennessy, *Burke, Paine*, pp. 108-159.

73. 同上，160-180。

74. 上述段落基于的是芬尼希（Fennessy）对英国舆论的分析，出处同上，Chs. 6 and 7。引语出自 *Rights of Man*, II, Foner, ed., *Complete Writings*, I, 360。

75. E. P. Thompson, *The Making of the English Working Class*（New York, 1964），pp. 90-95.

76. Hawke, *Paine*, pp. 258-264.

77. 同上，pp. 270-276；潘恩1月15日和1月19日演讲的文字出自 Foner, ed., *Complete Writings*, II, 551-558。

78. 对这一观点的详细阐述参见 Michael Walzer, ed., *Regicide and Revolution: Speeches at the Trial of Louis XVI* (Cambridge, 1974), pp. 1–89。

79. Winthrop D. Jordan, "Familial Politics: Thomas Paine and the Killing of the King, 1776," *JAH*, LX (Sept. 1973), 294–308.

80. Samuel Adams to Paine, Nov. 30, 1802, Foner, ed., *Complete Writings*, II, 1433n.; Patrick Henry to his daughter (Mrs. William Aylett), Aug. 20, 1796, William Wirt Henry, *Patrick Henry: Life, Correspondence and Speeches* (New York, 1891), II, 570; George Morgan, *The True Patrick Henry* (Philadelphia, 1907), 366n. 本杰明·拉什宣称,《理性时代》"对我来说冒犯至极,我不想再与他继续交往"。出自 G. Adolf Koch, *Republican Religion: The American Revolution and the Cult of Reason* (New York, 1933), p. 135。《理性时代》似乎在美国有众多读者,但这主要是由于这本书臭名昭著,人们想谴责它,而不是因为它成功地把基督徒变为了自然神论者。参见,同上, pp. 134–137; Herbert M. Morais, *Deism in Eighteenth-Century America* (New York, 1934), pp. 120–122, 153, 163, 164, 168。

81. Hawke, *Paine*, p. 48; 另见注释 26。

82. 关于热内的家庭及其早期职业生涯最完整的记述,参见 Jules Jusserand, "La jeunesse du Citoyen Genet, d'après des documents inádits," *Revue d'histoire diplomatique*, XLIV (1930), 237–268; 以及 Meade Minnegerode, *Jefferson, Friend of France, 1793: The Career of Edmond Charles Genet, Minister Plenipotentiary from the French Republic to the United States, as Revealed by His Private Papers, 1763–1834* (New York, 1928), pp. 3–161。尽管后一本书的文字和风格都很荒谬,而且引用的大多数文献既没有日期也没有标明出处,但在现有出版物中,这本书最接近于一部传记。Genet Papers, LC 收录了大量有价值的史料。关于热内出任美国公使,参见 Harry Ammon, *The Genet Mission* (New York, 1973); Maude H. Woodfin, "Citizen Genet and His Mission" (未发表的论文, U. of Chicago, 1928); William F. Keller, "American Politics and the Genet Mission" (未发表的论文, U. of Pittsburgh, 1951)。关于在旧政体最后几年王室发生的事情,一个最著名的资料来源是热内的姐姐珍妮·路易丝·亨里埃特·坎潘 (Jeanne Louise Henriette Campan),她曾是王后的侍女。但坎潘夫人的回忆录中只有几处顺便提到她弟弟埃德蒙的活动 (尽管透露了一些内情)。G. F. Fortescue, ed., *Memoirs of*

Madame Campan on Marie Antoinette and her Court（Boston，1909），II，123-125。

83. Woodfin，"Citizen Genet，" pp. 119-161. 关于热内的任命，Frederick A. Schminke，*Genet: The Origins of His Mission to America*（Toulouse，1939）中记录了一些有用的细节。

84. 布里索是法国人因距离产生美而痴迷于美国思想的典型例子。他早已对美国做出结论（他确实在1788—1789年赴美访问了几个月），并对查斯特鲁克斯（Chastellux）的《旅行》（*Voyages*）发表了激烈的批评，因为他更喜欢克雷夫科尔笔下理想化的《一个美国农民的信》（*Lettres*）。关于这一点，以及布里索的普世主义和乐观主义，参见Eloise Ellery，*Brissot de Warville: A Study in the History of the French Revolution*（Boston，1915），特别是pp. 57-60。关于最近披露的布里索在法国大革命之前的另一面，参见Robert Darnton，"A Spy in Grub Street，" *The Literary Underground of the Old Regime*（Cambridge，Mass.，1982），pp. 41-70。

85. Ellery，*Brissot*，pp. 226-227. 布里索的这些观念可能有一些来源，参见Felix Gilbert，"The 'New Diplomacy' of the Eighteenth Century," *World Politics*，IV（Oct. 1951），1-38。

86. 引自Ellery，*Brissot*，p. 238。

87. Hippolyte Taine，*The French Revolution*（New York，1881），II，99. 但是布里索的那位富有同情心的传记作者也持有差不多的观点；参见Ellery，*Brissot*，p. 257；以及T. C. W. Blanning，*The Origins of the French Revolutionary Wars*（London，1986），pp. 99-119。关于吉伦特派的美国政策，参见Bowman，*Struggle for Neutrality*，pp. 39-55。

88. 路易-纪尧姆·奥托在1797年写道，"他被指控编造了给自己的指令"。Gilbert Chinard，ed.，"Considérations sur la conduite du Gouvernement américain envers la France，depuis le commencement de la Révolution jusqu'en 1797," *Bulletin de l'Institut Français*，No. XVI（Dec. 1943），19。然而，热内的行为是否超出了最初那份辞藻华丽的声明，还令人怀疑。当起草那些指令时，奥托尚且不在外交部工作。参见Frederic Masson，*Le département des affaires etrangères pendant la revolution，1787-1804*（Paris，1877），p. 244。

89. 这些指令被收入CFM，pp. 201-211。但这些并不是热内收到的唯一指令；另一份指令的日期为1793年1月4日，与他的任务经费有关，参见*ASP: FR*，I，142-146。外交部长勒布朗写给热内的一系列信件在某种意义上也可以被视为对他的指令。编号从1到10的信件的日期分别为1793年2月1日、3日、24日，3月10日、31日，4月10日、11日、23日，5月29日和6月19日；还有两封信（日期为2月24日和3月10日）载入 Cornelis De Witt, *Thomas Jefferson: étude historique sur la démocratie américaine*（Paris, 1861）, pp. 516-519。唯一公开的指令是"Mémoire pour servir d'instruction," CFM, 202-203 的前两段，包含在勒布朗1792年12月20日向国民公会发表的演说中，参见 AECPE-U 36, 470-471，这篇演讲刊登在美国的报纸上。参见 *Philadelphia Daily Advertiser*, May 6, 1793。

90. CFM, p. 204; Lebrun to Genet, Feb. 24, 1793, 同上, 215n., 以及 De Witt, *Jefferson*, p. 516。

91. Lebrun to Genet, Feb. 3, 1793, AECPE-U 37, 100-103。

92. CFM, p. 204.

93. 同上, p. 210。

94. 同上, p. 209；另见上文, p. 124。

95. *ASP: FR*, I, 142-146.

96. Genet to Minister of Foreign Affairs, Apr. 16, 1793, CFM, pp. 211-212; "Rapport du citoyen Genet … sur son voyage et sa réception populaire dans les Etats-Unis d'Amérique," DeWitt, *Jefferson*, p. 542. 有人怀疑真正的原因并不像逆风那么简单；关于这个问题，参见 Charles M. Thomas, *American Neutrality in 1793: A Study in Cabinet Government*（New York, 1931）, pp. 79-80。

97. Minnegerode, *Jefferson*, pp. 186-189；热内的信件内容引自上文, n. 96; Jefferson, "Note given to the President, July 26, 1793," *WTJ*, I, 248-249。

98. 关于曼古里特和佛罗里达的项目，参见 Richard K. Murdoch, "Citizen Mangourit and the Projected Attack on East Florida in 1794," *Journal of Southern History*, XIV（Nov. 1948）, 522-540; Frederick J. Turner, "The Origin of Genet's Projected Attack upon the Floridas," *AHA: AR*, 1897, 575-679。

99. Minnegerode, *Jefferson*, pp. 191-197; "Rapport," De Witt, *Jefferson*, pp. 542-547; 一篇基于媒体的报道，即 Keller, "American Politics and the Genet Mission," pp. 114-141对热内在查尔斯顿受到的礼遇以及他从陆路前往费城的旅程进行了详细的描述。Woodfin, "Citizen Genet," pp. 86-132 也有同样精彩的记录。

100. 尽管许多国际法权威人士［格劳秀斯、宾刻舒克（Bynkershoek）、瓦特尔等人］主张，未卷入战争的国家在与交战国的关系中应严格遵守公正原则（华盛顿内阁成员自然会翻阅他们的著作，以支持美国政府在1793年采取的立场），但在18世纪的国际实践中，没有迹象表明这种观点被普遍接受。一个国家可能向一个或多个交战方提供物资援助，而这并不被视为违反中立地位。关于这一点，参见Charles S. Hyneman, *The First American Neutrality: A Study of the American Understanding of Neutral Obligations During the Years 1792 to 1815*（Urbana, Ill., 1934）, pp. 14–19。"事实上，有细心的学者提出，在美国第一次宣布中立之前，一个国家甚至很难证明自己在战争期间有保持中立的合法权利。"出处同上，p. 16。

101. Jefferson to Washington, Apr. 7, 1793; to Madison, Apr. 7, 1793, *WTJ*, VI, 212–213. Jefferson, "Anas," Apr. 18, 1793, 同上, I, 226。Washington to Jefferson, Apr. 12, 1793; "Questions Submitted to the Cabinet," Apr. 18, 1793; Washington to Heads of Departments, Apr. 18, 1793; *WGW*, XXXII, 415–416, 419–421。Carroll and Ashworth, *Washington*, VII, 44。杰斐逊几乎可以肯定，汉密尔顿是这13个问题的实际作者，尽管他没有进一步说明，如果自己愿意的话，也可以编制这样一份问题清单。他很可能并不想这么做，原因和避免起草《中立声明》一样。参见Thomas, *American Neutrality*, pp. 28–30。

102. Jefferson, "Anas," Apr. 18, 1793, *WTJ*, I, 226–227; "Cabinet Opinion on Proclamation and French Minister," Apr. 19, 1793, 同上, VI, 217; Jefferson to Madison, June 23, 1793, 同上, 315–316; Hamilton, "Pacificus," Nos. I, VII, *PAH*, XV, 33–43, 130–135。根据杰斐逊的说法，汉密尔顿在"帕西菲斯"的文章中，重复了他在内阁讨论中就这些问题提出的观点。Jefferson to Madison, June 29, 1793, *WTJ*, VI, 327。关于英国目前要求美国保持中立的证据不足或可能性不大，参见Malone, *Jefferson*, III, 70。

103. 例如, DeConde, *Entangling Alliance*, p. 195; Harry Ammon, *The Genet Mission*（New York, 1973）, p. 51。

104. Apr. 28, 1973, *WTJ*, VI, 232.

105. "Cabinet Opinion," 同上, 217。

106. Jefferson to Madison, May 19, June 29, Aug. 11, 1793; to Monroe, July 14, 1793; 同上, 259, 328, 369, 346。Washington, Proclamation, *WGW*, XXXII, 430–431。

107. Hamilton and Knox to Washington, May 2, 1793; Hamilton to Washington, May 2, 1793; *PAH*, XIV, 367–396, 398–408.

108. Jefferson to Washington, Apr. 28, 1793, "Opinion on French Treaties," Apr. 28, 1793, *WTJ*, VI, 218-231. 尽管杰斐逊没有看到汉密尔顿的书面意见，而且可能永远也不会看到，但他在这篇文章中明确提到了汉密尔顿曾经口头表达过的相同论点。

109. "Anas," Apr. 18, Mar. 30, 1793, 同上, I, 227, 224。其中4月18日的条目是在5月6日记录的。

110. Letter of Credence, Jan. 13, 1793, F. Alphonse Aulard, ed., *Recueil des actes du Comité de Salut Public; avec la correspondance officielle des répresentants en mission et le régistre due Conseil Executif Provisoire* (Paris, 1889), I, 478-480; 英文翻译参见 National Archives Microfilm Publications, M53 (France), Roll 1; Genet's powers to negotiate new treaty, Jan. 4, AECPE-U 37, 22-23; Address of National Convention to United States of America, Dec. 22, 1792, AECPE-U 36, 473-474vo。热内在被华盛顿召见时的发言，参见 Jefferson to Madison, May 9, 1793, *WTJ*, VI, 260-261。

111. 华盛顿不太可能表现得热情洋溢。但只是到后来，热内为自己的使命失败进行辩解时，才得出自己受到了冷遇的结论。这是因为，正如他所声称的那样，华盛顿对于"三百名主要是英国籍的商人"向总统发表的致辞与"六千名在我抵达时前来祝贺我的市民"所体现出的舆论反差"深感痛心"。Genet to Minister of Foreign Affairs, Oct. 7, 1793, CFM, p. 245。另见 Genet to Jefferson, July 4, 1797, Minnegerode, *Jefferson*, p. 417, 他在其中将它描述为"一场完全中立且毫不重要的接待"。

112. Keller, "Genet Mission," pp. 142-148; *Philadelphia American Daily Advertiser*, May 17, 18, 20, 1793; J. S. Biddle, ed., *Autobiography of Charles Biddle … 1745-1821* (Philadelphia, 1883), pp. 251-253; Hazen, *Contemporary Opinion*, pp. 176-182; Genet, "Rapport," De Witt, *Jefferson*, pp. 544-546.

113. "他的原则、他的经验、他的才能，以及他对我们所捍卫的事业的献身精神，都给了我极大的信心，使我满怀希望。我们将实现辉煌的目标，而这一目标符合人类的共同利益和期盼。" Genet to Minister of Foreign Affairs, May 18, 1793, CFM, p. 215。

114. Genet to Jefferson, May 22, 1793, *ASP: FR*, I, 142.

115. 同上, p. 147。

116. Jefferson to Ternant, May 15, 1793; Genet to Jefferson, May 27, 1793; 同上, 147-150。

117. Genet to Minister of Foreign Affairs, May 31, 1793, CFM, p. 216; Keller, "Genet Mission," pp. 215-216; Minnegerode, *Jefferson*, p. 418; *National Gazette*, June 1, 1793. 热内报告说，杰斐逊"在报纸上以维瑞塔斯的名义发表了三封信［实际上有四封］，反对这些先生们的制度……"。他在另一封信中也提到了杰斐逊的"匿名文章"。 Genet to Minister of Foreign Affairs, Oct. 7, Aug. 15, 1793, CFM, pp. 245, 241。

118. Genet to Minister of Foreign Affairs, Oct. 7, 1793, 同上, p. 245; to Jefferson, July 4, 1797, Minnegerode, *Jefferson*, p. 418。"您让我了解到贵国内阁的弱点和秘密，以及贵国的政治分裂，让我意识到我们国家处于危险之中……我只能依赖于你们，你们看起来都很友好很热情，我希望能最大限度地利用自己的职位……我也是这么做的。"出处同上。热内告诉杰斐逊，和杰斐逊不一样，他的性格不会"说一套做一套，公开场合是一种说法，私下则是另一种说法"。Genet to Jefferson, Sept. 18, 1793, ASP: FR, I, 172-174。

119. 不愿意与法国进行新的条约谈判似乎得到了普遍认同，这在内阁内部没有产生根本分歧，这种基调可能是由华盛顿本人一开始就确定的。当杰斐逊第一次向他陈述热内关于这个问题和债务问题的提议时，甚至在公使的信件被翻译之前，华盛顿的本能反应就是避免采取任何草率行动。"总的来说，我告诉国务卿，"他指出，"根据法国事务的目前态势，我认为我们在采取行动前应当非常慎重地考虑所有这些措施——因为不可能准确地决定这场斗争的最终结果——因此，政府不应该走得太快，而是应当谨慎行事。"Journal of the Proceedings of the President, May 24, 1793, Washington Papers, LC. 另参见 Woodfin, "Citizen Genet," pp. 406-413。

关于杰斐逊如何与热内协商这一问题的，有两个版本，一个出自杰斐逊，另一个则是来自热内。杰斐逊告诉内阁："从我们的谈话中可以看出，可能不会立即同意关于条约的建议。我尽量让热内先生做好心理准备，并在谈话中告诉他，我们已将条约控制权交给参议院。我并没有直接说（因为没有得到在这个问题上发表官方言论的授权，我不敢直接承诺），但在随后的谈话中，我发现他的理解完全如我希望的那样，因为在谈到其他事情时，他顺便提到新条约的建议，表示'但我现在知道，在参议院开会之前，你不能讨论这个问题，那我现在就不多说了'。然后便继续讨论他的下一个问题，我现在已不记得具体是什么事情了。""Anas," Aug. 23, 1793, *WTJ*, I, 262。而根据热内的版本，"杰斐逊先生似乎深信这次谈判是有用的，也相信有必要与我们建立新的政治和商业关系，但与此同时，他并没有向我隐瞒，他将遇到许多障碍，这些障碍来自亲英派以及美国政府按照英国模式［那些旧势力（celui de cette vieille puissance）］建立的制度，而这一制度如今是美国收入的主要基础，也是其债务的唯一抵押。这种腐朽制度的敌人包括哲学家、无限自由的朋友，还有农民，他们的勤劳是一切财富的基础；而这种制度的捍卫者则包括所有的资本家、所有的基金投机者，以及国会、下级立法机构和下级政府中的所有受联邦政府庇护的人，因为贿赂行为已经渗入到我们的兄弟周围"。Genet to Minister of Foreign Affairs, Oct. 5, 1793, CFM, p. 258。关于这个问题的概述，参见 Randolph to Monroe, June 1, 1795, *ASP*：*FR*, I, 705–712, 其中伦道夫引用了热内的指令（尽管不准确，708–709）；关于背景，参见 George F. Zook, "Proposals for New Commercial Treaty Between France and the United States, 1778–1793," *South Atlantic Quarterly*, VIII（July 1909）, 267–283。关于杰斐逊这一时期的思想状态，参见下文，第357页及以后的内容。

120. CFM, pp. 203, 206.
121. Genet to Jefferson, June 1, 1793; Jefferson to Genet, June 1, 1793; *ASP*：*FR*, I, 151. 杰斐逊的初稿在最后写道："毫无疑问，他的案子会有您期望的有利结果。法律的形式会带来某些必要的拖延；然而，他肯定不会经历非必要的延迟。我很高兴地告诉您，在将法律（不允许任何控制）适用于亨菲尔德先生的行为时，将不会找到任何应当谴责他的理由。" *WTJ*, VI, 274n。
122. *ASP*：*FR*, I, 150.
123. 同上，156。如果不是华盛顿要求他重写，汉密尔顿的回复会更不客气。"这与我的想法不完全一致，"他说，"因为他的答复过于直接和生硬——我转给了国务卿，请他就此发表意见。"Journal of Proceedings of the President, June 6, 1793, Washington Papers, LC; Jefferson to Washington, June 6, 1793, *WTJ*, VI, 287–289。关于法国债务的完整讨论，参见 Robert R. LaFollette, "The American Revolutionary Foreign Debt and Its Liquidation"（未发表的论文，George Washington U., 1931）; Samuel F. Bemis, "Payment of the French Loans to the United States, 1777–1795," *Current History*, XXIII（Mar. 1926）, 824–836;

Alphone Aulard, "La dette américaine envers la France," *Revue de Paris*, III（May 15, June 1, 1925）, 319–338, 524–550。

124. 关于"善意中立"，参见 Hyneman, *First American Neutrality*, pp. 15–16, 153–154。根据1778年《友好商业条约》的第22条，"任何外国的私掠船……如果受到与上述两国任何一国处于敌对状态的国家或其君主的委任，在上述双方的其中一方或另一方的港口装备船只，都是不合法的"。杰斐逊本人（从他在内阁就如何处理热内在查尔斯顿装备私掠船而进行辩论的记录来判断）似乎认为，法国这样做可能是合法的。"这里的每个人——包括我们自己在查尔斯顿的人——还有热内，都是这样理解的。当然，这并没有得到明确许可——也可能是被禁止的。但除非被禁止，否则也只是轻罪。" Hunter Miller, ed., *Treaties and Other International Acts of the United States of America*（Washington, 1931）, II, 19–20; "Anas," May 20, 1793, *WTJ*, I, 229。第一部明确禁止这种活动的联邦法规是1794年的《中立法》，尽管内阁认为，可以基于其他理由禁止此类活动。参见下文, pp. 352–354。

125. 1795年3月5日，国会通过一项法案，实际上清偿了法国债务的剩余部分。LaFollette, "Foreign Debt," pp. 118–119。

126. "Conversation with George Hammond,"［Apr. 2–May 17, 1793］, *PAH*, XIV, 273–274。

127. Genet to Jefferson, June 8, 1793, *ASP: FR*, I, 151.

128. Genet to Jefferson, June 14, 1793, 同上, 156–157。

129. Genet to Jefferson, June 14, 1793, 同上, 152。

130. Jefferson to Genet, June 17, 1793, 同上, 158。

131. Jefferson to Genet, June 17, 1793, *WTJ*, VI, 311–312。

132. Jefferson to Genet, June 19, 1793, *ASP: FR*, I, 157.

133. "Reasons for the Opinion of the Secretary of the Treasury and the Secretary at War Respecting the Brigantine Little Sarah," July 8, 1793, *PAH*, XV, 75.

134. Genet to Jefferson, June 22, 1793, *ASP: FR*, I, 158–159.

135. 同上。

136. Genet to Minister of Foreign Affairs, Aug. 15, 1793, *CFM*, p. 241.

137. "Anas," July 5, 1793, *WTJ*, I, 235–237.

138. Genet to Minister of Foreign Affairs, July 25, 1793, *CFM*, p. 221.

139. Carroll and Ashworth, *Washington*, VII, 102n. 7月25日，华盛顿让杰斐逊准备一份关于热内的口头沟通的声明，但杰斐逊在第二天提交的文件中并没有提到这次会谈。同上，109-110; "Note Given to the President," July 26, 1793, *WTJ*, I, 248-250. 关于路易斯安那计划的基本材料，参见 Frederick J. Turner, "The Origins of Genet's Projected Attack on Louisiana and the Floridas," *AHR*, III (July 1898), 650-671; 以及 "The Policy of France Toward the Mississippi Valley in the Period of Washington and Adams," 同上，X (Jan. 1908), 249-279; Turner, ed., "Selections [on] ... the Proposed French Expedition Under General George Rogers Clark against Louisiana, in the Years 1793-94," *AHA: AR, 1896*, I, 930-1107; 以及 "Documents on the Relations of France to Louisiana, 1792-95," *AHR*, III (Apr. 1898), 499-516; "Journal of André Michaux, 1793-1796," Reuben G. Thwaites, ed., *Early Western Travels, 1748-1846* (Cleveland, 1904), III, 特别是27-53; F. R. Hall, "Genet's Western Intrigue, 1793-1794," *Illinois State Historical Society Journal*, XXI, no. 3, (1928), 359-381; Archibald Henderson, "Isaac Shelby and the Genet Mission," *MVHR*, VI (Mar. 1920), 445-469; 以及 Regina K. Crandall, "Genet's Projected Attack on Louisiana and the Floridas, 1793-1794" (未发表的论文，U of Chicago, 1928). Mildred S. Fletcher, "Louisiana as a Factor in French Diplomacy from 1763 to 1800," *MVHR*, XVII (Dec. 1930), 367-376, 对特纳 (Turner) 关于法国想要收回路易斯安那意愿程度的推测进行了批评。

140. Thomas, *American Neutrality*, pp. 137-143; Jefferson, "Anas," July 5, 10, 1793, *WTJ*, I, 235, 237-241.

141. 同上，237-241; Jefferson to Madison, July 7, 1793, 同上，VI, 338-339。

142. Carroll and Ashworth, *Washington*, VII, 100.

143. July 10, 1793, 注释140和141引用的文献。

144. "Cabinet Opinion on 'Little Sarah'," *WTJ*, VI, 339-340. 另参见注释133，以及 "Reasons for his Dissent," 同上，340-344。

145. Genet to Jefferson, July 9, 1793, *ASP: FR*, I, 163.

146. *WGW*, XXXIII, 4; Carroll and Ashworth, *Washington*, VII, 102-103; "Anas," July 13, 23, Aug. 1, 2, 20, 1793, *WTJ*, I, 243, 247, 252-254, 259-261.

147. Jefferson to Chief Justice and Judges, July 18, 1793, 同上，VI, 351-352; Washington to Justice, July 23, 1793, *WGW*, XXXIII, 28; Jay and Justices to Washington,

Aug. 8, 1793, *CPJJ*, III, 488–489；那 29 个问题重印于 *WTJ*, VI, 352–354。Jefferson to Genet, July 12, 1793, *ASP: FR*, I, 163（关于在港口扣留"小民主号"）。离开港口的确切日期不详（参见 Thomas, *American Neutrality*, p. 142）；但有趣的是，英国人温和地处理了这件事。哈蒙德只是说，私掠船的船长奉命以武力反抗任何试图扣留船只的行动，然后表示，"这艘船随后就启航了，而政府由于没有准备好大炮和军队，不得不屈服"。Aug. 3, 1793, *WTJ*, VI, 358–359。

148. 同上；Thomas, *American Neutrality*, pp. 152–153。

149. Francis Wharton, *State Trials of the United States During the Administrations of Washington and Adams*（Philadelphia, 1849）, pp. 49–89; Hyneman, *First Neutrality*, pp. 129–132; Thomas, *American Neutrality*, pp.170–176, 185–188; Jefferson to Isaac Shelby, Aug. 29, 1793, *ASP: FR*, I, 455. 另参见 A. Henderson, 注释 139 引用的文献；以及 Samuel L. Wilson, *A Review of "Isaac Shelby and the Genet Mission" by Dr. Archibald Henderson*（Lexington, Ky., 1920）。1794 年 6 月 5 日颁布的《中立法》第 1 条和第 2 条中，将征募美国公民为外国交战国服务定义为"严重轻罪"（high misdemeanor）。*Statutes at Large*, I, 381–383。

150. Thomas, *American Neutrality*, pp. 109–112; Jefferson to Genet, Nov. 8, 1793, *ASP: FR*, I, 183.

151. Thomas, *American Neutrality*, pp. 206–220; Hyneman, *First Neutrality*, pp. 118–127。

152. 同上，pp. 145–150；Thomas, *American Neutrality*, pp. 247–257；关于"自由船只，自由货物"原则，同上，pp. 257–260。1793 年 6 月 8 日的英国枢密院令，参见 *ASP: FR*, I, 240; Jefferson to Genet, July 24, 1793, 同上，166–167。

153. R. Therry, ed., *Speeches of the Right Honorable George Canning, with a Memoir of His Life*（London, 1836）, V, 50（反对废除《外国征兵法》（Foreign Enlistments Bill）的动议，1823 年 4 月 16 日）。

154. 这是 Carroll and Ashworth, *Washington*, VII, 88 给人留下的印象，似乎没有什么理由怀疑这一点。然而，当时确实有一些反对意见，包括非常尖锐的反对声音，如果对关于《中立声明》的舆论进行分析，将会非常有益。但据我们所知，没有人试图这样做。

155. Jefferson to Morris, Apr. 20, 1793; to Madison, Apr. 28, 1793; *WTJ*, VI, 217, 232.

156. 这一观点出自 Harry Ammon, "The Genet Mission and the Development of American

Political Parties," *JAH*, LII（Mar. 1966），725–741，Harry Ammon，*Genet Mission*，ch. 10 也是基于这个观点。

157. *National Gazette*，June 1，5，8，12，1793. 到目前为止，还没有人发现"维瑞塔斯"到底是谁。对约翰·贝克利来说，每天的八卦似乎对健康必不可少，他告诉杰斐逊，这是一个名叫威廉·欧文（William Irvine）的爱尔兰人，他是财政部的一名职员。贝克利说，他是"从印刷商斯温（Swaine）那里听说的"，但"不允许公开他线人的名字"。这正是杰斐逊最愿意相信的信息。"我早就怀疑该党在进行这种过分的犯规行为，他们把自己描绘为最夸张的民主派，对总统大肆辱骂，让总统相信那个政党是他的敌人，从而将他置于独裁者的地位。"不过，杰斐逊偶尔也会意识到，贝克利的故事并非总是可靠。认为汉密尔顿会冒险这样做，甚至是有那种想法，似乎都比较牵强；另一方面，人们不禁要问，如果杰斐逊一心想要找出真相，那他为什么不直接去问弗雷诺"维瑞塔斯"是谁呢？卡罗尔（John A. Carroll）和阿什沃斯（Mary W. Ashworth）提到，华盛顿收到了一张日期为1793年6月13日的便条，上面只有"G.H."的签名（可能是乔治·哈蒙德），说是"里士满的斯托克顿"。但他们的结论是，"主编弗雷诺负有直接责任"。他们很可能是对的，他们的依据是"一个深思熟虑的解释"，即 Samuel E. Forman，*The Political Activities of Philip Freneau*（Baltimore，1902），但事实上，这个解释既不深思熟虑也不可靠［例如，福曼（Forman）在第68页引用了《国民报》中的一段话，他认为这段话是弗雷诺写的，在第71页引用了另一段话，他说"肯定不是弗雷诺写的"，但这两段话其实都出自"维瑞塔斯"］。另外，汉密尔顿在他的任何公开和私人著作中都没有提到"维瑞塔斯"，这进一步加深了这个谜团。Philip Marsh，"The Griswold Story of Freneau and Jefferson," *AHR*，LI（Oct. 1945），68–73，提出一种理论，认为"维瑞塔斯"可能是宾夕法尼亚州的共和党领袖托马斯·麦基恩（Thomas McKean）。Jefferson，"Anas," June 12，July 18，1793，*WTJ*，I，235，244–245；Carroll and Ashworth，*Washington*，VII，86n。关于热内的观点，参见注释117。

158. Jefferson to Madison，Mar.［n.d.］，1793，*WTJ*，VI，192；Hammond to Grenville，No. 11，Apr. 2，1793，PRO：FO 5/1。

159. *National Gazette*，Apr. 20，1793；有关国王被处决的舆论，参见 Hazen，*Contemporary Opinion*，pp. 253–257。有一个经常被转载的故事：1793年，在费城庆祝法国大革命的公民盛宴上，一头猪（代表路易十六）的头被砍了下来,猪头在宾客中传递,每个人在把刀插进猪头时都会大喊"暴君"。这是一个想象中的场景——从未得到任何目击者的证实——几乎可以肯定是威廉·科贝特(William Cobbett)的杜撰,他丰富的想象力为他所有的作品都赋予了一种活泼基调,他在当时是极端恐法派。参见 William Playfair, *The History of Jacobinism … With an Appendix by Peter Porcupine, Containing a History of the American Jacobins, Commonly Denominated Democrats*(Philadelphia, 1796), II, Appendix, 25-26。另参见 Hazen, *Contemporary Opinion*, p. 183 及 n.; Kenneth R. Rossman, *Thomas Mifflin and the Politics of the American Revolution*(Chapel Hill, N.C., 1952), p. 216。

160. Jefferson to _____, Mar. 18, 1793, L & B, IX, 45; Madison to Jefferson, Apr. 12, 1793, *PJM*, XV, 7. 但在1821年,杰斐逊写道,他不会投票赞成死刑。"我会把王后关进修道院,消除她的权力危害性,把国王放在他的王位上,只赋予他有限的权力,我相信,根据他的理解能力,他会诚实地行使这些权力。这样,就不会造成任何权力真空,让军事冒险家[拿破仑·波拿巴]乘虚篡位,也不会发生那些浩劫,它们不仅打击了世界各国的士气,而且摧毁了并仍将继续摧毁数百万民众。"*WTJ*, I, 141。共和党人中较为典型的平衡的反应来自本杰明·拉什。拉什写道:"对他的处决是不公正、违宪、非法、非政治和极度残忍的……百分之九十九的公民为他流下了眼泪。"然而,至于法国本身,拉什坚持认为,"她所从事的崇高事业,尽管被她的统治者弄得很不光彩,但最终必将胜利"。同样,詹姆斯·门罗也写道:"在我的周围,我几乎没有看到任何人反对目前的法国大革命。许多人对国王的不幸命运感到遗憾。但他们似乎认为这些事件是一项更伟大事业的副产物,而他们希望看到这项事业的完成。"共和党牧师威廉·本特利(William Bentley)称:"舆论认为法国国王被处决是一个令人悲伤的消息,所有理性的人都对这一事件深感悲痛。法国人在美国人心中的影响力因这一事件而大打折扣。" Rush to John Coakley Lettson, Apr. 26, 1793, Lyman H. Butterfield, ed., *Letters of Benjamin Rush*(Princeton, N.J., 1951), II, 635; Monroe to Jefferson, May 8, 1793, *WJM*, I, 252; *The Diary of William Bentley, D.D., Pastor of the East Church, Salem, Massachusetts*(Salem, 1907), II, 13, Mar. 25, 1793。

161. Jefferson to Monroe, May 5, 1793[他以类似的方式,在5月6日和23日给托马斯·曼·伦道夫(Thomas Mann Randolph)和约翰·威尔斯·佩斯(John

Wayles Eppes）写了信］; to Madison, Apr. 28, 1793; *WTJ*, VI, 232, 238, 241, 264。

162. Jefferson to Thomas Mann Randolph, May 6, 1793; to Brissot de Warville, May 8, 1793; to Monroe, June 4, 1793; to Monroe, May 5, 1793; 同上, 241, 249, 281–282, 238。

163. Madison to Jefferson, June 19, 1793, *PJM*, XV, 33.

164. Jefferson to Madison, May 12, 19, Aug. 11; to Monroe, May 5, 1793; "Anas," Apr. 18, 1793. *WTJ*, VI, 250–251, 259; 同上, I, 227; *PJM*, XV, 57–58。

165. Jefferson to Madison, May 19, 27, June 2, 1793, *WTJ*, VI, 261, 268–269, 278.

166. Madison to Jefferson, May 27, 1793; Jefferson to Madison, June 9, 1793; *PJM*, XV, 22, 26–27.

167. "Anas," July 13, 1793, *WTJ*, I, 243.

168. *PAH*, XIV, 475, 193.

169. Hamilton to _____, May 18, 1793; "Defense of the President's Neutrality Proclamation," May 1793, 同上, 473–476, 503。

170. *National Gazette*, May 15, June 1, 8, 1793. "但大多数人," 根据唐纳德·H.斯图尔特（Donald H. Stewart）的说法, "在这个时候都放弃了与英国开战的任何想法……" *The Opposition Press of the Federalist Period*（Albany, N.Y., 1969）, p. 700。

171. *PAH*, XV, 33–43（June 29）, 55–63（July 3）, 65–69（July 6）, 82–86（July 10）, 90–95（July 13–17）, 100–106（July 17）, 130–133（July 27）.

172. Jefferson, "Anas," Aug. 2, 1793, *WTJ*, I, 254.

173. "No Jacobin," No. I; David Ross to Hamilton, Aug. 30, 1793; *PAH*, XV, 145, 309–310.

174. Jefferson to Madison, July 7, June 29, 1793, *WTJ*, VI, 338, 328. Madison to Jefferson, July 18, 30, 1793; "Letters of Helvidius"; *PJM*, XV, 44, 66–73, 80–87, 95–103, 106–110, 113–120.

175. Jefferson, "Anas," Aug. 2, 1793, *WTJ*, I, 253; to Madison, Aug. 11, 1793, *PJM*, XV, 57.

176. "Anas," Aug. 6, 1793; to Washington, Aug. 11, 1793; *WTJ*, I, 256–259, VI, 366–367.

177. Jefferson to Madison, Aug. 3, 1793, 同上, VI, 361。

178. 关于这份文件的准备情况（文件日期是后来写上去的，显示为8月16日，但其实直到8月20日才最终批准），其他内阁成员的备忘录，以及文件内容，参见"Anas," Aug. 1, 2, 20, 1793; Jefferson to Morris, Aug. 16, 23, 1793; to Madison, Aug. 18, 1793；同上，I, 252–254, 259–261, VI, 371–397（文本参见 *ASP*: *FR*, I, 167–172）。杰斐逊在9月的某个时间向热内发送了这份文件的副本及一封附信，热内在9月18日回复了一封言辞激烈的长信。*WTJ*, VI, 429–430; *ASP*: *FR*, I, 172–174。

179. Jefferson to Madison, Aug. 11, 1793, *PJM*, XV, 56–57.

180. 这段话中有代表性的观点和引文均出自1793年9月10日加罗林县（弗吉尼亚州）的决议，而这些决议则是麦迪逊9月2日发给杰斐逊的"思想片段"的修改版本。弗吉尼亚州的大多数会议都遵循麦迪逊和门罗的模式，许多段落措辞相同。"我们敬爱的总统"这句话出自10月24日阿米利亚县（弗吉尼亚州）的决议。*Boston Independent Chronicle*, Oct. 10, 1793; *PJM*, XV, 79–80; *Baltimore Daily Intelligencer*, Nov. 11, 1793。关于华盛顿的答复，参见 *WGW*, XXXIII, 各处。对这些会议整理最好的是 Ammon, "Genet Mission and Political Parties"，其中收录了一套非常完整的报纸参考资料。在其中一个方面，我们的关注点与安蒙（Ammon）教授略有不同；他强调"共和党"和"联邦党"决议之间的差异，而我们则更多地关注二者的相似之处。对决议进行完整叙述的另一部著作是 Woodfin, "Citizen Genet," pp. 323–338, 348–360。

181. Jefferson to Madison, Sept. 1, 1793, *WTJ*, VI, 401–402; *ASP*: *FR*, I, 240.

182. 医生们对这种疾病的原因也有截然不同的理论，从而以一种不可思议的方式反映了他们的政治观点。共和党医生倾向于认为疾病由当地的有毒源头引发，而联邦党医生则认为疾病是从外面传入的（有几千名法国人从圣多明各逃出来）。共和党人最臭名昭著的疗法，是本杰明·拉什的放血疗法，这种疗法放出的血量经常会超过大多数病人能承受的范围（这种治疗往往是致命的，有点让人联想到断头台）。Martin S. Pernick, "Politics, Parties, and Pestilence: Epidemic Yellow Fever in Philadelphia and the Rise of the First Party System," *WMQ*, 3rd Ser., XXIX（Oct. 1972），559–586。上面提到的两位死于黄热病的共和党领导人是詹姆斯·哈钦森（James Hutchinson）和乔纳森·迪金森·塞尔格昂特（Jonathan Dickinson Sergeant）。杰斐逊在注释181中提到的那封信中暗示，弗雷诺是最后一批坚持支持热内（他"已完全颠覆了共和党在费城的利益"）的人之一，因此政治上已相当孤立。

183. "Anas," Nov. 28, 1793, *WTJ*, I, 270–272; *AC*, 3 Cong., 1 Sess., 14–16, 17–18, 138–139。所提到的致辞涉及与法、英两国关系的状况，在1793年12月5日转交给国会两院。随附的文件资料参见*ASP: FR*, I, 141–246。关于杰斐逊的报告和麦迪逊提议的报复性立法，参见第十章的内容。

184. 例如，在部长通信的日程表中，记录了泰尔南、福谢和阿德不断抱怨没有来自国内的指示；CFM，20页及以后的内容。

185. Genet to Minister of Foreign Affairs, May 31, June 19, 1793 (received July 31, 30), CFM, pp. 216–218; Deforgues to Genet, July 30, 1793, 同上, pp. 228–231。

186. 同上。

187. "Etats-Unis," AECPE-U 39, 466–469vo. Paine to Barère, Sept. 5, 1793; to Monroe, Oct. 20, 1794; Foner, ed., *Complete Writings*, II, 1332–1333, 1364–1374. De V. Payen-Payne, ed., *Memoirs of Bertrand Barère, Chairman of the Committee of Public Safety During the Revolution* (London, 1896), II, 114.

188. 同上, 114; Aulard, ed., *Actes du Comité de Salut Public*, VI, 461。

189. Deforgues to Genet, Sept. 28, 1793, AECPE-U38, 277–277vo.

190. Thomas, *American Neutrality*, Appendix II ("Genet's Financial Difficulties"), pp. 272–274; Genet to Jefferson, Nov. 11, 14, 1793, *ASP: FR*, I, 185–186. Ammon, *Genet Mission*, pp. 111–131对热内有关圣多明各舰队的活动进行了总结。Genet to Minister of Foreign Affairs, July 22, 1793, AECPE-U 38 62–67；另见Bowman, *Struggle for Neutrality*, p. 91 and n.

191. 执行委员会"应审查[épurer, 字面意思是'净化'和'清除']已派到世界各地的外交代表的遴选工作；公共安全委员会将对审查结果进行批准并做出指示"。Aulard, ed., *Actes du Comitéde Salut Public*, VI, 461, 连同注释188中提到的指令。

192. "Exposé succinct de la conduite du Citoyen Genet dans les Etats Unis de l'Amérique," CFM, pp. 283–286。但档案员的注释（"1793年10月前后"）似乎搞错了。保罗·曼图（Paul Mantoux）称，这份报告"最迟在9月"就写好了，这个观点很有说服力。"Le Comité de Salut Public et la mission de Genet aux Etats-Unis," *Revue d'histoire moderne et contemporaine*, XIII (Jan.–Feb. 1909), 12–13.

193. Morris to Jefferson, Oct. 10, 1793; to Deforgues, Oct. 8, 1793; Deforgues to Morris, Oct. 10, 1793; *ASP: FR*, I, 372–373, 375. "Etat des Agens politiques, Etats unis," AECPE-U39, 193. Order of Oct. 11, Aulard, ed., *Actes du Comité de Salut Public*, VII, 359–360. 没有证据表明这不是委员会的常规决定，也没有证据表明罗伯斯庇尔将其作为自己的特殊事务，就像Bowman, *Struggle for Neutrality*, p. 94中所暗示的那样。奥托备忘录空白处的批注也不是罗伯斯庇尔的笔迹。这份文件（"Etat des Agens Politiques"）在日期上似乎也有误（"雾月"）；它不可能是在10月11日之后才写好，同时也可能不会在10月8日之前。参见Mantoux, "Comité de Salut public," 18 and n。

194. A. G. J.［原文如此］Ducher, *Les deux hémispheres*（Paris, Oct. 28, 1793），AECPE-U 39, 201–204vo。罗兰和孔多塞也自杀了。

195. *Rapport … sur la situation politique de la République*, Nov. 17, 1793, AECPE-U 39, 279–293vo.；另见Henri Calvet, ed., *Les grands orateurs republicans: Robespierre*（Monaco, 1950），pp. 149–168。

196. Instructions to Commissioners, Nov. 15, 1793, CFM, p. 293. 关于杜歇的经济理论，参见Frederick L. Nussbaum, *Commercial Policy in the French Revolution: A Study of the Career of G. J. A. Ducher*（Washington, 1923）。

197. Louis Didier, "Le Citoyen Genet," *Revue des questions historiques*, XCII（July 1912），73.

198. Instructions to Commissioners, Nov. 15, 1793; Fauchet and Commissioners to Minister of Foreign Affairs, May 20, 1794; CFM, pp. 292, 345. Murdoch, "Citizen Mangourit," 537–539.

199. Fletcher, "Louisiana as a Factor in French Diplomacy," pp. 361, 370–373; E. Wilson Lyon, *Louisiana in French Diplomacy*, 1759–1804（Norman, Okla., 1934），pp. 61–65, 69.另见注释139。

200. King, King, I, 478–479; Minnegerode, *Jefferson*, 361页及以后的内容。玛莎·热内的引语来自同上，p. 403。

201. George Clinton Genet, *Washington, Jefferson, and "Citizen" Genet, 1793*（New York, 1899），pp. 50–51.

Stanley Elkins
[美] 斯坦利·埃尔金斯 著
Eric McKitrick
[美] 埃里克·迈特里克

韩 华 译

The Age of Federalism
The Early American Republic, 1788-1800

1788—1800年的
美利坚共和国

下 册

山西出版传媒集团　山西人民出版社

总目录

上 册

引　言　建国一代的思维模式与情感模式 / 1

第一章　合法性 / 47

第二章　财政和意识形态 / 122

第三章　1790年詹姆斯·麦迪逊的矛盾心态：国家主义者与理论家 / 219

第四章　共和国的首都 / 263

第五章　杰斐逊与自耕农共和国 / 319

第六章　国务卿杰斐逊 / 341

第七章　党派政治的出现："共和派" / 420

第八章　法国大革命在美国 / 493

下 册

第九章　美国和英国 / 615

第十章　平民主义浪潮 / 746

第十一章　华盛顿的退休 / *810*

第十二章　约翰·亚当斯和"平衡"之道 / *874*

第十三章　亚当斯和汉密尔顿 / *966*

第十四章　和解方案 / *1066*

第十五章　1800年联邦主义者的思维模式 / *1145*

索　引 / *1249*

目 录

下 册

第九章　美国和英国 / 615

第一节　政治与商业 / 615
第二节　华盛顿和1794年的战争危机 / 633
第三节　关于贸易的未来展望 / 643
第四节　《杰伊条约》的谈判 / 657
第五节　批准条约 / 669
第六节　"金雨" / 691

第十章　平民主义浪潮 / 746

第一节　民主协会 / 746
第二节　威士忌暴乱 / 760
第三节　人民主权与暴乱结束 / 777

第十一章　华盛顿的退休 /810

第一节　对告别演说的解读 /811
第二节　门罗在巴黎 /822
第三节　1796年的政治状况 /842

第十二章　约翰·亚当斯和"平衡"之道 /874

第一节　亚当斯面临的麻烦 /876
第二节　为危机做准备 /885
第三节　第一阶段：XYZ事件 /901

第十三章　亚当斯和汉密尔顿 /966

第一节　第二阶段：1798年的狂热 /966
第二节　1799年2月至10月：亚当斯的拖延 /1016

第十四章　和解方案 /1066

第一节　海上准战争 /1066
第二节　1800年公约 /1093

第十五章　1800年联邦主义者的思维模式 /1145

第一节　外侨和煽动叛乱者 /1149
第二节　马修·里昂的巅峰人生 /1165
第三节　英国、美国的煽动叛乱与颠覆活动 /1172

第四节 汉密尔顿的军队 / *1176*

第五节 弗吉尼亚州和肯塔基州的决议 / *1182*

第六节 联邦主义与1800年"竞选" / *1193*

第七节 伯尔和"1800年革命" / *1216*

第八节 "我们都是共和党人……" / *1226*

索　引 / *1249*

第九章
美国和英国

第一节　政治与商业

　　一般来说，政府间签订的条约是一类不太会引起公众关注的交易。因此，人们不禁感到奇怪《杰伊条约》——美国在1794年秋与英国签订，次年在美国国内公布——为什么会在公众中引起如此强烈的反响，在美国的历史记忆中留下如此深刻的烙印？尽管这个条约实际上使美国受益匪浅，但它也遭到了前所未有的强烈的谴责。为什么这项交易对于早期的美利坚合众国具有如此重大的意义？要回答这个问题，仅仅从显而易见的国家利益角度考虑是不够的。

　　就像不久前的热内事件一样，如果仅仅将杰伊的谈判及其后果看作一个外交关系问题，就没有太大意义了。但如果像对待美法关系一样，从国内政治和意识形态的层面考虑，这件事就具有深远的意义。在1794年春天，要想避免双方的武装冲突，美国必须与英国达成某种形式的和解。当时，西北边境冲突加剧，美国船只在加勒比海地区不断受到骚扰，使得局势变得非常紧张。约翰·杰伊在1795年带回来的条约大体上成功地稳定了局面，因此可以说实现了其主要意图。但另一方面，与英国进行任何可能暴露双方实力悬殊的交易，或者不承认美国人自认为在海上和陆地应充分享有的权利，玷污了美国人理想的自我形象的基本特征。在美国公民从事贸易时，商业世界的规则和条件基本上不由他们制定，而是由英国人制定。这些条件并没有因为《杰伊条约》而发生很多变化，至少在形式上保持不变。诚然，一旦条约生效，美国的经济生活将空前繁荣，而其中最繁荣的领域——海上贸易——恰恰是被很多人认为最受条约冷落的行业，在某种程度上，这正是问题所在。美国的贸易繁荣一直都与英国密切相关，因此，所有地区的美国人都不认为他们已经真正摆脱了前母国。《杰伊条约》在很大程度上涉及商业，但美国人最希望从中得到的东西却与商业关系不大。如果他们接受杰伊的成果，就会牺牲自己的民族自尊；如果他们拒绝接受，就会损失自身的物质繁荣。他们最终选择了接受，但在此之前，他们经历了一场深刻的精神危机。

引发战争危机的外部挑衅行为在某种程度上是一种巧合。尽管如麦迪逊和杰斐逊所希望的那样，没有发展为暴力冲突和战争，但由于他们在几个月前采取的行动，事态已经发展到紧要关头。这一切要从1793年12月说起，那时，麦迪逊和杰斐逊进行了最后的努力，希望美国摆脱对英国的贸易依赖。

杰斐逊隐退回到蒙蒂塞洛后，麦迪逊基本上是在独自承担这项工作。他坚持不懈地推动对英国航运和贸易实行一系列限制措施，包括全面征收吨位税和进口关税，以及实施各种报复性惩罚。麦迪逊坚称，如果我们坚持立场，这些措施就会迫使英国人撤销对我们的限制。麦迪逊的方案中有模棱两可之处。纯粹从经济角度看，它根本站不住脚：他的数字要么是错误的，要么已经过时，推理也充满谬误，而且他对贸易和航运的状况也不甚了解。但话说回来，任何一个主要关注物质财富的人也不会提出这样的论点。麦迪逊面对的不是一个经济问题，而是一个道德问题。一方面，他声称，英国人在他的计划面前会屈服，从而放弃限制性航海政策，因为英国更需要美国的贸易。换句话说，美国的原材料和市场是维持英国工业的必要条件，而英国的制成品——在他看来——基本上是美国人非必需的奢侈品。但另一方面，也有可能他并不希望英国人屈服，因为他的方案实际上不鼓励英国人退让。设想一下，如果英国人顽固不化，导致英美贸易缩减，将会发生什么？这一点似乎激发了他的想象力。

如果这样的事情发生（尽管麦迪逊坚持认为不会发生，至少不会持续太久），会有暂时的代价。但这些代价很容易忍受。这让人回想起独立战争前"不进口"运动蓬勃发展的时期。国内制造业将会受到鼓励（麦迪逊和杰斐逊的愿景是发展有益的家庭手工业，而不是发展制造业工厂）。美国贸易的主要份额将从英国转移到法国，这会是一个非常理想的结果。到目前为止，这种情况未能发生，主要是由于非自然条件。如果消除这些条件，美国造船业将获得长足发展，惠及美国所有地区。一些人提出质疑，因为即使没有麦迪逊的计划，美国人也已经在以最快的速度建造船只，他们抗议说，如果实施这个计划，只会给他们带来伤害。但麦迪逊对整个航运和商业界的耐心是很有限的。当受到这些人的挑战时，他可以采取高高在上的姿态，暗示他们不是值得信任的、真正的国家福祉代言人，因为他们被英国的利益所束缚，受到英国的影响。在麦迪逊看来，事实基本上就是这样。自1783年的和平条约缔结以来，英国政府的态度无疑进一步强化了麦迪逊的观点：他们坚持不考虑对神圣的《航海法案》或以其为基础的制度进行任何根本性修改。

然而，麦迪逊自己的体系也反映出两难境地。一方面，可以永远不必面对英国高效商业体系的竞争，也不用面对法国作为关键制造品潜在的（更不用提目前）供应者的能力欠缺。但另一方面，如果英国屈服并取消商业限制，美国与英国的贸易关系将会比以往任何时候都更加密切——也是出于同样的原因。

因此，两难局面一直存在。诚然，麦迪逊的方案在经济方面并不是很合理，他也始终无法说服自己的同胞们接受它。但在其他方面，这个方案不容忽视，美国人无法轻率地拒绝它。方案弘扬爱国主义，唤起了美国人精神深处的某种东西；人们拒绝时，极不情愿，内心充满了冲突。

1793年12月5日，华盛顿发表关于对外关系的讲话，标志着争论活动开始。杰斐逊对美国对外关系政策的制定有重要影响，他不顾汉密尔顿、诺克斯和伦道夫的反对，说服华盛顿在讲话中加入一段关于英国政府行为的强硬信息，同时附上1791年乔治·哈蒙德到美国后，他与杰斐逊之间的通信节选，以及其他各种文件（这是为了制衡在热内事件中公布的那些文件，尽管现在热内事件已被视为令人满意地解决了）。这些文件旨在为三个主要领域的控诉提供证据。一是英国未能履行1783年和平条约中规定他们应尽的义务，其中最恶劣的是继续占领西北哨所。二是英国单方面扩大了对战时违禁品的解释，目的是阻止法国接受美国供应的物资。具体体现是，1793年6月8日英国枢密院令宣布，"拦截和扣留全部或部分装载玉米、面粉或粗粉驶往任何法国港口或任何法国军队占领港口的船只，是合法的……"。在讲话中没有具体提及第三项控诉，但杰斐逊提供的通信附件强烈暗示，英国一直拒绝改变现有政策，即对美国在英国港口的常规海上贸易实行限制。杰斐逊在安排这些文件时有意强调了这一点，给人们留下的印象是，英国人在任何情况下都不会与美国谈判商业条约。哈蒙德对杰斐逊的这些行为非常愤怒。他认为，国务卿故意忽略掉一些可能对英国的立场做出解释或对他自身的立场产生质疑的信件，因此他对杰斐逊的真正目的确信无疑。这样做的目的就是"通过把英国政府的各种侵犯行为归集到一个观点下,加强民众对英国政府的怨恨,从而影响辩论结果。他已经预见到本届国会一开始就会进行辩论……"。[1]

因此,总统的讲话及所附文件的含义是,美国与法国保持友好关系,但英国还和以前一样充满敌意,甚至敌意更多。1793年12月11日传来消息,英国帮助葡萄牙和阿尔及尔之间达成停战协议,这个信息对杰斐逊—麦迪逊的方案很有利。虽然英国的目的是在当前战争中获得葡萄牙海军的援助,但许多美国人怀疑英国人别有用心。在此之前,葡萄牙海军一直部署在地中海以遏制阿尔及利亚海盗,防止他们滋扰大西洋的贸易活动,而随着海军舰队撤离,海盗现在又可以在海上肆意妄为了。因此,美国人似乎有理由认为,停战协议只不过是英国针对他们的又一次恶意攻击。[2]

接下来的一步是在12月16日,杰斐逊向国会递交了他已经搁置很久的《关于美国在国外的商业特权和所受商业限制的报告》(Report on the Privileges and Restrictions on the Commerce of United States in Foreign Countries)。这份报告已经准备好两年了,之前一直没有提交的适当时机。现在,杰斐逊即将退休,共和党也终于在国会中占据多数席位,时机已经到来。几个月后,麦迪逊在国会竞选时也将以这份报告作为基础。[3]

报告中充满了数字,但其中最重要的部分与其说是一份"报告",不如说是一篇政治和意识形态檄文,旨在对抗另外两篇来自英国、表现出同样的好战倾向和强调意识形态的文章。一篇是谢菲尔德勋爵的经典之作《论美利坚合众国之商业》;另一篇是霍克斯伯里勋爵的长篇文章,它实际上更新了谢菲尔德的观点,并重申其所有原则。如果杰斐逊的论证想要产生任何实际效果,就要依赖于谢菲尔德和霍克斯伯里的论证,需要他们二人的主要论断在某种程度上是"真实的",尽管在当时，有可能他们和杰斐逊的论证都不再准确地反映现实了。不管怎样，谢菲尔德和霍克斯伯里的观点对于充分理解杰斐逊的论证非常重要。

谢菲尔德的《论美利坚合众国之商业》首次发表于1783年，十年来一直被麦迪逊和杰斐逊作为反面典型。他们认为，这份让人无法忍受的文件，证明了英国人的恶意，也表明如果美国人不能发奋图强，在未来很长一段时间内可能会受到英国的那种待遇。谢菲尔德的小册子旨在阻止谢尔本提议的自由贸易条约，该条约将给予美国人大部分原先他们在英国统治下享有的特权。谢尔本认为，这能够为英国制造业保留美国市场。谢菲尔德强烈反对，他认为这样的自由政策不仅没必要，而且实际上会破坏英国最重要的利益。英国凭借其优质产品、更高效率、较低价格，以及对市场的深入了解和丰富的信贷工具，无论如何都会维持最大的市场份额。另一方面，甚至在殖民地时期，美国人就已经逐渐垄断西印度群岛的供应；而且，他们"迅速抢走了我们的造船生意"并"侵夺了运输贸易"。[4]既然殖民地已经独立，这一切都应该停止。只要符合英国的利益，就应当有计划地将美国航运和美国产品排除在外。具体而言，这将意味着要求所有英国船只只能在英国造船厂建造；不允许美国船只进入英属西印度群岛和其余的北美殖民地；禁止美国鱼产品进入西印度群岛，即使由英国船只运输也不行；鼓励加拿大和新斯科舍增加木材和粮食的生产，有了这些产品（以及他们的鱼产品），英国臣民就可以逐渐完全取代美国，成为西印度群岛的供应商。如果美国人坚持政治独立，他们就应该为此付出代价。当1783年谢尔本政府垮台时，这些原则成为英国的官方贸易政策，并反映在当年7月的枢密院令中。

1789年美国联邦政府成立后不久，谢菲尔德最忠实的追随者之一、枢密院贸易委员会主席霍克斯伯里勋爵开始对英国政策进行新的研究。他的研究成果是1791年1月28日向国王提交的委员会的《关于国王陛下同……美利坚合众国之间的商业与航行……报告》(*Report ... on the Commerce and Navigation between his Majesty's Dominions, and ... the United States of America*)。从英国的角度来看，这份报告最好对外保密，然而在1791年夏，杰斐逊等人通过一位有权限接触到原文件的内部人士，拿到了这份报告的摘要。[5]霍克斯伯里报告的主要论点是，大量的研究证明谢菲尔德在所有方面都是正确的。英国的政策已经取得了完全成功，没有必要做任何改变。此外，这份报告基于一个吸引人的假设，即独立战争后美国在贸易和吨位总量上面的任何损失都是英国自动获得的收益。

报告在一开始就断言，美国的贸易享受比任何其他国家更优惠的待遇，它的许多出口产品得到特别优惠，因此，美国没有理由抱怨被排除在英属西印度群岛之外。所有国家习惯上都是按照最有利于自身利益的方式管理殖民地贸易。该报告的核心是比较1772—1774年和1787—1789年间英国与美国在贸易和航运方面的收益和损失。英国对美国的出口有所下降，但这被对加拿大、新斯科舍和西印度群岛的出口增长大大抵消。此外，出口下降的全都是原材料，而制成品出口实际上呈净增长。英国从美国的进口也有所下降。所有这一切意味着贸易平衡发生了有利于英国的急剧变化。吨位数统计结果也遵循了类似的模式。英国和美国之间的年贸易总吨位量有所下降，但都对英国有利。以前居住在英国的商人控制略超过一半的贸易量，现在他们控制了大约2/3；减少量都被英国与西印度群岛直接贸易的大幅增长所抵消；独立战争之前，西印度群岛出口美国的产品中，八吨货物中有五吨的货主是美国人，而现在全部都是英国人。总之，英国获益，美国遭受损失，这是好事。

这种趋势没有任何理由不会持续。美国人依赖英国的工业制成品，并且在未来很长一段时间内都不太可能建立自己的重要工业。目前，美国对外国航运的歧视并不严重，但如果美国对英国货物征收吨位税或其他特别歧视性关税，那么英国就应该以牙还牙。在任何情况下，都不应允许美国人通过自己的船只与西印度群岛或英属北美殖民地进行贸易，甚至不应讨论这种想法。最后，现在仍从美国出口到西印度群岛的粮食和木材（尽管由英国船只运输），应及时以加拿大生产的同类产品取代。换言之，确实应当将美国人排除在所有西印度群岛贸易之外，其中包括出口贸易和运输贸易。

即使假定主要统计数据正确无误，这也是一份狭隘、落后、极端保守的重商主义报告。它隐含了"以邻为壑"的原则，目光狭隘地迎合航运业，远远不能反映英国商界的整体利益。事实上，它忽略了英国制造业及不断扩大的美国市场的影响，也忽略了为维持这一市场美国买家所需要的平衡。此外，该报告巩固了具有讽刺意味的跨大西洋联盟：联盟的一方是杰斐逊和麦迪逊，另一方则是谢菲尔德和霍克斯伯里。每一方都同样依赖于统计数据的准确性。但事实上，这些数据一直都不准确。报告中没有反映美国与英属西印度群岛贸易的实际状况。独立战争后，双方的贸易量没有发生太大变化。但更重要的是，在这份报告发表后，随着1792年战争的爆发，整个情况发生了变化。当杰斐逊递交自己的报告后，麦迪逊基于这份报告提出一系列方案，而此时，英国自称在英美贸易中的航运优势实际上已经发生逆转，开始变得对美国人有利。

尽管如此，杰斐逊仍以霍克斯伯里的报告为参照，认为英国的《航海法案》剥夺了美国人本应享有的贸易权，既然英国没有动力改变一种显然对其有利的制度，那么，改变这种制度的唯一途径就是威胁采取报复行动。方法就是"对等"（reciprocity）：以其人之道，还治其人之身，在所有事情上都是这样。[6]

1794年1月3日，基于杰斐逊的所有论点，詹姆斯·麦迪逊在众议院提出一系列方案，实际上是要将杰斐逊提出的所有方案制定为法律。"对等"原则严格适用于所有与美国没有签订贸易条约的国家——但所有人都明白，唯一受到影响的国家就是英国。麦迪逊列出一大批将增加关税的工业制成品，几乎所有的都来自英国。没有与美国签订贸易条约的国家，船舶吨位税也会增加，而签有贸易条约的国家，吨位税将减少（他在1789年制定的歧视性关税计划重获新生）。如果一个国家拒绝接受由非美国船只运输的美国农产品或工业制成品，或者拒绝由美国船只运输的非美国生产货物，则对该国出口的货物也应施加类似的限制。如果一个国家拒绝接受用美国船只运输的美国农产品，那么对该国农产品也应实施对等禁令（这相当于对英国船只运输的西印度群岛货物实行贸易禁运）。最后，主要针对英国将食品视为违禁品的原则，规定增加的关税应用来补偿美国托运人因"违反国际法"的行为而遭受的损失。[7]

麦迪逊的语言既富有理性，又饱含爱国主义情怀。然而，尽管"对等"表面看是公正的，但实际上是一个陷阱。一方面，麦迪逊固执地要求把他的逻辑扩大到一系列琐碎事情上，而这些事情除了引起小烦恼外，对双方都不是很重要。而另一方面，同样的逻辑又要求英国取消其国家经济政策的两个核心支撑，即《航海法案》和《谷物法》（Corn Laws）。没有人知道，麦迪逊是否真的相信美国有足够资源让英国这样做。但他肯定知道，他的计划将会带来一些后果，因为这个计划与谢菲尔德和霍克斯伯里的一样，都体现了重商主义思想，而这对美国商人来说可不是件好事。

然而，最大的困难还在其他方面。杰斐逊的报告和麦迪逊的议案都是为了应对霍克斯伯里报告中描述的那个世界，在那里，美国的贸易和航运处处受限。美国的出口减少，航运萧条，造船业几近崩溃，贸易份额被英国人大量蚕食，而且预计未来美国出口还会进一步下降，并将长期依赖英国制造业。但这样的画面从来都不是真实的，美国商界，可能还有英国人，都不可能不知道这一点。

首先，美国的出口在1787—1788年已经开始回升，一直持续到1792年（霍克斯伯里的报告没有覆盖美国贸易的整体情况，而是仅关注了英美贸易）。另一方面，根据包括1792年在内的最新统计数据，美国的出口吨数从1789年开始一直缓慢而稳定地增加。这些根本没有反映在霍克斯伯里的报告中。关于西印度群岛的情况，合法的正常贸易当然已被禁止，在霍克斯伯里看来，这就意味着贸易的结束。然而，影子贸易（shadow trade）——不仅仅是走私，还有在当地总督的豁免下多次向美国船只开放港口——已经成为可靠的途径，甚至不再被视为高风险，并正在蓬勃发展。关于这一点，霍克斯伯里的报告没有提供任何统计数据，因为他认为这种贸易根本不存在。[8]

1790—1796年的吨数和航运统计

年份	吨数，进入美国港口的美国贸易船只[a]	吨数，进入美国港口的英国船只[a]	美国航运收入（百万美元）[b]		美国船只运输额在美国贸易总额中的占比[c]
			毛收入	净收入	
1790	354767	216914	$7.4	$5.9	58.6
1791	363662	210618	7.8	6.2	60.2
1792	414679	206065	9.2	7.4	63.0
1793	447754	100180	14.9	11.9	73.2
1794	525649	37658	19.4	15.5	86.2
1795	580277	27079	23.9	19.0	91.3
1796	675046	19669	27.0	21.6	93.1

a. *ASP: CN*, I, 389.

b. Douglass C. North, "The United States Balance Payments, 1790–1860," William Parker, ed., *Trends in the American Economy in the Nineteenth Century* (Princeton, N.J., 1960), p. 595.

c. 数据来源：Adam Seybert, *Statistical Annals ...*（Philadelphia, 1818），pp. 318–319。从这一系列数据中，可以明显地看到美国在英美贸易中的航运优势。尽管没有英国航运业的统计数据，但即使假定剩余份额全部由英国船只运输，而不是英国航运只占其中的大部分（实际情况当然如此），美国的优势仍然显而易见。例如，赫伯特·希顿（Herbert Heaton）指出，在1796年到1797年，"在应缴纳从价关税的英国进口货物中，2500万美元的货物由美国船只运输，仅有60万美元的货物由外国［假定为英国］船只运输"。"The American Trade," C. Northcote Parkinson, ed., *The Trade Winds: A Study of British Overseas Trade during the French Wars, 1793–1815*（London, 1948），p. 204n。

事实上，霍克斯伯里所描绘的那个世界从1793年已经开始瓦解。虽然在麦迪逊提出他的方案时，官方贸易数据（滞后一年）还没有体现这方面的证据，但对于任何从事商业的人来说，证据随处可见。1793年，英国在运输贸易中的份额急剧下降，并且将会持续下降；美国船主的利润在那一年大幅上升，在接下来的几年里将会猛增。尽管缺少1797年之前准确的造船统计数据，但种种迹象表明，造船业的繁荣从1793年开始，到1795年和1796年，每年新增船舶运输量达到10万吨左右的峰值。其原因显而易见，一是短缺，二是海洋货运利润迅速增长。[9]总之，情况从未像现在这样好过，而关于麦迪逊提案的辩论，正是在这种背景下展开的，而不是在经济紧缩的背景下。

麦迪逊最难对付的两个对手分别是，来自南卡罗来纳州的威廉·劳顿·史密斯（William Loughton Smith）和来自马萨诸塞州的费舍尔·埃姆斯。史密斯的雄辩源于他和汉密尔顿的密切联系，汉密尔顿为他提供了最有力的论证，可能还帮助他撰写了关于贸易的重要演讲稿。[10]

史密斯一开始就提议，将辩论限制在纯粹的贸易问题上，而不是与政治问题混为一谈，如西北哨所或阿尔及利亚海盗问题。史密斯知道，麦迪逊的论证基于的是杰斐逊的报告和华盛顿那篇讲话的附件，其成立有赖于将所有问题归并在一起讨论，而如果论证仅限于贸易，麦迪逊很可能会落败。接着，史密斯驳斥了该报告的基本假设，即法国向美国贸易提供优惠条件，而英国则以各种歧视方式对待美国贸易。

他用一长串令人乏味的产品清单来表明，总体而言，美国出口产品在英国获得的待遇比在法国获得的更优惠，但这部分论证中最引人瞩目的还是实际贸易量的对比。从1790年到1792年，美国出口到英国的货物总价值高达850万美元，而同期出口到法国的仅有490万美元；美国从英国进口货物的总价值为1528万美元，从法国进口的仅有206万美元。他认为原因是显而易见的：

> 首先，因为英国无疑是世界排名第一的制造业大国，能够以最优惠的条件和最大的数量供应我们想要进口的商品。
> 其次，因为英国商人资金雄厚，可以向我们提供大量的信贷。而我们的商人……资金少，他们需要信贷。[11]

史密斯耐心地指出，从效率最高的供应商那里购买物品并以信贷形式利用他人资本，具有经济效益，尽管他承认，最好不要依赖单一国家的制造业，但他认为为了鼓励法国制造业而对英国商品征收高关税是没有意义的，因为"美国人民将不得不支付更高的价格……不是出于自身利益，而是为了外国人的利益"。[12]

史密斯问道，是否有人会相信"这一切［麦迪逊的方案］都单纯是为了促进商业和航运业发展"？国务卿曾说，英国"单方面拒绝了通过条约达成友好协议"，但显然是国务卿本人以哈蒙德先生没有适当授权为由"拒绝"了条约，而不是英国公使拒绝。[13]史密斯接着问，现在英国可能会如何应对这些新措施呢？很有可能会发生战争，因为这些措施意味着代表法国实施敌对行为；至少，英国会采取反制措施。美国赢得这场贸易规则之战的可能性似乎不大。美国的贸易只占英国全部对外贸易的1/6，而英国贸易则占我们的一半，这意味着美国将有一半的对外贸易中断，而英国只有1/6受影响。此外，英国凭借着雄厚资本，更容易调动资源。尽管西印度群岛声称没有美国的供应就无法生存，但它当然还有其他可以利用的资源。最后，许多对美国繁荣至关重要的商品只有英国这一个供应者，新规定将迫使这些商品通过第三方供应，额外的费用将由美国人承受，而这基本上不会损害英国工业。目前的情况——美国的吨位数不断增加，外国的吨位数下降，出口量远远超出前两年，进口额超过460万美元——本身就可以说明问题了。史密斯断言，"这当然不是一种招致危险实验的状态"。[14]

不出所料，麦迪逊拒绝将辩论局限于纯粹的贸易问题。他希望上升到民族主义的高度。他说，他自己也赞成友好谈判，认为这是解决贸易和其他分歧的最佳方式。他回忆说，1789年时人们赞同留出一定时间进行谈判。然而，4年后，和平条约仍未执行，也没有任何贸易条约"生效，或即将达成"，"我们的权利受到了新的、更严重的侵犯"。[15]

他认为，英国政策中最不合理的是航海政策。当运到英国港口时，美国船只只能运输美国货物；如果运到西印度群岛，即使是美国货物也必须使用英国船只运输；就这样，美国船只被剥夺了美国原本具有天然优势的一项贸易。他断言，这种政策导致英国在英美贸易中占有3∶1的优势，而按照实际情况，这个比例应该正好反过来（麦迪逊不知道的是，在前一年的年底，优势已经转移到美国一方，而到这一年的年底，美国的优势将扩大到6∶1，比他自己认为的还要多一倍）。[16]至于制成品，麦迪逊认为，美国人接受英国人出口到美国的一切，而美国自己最好的商品（包括小麦、面粉、鱼类和盐渍食品等）却受到限制或禁运，这是不公平的。此外，依赖单一供应来源是危险的，不仅是因为这个供应国不断受到战争和破产的威胁，最重要的原因是：

> 一个国家通过其资本来决定我们的贸易进程，并在我们

的金融机构中占有重要份额，这种影响可能渗透进各公共委员会，而且最终可能波及我们的品味、举止，乃至我们的政府形式本身。[17]

这就是麦迪逊的论证，其中的复杂性需要仔细思忖。他声称寻求建立一个亚当·斯密描绘的那样的世界，消除对商业的人为和非自然阻碍。但这样一个世界难以实现他所称的目标，尤其是需要保护共和国的道德规范的时候——保护其不受英国的金钱、消费品和思想的侵蚀，此即麦迪逊所谓"贸易"的真正内涵。真正的威胁是腐败。

辩论来来去去进行了差不多两个星期，尽管麦迪逊的提案中有许多爱国的仇英情绪，但也面临很多质疑。麦迪逊的弗吉尼亚州同僚理查德·布兰德·李认为，说英国仅仅通过贸易，"就能对我们的公共委员会产生主要影响"，这是一种侮辱（这种影响力在1776年要大得多，但也没能阻止殖民地坚持自己的立场）。李也不认为政府有任何理由干涉公民的财务事务。信贷可能包含许多弊端，但"我不认为通过禁奢令或可能打算以这种方式规范个人行为的其他法律，能够阻止这些不当行为，而且我怀疑此类法律与公民自由原则是否一致"。[18]马里兰州的塞缪尔·史密斯（Samuel Smith）对"摒弃英国奢侈品而改用法国制造品"的想法嗤之以鼻，因为英国供应的是纺织品、皮革制品和工具等有用物品，而法国货物则大多是扇子、琴弦、丝袜、拖鞋、手杖、梳子、香水和雨伞等非必要物品。法国永远无法提供"这位先生希望通过他提案中设想的关税而摒弃的"那些东西。如果像这位先生所说的那样，对英国制造品的禁运措施可以导致25万英国人失业，那么，这对同等数量的美国农民会有什么影响呢？切断他们的市场，"被迫为必需品多支付25%的费用"吗？[19]

但真正的撒手锏是费舍尔·埃姆斯，他给麦迪逊读了一篇切中要害的文章，这篇文章很可能直接源自亚当·斯密。埃姆斯说，如果存在任何适当的措施，可以"使我们的贸易和航海业获得更好的根基，我们毫无疑问有权采取这些措施"。但"更好"意味着"更有利可图"，这就意味着"比我们现在卖得更贵，买得更便宜"。如果这些决议将会产生相反的效果，美国贸易就会受到损害，实际损失的钱甚至会比账面上显示的还要多，因为减少的利润原本可以鼓励扩大生产。埃姆斯的主要准则是审视市场的现状——市场是什么样的，而不是它将会成为什么样——其理论依据是，"商人会比我们更早发现最佳市场"。[20]

他说，所有的市场或多或少都要受到英国、法国、美国和所有其他国家的限制，因此正确的问题是，这种"受限制的"市场对美国的出口贸易是好还是坏？他也和史密斯一样认为，与英国及英属殖民地的贸易状况非常好，而法国市场则"极其微不足道"。即使是英国征收高额关税而法国免税的谷物市场，也有误导性。关键还是要看市场的实际情况：在正常年份，美国的谷物是无法进入法国和英国市场的，因为法国的谷物价格更便宜，而英国则征收关税；但在谷物匮乏的年份（这种情况在英国经常发生），价格涨幅高于关税，这时候英国市场实际上更好（1790年，价值超过100万美元的美国面包出口到英国）。至于英国进口商品，埃姆斯嘲笑麦迪逊的标准颠倒是非：现在不是市场受到太多限制，而是商品太便宜了，国人消费得太多，"我们不仅耗尽了自己的支付能力，还借钱买"。[21]归根结底，美国人和其他人一样，都会在最有利的市场购买物品。

在航海方面，埃姆斯采用了同样的方式：抛开法规问题，只考虑其实际状况。"贸易在我们的码头蓬勃发展，尽管演讲说它萎靡不振。"航运业发展"超出了最乐观的预期"，在1789年至1792年间，美国贸易中的美国吨位总量相对所有外国吨位量的顺差从32352吨增加到171067吨。"难道这种增长……还不够快吗？"西印度群岛对我们的船只实施禁运，对此行为进行报复，只会使我们丧失自己的市场。"我希望，我们能够表明……我们认为供应其他国家的政策要比让他们挨饿更好，而且我们决不会让好客户陷于困难境地，迫使他们不得不尽全力摆脱我们。"[22] 麦迪逊的提案中几乎没有符合现代经济理论的内容；"整个贸易平衡理论"以及"禁止和限制的规定"，埃姆斯称，都是"建立在过时的教条上"。那些利益最相关的群体对这个方案支持最少。在国会中，没有任何商人表示支持这个方案；也没有任何以航运或贸易为主的州赞成这个方案。有人说，英国人让激情从属于利益，而美国人则相反。我们被要求投身于一场自我否认的竞赛。这又是为了什么？[23]

到1月底，麦迪逊似乎已经意识到，尽管刚开始他的支持率相当高，但现在正在下滑。他试图通过29日的另一次演讲来巩固自己的地位。这场演讲主要通过引用多位反驳者的观点，对史密斯和埃姆斯的论点提出质疑，但是缺乏与之前方案的一致性。麦迪逊暴躁不安；现在他显然处于守势。也许对他最有利的一个论据是，西印度群岛对外国渔业的歧视让美国人失去了一个有价值的市场，另一个有利论据——尽管这是从负面角度看——是英国歧视性关税中的优惠政策，比如美国木材享受的优惠，但这是无关紧要的。[24]

但演讲的其余部分对他的方案都没有什么帮助。他挑剔统计数字，但他还不如不提这个问题。麦迪逊称，财政部关于货运量增加的数字有误，确实如此，因为数据只统计到了1792年，而当时造船业的发展进入全盛期，甚至超过了汉密尔顿所说的程度。然后他开始抱怨一系列政治问题，包括扩大违禁品范围、煽动印第安人以及放任阿尔及利亚海盗。他给每一项"损失"都贴上了价格标签，并坚持认为，无论国家在某些方面多么繁荣，这些违法行为都需要引起"立法机构的认真关注"（即使"认真关注"会带来进一步的严重损失）。他坚决否认这将导致战争；也不承认，应该对未能开始商业条约谈判负责的人是杰斐逊，而不是哈蒙德。麦迪逊坚持认为，哈蒙德也许有谈判条约的权限，但没有缔结条约的权限，在这种条件下，没有任何欧洲国家会与他进行谈判（尽管事实上，热内的继任者作为法国公使受到同样的限制）。[25] 他称，如果暂时的牺牲能够使美国找到制成品的替代来源，那么，这种牺牲就是合理的——但正如他的对手所指出的，麦迪逊要求征收关税，以保护法国工业。他否认自己的措施会危及公共信用，希望将人们对此的担忧降到最低，同时大声疾呼，"不应当因为我们完全默许外国的不平等法律，就让公共债务受制于外国，只要债务继续存在，就会作为国家耻辱的象征"。[26]

麦迪逊的挫败感是显而易见的，他质疑商业界是否有能力正确判断什么符合公众利益，即使这涉及与贸易直接相关的问题。他说：

> 如果说在任何国家都不应当绝对服从商业界的观点，那么，在我们国家，不这样做的理由就更加充分。众所周知，从事美国商业活动的商人中，有很大一部分是英国人，或利用英国资本进行贸易，或享有英国货物的利润，因此，商业界的观点可能不是美国人的观点，而是正是来自那个我们不应该征求其意见的国家，至少在目前的情况下是这样。[27]

麦迪逊似乎忽视了这样一个事实：如果商业界的任何一个重要组成部分被疏远，他的措施就会失败。

事实上，很可能这些措施已经失败了。费舍尔·埃姆斯在写给他的朋友克里斯托弗·戈尔（Christopher Gore）的信中说："形势已发生明显变化，麦迪逊及其阵营现在声称，政治上的错误可以通过商业限制来解决，简单来说，就是刚开始的叙事关乎限制和我们的贸易受到的损害,但这种说法已被有力地驳倒;然后,为了找到一个借口,他们宣称,发动战争不是为了我们的贸易,而是要与贸易作战;不是为了让我们的贸易变得更好,而是为了让它变得一无所有,目的是打击敌人的薄弱之处,因为任何其他方式都无法伤及这些敌人。"埃姆斯认为,第一次投票的结果可能"让人感到怀疑,但我们认为机会对我方有利"。[28] 接下来几周发生的事情充分支持了埃姆斯的乐观态度。麦迪逊的第一项决议确实在2月3日以微弱优势获得通过,但这只是对原则的一般确认,在后续决议具体实施之前,第一项决议没有任何效力。[29] 但这种实施永远也没有实现。两天后,共和党提出将投票推迟到3月3日,这项动议以更微弱的优势通过。埃姆斯及其盟友要求立即做出决定,他们相信自己这一方会获胜,而麦迪逊则希望在此期间,英国人也许会犯下新的罪行,这将为他的方案赢得更多投票。他向杰斐逊承认,推迟投票的动机之一是"有机会听到英国的消息,这些情报有可能为采取报复措施提供更多理由"。[30]

在这段时间里,共和党组织了各种公开会议,争取让人们支持这些决议。然而结果表明,决议的前景相当黯淡。在波士顿的一次公开市政会议上,一群当地的共和党人试图说服人们支持一项有利于他们的声明,但该声明被2/3多数票否决。反对者的声明被在会议上宣读并得到认可。[31] 纽约的情况类似。纽约的民主协会在2月底召开了一次会议,任命了一个委员会起草决议,决议会在下周的另一次会议上宣读。但委员会似乎已陷入瘫痪。他们起草了一系列非常温和的决议,其中谴责了英国一直占领西北哨所,但同时对英国和法国拦截美国船只都进行了谴责,并对麦迪逊的方案只字未提。"自从决议通过以来,"约翰·劳伦斯写信给鲁弗斯·金时说,"我们一直很平静,我想我们会一直如此。"[32]

3月3日,决定将投票再推迟一周,尽管麦迪逊阵营原本希望推迟两周。³³然而，还没等到重启投票的日期，麦迪逊一直盼望的英国挑衅行为的消息终于传来了。事实上，这件事的影响完全超出了他的预期。这个消息糟糕至极，让他的方案一夜之间就过时了。现在看来，唯一适当的方案可能是战争。

第二节　华盛顿和1794年的战争危机

1794年3月初至4月中旬发生了一连串非同寻常的事件，首先是关于英国政府挑衅行为的消息传来，这些行为在美国普遍被理解为具有战争倾向，最终以美国政府决定采取措施应对告终。美国决定派约翰·杰伊作为特使前往伦敦，就两国间悬而未决的分歧进行全面谈判。

对这些事件的一种解读方式是，华盛顿任命这名特使是屈从于来自联邦党阵营的巨大压力；也就是说，他不得不选择这种方式，而不是以其他方式，来处理危机。³⁴但这种解读具有相当大的误导性，会把那些在当时根本并非理所当然的事情视为理所当然。对于一个可能涉及战争的外交事务问题，尤其是在国会议事期间，应该由谁起主导作用，对此没有一个现成的答案。这种情况还是第一次出现，而这六个星期的重要意义在于，最后的谅解是通过什么方式形成的。最终，华盛顿说服了自己——面对国会中各个委员会的分歧，面对可能限制他自己选择范围的实际措施和预期措施，以及内阁中的不同意见——他有责任在参议院的同意下，全面负责处理这场危机。华盛顿在很大程度上是凭借着自己的威望，开创了一个先例。他迈出了重要一步，为美国总统任期增加了新的内容。

但是，采取这一行动并非没有遇到强劲阻力，而是从一开始就有可能遭遇各种困境。华盛顿任命的特使是约翰·杰伊，从这件事的国内影响或政治反响来看，杰伊不是最敏感的人物。但主要问题在于，任何一个美国人与英国进行任何条约谈判，首先遇到的阻碍就是沉重的债务问题。共和党领导人清楚，他们最好不要承担这项任务，因为他们认为在目前的局势下谈判将无果而终。而另一方面，如果联邦党人能够让总统按他们的意愿行事，任命的特使可能就会是汉密尔顿，后来也有人提出，如果汉密尔顿与英国人讨价还价，他会比杰伊更强硬。这种想法也许有道理，然而，华盛顿自己很清楚，仅仅因为他是亚历山大·汉密尔顿，他就会比约翰·杰伊遇到更多的障碍。甚至他带回来的任何条约都有可能无法通过参议院的批准。

1794年3月7日，英国一则枢密院令的消息传到美国，该令于1793年11月6日颁布，但直到12月底才公开，其影响比之前的任何法令都要广泛得多。1793年6月8日的"粮食令"（Provision Order）主要适用于运往法国的粮食货船，而且也会对羁押货物进行支付，而现在这项新法令相当于对法属西印度群岛进行全面封锁。任何与这个地区往来的货船的货物都将被没收。尽管还没有关于新法令实施细则的明确消息，但关于美国在加勒比海地区的货船经常受到劫掠的谣言已经不断传来。[35]

亚历山大·汉密尔顿是最早意识到这一危机影响的人之一，他在第二天就给华盛顿写了一份简短的备忘录，提出自己的一些想法。他认为，应该考虑采取防御措施，包括加强主要港口的防御工事和组建一支两万人的后备军，而且国会应授权总统实施全面或部分禁运。如果确实会考虑此类计划，那么，他想"是否应该避免某种决策上的冲动"。"许多人，"他补充说，"期待总统提出应对紧急情况的建议措施。"[36]但华盛顿没有发表自己的意见，就目前所知，他未作任何回应。

两天后，也就是3月10日，参议员鲁弗斯·金、奥利弗·埃尔斯沃思、乔治·卡伯特和凯莱布·斯特朗（Caleb Strong）在鲁弗斯·金的房间召开了一次秘密会议。他们决定让埃尔斯沃思与华盛顿进行一次面谈，敦促华盛顿采取与汉密尔顿提议的行动方案类似的方案。但这不仅仅包括简单的防御准备。除了派一名代表到西印度群岛"查明真实情况"外，更重要的是，还应当向英国派出一名特使，"要求对我们的财产损失进行赔偿，并对两国间造成战争威胁的那些问题进行调停……"。此外，埃尔斯沃思还将"暗示"，执行这项任务的最佳人选是汉密尔顿本人。埃尔斯沃思于3月12日会见了总统，但总统不愿就任何事情做出承诺。[37]

与此同时，联邦党人在众议院也很忙。3月10日，西奥多·塞奇威克宣布，他打算提出一个"国防"计划（在此之前，就阿尔及利亚海盗问题进行了几个星期的辩论，刚刚通过一项建造六艘护卫舰的法案）。两天后，塞奇威克提交了他的计划，而这正是汉密尔顿向华盛顿建议的方案：加强军备和授权总统宣布禁运。主动权就这样落到了联邦党人手中，詹姆斯·麦迪逊对此心知肚明。"英国的同党，"他在写给杰斐逊的信中冷冷地说，"认为现在可能会发生战争，他们正努力在防御准备上占据主导地位，并通过预测民意而取信于民。"[38]

麦迪逊青睐的贸易禁运方案已经提交到众议院两个多月了，他在这个议案的走向上进退两难。一方面，一些支持者开始失去耐心，认为"由于英国暴行不断加剧，有必要采取更强有力的措施"。但另一方面，麦迪逊本人坚决反对加强军备。他强烈反对护卫舰法案，认为建造战舰将开启无休止的巨额费用、外交纠纷和风险增加的恶性循环。他同样反对组建军队的想法。在写给杰斐逊的信中，他表明了自己的理由。"你对这些幕后游戏了如指掌，不会看不透这个老把戏，他们是想把每一次危机都转化为加强政府力量的动力。"[39]鉴于此，他再次推动国会通过自己的决议。但众议院现在更不愿意这样做了。"在危急时刻，"费舍尔·埃姆斯宣称，"当我们的贸易几乎全军覆没的时候，谈论贸易规范已经不重要了，我们应该只关注我们的防御问题。"众议院无限期地搁置了这个议题。此时已到了3月14日，麦迪逊于是将注意力转向一个更为紧迫的措施。这是一个他已经考虑了四五天的措施，即全面禁运。[40]

然而，汉密尔顿和他的盟友们并没有像麦迪逊想象的那样完全控制局面。他们计划，在加强军备的同时，做最后一次尝试，希望与英国通过谈判达成和解。这个计划的一个关键变量是总统本人，而华盛顿的态度与他们大相径庭。首先，华盛顿对英国的意图越来越抱有怀疑。三个多星期前，他收到了美国驻伦敦公使的一封信，这封信的内容令人震惊，所以他一直没有宣布，不希望过早地引起震动，[41]而最近的消息只会让他更加疑虑。在这种情况下，派遣一名特使等于自取其辱。因此，当埃尔斯沃思在3月12日向他介绍参议员们的计划时，他并不是很愿意接受。而且他明确表示，无论如何，汉密尔顿都不可能作为人选。"汉密尔顿上校，"他对埃尔斯沃思说，"缺乏国家的信任……"[42]

在接下来的两周，他们的计划在国会毫无进展。但国会议员们似乎在这件事上也做不了太多。从3月17日开始，他们接连五天闭门讨论可能对美英关系产生直接影响的一个非战争行动，即以全面禁运切断对西印度群岛的所有供应。最终，这个方案以两票之差被否决。[43]在辩论期间，华盛顿不太可能采取任何会被视为干涉的行动。他对自己的特权很敏感，同时对国会的权力也是如此。但随着来自西印度群岛的非官方消息变得越来越令人悲观，各地纷纷呼吁采取行动，这种僵局显然不能再持续下去了。[44]最终，是华盛顿，而不是国会，迈出了决定性的第一步。从那时起，直到差不多两年后最终解决危机，每一个关键决定都是由他做出的。

华盛顿之前可能有的任何疑虑，都被两则消息一扫而尽。他几乎是同时收到这些消息的，很有可能在3月22日和23日的那个周末，但肯定不会晚于3月24日星期一的上午。一则消息来自美国驻荷属西印度群岛圣尤斯特歇斯的领事富尔瓦·斯基普威思（Fulwar Skipwith）。斯基普威思的信件是第一份记录英国人根据11月6日的枢密院令对美国商船进行劫掠，以及英国海军军官及西印度群岛海事法庭对美国海员及财产进行无情处置的官方文件。超过250只商船被扣押，其中150只已被没收。许多船只尽管已获准进入中立港口，甚至进入英国港口，但仅仅因为英国人怀疑它们打算与法国进行贸易，就被剥夺了航行权，海员也因此获刑。海员们的所有私人物品也都被抢走，陷入极度困境。美国领事必须尽其所能地帮助他们，保护他们不被外国强征入伍。[45]

作为前军事指挥官，华盛顿收到这条消息时，不可能不怒火中烧。另一则消息来自加拿大，由纽约州州长乔治·克林顿转来，事关西北边境印第安部落的局势。从华盛顿第一届任期开始，该地区的问题几乎一直时不时困扰他。

到1794年春天，周期性冲突已持续多年，在边界谈判的努力最终失败后，华盛顿得出结论，只能通过武力解决这一问题。他预计，韦恩的军队将在这个夏季进行一场决定性战役。然而，长期以来都存在着一个不可预测的因素，那就是，印第安人会从英国人那里获得多少鼓励和援助。加拿大当局一直被迫选择一条极其微妙的路线。一方面，制定与美国和平相处的官方政策，保持自我克制，不煽动印第安人反对美国的占领；另一方面，则是面对着加强自身防御和边境安全的需求。由于军事力量规模很小，边界线漫长，一切都取决于与印第安人的关系，而最重要的就是不要制造与印第安部落的冲突。现在，随着美国军队向北推进，对总督多切斯特勋爵和副总督约翰·格雷夫斯·西姆科（John Graves Simcoe）上尉来说，所有这些问题都已逼近危急关头。克林顿传来的消息似乎表明，多切斯特已经放弃所有克制，开始公开煽动印第安人采取武装行动。

2月10日，多切斯特在魁北克向"下加拿大的七个村庄"和"上加拿大的民族"的代表团发表激情演讲，以回应"他们对美国方面的不满"。他向印第安人宣称，由于美国人无视1783年条约中加拿大与美国的边界线，他预计今年很可能会发生战争，届时，新的边界线必须由印第安人自己划定。无论边界如何划定，美国人"必须放弃他们在我们这边的一切工事和房屋；没有获得许可成为国王臣民的人必须全部离开；属于印第安人的东西必定会进行认定并物归原主"。[46]

华盛顿现在准备采取行动。3月25日，星期二，他向国会转交了斯基普威思描述西印度群岛扣押美国船只的信件。他说，信中包含"可能会被理解为需要财务援助的信息"，这是一个很委婉的措辞（意思是对受困海员进行援助），但总统真正想要的东西非常明确。众议院立即通过了为期30天全面禁运的议案，次日该议案在参议院通过。关于多切斯特的演讲，华盛顿认为，既然报纸已经刊登了这份文件，他现在没有必要再转给国会了。[47]

华盛顿显然相信，英国打算发动战争。到了27日，也就是星期四，他让国会议员行动起来的努力无疑已经很成功。事实上，每个人都在猜他们接下来会做什么。通过禁运法案后，众议院讨论了新泽西州联邦党人乔纳森·代顿提议的"扣押美国公民欠英国人的所有债务"——尽管其他一些联邦党人试图修改这个将让美国走向战争的极端措施，但一度有各种迹象表明，代顿法案将会获得通过。[48]战争似乎不可避免，即使对那些迫切希望避免战争的人来说也是如此。但随后又传来更多消息，这些消息的趋势在某种程度上遏制了战备发展势头。

3月28日，星期五，一份来自纽约的急件带来消息：近期扣押行动所依据的11月6日的枢密院令已被撤销。1月8日颁布的新版法令取而代之。之前的法令要求指挥官扣押所有进出法属岛屿的船只，甚至包括被怀疑有此意图的船只，而新法令实际上允许恢复此类贸易（违禁品及这些岛屿和法国港口之间的直接贸易除外）。此后不久，鲁弗斯·金通过私人渠道从伦敦得到消息，"一个与对美贸易有关的商业委员会质询皮特先生这么多美国船只在西印度群岛被定罪的原因；皮特的答复是，扣押行为不符合他们下达的指令，受害方将会得到最充分的赔偿"。[49]

与此同时，多切斯特演讲的真实性也受到质疑。虽然华盛顿拒绝公开这份文件，但他认为最好进行一下深入调查。他仍然确信，那篇讲话是按照伦敦的指示发表的，而且英国政府至少在12月的时候仍然打算发动战争。但另一方面，也许欧洲局势逆转——法国人在12月18日夺回土伦——"可能促使英国对美国的政治行为发生了变化……"。4月3日，美国驻伦敦公使托马斯·平克尼发来一份急件，证实了新的枢密院令，并附上了格伦维尔为安抚他的强烈不满而做出的解释。格伦维尔让平克尼放心，英国希望"与美国保持最大谅解与和睦关系"，11月6日的法令是临时性的，旨在应对特殊局势。他解释说，由于圣多明各的整个法国舰队在去年夏天装载着西印度群岛的农产品驶往美国，外交部决心避免以后再出现类似的"钻空子"行为；在英国即将对法属岛屿发动进攻的备战阶段，该法令的意图是阻止这些岛屿获得补给，"但现在已经没有必要为此继续实施这一规定"；根据该命令扣押的船只将不会被定罪，除非根据先前的法令已被定罪。这个解释令人困惑，不能完全令人满意，当然也无法解释斯基普威思在信中描述的大量美国船只被定罪的情况。尽管如此，这封信肯定让华盛顿的脑海中产生了新的疑问。英国目前的意图是什么？[50]华盛顿现在处于进退两难的境地。如果他像"金—埃尔斯沃思"阵营所建议的那样，向伦敦派出一名特使，他可能会被指责没有采取更有力措施保护美国人的生命和财产。然而，如果他采取任何激进行动——甚至干脆什么都不做——根据目前的路线，国会很可能会通过一些议案，而这将大幅降低成功谈判的可能性,从而导致战争成为唯一可能的结果。在收到平克尼信件后的第二天,华盛顿就把信转给了国会。与此同时,坊间传言华盛顿正在考虑一项特殊任务,而亚历山大·汉密尔顿将是执行此项任务的主要候选人。[51]

如果说这些谣言在某种程度上反映了4月份第一个星期的局势,那也仅仅是反映了一部分而已,它们绝对没有反映华盛顿做决定的过程,以及他对各种建议的反应。

例如,杰斐逊国务卿职位的继任者埃德蒙·伦道夫对华盛顿说,他赞成派遣一名特使。他知道华盛顿不想因为特使取代平克尼而冒犯平克尼,所以他让总统放心,说特殊情况需要采取特殊措施,平克尼肯定也会这样认为。但他建议华盛顿推迟对被任命者的最终选择,原因有两个:一是国会可以有时间制定供特使使用的有威力的政策武器(如正在讨论的财产暂管法案),二是可以避免过于草率地提名汉密尔顿,尽管他没有把这层意思直接讲出来。弗吉尼亚人詹姆斯·门罗和伦道夫的妹夫约翰·尼古拉斯(John Nicholas)分别给华盛顿写了一封信,两人写信的时间相差无几,而且都严厉警告不要提名汉密尔顿。华盛顿表达了他的不满。他对伦道夫说,他很清楚他们这样做是受到谁的鼓动。他还告诉门罗,如果派遣特使,汉密尔顿肯定是被考虑的候选人之一,然而——

> 我还没有完全决定选择谁(如果采取这项措施的话)……因为我是唯一负责提名适当候选者的人,在我看来,他应该是这样一个人:根据我的判断,他具备必要资格来完成这项对国家的和平与福祉意义重大的使命。

尼古拉斯的信近乎无礼,华盛顿根本不屑于回复。[52]事实上,他并不打算提名汉密尔顿。4月8日，在与老朋友罗伯特·莫里斯的一次谈话中，他提到了几个可能的人选——亚当斯、汉密尔顿、杰伊和杰斐逊——然后询问莫里斯的看法。据金说，莫里斯"坚决支持对汉密尔顿的任命"。那天晚上，华盛顿邀请约翰·杰伊共进晚餐。他们讨论了这场危机以及国家如何避免战争，不过据目前所知，华盛顿当时还没有建议杰伊接受这项任务。[53]

其间，众议院的进展虽然有所放缓，但仍保持活跃势头。议员的关注点从财产暂管法案转移到新泽西的亚伯拉罕·克拉克（Abraham Clark）于4月7日提出的一项提案上，该提案要求停止与英国的一切商业往来，直到英国对掠夺行为进行赔偿和撤出西北哨所。众议院就这个提案辩论了10天。4月18日，麦迪逊提出一项修正案，建议从11月1日起暂停贸易，而不是立刻停止。这种做法比较温和，因为不需要马上做出牺牲，而且给予英国人6个月的时间进行赔偿和撤离哨所，如果英国人做不到，才会对他们进行报复。但这无疑会让开展成功谈判的问题变得更为棘手，因为不知道这样做是会促使英国做出更多让步，还是会使英国人在这种威胁下拒绝谈判。麦迪逊的议案于4月21日以58∶38的票数在众议院获得通过。[54]

与此同时，华盛顿终于下定决心提名杰伊，实际上，他差不多一周前就已经决定了。此外，他这样做也表明了对国会中所发生事情的态度。汉密尔顿于14日主动退出了候选名单；15日，华盛顿向杰伊发出提名邀请时，杰伊表示，国会正在辩论的议案"具有威胁性质，如果通过这些议案，英国应该会拒绝与我们打交道"。如果华盛顿不是已经了解并且自己也认同这种观点，他就不太可能发出这个邀请。当天下午，汉密尔顿、斯特朗、卡伯特、埃尔斯沃思和金拜访杰伊，力劝他接受提名。第二天，杰伊接受了提名，并重申他反对暂管财产和中断贸易。4月19日，参议院以20∶8的投票结果通过了这项提名。麦迪逊修改后的中断贸易提案于25日送达参议院，28日被副总统亚当斯的决定性一票否决。此后，无论是进一步的报复措施还是防御措施，国会都没有取得任何进展。5月12日，经一致同意，取消了已延期一次的30天禁运措施，不过总统随后获得授权，可以在他认为必要时重新实施禁运。同一天，约翰·杰伊乘船前往英国。[55]

但华盛顿将主动权掌握在自己手中的同时，也付出了代价。这项任命一经宣布，就遭到共和党媒体的猛烈抨击。如果美国在过去10年中都没有为所受的种种痛苦获得任何补偿，那么在现在英国的暴行比以往任何时候都更严重的情况下，也没有理由相信谈判会产生任何结果。另一方面，即使获得对商业损失的补偿，那也只会成为英国无视其他损失的一个好借口。恢复"商业财富"，使"亲英派"得以继续统治，这实际上才是"任务的秘密目标"，同时，"我们未能得到的一切都将被合理地归咎于代理人的背叛"。此外，行政部门严重越权。那些"控制了总统的耳朵及信任"的人对总统进行诱导，使他不仅阻止了正常的立法审议程序，而且实际上违反了宪法，因为指派国家最高司法官员签订一项将成为国家法律的条约，违反了三权分立原则。[56]"如果首席大法官对自己制定的法律进行裁判和解释，那么，我们吹嘘的宪法就成了一纸空文，旨在诱骗毫无戒心的民众。"[57]不仅如此，约翰·杰伊本人也被公认为英国在美国的利益服务，他曾多次声称，美国各州和英国人一样，也经常违反和平条约，而且没收英国人的债权是非法的。一个可能的推断是：这次任务注定会因为这样或那样的原因而失败。詹姆斯·麦迪逊——尽管他在这件事上不是最可信赖的见证人——告诉杰斐逊，"由于对杰伊的任命"，这件事成为"迄今对总统声望最严重的打击"。麦迪逊并不打算就此罢休。"如果有经验的人发起批判，"他建议，"可能就会发现这件事比任何其他行政管理措施都要更脆弱。"[58]

事实上，英国的挑衅行为还没有结束。乔治·哈蒙德曾表示，他相信多切斯特勋爵对印第安人的演讲尽管是真实的，但是未经过授权；然而，5月20日又传来消息，多切斯特的军队采取了一项重大行动。多切斯特认为韦恩在西北边境的真正目标是英国占领的底特律，因此他命令副总督西姆科上尉夺回一处位于莫米河急流处的废弃哨所，并加强工事，而这个地方完全位于公认的美国领土内。如果费城早几个星期得到这个消息，杰伊使团很可能会受到阻止。[59]

第三节　关于贸易的未来展望

如何看待杰伊带回的条约，在很大程度上取决于如何看待杰伊所收到的指令，以及评价角度是宽泛或是狭隘。这些指令可以被简单地看作与对手讨价还价时的议程，大多数缔结条约的外交程序通常如此，对其的评价取决于每一方"赢"了多少。在很多方面，这些指令可以被评价为具有失败主义、防御和消极的特征。当时，很多人对这些指令也提出这样的质疑，而且他们认为，杰伊得到了最糟糕的"交易"。在很大程度上，这种观点一直持续到现在。

然而，这并不是评价这些指令及其精神的唯一根据。它们很可能代表的不是一个弱国牵制强国的狭隘行动，而是一个大胆的倡议，一个宏大而富有想象力的计划。它们仅仅是一项全面政策的第一步，其目的不仅是解决悬而未决的历史分歧和现实不满，而且要开创一个英美贸易繁荣的新时代。如果这样看待它们的目标，对条约的评价结果可能就会有所不同。也许就会认为杰伊几乎没有犯什么错误，并以精湛的技巧完成了任务。以这种方式重新审视证据之后，就会发现，那种认为杰伊被英国人"智取"或"智胜"的传统推测，其实是没有什么依据的。

这样一个较为正面的观点并没有错,但它面临着一个很大的挑战。也就是说,这需要杰伊和他的英国对手具有基本相似的总体谈判目标,然而并没有太多迹象证明这一点。诚然,谈判者相处得不错,双方似乎都没有表现得尖酸刻薄、斤斤计较。然而,美国人对未来有一个全面的看法,而英国人的观点则明显狭隘,他们的关注点基本上在别处。他们可能比平时更通融,甚至更开明;为了安抚美国人,他们可能真的为这次谈判而改变了一些固有偏见。但这差不多就是他们关心的极限了,而这与未来无关。他们只是想要再次恢复到美国不构成威胁的那个状态。

众所周知,在设计给杰伊的指令时,亚历山大·汉密尔顿发挥了主要作用。

主要原则的初步确立是在1794年4月21日的一次会议上,也就是对杰伊的提名得到参议院确认的两天后。汉密尔顿、金、卡伯特、埃尔斯沃思和杰伊本人参加了这次会议。他们一致同意,杰伊的指示应该由总统直接向他下达,总统不必事先与参议院就其内容进行磋商。当然,他签订的任何条约都需要参议院的批准才能生效(这符合1789年确立的先例:参议院在签订条约过程中的职能是"同意",而不是"建议"。否则,杰伊可能会面临不可能实现的必要条件)。杰伊将尽最大"努力",要求英国就对美国的商业掠夺做出赔偿,并建立规则,防止今后发生此类事件(其隐含之意是,如果不能达成这样的谅解,战争便有可能发生,甚至不可避免)。他还应该坚持让英国履行1783年的和平条约,这主要是指英军撤离西北哨所。如果英国人同意这一点,并且如果他们同意为掠夺行为支付损害赔偿,那么"我们可能同意"承担美国人在战前欠英国债权人的债务,金额最高可达50万英镑。他们还讨论了其他一些问题,包括在五大湖区的航行,与印第安人的贸易,

以及允许美国船只进入英属西印度群岛等。⁶⁰

第二天，也就是4月22日，汉密尔顿与杰伊进行了一次长谈。次日，应华盛顿的要求，汉密尔顿写了一份备忘录，阐述自己认为给杰伊的指示中应该包括哪些内容。他在备忘录中详述了前两天会议所确定的主要原则。⁶¹最重要的是对美国贸易损失进行赔偿以及制定有关拦截和扣押的规则。理想结果是，只有战争装备被视为违禁品。但如果有必要（显然是有必要的），美国也应该做好准备接受英国提出的条件。食品可能会被视为有条件的违禁品；也就是说，在某些情况下，粮食货物有可能被扣押，但这些货物必须得到赔偿。英国的"1756年规则"（Rule of 1756）规定"如果在和平时期禁止中立国从事某种特定类型的贸易，那么在战争时期也将禁止中立国从事同一类型的贸易"，如果认为其包含"分段航行"的漏洞，也许可以将其作为"不得已的手段"接受。⁶²另外，根据总统先前的承诺，关于在美国港口非法装备的法国私掠船，美国可能也会同意对它们捕获的战利品进行赔偿。关于未来，期望制定的其他规则包括：封锁港口时应该真正实行封锁，这样封锁才是合法的；在一方与印第安部落发生战争的情况下，不得向印第安人出售额外的物资；在美国港口也不允许出售战利品。

关于1783年和平条约的遗留问题，英国应从西北边境撤军，并对被带走的奴隶进行经济赔偿，而美国将对阻止支付英国债权人的债务进行赔偿。除此之外，还希望在五大湖区清除武装船只和防御工事，以及两国都可以和边境两侧的印第安人自由贸易。

如果签订商业条约，应当规定英属西印度群岛向载重60吨至80吨的美国船只开放，而且出口到英国和爱尔兰的美国工业制成品应享受最惠国待遇。作为回报，英国和爱尔兰的工业制成品在美国也将享有同等待遇——也就是说，它们不会受到歧视——美国将保证不会把目前税率低于10%的任何英国商品的关税提高到10%以上。税率已经达到或超过10%的关税也不会被提高。[63]国务卿伦道夫在汉密尔顿的备忘录的基础上起草下达给杰伊的指示。杰伊的首要目标是获得对扣押船只的赔偿；同样重要的是，解决和平条约遗留的分歧（哨所和债务）；如果这些问题得到令人满意的解决，杰伊可以考虑签订商业条约。一些可能签订的条款被列为"理想方案"，包括："自由船只，自由货物"原则，战争期间不向印第安人提供任何援助，以及对违禁品的狭义定义。但是这些并不是绝对不可缺少的。商业条约唯一的必要条件是允许"某些特定载重"的美国船只进入西印度群岛。伦道夫还加上了一些他自己的内容。美国与俄国、丹麦和瑞典曾讨论过恢复1780年的武装中立联盟（League of Armed Neutrality），如果杰伊根据形势判断有必要，他可以与这几个国家的公使接触，讨论结盟的可能性，以使他们支持美国的中立权利。同时，不得签署任何"损害我们与法国之间的条约及关系"的条约。[64]

这份指示的日期是5月6日。同一天，汉密尔顿给杰伊写了一封信，信中显然对他们已经私下商定的原则重述了一遍（"我们的谈话提到了非常多的事情，所以我在这里谈到的几乎都会与谈话内容重复。"汉密尔顿在信的初稿中这样写道，不过他在终稿中删去了这句话）。信里提到的问题确实有一些是重复的。但如果从全局的角度来看这封引人入胜的长信，就会有一个难得的机会窥见汉密尔顿的目标，并对杰伊随后的谈判策略有更多了解。他在信的开头写道：

> 我们两人都同样强烈地感受到，通过正确的调整，与英国就历史争议和未来展望达成谅解，是非常重要的。然而，尽管这一目标很重要，但最好不要做任何经不起最严格审查的事情，尤其是可能被解释为放弃实质性权利或利益的事情。[65]

也就是说，无论做什么，都应该在一个坚实基础上，而"放弃实质性权利或利益"将会使这种基础难以建立。对根据11月6日的枢密院令（"一项残暴的法令"）实施的非法扣押进行赔偿，这一点至关重要。"仅仅口头同意"赔偿是不行的，不过，如果就和平条约悬而未决的问题达成了令人满意的安排，尤其是如果能够达成"真正有益的商业条约"，则可以"不那么严格"地处理这个问题。[66]汉密尔顿进一步暗示，正如他在给华盛顿的备忘录中建议的那样，鉴于法国在与英国和平相处时，已经向美国船只开放了部分西印度群岛的贸易，因此，在必要时可以接受"1756年规则"。

汉密尔顿接着指出，英属西印度群岛越来越依赖美国供应的物资，他还详细阐述了美国贸易对英国繁荣的重要意义。这一点，再加上美国同意不以暂管英国债务作为报复方式，应该足以让英国人意识到，通过订立合理条约来稳定贸易关系，是一种明智的选择。他还讨论了英国协助美国争取密西西比河全线航行权可能带来的更多互利。

这里应该引用一下已故的塞缪尔·贝米斯（Samuel Bemis）教授的观点，他的研究对大多数关于《杰伊条约》的现代理论产生了极大影响。他认为：

> ［汉密尔顿和那些遵循其观点的人］准备承认1756年的战争规则，准备接受粮食被列为有条件的禁运品，因此有可能被扣押，还准备允许英国在中立船只上收缴敌方物资。作为最后的手段，为维护和平和国家信用（依赖于美国的贸易收入），面对英国的海上力量，他们愿意默许彻底修订或中止美国与法国、瑞典、荷兰和普鲁士签订条约中包含的自由主义原则（liberal principles）。[67]

当然，贝米斯的观点在理论上是正确的。但这对汉密尔顿的整个思考过程并没有提供多少线索。由此，人们可能会认为，汉密尔顿愿意忽略美法条约所体现的"自由主义原则"（杰斐逊将这条原则也写入与瑞典、荷兰和普鲁士签订的条约），代表了懦弱退却甚至是背信弃义。然而，接受这一原则的国家并没有为此付出任何代价，而杰斐逊或麦迪逊所能想到的执行这项原则的唯一方式，就是通过一场商业报复战争，这只能被汉密尔顿视为疯狂。

一个更基本的误解是，将汉密尔顿的计划仅仅看作防御性的，只是保护其金融体系的一种方式。显然这没有错；但远不止这些。亚历山大·汉密尔顿的行为完全符合他的性格，无论是好是坏，他丝毫没有胆怯或半途而废的想法。汉密尔顿准备再一次利用危机带来的机会——就像1786年在安纳波利斯和1789年在纽约那样——推动一项大胆的新倡议，并提出一个影响深远的愿景。当初，他的愿景是国家的一部新宪法和一个新的公共信用体系；而现在，则是一个新的、稳定的国际贸易体系，其核心要素就是与英国达成广泛的谅解。

这个愿景建立在一系列的假定之上。根据汉密尔顿的推测，英国人将会认识到，他们在加勒比海地区对待美国商船的方式是不可接受、不合理的，必须停止这种做法，并且必须对已经造成的损害进行赔偿。他们还将看到，现在是彻底解决西北哨所和战前债务问题的时候了。如果这些问题得到满意的解决，就会有助于建立一种充满想象力的谈判心态，在这种心态下，英国人将会认识到，应该在西印度群岛贸易问题上采取一种不同于过去的政策。他们将向载货量不高于70吨的美国船只开放与这些岛屿的贸易，而作为一种互惠，美国人也将承诺不会对英国工业制成品提高关税，或者至少不会歧视英国商品，也不会没收欠英国债权人的债务。实际上，无论是英国还是美国方面，这些让步都不会让自己付出太大代价，因此可以认为它们在很大程度上只是象征性的。换句话说，这些岛屿的总督出于需要，本来就会经常向美国物资开放相关贸易，因此，70吨的规定只是对已经存在一段时间的事实进行有限度的官方承认。至于没收债务，任何从事国际贸易的美国人都明白，这样的政策对所有商业来说都必然是一场灾难，所以这种"让步"主要是象征性的。"然而，"汉密尔顿对杰伊说，"权利的问题不可能以这种方式彻底得到解决，因此通过条约来解决这个问题没有意义。"[68]

无论如何，这些将是非常关键的前几步，将使双方认识到存在的共同利益，而这些利益需要今后的进一步行动才能实现。在此基础上，英国人迟早会意识到，允许美国人基本上无条件地向西印度群岛供应物资是合乎逻辑的，因为美国人的利润必然会被用于购买英国的工业制成品。另一方面，美国人也将放弃与法国大幅增加贸易的幻想，因为现在已经相当确定这不会有任何结果，他们将集中精力与他们最好的客户和天然供应方——英国——发展已有的商业关系，并从中获取利润。一个更鼓舞人心的前景是，一旦哨所和印第安人的问题得到解决，整个西北地区就会向美国的农民开放。当英国人看到，通过圣劳伦斯河和五大湖，他们可以向一个广阔的新市场供应商品，并有可能沿着密西西比河穿过海湾地区，将廉价的食品运往西印度群岛，他们会发现，协助我们获得密西西比河的航行权，然后帮助保护我们在那里的贸易，完全符合他们自己的利益。他们也必然会意识到，贯穿于1791年枢密院报告的"以邻为壑"哲学已经彻底过时，而且实际上损害了他们自己的利益。促进美国的贸易、增长，甚至美国的领土扩张，对他们来说是完全有利的：这一切都为英国商品创造了不断扩大的市场。毫无疑问，美国总有一天会拥有足够的人口、技能和财富来发展自己的制造业。但这一天还很遥远，即使将来实现了，也会在一个覆盖广泛而深远的英美经济框架下建立。

这的确是一个引人入胜的愿景，也是汉密尔顿自1789年与乔治·贝克维斯首次会谈以来一直等待的机会。如果他能成功地实现其广泛的原则，那么做出一些让步将是非常值得的。无论如何，承认"1756年规则"都必须是需要做出的让步之一，而将来的代价完全可以承受。考虑到西印度群岛贸易的现状，完全有可能在对该规则及《航海法案》原则的解释上有一些回旋余地，而不必坚持（至少就目前而言）在字面意义上明确地放弃这些原则。

这意味着谈判者需要有一种独特的谈判策略和风格，事实上，杰伊在整个任务过程中都会始终保持这种策略和风格。在领土问题或煽动印第安人的问题上，不可能进行根本性的妥协。杰伊将就对掠夺进行索赔的问题发表严正声明。然而，他不会让自己因为"先前违反"和平条约而受到束缚，这个问题的解决在杰斐逊那里陷入停滞状态。他将着手达成一项协议，既能让英国债权人满意，又能让西北哨所回到美国人手上。他也不会因为被带走的奴隶的问题而让谈判停滞不前。汉密尔顿在5月6日给杰伊的信中对此只字不提，这表明他们一定私下里谈论过这件事。（另一方面，也不可能对保王党人采取任何行动。）此外，杰伊还会极力促使英国在西印度群岛贸易问题上做出让步——这是具有象征意义的第一步。

除此之外，杰伊将秉持一种彬彬有礼、保持尊严和理解包容的态度。他不会进行咄咄逼人的威胁或对抗：如果目标是开启一个合作的未来，这显然是最没有前途的方式。应该尽一切努力向英国人表明，他们的利益和美国的利益不是对立的，相互让步将会带来互利。最重要的是，这不应该是双方一决输赢的交锋，一方的收益也不会自动成为另一方的损失。成功的谈判对所有人都意味着获得更多。

我们有理由认为，原则上这是杰伊可能采取的最有效策略，而没有什么理由假定，一个更强硬的立场会带来同样的成功。然而，这个策略确实有一个根本性的弱点。它假定——更确切地说，它需要——英国人实际上看待总体目标的方式与美国人一样。如果谈判最终大体上取得了成功，就意味着英国人接受了美国人对未来的愿景。也就是说，如果在一些杰伊知道存在着政治压力的事情上，格伦维尔做出了让步，比如原则上接受美国船只进入西印度群岛，那么杰伊就不难得出结论，格伦维尔和皮特已经真正改变了态度，他们确实开始意识到一个全新的英美体系将带来的好处。因此，协议的总体方向，即对放松限制的意愿，似乎要比协议的具体细节更重要，不应该让暂时的困难阻碍总体目标的达成。在那种情况下，设置障碍实际上是一种没有诚意的表现，而杰伊可能的确并没有看到这样的迹象。然而，缺少诚意不一定是阻碍进程的唯一影响因素。其他因素有可能是纯粹源于事务繁杂，甚至是粗心大意。

尽管如此，当杰伊开始履行职责时，他自己帮助营造的那个环境是融洽的。他不会为了每一件小事讨价还价，从而危及他在皮特和格伦维尔那里获得的善意与安抚态度。

那么，英国人对此事的看法是什么呢？令人惊讶的是，我们几乎没有找到这方面的直接证据，也许这本身就是某种线索。没有任何英国作家讨论过这件事，而两位最有权威的美国作家关于英国人如何回应杰伊及其提出的建议，给出了截然不同的版本。根据塞缪尔·贝米斯的说法，格伦维尔将美国的要求视为一种威胁，他在谋略上胜过不够警觉的杰伊，设法消除了这种威胁。另一位更近代的作家查尔斯·R.里奇森（Charles R. Ritcheson）则希望减少仇英情绪的影响，这种情绪甚至影响了这一时期关于英美外交最有见地的著作。里奇森坚持认为，格伦维尔和皮特同意开放西印度群岛的贸易，实际上是思想发生了改变；他们被杰伊说服，不顾霍克斯伯里和谢菲尔德的强烈反对，扭转了英国原有的商业政策，从而为谢尔本的自由主义原则带来了一场迟来的真正胜利。[69]

然而，尽管这两个版本的观点截然相反，但对于英国人的注意力分配和外交局势的判断，他们都想当然地采取了一种奇怪的唯我论立场和以美国为中心的视角。每个版本都或多或少地认为美国对英国来说是一个紧迫的重要关切对象，需要占用英国人大量的时间和精力。因此，在这两个版本中，要么是英国人精明地猜中了美国人的想法，并做出了最低限度的让步，要么是美国人成功地使英国人改变主意，说服了他们在航海战略上做出重大让步。这暗含一个明确的前提，即谈判双方的影响力大致相当，各方对谈判对手的利益、要求和讨价还价能力的了解程度差不多。[70]

几乎可以肯定的是，这些假设是不正确的。在皮特和格伦维尔于1794年面临的无数困难中，美国只是其中之一，而且绝不是最紧急的一个。此外，避免与美国发生战争所需的最低条件——对劫掠行为进行赔偿和撤离哨所——是格伦维尔，甚至还有霍克斯伯里，从一开始就准备做出的让步。[71]对他们而言，这并不是一个需要很多关注或想象力的谈判。事实上，在杰伊抵达之前，他们甚至都不知道会关于这些问题进行谈判。

通常情况下，美国人不需要特别关注，而英国人也乐于保持这种状态。哨所和债务问题一直都是麻烦事，但它们很难成为英国人的首要关注问题。在杰伊到达之前，来自哈蒙德的所有报告似乎都表明，美国人（至少是美国政府），在欧洲战争中保持严格中立，热内为法国争取援助的努力全都落空了。至于造成当前与美国关系紧张的政策，即1793年11月6日的枢密院令，是八个月前发布的，大多数人都以为，该枢密院令造成的影响已经被随后发布的撤销命令完全抵消了。但直到杰伊抵达伦敦时，被延误的哈蒙德报告才同时到达。因此，直到最后一刻，皮特和格伦维尔才确信，的确有什么地方出了严重问题。

就在上一年秋季，皮特还认为欧洲冲突会和18世纪中叶的战争一样，比较克制，规模有限。然而，当杰伊于1794年6月来到伦敦时，英国所处的整个外交和政治世界已经发生巨大变化，外交部在千头万绪下疲于应对。皮特在1793年的选择不是增援土伦或支持流亡人士进攻欧洲大陆，而是派遣英国军队前往西印度群岛，希望能抢到圣多明各这个丰厚的战利品，而11月6日的枢密院令正是在这种背景下发布的。它有一个具体、直接和暂时性的目标，那就是阻止法属西印度群岛使用美国船只采购所需物资或转运重要的农作物；一旦美国货运量迅速下降，实现既定目标，该命令就会立即撤销。这本是一个考虑欠妥的计划，而英国海军军官在执行时甚至比平时还要冷酷无情。此外，它还在两个细节上出了差错。撤销令本来计划会与原命令同时到达美国，但由于大西洋天气变化无常而延误了几个星期。但无论是否延误，整个计划都没有考虑到美国的利益或感受，于是成功地激怒了所有阶层的美国公众。[72]（事实上，就入侵圣多明各这件事本身来说，尽管最初取得了一些成功，但在一年内就被证明基本上是徒劳无功的。）[73]无论如何，一旦格伦维尔明白这个命令是失败的，明智的做法显然是做点什么来安抚美国人。但外交部面临各种更紧迫的事项，同样需要他们投入精力。简单介绍其中的一两个事件，可能有助于理解英国人在杰伊到达伦敦时的心态。

这场战争的性质已经发生了前所未有的变化，整个英国各个阶层的心理都处于重新调整的过程中。法国的军事形势在1793年夏末看起来非常糟糕——土伦落入英国人手中，旺代地区陷入叛乱，普鲁士人威胁进攻巴黎——但现在发生了戏剧性的逆转。法国人已经夺回土伦，叛乱被镇压下去，法国军队在卡诺的重整和指挥下，正从各条战线向前推进。到5月中旬，由于英军在佛兰德斯图可因战役中失利，人们开始越来越怀疑联军能否稳住他们的防线。法国军队在荷兰不断取得进展，6月在弗勒鲁斯战役中击败英奥联军。尽管海军上将豪勋爵6月1日在大西洋战役中获胜，西印度群岛也传来初战告捷的消息，这些消息有助于缓解英国日益加大的恐慌感，但现在已经很显然，这场战争将是漫长而艰巨的。[74]

更重要的是，这场战争已经不能再通过一些熟悉而狭隘的目标来界定，例如扩大边界或掠夺战利品。英国现在正面临着一场革命和意识形态的较量，其结果很可能决定包括英国在内的整个欧洲社会的未来特征。四年前，当伯克的《法国大革命之反思》首次出版时，皮特显然对这部作品不屑一顾，但现在，他对爱国主义及意识形态的团结非常痴迷。随着法国大革命进入恐怖时期，同情革命的改革社团失去吸引力，潘恩的《人的权利》在工人阶级中不再流行，到1794年春，舆论已经愿意支持采取严厉措施消除雅各宾主义和法国在英国的影响。5月，皮特发起全面的反颠覆运动，措施包括暂停人身保护令，打击煽动性言论，以及逮捕激进分子领导人。他在议会发表了激动人心的演讲，并亲自参与询问证人，这些都占用了他大量的时间和精力。[75]

除此之外，皮特和他的外交部长还关注着不断变化的政治局势，以及他们为争取波特兰辉格党人（Portland Whigs）加入战时内阁联盟而进行的复杂谈判（格伦维尔曾一度不确定，他自己还能在职多长时间）。长期以来，保守派辉格党一直对他们的同僚查尔斯·詹姆斯·福克斯同情法国大革命感到不安，但又不愿意冒着分裂的风险与福克斯公开割席。然而，现在已经到了关键时刻，在波特兰公爵（Duke of Portland）的领导下，绝大多数辉格党人终于准备做出这样的决裂，加入皮特的联合政府，即使这很可能意味着辉格党的终结。为促成这一目标，皮特政府准备向其长期对手让出相当多的内阁职位，并宣布战争目标是恢复法国君主制和在法国重建以财产为基础的政府（在由贵族组成的辉格党的想象中，这是任何稳定和负责任政府的唯一基础）。接下来的5个星期充满复杂的内部斗争，在整个6月和7月，联合政府多次面临破裂的危险。格伦维尔本打算放弃外交部，为波特兰公爵让路，但公爵最终选择了内政部。这些新的人员安排确定后，共有5名波特兰辉格党人获得了内阁高级职务。这可能是皮特职业生涯中最重要的一次政治行动，他的政府也因此对英国在欧洲战争中的目标承担了更大的责任。[76]

这就是约翰·杰伊于1794年6月8日抵达英国时所处的环境——法国在荷兰的战役、英国的反颠覆运动以及重组英国政府的谈判，所有这些事件都正在进入高潮。

至于美国事务，到目前为止几乎没有任何证据表明，它们在皮特或格伦维尔的头脑中占据重要位置。4月下旬，伦敦开始听到传言，称11月6日的枢密院令在美国引起麻烦；随后，反对党的报纸报道了美国国会对扣押货物的愤怒反应，5月又报道了美国通过禁运法案。外交部驳斥了所有上述报道，称这些发生在撤销令消息到达美国之前。直到谢尔本在上议院宣读了多切斯特对印第安人的演讲，以及有关美国人情绪反应的新消息传来时，格伦维尔才终于明白，该地区的情况已经发生了令人不快的变化。6月5日，他给哈蒙德写了一封有些焦躁不安的信，抱怨缺乏权威信息，敦促哈蒙德向他通报美国人正在采取的行动的最新情况。[77]

然而，事实上，格伦维尔将会在一周内得到他需要的所有信息。从6月8日杰伊在法尔茅斯登陆到6月15日抵达伦敦的这段时间，哈蒙德从2月下旬到5月中旬的所有信件，以及这段时期的美国报纸和加拿大官员的报告，都一股脑地送到了外交部。[78]因此，格伦维尔可以一口气了解整个情况。

哈蒙德的报告中显然表明，早在枢密院令的消息传到美国并造成影响之前，美国国内反对英国的情绪就已经开始积聚。在政府有选择地公布哈蒙德与杰斐逊的通信，以及发布杰斐逊关于贸易的报告之后，麦迪逊一直在努力建立"一个与英国对立的直接贸易体系"。[79]接着，扣押美国船只的消息和多切斯特对印第安人的演讲让美国公众愤怒到了极点。当西姆科占领美国领土内一个城堡的消息传来时，只会让他们更加愤怒。哈蒙德的随函材料中也有这方面的信息，更多资料还会在接下来的两周内送达。美国人已经准备好孤注一掷。他们正在进行军事战备和海军部署，加强港口防御，甚至开始考虑扣押英国人的债务。他们已宣布禁运，而一项中断贸易的法令只是由于副总统投了决定性的一票才勉强被参议院否决。此外，哈蒙德显然认为自己的处境非常尴尬。尽管他很努力，也满怀热情，但自己几乎无法控制的环境，使得他与新国务卿的关系恶化，他在美国的工作成效也降到了令人沮丧的最低点。

即使是对英国最有好感的美国人，也已经忍无可忍。哈蒙德一定还在为4月中旬亚历山大·汉密尔顿对他的痛斥而耿耿于怀。在刚收到官方对11月6日枢密院令的解释和1月8日的撤销令时，哈蒙德原以为这可能会是一个机会，让他和财政部长就一般事务进行一次宽心的密谈，但"非常惊讶地发现，他并没有以我预期的亲切态度接受这些解释"。相反，愤怒的汉密尔顿"滔滔不绝地声诉了这个国家的贸易所遭受的伤害"，哈蒙德感到局促不安，他试图说明中立方不得不因为试图在"正义战争"中用本国旗帜掩盖敌方财产而遭遇某些不便，但汉密尔顿径直打断了他。汉密尔顿说，英国人民团结起来对抗法国没有错，但英国政府将会看到，当人们知道这些愤怒后，英国内部也会出现强烈反对。总之，如果连迄今"美国所有部长中最温和的"亚历山大·汉密尔顿都"如此气愤"，那么最好还是认真对待这种情况。[80]

格伦维尔无疑感到这一切相当令人不安。然而,这个问题还有另一面。在美国,仍然有通过和平谈判解决所有这些问题的强烈意愿,这一点从哈蒙德关于杰伊的任命及杰伊本人观点的详细报告中可以看出。[81] 杰伊显然是个通情达理的人,这一印象在6月18日他们第一次会面时得到了证实。来自美国的这些消息肯定给格伦维尔又增加了一个负担。但随着欧洲大陆军事局势的恶化,西班牙人开始发出他们可能希望和解的信号,国内的反颠覆运动全面展开,以及与波特兰辉格党人的谈判进入最困难的最后阶段,约翰·杰伊的出现很可能被视为一种解脱。至少,这个问题或多或少是可控的。如果美国特使愿意通情达理,为什么不按照他提出的条件与他会面,并且做得体面一些呢?从眼前的情况来看,格伦维尔一眼就能看出两个真正关键的问题:损失赔偿和哨所。在这两个方面让美国人满意合情合理;他和皮特几乎毫无压力地立即就此达成了一致。[82]

第四节 《杰伊条约》的谈判

约翰·杰伊在向国内报告他的进展时,无论是公函还是私信,都采取了谨慎小心的态度。但他在与格伦维尔的第一次会面中,确实"对他的性格和举止有好感"。"从一些迹象来看",他告诉华盛顿,"我倾向于相信英国对我们的贸易损害将得到纠正",尽管他无法预测"以何种方式或在多大程度上纠正"。在6月27日第二次会面时,格伦维尔"非常坦率地"承认,扣押船只的问题可能需要某种形式的政府干预,希望美国能向他提供一些细节。杰伊没看到他有意为多切斯特和西姆科的行为辩护。事实上,内政大臣亨利·邓达斯(Henry Dundas)严厉斥责了多切斯特,他还给西姆科发去一封密信,称占据西北哨所"应当仅被视为临时目标;在与美国达成最终安排后,很可能会撤离这些哨所"。[83]

与此同时,他们还努力确保杰伊受到适当的接待。7月2日,杰伊被引见给国王,第二天又觐见了王后。国王似乎已事先听取了简报,在会见时表达了"许多开明和得体的一般性观点"。至于"这些表象在多大程度上会与未来事实相符,"杰伊谨慎地说,"只有时间才能决定……"抵达英国后不久,杰伊应邀与外交大臣和其他内阁部长共进晚餐,在7月的最初几周,他又分别与首相和大法官共进晚餐。他认为,表面上看,"仍然是非常顺利的;但表象只能被在一定程度上谨慎依赖"。不过,尽管杰伊避免让自己过度乐观,他还是能在其他人身上看到这种乐观。"这里的商人似乎抱有乐观期望,认为所有困难都能友好解决,我相信英国政府鼓励和支持了这种期望,尽管它并没有以明确方式做出承诺。"[84]

7月11日,随着新内阁成立,格伦维尔自己的地位得到确保,他和杰伊又举行了一次会议。格伦维尔解释说,新的内阁成员需要一段时间来了解情况和商议,但他承诺"不会有任何不必要的拖延阻碍我们充分讨论相关的问题"。他们同意,目前加拿大的边境局势应"维持现状",任何一方的侵占和敌对行为都应停止,俘获的人员或财产也应归还。谈判的筹备阶段就此结束,双方都有理由对前景感到满意。[85]

实际上,还要再过四个月才能完成谈判,其间,谈判不得不经历几次长时间的暂停,因为在谈判过程中,格伦维尔还要忙于处理其他紧急事务。我们不知道在这些讨论中发生了什么,双方的秘书都被排除在外,没有会议记录。但毫无疑问,这样也好。在1791年和1792年,杰斐逊和哈蒙德之间的谈判(如果可以称之为谈判的话)一直是通过正式照会进行的,旨在为后世留下记录,因此谈判在开始之前就已注定要陷入僵局。而这次的谈判程序是就所有论题进行自由对话,任何一方都不会认为对方所说或提议的任何事情是一种承诺"。这种安排很可能是杰伊自己的主意。"对有争议问题的正式讨论,"他早先曾说,"在我看来,应该推迟到局面开始陷入绝境时再进行。我现在的目标是相互迁就,而不是给对方定罪或说服对方。人们如果在论点上签名,就很少会撤回了。"[86]

其中一个主要障碍是先前违反和平条约的问题,另一个主要障碍是战争结束时英国人带走奴隶的问题。杰伊就这两个议题阐述了美国的观点,但当双方显然不可能在任何一个议题上达成一致时,他们同意,"放弃这些议题,试图就一系列互惠的让步达成一致,因为(相互平衡)可以制定条约条款。这些条款使各方受益,从而使他们搁置之前所有的问题和争端"。[87]在这里,我们可以领会到杰伊的整个谈判策略。他把汉密尔顿在金融领域有效使用的一个工具应用于外交,那个工具就是愿景。他会努力呈现一种愿景,一个对所有相关方都有足够吸引力的最终结果,并证明为实现这一愿景而做出某些短期让步是合理的。当然,他假定,格伦维尔和皮特会像他和汉密尔顿一样对这个特定的最终结果感兴趣。

有这些作为基础,就可以开始讨论更严肃的问题了。杰伊在7月30日准备提交一份备忘录,强烈支持美国商人要求赔偿他们在西印度群岛的损失。杰伊在31日递交了这份备忘录,格伦维尔在第二天就做出答复,显然是事先准备好的。格伦维尔向杰伊保证,"国王陛下希望,事实上受到上述程序伤害的所有美国公民都能得到最完整和最公正的正义"。对美国船员造成人身严重伤害的行为将受到惩罚,被征募到皇家海军的美国人将被释放,此外,8月6日还颁布了一项枢密院令,允许商人在正常的诉讼时效过期后也能够对他们的案件提出诉讼。同一天还颁布了另一项命令,对适用于粮食物资的1793年6月8日的枢密院令进行了重大修改。[88]

杰伊有理由感到欣慰。现在是时候详细阐述他认为两国达成一般性谅解所需的主要条件了。8月6日，他向格伦维尔递交了一份建议草案，两天后，他以一贯的克制态度给伦道夫写了一封信："目前的前景并不令人沮丧。我希望在大约两周内向你讲述一些有趣的细节；我希望其中包括令人愉快的内容，但这一点我不能确定。"尽管他言语谨慎，但看得出，他希望能带回去一些好东西。[89]

杰伊的草案只是一部分提纲，没有纳入需进一步讨论的某些事项。他的建议中包括建立一系列联合仲裁委员会。其中一个委员会将审查和解决1783年和平条约中关于适当的美国北方边界的问题；另一个委员会将决定对被非法扣押的美国商船的赔偿，因为这一问题没有在"正常的司法程序中"得到满意解决；还有一个委员会旨在解决和约签订前欠英国债权人的债务的偿还问题。英国将在1795年6月1日前撤出西北哨所。英属西印度群岛的港口将向吨位不超过100吨的美国船只开放，美国船只的这一待遇与英国船只相同，但这些岛屿的农产品只能运往美国，不得从美国，用美国船只进行再出口。两国的产品、商人和船只在对方港口将享有同等待遇，"吨位限制除外"。任何一国均不得允许在本国港口出售从对方获得的战利品，在发生"战争或国家间的分歧"时，任何一国政府均不得扣押或没收拖欠另一国家公民个人或臣民的债务。[90]

尽管杰伊的草案承认有必要对悬而未决的分歧进行明确调整，但可以看出，他倾向于通过超越这些紧迫问题的方式做到这一点，并为未来的和平与双方的合作奠定基础。例如，联合委员会的计划是一项真正的创新，有可能发挥重要作用。另一方面，他愿意在再出口贸易上做出让步，以换取关于进入英属西印度群岛的条款。这一让步也许会让谈判的道路更加畅通，但却让杰伊后来在国内陷入了大麻烦。

格伦维尔一直忙于他的各种重要事务，直到8月底才有机会做出回应,他提出了一系列反馈建议。在回复中,他接受了杰伊草案中的大部分内容,但作了一些修改,并添加了他自己的一些条款。英国将撤出这些哨所,但比杰伊提议的时间晚了一年;英国商人将可以自由地和边界以南的印第安人进行贸易;允许美国船只进入西印度群岛,但吨位限制在70吨以下,而不是100吨;在美国领土管辖范围内被劫掠或在美国港口被改装为私掠船的英国船只应得到赔偿(事实上,在杰伊去英国之前,美国人就已经接受了这一原则)。[91]他重申了海事法则(consolato del mare),也就是说,敌方财产不受中立船只的保护,尽管他没有直截了当地提出这一点;他还提到了违禁品,但没有给出具体定义。另外,应该立即修订北方边界,使英国不必经过外国领土就能进入密西西比河,这也是1783年条约的意图,至少英国人这样认为。英国船只和产品应享受最惠国待遇,这实际上意味着,不应缴纳歧视性关税或吨位税。[92]

杰伊立即对改变边界的提议进行回复。他说,格伦维尔想要划定的新边界涉及彻底割让"三万多平方英里土地",他没有权限同意这个要求,而且"许多情况和考虑……将限制美国做出这样的让步"。[93]接下来的几天,他又对格伦维尔的其他建议提出一些小的保留意见。例如,他认为,如果英国臣民可以与边界以南的印第安人进行贸易,美国人也应该在加拿大领土上享有类似的特权。尽管格伦维尔仍然声称,他建议的边界划分不涉及"领土割让",而只是根据和平条约中关于密西西比河航行权的意图采取的一项纠正措施,但他最终还是做出了让步。他还接受了杰伊关于双方在对方领土上享有贸易特权的要求,但不包括哈德逊湾公司(Hudson's Bay Company)管辖的领土。[94]除了这些例外,以及关于东印度贸易的条款,格伦维尔的建议基本上都被纳入了最终签订的条约。

到了9月,杰伊越来越迫不及待地想结束他的任务。他对新的美国驻法国公使詹姆斯·门罗的所作所为感到非常恼火。一个月前，在国民公会的盛大场合，门罗接受了公会主席兄弟般的拥抱，并发表了一篇热情洋溢的演说，赞扬了两个共和国之间的精神联盟和法国军队的"英雄气概"。在杰伊看来，他自己正在努力说服英国相信美国的友谊将给他们带来好处，而门罗则在称赞法国的军事成功，并郑重承诺美国对法国人民及其事业永远忠诚。英国报纸报道了这次大会的过程；格伦维尔自然很恼火，他以略带讽刺的语气向杰伊提到了这件事。杰伊向华盛顿、汉密尔顿和伦道夫抱怨说，这样的事件对他的任务毫无帮助。"如果我能够以可接受的条件完成谈判，"他告诉汉密尔顿，"我就会那样做，并承担相应风险；而不是……毫无把握地试图改变这个政府的态度……"95

9月30日，杰伊给格伦维尔发去了一份新的条约草案，其中包含已经商定的内容，还另外加了一些尚未解决的问题。这些问题被推迟到最后可能很有道理，因为它们是任何英方谈判者都最不可能同意的事项，而且杰伊本人也未必预期在这些方面能够取得很大进展。其中包括在他接到的指示以及汉密尔顿的私人信件中被列为"理想方案"的那些条款，但它们并非不可或缺。

杰伊提议，如果发生战争，任何一方都不应与对方境内的印第安人结盟，或接受其援助。双方都将"努力阻止自己一方的印第安人参与战争"，并禁止向交战的部落"提供任何弹药或武器"。五大湖区不应保留任何武装船只；逐渐减少边境军事力量，直到最终撤离。杰伊还提出一些关于战时中立国待遇的原则。自由船只应该装载自由货物，对违禁品的定义严格界定，即仅包含战争物资。只有当明显有可能让"敌人因缺乏食物而数量减少"，食物才会被列为违禁品，在这种情况下，可以抢先购买食物并支付货款，而不是直接没收。对上船检查的程序和上船人数进行严格限制。96

一周后，格伦维尔写信给杰伊说，他的方案中有许多新内容，可能要比预期花费更长的时间才能达成条约。而且，现在有几个问题，"如果你方坚持的话，恐怕会造成无法克服的障碍"。杰伊不准备坚持下去了，在随后的几个星期里，双方达成了条约的最终版，内容与格伦维尔8月30日提出的方案非常接近。最终版条约于1794年11月19日签署。谈判看起来在一种总体令人满意的气氛中结束，杰伊和格伦维尔带着对彼此的尊重和敬意告别。[97]

这是杰伊所能获得的最佳条约吗？可能的确是这样；甚至有可能其他任何美国人都无法签订一份差不多一样好的条约。但是，"好"指的是哪些方面？"最好"是从谁的角度来看的呢？答案可能不止一种。

事实上，中立国权利的问题根本没有谈判的余地。由于当时严峻的战时情况，英国不会接受对其舰队部署的任何实质性限制。在任何时候，都没有可能改变海事法则，实现"自由船只，自由货物"。从杰斐逊公开的与热内上一年的书信往来中可以看到，即使是杰斐逊本人，实际上也承认了这一点。7年后，他仍然认为，"在目前的情况下，不值得为了中立国权利而进行一场战争"。[98]违禁品的定义中也不可能将食物排除在外，但只有在特殊情况下才会扣押食物货船，而且这些食物会被优先购买而不是没收（在这样的安排下，商人和农民可能不会有严重损失）。无论如何，条约第12条规定，这些原则（关于违禁品及中立国船上敌国财产的状况）将在当前战争结束时重新进行谈判。条约对"1756年规则"和强征美国海员的问题都只字未提。

杰伊也不太可能说服英国从五大湖区撤走海军舰队，或者在发生战争时拒绝接受印第安人的援助，这两项都被认为对加拿大的防御至关重要。直到20年后的和平时期，英国人才会考虑放弃这些原则中的任何一项。杰伊也许可以拒绝英国人在边境以南进行贸易的权利〔1815

年的《根特条约》(Treaty of Ghent)最终取消了这项权利],但这也直接违背了他自己的通融策略,而且很可能会让格伦维尔在"修订"边界方面更加强硬。另一方面,杰伊确实成功阻止了格伦维尔试图从加拿大进入美国西北部,秘密进行自由贸易的意图;他还拒绝接受英国船只在美国港口的吨位税不应比美国船只更高的论点。[99]

杰伊未能让英国人对他们在独立战争结束时带走的奴隶进行补偿;显然,他也没有在这上面花很多精力。这主要是出于以下几个原因:证据的缺乏;大量奴隶与主人分开时的混乱情况(谁应对此负责?什么时候发生的?);以及一个人获得自由后能否强迫其重新遭受奴役的人道主义困境。杰伊本人持有反奴隶制的观点,显然对这些问题的考虑促使他放弃了这项要求。杰斐逊也认为这只是件"小事"。[100]

当贝米斯教授在70年前进行研究时,研究条件相对简陋,他曾一度陷入困境,直到他兴奋地发现,乔治·哈蒙德在1794年7月初与汉密尔顿私下交谈后,立即写信告诉格伦维尔,美国政府无意加入武装中立联盟。贝米斯称,这是一个"惊人的情报",具有极其重要的意义。9月20日,当谈判还在进行时,格伦维尔收到了这个情报。贝米斯认为,杰伊因此失去了他最强有力的谈判筹码之一,因为格伦维尔"现在已经知道他手里的每一张牌";格伦维尔"知道他最担心的事情现在没有危险了"。[101]在过去的半个世纪中,贝米斯的这个观点对美国历史研究中关于杰伊使团的评价产生了决定性的影响。然而,这一观点值得怀疑。

一段时间以来,丹麦和瑞典一直在酝酿保护其在波罗的海贸易的共同行动,为此,他们在1794年4月签署并公布了一项公约。瑞典驻伦敦的公使将公约的副本交给托马斯·平克尼,建议美国考虑一下是否有兴趣加入,平克尼及时向国内进行了汇报。英国外交部对这一切都了如指掌。但形势很快变得明朗,谋划中的联盟不太可能有显著效果，尤其是遭到了英国盟友俄罗斯的反对（事实上，任何成果都不会有）。显然，由于没有海军，美国从这种联盟中将获益甚微，也没有什么可以贡献。因此，尽管瑞典大臣很热心，但丹麦根本不愿意看到美国加入。格伦维尔也知道这一点。此外，伦道夫就此事给杰伊的指示——如果"有关英国的形势表明有必要"，可以与其他国家的政府代表接触——完全是一种应急预案，甚至连汉密尔顿也没有表示反对。鉴于杰伊的使命有更宏大的目标，显然，他从一开始就不愿意采取任何此类手段，随着谈判的逐渐深入，这种态度变得更加明显。因此，哈蒙德"惊人的情报"可能并没有告诉格伦维尔任何他不知道的重要信息。而关于在得知这一情报时还没有解决的那些问题——英国政府认为影响其作战能力的那些问题——任何形式的压力（包括武装中立联盟的压力）都不可能改变英国的立场。在现阶段提出这件事实际上就等于宣布谈判已经终止，甚至伦道夫的指示中也暗示了这种可能性。总之，即使杰伊再愚笨，他也知道，利用武装中立联盟作为"讨价还价"的筹码，不仅不会带来更多收益，而且还会让他失去已经获得的一些收益。[102]

尽管杰伊在中立国权利问题上没有取得进展——在接下来的若干年中其他美国人在这方面也没什么收获，但他确实获得了所有的必要条件：哨所、对扣押货船的赔偿、进入英属西印度群岛的有限机会，以及关于东印度贸易的一些有利安排。[103]诚然，条约中的几乎每一项条款都将会在美国遭到猛烈批评，其中将夹杂着对法国的感情因素。但人们很快就会发现，大部分条款都需要从一个与美国从该条约中真正获得的实质性利益完全不同的层面进行考虑。理查德·霍夫施塔特在一篇关于19世纪90年代民粹主义者的文章中，将他们的项目分为"软的"（soft）和"硬的"（hard）两个方面，前者主要具有象征意义，后者则涉及直接的物质利益。杰伊的任务及订立的条约也属于类似情况。

在"软"的方面,杰伊的条约遭到了许多反对;而在"硬"的方面,它取得了实质性的成功,其中包括避免了与英国的战争。

但条约中还是有一个大失误,而且恰好是在"硬"的方面。那就是杰伊做出让步,对一些明确列举的热带产品放弃转口贸易的权利,其中包括棉花(任何棉花种类),以获得一项正式开放英属西印度群岛的条款(这里他实际上用一个"硬的"条款换了一个"软的"条款)。最先看到相关影响的是有商业头脑的联邦党人,而不是共和党的仇英派和农业理论家。当条约被提交到参议院时,带头将这一条完全删掉的正是这些联邦党人,而不是那些反对条约的人。删除该条款后的条约最终获得批准。

为什么杰伊会同意做出这样的让步呢?这一直是他整个任务中最令人费解的一个问题。只要该条款生效,任何糖蜜、糖、咖啡、可可或棉花都不能用美国船只运离美国。令人费解的另一个方面是,英国为什么会同意这种安排?霍克斯伯里勋爵和强硬的重商派在整个谈判过程中都极力反对开放西印度群岛的任何港口,无论开放多么有限。

当杰伊于1794年5月离开美国时,造船业和出口贸易的繁荣所带来的全部影响才刚刚开始显现。此外,当时也几乎看不到轧棉机在美国种植业中的巨大潜力。离开美国后,杰伊无疑错过了很多后续的发展进程;他的脑海中依然停留着1793年的数据和1794年时的印象,因此,那些在他看来似乎合理的事情,对于1795年满怀期望、利润丰厚的美国船主和出口商来说,却完全不是这样。但对杰伊来说,还有一个更根本的因素影响了他对美国经济中日常变化的敏感性,那就是他的宏大设想,这也一直是他念念不忘的一件事。他认为,一旦说服英国人开放他们的岛屿,哪怕是以最有限的方式开放,他眼前的目的就达到了。以后的进展将不可避免,因为英国人将逐渐意识到日益显现的共同利益。正如杰伊告诉华盛顿的那样,"它打破了坚冰,也就是说,它在《航海法案》这堵墙上撕开了一道口子。即使只有不多的河水流过河岸，水道也会被连绵不断的水流拓宽"。关于对转口贸易的限制，美国人应该意识到，受到限制的并不是所有货物，这当然是可以承受的。关于这一点，杰伊甚至可能已得到了格伦维尔的非正式保证。然而，美国人当时已在全球航运贸易中占据最大份额，因此他们认为没有理由让自己受到任何限制。[104]

就英国人而言，他们似乎并不像杰伊那么看重西印度群岛。唯一的例外是霍克斯伯里，他反对任何让步。因此有人推测，内阁成员在这个问题上一定进行了激烈的斗争。[105]但是，这场"斗争"确实只是为了一个很小的问题。英国内阁中没有人打算废除《航海法案》——他们没有考虑得那么远——并且在基本原则上，他们之间并没有太大分歧。只是在这种特殊情况下，霍克斯伯里的狂热变得有些令人尴尬，最好是不对其过多理会。在皮特和格伦维尔看来，如果杰伊和美国人对于正式进入西印度群岛的市场这么执着，而且范围又不过如此，那么给他们也无妨。这当然不是一个永久性的安排，只限于这场战争的初步和平条约签署后的两年内。此外，正如格伦维尔所指出的，"为保障我们新获得的殖民地，让美国得到一些利益"，这是有道理的。但最重要的是，在目前的战时条件下，美国人无论如何都无法被排除在外。白金汉侯爵（Marquis of Buckingham）在写给格伦维尔的信中说，在条约中写上这一条，他们"将认为这是一个极大的恩惠。但不管这是直接的还是间接的恩惠，似乎都不可避免，因为他们会不顾你的反对，用粮食和木材换取糖蜜和糖"。[106]

格伦维尔向杰伊索要的对等条件——要求美国同意对西印度群岛产品不进行再出口——与其说是为了维护英国的重要利益，不如说是为了安抚霍克斯伯里及那些与他一样固执己见的人。为什么会把棉花列入清单仍不得而知。杰伊似乎还没有意识到，美国棉花很快就会成为一个重要的出口商品，但格伦维尔可能也没有意识到这一点。无论如何，皮特、格伦维尔和其他内阁成员都非常愿意把整个西印度群岛问题暂时掩盖起来，以迁就美国人，但他们并不认为这意味着永久性承诺。在场的人中似乎只有约翰·杰伊和霍克斯伯里勋爵有不同想法。当美国人后来决定完全删除第12条时，英国人也没有提出异议。反正对他们来说都无关紧要。

当然，杰伊可以完全避免签署商业协议，仅让条约范围限制在解决先前的未决分歧内。这对英国人来说是完全可以接受的，而他也不需要做出让步，放弃诸如实施歧视性关税、吨位税或暂管英国债务等一些可能采用的手段。不过，在和平得到确保的情况下，这些让步也不会让美国付出什么代价，而且，事实证明，它们很快就变得无关紧要了。随着经济的日益繁荣，美国对英美运输贸易的控制权越来越大——1796年的占比将达到93%——希望通过任何胁迫或歧视性立法而进一步加强美国垄断地位的想法是荒谬的。[107]

但对于约翰·杰伊来说，不做这样的事情，从心理上讲是非常困难的。他认为自己在构建一个长远的未来，如果不这样做，就需要承认某种被表象掩盖的东西，至少对他来说是这样：他的东道国根本不同意他的观点，它并不真正感兴趣。它最想要的只是摆脱目前的困境。杰伊全身心地投入了这项工作，而对方只花了一半的心思。诚然，他们并无不妥之处。总的来说，他们的表现相当体面，甚至超越了自己，至少在他们看来是这样。营造出这样的谈判氛围，杰伊功不可没。

这一切让人难以想象。共和国成立才刚刚六个年头，约翰·杰伊或其他任何政治派别的美国人，怎么能够忍受英国的真实情况呢？这就是处于我们宇宙中心的英国人，他们并不真正在意我们，简直是无视！任何一个美国人，无论对自己的国家持什么样的态度，怎么能够想象到，美国的影响会如此轻微，美国在英国人心目中的地位会如此无足轻重？

第五节　批准条约

长期以来，人们一直认为，关于《杰伊条约》的民意的涌动，最直接地导致了美国政党派别的全面兴起，联邦党人和共和党人开始就所有政治问题提出各自的明确观点。最开始，反对的声音铺天盖地。然而，在条约条款被首次公布后的一年之内，舆论发生逆转，到1796年春天，舆论完全转向另一个方向。

这一反转给当时的共和党反对者带来了许多尴尬，也为从历史的角度正确理解整个事件留下许多障碍。有一种观点认为，舆论转变一定是联邦党人通过努力而"人为"促成的。当然，联邦党人的努力是显而易见的。然而，与1795年时的极大民愤一样，1796年公众坚持要求条约生效的情绪，也是完全真实的，甚至可能在某种程度上更真实。也许可以试着分析二者的差别。1795年最初的冲动基于的是民族自豪感和爱国情感；而1796年的民意——同样广泛和真实，基于的则是对国家、地区、群体和个人自身利益的不那么高尚（甚至可能有些愚钝）的考虑。

对此，还应补充一点。最初的反对意见，根本不是针对条约的实际条款。在任何人都不清楚杰伊的任务会产生什么结果之前，反对的声音就已经完全形成，它包含了两个主要部分。首先是他们有理由担心，与英国达成的任何谅解，无论有什么样的条款，多么有利于美国，都会在某种程度上破坏美国人民和法国人民之间的兄弟情谊。换言之，从根本上看，任何暗示与英国建立友好关系的条约，其本质都是可憎的。其次，是对共和党意识形态凝聚力（在某种意义上甚至是组织凝聚力）的担忧。

从詹姆斯·门罗不加掩饰的想法中，可以最直接地看到这些焦虑。1794年12月，门罗在巴黎听到各种极其混乱的谣言，有人说杰伊刚刚完成了一场精彩的谈判，在这次谈判中，英国人做出了杰伊想要获得的一切让步——包括加拿大的全部领土。门罗给麦迪逊写了一封信，表达他的苦闷情绪。"如果发生了这种事情，"他写道，"我知道你们都将陷入进退两难的局面。"

> 英军撤出西北哨所——赔偿损失——在强大的英国舰队保护下与西印度群岛自由贸易——英国放弃或打算放弃加拿大，渔业资源将更方便获取——英国在密西西比河航行权的问题上不再支持西班牙，等等。这将在公共报纸上引起反响，亲英派的无耻行为将变得令人无法容忍。但是，人们难道不知道吗？英国人所提供的一切都不能被视为他们的友好让步，这些本来就是你们自己的，是凭着盟友的努力、繁荣和财富以及你们自己议会的决定而获得的。那么，你们是否会违背我们的信仰和民族品格，将这些实际上得益于我们盟友功绩的条件视为英国的一种友好让步，可以没有任何代价地获得呢？[108]

至于麦迪逊或杰斐逊，他们不太可能将任何此类想法天真地写在纸上。但是无法确定，他们和其他一些共和党领袖没有过这样的念头。甚至可以说，条约内容越有利，对麦迪逊的党派的威胁就越大。

杰伊在与伦道夫及其他人通信时特别叮嘱，要确保美国报纸不会对他在英国的活动（尤其是那些社交活动）进行报道。他向汉密尔顿解释，这类事件"可能会被人误解，即使你不会误解"。[109]但尽管杰伊采取了预防措施，关于晚宴和招待会的闲言碎语还是不胫而走，招来了一片嘘声和嘲笑。有报道称，当杰伊受到王后接见时，亲吻了王后的手，公众喊道，他应该"嘴唇起满水泡，一直到骨头"。110 杰伊认为确实应该公布的一份文件，是他就美国航运遭受的损失向格伦维尔提出的严正交涉，以及格伦维尔的安抚性答复。于是，这份文件被公布；但他还不如不这么做。杰伊克制、委婉的外交语言被共和党的报纸指责为"胆小怯懦"和"卑躬屈膝"，根本没有进行任何威胁或谴责。杰伊代表着"财产被抢劫的美国人"，但他只是"以最屈辱的方式向国王陛下表示，这些船只……的捕获不符合规定"。《纽约日报》(*New York Journal*)上署名"A"的文章说，热情饱满的美国人期待"以正当的、强烈的不满回应多年来受到的挑衅和侮辱"，或"如果英国拒绝美国的正当要求，那么美国有权坚持坚定而温和的威胁"，但他们的希望落空了。只有在恐惧的胁迫下做出的让步才是真正令人满意的让步。111 因此，在约翰·杰伊必须应对的不利条件中，除了其他的各种障碍之外，还有一个新生国家极不稳定的心理状态。

对条约的第一次大规模攻击来自所谓的"富兰克林书信"(Letters of Franklin)。这是从1795年3月初开始刊登在《费城独立公报》(*Philadelphia Independent Gazetteer*)上的一系列充满激情的文章，共有14篇；这些文章被大量转载，在全系列完成后很快被编纂为小册子出版。"富兰克林"的真实身份从未披露。这些"信件"的特别之处在于，信中从未涉及任何条约真实内容，只是提到了一些谣言。作者也根本不提自己并不了解条约内容。"富兰克林"称，"地球上没有任何其他国家像英国一样，让美国民众有充分的理由如此深恶痛绝；如果考虑美国民众的情感和情绪，就不会签订任何条约，尤其是以法兰西共和国作为代价的条约"。在讨好英国时，我们冷漠地对待法国，而法国是我们唯一的天然的朋友和盟友。"这个英勇的国家是我们的希望之锚，但我们对她的建议视而不见"；"富兰克林"宣称，法国"正在为我们所奋斗的事业而奋斗——她正在为人类的自由而战斗……"。归根结底,撇开所有的细节不谈,条约不亚于对民族性格的一种威胁。"与君主制建立密切联系对共和国有利吗?是什么加速了所有共和国的毁灭?是引入了君主制政府的方式、形式和先例,才导致原则被腐蚀。"[112]

由于种种阻碍和意外,条约文本和杰伊的随附急件直到1795年3月7日才送达费城。华盛顿立即决定(也许早就考虑好了),在6月8日向参议院提交条约之前,条约的内容仅限他和国务卿两个人知道。华盛顿确定了在6月8日召开特别会议审议条约。[113]之后,参议院将会继续对条约内容保密一段时间。因此,从1795年1月底报纸首次披露从非正式渠道获知的条约签署消息,直到7月初最终公布条约文本,在这五个月的时间里,美国公众知道有这么一个条约,但不知道其中的内容。

这一时期似乎大致经历了三个阶段,共和党人在每个阶段都做出了针对性的回应。第一阶段是从1794年12月下旬到第二年的1月,当时人们预测谈判结果基本上是有利的。但即便如此,那也不是杰伊的功劳,而是由于法国取得胜利,以及美国国会在1794年威胁实施报复,任何一名谈判者的工作都会因此而变得简单。所以,如果谈判结果不利于美国,那就完全应归咎于杰伊。[114]费舍尔·埃姆斯认为,自己已经知晓事情将如何发展。"杰伊先生的成功,"他在2月3日写信给托马斯·德怀特(Thomas Dwight),"将确保美国外部的和平,但会在国内引起战争。其他党派将吹响反对条约的号角。在贝奇的报纸上,我看到一片像一只手那么大的云彩,它预示着暴风雨即将来临。他们会努力做两件事。首先,在条约被公开之前,提高公众的预期,让公众认为美国提出的所有要求都得到了满足,而且没有做出任何让步;其次,条约被公布之后,就会强调条约放弃了所有要求。"[115]

第二阶段的特点与断断续续传回来的条约内容有关。消息从2月初开始传到美国，大致是准确的，尽管不完全准确。对于那些已经准备好攻击条约的人来说，只要不是埃姆斯指出的"所有要求都得到了满足，而且没有做出任何让步"，就是一个明确的攻击信号。传来的第一个消息是，尽管杰伊从某种意义上实现了他的主要目标（归还哨所、纠正掠夺行为，以及允许和英属西印度群岛贸易），但每一项都受制于某些条件和限制。此外，"自由船只，自由货物"原则只有在战争结束后才会得到考虑。[116]麦迪逊一开始持谨慎态度。他在信中写道，"私人信件的碎片信息太不完整，也太不真实，无法证明关于条约的看法是否正确"。[117]但是他的大脑正在飞速运转。罗伯特·R.利文斯顿主张通过一项法律，防止"加拿大与我们的西部地区进行货物往来"，以此来阻止杰伊可能在该地区做出贸易让步。麦迪逊警告说，这可能"看起来像是对条约的预期攻击"，"对方可以貌似非常合理地说，在对条约的任何部分进行预先判断之前，应该先从整体上看待和理解条约"。当然，麦迪逊当时正在反复思考自己的困惑。"不过，"他补充说，"我会认真考虑你提出的想法……"一周后，他在写给杰斐逊的信中说道："尽管形势〔法国的胜利、英国的困境和美国的威胁〕有利于我们提出的正义要求，但可以推断，谈判结果将远远低于我们的预期。"[118]

事实上，反对条约的力量已经开始集结，尽管麦迪逊非常谨慎，但他也做好了随时加入的准备。"很显然，"他耐人寻味地对杰斐逊说，"那些最有可能知道这件事的秘密的人，并没有表现出胜利者的姿态。"[119]总之，共和党人现在可以合理地确信，他们已经知道的情况不会因为后续消息而发生戏剧性逆转。尤其是在3月7日之后，他们得知，政府实际上已经收到条约文本，但仍在对其内容保密。如果条约内容有变化，那么"最有可能知道秘密的那些人"就会以某种方式透露消息。因此，每一个可能披露的新细节都可能是杰伊同意的又一项限制条件，是他的又一次让步，会使条约本质上更加无耻。正是基于这种自信（当然这看起来很有道理），"富兰克林"在3月11日发起了第一次攻击。当参议院在6月8日集体审议条约时，"富兰克林"仍在发表抨击文章，而且越来越多的人开始加入。[120]

第三阶段跨越了整个6月，这也是公众处于"不知情"状态的最后一段时期，其间，另一个重大问题引起人们的争议。这就是关于保密本身的问题。一位反对者在《曙光》（*Aurora*）上质问："就条约而言，参议院的保密制度符合人民主权的观念吗？"他继续说道："美国宪法赋予总统和参议院订立条约的权力；但不包括暗中密谋条约的权力。这种做法是从国王及其大臣那里学来的，似乎暗示着我们的政府有向君主制堕落的倾向，即使不是从理论上，至少在实践上是这样。"[121]

参议院的会期从6月8日持续到6月26日。当参议院所有的席位都确定后，共有30名参议员，其中20名是联邦党人，10名是共和党人，他们自始至终都坚持着自己的党派路线。参议员们反对最多的是第12条，即关于英属西印度群岛贸易的条款。该条款将美国船只的吨位限制在70吨以下，并具体规定了美国不得转口的热带产品种类。为了解决这个难题，联邦党人主动提出一项可能由鲁弗斯·金发起的动议，提议在批准的条约中删除该项条款。这个动议为整场辩论设置了规则，当它在6月24日以20∶10的票数获得通过时，条约实际上已被接受。[122]

当然，这个票数差额刚刚达到获批的最低限度，反对声音仍然非常强烈。但选票从一开始就很明确，每个人都知道结果，而且自始至终没有任何人改变立场。整个过程只有两次重大干扰。一个是亚伦·伯尔提出推迟审议该条约的动议，他建议重新谈判，"对条约进行修改"。他建议修改的内容有7项，涵盖范围非常广泛，一名权威人士说，"可能还建议总统应确保加拿大的割让……"。伯尔的动议以20∶10的票数被驳回。另一项动议要求修改接受的条约，增加"对违反和平条约而掳走的黑人或其他财产给予充分赔偿"的要求。这种做法旨在诱使南方联邦党人背弃阵营，虽然造成了短暂的破坏，但最后也失败了。在休会期间，参议院通过决议撤销了它一开始执行的保密禁令，但附带条件是"不授权或允许对所述［条约］或其中任何条款进行任何复制"。因此，参议员们可以讨论条约，但不能公开其内容。[123]

参议院已经接受了条约，但条件是必须中止或重新谈判关于西印度群岛的条款。现在，一切将取决于华盛顿。从这一刻起，华盛顿的最终决策过程就开始了，这个过程长达7个星期。这是华盛顿自1789年就任总统以来经历的最严重的一场危机。他知道自己没有太多选择，而且他似乎也从未认真考虑过否决条约，但他所做的选择还是令他承受了无尽的煎熬。

他首先面对的问题是：参议院到底做了什么？他们希望他做出什么样的回应，以及什么时候做出回应？在参议院休会之前，他无论如何都应当回复吗？参议院在决议中写道：

> 他们同意并建议美国总统批准条约……条件是必须在条约中增加一个条款，据此议定第12条关于贸易的规定不再适用，上述第12条规定国王陛下同意美国与其在西印度群岛的岛屿依条约规定的方式和条件通商。
>
> 参议院建议总统立即着手与国王陛下就上述贸易问题及相关条款和条件进一步友好谈判。[124]

如果华盛顿立即起草修订条款并交给参议院批准，就意味着他本人已经批准了条约；这也相当于从某种意义上承认，行政部门拥有缔约权力，而对此肯定会有不同意见。就此条约而言，在初步缔结之后，对其做出的任何修改都必须提交参议院，征求其意见和同意。事实上，

420 对参议院向总统提出的"建议"的任何回应,都意味着他做出了某种形式的承诺。华盛顿决定暂时保持沉默,在参议院休会前不发表任何意见。但还有另外一个问题。如果他现在按照参议院的建议签署条约,即不批准第12条,那么用什么来取代原来的条款,又由谁来起草新条款呢?新条款只是中止第12条,还是会增加更多的内容,作为"与国王陛下就上述贸易问题进一步友好谈判"的结果?然后他要将结果重新提交给参议院的下次会议进行批准吗?[125]

无论他做什么,都需要对整个条约作进一步的思考,他对此当然没有太多热情,因为他自己对条约中的几处地方持有保留意见。[126]他需要更多忠告,以及一点闲暇来整理自己的思绪,在弗农山庄的短暂停留会有帮助。与此同时,他会收到很多建议,一些来自伦道夫,还有一些来自汉密尔顿。此时汉密尔顿已经离开财政部,在纽约过着私人生活。[127]来自汉密尔顿的建议,无论华盛顿是否全部采纳,都非常有助于他缩小选择范围和简化整个问题。而伦道夫的建议,虽然并非缺乏价值,但不知为何,每次都会让事情变得更加复杂。

接下来就是要不要继续保密的问题。华盛顿很快就会无法控制这件事,而且事态正在朝着恶化方向发展。汉密尔顿和金的意见一致。汉密尔顿说,"继续保持神秘是不必要的,应该放弃这种做法,满足公众的心理"。不管怎样,这件事很快就会众人皆知,因此政府最好采取主动,在其他人披露之前公布条约内容。华盛顿同意了,授权在7月1日公布条约内容。[128]但《曙光》的编辑本杰明·F.贝奇(Benjamin F.Bache)还是抢在了前面。贝奇是一位性情火爆的共和党人,向来不知温和与顾忌为何物。似乎是弗吉尼亚州参议员史蒂文斯·T.梅森(Stevens T. Mason)把他手里的条约副本卖给了新上任的法国公使皮埃尔·阿德,而阿德又转交给了贝奇。6月29日,《曙光》刊登了一份长篇摘要,并在7月1日前印好大量载有条约全文的小册子,准备到时候由贝奇亲自带人在沿海地区兜售。这在当时引起了轰动,效果正如贝奇所希望的那样。这一方面和人的心理有关,人们认为,那些长期保密后披露出来的事件,肯定是隐藏了不光彩的东西。另一方面也与曝光的时机有关,当时正值独立日前夕,每个城镇和小村庄都在举行公民集会。因此各地纷纷对条约进行谴责,《曙光》和所有的共和党报纸都欢欣鼓舞地报道了这些事件。[129]

但这仅仅是开始。从7月的第二个星期一直到8月底,几乎每天都举行抗议条约的大型公众集会。关于纪念活动、请愿书、演说、决议和抗议的消息从联邦各州涌向总统,人们恳求甚至要求他拒绝签字。所有主要城市都出现了骚乱和愤怒的场面。在费城、纽约和波士顿,约翰·杰伊的肖像被烧毁;在查尔斯顿,街上的英国国旗被拖在地上,条约副本被公共行刑人烧毁;在纽约,试图为条约辩护的亚历山大·汉密尔顿被石头击中;在费城,骚乱者打碎了英国公使、英国领事和联邦党参议员家中的窗户。[130]自共和国成立以来,还从未产生过如此大规模的针对政府措施的敌意和语言暴力。但是,谁又能说这不是民众意愿的一种自发表达呢?这令华盛顿极为不安。现在对他的要求是什么呢?

此外,还有另一个烦恼。华盛顿在7月初得到消息,英国人再次扣押了美国运往法国的粮食货船,这似乎是根据一项新的枢密院令执行的,当时还没有人看到这项命令的文本,事实上永远也不会看到。[131]这是否意味着背信弃义?英国人是否只是在杰伊谈判期间中止扣押政策,而现在又恢复了扣押?他们这样做的理由是什么?这可能会对华盛顿的批准程序产生什么影响?

这段插曲的某些细节直到140年后才被揭示。英国的确在1795年4月25日发出一条新密令,起因是由于偶然情况才被联系在一起的两个独立事件。其一是美国刚刚还清欠法国的债务,而法国代理人使用这笔资金安排购买了大量要被运往法国的谷物和其他物资，英国政府对此了如指掌。另一件事是，由于灾害造成的粮食短缺，英国各地发生了"面包暴动"。因此，英国政府决定，无论如何，都要拦截这些物资。根据海军部的命令，即不必"过于客气或谨慎地顾及这些船只所持文件的性质"，英国的巡洋舰开始将这些货物作为违禁品扣押——支付了货款，就像英国人同意的那样，即如果将食品作为违禁品扣押，就会进行付款——然后迅速将粮食运往英国情况最紧急的地方。[132]

但是，为了尽快完成他们想要实现的目标，同时不违背他们关于中立贸易的最新承诺，英国人不得不采取某些含糊其辞的诡辩手段。当受到质疑后，英国人给出的理由是，这些物资并不是作为违禁品而被扣押的，而是他们根据海事法则（《杰伊条约》默认了这一原则），怀疑在中立国船只上有敌方财产，他们之所以会付款，只是因为在等待裁决期间，这些粮食可能会腐烂，那就对任何人都不再有用了。[133]事实上，最严重的粮食危机将在9月份结束，到那时，密令会被悄悄撤回。[134]因此，当10月份在伦敦交换批准文书时，这已不再是一个严重问题。当然，华盛顿在7月初和接下来几个月里，并不知道这些。他和所有其他美国人眼下所能看到的，就是英国方面最新犯下的、原因未明的暴行。[135]

就这样，华盛顿在各种困惑中开始考虑如何就条约做出决定。在那段时期，他一部分时间待在弗农山庄，其余时间在费城度过。影响整个决策过程的一个主要考虑因素是国务卿埃德蒙·伦道夫的言行。直到8月12日华盛顿宣布自己的最终决定，这个过程才结束。华盛顿希望在条件允许的情况下尽快采取行动，他甚至在参议院开会之前就告诉伦道夫，只要参议院批准了条约，他就会批准。[136]另一方面，尽管伦道夫给他的某些建议原则上还不错，而且所有建议都有其合理性，但不管怎样，他的每一条建议似乎都有一个共同目的，那就是拖延。

事实上，从一年多前首次提出谈判条约这项任务时起，伦道夫就一直在以各种方式进行拖延。他曾试图让华盛顿推迟对特使的提名，尽管在华盛顿直接忽略了他的这一策略后，他表现出足够的忠诚来支持杰伊的任务。[137]在与杰伊的通信中，伦道夫对收到的条约条款提出无数反对意见，但这些批评直到条约缔结和签署后杰伊才收到。杰伊很可能认为这些意见不过是吹毛求疵的阻挠，他似乎对此大为光火，尤其是在伦道夫通过门罗向法国议会发去热情洋溢的信件之后，杰伊不得不对格伦维尔进行安抚。从那时起，杰伊发回国内的正式信件开始变得令人费解，他不再表明自己的态度，而且信中充满痛苦之意。[138]

在参议院批准条约后，伦道夫又恢复了这种拖延的态度，并在整个7月和8月都是这种态度。这并不是说他有什么马基雅维利式的观点。事实上，伦道夫的一些观点是散乱的、摇摆不定的，他可能也并不是一直都很清楚自己所扮演的角色。无论后来人们如何质疑，他对华盛顿的个人忠诚度非常高，华盛顿显然也很看重这一点。但埃德蒙·伦道夫（正如杰斐逊在1793年夏天一直抱怨的那样）并不是个性很强的人，他难免会受制于其他忠诚责任，比如对他在弗吉尼亚的人脉关系网的忠诚，那些人中绝大多数都是共和党人、狂热的仇英派和亲法派，他们憎恨《杰伊条约》的每一个字。毫无疑问，他想走一条笔直而体面的道路，尽管备受困扰，他也不希望冒犯任何人，但这样做就会拖拖拉拉。此外，他总是说得有点多，而做的时候却只能实现60%左右。

事实上，伦道夫向华盛顿提出的第一个建议——关于在参议院休会后再对条约表态的风险——是很明智的，华盛顿也遵循了这一建议。但在他主动发给总统的各种备忘录中，他也警告了其他风险，例如，如果修订后的第12条没有提交给下一届参议院，征求其建议和同意，可能会有公众不认可的风险[139]（提交给下届参议院需要等6个月）。当华盛顿要求内阁成员就这一点提出书面意见时("尽快提出",以便"我可以毫不拖延地就条约采取一些明确行动"),其他内阁成员都立即做出了答复,每个人都认为总统不必重新向参议院提交这个条款。[140]伦道夫差不多推迟了两个星期才反馈他的意见(显然,尽管汉密尔顿一开始也认为应该再次征求参议院的意见,但后来改变了主意,这让伦道夫很恼火)。[141]正当华盛顿等待伦道夫的答复时,却收到了伦道夫的一封晦涩而又相当愚蠢的信,信中,他拐弯抹角地谋求最高法院的下一任空缺。华盛顿认为,自己最好不理会这封信。[142]

伦道夫终于在7月12日提交了他的意见,他现在已经改变了立场。他此前曾表示,参议院多数期望"总统向参议院提交"新条款,"并征询他们是否同意";但现在他称,"他们希望将1795年6月24日的决议作为最终法案","没有期望把拟议条款提交给他们",这是"他们在决议中的明确含义"。在这一点上,伦道夫现在与其他内阁官员保持一致了。但与此同时,关于英国粮食令的消息已得到证实,伦道夫认为这给条约批准带来了一系列新困难。[143]

他提议,应该让英国公使知道,总统已准备签署条约,但他无法"说服自己,在该命令生效的情况下仍然批准条约"。不过,一旦紧急命令撤销,他就会"马上批准,没有任何犹豫"。[144]这就意味着,在批准条约之前,至少还需要再等三四个月的时间,这取决于英国政府是否接受这种摊牌,以及有关消息多久才能传回美国。华盛顿授权伦道夫与哈蒙德讨论此事,而两人的对话似乎不是很通畅。哈蒙德想知道,"总统是否已下定决心,如果紧急命令不撤销,就不批准条约";伦道夫说他"没有得到关于这一点的指示"。根据伦道夫后来的说法,华盛顿称伦道夫"应该告诉哈蒙德先生,如果紧急命令不撤销,他永远都不会批准条约"。但当第二天哈蒙德问伦道夫同样的问题时,伦道夫仍然给出了同样的答复。看起来,华盛顿还没有准备好这样答复,他的国务卿也不敢以他的名义确认他的决心是"不会改变的"。伦道夫随后开始准备一份备忘录，经总统批准后，该备忘录将会被交给哈蒙德，再由他转交给英国政府。第二天早上，也就是7月15日，华盛顿动身前往弗农山庄。[145]

尽管华盛顿对汉密尔顿说，他此行的"一大目标"是"放松"，但他实际上并没有太多休息机会。他大部分时间都在忙于处理与条约有关的问题；伦道夫开始向他发送详细报告，描述混乱的公共集会和反对条约的民众呼声，再加上华盛顿自己认为必须亲自答复长篇请愿书，他的长假计划实际上已经被打乱。他让伦道夫在与其他内阁成员商议后，为他的答复准备初稿。在其中一份他批准的答复中，提到已"决定以何种方式履行摆在我面前的职责……不带有强烈感情"，而是"有节制的，在进行充分调查之后"。[146]当然，他还是没有宣布自己的"决定"究竟是什么。他本人对此也不完全确定，尽管他确实知道，或认为自己知道，"最好按照参议院建议的方式批准条约……而不是让事情保持现状，悬而未决"。[147]

华盛顿因为民众骚动而心烦意乱，这使得伦道夫正在准备的材料（备忘录、批准书和与英国下一步谈判的指示）变得更加重要。华盛顿对这些材料愈发不安，也越来越不耐烦。伦道夫提出，自己可以"前往弗农山庄"，和华盛顿一起把材料过一遍。但华盛顿现在最不需要的就是与伦道夫深入交谈；至少，他已经确定，以这种方式不可能做出满意的决定。如果要举行会谈的话，最好是在费城，那里有相关的文件、信息和其他可以商议的人，如果有必要，华盛顿可以缩短假期，自己回到费城。[148]

事实上，他刚在弗农山庄待了不到一个星期，就决定返回费城，以彻底解决这些问题，尽管他的内阁成员一开始向他保证没有必要这样做。他之所以改变计划，似乎有几个原因。他写道，"由于正在发生的暴力和不同寻常的事件，我对这个决定感到兴奋"。他"以一种非常严肃的眼光"来看待这些事件。[149]他认为这些骚动大多是不负责任的，越早平息越好。更具体地说，他非常担心法国人会趁机采取行动。法国人几乎肯定会设法利用这个机会；他认为，这是最应该避免的事情，"为了揭示这件事的真相，为支持条约而发声和撰文的人付出再多努力都不为过"。[150]最后，还有一个考虑因素是，据说哈蒙德已收到了期待已久的召回信，他计划大约两周后离开美国。[151]在他离开之前，必须将合适的材料（无论是什么）准备好交到他手中。

华盛顿返回费城后的一周内，内阁闭门会议上发生了一些戏剧性的场景，最终以埃德蒙·伦道夫的不光彩辞职而结束。这自然会让人们猜测华盛顿在那之前的想法处于什么状态，以及他为什么在到达费城之后突然决定批准条约，这显然与他之前的打算不符。毫无疑问，华盛顿原来的打算是，在枢密院令的问题得到澄清之前，原则上暂不批准。但是伦道夫起草的备忘录——华盛顿已经拿到草案并开始考虑——使得天平的一端越来越不稳定，而且有证据表明，华盛顿对此感到不安。[152]马上批准条约可能有不利之处。但如果不这样做，持续的不确定性和拖延带来的弊端现在正成倍增加，正是这一点促使他赶回费城，而不是通过邮件或把伦道夫召来，以非正式的形式解决这个问题。他希望采取行动，希望整个内阁参与进来，希望结论来自每个人的贡献。这些问题"十分重大，不仅需要个人深思熟虑，而且需要集体进行慎重的校正"。[153]这是一个重要的时机，华盛顿希望采取正确的行动。

此外，内阁成员现在改变了想法，认为还是需要华盛顿在场。尽管华盛顿本人已得出同样的结论，他还是比自己的计划提前了一个星期赶回去，特别是在收到战争部长蒂莫西·皮克林亲自写给他的一封加急私信之后。在这封信中，皮克林告诉总统，他有必要返回，"出于一个只能当面向您报告的特殊原因"，并请求他在此期间，"不要就任何重要的政治措施做决定，无论以何种形式呈递给您"。[154]

这个"特殊原因"在华盛顿回到费城的当天就被揭晓了。当皮克林来到华盛顿家时，总统正在与伦道夫密谈。华盛顿带皮克林一起走到房间外面，问他写那封信的原因是什么。皮克林怒气冲冲地指了一下房间，回答说："那个人是叛徒。"当天晚些时候，财政部长奥利弗·沃尔科特给华盛顿带来一份文件，以证明这一指控。[155]

这份文件是法国公使约瑟夫·福谢在1794年10月31日发回法国的一份公文。福谢最近已由皮埃尔·阿德接任，现在正准备回国。公文在海上被一艘英国巡洋舰拦截，然后被交给了英国外交部；格伦维尔转给了乔治·哈蒙德，哈蒙德又在7月28日转给了沃尔科特。[156]这封信还神秘地提到了之前的两封信。从信的内容看，伦道夫似乎向法国公使不适当地透露了关于美国政府事务的信息，并且向公使索贿，目的是以某种方式影响宾夕法尼亚州西部正在进行的威士忌暴乱（Whiskey Insurrection）。

这份文件中有许多令人费解的内容，在没有伦道夫解释的情况下，无法对其做出最终判断。华盛顿是否从极端的字面意义上理解皮克林耸人听闻的"叛徒"一词，可能也值得怀疑。但有一点是显而易见的：这份文件透露了法国公使对美国政府的恶意和蔑视，而埃德蒙·伦道夫的推心置腹与这种情绪的产生有很大关系。至少，伦道夫透露的信息中，有一些严重损害了美国政府的诚信和声誉。华盛顿当晚就做出两个决定。首先，他决定把整个事件搁置几天，暂时对伦道夫只字不提。另一个决定是，在第二天上午，也就是8月12日，召开内阁会议，处理条约事宜。他会像往常一样征求意见和鼓励讨论，但很可能他已经知道自己要做什么了。

在内阁会议上，华盛顿请大家就立即批准条约发表意见。皮克林、沃尔科特和司法部长布拉德福德强烈支持。伦道夫当然主张拖延，他仍然认为总统也赞成这样做。令伦道夫惊讶的是,在会议结束时,华盛顿起身宣布说:"我将批准这项条约。"[157]于是,伦道夫不得不放弃原来的那份备忘录,重新起草一份新的。这项工作如期完成,新备忘录于8月14日,即哈蒙德离开的前一天送到了他手中。哈蒙德在向格伦维尔报告时说,伦道夫"没有掩饰他的懊恼",并"主动承认,他的意见被总统的内阁否决了"。新备忘录依然对英国政府的密令提出抗议,但只是简单地声明,批准条约"不应被理解为承认上述命令的合法性"。[158]

即使在哈蒙德看来,"那位先生在内阁成员中影响力的下降"也是显而易见的,而伦道夫的最终垮台是在接下来的星期三,也就是在哈蒙德离开四天后。8月19日上午,华盛顿当着全体内阁成员的面,把福谢的信递给伦道夫,要求他进行解释。伦道夫尝试进行解释,但很快意识到他已经不记得其中提到的所有细节,于是请求给他一些时间,让他可以用书面形式做出详细解释。但是,还没有等到整个事件完结,尴尬的伦道夫就意识到,自己别无选择,只能辞职,于是他当天就提出了辞呈。[159]

直到现在,伦道夫事件仍然时不时地成为讨论主题。普遍认为,伦道夫与法国公使的关系远未达到"叛国"的程度,他也没有为自己进行索贿,尽管他本人长期经济拮据,再加上后来发现他的部门账目亏空,使得人们的怀疑多年来一直未能完全消除。但尽管这件事被高度关注,所有已经确定的信息也就只有这些,在这个错综复杂的故事中,有很多细节永远都不会被完全弄清楚。伦道夫是一个相当可怜的人物,他具备一些才干,几乎没有任何恶意,但有自以为是的愚蠢和行为失检的毛病,这是他给我们的主要印象。这种印象是否会有重大改变,目前尚存疑问。[160]

然而,另一个令人感兴趣的问题是,这一切如何影响了乔治·华盛顿的行为。是什么使他对条约做出这么突然的决定？在截获的福谢的信件中，是什么内容让他充满了如此冰冷的愤怒？每一次伦道夫试图为自己开脱时，这种愤怒非但没有减弱，反而变得更加强烈。简而言之，他是如何看待这个问题的？显然，我们对这些问题无法确定，但从周围的背景中，很容易看到一些重要因素。

首先是华盛顿对法国的担忧，在他返回费城的路上，脑海中就已经充满了这种担忧。当他在弗农山庄阅读有关民众示威活动的报告时，几乎第一时间想到的就是"这根琴弦……被拨动的最多，因为它最能触动民众的耳膜，这也就是他们所谓的我们违反了与法国的约定"，而这一点比任何其他后果都更令人担心。在写给汉密尔顿的信中，他确信"法国会利用这种情绪使我们和英国保持分歧，这符合法国人的利益；而且在我看来，他们会这样做的。目前为时尚早，无法确定他们会在多大程度上实施自己的政策，但我预计政府会因此而陷入尴尬……"。[161] 后来的事件表明，他的担心完全有道理。

此外，华盛顿对政党和党派之争的强烈感受也产生了影响。他永远不会与之和解，特别是当这些涉及美国与外国政府打交道的方式时——他在次年发表的告别演说中全篇都贯穿着这种担忧。最后，还有他自己作为一个全新的、还很脆弱的共和制国家的第一任总统的独特地位，他痛苦而敏锐地感受到了这个国家及其人民即将向全世界展示的全方位特征，这些都给他带来了负担。正如他已经不止一次地在自我怀疑中承认的那样，这些负担的重量几乎令他无法承受。

1795年8月11日晚上，当华盛顿坐下来读约瑟夫·福谢的第10号公文时，所有这些考虑无疑都在他的脑海中挥之不去。我们可以和他一起读这封信。[162]

福谢首先写道，他正在努力为法国政府搜集有关美国最近的威士忌暴乱引发的危机的情报，并探听美国政府的"机密"，与此同时，他认为向自己的同事（他的随同专员）或任何"偏袒美国政府，以及与该国政府领导人有情感上的和利益上的共鸣"的人透露消息都是不明智的，可能会导致不谨慎的披露。"此外，仅凭伦道夫先生的珍贵忏悔，就足以解释发生的一切。"（福谢大概是在告诉他的上司，没有人可以指责他"偏袒那个政府"，而他即将提供的有关美国政府的政策及"机密"的情报，基于的是伦道夫先生主动向他透露的内容。）

接着，他描绘了这个国家因党派之争而撕裂的景象，大多数民众都起来反对政府的财政制度，因为该制度"滋生出一个金融家阶层"，他们想"通过不知不觉的变化"，将国家转变为君主制。"爱国派"利用民众对"堕落的商业、航运业的束缚和英国的厚颜无耻"的愤慨而积聚力量，对政府进行谴责，"这一点甚至连政府也感到震惊"。就这样，到了1794年的年初，公众普遍对一系列事件不满，包括"政府面对英国的软弱无力，国家对可能的入侵毫无防备，对法兰西共和国的冷淡"，因过于复杂而"不受公众审查"的财政体系，以及财政部长"先是作为权宜之计提出，后来升级为长期措施"的"不道德不明智的税收方式"。[华盛顿正在读的是他的政府的"历史"，外国政府可能会据此制定其政策，但这份文件也可能出自本杰明·贝奇或菲利普·弗雷诺之手。]

然后，福谢谈到所有这些背景和1794年宾夕法尼亚州西部暴乱之间的联系。"他们原则上是共和党派，但具有独立的性格和处境"，这些西部民众受到政府消费税的压迫，自然而然地接受了反对者的观点。当他们得知，政府并没有尽力为他们的产品打开密西西比河航线（"贫瘠沿海地区"的商业控制着官方政策，"害怕在这些内陆地区有竞争对手"），而且政府还拒绝放开向普通人销售土地，而是将西部土地留给其青睐的群体："资本家""马屁精"和"政府官员"，他们的愤怒就更加强烈了（总统竟然把公共财产分给政府官员，真是可耻）。

这样的制度，以及由此产生的不满，迟早会引发"一场革命或内战"。事实上，很可能是政府自己故意挑起西部暴乱，"这对政府有利，因为可以转移注意力，从而平息一场酝酿中的更大规模的风暴"（"难道我不可以基于国务卿和我的谈话做出这个推测吗？"）。上次会议接近尾声时，国会通过了一项异常严厉的征收消费税的法律，当预期的抵制出现时，政府已经准备好"镇压手段"。"毫无疑问，这就是伦道夫先生想要告诉我的，即以增加政府收入为借口，真正意图是引入绝对权力，并误导总统走上一条可能让他不受欢迎的道路。"（确实，如果这些话真的出自伦道夫之口，可谓"珍贵的忏悔"。伦道夫不是向美国总统，而是向法兰西共和国的公使，指责自己的同僚。）

接着，为了"证明征募这支1.5万人的庞大军队有正当理由"，有必要"夸大危险"，歪曲西部民众的和平意图，"指责他们想要与英国联合，让公民警惕宪法的命运，但实际上革命只威胁到那些部长"。这一步很成功，如愿以偿地建立了这支军队。尽管使用军队镇压无疑是汉密尔顿先生的想法，但其中的"和平元素"则是"由于伦道夫先生对总统思想的影响……"。最后，福谢既真诚又居高临下地断言，尽管如此，总统本人是"真正有道德的，并支持他的同胞及其原则"（在这种情况下，事情肯定变得对他不利：似乎总统的美德具有惰性，需要埃德蒙·伦道夫的不断监督）。

福谢信中最精彩的部分是一个勾起人们好奇心的故事：伦道夫向他索取钱财，试图以某种方式影响叛乱进程。政府有自己的军队，但不能保证得到各州官员的全力支持；这些人，"毫无疑问听从伦道夫的领导"，他们正在"权衡"自己将扮演什么角色。就在这时，"伦道夫先生来拜访我，他看起来非常焦虑，提出了我在第6号文件中向你们详细介绍的那个建议"（令人尴尬的是，没有人知道第6号文件里有什么内容）。福谢继续写道："所以，只需要几千美元，［法兰西］共和国就能够决定是内战还是和平。因此,美国那些伪爱国者的良心是有标价的。"(这至少是一个需要调查的问题。)

现在可以把好人与坏人分开了。一切腐败的源头显然是汉密尔顿,他"使整个国家充满进行股票交易、投机且自私的人"。但仍有一些爱国者,比如麦迪逊,"一个诚实的人",以及杰斐逊,他已经"明智地退休",以避免卷入此类情景。"问问门罗吧,他也是这些爱国者中的一员;他曾经对我说,那些随波逐流的人就像是没有重量的尸体一样。"(刚刚在法国议会面前颜面尽失的门罗,显然是公使的另一位密友。)

在这份文件的最后,福谢用不以为然的语气提到华盛顿作为西进民兵部队指挥官的角色(一直"道德高尚",但受到他人控制),并对这场战役的真正目的做出结论性评价。他认为,其中的一个目的是在这上面花足够多的钱,这样纳税人就会将他们所有的愤怒发泄在"爱国者的叛乱原则"上,而不是放在那些真正罪有应得的人身上。另一个目的是转移公众的注意力,使他们不再关注英国的不断侵犯和"在伦敦进行的旷日持久的荒唐谈判"。

此时,华盛顿也许已经后悔自己没有一拿到条约就签署,并在当晚发出去,现在,他只能在第二天早上第一时间采取行动。现在回想起来,在他经常听取建议的人中,埃德蒙·伦道夫从一开始就会设法比别人发现更多的障碍,阻碍事情的顺利进行,尽管他一直声称希望这件事成功。华盛顿不会再听伦道夫的建议了,因为后者的忠告显然不是无私的,他的大脑也不确定是否仍受他本人控制,最糟糕的是,他的大脑可能已经受到腐化。华盛顿现在下定决心,要一劳永逸地摆脱伦道夫,无论如何都要做到这一点。[163]任何解释,不管能揭示什么还是不能揭示什么,都无法使他重新建立对这个人的信任,也不会让他的想法有重大改变。华盛顿现在认为,让这样一个傻瓜继续留在内阁中是一个负担。

在接下来的几天里，一直到8月19日彻底摊牌前，华盛顿又看到了伦道夫起草的其他一些文件，这可能进一步坚定了他的决心。一个文件是伦道夫在7月21日向所有美国驻外代表发出的通函，他在函中提到他自己认为总统应该如何处理条约："他不应该签署，而是应该一直等到英国在条约中增加暂停条款；如果英国如我们所猜想的那样，颁布法令扣押前往法国的物资，那甚至在英国返回条约时也不应签署，而是应加大反对的声音。"另一份文件是伦道夫寄给门罗的信，内容涉及福谢近期的行为。过去一年中，由于各种原因，伦道夫与法国公使的关系恶化，他在信中告诉门罗，福谢参与了各种阴谋策划，并"努力从与他有来往的一些行政官员那里获得一些信息。我不在这些人当中"。[164]这只能被理解为一种笨拙的努力，是一个知道自己说话太随意的人为了掩饰自己的行为而故意为之的。他的意思是，尽管他一直愿意敞开心扉，但福谢并未试图从他那里探听消息，而是"依靠"汉密尔顿、诺克斯、布拉德福德、沃尔科特和皮克林这些人，但这一说法并不令人信服。

　　几个月后，伦道夫承诺的"澄清"以一本小册子的形式呈现，这是一种令人悲哀的努力。其间，福谢交给他一份证词，这是在他启程返回法国的当天匆忙撰写的，称伦道夫没有腐败行为（毫无疑问）。福谢的继任者阿德提供了第3号和第6号文件的摘录，其中有关于第10号文件所提及事项的更多信息。伦道夫在他的小册子中收录了上述文件，还有许多其他资料。但是关于那笔钱以及伦道夫希望如何使用它，仍然语焉不详，令人难以相信，而且现在也依然如此。根据福谢的说法，伦道夫认为，宾夕法尼亚州利用英国的影响力煽动叛乱，企图让西部地区脱离美国；这种影响力还被用来诋毁法国和诽谤美国的共和党领导人。伦道夫的想法是，某些美国面粉商与法国代理人签有供应合同，如果他们得到适当的激励，有可能揭露并谴责英国人的这些阴谋。激励将采取合同预付款的形式,这样他们就可以偿还英国债权人的债务,从而避免受到骚扰。这些人是谁,伦道夫想到的又是哪些人,永远都是一个谜。不过,福谢没有这样一笔可以支配的资金,而且他显然认为这个想法有点荒唐。公开这个愚蠢的计划是伦道夫为证明自己的"清白"而不得不付出的代价。

这本小册子的篇幅有一百多页,但伦道夫"解释"得越多,就越显得纠缠不清。从福谢提供的文件中摘录的内容对他几乎没有好处。伦道夫还想把他与华盛顿的一些私人通信向公众公开,华盛顿事先知道了这件事,他在给伦道夫的信中冷淡地表示:"你完全有自由,可以毫无保留地公布我写给你的任何私密信件;而且,还有我对你说过的每一句话,或在你面前说过的每一句话,如果在你进行自我辩护时对你有利的话。""公众将会评判,"他补充说,"你发布〔此类〕信息或其范围是否适当……"[165]伦道夫随后披露了一些机密信息,从篇幅和细节上看,它们都远远超出了当时公众所习惯的程度,而他的这种轻率行为似乎与他用来否认指责的字数多少有直接关系。此外,在他看来,要想为自己开脱罪责,就需要对华盛顿关于条约的行动是否明智进行辩论,更糟糕的是,还要对总统提出长篇指控,指责他无法抵御邪恶的影响,成了一个党派工具,受到肆无忌惮的、没有共和思想的"亲英派"的操控。而且,他使用的是对立党派的语言,同时却声称自己的行为"超越了党派"。

这场辩护不可能成功,对共和党来说,这无疑令人尴尬。詹姆斯·麦迪逊简明扼要地总结了对这件事的评价。"他最大的敌人不会轻易让自己相信,他是受到了法国的腐化影响〔,〕而他最好的朋友也无力将他从对自己政治生涯的自我谴责中拯救出来。"[166]

据一位年长者回忆,在华盛顿收到伦道夫的小册子时,发生了一个小插曲。总统读完小册子后,把蒂莫西·皮克林叫了进来。华盛顿已任命蒂莫西·皮克林（尽管双方都有顾虑）接替伦道夫担任国务卿。他对皮克林说，自己让伦道夫留在内阁中，作为值得信赖的成员，而这让自己陷入了困境。他的嗓门越来越高。"现在，"总统愤怒地说，"他竟然写了这本小册子，还印了出来。"说完，他把小册子扔在地上，发了一通脾气。"然后他平静地回到座位上。暴风雨结束了。"[167]

第六节 "金雨"

1796年春天，美国公众最终接受了《杰伊条约》，这可能是迄今美国向民众政治迈出的最具戏剧性的一步，尽管乍看之下，逻辑似乎完全错误，而且充满意识形态上的矛盾。1795年春夏期间，绝大多数公众都反对该条约，自诩为"民众的"政党的共和党不仅在组织反对活动中发挥主导作用，而且还从中获得了政治利益。然而，到了第二年春天，舆论却发生了非同寻常的逆转，共和党试图在众议院阻止条约生效的努力也因为民众抗议而受挫，沮丧的共和党人似乎成为输家。至少在短期内，他们确实是失败者。但从长远来看，联邦党人也不是受益者。每一次因民众不满而爆发的群体参与事件，无论具体事件是什么，也无论结果如何，都使联邦党人朝着最终的衰落又迈进一步。正是这个过程本身，以及由此形成的政治习惯，削弱了他们的影响力。此外，关于《杰伊条约》的纷争最终尘埃落定，可以使共和党人在几年内摆脱一个日益沉重的、意识形态方面的负担，即麦迪逊执意要针对英国贸易制定强制立法，尽管他们自己可能并不愿意承认这一点。

但是，为什么这一次民众会反对在众议院占绝对多数的共和党议员，转而要求他们不再阻碍条约生效呢？当然不是因为他们重新考虑了自己习惯性的恐英症，或放弃了长久以来对所有英国事物的怀疑，而是，各种事件与可能性已经开始非常清晰地表明，为了他们自身的当前利益，过于坚持字面意义上的意识形态的纯洁已经不值得了。一方面，韦恩在对抗印第安人中取得了军事和外交胜利，美国即将收回哨所，自独立战争结束以来，向西北地区移民和开拓第一次有可能成为现实。另一方面，面对英裔美国人在西部的定居，西班牙终于准备答应给予美国人在密西西比河上的自由航行权，这意味着内陆的农产品第一次可以不受限制地出口。在这一切的背后，是美国如日中天的繁荣景象，而这主要得益于海外运输贸易及其乐观前景——再加上美国各地不断涌现的新机会——现在看起来没有什么限制了。无论共和党的领袖们是否完全理解这些影响，这些事件都是紧密联系在一起的，如果现在不同意与英国的条约生效，就会破坏整个美好前景。从华盛顿在1795年8月14日签署条约的那一刻开始，到1796年4月30日众议院最终投票同意拨款使条约生效，这期间坚持反对条约的理由越来越站不住脚。这段历时八个半月的时期有其自身的发展逻辑。

总统批准该条约的一个合理后果是，源源不断地涌向他的请愿书，以及为推动请愿而组织的无数公众集会，戛然而止了。此外，在大约同一时间，公众关于条约的讨论进入了一个明显没有以前激烈的阶段。主要形式从集会、露天的长篇演讲和言辞激烈的社论，转向了更加慎重和有分寸的小册子与连载文章。在这一点上，很快就明显看出，联邦党人占了上风。尽管罗伯特·R.利文斯顿、亚历山大·J.达拉斯和布罗克霍尔斯特·利文斯顿确实都才华横溢，但他们仍然不是诺亚·韦伯斯特、詹姆斯·肯特（James Kent）、鲁弗斯·金和亚历山大·汉密尔顿的对手。[168]汉密尔顿在面对这类挑战时可以迸发出超人的精力和效率，他很快就主导了辩论，最终战胜所有对手。

正如我们所看到的，人们最初对条约的反应非常情绪化，他们认为条约的缺陷不言而喻，几乎没有认真辩论的必要。布莱尔·麦克莱纳根（Blair McClenachan）是费城的主要煽动者，这种态度在他身上充分体现："把这个该死的条约踢到地狱去！"[169]不过，尽管这第一波谩骂极难抵抗，但也引发了一些人的抗拒心理。这些谩骂者认定，只有无赖和鬼鬼祟祟的托利党人才会有不同的观点，任何对其论点的反驳都是空洞的诡辩，这就在那些希望得到更多启迪的怀疑者中激起了不安情绪。同样，如果事情开始变得（很快就会这样）并不像看起来那么简单，那么许多在第一波抗议中随波逐流的温和派就会在沮丧中重新思考。最后，这种未受反驳的夸张气氛鼓励了条约反对者将目标设得太高。由于之前做出的断言过于夸张，随着形势转为不利，他们将面临新一轮的反思。

即使是条约反对者中最明智的人也是如此，其中最著名的是纽约州的总理罗伯特·R.利文斯顿。利文斯顿以"加图"（Cato）为笔名在《纽约阿格斯》（New York Argus）上发表了一系列文章，称英国在1794年已经濒于崩溃边缘，杰伊本可以要求英国接受他提出的任何条件（"加图"甚至声称，英国和法国的海军力量"几乎势均力敌"，如果美国参战，她可以"彻底毁灭"英国贸易）。英国人首先违反了条约；美国是受害的一方，因此，杰伊不应该谈判，而是应当要求"交还哨所——赔偿贸易损失——赔偿英国人煽动印第安人发动的战争的费用——公开惩罚武装反对我们的英国臣民，并解除多切斯特勋爵的职务，因为他在对印第安人的演讲中鼓励他们违反和平条约"。我们有权获得至少1000万美元的赔偿，而且不管怎样，我们还可以期待"法国的慷慨大度"，因为"法国向我们提供了领土保证，我们有权要求她履行保证，在我们的要求得到满足之前"，法国是不会与英国媾和的。[170]"加图"在随后的几篇文章中继续写道，杰伊应该坚持要求对被掳走的奴隶和被扣押的海员进行赔偿，并要求对美国商业受到的损害

（因为侮辱了美国的国家荣誉）进行国家层面和个人层面的赔偿。他还指责说，杰伊同意英国人与加拿大边界以南的印第安人进行贸易，实际上是将整个毛皮贸易交给了他们，而且杰伊同意第3条的内容，即取消之前对外国船只进口货物征收的10%的关税，这违反了法律。[171]

加图-利文斯顿的这些文章大部分是在汉密尔顿加入辩论之前发表的，他的论点广为人知，同时也帮助汉密尔顿确定了自己的辩论策略。汉密尔顿以"卡米卢斯"（Camillus）作为笔名，他将用理性和事实，去反驳不负责任的指控以及不了解事实、真假掺杂的说辞。

"卡米卢斯"的系列文章题为"辩护"（The Defence），他在第一篇中就指出，反对条约的呼声是突然爆发的，那些煽动者知道"在真实的基础上形成公众意见需要时间、考查和反思"，因此他们"抵制一切讨论"，并尽其所能地"使条约看起来可憎"。而他则正相反，承诺会逐条讨论条约内容，证明它"以合理的方式调整了争议点"，它"没有做出不适当的让步"，也没有被强加任何不符合美国的荣誉或利益的限制，美国所获得与所给出的条件是同等的，没有违反与任何其他国家签订的条约，而英国让出的利益则是"其他国家没有从英国获得过的"，条约促进了"对我们的总体福祉至关重要的利益"，不批准条约"极有可能导致的结果"是战争。[172]

在下一篇文章中，"卡米卢斯"再次提醒读者杰伊开始谈判前美国面临的危机：挑衅和侵权行为"对美国造成巨大伤害，因此不能对其屈服"，人们普遍担心"战争不可避免"。摆在美国面前的似乎有两条路线。一是报复，目的是对英国造成胁迫压力（通过扣押英国债务和切断贸易）；另一条则是"积极准备战争，同时派遣正式使团，试图通过谈判避免战争"。但任何理智的人都无法想象，谈判前的报复行为能够胁迫任何人；这只会让我们离战争更近。"以报复开始，就会在战场上相遇，并使另一方陷于无法在不受羞辱的情况下退却的境地。"这些

"选择方案"都只是虚幻；真正的选择只有战争或谈判。美国不具备发动战争的适当条件，尽管批评杰伊任务的那些人似乎"认为美国是世界一流的强国"。现在进行战争将会摧毁我们的贸易和航运业，蹂躏我们的边境，使我们的工业和农业陷入困境，公共债务达到无法承受的程度。然而，时间站在美国一边。如果我们能体面地避免战争，同时稳步发展实力，变得繁荣，无限期推迟战争的可能性就会大得多。另外，"卡米卢斯"补充说，与英国保持和平将极大地推动美国与西班牙达成有利的解决方案，这在后来被证明是非常有远见的观点。[173]

然后，汉密尔顿–卡米卢斯谈到条约的序言，其中规定，双方同意"在不考虑各自申诉和主张的是非曲直的前提下"解决分歧，也就是说，不就违反和平条约的各种行为的对错进一步辩论。杰伊的反对者坚持认为，美国关于这些问题的立场一直是无可争辩的，显然是英国人首先违反条约，杰伊应该坚持这一立场，在对被掳走的奴隶进行赔偿和归还哨所方面要求得到最满意的结果。"卡米卢斯"非常深入地解释了为什么这些事情没有那么简单。他阐述了各州政府——尤其是弗吉尼亚州政府——竭尽全力地阻挠英国债权人收回债务的举动，而这正是英国继续占领哨所的理由；他还论述了美国和英国关于和平条约第7条的立场存在巨大分歧，也就是有关带走"黑人或美国居民的其他财产"的内容。分歧之一是，美国人认为，这条规定适用于条约缔结前被释放或掳走的奴隶，而英国人则认为只适用于条约缔结之后被释放或掳走的奴隶；另一个分歧是，对于那些在道义上和法律上都无法恢复奴隶身份的人，是否要求赔偿财产损失。至于哪一方首先违约，这是一个无休止的争论（"卡米卢斯"举出了一系列关于没收和偿还债务的州立法，这些法规很可能被视为首先违约），很难证明美国在这个问题上的立场从本质上讲优于英国。如果说我们有一个合理的理由，英国人也是如此，如果每个谈判者都在这些问题上坚持自己的立场，那

么就根本不可能进行任何谈判。因此,双方在序言部分商定了这一方案。¹⁷⁴

由此可见,由于英国人认为至少在美国人对偿还债务采取一些行动之前,他们没有义务撤离哨所,因此,任何期望英国人对占领哨所进行赔偿的想法都不切实际。而且,此类要求没有先例,除非是战胜一方强加的条件;也没有任何方法可以计算印第安人的敌对行动所导致的花费中有多少应归因于英国的纵容(从逻辑讲,我们也可以要求赔偿独立战争的费用)。关于毛皮贸易的损失,"卡米卢斯"反驳了"加图"的说法,他用数字证明,美国在毛皮贸易中所占的份额实际上只有"加图"声称的1/40左右。没有哪个英国大臣敢以上述任何理由,要求议会同意向美国赔偿。"卡米卢斯"对"加图"描绘的英国濒临崩溃的景象进行了一番嘲弄。"加图"认为如果我们无法强制执行我们的诉求,还可以等着"法国的慷慨"来帮助我们实现。"卡米卢斯"说这纯粹是"愚蠢的"想法,他反问,为什么"法国在取得所有的胜利之后,还是不能迎来和平"?¹⁷⁵

到8月份的头一两个星期,汉密尔顿开始逐条评论这些条款,此时他基本上已经掌握了辩论主导权。"加图"在9月底退出论战,而其他大多数人在此之前就已经退出了。汉密尔顿的系列文章一直到1796年1月9日才结束。"辩护"共包括38篇文章(其中10篇由鲁弗斯·金撰写),甚至汉密尔顿的敌人也承认这些文章是非常有效的。"汉密尔顿确实是反对共和党的领军人物,"杰斐逊在给麦迪逊的信中写道。"不需要数字,他自身就有强大的力量……我们只有普通的能力去对抗他。事实上,当他出手时,除了你之外,没有其他人能与他抗衡……看在上帝的分上,拿起你的笔,给他致命一击吧……"但麦迪逊两年前曾答应过类似的请求,并且在随后的"帕西菲斯-赫尔维迪乌斯"的对决中表现欠佳,他不愿意再来一次了。¹⁷⁶

在余下的几篇"辩护"文章中,汉密尔顿回顾了整个条约,回应了针对它的每一条批评,充分阐述了条约的优点,当然,他尽可能淡化了条约实际具有或被指责具有的缺点。他指出,关于内陆贸易的第3条并没有(如"加图"所称的那样)放弃海上贸易或航行权,因为这一条与这些主题无关。他认为,不可能达成关于强行扣押的一般条款,限制侵权行为的最好方法是定期进行交涉,并在出现具体情况时予以处理。也不可能让英国人接受美国版本的中立权利(自由船只,自由货物),以取代他们自己的版本,而且美国早就承认了这一点。英国人坚持在特殊情况下将食品定义为违禁品,这至少是一种可以容忍的让步,因为对被扣押的货物是要付钱的。他为仲裁委员会辩护的理由也非常有力,特别是针对革命前的债务问题的委员会。他详细解释,这是债权人获得补偿的唯一合理途径,尽管弗吉尼亚人可能都不会因为他指出这一点而感谢他。另外,虽然英国航海体系的主要限制仍然存在,但和以前相比,美国的贸易现在显然处于一个更有利的地位。[177]

汉密尔顿的这些文章加起来近10万字,相当于一本书的篇幅。他在文章中尽可能地展示了条约最好的一面,并提出了一个很有说服力的观点,即他认为条约是可能达成的最有利方案。但他所做的不仅仅是消极辩护。他认为条约给美国带来了实质性好处,并用大量的细节进行了解释。此外,他还一再强调,如果现在阻止条约,就会把问题拉回1794年春天的状态,当时所有人都清楚,这个国家正处于战争的边缘。他坚持认为,只有谈判或战争这两种选择,而这让他的对手极为抓狂,他们对这一观点的反应最为强烈,但又无法令人信服地进行否认。汉密尔顿进一步呼吁,不应出于激情而是要根据条约本身的是非曲直来评判。他的这些努力至少可以确保,如果民众仍要拒绝条约,也不会像6个月前那么轻率。

当"卡米卢斯"来到论证的最后阶段,也就是证明条约并不违反联邦宪法时，即使是支持条约的人也觉得已经听够了。费舍尔·埃姆斯认为"对这么少的反对意见，做出这么多答复是不相称的……朱庇特的鹰用爪子抓住闪电抛出去，但不是掷向巨人，而是掷向麻雀和老鼠"。[178]

到1795年9月初，有两条重要消息传到宾夕法尼亚州西部、纽约州北部、俄亥俄和肯塔基州的边境定居点。一是华盛顿于8月14日签署了《杰伊条约》，英国在条约中承诺撤离西北哨所；另一条是安东尼·韦恩将军于8月3日与西北边疆的印第安部落缔结了《格林维尔条约》（Treaty of Greenville），印第安人将今天俄亥俄州约3/4的土地和印第安纳州东南部的一块地割让给美国。在边疆居民的心目中，这两件事是密不可分的。如果这些哨所不被美国人占领，韦恩的条约就会像之前的4个条约——《斯坦威克斯堡条约》（Treaty of Fort Stanwix，1785）、《麦金托什堡条约》（Treaty of Fort McIntosh，1786）、《芬尼堡条约》（Treaty of Fort Finney，1786）和《哈马堡条约》（Treaty of Fort Harmar，1789）——一样毫无意义。在上述4个条约中，印第安人被迫割让了大致相同的领土，但在英国人的庇护下，他们认为在签约后可以随时推翻这些条约。换句话说，在10多年来的恐惧、焦虑和长期战争的阴影下，定居者知道，这些哨所是西北边疆和平问题的关键。如果哨所掌握在美国人手中，美国人便能够切断英国人对印第安人的供应，这样一来，印第安人的供应就要经常依赖于美国而不是英国的商人，英国对他们的影响会被大大削弱。与罗伯特·利文斯顿这些人不同，边疆居民往往更多地从军事和战略角度而不是从经济角度看待皮毛贸易；他们认为，要控制皮毛贸易，不管其货币价值有多大，都需要控制印第安人——至少，要彻底改变影响力的平衡状态。[179]

关于边疆地区，直到《格林维尔条约》签订之前，联邦政府并未形成令人信服、统一的印第安人政策。1789年6月，战争部长亨利·诺克斯向总统提交了关于印第安人事务的报告,奠定了华盛顿政府的最初路线。其中心思想是,独立战争后,大陆会议在印第安人中激起了不必要的动荡,因为它坚持美国根据《巴黎条约》对密西西比以东的所有领土享有全部所有权,同时声称,由于印第安人在战争中支持英国人,因此他们丧失了土地的所有权。而诺克斯的建议是,新的联邦政府承认印第安人的权利主张具有合法性,限制定居者,只允许他们占有印第安人自愿出售的土地,从而平息这场动乱。这并不意味着白人最终不会得到这些土地。"由于白人的定居点接近条约确定的印第安部落的边界,"诺克斯推测,"猎物会减少,而这些土地对印第安人的价值只是狩猎场,所以他们将会愿意以低价出售大片土地。"因此,白人——至少是政策制定者——可以一举两得。和解政策可以用较小的代价"管理"印第安人,而胁迫政策则需要在西北边疆维持一支庞大的军队,成本也会相应增加。这个论点既有说服力,又方便执行,很容易被人接受。针对印第安人的大规模军事行动可能会给联邦国库带来沉重的费用负担,而且国会对建立一支庞大的正规军存有根深蒂固的偏见。[180]

但在这一充满希望的政策背后,有两个关键前提,边疆居民对它们不抱任何信心。一个前提是印第安人可以被说服,愿意平静地放弃他们整个部落的勇士—猎手文化,被同化为热爱和平的美国农民。另一个前提是,印第安人允许边界的最前沿接近他们的领地,即使他们完全明白这意味着会破坏他们赖以生存的狩猎活动,也不会去努力反击和保护祖先留下来的狩猎场。西部人的心里十分清楚。如果白人想要按照自己和东部政府当局的意愿行事,就需要运用武力,而武力是政府当局最不愿意提供的。[181]

然而,迫于形势,联邦政府还是很快转向了武力政策。在听到很多关于印第安人在整个1789年夏天的掠夺行为、俄亥俄河谷民众要求保护的绝望呼声，以及肯塔基突击队员报复性袭击的威胁的报道后，华盛顿和诺克斯被说服，认为美国必须加强西北边疆的军事力量（主要通过征募民兵），尽管他们也鼓励与各部落进行和平谈判。1790年6月，在巨大压力下，华盛顿同意让约西亚·哈马尔将军和阿瑟·圣克莱尔将军组织一次规模有限的远征行动，对印第安人进行惩罚。10月，在哈马尔的指挥下，这支部队深入印第安人的领地约170英里，但哈马尔的一支精锐部队在俄亥俄西北部的莫米河谷遭到伏击，军队被击败后四处溃散，最后不得不撤回。1791年，在圣克莱尔的领导下，又制定了一次远征计划。华盛顿和诺克斯将哈马尔的失败归咎于训练不足、难以驾驭的民兵，而杰斐逊则乐观地认为，现在的一场短暂胜利会让政府再次从战争政策转向贿赂政策。正如已经看到的那样，圣克莱尔的远征以灾难和屈辱告终。而且，印第安部落现在基本上团结一致，他们下定决心：白人如果想要和平，就必须放弃俄亥俄以北的所有土地。[182]

华盛顿悲观地得出结论，在西北领地恢复和平需要投入大规模军事力量。国会在极不情愿的情况下同意授权组建一支5000人的正规军，任命安东尼·韦恩作为这支部队在俄亥俄的总指挥。1792年中，韦恩开始系统地组织和训练军队，最终在"伐木之战"（Battle of Fallen Timbers）中击败印第安人。[183]

但军事上的胜利在两年后才会实现，在那之后又过了一年才达成和平协议。政府仍然认为作为权宜之计，应该继续进行谈判，因此在1793年夏季的大部分时间都在努力寻求谈判机会，但事实证明这完全徒劳无功。由蒂莫西·皮克林、本杰明·林肯（Benjamin Lincoln）和贝弗利·伦道夫（Beverley Randolph）组成的三人委员会为此前往西部，但英国人阻止他们在底特律与印第安人的全体委员会见面，这件事实际证明了英国继续占领西部边疆意味着什么。与此同时，最敌对的印

第安部落继续坚持以俄亥俄河为边界。这种以谈判来拖延的策略在政治上可能是合理的，因为这让韦恩有更多的时间来准备。但在西部居民看来，这只不过是联邦政府头脑混乱和对边疆安全缺乏热情的又一个证据。[184]

到1794年春天，政府终于为行动做好了实际准备。多切斯特的暴力言论被视为煽动印第安人发起总攻，西姆科开始重建迈阿密堡，战争似乎迫在眉睫。7月，韦恩从格林维尔堡出发，深入印第安领地。与此同时，英国管理印第安人事务的代理人亚历山大·麦基（Alexander McKee）和马修·埃利奥特（Matthew Elliott）竭力保证向印第安人供应物资，支持他们保持武装力量。1794年8月20日发生在莫米河谷（今托莱多以南几英里处）的"伐木之战"是美国人的一次重大胜利。河谷附近迈阿密堡的英军指挥官拒绝让溃败的士兵躲进他的堡垒，这让这场战争成为一个具有决定性意义的事件。出于外交考虑（约翰·杰伊和格伦维尔勋爵当时正在进行谈判），再加上城墙外来势汹汹的军队，保持中立成为当时的首要问题。事实上，如果不是双方都决定保持克制，战争的火花可能立即会被点燃。[185]

但英国人确实没有让印第安人在那个冬天挨饿，同时继续暗中阻止他们与美国人谈判。直到第二年夏末，韦恩才将分散在四处的酋长们召集到格林维尔堡，让他们接受和默认了和平条款。然而，从边疆居民的角度来看，只要英国人继续占领哨所，只要英国人对印第安人施加实质性影响，任何解决方案都不能算作最终方案。[186]

而现在，英国人终于要在1796年6月1日撤离哨所的消息改变了一切，经受多年的挫败感之后，西北边疆地区迎来了乐观情绪的大爆发。新的定居点计划立即被制定出来——克利夫兰、代顿、扬斯敦、奇利科西和康尼奥特等城镇将在几个月内迅速涌现，从而开启一股移民潮，俄亥俄地区的人口也将在4年内超过4.5万人，进而在7年内升格为州。[187]

与此同时，东部市场的谷物及其他粮食价格达到新高，农民、商人、政客和土地投机商欢欣鼓舞地联合起来，憧憬着美好的未来。

现在可以想象到的唯一可能阻止这一切的只有一件事，那就是英国人（无论出于什么原因）最后拒绝撤离哨所。这很可能会导致印第安人的新一轮敌对行动，旧的噩梦会重新开始。

1796年2月底，又有一则好消息传到美国。在美国前几任代表十几年的努力都徒劳无功之后，托马斯·平克尼终于在10月与西班牙达成一项协议，使美国人得到了在独立战争结束后一直要求未果的所有东西：密西西比河的自由航行权，在新奥尔良存放货物的权利（货物等待远洋船舶转运时可免税存放）及3年之后续期或另选存货地点的选择权，以及以北纬31度线作为美国和西佛罗里达之间的边界。《圣洛伦索条约》(Treaty of San Lorenzo)的签署标志着西班牙最终放弃了尽可能让美国人远离路易斯安那的长期政策。[188]

尽管西班牙宫廷的行事方式神秘莫测，使美国人大多数时候无法非常清楚地看到他们的立场，但在过去的两三年，某些外部压力已经削弱了西班牙的决心。压力之一来自法国大革命导致的后果：路易斯安那和其他西班牙殖民地的欧洲货船短缺，而这些地方对谷物、面粉和其他一些产品的需求巨大。新奥尔良的总督赫克托·德·卡龙德莱特（Hector de Carondelet）不得不允许增加和美国人的贸易——其中大部分是非法贸易，因为他害怕如果试图阻止，肯塔基人和自己治下的殖民者可能会采取极端行动。[189] 另一个压力来自俄亥俄河以南激增的美国人口。肯塔基的人口从1783年的1.2万人增加到1795年的16万人，而肯塔基和田纳西的人口总和当时肯定已接近24万人。[190] 面对这一新的威胁，西班牙总督可以调动的军事力量只有一支士气低落、兵力不足的军团和一堆破败的堡垒。显然，即使是马德里的国务委员会也肯定明白，与美国人和解迟早会成为唯一明智的选择。[191]

然而，促成这一和解的直接动力并非来自美国边境，而是来自欧洲国际政治的发展。法国的胜利，以及西班牙与英国的勉强结盟和参战，不断将西班牙推向毁灭的边缘，使其不得不寻求机会与法国媾和。接着，传来消息说，美国将派出一名特使与英国谈判条约。首相曼纽尔·德·戈多伊（Manuel de Godoy）意识到，西班牙现在最害怕的力量是英国，尤其是在英国人就西班牙在北美的殖民地与美国人达成谅解的情况下，因此他最终决定与美国人进行认真的谈判。在此之前，威廉·肖特和威廉·卡迈克尔（William Carmichael）从1793年初开始就一直作为美国的全权代表努力寻求解决方案，但一无所获，他们的提议被推后了一个月又一个月。现在，戈多伊要求美国政府派一位更杰出的谈判代表取代他们二人。华盛顿派了时任美国驻英国公使的托马斯·平克尼，这是一位来自南卡罗来纳州的显赫人士。平克尼于1795年6月底抵达。当时，西班牙正在与法国缔结《巴塞尔条约》（Treaty of Basel）下单独的和平协议，预计这个协议会让英国大发雷霆，《杰伊条约》也正在等待美国参议院的批准。平克尼没有等多久就达成了和解。最开始，西班牙人告诉平克尼，他们准备同意对美国有利的边界划分，并给予美国在密西西比河的航行权，条件是美国与西班牙结盟——或者建立包括法国在内的三国联盟——相互保障领土安全。这两个联盟的提议都遭到平克尼的拒绝。在与国务委员会商议后，戈多伊通知平克尼，西班牙将在没有结盟的情况下承认美国拥有密西西比河航行权和以北纬31度线为边界，但不能同意美国拥有在新奥尔良存放货物的权利。平克尼把存放货物作为一个必要条件，要戈多伊想办法解决。最后，戈多伊也同意了这个条件。1795年10月27日，双方签署《圣洛伦索条约》，美国在此之前一再破灭的希望终于圆满实现。[192]

不久的将来，开发广袤西部的巨大潜力就会显现，在其他条件不变的情况下,唯一的限制是人们能以多快的速度到达那里。但对这个国家的其他地方来说,要面对的不仅仅是未来愿景,还有近在眼前、富有活力的现实生活,伴随着全社会快速走向繁荣过程中的各种景象、声音和情绪。

对这些现象的基本解释是,眼下发生在欧洲的动乱、由此产生的对美国产品(特别是食品)的需求,以及战争带来的大量机会,为美国航运业开辟了市场,当时,美国货船是世界上仅有的大型中立承运方。自1792年以来,造船业和航运业的利润迅速增长,出口价格不断上涨,到1794年春天,美国的出口和运输贸易显然即将迎来大规模扩张。英美关系危机自然会挫伤热情,但这只是暂时的。随着5月份解除禁运,美国开始向法国发运粮食,英国也在秋季向美国运送大量商品,这些都表明了一个明确的信号,即英国既不期望也不打算与美国开战。乐观情绪迅速回归,并由此开启了美国历史上最令人振奋的繁荣时期之一。1795年5月,一名极度兴奋的记者发消息给《哥伦比亚哨兵报》(*Columbian Centinel*):"欧洲事务让财富之雨降落在我们身上;我们能做的就是找许多盘子,接住金雨。"[193]

这场"金雨"撒得到处都是。1792年至1796年期间,单是货主的利润就增加了两倍,这反过来又刺激了造船业的蓬勃发展,1795年和1796年造船业的产能达到了每年10万吨。随之而来的是对更多木材、船用物料、帆布、绳子和焦油的需求,以及不断增长的劳动力需求,无论是否为熟练工人。1790年至1796年间,费城造船工人和劳工的日薪都翻了一番。人们充分就业;所有可用人手都有工作机会。[194]

1793年,国内出口商品的总价值随着价格上涨而开始增加。1796年的涨幅达到令人震惊的50%。当然,出口增加给货运公司和生产者都带来极大的满足感。此外,出口价格在1795年和1796年的上涨速度远远快于进口价格,导致贸易条件发生重大变化。美国人卖的东西更贵，买的东西却更便宜，这就进一步产生动力，使人们忍不住想买得更便宜、更多，而美国人在1795年正是如此放纵挥霍。繁荣时期最引人注目的指数是，当年美国人消费的进口商品的价值比上一年翻了一番。美国人民现在正尽情享受着期盼已久的繁荣成果。[195]

在这样的背景下，以及随着公众情绪在总统批准《杰伊条约》后的几个月内迅速平静下来，按理说，到1795年12月召开第四届国会的第一次会议时，整个条约问题应该已基本告一段落。但事实并非如此。此时，条约问题以两种不同的形式存在，一种在舆论的领域，而另一种则在已经完全发展壮大的共和党的委员会中。尽管一开始共和党是在汹涌的公众情绪的推动下反对《杰伊条约》的，但此时，这种反对已变成一种党派责任，已成为一项不受控制的重要承诺，在某种程度上独立于公众情绪的变化。在此之前，还从来没有什么事情能受到如此团结的推动；1795年夏天，公众情绪和党派努力似乎完全一致。对于共和党领袖来说，这是纯粹的原则问题。是原则，而不是"利益"，造就了党派关系，即使党派关系本身正在成为一种利益形式，真正的信仰也不允许改变立场。因此，拒绝为条约生效拨款，从而阻止众议院批准条约，显然是共和党的责任所在，这不足为奇。有充分的理由相信，共和党将赢得多数投票。在这种新建立的团结和广泛支持下，如果他们想要继续推进并取得成功，还有什么承诺、原则和情绪不能得到加强和明确呢？另外还有一件事，即使是在共和党中，也很少有人知道如何应对，因为这是一个新涌现的、目前看来还极其遥远的想法：实际控制国家政府的可能性。尽管联邦党人大肆宣扬雅各宾主义和无政府状态的威胁，但他们的下列观点不无道理。他们认为，众议院面对的真正问题是，如果共和党无法依赖"民众对那个可恶的岛屿〔英国〕极度的、不可化解的和永久的敌意，它能否继续维持下去"，[196]

或者如亚历山大·汉密尔顿在"辩护"系列的第一篇文章中所暗示的，共和党人的近期目标是让托马斯·杰斐逊当上总统。[197]

自1789年以来，麦迪逊一直在致力于保护美利坚共和国免受英国商业的腐蚀，现在他看到自己设想的整个体系都被这个条约摧毁，这是他难以接受的。他在1795年8月底写道："这项条约中的条件如此不平等，它将损害我们的国家权利，它的某些目的极其阴险，它的实施令人为美国最重要的商业和航运业担心，因此，按照条约目前的形式，它不配让一个独立民族自愿接受……"[198]隐退中的杰斐逊想当然地认为，尽管总统已签署该条约，但"众议院将否决，因为它不符合宪法"。他在11月底时对爱德华·拉特利奇说："我相信立法机构中代表民意的派系不会赞成它，从而使我们摆脱这一可恶的法案，它实际上只不过是英国和这个国家中的盎格鲁人的盟约，目的是反对美国立法机构和美国人民。"[199]

虽然预计大多数共和党国会议员可能会团结一致地反对该条约，但最好还是通过公众再次表达不赞成的呼声，进一步坚定这些议员的决心。于是，热心的约翰·贝克利发起了一场始于费城的请愿运动。德威特·克林顿同意在纽约负责，本杰明·贝奇和迈克尔·莱布（Michael Leib）在宾夕法尼亚州协助贝克利。[200]在弗吉尼亚州，呼吁众议院阻止条约的运动采取了另一种形式——杰伊的整个观点、生活方式和过往行为都受到了恶意指责。弗吉尼亚州议会在11月以绝对多数批准了塔兹韦尔（Tazewell）参议员和梅森参议员于上一年6月投出的反对票，并要求弗吉尼亚州的国会议员提出一系列宪法修正案。这些修正议案旨在确保众议院对限制众议院立法权的任何条约条款有投票权，并将成立一个不同于参议院的机构来审理弹劾案。向众议院提交此类修正案，至少可以提供一个就《杰伊条约》展开辩论的机会。[201]

但越来越多的迹象表明，事情可能并不简单，共和党中比较敏锐的一些人察觉到了这一点。首先是贝克利的请愿活动似乎没有取得多少进展。罗伯特·R.利文斯顿警告他的侄子——纽约州议员爱德华,请愿书"不太体面,因此不会给你的措施带来什么好处"。²⁰²宾夕法尼亚州的共和党人也出现了分歧,亚历山大·J.达拉斯干脆拒绝参加这项活动。²⁰³与此同时,各州立法机构相继拒绝支持弗吉尼亚州的修正案,因为他们非常不愿意表现出挑战华盛顿的姿态。弗吉尼亚的约瑟夫·琼斯(Joseph Jones)在谈及极端言论时担心地写道:"反对者对总统的攻击过于暴力。这种肆无忌惮的指控将损害而不是促进共和党的利益。"²⁰⁴

接着美国就进入了繁荣时期。联邦党人欣慰地看到,人们唯一的抱怨是"致富太快";他们四处走动,"口袋里装满了钱,财富闪闪发光";"农民们一心想着改进致富手段,几乎不会去关注任何政治话题,无论话题多么有趣。"华盛顿在他的年度演说中平静地宣布了大家已经知道的事情。"我们的农业、商业和制造业,"他说,"实现了前所未有的繁荣……"²⁰⁵当麦迪逊在12月评估形势时,情绪颇为低落。"显然大多数人都不赞成这项条约,"他在给门罗的信中写道,"但由于众所周知的原因,不赞成的人数将会越来越少;特别是各州,非但没有为摇摆不定的人打气,反而自己也做出让步。"他认为,条约的支持者将会推迟关于条约是非曲直的辩论,希望在此期间说服公众相信,总体而言接受条约的好处比拒绝它要多。他对杰斐逊说:"他们使用的手段是大肆渲染公共繁荣,把条约与总统本人混为一谈,以及老调重谈战争和混乱的话题。"²⁰⁶另一位共和党人,费城的本杰明·拉什医生,似乎在被说服者之列。"华盛顿将军,"拉什在1月中旬写道,"仍然受到我们绝大多数公民的尊敬[,]他与英国签订的条约被人们理解之后,相对来说就没有那么不受欢迎了。"²⁰⁷

共和党人越来越担心缺乏一个恰当的时机发起攻击。华盛顿在年度演讲中提到了这个条约,但由于仍在等待英国的批准,他尚未将条约转给众议院。因此,如果共和党人想要避免直接挑战总统,他们只能等待。麦迪逊在写给杰斐逊的信中说,"情况确实令人大伤脑筋"。他确信共和党能赢得多数票。"但由于条约没有如期提交给众议院,向总统提出质疑就会把他个人卷入这个问题……存在很大的风险,竞争对手突然发力,使得反对条约的人成为少数。"[208]当拖延持续到2月份时,共和党更没有耐心了。与此同时,另外3个令人满意的条约,也正在等待最终程序。韦恩的《格林维尔条约》、与阿尔及尔签订的释放美国囚犯的条约以及平克尼与西班牙签订的条约,都在参议院全票通过。3月1日,华盛顿终于将《杰伊条约》转交众议院,并在前一天通过公告宣布条约生效。[209]本杰明·拉什承认,"每20位公民中曾有19人厌恶这个条约,但现在正相反,同样比例的人表示赞同或平静地默许"。[210]

但在众议院可没有这么顺利。3月2日,爱德华·利文斯顿(Edward Livingston)提出了一项动议,要求总统向众议院提交杰伊收到的指令的副本,以及与条约有关的所有信件和其他文件,这多少让麦迪逊感到惊讶。[211]该动议还暗示,众议院有权在条约全面生效之前批准必要的拨款,它和参议院一样,在宪法上有权根据条约的是非曲直进行表决。正是基于这一宪法依据和决议的适当性,展开了一场辩论。麦迪逊认为这个问题提出得过早,他更希望不要那么直接,但既然现在这个问题已经被提出,他别无选择,只能和其他人一起投入其中。[212]该条约主要的联邦党发言人是南卡罗来纳州的威廉·L.史密斯,他认为,宪法并没有赋予众议员他们所称的那种权利。缔结条约的权力属于总统和参议院,一旦条约被宣布为国家法律,众议院的责任就仅限于对执行条约所需的拨款进行投票——除非该条约明显违宪(并没有人声称这一点),而且不需要额外的文件来判定这一点。[213]

来自日内瓦的瑞士—法国裔移民艾伯特·加勒廷对共和党观点的阐述最巧妙。加勒廷于1794年当选为宾夕法尼亚州西部的众议院议员,然后迅速脱颖而出。他说，自己不否认总统和参议院缔结条约的权力，但这种权力并非无限。它不凌驾于众议院的拨款权力之上，也不能自动废除现有立法。否则，总统和参议院2/3的议员就可能会以缔结条约为幌子，自行拨款或无视现有法律。但他也没有声称众议院拥有这种权力，只是要求当众议院自身的职能受到侵害时，有进行检查的权利。[214] 麦迪逊补充说，"在宪法规定的应提交给国会的立法问题上，国会的权力与缔约权力可以被视为合作关系"，在行使权力时，众议院必须进行审议，"对缔结条约的原因及条约生效的条件给予应有的重视"。[215]

史密斯回答说，从制宪会议开始，一直到当前这个问题出现之前，都没有丝毫证据表明众议院应扮演这一角色。他提到加勒廷曾参加的哈里斯堡的一次会议，当时提出一项宪法修正案，要求赋予众议院批准条约的权力，这意味着宪法中本来是没有这一权力的。他还提请人们注意去年夏天向华盛顿提交的请愿书中的措辞："我们只能仰仗总统来保护我们免受这份致命文件的伤害；如果他签署，那么除了战争，没有任何其他东西能够拯救我们……"现在众议院提出的是"一种事后想法"；认为宪法中包含任何此类补救措施，这是一种"事后解释"。[216] 来自纽约西部的前反联邦主义者约翰·威廉姆斯（John Williams）表示，他曾在该州的批准宪法大会上反对总统和参议院的缔约权，但他从未怀疑，宪法赋予了他们这样的权力，也不认为众议院有权干涉缔结条约。威廉姆斯现在最关心的事情似乎是："英国人将在6月1日撤离西部哨所；如果到时候没有拨款，他们岂不是被骗了？"[217]

经过两周的辩论，利文斯顿的决议以62∶37的票数获得通过，3月25日，众议院向总统转达了提交文件的要求。[218] 5天后，华盛顿在给众议院的一封信中礼貌地拒绝了这一要求。他说，自己从来没打算隐瞒这些参众两院都有权获得的信息，但与外国谈判时需要谨慎，而且往往涉及机密，这也是宪法赋予"总统在参议院建议和同意下订立条约的权力"的原因之一。现在承认众议院有权要求所有关于此类谈判的文件,"将开创一个危险的先例"。他认为,本案不具备适当的目的,"除非为了进行弹劾;但决议没有表明这一点"。此外,他本人也参加了费城会议,他对宪法意图的明确理解是,当条约"由总统在参议院建议和同意下批准"并颁布时,"即具有强制性"。他说,外国也是这样理解我们的程序的;在以前的谈判中,这种程序是"我们所公布的,他们所相信的",同时,这种解释"得到了迄今每一届众议院的默认……"。最后,他让众议院参阅《会议日志》(Convention Journal),其中记录,一项要求立法机构批准条约的规定已被"明确否决"。[219]

尽管共和党人遇到挫折,但他们还是在4月7日投票,重申了他们所认为的众议院的宪法权利,即在条约签署之前对需要众议院采取行动的条款进行审议。于是,最终的关键阶段,也就是关于该条约的是非曲直的辩论,拉开了序幕。[220] 5周后,他们中的大多数人基本上没有改变观点。但他们现在不得不直接面对一个问题,即他们是否能够并实际行使他们所宣称的权力,将该条约搁置起来。

那些本来预示着他们能够实际取胜的迹象,在来自各方的危险信号的冲击下,变得不再确定。4月2日的共和党党团会议显然远未达成一致。[221]约翰·贝克利4月11日报告说,3名来自纽约下辖县区、以极微弱优势当选的共和党议员正在摇摆不定。[222]4月18日,麦迪逊仍然大胆地预测,只要"不发生倒戈",仍会以大约20票的优势否决该条约。"但阻力非常大,"他补充道,"无论是在国会内还是国会外。"他相信,"但也不能肯定",众议院还是很稳固的。"如果的确如此,公众将在他们的组织下团结思想。"(之前的重点在发生某些变化:众议院从反映和代表公众思想的角色,转变为指导甚至可能改变公众思想的新角色。)到了23日,麦迪逊的信心开始消退。"多数票,"他写信给杰斐逊,"由于各种变化和人员缺席而慢慢消失,只剩下8票或9票了。就连这几票是否能维持,我也无法确定。"[223]

票数"消失"的原因是新涌现出一大波支持条约的舆论,那些最终没投票的人也承认了这一点。[224]公众通过报纸、信件,尤其是引人注目的公开会议和请愿书,表达他们的观点。越来越多的人认为这是一场危机,危机的原因是众议院似乎决心通过拒绝拨款来扼杀条约。请愿书来自全国各地,甚至还有弗吉尼亚州。[225]纽约人的情绪发生了极大的转变,共和党人甚至不敢冒险在那里反对请愿。[226]麦迪逊说,新英格兰地区近乎态度坚决,"已准备好大规模反对众议院的行动",各大商业中心城市的联邦党领导人也非常活跃。麦迪逊认为,这种新的情绪是由于"贵族、英国主义和重商主义的作用和影响"。[227]在某种意义上,他的这番指控是对的,但是在一年前,当公众的情绪浪潮的方向完全相反时,同样的这些影响却无法阻止。费城的《美国每日广告》(*American Daily Advertiser*)报道说:"众议院对条约的审议,似乎给费城和纽约的民众带来了巨大恐慌。商业几乎停顿。他们担心如果条约不生效,可能会与英国发生战争。多家保险公司已经停止承保;银行不再贴现;美国农产品在市场上滞销。"《哥伦比亚哨兵报》发表了一份题为"危机"(THE CRISIS)的特别增刊,其中描述了在波士顿、塞勒姆、马布尔黑德、纽伯里波特、纽伯里、林恩、欣厄姆和格洛斯特举行的会议,宣称如果代表们不批准拨款,"将他们的国家卷入战争,他们就会困惑地发现,其行为不符合选民情绪,而且会受到几乎所有人的谴责"。[228]

自3月初开始,来自西部的请愿和抗议就不断传来。纽约州奥齐戈县的一份备忘录有5000多人签名,反对者不超过10人。[229]在加勒廷所在的匹兹堡选区,共和党人和联邦党人一致支持该条约。[230]加勒廷试图辩称,西部民众最想要的其实是和西班牙的条约,他们之所以要求签订和英国的条约,只是因为他们认为没有这个条约,他们就无法得到西班牙的条约。他的一位通信者急忙纠正他，指出在人们还不知道有西班牙条约之前，要求签订英国条约的请愿书就已经传开了。"但是，"《匹兹堡公报》(*Pittsburgh Gazette*)的一名撰稿人写道，"西部最感兴趣的是哪个条约呢？我认为是英国的条约；至少是对其中最直接的利益感兴趣。"

> 在我们的国家稳定下来之前，我宁愿拥有西部哨所、对印第安人的控制权以及和平，而不是暂时免税卖面粉的特权。如果我们不能获得对印第安人的控制权，让他们保持和平，那么河谷地区就会受到侵扰；虽然西班牙人打开了河道，但印第安人还会把它关闭；印第安人还会滋扰我们的定居点，阻碍我们生产面粉；这样我们就没有东西可以卖到市场上。我不知道是否会爆发全面战争，但西部会发生战争。我指的是与印第安人的战争。最多再过12个月，我们就又会回到原来的状态……[231]

正是在这种背景下，辩论在4月的最后两个半星期进入高潮阶段。联邦党人西奥多·塞奇威克提出，将与印度、西班牙、阿尔及利亚和英国的4个条约合并到一项总的拨款法案中，但这一提议被加勒廷巧妙地阻止了。前3个条约在4月14日通过。[232] 于是，关于英国条约的所有老生常谈的正反两方面论点又纷纷涌现。条约的支持者警告说，如果条约不能生效，可能会发生战争甚至分裂；而反对者则称这些是空洞的威胁。代表边疆地区利益的约翰·威廉姆斯和威廉·库珀（William Cooper）坚称，西部的和平与繁荣取决于收回哨所；否则，库珀说，就会"被加拿大支持的印第安人的战争摧毁"。[233]

到了4月22日，反对条约的票数显然一直在减少，马里兰州的塞缪尔·史密斯公开倒戈，称"尽管他对条约有许多反对意见，但他将同意条约以符合宪法的方式生效"，原因之一是，现在看来"他所代表的马里兰州民众绝大多数认为"，通过条约要比拒绝造成的危害小。[234]4月26日，加勒廷（尽管他也受到来自选民的巨大压力）对条约进行了最全面的攻击。他逐条提出质疑，否认"已获得任何一项商业利益"，并坚持认为，如果允许英国人与印第安人进行贸易，美国人占领哨所的优势就会荡然无存。最令他不满的是，条约取消了扣押债务和商业歧视等胁迫手段，"因为担心这些工具可能被我们滥用"。此外，战争的警报只是来自那些"习惯于随心所欲地执行政府每项措施的人，他们真的认为，一旦他们在重大事件上受挫，一切都会陷入混乱"。[235]

两天后，有消息传出，马萨诸塞州的费舍尔·埃姆斯终于要站出来为条约辩护了。他在整个会议期间都饱受疾病折磨，在此之前一直保持沉默。埃姆斯在挤满了人的会议厅站起身，他一身黑衣，脸色苍白。"我有一个希望，也许是一个妄想，"他颤抖着说，"我的力量可以支撑我讲几分钟。"然后，他一下子演讲了一个半小时，不需要任何笔记的提示，这说明他仍然是众议院中最老练的演说家。

他演讲的重点是违背信仰和爆发战争这两个严肃的主题，如果众议院拒绝履行其职责就会导致这两个可怕后果。他说，众议院即将破坏一项根据宪法制定和批准的条约，即使民众明确无误地反对"不履行我们的承诺"。如果他们这样做，我们就要对因劫掠而遭受500万美元损失的受害者说，他们将不会得到赔偿；拒绝收回哨所时，我们就要告诉边疆民众，他们的安全被剥夺，他们的定居点不能扩大。即使英国同意一切条件，反对条约的敌人仍会不满意。任何条约都会冒犯他们，哪怕只是"让乔治国王留在他的岛上"，甚至"他明确要求为此支付租金"。如果没有哨所和条约，谁会相信边境能够维持安定呢？"白天，你们在林中小路上会被伏击；午夜，你们的住所在黑暗中火光刺目。你是一位父亲：你儿子的血会变为玉米地的肥料！你是一位母亲：战争的呐喊将惊醒摇篮中熟睡的婴儿！"今天，"对那些因为我们的决定而将成为寡妇和孤儿的人，那些将会被钉在火刑柱上烧死的可怜人，我们要给他们一个说法"；（他声音阴沉，警告说）"我已经可以想象，我听到了复仇者的怒吼和受到酷刑者的尖叫"。这就是他们想要给我们的和平吗？最后，埃姆斯气喘吁吁地总结道，现在如果众议院拒绝这笔拨款，"即使我的生命微弱，奄奄一息，我可能也会比我们国家的政府和宪法活得更久"。[236]

约翰·亚当斯记录道，这是一次非常精彩的演讲，在场的许多人都流下了眼泪。演说家埃姆斯在嘈杂和喧嚷声中回到座位上时，联邦党人高声呼喊："表决！"但共和党人团结一致，决定推迟投票。众议院宣布休会，第二天再继续。[237]

29日，来自新泽西州的乔纳森·代顿议长在众议院表示，尽管他从来都不喜欢该条约，但现在他认为，允许条约生效最符合公共利益。他提出忠告："拒绝条约，产生的影响就像一种不易察觉的毒药……迅速渗入到系统中，最终会影响整体。"贸易、造船业、航运业、农业、边疆地区、"公众信心和个人信用"，都将受到影响（他可能还提到了他最近从家乡收到的消息：新泽西州民众"会把任何投票反对条约的代表撕成碎片"）。[238]最后，一直反对该条约的马里兰州共和党人加布里埃尔·克里斯蒂（Gabriel Christie）站起来说，"尽管他认为这个条约很糟糕，但他的选民希望条约生效，因此他认为必须将自己的观点抛到一边，按照选民意愿行事"。[239]

然后条约被提交表决，众议院的表决结果为49:49。担任全体委员会主席的是来自宾夕法尼亚州的共和党人弗雷德里克·A.穆伦伯格，他打破僵局，将这一问题提交给了众议院的公开会议进行表决。现在，拨款议案显然会通过了。第二天，也就是4月30日，共和党人做了最后一次努力,他们通过亨利·迪尔伯恩(Henry Dearborn)提出的一项动议,宣称即使他们同意拨款,该条约也"非常令人反感"。动议被代顿议长的决定性一票否决。联邦党人松了一口气,他们高兴地看到,拨款议案最后以51∶48的票数通过,条约终于安全了。[240]

詹姆斯·麦迪逊大为震惊。在过去两周的辩论中,他一直保持沉默(一名议员说,"他陷入了怀疑和问题之中"),而共和党的领导权也至少暂时从他手中转移到了艾伯特·加勒廷手中。他苦涩地告诉杰斐逊,"在各城市为条约请愿的过程中,人们感受到了银行的强大力量"。[241] 其他不可调和的因素也促成了这一结果。贝奇的《曙光》称,联邦党人"拥有银行和金融公司的所有威力,以及财富能带来的所有影响力"。[242] 不过,值得怀疑的是,挫败麦迪逊多数派的真的是城市超级富豪的巨额资金,还是在公众中普遍流通和使用的小笔资金?而"1776年精神"的复兴,使这种小额资金从源头上受到了威胁。

然而,在一片欢呼声中,联邦党人隐隐约约地感受到了不祥之兆。"去年夏天,骚乱者向民众发出的呼吁,"约翰·芬诺在他的编辑专栏中反思,"是对立法机构审议自由的严重侵犯。""宪法之友"最近的呼吁当然没有那么恶劣,因为它支持国家法律,但也是不恰当的。这不属于政府的正常程序,有可能被"滥用和歪曲,以实现危险的目标"。[243] 谁知道这一切可能导致什么结果呢?

注释

1. Jefferson, "Anas," Nov. 28, 1793, *WTJ*, I, 271–272; *ASP: FR*, I, 141–246(1793年6月8日英国枢密院令见第240页); Hammond to Grenville, No. 2, Feb. 22, 1794, FO 5/4; Charles R. Ritcheson, *Aftermath of Revolution: British Policy Toward the United States, 1783–1795*(Dallas, Tex., 1969), p. 292.
2. Carroll and Ashworth, *Washington*, VII, 144 and n.
3. Jefferson, Report on Privileges and Restrictions, *WTJ*, VI, 470–484. 关于针对报告背景

的一份很有价值的整理，参见 Merrill D. Peterson, "Thomas Jefferson and Commercial Policy, 1783–1793," *WMQ*, 3rd Ser., XXII (Oct. 1965), 584–610。Peterson（同上，609），Vernon G. Setser (*Commercial Reciprocity*, p. 114), 以及 Dumas Malone (*Jefferson*, III, 159) 倾向于认为，杰斐逊只是打算以这份报告作为一种告别仪式，并不期望它会有任何结果。但证据表明，事实可能并非如此。这份报告的发布时机、发布背景，以及麦迪逊在1794年初决议中对其内容的详尽阐述，都表明他和杰斐逊非常看重这份报告。

4. Lord John Sheffield, *Observations on the Commerce of the United States* 2nd ed. (London, 1784), p. 87.

5. 报告印于 *Collection of Interesting and Important Reports and Papers on the Navigation and Trade of Great Britain, Ireland, and the British Colonies in the West Indies and America, with Tables of Tonnage and of Exports and Imports, &c. &c. &c.* (London, 1807), pp. 47–154。杰斐逊看到的摘要版本，连同他的文章一起载于 *Report of a Committee of the Lords of the Privy Council on the Trade of Great Britain with the United States, January, 1791*, Worthington C. Ford, ed. (Washington, 1888)。有关杰斐逊得到这份文章的背景，参见 *PTJ*, XVIII, 267–272。

6. Report, *WTJ*, VI, 481–484.

7. *AC*, 1 Sess., 3 Cong., 157 (Jan. 3, 1794).

8. 霍克斯伯里的报告强调，美国和英属西印度群岛之间合法贸易大幅下降，其中大部分被走私、由处境艰难的当地总督临时宣布批准的贸易，以及通过加勒比海地区荷兰和法国港口进行的大量间接贸易所替代。随着1793年战争的爆发，英国的船舶公司开始将运力转移到利润更高、风险更小的欧洲和远东贸易，在很长一段时间里，当地总督越来越多地向各种美国产品开放其港口。根据美国财政部的统计，在截至1794年9月30日的一年内（正值麦迪逊决议的辩论期间），至少一次前往英属西印度群岛的美国船只（未计算重复的航行）的总装货量高达58989吨，而1790年的数字只有3620吨。这意味着——由于荷属和法属西印度群岛的贸易量仅略有下降——美国人完全承担了与西印度群岛的贸易：包括英属、荷属和法属西印度群岛。关于这一点和上段中提到的其他事项，参见 *ASP: CN*, I, 329–330；Alice B. Keith, "Relaxations in the British Restrictions on the American Trade with the British West Indies, 1783–1802," *Journal of Modern History*, XX (Mar. 1948), 1–18；以及 Gordon C. Bjork, "The Weaning of the American Economy: Independence,

Market Changes, and Economic Development," *Journal of Economic History*, XXIV（Dec. 1964）, 541–560。

9. 关于这一估计，参见 John G. B. Hutchins, *The American Maritime Industries and Public Policy, 1789–1914*（Cambridge, Mass., 1941）, p. 185。虽然这一时期的统计数据缺乏连续性，但毋庸置疑的是，造船业从 1793 年开始出现重大好转，这一点对上文讨论的事件尤为重要。据 1794 年 6 月 21 日波士顿《哥伦比亚哨兵报》称，"事实证明，在过去 18 个月内，本镇拥有的船舶数量增加了一倍以上"，埃德蒙·热内注意到费城也有类似变化。热内在 1793 年 5 月 18 日给国内写信时报告说，他曾承诺运输 60 万桶美国的谷物和面粉，但船舶稀缺；不过，"各地都正在建造船只"。CFM, p. 215。罗伯特·古德洛·哈珀在给选民的通函（1795 年 3 月 22 日）中说，1789 年"美国的造船规模为 1.7 万吨至 1.8 万吨。1790 年达到 3.2 万吨，一年内增长近一倍。在 1793 年全年和 1794 年前 6 个月期间，美国造船量高达 8 万吨，这还不包括波士顿、楠塔基特、巴尔的摩、亚历山德里亚、伊登顿和两个威尔明顿港，这些港口也都在造船。如果这些数据也加进来，可能会看到，美国在 1793 年和 1794 年上半年的总造船量至少达到 10 万吨。平均每年造船量高达 7 万吨，是 1789 年的 4 倍多"。*Newport Mercury*，引自 Maude H. Woodfin,"Citizen Genet and his Mission"（未发表的论文，U. of Chicago, 1928）, p. 292n。亚历山大·汉密尔顿报告说，截至 1792 年 9 月 30 日，船舶总吨位量为 289394 吨，截至 1793 年 12 月 30 日，总吨位量为 367734 吨。减去大约 1.5 万吨的"幽灵吨位"（仍登记在册，但在前一年已丢失或以其他方式被毁的船舶），加上出售给外国人大致相同数量的船只（艾伯特·加勒廷在 1812 年会计核算中使用的公式），哈珀估计的 1793 年造船量新增 7 万吨似乎是正确的。*ASP: CN*, I, 252, 897。

另一方面，Douglass North,"U. S. Blance of Payments," p.595 中的表格，似乎显示 1792 年至 1793 年间注册吨位下降（这意味着造船量下降），但这个数据几乎可以肯定是错误的。在 1790 年至 1792 年期间，诺思（North）似乎使用了"入港吨位"（entering tonnage）而不是"注册吨位"（registered tonnage）（"入港吨位"实际上是指一艘船的吨位量乘以该船在给定年份的入港次数），而从 1793 年起，他开始使用"注册吨位"的官方数字（仅计算一次）。这就造成了 1792 年的数字高于 1793 年的反常现象。

10. 关于这一点，参见 *PAH*, XIII, 407。

11. *AC*, 3 Cong., 1 Sess., 189（Jan. 13, 1794）.

12. 同上，191。

13. 同上，197；另参见上文，pp. 248–249。

14. 同上，206。

15. 同上，211（Jan. 14, 1794）。

16. 同上，212–213；另参见第382页的表格和n.11。

17. 同上，215。

18. 同上，262–263（Jan. 22, 1794）。

19. 同上，406–407（Jan. 29, 1794）。

20. 同上，333（Jan. 27, 1794）。

21. 同上，334。

22. 同上，348–349（在 *WFA*, II, 37 中从第三人称改为第一人称）。

23. 同上，338–339。

24. 同上，368–369（Jan. 29, 1794）。

25. 同上，393；关于约瑟夫·福谢的权限，参见上文，371。

26. 同上，386。

27. 同上，390。

28. Ames to Gore, Jan. 28, 1794（可能日期有误；更有可能是29日），*WFA*, I, 133–134。

29. *AC*, 3 Cong., 1 Sess., 422.

30. 同上，431–432; Madison to Jefferson, Mar. 2, 1794, *PJM*, XV, 270。据乔治·哈蒙德说，麦迪逊和他的朋友们担心，"多数派中的一部分人会背弃他们……认为最好把最终决定推迟几周，并利用这个期间可能新出现的针对英国的不满情绪"。Hammond to Grenville, No. 2, Feb. 22, 1794, FO 5/4。

31. Christopher Gore to Rufus King, Mar. 3, 1794, King, *King*, I, 547; Ritcheson, *Aftermath of Revolution*, p. 299; 注释30中麦迪逊至杰斐逊的信函亦提及此事。

32. Alfred F. Young, *The Democratic Republicans of New York: The Origins, 1763–1797* (Chapel Hill, N.C., 1967), pp. 373–374; Laurance to King, Mar. 8, 1794, King, *King*, I, 549。

33. Hammond to Grenville, No. 4, Mar. 7, 1794, FO 5/4; *PAH*, XVI, 132 及注释。投票没有收录在 *AC*。

34. 例如，"然而，与条约谈判有关的一个重要问题也许是，一小部分联邦党参议员，作为华盛顿最信任的顾问，在多大程度上主导了整个过程。这些人建议派出特使；他们确保总统接受这个建议，并实际上对挑选特使进行引导；他们确保特使得到参议院的确认；派出的特使完全了解他们的观点，知道应该争取什么样的条约，并遵循国务院的灵活指示"。Ralston Hayden, *The Senate and Treaties, 1789–1817: The Development of the Treaty-Making Functions of the United States Senate During Their Formative Period*（New York, 1920），以及 Edgar A. Robinson, *The Evolution of American Political Parties: A Sketch of Party Development*（New York, 1924），pp. 65–66 获准引用。

35. *PAH*, XVI, 131; *ASP: FR*, I, 430.

36. Hamilton to Washington, Mar. 8, 1794, *PAH*, XVI, 134–136.

37. King, *King*, I, 517–518.

38. *AC*, 1 Sess., 3 Cong., 485, 500–504（关于护卫舰法案的辩论，参见同上，432–441, 444–451, 459, 485–498）。Madison to Jefferson, Mar. 12, 1794, *PJM*, XV, 279。

39. Madison to Jefferson, Mar. 9, 14, 1794, 同上，274, 284。麦迪逊反对建造军舰的论点在1794年2月6日、7日和11日提出，参见 *AC*, 3 Cong., 1 Sess., 433, 438, 441, 449–451。

40. 同上，521–522（Mar. 14, 1794）。麦迪逊在1794年3月9日、12日和14日写给杰斐逊的信，以及1794年3月10日写给他父亲的信，反映了他对商业措施和禁运可能性的思考过程。*PJM*, XV, 276–277, 以及上文 nn.41–42 中的引用。

41. Pinckney to Randolph, Nov. 25, 1793, 引自 *PAH*, XVI, 130–131。11月6日的枢密院令仍然是一个秘密，但平克尼听到一些传言，"他们正在酝酿给我们的贸易制造新的麻烦"。

42. King, *King*, I, 518. 根据金的说法，"总统一开始缄默不语［也许可以理解为'冷淡'］——最后变得愿意沟通，显然被埃尔斯沃思的陈述打动"。

43. Madison to Jefferson, Mar. 24, 1794, *PJM*, XV, 288. 这场辩论是闭门进行的，*AC* 没有记载。

44. 3月15日，克里斯托弗·戈尔在波士顿写信给鲁弗斯·金："我们不断收到关于我们的船只被捕获、扣押和定罪的信息。"他说，当地商人目前不赞成对英国财产采取惩罚性行动。"但是，对于那些从最富裕状态陷入贫困和破产的人来说，不能指望这种情绪会持续很长时间……"他补充说，塞勒姆的商人"可没有这里商人所具有的那种忍耐精神"。King, *King*, I, 552–553。据联邦党人的《美国公报》报道,"英国对贸易的空前掠夺,已经激起了所有人的愤慨……事实上,他们的所作所为就是赤裸裸的海盗行为"! Mar. 26, 1794。

45. Skipwith to Randolph, Mar. 1, 7, 1794, *ASP: FR*, I, 428–429. 根据国家档案馆里原件上的批注,巴尔的摩在3月20日收到这些文件,但没有证据表明文件何时抵达费城。

46. Clinton to Washington, Mar. 20, 1794, 随附 Dorchester's speech, Washington Papers, LC。演讲全文刊登在1794年3月26日的《美国公报》上,标题为"今日邮件,纽约,3月24日",这表明华盛顿收到这篇演讲稿的时间不晚于那个日期,几乎与斯基普威思的信件在同一时间送到他手中,二者相隔肯定不会超过一两天。关于这篇演讲是如何被公布的,参见 Samuel F. Bemis, *Jay's Treaty: A Study in Commerce and Diplomacy*, rev. ed.(New Haven, 1962), p. 267n。演讲稿文本也载于 Ernest A. Cruikshank, ed., *The Correspondence of Lieutenant Governor John Graves Simcoe*(Toronto, 1923–1931), II, 149–150。

47. *ASP: FR*, I, 428; AC, 3 Cong., 1 Sess., 75–76, 529–530; John J. Reardon, *Edmund Randolph: A Biography*(New York, 1975), p. 444, n.63.

48. AC, 3 Cong., 1 Sess., 535–541; Jerald A. Combs, *The Jay Treaty: Political Battleground of the Founding Fathers*(Berkeley Calif., 1970), pp. 121–122. 作者认为华盛顿确信英国打算发动战争,理由是,如果他不是如此确信,那么,在他设法证实多切斯特演讲的真实性之前,不会考虑传播这篇讲话。

49. *Gazette of the United States*, Mar. 28, 1794; Herman LeRoy to Rufus King, Mar. 30, 1794, King, *King*, I, 557.

50. *Gazette of the United States*, Mar. 28, 1794; Washington to Clinton, Mar. 31, 1794, WGW, XXXIII, 310–311(尽管事实证明,华盛顿关于这篇演讲是奉英国政府之命发表的推断没有根据,但从演讲本身以及多切斯特在演讲中提到最近刚从英国回来的内容来看,这一推断有充分理由)。Pinckney to Randolph, Jan. 9, 1794, *ASP: FR*, I, 430–431。

51. 同上,429。这些谣言已经在联邦党人中流传了两三个星期(参见 John Alsop to Rufus King, Apr. 4, 1794, King, *King*, I, 559);下文引用的尼古拉斯和门罗的信表明,现在谣言也已经传到了共和党人那里。

52. Randolph to Washington, Apr. 6, 1794, Jared Sparks, ed., *Correspondence of the American Revolution: Being Letters of Eminent Men to George Washington*

from the Time of His Taking Command of the Army to the End of His Presidency（Boston，1853），IV，448–451；Nicholas to Washington，Apr. 6，1794，引自 *PAH*，XVI，263，及 *WJM*，I，292n.；Monroe to Washington，Apr. 8，1794，同上，I，291–292；Washington to Monroe，Apr. 9，1794，*WGW*，XXXIII，320–321；Reardon，*Randolph*，pp. 263–264。

53. 同上，p. 264；King，*King*，I，518–519；Jay to Mrs. Jay，Apr. 9，10，1794，*CPJJ*，IV，2–3。

54. *AC*，3 Cong.，1 Sess.，561–603.

55. Hamilton to Washington，Apr. 14，1794，*PAH*，XVI，266–279（关于确认日期参见265n.）。King，*King*，I，520–521. Washington to Jay，Apr. 15，1794；to Randolph，Apr. 15，1794；to Senate，Apr. 16，1794；*WGW*，XXXIII，329–330，332–333。*AC*，3 Cong.，1 Sess.，88–90，675–683，731–734。Combs，*Jay Treaty*，pp. 134–135。麦迪逊认为，对杰伊的任命"阻碍了向英国政府索取赔偿的所有立法措施"。To Jefferson，May 11，1794，*PJM*，XV，327。

56. *Philadelphia General Advertiser*，Apr. 28，1794；关于多家报纸反对杰伊使团的评论摘要，另参见 Donald H. Stewart，*The Opposition Press of the Federalist Period*（Albany，N.Y.，1969），pp. 188–190。

57. *Boston Independent Chronicle*，Apr. 28，1794.

58. Madison to Jefferson，May 11，Apr. 28，1794，*PJM*，XV，328，316. 杰伊关于债务问题和违反和平条约的观点，参见 Bemis，*Jay's Treaty*，pp. 283–285；及 Ritcheson，*Aftermath of Revolution*，p. 86。

59. 同上，pp. 310–312；Bemis，*Jay's Treaty*，pp. 239–241。哈蒙德在4月7日"私下"对鲁弗斯·金说，"多切斯特没有被授权进行这个演讲"。King，*King*，I，524。

60. 同上，523；*PAH*，XVI，319n。

61. 同上，XVI，319–323；Frank Monaghan，*John Jay*，*Defender of Liberty*（Indianapolis，1935），p. 368。

62. 这一设想是基于1794年1月8日的英国枢密院令，该命令将扣押船只的范围限于直接在欧洲港口和法属西印度群岛之间航行的船只（除了载有法国财产或军事违禁品的船只）。这里的关键词是"直接"，它暗示如果首先在美国登陆，然后再转运，货物就不会被扣押。Hamilton to Washington，Apr. 23，1794；to Jay，May 6，1794；*PAH*，XVI，320，382–383。枢密院令重印于 *ASP: FR*，I，431。

63. *PAH*, XVI, 322-323, 357-358.

64. *ASP: FR*, I, 472-474.

65. *PAH*, XVI, 381.

66. Bemis, *Jay's Treaty*, p. 297. 作者称，这"不符合给杰伊的指示，即在谈判中不要让劫掠损失的问题与陈旧的条约争议问题联系起来"。然而，指示内容并非如此，而是明确表示，"对［不执行和违反条约］的任何调整都不应受到［烦扰和劫掠损失］的影响"。*ASP: FR*, I, 473。

67. Bemis, *Jay's Treaty*, p. 298.

68. *PAH*, XVI, 383.

69. 根据贝米斯的说法，格伦维尔"在谈判中精明地操纵了杰伊"；杰伊被一个"更有能力和经验的外交官""战胜"。然而，里奇森却坚持认为，无论格伦维尔获得了什么好处，"都比不上约翰·杰伊赢得的好处"。关于条约的达成，他写道："车轮已经转了整整一圈，皮特、格伦维尔和他们的许多同胞至少对谢尔本的愿景有了一个初步认识：一个有效、和谐、互利的英美伙伴关系。" Bemis, *Jay's Treaty*, pp. 282, 370, 371; Ritcheson, *Aftermath of Revolution*, pp. 351, 352。

70. 例如，贝米斯认为，"一个精明的外交家，如果知道这个伟大的国际游戏中所有的牌、所有的玩家、所有的赌注，就会宣布外交局势对美国有利"（当然，除非"这个伟大的国际游戏"中不包括美国）。*Jay's Treaty*, p. 316。里奇森宣称："1794年的严峻事实是，英国根本负担不起与美国的战争。"（原则上，这可能或多或少是事实，尽管人们可能会在有多"严峻"上观点不一。）*Aftermath of Revolution*, p. 350。

71. Hawkesbury to Grenville, June 19, 1794, 引自同上, p. 324; 要知道，自1790年努特卡峡湾危机以来，皮特和格伦维尔一直原则上准备考虑撤离哨所。另参见 Bemis, *Jay's Treaty*, pp. 78, 128, 206, 318。

72. Ritcheson, *Aftermath of Revolution*, pp. 299-303.

73. 关于圣多明各的任务，参见 John W. Fortescue, *A History of the British Army* (London, 1899-1930), IV, 326-349, 457-459, 466-476, 545-566; 另参见 David P. Geggus, *Slavery, War, and Revolution: The British Occupation of Saint Domingue 1793-1798* (Oxford, 1982)。

74. John Ehrman, *The Younger Pitt: The Reluctant Transition* (London, 1983), II, 327-361; Georges Lefebvre, *The French Revolution from 1793 to 1799* (New York,

1964), pp. 14–15, 19–20, 129.

75. Philip A. Brown, *The French Revolution in English History*（London，1965），pp. 75–122；Ehrman, *Younger Pitt*, pp. 385–402.

76. Francis O'Gorman, *The Whig Party and the French Revolution*（London，1967），pp. 139–208；Ehrman, *Younger Pitt*, pp. 402–419.

77. Combs, *Jay Treaty*, pp. 143–144；IBM, pp. 57–58.

78. 严格来说，哈蒙德的大部分信件在10日收到（发信日期为2月22日至4月17日，编号从2至15），最后两封信（编号17和18，发信日期分别为4月28日和5月8日）在12日收到。同上，p. 58n.；Bemis, *Jay's Treaty*, p. 300n.

79. Hammond to Grenville, Feb. 22, 1794, No. 2, FO 5/4.

80. Hammond to Grenville, Apr. 17, 1794, No. 15, FO 5/4. 这封信的部分内容重刊于 *PAH*, XVI, 281–286。

81. 参见 Hammond to Grenville, Apr. 28, 1794, No. 17, FO 5/4. 据哈蒙德的说法，杰伊曾"向我保证，他本人真诚希望通过公平坦率的沟通，消除可能阻碍英美之间友好调整讨论事项的一切障碍；并补充说，促使他接受这份信任的唯一考虑是希望给他的国家带来巨大利益，在执行这项任务时，他要求把许多事情留给他自己酌情决定；为此，他已向政府明确表示，如果在众议院中引起激烈辩论的敌视英国的措施中有任何一项由立法机构通过，并在现有情况下最终获得总统批准，他就决定放弃他的职位"。

82. 参见上文，n. 74。

83. Jay to Randolph, June 23, 1794, No. 2, *ASP: FR*, I, 476, 以及 *CPJJ*, IV, 28；Jay to Washington, June 23, 1794, 同上, IV, 26；Jay to Randolph, July 6, 1794, No. 4, *ASP: FR*, I, 476；Dundas to Simcoe, July 4, 1794, 以及 Dundas to Dorchester, July 5, 1794, *Michigan Pioneer and Historical Society Historical Collections*, XXIV（1895），678–682；Ritcheson, *Aftermath of Revolution*, pp. 319–320。

84. Jay to Randolph, July 6, 9, 1794, Nos. 4 and 5, *ASP: FR*, I, 477, 479；Jay to Hamilton, July 11, 1794, *PAH*, XVI, 608–609. 另参见 Bemis, *Jay's Treaty*, p. 320n。

85. Jay to Randolph, July 12, 1794, No. 6, *ASP: FR*, I, 479.

86. Jay to Randolph, Sept. 13, 1794, No. 15, July 6, 1794, No. 4, 同上，486, 477；关于不安排书面记录，参见 Combs, *Jay Treaty*, p. 151。

87. Jay to Randolph, Sept. 13, 1794, No. 15, *ASP: FR*, I, 485–486.

88. Jay to Grenville, July 30, 1794; Grenville to Jay, Aug. 1, 1794, 同上, 481–482。这两份枢密院令分别重刊于同上, 482, 和Josiah T. Newcomb, "New Light on Jay's Treaty," *American Journal of International Law*, XXVIII (Oct. 1934), 686n。

89. Jay to Randolph, Aug. 8, 1794, No. 11, *ASP: FR*, I, 483.

90. Jay to Grenville, Aug. 6, 1794, 同上, 486–487。

91. 汉密尔顿1794年4月23日给华盛顿的备忘录中提出了这一点,之前已在内阁会议上达成一致,杰斐逊在一年前与哈蒙德的通信中也对此承认。*PAH*, XVI, 320–321。参见Jefferson to Hammond, Sept. 5, 1793, *ASP: FR*, I, 174–175。

92. Grenville to Jay, Aug. 30, 1794, 同上, 487–490。另参见"Project of Heads of Proposals to be made to Mr. Jay,"格伦维尔私人文件中的无日期手稿,作为附件收录在Bemis, *Jay's Treaty*, pp. 381–390。

93. Jay to Grenville, Sept. 1 and 4, 1794, *ASP: FR*, I, 490–492. 格伦维尔实际上提议了两条可能的边界线,以纠正所谓的"边界差距"。这个差距是在签订和平条约时出现的"地理错误"造成的,后来被乔治·哈蒙德发现。杰伊在9月4日给格伦维尔的信中附上了两张地图,以平方英里为单位阐明美国将会由于任何一项拟议调整而产生的领土损失。这些资料重刊于上述文献,492。关于边界差距问题的讨论,参见Bemis, *Jay's Treaty*, pp. 329–332, 以及 "Jay's Treaty and the Northwest Boundary Gap," *AHR*, XXVII (Apr. 1922), 465–484。

94. Jay to Grenville, Sept. 4, 1794; Grenville to Jay, Sept. 5, 1794;为9月6日关于格伦维尔项目的会议准备的"笔记",收录在Jay to Randolph, Sept. 13, No. 15; Jay to Randolph, Oct. 29, 1794, No. 19;同上, 490–493, 500。

95. Grenville to Jay(私人信件), Sept. 7, 1794; Jay to Grenville(私人信件), Sept. 7, 1794(关于门罗的轻率行为,以及伦道夫给门罗作为成员之一的公共安全委员会的两封信,后者同样也是很轻率的行为), FO 95/ 512。"我不相信,"格伦维尔写道,"你个人会很羡慕门罗先生得到的兄弟之吻;如果这样的表现被认为不会贬低一位美国公使,我不知道英国政府为什么要抱怨。""但是,"他继续评价门罗和伦道夫的行为,"公使发表的支持和偏好声明不符合中立原则,而且如果一个国家的政府支持和遵循所有宗教及全人类都反对的行为,也不利于维持良好秩序。"杰伊在回信中写道:"如果我处在伦道夫先生的位置,我不会写这样一封信。"贝米斯称这是"一次虚伪的书信往来"(*Jay's Treaty*, p. 333),确实如此。Jay to Washington, Sept. 13, 1794; to Randolph, Sept. 13(私人信件);

to Hamilton, Sept. 11, 1794; *CPJJ*, IV, 58–60; National Archives Microfilm, Diplomatic Dispatches, Series M39, Great Britain。杰伊对伦道夫直言不讳，告诉他这件事给伦敦带来"不安情绪"。"我不愿意说这些话，但事实也是如此，你应该知道这一点。"门罗的演讲和伦道夫的信件全文载于 *ASP: FR*，I, 674–675。

96. Jay to Grenville, Sept. 30, 1794, pr. as Appendix III in Bemis, *Jay's Treaty*, pp. 391–433.

97. 贝米斯称这是杰伊对其9月30日草案中采取的立场的"极大退让"，里奇森强烈反对这一观点。证据似乎在某种程度上支持里奇森的观点，不过，里奇森还认为，杰伊之所以没有把草案和其他文件一起寄回国，是因为草案中只有"一些工作备忘录"，这似乎有点牵强。同上，p. 334; *Aftermath of Revolution*，p. 332 and n.; 上述著作中都收录了条约文本，另参见 *ASP: FR*，I, 520–525; 及 Hunter Miller, ed., *Treaties and Other International Acts of the United States of America* (Washington, 1931–48), II, 245–267。

98. Jefferson to Genet, July 24, 1793. *ASP: FR*，I, 166–167; to Robert R. Livingston, Sept. 9, 1801, *WTJ*, VIII, 92。"我认为我们可以肯定，"杰斐逊继续说，"不可能发生这样的事情，即任何一个欧洲国家，只根据万国法行事，不受条约的约束，而是由其行政或司法机构决定遵循'自由船只，自由货物'的原则。"

99. 关于跨境自由贸易的问题，参见 Grenville to Jay, Aug. 30, 1794, Art. 1 of treaty projet, *ASP: FR*，I, 488; Jay to Randolph, Sept. 13, 1794, No. 15（"Notes," Note 4），Jay to Randolph, Oct. 29, 1794, No. 19（"有人提议，与印第安人的贸易应从加拿大免税转运给美国境内的印第安人；我不同意这个建议"）; 同上，488, 492, 500。

关于吨位税，条约第4条规定，英国政府保留"对进入欧洲英国港口的美国船只征收吨位税的权利，其金额与英国船只在美洲港口应缴纳的吨位税相等"。这就是关税平等原则，即双方在对方港口支付相同的吨位税，但并没有废除1789年《吨位法》（Tonnage Act）中美国港口对外国船只的歧视；美国制造且美国人拥有的船只每吨只缴纳6美分，而在美国制造但部分或全部由外国人拥有的船只每吨为30美分，其他船只则每吨50美分（U.S. *Statutes at Large*，I, 27）。此外，这一歧视也与麦迪逊最初设计这个措施时的想法不同；麦迪逊最初的议案还将英国船只和法国船只区分开来，要求前者支付更高的关税。条约禁止这种形式的歧视。杰伊在1794年10月29日写信给伦道夫："有人提议停止征收外国船只的吨位税和关税；对此，……在我看来有非常强烈的反对意见。"（*ASP: FR*, I, 500。）"强烈的反对意见"占了上风，因为最终版条约第4条规定，"美国将不对英国船只征收任何新的或额外的吨位税，也不增加目前存在的英国船只或美国船只进口任何物品所应缴纳关税之间的差额"。另参见Jay to Randolph, Nov. 19, No. 22, *ASP: FR*, I, 503。另一方面（回到上述"关税平等"原则），正如库姆斯指出的那样，"英国港口向美国船只收取的灯塔税和三一税超过了美国港口向英国船只收取的吨位税"，这也是事实。*Jay Treaty*, p. 152。

100. 31 Jay to Randolph, Sept. 13, 1794, No. 15; Jay to Randolph, Feb. 6, 1795, No. 31, *ASP: FR*, I, 485, 518. Jefferson to Monroe, May 10, 1786, *PTJ*, IX, 501. 关于举证困难，参见Ritcheson, *Aftermath of Revolution*, pp. 70–74。

101. Bemis, *Jay's Treaty*, p. 339.

102. 这说明了贝米斯作为一名学者的一丝不苟，他的证据非常完整，从这些证据中可能得出与他自己的结论截然不同的结论。参见同上，pp. 299–315, 337–344; "The United States and the Abortive Armed Neutrality of 1794," *AHR*, XXIV（Oct. 1918），26–47；以及Ritcheson, *Aftermath of Revolution*, pp. 352–353。

103. 关于东印度商品对美国的好处，参见Holden Furber, "The Beginnings of American Trade with India, 1784–1812," *NEQ*, XI（June 1938），235–265；以及G. Bhagat, "The Jay Treaty and the Indian Trade," *Essex Institute Historical Collections*, CVII（Apr. 1972），153–172。

104. Jay to Washington, Mar. 6, 1795, *CPJJ*, IV, 163; Jay to Randolph, June 1, 1795, *ASP: FR*, I, 520.

105. 里奇森充分利用了这一点；参见*Aftermath of Revolution*, pp. 345–350, 和 "Lord Hawkesbury and Article Twelve of Jay's Treaty," *Studies in Burke and his Time*, XV（Winter 1973–74），155–166；另参见Perkins, "Lord Hawkesbury and the Jay-Grenville Negotiations," 和Combs, *Jay Treaty*, p. 154。

106. Grenville, "Heads of Proposals," Bemis, *Jay's Treaty*, p. 389; Buckingham to Grenville, Aug. 6, 1794, Historical Manuscripts Commission, *The Manuscripts of J. B. Fortescue, Esq., Preserved at Dropmore*（London, 1894），II, 611.

107. 见上文注释11和注释12。

108. Monroe to Madison（并转交伦道夫），Dec. 18, 1794。门罗希望麦迪逊考虑这封信，并决定是否应该将其转给伦道夫。*PJM*, XV, 416–418; *WJM*, II, 154–

161。

109. Jay to Hamilton, July 18, 1794, *PAH*, XVI, 609.

110. Stewart, *Opposition Press*, pp. 190–191; "Peter Porcupine" [William Cobbett], *A Little Plain English, Addressed to the People of the United States, on the Treaty …* (Philadelphia, 1795), p. 105; John B. McMaster, *A History of the People of the United States, from the Revolution to the Civil War* (New York, 1885), II, 213.

111. "An American," *Boston Independent Chronicle*, Nov. 3, 1794; "A", 重印于同上, Nov. 10, 13, 1794, *New York Journal*。联邦党的《纽约密涅瓦报》(*New York Minerva*)称, "杰伊先生写给英国大臣的信中充满活力和男子汉气概, 语气得体, 这让他备受尊敬"。而共和党的《曙光》在提到同一封信时, 则称 "杰伊先生以逢迎的语言给格伦维尔勋爵写了一封谦恭的信"。重印于 *Aurora*, Oct. 25, 1794; 同上, Nov. 19, 1794。詹姆斯·麦迪逊也是如此, 他称这是一个"耻辱的纪念品"。To Jefferson, Nov. 16, 1794, *PJM*, XV, 381。1794年11月18日的《曙光》上署名"共和爱好者"(Philo-Republicanus)的文章, 有趣地展示了美国人在礼仪和仪式方面的夸大防御和敏感。"真正的共和主义者," 他写道, "认为, 即使给予或接受最小程度的不应有的尊重, 也有损人的尊严。他坦率的灵魂鄙视虚伪礼貌的面具……"(当然, 在这一规则下, 按照惯例进行外交是不可能的。)

112. 这14篇文章于1795年3月11日至6月10日刊登在《费城独立公报》上, 并以小册子的形式收录在 *Letters of Franklin on the Conduct of the Executive, and the Treaty Negociated, by the Late Chief Justice of the United States, with the Court of Great-Britain* (Philadelphia, 1795)。此处的参考文献就是这本小册子, 引文在11页、20页和51页。威廉·科贝特怀疑"富兰克林"不是别人, 正是法国公使约瑟夫·福谢。但如果是这样的话, 福谢就需要一些本地帮助, 因为他不用英语写作——不过, 上面引文中使用了法语的"战斗"(combatting)一词, 表明这些书信可能是从法语翻译过来的。当科贝特的孩子们在1835年重新出版科贝特的《简明英语》(*A Little Plain English*)时, 忽略了他们父亲(我们认为是合理的)对福谢的猜测, 因此在提到这些信时说"应该是宾夕法尼亚州的州务卿[亚历山大·J.达拉斯先生]写的, 但以富兰克林的化名出版"。对这个观点的一个质疑是, 达拉斯的儿子乔治·M.达拉斯(George M.Dallas)在他父亲的传记中, 坦率地提到他父亲反对条约的活动, 包括曾撰写一本非常有影响力的小册子《〈杰伊条约〉的特点》(*Features of Mr. Jay's Treaty*),小达拉斯将小册子作为附录重印,其中根本没有提到"富兰克林"。这两部著作在语气和结构上似乎并不相近。*Plain English*(1795 ed.), pp. 89–90; John M. Cobbett and James P. Cobbett, eds., *Selections from Cobbett's Political Works* ...(London, 1835), I, 53; George M. Dallas, *Life and Writings of Alexander James Dallas*(Philadelphia, 1871), pp. 50–54, 160–210。但可以肯定的是,不管"富兰克林"是谁,他一定与费城民主协会有密切的联系。

113. Carroll and Ashworth, *Washington*, VII, 236–239.

114. Stewart, *Opposition Press*, p. 192. 乔西亚·帕克(Josiah Parker)称,"如果我们没有得到我们所要求的一切,那一定是我们在伦敦宫廷谈判的代表的过错"。Parker to Thomas Smith, Dec. 28, 1794, 引自 Combs, *Jay Treaty*, p. 159。

115. *WFA*, I, 166. 在这一点上,埃姆斯似乎相当精明;几乎可以肯定,他指的是1795年2月2日费城《曙光》发表的文章对条约即将带来的美妙好处进行了奉迎讨好的预测;但仅仅5天后,也就是1795年2月7日,《曙光》又谴责说"据说已经缔结了极其卑鄙、不光彩的条约"。

116. 条约已经签署的消息大约在1月27日传到波士顿,然后在1月31日左右传到纽约。消息在2月2日首次出现在费城报纸上(见当天的《美国公报》等)。随后开始出现各种来源的细节消息。另参见 Carroll and Ashworth, *Washington*, VII, 233–234 and nn。

117. 例如, to James Madison, Sr., Feb. 8, 1795, *PJM*, XV, 469。

118. R. R. Livingston to Madison, Jan. 30, 1795; Madison to Livingston, Feb. 8, 1795; Madison to Jefferson, Feb. 15, 1795; 同上, 459–461, 468–469, 473。

119. 同上, 121。

120. 另一个反对来自"西德尼"的5篇系列文章,发表在1795年6月17日、19日、22日和26日的《曙光》上。其中的内容与"富兰克林"的文章非常相似。

121. *Philadelphia Aurora*, June 22, 1795. 另参见 Stewart, *Opposition Press*, pp. 193–194; James D. Tagg, *Benjamin Franklin Bache and the Philadelphia Aurora*(Philadelphia, 1991), pp. 244–245; *Letters of Franklin*, pp. 38–41; "Sidney," No. III, *Aurora*, June 22, 1795. 之所以要保密(并藐视人民主权),显然是因为条约不好;否则"就不需要隐瞒"。*New York Journal*, May 20, 1795。另参见 Daniel L. Hoffman, *Government Secrecy and the Founding Fathers: A Study in Constitutional Controls*

（Westport, Conn., 1981）, pp. 145–147。

122. King, *King*, II, 9–10; Hamilton to King, June 11, 1795, *PAH*, XVIII, 370–371; AC, 3 Cong., 3 Sess., 853–868. 严格来说，本来有21名联邦党人和9名共和党人，但原先的联邦党人皮尔斯·巴特勒倒戈，因此变成了20名联邦党人和10名共和党人。

123. 同上，Hayden, *Senate and Treaties*, p. 78; Eugene F. Kramer, ed., "Senator Pierce Butler's Notes of the Debates on Jay's Treaty," *South Carolina Historical Magazine*, LXII（Jan. 1961）, 1–9. 奥利弗·沃尔科特在给妻子的信中写道，"我知道他们已决定不予公开，但他们保留了就此事进行一般性讨论的权利"。June 25, 1795, Gibbs, *Memoirs*, I, 199。

124. *AC*, 3 Cong., 3 Sess., 863.

125. 其中一些问题的讨论参见Hayden, *Senate and Treaties*, pp. 74–76, 更简洁的版本参见Reardon, *Randolph*, pp. 294–295。

126. Washington to Hamilton, July 13, 1795, *PAH*, XVIII, 461–463.

127. 汉密尔顿于1795年1月31日离任，接替他的是自1789年以来担任财政部审计长的小奥利弗·沃尔科特。亨利·诺克斯也辞去了战争部长的职务，自1794年12月31日起生效。诺克斯的继任者是蒂莫西·皮克林，他曾为联邦政府与印第安人出色地谈判了几项条约，自1791年以来一直担任邮政总长。Carroll and Ashworth, *Washington*, VII, 228–229, 232–233。

128. Randolph to King, July 6, 1795, King, *King*, II, 15; Hamilton to Wolcott, June 26, 1795. *PAH*, 388–389; Edmund Randolph, *A Vindication of Mr. Randolph's Resignation*（Philadelphia, 1795）, p. 28.

129. Tagg, *Bache*, pp. 246–247. 伦道夫无法更早地将条约正式付印，因为他把自己唯一的副本借给了阿德。然而，正如塔格（Tagg）所指出的那样，阿德不能告诉伦道夫他已经有一份副本。阿德的版本在他发给公共安全委员会的信件中，July 3, 1795, CFM, pp. 741–742。

130. 有很多关于这些公开示威的描述。关于费城、巴尔的摩、纽约和波士顿的示威记录，参见William S. Wheeler, "Urban Politics in Nature's Republic: The Development of Political Parties in the Seaport Cities in the Federalist Era"（未发表的论文，U. of Virginia, 1967）, pp. 97–99, 173, 268–273, 368–372。另参见Carroll and Ashworth, *Washington*, VII, 268–273; McMaster, *History*, II, 216–

229。Broadus Mitchell, *Alexander Hamilton*, II, 342–343对汉密尔顿在7月18日纽约会议上被石头砸中的故事提出质疑；这些质疑后来也有人重新提出，参见Alfred F. Young, *The Democratic Republicans of New York: The Origins, 1763–1797*（Chapel Hill, N.C., 1967）, p. 451, 以及*PAH*, XVIII, 485n的编辑注释。也许汉密尔顿并没有"血流满面"地退场（McMaster, II, 219），但有足够证据表明，至少有一块石头击中汉密尔顿的头部；问题似乎不是他是否被击中，而是有多严重。当时很多报纸都报道了这一事件，在1795年7月21日的《美国公报》上，还有一篇由会议主席W. S.史密斯（W. S. Smith）签署的会议记录，其中也提及了这件事。关于费城发生的事件，参见Roland M. Baumann, "The Democratic-Republicans of Philadelphia: The Origins, 1776–1797"（未发表的论文, Pennsylvania State U., 1970）, pp. 517–522。大约50份各种请愿书和演讲稿的原件，载于Washington Papers, LC；其中大约一半编辑后出版，参见Mathew Carey, ed., *The American Remembrancer: or an Impartial Collection of Essays, Resolves, Speeches, &c. Relative, or Having Affinity, to the Treaty with Great Britain*（Philadelphia, 1795）, 3v。

131. 这里是指美国的人永远不会看到。该枢密院令的文本直到20世纪才公布；约西亚·T. 纽康（Josiah T. Newcomb）在英国档案馆发现了这份文件，将其发表于"New Light on Jay's Treaty"，并进行了分析，注释88也引用了这份文献。目前尚不清楚关于该命令和扣押的明确消息是什么时间首次传到美国的。早在6月25日，《曙光》上就开始出现一些不太确定的传言，但在汉密尔顿和杰伊分别于7月6日和7日来信确认之前，华盛顿似乎并没有认真对待这些报道。然而，伦道夫讲述了一个略有不同的故事，参见*Vindication*, pp. 29–30；另参见Carroll and Ashworth, *Washington*, VII, 262n。

132. Newcomb, "New Light," 691–692; Earl Spencer to Captain Sidney Smith, June 7, 1795, 引自Perkins, *First Rapprochement*, p. 35; J. Stevenson, "Food Riots in England, 1792–1818," R. Quinault and J. Stevenson, eds., *Popular Protest and Public Order: Six Studies in British History, 1790–1920*（London, 1974）, pp. 33–74; John Bassett Moore, ed., *International Adjudications* ...（New York, 1931）, IV, 28–29, 121–123。

133. 关于格伦维尔对美国人抱怨的回应，参见Newcomb, "New Light," 689–691; IBM, 88, 97–98; J. Q. Adams to Secretary of State, Dec. 5, 1795, *WJQA*, I, 434–

449（亚当斯写这封信时在伦敦，他当时任职驻荷兰公使，被派往英国执行临时任务，即清理与条约相关的未完成细节）。

134. 目前仍不清楚该枢密院令是何时或以何种方式撤销的。例如，1796年4月22日，马里兰州的塞缪尔·史密斯在众议院说，英国"在批准条约后已经撤回了该命令"（1795年10月28日在伦敦交换批准文书），但枢密院令肯定在那之前就已经撤回了。美国驻伦敦代办在平克尼不在时曾两次写信回国，报告枢密院令在1795年9月15日的"前几天""已被撤销"，但他又补充，"由于这些命令［截至10月13日］还没有送达所有巡洋舰，美国船只仍然被送过来"。*AC*, 4 Cong., 1 Sess., 1155; William A. Deas to Secretary of State, Sept. 15, Oct. 13, 1795, Diplomatic Dispatches, Great Britain, Series M30, National Archives。在注释136引用的信中，亚当斯也提到该命令"被撤销"，并讽刺地补充道，"只要扣押成本明显高于这些船只给英国人带来的价值，这一命令就不会恢复"。*WJQA*, I, 447。

135. 不久之后，又发生了几次新的扣押事件，其中最引人注目的是罗德姆·霍姆（Rodham Home）船长在罗得岛海岸指挥英国巡洋舰"非洲号"（*Africa*）的一些活动。Carroll and Ashworth, *Washington*, VII, 301–302。

136. Randolph, *Vindication*, p. 28.

137. 参见上文，pp.393–394。

138. 参见Randolph to Jay, Dec. 15, 1794（如果从表面上看，这实际上需要杰伊重新开始谈判），以及随后的通信。*ASP: FR*, I, 509–512 et seq。

139. 伦道夫在两天内就这个问题发给华盛顿三份备忘录，前两份在6月24日，第三份在6月25日。第一份和第三份参见W. C. Ford, ed., "Edmund Randolph on the British Treaty, 1795," *AHR*, XII（Apr. 1907），589–590 and 587–588；第二份参见Jared Sparks, ed., *The Writings of George Washington* …（Boston, 1836），XI, 477–478。关于备忘录的日期（上述两本著作中都没有明确日期），参见Reardon, *Randolph*, p. 457, nn.74–75。

140. Washington to Secretaries of State, Treasury, and War, and Attorney-General, June 29, 1795, *WGW*, XXXIV, 224–225; Reardon, *Randolph*, pp. 296–297. 布拉德福德当时生病，因此他的反馈可能是以非正式形式提出的，参见同上，p. 458, n. 88。

141. "我荣幸地随函附上汉密尔顿上校的一封信。这证明，正如我所怀疑的那样，第一次意见没有得到充分的权衡。但其中有一些事情对我来说有点神秘……"

Randolph to Washington, July 20, 1795, Washington Papers, LC。

142. Randolph to Washington（私人信件）, July 7, 1795, Moncure D. Conway, *Omitted Chapters in the History Disclosed in the Life and Papers of Edmund Randolph*（New York, 1888）, pp. 265-267。另参见 Reardon, *Randolph*, pp. 297-299。

143. Sparks, ed., *Writings of Washington*, XI, 477; Ford, ed., "Randolph on British Treaty," 590-599.

144. 同上, 598。

145. Randolph, *Vindication*, pp.31-32。

146. Washington to Hamilton, July 14, 1795, *PAH*, XVIII, 467; to Randolph, July 18, 1795, *WGW*, XXXIV, 243; Randolph to Washington, July 25, 31, 1795（附件是给波士顿行政委员的回复草稿）, Washington Papers, LC; "To the Boston Selectmen," July 28, 1795, *WGW*, XXXIV, 252-253（除了少数被认为"太不雅"而不值得回复之外，给其他请愿书的答复一般都采用了与前面相同的措辞）。华盛顿不在费城期间（7月15日至8月10日），伦道夫总共给他写了13封信，这些信载于 Washington Papers, LC。他自己在这一时期的信件也按时间顺序收录于上述资料。关于这些通信的讨论，参见 Carroll and Ashworth, *Washington*, VII, 265-278, 和 Reardon, *Randolph*, pp.303-308。

147. Washington to Randolph, July 22, 1795, *WGW*, XXXIV, 244.

148. Randolph to Washington, July 20, 1795, Washington Papers, LC; Washington to Randolph, July 24, 1795, *WGW*, XXXIV, 246-247.

149. Washington to Randolph, July 29, 1795, 同上, 254-257。

150. Washington to Hamilton, July 29, 1795, *PAH*, XVIII, 525.

151. Randolph to Washington, July 29, 1795, Washington Papers, LC.

152. 伦道夫在其辩护词中提出证据，称他已经使华盛顿转向他的观点，而且总统打算采取相应的行动。在我们看来，这些证据是令人信服的。然而，华盛顿的意愿有多强烈（是否很容易被推翻）可能就是另一回事了，这也是值得商榷的。毫无疑问，当华盛顿在弗农山庄的时候，他对法国的担忧已经大大超过了他原先对英国的担心（在我们看来，这一点在研究这一时期的其他著作中似乎没有得到充分认识），或者说，推迟批准条约让他越来越感到不安［请注意他在7月31日给伦道夫的信中关于"西拉和克里布迪斯"（Sila and Charibdas）的长篇内容］。诚然，华盛顿向伦道夫保证，或者似乎是让他放心，自己仍然打算按他的方式行事——但首先会对整个问题进行全面、最终的意见征询。在华盛顿的最后几封信中，出现了两次"不能由此推断我现在或将来会放弃我所采取的立场，除非……但是"这种特殊的句子结构。Washington to Randolph, July 31 及（轻微改动的）Aug. 3, 1795, *WGW*, XXXIV, 266, 269。伦道夫声称华盛顿已经"批准"了他起草的给哈蒙德的备忘录，这也是不正确的。华盛顿原则上可能打算这么做，但他还没有实际行动。相反，他谨慎地写道，草稿"看上去构思很好，似乎可以满足拟议目的"（但却没有说他对"拟议目的"持什么态度），然后说草稿正在"修改，重新处理"。同上，267；*Vindication*, p. 40。

153. Washington to Randolph, July 29, 1795, *WGW*, XXXIV, 255.

154. Randolph to Washington, July 31, 1795, Washington Papers, LC（2nd of 2 of that date）; Pickering to Washington, July 31, 1795, Charles W. Upham, *The Life of Timothy Pickering*（Boston, 1873）, III, 188–189.

155. 同上，217; Gibbs, *Memoirs*, I, 233, 243。

156. 同上，232–233, 243; Grenville to Hammond, May 9, 1795, IBM, 83; Hammond to Grenville, July 27, 1795, PRO: FO 5/9。福谢的信件原文是法文，参见CFM, pp. 444–455（另两封信指第3号和第6号信件，出处同上，pp. 372–377, 411–418）; 英文译本参见Randolph, *Vindication*, pp. 41–48。

157. Upham, *Pickering*, III, 218.

158. Hammond to Grenville, Aug. 14, 1795, No. 33, PRO: FO 5/9。备忘录草稿和最终版本的相关部分参见Randolph, *Vindication*, pp. 33–34；以及Newcomb, "New Light," 690n。最终版本的日期为1795年8月14日，也载于State Department Domestic Letters, National Archives。

159. Randolph, *Vindication*, pp.5–9; Gibbs, *Memoirs*, I, 244–245; Upham, *Pickering*, III, 218. 布拉德福德当时已处于病情的最后阶段，没有出席这次会议。几天后，他于8月23日去世。

160. 我们对这些事件的了解主要依赖上文引用的伦道夫、沃尔科特和皮克林在当时的著作和回忆录。后世著作包括Conway, *Omitted Chapters*, pp.237–357; Carroll and Ashworth, *Washington*, VII, 277–336; Reardon, *Randolph*, pp. 307–334。欧文·布兰特几乎大声疾呼："埃德蒙·伦道夫，无罪！" *WMQ*, 3rd Ser., VII（Apr. 1950）, 179–198。这个观点在刚出现时引起了轰动，但现在看起来也没有什么说服力，因为它所依据的两个主要假设站不住脚。其中一个假设是，皮克林和沃尔科特通过隐瞒第3号和第6号文件，故意陷害伦道夫，但现在人们知道，皮克林和沃尔科特（或哈蒙德和格伦维尔）都没有见过这些文件。另一个假设是，华盛顿阅读的文件翻译拙劣，大大偏离了原文的意思。这似乎过于牵强，因为皮克林拿到的译文和伦道夫（懂法语）认为可以付印的译文差别很小，而且皮克林版本中的用词实际上并没有错。例如，布兰特认为根据字面的翻译，"珍贵的忏悔"（precious confession）和"有价值的披露"（valuable disclosures，更接近作者的本意）二者之间有很大区别；然而，人们无法想象华盛顿的心态会因为使用其中的一个而发生任何改变。事实上，他很可能认为"有价值的披露"更为邪恶。关于这个案件的其他讨论，参见 Jerald Combs, *Jay Treaty*, Appendix II, pp. 193-196；以及 W. Allen Wilbur, "Oliver Wolcott, Jr., and Edmund Randolph's Resignation, 1795；An Explanatory Note on an Historic Misconception," *Connecticut Historical Society Bulletin*, *XXXVIII*（Jan. 1973），12-16。与布兰特类似的观点参见 Mary K.Bonsteel Tachau, "George Washington and the Reputation of Edmund Randolph," *JAH*, LXXIII（June 1986），15-34，其中认为，华盛顿"默许牺牲伦道夫的名誉，以维护他自己的名誉"（p.34）。

161. Washington to Hamilton, July 29, 1795; to Randolph, July 31, 1795; *WGW*, XXXIV, 263, 266.

162. 现存的各种译本，参见 *PAH*, XVIII, 528-529。

163. 在返回费城到1795年8月19日（*WGW*, XXXIV, 275-276）之间的某个时间，华盛顿发给沃尔科特和皮克林一份未注明日期的备忘录，从中可以看到，他向他们征询应该如何面对伦道夫以及"采取何种适宜措施"的意见。任何通读此案所有材料的人都免不了会对华盛顿19日行动的冷酷感到不安。但这份备忘录至少表明，他知道自己处于两难境地，他显然认为，与伦道夫是否"有罪"（腐败或其他罪名）的问题相比，在调查这件事后，不可能"重新恢复对伦道夫的信任并让他继续留任"实际上更为重要。他以前从未罢免过一名内阁官员，由于没有先例，他感到非常尴尬，但他知道自己不希望这个人继续留在身边，不管最终会出现任何情有可原的细节。然而，无论是直接解雇还是私下说服伦道夫悄悄离开，如果不进行令人难堪和羞辱的公开披露，这都是不可能实现的，因为无论在哪种情况下，伦道夫都必然坚持为他的行为辩护，而华盛顿不可能体面地阻止他这样做。因此，华盛顿被迫，至少在他看来是这样，提前切断选择，以这样的方式让伦道夫别无选择，自己结束这件事并承担后果，而这个后果无论如何都必然很糟糕。

164. Randolph to Monroe [circular to all American representatives abroad], July 21, 1795, *ASP: FR*, I, 719; Randolph to Monroe, July 29, 1795, Monroe Papers, NYPL; also in Conway, *omitted Chapters*, pp. 254–255. 参见 Carroll and Ashworth (*Washington*, VII, 289), 作者想当然地认为, 伦道夫也给华盛顿看了29日的信件, 因为康威称, 他看到了华盛顿手写的摘要, 并引用了其中的内容, 但馆藏的华盛顿资料中现在已经找不到这份摘要了。但里尔登(Reardon, *Randolph*, pp.461–462)认为, 伦道夫实际上没有向华盛顿出示这封信, 否则"他就不得不在他的辩护词中提到它"。然而, 这种推理似乎不太合乎常理, 因为根据常识, 康威没有理由"发明"一份摘要或谎称看到华盛顿的笔迹, 而伦道夫也不太可能对总统隐瞒他以行政官员身份发出的一封信。

165. Washington to Randolph, Oct, 21, 1795, *WGW*, XXXIV, 339–342.

166. Madison to Monroe, Jan. 26, 1796, *PJM*, XVI, 204; Carroll and Ashworth, *Washington*, VII, 329–336; Reardon, *Randolph*, pp.332–334; Combs, *Jay Treaty*, pp. 169–170.

167. Upham, *Pickering*, III, 226–227. 尽管上下文不明确, 但这可能是皮克林自己的说法。康威(*Omitted Chapters*, p. 356)不认为发生过这样一次会面, 他表示, 关于伦道夫和华盛顿之间的关系, 这段描述中包含了"任何弗吉尼亚人都不可能说出的不准确之处"。康威的质疑似乎是有道理的, 皮克林很可能借华盛顿之口说出了这些理由, 而这更多是给自己的而不是华盛顿的幻想破灭的一个解释。不过(在上述质疑的前提下), 我们猜测, 多少有些类似的场景可能确实发生过。关于其他类似场景的证据及评论, 参见 Carroll and Ashworth, *Washington*, VII, 332nn。

168. 罗伯特·R.利文斯顿的16篇署名为"加图"的文章刊登在1795年7月15日至9月30日的《纽约阿格斯, 或绿叶新每日广告》上; 在同一份报纸上, 布罗克霍尔斯特·利文斯顿于1795年7月10日至16日期间以"德西厄斯"(Decius)的笔名发表5篇文章, 8月1日至18日期间以"秦纳"(Cinna)的笔名发表6篇; 所有这些都重刊于 Carey, *American Remembrancer*(见注释130)。除两三篇文章外, 这部有价值的著作收录了几乎所有关于条约争议的论述。亚历山大·J.达拉斯的《〈杰伊条约〉的特点》就是其中的一个例外; 它在1795年7月18日至8月7日期间分五部分发表于 *Dunlap and Claypoole's American*

Daily Advertiser of Philadelphia，并在76年后重刊于George M. Dallas，*Life and Writings of Alexander James Dallas*。诺亚·韦伯斯特在1795年7月18日至8月5日纽约的《美国密涅瓦报》(*American Minerva*)上发表了12篇署名为"柯蒂乌斯"(Curtius)的文章，并重刊于N. Webster, *A Collection of Papers on Political, Literary and Moral Subjects*（New York, 1843），pp. 179–224；其中两篇是詹姆斯·肯特写的，其余的是他自己写的。汉密尔顿以"卡米卢斯"为笔名写了题为"辩护"的38篇系列文章，发表时间从1795年7月22日一直到1796年1月9日。前21篇刊登在《纽约阿格斯》上，其余的发表在《纽约先驱报（乡村版）》(*New York Herald, a Gazette for the Country*)上。1795年7月17日至8月19日期间，汉密尔顿还以"菲洛–卡米卢斯"(Philo–Camilus)为笔名在《纽约阿格斯》上发表了另外4篇文章。鲁弗斯·金写的10篇"卡米卢斯"文章（发表前汉密尔顿会看一下，有时还会修改）重刊于Henry C. Lodge, ed., *The Works of Alexander Hamilton*（New York, 1885–86），V-VI。其余文章重刊于*PAH*, XVIII-XIX。

169. 这是麦克莱纳根在1795年7月25日费城群众集会上发表的长篇演说的结束语；关于公众情绪爆发的各种报道，参见Carroll and Ashworth, *Washington*, VII, 272 and n。

170. "Observations on Mr. Jay's Treaty," No. I（July 15, 1795），Carey, ed., *American Remembrancer*, I, 114–119.

171. "Observations," Nos. II, III, IV（July 17, 22, 25, 1795），同上，119–122, 147–156。

172. "The Defence," No. I（July 22, 1795），*PAH*, XVIII, 479–489.

173. No. II（July 25, 1795），同上，493–501。

174. Nos. III, IV（July 29, Aug. 1, 1795），同上，513–523; XIX, 77–85。关于对条约序言的各种批评，参见同上，XVIII, 514n。

175. Nos. VII, VIII, IX（Aug. 12, 15, 21, 1795），同上，XLX, 115–124, 134–145, 163–171。

176. "Observations," No. XV（Sept.23, 1795），*American Remembrancer*, II, 13; "Juricola"[Tench Coxe], "An Examination of the Pending Treaty with Great Britain," No. IV（Aug. 12, 1795），同上，II, 88; "Cinna," No. V（Aug.15, 1795），同上，III, 226; Dallas, "Features," *Life and Writings*, p. 196; Jefferson to Madison, Sept. 21, 1795, *WTJ*, VII, 192–193。"即使是他的敌人，"布罗克霍尔斯特·利

文斯顿（他自己也是敌人之一）说，"也必须承认他写得非常好。" *American Remembrancer*, III, 102。

177. 第1至第5篇文章为条约进行了一般性的辩护；第6至第22篇文章阐述了条约的前10条，其中5篇文章专门讨论条约第10条。在这5篇文章中，汉密尔顿全面抨击了1794年春天在国会辩论的商业胁迫原则，尤其是债务扣押，他认为这与国际法的所有现代惯例背道而驰。大多数商业条款由鲁弗斯·金在第23至第30篇文章中讨论；汉密尔顿在第31至第33篇中讨论了条约的第17和第18条；金以第34和第35篇文章结束了实质性讨论。最后3篇文章，第36至第38篇，论证条约的合宪性。在驳斥条约的批评者时，汉密尔顿的注意力几乎完全集中在其中最有能力的人身上，即两位利文斯顿和达拉斯，但偶尔也会提到其他人。署名"菲洛－卡米卢斯"的另外4篇系列文章反驳的是"秦纳"（布罗克霍尔斯特·利文斯顿）针对"卡米卢斯"的具体攻击。汉密尔顿为条约撰写的另一篇逐条辩护文章，参见他发给华盛顿的长篇备忘录，"Remarks on the Treaty of Amity Commerce and Navigation lately made between the United States and Great Britain," July 9–11, 1795, *PAH*, XVIII, 404–454。

178. Ames to Jeremiah Smith, Jan. 18, 1796, *WFA*, I, 183.

179. 见下文，pp.446–447。Petition from Western Counties, Mar. 8, 1796（日期误作Mar. 21）, Gallatin Papers Microfilm, NYUL（另见 *Pittsburgh Gazette*, Mar. 12, 1796）; "From the Western Telegraph," *Gazette of the United States*, Apr. 5, 1796。通过报刊通讯、请愿书或国会演讲，西部民众在支持该条约时表达了同样的观点。

关于《格林维尔条约》的条款及对边界线的描述，参见Reginald Horsman, *Expansion and American Indian Policy, 1783–1812*（East Lansing, Mich., 1967）, pp. 101–102；以及Beverley W. Bond Jr., *The Foundations of Ohio*（Columbus, Ohio, 1941）, pp. 247–248, 321。关于《斯坦威克斯堡条约》《麦金托什堡条约》《芬尼堡条约》和《哈马堡条约》，参见同上，pp. 244–247；以及Horsman, *Expansion*, p. 48。

180. *ASP: IA*, I, 12–14；另参见Francis P. Prucha, *The Great Father: The United States Government and the American Indians*（Lincoln, Neb., 1984）, I, 61–71；以及Dorothy V. Jones, *License for Empire: Colonialism by Treaty in Early America*（Chicago, 1984）, pp. 137–186。

181. Bernard W. Sheehan, *Seeds of Extinction: Jeffersonian Philanthropy and the American Indian* (Chapel Hill, 1973), p. 10; Richard H. Kohn, *Eagle and Sword: The Beginnings of the Military Establishment in America, 1783–1802* (New York, 1975), pp. 95–96.

182. 同上, pp. 96–116; Jefferson to Monroe, Apr. 17, 1791, *WTJ*, V, 319; Randolph C. Downes, *Council Fires on the Upper Ohio: A Narration of Indian Affairs in the Upper Ohio Valley Until 1795* (Pittsburgh, 1940), pp. 320–322。

183. Kohn, *Eagle and Sword*, pp. 116–126.

184. 同上, pp. 148–155。

185. Reginald Horsman, "The British Indian Department and the Resistance to General Anthony Wayne, 1793–1795," *MVHR*, XLIX (Sept. 1962), 269–290; J. Leitch Wright Jr., *Britain and the American Frontier, 1783–1815* (Athens, Ga., 1975), p. 96.

186. Horsman, "Resistance," 284–289; Wright, *Britain and the American Frontier*, p. 102.

187. Bond, *Foundations of Ohio*, pp. 321, 393.

188. 该条约作为附录五载于 Samuel F. Bemis, *Pinckney's Treaty: America's Advantage from Europe's Distress, 1783–1800*, rev. ed. (New Haven, Conn., 1960), pp. 343–362。书中详细讨论了西班牙在密西西比河问题上对美政策的背景。另参见 Arthur P. Whitaker, *The Spanish-American Frontier, 1783–1795: The Westward Movement and the Spanish Retreat in the Mississippi Valley* (Boston, 1927)。这两部著作相互补充, 应该一起使用。

189. 同上, pp. 174–177。

190. Evarts B. Greene and Virginia D. Harrington, *American Population Before the Federal Census of 1790* (New York, 1932), pp. 192–194; Donald B. Dodd and Wynelle S. Dodd, *Historical Statistics of the South, 1790–1970* (University, Ala., 1973), pp. 22, 50; James G. M. Ramsey, *The Annals of Tennessee to the End of the Eighteenth Century* (Kingsport, Tenn., 1853), p. 648. 上述肯塔基的数字是估算的, 因为田纳西在1795年为了获得州地位而进行了一次人口普查, 而从1790年到1800年, 这两个州的人口增长比例几乎相同, 因此可以通过线性插值法得出这个估计值:

	田纳西	肯塔基
1790	35691	73677
1795	77262	[x = 161, 252]
1800	105602	220955

191. Whitaker, *Spanish-American Frontier*, p. 156.
192. 同上, pp. 180–222; Bemis, *Pinckney's Treaty*, pp. 218–284。关于戈多伊在结束与平克尼的谈判之前是否真的看到了《杰伊条约》的文本,贝米斯和惠特克(Whitaker)之间持续了多年的君子之争(而且一直未解决)。详情参见 Carroll and Ashworth, *Washington*, VII, 345–346n。

鉴于后面章节的内容,并结合上文第439页提到的1796年俄亥俄定居点突然扩张,应该注意到,平克尼条约(除了《杰伊条约》外)的影响马上被投机者捕捉到了。罗伯特·莫里斯说,密西西比河的通航"让俄亥俄西部河岸附近的土地价值涨了一倍或两倍"。出处同上,346n。
193. 参见 pp. 381–382 及上文注释9。《哥伦比亚哨兵报》上的消息被引用在 Walter B. Smith and Arthur H. Cole, *Fluctuations in American Business, 1790–1860* (Cambridge, Mass., 1935), p. 15。
194. 从1790年到1796年,货币工资翻了一番,工人的实际工资增长20%,船木匠的实际工资增长30%。在1795年生活成本上涨导致收益开始减少之前,费城船木匠的实际工资在1790年到1794年期间增长40%以上,工人的实际工资增加58%。

1790—1796年费城的日工资和实际工资

	船木匠		工人	
	日工资	实际工资	日工资	实际工资
1790	1.06	1.06	0.50	0.50
1791	1.16	1.204	0.53	0.550
1792	1.20	1.217	0.66	0.669
1793	1.50	1.379	0.80	0.735
1794	1.86	1.470	1.00	0.790
1795	2.00	1.318	1.00	0.659
1796	2.13	1.304	1.00	0.612

Donald R. Adams Jr., "Wage Rates in the Early National Period: Philadelphia, 1785–1830," *Journal of Economic History*, XXVIII (Dec. 1968), 404–426。这一时期的生活成本指数出处同上，324。

195. 下表显示了1790年至1796年间进出口价值的变动情况：

1790—1796年的进出口

	国内出口价值（1000美元）	出口物价指数（以1790年为基数）	进口物价指数（以1790年为基数）	贸易条件（以1790年为基数）
1790	19905	100	100	100
1791	18512	85.8	109.8	78.1
1792	19753	81.7	118.8	68.8
1793	24360	97.8	108.4	90.2
1794	26544	103.6	129.2	80.2
1795	39689	153.6	124.3	123.6
1796	40764	172.6	132.8	130.0

Douglass C. North, *The Economic Growth of the United States, 1790–1860* (Englewood Cliffs, N.J., 1961), pp. 221, 229.

1790—1796年的出口商品价格

	查尔斯顿大米价格[a]（每美担）	费城小麦价格[b]（每蒲式耳）	费城面粉价格[b]（每磅，超细）	费城烟草价格（每美担）
1790	$2.30	$1.34	$6.86	$6.30
1791	2.21	0.99	5.24	4.63
1792	—	0.96	5.05	4.67
1793	2.68	1.11	6.16	4.67
1794	2.71	1.20	7.76	4.83
1795	3.59	1.82	11.23	6.16
1796	4.16	1.95[c]	12.54[c]	7.26

a. Arthur H. Cole, *Wholesale Commodity Prices in the United States, 1700–1861* (Cambridge, Mass., 1938), I, 154.

b. 同上，II, 93–111。每月的价格进行平均计算，并换算为美元。

c. 1796年4月（众议院就《杰伊条约》进行辩论期间），小麦价格达到每蒲式耳2.25美元，面粉达到了每磅14美元，直到1817年才再次达到这一峰值。

1790—1796年国内消费的进口货物价值

1790	$23500000
1791	30000000
1792	31500000
1793	30800000
1794	29500000
1795	63000000
1796	56636164

North, *Economic Growth*, p. 228. 关于运粮船队，参见Bowman, *Struggle for Neutrality*, 159。

196. John S. Littell, ed., *Memoirs of his Own Times: With Reminiscences of the Men and Events of the Revolution*, by Alexander Graydon（Philadelphia, 1846）, p. 377.

197. Stephen G. Kurtz, *The Presidency of John Adams: The Collapse of Federalism, 1795-1800*（Philadelphia, 1957）, p. 20, 作者理所当然地认为（我们也认为如此），共和党人攻击条约和他们希望选举杰斐逊担任总统之间存在直接联系。Dumas Malone, *Jefferson*, III, 253n., 以及Thomas J. Farnham, "The Virginia Amendments of 1795: An Episode in the Opposition to Jay's Treaty," *Virginia Magazine of History and Biography*, LXXV（Jan. 1967）, 85n., 都提出质疑，理由是杰斐逊本人没有参加这些活动。似乎的确如此，但这并不能否认库尔茨（Kurtz）的观点。事实上，约翰·贝克利似乎只有这一个想法。"如果该条约被否决，"他在众议院辩论期间写信给德威特·克林顿，"在那些选举人由人民任命从而不能迅速产生的州，无疑会很顺利。在其他地区，共和主义的朋友们必须加倍努力反击他们的对手。英国条约失败后，一位共和党的总统将接替华盛顿先生，我们的国家仍然安全、繁荣和幸福"（1796年4月11日）。十天后，他又写道："我认为……一旦对条约进行投票并记录在案，结果就很难改变了，因此，我听说下周二你们将举行选举，从这次选举对条约以及对选择未来总统的影响来看，它将会非常重要，我希望并相信它将唤起所有的爱国主义能量。" Beckley to Clinton, Apr. 21, 1796, DeWitt Clinton Papers, CUL. 人们普遍认为，杰斐逊将成为共和党的候选人。麦迪逊用密码写信给门罗："尽管共和党人知道杰斐逊一个人就有成功的希望，但还是希望助他一臂之力。我很担心强制性的公开抗议会破坏这个项目……" Feb. 26, 1796, *PJM*, XVI, 232-233。"杰斐逊先生的当选对共和主义和南方各州至关重要。因此，你应该开始在你的选区留意选举人……" Henry Tazewell to Bishop James Madison, Mar. 6, 1796, 引自 Edmund and Dorothy Smith Berkeley, *John Beckley: Zealous Partisan in a Nation Divided*（Philadelphia, 1973）, pp. 135–136。英国临时代办菲尼亚斯·邦德甚至（错误地）认为，杰斐逊本人领导了反对条约的运动，目的是"促进法国的利益和推进他的总统竞选"。Bond to Grenville, May 4, 1796, 引自 DeConde, *Entangling Alliance*, p. 458。

198. Draft of Petition, *PJM*, XVI, 75–76.
199. Jefferson to Monroe, Sept. 6, 1795; to Edward Rutledge, Nov. 30, 1795; *WTJ*, VIII, 188, 200.
200. Baumann, "Democratic-Republicans of Philadelphia," pp. 523–524; Young, *Democratic Republicans of New York*, p. 458; Arthur I. Bernstein, "The Rise of the Democratic-Republican Party in New York City, 1789–1800"（未发表的论文, Columbia U., 1964）, p. 168。
201. Farnham, "Virginia Amendments of 1795," pp. 83–85.
202. R. R. Livingston to Edward Livingston, Jan. 5, 1796, 引自 Young, *Democratic Republicans*, p. 460。
203. Baumann, "Democratic-Republicans," pp. 524–525; Walters, *Dallas*, p. 73.
204. Farnham, "Virginia Amendments of 1795," 85–88; Jones to Madison, Oct. 20, 1795, *Massachusetts Historical Society Proceedings*, 2nd Ser., XXV（1901–1902）, 151.
205. William Constable Letterbook, II, 184, Constable-Pierrepont Collection, NYPL; Fisher Ames to Thomas Dwight, Sept. 13, 1795, *WFA*, I, 174; Henry Van Schaak to Theodore Sedgwick, Dec. 14, 1795, 引自 Young, *Democratic Republicans*, p. 460; *WGW*, XXXIV, 389。
206. Madison to Monroe Dec. 20, 1795; to Jefferson, Dec. 13, 1795; *PJM*, XVI, 170, 163.
207. Rush to John R. Coxe, Jan. 16, 1796, Lyman H. Butterfield, ed., *Letters of Benjamin Rush*（Princeton, N.J., 1951）, II, 769.
208. Madison to Jefferson, Dec. 27, 1795, *PJM*, XVI, 173.
209. 《格林维尔条约》于1795年12月22日由参议院通过，1796年2月16日送交众议院；平克尼的条约于2月26日由参议院通过，1796年3月3日送交众议院；参议院在3月2日通过了与阿尔及尔的条约，并于1796年3月8日送交众议院。《杰伊条约》于 2 月 29 日宣布，3 月 1 日送交众议院。*Senate Executive Journal*, I, 197, 202, 203; *AC*, 4 Cong., 1 Sess., 328, 394, 784, 821; *WGW*, XXXIV, 481。

210. Rush to Griffith Evans. March 4, 1796, *Letters*, II, 773.

211. *AC*, 4 Cong., 1 Sess., 400–401.

212. 麦迪逊认为利文斯顿的动议"有很多问题，他可能会把它搁置或撤回"。但利文斯顿没有撤回动议，麦迪逊提议淡化这件事，不要求提交"他［总统］认为现在披露可能不符合美国利益的那些文件"。但他的这个提议被投票否决了。与此同时，利文斯顿对自己的决议进行了修改，增加了"除非任何正在进行的谈判使得某些文件不宜披露"。麦迪逊曾两次公开承认他的疑虑，一次是在 3 月 7 日提出修正案时，另一次是在 3 月 10 日支持决议的演讲中。Madison to Jefferson, Mar. 6, 1796（另参见 Madison to Jefferson, Mar. 13, 1796）, *PJM*, XVI, 247, 264; *AC*, 4 Cong., 1 Sess., 438, 426, 494。

213. 同上，438–444（Mar. 8, 1796）。

214. 同上，464–474（Mar. 9, 1796）。

215. 同上，487–495（Mar. 10, 1796）。

216. 同上，495–500（Mar. 10, 1796）。

217. 同上，642–650（Mar. 18, 1794）。

218. 同上，759–760。

219. 同上，760–762; *WGW*, XXXV, 2–5（Mar. 30, 1796）。

220. *AC*, 4 Cong., 1 Sess., 782–783.

221. 根据加勒廷多年后的回忆；参见 *PAH*, XX, 112n。

222. Beckley to DeWitt Clinton, Apr. 11 (also Apr. 21), 1796, Clinton Papers, NYPL.

223. Madison to Monroe, Apr. 18, 1796; to Jefferson, Apr. 23, 1796; *PJM*, XVI, 333–334, 331。

224. 例如，纽约州的菲利普·范·科特兰特（Philip Van Cortlandt）是贝克利说的"摇摆者"之一。他最终确实让步了，在给选民的通函中，他解释说："在辩论过程中，从备忘录和其他信息来源看，这似乎是北部和东部各州民众的普遍愿望，即希望该条约生效；考虑到所有现有情况，我总体上认为目前投赞成票是最明智的。"May 20, 1796, Van Cortlandt-Van Wyck Papers, NYPL。

225. 华盛顿在 1796 年 5 月 22 日写给托马斯·平克尼的信中提到，"来自东部和中部各州的请愿和抗议，汇成一股洪流，开始从弗吉尼亚州奔涌而来"。参见

WGW，XXXV，62。《美国公报》在1796年5月6日、11日、18日、20日、21日和6月3日，费城《美国每日广告》在1796年4月27日，都刊登或描述了来自诺福克、朴次茅斯、威廉王镇、阿科马克、北安普敦、奥古斯塔、威廉斯堡和亚历山德里亚的支持条约的请愿书或备忘录。从1796年4月27日一直到5月中旬，《哥伦比亚哨兵报》大量报道了来自新英格兰的消息。4月30日的报道中包含了语法上模棱两可的一句话："后来的说法是，赞成条约生效的请愿书超过了100份，相比反对条约的请愿书。"

226. Young, *Democratic Republicans*, p. 465.

227. Madison to Jefferson, May 9, 1796, *PJM*, XVI, 352.

228. Philadelphia *American Daily Advertiser*, Apr. 28, 1796; *Columbian Centinel*, extra, Apr. 28, 1796.

229. Young, *Democratic Republicans*, p. 465.

230. Petitions from Allegheny, Westmoreland, and Fayette Counties, Mar. 8, 14, and 29, 1796, *Pittsburgh Gazette*, Mar. 12, 19, 1796; *Gazette of the United States*, Apr. 9, 1796. 加勒廷的一位联络人提醒他，还会有更多请愿书；Alexander Addison to Gallatin, Apr. 7, 1796, Gallatin Papers Microfilm, NYUL。华盛顿县的共和党领袖戴维·雷迪克（David Redick）告诉加勒廷："我相信，这里大多数人都真诚地希望该条约得到忠实的执行……相信可以在不放弃任何真正的宪法基础的情况下实现。我已经和各界人士以及我们在国会的政治盟友进行了交谈，他们几乎没有意见分歧，都表示希望该条约不会被否决……" Redick to Gallatin, Apr. 7, 1796, Gallatin Papers Microfilm, NYUL。阿勒格尼的请愿书由共和党人休·亨利·布拉肯里奇和联邦党人亚历山大·艾迪生（Alexander Addison）共同发起。关于宾夕法尼亚西部对《杰伊条约》的政治反应，参见 Russell J. Ferguson, *Early Western Pennsylvania Politics*（Pittsburgh, 1938），pp. 136–138。

231. Addison to Gallatin, May 4, 1796, Gallatin Papers Microfilm, NYUL; *Pittsburgh Gazette*, May 7, 1796.

232. *AC*, 4 Cong., 1 Sess., 941–943, 969.

233. 同上，1065–1077（Apr. 19, 1796）；1095–1097（Apr. 20, 1795）。

234. 同上，1153–1157（Apr. 22, 1796）。

235. 同上，1183–1202（Apr. 26, 1796）。

236. 同上，1239–1263（Apr. 28, 1796）；*WFA*, II, 37–71。

237. John Adams to Abigail Adams, Apr. 30, 1796, *Letters of John Adams Addressed to His Wife*(Boston, 1841), II, 225-227; *AC*, 4 Cong., 1 Sess., 1263-1264.
238. 同上, 1273-1280; Theodore Sedgwick to Loring Andrews, Apr. 5, 1796, 引自 Combs, *Jay Treaty*, p. 185。
239. *AC*, 4 Cong., 1 Sess., 1280.
240. 同上, 1280-1291. 关于在投票时倒戈的共和党人, 参见 Carroll and Ashworth, *Washington*, VII, 375n。
241. Joshua Coit, Apr. 22, *AC*, 4 Cong., 1 Sess., 1151; Madison to Jefferson, Apr. 23, 1796, *PJM*, XVI, 335. 麦迪逊显然失去了领导力, 也许还丧失了勇气, 这在当时引起广泛关注。"麦迪逊先生看起来忧心忡忡。脸色苍白, 面容憔悴, 精神萎靡。" John to Abigail Adams, Apr. 28, 1796, APM, reel 381; Combs, *Jay Treaty*, p. 178; Carroll and Ashworth, *Washington*, VII, 376n。"每一个真正的爱国者都必然会感到悲伤, 充满怨恨, 因为他们看到众议院多数派已不再由麦迪逊和加勒廷领导, 而是由加勒廷和麦迪逊领导, 因为麦迪逊已经完全变了一个人, 现在只能屈居加勒廷之后……""From a Federal Republican," *Columbian Centinel*, Apr. 27, 1796。麦迪逊本人对杰斐逊说:"对我来说, 这个事态进展是我遇到过的最令人担心和伤脑筋的事情……" May 1, 1796, *PJM*, XVI, 343。
242. 引自 Baumann, "Democratic-Republicans," p. 538。
243. *Gazette of the United States*, May 5, 1796.

第十章
平民主义浪潮

直到19世纪30年代，随着全国性民众政党体系的出现，"民主"才作为一种完全合法的文化价值观在美国建立，并基本上获得普遍认可。然而，早在18世纪90年代中期，由于法国大革命和《杰伊条约》带来的躁动，人们已经看到了民众政治的明显转向。毫无疑问，民众态度和民众参与度呈现出前所未有的特质及规模——一股"平民主义浪潮"变得清晰可见。但"平民主义浪潮"并不是一种运转正常的民主。思考这一议题时，应当充分考虑到18世纪90年代民众政治受到的各种限制和制约。

第一节 民主协会

1793年至1794年，各种民主协会在美国蓬勃兴起，但在一年左右的时间内又完全消失，它们的命运引发了关于美国自治组织这个话题的讨论。在我们的历史文献中，会时不时地提到自治组织，但是大多数情况下只是很随意地提及。这种对自治组织缺乏关注的情况令人惊讶，因为在19世纪30年代，给托克维尔留下最深刻印象的美国社会特征就是当地社团生活的丰富。无论出于何种原因，这些社团基本上被认为是理所当然的；关于它们有一些零星的研究，但从来没有系统性研究；有关这个主题的一般理论也出奇少。[1]

当然，有人指出，在没有胁迫和官方支持的情况下，美国通过自治组织的方式，实现了各种宗教、经济、兄弟会、人道主义和政治上的目的，这是任何其他国家都无法比拟的。这种制度是美国社会的一个独有特征。有人说，美国在历史上一直是一个"入会者的国家"（nation of joiners），这个描述说明，这些协会在美国生活中持续发挥着广泛而复杂的各种功能。也就是说，一方面，它们具有非常鲜明的工具特征，在很多情况下是为了实现具体、直接的目标而建立；另一方面，它们也为组织或加入协会的个人，提供了一系列含混不清但令人印象深刻的非具体、非直接的满足感。[2]

所有这些至少已经存在了150年，很可能还会持续更长时间。但不太引人注意的是，曾经有一段时期，情况可能并非如此。在美国历史上的某个时期，这些社团可能并不广泛存在，它们也不会被视为满足公共、私人或个人需要的正常或合理举措，在社会价值观中几乎没有任何地位，社会习惯实际上有可能不鼓励甚至抵制它们。看来，对一种新出现的社会进程进行全面概括时，不仅要考虑推动这一进程的力量，还需要考虑那些阻碍它的力量。

我们关于这些问题没有太多信息，仅做初步验证可能就需要覆盖一个很宽泛的范围。但从18世纪中叶新英格兰地区的社会状况，也许能够看出一些端倪。

根据迈克尔·朱克曼（Michael Zuckerman）的说法，那个时代具有代表性的社区是规模非常小的村庄，自给自足，无法承受任何较大的冲突或争执。这种社区的社会价值观都是强调和平,其基本的机构组织——尤其是教堂和城镇会议——与其说是为了"管理"冲突,不如说是为了化解甚至回避冲突。人们希望在潜在分歧变为公开争议之前,以非正式的方式解决这些问题;城镇会议主要不是作为一个辩论问题的场所,而是作为强迫同意的手段。仅仅多数同意也是不够的。理想的情况是全体一致同意;小镇无法承受心怀不满的少数派。此外,选举权的范围非常广泛,这并非出于对"民主"原则的重视,而是因为有助于"巩固共识"。甚至在教堂诚恳忏悔自己的不当行为(其中最严重的行为是威胁和平)也是如此,因为这可以"遏制……骄傲,否认个人意志,并确定公共价值高于任何潜在的个人价值"。而一个社区中最可耻的冲突形式就是派系和党派的冲突,用乔纳森·爱德华兹(Jonathan Edwards)的话说,这种不义行为使人们的灵魂"穷困潦倒"。[3]

如果一个社区不能承受冲突,同样,它也无法承受太多的多样性。社区内出现的任何特殊联合或利益集团都会引起担忧。这类联合会削弱社会的同质性与和谐感;社区通常不支持广泛的社会角色或劳动分工(例如,在一个农业小镇出现大量商业元素,可能会导致该镇重新划分区域,就像纽伯里和纽伯里波特发生的情况一样)。[4]在一个集体决策受这种价值体系支配的社会,似乎不会为各种社团活动提供非常有利的土壤,因为社团反映了社会内部相应的利益分化。总的来说,革命前夕马萨诸塞州的社区生活不需要,也不希望有这样的社团和多样性。它们会首先出现在波士顿和最容易受到国际影响的沿海地区。[5]不过,无论在任何地方,社团的兴起肯定都会遇到抵制,也就是说,对同质性和一致性的渴望并不会被轻易放弃。

尽管直到独立战争结束后,社团才进入第一个真正的成长周期,但在那之前,自治组织肯定已经为人所知。在整个殖民地,自治组织最早出现在宗教领域,因为面对许多相互抵触的观点和利益,强行要求遵从是无法维持下去的。在有一个官方教会（指官方公开支持的教会，除了两个地区外，其他地区都有官方教会）存在的地区，如果允许异端教会存在（不是基于原则，而是出于必要和经验），那么这个教会必须满足一个基础条件。它必须是由志同道合者建立的自治组织，完全由私人资源和努力提供支持。但正如新英格兰地区的圣公会教徒和弗吉尼亚的浸信会教徒所经历的那样，他们未必会受到社区其他成员的真诚欢迎。[6]

就像宗教一样，除了受到国家庇护的，一开始并不存在人们熟悉的，可以将有组织的商业企业归入其中的类别。在英国都铎王朝和斯图亚特王朝时期，特许公司是国家权力的附属品和国家利益的推动者，作为回报，它们从王室那里得到了特权、保护和垄断权。对于殖民地来说，这一传统的思想习惯已经有了许多改变，但无论被削弱多少，直到独立战争结束后很久它都一直以某种形式持续存在。王室的利益和福祉已由普遍的公共利益所取代，人们推定，此后向社团颁发特许状时将考虑这一点。然而，这个被奥斯卡·汉德林（Oscar Handlin）和玛丽·汉德林（Mary Handlin）称为"联合体"的理想受到了种种矛盾的困扰。革命遗产强化了某些公共价值观，包括对特权和垄断的憎恶；与此同时，人们发现，对于任何既定目的而言，确定什么是公共利益变得越来越不容易。这意味着，决定将成立企业的好处授予某些群体而不是其他群体，也会变得困难。

寻求特许权的企业家自然更希望获得利益，而不是受到限制，但在竞争无处不在的情况下，他们发现，除了有限责任带来的法律上的获益外，大多数传统利益都是虚幻的，因此他们学会了不依赖这些利益。19世纪颁布的普通公司法最终承认，政府的特许权不再具有任何排他性。随着政府不再歧视工商企业，它们实际上成为私营自治组织，自己做出决定，并完全依靠自身的努力。"联合体"的理想就这样渐渐消退，但花了很长一段时间才完成这一过程。虽然私营公司在国家发展中的作用很早就已经显现出来，但对私人组织的权力在整个社区控制之外能否正常运行，人们仍然有很多怀疑。因此，对于这种自治组织的全部意义，以及如果政府不提供帮助，也不应该阻碍的观点，仍然存在着一些抵触情绪。[7]

我们有充分证据表明，独立战争结束后的这段时期，出现了以慈善、公益、社会或兄弟会为目标的各种自治组织，并由此得出结论，直到那时，这类组织才开始大量涌现。理查德·D.布朗（Richard D. Brown）认为马萨诸塞州的情况正是如此，他补充说，托克维尔在19世纪30年代观察到的自治组织大范围流行的现象，"与革命爆发前十年的情况是格格不入的"。更具体地说，根据对18世纪晚期康科德市的一项研究，那里的社团活动在18世纪90年代明显变得更加活跃，大约同一时期，塞勒姆也发生了类似的明显变化。这似乎是人们第一次普遍感受到社团活动热潮的十年。[8]

一些人希望将自治组织的发展与被称为"现代化"或"市场社会兴起"或"资本主义秩序到来"的过程联系起来，这一过程涉及随着时间的推移，技术发展、社会与经济的复杂性以及功能专业化的加剧。不同理论家以各种方式对这个过程进行了描述，通常是将其视为一系列的转变，每次转变都涉及某种二分法：从稳定到运动和变化，从地方主义到世界主义，从营销和传播的本地系统到超本地的系统，等等。个人关系、人格结构和社会行为都发生了变化。它们从"地位"到"契约"；从"自然关系"到"金钱关系"；从礼俗社会（社区的、有机的单位）到法理社会（抽象的、非个人的、有限的社会集合）；从定性的、"有感情"的行为反应到机械的、中性的行为反应。既有视野的拓宽，又有社会对象的多样化——或碎片化。[9]

因此，可以设想，当社区不再作为一个整体来实现其目的时，超本地的诉求开始与本地诉求竞争,个人就会以某种非常惊人的方式重新分配其精力。正如托克维尔所说,在像美国这样的社会中,"所有公民都既独立又虚弱;他们自己几乎无法做任何事情,也没有任何人可以强迫他的同胞提供帮助。因此,如果他们不主动学会互相帮助,他们就会变得寸步难行"。结果就是,他们因为每一个可以想象的目的而结为社团。关于这种新趋势,威廉·埃勒里·钱宁(William Ellery Channing)在1829年(托克维尔访问美国的两年前)还有些惊讶地写道:"我们这个时代最不寻常的一种情况或特征,就是联合的原则,或者说由社团成员联合起来采取行动的原则,正在显现出来。"

> 几乎任何目标都有一些机构为之而建立。人们会传播一种观点或打压另一种观点吗?他们建立一个社团。他们会改进刑法典或减轻穷人的债务负担吗?他们建立社团。如果一个阶层鼓励赛马,而另一个阶层不鼓励在周日旅行呢?他们也会建立各种社团。[10]

钱宁将重点主要放在为特定目的和实现具体目标而建立的社团上,此后不久的托克维尔也是如此。但还有另一种社团,正如托马斯·汉达西德·珀金斯(Thomas Handasyd Perkins)在1838年指出的那样,它们不是为任何特定目标而建立的,只是"因为相识、共同利益和兄弟般的友情而团结在一起……"。佩吉·史密斯(Page Smith)所说的似乎就是这类社团——其主要功能是满足个人需求,以及提供一种模式,使个人能够在不断变化的社会中找到自己的位置。直到南北战争之后,这类社团的活动才开始进入全盛期。[11]

但在美利坚合众国成立之初,社团还是一种很新颖的社会活动形式。制宪者没有想过要将"结社自由"写入宪法,它也没有出现在《权利法案》中，甚至没有人提议应该将其写入《权利法案》。后来的解读是，宪法中一直隐含着对结社自由的保障，但关于这一点至少是存在争议的。没有可以直接适用于结社的一般法律规则，因为这个问题还很新，人们还没来得及认真思考。[12] 不管怎么说，当时的环境并不像钱宁和托克维尔所处的时代那样，公众对社团有明确的好感，而且有一类社团肯定面临着更巨大的阻力。那就是为了政治目的而成立的社团、联合体或协会。这种联合体意味着派系；它似乎对政府既定机构、政府当局和行政程序形成了挑战；从某种意义上说，它处于社区控制范围之外。

18世纪90年代各种结社活动中最引人注目的形式也许就是民主—共和协会（Democratic-Republican Societies）。尽管"现代化"原则或类似原则在考量美国自治组织的长期发展时可能非常有用，但它并不完全适用这里的情况。这里，某种更具特殊性、更紧迫的因素在起作用；这些社团，可能还有其他类别的社团，也许只是美国建国始料未及的最初成果之一。

数十万人现在以一种新的社会角色，即新成立的联邦共和国公民的身份，会面、对话并互相提出质疑。例如，从18世纪90年代邮局和报纸的数量激增来看，人们对相互交谈、通信和激烈辩论的渴望并不仅仅是一种随意的冲动。[13] 他们以各种方式测试这个新角色意味着什么，以及它应该意味着什么："共和"本身就是公民世界中的一种新兴事物，作为共和国公民，他们应该如何交谈和思考呢？确切地说，根据他们的愿景和抱负，他们，或任何一个人，在其中处于什么位置？人民主权现在已经是正式确立的原则。它在实践中意味着什么，应该如何表达？

正如我们已经看到的，那时候，整个世界没有任何其他事件比法国大革命的影响对于提高民族自尊更关键，这件事使民族的自我定义成为一个尤其尖锐的问题。1793年的最初几个月中,随着关于法国的消息不断传来——法国终于仿效美国成为一个共和国,法国军队在对抗欧洲大陆敌人的战斗中取得初步胜利,法国向长久以来压迫美国人民的英国开战,以及第一任法兰西共和国驻美国公使公民热内的到来——民众情绪达到最高点。但伴随着欢呼声到来的还有强烈的焦虑感:共和自由正在受到审判和围攻。正是在这种激动人心的背景下,民主协会开始出现。其中最著名也是最早成立的,是1793年5月在费城成立的宾夕法尼亚民主协会(Democratic Society of Pennsylvania)。

有人坚持认为,这些协会是基于美国本土而不是外国的先例建立的,他们引用的例证主要是18世纪70年代的"自由之子"协会。但是,如果说革命组织的力量来自它们反映了一个团结社区的共识(在许多情况下的确如此),那么,这个例子可能有误导性,因为民主协会并不是这种情况。[14]实际上,这些协会的直接灵感大多来自法国。人们相信两国人民之间存在着兄弟情谊,出于对这种友谊的尊重,他们希望在行动中带有一些法国元素,这是可以理解的。当时经常被与其相提并论的社团是法国的雅各宾俱乐部,那时雅各宾派还不像大革命后期那样令人厌恶。俱乐部成员之间通常称呼彼此为"公民"(citizen),这是法国人早就开始使用的一个称呼。[15]"民主"在法国的革命词汇中已经根深蒂固,公民热内建议费城的协会用这个词命名,尽管这并不是他们最初打算使用的名称。[16]事实上,"民主"这个词在美国还有些不成熟。它仅完成了部分美国化,仍然隐含着一种嘲讽式的责备;还要再经过十几年的时间,它才会在公众语言中享有无可争议的崇高地位。

这些协会在其宗旨中声明,其首要主题只是讨论的重要性、意见的交流和信息的传播。他们宣称,无知是"自由不可调和的敌人"。"因此,如果缺乏信息,一个国家的道德特征就会扭曲……"[17]另一个被反复强调的主题是爱国主义:"对他们国家的热爱,对法律和宪法的尊重。"这些协会认为,如果要维护共和原则,就有必要"不仅讨论政府的程序,而且审查政府各部门官员的行为"。[18]最普遍的情绪是:"我们怀着难以言表的恐惧看到,欧洲列强联合起来对法国进行残酷和非正义的战争"——这种"统治精神"(根据巴尔的摩协会的章程)"使我们有充分的理由担忧,法兰西共和国的命运与美国息息相关"。决心消灭法国的共和主义的欧洲专制君主,在扼杀全世界的共和主义之前是不会善罢甘休的,而我们当中的一些人正在等着向他们提供援助。这些人"正在秘密地试图破坏自由和平等的基本原则,而这些原则是人类幸福和安全的基础"。所有这一切都需要我们时刻保持警惕。"共和主义爱国者必须永远保持警惕;我们中间已经潜入了许多与我们并非志同道合的人,应当严密监视他们的一举一动……"[19]1793年大约成立了10个协会,第二年,受到英国人暴行的刺激(杰伊使团也由此而来),新成立的协会数量是前一年的两倍多。一共成立了35个这样的民主协会,除罗得岛和佐治亚州,每个州至少成立了一个协会。[20]

　　这些协会是否将自己视为新兴共和党的附属品呢?从它们公布的原则来看,人们肯定不会这样想,甚至不会认为他们赞成任何政党。这些协会声称,"不受任何党派观点影响,而是完全出于爱国动机"。事实上,尽管他们宣称,任何"通过狡猾地承诺好处,或卑鄙的诽谤,影响自由人投票"的企图,都应该被"轻蔑和厌恶地"拒绝,但他们也只是说说而已。[21]他们还假装虔诚地坚持认为,和睦应该超越一切,民众不应该分裂,而是应该组成"一个联合的、平等的社区",而"一部分人的政治错误或误解必然会损害整体"。因此,每个成员都有责任"不仅要消除偏见、调和感情、增进理解,促进我们全体同胞的幸福;而且要发现并向外界公布每一次违反我们宪法的行为或者不当管理的情况"。[22]在每个协会的决议中,都以某种形式表达了最后这种态度,这当然意味着,尽管他们声称不受党派偏见的影响,但显然,他们从一开始就把自己放在了反对者的位置上。换句话说,民主协会中的联邦党人寥寥无几。

至于究竟什么样的人加入了协会,答案似乎相当多元化——在一定程度上。尤金·林克(Eugene Link)在50年前的研究中认为,协会成员主要来自地位比较卑微的阶级,但近期研究表明,低下阶层的代表性被夸大了。有钱有势的协会成员要比以前想象的多得多,尽管大多数联邦党人认为这些人只是乌合之众。众所周知,这些协会的领导者是关系非常紧密的一个群体,他们几乎无一例外都是相当有地位的人。在西部,他们主要是大地主,尤其是从事投机的地主。"工匠"这个大类别的流动性很强,例如,费城协会里就有很多这种正在向"制造商"晋升的人,他们持有收费公路的股份,投资城市地块,并拥有他们所居住的房屋。在协会成员中,根本没有类似于"下层阶级"的思维(在费城协会207名职业公开的成员中,只有2人是"工人");根据罗兰·鲍曼(Roland Baumann)的说法,机械师和制造商都"非常灵活,有商业头脑,在意自己的地位"。[23]基本上可以假定,这些协会成员个个都是精力充沛、不安于现状并且雄心勃勃的人,他们是一个坚定、自信、处于上升通道中的群体。他们希望得到的与其说是公正和帮助,不如说是关注和认可。

至于官员和其他一些比较引人瞩目的协会成员,他们似乎都有一种社会局外人的感觉,无论他们当时或后来变得多么富有或有影响力。虽然原因和后果有时候难以区分,但费城民主协会提供了一些耐人寻味的例子。亚历山大·詹姆斯·达拉斯在独立战争结束时还是英国臣民,他在18世纪80年代初来到费城,通过从事律师职业站稳脚跟。他热爱自己的律师职业,但由于一开始生意并不多,有一段时期,他不得不靠写作和编辑的兼职,养活自己和年轻的新娘。他的迎合态度并不足以使他进入最高端的社交圈,尽管他很努力〔他和迷人的玛丽亚

（Maria）经常举办超出自身负担能力的奢侈派对］。1791年，他的好机会终于来了，因为颇有人气的托马斯·米夫林州长注意到了他的出色才华。州长当时正在寻找一个合适人选担任联邦秘书，如果在这个职位上处理得当，有可能会具有巨大影响力。州长任命达拉斯的原因之一，是这样可以避免党派主义——达拉斯在那之前对政治几乎没有任何兴趣。这次好运确实让这位一心向上爬的年轻人走上了正轨，但这并没有将他变为真正意义上的圈内人。八年后，仍然有人称他为"社会的寄生虫"。[24]

本杰明·F.贝奇一开始是宪法的坚定支持者，但最终成为联邦党人在新闻界的死对头。当1790年联邦政府迁至费城时，他很想进入联邦机构。但贝奇家族的运气不佳。本杰明的父亲理查德·贝奇（Richard Bache）在1781年被解除宾夕法尼亚州邮政局长的职务，后来他在1789年请求出任联邦政府的邮政总长，但没有成功。本杰明最重要的赞助人是他的外祖父，也就是受到除费城精英之外几乎所有人尊敬的富兰克林。当富兰克林于1790年去世时，这位年轻人悲痛欲绝。但凭着外祖父留下的最好设备，他得以在印刷行业立足，他办的报纸《大众广告报》（General Advertiser）——后来臭名昭著的《曙光》——也取得了不错的成绩。他曾申请负责政府的印刷业务，但遭到拒绝。年轻时的本杰明·贝奇［后来被称为"避雷针少年"（Lighting Rod Junior）］举止得体，急于取悦他人；作为一名初出茅庐的报纸编辑，他在政治上采取了大体温和的路线。但是他始终没有找到通往成功的秘诀，到了1793年，显然有一些事情发生了变化。[25]

本杰明·拉什医生多年来在全镇家喻户晓。他执业经验丰富，被称为"内战前美国医学史上最有影响力的医生"。然而，他是个极度自怜的人（"将会因为行善而受到迫害，"他沮丧而平静地告诉诺亚·韦伯斯特，"要学会在迫害中寻找快乐"）。有钱有势的人尽其所能地阻止他出人头地。他缺乏"伟人的庇护";他没有"广泛而强大的家庭关系网";他的传记作者写道,他"发现很难忘记","自己只是一个枪匠的儿子,母亲经营一家杂货店,他本人是长老会教徒,而这座城市的精英都是贵格会和圣公会的教徒"。[26]史蒂芬·吉拉德(Stephen Girard)、布莱尔·麦克莱纳根和约翰·斯旺尼克(John Swanwick)都是北美最富有的阶层。吉拉德(他可能是其中最富有的一个人)也许是自己选择了远离社会。他患有眼疾,说话带有浓重的法国口音,因为害怕被嘲笑而躲开人群。他以一种酸溜溜的诡秘态度看待精英阶层,就连他的商业伙伴也在八卦他追求金钱时的吝啬和专一。他会把自己的财富留给公共事业,而不是指定任何特定的人继承。[27]布莱尔·麦克莱纳根年轻时从爱尔兰来到美国,他在独立战争期间通过私船业务赚取了巨额利润,成为费城在这一领域的主要投资者。他在18世纪80年代是罗伯特·莫里斯的合伙人;他买下了前司法部长本杰明·丘(Benjamin Chew)的乡间豪宅克莱夫登(Cliveden)——丘当时的处境有些窘迫,并在这座豪华老派的住宅里居住了18年。但麦克莱纳根生性粗鄙,未能在费城最有品位的地区站稳脚跟。当罗伯特·莫里斯在1798年被送进债务人监狱时,治安官的令状是以满怀报复心的布莱尔·麦克莱纳根的名义发出的。[28]约翰·斯旺尼克个子矮小,但非常富有。他总是不得不克服各种障碍,而他通常都能设法做到,除了某些例外。他的父亲由于在独立战争期间是托利党的车夫而声名狼藉,这使得年轻的约翰在一步步晋升到罗伯特·莫里斯的账房时经常受到怀疑。但他终于在1783年成为莫里斯的合伙人,然后又成为大进出口商,同时也是北美银行的董事成员和主要股东。他打扮时髦,戴着大领结,"短腿";他在女子学院发表演讲,并在城市舞会上非常活跃。尽管他是一个坚定的联邦主义者,但他在1789年和1790年并没有成功获得任命。他也无法花钱进入费城的上流社会,"因为他是一个缺乏教养和家庭背景的

外来者"。²⁹

这些人都加入了民主协会。他们至少有一个共同点,那就是,他们全都是白手起家,而且其成就没有得到那些稍微领先他们的人的充分赞赏。³⁰最后,毫无疑问,加入民主协会的联邦党人寥寥无几,几乎所有的成员都是共和党人。但他们似乎不是非常重要的共和党人。除了少数值得注意的例外,民主协会的成员很少在公职中或共和党内获得显赫地位,这一点令人惊讶。相对的,所有州的共和党领导人都对民主协会敬而远之。杰斐逊、麦迪逊、门罗、贾尔斯和其他弗吉尼亚人都不愿意和民主协会扯上任何关系;在马里兰州,协会成员中没有史密斯兄弟;在纽约,则没有伯尔家族、克林顿家族或利文斯顿家族。³¹

对此至少有一个很好的解释。关于这些协会的合法性,似乎存有普遍而强烈的质疑,而协会成员本身也会受到这些质疑的影响。他们从一开始就受到质疑,华盛顿后来声讨协会时使用的"自创协会"(self-created societies)这个词也并非他本人原创,而是当时流行的用语。1794年初,缅因州约克郡的法官乔纳森·塞沃德(Jonathan Sayward)在读到宾夕法尼亚协会的通告时颇受触动,但他反对任何"自创社团"。³²"自创"意味着对人民主权的真正威胁,1794年2月《纽约每日公报》(New York Daily Gazette)的一封读者来信准确地捕捉到了这个词中的火药味。作者质问:"人民需要在他们和政府当局之间有中间人进行指导吗?""他们和选民有关系吗?……还是为了阻止其他人这么做?最重要的是,印刷商先生,我想知道,他们是由人民选择的吗?如果不是这样的话——据我所知不存在其他合法授权,我以后会把这些协会视为自创的,或者视为巴黎雅各宾俱乐部的一个分支。"³³另一位来信读者坚称:

> 他不是托利党,不是英国间谍,也不是投机者。他只是

一个土生土长的美国人,一个1775年的老辉格党人,一个普通人,在一个乡下的农场里接受教育,他的朋友们在那里以犁地为生;他与地球上任何一个英国人或法国人都没有关系,并希望永远都不会有关系。他从未在基金中拥有过一先令,除了真理和正直之外,他不受任何东西的影响;他是一个真正热爱自己的国家和共和政府的人。他知道中产阶级对这个国家的普遍看法,他知道他们通常都摒弃民主协会,认为那只不过是热内的童子军组织。[34]

尽管攻击协会的大多是联邦党人,或者如那些协会自己所称,攻击者都是自由的敌人,但事实上,协会领导人在提到这些攻击时并没有以一种自信的语气。他们一直说,他们的协会不需要任何借口。有的说,"没有必要向公众道歉"。还有协会表示:"我们不会为这种联系而道歉……"佛蒙特州奇滕登县的民主协会抗议说,"我们没有必要证明,成立协会是我们毋庸置疑的权利",然而,由于可能会有"少数自命清高的共和党人,尽管他们完全认可这种权利,但似乎怀疑成立协会在目前是否适当",该协会认为,无论如何都应该继续据理力争,并且他们的努力持续了相当长一段时间。[35]

任何试图评估这些协会实际功能的尝试都会引发困惑。人们有时称这些协会为"施压团体",也许在一两个很有限的例子中它们的确如此。[36]但如果深入研究这些协会存留下来的活动及决议记录,就会愈发怀疑它们是否有长期的集体目标。当然,它们对法兰西共和国的斗争表现出强烈同情,并对华盛顿1793年发表的《中立声明》表示不满。[37]对英国人在海上实施暴行,煽动印第安人,以及允许阿尔及利亚海盗在大西洋上掠夺美国船只,它们都通过决议表达愤怒。[38]它们谴责任命约翰·杰伊为驻伦敦特使,在1795年年中仍然活跃的协会还通过了决议，抗议杰伊发回来的条约。[39]有两个民主协会公开表示，支持公立学校；另外有两个支持法院和刑法典改革。[40]有几个协会不赞成联邦政府的威士忌消费税，但明确反对使用任何武力进行抵制。[41]宾夕法尼亚的协会支持保护本土制造业，这个诉求在当地广受欢迎。[42]查尔斯顿的协会似乎曾经承诺援助热内的佛罗里达计划；但这只是空谈，没有行动。[43]西部的一些协会为了确保获得密西西比河的航行权，准备了纪念物和演讲，而这成为民主协会所有活动中最具有决心和目标的一次行动。[44]

到1795年年底，大多数在1793年和1794年成立的协会要么不复存在，要么已经不活跃。那么，如何解释它们的消失呢？最广为人知的一种解释是，1794年11月，在平息宾夕法尼亚州西部的威士忌暴乱后，华盛顿在向国会发表的演讲中表达了他的愤怒，民主协会从此走向衰落。事实上，这种说法有一定道理——尽管不能完全解释。这些协会在它们所在社区的地位似乎从一开始就不是很稳固。[45]它们诞生于对法国大革命的热情和对英国的仇恨；然而，一旦过了这个阶段，它们能够继续维系社区关系的政治诉求实际上是相当脆弱的。那些"受欢迎"的协会似乎也从来没有获得大多数民众的支持。为了进一步验证这一点，以及民众政治的其他特性，我们现在来看一下1794年发生在宾夕法尼亚州西部的事件。

第二节 威士忌暴乱

1794年夏天，宾夕法尼亚州最西部的四个郡县——阿勒格尼、威斯特摩兰、费耶特和华盛顿——反对联邦政府的情绪并不是虚假的。事实上，这个地区的情绪在过去三年不断积聚，表现形式为对联邦政府的威士忌消费税的大规模强烈抗议。鉴于参与人数众多,整个地区到仲夏时节似乎已处于武装叛乱的边缘,唯一的结论就是:这种情绪已经深入到每个社区,因此可以被视为一种真正的民意的体现。那么,事情是怎么发展到这种地步的?此外,当联邦政府最终决定采取行动时,是如何做到迅速地解决问题与实现和解的?

从表面上看,主要事实脉络清晰。事件起因是,1791年3月3日国会在两党支持下通过消费税法,旨在将消费税作为收入结构的一部分,以维持财政部的资金体系。这项法律在宾夕法尼亚州立法机构遭到谴责,相关决议在下议院以压倒性多数票通过。1791年夏天,多地举行抗议会议,华盛顿县在会议上通过决议,制定了一项行动原则,事实证明,这件事意义重大。决议呼吁公民们以"轻蔑的态度对待,完全拒绝与收税官进行任何形式的沟通或交流",并且不向他们提供"任何援助、支持或安慰"。[46]当时发生了几起暴力事件,收税官及与他们合作的人都被涂上焦油,粘上羽毛。这些暴力事件从1791年秋天开始,在1792年夏天卷土重来。1792年8月,匹兹堡的一次大型公共集会通过了一项措辞严厉的反对收税官的决议,内容与前一年华盛顿县的决议大体相同。艾伯特·加勒廷担任这次会议的秘书,他后来对签署这份决议表示后悔,称这是他"唯一的政治罪过"。[47]但在场的还有许多其他德高望重的人,他们全都签署了决议。时任财政部长的汉密尔顿主张动用联邦军队,但总统只是发表了一份声明,呼吁抗议者停止阻碍法律实施。宾夕法尼亚区的监察官乔治·克莱默(George Clymer)被派往第四税区(包括西部各郡县),任务是报告当地的情况,鼓励税务官员履行职责,并说服公民遵守法律。但克莱默的任务并不是很成功。他报告说,几乎整个税区的公众都表示不满。他提到当地情绪受到一些人的影响,如艾伯特·加勒廷、约翰·斯迈利(John Smilie)和威廉·芬德利,以及一些更有暴力倾向的人,如华盛顿县的戴维·布拉德福德（David Bradford）和詹姆斯·马歇尔（James Marshall）。[48] 相比之下，1793年较为平静，但在费耶特县也发生了几次抗议，因为那里的收税官是一个特别讨厌的人。

1794年，事件达到高潮。当时，这个地区又成立了两个民主协会，分别位于华盛顿县和明戈溪。休·亨利·布拉肯里奇称明戈溪为"暴乱的摇篮"。暴力范围不断扩大，受害者不仅涉及消费税征收官员，还包括那些愿意或被怀疑愿意遵守法律的酿酒商。他们被暴徒涂上焦油，粘上羽毛，谷仓遭到焚烧，一些酿酒商的蒸馏装置被打得布满窟窿，这种行为被戏称为"补锅匠汤姆"（Tom the Tinker）"修补"了蒸馏装置。来自补锅匠汤姆的警告传单开始在四处出现。这一行为的目的是迫使征收消费税的办公室关闭，并阻止任何酿酒商在征税期（法律规定为每年6月）进入他们的蒸馏车间。

1793年6月，一些没有登记蒸馏设备的人收到法庭传票，这件事最终激起暴乱的全面爆发。1791年的法律中最令人恼火的一项规定是，违法案件要在位于费城的美国联邦地方法院审理，这对第四税区的任何人来说，都距离太远。为了消除这种困难，法律被重新修订，根据1794年6月5日生效的新规定，距离联邦地方法院50英里或更远地点的案件可在州法院审理。然而，修订后的法律不具有追溯效力，因此这些传票仍然根据旧法律送达。

1794年7月16日，美国法警戴维·伦诺克斯（David Lenox）和第四税区的消费税稽查官约翰·内维尔（John Neville）将军把阿勒格尼县的最后一份传票送达后，爆发了一场严重的暴力事件。当时大约有500名明戈溪和其他民兵组织的成员在附近集结，计划前往内维尔在凉亭山的住宅，目的是迫使这位稽查官辞职。内维尔及其家人在附近军事哨所的几名士兵的协助下进行守卫，在此过程中，两名围攻者被打死，其中一名是指挥官，另外有6人受伤。守军逃跑后，围攻者将地下室洗劫一空，并烧毁住宅。他们还把法警伦诺克斯抓起来，防止他继续送传票。高潮发生在8月1日，那天，暴乱领导人召集民兵组织在匹兹堡外几英里的布拉多克战场举行大规模集会。大约6000人聚集在那里；他们举行盛大的集会，展示了具有威胁性的大规模集结的力量。一些人想要破坏内维尔指挥部所在的匹兹堡镇，不过，第二天人群就散开了，没有发生任何极端行为。但整个8月份都充斥着各种集会和谈判，谣言满天飞，甚至有人提到分裂和内战。

与此同时，联邦政府已决定采取行动。在8月7日的新公告中，华盛顿宣布，他打算征召民兵，以镇压暴乱和执行法律。同时，他也做出了不诉诸武力的最后努力，即派出了有权向愿意宣誓服从的人提供特赦的特使。特使到达当地后，认为叛乱地区的民众并未完全准备好屈服，于是，9月25日，从宾夕法尼亚州东部、马里兰州、弗吉尼亚州和新泽西州征召的大批民兵部队接到开拔命令。不过，当这支军队的先头部队在10月下旬抵达匹兹堡地区时，已经看不到任何叛乱的迹象了。

这就是所谓威士忌暴乱的主要事件经过。但关于这些事件的解释，现有的不同版本间存在着明显的差异。出于实用目的，我们会引用两个当代版本，二者基于的都是合理的证据。一个版本来自不知疲倦的财政部长亚历山大·汉密尔顿；另一个来自宾夕法尼亚州西部的国会议员威廉·芬德利，他参与了该地区反对联邦消费税的活动，但总体上是温和派。当时的舆论接受了汉密尔顿的版本。但历史学家一直更倾向于芬德利的解释，直到近期才有所变化。我们这个时代的学者们对这些场景增添了诸多细节，使其看起来比当时的实际情况更复杂。

汉密尔顿的论述包含在给乔治·华盛顿的一封长信中，这封信写于1794年8月初，随后发表在当月的报纸上。汉密尔顿写这封信的目的，一是为方便总统而梳理主要事实，二是向公众解释，政府即将采取的措施是合理的。汉密尔顿非常详细地描述了主要的暴力行为，表明通过正常的司法程序无法执行法律，因此，行政部门有必要为司法部门提供援助。他进一步指出，要特别注意在这些暴力行为之前举行的那些会议，以及组织会议的人（"不满者"），尤其是他们通过的那些决议。这一切都是"为了系统性地煽动对抗情绪"。暴乱背后的真正原因不是繁重的税收（他一如既往地用精确数据表明，就政府的税收而言，消费税比任何其他种类的税收都要轻得多，也更合理）；而是一群有组织的阴谋者，他们决心破坏政府的权威和影响力。[49]

他们的公开决议不是简单的消极反对。这些人不仅决定"停止"遵守法律；重要的是，"他们公开辱骂收税官，这实际上已经违法"；这些行为发出了暴力对待收税官的人身和财产的信号；更重要的是，他们扩大决议内容的范围，纳入一系列"与其集会目标无关"的问题，如公职人员的薪水、公共债务的利息、国家银行的建立等等，显然是为了"让政府本身不受欢迎和令人憎恶"。简而言之，这些会议由少数"积极并有预谋的领导者"组织，目的是煽动人们"不仅反对特定的法律，而且……反对美国政府本身"。汉密尔顿似乎将反对政府政策（这些政策刚好是他制定的）界定为颠覆行为，是对"美国政府本身"的一种威胁。[50]

相比于我们这些现代人，18世纪的公众可能会对汉密尔顿报告中的另一个内容产生更多情感共鸣。那就是他详细叙述的政府的克制态度——政府在处理对其权威的蔑视时很有分寸，尽可能避免诉诸"最终手段，直到尝试过所有较温和的手段而没有成功"。他仔细描述了1792年5月的修正法案，该法案不仅降低了税率，而且根据蒸馏设备实际使用的年份调整了税额；总统在1792年9月15日的公告中，"言辞恳切地告诫和规劝"大家遵守法律；税务监察官克莱默失败的任务；以及政府决定不对1792年8月22日匹兹堡煽动性会议的参与者进行起诉。他还概述了政府在不诉诸武力的情况下，为鼓励公众遵守法律而新推出的全面计划，包括系统地起诉所有公然拖欠税款者，没收不法酿酒商在市场出售的酒，军队从依法纳税的酿酒商那里采购威士忌，预计这些措施可以促使酿酒商遵守法律。然而，这一切都无济于事。政府采取这些措施原本是想鼓励公众遵纪守法，但反而激发了公众不惜一切代价阻挠法律的决心，随后发生一连串暴力事件，最终导致1794年的公开叛乱。[51]

在这方面（即不诉诸武力的政府措施），汉密尔顿报告中最引人瞩目的是，他接受了18世纪辉格党关于暴民行为的标准假设，以及公共权力机构处理这种行为所必须采取的方式，即限制和制裁。威廉·芬德利的解释同样引人瞩目，他想要直接挑战汉密尔顿的报告，但两个人实际上是基于相同的假设。因此，这场争论是在同一规则下，从对立面出发展开的，区别不在于标准本身，而在于如何使用标准。

在18世纪末期，美国人根据自己的历史经验，还不像后来那样害怕暴民。即使发生暴力事件，也很少是不加区分的暴力行为；暴力只是例外事件，而非经常发生；暴力事件在很大程度上也只发生在有限范围内。这种观点是基于一种假设，即通常守法的人不会在没有正当理由的情况下采取暴力行为，如果他们这样做了，一定是因为某些地方出现了不公正，此时，当局应该在合理的范围内尽其所能地纠正这种不公正。18世纪60年代末，马萨诸塞的副总督哈钦森（Hutchinson）对这一观点进行了总结，他说，他所在地区的民众"除非受到压迫，否则他们几乎不会聚集起来制造骚乱"，而且"暴民，至少其中的一种，是符合宪法的"。当然，问题就在这里。"至少其中的一种"：这要看情况。重点是审慎和尊重法律；普通法一直是禁止暴乱的，布莱克斯通对"暴乱"的定义是：三人或三人以上为了私人目的联合实施非法的暴力行为。如果该行为是非预谋的，而且涉及大量人员，则通常会被宽恕或减轻处罚；但如果该行为有蓄意组织的迹象，则会被视为派系和共谋行为（汉密尔顿就是持这种观点）。这种思路还意味着，一个人的任何行为，不管他是否受到挑衅，都要由他本人对此负责。如果他是煽动骚乱的领导者，如果他在这个过程中触犯了法律，他必须准备好承担后果。如果他被免于承担后果，那这不是根据严格的司法程序的判定，而是因为赦免和宽大处理。[52]

这些"规则"的精确并不是它们最突出的特点。威廉·芬德利本人是参与者，对于"暴乱"是如何发生的，以及这些规则如何适用于这一过程，他的叙述版本与汉密尔顿的非常不同，这是可以理解的。芬德利称："美国人最突出的性格也许就是脾气温和；即使是暴民和暴乱，也不像其他国家那样猛烈，流血事件也会更少。"宾夕法尼亚州的西部郡县也是如此，尤其是考虑到当地民众被激怒的事实。最初的问题是政府对威士忌征收了不合理的、繁重的税，而每加仑威士忌的价格本来就已经很低了（芬德利没有重复他的完整论点，因为每个人都已经听过很多遍下列解释：销售谷物的最好市场在东部，但对宾夕法尼亚州西部的农民而言，运送到东部市场需要翻山越岭，费用太高，因此他们别无选择，只能将大部分谷物酿成威士忌；实施消费税，意味着农民要为酿酒行为支付额外的罚款；对于没有运到远方市场的威士忌，农民要么自己喝掉，要么用来以物易物；由于消费税肯定不能以实物支付，其结果就是消耗该地区急需的现金，而这会让富人和穷人都受到影响）。他们自然会进行抗议。[53]

然而，1791年举行的会议并不是旨在规避法律责任的阴谋。芬德利称（有一些诡辩），事实上，其中一次会议甚至"想要促使人们服从而不是反对法律"。更确切地说，这些会议意味着民众在任何时候都有权对他们厌恶的政府措施（消费税、财政制度或任何其他措施）提出抗议。他承认，他们的措辞有时有些过激，领导者总体上应该避免过度煽动公众情绪。他甚至承认，决定回避消费税官员并拒绝给予他们协助"在道德上是错误的"。但这并不违法，而且人们的确被激怒了。[54]

然而，芬德利提到在明戈溪成立的一个地区民主协会时，的确和有组织的抗税活动划清了界限。他不会为任何"模仿常规组织机构的语言及形式"的社团辩护；他还对"临时社团"和"永久社团"进行了区分，前者是可以接受的，后者则是危险的。芬德利这样做完全符合当时的价值观。华盛顿也做出了同样的区分，他坚持认为"没有人否认人民有权偶尔集会"，进行请愿或抗议，但"一个自我创建的、永久性的机构"则是另外一回事。[55]

芬德利没有将事件完全归咎于威士忌税的不公正。税收可能是可憎的，但它毕竟是法律，而法律必须得到遵守。事实上，他也没有指责法律执行得太严厉，而是认为，政府没有精力和决心去执行法律。法律要么根本得不到执行，要么偶尔执行一下，或者以懦弱、愚蠢或挑衅的方式执行。人们的反应也不是有预谋、有组织计划的结果，而是自发反应；他们被激怒了。

他描述了一系列激起公众愤怒的事件。首先是约翰·内维尔，他在匹兹堡地区的名气和影响力很大，最初和其他人一样公开反对消费税，在州议会上投票支持谴责消费税的决议，然而，让所有人感到震惊的是，他接受了稽查官的职务，"为了得到贿赂而放弃自己的原则，用公众对他的信任换取金钱"。此外，大多数收税官本来就不受欢迎，这件事更进一步使公众认为，所有消费税征收官员在本质上都是可憎的。接着，税务监察官乔治·克莱默表现懦弱，他在调查期间很少露面，拒绝去那些最容易发现违法证据的地方，而是"只在匹兹堡待了几天"，"然后就像邮差一样迅速返回了费城"，他的这次旅程被所有报纸鄙视和嘲笑。在送达传票时，法警和稽查官内维尔依据的是旧法律而非新法律，导致内维尔的住宅受到袭击，这清楚地表明，汉密尔顿部长一直打算制造一种局面，使政府有理由使用军事力量来维护自己的权威——首先是利用法律本身，然后是不规范的执法，最后是这种被激怒的行为。甚至烧毁房子的错也不在暴乱者，而是因为房屋内的人首先向他们开火。直到1794年7月和8月初，抗税运动的领导权才落入不负责任的煽动者手中，如戴维·布拉德福德、本杰明·帕金森（Benjamin Parkinson）和詹姆斯·马歇尔等。[56]

然而，政府派遣军队的反应是不成熟的，甚至没有必要。当监察官员离开时，当地民众已经有归降意愿；如果把这些问题向民众解释得更清楚一点，如果再给他们一个星期的时间，问题就会得到解决。[57]

华盛顿接受了汉密尔顿的观点，并将其纳入1794年向国会发表的年度讲话中。事实证明，汉密尔顿的解释更有说服力，原因将在下文阐释。然而，历史学家，特别是那些在20世纪早期和中期出版著作的历史学家，往往更愿意接受芬德利的版本，因为该版本有其他类似论点的补充，如加勒廷和休·亨利·布拉肯里奇等人的论述。对此，也许部分原因是20世纪初开始的对民众政治的高度关注，尤其是影响社会和政治事件的经济因素。[58]但在最近几年，情况发生了变化。

例如，一些作者对芬德利、加勒廷、布拉肯里奇关于威士忌暴乱的观点中的几个关键假设提出质疑。他们认为，威士忌税本身并不构成经济负担。无论威士忌被送往遥远的市场还是被在当地饮用，最终支付税款的是消费者，而不是酿酒商。此外，宾夕法尼亚州西部依赖于山另一边的东部市场，这一说法似乎过于夸张。除了广阔的当地市场和区域市场外，当时已经有大量威士忌、面粉和其他物资被运送到密西西比河下游（无论密西西比河是否正式开放），出售给西班牙商人，所有这些都带来利润丰厚的现金收入。实际上，似乎只有数量相对不多的酒被运到山的另一边。宾夕法尼亚州西部的威士忌消费者几乎没有感受到税收压力,除非他们的痛苦是以哀叹次数来计算。如果他们每个人每月喝不少于两加仑的威士忌,那么,人均增加的税赋(如果他们实际支付的话)每年不会超过1.68美元。至于财政部使当地稀缺货币流失的说法,联邦政府每年在这一地区购买威士忌和军队物资的支出,金额相当于政府希望在五六年内征收的消费税总额一样多。[59]

对汉密尔顿的指控同样值得怀疑,即他故意煽动宾夕法尼亚州西部的民众公然抗税,以便有借口使用军事力量镇压——他先是鼓动征收不必要的税项,然后根据一项已废除的法律而不是新法律的程序送达传票。但麦迪逊自己也认识到,一旦同意承担州债,就肯定需要有进口税之外的收入来源来支持财政系统,他也认为,到目前为止最合理的资金来源是对威士忌征收消费税。他说,直接税"更容易引起公众普遍反对,而进口税已经达到所能承受的极限,因此消费税是唯一的资源,而在所有商品中,对蒸馏酒征税的阻力最小"。[60]至于起诉书,修订后的法律适用于新法实施后发生的违法行为,而引起争议的传票针对的是一年多前发生的违法行为;而且没有证据表明汉密尔顿与这些传票有任何关系。[61]

因此,可能有比之前所认为的更多的证据,支持汉密尔顿关于威士忌暴乱的解释版本。但假如是这样的话,我们是否应该接受汉密尔顿叙述的其余部分,即与暴乱原因有关的那部分论点呢?从逻辑上讲,情况很可能是这样。也就是说,如果税收本身是一个"虚构的"原因,不足以成为"真正的"原因,那么整个危机也一定在某种程度上是人为制造的。是否如汉密尔顿所认为的那样,是有人策划,故意煽动民众,激起民众反对政府呢?最近的一些作者正是在这一基础上提出了一些貌似合理的理由。有人将主要责任归咎于约翰·内维尔的政治追随者。内维尔在公开谴责消费税后,接受了稽查官的职位,这让他脱离了自己的支持者,导致他们开始以极大的热情推动抗税运动,以保持他们对当地的忠诚。[62]还有人像汉密尔顿那样，强调了加勒廷和芬德利等新兴共和党的州领导人所发挥的作用，认为在这些人参与抗税运动之前，并没有证据表明宾夕法尼亚州西部发生的是一场真正的民众运动。[63]每种解释都有一些道理。在公开集会上，地区领导人确实呼吁他们的选民不要向税务官员提供任何帮助，这相当于向公众暗示，这些卑鄙的税务官是私刑的对象，而这种暗示导致的后果可能极具爆炸性。然而，这仍然无法完全解释1794年弥漫在整个地区的激愤，也无法解释同一年8月在布拉多克战场举行的大规模集会。把这么多公民带到武装暴乱的边缘，这不是几个"策划者"出于特殊动机所能做到的。

总而言之，在1791年至1794年期间，相比于美国其他任何地区，宾夕法尼亚州西部可能都有更多理由对联邦政府不满和怀有敌意。该地区的政治领导人——芬德利、加勒廷、斯迈利、布拉肯里奇等——可能在早期阶段说过和做过某些事情，而事后来看，这些事情也许会被视为是不负责任的。但这只是事后的看法；事实上，这些人虽然与抗税活动有关，但他们通常不是自私自利的煽动者。而且公众情绪的强烈程度是他们或任何其他人都无法预见的，他们最终也的确在平稳公众情绪方面发挥了作用。

首先，就消费税而言，即使完全公正，也不是件小事。在独立战争之后的美国，消费税这个想法本身就令人激愤，在某些地方更是如此。而那位税务稽查官是这块古老土地上的一位传奇人物，在宾夕法尼亚州西部的苏格兰—爱尔兰人中家喻户晓。18世纪80年代，州消费税法在西部一直是一纸空文；与此同时，几乎不可能找到受尊敬的人在那里担任收税官。在这一时期，一系列粗暴执法的事件促成了某些思维模式；而收税官原本的口碑就不怎么样，于是他们就成为群体攻击的对象。[64]其次，到1791年联邦消费税颁布时，宾夕法尼亚州西部的蒸馏设施比全国其他任何地区都多，该地区以粮食作物为原料的人均威士忌产量也更多。[65]因此，宾夕法尼亚州立法机构自然会反对这项即将颁布的法案，这完全合乎逻辑，也是可预见的；它建立在广泛的社会基础上；而反对该法案的决议起草人——艾伯特·加勒廷——是来自该州受影响最严重地区的议员，这也绝非巧合。另外三个州（弗吉尼亚州、北卡罗来纳州和马里兰州）的立法机构也通过了此类决议，但宾夕法尼亚州西部还提出一个重要的替代方案——对在西部拥有大片土地的非本地投机者征收土地税。对此，其他几个州都不愿意支持，甚至根本不愿意考虑。不管怎样，自消费税法案首次提出以来，这些人一直都在努力废除这一法律，而在1791年和1792年的集会上的行动只是一种自然延续而已。躲避消费税征收官员，虽然这种行为的影响非常严重，但宾夕法尼亚西部的民众其实早就开始这样做了。

因此，鉴于酿酒行业的特殊情况，即使是单纯的消费税经济学，也不像汉密尔顿想象的那样简单。从微观经济学理论来看，他关于税赋归根结底由消费者承担的论点，可能看起来已经足够缜密。[66]但还有更多因素需要考虑。消费税扩大了大型酒厂和小家庭酿酒作坊之间的竞争差距，这种差距本来就有，但现在可能会变得更糟。多萝西·芬内尔精辟地指出，如果该税种全面实施，将导致很多前店后厂的小作坊倒闭。这项税赋的征收依据是蒸馏设施的容量，而不是生产威士忌的加仑数，这就意味着，与规模较小、季节性强、效率较低的酿酒商比，拥有先进设备、全年12个月不间断生产的大型酒厂实际上为每加仑威士忌支付的税金要低得多，因此可以更便宜地出售产品。[67]除了其他目的，联邦政府明确鼓励提高生产效率和改进技术。亚历山大·汉密尔顿没有考虑到家庭酿酒作坊的这种困境。

实际执行中还有其他问题。从政府的角度来看，到1792年，这个问题正在变为一场当初制定法律时不可预见的噩梦。尽管阿巴拉契亚山脉以东和沿海的大部分地区都基本上能够遵守这项法律，但事实证明，边疆地区（宾夕法尼亚州西部只是其中一个地区）几乎不可能实施。[68]这些地方从一开始就没有采取有力的执行措施。与此同时，汉密尔顿努力进行说服工作——包括在他的建议下，1792年通过了一系列修正案，以降低威士忌的税率并根据季节性活动调整政策，以及向遵守法律的酿酒商订购大量威士忌，供应给西部的军队——但都收效甚微。[69]

同时，宾夕法尼亚州西部既存在着危险，也具有某种可能性。匹兹堡地区比其他边境定居点更接近联邦政府所在地，事实上，它的发展非常快，不久之后就会去掉"边疆"的标签。这意味着，如果允许匹兹堡在全国其他地区的注视下继续违抗法律，那它将是一个特别危险的例子。另一方面，如果需要在那里采取决定性的行动，至少这个地方离联邦政府比较近。正在此时，约翰·内维尔被任命为宾夕法尼亚州西部的税务稽查官，在汉密尔顿看来，内维尔可能是最值得信任的人选，他可以建立某种秩序，也许还能为其他地方起到示范作用。内维尔的资历几乎是完美的。他是弗吉尼亚人，是华盛顿的长期战友，在法国和印第安人的战争以及独立战争中都有出色表现；他后来成为匹兹堡创立定居点和早期发展时期的领导人；他拥有强大的家庭关系网，曾多次担任高级公职，在当地具有重要的影响力和声望。他具有非凡的勇气，既骄傲又固执。以他的财富，他当然不需要稽查官的微薄工资，但当华盛顿要他接受这一职位时，他毫不犹豫地响应了总司令的召唤。[70]此外，在汉密尔顿看来，内维尔在执行这项任务时直言不讳的报告，可能包含在促使当地遵守法律这个问题上唯一值得听取的实用建议。内维尔坚信，他可以完成这项任务——前提是受到有力的军队支持。[71]

但在宾夕法尼亚州西部的民众看来，约翰·内维尔的形象已经和过去完全不同，这是可以理解的。他背叛了他们所有人，此后，他似乎变得越来越任性和傲慢。他在信中提到"乌合之众"（rabble），很可能在讲话时也用了这个词，当然他的这种态度更会表现在他的行为举止中。此外，在新秩序下——如果能够实现的话——"内维尔关系圈"将大大获益。这个由他的家庭和姻亲构成的关系网也许曾经是"进步的"力量，但现在他们看起来更像是一个由内部人组成的团伙，牢牢控制着一切。他们拥有最大的蒸馏设备，在当地商业活动中占据相当大的份额，这意味着，如果他们与联邦当局合作，韦恩的军队物资供应订单将大部分归他们所有。此外，他们还控制着该地区一些面积最大的投机性地产。[72]约翰·内维尔本人可能从未有过任何腐败行为。他也不惧怕任何人；他不会逃避自己的职责；法律毕竟是法律。这固然不错，然而在1794年7月的那个早晨，当约翰·内维尔和法警伦诺克斯一起去送传票时，如果有最起码的谨慎，他就会知道，自己要遇上麻烦了。

但公众以最大恶意揣度联邦政府，并不仅仅是因为威士忌税。在1791年到1792年这段时期，人们很容易会想到：政府的冷酷无情、拙劣无能和东部利益集团的主导地位结合在一起，正在扼杀宾夕法尼亚州西部的发展与繁荣。人们对旁边俄亥俄地区印第安部落的局势越来越感到沮丧，尤其是1791年秋天圣克莱尔远征的失败，以及关于军队供应系统无能，甚至可能有腐败的传言，让这种挫败感达到顶峰。匹兹堡地区有全国最激烈的鹰派，他们主张迅速处理印第安人的问题。正如我们前文所述，这一点与英国人继续占领西北哨所密切相关，在这方面，没有人比宾夕法尼亚州西部的民众更敏感，更直言不讳。然后还有关于密西西比河的问题。阿勒格尼山脉是通往东部市场的天然屏障，而密西西比河则是通往世界其他地点的天然公路。匹兹堡位于俄亥俄河的河口，那里已经有很大的运输量。但西班牙人仍然没有正式开放密西西比河，事实上，联邦政府也没有采取任何措施促使他们开放。

那么威士忌税呢？它也只是整体模式的一部分。1791年的投机狂热，1792年的金融恐慌，1793年春天国会对汉密尔顿管理的财政部的调查：所有这些都表明了消费税在支持腐败资金和收入系统方面真正发挥的作用，而这一方面让东部投机者更加富有，另一方面则忽视了西部的利益，并抽走了西部的现金资源。

因此，政治形势非常严峻；宾夕法尼亚州西部正成为一个反抗情绪特别强烈的地区，尽管在几年前，这个地区有很大比例的公众都支持新的联邦宪法。除此之外（宾夕法尼亚州西部毕竟不是全国唯一反对消费税的地方），该地区的经济和社会环境也发生了变化，产生了一种非常特殊的紧张关系。

这一时期的宾夕法尼亚州西部通常被描绘成一个由边疆农民组成的社会，他们或许缺乏现金，但个性坚定而独立，在这个人口快速增长和社会结构开放流动的地区，他们对未来寄予厚望。最起码，在这种环境下，一个人只要多付出一点时间和努力，就可能拥有自己的土地，让自己和家人过上体面的生活。然而，这并不是对18世纪90年代中期宾夕法尼亚州西部的准确描述。与肯塔基和田纳西等地形成鲜明对比的是，该地区已不再有18世纪80年代中期那样的人口激增；此外，宾夕法尼亚州西部的经济发展已经达到了一个关口，其社会分层和经济功能分化的程度，是肯塔基和田纳西那些地方在未来几年都不会达到的。

例如，40%的应税财产由最富有的10%的纳税人拥有（波士顿差不多在1771年达到这一比例）；更重要的是，纳税名单上40%的人被列为"依赖经济援助的人"。具体来说，这包括20%的佃农、6%的农场工人、10%的普通工人和4%的失业贫困人口。1/3的农村人口（农村人口占总人口的70%）是没有土地的农民。[73] 鉴于土地成本高昂，这一阶层中的许多人不太可能在宾夕法尼亚州西部购买大量土地。俄亥俄的富饶土地近在眼前，令人心动。但那里到处是不安分的印第安人；就目前而言，所有人都明白，在未来不确定的时间内，都不可能进入这些地方。甚至在宾夕法尼亚州，联邦政府也刚刚叫停了在普雷斯克岛建立新定居点的计划，理由是它可能会激怒易洛魁六族联盟（Six Nations）。[74]

与此同时，被列为"工匠"的成年男性人口比例为16%，与宾夕法尼亚东部的定居点一样高，这意味着，该地区正朝着工业化的方向发展。此外，该地销售到新奥尔良的面粉和威士忌数量可观，表明相当一部分农民从事着完全商业化的农业。[75]

因此，宾夕法尼亚州西部的经济属于一个发展中的地区性经济，它认为自身正在遭受肆意的束缚、围困和压制。东面的大山既是自然屏障，也是一道心理障碍，任何人都无能为力。而且，如果联邦政府不能有所作为，西面的密西西比河及岸边广阔的肥沃土地就会与当地民众隔绝；与此同时，所有人的期望都受到挫败。河道上的交通当然没有彻底关闭。但它也没有正式开放，因此有可能打通的各种市场十分脆弱，缺乏确定性和稳定性。

当时，宾夕法尼亚州西部的社会和经济结构不是完全流动或同质化的。然而，如果说那里曾经有过一种普遍的兄弟间的纽带，或者非常接近这种纽带的东西，那就是威士忌。几乎没有一个家庭不使用威士忌，几乎没有一个社区中没有人从事威士忌的酿造，在整个宾夕法尼亚州西部，几乎没有人不与威士忌的制作、购买、销售或饮用有关。有大酒贩，也有小酒贩。这种辛辣刺激的液体带来大量现金；同时，它也被广泛用于易货。甚至政府官员的薪水也经常用它来支付。然而，联邦政府不但没有遏制印第安人的活动或考虑开放密西西比河，反而任性地选择对这个最有必要和最不可或缺的商品征税，而在该地区的每个人看来，这项税收就是为了支付投机者的意外收益和官员的高薪。

征收消费税的理由可能已经足够理性了。但是，一个以前从来没有大范围缴纳过的新税种，尤其是像这样广泛适用的税项，必然会有破坏性。更重要的是，在这种情况下，税收及其课税对象一下子为民众提供了刺激物和新词汇，以及一种共同的体验；对于积累的不满情绪来说，无论其逻辑是什么，没有比这更适合的了。不可否认，消费税是累退税，根据个人的需求而不是支付能力征税。但是酿酒商也在抱怨。没错，酿酒商可以把税转嫁给消费者，尽管消费税是向酒厂征收的，可实际上，这件事并没有那么简单。如果小酒厂这样做，尤其是在以物易物的情况下，就会给邻居带来实实在在的压力，进而有可能被逃税的酒商抢走客户。不管怎样，最终的结果是一个社会融合的过程：通过抱怨和攻击的仪式，以及令人兴奋的不服从态度，所有阶级团结在了一起。

对威士忌消费税的抱怨最明显，也最容易听到；这种抱怨可能也是最简单的。但它肯定不是唯一的抱怨。当联邦监督官努力试图达成和解时，他们惊讶地发现，除了消费税（这是他们唯一被授权讨论的事情）之外，上述的每一个问题都呈现在他们面前。民众一直都在抗议"长期困扰边疆的战争"和"进行战争的方式"；他们宣称，"联邦政府没有认真执行关于西部哨所的和平条约"，并"在要求密西西比河航行权方面失职"；他们抱怨政府允许投机者攫取"大量土地"，法院判决不允许占有闲置土地，并"暂停了在普雷斯克岛建设定居点"。监督官报告说，他们"对这些抱怨的严重程度感到惊讶，并暗示，如果所有这些问题真的引起民众不安和不满，那么，任何政府都不可能满足他们的要求"。[76]

总之，毫无疑问这是一场民众运动；它不是人为炮制的，而是真实地反映了整个地区的情绪；它的影响非常广泛。但这场运动的影响有多深远呢？从现有的证据来看，这种影响可能没有看起来那么严重。证据之一是，到了9月和10月，该地区已有意愿屈服，而不是继续维持7月和8月初的紧张形势。另一个证据是，对华盛顿使用武力结束叛乱，舆论给予了压倒性的、明确的支持。这两件事可能看起来没什么关联；但实际上，它们是密切相关的。

第三节 人民主权与暴乱结束

另一个解释版本基本和芬德利的观点一致，但更加耸人听闻；事实上，它在时间上先于芬德利的解释版本，并在某些方面实际影响了芬德利的观点。这就是休·亨利·布拉肯里奇的版本。这位作家描绘了愤怒的民众的画面，他们在1794年夏天几乎失去控制，处于革命的边缘。它的真实性毋庸置疑——所有人的叙述都证明了民众情绪的高涨——但休·亨利·布拉肯里奇有充分的理由，希望能够完全公正地描述这个夏天发生的令人震惊的事情。几年前，布拉肯里奇来到匹兹堡，他在这里从事律师的职业，并与这个地区一起成长起来。他是一个怪人（如果一个潜在的客户不小心激怒他，他有时会站起来把那个人赶出办公室），认为自己是一个不受赏识的文学天才。他和麦迪逊、弗雷诺和伯尔是新泽西学院的同学，他写了《现代骑士团》（*Modern Chivalry*），这本著作至今仍被很多人称为美国第一部"小说"。他所说所做的一切都充满了文学气息。和芬德利、加勒廷、斯迈利，甚至还有约翰·内维尔等该地区大多数的公众人物一样，布拉肯里奇在早期阶段也发表了反对联邦政策的声明，扮演了一个非常模棱两可的角色。[顺便说一句，在弗雷诺的《国民报》的全盛时期，他曾是一名忠实的撰稿人。1793年臭名昭著的《路易·卡佩失去了他的头颅》(Louis Capet has lost his Caput)一文就是他的杰作。]和其他人一样,随着民众的抗税活动越来越激烈,他开始重新考虑这件事,到他写《暴乱事件》(Incidents of the Insurrection)的时候,他极力将自己塑造成了这样一类人:虽然有时不得不掩饰真实想法,但始终勇敢地致力于遏制一场初现端倪的革命狂潮。可以肯定的是,他可能有点用力过度。他总是过于聪明,努力与不满现状者保持良好关系,然后向全世界证明自己是清白的,结果是最后没有任何一方信任他。然而,他的叙述活灵活现、绘声绘色,确实非常引人注目。从重要程度考虑,这本书可能才是布拉肯里奇的杰作,而不是《现代骑士团》。[77]

从他的文章中,我们看到,"革命"阶段开始于7月16日、17日对稽查官内维尔住宅的袭击。这次恐怖行动涉及的人数众多,在这之后,就没有回头路了。布拉肯里奇描述了7月23日的明戈溪会议,会上,在公众的愤怒情绪下,反复无常的戴维·布拉德福德主张以暴力反抗消费税和联邦政府。与此同时,布拉肯里奇试图说服与会者,最好是要求获得全面赦免。但是布拉德福德和他的小圈子孤行己见。他们唆使人们在7月26日抢劫匹兹堡与费城之间的邮件,以了解匹兹堡市民对抗税运动的真实看法。一些被截获的信件表达了反对,正是这一点让他们决定8月1日至2日在布拉多克战场举行大集会。这场集会将是监禁或流放所有可恶者的机会,还可能夺取费耶特堡的弹药库,无论如何,它都将是一个可怕的暴力场面。匹兹堡镇战战兢兢,担心可能会被洗劫或烧毁。最后,当地的一个委员会(布拉肯里奇再次发挥了调停作用)努力说服那些惹人嫌的人(基本上都是"内维尔关系圈"的成员)离开后,游行队伍在镇上通过,随后满载着布拉肯里奇提供的威士忌散去。虽然没有发生任何意外事件,但形势看起来仍然非常不妙。8月8日,布拉肯里奇给费城的坦奇·考克斯发了一份他后来有

些后悔发出的电报。在电报中,他警告说:

> 如果试图镇压这些人,恐怕问题将不在于你们是否会向匹兹堡派兵,而在于他们是否会向费城进军,并在前进的过程中不断壮大,像一股不可阻挡的洪流,在行进中吞噬萨斯奎哈纳河两岸的一切。在森林的狂暴与城市的富足、懒惰和奢华之间,不可能有平等的竞争。[78]

布拉肯里奇接着描述了8月14日在帕金森渡口举行的会议,参加者是该地区的226名当选代表。布拉德福德和马歇尔都支持成立一个"公共安全委员会",该委员会有权在坚决反对消费税法的基础上管理地区,并在必要时为战争做准备(他们都阅读了《匹兹堡公报》中关于法国大革命的报道)。会议期间传来华盛顿总统派遣监督官的消息以及计划征召民兵的公告,引起了代表们的愤怒。在布拉肯里奇、加勒廷和其他一些温和派人士的努力劝说下,拟议的公共安全委员会才更名为"常设委员会",并任命了一个特别会议委员会,届时将与监督官会面并听取其建议。特别会议在8月20日至23日举行,布拉肯里奇和加勒廷也是其中的成员,主要通过他们两个人的努力,会议委员会同意向由60人组成的常设委员会建议该地区的民众屈服。[79]

但是布拉肯里奇对此持悲观态度,当60人委员会于8月28日在布朗斯维尔听取会议委员会的报告时,一切都处于危急关头。与会代表讨论激烈;立志成为罗伯斯庇尔的布拉德福德警告说,要设置断头台(他们当时还不知道罗伯斯庇尔本人刚刚被送上断头台),并宣布,"我们将打败翻山越岭到达这里的第一支军队,夺走他们的武器和行装"。[80]然而,现在温和派觉得他们已经可以摘下面具,发表真诚的演讲支持屈服了。趋向似乎正在发生变化,但在一大群旁观者的注视下,代表们还是不敢进行公开投票。于是他们进行了秘密投票,结果是34票支持屈服,23票反对屈服。

对于监督官来说,这个结果还是不能令人满意,他们认为,根据目前的情况,他们仍然无法负责任地向总统报告西部的暴乱已经被如愿平息。但"革命"阶段已经结束;不会有任何革命发生。实际上,在此之前也不太可能发生革命,如果我们事后去看,就会明白,在任何时候都不会有这样的事情发生。

为什么不可能呢?的确,布拉肯里奇当时就在现场,比其他叙述者都更有发言权,而且对于他所描述的大部分过程,人们不应忽视他在其中所面临的个人危险,或他以为自己面临的危险。但从他对事件的叙述中,能感觉到一种非常隐晦的反对力量(无论他自己是否是其中一部分),它对谋划一场有组织的暴乱形成了强大的抑制作用。组织这样的活动是邪恶的;在内心深处,人们都相信这一点,即使是想要成为组织者的人。

在抗税运动进入高潮时崭露头角的"激进派"(如果可以这样称呼他们),既难以捉摸,又极不自信,而这不仅仅是个人性格的问题。这是由当时的环境造成的。在暴乱发展到最激烈的阶段时,它所依赖的基础主要不再是公众对联邦政府的不满,现在,尽管这种不满仍然普遍存在,但情况发生了变化;对凉亭山内维尔住宅的袭击,将所有与此事有关的人都置于了两难境地。从布拉德福德的态度可以看到这一点。在明戈溪会议之前,一群曾参与凉亭山事件的人拜访了他;他们敦促他共同努力,因为他之前曾鼓励他们采取行动。"我鼓励?"布拉德福德申辩说,"上帝啊!我从没想过这样的事情。"他们回答说,是的,你的确鼓励过,"如果你现在不站出来,支持我们,你将得到和那位税务稽查官一样的待遇,甚至会更糟"。布拉肯里奇评论说,从那时起,布拉德福德"开始采取最暴力的建议"。其他人也受到同样的压力。

既然已经违反了法律，他们觉得所有人必须团结在一起。[81]

这一点是可以理解的，但发动一场革命运动需要的不仅仅是对法律不满，并且在当时的情况下，没有人知道下一步应该做什么。与联邦军队交锋的提议——如果他们真的到来——含糊其辞，甚至不能让那些参加集会的人信服；[82]如果战胜了联邦军队（尽管这不太可能），关于在这之后的计划更是模糊，更加没有说服力。尽管宾夕法尼亚州西部的民众感到不满，但他们并没有真正准备好去挑战最终的最高权力，对于独立战争后的美国而言，这个最高权力即是广大人民。否则的话，他们必须让自己相信，山的另一边和其他地方的大多数民众将拒绝支持政府对他们使用武力，这样一来，象征着地方自治和人民主权的民兵将不会出现。即使当时真的有人相信这一点，这种信念也很快会被打破。

当一些人（可能私下）向他暗示，在布拉多克战场集会的命令可能有点草率时，布拉德福德几乎再次失去镇定，他和马歇尔随即撤销了命令。然而，华盛顿县（大部分暴乱者所在的地区）举行了一次愤怒的集会，促使布拉德福德又收回了之前的撤销令。"戴维·布拉德福德一向容易受到民众情绪的影响，当他看到民众愤怒时，他也变得比以往任何时候都更有煽动性。他否认自己曾同意撤销集会，并充满自信地问：是哪个恶棍说他同意了？"马歇尔也被说服去参加布拉多克战场的活动，尤其是他一天早上发现他家的大门被涂满焦油和羽毛之后。[83]

随着监督官的到来以及华盛顿公告的发出，至少有两件事变得清晰起来。一是联邦政府在任何情况下都不会在消费税这件事上让步，至少现在不会。另一件事是，联邦政府提出了一个特赦提议，其中有"一个标准［以前从未有过］，反对暴乱的人可以围绕着这个标准团结起来"。[84]这是一种特定选择，对于所有可能认为最好不要一意孤行的人（这几乎包括所有人）来说，它实际上指明了一条出路。这其中肯定也包括戴维·布拉德福德，他在9月份时已在华盛顿县提议屈服。[85]10月4日，布拉德福德给米夫林州长写了一封充满感伤的信，当时他可能已经准备永远逃离这个地区，正如他最终所做的那样。他哀叹道，他的言行要么被"歪曲，要么被完全误解"。诚然，他从来不喜欢消费税法，"但我从来没有想过，要采取比在匹兹堡召集委员会更激烈的行动……换句话说，只是进行消极的反对"（仅仅是给收税官涂抹焦油和粘上羽毛吗？）。他不能立即同意监督官的条件，因为人们"会认为我被收买了"。他说，这样做"会破坏我的计划，即促成公众屈服于法律"。他坚持说，自那时起，他就和其他人一样，"为促成和解和屈服而努力"。[86]

可能有人会认为，他的抗议太强烈，但也许可怜的布拉德福德并没有那么离谱。所有人都经历了这一过程，可能只是程度上有差异。加勒廷和布拉肯里奇那帮人只不过较早看到形势的局限性，并比他略早退出。即使是布拉肯里奇，也在8月会议期间的一个夜晚辗转难眠，他想知道自己是否最好还是加入叛军，以免受到邻居们不可预测的任性妄为和愤怒不满的伤害。[87]不过，他很快发现，越来越多的人和他有同样的想法，于是就改变了主意。

诚然，8月29日常设委员会的投票结果——34票赞成，23票反对——在监督官看来还是不够好。尽管支持屈服者已经占多数，但仍没有达到完全屈服。然而事实上，至少表面来看，如果公共安全委员会中投票支持继续抵抗的人只占少数，那就一点用都没有。虽然不是完全屈服，但肯定也不会有一场革命。

之所以要详细叙述华盛顿在1794年8月和9月针对威士忌暴乱采取的政策步骤，主要是为了再次将他放在一个现在读者已经很熟悉的背景中。在这种背景下，他同时收到来自多个不同渠道的建议并承受压力——在过去，这种情况曾帮助他获得某种精确的判断力。

关于凉亭山袭击事件的最早的消息——这一事件由宾夕法尼亚军队的一名前军官主导——于7月25日传到费城。在国家事务变幻莫测的背景下，这条消息又激起一阵波澜。几个星期以来，韦恩的部队一直没有消息，他们现在已深入印第安人的领地；目前尚不清楚多切斯特勋爵下令重新占领迈阿密堡的意图是什么；杰伊还没有发回关于他与格伦维尔第一次会面的有关消息；肯塔基也传来令人沮丧的报告，对于政府未能开放密西西比河，当地公众的抱怨声比以往任何时候都更响亮。[88]

对于宾夕法尼亚州西部，华盛顿的第一个想法可能是立即使用武力，尤其是在汉密尔顿的怂恿下。两年前他没有这样做，现在显然事情变得更糟了。但由于各种原因，他还是没有贸然行动，又过了将近两个月，他才迈出最后一步。在整个国家的注视下，他通过一系列逐步升级的试探性行动来到了最后这一步，在这个过程中，舆论对他的支持不断增加，最后绝大多数民众都支持他的决定。

1792年的《民兵法》（Militia Act）规定，联邦法官必须证明法律和秩序已无法维持，存在"强大到不能通过普通司法程序制止的联合体"，然后行政部门才能征召军队。最高法院的詹姆斯·威尔逊法官已经获得了相关事实，在他认为合适的情况下，他可以做出这样的证明。但是威尔逊不打算仓促行事；他希望对报告进行鉴定，并验证笔迹。这起到了拖延作用。[89]另一个更重要的影响来自宾夕法尼亚州的官员。8月2日，华盛顿和他的内阁会见了州长米夫林、州务卿达拉斯、州司法部长贾里德·英格索尔（Jared Ingersoll）及首席大法官托马斯·麦基恩（Thomas McKean），以确定宾夕法尼亚人是否愿意先自己发起对民兵的招募。事实证明，他们在这方面不是很合作。麦基恩否认州司法机构无法应对紧急情况，因此，宾夕法尼亚州使用武力是非法的；米夫林断然拒绝立即颁发征召令,他(很无奈地)辩称,由于消费税遭到普遍反对,民兵很可能拒绝响应。[90]这无疑让华盛顿非常恼火。但他意识到,即使威尔逊大法官证明了司法程序已经崩溃(事实上,在两天后的8月4日,威尔逊大法官确实提供了证明),[91]如果得不到宾夕法尼亚州的真正支持,继续进行下去也是非常不明智的,尽管他在法律上有权这样做。于是,他和米夫林达成了某种临时交易。如果联邦政府来处理这件事,那么,州长仍然可以单独采取某些措施,如召开州议会和向西部各郡县派出州监督官,而总统则会发布一份概述联邦政府"观点"的公告。

因此,华盛顿暂时容忍了米夫林脱离联邦政策的想法。随后,他要求内阁就政府应该采取何种行动提出书面意见。[92]汉密尔顿立即给出直截了当的答复:征召民兵。"在我看来,政府的存在本身就要求采取这一行动,而最高行政官必须履行这个最高职责。"汉密尔顿希望激发华盛顿的责任感,同时唤起他对政府可能因无能而失去公民尊重的担心。[93]战争部长诺克斯建议组建"一支非常充实的军队"。他估算,差不多要从宾夕法尼亚州、新泽西州、马里兰州和弗吉尼亚州征召12400人,而且应当发布一份公告,"简短而全面地叙述""迄今所采取的温和措施……以及打算通过这些措施实现的目标"。[94]司法部长威廉·布拉德福德基于证据认为,暴乱分子通过恐吓阻挠法律执行的行为已构成叛国罪,他同意汉密尔顿和诺克斯的意见,只有征召民兵才能恢复秩序。此外,"应当通过武力打破暴乱成功的希望,这可以促使民众早日服从法律,并避免因继续反抗而可能造成的不良后果"。但布拉德福德也认为,适当延迟对于舆论的准备是非常重要的。公众对民兵服役可能有抵触,"除非他们确信,行政部门权力范围内的所有其他手段都已失败,绝对有必要使用军事强制手段支持法律"。[95]

国务卿伦道夫提交的建议书中似乎充满了焦虑不安。这份建议书冗长且没有什么条理,他认为无论如何都应当推迟行动,而他的一系列建议实际上否定了在次年春天之前采取任何军事行动的可能性(如果不能无限期推迟的话)。他质疑威尔逊大法官出具的证明是否可行,理由是"没有具体指明是哪一项法律遭到了反对"(仿佛大家对此都不是非常清楚);他坚持认为,山脉以西的民众"普遍对消费税强烈不满";他认为宾夕法尼亚的民兵靠不住,而其他州的民兵也可能会拒绝服役;他称,无论如何,耗资都将"非常巨大"。有关各方都已被激怒了,一旦拔刀相向,"将没有什么能够约束他们"。此外,他还执着地相信,英国人以某种方式卷入了暴乱,我们会在不知不觉中陷入与他们的战争。(就在伦道夫写下这些文字的同一天,他与法国公使福谢进行了面谈,并做出"珍贵的忏悔",这件事后来广为人知。)[96]

伦道夫的解决方案是,先通过总统任命的一个委员会争取和解,避免派遣军队,甚至不做派兵准备,因为如果"一只手发出和解的信号",而"另一只手挥舞着恐怖的大棒","暴乱分子和其他人就会认为和平提议只是一个妄想"。总统应当发布公告,对行政权力进行解释,但同时要宣布,"出于人道主义目的及和解愿望,暂不使用这些权力"。如果委员会的努力失败了,就应当起诉暴乱分子。如果在法庭上也无法伸张正义,"那时再征召民兵"。尽管伦道夫的建议很愚蠢,但他自始至终都抓住了华盛顿的另一大担忧,即政府应当建立在共识而不是胁迫之上。

与此同时,米夫林州长也加入了讨论,他写了一封长信,以一种高瞻远瞩的语气阐述了他在三天前已口头表达过的论点。他说,宾夕法尼亚州的执法机构尚未被证明不能胜任;他重申了派遣州监督官的计划;如果这个计划失败,他就打算召集立法官员,"以他们的智慧和权威来制定"恢复秩序的措施。他将履行华盛顿"根据宪法和法律权力而要求他履行的任何义务",但他没有明说的意思是,华盛顿采取的任何行动都必须由他自己负责,他也应该像州长本人行动时一样,经过审慎的考虑和延迟,而不是贸然采取行动。[97]

现在有好几个选择摆在华盛顿面前,他需要在其中寻找平衡点。他会暂时推迟派遣军队,但要确保一旦需要,军队能随时做好准备。他还会发布一份公告,但不是以伦道夫希望的那种姿态,而是要宣布威尔逊大法官的结论,即法律和秩序已遭到破坏,因此他计划"征召民兵,抑制上述组织,使法律得以正常执行"。同时,正如伦道夫强烈建议的那样,他还会任命一个联邦政府监督委员会,该委员会将有权"提供赦免,不再追究过去发生的一切",并免除前几年的消费税,条件是必须服从法律规定,并充分保证不会再阻碍法律的执行。[98]他还会以一种巧妙的方式让米夫林知道,关于宾夕法尼亚州西部的秩序状态,他和米夫林得出的结论不一致,但总统不能让自己的措施依赖于州长的措施。不过,他会推迟行动,同时派出监督官;另外,他很高兴地得知,米夫林并不打算拒绝合作,因为可能很快就会需要合作。[99]华盛顿让诺克斯自己估计一下所需要的军队人数,然后通知州长;让伦道夫起草一份给监督官的指令;还要汉密尔顿准备一份关于迄今所有暴乱的全面报告(汉密尔顿同时起草了给米夫林的回复,尽管是以伦道夫的名义签发的);他还请布拉德福德担任监督官之一。8月7日,布拉德福德接到指令,然后就立即出发了。[100]

此后,联邦政策实施的时间和进度将依据监督官发回的报告情况而定。但这个政策本身可能在8月7日前就已经差不多确定下来了,而且从那时起基本保持不变。汉密尔顿和诺克斯主张使用武力;伦道夫则主张和解。但这并不是所有的行动选项。还有第三个选项,那就是同时进行和解与武力威胁,其中武力的威慑力足够强大,可以在无须实际使用的情况下实现和解目的,与此同时,他也明确表达了不希望走到必须使用武力的那一步,并对很可能不会使用武力充满信心。按照伦道夫的说法，这也许就是"一只手发出和解的信号"，"另一只手挥舞着恐怖的大棒"，但它的意义在于，保留动用武力这个选项本身就是和解进程的一部分，而这一进程将在全世界人民的眼前上演。不管怎样，这就是华盛顿选择的方式。威廉·布拉德福德在西行前简明扼要地向他的岳父解释，"总统的意思是让这些人及全世界同时看到政府的适度措施和坚定决心"。[101]

它的成功超出了任何人的预期。监督官们很早就得出结论，尽管大多数人可能会宣誓服从法律，西部地区也不再可能发生大规模的武装暴乱，但那里的精神状态非常混乱，仍然有许多顽固分子，只有军队进入之后，才能恢复正常秩序。监督官在8月17日的晚上撰写了第一份实质性报告。14日的帕金森渡口会议和60人委员会的成立，以及他们在匹兹堡听到的很多事情，都令他们感到沮丧。这份报告于8月23日送达费城。[102] 内阁会议在24日举行，会上采取了一项新行动。新计划是把征召民兵的数量增加到1.5万人，但征召令要到9月1日才会向公众公布。[103]

在8月21日至23日与会议委员会举行会议之后，联邦监督官认为情况似乎有所好转，会议委员会同意向60人委员会提出屈服的建议，然而，28日在布朗斯维尔，演讲中的暴力倾向以及投票结果的接近让他们感到希望再次落空。州监督官同样气馁。这一消息于9月8日传到费城，9日，华盛顿命令所有部队到指定地点集合。[104]

10日，费城的民兵组织热情高涨。自月初以来，公众不断听到各种消息，支持政府的舆论激增。这种支持不分党派；就连一向攻击政府的贝奇也谴责暴乱行为，称必须平息下去；甚至其他民主协会也对西部同仁的所作所为感到沮丧。[105] 例如，巴尔的摩民主协会在决议中说"美国总统的行为，征召民兵来阻止这种极其危险的情绪，以及首先尝试通过谈判达成和解，是明智、谨慎并合乎宪法的做法，因此值得本协会的认可和支持"。[106]

最终行动被推迟到9月11日各个投票点进行宣誓之后。监督官们于24日抵达费城,向总统报告:

> 在第四次调查中,绝大多数当地居民现在愿意服从法律;同时,他们认为有责任在调查中表明自己对事态发展的观点:目前不可能按照通常的民事程序来执行对蒸馏酒和蒸馏设备征税的法案;必须有更有效的力量,使法律正常执行,并确保官员和行为端正的公民得到保护,这是政府的义务。[107]

第二天,也就是9月25日,华盛顿下令军队开始向西进军。他和汉密尔顿在9月30日前往卡莱尔与军队会合。总司令沉着冷静地骑马走在队伍前面,几个州的州长和其他政要陪同左右,这些人中最引人瞩目的是宾夕法尼亚州的托马斯·米夫林。军队没有遇到任何抵抗。与此同时,最有暴力倾向的领导人从该地区消失了;有几个人被抓获,然后被带回费城审理;除两人以外,其他人全都无罪释放,这两个人最终也得到赦免。[108]

人民主权,这也许是革命时代最令人生畏的一个抽象概念,与其说它与威士忌暴乱本身有关,不如说它才是暴乱失败的关键。民众抗议的爆发,共和精神的坦率表达,本身也会受到民众意愿和共和原则力量的抑制。大约在一代人之后,这种力量将会有另一个名字(不完全是褒义):多数人的暴政。这种"暴政"不是通过赤裸裸的权力来施加胁迫;而是通过内部运行方式,克服几乎所有的阻力。

宾夕法尼亚州西部的暴乱分子们也许曾经想象,他们正在再次上演革命场景,抵抗外部的统治者;他们中的一些人确实以这种方式解释自己的行为。这个地区的其他人也有可能进行同样的解释,但他们拒绝这样做。1794年9月通过了一系列的公共决议,其中的一项决议宣称:"共和政府的一个基本要素,就是遵从大多数人的意见;如果偏离这一规则,以少数人的意志阻止多数人的意志,就会动摇自由的每一条原则。我们邻州几个县的同胞的行为公然违背了这一重要原则——他们拒绝服从由大多数人民代表根据宪法制定的法律。"这项决议并不是出自商人的咖啡馆聚会或某个商会,而是纽瓦克镇的民主协会通过的。[109]于是,人民主权的概念开始慢慢渗入到这些人中,尽管他们可能一直处于孤立状态;正是在这样的胁迫下,随着越来越多的人加入,他们早先关于暴乱行为的正义感逐渐消失了。军队显然也与人民主权有关系。但也许这里存在着概念上的模糊之处;军队是获得国家批准的武装力量。以民兵为形式的武装力量则体现了公众对总统路线的支持。10月18日出版的《匹兹堡公报》用大号字体刊登了一则通知:驿递员刚刚发来报告,在卡莱尔和贝德福德之间看到泽西岛和宾夕法尼亚州的军队,马里兰州和弗吉尼亚州的军队也将很快加入。"人数超过了美国总统要求的征召数量。"

此外,我们所知的关于暴乱最全面的叙述,来自那些没有想要与联邦政府保持一致的人(毕竟,他们是共和党反对派,而且一直都是)。他们最想要的是让自己与舆论保持一致。接着,华盛顿凭借个人的行为和品质,重申了共和政府的合法性。当时,尽管人们仍然会对派系观点感到遗憾,但又离不开派系活动,而华盛顿就像传说中的爱国者君主,超越了党派和派系,使自己达到了前所未有的高度。因此,他同时体现了过去和现在的价值观;他既有作为一个伟大国家元首的正直;又是人民主权的化身,通过同胞的自由选举成为总统,然而他仍然可能大声呼喊"上帝啊……他宁愿待在他的农场,也不愿成为全世界的皇帝"。[110]他对待暴民的方式是一个好君主(无论是否得人心)应当采取的方式。在针对暴乱的所有政策中,这一点得到了所有人的赞扬，甚至包括反对者。"他非常希望防止流血事件，"威廉·芬德利承认，"同时要确保法律的正常执行……"[111]对于华盛顿，人们还不觉得有必要将总统本人与他所代表的抽象概念分开，但对于华盛顿的继任者，人们或多或少会将二者分开。当华盛顿表达共同价值观时，公众没有理由不相信他所说的话。更确切地说，正如我们将会看到的，人们信任华盛顿所说的大部分内容。

关于宾夕法尼亚州西部民众的不满，也许应当指出的是，人民主权并非促成最终和解的唯一力量。紧跟着发生的几件事也发挥了重要作用，让这些大大小小的酿造厂释放出了它们的过度热情。1794年10月的第一个星期，韦恩在伐木之战中获胜的首封捷报传到匹兹堡。次年夏天，人们听说《杰伊条约》中规定，西北哨所将交还给美国人；此后不久，他们又听说韦恩与印第安人签订了《格伦维尔条约》；再之后，平克尼的条约开放了密西西比河。他们还一度听说，一些共和党国会议员，其中包括他们的代表加勒廷和芬德利，正在阻挠《杰伊条约》的实施。于是，他们以拥有主权的人民的身份站出来，要求停止这种阻挠，因为该条约已经根据宪法正式签订，现在应当作为美国的法律予以遵守。[112]暴乱结束还不到一年的时间，宾夕法尼亚州西部就已经变得非常热闹。数以千计的人涌出，同时有数以千计的人涌入。《匹兹堡公报》称：

> 今年秋天移民到这个地区的人数超过了以往任何季节——我们获悉，从麦基斯波特到雷德斯通的莫农格希拉河两岸，挤满了打算在俄亥俄和肯塔基定居的人。
>
> 作为这一地区日益繁荣的一个例子，两三年前，每英亩土地的售价为10先令，而现在可以卖到3英镑以上。[113]

但最后还有一个问题。如果华盛顿的政策得到公众的压倒性支持，如果他关于"自创协会"的观点也被普遍认同，那么，为什么只是顺带提到这些协会就会导致激烈的辩论呢？詹姆斯·麦迪逊可能对引发辩论负有最大责任，但他对暴乱没有任何同情，也不与任何民主协会有联系。他完全赞同总统平息暴乱的行为。然而，恰恰是华盛顿目前的声望和民众支持，至少在他看来，可能预示着麻烦。人民主权的权力行使很可能不利于新兴共和党的利益，麦迪逊认为这与暴乱无关，而是涉及某种更广泛的原则。在1792年至1796年期间，麦迪逊越来越坚信，尽管有组织的反对形式受到种种限制（他本人认同其中许多甚至大多数限制措施），但它是不可避免和不可或缺的。我们看到他在1794年11月的行为就是基于这一信念，尽管他不能完全没有约束地说出这一点。

如果华盛顿曾经有过执念，那就是他认为这些协会是没有得到民众认可的"自创协会"，它们从一开始就只会制造麻烦。起初，它们试图让我们为法国而卷入战争，但没有成功，现在又发生了这场暴乱，"这是民主协会的第一个成果"。他很早就意识到，如果不加以遏制，它们将"动摇政府的根基"；现在，如果这次暴乱没有被平息，我们可能"要向这个国家的所有政府告别，只剩下暴民和社团政府……"。[114]

伦道夫一开始不赞成打击这些协会，但他在10月11日改变了主意。"正如我在谈话中对您说过的，"他写信给华盛顿说，"我一直没有看到摧毁这些自创组织的机会，直到他们在匹兹堡暴乱中宣布行动成果……我相信现在有可能摧毁它们。不应当错过这个机会。"[115]

华盛顿并不打算完全"摧毁"它们，他说话很谨慎，但他确实想说一些东西。因此，他在演讲时提到"某些自创协会"，以及暴乱"是由一些人联合煽动的，他们不顾后果……传播……对整个政府的怀疑、嫉妒和指责"。[116]参议院在答复中完全赞同总统的观点，而且进行了重新表述，确保不会有任何误解。

> 我们的焦虑源自宾夕法尼亚州西部各郡县对法律肆无忌惮的公开抵制，由于某些自创协会的活动而加剧。在我们看来，这些活动建立在政治错误之上，即使并非有意，也很可能破坏我们的政府组织，而且……对我们在暴乱现场的公民产生误导的影响。[117]

至于这种指责是否合理，以及这些协会与暴乱的关系究竟有多大，完全取决于如何界定这个问题，华盛顿也没有给出精确的回答。从某种意义上说，他是对的；二者之间确实有很多关联。芬德利和布拉肯里奇对此都确信不疑，来自华盛顿县的国会议员托马斯·斯科特表示，"在那个地区有一些自创协会，他也知道这些协会煽动了暴乱；因为一些协会领导人同时担任暴乱领导人"。[118] 的确，暴乱领导人中最激进的三个人，本杰明·帕金森是明戈溪协会的主席，詹姆斯·马歇尔和戴维·布拉德福德分别担任华盛顿镇协会的主席和副主席。[119] 如果参与凉亭山袭击事件的500人大部分是明戈溪的民兵，而且如果该地区的大多数民兵都是民主协会的成员，而协会的会议"经常有300人参加"，那么，看起来几乎所有协会成员都参与了对内维尔住宅的袭击。[120] 此外，全国只有在宾夕法尼亚州西部这一个地区，协会似乎得到当地的强有力支持。但另一方面，事实上，暴乱的发生还是主要由于该地区的问题，而不是因为这些协会，只不过其他地区的协会都会试图阻止暴乱。反过来说，可以肯定，即使没有这些协会，暴乱仍然会发生。

詹姆斯·麦迪逊是众议院委员会的主席，负责起草对总统演讲的回复。这一程序通常就是以礼仪性批准的方式呼应总统的观点，因此他并不打算引发一场激烈辩论。他本人也不打算质疑或捍卫任何重大原则。他只是出于某种本能，觉得可以删去"自创协会"这一特殊表述。正如他在一封私人信中所说，他希望"可以悄无声息地在众议院通过"，因此，他的委员会"在报告中删掉了这个词"。[121]但这件事并没有那么容易过关。当众议院审议报告时，宾夕法尼亚州的托马斯·菲茨西蒙斯不明白为什么要去掉这个词，他认为，这些协会"尽管严格来说不是非法组织"，但"对良好秩序和真正的自由同样有致命危害"；辩论就这样展开了。[122]实际上，无论是赞成还是反对，大部分人都认为协会并不那么重要，也没有太大影响。一方问，为什么要提及它们呢？另一方则问，为什么不要提及它们呢？为什么要在这样一个小问题上指责总统呢？没有人在意这些协会；也没有人愿意在总统声望达到巅峰时让他难堪；他们中的大部分人都宁愿这件事没有被提出来。但现在既然它已经被提出，出于某种原因，他们不愿意就此放手。

费舍尔·埃姆斯坚持把这作为一个原则性问题，他认为应当明确原则。没有剥夺他们成立政治社团的权利，也没有剥夺他们的集会权；"他们受到指控，是因为在集会后滥用权利。"民众需要在他们与其代表之间有社团介入吗？如果民众产生不满，"难道只能通过社团才能了解他们吗"？"社团领导人通常是一些最容易愤怒的党派成员，他们是传播真实信息的最佳途径吗？……他们假装比真正的人民代表更热爱人民政府，假装更尊重共和原则……"但他们只代表自己。这些社团吸引了"野心家和绝望者"，以及"轻信、无知、鲁莽和暴力的人"；他们通过诽谤、"谣言和谎言"获得权力；如果他们获胜，"他们将成为政府"。（埃姆斯宣读了他们的一些会议决议，其中一项决议建议设立断头台以惩罚股东。）我们会惩罚社团吗？"谴责并不是惩罚，只有有理由才会进行惩罚，我们所指的只是某些自创社团，它们无视真理，并煽动了违反法律的暴行。"[123]

麦迪逊在第二天回复。他对发生这次讨论感到遗憾，认为现在必须结束讨论。他的这次演讲简短而平淡，与弥尔顿在《论出版自由》（Areopagitica）中所述原则相比，几乎没有增加任何更具体的内容。他没有为民主协会辩护；事实上，他几乎没有提到它们。他说，"即使我们忽略所有事情，我们也不会抛弃总统"。只是提议的程序模式（即"谴责"）是一种"创新"，他对此提出质疑。他这样做是基于严格解释的原则，以及一些人民主权的理论。"当人民制定宪法时，他们保留了那些他们没有明确授权的权利"，国会无权谴责那些没有获得法律授权的东西，在这个案例中，也就是观点。这种谴责就是惩罚；它很可能被延伸到言论自由和新闻自由领域。谴责的权力"是人民对政府的权力，而不是政府对人民的权力"。任何出版物都必须"以民意为立足点"；媒体不能动摇人民对政府的信心。"在共和国，光明将战胜黑暗，真理将战胜错误……"[124]

在两次平局投票之后，他们还是把这个词删掉了。最后达成的妥协是使用"联盟"（combinations of men）一词，每个人都可以按自己的意愿对其进行解释，在当时的情况下，这对詹姆斯·麦迪逊来说已经足够好了。[125]

但麦迪逊的确有一些更具体的想法。他认为自己知道菲茨西蒙斯、埃姆斯及他们那一派的其他人在想什么，他把自己的推测告诉了门罗。总统本人不能受到责备；但总统可能刚刚犯下"政治生涯中最大的错误"，而他麦迪逊，只是想将总统从这个错误中解救出来。然而，他的委员会提出的"温和路线"，"不会满足那些希望从总统的声望中获得政党优势的人。他们的游戏是，把民主协会与暴乱罪恶联系起来，再把国会中的共和党人与这些协会联系起来，而总统作为另一方的领导者，反对共和党与协会……"。[126]

所以事情就是这样：麦迪逊试图化解华盛顿对不走运的自创协会

的愤怒，除此之外，他似乎还就党派问题表达了自己的观点，至少是在私下。但他在表达这些观点或在思考这些问题时有多明确呢？

民主协会没有在这场公开考验中幸存下来——至少上面提到的那些协会没有。他们中的大多数人都在痛苦的抗议中退缩了，他们可能也和其他公众一样，并不赞成暴乱。然而，他们的领导人所说的话似乎对他们产生了更致命的影响。不久之后，宾夕法尼亚州西部一位重要的协会成员公开建议协会解散，他应该不是唯一这样做的人。据了解，没有几个人坚持下去。[127]有人称，麦迪逊在为委员会的报告辩护时，也是在为结社自由发表声明，也许在某种意义上，他确实如此。但人们可能会怀疑，他本人是否清晰地表达了这个观点；至少，他对这些协会的命运缄默不语。立法机构谴责的"权利"是他唯一提出应进行讨论的原则。另一些人在事后认为，他在界定政党的合法性方面又向前迈进一步。[128]毫无疑问，这种说法也有一定道理，但那几年在这方面取得的进展并不是很多。他在演讲中根本没有提到政党。不过，关于人民主权的确切含义仍存在某些争议；麦迪逊确实意识到了这一点，或许他还有更多的感受。

从表面上看，费舍尔·埃姆斯的观点不无道理，华盛顿的观点也没有错误，二者相互呼应；这也是当时的共识。埃姆斯希望的是，所有试图介入民众及其代表之间的中介机构都不被定义为非法组织，但它们肯定也不完全合法。他坚称，政府——总统及立法机构——由人民选出，只向人民负责，而不对任何介入派别负责。

但麦迪逊却认为，政府，至少是很大一部分政府，已经掌握在某个派别手中。这个派别可能会控制总统本人；而且显然会寻求"从总统的声望中获得政党优势"。他刚刚看到，总统将自己的权威和民众的权威结合起来，平息了一场暴乱；人民主权不可能表现出更强大的力量，但他不希望这种强大力量与共和党的利益背道而驰。这就是他所说的"游戏",他希望用谴责的原则来阻止这场游戏。

至于他自己的"游戏",以及它为什么如此局促,应该看到的是,即使在给门罗和杰斐逊等共和党密友的私人信件中,麦迪逊也非常克制;他在很大程度上还是受到传统思想的制约。他所指的"对方",是一个玩弄阴谋和"游戏"的政党;他怎么能用同样的词语,以及这些词语所代表和暗示的一切,描述自己一方呢?他一直都声称自己一方的目的和原则具有纯洁性。此外,与他诉诸的传统思维习惯相呼应,这也不是他唯一虚构的内容。麦迪逊一定知道,"自创协会"是华盛顿自己思考了数月后提出的想法(甚至连汉密尔顿也没有对民主协会的问题那么执着)。然而,麦迪逊却假装这不是华盛顿的想法,而是华盛顿周围的政党阴谋家不知不觉植入他大脑中的想法——不是爱国者君主做错了什么;所有一切都是那些邪恶议员的错。[129]

因此,这充其量是一种对政党的不对称看法:他们的政党不好,而我们的更好,因为我们不止是一个政党。麦迪逊仍然没有把政党看作一件好事——不仅没有公开这样做,甚至在私下里也不这样认为。但在詹姆斯·麦迪逊看来,共和党是一种需要保护的反对力量,因为它是唯一有能力挫败他们的力量。必须存在一个中介组织,尽管费舍尔·埃姆斯的观点相反。它必须保持存在;在某种意义上,它也必须是有组织的。

因此,如果要从詹姆斯·麦迪逊的讲话中发现理论上的进步,就需要进行大量的解释。他并不是在为政党辩护,而是反对一项可能会阻止政党发展的原则。换句话说,尽管他没有就这一主题发表一份全面声明,他至少为后来的人奠定了基础。

我们也无法确定,如果麦迪逊选择把这些逻辑都列出来,他会不会喜欢它们。总有一天,"他们"和"我们"之间的区分在理论上会成为中性的,政党将控制政府、总统和各种形式的反对"势力",并成为民众及其代表之间永久的中介机构。政党中会有各种各样的人，其中也包括费舍尔·埃姆斯在自创协会中看到的那些类型："野心家和绝望者"以及"轻信、无知、鲁莽和暴力的人"。这些人会经常传播"谣言和谎言"。尽管如此，时间将会证明，在美国，对于人民主权的行使，这种机构比任何其他实体都更符合逻辑，也更好用。

注释

1. Oscar and Mary Handlin, "Voluntary Associations," in *The Dimensions of Liberty* (Cambridge, Mass., 1961), pp. 89–112. 虽然很简短，但仍是最出色和最令人满意的历史综述。Stuart M. Blumin, *The Emergence of the Middle Class: Social Experience in the American City, 1760–1900* (Cambridge, Mass., 1989), pp. 192–229, 对19世纪早期美国自治组织的发展进行了深入的讨论，但没有涉及独立革命后的过渡阶段。后面的注释中引用了对该主题各个方面的其他讨论，特别是注释9。

2. Arthur M. Schlesinger, "Biography of a Nation of Joiners," *AHR*, L (Oct. 1944), 1–25; Charles W. Ferguson, *Fifty Million Brothers: A Panorama of American Lodges and Clubs* (New York, 1937); Mark C. Carnes, *Secret Ritual and Manhood in Victorian America* (New Haven, Conn., 1989).

3. Michael Zuckerman, *Peaceable Kingdoms: New England Towns in the Eighteenth Century* (New York, 1970), 各处，特别是pp. 62, 69, 191。

4. 同上，pp. 47, 70–71, 140。

5. Richard D. Brown, "The Emergence of Voluntary Associations in Massachusetts, 1760–1830," *Journal of Voluntary Action Research*, II (Apr. 1973), 64–65.

6. Handlin, "Voluntary Associations," pp. 92–94; Schlesinger, "Nation of Joiners," 2–3; Sidney E. Mead, *The Lively Experiment: The Shaping of Christianity in America* (New York, 1963), pp. 103–133.

7. Handlin, "Voluntary Associations," pp. 90–97.

8. Brown, "Voluntary Associations in Massachusetts," p. 71; Robert A. Gross, *The Minute-Men and Their World* (New York, 1976), pp. 173–175; Anne Farnam, "A Society of Societies: Associations and Voluntarism in Early Nineteenth-Century Salem," *Essex Institute Historical Collections*, CXIII (July 1977), 181–190. 关于

在塞勒姆的热潮，可通过 *The Diary of William Bentley, D.D.*（Salem, 1914），4v.，特别是I-II了解很多细节。

9. 例如，Richard D. Brown, *Modernization: The Transformation of American Life, 1600–1865*（New York, 1976）；作者同上，"Modernization and the Modern Personality in Early America, 1600–1865: A Sketch of a Synthesis," *Journal of Interdisciplinary History*, II（Winter 1972）, 201–228；作者同上，"The Emergence of Urban Society in Rural Massachusetts, 1760–1820," *JAH*, LXI（June 1974）, 29–51；David H. Smith, "Modernization and the Emergence of Volunteer Organizations," *International Journal of Comparative Sociology*, XIII（June 1972）, 113–134；Stuart M. Blumin, *The Urban Threshhold: Growth and Change in a Nineteenth-Century American Community*（Chicago, 1976），特别是 pp. 150–165；Walter S. Glazer, "Participation and Power: Voluntary Associations and the Functional Organization of Cincinnati in 1840," *Historical Methods Newsletter*, V（Sept. 1972）, 151–168；Gregory H. Singleton, "Protestant Voluntary Organizations and the Shaping of Victorian America," *AQ*, XXVII（Dec. 1975）, 549–560；Don H. Doyle, "The Social Functions of Voluntary Associations in a Nineteenth-Century American Town," *Social Science History*, I（Spring 1977）, 333–355。目前关于社区现代变革及相关理论最有洞察力的讨论是 Thomas Bender, *Community and Social Change in America*（New Brunswick, N.J., 1978）。

10. Alexis de Tocqueville, *Democracy in America*, Phillips Bradley, ed.（New York, 1945）, II, 115；William E. Channing, "Remarks on Associations"（1829）, in *Works*（Boston, 1875）, p. 139. 钱宁认为，身边随处可见社团活动的"主要原因"是"现代进步、商业活动和旅行的增加、邮局、轮船，尤其是新闻业（报刊、报纸、期刊、小册子和其他出版物的发行），为社会交往提供了很多便利"。

11. "Associations, A Vital Form of Social Action"（1838）, in William H. Channing, ed., *The Memoir and Writings of Thomas Handasyd Perkins*（Cincinnati, 1851）, pp. 170–171；Page Smith, *As a City Upon a Hill: The Town in American History*（New York, 1966）, p. 169.

12. 后来关于结社自由的司法解释并非来自明确的宪法保障，而是来自集会和请愿或抗议的相关权利，以及宗教表达的权利。在这样的历史背景下，这种"权利"的呈现受到阻碍，因此不像18世纪后半叶那样明确，或者说，比之前更具有模糊性，对此，Charles E. Rice, *Freedom of Association*（New York, 1962）和 Robert A. Horn, *Groups and the Constitution*（Stanford, Calif., 1956）都有些难以把握。社团（尤其是政治社团）在当时并不都被视为无辜的或受欢迎的。它们是派系组织，可以利用人数优势谋求不符合公共利益的目的，而且代表着一种私人权力，这种权力实际上可能抑制舆论的自由表达。麦迪逊在《联邦党人文集》第10篇中并没有为这类团体辩护，而是采取消极态度；即使在1794年反对华盛顿谴责民主协会时，麦迪逊也没有维护结社自由的权利。他只是说，政府不应该谴责那些本身并不违法的观点。即使是对社团生活在美国的重要性印象深刻的托克维尔，也不完全同意结社权应当不受限制。*Democracy in America*, II, 119。Glenn Abernathy, *The Right of Assembly and Association*, rev. ed.（Columbia, S.C., 1981）认识到了国父们对派系问题的关注，但对18世纪末至19世纪初这一时期的主要兴趣点在于结束对宗教协会和早期工会的限制。

13. 1776年只有28家邮局；到1790年，增加到75家（大约是原来的3倍）；1790至1800年的10年间，又从75家跃升至903家。 John B. McMaster, *A History of the People of the United States, From the Revolution to the Civil War*（New York, 1885）, II, 59n.; U.S. Dept. of Commerce, *Historical Statistics of the United States: Colonial Times to 1970*（Washington, 1975）, II, 805。在这10年里，报纸的数量从92家增加到235家；与此同时，1790年至1794年间，波士顿、纽约、费城和巴尔的摩等大城市之间的新闻传播速度提高了约50%。在这4年里，费城和纽约之间的新闻出版时间差从4天下降到1.6天。Allan R. Pred, *Urban Growth and the Circulation of Information: The United States' System of Cities, 1790–1840*（Cambridge, Mass., 1973）, pp. 19, 39–42。

14. Eugene P. Link, *Democratic-Republican Societies, 1790–1800*（New York, 1942）, pp. 19–24. 我们的观点是，"自由之子"和通信委员会等这类协会所代表的原则，与我们在这里讨论的"自治组织"的原则截然不同。前一类协会的参与者认为自己不是一个社团，也不是反对势力，更不仅仅是代表某个群体，而是代表真正的社区——他们甚至以社区的名义行使某些政府或准政府职能，在大多数地方，这种假设都或多或少得到了普遍认可。换句话说，在当时看来，革命期间的协会与革命后的协会的关键区分原则是人民主权。一方面，"自由之子"可以声称他们代表人民的真实情感，即整个社会的真实情感，与之形成鲜明对比的是国王及其数百万臣民的自命不凡，这些人掩盖和歪曲了社会的真实意愿。另一方面，在民主协会兴起的社区中，已经存在根据人民授权而合法建立的权力机关，因此，当民主协会自行对那些在权力机关任职者的行为进行监督和审查时，他们自己就是在篡夺权力——如果根据18世纪晚期的公民价值观来解释人民主权的概念，他们并不完全享有这种权力。只有在社区出于政治和其他目的，承认自治组织的合法性后，他们的这些活动才能被接受，而自治组织的人数与此基本上是不相关的。我们认为，在18世纪90年代中期，这一时刻还没有到来。

15. Philip S. Foner, ed., *The Democratic-Republican Societies, 1790–1800: A Documentary Sourcebook of Constitutions, Declarations, Addresses, Resolutions, and Toasts* (Westport, Conn., 1976), pp. 10, 67, 153.

16. Link, *Democratic-Republican Societies*, p. 16.

17. Foner, ed., *Democratic-Republican Societies*, p. 180.

18. 同上，pp. 255, 359。

19. 同上，pp. 69, 259, 335, 382。

20. Link, *Democratic-Republican Societies*, pp. 13–15.

21. Foner, ed., *Democratic-Republican Societies*, pp. 69, 319, 359.

22. 同上，pp. 238, 320。

23. Roland M. Baumann, "The Democratic-Republicans of Philadelphia: The Origins, 1776–1797"（未发表的论文, Pennsylvania State U., 1970), pp. 448–451。引用的这句话在第450页。Foner, ed., *Democratic-Republican Societies*, pp. 439–441。

24. Raymond Walters Jr., *Alexander James Dallas: Lawyer—Politician—Financier* (Philadelphia, 1943), pp. 14–26; Baumann, "Democratic-Republicans," pp. 222–224; William B. Wheeler, "Urban Politics in Nature's Republic: The Development of Political Parties in the Seaport Cities in the Federalist Era"（未发表的论文, U. of Virginia, 1967), p. 60 and n。

25. James D. Tagg, *Benjamin Franklin Bache and the Philadelphia Aurora* (Philadelphia, 1991), pp. 1–170; J. Philip Gleason, "A Scurrilous Colonial Election and Franklin's Reputation," *WMQ*, 3rd Ser., XVIII (Jan. 1961), 68–84; Wheeler, "Urban Politics," pp. 56–57. 关于贝奇和他祖父的关系有一段令人同情的描绘，参见 Jeffrey A. Smith, *Franklin and Bache: Envisioning the Enlightened Republic* (New York, 1990)。

26. David F. Hawke, *Benjamin Rush: Revolutionary Gadfly* (Indianapolis, 1971), pp.

182, 385, 392; George W. Corner, ed., *The Autobiography of Benjamin Rush: His "Travels Through Life" together with his Commonplace Book for 1789–1813*（Princeton, 1948）, pp. 78–79; Wheeler, "Urban Politics," pp. 60–61. 拉什也与贝奇和斯旺尼克一样，曾希望在1790年政府迁往费城时得到联邦政府的资助，但结果令他失望。Hawke, *Rush*, p. 385。

27. Harry E. Wildes, *Lonely Midas: The Story of Stephen Girard*（New York, 1943）, 各处。

28. William B. Clark, "That Mischievous Holker: The Story of a Privateer," *PMHB*, LXXIX（Jan. 1955）, 27–62; Margaret B. Tinkcom, "Cliveden: The Building of a Philadelphia Countryseat, 1763–1767," 同上, LXXXVIII（Jan. 1964）, 35; Hubertis Cummings, "Items from the Morris Family Collection of Robert Morris Papers," 同上, LXX（Apr. 1946）, 187; Henry Simpson, *The Lives of Eminent Philadelphians Now Deceased*（Philadelphia, 1859）, pp. 736–737; John H. Campbell, *History of the Friendly Sons of St. Patrick and of the Hibernian Society for the Relief of Emigrants from Ireland*（Philadelphia, 1892）, p. 126。

29. Roland W. Baumann, "John Swanwick: Spokesman for 'Merchant-Republicanism' in Philadelphia, 1790–1798," *PMHB*, XCVII（Apr. 1973）, 131–182. 引用的这句话在第142页。

30. 参加这些协会的群体和个人还被认为有其他一些动机。一种猜想是，吉拉德、斯旺尼克、彼得·巴里埃（Peter Barrière）和彼得·迪蓬索（Peter Duponceau）等人受到他们在法国的商业关系的影响；另一个猜测是，成立宾夕法尼亚协会明显是为了影响州选举。Wheeler, "Urban Politics," p. 86 and n.; Baumann, "Democratic-Republicans," pp. 444–445。

31. 菲利普·福纳（Philip Foner）说："这一时期的许多重要领导人都属于这些民众社团。"*Democratic-Republican Societies*, p. 8. 然而，福纳教授并没有列出一份很长的清单。

32. 引自 Link, *Democratic-Republican Societies*, p. 13n。

33. 引自 Foner, ed., *Democratic-Republican Societies*, p. 154。

34. 同上, p. 162。1792年在兰开斯特举行了宾夕法尼亚州联邦党人代表大会，达拉斯称那些代表为"自创的"。Walters, *Dallas*, p. 39。

35. Foner, ed., *Democratic-Republican Societies*, pp. 257, 275, 279–281. 奇滕登协会

引用了纳撒尼尔·奇普曼（Nathaniel Chipman）的《政府原则简述》(*Sketches of the Principles of Government*)来支持其论点,而奇普曼法官则发表了一封公开信,抗议他的书被不当使用,他从未赞同过"自创的社团和协会"。同上,pp. 290–293。

36. 例如,Richard Hofstadter, *The Idea of a Party System: The Rise of Legitimate Opposition in the United States, 1780–1840*（Berkeley, Calif., 1969）, p. 92 将这些协会描述为"在[共和党的]左翼活跃的施压团体"。另参见 Noble E. Cunningham Jr., *The Jeffersonian Republicans: The Formation of Party Organization, 1789–1801*（Chapel Hill, N.C., 1957）, p. 65。

37. Foner, ed., *Democratic-Republican Societies*, pp. 66, 69, 75–76, 134, 379, 393; Judah Adelson, "The Vermont Democratic-Republican Societies and the French Revolution," *Vermont History*, XXXII（Jan. 1964）, 3–23.

38. Foner, ed., *Democratic-Republican Societies*, pp. 75–78, 267, 283, 387, 396.

39. 同上, pp. 104–105, 134, 246, 353, 400。

40. 同上, pp. 108, 240, 322, 362。

41. 同上, pp. 80, 88–91, 106, 146–147, 184, 243。

42. 同上, pp. 77–78; Harry M. Tinkcom, *The Republicans and Federalists in Pennsylvania, 1790–1801: A Study in National Stimulus and Local Response*（Harrisburg, Pa., 1950）, pp. 85–86; Baumann, "Democratic-Republicans," pp. 479–480。

43. Link, *Democratic-Republican Societies*, pp. 135–137.

44. E. Merton Coulter, "The Efforts of the Democratic Societies of the West to Open the Navigation of the Mississippi," *MVHR*, XI（Dec. 1924）, 376–389; Foner, ed., *Democratic-Republican Societies*, pp. 127, 360, 371, 375.

45. 例如,纽瓦克共和党社团的组织会议上有很多人都反对成立这类协会;波特兰的协会无法让当地媒体刊登其会议通知;费城的协会称"反对本协会和类似组织的喧嚣"恰恰"证明了它们是有用的"。同上, pp. 85, 143; Link, *Democratic-Republican Societies*, p. 59。

46. *PAH*, XVII, 29n.

47. Henry Adams, ed., *The Writings of Albert Gallatin*（Philadelphia, 1879）, III, 7.

48. George Clymer to Alexander Hamilton, Oct. 10, 1792, *PAH*, XII, 540–542.

49. Hamilton to Washington, Aug.[4], 1794, 同上, XVII, 24–58。

50. 同上，XVII, 27, 30–31, 40–41, 42。

51. 同上，XVII, 34, 37, 41–43。

52. Pauline Maier, *From Resistance to Revolution: Colonial Radicals and the Development of American Opposition to Britain, 1765–1776*（New York, 1972）, pp. 3–48；哈钦森的这段话引自 John Lax and William Pencak, "The Knowles Riot and the Crisis of the 1740's in Massachusetts," *Perspectives in American History, X*（1976）, 163。另参见 Paul A. Gilje, *The Road to Mobocracy: Popular Disorder in New York City, 1763–1834*（Chapel Hill, N.C., 1987）, pp. vii-viii, 5–35；Dirk Hoerder, *Crowd Action in Revolutionary Massachusetts, 1765–1780*（New York, 1977）, pp. 1–15 及其他各处。

53. William Findley, *History of the Insurrection in the Four Western Counties of Pennsylvania in the year MDCCXCIV* …（Philadelphia, 1796）, pp. vi-viii, 41。关于消费税的不公正性，其他同时代人的著作参见 Hugh H. Brackenridge, *Incidents of the Insurrection in the Western Parts of Pennsylvania in the Year 1794*（Philadelphia, 1795）, 3v. in 1, III, 6；Henry M. Brackenridge（上一著作者的儿子）, *History of the Western Insurrection in Western Pennsylvania, Commonly Called the Whiskey Insurrection, 1794*（Pittsburgh, 1859）, pp. 16–18；James Carnahan, "The Pennsylvania Insurrection of 1794, Commonly Called the 'Whiskey Insurrection,'" *New Jersey Historical Society Proceedings*, VI（1853）, 115–152, 特别是117–120。

54. Findley, *History*, pp. 41–50.

55. 同上，pp. 56–57；Washington to Burges Ball, Sept. 25, 1794, *WGW*, XXXIII, 506。

56. Findley, *History*, pp. 69–71, 77–92.

57. 同上，pp. 129–139, 309–313。

58. 参见 Charles A. Beard, *Economic Origins of Jeffersonian Democracy*（New York, 1915）, pp. 248–267（特别是第250页："这种对立可以用纯粹的经济原因解释"）；Harold U. Faulkner, *American Economic History*（New York, 1924）, pp. 230–231, 313（接受"将谷物转化为威士忌的主要原因是减少体积"这一观点；并假设威士忌是由"玉米"酿造的）；William Miller, "The Democratic Societies and the Whiskey Insurrection," *PMHB*, LXII July 1938, 324–349；Link, *Democratic-Republican Societies*, p. 80（认为"消费税会让西部陷入贫困"）；Leland D. Baldwin, *Whiskey Rebels: The Story of a Frontier Uprising*（Pittsburgh, 1939）。

59. Jacob E. Cooke, "The Whiskey Insurrection: A Re-Evaluation," *Pennsylvania History*, XXX (July 1963), 特别是329-336; David O. Whitten, "An Economic Inquiry into the Whiskey Rebellion of 1794," *Agricultural History*, XLIX (July 1975), 491-504; William D. Barber, "'Among the Most Techy Articles of Civil Police': Federal Taxation and the Adoption of the Whiskey Excise," *WMQ*, 3rd Ser., XXV (Jan. 1968), 58-84。

60. Madison to Edmund Pendleton, Jan. 2, 1791, *WJM*, XIII, 344. 上面引用的三篇文章都以某种方式提及这一点，特别是最后一篇。

61. Cooke, "Whiskey Insurrection," pp. 327-329.

62. 同上，336-345。

63. Edwin G. Burrows, "Albert Gallatin and the Political Economy of Republicanism, 1761-1800"（未发表的论文，Columbia U., 1974), pp. 335-350。

64. Carnahan, "Pennsylvania Insurrection," pp. 119-120; Brackenridge, *Incidents*, III, 6; Baldwin, *Whiskey Rebels*, pp. 23-25, 56-61.

65. 同上，pp. 107-108, 284-286; Carnahan, "Pennsylvania Insurrection," p. 118。

66. Dorothy Fennell, "From Rebelliousness to Insurrection: A Social History of the Whiskey Insurrection"（未发表的论文，U. of Pittsburgh, 1981), pp. 98-122。

67. 同上，pp. 227-258; 与Whitten, "Economic Luquiry"中基于汉密尔顿论点所提出的案例相反。

68. Mary K. Bonsteel Tachau, "The Whiskey Rebellion in Kentucky: A Forgotten Episode of Civil Disobedience," *Journal of the Early Republic*, II (Fall 1982), 239-259; 以及"A New Look at the Whiskey Rebellion," Steven R. Boyd, ed., *The Whiskey Rebellion: Past and Present Perspectives* (Westport, Conn., 1985), pp. 97-118; Jeffrey J. Crow, "The Whiskey Rebellion in North Carolina," *North Carolina Historical Review*, LXVI (Jan. 1989), 1-28; Thomas P. Slaughter, *The Whiskey Rebellion: Frontier Epilogue to the American Revolution* (New York, 1986), pp. 119-120, 256, n. 24。

另一方面，宾夕法尼亚州西部和其他边境地区在抵制消费税方面存在显著差异。可能没有任何一个地区始终如一地执行这项法律。但在肯塔基和北卡罗来纳等地，抗税运动大多采取消极形式（如法律手段，当地陪审团不愿意定罪，等等），而不是骚乱、恐吓和暴力。

69. 同上, pp. 146–149。

70. 同上, pp. 152–154; Fennell, "Rebelliousness to Insurrection," p. 124; Russell J. Ferguson, *Early Western Pennsylvania Politics*（Pittsburgh, 1938）, pp. 113–115; Neville B. Craig, *The History of Pittsburgh*（Pittsburgh, 1851）, pp. 229–230。

71. 从1791年底到1794年6月，内维尔一直坚持认为，除非政府准备采取军事措施，否则消费税法无法在宾夕法尼亚州西部实施。 Neville to George Clymer, Nov. 11, Dec. 22, 1791, June 7, 21, 1793, June 13, 20, 1794, Wolcott Papers, XIX, Connecticut Historical Society。

72. "rabble" 一词在 Neville to George Clymer, Sept. 1791, Wolcott Papers, XIX 中被使用。第一个提出"内维尔关系圈"的重要性的历史学家是雅各布·E.库克（Jacob E. Cook），参见注释59的 Jacob E. Cooke, "Whiskey Insurrection"; 另参见 Fennell, "Rebelliousness to Insurrection," pp. 124–128; 以及 Slaughter, *Whiskey Rebellion*, pp. 152–153。关于"内维尔关系圈"的背景，参见 Craig, *Pittsburgh*, pp. 229–230; 以及 Ferguson, *Western Pennsylvania*, pp. 113–115。

73. Robert E. Harper, "The Class Structure of Western Pennsylvania in the Late Eighteenth Century"（未发表的论文, U. of Pittsburgh, 1969）, pp. 77–79, 125–126, 220; James A. Henretta, "Economic Development and Social Structure in Colonial Boston," *WMQ*, 3rd Ser., XXII（Jan. 1965）, 86。

74. Kenneth R. Rossman, *Thomas Mifflin and the Politics of the American Revolution*（Chapel Hill, N.C., 1952）, pp. 232–248.

75. Harper, "Class Structure," pp. 223–235; Arthur P. Whitaker, *The Mississippi Question, 1795–1803: A Study in Trade, Politics, and Diplomacy*（New York, 1934）, pp. 84–85; Pearl Edna Wagner, "The Economic Conditions in Western Pennsylvania During the Whiskey Insurrection"（未发表的硕士论文, U. of Pittsburgh, 1926）; "Judge Addison's Charge to the Grand Jury of Allegheny," *Pennsylvania Archives: Second Series*, IV（Harrisburg, 1876）, 243。

76. *ASP: Misc*, I, 88.

77. 对布拉肯里奇及其职业生涯最有洞察力的讨论是 Joseph J. Ellis, *After the Revolution: Profiles in Early American Culture*（New York, 1981）, pp. 73–110。唯一的一部完整的传记参见 Claude M. Newlin, *The Life and Writings of Hugh Henry Brackenridge*（Princeton, N.J., 1932）; 简短传记参见 Daniel Marder, *Hugh Henry Brackenridge*

（New York, 1967）。马尔德（Marder）教授还编辑了布拉肯里奇的 *Incidents of the Insurrection* 的现代版（New Haven, 1972）。由于该书有删节，下面的引文将参考1795年的原版书。

78. Brackenridge, *Incidents*, I, 5–70. 致考克斯的信刊载于同上，III, 128–131；另见 *Pennsylvania Archives*, IV, 140–144。

79. Brackenridge, *Incidents*, I, 70–107.

80. 同上，I, 116。

81. 同上，I, 31。

82. 同上，I, 116。当布拉德福德吹嘘将会打败"翻山越岭到达的第一支军队"时，恰好坐在旁边的克劳福德上校（他具有丰富的与印第安人作战的经验）说，"没那么容易"。

83. 同上，42–43。

84. 同上，II, 11。

85. 同上，II, 20。

86. *Pennsylvania Archives*, IV, 396–397.

87. Brackenridge, *Incidents*, I, 101–102.

88. Richard H. Kohn, *Eagle and Sword: The Federalists and the Creation of the Military Establishment in America, 1783–1802* (New York, 1975), p. 161; *ASP: IA*, I, 487–488; Carroll and Ashworth, *Washington*, VII, 199（韦恩于1794年7月7日发出的信件尚未到达费城，他在信中描述了印第安人对里卡弗里堡的进攻，华盛顿直到9月30日才得到关于伐木之战的消息）；Randolph to Jay, Aug. 18, 1794, *ASP: FR*, I, 483; Carroll and Ashworth, *Washington*, VII, 179–180; PAH, XVI, 588n。

89. Kohn, *Eagle and Sword*, p. 161; Hamilton to Tench Coxe, Aug. 1, 1794, *PAH*, XVII, 1.

90. "Conference Concerning the Insurrection in Western Pennsylvania," Aug. 2, 1794, 同上，XVII, 9–14。

91. James Wilson to Washington, Aug. 4, 1794, *ASP: Misc*, I, 85.

92. "Memorandum of an Executive Conference," *Pennsylvania Archives*, IV, 82.

93. Hamilton to Washington, Aug. 2, 1794, *PAH*, XVII, 15–19.

94. Knox to Washington, Aug. 4, 1794, Washington Papers, LC.

95. Bradford to Washington, Aug.[4 or 5], 1794, Washington Papers, LC.
96. Randolph to Washington, Aug. 5, 1794, Washington Papers, LC；重刊在Randolph, *A Vindication of Mr. Randolph's Resignation*（Philadelphia, 1795）, pp. 100–103，以及Francis Wharton, *State Trials of the United States During the Administrations of Washington and Adams*（Philadelphia, 1849）, p. 156。关于伦道夫与福谢谈话的日期，参见*Vindication*, p. 84。
97. Mifflin to Washington, Aug. 5, 1794, *ASP: Misc*, I, 97–99.
98. WGW, XXXIII, 457–461；*ASP: Misc*, I, 86–87.
99. Randolph to Mifflin, Aug. 7, 1794, *ASP: Misc*, I, 99–101.
100. Kohn, *Eagle and Sword*, p. 164; Hamilton to Washington, Aug. 5, 6, 1794, *PAH*, XVII, 24–59, 61; Bradford to Elias Boudinot, Aug. 7, 1794, J. J. Boudinot, ed., *The Life, Public Services, Addresses and Letters of Elias Boudinot*（Boston, 1896）, II, 86–89.
101. 同上, II, 87。
102. Kohn, *Eagle and Sword*, pp. 165–167; *Pennsylvania Archives*, IV, 103–106.
103. "Minutes of a Meeting Concerning the Insurrection in Western Pennsylvania," Aug. 24, 1794, *PAH*, XVII, 135–138.
104. Kohn, *Eagle and Sword*, pp. 167–169; *Pennsylvania Archives*, IV, 218–219.
105. Kohn, *Eagle and Sword*, p. 169; *Philadelphia General Advertiser*, Sept. 10, 11, 1794; Foner, ed., *Democratic-Republican Societies*, pp. 59, 91–93, 147–148, 183–184, 243, 339, 378.
106. 同上, p. 339。
107. *ASP: Misc*, I, 90.
108. Kohn, *Eagle and Sword*, pp. 169–170; *PAH*, XVII, 268; Baldwin, *Whiskey Rebels*, pp. 220–258, 262–264.
109. Foner, *Democratic-Republican Societies*, p. 147.
110. Jefferson, "Anas," Aug. 2, 1793, *WTJ*, I, 254.
111. Findley, *History*, p. 187.
112. *Pittsburgh Gazette*, Oct. 4, 1794, July 18, Sept. 5, Oct. 3, 1795, Mar. 12, 1796.
113. *Pittsburgh Gazette*, Nov. 21, 1795. 我们非常感谢多萝西·芬内尔提醒我们注意到这个信息。

114. Washington to Burges Ball, Sept. 25, 1794; to Henry Lee, Aug. 26, 1794; to Daniel Morgan, Oct. 8, 1794; *WGW*, XXXIII, 506, 476, 523. 其他参考资料见同上, XXXIII, 133, 321–322, 464, XXXIV, 3–4, 17。

115. Moncure D. Conway, *Omitted Chapters of History Disclosed in the Life and Papers of Edmund Randolph* (New York, 1888), p. 195.

116. *WGW*, XXXIV, 29.

117. *AC*, 3 Cong., 2 Sess., 794.

118. Findley, *History*, pp. 56–57; Brackenridge, *Incidents*, III, 25–27; AC, 3 Cong., 2 Sess., 920.

119. Link, *Democratic-Republican Societies*, pp. 146–147; Foner, ed., *Democratic-Republican Societies*, p. 130. William Miller, "Democratic Societies," p.325认为这些协会对暴乱"只有间接责任"。

120. Findley, *History*, p. 56; Baldwin, *Whiskey Rebels*, p. 118 及注释。

121. Madison to Monroe, Dec. 4, 1794, *PJM*, XV, 406.

122. *AC*, 3 Cong., 2 Sess., 899.

123. 同上, 920–932 (Nov. 26, 1794)。

124. 同上, 934–935 (Nov. 27, 1794)。

125. 同上, 935–947; Madison to Jefferson, Nov, 30, 1794, *PJM*, XV, 396–398。

126. Dec. 4, 1794, 同上, 406。

127. 关于抗议的决议, 参见 Foner, *Democratic-Republican Societies*, pp. 60–63, 98–102, 137–139, 148–149, 192–198, 260–264, 304–318, 324–334, 339–343; 关于这些协会的快速终结, 参见 Miller, "Democratic Societies," pp. 341–342; 以及 Link, *Democratic-Republican Societies*, pp. 200–209。我们认为, 尽管这些协会通过决议为自己辩解(或体现了这种意愿), 但从它们本身的合法性来看, 还远远不够安稳。戴维·雷迪克是华盛顿民主协会的主要成员, 在宾夕法尼亚州西部地方政治中具有一定的重要性。他在1794年12月28日(1795年1月23日印刷)给《匹兹堡公报》的编辑写了一封信, 信中称, "在这个时候, 要尽一切可能证明自己对近期受到侵犯的法律和政府的重视……我退出该协会; 如果他们和我的想法一样, 我建议协会彻底解散"。这段话引用在 Foner, *Democratic-Republican Societies*, pp. 136–137。布拉肯里奇提到"[明戈溪协会]的秘书唐纳德先生给我的解释, 或者更确切地说, 是为建立这个协会所做的道歉……"。*Incidents*, III, 26。
128. 例如，Horn, *Groups and the Constitution*（见注释12），pp. 17–18, 155; Hofstadter, *Idea of a Party System*, pp. 92–96。
129. 关于"邪恶议员"的原则以及相关问题，Edmund S. Morgan, *Inventing the People: The Rise of Popular Sovereignty in England and America*（New York，1988），pp. 30–31提出了具有启发性的观点。

第十一章
华盛顿的退休

乔治·华盛顿的告别演说并未由他在任何集会上亲自宣读，而是在1796年9月总统大选前首次通过报纸向公众发布。这篇演说受到了广泛的关注，很少有美国政府文件像它一样。其中蕴含的意图非常复杂，对它的评价也许永远都不会有定论。虽然这篇演说从一开始就引起了各种反应，而且并非所有反应都是积极的，但本书的绝大部分内容都是本世纪反应的产物。[1]

同时，告别演说高高在上的语气，以及它多年来一直作为不朽作品的地位，也并不总是有助于我们理解其中各个层面的逻辑和构思。也许人们过多地关注了华盛顿在演说中确立或似乎确立的具体原则，这些原则旨在为同胞及其后代提供指导。关于这些原则的有效性，甚至其确切性质，尚未形成共识。除非演说中的情绪与华盛顿在最后三年任期内所经历的事情有直接或间接的关联，否则对其也难以达成共识。尽管这篇演说令人印象深刻，值得仔细研究，但它本身并未完全清晰地表达其意义。然而，如果将创作时的历史背景考虑进去，就能够更好地理解其中的含义。

第一节　对告别演说的解读

在某种程度上，对告别演说的大多数解读，都取决于对这一问题的理解：它的两个主要议题（外交事务和国内政治）中哪一个更值得关注？大部分关注和分析都集中在演说对美国外交政策的影响上，因为外国势力介入问题构成了演讲的高潮部分，显然，这是华盛顿希望在读者心中留下的重点内容。但近年来，人们越来越关注另一个重要议题，即华盛顿对国家政治中的派系和党派势力的批评。一些人认为，华盛顿的主要目的是谴责和诋毁反对其政府的共和党，而在此过程中，他自己也参与了党派活动。尽管没有公开承认这一点，实际上，他已经成为一名联邦主义者。这种观点有很强的说服力。但我们在深入考量这些观点及其论据之前，有必要先了解华盛顿演讲发表前的背景和他到底说了什么内容。

到了1796年，华盛顿已经彻底厌倦了。公共服务的操劳让他疲惫不堪，他决定回归私人生活的乐趣，并开始寻找一种合适的方式让人们了解这一点。和以往一样，他向他人寻求建议和帮助，以决定自己该如何行事。以前也曾发生过类似的事情。1792年，华盛顿曾考虑退休，当时他征求了詹姆斯·麦迪逊的意见；这一次，出于各种原因，他认为汉密尔顿的想法可能最符合他的目的。但他基本上会遵循大致相同的流程：自己准备一份告别声明的草稿，然后让他人将其完善为最终版本。此外，他希望把自己最近的一些想法加到四年前麦迪逊帮助他准备的版本中，以此来形成最终呈现的版本，使其成为这两种情况相结合的产物。

这个问题并不简单；它可能有些令人尴尬。在现代政治发展的早期阶段，人们认为，一个人自行宣布参加竞选公职是不合适的，而是应该在他的同胞呼吁下才能成为候选人。同样，自行宣布不参选也是鲁莽的举动：他怎么知道他的同胞是否期望他成为候选人呢？就华盛顿而言，如果他这样做，他们又怎么知道他并非因为害怕由于变得太不受欢迎而无法连任呢？此外，华盛顿还很想找一个适当的方式为他的行政政策做一些辩护。他的解决方案是将简短表达的当下意图与一些他认为更宽泛、更长远的原则结合起来，形成一篇全面的告别致辞。他在1796年的前几个月里准备了一份草稿，然后请汉密尔顿提出建议并进行修改。汉密尔顿在原稿的基础上写了两份修订稿，一份在7月完成，另一份在8月完成，华盛顿更喜欢第一份。最后由华盛顿编辑完成的定稿于1796年9月19日发表。[2]

华盛顿的演讲以恭敬谦逊的语气开始，他表示，随着新一轮选举的临近，他认为应该宣布自己的决定，"谢绝将我列为候选人"。他说，自己曾希望在四年前就退出，而且实际上已经准备了一份文件宣布这一决定。但由于当时国家的对外关系处于"关键性局面"和"一些我信任的人的一致建议"，他被迫放弃了这个想法。然而现在，国家事务已不再需要他的服务。事实上，他一直觉得自己的能力"薄弱"，而且"年事日增"，这使他意识到"退休"是必要的，也是会受欢迎的。他对自己所获得的荣誉表示感谢，并希望美国自由宪法的福祉能够激励"每一个对此还不了解的国家"。[3]

"讲到这里，我似乎应当结束讲话了。"但他当然并没有停下来；他才刚刚开始。他还有很多想法，"这些都是经过深思熟虑和仔细观察后得出的结论"，他认为这些想法"对整个民族的永久幸福有着十分重要的意义"。于是，他开始探讨联邦问题，强调维护联邦的紧迫性。北部、南部、东部和西部不仅因为"共同的危险、苦难和成功"而团结在一起，也因为共同的利益而联合。他提出了地区之间在不同经济活动上的几种互补方式，并指出，它们如果在一个政府的领导下联合起来，就能够产生"更大的力量"并"更好地抵御外患"。"你们是否怀疑一个共同的政府不能够管辖这么大的范围？把这个问题留待经验来解决吧。"然后，他警告不要因为所谓的地域利益差别而产生分裂和派系。这其中的大部分内容以及演讲的开头，他早在1792年就已经准备好了。但接下来的内容则是之后构思的，也是整篇演说中最令人难忘的部分。[4]

华盛顿已经发出了一则警示，反对以地域为基础的政党。他接着说："现在让我从更全面的角度，以最严肃的态度简要地告诫大家，要警惕党派思想的恶劣影响。"这种情况存在于所有政府中，"但那些常见的党派思想形式，往往是最令人讨厌的，也是政府真正最危险的敌人"。

> 当一个派别与另一个派别交替统治时，由于党派分歧而自然产生的报复情绪会变得更加尖锐，这在不同的时代和国家已导致了可怕的暴行，本质上是一种恐怖的专制。然而，这种情况最终会导致更正式、更永久的专制。因此造成的混乱和痛苦，让人们逐渐倾向于在个人的绝对权力中寻求安全和平静。迟早会出现某个占据主导地位的派系领袖，比他的竞争对手更有能力或更幸运，能够利用这种倾向，在公共自由的废墟上提升自己的地位。[5]

他也知道，有人认为政党有助于制衡政府和维护自由精神。这在君主制政府中或许有道理。但在民选政府中，他直言不讳地表达了自己的观点，"这是一种不应该鼓励的精神"。从自然趋势来看，"在每一种有益的目标上，总是不乏这种精神"，就像一把火，不是供人取暖，而是有害于人。[6]

接下来是一些过渡性的话题，内容涉及宗教、公共道德、维护公共信用和乐于纳税的重要性。之后，华盛顿的演说进入了最后一个部分,即关于外交事务的内容。

"对所有国家遵守信约,坚守正义。与所有国家和睦相处。"只有避免对任何国家产生"永久而固执的厌恶心理"或"热烈的喜爱",才有可能实现这一点;一个国家对其他国家"恶此喜彼",就有可能在某种程度上沦为奴隶。恶意和怨恨可能会促使一个政府"违背最佳政策"而发动战争;习惯性的好感则可能在没有共同利益的情况下,虚构出共同利益,造成同样的危害。(他心中想的是哪两个国家是显而易见的。)不择手段的煽动者会利用这种倾向,打着"道德责任感"的幌子,他们可能会"误导舆论","恐吓议会"。[7]

我们可以与所有国家扩大商业关系,但我们应该"尽可能避免与它们建立政治联系"。"我们的真正政策,"华盛顿坚持说,"是避免同任何外国建立永久的同盟……"这句话后来引发了最多的讨论和评论。应保持体面的防御姿态,"只有在非常紧急的情况下,我们才可以安全地依靠临时性的同盟"。甚至我们的商业关系也应该是公正的。在寻求现有最佳条件的同时,我们应保持自由,"根据经验和情况"调整我们的政策,不寻求也不给予排他性优惠,也不试图强制让贸易偏离其自然轨道。"一国向他国索求无私的恩惠是愚蠢的",这样做的国家"必须付出它的一部分独立为代价"。[8]

华盛顿指出,他努力遵循这些原则,他的政策基础是1793年4月的《中立声明》。他是否真的以这些原则作为指导?"我以自己的良心作保,我至少相信自己受到了这些原则的指导。"最后,他恳请万能的上帝减轻他可能犯下的许多错误所产生的恶果——尽管他不是故意犯错,他还说道:

> 我怀着欢欣的期待,指望在我退休——我对此期盼已久——之后,能够与我的同胞们愉快地分享自由政府治下完善

法律所带来的温暖——这是我一直衷心向往的目标。我相信，这也是我们相互关怀，共同努力和赴汤蹈火的优厚报酬。⁹ *

20世纪早些时候，华盛顿的告别演说被广泛引用，以支持严格的孤立主义外交政策。在两次世界大战之间，这一现象达到顶峰，不仅在凡尔赛会议后关于加入国际联盟（League of Nations）以及后来的国际法院（World Court）的辩论中，而且在20世纪30年代国际局势恶化时围绕《中立法》及相关问题的争论中，都引用了华盛顿的告别演说。然而，尽管这种孤立主义的论调在政治演讲和大众媒体中频繁出现，但无论它在当代的民众情绪中引发了怎样的反响，可能很少有认真研究外交事务或演说本身的人会把华盛顿的话作为一种保证，认为美国无论如何都不会介入外国的政治甚至军事活动。不应该这样解读华盛顿的演说，他自己在其中也设定了多项保留和限制条件。很多人已经指出这一点。他说，"避免……建立永久的结盟"，然后补充，"我的意思是，我们现在可自由处理这种问题"，并进一步解释说，"这样，在非常紧急的情况下，我们才可以安全地依靠临时性的同盟"。他还表示，他制定当前政策的"主要动机"是"争取时间"，等待国家制度成熟并获得掌握自己命运的力量。这个时期"离我们不远了……当我们在正义的指导下，根据我们的利益，由议会决定选择和平或是战争"。¹⁰ 因此，除非以最牵强的方式解释，否则不应将告别演说理解为一份倡导"孤立主义"的文件。

但是这篇演说还可以从其他角度进行解释，并进而展示出不同的原则，实际上已经有人这样做了。有权威人士认为，它应该主要被解

---

* 这一段的译文参考了 http://news.sohu.com/upload/Obama/Obama1-06.htm ），以及 https://www.bilibili.com/read/cv19025147?from=search。

读为一份主权宣言,"警惕地捍卫和维护主权国家的独立,反对外国干涉"。[11]也有人认为,汉密尔顿在修改演讲稿时,结合了18世纪欧洲和美国不同的外交政策概念,将"国家利益"学说和美国独特的道德观点相结合,从而使告别演说体现了一种基本的矛盾,并且这种矛盾成为美国从此以后在外交事务上的特征,即"理想主义和现实主义"之间的矛盾。[12]有人甚至称告别演说为"帝国宣言"。他认为,华盛顿真正关注的是向西扩张,维护和平与统一,直到美国"成为一个世界强国",因此,"只有结合华盛顿怀有的其国家拥有帝国未来的愿景,才能正确理解"告别演说。[13]尽管关于"帝国未来"的论点存有保留意见,但上述的每一种观点都有其合理之处。(至于这个愿景本身是否会促使华盛顿发表一份像告别演说这样的文件,是一个值得探讨的问题,因为在这一点上,美国人几乎没有分歧,也无须任何建议。)尽管这些观点有所不同,但它们有一个共同之处,那就是想当然地认为告别演说的基本关注点是外交事务。

然而,近年来的一些作家却有完全不同的侧重点,他们坚持认为,演说"更多地关注国内政策,而不是外交政策",其中最关键的是关于政党的部分。此外,他们还认为,华盛顿正在做两件相互矛盾的事情:他重申反对党派和派系的传统信条,从而抨击了共和党的反对意见,但实际上他这样做也是在发表党派声明,这反映了"关于政府和反对意见","他在思想上的困惑"(正如理查德·霍夫施塔特所指出的)。[14]他发表了一份针对另一党派的"宣传文件",这意味着,他正在"与一个党派结盟……而他自己却不知道"。[15]

他当然是在抨击共和党的反对意见(人们越是带着这一观点从整体上审视他的演说,这一点就变得越明显),事实上,他在抨击任何形式的有组织的反对。他宣称,人民有建立政府的权力,前提是"每个人都有义务服从自己建立的政府"。因此,"所有的组织和协会,无论具有何种貌似合理的性质,只要其真正目的是指导、控制、抵消或威慑合法当局的正常审议和行动,都是对这一基本原则的破坏……"。

> 它们的功能是组织派系;赋予这些派系人为的、非同寻常的力量;以政党的意志取代国家授权的意志,而这个政党往往仅由少数人组成,但他们足智多谋,积极进取。随着不同政党轮流执政,公共行政部门成为不同派系之间相互冲突和不相容目标的映射,而不是具有一致性的健全机构,能够通过共同协商和修订计划,使其符合共同利益。[16]

这不仅仅是一个理论上的抽象概念;华盛顿心中有一些特定的人,在他看来,他们始终在做这样的事情,他认为应该提醒自己的同胞提防这些人。因此,有充分理由将他的告别演说视为某种政党的"宣传文件",至少在某些方面如此。事实上,当时有相当多的人都这样认为。[17]

所有这些都提出了一系列令人困惑的问题。首先,演说的两个主要部分——关于政党的部分和关于外交事务的部分——哪一部分应该被视为更重要的?但答案很可能是,两者都不应该。或者更确切地说,两者都应该——因为这两个部分实际上并未分开,华盛顿也没有将其分开的意图。它们有机地联系在一起;每一个都是同一论点的一部分;两者针对的是一种共同的邪恶。对华盛顿来说,从政党过渡到外交事务是完全合乎逻辑的;在他看来,外交事务无疑是党派斗争的主要领域,也是政党之祸的典型例子。他本人的经历多次证明了这一点。

华盛顿实际上是在说,如果外交事务成为国内党派之争的基础,特别是当国内政党的命运与相互竞争的外国势力的命运联系在一起时,就会产生导致社会分裂的条件。外国势力"通过党派狂热的渠道"影响政府,导致"一国的政策和意志受到其他国家的制约"。[18] 至于华盛顿的"思想上的困惑",或许可以说,从长远的角度来看,他在警告"党派思想的恶劣影响"时,也是在抵制政治现代化的趋势,而这种趋势最终会变得良性和具有建设性。在这一点上,他可能感到"困惑",但不得不说,在他所处的时代,很少有人能够不受困惑所扰。此外,如果说在他的第二届任期发生的事情有任何指导意义的话,那就是政治已经开始以外交问题为基础,而且越是这样,就越具有破坏性。如果这就是"党派"的定义,他不希望再这样了。所谓的第一个党派"体系",的确是建立在外交政策分歧和对不同外国势力的竞争性附属关系上的(从某种意义上说,在未来的20年里,这种情况将持续存在)。因此在某种程度上,党派体系将按照华盛顿预测的方式运作。事实上,直到今天,在这些问题上的国内分歧,无论是否涉及党派之争,一直都是最根本的问题。

但是还有另一个问题:当华盛顿打击共和党并断然否认任何党派对立的合法性时,他是否因此站在了联邦党的一边呢?"没有人会怀疑,"一位著名的批评家说,"到他的任期结束时,华盛顿已经成为一名坚定的党派人物……"[19]这个说法在某种程度上是合理的;但仍值得怀疑。它的背后是关于19世纪才发展起来的党派政治的假设(一种规则明确的游戏,没有个人意图),在华盛顿时代没有任何相关先例,华盛顿本人对此也毫无概念。反对党派也是如此。更确切地说,华盛顿为自己设定的角色是绝对高于所有党派和派系的首席行政官,但当他的任期即将结束时,他发现自己越来越无法保护这一角色。作为脆弱的共和国的第一任首脑,他看到自己辛辛苦苦建立的团结受到国内不负责任的两党成员的威胁。尽管他付出了这么多努力,他们(这些煽动家和恶毒的记者)仍在攻击他。为什么会这样?

不管他自己是否想要处于这个独特位置,他都几乎不可能以其他方式看待这一问题。在过去的24个月中,在每一个危急时刻,他所做出的决定都得到了整个国家的明确认可——事实上，这种认可可以追溯到1793年的《中立声明》。因此，他比以往任何时候都更难以理解，为什么有些看起来很明智的人，包括他的许多弗吉尼亚同胞，会有这种对法国的疯狂依恋和对英国的盲目仇恨。他们愿意在1794年冒着经历一场灾难性战争的风险，而这场战争肯定会导致美国商船队的毁灭、财政的崩溃，甚至是国家的解体。有些人甚至暗示，华盛顿已经沦为英国的傀儡与同谋。但实际上，华盛顿一直对英国持怀疑态度；在必要时（如果他看不到其他有尊严的替代方式），他会为维护自己国家的独立而与英国或其他任何国家开战。而现在（或者说他很难不这么认为），事实证明他是正确的。1794年秋天，美国平定了威士忌暴乱，华盛顿处理暴乱的方式得到了压倒性多数人的赞赏。到1795年夏天，对《杰伊条约》的强烈情绪已经消退，年底时，人们显然已经普遍认可华盛顿的批准。与此同时，韦恩和平克尼的条约让西部人民得到了他们至少从1789年以来一直渴望的一切：和平、土地和密西西比河的自由航行权。华盛顿面对劫掠事件、多切斯特对印第安人的演说，以及西姆科在迈阿密的活动等多次挑衅，表现出完全合理的克制。最终，到了1795年底，美国的繁荣达到了辉煌的顶峰，航运业利润丰厚，出口价格高涨，进口量几乎翻了一倍。他当然有理由（在他看来）向同胞们宣布，正如他在年度致辞中所说的，"我们的公共事务状况"从未像现在这样值得"相互祝贺"，并邀请他们"与我一起，真诚地感谢万物之主，感谢给予我们众多不同寻常的福祉"。[20]

然而，这似乎并不重要。来自不同党派的成员只想毁灭对方。尽管他努力在英法斗争中保持国家的安全中立，但在1796年春天，这些人不顾国家的和平、繁荣和国内福祉可能面临的风险，盲目地破坏了可以让这一切继续下去的解决方案，甚至不惜违反宪法。此外，他们还恶毒攻击他的荣誉和爱国精神，更不用说对他的判断加以指责了。

共和党记者指责他背叛法国和美法联盟，而此时，法国私掠船正在无视联盟，掠夺美国的船只，同时法国在美国的代理人在秘密策划影响即将到来的大选。[21]他们甚至散布谣言说他透支了自己的工资。他确实无奈地透支了工资，但是受到指责的他在整个革命期间都提供了无偿的服务。[22]尤其是贝奇的报纸，几乎毫无顾忌，让华盛顿的痛苦每个月都在加深。他在一封私人信件中写道，直到差不多一年前，"我还没有想到，党派斗争会发展到现在我亲眼所见的程度，甚至可以发展到这种程度"。

> 直到最近，我才相信这是可能的。我一直在竭力建立我们自己的民族性格，遵从我们自己的义务和正义要求，不受任何其他国家的制约；同时，我希望，通过坚守稳健的道路，使美国免于一场毁灭性的战争。然而，几乎不可想象，我会被指控为国家的敌人，并受到另一个国家的影响。为了证明这一点，他们严格审查我们政府的每一个行为，并以最粗俗、最阴险的方式进行歪曲（他们只提供一面之词，并使用极其夸张和下流的语言，这种语言只能用在像尼禄这样的暴君身上；例如，一个臭名昭著的违约者，甚至是公共场合的小偷）。[23]

这就是华盛顿构思他的告别演说时的背景。事实上，他在撰写初稿时就已经在酝酿了。至于有人有时暗示华盛顿过度受到汉密尔顿的影响，应该看到的是，汉密尔顿给他的帮助之一是缓和了他的语言。他最初想说的是：

> 美国的一些报纸充斥着对我的谩骂，它们表达失望之情、无视事实并散布恶毒的谎言，企图歪曲我的政治决策和

> 影响；它们伤害我的名誉和感情，削弱，甚至完全摧毁你们对我的信任。在我告别公共生活的时刻，我可能会对这种恶毒的辱骂有所回应。

他本想告诉人们，他们再也不能这样粗暴地对待华盛顿了，但汉密尔顿巧妙地说服他删除了这段自怨自艾的话。[24]

因此，美国第一任总统可能对自己的荣誉和声誉受到的损害非常恼火。但这是他一开始就构想的公共责任和职能的一部分，他对此并未感到"思想上的困惑"。他必须全力以赴地维护国家及其受命执政的政府的安全，而这至少需要这个国家向企图分裂它的外部世界展现出团结的一面。党派斗争是主要威胁，指责他具有党派偏见，实际上忽视了他每天面临的巨大困扰。他在上面引用的信中坚持认为，在他过去的公共事业生涯中，有"大量证据"表明，"我自己不是党派人士，如果党派确实存在，我内心的第一个愿望就是使他们和解"。[25]可以肯定的是，从华盛顿时代一直到现在，在任何地方都很难找到一个革命国家的新领导人，能对反对者非常容忍。华盛顿本人也不例外，出于同样的原因，他不得不欢迎那些自称为"政府之友"的人的支持。这可能让他看起来像是政府中的一位"党派人士"，但这种观点的逻辑性不强。这些人中最引人瞩目的当然是亚历山大·汉密尔顿。然而，他直言不讳地告诉杰斐逊，"你知道，对于你所暗示的那个人［汉密尔顿］，我反对和赞成他的次数一样多；此外，我并不相信任何人的政治观点或措施是绝对正确的"。[26]他曾说过，他内心的第一个愿望是"使他们和解"。他努力吸纳最优秀的人才，如杰斐逊、麦迪逊、伦道夫和门罗等人，他们每个人都深度参与了国家的外交事务。他认为，这足以表明他已经尽了最大努力来调和。然而，"党派精神"对他们所有人都产生了影响。这实际上是告别演说的一声长叹。

詹姆斯·门罗的行为最能充分体现告别演说中所述的原则,但却以令人沮丧的方式呈现。当时,门罗担任美国驻法兰西共和国的公使,负责处理美国在法国的事务和利益。他的行为给华盛顿的退休蒙上了一层阴影,并影响了华盛顿继任者的整个任期。

第二节　门罗在巴黎

1794年5月,杰伊前往伦敦执行任务后,伦道夫立即提名詹姆斯·门罗接替古弗尼尔·莫里斯担任驻法公使。考虑到门罗之前曾努力阻挠杰伊使团,华盛顿可能对这个提名存有疑虑,事实上,华盛顿曾试图任命其他三个人,但都没有成功,最后,在伦道夫的坚持下,他还是任命了门罗。不过,这个任命在当时似乎也是合理的。当时,美国刚刚开始努力寻求与英国达成和解,而前任法国公使热内和美国公使莫里斯在对方的强烈要求下最近被各自的政府召回,因此,美国必须防止与法国的关系进一步恶化。向法国保证美国的持续善意是可取的,而要做到这一点,最好的方式就是任命一位像门罗这样对法国充满热情、积极倡导法美友谊的代表。要保护国家利益并维护不断受到威胁的中立地位,有什么比努力修复与欧洲两个交战国的关系更有效的方式呢?

诚然,詹姆斯·门罗是一名共和党人。但是在1794年,党派之争还没有像两年后那样严重威胁到华盛顿。

华盛顿自身独立于党派之争的地位尚未受到严重挑战。正如我们已经看到的,他在这个超然的位置上所扮演的角色,即调和矛盾、解决冲突以及平衡截然不同的观点的角色,非常适合他的特殊天赋。尽管他怀疑自己的能力是否足够,但他心里一定很清楚,他表现得非常明智（汉密尔顿和杰斐逊在其他问题上意见不一，但在恳请他连任方面完全一致）。如果现在需要平衡什么的话，那就是这个国家与英国和法国的关系。约翰·杰伊被普遍认为倾向于"英国人的"观点，因此他前往伦敦谈判协议，这完全符合逻辑；同样，一个持亲法态度的人也应该出于类似目的前往巴黎，如果不能达成正式协议，至少可以修复并加强需要关注的关系，达成良好的理解。而且，没有理由认为詹姆斯·门罗或任何其他在外国首都代表美国的爱国者不会全心全意地完成他们的使命以维护国家的最高利益。1794年5月27日，参议院确认了提名，6月18日，门罗从巴尔的摩启程。[27]

给门罗的指示中要求他努力实现两个主要目标。一是让法国放心，"加强我们与该国的友谊"，并"表明我们对法兰西共和国的信心"；另一个目标是说服法国人取消自1793年以来对美国商业的限制，同时"坚持要求对美国公民因被法国巡洋舰捕获和掠夺所遭受的财产损失和人身伤害做出赔偿"。[28]然而，门罗实际上一到法国就重新确定了他的任务范围，纳入了更广泛的目标，承诺美国将毫无保留地支持法国的事业，甚至不惜与英国开战。

从费城的角度来看，门罗在1794年夏天到1796年夏天这两年间（也就是华盛顿在构思他的告别演说时），犯下了一系列的失误，做出了很多轻率行为和错误判断，而法国人则对其进行了冷嘲热讽、操纵和欺骗。这一切以门罗被强制召回而告终。这段令人感到耻辱的经历几乎让门罗的职业生涯一蹶不振，美国和法国之间的关系也变得比以往任何时候都更糟糕。这一不同寻常经历中的主要事件值得进一步研究。

首先，当然是1794年8月14日国民公会对门罗的欢迎，以及门罗本人当时的表现。门罗和美国受到热情欢迎本身是件好事，或者至少是无害的，只是当门罗的外交官同事杰伊正在努力与英国达成和解时，门罗却因法国军队与英国作战时的"坚韧、宽宏大量和英雄气概"

而兴奋，而且他还高兴地接受了公会主席梅林·德·杜埃（Merlin de Douai）的亲吻，并确定与法国结为"彻底消灭暴君"的兄弟联盟。这些行为让华盛顿感到有必要立即谴责。据推测，他让伦道夫告诉门罗，"你的会见……将在某个委员会的私人会议厅举行"。

> 如果只谈及私人情感和意见，那么传递这些信息的地点或方式都无关紧要。但是，作为一名公使，您的观点将会影响我们国家与全世界的所有关系。我们不希望您在演讲中使用过分热情的语言，这与我们给您的指示不符……

然而，华盛顿仍然愿意采取宽容态度，他甚至私下猜测，这一事件或许对伦敦的谈判有利。[29]

然而，门罗后来的报告引起了真正的担忧。法国在1793年5月9日颁布法令，授权没收运往敌对港口的美国谷物，这违反了1778年的条约。当门罗第一次试图让法国撤销这个法令时，他毫无必要地自作主张，说如果法国政府觉得这样的限制带来了"任何实质性好处"，那么"美国政府和我的同胞们，不仅会耐心地忍受这种背离，而且会很高兴"。他还告诉公共安全委员会，美国政府给他的指示不是基于1778年的条约来提出抗议，而是要考虑法国自身的利益，这与美国的利益一致，同时，"增进两个共和国的公民之间的感情，使他们的联盟更加牢固，以产生令人愉悦的效果……"。伦道夫只能反驳说，给门罗的指示没有让他以这种方式代表美国的立场。如果不依据1778年的条约要求撤销该法令并赔偿损失，美国将没有任何真正的"要求赔偿的理由或借口"。同时，总统也不愿承诺，美国人民会耐心或高兴地"接受背离这些被广泛认为对我们很重要的规定"。法国人几乎没有理会门罗的呼吁，也暂时没有对该法令采取任何行动。最终，法国人取消了这条法令，但这是在英国人撤回1793年6月的"粮食令"之后，而且没有持续很久。[30]

到了1794年11月下旬，门罗对法国的军事胜利感到非常高兴。他在20日的信件中激动地写道："法国的运势已经达到辉煌的顶点，而她的敌人的运势则降至谷底。她的军队所向无敌，而敌人的军队则四散逃窜。"法国在荷兰的行动必然会对英国产生这样的影响，即"如果美国按照自己的利益采取行动，而且受到其他因素推动，那么这一行动将是决定性的，即使不能摧毁那个傲慢无礼的国家，也一定能确保我们实现所追求的目标"。[31]什么"行动"呢？这一行动的"目标"就是约翰·杰伊试图通过友好谈判实现的目标。

两周后，门罗又有了另一个想法。他在公共安全委员会的一次会议上被问及，如果法国在资金方面遇到困难，是否有可能从美国获得援助。门罗回答说，虽然他没有收到关于这一点的指示，但他"相信"，如果他的国家有能力做到的话，会愿意提供这样的援助。之后，他向上级建议，不妨向法国提供500万美元贷款，这笔贷款将由美国担保，并以法国的一部分国土作为抵押。他说，他相信，"[美国]人民将乐于承担这种税负，只要是为了帮助法兰西共和国"。费城方面态度冷淡，没有进行回应。华盛顿很可能想知道，这位美国驻法国公使是否愿意尝试对威士忌征收额外的税。[32]

门罗接着重申了他建议对英国采取军事行动的理由。"我还相信，如果我们真的参战，[法国人]会帮助我们赢得战斗；而且……[即使]我们不参战，但是如果我们在金钱上援助他们，他们也会尽力支持我们对西班牙和英国的要求。"（对西班牙的要求是开放密西西比河，第二年，平克尼在没有法国帮助的情况下实现了这一目标。）门罗认为，现在该夺回我们理应拥有的东西了。"英国当然不具备对我们发动战争的条件，即使我们夺取她的加拿大；如果我们能把英军拦在湖区外，

她就更不会愿意与我们交战了。"³³

但是，杰伊的谈判仍然是一件麻烦事，这与门罗的宏伟愿景不符。12月中旬的时候，门罗被报纸上的草率报道误导，担心杰伊可能真的会成功。如果真是那样呢？万一英国答应我们的所有要求呢？"如果发生了这种事情，"他激动地写信给伦道夫，"我知道你们会陷入的困境。"伦道夫明智地没有让华盛顿看那封信，但他对门罗的好战建议越来越感到不安。³⁴

当然，在这时候，杰伊实际上已经签署了条约，但条约的具体内容直到次年7月才公布，所以此时门罗和其他人都一无所知。这让门罗的处境变得更加困难，因为在法国驻美公使的敦促下，法国人开始向他施加压力，要求他提供一些他无法提供的细节。他最初得到的指示是，"为了消除与杰伊先生前往伦敦的任务相关的任何猜疑，他可以表明，杰伊先生被明令不得签订削弱美国与法国之间关系的协议"。门罗在他与法国政府有关这一问题的所有通信中都肯定提到了这一点。此外，他还告诉法国人，杰伊先生只能要求归还哨所和赔偿财产损失，而没有被授权缔结商业条约。伦道夫一直被这件事困扰，他当然知道情况并非如此，事实上，他现在已经看到了条约文本，于是他又写信给门罗：

> 你的意思是，你收到的指示相当于说，杰伊先生除要求赔偿被掠夺的财产和归还哨所之外，没有其他任务。现在，我请你回想一下，在提名杰伊先生时提交给参议院的各种议题，可不仅仅限于以上两点。难道你不记得，杰斐逊先生对英国拒绝签订商业条约的批评，以及他的商业报复计划了吗？错过这样一个好机会来表达我们所有的不满，这不是很奇怪吗？……不是还有人提出反对……认为条款过于宽泛，足以满

足任何谈判目的吗?"[35]

早在收到这封信之前,门罗实际上已经承诺,一旦拿到条约副本,他就会在条约内容公开之前给法国人看。但杰伊拒绝让他看到条约副本,除非以保密为条件,所以他无法做到这一点。华盛顿后来评论说:"他总是想着尽早拿到条约,然后给法国政府看,他……希望看到美国行政部门像他一样草率,在将条约提交给参议院之前就颁布条约。"法国人什么时候在批准条约之前给我们看过条约内容?"只有对社会礼仪毫不在意的党派人士才会提出这样的要求;其他人都不会让自己陷入这样的窘境。"[36]但门罗并没有就此罢休,到了1795年9月,他又开始鼓吹前一年好战的计划。当华盛顿收到门罗的电报时,他正在准备年度致辞。华盛顿计划在致辞中感谢上帝赐予美国和平与繁荣,感谢国家通过谈判解决了所有悬而未决的争议,避免了战争的威胁。然而,门罗在这封电报中再次表现出强硬态度,提议法国和美国联合起来震慑英国。《杰伊条约》的内容现在已为人所知,法国对条约非常不满。在门罗看来,条约给美国带来的只有耻辱,没有任何好处。门罗认为条约永远不会被批准,因此他现在建议在法国或瑞士重新进行谈判(他本人将是负责谈判的合适人选);美国要和法国联手参加谈判,并实际使用武力来支持谈判,而不仅仅只是展示武力。为了"确保成功",他大声疾呼,"让我们充满热情地为我们的政府服务,让英国感到恐惧。我们有必要控制英国在美国境内的财产,夺取哨所,然后入侵加拿大。这将确保我们对英国提出的要求得到满足,尤其是如果我们也通过私掠船来破坏她的贸易;而且,还可以通过果断而有力地转向法国,从根本上促进世界和平"。[37]

可能就在华盛顿考虑这篇赞扬法国不可战胜并预言英国即将毁灭的电报时,另一位驻欧洲的美国外交官的报告引起了他的注意。

约翰·昆西·亚当斯当时正在海牙。他写道：

> 英国的力量还远远没有耗尽，她在海上的力量从未像现在这样强大。她的海军优势无可争议，无论是在地中海、大西洋、海峡还是北海，一艘法国或荷兰的武装船几乎不可能冒险离开港口而不被拦截……在上一个航季成功击退英国商船的法国护卫舰都已被俘，或者不敢在海上逗留。在过去的几个月中，他们几乎没有任何捕获……[38]

门罗怎么可能不知道、不考虑或不报告这些重要的信息呢？

到了1796年春天，行政部门内部普遍认为，门罗出使法国只会增添麻烦。门罗显然不会按照职责要求，面对法国人，坚定而积极地捍卫《杰伊条约》。新任国务卿蒂莫西·皮克林在1795年夏天伦道夫的丑闻曝光后上任，他不止一次地提醒门罗，门罗在这方面有许多机会，但却没有好好把握。[39]同时，法国人向门罗表达了对该条约的谴责，并警告说，他们将不得不采取措施来表达不满。法国将很快派遣一名特使前往美国，宣布他们认为联盟已经结束，而且可能不会派遣新的公使，以接替自己要求被召回的阿德。门罗本人强烈反对该条约，并且难以掩饰自己的观点，他认为法国人对该条约的愤怒是合理的。他的这种观点通过私人信件在他的共和党朋友圈内传播，已经众所周知。[40]但最重要的，以及超出任何一个美国人的想象的是，他与法国人暗中勾结，反对自己的政府。他先是让法国人期望众议院的共和党多数派会否决执行条约，接着又为期望落空找借口，最后还建议法国外交部长等共和党在即将到来的1796年选举中将现任政府赶下台，届时一切就会好起来。门罗告诉他们，与法国的对抗"将迫使美国政府投入英国人的怀抱，成为其影响下的附庸；贵族主义将在美国占据主导地位，自由将遭到背叛。另一方面,如果你们耐心忍受现任总统的错误,就不会给他们留下任何借口。你们将激励美国人,在下次选举中发挥影响力,做出相反的选择。每一个引起法国人不满的问题都将得到纠正"。[41]

华盛顿从未想到门罗的行为会如此极端,但现在,他有充分的理由怀疑门罗的活动有问题。门罗一年前写给乔治·洛根(George Logan)的一封信是最后一根稻草,这封信在1796年7月初才到沃尔科特和皮克林的手里(具体途径不明)。在信的附言中,门罗提出将定期向洛根提供一系列信件,这是第一封。这些信件的内容将涉及法国的一些事情,是"一位住在巴黎的绅士写给他在费城的朋友的"。这些信件可以通过贝奇的报纸为公众知晓。这封信充满了对法国军事成就的赞美,以及关于英国的警告,"我们不应该过于信任与那个国家签订的条约"。忙碌的约翰·贝克利收到了一份副本,杰斐逊、伯尔和罗伯特·利文斯顿也都收到了。门罗在信中告诉洛根,"您可以私下联系B先生[贝奇],进行秘密安排,他也有我的这些信件"。[42]

华盛顿和整个内阁现在都同意,必须召回门罗。总检察长查尔斯·李表示,美国驻法公使"与美国总统沟通时,还不如与政府的反对者和诋毁者沟通时真诚。而且……有太多的理由让人怀疑,门罗是在为美国某个派别的观点说话,而不是为了美国的和平和福祉"。[43]

与此同时,一系列消息传到费城,表明了法国对美国的忠诚程度。这些消息涉及法国人对西班牙属地路易斯安那的意图,这种意图与詹姆斯·门罗在同一问题上的天真想法形成了鲜明对比。从上任以来,门罗多次在信中表示,法国愿意并希望协助美国打开密西西比河的航道。1795年5月,门罗提到,即将在巴塞尔与西班牙谈判和平条款的法国大臣已得到指示,"在其条约中确保我们坚持的观点",而且西班牙人会发现,"如果不与我们达成良好的谅解,那他们也不能期望或保持与法国的良好关系"。实际上,法国的谈判代表从未收到过这样的指示,不论法国人在巴黎对门罗说了什么，都只是为了哄他高兴而已。相反，法国谈判代表正在努力说服西班牙将路易斯安那割让给法国，并承诺法国人将关闭美国在密西西比河上的贸易通道，阻止美国向西扩张。[44]而在美国，法国公使皮埃尔·阿德派维克多·科洛（Victor Collot）将军作为间谍，对从匹兹堡到新奥尔良的密西西比河流域进行侦察；从1796年3月起，华盛顿不断从各种渠道收到关于科洛行动的报告。[45]

虽然科洛不是一个优秀的将军，但他有一些制图师和军事工程师的才能。他用大量的笔记和评论，在地图上标注了沿途他认为具有军事意义的定居点、哨所和防御工事。由于他无法保守秘密，有关他和他的雇主制定宏伟计划的传闻很快就传到了费城。传闻说法国即将重新占领路易斯安那，而科洛将试探促使西部居民从美国独立出来，加入法国在西部的新据点的可能性。他们的想法是，由于东部各州可能会受到英国的影响，对抗这种影响的最好办法是法国重新控制密西西比河，这将意味着控制整个西部地区，而且山脉、悬崖和其他天然屏障将使其在军事上坚不可摧；当然，对法国的新盟友西班牙来说，这样做的好处是可以阻止美国向西扩张。科洛公开地向许多美国人夸口，"你们将不得不投入法国的怀抱，放弃不能给你们提供市场的联邦，等等"。华盛顿的消息来源之一是休·亨利·布拉肯里奇，他曾是匹兹堡的和平缔造者，科洛向他透露了这项计划。自威士忌暴乱以来，布拉肯里奇似乎再也不想听到关于加强山口防卫、抵御联邦军队的豪言壮语了。[46]

詹姆斯·门罗可能属于最后一批知道这些计划的美国人。1796年8月，他在巴黎听到了一些"耳语"，并在一封电报中传达了这一消息。但那时，西班牙已经对此失去了兴趣，而门罗的召回令也已经发出了。[47]

关于如何解释詹姆斯·门罗及其在巴黎期间的行为，包括他自以为是的愚蠢、自欺欺人以及其他种种行为，一直是非常复杂的问题。对此，门罗后来的职业生涯，甚至他的基本性格，都无法为我们提供太多线索。在未来的三十年里，他将拥有一段体面而光荣的公职履历。其中甚至包括两次相当成功的外交活动，一次是购买路易斯安那，另一次是于1806年与英国签订条约，该条约与1794年约翰·杰伊签订的条约相差无几。诚然，他的胸襟不能与他同时代最杰出的人物相提并论。然而，就诚实的爱国主义和忠于职守而言，詹姆斯·门罗肯定在共和国早期的功勋人物中占有一席之地。杰斐逊对门罗的这句评价可能很贴切："如果把他的灵魂向外翻开看，上面没有任何瑕疵。"[48] 但实际上，在法国大革命的疯狂中，很少有美国人比门罗更深受其害。这是为什么呢？而当他欣然接受使命，在巴黎代表美国的国家利益时，他又怎么会把事情搞得一团糟呢？

当然，没有人能确定，在18世纪90年代的国际环境中，是否有其他美国人（无论是否像门罗一样具有特殊倾向）能比他更胜任这一工作。不管怎样，门罗承担了一些沉重的责任，但并非所有的过错都是由他自己造成的。

另一个应该承担责任的是不幸的美国国务卿埃德蒙·伦道夫。伦道夫本身就是一个大问题，他遮遮掩掩、犹豫不决，这让人们很能理解为什么在1795年夏天，华盛顿会抛开所有的内疚感，强烈要求彻底摆脱这个人。伦道夫和门罗一样，有亲法情绪，但他表现得较为模糊。正因此如此，在总统"几次尝试"（华盛顿自己的话）"都未能找到更合适的人选"后，伦道夫才推荐门罗前往巴黎。1794年春，当制定前往英国的特别任务的计划时，伦道夫和门罗都极力阻挠这一计划，有证据表明他们或多或少进行了协同行动。伦道夫本人对杰伊使团从未抱有任何信心，而且他让门罗知道了他的想法。他在一份公文中告诉门罗，"公报中宣布了对商人进行赔偿的计划，尽管这看上去不错，但根据我的判断,其前景不切实际;至于归还西部哨所,我根本不抱任何希望"。很可能在门罗出发前的私人会谈中,伦道夫更加不受约束地表达了自己的想法。此外,他从未让门罗看过给杰伊的指示,甚至似乎还隐瞒了一些内容。通过暗示和有意忽略某些细节,他让门罗误以为杰伊的权限只限于要求赔偿损失,而不能缔结商业条约。伦道夫后来否认了这一点,但显然他给法国驻美公使约瑟夫·福谢也留下了同样的印象,他后来不得不出面澄清这件事。[49]

既然伦道夫与门罗在许多亲法观点上立场相同,为什么他要误导门罗呢?在大部分时间里,伦道夫都感到十分困惑,他希望与华盛顿以及他在弗吉尼亚州的共和党朋友保持良好关系,但他可能并不完全了解自己。他对杰伊使团的失败有预期或希望,或不管是什么,以及他推荐门罗担任驻法公使的角色,可能与此有很大关系。他可能已经意识到,如果他向门罗详细阐述政府的愿望和抱负,就像给杰伊的指示中所述的那样,门罗可能会给他带来麻烦。门罗可能会拒绝前往法国,或者没有足够的精力和热情去安抚法国人或把握美英关系破裂可能带来的机会。无论如何,门罗后来抱怨说没有人把政府的真正意图告诉自己,这种抱怨是有一定道理的。但需要补充的是,由于真实情况与他的个人想法相差太远,他很容易受到误导。[50]

然而,与伦道夫相比,门罗还面临着一个更不利的因素,而这完全超出了他的影响力范围,甚至是理解能力。那就是法国人自身,以及他们在这场席卷欧洲的冲突中所面临的紧迫性,更不用说他们自身远未稳定的内部状况了。这可以作为一个指导原则:如果不考虑到美国在法国政策中微不足道的地位,那么对这一时期法美外交的任何回顾,无论多么全面,都是没有意义的。考虑到法国当时面对的国内和国际形势,也只能采取那样的行动。法国人对美国事务不太关心,感到困惑,态度冷淡,而当时和后来的美国人都没有真正理解这一点,但这必须作为观察和总结整个法国大革命期间法美关系的前提。在法国，历史学家不断地论述关于大革命各个阶段和方面的历史，但其中很少提到美国。而在美国，我们出版了很多关于同一时期法美事务的书籍，但即使是在法国外交史方面最权威的法国人也会觉得这些书籍难以理解，不是因为它们的准确性或细节有问题，而是因为它们与法国历史进程关系不大。[51]

的确，美国反对英国君主制的压迫，并在法国的英勇援助下赢得革命斗争的胜利，建立了一个自由的共和国，这个理念对当时正处于革命动荡中的法国人来说，在意识形态上是非常有用的。对詹姆斯·门罗的接待就是一个很好的例子，而且这并非偶然。1794年8月2日，门罗抵达巴黎，当时正值罗伯斯庇尔被处决后的第五天，他等了近两个星期才被接见。公共安全委员会正忙于处理更重要的事情；没有人愿意在此事上花费精力。虽然处决期已经接近尾声，但谁也不敢确定；而且，任何一步出错，即使微不足道，也可能导致官员被送上断头台，谁能保证不会呢？与此同时，由大约700名成员组成的国民公会开始重新夺回权力，其间，一名外交部工作人员突然想到，国民公会或许希望亲自接待这位新来的美国公使。每个人都认为这是一个非常好的想法，也许确实如此。法国刚经历了整个大革命中最恐怖、最分裂的时期，特别是在罗伯斯庇尔倒台前的最后几周，几乎没有人知道第二天会发生什么。现在，有机会举行一场盛大的表示重新团结的仪式。在雅各宾派致力于清除内部叛国分子和分裂法国人之后，这场仪式可能在完全安全且无争议的基础上，重新唤起革命的团结精神以及1789年最初的慷慨和热情。而美国作为一种抽象概念和西方神话中的共和国，提供了一个完美的场景。[52]

抽象的意识形态固然重要，但当这个场景结束时会发生什么呢？如果美国被视为一个实际存在、有自身独立利益的实体，那又会怎么样呢？这的确是另外一码事。对法国人来说，这并不是一个非常紧迫的问题。例如，门罗奉命就美国航运的损失和法国对美国的一般商业政策提出交涉——法国目前在这方面的政策与英国的差不多，其中包括1793年5月颁布的一个令人困扰的法令，该法令授权扣押美国货物。委员会对门罗说了一些礼节性的话，但没有立刻采取措施解决问题，也没有对造成的损失进行赔偿。但是，英国人撤销了其1793年6月的枢密院令（令人讨厌的"粮食令"）后，情况就不同了。法国没有借口对中立国的贸易采取比英国更严厉的态度，因此在1795年1月，法国撤销了该法令（还使用了一些高调的言辞来讨好门罗）。[53]

正如我们所说，在意识形态方面，美国人对法国有一定的利用价值。但除此之外，还有什么其他价值吗？人们可能会认为，无论革命热情是否存在，世俗的法国人一定很清楚他们想从美国获得什么，以及美国如何做才能符合他们的利益。但是，他们中的许多人是否真正深思熟虑过这个问题，这一点值得怀疑。例如，法国可以从两种明显不同的角度来看待美国：作为食物来源国，或作为战争盟友。然而，很少有法国人确定地知道哪种角度对他们更有利。

其中，将美国视为粮食供应国无疑更合乎逻辑，因此，美国的中立是很重要的。事实上，1793年推翻吉伦特派的雅各宾政权曾明确地告诉热内，他应该把物资运输视为自己最重要的目标。而在1794年夏天，大量的美国谷物和面粉对法国也确实非常有帮助。然而，物资需求并不是法国政策中的一个稳定因素。首先，这种需求只有在法国农作物歉收时才变得紧迫；其次，美国不是唯一的粮食来源，甚至不是最重要的来源；再者，1794年6月1日豪将军在英吉利海峡获胜后，法国提供武装护航的能力大幅下降，并在接下来的一年里进一步减弱。此外，美国在1795年夏天还清独立革命时的最后一笔债务后，法国就不再是美国的债权人了。[54]

另一方面，法国是否真的希望美国与英国开战？约翰·昆西·亚当斯当然这么认为，而乔治·华盛顿也毫不怀疑，如果法国能找到一种将我们推入战争的方式，她肯定会这么做。虽然门罗本人没有从这种阴险的角度来看待这件事，但实际上他也同意这一点。他认为，法国人会觉得美国与英国发生某种形式的敌对行动对法国非常有利，而且，正如我们所看到的，他实际上希望促成这种局面。不过，从这里也很难看出法国政策有明确的一致性。如果门罗看到了1794年10月为公民乌达尔（Oudar）起草的指示，他可能会大失所望。法国人原计划安排他（后来改变主意，换成了皮埃尔·阿德）取代福谢担任驻美公使。乌达尔得到指令，应劝阻美国人加入"这场反对专制主义、追求自由的战争"，如果他们决定要报复英国，就不应该指望法国提供援助。[55]但是，当法国于1795年10月建立新的督政府时，新任外交部长查尔斯·德拉克洛瓦（Charles Delacroix）似乎有不同的想法。他在1796年1月针对美国制定了一个引人注目的计划，该计划主要是基于阿德发回法国的信件内容。根据这个计划，法国将"利用搅动美国的骚乱局面，让其公开宣布反对英国"。要实现这一点，就需要煽动民众（"同时巧妙地隐藏煽动者"，即法国公使），推翻华盛顿政府并选举杰斐逊，以重新获得自由，这将让"法兰西共和国获得她对美国应有的影响力"。美国将因此违反《杰伊条约》并加入战争；她将为法国夺回加拿大；法国海军将把美国物资运送到法国及其殖民地（他没有说这些船只来自哪里）；美国人将失去英国的制造业，"这将有利于我们的工业，为我们的商业打开新渠道，从此不再有竞争"。这个计划完全是空想。督政府似乎并没有把这件事当真，尽管他们认为，让阿德在即将到来的美国大选中尽可能挑起事端也无妨。[56]

因此，在法国看来，美国不是一个需要仔细考虑的政策因素。那么，是否存在任何可以被称为"政策"的计划呢？路易斯安那的计划似乎具有一定的明确性，至少从巴塞尔的法国谈判代表所收到的指令来看是这样的，该指令要求其试图说服西班牙将该地区归还给法国，并承诺阻止美国向山脉以西扩张。但这个计划的连贯性如何呢？特别是，如果法国关闭了密西西比河，会有什么后果？即使是杰斐逊也能回答这个问题，几年后他在类似的情况下表示："一旦法国占领新奥尔良，就会永远禁止美国人进入这座城市……从那一刻起，我们必须与英国的舰队及英国这个国家建立紧密联系。"[57]法国人没有足够的舰船和军队来进行如此大规模的行动，而英国皇家海军只需要少量船只就能轻易地封锁新奥尔良（美国人在1798年中期的海上力量也足以做到这一点）。与此同时，美国民兵可以在几个月内占领整个密西西比河谷。的确，拿破仑·波拿巴（Napoleon Bonaparte）在1800年也曾幻想过占据路易斯安那。但至少他拥有一支军队，或者至少自认为拥有。另外，1796年的西班牙实际上还不想放弃路易斯安那，所以这一计划没有取得任何成果。总之，法国人试图用空洞的幻想转移注意力。如果他们像波拿巴最终不得不做的那样，全面审视这个问题，这一点就会变得显而易见。

另一个问题是法国对《杰伊条约》的反应，以及这对法国后来对美国的态度产生了多大影响。答案可能是，"法国"根本没有反应。从官方报纸来看，即使是法国政府的反应也很迟缓。1794年12月，《箴言报》（*Moniteur*）刊登了一则简短的消息，称英国和美国在伦敦缔结了商业和航海条约，但未作任何评论。九个月后，这家报纸又刊登了一份同样简短的条约大纲，仍然没有评论。当时，美国的共和党媒体实际上通过法国驻美公使皮埃尔·阿德向其政府转发的大量批评报道，告诉了法国人应该如何反应。阿德恳请公共安全委员会采取必要行动。"欧洲知道这个条约已经六个月了，你们做了什么？有人知道你们对条约的看法吗？你们是否感到不满或受到冒犯？难道你们的沉默不会被视为默认吗?或者说,难道不会让人们觉得你们对这个国家的事务不感兴趣吗?"[58]

其实,法国人在1796年开始攻击美国船只,给美国航运业带来了极大破坏,但他们这样做并不仅仅是因为《杰伊条约》,更是为了应对与英国的战争危机。法英两国的冲突始于1793年,将持续近1/4个世纪,在这种情况下,不时采取行动破坏中立国的商业,特别是可能最终运抵敌方港口的货物,是不可避免的。两个国家都采取了这样的行动;事实上,从战争开始以来,他们就一直断断续续地这样做,不受政府官方关系状况的影响。在他们看来,这是必要的,因此不需要非常充分的借口。对法国人来说,还有另一个必要性,尤其是在1795年10月督政府成立后的时期,那就是资金问题。从那时起到督政府倒台的四年里,法国财政的严重紧缩状况主要归咎于督政府的政策,而不是因为美国或欧洲其他小国的任何行动。

至于基于《杰伊条约》的借口,法国人可能需要的任何提示都是从美国人那里得到的。几个月前,当门罗还不知道这份条约的内容时,就一直在暗示他们,如果签署了这份条约,他们应该如何应对。他一直在清晰地表达自己的感受;之后他的失望也十分明显。更为明显的暗示来自美国的共和党人,更不用说在巴黎的美国侨民社区了。事实上,当督政府最终下令,要求法国人从此以后"对待中立国船只……与英国人对待它们的方式一样"时,法国人几乎不需要《杰伊条约》来为行动提供理由了。他们也可以提及其他的抱怨,并且确实这样做了。从热内开始,法国驻美公使一直都以自己的特殊方式解读1778年的法美条约中关于对私掠者的处理方式及其他事项的条款,并因此积累了对美国政府的大量不满。巴黎当局对此并未给予太多关注。但所有这些都被记录在档案中,以备后用。[59]

尽管如此,他们还是采取了一些混乱的、欠考虑的,甚至是盲目的行动。1796年7月2日的法令对商业的处理方式非常笼统和草率，几乎可以为任何事情提供借口，实际情况也的确如此。此外，他们对待门罗的继任者查尔斯·科茨沃思·平克尼（Charles Cotesworth Pinckney）的方式也很不合理。平克尼于1796年12月抵达巴黎，他是联邦党人，但并不令人反感。他被选中担任这一职位，正是因为他对法国的友好态度，美国期望能以某种方式修复两国关系。但是，由于对门罗被召回感到不满（督政府认为让门罗留在身边很方便，尽管他们已经几个月没怎么理会他），法国政府不仅拒绝接待平克尼，还实际上要求他离开法国，这违反了所有已知的外交惯例[60]（托马斯·潘恩又回到了之前自由职业顾问的角色，对美国事务提供咨询。他曾告诉督政府中的某位成员，对平克尼的任命是违宪的）。与此同时，督政府在处理他们在美国的外交机构问题上，提出了一系列令人恼火的草率计划，随后又修改或放弃这些计划。

首先，他们考虑任命一位特使，替换对美国不满且想回国的阿德。这位特使就是公民文森特（Vincent），他的任务是要求对阿德一直抱怨的违反条约的行为进行赔偿，努力废除《杰伊条约》，并提出新的联盟条约。如果美国人没有做出适当回应，他就会离开。原本计划文森特在1796年3月启程，但由于某种原因，督政府改变了主意，他们决定让阿德暂时留任。后来，当阿德最终离开时，他们没有任命一位新的公使，而只是任命一名临时代办来接管公使馆。督政府任命的临时代办是脾气暴躁的米歇尔-安格·德·曼古里特，他曾在查尔斯顿担任领事，后来又被派往马德里的法国公使馆，但他已经成为不受美国和西班牙政府欢迎之人。门罗设法说服他们改变这一决定。最后，他们仍然决定召回阿德，但没有任命任何继任者。阿德将暂停他的公使职责，并在一段时间内以普通法国公民的身份在美国尽其所能地发挥作用。根据法国政府的声明，这一决定并非意味着彻底决裂，而是"表达不满的方式,直至美国政府恢复理智,采取更符合双方利益和两国盟友关系的措施为止"。⁶¹阿德对杰斐逊寄予厚望,继续积极谋划共和党在选举中获胜。然而,包括詹姆斯·麦迪逊在内的许多共和党人都为此感到沮丧;这正是华盛顿在最近演讲中所指的那种"外国干涉"。

最终,阿德无奈地放弃了对杰斐逊的期望,失望地得出结论:杰斐逊并不比其他人更可靠。"我认为,杰斐逊是美国人,所以他不可能真正成为我们的朋友。美国人天生就是所有欧洲人民的敌人。"⁶²

在法国历史书中寻找这方面的记载是徒劳无果的,这种情况可以理解,主要有两个原因。首先,如果美国想发挥更大的作用,或者被认真对待,就需要有足够的实力和意愿,能够在法国与欧洲盟国君主的斗争中给予法国积极援助。任何一个法国人,即使他不知道其他事情,也一定会明白这样的条件是不存在的。因此,合乎逻辑的对美"政策"就是操纵对方,只要符合法国的利益。

美国在法国关于这段历史时期的记载中默默无闻,还有一个原因是,正是在这段时间里法国发生了一些与美国毫不相关的事件,这些事件改变了革命的进程,也改变了欧洲的面貌。督政府虽然以某种形式一直延续到1799年11月,但它从未受到民众的欢迎。它建立在狭隘的政治基础上,长期面临着来自右翼和左翼的威胁。督政府的崭露头角始于1795年10月镇压旺代地区保王党的葡月政变;紧接着在次年5月,爆发了一场企图推翻督政府的激进运动"巴贝夫阴谋"(Babeuf conspiracy),这场运动遭到了镇压,领导人被处决。大约两个月前,当时年仅27岁、已升任准将的科西嘉炮兵军官波拿巴强制关闭了先贤祠俱乐部(Panthéon Club)。该俱乐部是巴贝夫主义者(Babouvist)在转入地下之前的聚会场所。他还用著名的"轻风般的葡萄弹"(whiff of grapeshot),帮助平定了旺代地区的葡月政变。现在,还是这位波拿巴,指挥着一支小型军队,在意大利创造了令人难以置信的壮举。他在实际中拥有完全的自主权,不需要听命于任何权威。他征服了一个又一个省份,而他给督政府发回的消息让他们既喜悦又惴惴不安。波拿巴在4月份完成了对皮埃蒙特的征服,然后进入伦巴第,接着在洛迪奇迹般地击败了奥地利人,之后到达帕维亚和克雷莫纳,最终于5月15日胜利进入米兰。路易·马德兰(Louis Madelin)说:"他已经成为意大利整个国家的最高决策者。"三年后,他也将成为法国的最高决策者。[63]

至于门罗的任务,最终的不利因素是詹姆斯·门罗本人。这与他的能力、性格或爱国主义无关,当然也不是善意问题。更准确地说,他被困在一种意识形态的利害关系中,只能以一种方式看待事件本身和自己的角色,只能去做、说和相信一些他原本无法想象的事情。然而,如果将门罗对美国和法国大革命的看法视为某种既定事实,那么他对所见所闻的反应方式就有了一定的合理性,甚至值得同情。

门罗到达巴黎时,他所持的基本信念是,英国从根本上是腐败的,其本质上是软弱的,可能即将崩溃,这种信念体现在他的所有报告和行动中。法国和美国这两个姐妹共和国在削弱英国实力方面的利益是一致的。只是由于像古弗尼尔·莫里斯这样坚决反对共和主义的人,法国人一直误解了美国的真正立场。但现在,他,门罗,作为一位真正的、毋庸置疑的共和党代表,将让法国人重新认识美国,重建兄弟般的情谊,并将美国从最邪恶的灾难中拯救出来,以免其重回到英国式君主制的道路上,重新被奴役。

一切都开始得很顺利。他作为核心人物出现在国民公会前的那一幕,无疑是他人生中最辉煌的时刻之一。接着,他在陈述美国的商业时,以坦率和宽宏大量的态度向法国人保证,他不是基于美国在双边条约下应享有的权利,而是基于法国的利益在各个方面都与美国相一致。这让法国人感到惊讶(他一定是这么认为的)。因此,如果法国持有不同观点，美国仍愿意"耐心而愉快地"承受其限制。到了11月份，有迹象显示他的努力开始见效。1795年初，随着1793年5月的粮食令被废除，他欣喜地发现，自己对事情的看法和处理方式已被证明是正确的。此外，法国在整个1794年接连取得的胜利，以及即将迎来的更多胜利，让他兴奋不已。这些成功不仅符合法国的利益，也符合美国的利益，有力地证明了法国对未来走向的掌控。他和他在美国的所有共和党朋友都一直坚信，美国和法国的命运天然、不可避免地联系在一起，这种观点是正确的。他在写给国内的报告中指出，这是一个绝佳的时机，他列举了一连串令人惊叹的可能性，并恳请美国投入财政甚至军事资源，与法国携手，彻底击败英国，并在美国和欧洲开启一个新的共和时代。

然而，约翰·杰伊在伦敦的使命及其可能带来的威胁，给一切都蒙上了阴影。这一切到底意味着什么呢？几个月过去了，不安的预感变成了一场噩梦。对门罗来说，这场噩梦永远不会结束。他曾经握在手中的绝佳机会和奖赏就这样溜走了：这宗臭名昭著的交易让他所有的努力都化为乌有。他在任职最后一年遭遇的一切——东道国的忽视；他们令人受伤的指责；法国撤回对开放密西西比河的援助；本国政府的无情否定；他的任务正走向毁灭，也许他的职业生涯也就此终结——都只有一个解释。难怪他会抓紧救命的稻草，向朋友们发出疯狂的警告，写下轻率的信件，甚至恳求法国人保持耐心，等待共和党人在即将到来的选举中扭转局面。伟大的联盟已经瓦解了。这是法国的错吗？怎么会这样？这一切都是英国及其在美国的受骗者造成的。当然，门罗在1796年7月对该条约进行了迟来的捍卫。但是那时已经太晚了。"我已经拖延了他们七个月的时间，"他苦闷地喊道，"阻止他们做本来会立即做的事情。"[64]

虽然华盛顿的告别演说并未明确提及任何人或任何国家，但詹姆斯·门罗非常清楚总统想要表达的意思。他理所当然地再次哀叹：

> 世界上大多数君主在与其他国家做交易时都忘恩负义……然而，华盛顿先生值得称赞的原因，并非在于他超越了古代共和国的伟大人物，而是在于他超越了那些把这作为一种公开美德进行宣扬的现代小国君主。[65]

第三节　1796年的政治状况

当提及华盛顿的退休，几乎所有作者都会引用费舍尔·埃姆斯的观点。他认为，告别演说的发表，"发出了一个信号——就像扔下了一顶帽子，让党派竞争者开始行动"。[66]这是一个有趣的比喻，也不完全错误，但却极具误导性，会让人误以为这是一场现代选举，有全国性政党、全国性政党候选人以及统一协调的政党战略。1796年的选举与此几乎毫无相似之处。当分析一场典型的选举时，例如19世纪中叶的选举，人们通常可以参考一些可靠的变量，但这里却几乎没有这些变量。然而，埃姆斯至少有一点是正确的：他意识到1796年的选举存在一个关键因素，这个因素永远无法适用于其他选举，那就是乔治·华盛顿及其树立的政治思维习惯方面的榜样。但即便考虑到这些，1796年的政治还是出现了一些令人费解的反常现象。

首先，从国会和各州立法机构的情况来看，1796年的政党状况并没有预示未来的变化。也就是说，如果想要预测联邦主义和共和主义这两大党派意识形态的相对实力和稳定性，或者想察觉"共和主义"观点将在未来几年内成为绝大多数美国人民的主要政治主张，并在未来一代人中支配他们的政党行为的迹象，那么1796年的选举结果对此并无太大帮助。如果说有什么变化的话，那就是联邦党人的当选人数有所增加。最精确的统计数据显示，在1794年选举产生的第四届国会中，有57名联邦党人和58名共和党人，而在新一届国会中，则有64名联邦党人和53名共和党人。需要注意的是，候选人在竞选时通常不会强调自己的党派关系（很多时候他们并没有党派关系），因此我们只能根据他们上任后的表现来判断其党派归属。[67]

州立法机关的情况更为模糊。在州政治和国家政治最相关的地方，即纽约州、宾夕法尼亚州、马萨诸塞州和佐治亚州，前3个州拥有强大的联邦党多数派，而第4个州则坚定地支持共和党。弗吉尼亚州也可以被视为共和党阵营。但在其他地方，例如南、北卡罗来纳州和新英格兰其他地区，这种归属并不明确。南卡罗来纳州属于"联邦党派"，我们在后面会看到这有些奇怪，北卡罗来纳州属于"共和党派"的情况可能也类似。州立法机关不是寻找新兴政党模式的理想场所。无论是在州议会还是在国会，这些迹象都很不确定。

关于总统的问题，1796年的情况受到一些结构性因素的影响，与现代政治逻辑并不相符。当时的宪法有一些反常之处，但在随后的10年里得到了解决。另外，各州的选举法也存在差异，然而，随着时间推移和经验积累，这些问题也得到了修正。这些因素导致了后来的标准很难适用于1796年的"党派竞争者"，也妨碍了当时形成广泛包容的政党联盟。根据当时尚未修订的宪法第2条第2款，总统和副总统的选举人票不作区分，这就导致总统选举无法充分体现全国性的意愿，难以发挥真正的国家功能。也就是说，缺少一种"平衡的"选票机制，这种机制能够吸引广泛的州和地区的（实际上是全国性的）联盟，使候选人合法化并获得民众支持。这种工具在1796年还不存在。相反，选举人可以自由选择他认为合适的任何两名候选人，即使他们来自对立党派。因此，无论事先为确定一对合适的候选人做了多大的初步努力，例如召开国会党团会议或进行政党精英之间的非正式通信，影响可能都不会太大。如果州代表碰巧对这种组合中的某一名或两名候选人不满意，可能会拒绝支持，就像1796年弗吉尼亚的共和党人决定不支持亚伦·伯尔竞选副总统一样。这种行为可能导致反对党的候选人当选为副总统，但这在当时被视为一个次要问题。

由于各州的选举法不同，没有统一的激励措施促进协作。选举人既可以由州立法机构选出，也可以由议会选区选出，甚至可以同时采用这两种方式；在全州范围内由公众投票选出选举人还不是一种常规做法。区域投票更容易增强对地方的忠诚度和地方权贵的影响力，而不是鼓励州内党派组织的发展。另一方面，由州议会选出选举人的做法，大大降低了公众对总统大选的关注度，使其不再是一场广泛的"竞选活动"（campaign）（当时甚至还没有出现这个词）。也许可以说，1796年的选举人团基本符合建国者的设想：民众或其代表选出最优秀的公民担任选举人，而选举人在没有受到胁迫的情况下，通过会议选出两位最适合的候选人担任国家的最高职位。国父们既没有预料到也不希望出现的事情是，总统竞选由相互竞争的政党组织，且使尽可能多的选民参与其中。[68]

然而，1796年的选举并未完全符合国父们的设想。那时已经存在党派分歧，尽管其还没有清晰到可以用来进行分析；已经建立了州级组织，尽管缺乏凝聚力和纪律性；已经有全国性的候选人，尽管并非在所有地区都受到认可。所有这些都向我们揭示了一个正在自我塑造的政治体系，以及一场充满诸多不合理因素的"竞选活动"。

其中一个问题是候选人的行为，另一个问题是选择候选人的方式。在国会中，共和党党团会议提名杰斐逊为总统候选人，对全国大多数共和党人来说，这一选择或多或少是理所当然的。但提名亚伦·伯尔作为副总统候选人就不一样了。在最终的投票中,伯尔远远落后于杰斐逊;他在弗吉尼亚州只得到一票;杰斐逊的主要支持者认为没必要支持伯尔,而伯尔到了1800年也没有忘记这一点。[69] 然而,从任何现代视角来看,杰斐逊的行为都显然非常奇怪。他一直待在蒙蒂塞洛,避免做出任何承诺,只是说他认为最佳候选人是詹姆斯·麦迪逊。有人推测,他并不渴望接替华盛顿。与此同时,麦迪逊本人最担心的是,杰斐逊公开宣布不参加竞选,从而破坏共和党的所有努力。在现代人眼中,最终的一幕颇有某种昔日的魅力:候选人的主要朋友和推荐人,詹姆斯·麦迪逊,整个夏天都远离蒙蒂塞洛,因此候选人没有机会告诉他自己不想参加竞选。[70]

联邦党的官方候选人(按照当时"官方"的含义)是现任副总统、来自马萨诸塞州的约翰·亚当斯和来自南卡罗来纳州的托马斯·平克尼。从表面上看,这是一种非常"平衡"的选票机制,而且与杰斐逊不同,亚当斯显然希望当选总统。但亚当斯根本没有将总统职位看作党派之争。他认为,这只是对他在公共服务领域近三十年杰出贡献的认可。当亚当斯后来发现有人暗中推举平克尼竞选总统时,最令他恼火的不是党内的背叛行为,而是平克尼的服务和经验根本无法与他自己相比,甚至不值一提(托马斯·杰斐逊的政治立场或许会受到质疑,但至少他凭借过去的服务担任最高职位是无可争议的)。提名平克尼是北方联邦党人的主意。当时,平克尼正在从欧洲回国的路上,在大西洋上的他,对自己被提名为副总统或总统一事毫不知情。因此,无人知晓平克尼对于担任这两个职位有什么想法。托马斯·平克尼有时被称为美国总统史上的第一匹"黑马"(dark horse)。但这是一种误解,这一概念在未来的半个世纪内都不适用。"黑马"——例如詹姆斯·K.波尔克(James K. Polk)——是指全国党派集团在无法团结地支持一个或多个首选的竞选者时,出乎意料地协商选择的人选。而在托马斯·平克尼这件事中，只有少数人在秘密地推动他的总统候选人资格，并且从来没有公开表态。这些人包括南卡罗来纳州的平克尼—拉特利奇派系的支持者以及亚历山大·汉密尔顿身边的一些北方联邦党人。[71]

然而，在1796年，最重要的因素是乔治·华盛顿。有时候，一个人在特定时刻会成为解释历史的关键法则，没有他，就无法解释历史的反常现象，而现在正是这种情况。如果不是因为人们普遍期待乔治·华盛顿成为共和国的第一任总统，那么九年前，费城的建国进程中的几乎每一个步骤都不会发生。那么，当华盛顿离任时，会发生什么呢？几乎所有共和国公民都毫无头绪：在某种程度上，这就好像要重新开始一样。

只要华盛顿有可能连任，即使是很小的可能性，总统职位就不会存在激烈的党派竞争，联邦党人和共和党人都很清楚这一点。的确，总统的判断和行为最近遭到了攻击。然而，华盛顿本人是第一个夸大这些攻击的人，因此，在回顾那个时期时，后人和同时代的人可能会倾向于按照华盛顿的说法，同样地夸大这些攻击。换句话说，今天的公众人物如果只受到和华盛顿一样多的攻击而不是更严重的话，有谁不会心怀感激呢？这些攻击大多可能都出自同一个来源。除了对狂热的贝奇和少数引用并转载其言论的共和党编辑外（他们也许为做了不可想象的事情而高兴地颤抖），即使华盛顿自己也没有太多的抱怨。这当然令人震惊，对他来说也是如此。但之所以震惊，是因为这种情况非常罕见，出乎意料，而且，正如当时大多数人认为的那样，是完全没有必要的。[72]

与后来的总统相比，乔治·华盛顿的总统任期更像是一种"统治"。这不仅是个比喻；在1796年，美国的政治方向尚未确定时，这更是一个具有实际意义的特征。在美国独立战争和法国大革命之前，无论权力的合法性源自何处，欧洲和美国的民众都习惯于将最高权力看作加冕君主的特权。显然，法国人的这种观念根深蒂固，他们很快就会恢复君主制，在接下来的65年里仍然由国王或皇帝统治。但美国人的情况不同。他们可以顺利过渡到共和制，勇敢地永远抛弃国王，这其中的一个原因在于，他们自信地认为，有了华盛顿，他们就不再需要国王。他们有一个适合共和制度的英雄，他具有传奇救世主的所有特质，仿佛从古老的金色迷雾中走出来，满足了人们过去和现在对皇家威严和共和美德的所有期望。他带领美国人赢得了胜利和自由，他曾经退隐到自己的萨宾农场，但在再次被召唤时，戴上了共和国的王冠。他毫无争议地当选为领袖。他像一位明智严厉的族长一样，可靠地履行职责，民众相信他不图私利，而是全心全意为民。他坚忍不拔地应对每一次危机，以公正和宽容的态度平息暴乱，以身作则，说服人民接受起初看似可憎的与压迫者签订的条约，并为他们带来和平、幸福和安宁。因此，这个大声宣称已摒弃一切君主制遗迹的民族，上演了历史上最具讽刺性的一幕。美国，这个新时代的共和国，诞生了无疑最接近博林布鲁克想象的爱国者君主，他是一位理想的统治者，以无私之心治理国家，超越了一切阴谋，而且不受派系和党派的干扰。

但是，尽管有华盛顿的努力，政党还是出现了；即使是华盛顿也无法阻止。政党将会一直存在，这也意味着美国再也不会有"统治"，也不会再有像华盛顿这样的人物。然而，那时，正是由于总统职位具有某些君主特征，再加上政党之争的异常现象，权力更迭问题变得非常复杂和混乱。

共和党人尤其清楚这一点。杰斐逊十分担忧华盛顿对民众情感的控制力，以及躲藏在他保护伞下的"独裁者""英国人"和共和主义的真正敌人（这是一个老调重弹的邪恶议员蒙蔽了君主耳目的故事）。1796年6月，杰斐逊对众议院未能阻止《杰伊条约》感到非常失望，他写信给门罗："国会已经休会了。你会看到……一个人对民众的影响力超越了其他所有人,民众支持他的判断,而不是他们自己及其代表的判断。共和主义只能暂停行动,把船交给舵手,任由舵手决定最适合他们的路线。"他还写信给麦迪逊:"诅咒他的美德,这些美德毁了他的国家。"[73]然而,华盛顿的美德所毁掉的并非共和党人,而是联邦党人。

从表面上看,1796年的联邦党人可以满怀信心地期待一场辉煌的胜利。他们不仅建立了政府,而且解决了联邦面临的所有悬而未决的难题:安抚了印第安人,打通了密西西比河,并获得了稳定的国家信用。尽管与英国和法国之间存在困难,但这个国家保持了令人尊敬的中立立场,与世界和平相处,并享受着1789年时难以想象的物质繁荣。联邦党人可能会对过去八年的成就非常满意。然而,对于这些福祉,公众感激的不是联邦党人的智慧和政治才能,而是华盛顿的智慧和政治家风度。

此外,有一种奇怪的观点认为,联邦党人(尽管他们个人可能在公共生活中经验丰富),作为一个整体,甚至比共和党人更缺乏承担权力的责任的准备。联邦党人一直有华盛顿的道德威望作为后盾,不像共和党人那样需要争取广大民众的支持,因此,作为独立的实体,联邦党人在公众忠诚度上的凝聚力不如共和党人。即使是他们最引人注目的胜利,即扭转舆论,挫败了众议院不为《杰伊条约》拨款的企图,表面上也是代表总统争取的。他们认为自己根本就不是一个真正的政党,而是"政府之友"。他们效忠于国王,但现在他们即将失去他们的国王——就像共和党反对派一样,他们也觉得再也不会有另一位国王了。事实上,华盛顿所代表的领导模式,也是联邦党人必然受其约束的模式——严厉的爱国者君主,远离党派阴谋,不受民意冲动的干扰。但在这个世界上,有抱负的人越来越渴望获得社会和政治认可,不愿意让内部精英、严厉的爱国者君主或其他人管理他们的公共事务,这种模式也就越来越成为一种负担。华盛顿所体现的价值观,如责任和公共服务，恰恰是排他性统治的正当性基础，联邦党人发现很难想象在其他价值观下执政。他们也不愿意讨好民众，而且他们常常这么说。

另一方面，尽管共和党人在条约问题上最近遭遇了一连串的选举失败，但他们显然不受这种规范的限制。作为局外人，他们别无选择，只能向最广大的民众发出呼吁，因此，理论上任何可能支持他们反对独裁者和英国人的人都应被征求意见，甚至参与共和国的治理过程。此外，如果联邦党人声称自己是华盛顿的继承人，那么，共和党人则可以宣称拥有更广泛的东西。他们成功地抢占了美国观念中的主要元素。这是一种在革命时期形成的核心世界观，体现了狭隘而影响广泛的仇英情绪，对税收、金钱操纵者、强大的军事和海军机构以及"充满活力的"政府持一种传统的怀疑态度。这是一种普遍情绪，从长远来看，更适配于不断扩大的共和党的普通目标，而不是联邦党那种即使在其最好情况下也显得苛刻和排他的标准。意识形态的较量从来是不公平的，而共和党人可能已经赢得了这场竞争，不管他们是否意识到了这一点。而且，除了意识形态之外，与联邦党人不同的是，共和党人已经做好了充分准备来吸收越来越多的新党员，其中一些人已经很富有，并在不断扩张的商业世界中迅速崭露头角。[74]

这种混杂了新、旧标准的不协调状况，使得1796年的总统竞选陷入某种不确定状态。在华盛顿宣布退休之前，竞选根本不可能启动。"政党竞选人"没有开展竞选活动；双方候选人也都没有发表任何演讲或发布声明。然而，在各自的报纸宣传中，也许存在着一些值得注意的差异。共和党的编辑们，如本杰明·贝奇等，经常与党内重要人物保持联系，而联邦党最主要的编辑代言人，如威廉·科贝特（William Cobbett）和约翰·芬诺等，则从未与联邦党领导层建立过亲密或平等的关系。[75]一般来说，各州的选举程序会因选举人产生方式不同而有很大差异。

在纽约州（这个州与宾夕法尼亚州一样，政党划分情况与联邦最为接近），所有选举人都由立法机构选出。因此，联邦党人在春天赢得两院多数席位时，总统问题实际上已成定局。亚当斯和平克尼将各获得12票。在马萨诸塞州，一部分选举人由立法机构选出，其余的则由选区选出，尽管共和党反对派极力阻挠，亚当斯还是拿下了所有选票（广受欢迎的塞缪尔·亚当斯刚刚以压倒性优势连任州长，但即使是他，在作为共和党人竞选第一选区的选举人时，也败给了一个无名小卒）。所有第二张选票都投给了平克尼。尽管共和党在佛蒙特州和罗得岛州非常努力，但新英格兰其他地区还是将票投给了约翰·亚当斯，而新罕布什尔州的一些选举人担心平克尼在南部获得的选票可能超过亚当斯，于是将他们的第二张选票投给了新任首席大法官奥利弗·埃尔斯沃思。联邦党人还赢得了特拉华州和新泽西州的选票，并与杰斐逊平分了马里兰州的选票。弗吉尼亚州以压倒性优势支持杰斐逊，亚当斯只获得该州西部一名选举人的选票，而宾夕法尼亚州也是杰斐逊的主要票仓之一。正如前文所述，伯尔在弗吉尼亚州只拿到一票，共和党选举人把他们的第二张票几乎都投给了塞缪尔·亚当斯。在南方其他几个州，尽管之前预测约翰·亚当斯将在佐治亚州和卡罗来纳州获得少数的第一张选票，而平克尼会获得所有第二张选票，但实际情况是，只有北卡罗来纳州投了一票给亚当斯，而且除了南卡罗来纳州外，其他州的共和党选举人都没有投票给平克尼。投票结果如下：亚当斯71票，杰斐逊68票，平克尼59票，伯尔30票，剩余选票被其他9人分获。由此，这个国家选出了一位联邦党总统，但他仅以极其微弱的优势当选，以及一位共和党副总统。[76]

宾夕法尼亚州和南卡罗来纳州的竞选活动最引人注目。宾夕法尼亚州的竞选活动与现代竞选方式最为接近，而南卡罗来纳州的竞选活动则让20世纪乃至19世纪的人都感到难以理解。但这两个州的竞选活动都有一些奇特之处，值得关注。

在1796年，宾夕法尼亚州和纽约州一样，已经形成了近似于两党制的政治"体系"。长期担任州长的托马斯·米夫林名义上仍是非党派人士。但米夫林偶尔会给华盛顿政府制造麻烦，而且联邦党人认为，他正在被州务卿兼助手亚历山大·达拉斯系统性地腐蚀。米夫林嗜酒成性，达拉斯承担了越来越多的州长工作，使州长的职位逐渐倾向于共和党。与此同时，宾夕法尼亚州的议会代表团分为两派，他们的投票基本与众议院中的共和党人和联邦党人保持一致。然而，联邦党人仍然牢牢地控制着州议会。在费城，他们似乎势不可挡。自1789年以来，这个被称为"秘密小集团"（Junto）的组织成功地将其候选人以压倒性优势选入市议会和费城的议会。共和党人在1795年夏天领导了反对《杰伊条约》的运动，但他们在秋天试图将这股势头转化为支持议会中共和党候选人的选票时，却遭到了惨败。尽管他们努力使合格选民的投票率达到了前所未有的30%，但其中60%的选票还是投给了联邦党人。[77]

也许正是由于这些胜利，再加上共和党人在1796年春天未能在国会阻止《杰伊条约》的签订，宾夕法尼亚州的联邦党人才做出了最关键的决定：修改选举法。他们促使议会通过了一项措施，规定总统选举人应在全州范围内选出，而不是像以前那样按地区选出，选民现在可以投两张普通选票。这是一个赢家通吃的策略，联邦党人相信他们可以为自己的选举人在全州范围内争取到多数选票。共和党人非常担心对方的判断是正确的。他们提出反对，抱怨联邦党人进行这一改变是为了"充分发挥他们在阴谋和合谋方面的天赋"，但他们的反对无济于事。[78]

不过，在事情已成定局之后，共和党人决心充分利用这一机会，并取得了显著成果。他们比联邦党人更擅长"阴谋和合谋"，其中最积极的是前众议院书记员约翰·贝克利，他现在大部分时间都在幕后活动。在1796春季会期的最后一天，共和党和联邦党议员都召开了会议，分别提名各自的15名选举人名单。共和党人对任何可能的战术优势都保持警惕，他们挑选了一份名单，其中包括首席大法官托马斯·麦基恩、彼得·穆伦伯格、威廉·麦克莱、约翰·斯迈利和威廉·欧文（William Irvine）。这些人不仅在各自的选区享有声望，而且在全州都有影响力。然后，他们按照贝克利的指示，对名单保密，以免联邦党人（如果他们自己还没有想到这一招的话）采用同样的策略。相比之下，联邦党人名单中的大多数人仅在选区内有名，显然没有那么高的知名度。[79]

在贝克利、迈克尔·莱布和本杰明·贝奇的总体领导下，共和党在全州范围内的竞选活动随即展开。他们在各个选区张贴分发的传单，并游说一些共和党领袖，如艾伯特·加勒廷、威廉·芬德利和欧文将军等。他们向这些领袖预测说，如果共和党占多数席位，就能把杰斐逊选为总统，并承诺提供充足的选票，选票上面会按法律要求手写所有15名选举人候选人的名字。在志愿者的协助下，一名工作人员制作了5万张手写选票，并安排在选举前一周送到了当地领导人手中。与此同时，他们在费城展开了一系列的宣传攻势，包括张贴大幅广告和在贝奇的《曙光》上发表政治"信件"。在最后关头，11月2日，法国公使皮埃尔·阿德在《曙光》上发表了一份正式的外交照会（华盛顿本人尚未收到原件），表达了法国对美国政府的不满，并透露了法国去年7月颁布的秘密法令，即对待美国船只，今后将"与英国人对待它们的方式一样"。毫无疑问，这是在费城委员会的完全默许下进行的，尽管这种做法可能引起其他地方共和党人的不安。[80]

最终，共和党候选人以微弱的优势获胜。虽然差距仅为一两百张选票，但15名选举人中有14名投票给了杰斐逊。如果不是因为一个技术性问题，杰斐逊本可以拿下全部选举人票。[81]在结束这个话题之前，我们应该思考一下，推动这场胜利的真正动力对美国未来的政治形势有什么启示。

24420张选票只占合格选票的25%，甚至比1790年和1796年几乎没有竞争的州长选举时的31%~33%的投票率还要低得多，更不用说1799年高达51%的投票率了。因此，这并不是一次压倒性的胜利，而是一个有计划地逐步说服该州那些对选举不太感兴趣的选民的过程。而在费城市和费城县，共和党则尽了最大的努力，并收获了可观的选票。他们在这个联邦党人的大本营赢得了61.1%的选票，投票率为41%，与联邦党人两周前赢得议会选举时的得票率几乎完全相同。当然，阿德发表的声明也是这次胜利的一个重要原因。这份声明在贵格会成员中引起了轰动，它隐含着战争和商业中断的威胁，显然与共和党的选举胜利有很大关系。[82]但也许更根本的原因是，共和党组织迅速学会了如何将国家、州和地方问题紧密交织在一起，形成一套连贯的政党符号。这使得共和党候选人能够代表最理想的一切：既是和平的捍卫者，又是特权阶级的敌人，同时也是城市工匠、小商贩和新兴商人的忠实朋友。这多多少少是他们在1794年赢得国会席位并在1796年保住该席位的策略。这些，再加上对法国可能制造麻烦的担忧，使杰斐逊成为解决危机的希望所在，并让共和党选举人在费城市和费城县赢得了2000票的优势。

这种欲望、利益和能量的愉快交集并非凭空产生的，而是几年前就已经奠定了基础。当时一群强势的局外人，包括约翰·斯旺尼克、亚历山大·J.达拉斯、伊斯雷尔·伊斯雷尔（Israel Israel）、迈克尔·莱布、本杰明·拉什、史蒂芬·吉拉德和约翰·贝克利（其中一些人我们之前已经提到过），决心挑战秘密小集团对地方政府的实际垄断。他们的一些追随者是旧"立宪主义者"（Constitutionalists）的残余势力，这是一个准民粹主义联盟，从1776年到18世纪80年代末一直控制着宾夕法尼亚州的政治。另外还有一些活跃的新来者，他们在商业上取得了成就，但却无法拥有他们认为自己有权获得的社会和政治认可。另一方面，在秘密小集团里，有罗伯特·莫里斯、托马斯·菲茨西蒙斯和乔治·拉蒂默（George Latimer）等曾在大陆军或大陆政府中任职的知名人士，还有一些前托利党人，如塞缪尔·鲍威尔（Samuel Powell）、本杰明·丘和亨利·德林克（Henry Drinker）。他们中大多数人的家族和商业关系都能轻易转化为政治资源。1786年，在与立宪主义者进行了漫长的对抗后，秘密小集团赢得了对市政府的控制权；1787年，他们说服了费城大多数选民支持联邦宪法；1790年，他们成功领导了取代1776年州宪法的斗争。根据1776年的宪法，宾夕法尼亚州由单院制立法机构管理，不设独立的行政机构，而新的州宪法则更趋向联邦政府的模式。这座城市一直被秘密小集团的精英们牢牢控制，而大多数市民似乎对此颇为满意。[83]

这些局外人首先攻击了汉密尔顿的财政体系。但他们在这方面并没有取得显著进展，因为汉密尔顿的方案似乎非常符合一个大型商业城市的大部分需求。然而他们逐渐形成一种策略，即强调那些盘踞高位的权贵阶层对工匠、小商人和店主等具有不同诉求和利益的群体的无情压迫。法国大革命和当地民主协会（他们中有一些人参与了这些协会）激发的激情，让他们第一次认识到民众政治的可能性。1794年，他们以"共和党人"的名义，与汉密尔顿派的现任议员菲茨西蒙斯进行了激烈的竞争，最终成功地将斯旺尼克选入国会。竞选的争议点是不受欢迎的联邦消费税，菲茨西蒙斯一直坚决支持消费税，他还被指责在1794年春天事先得知即将实施禁运的内部消息,然后在法律通过前急忙让自己的船只驶出港口。

从那时起,秘密小集团就不断受到共和党的攻击,后者试图寻找他们的弱点,希望找到可以击败他们的议题。到1795年夏天,《杰伊条约》在民众中引起轩然大波,他们以为找到了机会。然而,等到他们在秋季为费城的六个议会席位提出反对条约的候选人名单时,舆论已经发生了很大变化,最终他们败给了支持条约的联邦党人。他们在1796年再度尝试,但仍未成功。斯旺尼克保住了国会席位,但仅以微弱优势取胜。正如前文所述,共和党人最终在总统选举人投票中取得了突破。当然,他们还会经历挫折,但到1801年,他们终于取得了成功。届时,在从地方到州和国家的各个层面上,局外人最终跻身为局内人。

1796年,宾夕法尼亚州的政治已经呈现出许多未来两党制的特征。但和两党制并不完全一样。共和党人或许已经像一个政党那样运作,但他们是否已经准备好承认这一点,是否真的愿意这样做呢?在提名杰斐逊为候选人时,他们宣布:

> 他不属于任何党派,而是致力于为人类带来福祉。他将平息国内动荡,弥合分歧,消除政治纷争的嘈杂——在一个没有党派倾向的领导人的带领下,公民可以和睦相处,每个人都能安静地坐在自己的葡萄树和无花果树下。[84]

他们还大胆地宣称:"华盛顿总统喜欢共和党人,憎恶君主主义者。因此,他希望共和党人杰斐逊成为他的继任者。"[85]

如果说在宾夕法尼亚州的政治事务中可以看到两党制最理性的"现代"特征,尽管还只是萌芽阶段,那么在南卡罗来纳州看到的这种特征无疑是最不理性的。在所有地区中,南卡罗来纳州最能体现理查德·霍夫施塔特的观点。他认为,这一代人对后世所说的政党标准几乎一无所知,他们"仍然以贵族的骄傲和嫉妒来进行政治活动"。[86] 18世纪90年代的南卡罗来纳州是唯一一个在某种程度上可以被称为联邦党州的南方州。但是它的"联邦主义"——或更确切地说,州内知名人士的联邦主义——非常脆弱,而我们所说的"政党"原则,对于理解南卡罗来纳州的联邦主义在1800年毫无目标地转向共和主义的过程,也没有提供多少帮助。

尽管如此,在1796年,联邦党的总统候选人有望在几个南方州获得关键支持(马里兰州可能除外),其中就包括南卡罗来纳州。这个州的政治生活主要由低洼沿海地区的种植园主精英控制,他们在革命中表现出色,积极参与费城会议,并领导了该州的宪法批准运动。南卡罗来纳州总体上赞成汉密尔顿的计划,而且由于战争债务沉重,联邦政府接管州债务的政策使他们获益匪浅。尽管南卡罗来纳州的一些主要领导人对《杰伊条约》并不太满意,但到了1796年春天,这个问题已经不那么紧迫了。当时,南卡罗来纳州正处于农业繁荣时期,其主要农作物大米的价格几乎是前一年的三倍。[87]

因此,不难想象,这些地位显赫、经验丰富的精英阶层会倾向于将该州的大部分选举人票投给约翰·亚当斯,并有能力做到这一点,特别是在北方的亚当斯支持者全力支持南卡罗来纳州的托马斯·平克尼竞选副总统的条件下。实际上,南卡罗来纳州的国会议员威廉·劳顿·史密斯作为协调人,为达成这一结果做了很多工作。与此同时,华盛顿邀请平克尼的兄弟查尔斯·科茨沃思·平克尼接替门罗出任美国驻法国巴黎的公使,这一举动让平克尼派系非常满意。托马斯·平克尼曾经是南卡罗来纳州的州长、驻英国公使和驻西班牙特使。他坚定地支持《杰伊条约》,并说服南卡罗来纳州接受了该条约。他自己在

1795年与西班牙签订的条约也非常受欢迎。[88]因此，在1796年的大选中，亚当斯—平克尼的组合选票不仅有很大的胜算，而且可以说是党派候选人组合的最佳选择。作为一种平衡手段，这个组合近乎理想，可以展示出一个全国性政党为了国家利益而采取建设性方式，弥合南北方之间情感和忠诚的鸿沟。但实际情况并非如此。事实上，平克尼的竞选被认为是一场最不负责任的政治阴谋，完全无视党派忠诚、党派组织和党派宗旨，只为达到政治操纵的目的。

就在威廉·史密斯应奥利弗·沃尔科特和其他新英格兰人的要求，在南卡罗来纳州对亚当斯—平克尼的竞选进行调查时，纽约的亚历山大·汉密尔顿也开始暴露出，在没有华盛顿的庇护下，他的判断力（甚至是对整个社会环境的认知）会发生怎样的变化。他和鲁弗斯·金4月份开始就总统竞选进行密谈。他们首先考虑的是，由于帕特里克·亨利对弗吉尼亚州现任共和党领导人不满，他也许会亲自参加总统竞选。他们对年迈的亨利究竟有什么打算，还不得而知。或许他们真的希望他出任副总统，或许仅仅是为了讨好他，无论哪种情况，都会在弗吉尼亚州分散对杰斐逊的支持。但汉密尔顿很快得出结论，他希望尽快"摆脱帕特里克·亨利，这样我们才能全力支持平克尼"。[89]

汉密尔顿这样做的目的是什么呢？他后来承认，他唯一的意图是，如果亚当斯在北方的实力不如预期，有一名候选人作为后备。但当时亚当斯在北方获得支持并没有被广泛认为存在困难，而且毫无疑问，汉密尔顿实际上想让亚当斯完全退出（亚当斯对财政、对英国以及对汉密尔顿本人的看法并不完全令他满意），以便让更易控制的平克尼成为总统。如果真是这样，他选择的策略就显而易见了，事实上他也是这样做的：劝说北方的联邦党人直接投票给亚当斯—平克尼，不要把选票浪费在第三个候选人身上，以免杰斐逊当选总统。同时，他相信平克尼将在南方得到比亚当斯更多的选票，尤其是在南卡罗来纳州，这样就能让平克尼成为总统。[90]

在南卡罗来纳州,联邦党的状况相当混乱,几乎不能称得上一个"党派",这为汉密尔顿采取欺骗手段提供了便利条件。在1796年的选举期间,南卡罗来纳州的联邦党人分成了三个不同的派别或利益集团。其中一个与威廉·L.史密斯和拉尔夫·伊扎德有关系,另一个与罗伯特·古德洛·哈珀有关系;而第三个则被称为平克尼—拉特利奇派系。

史密斯在国会代表史密斯—伊扎德集团的利益。这个集团主要由低洼沿海地区的种植园主和查尔斯顿的商人组成,尤其是那些与英国有密切往来的人。史密斯从1789年起一直在国会任职,并且早就成为汉密尔顿在南方的主要代言人。他强烈反对麦迪逊不断打击英国商业的计划,以及为阻挠《杰伊条约》的实施而采取的行动。他的家族和朋友们都从联邦政府接管州债的政策中获得了丰厚的利润。他与居住在查尔斯顿的本地和英国商人都保持着良好关系。北方的亚当斯支持者将亚当斯—平克尼竞选组合在南卡罗来纳州的命运托付给史密斯,这是合理的。然而,史密斯不知道他在纽约的导师汉密尔顿却在暗中策划反对亚当斯的计划,这就很奇怪了。史密斯至少有一个优点,那就是他对自己的新英格兰党派同盟忠诚,即使在亚当斯于南卡罗来纳州获得的支持非常少的情况下,他也尽了最大努力帮助亚当斯。

罗伯特·古德洛·哈珀的情况更多地与他个人的职业发展有关,而非"派系"问题。哈珀在1794年当选为国会议员,作为内陆地区代表,他试图挑战沿海地区对该州的控制。他起初是共和党人和亲法派,但很快就转变为坚定的联邦党人,并撰写了南方地区捍卫《杰伊条约》的最有力著作。在1796年的总统选举中,哈珀帮助汉密尔顿做了一些见不得人的事情。哈珀在11月初给亚当斯的支持者、威廉·史密斯的岳父拉尔夫·伊扎德写了一封信,从中可以窥见他的一些动向。他对伊扎德说,如果亚当斯能够赢得宾夕法尼亚州,那自然是再好不过了,但他在南卡罗来纳州很难获得更多选票。如果亚当斯输掉了宾夕法尼亚州，那么联邦党人的唯一希望就是平克尼。哈珀最担心的是，平克尼的显贵朋友爱德华·拉特利奇可能会劝说平克尼退选，理由是北方人只是利用他来分散南方选票。因此，哈珀希望伊扎德能够说服拉特利奇，让平克尼继续参加竞选，因为北方（"东部"）人不仅认真考虑让他担任副总统，甚至还真心希望他成为总统。

> ……根据我从可靠渠道获得的消息，平克尼少校可以放心，让他出面的目的就是让他当选总统，而且他将得到大力支持。我并不是说东部人更喜欢他而不是亚当斯先生，但与杰斐逊相比，他们无疑更喜欢平克尼少校。他们之所以支持他，是因为这给了他们一个额外的机会，可以把杰斐逊排除在外，同时选择一个他们信任的人。[91]

当伊扎德读到这封信时，他很可能会问自己，这些"东部人"指的是谁？其中有多少人愿意看到托马斯·平克尼凭借第二张选票当选总统？其中的绝大多数选票将来自北方的亚当斯支持者，而来自南卡罗来纳州等地的杰斐逊支持者（实际上数量不少）是否愿意把第二张选票投给平克尼，从而让他获胜？这对政党团结会产生什么影响？而这样的结果又能给托马斯·平克尼作为华盛顿的继任者带来什么样的授权？哈珀或他声称所代表的"东部人"有没有考虑过这些问题？

事实上，爱德华·拉特利奇是平克尼—拉特利奇派系中唯一既居住在南卡罗来纳州又有能力采取行动的成员，他不需要哈珀、伊扎德或其他任何人的建议。他有自己的计划。爱德华·拉特利奇对托马斯·杰斐逊成为美国总统的可能性并不感到担心。他和杰斐逊是老朋友，他们的许多观点相同，事实上，拉特利奇不久后就会成为杰斐逊在南卡罗来纳州的选举人。然而,正如他在10月份向儿子透露的那样,他真正想要的是:平克尼在北方作为亚当斯的副总统候选人获得的选票,加上他在南方作为杰斐逊的副总统候选人获得的选票,能让他当选为总统。如果运气好的话,杰斐逊将得到足够多的选票,成为副总统。这将产生一个令人满意的结果,既能排除北方的共和党候选人乔治·克林顿(实际上,克林顿并不是候选人;拉特利奇还在想着1792年的情形),也能排除北方的联邦党候选人亚当斯。[92]

要理解这些不切实际的幻想,或许应该从南卡罗来纳州"骄傲和嫉妒的名流遵循的行为准则"中寻找线索。爱德华·拉特利奇、约翰·拉特利奇、托马斯·平克尼、查尔斯·科茨沃思·平克尼和拉尔夫·伊扎德都是低洼沿海地区的贵族,他们在革命期间担任军官或民选官员,表现出色,甚至在战斗和英国占领期间曾遭受重大财产损失。战后,他们的政治权力曾受到内陆派系和查尔斯顿"激进"团体的短暂挑战,但他们在联邦制宪运动中发挥了重要作用,从而重新确立了自己的领导地位。1790年,新的州宪法确认了低洼沿海地区继续在立法机构中拥有绝对多数的代表权。同一年,他们成功地推动了联邦政府接管州债务,与此同时,该州低迷的经济生活也开始出现复苏迹象。因此,南卡罗来纳州对新的联邦政府持赞成态度,可以说,该州是"联邦党州"。[93]

然而,低洼沿海地区统治集团内部逐渐出现了较大分歧。与伊扎德和史密斯不同,平克尼和拉特利奇家族几乎没有从联邦接管州债中获益(史密斯通过购买州政府债券赚了一大笔钱),因此他们对那些推动了威廉·史密斯事业的英国商人和亲英派种植园主的小圈子感到不满。1791年,当杰斐逊向他描述投机者如何"争夺"联邦战利品时,爱德华·拉特利奇感到非常愤怒,他和他的兄弟不知为何错过了这一机会。在南卡罗来纳州,拉特利奇看到那些曾是托利党人、对革命冷漠的爱国者（史密斯在革命时期曾在伦敦求学）和移民至此的英国商人瓜分了州内的财富，而那些曾为自由而战、流血牺牲的正直之士却只能艰难度日。到了1792年初，拉特利奇成为共和党人的潜在发展目标。1793年，他参加了欢迎热内抵达查尔斯顿的活动，并为法国成为共和国的消息感到欣喜，但他并不赞成热内的路易斯安那计划。他对查尔斯顿的激进分子及其民主协会也不感兴趣。[94]

但拉特利奇家族和平克尼家族对政府极为不满，特别是政府没有采取更强硬的立场对抗英国人。于是，他们在1794年的国会选举中提名小约翰·拉特利奇（John Rutledge, Jr.）和威廉·L.史密斯进行竞争，结果小约翰·拉特利奇败选了。《杰伊条约》更是让他们愤怒。杰伊不但没为英国人掠走的奴隶争取赔偿，还导致卡罗来纳人无法用美国船只出口自己的海岛棉。爱德华·拉特利奇参加了1795年反对《杰伊条约》的运动，而他的哥哥约翰当时有望被提名为首席大法官，但约翰对该条约进行了非常狂热和混乱的抨击，以致北方的联邦党人认为他不适合担任首席大法官的职务。[95]

当时，拉特利奇—平克尼利益集团的成员正承受着痛苦的矛盾压力。查尔斯·科茨沃思·平克尼知道他的兄弟托马斯支持《杰伊条约》，因此拒绝参加反对该条约的运动。随着华盛顿决定签署条约，人们对大米和棉花价格飙升感到兴奋，以及托马斯·平克尼与西班牙签订的条约受到广泛赞誉，爱德华·拉特利奇开始改变想法。他不想破坏他与平克尼的关系。此外，华盛顿显然是重视平克尼和拉特利奇的价值的。他让查尔斯·科茨沃思·平克尼接替伦道夫的职位，并提名爱德华的亲兄弟为最高法院法官。因此，当有人向南卡罗来纳州立法机构提交一项反对政府的决议时，拉特利奇挺身而出，帮助否决了该决议。他不能容忍对国家元首的攻击。1796年夏天，华盛顿再次邀请查尔斯·科茨沃思·平克尼为国效力，这次是在国外，他接受了这一邀请。

与此同时，人们开始讨论将托马斯·平克尼列为约翰·亚当斯的竞选搭档，一同角逐总统选举。⁹⁶

这是爱德华·拉特利奇的黄金时刻。他内心涌动的高尚情感完美地融合在了一起：忠于华盛顿（总统了解南卡罗来纳州的情况），尊重杰斐逊（一位反英的绅士农场主），鄙视汉密尔顿及其在南卡罗来纳州的支持者（英国人、托利党人和投机分子），对那些在国内搅局的人（查尔斯顿的激进分子和上层社会的不满者）感到愤慨，以及对阻止他的兄弟约翰进入高等法院的北方人感到怒火中烧（尽管当时所有人都知道约翰太笨，不适合任职）。总统职位！他，爱德华·拉特利奇，将以一种高尚的非党派方式解决这一切，完全为了国家的利益，即让他的老朋友托马斯·平克尼当上总统，而老朋友托马斯·杰斐逊则担任副总统。南卡罗来纳州的选举人由立法机构选出，这在当时是理所当然的。12月，拉特利奇领导的杰斐逊—平克尼阵营在州议会的选举中，以3∶1的优势大获全胜。作为一名诚实的联邦党人，威廉·L.史密斯至少了解这意味着什么，他也早就预料到了这样做的后果。"如果平克尼少校落选，"他给他的妹夫加布里埃尔·马尼戈（Gabriel Manigault）写信说，"那将完全是因为他自己的州和一些特定朋友的荒谬和无能。这将是一件非常令人难堪的事情，他本来有机会成为总统，而且得到了东部人民的大力支持，却将因为他的朋友爱德华·拉特利奇的愚蠢和管理不善，连副总统都当不成！"⁹⁷

对于像爱德华·拉特利奇这样的人来说，党派政治是低级而毫无价值的事情。但他没有资格去评判，因为他根本不知道党派政治意味着什么，或者应该如何运作。平克尼一直在海上航行，直到12月中旬才回到家，对自己被设想的前途一无所知。与此同时，约翰·亚当斯无法稳固自己在联邦党内的地位。那么，托马斯·平克尼要如何面对北方的联邦党人呢？如果拉特利奇的策略按计划进行，他们会忠实地支持平克尼作为第二位候选人，而平克尼在南卡罗来纳州的好友会帮他赢得杰斐逊支持者的选票，最终平克尼会当选为总统。对于平克尼少校来说，"落选"也未尝不是一件好事。

两年后，爱德华·拉特利奇成为南卡罗来纳州的联邦党州长候选人，并成功当选。他坚定地支持亚当斯政府，这并不令人意外。那时，背信弃义的法国人下令让查尔斯·科茨沃思·平克尼离开法国，以羞辱他，还向平克尼所在的美国委员会索贿。拉特利奇曾经对共和主义产生过兴趣，但现在又回到了联邦主义的阵营，至少目前是这样。[98]不过，对于一个南卡罗来纳州的绅士来说，还能有别的选择吗？毕竟，在涉及国家荣誉，尤其是自己朋友的荣誉时，党派原则又算得了什么呢？

约翰·亚当斯是华盛顿唯一真正的"继承人"，他以3票的微弱优势当选美国总统。但在就职典礼上，所有人的关注点不是约翰·亚当斯，而是乔治·华盛顿。第二天早上，亚当斯写道："在我看来，他似乎在向我炫耀胜利。我仿佛听到他说：'哈！我已经完全脱身了，而你却完全陷进去了！看看我们谁会更快乐！'"[99]

华盛顿和新任副总统托马斯·杰斐逊再也没有见过面。他们两人可能都对此感到高兴。然而，17年后，杰斐逊在一封非公开的私人信件中这样评价华盛顿：

> 他的正直无可挑剔，他的公正是我所见过的最坚定不移的，无论是利益、亲情、友情或敌意，都不能影响他的判断。从任何意义上来看，他都是一个明智、仁慈和伟大的人……总之，他的性格几乎是完美的，没有什么明显的缺点，只有极少数不够突出的地方；可以说，自然和命运从未如此完美地结合在一起，造就这样一个伟大的人……[100]

注释

1. 关于当代的观点,参见 Victor H. Paltsits, *Washington's Farewell Address* ...(New York, 1935), pp. 55–74, 327–360。后来的一些著作收录在 Burton I. Kaufman, ed., *Washington's Farewell Address: The View from the 20th Century* (Chicago, 1969)。另参见 Arthur A. Markowitz, "Washington's Farewell and the Historians: A Critical Review," PMHB, XCIV (Apr. 1970), 173–191。

2. Paltsits, *Farewell Address* 和 *PAH*, XX, 169–183, 237–240, 247, 264–288, 293–303, 307–309, 311–314, 316–319 的内容形成了一份完整记录,涵盖告别演说发展的每个阶段,包括草稿、相关信件和修改意见。以下各段引用的演说文本出自 *WGW*, XXV, 214–238。

3. 同上, 214–218。

4. 同上, 218–226。

5. 同上, 226–227。

6. 同上, 227–228。

7. 同上, 228–233。

8. 同上, 233–235。

9. 同上, 235–238。

10. 同上, 234。参见注释1。

11. Samuel F. Bemis, "Washington's Farewell Address: A Foreign Policy of Independence," *AHR*, XXXIX (Jan. 1934), 250–268.

12. Felix Gilbert, *To the Farewell Address: Ideas of Early American Foreign Policy* (Princeton, N.J., 1961),特别是 pp. 115–136。

13. Burton I. Kaufman, "Washington's Farewell Address: A Statement of Empire,"编者同上, *Farewell Address*, pp. 169–187。

14. Richard Hofstadter, *The Idea of a Party System: The Rise of Legitimate Opposition in the United States, 1780–1840* (Berkeley, Calif., 1969), pp. 96, 99.

15. Joseph Charles, *The Origins of the American Party System: Three Essays* (Chapel Hill, N.C., 1956), p. 44; Alexander DeConde, *Entangling Alliance: Politics and Diplomacy Under George Washington* (Durham, N.C., 1958), p. 469.

16. *WGW*, XXXV, 224–225.

17. 例如,费舍·埃姆斯关于"党派竞争者"的讥讽(见下文,p.513);[William

Duane], *Letter to George Washington ... Concerning Strictures on his Address of the Seventeenth of September, 1796* ···（Philadelphia, 1796）; John B. McMaster, *A History of the People of the United States*（New York, 1883–1913）, II, 290–291。

18. *WGW*, XXXV, 227.
19. Hofstadter, *Idea of a Party System*, p. 99.
20. *WGW*, XXXV, 310–311.
21. 参见下文, pp.510–511, 520–521。
22. Carroll and Ashworth, *Washington*, VII, 320–322. 参见上文, p.40 and n.11。
23. Washington to Jefferson, July 6, 1796, *WGW*, XXXV, 120.
24. Paltsits, *Farewell Address*, p. 171; Washington to Hamilton, Aug. 25, 1796, *PAH*, XX, 307–308.
25. Washington to Jefferson, July 6, 1796, *WGW*, XXV, 119.
26. 同上, 119。
27. DeConde, *Entangling Alliance*, pp. 342–344; Albert H. Bowman, *The Struggle for Neutrality: Franco-American Diplomacy During the Federalist Era*（Knoxville, Tenn., 1974）, pp. 118–119, 172–173; Harry Ammon, *James Monroe: The Quest for National Identity*（New York, 1971）, pp. 113–116. 这几本著作合在一起, 基本可以取代 Beverly W. Bond, *The Monroe Mission to France*（Baltimore, 1907）。在提名门罗之前, 华盛顿曾邀请过的另外三人是托马斯·平克尼、罗伯特·R.利文斯顿和詹姆斯·麦迪逊。
28. Randolph to Monroe, June 10, 1794, *ASP: FR*, I, 668–669.
29. 同上, 672–674; Randolph to Monroe, Dec. 2, 1794, 同上, 689–690; Monroe to Madison, Sept. 2, 1794, *WJM*, II, 37–41; Washington to Jay, Dec. 18, 1794, *WGW*, XXXIV, 61。
30. Monroe to Committee of Public Safety, Sept. 3, 1794; Randolph to Monroe, Dec. 2, 1794; *ASP: FR*, I, 677, 689–690. 另参见注释53。
31. *ASP: FR*, II, 685–686.
32. Monroe to Randolph, Nov. 20, Dec. 2, 1794, 同上, 685, 688。
33. 同上, 688。
34. Monroe to Randolph, Dec. 18, 1794（私人信件）, *WJM*, II, 160–161; Ammon, *Monroe*, p. 142。

35. *ASP: FR*, I, 668–669. Monroe to Madison, Nov. 30, 1794; to Randolph, Dec. 8, 1794; Committee of Public Safety to Monroe, Dec. 27, 1794; *WJM*, II, 136–137, 154–158, 169n., 162–163. Randolph to Monroe, June 1, 1795, *ASP: FR*, I, 711–712.

36. Monroe to Committee of Public Safety, Dec. 27, 1794; Jay to Monroe, Nov. 24, 25, 1794; *WJM*, II, 163, 169–170n., 180–181. *ASP: FR*, I, 517. *WGW*, XXXVI, 203, 221.

37. Monroe to Randolph, Sept. 10, 1795, *ASP: FR*, I, 721–722. 另参见 Monroe to Madison, Sept. 8, 1795, *WJM*, II, 357。

38. J. Q. Adams to John Adams, Sept. 12, 1795, *WJQA*, I, 411.

39. Pickering to Monroe, Sept. 12, Nov. 23, 1795, June 13, Aug. 22, 1796, *ASP: FR*, I, 596–598, 727, 737–738, 741–742; Monroe to Madison July 5, 1796, *WJM*, III, 22–23. 最早得出结论认为门罗应该被召回的是奥利弗·沃尔科特，他在给汉密尔顿的信中说："我们必须阻止外国毒药进入我国的渠道。" June 17, 1796, *PAH*, XX, 231。

40. DeConde, *Entangling Alliance*, pp. 368–369.

41. Monroe to Charles Delacroix, Feb. 17, 1796, AECPE-U 45, 145–146vo.; Ammon, *Monroe*, p. 148; M. A. Thiers, *Histoire de la révolution française* (Paris, 1842), IX, 41. 梯也尔（Thiers）所引用文件（引用了其中一部分）的性质和日期不详。

42. Monroe to George Logan, June 24, 179[5]; to Jefferson, June 23, 1795; *WJM*, III, 6–7; II, 292–304. Ammon, *Monroe*, p. 152.

43. Secretaries of Departments to Washington, July 2, 1796; Charles Lee to Washington, July 7, 1796; Sparks, ed., *Writings of Washington*, XI, 483–487.

44. Monroe to Randolph, Mar. 6, 17, 1795, *ASP: FR*, I, 698, 701; to William Short, May 30, 1795, *WJM*, II, 289–290; DeConde, *Entangling Alliance*, pp. 366–367. 发给弗朗索瓦·巴泰勒米（François Barthélemy）的指示中根本没有提及援助美国，而是包括了让西班牙退出路易斯安那的理由，因为这将在美国和西班牙其他殖民地之间形成一道有用的屏障。May 12, 1795, *Papiers de Barthélemy, ambassadeur de France en Suisse, 1792–1797* (Paris, 1910), VI, 25。最终条约中不包括退出计划，资料来源同上，pp.81–87。

45. George W. Kyte, "A Spy on the Western Waters: The Military Intelligence Mission of General Collot in 1796," *MVHR*, XXXIV (Dec. 1947), 427–442; Gibbs, *Memoirs*,

I，350–355。

46. Durand Echeverria, ed., "General Collot's Plan for a Reconnaissance of the Ohio and Mississippi Valleys, 1796," *WMQ* 3rd Ser., IX（Oct. 1952），512–520。引文来自Gibbs, *Memoirs*, I, 354。

47. Monroe to Secretary of State, Aug. 27, 1796, *ASP: FR*, I, 742。皮克林的召回信日期为1796年8月22日。同上，741–742。

48. Jefferson to Madison, Jan. 30, 1787, *PTJ*, XI, 97。

49. Washington, "Remarks on Monroe's 'View of the Conduct of the Executive,'" Mar. 1798, *WGW*, XXXVI, 194; Randolph to Monroe, Sept. 25, 1794, *ASP: FR*, I, 678; Monroe, "A View, &c.," *WJM*, III, 450–451。门罗称，关于给杰伊的指示，他的理解是，"尽管没有明确否认缔结商业条约的权限，但也没有进行这种授权，显然是在暗示这种权力不存在"。而根据福谢的说法，伦道夫"明确地向我保证，不会涉及条约的问题，只有一些简单的要求……"。Randolph to Monroe, June 1, 1795, *ASP: FR*, I, 711–712; Fauchet to Committee of Public Safety, Feb. 16, 1795, *CFM*, p. 578; Declaration of Edmund Randolph, July 8, 1795, *ASP: FR*, I, 711–712。

50. 例如，福谢的信件中有这样的描述："这位伦道夫先生无疑是很优秀的人，非常支持我们的革命，但我认为他性格软弱；一旦你激怒他，就很容易识破他的秘密。而我不会把我的秘密告诉他，除非我有意这样做。"另外，"我的猜测没错，伦道夫先生在内阁会议上，同时承受着汉密尔顿先生的影响力和我们日益增强的权利的压力。他对我们的共和国充满热忱，这使得在他眼中，我们的力量持续增强，在与我的官方交流中，他从未表现出足够冷淡的态度。但在内心深处，他感到他负责提供给我的满足手段是空洞的"。To Minister of Foreign Affairs, May 7, Nov. 15, 1794, *CFM*, pp. 376, 472。

51. 安蒙教授颇具讽刺意味地观察到，"这一时期的法国历史著作并没有提到美国或门罗。在法国面临的所有外交问题中，美国的问题是最不严重的"。Ammon, *Monroe*, p. 601n.；另参见604n（但也有一个例外，即注释41中引用的梯也尔的著作）。

52. 同上，pp. 118–120。Monroe to Randolph, Aug. 25, 1794; to Madison, Sept. 2, 1794; *WJM*, II, 32–33, 37–40。

53. 这分为两个阶段进行，首先是通过1794年11月15日的法令做出一些微不足道的让步，但基本保留了1793年的法令要求；随后，通过1795年1月3日颁布的法令恢复了1778年商业条约中的"自由船只，自由货物"原则。*ASP: FR*, I, 642-643, 689, 752（在第689页，日期应为1月15日，而不是11月18日）。

54. Ammon, *Monroe*, p. 129; DeConde, *Entangling Alliance*, pp. 399–404; Bowman, *Struggle for Neutrality*, pp. 228–231. 另参见第八章的注释123。

55. *WJQA*, I, 353–362, 408–409n.; CFM, p. 728; Bowman, *Struggle for Neutrality*, pp. 236–238.

56. Report to Executive Directory, Jan. 16, 1796, AECPE-U45, 41–53; Bowman, *Struggle for Neutrality*, pp. 236–238.

57. Jefferson to R. R. Livingston, Apr. 18, 1802, *WTJ*, VIII, 145.

58. Frances S. Childs, "French Opinion of Anglo-American Relations 1795–1805," *French American Review*, I (Jan.–Mar. 1948), 22–23; Adet to Committee of Public Safety, Dec. 2, 1795, CFM, p. 798.

59. "我认为这是理所当然的，"门罗向公共安全委员会保证说，"[关于条约'削弱法美同盟'的]报告毫无根据；因为我相信，任何一位美国公使都不会忘记美国和法国之间的深厚友谊。事实上，日常经验已经证明，进一步加强这种同盟关系符合两个共和国的利益。" Dec. 27, 1794, *WJM*, II, 163。在伦敦或巴黎的消息传到美国之前，福谢就已经开始给他的政府发信，主要谈论法国在美国的朋友如何看待杰伊使团，首先从门罗开始。他在1794年5月17日的信中写道："如果给予门罗先生必要的权力，你会发现跟他合作更有好处，他会主动邀请你来阻止杰伊使团，因为他对此非常担忧，也许不无道理。" 1794年9月16日又写道："门罗先生……在临行前就这个问题和我进行了开诚布公的交谈。他可能会向你阐述他的观点，以确保我们能够有效地抵制杰伊使团带来的影响……" 福谢偶尔也会和伦道夫沟通。门罗在巴黎热情洋溢地首次亮相的消息传来后，他与伦道夫进行了交谈，"他告诉我（用他自己的话说，这是我们两个人之间的秘密），他为朋友门罗先生的行为感到高兴，但担心门罗可能超越了他收到的指示，这有可能引起愤怒"。1795年2月初，福谢与麦迪逊进行了一次私下谈话。从谈话中可以看出，麦迪逊对杰伊使团有与门罗类似的担忧，尽管还不知道条约的具体条款，但他认为这将"对美国极为不利"。CFM, pp. 344, 422, 490, 573。另参见1794年10月22日、31日、11月15日、19日、12月27日、2月2日、4日、16日，3月8日、16日、4月3日、9日、5月3日的信件。同上, pp. 440–441,

455, 473–474, 482, 520–524, 551–557, 559–564, 578–580, 601–609, 619, 628–634, 674–675, 707–710。

来自马里兰州的科学家约翰·丘奇曼（John Churchman）负责递送门罗从波尔多发出的最后一批信件，他于1796年7月29日将这些信件送到美国国务院。在与国务卿皮克林的谈话中，丘奇曼被问及法国人对《杰伊条约》的看法。"他回答说……法国人很少谈论这个条约，但在巴黎的美国公民却对条约大加批评。" Pickering to Washington, July 29, 1796, *WJM*, II, 494n。尤赖亚·特雷西说："来自海牙［约翰·昆西·亚当斯］的消息……充分表明，法国督政府完全是根据在巴黎的美国人的建议，以及他们从大洋彼岸的美国人那里获得的信息，来决定他们关于美国的所有行动。" Tracy to Wolcott, Jan. 7, 1797, Gibbs, *Memoirs*, I, 415–416。另参见 *WJQA*, I, 481。1797年，当门罗发表《行政行为的观点》（*View of the Conduct of the Executive*，重印于 *WJM*, III, 383–457）为自己的使命辩护时，他说，刊登条约文本的美国报纸在1795年8月中旬出现在巴黎后，法国政府立即"公开而严厉地谴责"。华盛顿在书页空白处写道，"他们早就决定要这样做，并根据大洋彼岸支持者的观点调整立场"。同上 421；*WGW*, XXXVI, 205。

60. Marvin R. Zahniser, *Charles Cotesworth Pinckney: Founding Father* (Chapel Hill, N.C., 1967), pp. 142–149; *ASP: FR*, II, 6–7; "Observations on the note of T. Payne relative to the unconstitutionality of the nomination of Mr. Pinckney," Dec. 6, 1796, AECPE-U 46, 427–428.

61. Bowman, *Struggle for Neutrality*, pp. 239, 241, 244–245, 250, 253–254; *ASP: FR*, I, 583.

62. 同上，I, 579–583; DeConde, *Entangling Alliance*, pp. 456–458, 471–478; Dec. 31, 1796, CFM, p. 983。

63. Georges Lefebvre, *The Directory*, tr. Robert Baldick (London, 1965), pp. 1–14, 72–77; Robert R. Palmer, *The Age of the Democratic Revolution: A Political History of Europe and America, 1760–1800* (Princeton, N.J., 1958–1964), II, 24–228, 270–275; Louis Madelin, *The French Revolution* (London, 1933), pp. 478–516（引用的这句话在第515页）。

64. Monroe to Madison, Sept. 1, 1796, *WN*, III, 53.

65. Monroe to Madison, Jan. 1, 1797, Ammon, *Monroe*, p. 155.

66. Ames to Wolcott, Sept. 26, 1796, Gibbs, *Memoirs*, I, 384.
67. 关于第四届和第五届国会党派构成的统计，参见Rudolph M. Bell, *Party and Faction in American Politics: The House of Representatives, 1789–1801*（Westport, Conn., 1973）, pp. 255-257。目前最准确的关于第一届至第七届国会成员名单及其党派身份的资料，参见John F. Hoadley, *Origins of American Political Parties, 1789–1803*（Lexington, Ky., 1986）, 192-219。关于上述各州的政治情况，参见Alfred F. Young, *The Democratic Republicans of New York: The Origins, 1763–1797*（Chapel Hill, N.C., 1967）; Harry M. Tinkcom, *The Republicans and Federalists in Pennsylvania, 1790–1801: A Study in National Stimulus and Local Response*（Harrisburg, Pa., 1950）; Bernard Fay, "Early Party Machinery in the United States: Pennsylvania in the Election of 1796," *PMHB*, LX（Oct. 1936）, 375-390; Roland M. Baumann, "Philadelphia's Manufacturers and the Excise Taxes of 1794: The Forging of the Jeffersonian Coalition," *PMHB*, CVI（Jan. 1982）, 3-39; Paul Goodman, *The Democratic-Republicans of Massachusetts: Politics in a New Republic*（Cambridge, Mass., 1964）; George R. Lamplugh, *Politics on the Periphery: Factions and Parties in Goergia, 1783–1806*（Newark, Del., 1986）; 以及Lisle A. Rose, *Prologue to Democracy: The Federalists in the South, 1789–1800*（Lexington, Ky., 1968）。
68. Hofstadter, "A Constitution Against Parties," *Idea of a Party System*, pp. 40-73. 关于1796年几个州选举人的选出方式，参见Stephen G. Kurtz, *The Presidency of John Adams: The Collapse of Federalism, 1795–1800*（Philadelphia, 1957）, 409中的表格。
69. Noble E. Cunningham, *The Jeffersonian Republicans: The Formation of Party Organization, 1789–1801*（Chapel Hill, N.C., 1957）, pp. 91-92, 163-164.
70. 同上, pp. 107-108; Malone, *Jefferson*, III, 274-276。
71. Adams to H. Knox, Mar. 30, 1797, *WJA*, III, 535（另参见524n.）。1796年试图让平克尼优先于亚当斯的行动，相较于1800年在类似背景下支持平克尼的兄弟查尔斯·科茨沃思的行动，显得不是那么有针对性和目的性。但这样的行动或多或少已经为众人所知。例如，皮埃尔·阿德就知道这一切，并向他的政府进行了报告。To Minister of Foreign Relations, Dec. 15, 1796, CFM, p. 978。另参见Stephen Higginson to Hamilton, Jan. 12, 1797, *PAH*, XX, 465; 这一时期汉密尔顿的信件中也有很多线索和暗示：同上，158–159，372，376，377–378，403–404，406，418，437–438，445。

72. "只有一个人——本杰明·富兰克林·贝奇——撰写或发布了绝大部分的攻击。而更精明的共和党领导层……则回避与攻击总统有任何联系。几乎所有诽谤华盛顿的恶名都属于贝奇和《曙光》。" James D. Tagg, "Benjamin Franklin Bache's Attack on George Washington," *PMHB*, C（Apr. 1976），194。

73. Jefferson to Monroe, June 12, 1796; to Madison, Mar. 27, 1796; *WTJ*, VII, 80, 69。

74. 这方面的证据很多。例如，Baumann, "Philadelphia Manufacturers," 各处；Young, *Democratic Republicans of New York*, p. 581; Joyce Appleby, *Capitalism and a New Social Order*（New York, 1984），pp. 48–49 及注释；Gordon S. Wood, *The Radicalism of the American Revolution*（New York, 1992），p. 281。

75. Kurtz, *Presidency of John Adams*, p. 141。

76. 同上, pp. 412–414。

77. Tinkcom, *Republicans and Federalists*, pp. 159–162; Richard G. Miller, *Philadelphia-The Federalist City: A Study of Urban Politics, 1789–1801*（Port Washington, N.Y., 1976），pp. 22–24, 74–77。

78. Tinkcom, *Republicans and Federalists*, pp. 163–164。

79. 同上, pp. 166–168; Kurtz, *Presidency of John Adams*, pp. 177–181。

80. 同上, pp. 181–186。确实，例如麦迪逊就对阿德的文章感到非常不安，他在1796年12月5日写信给杰斐逊："您将看到的阿德的文章正在酝酿邪说。一些人竟然对这种轻率的行为感到高兴，并加以利用，厚颜无耻地将其视为一种助选行为。而法国政府的这一举动，是在那些反对与英国签订条约的人指导下进行的。" *PJM*, XVI, 422。坎宁安教授据此得出结论："似乎没有证据表明共和党领导人与此事有牵连。" *Jeffersonian Republicans*, p. 101。然而，阿德自己的信件却暗示情况并非如此。在一封电报中，阿德描述了他对新英格兰的访问。他提到了同那里"我们的朋友"中"最具影响力的人士"的磋商，他称，"他们都告诉我，法国必须采取措施，让商人担忧他们的财产，让他们明白，需要一个能让人们对［法兰西］共和国充满信心的人担任政府首脑。这样，他就能在法国与美国之间发挥调解人的作用"。To Minister of Foreign Relations, Sept. 24, 1796, *CFM*, p. 948。从这一点来看，再加上他在当地的关系——尤其是他和贝奇为出版所做的安排——很难想象阿德在费城没有进行过类似的谈话。

81. 其中一个县回复晚了，如果所有回复都能及时到达，那么就能拿到所有15个县的选举人票。Tinkcom, *Republicans and Federalists*, p. 172。

82. 同上, pp. 271–272; Kurtz, *Presidency of John Adams*, pp. 186–187; Miller, *Philadelphia*, pp. 85, 150。关于阿德活动可能的影响，可参见同上, pp. 89–90; Kurtz, pp. 189–190; 以及Oliver Wolcott to O. Wolcott, Sr., Nov. 27, 1796, Gibbs, *Memoirs*, I, 400–401。

83. 本段及后面两段的材料来自Miller, *Philadelphia*, Chs.3–5。

84. 引自Cunningham, *Jeffersonian Republicans*, pp. 100–101。

85. 同上, p. 98。

86. *Idea of a Party System*, p. 216.

87. Mark D. Kaplanoff, "Making the South Solid: Parties and the Structure of Society in South Carolina, 1790–1815"（未发表的论文, Cambridge U., 1979）, pp. 6–14. 这部分的其他参考文献包括: George C. Rogers Jr., *Evolution of a Federalist: William Loughton Smith of Charleston, 1758–1812*（Columbia, S.C., 1962）; Zahniser, *Pinckney*; Rose, *Prologue to Democracy*; Joseph W. Cox, *Champion of Southern Federalism: Robert Goodloe Harper of South Carolina*（Port Washington, N.Y., 1972）; Richard B. Clow, "Edward Rutledge of South Carolina, 1749–1800: Unproclaimed Statesman"（未发表的论文, U. of Georgia, 1976）。

88. Rogers, *Smith*, p. 290.

89. Hamilton to King, May 4, 1796, *PAH*, XX, 158.

90. 参见注释71。

91. Cox, *Harper*, pp. 73–74; Ulrich B. Phillips, ed., "South Carolina Federalist Correspondence, 1789–1797," *AHR*, XIV（July 1909）, 782.

92. Clow, "Rutledge," pp. 287–288; Rose, *Prologue to Democracy*, p. 135; Rogers, *Smith*, p. 291.

93. Kaplanoff, "Making the South Solid," pp. 7–8, 140.

94. Rogers, *Smith*, pp. 203–207, 226–227; Clow, "Rutledge," pp. 261–264.

95. Rogers, *Smith*, pp. 264–267, 276–278, 281.

96. 同上, pp. 279–280; Zahniser, *Pinckney*, pp. 127–128n., 129, 133–134; Kaplanoff, "Making the South Solid," p. 156。

97. Smith to Gabriel Manigault, Dec. 22, 1796, Rogers, *Smith*, p. 294.
98. Clow, "Rutledge," pp. 290–299.
99. To Abigail Adams, Mar. 5, 1797, C. F. Adams, ed., *Letters of John Adams, Addressed to His Wife* (Boston, 1841), II, 244.
100. Jefferson to Walter Jones, Jan. 2, 1814, *WTJ*, IX, 448–449.

第十二章

约翰·亚当斯和"平衡"之道

很少有美国历史评论家能够完全确定如何评价约翰·亚当斯，或他在历史进程中的定位——尤其是他在担任总统期间的表现。亚当斯只担任了一届总统，他在整个任期内一直专注处理一个棘手的问题，即外交关系危机，其严峻程度是任何其他总统任期都无可比拟的。这场危机源于法兰西共和国的敌对行动，表面上是为了报复美国与法国的敌人英国缔结条约，达成和解。寻求与法国政府和平解决问题的美国代表受到了侮辱待遇，而法国巡洋舰和私掠船对美国商船的掠夺行为也越来越多，所有这一切都有可能使这两个曾经的盟友陷入战争。人们对亚当斯处理这场危机的方式有截然不同的看法。

有一种观点认为，亚当斯是一位英勇的和平缔造者。他将国家利益置于党派利益之上，尽管联邦党内的战争狂热分子反对，还是向法国派出了新使团。最终，使团成功地达成和平协议。他不仅实现了和平，还平息了国内对加税的抗议和对军队实力过于强大的担忧，尽管这样做可能导致他的党派分裂，并影响自己的连任机会。有很多人现在持有这种观点，亚当斯本人肯定也会赞同。这是他在晚年毫不掩饰地表达过的观点。[1]然而，这样的评价并没有得到普遍认同。事实上，近年来一些作家已经提醒人们注意亚当斯在总统任期内的古怪行为：他性格敏感、虚荣、冲动，不能与内阁成员和其他高级顾问充分协商。这些作家认为，亚当斯所取得的成就并不是由于他的主动行为，而且这让他自己和联邦党付出了不必要的政治代价。在1800年的选举准备期间，他本来有最佳机会争取对全党的控制权。他也许仍然可以奉行与法国和解的政策，但应采取更谨慎和更有分寸的方式，避免因鲁莽的行政决策让党派领袖措手不及，或因坚决进行军事准备而引起反感。但他放弃了这个机会。此外，他们认为，亚当斯甚至也没有实现他本该与法国达成的和解。他的代表未能就美国船只的损失获得赔偿，仅仅达成了一个不稳定的临时解决方案。[2]

关于对亚当斯的历史评价，另一个问题与他自视为政治学家的角色有关。与同时代其他公众人物相比，亚当斯的阅读面更为广泛，而且他自己也是一位多产的作家，他认为，如果一个政治家没有正确理解政府原则和人性，就不可能采取明智的行动。但是他自己的行为是否符合他的理论呢？就这个问题并没有形成共识。人们甚至无法就亚当斯理论的总体轮廓形成一个被普遍接受的结论。一些人认为，他的著作表现了极端保守主义；也有人认为其反映了明智、负责任的保守主义；还有人得出结论，说亚当斯的哲学，尽管有其复杂性，但归根结底是一种坚定的自由派共和主义，不过是他所处时代普遍信仰的变化形式。[3]一些人注意到亚当斯政治思想演变过程中的重大变化或不同阶段，尽管他们在变化如何发生、何时发生以及变化的具体方面上存在分歧。而另一些人则认为，亚当斯的观点从始至终基本没有变化。[4]还有观点认为，他的著作缺乏系统性，其最显著的特点是令人困惑的混乱状态，其中大部分内容只是引用其他作者的段落，然后拼凑在一起；而且他的思想难以按时间顺序划分，大部分是随着事件和他当时的情绪而波动。然而，也有人认为，要理解亚当斯行为的反复无常，关键就在于他的政治理论。[5]尽管这些评论各不相同，但大部分似乎都包含了一定程度的真实性。

然而，不论如何解决这些争议，至少可以推测，亚当斯总统任期的结果确实与他的政治理论有关，而他的政治理论又与他的性格、人生经历以及他的应对方式密切相关。除了这些因素之外，还有其他一些值得考虑但较少被注意的因素。亚当斯在总统任上面临两个严重的挑战，对此，他在理论和经验方面都没有做好充分准备，而且几乎无法运用洞察力或控制力应对。其中一个挑战是法国对美国的不合理政策；另一个是美国政党令人费解的纷乱过渡状态。鉴于亚当斯对联邦党、共和党或任何其他政党都不甚倚重，以及法国对美国的态度像往常一样反复无常，人们不禁想要知道他是如何应对这些困境的。

第一节 亚当斯面临的麻烦

许多与亚当斯同时代的人，包括与他时而亲近时而疏远的朋友杰斐逊在内，开始时都怀疑他倾向于君主专制和贵族制。根据亚当斯的著作，确实有理由这样怀疑（尽管他本人一直否认），但在他自己的生活中，根本没有任何迹象表明他渴望贵族式生活。他的出身非常普通，从未获得过财富，也从不贪图财富；他显然不懂装腔作势；他的生活方式一直很朴素，甚至比杰斐逊还要节俭。1735年，亚当斯出生于距离波士顿约12英里的乡村小镇布伦特里（后来改名为昆西）。年轻时，他曾想和他的祖先一样当农民，但他的父亲希望他接受教育并成为一名牧师。虽然他勉强同意接受教育，但他暗自下决心无论如何都不会进入教会。他选择从事法律工作，尽管当时的律师和他们的职业并没有后来那么受尊重。虽然亚当斯和他父亲之间的这场意志较量本身十分友好，但预示了亚当斯生活中的一个主题，即他几乎狂热地坚持独立——通常是与某人对抗，有时是与所有人对抗。在他看来，即使代价高昂、困难重重，也要比没有独立更好。[6]

在学习过程中，亚当斯对阅读产生了极大兴趣。当时的哈佛学生排名不是按成绩，而是按家庭社会地位；1755年，约翰·亚当斯在全班25名学生中排名第14。[7]毕业后的3年里，亚当斯在伍斯特的一所学校担任校长。在此期间，他专心致志地学习法律，对法律有了深入了解，并于1758年获得萨福克律师协会的认证资格。他的才华和勤奋很早就得到认可，尽管最初几年不得不四处奔波谋生。1761年他父亲去世后，他继承了布伦特里的家族农场。当他在1764年与阿比盖尔·史密斯（Abigail Smith）结婚时，这个农场，再加上终于开始增长的业务，构成了他建立自己家庭的资本。

亚当斯从帝国危机一开始就致力于反抗王权的活动。早在1760年，詹姆斯·奥蒂斯（James Otis）在波士顿高等法院发表的反对使用搜捕状的激情演说就深深打动了他。1765年，他代表布伦特里的城镇会议，为该镇代表起草了在普通法院反对《印花税法案》的提案；这份文件被广泛转载，成为其他城镇的范本，并引起了整个殖民地的关注。同一年，他撰写了《关于封建和教会法的论文》（*A Dissertation on the Feudal and Canon Law*）。这本小册子最初以连载的形式在报纸上发表，探讨了历史上自由受到权力威胁的方式。尽管引用了许多学术著作和例子，但它实际上是纯粹的辉格党宣传作品。到了1769年，总督弗朗西斯·伯纳德（Francis Bernard）考虑让亚当斯担任海事法庭总检察长一职，希望能收买他，让他不再从事反对活动。亚当斯傲然拒绝了这个职位。后来，他接受了为被指控在1770年的波士顿惨案（Boston Massacre）中犯有谋杀罪的英国士兵辩护的案件，并成功地使他们无罪释放。他早已预料到这会使自己成为殉道者。然而，他还是以多数票被选入普通法院，在那里，他和表弟塞缪尔成为代理总督托马斯·哈钦森的眼中钉。1773年，哈钦森否决了他进入议会的选举结果，因为他在反对活动中扮演了"非常重要的角色"。[8]1774年，亚当斯被选为马萨诸塞州参加第一届大陆会议的五名代表之一。

从那时起，直到卸任总统的那一天，亚当斯一直没有离开过公共生活。尽管他的身体状况欠佳，但他工作非常努力。在接下来的四年里，他参与了无数个委员会的工作；他担任了战争委员会（Board of War）的主席；他积极推动建立大陆海军；在列克星敦和康科德的战斗爆发后，他是最坚决的独立倡导者之一；1776年，他与杰斐逊、富兰克林、利文斯顿和谢尔曼一起，担任起草独立宣言的委员会的成员。他还抽时间撰写了《关于政府的思考》，这本书被几个州用作起草新宪法的指南。1778年，他被任命加入驻巴黎的美国委员会，与法国进行缔结同盟条约的谈判。此后的十年里，除了1779年的一次短暂回国之外，他一直待在国外。在回国期间，他当选为马萨诸塞州制宪会议的代表，最终制定的宪法几乎完全出自他之手。回到欧洲后，他成为国会任命的首任驻荷兰共和国全权公使，并成功地与阿姆斯特丹银行家安排了第一批给美国的贷款。他还与富兰克林和杰伊一起参与和平委员会的工作，并与杰斐逊一起加入另一个进行商业条约谈判的委员会。1785年，他被国会任命为首位美国驻英国公使，他在英国待了三年，试图促使英国履行其在和平条约中的义务，但没有成功。在英国期间，他撰写了《为美利坚合众国政府诸宪法辩护》，其中第一卷可能对1787年的费城代表有一些影响。[9]1788年，新宪法生效需要的最后一个州批准新宪法的时候，亚当斯回国，当选为美国副总统。

亚当斯一直渴望成名，但这必须建立在他自己的条件上，而他的条件很少符合其他人的期望。他从来不会努力讨好别人或谋求受欢迎，因为这些行为实际上与他的本能相悖。他言辞过多，固执己见，过于挑剔，经常表达自己的想法（尽管事后他常常为此感到烦恼）；他易怒，也惹恼了许多人。他宁可不受欢迎。事实上，他似乎故意要让人讨厌，而且他基本上也做到了。他获得声望当然不是因为出色的风度仪表（他身材矮胖，不得不承认自己"只是个普通人""不像狮子"），而是因为不懈努力所取得的成就。他无法确定所做选择或追求的目标的价值，除非它对个人不利、困难，甚至很有可能失败。毫无疑问，他最终会被证明是正确的，但那只是最终的结果。尽管亚当斯非常想成为独立战争结束后的首任驻英国公使，但如果真被选中，他会因为担心可能发生的各种情况而忧心忡忡。"国王和朝臣、城市和乡村的人会怎么看待我？我能在那里感到舒适吗？在那里，我会比在法国时遭受到更多的诽谤和折磨——这实在是可悲，简单的正直竟会在这个世界上招来这么多不该有的敌人。"正如彼得·肖（Peter Shaw）所说，亚当斯的骄傲通常表现为"自我否定的行为"，而这种骄傲和自我否定使他从未主动争取任何晋升或竞选任何职位。他坚持认为，他首先要"保持自己的独立性，哪怕牺牲个人的雄心"。[10]

然而，亚当斯从不轻易接受自己做任何事情的动机，而是先要进行自我审视和自我批评。尽管他会与每个人争论，但他最激烈的辩论是与自己进行的。"哦！但愿我能够从头脑中清除一切卑鄙和低俗的东西，克服与生俱来的骄傲和自负，不期望我的同胞给我超过自己应得的尊重，学会温顺和谦逊，这才是一个伟大、慷慨的灵魂所具有的明确标志和特征……"要是他能够克制自己的激情，保持沉默，减少在争论上花费的时间就好了："我不断地形成自己的想法，但从来没有坚定的行动。"有一次，他因为工作过度而筋疲力尽，阿比盖尔把他送到斯塔福德温泉休养几天。他在那里恢复了精神，但在返回之前，他又开始沉思。"我感到内疚——我觉得自己不应该在这段时间里游手好闲、浪费时间——我觉得应该以某种方式为同胞们的利益而工作。"在当选总统前夕,亚当斯仍在审视自己,怀疑自己是否真正想要这个职位,并为可能的失败做好了准备。"我真的觉得我好像更希望被淘汰。让我想想!我是否真正了解自己的内心?我不确定。"亚当斯总是不断地进行自我批评,这使得他对任何外来的批评都不太有耐心。另一个后果是,尽管他内心痛苦不堪,但从自我谴责到指责他人只有一步之遥。他的决心不过如此。[11]

无论如何,独立性是亚当斯在政治和其他方面最重要的特征。至少在理论上,亚当斯的所有同时代人都对党派和派系的邪恶表示谴责。但是亚当斯认为,这种邪恶是真正的威胁,他特别关注这个问题。他在晚年宣称,所有党派"在执政时都是秩序、法律、政府和宗教的狂热拥护者,而在失去权力后,则会进行诽谤、煽动和反叛"。在整个革命危机期间,尽管他对爱国者的事业充满热情,但他不会将自己与马萨诸塞州政治中的任何派系联系在一起。他说,"在我改变自己的看法,或把我的嘴巴或笔交给任何一方之前,我将与两个党派和他们中的每个人争辩"。1778年他抵达欧洲后,发现那里的美国代表分成两派,他拒绝加入任何一派,结果与这两个派别都格格不入。[12]政治本质上是党派或对他人和团体进行管理的问题,但亚当斯在这方面却令人意外地没什么兴趣。在他那个时代,很少有人能像他那样长期、广泛且不知疲倦地为公众服务。然而,尽管约翰·亚当斯提出了关于政治社会真正基础的理论,但他在竞选总统职位时却缺乏政治实践经验,这也是很罕见的。

尽管如此,对亚当斯来说,必须以一种正确的方式来应对政治秩序问题。而要做到这一点,必须充分理解正确的原则。1774年,在准备出发参加第一届大陆会议时,他决心成为一位研究政治家才能的"学者":"对于这项重要的事业,我感到自己能力不足"[13](在他年轻时,他曾以类似的精神学习法律)。从18世纪70年代的"诺万格鲁斯"(Novanglus)系列文章和《关于政府的思考》,到18世纪80年代的《为美利坚合众国政府诸宪法辩护》,再到1790年和1791年的《论达维拉》,还有其间的许多报纸文章和信件,亚当斯所写的一切都表明他决心构建一门正确的政治科学。正如一位作家承认的那样,"仅仅因为他对美国宪政做出的重大贡献,亚当斯就值得受到单独的关注"。另一位作家认为,在政治理论领域,亚当斯"也许是他那一代人中的领军人物"。[14]那么,所有这些理论上的成果意味着什么呢?

我们可以大致地将亚当斯的思想分为两个阶段,虽然这样的划分可能不够准确。在早期阶段,他展现了一种谨慎的乐观主义,而后期则对人们的自我治理能力变得彻底悲观。亚当斯较为乐观的时期,正值革命斗争的时代,那时,他在反思美国的共和主义实验时倾向于强调其可能性和前景;然而,到了18世纪80年代中后期,他越来越关注其脆弱性和可能破坏它的腐蚀力量。[15]

亚当斯通过所有的理论研究,最后总结出一个概念,那就是"平衡"(balance),尽管这样说可能不太公平,但并不过分。当然,许多人都使用这个术语来描述适当的政府宪法应该是什么样的以及应该做什么,但对于亚当斯来说,这个概念的形式相当独特。当在英国收到联邦宪法的副本时,他强烈支持这部宪法,但他的理由与大多数制宪者的意图或他们所声称的意图完全不同。他所说的"平衡"模型体现在英国宪政中(在18世纪被破坏之前),是一种经典的由国王、上议院和下议院组成的混合政府,并且适应共和政体的条件。他认为美国宪法实际上体现了同样的平衡,而他经常使用的一些术语,如用"君主"机构指代行政部门,用"贵族"和"民主"机构分别指代立法机构的上下两院,导致许多人,包括杰斐逊和麦迪逊在内,认为亚当斯已经不再是一个共和主义者。[16]这种观点既不公正,也不真实,尽管亚当斯有时使用的词语有些奇怪。无论如何,"平衡"的原则始终以某种形式存在。[17]

亚当斯一直认为,人类是难以控制激情的动物,无论是人的内心,还是在社会层面,核心冲突都是理性与激情之间的不断较量,这与治理领域中自由与权力之间的竞争相似。这些激情形形色色,包括"恶意、仇恨、嫉妒、骄傲、恐惧、愤怒、绝望",以及懒惰、贪婪,更不用说"爱、恐惧、希望等等"了。但其中最可怕的是对权力的渴望和"那个恶魔——党派精神"。尽管如此,在早期的乐观时期,他认为有理由希望美国人找到一种方法,超越个人和集体的弱点,即使历史上没有其他民族曾经完全成功地做到这一点。这是因为美国人先是抵制宗教暴政,现在又抵制政治暴政,他们在这个过程中似乎发现了美德的一种特殊能力。对于亚当斯和18世纪的人们来说,美德是"对公共利益的积极热情",但与天生的、私人的热情不同,美德必须通过经验、教育、纪律和理性来培养。美德使人们将集体利益置于自私的个人利益之上,并致力于扩大和维护自由。此外,美德是"共和国唯一的基础"。[18]

因此,政府必须控制激情和鼓励美德。这只能通过平衡政府的各项权力,并将政府本身建立在公正的法治基础上来实现。任何个人或任何政府部门,都不能拥有无限的权力。平衡要求三权分立;特别是在立法权内部(这是最容易被滥用的权力)以及立法权和行政权之间必须保持平衡。行政部门实际上扮演着调和的角色,这意味着行政部门应该既强大又独立。此外,应该避免采用单院制立法机构。这就是1776年宾夕法尼亚州宪法的问题所在:它缺乏平衡。[19]

但到了18世纪80年代末,亚当斯的信心明显减退。尽管他的政治思想保持了某些连续性,但关注重点发生了显著变化。这是因为那时他在自己同胞身上观察到了极端的道德堕落,至少他认为如此。虽然他们获得了独立，但却突然陷入懒惰、奢华和对个人利益的追求；他们没有履行公共义务，也没有努力阻止公共秩序的恶化。在这种情况下，当亚当斯谈及政府时，他更强调民众的自私而不是道德。正是在这种悲观情绪中，他比以往任何时候都更加关注社会和政府中"贵族"和"民主"因素之间的区别。[20]

亚当斯一直认为，任何社会，包括他所在的社会，都存在着某种类似于自然"秩序"的东西。尽管美国没有正式的贵族制度，但实际上一直存在着贵族。亚当斯所指的"贵族"只是那些具有"影响力"的人，他们的影响力可以来源于各种因素，如"教育、财富、力量、美貌、身材、出身、婚姻、优雅的品格和举止、步态、气质、肤色、相貌"等。他坚持认为，贵族就是任何能够"获得两张选票的人；除了自己的一票，还有别人的一票"。到18世纪80年代中期，美国社会原有的朴素和节俭正在消失；贵族与民主、少数与多数、富人与穷人之间的差异越来越明显。他们现在已经产生了对立的利益和激情。亚当斯曾一度认为，政府中最需要制衡的是贵族（在上议院中"被排斥"），正如他在《为美利坚合众国政府诸宪法辩护》的前两卷中所述的；然而，当他写第三卷时，尤其是在撰写回应法国发生的事情的《论达维拉》时，他开始意识到不平衡的民主会带来更大的危险。此外，一个强大而独立的行政部门似乎比以往任何时候都更加重要。[21]

亚当斯思想重点的转变引发了一些后果，其中之一就是1789年关于头衔的争论。亚当斯认为应该称呼华盛顿为"总统陛下"或类似称谓，其他高级政府官员也应该有头衔。这不是心血来潮，而是有理论依据的。他认为，人们对"卓越"或"效仿"的向往应该是一种可以被利用的激情，而这些头衔将促使人们尊重一个迫切需要赢得尽可能多的尊重的国家政府。[22]另一个后果是，亚当斯开始发表悲观且轻率的言论，认为有一天美国人民将会厌倦腐败的总统选举，要求设立世袭的行政首脑（他所说的"腐败"是指被党派精神污染）。他因此被指责支持君主制，但他一再反驳说自己并不支持这样的制度。他只是基于他所看到的令人遗憾的迹象来判断；实际上，他只是做预测而已。[23]最后，亚当斯支持联邦宪法，并不是因为它体现了人民主权，而是因为它的设计类似于英国宪政的"混合"政府。正如戈登·伍德所述，亚当斯拒绝考虑他不在费城时发生的政治理论创新。[24]

正如我们所知，亚当斯思想涉及的所有这些方面经过了不断的讨论和辩论。但"平衡"的主题可能仍需进一步阐释。这一原则——平衡——不仅是一种思想手段、行动指南和政府公理，它还代表了亚当斯内心最深处的需求。他在早期曾使用这一原则与自己的热情本能进行斗争，并在几乎绝望地希望——这种希望从未实现——为内心的混乱状态带来某种秩序时援引这一原则。对他来说，"平衡"并不是一种谨慎的节制方式，也不是微妙的校准和调整；它不是我们通常所理解的那种与平衡和制衡相关的均衡状态。相反，它更像是一种需要纠正的情况，这种纠正通常是彻底的，而且往往来得太迟。总是有些事情在他不注意或放松警惕时出差错；在他内心和周围的世界中，总是会有一些力量失控，需要费力补救。无论是他的个人事务还是整个社会的公务事务，总有一些事情需要修复——犯下的错误、造成的损害以及违背的承诺。他对自己的言论过度自由感到震惊，发誓"绝不通过评论别人的缺点、恶习或劣势来彰显自己的重要性或优越性"。[25]尽管他全身心地投入爱国者的事业中，但当他看到正义遭到威胁时，他仍然会质疑爱国者陪审团的决定，或谴责城镇会议粗暴地驳斥一个不受欢迎的演讲者。[26]他用自己所有的感性天赋来体验法国的各种事物，包括法国的女人、芭蕾舞、花园和罗马教堂，但很快他就必须转而将法国的一切视为愚蠢和堕落的泥潭。[27]在他设计的制度中，他先是用民主机制来制约贵族阶层，然后又迅速采用贵族制度来限制民主。当他看到自己伟大的"平衡"原则本身受到攻击时,他撰写了三部巨著为其辩护,每一页上都展示了古代和现代的平衡例子。在他的一生中,好战与和解的行为可能会发生令人费解的交替变化。对亚当斯来说,平衡很少与处于静止状态的事物相对应。它是一种挑战与回应、拉扯与起伏的状态,更恰当的比喻是跷跷板。他宣称:"权力必须与权力对抗,武力必须与武力对抗,力量必须与力量对抗,利益必须与利益对抗。此外,理性必须与理性对抗,雄辩必须与雄辩对抗,激情必须与激情对抗。"整个"联邦的奥秘"——以及生命本身——都由"分裂与平衡的力量"组成。[28]

因此,当亚当斯在1797年开始他的总统任期时,他具有对独立的热情、长期公共服务的经验(尽管缺乏政治经验)、对党派(包括联邦党和共和党)的厌恶,以及对欧洲两大强国的深深猜疑。这确实构成一种"平衡",至少在目前是这样:一种对双方都厌弃的平衡。他正是以这种精神来面对眼下迫在眉睫的危机。

第二节　为危机做准备

自从1796年年底以来,美国与法国的关系明显恶化。尽管从那时起局势不断升级,但直到约翰·亚当斯于1797年3月就任总统后,恶化局面才达到顶峰。法国人得知《杰伊条约》的消息后就开始情绪焦躁,尤其是在1796年的春季,共和党人未能阻止条约生效的消息传来后,他们一直在断断续续地对美国表示不满。但没有人确切知道他们的不满会以何种形式表达,或者他们会采取什么行动。很可能他们自己也不完全清楚。督政府于1796年7月2日发布了一项法令,声称法兰西共和国"对待中立国船只的方式,无论是扣押、搜查还是捕获,都将与英国人对待它们的方式一样"。当时门罗仍在巴黎,但他找不到任何人告诉他这意味着什么。虽然他知道该法令的存在,但该法令既没有被正式通知,也没有被公开宣布。直到1796年10月31日,法国公使阿德在费城的报纸上发布了该法令,并附有一封抱怨美国对其忠实盟友行为的信,华盛顿才第一次听说这件事。[29] 该法令表面上是为了报复英国对中立商船的掠夺行为。但实际上,英国最近并没有发布过任何有关此类商船的命令,而且近几个月他们也没有干涉前往法国或荷兰的中立船只。无论法国人打算采取何种行动,他们都在误导门罗。[30]

实际上,尽管签署了1778年的条约,但法国在对待中立船只的方式上很多时候与英国并无太大区别。自1793年敌对行动爆发以来,法国人一直断断续续地无视条约中"自由船只,自由货物"的规定。最初是1793年5月9日的一项法令,允许法国私掠船扣押装载粮食运往敌方港口的中立船只。这项法令于5月23日废止,5月28日恢复,7月1日再次废止,7月27日又再次恢复。它于1794年3月24日再次被废除,然后在1794年11月18日经过修改后恢复。1795年1月2日再次取消了1793年5月9日法令中规定的限制,并一直持续到1796年7月2日。[31] 在这个过程中,法国的行动一直非常任意、反复无常且难以预测。这些行动往往不是基于条约规定或英国的当前政策,而是一方面由于粮食短缺或当地商人对正常贸易的压力,另一方面则是受到美国丰富货物的吸引和国库枯竭的紧迫性影响。[32]

因此,可以理解的是,当阿德在10月底宣布1796年7月2日的法令时,美国政府无法确定其具体实施方式。国务卿皮克林在11月1日发给阿德的照会中问道:"是否已经向法兰西共和国的战舰和私掠者发出了命令?如果是的话,这些命令所依据的确切条款是什么?"[33]

然而,这个法令并没有"确切条款"。法令中的规定非常宽泛,因此西印度群岛和其他地方的法国代表和船长可以将其视为一份猎捕证,对美国船只进行掠夺，而他们也确实这样做了。此外，阿德发布这个法令的背景也值得注意——他先是给美国国务卿写了一封公开信，两周后又撰写了一篇长文详细解释法国对美国的不满，并且暂停履行公使职责——这使人们不禁怀疑，所谓报复美国与法国的敌人英国签订条约只是一个新的借口，目的是方便法国出于对当前利益的考量而采取行动，就像法国以其他借口对丹麦和瑞典的所作所为一样。[34]皮克林对阿德的这两封信件进行了愤怒的回复并将回信公开发表，使局势进一步紧张。与此同时，有关法国掠夺活动急剧增加的消息开始在美国传开；还有传言称，法国人不打算接受门罗的继任者查尔斯·科茨沃思·平克尼。此外，看起来越来越有可能，新任总统将不得不应对一场与华盛顿在1794年春天面对英国时遭遇的危机颇为相似的危机。[35]

亚当斯似乎已经想好了要如何应对。他认为，与实施禁运或战争相比，重新与法国进行谈判以解决分歧将更为明智，因此他计划派遣一个特别任命的三人使团前往巴黎。该使团将由来弗吉尼亚州的詹姆斯·麦迪逊、来自马萨诸塞州的埃尔布里奇·格里和平克尼组成。[36]亚当斯的这个想法本身以及他准备实施的计划，完全符合他的个性、经历和对政府的大部分看法。这纯粹是行政职能，他将亲自处理一切；他不需要系统地建立对其政策的支持，也不会组建政党联盟；他一生中从未做过那种事情。事实上，直到他就职总统的前一天，没有证据表明他曾就法国局势问题与任何人磋商过。而当他跨越党派界限征询意见时，也只是为了回应他的老朋友杰斐逊据说向他表示的和解姿态。但事实证明，这些姿态比表面上看起来的更为有限。

亚当斯也没有预料到，他从华盛顿那里继承的内阁会带来任何特定问题。在他看来，没有什么理由将内阁成员视为负担，怀疑他们的忠诚度，或费力更换他们。[37]他根本不愿意把这视为一个问题。他认为外交事务最终是行政部门的决策，他已经决定基本上按照三年前华盛顿对待英国的方式来处理与法国的关系。

然而,还有一个问题。尽管亚当斯在欧洲外交方面经验丰富,但他缺乏行政官员的经历,也没有承担过任何需要进行一定程度的政治管理的公共职能。他从未担任过州长、内阁官员或军事指挥官;他没有参加过制宪会议或所在州的批准宪法大会;作为副总统,他被排除在上届政府的讨论和决策之外。然而,他似乎也不认为这是个问题。在他看来,行政官员不是政治家,更不是党派人士。行政官员就像掌握天平的手:这完全是一个平衡问题。事实上,亚当斯主张的不是一个强大的行政部门,而是一个独立的行政部门,不受任何人的操控。[38]

亚当斯和杰斐逊之间的和解最初看起来很有希望,但最终没有实现。尽管人们对这个故事相当熟悉,但对阻碍两人和解的具体因素可能并不了解。自从在1791年关于潘恩的《人的权利》一书进行争论后,两人的关系一直非常冷淡。1793年底,杰斐逊回到弗吉尼亚后,他们就再也没有见过面。在最近的竞选中,他们实际上是在争夺总统职位,尽管我们已经知道,两个人都没有努力争取自己当选。12月,在选举结果确定之前,杰斐逊开始从蒙蒂塞洛向外释放各种信号。杰斐逊在17日告诉麦迪逊,如果选举结果出现平局,需要通过众议院的投票来决定结果,"我恳请并授权您全权代表我表达意愿,希望亚当斯先生成为首选候选人。从我们开始为公共服务时,他就一直是我的前辈,如果公众表达的意愿相当,这种情况应优先考虑他"。[39]

麦迪逊一收到杰斐逊的信就将其公开展示(尽管此时选举的最终结果已经公布)。亚当斯很快听说了这件事,他对此感到很欣慰。"这说明了他决心接受[副总统职位],"亚当斯在给阿比盖尔的信中写道,"这也显示了他对我的友谊,以及他的谦逊和克制。"杰斐逊在其他信件中也表达了自己的慷慨胸怀,并希望亚当斯能听到这些话,而亚当斯也确实听到了。尽管亚当斯不太善于表达，但他也说了很多赞美杰斐逊的话。本杰明·拉什非常高兴地向杰斐逊报告说，亚当斯先生"在所有场合都为你说话，而且据说，他正确地看待了[汉密尔顿]在纽约所推动的让平克尼先生取代他的行动"。所有这一切都合乎逻辑，亚当斯与杰斐逊在大多数方面都比他与汉密尔顿更为志同道合，尤其是在亚当斯发现汉密尔顿在最近的选举中所做的事情之后。[40]

但他们在和解与重归于好的道路上走了多远呢？其中一个考验是杰斐逊后来在年初给亚当斯写的一封广为人知的贺信——亚当斯从未收到这封信。杰斐逊先把信寄给了麦迪逊，信封没有密封，以便麦迪逊检查和判断，而麦迪逊决定不寄出这封信。

杰斐逊在信的附言中对麦迪逊说：

> 我早就打算[写]这封信，但一直因为担心他不会相信我的真诚而推迟……兹随函附上未密封的信件供您阅读，不仅是为了让您了解我们之间的实际情况，而且如果您认为有任何方面使这封信不适合寄出，可将其退还给我。如果能说服亚当斯先生按照真正的原则管理政府，放弃他对英国宪政的偏见，那么就应该考虑，与他达成良好谅解是否总体上对公众有利……他也许是阻止汉密尔顿插手的唯一可靠屏障。[41]

以下是他想对亚当斯说的部分内容：

> 公众和媒体最近一直将我们对立起来。但我相信，我们个人感受到的对立要少得多……我从未有过一刻钟期待[选举结果会有所不同]，虽然我知道不会有人相信，但事实的确如此……事实上，您可能会因为您在纽约的老朋友的阴险

伎俩而失去当选资格，他能够利用您真正的朋友们作为工具，以挫败他们和您的正当愿望。他很可能会对您感到失望；我的倾向使我不会受到他的影响。我把在暴风雨中骑行的乐趣留给其他人，我更喜欢在底下睡个安稳觉，有一个温暖的床铺，与邻居、朋友和同道之人为伍，而不是与奸细和谄媚者交往。没有人会比我更无私地祝贺您。[我仍然怀有]我们争取独立时对您的坚定敬意，以及对您的尊重和热爱之情。[42]

但麦迪逊并不喜欢这封信，他的直觉告诉自己不应该将它寄出去。因此他扣留了这封信，并解释如下：

> 1.不可否认，亚当斯先生就任总统后，曾向很多人表达了对您的尊重和友好……同样，众所周知，您对他个人的看法已经以最和解的方式传递给了他。既然你们两人目前的关系已经处于这种状态，那么，我们应该考虑一下，改善这种关系的行动是否可能会适得其反。2.这封信的总体语气暴露了您在写这封信时的困难处境，不确定这会给对方留下什么样的印象……3.毫无疑问，亚当斯先生完全了解纽约假朋友的诡计，并且他可能会怀疑，提醒他这件事的用意是想利用他的愤怒，作为报复其他人的工具……4.您所说的"在暴风雨中骑行的乐趣"，是否会被误解为对那些并不反感在当前危机中掌握大权者的一种反思呢？……5.您对于那些热心支持您当选的倡导者抱有温情，但这也产生了一种疑问，是否不应该轻视他们的焦虑和努力……6.考虑到亚当斯先生的施政方针可能会受到共和党方面的反对，以及我们的事业前景充满变数，如果以书面形式向他表达您出于个人关系和友谊而对他的赞美

和信任，可能会给我们带来实际的困扰。[43]

杰斐逊并没有因为麦迪逊自行决定而感到恼火。事实上，他松了一口气，并对此表示"非常感激"。他承认自己考虑不周：

> 如果没有您在这里决定此事是否可行，我根本不敢冒险尝试。现在，正好我要给兰登（Langdon）回复一封信，有必要再次表明我的态度。我在信中也写了感激亚当斯先生的那些话，但仅此而已。我想亚当斯先生会看到这封信的。[44]

但为什么说"仅此而已"呢？

我们后面还会谈到这个问题，但与此同时，事情仍在继续发展，因此尚存许多可能性。总体而言，共和党人对亚当斯的就职持有一定的乐观态度，这可能很大程度上是因为杰斐逊本人的暗示。然而，在亚当斯就职典礼前后，两人初步达成的理解就迎来了无法顺利渡过的最终考验。

杰斐逊于3月2日抵达费城，随即拜访了亚当斯。没有记录表明他们具体讨论了哪些内容，可能主要是对往事的回忆，但亚当斯在第二天对杰斐逊进行了回访。他这次回访主要有一个目的。他向杰斐逊详细介绍了他打算与法国实现和解的整个方案，包括他设想成立一个由麦迪逊、格里和平克尼组成的三人使团。这个使团的"声望足以让法国满意，同时，其成员来自美国大陆的三个主要地区，具备良好的地域代表性，能够满足美国各地的要求"。亚当斯希望获得杰斐逊的支持。他解释道，虽然他最希望杰斐逊亲自前往，但认为让副总统离开并不合适，因此，他希望杰斐逊能运用自己对麦迪逊的影响力来实现这一目标。[45]

正如亚当斯的孙子多年后所写的那样,杰斐逊"对这个提议的热情似乎低于他应有的程度"。他自己断然拒绝前往,说"无论宪法是否允许,我已厌倦了在欧洲居住,我想我不会再去那里了"。至于麦迪逊,杰斐逊认为他也不会有意愿,理由是八年前华盛顿曾想任命他为驻法大使,但麦迪逊拒绝了。不过,杰斐逊表示还是会征求麦迪逊的意见。亚当斯相当沮丧,咕哝道,如果麦迪逊拒绝,他还是会坚持任命他,"让他承担责任"。[46]

第二天,即3月4日,是亚当斯的就职典礼。他的演讲虽然简短,但广受好评,尤其是受到共和党人的欢迎。演讲的大部分内容都是在赞美宪法,亚当斯说他对宪法"有一种习惯性的依恋"和"崇敬之情"。他认为没有理由改变宪法;他认为"行政部门和参议院应该是持久的机构";他说,没有什么景象比由"邻里定期选出"公民组成的行政和立法机构"更令人愉悦、高贵、威严和庄重"。"礼服和钻石又能为此增添什么重要的东西呢?"(他从未想过将政府变为君主制政体。)对"我们的自由、公正、道德和独立选举"来说,最大的威胁之一就是"党派精神"(至少在理论上,每个人都同意这一点)。他尤其强调了他"个人对法兰西民族的尊重",他"真诚地希望维护对两国荣誉和利益至关重要的友谊",主张"通过友好谈判","对每一个有正当理由……的诉求进行调查",并寻求"对我们同胞遭受的商业损失进行赔偿"。本杰明·贝奇对此喜出望外。他在《曙光》上宣称,亚当斯先生是"一个廉洁正直的人",他"是法国与和平的朋友,共和主义的崇拜者和党派的敌人……这些情感是多么高尚,多么具有爱国主义的特点啊"![47]

但联邦党人已经开始警觉起来。就职典礼后的第二天,也就是3月5日,毫无戒心的亚当斯与财政部长奥利弗·沃尔科特进行了一次会谈,讨论派麦迪逊作为特使前往法国的计划。沃尔科特的坚决反对令他非常震惊。

> "已经决定派遣麦迪逊先生了吗？"［沃尔科特问道。］"还没有，不过这值得考虑。""如果派遣麦迪逊先生，恐怕会在国会内外和各州引发激烈的党派情绪！""我们难道永远要屈从于党派情绪的威胁和左右吗？"我的所有这些话都很有礼貌、幽默风趣且友好，但我注意到对方脸上出现了阴郁和严肃的神色。过了一会儿，他突然说："总统先生，我们愿意辞职。"没有比这更让我意想不到了……我从未想过给任何人带来痛苦或不安。除了提到麦迪逊的名字，我并没有说任何可能让人感到不悦的话。尽管如此，我克制住了自己的惊讶，只是回应道，我并不希望任何人辞职；我对所有公职人员都很满意。[48]

次日，也就是3月6日，亚当斯和杰斐逊受邀参加了华盛顿的告别晚宴。晚宴后，他们一起走了一段路回家。杰斐逊告诉亚当斯，麦迪逊（"正如我预料的那样"）不会考虑接受这样的任务；亚当斯则含蓄地表示，这样的结果也无妨，因为他没有料到"对那个提名有一些反对意见"；然后他们就告别了，再也没有讨论过这个话题。据亚当斯说，他们"之后很少一起商议"其他事情，杰斐逊也回忆说，他们再也没有关于"政府措施"进行过磋商。[49]

因此，亚当斯的计划从提出到破灭，最多只持续了四天，实际上可能更短。这个计划或许从一开始就没有多少希望实施。那么，原因是什么呢？

毫无疑问，主要的阻力来自亚当斯自己的内阁。皮克林、沃尔科特和詹姆斯·麦克亨利（James McHenry），无论是作为个人还是集体，都坚决反对向法国派遣任何共和党人,因此,在评估这件事时,将大部分责任归咎于他们是非常合乎逻辑的。[50]然而,奥利弗·沃尔科特的孙子乔治·吉布斯(George Gibbs)作为祖父的辩护者,在半个世纪后仍然对亚当斯感到愤怒,因为在商议如此激烈争议的问题时,亚当斯没有首先咨询选举他的党派成员,而是先去征询了他在选举中击败的竞争对手杰斐逊的意见。吉布斯强调了亚当斯的"躁动不安和易怒的性格",认为他"固执而又善变",他在"需要冷静思考的问题上,至少应该听取宪法规定的顾问的意见,但他却表现得冲动且前后矛盾"。或许,这种观点并非完全没有道理。[51]

因此,尽管内阁对危机的看法不一定是正确的,但至少可以怀疑,亚当斯在一定程度上对他最初遇到的困难负有责任。可以设想,如果他在当选总统后更早、更周密地做好准备,或许他能在几个月内组建一个能实现他目标的使团,而非耗费整个任期组建两个使团。实际上,在筹划使团时,他确实还有改进的空间。他可以任命詹姆斯·麦迪逊和另外两位已经在欧洲的人,即平克尼和自己的儿子约翰·昆西·亚当斯。显然,他已认识到麦迪逊是一个合适的人选,同样也意识到了任命平克尼的合理性。麦迪逊是美国亲法派的权威代表,任命他可以被视为美国政府发出强烈信号,要求法国人认真对待美国的代表。至于平克尼,出于国家的荣誉,不能容忍法国对他的专横态度。然而,如果将他排除在使团之外,就等于纵容了法国的态度。此外,尽管平克尼是温和的联邦党人,但他对法国抱有强烈的同情心,他的优点也得到了共和党人和联邦党人的一致认可。[52]而总统的儿子约翰·昆西·亚当斯,是欧洲舞台上最敏锐、最见多识广的美国人,他对法国或英国都没有什么幻想,但像他的父亲一样,他坚信应以坚定而友好、合理的态度对待法国。然而令人遗憾的是,在特别优待自己家人方面,约翰·亚当斯严格遵循原则,这一点在这件事上也得到了体现,尽管不止一位重要人士向他提过这个建议。如果还是由华盛顿处理这场危机，年轻的亚当斯很可能会在这个过程中发挥主导作用。当亚当斯的内阁在春季晚些时候最终同意组建使团时，他们都希望约翰·昆西·亚当斯能成为其中的成员。[53]

作为盟友，亚当斯本可以选择亚历山大·汉密尔顿。虽然有很多评论认为内阁屈从于汉密尔顿的意见，而且毫无疑问，汉密尔顿在内阁中具有很大影响，但实际上，在即将上任的政府所面临的最大问题上，汉密尔顿与皮克林、沃尔科特和麦克亨利三人存在严重分歧。与这三个人相比，汉密尔顿的观点更接近亚当斯。事实上，他们俩的观点几乎一致。汉密尔顿和亚当斯都认为，美国与法国的关系状况与1794年美国与英国的关系状况非常相似，应采取同样的处理方式：竭尽全力避免战争；通过友好谈判解决分歧，为此应任命一个特别使团。和亚当斯一样，汉密尔顿也认为，要让这一使团取得成功，不可或缺的关键人物就是詹姆斯·麦迪逊。只有麦迪逊这样的人，才能说服法国人相信美国的诚意和对目标的认真态度。尽管汉密尔顿可能认为麦迪逊的政治观点是错误的，但他和亚当斯一样（虽然亚当斯的内阁成员持不同观点），毫不怀疑麦迪逊的爱国主义和对国家利益的关注。

汉密尔顿一直对皮克林的鲁莽好战感到忧虑，实际上，在华盛顿政府任期结束前的1月份，他就开始表达这种观点。早在1796年11月，汉密尔顿就已经意识到这个问题，当时阿德在10月27日刚刚发表了文章。汉密尔顿建议不要公布美国的答复（"我担心皮克林先生的激烈情绪"），但已经来不及了；在答复被公布后，他感到遗憾（"避免与法国关系破裂非常重要"）；尽管已经无法挽回，但"我越想那篇文章，就越不喜欢它"。[54] 1月19日，他给华盛顿写信提出了自己的计划，并在22日详细阐述了这个计划。"我们现在的处境似乎与杰伊先生被派往英国时类似。我认为，当时对英国采取的政策精神现在对法国同样适用，也就是说，应该庄严地向法国提出正义和利益诉求。如果这没有效果，则采取自卫措施。"他建议，最好组建一个三人使团，担任"全权代表和特使"，其中包括"麦迪逊先生和平克尼先生"。此外，"除非麦迪逊先生愿意出任，否则几乎没有其他人能够胜任"。但华盛顿并不想让他的继任者受到束缚，加上他已经开始倒数自己退休的日子，因此他的焦虑可以理解。"但是，平克尼将军不是已经专程去那里解释情况、消除疑虑了吗？再派一个人能承担更多责任吗？"[55]

汉密尔顿没有再试图说服华盛顿，但这件事一直在他的脑海中萦绕。随着劫掠事件多次发生、皮克林撰写了可能引发冲突的另一封公开信，以及法国政府不接受平克尼的可能性增加，这件事变得更加紧迫。从1月到5月中旬，他给所有他认为可能对新政府有一定影响力的朋友都写了信，包括沃尔科特、塞奇威克、特雷西、皮克林、埃姆斯、麦克亨利、威廉·L.史密斯——换言之，除了约翰·亚当斯之外的所有人。除埃姆斯和塞奇威克外，其他人都拒绝了他的想法，态度果断，甚至有些强硬，尤其是亚当斯的内阁成员。皮克林直言不讳地答复说："我们非常怀疑这一行动的适当性。""这个新的使团正是我们政府的敌人所期待的……"（汉密尔顿反驳道，正因如此，派遣使团才更为必要。）沃尔科特坦言："我必须承认，我无法接受由麦迪逊先生或类似的人组成使团的想法，除非实在别无选择。"麦克亨利也写道："就我个人而言，我并未看出这个三人使团有任何优势。这不会让任何人满意……也不会使美国避免受到任何潜在的危害，或为政府赢得额外的朋友。"[56]

关于亚当斯在这一时期是如何应对自己面临的联邦主义者的压力的，我们很难准确评估。有证据显示，在联邦党人强烈反对任命共和党人的问题上，他确实做出了一些让步。[57]但同样重要的是，对于汉密尔顿试图影响政府政策的任何行动，他都表现出不满。亚当斯曾意识到，他和汉密尔顿可能在思考相同的问题，但同时他发现了汉密尔顿在选举中扮演的角色。⁵⁸如果他们能在政策问题上公开合作，本可以产生相当大的影响力。然而，从那时起，无论汉密尔顿说什么、想什么、做什么，都无法再赢得约翰·亚当斯的信任。

但这种猜测必须到此为止了，因为真正破坏这个乐观设想的，并不是联邦党人或是约翰·亚当斯。事实上，这个想法从一开始就不切实际，因为无论如何，杰斐逊和麦迪逊都不可能接纳此项计划，更别提愿意参与其中了（也许还可以补充一点——尽管这是后话——在那个特定时期，无论派谁作为特使与法国人进行谈判，都注定会以失败告终）。

许多评论家对杰斐逊的优雅印象深刻——在12月选举结果尚未确定时，他建议"优先"考虑亚当斯（因为他"一直是我的前辈"等等）。他们一直期待这两位革命时期的老友能够真正携手共事。然而，矛盾的是，这种初步和解与共和党高层决定不参与两党合作的外交努力之间存在着显著的关联。到了12月，随着与法国相关的问题日益严重，杰斐逊内心不希望自己当选总统，他不愿意让自己承担处理这些问题的责任。"我希望是除了我之外的任何人，"他写道，"没有什么比看到我的名字排在第二或第三位更让我渴望了。"至于外交事务，"我认为自那一年以来，局面从未如此严峻。让那些认为自己能应对困境的人掌舵吧"。他告诉爱德华·拉特利奇，他自己可以安心在家种植玉米和豌豆，"而我们东部的朋友〔亚当斯〕将在即将到来的风暴中苦苦挣扎；甚至可能会在这场风暴中丧生"。他对麦迪逊说，华盛顿"在泡沫即将破灭之际脱身，让其他人来承担责任是幸运的"。⁵⁹杰斐逊急切地希望人们知道，他并不介意在亚当斯的领导下工作，他很高兴听到亚当斯提及他们的友谊，并对"我们共同管理政府的前景感到满意"。但他也警告说，"如果他指的是行政内阁，那么无论从职责还是意愿来看，我都会置身事外"。

> 我不希望……每天像角斗士一样走进竞技场，在每一场冲突中遭受殉道者一般的煎熬。至于责任，根据宪法，我只是立法机构的一员；而宪法的原则是，除特定情况外，立法、行政和司法职能三权分立。[60]

简而言之，与亚当斯重新建立友谊对于摆脱主要责任来说是一个好办法，而他在回避总统职责的同时，也摆脱了法国危机的困扰。

但这不仅仅是杰斐逊个人厌恶麻烦的问题。尽管大多数共和党人都对与法国开战的可能性感到担忧，并且会竭力避免这种情况发生，但对于有影响力的共和党人来说，卷入两党合作的争取和平的努力并不符合他们的利益。杰斐逊和麦迪逊从一开始就比其他人更清楚这一点，尤其是麦迪逊。因此，面对日益严重的危机，共和党人的态度显得有些暧昧不明。

阿德宣布的法国关于中立贸易的法令，虽然令人震惊，但最初的普遍看法是，这只是对《杰伊条约》的回应，完全可以理解。同时，人们希望杰斐逊能当选下一届总统，那样的话，一切都会恢复正常。然而到了1月份，华盛顿的接任者显然会是亚当斯，而非杰斐逊；劫掠事件的消息接连不断，皮克林对法国的最新谴责也通过给平克尼的信件的形式公开发表。那是一个局势动荡不安的时期，战争的可能性在加大，人们担心"亲英派"实际上想发动这样一场战争，并试图在华盛顿离任前开战。在此期间，共和党人讨论了再次尝试促成和平的紧迫性；贝奇的报纸多次呼吁向法国派遣新的使团，由麦迪逊担任全权公使，甚至有传闻说已经任命了这样一个使团。[61]然而，联邦党人却倾向于反对这种解决方案，尤其是在经历了门罗事件之后。共和党人的参与很可能意味着将为了达成新的和解而付出过高代价——否定《杰伊条约》，甚至可能会导致美国与法国的关系变得更加紧密，而不是像现在所期望的那样，摆脱1778年的同盟关系带来的严重束缚。[62]

同一时期，共和党内部开始出现另一种倾向。一些共和党人试图从亚当斯的胜选中看到积极的一面，认为他即使不如杰斐逊，至少比由汉密尔顿和亲英势力主导的华盛顿政府要好。众所周知，亚当斯和汉密尔顿对彼此没有丝毫好感，而这无疑会导致分裂，因此对共和党来说，维持这种状态符合他们的利益。正是在这种背景下，亚当斯与杰斐逊的和解受到了共和党人的欢迎，但却未能得到联邦党人的支持。[63]所有这一切必然会引发激烈的情感和目标冲突，而亚当斯本人几乎注定将成为最大的输家。

与此同时，两党的关键人物汉密尔顿和麦迪逊都在制定各自的策略，然而，这些策略却与其大部分朋友和同僚的立场相悖。当汉密尔顿试图说服其他联邦党人接纳由麦迪逊领导新使团的提议时，麦迪逊在谨慎地确保他和杰斐逊（不管他们的朋友们对亚当斯的言论多么友善）与亚当斯保持一定的距离，任何与亚当斯的交往都将被限制在最小范围内，而且无论亚当斯本人的和平倾向有多强烈，他们都不会介入亚当斯政府与法国的交涉过程。

麦迪逊在1796年末至1797年初的冬天写给杰斐逊的信件可以反映出他的思维方式。12月，麦迪逊仍在担心杰斐逊是否愿意担任副总统，他准备强调与亚当斯保持友好关系的重要性，将其作为说服杰斐逊接受该职务的论据之一。

> 我们有理由相信，您与亚当斯的接近可能会对他的决策产生有价值的影响，尤其是在对外政策方面。您知道，他的性格使他不会受制于前任总统。毫无疑问，他对我们的纸币制度的抨击，以及纽约操纵选举让他输给平克尼的阴谋，已经导致他与亲英派之间产生了分歧。

但随着对杰斐逊是否接受副总统职务的担忧逐渐消除，我们再也听不到这种论调，对约翰·亚当斯的赞扬也不再出现了。麦迪逊在1月29日评论道："关于新当选总统的想法，没有进一步的发现。我实在难以从他那里寻找到更多令人宽慰的东西。"一周后，他又表示，将在一次秘密讨论中考虑"亚当斯先生就职后的前景。我认为，这些前景并不令人鼓舞"。当麦迪逊解释自己为什么扣留杰斐逊写给亚当斯的信时，他表示并不是想阻止杰斐逊考虑这样的联盟，因为杰斐逊很可能本身就不会有这样的想法，他只是为了防止杰斐逊在他们已经达成默契的政策上犯下错误。实际上，他对杰斐逊说，您写得太多了，过于显露出您的不安。在汉密尔顿的事情上刺激他，会让他怀疑您这样做是出于自己的目的。您越是声称对权力没有欲望，就越和亚当斯形成对比——他对权力并不反感。您也不应该对其他人为您的竞选所做出的努力过于轻描淡写。最重要的是：

> 考虑到亚当斯先生的施政方针可能会受到共和党方面的反对……如果以书面形式向他表达……赞美……可能会给我们带来实际的困扰……[64]

最后这一段可以被理解为，麦迪逊不会参与任何被派往法国的行动。他知道有传言说他会做这样的事情；他向杰斐逊保证，这种说法"纯属捏造"。[65]这些传言不仅毫无事实根据，而且他也无意将其变为现实。当亚当斯后来询问杰斐逊是否认为麦迪逊会前往法国时，杰斐逊已经知道了这一点。麦迪逊为什么要去呢？他对《杰伊条约》的强烈反对一直持续到最后，这是一项重大的原则承诺，接受这样的任务将让他陷入自我否定的荒谬处境。这实际上将违背他自己的原则，使他最终接受《杰伊条约》，因为给他的任务指示肯定会规定，《杰伊条约》

现在已成为法律，不再是讨论的对象。詹姆斯·麦迪逊或许并不反对重启谈判，他当然希望国家能够避免战争。但他绝不愿意听到他或杰斐逊将对这样的谈判承担任何责任。

杰斐逊对此表示赞同，当亚当斯询问他时，他实际上也是这么回答的。杰斐逊知道，而且那时候亚当斯也已明白，"征求"麦迪逊的意见纯粹是一种形式，但他还是如实地反馈了结果，后来他们"很少一起磋商"其他事情。

因此，从1793年开始的一连串法国法令，到1797年初的国内政治形势，这些都是约翰·亚当斯在美法关系上做任何决定时必须考虑的限制条件。到了3月份，国外传来的进一步消息使局势变得更糟，现在必须要采取行动了。他的行动可以分为三个主要阶段，最后一个阶段直到他的任期即将结束才得以完成。第一阶段从1797年3月持续到1798年3月，以接收到关于"XYZ事件"的报告为节点；第二阶段贯穿1798年余下的时间，直到1799年2月提名默里使团；第三阶段以1800年10月的《莫特方丹协定》（Convention of Môrtefontaine）画上句号。

第三节　第一阶段：XYZ事件

来自联邦党人、共和党人，当然还有法国人的多方压力，将亚当斯所珍视的"独立性"压缩到最小，并导致他第一阶段的努力以失败告终。他为行政部门构想的"平衡"精神无法发挥预期的作用；无论他如何努力去调整步骤，每一步都奇怪地偏离了平衡。他在5月份提交给国会的方案本意是实现团结，结果却导致党派分化加剧，并且几乎没有进行任何防务准备。亚当斯成功地任命了他的三人使团，但并未像他最初设想的那样，包含一位主要的共和党代表。他坚持让埃尔布里奇·格里加入使团，结果证明这只是一个无奈的权宜之计，反而给他带来了巨大的困扰。至于他的老朋友杰斐逊，也并非他的支持者，甚至可能不是合作者，而更像一直在做戏，只是为了成为一股强大的阻力。"根据宪法，我只是立法机构的一员。"杰斐逊曾在1月份诚挚地表示。当然，宪法与麦迪逊为他设定的角色毫无关系，而麦迪逊现在已从国会退休，回到弗吉尼亚州，担任共和党反对派的领袖。然而，当政党情感主要取决于对外国的喜恶时，反对的声音必然会在最关键的时刻出现。正如在1794年，对反对者来说，联邦党人在英国问题上的任何举措都注定是错误的，现在他们在法国问题上的任何行动也不可能有什么好结果。简而言之，对亚当斯而言，一切似乎都在最糟糕的情况下发生，当需要采取有目的的行动时，却没有华盛顿的权威支持，使他难以达成哪怕是粗略和暂时的团结。"我一直在处理嫉妒和竞争的问题，寻找制衡的解决方案，"亚当斯在上任仅两周后就感叹道，"直到我已经羞于重复这些话；但嫉妒和竞争现在以前所未有的、更可怕的形式出现在我面前。"[66]

另一方面，由平克尼、格里和约翰·马歇尔组成的美国使团即将在法国遭遇困难——这些不幸将使美国国内局势发生剧变——臭名昭著的"XYZ事件"，实际上提出了一个与态度紧密相连的棘手问题。即使在当时，这个事件可能也引发了多种反响，而这些分歧一直延续至今。当然，最主要的反应是愤怒。这是1798年民族情绪大爆发的导火索：一个主权国家的政府拒绝与另一个主权国家的授权代表进行谈判，甚至拒绝接待他们，除非向其主要成员提供贿赂，并为该国在欧洲的军事侵略提供贷款，这已触及侮辱的极限。另一种反应是难以置信。例如，詹姆斯·麦迪逊听到这个消息后，首先想到的并不是法国外交部长塔列朗的贪婪，而是这位与美国和美国人关系密切的部长竟然会表现得如此愚蠢。还有一种反应是普遍的怀疑态度，随着时间推移，这种疑问逐渐深入人心。这种反应源自杰斐逊的暗示，他评论说，"这是马歇尔炮制的'XYZ骗局'，让骗子伪装成法国政府人员"。他认为马歇尔撰写的信件中所描述的故事完全是虚构的。[67]

即使考虑到杰斐逊的党派立场——他显然希望整个事件并非真实的，这种怀疑可能仍有一定的合理性，应被纳入对历史观点的考量范围内。尽管美国公众对这件事高度关注，但他们最为反感的只是行贿这种行为吗？还是他们对可能得到的回报感到不确定？从信件呈现的画面来看，美国共和党人的高尚形象与法国人腐败、愤世嫉俗的形象的对比是否过于强烈？那些美国人在巴黎待了六个月，他们不可能一直在工作；难道他们完全没有被督政府统治下的巴黎的诱惑和享乐所影响吗？[68]他们寄回国的信件具有一种朴素、戏剧性的简单，令人着迷。然而，有理由怀疑——正如当时有人提出的那样——马歇尔在阐述他的论点时并非没有运用技巧，他非常清楚自己在做什么，他已经掌握了说服评判委员会的最佳方式。最后，塔列朗后续的行为以及多年后在法国档案中发现的证据表明，他从未打算将美国人逼到战争的边缘，而且从一开始他就期望在最后关头——当符合法国的利益时——达成令人满意的和解。[69]

因此，这一著名事件的细节在某种程度上存在着模糊性；我们对其并不十分确定。然而，更令人困惑的是：就目前所知，马歇尔从未写下任何不真实的内容。即使是格里——他对他们遭遇的事情的理解与马歇尔和平克尼截然不同，他对所述信息本身也没有任何争议，并与其他人一起签署了信件。

亚当斯刚刚上任不到三周，就决定召开国会特别会议。1797年3月25日，他发布公告，确定会议将于5月15日召开。期盼已久的消息终于从法国传来,其中详尽记录了法国人对待平克尼的过程。法国人的行为依旧随心所欲,漫不经心。尽管门罗对被召回感到非常不满,但他仍然礼貌地欢迎了自己的继任者,并安排了接待。1796年12月9日,他将平克尼引见给当时的法国外交部长查尔斯·德拉克洛瓦;德拉克洛瓦接受了平克尼递交的国书,并承诺立即为他和他的家人准备官方文件。但官方文件的承诺并未兑现,这就意味着警方有权随时拘捕平克尼一家。后来,有消息传来,督政府决定在法国的诉求得到充分满足之前,"不再承认或接受美国的全权公使"。平克尼认为,如果不允许两国政府相互沟通,那么,以友好方式解决任何问题都是不可能的,他想知道这是否意味着他将被迫离开。一个中间人告诉他,的确如此。那么,是离开巴黎,还是离开整个法国?中间人也不确定;他后来告诉平克尼,这意味着他要离开整个法国,而不仅仅是巴黎。他必须立即离开吗?中间人对此也不确定,但他告诉平克尼,当局会通知他。平克尼表示,他希望有书面文件;他不希望在没有书面证明的情况下,就离开法国并向他的政府报告自己被驱逐出境。但法国当局一直没有回复。最后,在他第一次也是唯一一次与法国当局会面过去六个半星期时,他收到了一份书面命令,要求他离开这个国家,他立即照做了,带着家人前往阿姆斯特丹。[70]

门罗的离任过程让美国受到了更大的侮辱。门罗自己也承认,一段时间以来,督政府和部长们对他的态度显然已经"非常冷淡了;但当得知他被召回的消息后,他们的关注度又重新升温"。他的离别聚会在12月30日举行。督政府的督政官保罗·F. N. 巴拉斯(Paul F. N. Barras)发表了一篇极其傲慢的简短演讲。他说,门罗在提交召回函时,向欧洲呈现了"一个非常奇怪的景象";美国政府仍然受到"古代暴君"的影响;美国人应当"为他们的自由感到骄傲",并"铭记这种自由应归功于法国"。他暗示美国正处于四分五裂的边缘,必须警惕"背信弃义者的谄媚奉承，他们试图让美国人再次被旧时的枷锁束缚"。他最后说：

> 尊贵的全权公使先生，你是为原则而战；你深知国家的真正利益，我们带着遗憾送别你。我们在你身上看到了美国的代表；我们将怀念一个公民，他的品质使这一称号拥有荣誉。[71]

当得知平克尼被驱逐出境的消息时，鲁弗斯·金在伦敦写道："我无法完全理解这一决定，此前一段时间，法国政府一直犹豫不决……"已退休的华盛顿对此同样感到困惑。"法国政府的做法远远超出了我的预期，"他在给麦克亨利的信中写道，"这根本无法用任何公正原则，甚至是那种常识性的政策来解释，所以现在我不打算再费心去理解他们的动机。"[72]

另一则非常重要的消息涉及最近针对美国海上贸易的法令。尽管这可以被看作督政府表达愤怒的另一种方式，但在更深层次上，它反映了欧洲战争的压力和法国政府迫切的资金需求。它是法国当时在欧洲推行的征收贡赋制度的一部分——尽管形式各异，但每个欧洲国家都被要求向法国缴纳贡物。1797年3月2日的新法令正式废除1778年条约中的"自由船只，自由货物"条款，这就意味着，在美国船只上发现的任何英国货物都可被没收；任何在挂敌方旗帜船只上服务的美国人，无论是否出于被迫，都将被视为海盗；任何没有正确填写船员和乘客名册的美国船只，都将被视为合法的战利品。最后这一点的借口是，1778年的条约中附有这一"船员名册"的模板，但事实上并非如此。美国船只从未携带过这样的文件，而且以前也从未有过这样的要求。[73]

亚当斯召开特别会议有两个目的，所有这些新信息既是召开这个会议的动因，也提供了背景信息。首先，尽管受到侵犯和侮辱，但他仍希望通过向法国派遣新的使团来寻求和解。其次，他建议加强军备，并寻求国会的支持,特别是增强海军力量,以便在谈判失败时保护美国的商业利益。

5月16日,亚当斯在国会发表讲话。他直言不讳,得到了大多数联邦党人的认可,但基本上被共和党人谴责为煽动战争的演说。贝奇已经不再称赞亚当斯了。他批评总统"彻头彻尾地欺骗了人民",他们被总统的就职演说所误导,"误以为他不受任何外部影响"。几个月前还说过"这个老家伙会成为一个好总统"的贾尔斯,现在承认自己误判了。杰斐逊声称,自从常规会议休会以来,实际上"没有什么新的变化",现在他确信"我们被召集的真正目的就是发动战争",并在特别会议期间多次在信件中提到这一点。贝奇宣称,从总统的讲话中可以看出,"他的两位助手,蒂莫西和奥利弗,在过去三周一直在给他灌输胡椒汤*,试图让他的神经紧绷,对法国采取更强硬的立场"。[74]

因此,关键在于亚当斯在特别会议召开前的一段时间里,收到了怎样的建议,他是如何回应的,以及这些建议在他的讲话中是如何呈现的。这方面的记录其实保存得相当完整。在确定召开特别会议后,亚当斯要求所有内阁成员以书面形式,对他应该如何行动以及说些什么提出建议。这些回复都被保存了下来。当前的情况使每位内阁成员都提出了大致相同的行动建议:再次向法国派遣使团进行谈判;同时加强防御措施。但每个人的语气各有不同。皮克林和沃尔科特的确像贝奇所说的那样,上了一份"胡椒汤",两人都对法国的行为感到非常愤怒。而另一方面,麦克亨利的备忘录(严格遵循汉密尔顿的建议)则显得克制而深思熟虑。总检察长查尔斯·李的备忘录也很温和,没有敌意。[75]亚当斯从每个人的建议中都吸取了一些要点,但大多只是在表述上,而他的演讲风格、结构和重点都独具个人特色。如果有一两

---

* 原文为pepperpot,比喻激进的观点。

处失误，那主要是他自身的原因。

他借鉴最多的是关于法国政府如何对待平克尼的报告，这份报告的大纲来自皮克林，但亚当斯的陈述比皮克林的更简洁直白，也没有像皮克林那么愤慨。至于那些劫掠行为，尽管范围广泛，但他根本没有讨论（虽然皮克林对此进行了详细的阐述）；他只是简单地提及，仿佛这些已经众所周知，而事实上也确实如此。在建议防御措施时，亚当斯的重点完全集中在保护美国商业利益的海上措施上（允许商船进行自我防卫，完成1794年开始的三艘护卫舰的建造，建造一些双桅战舰，以及加强港口防御工事）。他用了六段话来阐述这些措施，只是在结尾不太情愿地补充了两句，说国会可能会考虑增加常规炮兵和骑兵，组建临时军队，并修改民兵法。皮克林和李建议直接征税；亚当斯却将这个方案提交给众议院处理，以回避整个税收问题。麦克亨利建议实施禁运，但亚当斯并未提及这一点。皮克林建议制定外国人法案，亚当斯也没有接受这个建议。

亚当斯提交了一些文件，其中包括约翰·昆西·亚当斯关于法国残酷掠夺其盟友荷兰共和国的信件。这些文件造成了不必要的刺激，但没有任何直接目的。在他的演讲中，有两段最有可能引发麻烦的内容，而这些并非来源于任何内阁成员的建议。其中一段提到"努力……制造美国政府和人民之间的分裂"；另一段则将巴拉斯对门罗的讲话作为臭名昭著的例子，来说明法国政府的这种行为。正如人们所料，法国人后来对美国的使团进行报复，指责美国人"屈从于外国势力和国内派系而反对自己的政府"，这激怒了美国国内的共和党人。杰斐逊认为，那些渴望和平的人被"受法国影响"的责骂声音"淹没，而这些指责来自我们中间的英国人，或那些在人脉和情感上都亲近英国的派系"。[76]

这样的一些观点标志着杰斐逊全面回归公共生活的舞台，或者更确切地说，是"幕后"的复出。现在，我们有必要稍作停顿，审视一下他当时的思想状态。人们普遍认为，这一阶段，杰斐逊完全掌控了共和党反对派，这种观点是正确的。在党派对立达到美国历史上前所未有的程度之际，他能否继续保持理性，是一个非常有趣的问题。杰斐逊传记的杰出作者们发现，杰斐逊在这个时期反复强调的那些观点（包括"不能证明的断言"和"毫无根据的怀疑"）令人困扰，其中的一些观点值得我们深入研究，因为它们可能揭示出，美国对法政策的制定过程充满了挑战。他对英国的憎恨，以及他对英国影响渗透到美国生活每个角落的想象，现在几乎已成为他所有言论和思想的主题。[77]他在1797年5月写给埃尔布里奇·格里的信就是一个例证。他写道：

> ［英国人］希望垄断我们的商业并扩大对我们的影响力；他们实际上已经做到了这一点。当我们发现，我们所需的一切都来自他们的工坊；我们所有的劳动成果，无论是直接还是间接，最终都与他们息息相关；我们的大量航运业务，无论明面上还是暗地里，都掌握在他们手中；甚至他们在这里的代理人，也是通过伪造的公民身份受他们的控制；现在，这些外国人和冒牌的公民构成了我们所谓的商人主体，他们遍布我们的海港，渗透到内陆的每个小镇和地区。在海港地区，他们通过他们自己和其追随者的选票来操控一切，在内陆地区，他们则通过暗示和账簿施加影响；他们正在迅速垄断我们的银行和公共资金，从而控制我们的公共财政；他们与政府内外最有影响力的人物结盟；他们已表明，通过影响政府的各个部门，他们可以强迫政府按照他们的意愿行事，让这个国家的利益完全屈服于另一个国家的意志。一旦我们意识到这一切，我们就无法再宣称自己是独立的，任何一个

自由的灵魂都能看到并深切感受到这种束缚所带来的痛苦。[78]

然而,这封信所描述的情景与18世纪90年代末的美国经济现实存在着很大的出入。"我们的大量航运业务"并不是由英国人掌握,无论是"明面上还是暗地里";事实上,有90%的航运业务由美国人自己掌握。英国人(无论是"伪造的""冒牌的"还是其他的)也没有构成我们商人的"主体",即使在曾经聚集了众多英国和苏格兰贸易代理人的切萨皮克地区也是如此。在银行和金融领域,无论是来自英国还是其他国家的影响都微乎其微。杰斐逊列举的情景中,只有一个是正确的:美国进口的大部分商品确实来自英国,大部分出口商品也运往英国。从道德角度来看,当然可以对此进行争论——类似于"二战"后许多欧洲人抱怨美国消费品破坏了他们的品格和文化。但在18世纪90年代中期,随着美国商业的蓬勃发展,贸易条件明显对美国人有利,美国人已经在各个经济领域取代了英国人。因此,没有任何证据表明美国人遭受了经济剥削。[79]

杰斐逊关于英国对美国政治的影响的许多说法——他认为在美国存在一个"英国派",他们试图使美国与英国结盟并与法国开战——在细节上同样值得怀疑。1797年,没有任何一位联邦党领袖想要这样做,也没有人认为发动战争有任何意义。唯一持有这种观点或表现出类似倾向的是记者威廉·科贝特,他是一名滑稽可笑的英国公民,企图诱导美国人加入一场反对雅各宾派的君主制十字军东征。谨慎的联邦党人感到不安,努力与科贝特保持距离。[80]杰斐逊对于战争的担忧无疑是真实的。事实上,这种担忧如此深重,以致他不仅不愿意,而且完全无法理解亚当斯策略中的审慎之处;在他看来,谈判与防御措施根本无法并存。他希望美国不采取任何行动,并推迟做出决策。他将自己的这一立场告诉所有的朋友,并期待欧洲最终爆发一场军事决战,在决战中，法国将"击垮"英国。他在几乎每封信中都指责亚当斯好战，而且经常与法国驻费城总领事进行会谈，向他抱怨亚当斯的"虚荣"和"固执"。[81]这些言论迟早会传到亚当斯本人那里。当亚当斯听说了其中一些事情时，他讥讽地写道："这证明他的心态已经变得酸涩，但仍然渴望受到欢迎；内心充满野心，却又软弱、困惑和无知。"[82]

所有这些都是杰斐逊成为共和党领袖后所面对的问题。杰斐逊提出了一套与政府所奉行的政策完全不同的计划，并依此为他的广泛活动提供理由。他指责政府的政策好战，并在各个方面阻挠政府计划的实施。杰斐逊作为共和党领袖的影响力，无疑与1797年春季和初夏的立法进程密切相关。在特别会议期间，共和党成功地阻止了亚当斯提议的大部分措施；除了完成已在进行中的三艘护卫舰的建造和加强港口防御之外，几乎没有其他进展。名誉扫地的门罗于6月底回到美国，并在7月1日受邀参加一场盛大的公开晚宴。副总统杰斐逊带领50多位共和党政要出席了晚宴。[83]在美国使团到达之前，法国政府已经收到了有关美国的报告：实际上，美国民众存在分裂，亲法派政党阻挠了总统计划的实施，因此，目前不必担心美国人会参战。[84]

初夏时，新使团成员的任命和批准程序终于完成。起初，内阁对设立一个三人组成的使团，而非简单地重新任命平克尼为特使，持反对态度，但到了5月底，这种反对意见已经减弱，尽管不确定汉密尔顿是否在其中发挥了关键作用。大部分强硬派似乎已经被亚当斯本人以及拿破仑的新胜利和英国的财政困难所说服，但他们仍然坚决反对任命任何主要的共和党人，尽管汉密尔顿一直力促他们接受这个建议。对于弗吉尼亚州的约翰·马歇尔，内阁没有异议，但当亚当斯提出埃尔布里奇·格里的名字时，内阁强烈反对。亚当斯之所以提名格里，是因为他们自革命时代就相识，格里对他始终忠诚，同时亚当斯认为格里并没有强烈地依附于任何党派，这在某种程度上是正确的。最后亚当斯做出让步,同意由马萨诸塞州最高法庭的首席大法官弗朗西斯·达纳(Francis Dana)代替格里。马歇尔、达纳和平克尼的提名于5月31日送交参议院,并于6月5日获得批准。达纳拒绝了提名,这个结果亚当斯似乎早有预料。然后,尽管有一些反对意见,亚当斯还是在6月20日提名了格里。格里的提名于6月22日获得批准,虽然反对声音依然存在。格里于8月9日启程,而马歇尔已在三周前出发,去阿姆斯特丹与平克尼会合。这次任命是一个相当不可靠且任性的选择。这并不是因为格里对法国有什么特殊倾向,也不是因为他被视为共和党人。尽管他曾经反对联邦主义,但他支持许多联邦党的措施,包括汉密尔顿的整个财政体系。问题在于,没有人能够完全预测他下一步会说什么或做什么。当亚当斯向内阁提出格里的名字时,麦克亨利在长时间的沉思后,谨慎地说:"如果想让使团内部发生争执,那么恐怕没有人比他更合适。他与同事达成一致的可能性只有1/10。"[85]

为什么埃尔布里奇·格里的政治生涯会屡遭挫败呢?尽管他曾经签署《独立宣言》和《邦联条例》,担任过大陆会议成员、制宪会议代表、众议院议员和马萨诸塞州的两届州长,在他生命的最后阶段,还担任了美国副总统,但他的每一步似乎都在错误的方向上迈进。在这个过程中,他耗尽了同僚们的耐心,并失去了大部分朋友(只有约翰·亚当斯和托马斯·杰斐逊一直与他保持联系)。这个问题一直困扰着许多杰出的历史学家。格里的最新传记作者指出,格里所有的怪癖、古怪行为和表面上的矛盾之处,其关键在于他对共和主义理念的极度执着,以及对古典共和国抽象概念的坚守。[86]这个解释很有说服力,有很多论据可以支持这一观点。然而,考虑到当时许多人同样坚守着这些理念,我们需要补充的是,格里似乎认为他的"良心"是独立于他本人的存在,以及他有一种奇特的倾向,即更愿意在小问题上争论,而忽视重大问题。对于格里来说［就像与他同时代的年轻的罗阿诺克的约翰·伦道夫（John Randolph）一样］，他的共和理想与现实世界之间不协调，这总是让他的头脑处于崩溃边缘。"可怜的格里，"阿比盖尔·亚当斯感叹道，她比任何人都更了解他，"他的头脑里总是有一个错误的想法。"[87]

埃尔布里奇·格里1744年出生在马布尔黑德。他的父亲是一位商船主，通过勤奋努力积累财富，成为镇上的重要人物。但托马斯·格里（Thomas Gerry）反对奢侈挥霍，因此他们一家的生活并不奢靡。埃尔布里奇是这个大家庭中唯一上过大学的人，他在14岁时进入哈佛大学。在那里，他仿佛看到了黄金时代的景象：政治家的风范、公共服务的重要性和罗马式的美德。他学习了足够的拉丁语，使他在以后的生活中能够时常引用格言。他还喜欢将罗马共和国的衰落作为警示，警告美国邪恶和腐败可能造成的恶果。他的私人图书馆收藏了维吉尔、普林尼（Pliny）、西塞罗、洛克、孟德斯鸠、吉本（Gibbon）以及国际法的权威著作。革命到来时，他立即投身其中，那时他已形成一套完整的政治观点：古典共和主义和公民人文主义的世界观，以及18世纪英国乡村反对派的态度。对于格里来说，这个体系在两方面都是"古典的"，而且与同时代的任何人一样，他从字面上理解其含义。政治存在的基本事实就是自由与权力之间的不断斗争，因此，对腐败、养老金领取者和凭借关系获得政府职位的人应该持警惕态度，同时，还应该反对常备军、集权和行政权力的扩张。最适合执政的是那些最有德行的人，那些像格里一样对公共利益充满热情的人。实际上，在这方面，很少有人比格里表现得更出色，他具备为公共服务的能力和意愿，在超过15年的公共生活中，他没有过因家庭事务而分心。他认为，应该相信"人民的天赋"（genius of the people），但不能过分依赖："需要以高超的技巧来逐渐引导他们，以获得良好政府所需要的服从。"[88] 据格里忠实的女婿称，怀疑"是他思维中最薄弱的一环"。[89]格里对任何形式的权力都持怀疑态度，尤其是军事权力。

格里的公共生活始于《汤森法案》引发的动乱。1770年，他被选入马布尔黑德通讯委员会，1772年跻身于普通法院，1774年进入马萨诸塞省议会。1775年，他当选为大陆会议代表，使支持独立的派别在马萨诸塞获得多数席位。他认为独立是不可避免的，因为当时的皇家政府已经变得"腐败且完全丧失美德"。[90]除了因议会特权问题而愤然辞职导致三年缺席，他一直在国会任职，曾在多个委员会担任职务，直至1785年任期结束。整个战争期间，他从事商业活动，获得了巨大成功，但他从未像许多人那样牟取暴利。1786年，他退出商界并结婚。

尽管格里在战时工作勤勉，但给人留下最深印象的还是他在国会时反复无常、乖张的个性。他对武力、金钱和中央集权心存恐惧，因此反对在和平时期建立任何形式的军队，并抵制任何为中央政府筹集收入的税收计划。他提出设立两个永久的政府所在地和一个巡回立法机构，这使得国会秘书抱怨格里的"思维方式奇特，他的快乐似乎与他的提案的荒谬程度成正比，在理性和常识占上风时，[他]只会感到沮丧"。[91]在制宪会议上，尽管格里是最活跃的代表之一（他在一天内就反对军事权力的各个方面发表了七次演讲），但他是唯一一位坚持到最后拒绝签名的人，这使他声名狼藉。一位同僚评论道，"他所做的就是反对一切不是由他提出的事情"。[92]格里在新的联邦议会中一直工作到1793年，之后因为对日益严重的党派斗争感到失望而退休。在1796年，他以选举人的身份再次出现，承诺支持亚当斯，并坚持反对党派之争的原则。他认为最完美的组合是亚当斯和杰斐逊，因此很高兴看到结果正如他所愿。

亚当斯在1797年任命格里为赴法使团中的一员，这是基于他们个人之间的相互忠诚（他们都是1776年《独立宣言》的签署者）。亚当斯认同格里对党派问题的观点，并可能受到格里个人性格的某种影响。但实际上，他们在如何对待法国这一重要问题上有分歧，而且在格里启程前，他们从未对此进行过讨论。格里当然不是亲法派，但他认为自己可能成为使团中制约过度的"英国"影响的因素，或许这受到了杰斐逊的鼓励。[93]他最关切的问题是避免战争，他准备尽一切可能避免战争。他认为法国实力过于强大，即使美国以某种方式取得胜利，最终仍会面临建立常备军的问题。

约翰·亚当斯在3月给儿子的信中写道，"我上任之初就与法国产生了误会，我将致力于解决这个问题"，但不会以承受"过多的羞辱"为代价。他又补充说："美国并不惧怕。"[94]然而，他在8月派往法国的使团成员却充满了"恐惧"，而且随时准备基于这种恐惧采取行动。

约翰·马歇尔是使团中的第二位成员，他的性格和背景与格里截然不同。他们甚至在外貌上也形成了鲜明的对比。马歇尔身材高大、修长，神态轻松，而格里则身材矮小、紧张不安，如同一只小鸟；马歇尔的头部相对较小，而格里的头部则相对偏大。两人都在革命时期成长起来，都是坚定的共和主义者。但他们的革命经历和从中得出的教训却在本质上完全相反。马歇尔成为坚定的国家主义者，与格里的州权特殊主义（state-sovereignty particularism）形成对比。但最重要的是，他们的思维方式截然不同。马歇尔在性格和法律哲学上都是一位宽松解释主义者。他是一位强大的辩论者，但他更关心解决问题，而不是制造困难。他通常不喜欢猜疑，而是乐观平和，对理性和自然法则有着朴素的信赖。[95]

马歇尔于1755年出生在弗吉尼亚州偏远的威廉王子县，是一个大家庭中的长子。他的父亲出身卑微，但在约翰成长过程中逐渐获得了一定的影响力。他的母亲来自伦道夫家族，这使他与托马斯·杰斐逊成为远房表亲。他和杰斐逊从来都不太喜欢对方。他接受家庭教师的教育，没有上过大学，只是曾短暂地参加过威廉与玛丽学院的法律课程。他的阅读范围相对有限，但他对所读的内容能够深入思考并吸收。12岁时，他就能够背诵蒲柏的《论人》（An Essay on Man）中的大部分内容，他还阅读了贺拉斯和李维（Livy）的著作，"除了我的字典外，没有其他辅助"。[96]在18世纪70年代的危机中，他和他的父亲都秉持帕特里克·亨利的政治原则。他在列克星敦和康科德事件发生几个月后参军，当时年仅20岁，在大陆军中担任军官，直到1781年，曾参与过布兰迪万、日耳曼敦、蒙茅斯、福吉谷和斯托尼角等地的战役。这段经历使他成为坚定的大陆主义者，后来又成为联邦主义者，正如大多数有过类似经历的人一样。他也因此逐渐形成了"将美国视为我的国家，将国会作为我的政府"的意识。[97]他开始准备律师资格考试，并于1780年成功通过。1783年，他与州财政部长的女儿玛丽·安布勒（Mary Ambler）结婚。他在里士满开设了一家律师事务所，业务发展非常成功，部分原因是当时的情况恰好适合他这种自我调控型的思维方式。当时，英国的法律先例已不再盛行，而美国的法律先例几乎不存在。在法庭上，马歇尔展现出非凡的能力，他运用逻辑推理、自然法以及对方在陈述中可能提供的任何信息，将对手置于困境。他很少引用权威，而是坚持自己的思路，这是他在多年后担任最高法院职务时仍然坚持的做法。他个性随和友善，善于人际交往，不摆架子，衣着也较为简朴。他喜欢玩马蹄铁游戏，在军队中，他的绰号是"银跟鞋"（Silver Heels），因为他的跳跃和奔跑能力超过了团里的所有人。他"放松、悠闲的举止"不知为何激怒了托马斯·杰斐逊。[98]

　　1782年，他当选为弗吉尼亚州议员，并迅速在那里崭露头角，之后连任多届。他鄙视许多州立法机构（包括他所在的立法机构）在邦联时期狭隘的不负责任的做法。在弗吉尼亚州批准宪法大会上，他坚定地支持联邦宪法。18世纪90年代,他通过积极捍卫《杰伊条约》等方式支持华盛顿政府,正如爱德华·科温(Edward Corwin)所言,"他成为弗吉尼亚联邦主义者公认的领袖"。[99]华盛顿曾两次试图任命他担任政府职务,但都没有成功。1796年,马歇尔为韦尔诉希尔顿(*Ware v. Hylton*)案进行辩护时,在场的鲁弗斯·金称赞道,"他的思维是我所知道的任何人中最有条理的"。[100]当然,马歇尔接受了亚当斯的任命,成为赴法使团的成员之一。对于亚当斯来说,"平衡"这个词不再意味着党派的平衡,而是意味着地理上的平衡。也就是说,弗吉尼亚州将平衡马萨诸塞州的力量。

第三位成员是查尔斯·科茨沃思·平克尼。一旦了解了他的个性和社会地位的几个关键要点,几乎可以百分之百地预测他的行为模式,这一点与埃尔布里奇·格里不同。平克尼的智力中等,但在其他各方面维持着适度的平衡。他是一个值得信赖的人,慷慨理智,十分通情达理。他可能从未考虑过自己与南卡罗来纳州顶级家族之外的人可能存在任何联系。他是荣誉和责任的化身,这并不奇怪,因为这正是他的天性。他天生有责任感,甚至他的母亲也曾惊讶地赞叹:"他已经快23岁了,但从来没有让我感到过不快。"[101]他的所有行为和思想都严格遵循正统,无论是维护自身阶级的利益,还是坚定地信奉共和主义。

平克尼出生于1746年,他的家族在1692年初来到弗吉尼亚定居,从一开始就家道昌盛。1753年,平克尼和他的兄弟托马斯被送往英国接受教育,他们在威斯敏斯特公学和牛津大学基督堂学院学习,后来又在中殿律师学院(Middle Temple)接受法学教育。随后,平克尼前往法国,在诺曼底的卡昂皇家军事学院学习了一段时间的军事科学。1769年回国后,他很快当选为南卡罗来纳殖民地议会议员,并在接下来的35年里一直活跃在公共生活中。9年前,他在父亲去世后继承了大量遗产；1773年，他娶了莎莉·米德尔顿（Sally Middleton），她的父亲拥有20个种植园和800名奴隶。凭借这些财富和蓬勃的律师业务，查尔斯·科茨沃思·平克尼在二十几岁的时候就成为南卡罗来纳州最富有、最具影响力的人物之一。

平克尼是一个典型的例子，说明了为什么美洲殖民地的贵族统治阶层往往会自然转变为共和派，这与他们的权力地位的稳固程度密切相关，对于那些曾在英国生活过的人来说更是如此。在英国，他们是局外人，而在家乡的影响力越大，就越能感受到这一点。但更重要的是，当英国议会开始削弱他们的寡头特权和特殊待遇时，他们的反应几乎是出于本能（平克尼的父亲曾被一位声望不佳、能力有限的英国人抢去了殖民地首席法官的职位；19岁时，平克尼委托别人为他画了一幅他反对《印花税法案》的肖像画）。据平克尼的传记作者说，几乎所有人都可以"在某种程度上被称为辉格党人"，而平克尼虽然在言辞上较为温和，但他通常被视为最激进的人之一。[102]他在立法事务中非常活跃，迅速崭露头角，并于1776年成为州宪法起草委员会的主席。战争爆发后，他投身于军队，尽管并未取得显赫的战功。他没有参加任何重大战役；唯一一次受伤是因为从马上摔落。在战争的最后两年，他成为战俘。然而，他的纪律和忠诚给上级留下了深刻印象。战争结束时，他已晋升为准将。

到了18世纪80年代中期，平克尼认为他所在的州需要一个更强大的中央政府。他被选为制宪会议的代表，但他很少在会议上发表独特或原创的见解。起初，他对制宪会议能否在修订《邦联条例》之外做更多事情持有疑虑；他希望在统计人口时可以完全计入奴隶的数量，而且他对奴隶进口的条款也不满意。然而，当这些事情以不同于他期望的方式解决时，他欣然地接受了结果，并认为这些妥协总体上是合理的。当埃尔布里奇·格里戏剧性地宣布他无法签署已完成的文件时，平克尼表示他不仅会签署，而且会"全力支持它"。他信守了承诺，宪法在南卡罗来纳州相对顺利地获得批准。他认为，州权主义是一种异端，"永远无法使我们获益，反倒可能给我们带来严重困扰"。[103]

虽然平克尼支持华盛顿政府，因此在名义上是联邦党人，但他并不是一个直言不讳的人，也不能算是真正的党派人士。华盛顿曾多次希望任命他担任联邦职务，但他都婉言谢绝了。他热情欢迎法国大革命，并在1793年写道，他很高兴看到他的侄子"已经在法国待了这么久，因为我相信他回来后会成为忠诚的共和主义者……"。[104]他参加了在查尔斯顿欢迎热内的活动，尽管后来他对热内未能给予华盛顿应有的尊重感到极度不满。他也未加入南卡罗来纳州反对《杰伊条约》的行动，尤其是在他的兄弟托马斯支持该条约的情况下。最后，当华盛顿特别请求他出于责任感接替门罗担任驻法公使时，他终于同意了。

当平克尼抵达法国时，他遭遇的对礼仪的漠视程度完全超出他的想象。1797年秋天，他结束在荷兰的短暂流亡，与亚当斯总统新派遣的使团其他成员一同返回法国，在这里，他将面临新的困惑。此时，法国已经有了新的外交部长塔列朗，这是一个让使团所有成员都意想不到的人物，尤其是对查尔斯·科茨沃思·平克尼来说。平克尼知道什么是贵族，或者至少他自认为了解；他也相信自己能够识别出共和主义者。塔列朗自称他两者都是。但在平克尼看来，塔列朗既不像贵族，也不像共和主义者，或者更准确地说，他认为塔列朗只不过是一个冒险家而已——如果在南卡罗来纳州，他不太可能被视为绅士。

夏尔－莫里斯·德·塔列朗－佩里戈尔（Charles-Maurice de Talleyrand-Périgord）实际上出身于法国一个最古老的贵族家族（据说，他的一位祖先在10世纪时曾大声质问休·卡佩（Hugh Capet）："是谁让你成为国王的？"）。夏尔·莫里斯在婴儿时期因护士的疏忽摔伤了脚，留下终身残疾。由于无法从军，他的父母（他们并未对他投入过太多情感）强迫他把长子权利让给了他的一个弟弟，而他则转入教会接受培养。尽管他在圣苏皮斯学院接受神职教育，但他并未放弃对奢华、女色和权谋的追求。"他们逼我成为牧师，"他对一位朋友说，"他们会后悔的。"他虔诚的母亲确实感到后悔。尽管国王本人存有疑虑，而伯爵夫人也苦苦哀求不要这样做，但国王还是满足了他父亲的临终遗愿，任命夏尔·莫里斯为主教。伯爵夫人现在有充分的理由担心，儿子的地位越高，他的败坏行径影响的范围就越广。1789年1月，塔列朗被祝圣（如果可以用这个词）为欧坦教区主教。[105]

塔列朗准确地看到革命势不可挡，并在1789年国王召集三级会议来应对王室财政崩溃的危机时，成功地站在了正确的一边。作为第一等级的特权代表，他支持通过将教会财产国有化和废除其他特权等举措牺牲教会利益，因此一举成名。他在这一过程中发挥了主导作用，引来了大部分贵族的谴责，并被罗马教会逐出，最终彻底离开了教会。由于国民议会决定不让国王从其成员中挑选部长，他进入皇家部门的期望落空。随后，他与米拉波（Mirabeau）结盟，试图掌握议会的控制权，但由于米拉波在1791年去世，计划最终失败。到了1792年，他意识到在当时的情况下留在法国是不明智的，于是选择离开法国，开始了四年的流亡生活，其中两年在英国度过，两年在美国度过。塔列朗曾被派往英国执行一项有些牵强的非正式外交任务，但最终被英国根据皮特的《外侨法》（Aliens Act）驱逐出境。他感到受辱，尽管他对英国和英国人颇有好感，但英国人似乎认为他们最好不要让一位失去教职的主教在他们中间耍两面派。与此同时，雅各宾派将他列入了流亡者名单。他对美国人的粗鲁和唯利是图的做法有些不屑，尽管他自己在美国的大部分时间都忙于投机和赚钱的计划。令他惊讶的是，亚历山大·汉密尔顿这样一个才华横溢、给他留下了深刻印象的人，竟然会因为薪水不足而不得不辞去财政部长的职务。[106]随着热月政变的爆发，在他的朋友热尔梅娜·德·斯塔尔夫人（Madame Germaine de Staël）的影响下，他的名字被从流亡者名单中移除，他于1796年7月返回法国。一年后，主要还是凭借斯塔尔夫人的帮助，他成为督政府的外交部长。在随后的三十多年里，法国经历了多次动荡和政权更迭，但他巧妙地为每个执政的法国政府服务，无论是执政府、法兰西帝国、复辟的波旁王朝还是七月王朝。

塔列朗经过几个月的暗中谋划，试图取代德拉克洛瓦成为外交部长，当在1797年7月18日终于得知自己被任命时，他欣喜若狂。"我将掌管这个职务，"他兴奋地反复喊道，"我必须从中获得大笔财富，一笔真正的巨额财富。"[107]

理论上，根据两国政府为即将举行的谈判准备的文件来判断，有理由期望所有问题都能以最小的难度得到解决。在美国方面，国务卿给谈判代表的指令体现了最大限度的谨慎和节制。事实上，无论是指令的语气还是内容，都与1794年给杰伊的指示非常相似，这使得一些人认为汉密尔顿可能参与了起草过程。[108]例如，无论美国对法国的不满有多么强烈，"无论法国的行为……可能多么令人反感"，特使们都不应让自己的政府受到责备，也不应坚持对法国进行任何指责，而只是"采纳……英国条约的原则；并且'不论各方申诉和诉求的是非曲直，以最可能促成相互满意和良好谅解的方式来解决我们的分歧'"。[109]特使们应全力争取为美国公民获得赔偿，包括对针对美国商业的非法掠夺的赔偿以及法国政府代理人未支付的供应合同的款项。但在赔偿的支付条件和条款上，特使们可以采取灵活的策略。许多条款将取决于"与法国财政状况有关的现实情况"（可能接受公共证券作为赔偿），而所有这些都可以像《杰伊条约》和《圣洛伦索条约》一样由联合委员会决定。然而，无论赔偿的重要性如何，"也不应坚持将其作为拟议条约的绝对必要条件"。总之，美国政府希望避免谈判失败，宁愿在最后关头完全放弃赔偿。而约翰·杰伊并没有被赋予这样的谈判余地。

"拟议条约"应该是对现有条约的修订和澄清，因为该条约已多次因各种原因被"错误解释"。美国准备将法国视为在海上享有与英国同等的地位，这意味着放弃1778年条约中的"自由船只，自由货物"原则。应该明确规定船只必须提供哪些文件，并确保这些文件不容置疑，以防止船只被扣押（这是指"船员名册"条款）。同时，还应该明确规定今后在中立港口处理交战国的海军船只和战利品的方式（这一问题自热内时代以来一直备受争议）。另外，美国希望废止1778年联盟条约中关于防御战的相互保障条款（美国不再需要对其"自由、主权和独立"的保障，而保障法国在西半球的财产可能面临巨大危险），或至少将这一条款限制在提供物资和金钱，而非派遣军队。

最后，对特使们也设定了一些限制。他们不得做出"与之前条约规定的义务不一致的任何承诺"（参考了《杰伊条约》，指类似于杰伊在涉及法国条约方面接收的指令）；他们不得同意对美国根据国际法进行的合法贸易施加任何限制（需要再次明确：不应再有任意的法令）；他们也不得同意在当前战争期间向法国提供贷款。

因此，美国人的指令总体上直言不讳，且没有挑衅性。同时，无论是通过各种渠道向外交部提出的建议，还是塔列朗本人对此问题的看法，其中的一些迹象表明法国实际上并不打算将局势推向战争。事实上，他们已经得出结论：与美国达成全面和解的时机原则上已经成熟。

第一个迹象来自反对党发言人克劳德·帕斯托雷（Claude E. J. P. Pastoret），他6月份在五百人院（Council of Five Hundred）发表了非常强硬的讲话。帕斯托雷抨击督政府篡夺了根据宪法应属于立法机构的许多职能，包括宣战权，他以督政府对待美国的强硬政策作为例子。

564　他嘲讽了法国继续侵略的理由，如《杰伊条约》、船员名册，以及任命平克尼，这样一位"坚定而明确支持和平和法国的朋友"，一个"我们几乎不会怀疑偏爱或青睐英国的人"。他讽刺法国驻西印度群岛代表的行为完全是海盗行径：

> 他们宣称，由于财政资源匮乏，并且已察觉到美国人的敌意，为了避免陷入无可挽回的困境，他们已经装备了私掠船，总共有87艘已经出海。过去的3个月，当地政府依靠这些船只自给自足，私掠者也因为获取战利品而致富……[110]

大约在同一时间，路易-纪尧姆·奥托发表了一份详尽的备忘录，以更温和但同样有效的方式阐述了类似观点。奥托曾在法国驻美国的各个使团工作了十几年，他回顾了自1789年以来两国关系的整个发展过程，并对历任法国部长的无效策略进行了深度剖析。除了泰尔南外，其他每位部长都错误地认为，可以通过诱使美国人支持"亲法派"或"反联邦派"来分裂美国人与其政府。他解释说，美国人认为，他们对法兰西共和国的良好愿望与"他们希望不惜一切代价保持中立"之间没有矛盾。他指出，法国公使坚持认为美国只有亲法和亲英两派，而实际上美国有一个更庞大的"美国派，他们热爱自己的国家胜于一切，对法国或英国的偏见是次要的，往往只是短暂的情感"。然而，美国人的善意得到了无数的证明：他们帮助圣多明各避免饥荒，援助法国难民，为法国军队提供补给，提前清偿了原计划直到1802年才需要归还的最后一笔债务，他们为法国大革命的成功欢欣鼓舞，也是第一个向国民公会祝贺并承认法兰西共和国的国家。然而，面对这些善意，法国公使却"在过去5年中多次侮辱和蔑视美国总统"，现在又在以强盗方式掠夺美国的商业利益。奥托希望法国能够及时醒悟，避免将美国人推向"与英国结盟"的境地。[111]

还有约瑟夫·福谢和皮埃尔·阿德的文件,他们是法国最近的两位驻美公使。尽管他们两人都遭到奥托的严厉批评,但他们也认为事态发展已经过分,亟须解决。福谢认为,"尽管敌对情绪强烈",但仍然存在"不容破裂的共同利益"。美国与英国的条约确实"违反1778年的条约",并包含"对我们不利的条款",但是1796年11月2日的报复法令过度严苛,成为"一系列令人不安的举措的源头。这些举措只会对结果产生不利影响,并给即将展开的谈判带来很多麻烦"。他相信,法国"有强烈兴趣与美国达成良好谅解",无论对亚当斯总统有何评价,"我们都对他的公正判断抱有希望……"。[112] 阿德则更简洁地表达了观点。他写道:"接待使团和坦诚谈判:我认为这些是解决分歧的途径,拖延不符合我们的利益。我没有其他要说的了。"[113]

至于塔列朗本人,根据这一时期的备忘录、外交公文和其他文件,可以合理推断,他不仅期待与美国特使会面,而且希望与他们达成双方都能接受的协议。他告诉法国驻费城总领事约瑟夫·菲利普·勒通布(Joseph Philippe Létombe),如果特使们"的授权允许他们在符合法国尊严和利益的基础上进行谈判,那么分歧将很快得到解决"。他承认对平克尼的拒绝及其后果是"令人遗憾的",但这些"并非针对平克尼先生个人",并且可以"修复","当特使们到达时,我们将采取一切必要措施,充分展示我们的和平意愿"。[114]

此外,在此之前,塔列朗就曾私下甚至公开表示,他无法将《杰伊条约》视为法国感到不满的充足理由,因为这个条约显然对美国有利。[115] 除了出于战术上的考虑,他甚至不愿意声称该条约对法国造成了实质性的严重伤害,而且他自然也不打算提议放弃这个条约。他在准备美国特使抵达之前的备忘录时写道:"在研究这个问题时,一方面,我们不应该忽视美国特使在国家尊严问题上做出重大妥协时所面临的障碍；另一方面，我们也要考虑到在要求这种妥协时，我们自身的利益。"他进一步指出，法国"从未质疑过美国有权与英国签署一份有利于自己的商业条约，只要它不违反美法之间的条约"。他认为总的来说，"直接要求废除美国与伦敦的条约对我们没有太大利益"。至于任何对法国不利的条款，都可以在新条约中做出相应规定，以抵消这些条款的影响。[116]在这份备忘录和同一时期的另一份备忘录中，塔列朗概述了当前分歧的背景，并确立了以下原则："我们有充分的理由支持和解"（如果美国人"与英国结盟"，可能会对法国和西班牙的领土造成威胁），以及"现在是时候停止我们在安的列斯群岛针对美国人的专制行为和暴力了"。他还概述了如何处理美国可能提出的巨额损失索赔的策略。[117]

但事实上，这些谈判根本没有进行，美国特使甚至没有受到接待。这又是为什么呢？

事实上，大多数关注此事的人似乎都明白，从原则上讲，与美国达成和解是可取的，而且迟早都要这样做。但是，从"原则上"讲是一回事，以有序和务实的方式迅速进行又是另一回事。除了奥托和帕斯托雷（由于政治原因，他们的意见在当时影响力不大），塔列朗听到的其他人的意见，包括他自己的，都不是真正无保留地支持这种做法；他们的观点受到许多相互冲突的目标的限制。福谢和阿德的信件并不是为了指导外交部长对美国的未来政策而准备的，这方面的内容只占了很小一部分。这些信件更像是他们对自己过去在美国的行为的没完没了、带有抱怨的辩解。阿德尤其详细地阐述了他的路易斯安那计划和与科洛将军的交易，他认为如果能够有更多的资金来影响共和党议员，他就可以争取更多人支持法国的利益。前法国驻纽约领事亚历山大·奥特里夫（Alexandre Hauterive）在给阿德和塔列朗的信中，提出了大量关于美国人性格和未来发展的理论和预测，其中大部分内容对眼前的目标并没有太多帮助。但在与美国谈判的具体问题上，奥特里夫认为无限期推迟不会有任何危险，因为美国是一个"非常不好战的国家"。法国政府没有必要因为美国特使的"傲慢要求"或是"不耐烦"而匆忙行动，"因为，说实话，我并没有看到任何迫切需要解决的问题"。他建议，让他们自寻烦恼吧，"我相信，冷淡而礼貌的接待，少有、模糊和私下的讨论，以及遥不可及的结果，更能让他们感到不安和困惑"。[118]

此外，美国的共和党人，即"法国和自由的朋友"，实际上也支持同样的政策。奥特里夫和总领事勒通布在他们的报告中多次强调这一点，勒通布的结论基于的是他与杰斐逊本人的长时间谈话。到了1797年5月，杰斐逊已经开始向总领事大量提供关于法国应如何应对亚当斯总统计划的建议。他私下透露："亚当斯先生虚荣、多疑、固执，自视甚高，不与任何人商议……但他的总统任期只有五年［原文如此］；他仅以3票的优势当选总统，美国的制度将随着他的离任而有所改变。"杰斐逊认为，对法国私掠船侵害美国航运的抗议"将是短暂的。对于伟大、慷慨、处于辉煌巅峰时期的法国来说，应保持冷静、耐心，不必急于采取任何行动，一切都会恢复正常"。至于即将启程的美国特使，督政府"应该接待他们，听取他们的意见，拖延谈判进程，并以友好的礼节来安抚他们"。[119]

正如我们所看到的，杰斐逊深信，即使向法国派遣新的使团，亚当斯所选择的道路也会导致战争。但同样令人恐惧的，甚至可能更可怕的，是与英国的和解，而避免这两种情况发生的最佳策略就是拖延时间。与此同时，他还提出了一个宏伟计划，那就是让法国入侵英国（"杰斐逊一再强调，这是可行的"），这样督政府就可以"在伦敦提出和平条件，以海洋自由、商业互惠和所有殖民地在宗主国保证下获得独立为基础,确保世界的安宁与幸福"。勒通布也有自己的方案,其与杰斐逊的计划相似但并不完全一致,让人怀疑他是否向杰斐逊透露了所有细节。他的方案一方面是对英国发起进攻(法国人已经在筹划中),另一方面是法国"占有佛罗里达、路易斯安那和加拿大",以此来同时遏制英国和美国。最佳策略是与美国保持适当距离。"愿法国人民知道如何拖延时间;是否适合效仿费边的智慧,取决于督政府和公民部长的决定……"在这一点上,他与杰斐逊的观点是一致的。几个月后,他写信给塔列朗:"副总统仍认为,督政府通过拖延时间可以从中获得一切好处,他不断地向我重复马基雅维利的格言'循序渐进'(Nil repentè),这是处理重大事务的核心原则。"[120]

塔列朗在拖延时间方面并不需要太多指导,尤其是在几乎没有人觉得有必要采取其他策略的情况下。在他自己关于这个问题的论述中,塔列朗巧妙地平衡了两种情况:一方面,自1793年以来,法国在两国关系中一直是受害方;另一方面,法国既宽宏大量又通情达理,准备解决那些对任何一方都无益的分歧,但不会急于求成。首先,亚当斯总统在5月16日的国会特别会议上指责法国企图分裂美国人民和他们的政府,应当要求美国特使在谈判开始前为这番言论道歉。[121]其次,关于美国对其贸易和航运损失的索赔,塔列朗列举了一系列意外情况,在这些情况下,法国可以免除任何责任,而那些被认为合法的索赔可以"在不动用任何资金的情况下"承认,直到遥远的未来再进行赔付,甚至可能永远都不需要支付。[122]另外,无论塔列朗对美国事务的看法多么理性,也无论他"原则上"多么愿意解决这些问题,督政府对他的观点都并不太在意,不管是在这个问题上还是在其他任何问题上。事实上,他在法国政府中的地位已岌岌可危,而且他不打算在原则问题上进一步冒险,因为他一生中很少做任何有原则的事情。

塔列朗被任命为外交部长的逻辑从未得到详细解释,其中有一定的偶然因素。五名督政官中只有三人投了赞成票,甚至塔列朗的推荐人保罗·巴拉斯也是在塔列朗的前情妇热尔梅娜·德·斯塔尔的巨大压力下才被说服。她说,塔列朗将成为巴拉斯理想的助手。即便如此,巴拉斯也从未真正信任过塔列朗,这并非没有原因。其他人,甚至那两个因为巴拉斯在其他事务上支持过他们而在这件事上做出回馈的人,也都鄙视塔列朗。[123] 伊波利特·卡诺(Hippolyte Carnot)评论道:"进入一个没有人欢迎你的政府,并非易事。"塔列朗实际上只是名义上的外交部长,他自己也承认,他的职责仅限于"签署护照和其他行政文件,并将行政部门已起草的公文或通信转交给相关部门……"。1797年秋,普鲁士大臣桑多兹-罗林(Sandoz-Rollin)在写信给柏林时称,如果塔列朗能够坚持下去,那将是"智慧和管理的奇迹"。除了巴拉斯之外,"据我所知,其他的督政官几乎不和他说话"。[124] 然而,对于让-弗朗索瓦·勒贝尔(Jean-François Reubell)来说,情况并非完全如此。作为掌握所有重要外交决策的督政官,他对塔列朗的蔑视达到了极致,像对待佣人一样随意指挥。勒贝尔举止粗鲁,他和其他督政官对欧洲传统外交的规则和礼仪没什么兴趣。在督政府的领导下,法国与其他欧洲国家政府的交往经常是由缺乏专业经验的人负责,这使得法国在国际上表现得像恶霸一般,甚至可以说是强盗行径。督政府最缺乏的就是金钱,这也是其所有条约和交易的关键所在。[125]

　　塔列朗非常灵活地应对了这一切,他这样做理所当然,因为他决心首先确保自己的地位。他的首要目标是积累财富,对此他毫不掩饰;他的另一个目标是建立一个能巩固和保障其个人权力、影响力和享乐范围的世界。这个世界包括法国本身。法国必须稳定下来,并有朝一日和平地重新融入欧洲国家的大家庭。塔列朗为自己的行动设想了一个宏大的舞台,因此,在有资格决定外交政策之前,他就为自己构想出一个"外交政策"。这个政策当然有它的逻辑;在某些时候甚至带来了积极的影响。但现在还不是实施的时候。他必须等待，忍受勒贝尔和梅林·德·杜埃这些野蛮人的侮辱，隐藏他对主人们的仇恨，按照他们的命令改变观点，赞扬他们的"勇气"和"远见卓识",[126]向巴拉斯发誓永远效忠，与正在崛起的拿破仑建立秘密关系，等待着终有一天背叛他们所有人，正如他最终做的那样。

然而，这个过渡阶段是完全可以忍受的，因为根据事态的本质，尽管外交部的权力有限，但在特殊的环境条件下，它成为由督政府设立并依赖的庞大国际掠夺网络的核心。这是"一种向友好国家、中立国和敌对国征收战争贡献、补贴，并进行掠夺的制度，外交部长在其中扮演着最为活跃的角色"。[127]众所周知，任何有价值的东西都必须通过购买来获取，在这方面，根据桑多兹-罗林的观点，督政官们通过"他们的下属部长"进行交易。"在督政府时期，进行每次重大交易之前都应先支付一笔小额贿赂"，这已经成为惯例。[128]塔列朗从这个系统中获得的利益是惊人的。在他任职的头两年左右，他的个人收入（包括为加快签订秘密条约、保证中立国领土的豁免权以及从劫掠中立国航运中分得的收益所得到的报酬）估计在1300万到1400万法郎之间。[129]

督政府本身就象征着革命走到了最悲惨的境地，它的弊端不断积累，美德几乎荡然无存，在各个方面都已濒临破产。政府内部存在分裂，被其自身的立法机构——五百人院和元老院（Council of Ancients）所厌恶，并受到民众的蔑视。1797年3月的共和五年选举中，将有1/3的议会席位被更换，新当选的成员大批倾向于支持保皇派复辟，这极大地增强了议会的信心，他们决心夺回被督政府篡夺的立法权，恢复欧洲的和平，并剥夺行政部门的财政权力。作为回应，督政府在果月18日（1797年9月4日）发动了政变，这次政变得到了拿破仑意大利军团的将军皮埃尔·奥热罗（Pierre Augereau）领导的军队的支持。选举结果被宣布无效；177名议员被除名，65人被流放到圭亚那；督政府内的两名持不同政见者，拉扎尔·卡诺和弗朗索瓦·巴泰勒米（François Barthélemy），也遭到清洗。督政府因此得到了喘息的机会，但现在它的命运比以往任何时候都更加依赖军队和领土征服。在大清洗的幸存者中，有最初的执政三人组：巴拉斯、勒贝尔和拉勒韦利埃-莱波（Larevellière-Lépeaux），以及新成员梅林·德·杜埃和弗朗索瓦·德·纳沙托（François de Neufchâteau）。他们之间互相猜忌，只是在逆境中勉强维持团结，几乎没有吸引力。他们的领导人是巴拉斯，他在公共道德和私人道德上都是大革命时期最放荡不羁的那种类型，而他在回忆录中对其他人的描述和我们对他的印象一样糟糕。[130]对塔列朗来说，在这样的环境下，唯一的选择就是顺从他们的各种想法，向他们示好，并瓜分利益。

美国特使此时正在前往巴黎的途中。在这种情况下，即使塔列朗廉洁奉公并向他们提供支持，在这个充满权谋交易者、好战分子和赌徒的国家，他们也几乎没有机会达成一种简单的解决方案。塔列朗只能想到一种方法来开始讨论这个问题，甚至是暂时启动谈判，那就是提出一系列的先决条件。他必须小心翼翼地维护他的举荐人巴拉斯的荣誉。正是巴拉斯在门罗告别会上的讥讽讲话，引发了亚当斯总统在5月16日讲话中的强烈反对，因此，美国人必须以某种方式为亚当斯的讲话道歉，而要美国人道歉，肯定需要花些功夫。此外，应该让美国人付出代价，而且是高昂的代价。其他所有的请求者都这么做了，为什么他们不能呢？首先应给予一笔"酬金"，然后是对政府的某种补贴。在这种情况下，补贴被伪装成贷款，这和其他类似情况下的做法相同。否则，最起码的后果是拖延，而且没有任何反制措施可以阻止这种延误。甚至在美国的亲法派也持同样观点，出于自身的原因，他们也希望看到同样的延误结果。既然如此，为何不呢？此外，塔列朗似乎明白，如果不这样做，督政府将不会允许他采取任何行动。

然而，有必要补充一点，那就是尽管可能存在特殊性，但美国人几乎注定要面对这样的局面，其根本原因实际上一直存在：美国的地位微不足道。果月政变引发了更大范围的震荡，如往常一样，美国与之毫无关系。督政府被迫再次支持拿破仑的军事野心和最终的政治抱负，而拿破仑已经开始制定自己的外交政策。1797年10月，拿破仑（而不是法国政府）与奥地利签订了《坎波福尔米奥条约》（Treaty of Campo Formio）——这是一次冷酷无情的领土交换，在欧洲各地和法国本土引发了恐慌。它为欧洲带来了短暂的和平，但也带来了更大的不稳定性。与此同时，法国正在准备对抗并希望摧毁其宿敌英国。这需要大力改善法国的财政状况，而这只能通过从法国的附庸国和"姐妹共和国"获取巨额资金来实现。同时，如果督政官们能够想起美国的话（他们脑海中有上百个更重要的事情要考虑），他们也会像勒贝尔和巴拉斯那样，对美国感到不耐烦和蔑视。在美国特使抵达巴黎的前三个月里，每天召开的督政府会议的记录中，只有三次提到了美国。[131]据说塔列朗本人曾表示，美国"并不比日内瓦或热那亚更重要……也不应该得到更多的尊重"。[132]因此，或许可以推测，美国人要想改变这种评价，唯一方式就是有意或无意地制造一场轰动两个大陆的重大丑闻。除此之外，很难想象他们在当时或法国历史的后续记载中会得到多少关注。

总之，这就是1797年10月的第一周，美国特使抵达法国进行谈判时的背景。然而，尽管局势混乱，障碍与挫败几乎从一开始就接踵而至，但正是在这个时候，我们看到一股非常稳定的力量开始显现，在极其强大的智慧的指引下，它开始以一种不可置疑的方式掌控局势。约翰·马歇尔作为使团中资历较浅的成员，似乎主动担任了会议记录员的角色，随后又负责撰写报告的工作。不论他这样做是出于对其他人的尊重，还是有更深层的原因，结果是，马歇尔的叙述成为我们了解整个事件的唯一版本,而且马歇尔能够为使团行动的每个后续阶段赋予自己的解释,并实际上决定如何向外界描述每个转折点。但除了这个角色赋予他的权力之外,马歇尔的个人权威也经常体现在事情发生但尚未被记录下来之前,他为其他人界定事件的性质上。更引人瞩目的是,使团在法国的六个月里(格里待的时间更长),尽管格里一直在制造障碍,而塔列朗也尽其所能地通过威胁和阴谋来瓦解使团,就像他成功地对每个欧洲国家所做的那样,但使团并没有像碎片一样被抛入愤怒的海洋。马歇尔在判断力和意志力之间保持了良好的平衡,始终坚持自己的信念,即无论美国人多么固执己见,也无论法国人说什么或做什么,法国都无意对美国发动战争。因此,他比格里更信任法国人,尽管是以一种特殊的方式,更重要的是,当他回到充斥着爱国的好战情绪的美国时,他本人没有发表任何好战的言论。[133]

10月8日,特使们与塔列朗进行了15分钟的会谈,并递交了国书。塔列朗表示,督政府已要求提交一份关于与美国关系的报告,他预计这份报告将在两三天内完成,"之后就会明确督政府对我们的进一步打算"。第二天,他们收到了正式的官方文件。14日,一位中间人(塔列朗的秘书)告诉他们,他听说督政府对亚当斯5月16日演讲中的某些段落感到非常恼火,在他们对此做出满意的解释之前,督政府不会接待他们。然而,特使们并未收到来自官方渠道的任何信息,于是在马歇尔的提示下,他们决定不做任何回应。四天后,他们接待了一位自称为让·康拉德·奥廷格(Jean Conrad Hottinguer)的访客(在后来的美国报道中他被称为"X")。他自称得到了塔列朗的信任,然后概述了他认为在督政府同意开始谈判甚至考虑此事之前必须满足的条件。亚当斯总统的演讲必须被"否认"("他担心,如果在这方面不能满足某些人的要求,他们可能会极度不满")。法国与美国供应商签订的所有未偿债务应由美国政府承担。如果未来的索赔委员会裁定，法国应就其对美国商业的劫掠行为承担赔偿责任，这些赔偿也应由美国政府支付。此外，美国必须向法国提供一笔"大额贷款"。最后，还要考虑"装入私人口袋的东西"：即给督政府和外交部长提供一大笔钱供"私人使用"，"以清偿实际上并不存在的债务为名"，换言之，向他们提供一笔巨额贿赂。134

马歇尔"坚决主张"，此类提议不能作为谈判的基础，平克尼（尽管"没有充分地表达自己的观点"）同意他的立场。然而，格里持反对意见，他认为，如果他们做出这样的回应，一切都将破裂，战争将不可避免。他们决定尝试获得更详细的信息。19日，奥廷格以书面形式提出了这些提议，20日，皮埃尔·贝拉米（Pierre Bellamy，后来被称为"Y"）以塔列朗"密友"的身份来访，详细解释了这些提议。他们要求，必须以正式的书面声明形式对亚当斯总统的演讲进行否定，明确表示"公民巴拉斯督政官的讲话没有任何冒犯美国政府的内容，也不包含演讲中所批评的任何内容"。同时，还必须撤回亚当斯对1797年3月2日督政府法令的抱怨，承认其中没有任何内容"违反1778年的条约"，"也没有导致演讲中所指责的致命后果"。关于总统所指责的试图"制造美国政府和人民之间的分裂"，必须声明"这并不是指法国政府或其代表"。135

然而，这只是真正重要事情的预备阶段。"你们必须付款——必须付一大笔钱。"这笔贷款的金额高达3200万荷兰弗罗林，贿赂金额为5万英镑。然后，如果督政府满意，将向美国特使发一封信，确认他们的权力是否包括制定一项使法国与英国处于平等地位的条约。如果答案令人满意，那么部长将使用他对督政府的影响力，说服他们接待美国特使。但是他无法给出任何保证，因为"塔列朗先生本人没有得到与我们谈论督政府意向的授权"，而且无论如何，督政府都不愿意放弃

"船员名册"条款,因为梅林·德·杜埃在担任司法部长期间,曾就这一问题"撰写过一篇论文"。[136]

马歇尔认为所有这些条件都非常荒谬,平克尼再次表示赞同他的观点。即使他们可以接受这些条件,马歇尔也认为他们没有途径或对象来表达这样的意愿。他们自己还没有得到法国政府的接待和认可,而这些中间人也没有官方身份。马歇尔认为,在符合美国政府利益的前提下,他和他的同事们不能与那些无权代表督政府,甚至无权代表外交部长的人"进行这种秘密谈判"。这种状态持续的时间越长,对他们的束缚就越多,而法国方面却没有任何人对任何事情做出承诺。然而,格里仍然希望尽可能地拖延时间。他打算告诉中间人,特使们"会考虑他们的建议"。马歇尔认为对这个问题已经进行了充分的考虑,但经过他们之间的多次讨论,为了保持立场一致,马歇尔提议,只要法国同意立即停止对美国航运的侵扰,他们将立刻向美国政府寻求新的指示,格里同意了这个提议。[137]

因此,当贝拉米和奥廷格于10月21日拜访时,美国人给出了答复。他们表示,他们有足够的授权来达成一项符合双方利益的条约,并"在目前任何可能被视为不平等、对法国不利的方面,确保法国与英国处于平等地位"。他们指出,任何形式的贷款提议都超出了他们的授权范围,但如果督政府"暂停所有对美国船只的捕获行动,并暂停对已捕获船只的诉讼程序……",美国的一位特使将立即回国征询政府的意见。至于对总统演讲的任何道歉或否定,他们解释说:

> 美国宪法授权并要求我们的总统就国家事务发表他的观点;他依照宪法行事;我们无权确认或废止总统讲话的任何部分;如果我们试图这样做,只会让我们在美国政府和公众面前显得荒谬可笑;总统也会立即否认我们的身份并将我们

召回；除此之外，整个美国都知道总统陈述的事实；而我们的否认并不会改变公众的看法。¹³⁸

贝拉米看到他唯一感兴趣的东西——金钱——即将从手中溜走，感到越来越沮丧。他宣称，"无法接受这样的提议"，鉴于"法国的愤怒"和"督政府要求的尊重"，美国人没有资格提出这些建议。第二天，马歇尔准备了两份长篇报告中的第一份，三位特使都在上面签了名，其内容将成为美国政府和公众在第二年春天做出回应的依据。¹³⁹

但这些中间人不给美国人喘息的机会。曾在1793年骚乱期间逃离圣多明各的前种植园主吕西恩·奥特勒瓦（Lucien Hauteval，也就是"Z"）此时加入了他们的行列。他们利用《坎波福尔米奥条约》的消息，开始直接或间接地向美国特使施压。他们称，督政府现在对中立国采取了更强硬的立场；所有国家现在都必须站在法国一边，否则就会被视为敌人。平克尼和格里试图解释，如果真发生战争，那也不是美国的过错。奥廷格说："先生们，你们并未抓住问题的核心。重要的是金钱——我们期望你们提供资金。"平克尼回答说，他们已经"非常明确地讨论过这个问题了"。"不，"奥廷格说，"你们没有，你们的答复是什么？"于是平克尼非常愤怒地说："不！不！连六便士也不会给！"然而，这位中间人依然坚持问道，难道美国政府不知道，"在这里没有金钱就得不到任何东西吗"？品格正直的平克尼回答说，不，我们的政府"甚至从未怀疑过"这样的事情，我们的前任公使（门罗）的信件描绘了一个完全不同的法国政府形象。他"将法国描述为完全基于原则行事，对美国怀有非常纯正和无私的感情"。马歇尔如实记录：这位中间人"看起来有些惊讶"。¹⁴⁰

10月28日，格里和奥特勒瓦私下拜访了塔列朗，塔列朗坚持说，贷款"是绝对必要的"。格里表示，他们没有批准贷款的权限，但如果能够开始谈判,其中一位特使"将返回美国,以获取有关这个问题的指示"。塔列朗表示,督政府不能等待。如果他们没有贷款的权限,他们可以越权处理此事。美国人再次拒绝,于是第二天,奥廷格带来了一个新的方案。如果美方支付贿赂,那么也许会允许其中一人返回美国寻求新的指示。特使们追问,这到底意味着什么?督政府是否会接见他们?不会,但可以暂时允许他们留在巴黎;否则就会将他们驱逐出境。督政府是否会下令归还尚未授予劫掠者的美国财产?不会。它会暂停劫掠行为吗?不会,但随着冬季的来临,此类行为应该会有所减少。于是,特使们对奥廷格说,如果他们能够感受到法方"真心希望给我们公正待遇的态度",那么他们"或许不会太在意这笔金钱",然而,他们并未看到这样的证据。这笔付款能带来的,仅仅是"在冬季观赏巴黎戏剧和歌剧的机会,目的是让我们有时间向我们的国家请求运用所有资源资助法国,而法国对我们的掠夺行为仍会继续"。[141]

10月30日,贝拉米再次出现。对于金钱幻影的逐渐远去,他感到非常愤怒,抛弃了最后一丝谨慎的伪装。威尼斯在《坎波福尔米奥条约》中被割让给奥地利,美国可能也会面临相同的命运。如果美国有向英国寻求援助的想法,那是徒劳的希望,因为拿破仑率领的15万军队正准备入侵英国,推翻其政府。贝拉米带来了一个新的转机:除了提供贷款(自然也包括贿赂)外,如果美国能"预付"法国政府欠美国公民的款项,以及法国可能因被裁定为不当扣押船只而应赔偿的款项,法国可能会暂停对美国的敌对行动6个月,同时,其中一名特使可以返回美国获取指示(他表示这是他个人的想法,未经外交部长授权)。贝拉米急忙补充说:"也许,你们以为,将法国政府的无理要求公之于众,会使你们的同胞团结起来反对这些要求。那你们就错了。你们应该清楚,法国的外交手段和在贵国的影响力足以使她和美国的亲法派联手,将谈判破裂的责任推到你们这些自诩为联邦主义者和法国所称的亲英派的人身上。你们可以放心,这绝对会发生。"[142]

美国人详细解释了为什么所有这些要求都不可能实现。他们表示,"美国是世界上唯一真正对法国怀有好感并充满友善的国家",如果有"任何正当理由让法国对美国感到愤怒",他们希望能够明确指出。至于法国的"行径和言辞",她从我们手中夺走财产,"决定将我们视为敌人","辱骂和侮辱我们的政府","召回公使,并拒绝接待我们的公使[;]当我们采取特殊行动[即派遣特使]……来消除误会时",法国不仅没有接待特使,反而傲慢地告知,"除非他们愿意支付一笔几乎超出其能力的巨额款项,否则他们可能会面临法国的报复,并像威尼斯一样被消灭"。"这会给美国人留下什么印象?如果法国在没有受到挑衅的情况下决意对我们开战,除非我们用金钱购买和平[,]那么,我们很难相信金钱可以拯救我们。"[143]

贝拉米不耐烦地站起身,打断他们说,"这篇雄辩的演讲或许有道理",但他"不是来听这些抱怨的"。事实上,他们一直试图以尽可能委婉的方式告诉贝拉米,他根本没有必要来。第二天,他们向他传达了这个信息。当贝拉米仍然想再次拜访时,他们传信给他说,他们"随时欢迎他以私人身份来访",但如果他只是想"重复他的金钱提议",那就没必要再费事了。[144]这并未阻止贝拉米的继续来访,但这次交流标志着特使们与塔列朗的中间人打交道的关键阶段的结束。第二份报告的日期是11月8日,还是由马歇尔起草,然后所有人在报告上签了名。这两份报告中的材料——这一份以及之前10月22日的信件——将于1798年春季首先在美国,然后在法国公布。尽管这件事的解决方式尚未完全明晰,但至少已在酝酿之中。

现在事态发展进入了另一个阶段,其主要特征是格里对战争的恐惧日益加深,他不知道如何应对法国的威胁,也越来越倾向于在处理使团事务时进行种种拖延。尽管平克尼和马歇尔竭尽全力维持使团的一致性，经常在程序问题上妥协以迁就格里，但他们之间还是出现了紧张关系，格里已经令这两位年轻的同事失去了耐心。塔列朗充分利用了这一情况。11月11日，特使们给塔列朗写了一封极其恭敬的信，请求部长关注他们的存在，他们已经在五周前向他报告了使团的抵达，并且表达了希望尽快开启和谈的愿望。然而，这封信一直未得到回复。到了12月18日，他们决定准备一份详细备忘录给部长，"陈述我们的任务目标，讨论两国之间的分歧，如同我们已经受到接待一样，并在信的结尾请求法国政府与我们开始谈判或发放旅行许可"。格里以种种理由拖延，导致这封信直到1月31日才最终完成并寄出。[145]

2月4日，格里与塔列朗进行了另一次私人会晤。格里回来后告诉马歇尔，部长提出了一些与之前不同的建议，但格里说"他无权将这些建议透露给平克尼将军和我"。马歇尔在他的日记中写道，"这必然会引发一些深思"。事实上，马歇尔立即猜到了塔列朗的意图，正是在此基础上，他和平克尼确定了之后的行动计划。塔列朗从一开始就试图利用美国人的恐惧，尤其是格里的恐惧，通过威胁将他们驱逐出境来分化使团成员。但这种威胁并未奏效，马歇尔不相信会发生这种情况。他认为，在与英国的战争结果尚未明朗的情况下，塔列朗不希望把他们三个人都驱逐出境，因为这样做很可能激怒美国的"亲法派"（马歇尔知道勒通布的信件刚刚到达巴黎），另一方面，塔列朗显然也不会希望迫使美国与英国结盟。但如果他能让马歇尔和平克尼索要护照并离开，将格里留下来单独对付，那么如果谈判破裂，可以将责任归咎于他们两人；如果谈判没有破裂，功劳也不是他们的。马歇尔认为，塔列朗会"非常乐意只留一名特使，而且他肯定会选择格里"。[146]

随后发生的事件以及塔列朗自己的文件都证明，马歇尔的猜测在每个关键点上都是正确的。[147]马歇尔明白，只要妥善地揭露法国政府的粗鲁行为,就会说明一切问题。但还有另外一种力量支撑着他们共同渡过难关,尽管他们自己可能没有意识到,但实际上对此每个人都不需要任何提示。那就是他们都是共和主义者,他们各自以独特的方式,坦率而不做作地扮演着新世界的外省人在面对邪恶腐朽的旧欧洲时的角色。他们对一个主权国家的代表竟然像侍从或理发师一样向另一个主权国家的代表索要金钱感到震惊,并且毫不掩饰他们的蔑视。这种态度赋予他们独特的保护,使得塔列朗及其助手始终无法完全洞悉他们的心思。最终,旧欧洲只能在困惑中无可奈何地放弃。

格里后来又与塔列朗进行了几次私下会谈,在平克尼的直接质问下,格里最终承认,塔列朗希望让马歇尔和平克尼离开,只留下他一个人。此外,在这些会谈中,塔列朗提出了一个新的建议,而这成为导致使团结束巴黎任务的决定性因素。塔列朗建议,美国向法国提供一笔在战争结束后才开始放款,而不是立即放款的贷款。平克尼和马歇尔立即指出,这实际上与之前的提议没有任何区别,因为法国可以利用协议条款立即筹集资金。然而,格里非常支持这个提议。他认为这种安排并未违背给他们的指示,坚称这是唯一能够避免法美战争的方案。[148] 于是,马歇尔与格里一起回顾了之前的所有讨论,并补充了一两点意见。鉴于向任何交战国提供贷款都不符合美国的利益或意愿(这等同于向其中一方提供援助,从而参与战争,这也是美国唯一有能力采取的方式),如果美国确实向法国提供贷款,那肯定是因为受到了威胁。从此,"我们不再按照自己的意愿行事,而是必须迎合法国的意愿"。如果法国人不打算将这笔贷款用于战争,那么就算我们拒绝,他们也不会以战争来威胁我们。由于给我们的指示明确禁止这样的行为,因此这个提议在国内肯定会被否决,这会比现在直接拒绝法国人更让他们愤怒。马歇尔并不认为这个提议是和解的基础,但他也不认为和平或战争的结果取决于此。法国人威胁说,"如果我们拒绝,我们将被驱逐出法国"；这种威胁"已经重复了三次，却从未执行"。他们不愿意"在与英国的战争结果不确定的情况下与我们断绝关系"，而只是在此期间"玩弄我们"。他坚持认为：

> 如果有什么能够使我们避免这场灾难［战争］，那就是我们坚定而适当的行为。如果我们因为无法实现使命目标和拒绝向法国提供贷款而离开法国，那么，当法国对英国的行动失败，或未来的战争形势使法国希望与美国和解时，我们将获得一个有利条件，那就是我们已经让法国认识到，只有在尊重我们国家自由的前提下，才能达成和解。[149]

他们就这些问题争论了大约一星期。最后，为了达成一致，他们同意与塔列朗进行一次非正式会谈。如果部长再次提出战后贷款的建议，那么马歇尔和格里将返回美国寻求新的指示，而平克尼则继续留在巴黎。在随后的会面中，对于他们的这些想法，塔列朗含糊其辞。[150]但到了3月份的第三个星期结束时，他的真实意图逐渐暴露出来。如果有特使要离开，那么谁去谁留的问题不由特使决定，而是由他来决定。于是，最后的紧张对峙开始了。马歇尔此时已经成为使团事实上的领导者，虽然名义上可能还不是，他将确保在这场角力中，去留的决定权掌握在他和平克尼手中，而不是听从塔列朗的安排。

塔列朗终于在一份长篇回复中阐明了他和督政府的意图。这份日期为3月18日的回复在第二天送达，作为对特使们1月17日询问的答复。塔列朗在回复中列出了法国对美国的所有不满，其中最重要的是《杰伊条约》、总统5月16日的演讲，以及特使们不愿意采取"真诚和解"的态度，但他最后宣布：

> 尽管督政府对特使们存有某种偏见,但仍然愿意与其中一位特使进行合作,因为他的观点被认为更公正,而且在交流过程中更有可能建立必不可少的相互信任。[151]

尽管没有直接点名,但他的意图已显而易见,他将从此只和格里打交道,不再理会其他两人。他希望马歇尔和平克尼已经决定离开,这样他就不需要亲自下令将他们驱逐出境。他试图让他们主动要求归还护照,[152]以此来默认使团的分裂,从而接受法国对局势的定义,以及法国政府对三人中谁去谁留的决定。这是一个巧妙的策略,但并未奏效,至少没有达到他的预期效果。马歇尔、平克尼以及格里最初的反应一致,认为绝不允许使团内部出现这种分裂。格里一直声称他不会独自留下,"在当前的情况下,他宁愿被扔进塞纳河,也不会同意留下来",而平克尼则相当严肃地告诫他,他最好不要单独留下。他们一致同意起草一份回复,大意是"三位特使中的任何一位都不同意单独留下来处理我们三人共同负责的事务,我们没有人认为可以随意退出委托给我们的任务,尤其是在有可能完成这项任务的情况下,除非得到我们自己政府的指示"。[153]换句话说,他们仍然非常希望进行谈判,但要么一起谈判,要么不谈。

但随后使团出现了裂痕。塔列朗的秘书打电话过来,再次施压,暗示督政官现在对他们的态度感到非常愤怒。不过,如果马歇尔同意"向法国政府申请,允许平克尼将军和我本人回国,向我们的政府和同胞阐明欧洲的政治局势,同时格里先生留下来,直到获得相应的权力,使他能够采取措施维护与法国的和平",督政官的怒气可能会缓和。此外,如果他们在三天内不这样做,"我们三个将会被全部驱逐"。这对格里来说实在无法接受,他现在改变了立场,主张立即发出接受的信函。马歇尔断然拒绝了。格里"表示,为了避免战争,他

愿意留下来"。¹⁵⁴

马歇尔坚持自己的立场,因为他坚信这次的威胁,与之前的所有威胁一样,仅仅是虚张声势。塔列朗并不愿冒险将他们三人全部驱逐出境,甚至也不愿公开赶走其中的两人,但他非常希望摆脱马歇尔和平克尼,如果能让他们主动离开就更好了。马歇尔还知道,并且确信塔列朗也很清楚,在波尔多和南特有船只即将启程前往美国,短期内没有其他船只可用。如果塔列朗希望马歇尔和平克尼离开,尽管他们表示愿意留下来谈判,他就必须明确表态,而且要尽快。塔列朗对此极为恼火。他知道这会把责任推给法国,但随着船只航行时间的临近,他意识到自己的如意算盘已经落空,别无选择。现在既然他知道格里已经屈从,并愿意留下,他只能主动行动,为另外两人发放护照和通行证,然后让他们离开。马歇尔于1798年4月23日从波尔多启航,而平克尼和他的家人则在法国南部逗留了几个星期。¹⁵⁵

在与格里的最后一场激烈争论中,平克尼是主要的发言者,他的话让格里深感震惊。由于背叛阵营,格里在这件事结束之前还将面临更多指责,这些指责的痕迹直到今天还能在历史学家的著作中看到。但从长远的角度来看,这其中很多观点可能对格里有些不公正,因为尽管他本人对这件事的理解有些含糊,但我们或许应该赞同格里传记作者的观点,即格里出于错误的原因做了正确的事情。¹⁵⁶事实上,马歇尔已经达到了他的目标。他不仅将谈判失败的责任推给了法国,而且他和平克尼让格里充分认识到了他所面临的困境。尽管格里非常担心战争,而且在其他人离开后塔列朗肯定会给他施加巨大压力,但他绝不会自行代表美国政府进行谈判。¹⁵⁷

所以,格里最后留下来实际上是一件好事。一方面,他可以留在法国继续观察事态发展,另一方面,他也能像平克尼和马歇尔一样与塔列朗据理力争。他毫不妥协,令法国外交部长极为烦恼,从而消磨了他的耐心。五个月后，当格里终于回到美国时，他将能够给亚当斯总统带来一些令人满意的消息。首先，"XYZ事件"已经从美国传回法国，在巴黎的报纸上引起轰动。外交部长试图通过解释来摆脱困境，但遇到了一些麻烦。其次，塔列朗已经准备好通过谈判达成和解，不再坚持要求贿赂和贷款，甚至可以道歉。

但督政府在当时和后来准备采取什么行动，至今仍然是个谜。

注释

1. 例如, Gilbert Chinard, *Honest John Adams*（Boston, 1933）; Manning J. Dauer, *The Adams Federalists*（Baltimore, 1953）; Stephen G. Kurtz, *The Presidency of John Adams: The Collapse of Federalism, 1795-1800*（Philadelphia, 1957）; Page Smith, *John Adams*（Garden City, N.Y., 1962）, 2V.; John M. Allison, *Adams and Jefferson: The Story of a Friendship*（Norman, Okla., 1966）, pp. 193-196; Richard B. Morris, *Great Presidential Decisions: State Papers that Changed the Course of History*（Philadelphia, 1967）, pp. 48-51; Ralph A. Brown, *The Presidency of John Adams*（Lawrence, Kans., 1975）。这里我们仅提到一种趋势，而每个作者的具体观点都会有一些不同 [例如，库尔茨（Kurtz）和曼宁·道尔（Manning J. Dauer）并不认为亚当斯的政策导致他在1800年大选中的失利不可避免]。Gerard H. Clarfield, *Timothy Pickering and American Diplomacy, 1795-1800*（Columbia, Mo., 1969）既没有为皮克林辩护，也没有质疑支持亚当斯的观点。亚当斯自己的版本主要参见 E. M. Cunningham, ed., *Correspondence between the Hon. John Adams ... and the Late Wm. Cunningham, Esq., ... Beginning in 1803, and Ending in 1812*（Boston, 1823）; 以及 *Correspondence of the Late President Adams, Originally Published in the Boston Patriot ...*（Boston, 1809）。后者重印于 *WJA*, IX, 241-311。此外，还有同上, I, 500-598 的传记部分。

2. Jacob E. Cooke, "Country Above Party: John Adams and the 1799 Mission to France," Edmund Willis, ed., *Fame and the Founding Fathers: Papers and Comments Presented at the Nineteenth Conference on Early American History ...*（Bethlehem,

Pa., 1967), pp. 53–79; Peter Shaw, *The Character of John Adams* (Chapel Hill, N.C., 1976), pp. 250–265; Forrest McDonald, *Alexander Hamilton: A Biography* (New York, 1979), pp. 329–352.

3. 在对亚当斯的主要研究中，只有 Correa M. Walsh, *The Political Science of John Adams: A Study in the Theory of Mixed Government and the Bicameral System* (New York, 1915) 将亚当斯的思想与强调传统价值观、反对进步与改革的保守主义原则 (reactionary principles) 联系在一起，该著作在进步时代以及后来的历史学界产生了广泛影响；另一方面，亚当斯受到20世纪50年代的"新保守主义"著作的高度赞誉，如 Russell Kirk, *The Conservative Mind, from Burke to Santayana* (Chicago, 1953); 以及 Peter Viereck, *Conservatism: From John Adams to Churchill* (Princeton, N.J., 1956); 而 Edward Handler, *America and Europe in the Political Thought of John Adams* (Cambridge, Mass., 1964) 则认为，"在欧洲政治思想的大背景下，所谓的美国保守主义本身就是自由主义信条的一种变体"，亚当斯完全符合这一传统（p.191 和其他各处）。其他作者也做出了类似的判断。例如：George M. Dutcher, "The Rise of Republican Government in the United States," *PSQ*, LV (June 1940), 199–216; Richard B. Morris, *Seven Who Shaped Our Destiny: The Founding Fathers as Revolutionaries* (New York, 1973), p. 110; Randolph G. Adams, *Political Ideas of the American Revolution: Britannic-American Contributions to the Problem of Imperial Organization, 1765–1775*, 3rd ed. (New York, 1958), pp. 107–127。

4. 将亚当斯思想明确划分为不同阶段的观点参见 John R. Howe Jr., *The Changing Political Thought of John Adams* (Princeton, N.J., 1966); 其他著作中也有类似假设：Walsh, *Political Science of John Adams*, pp. 3–4; Dauer, *Adams Federalists*, pp. 36–37; Joseph Charles, *The Origins of the American Party System* (Chapel Hill, N.C., 1956), pp. 55–56; Gordon S. Wood, *The Creation of the American Republic, 1776–1787* (Chapel Hill, N.C., 1969), pp. 570–572; Joyce Appleby, "The New Republican Synthesis and the Changing Political Ideas of John Adams," *AQ*, XXV (Dec. 1973), 578–595。相反的观点，即亚当斯的观点从始至终具有本质上的相同性，或至少是一致的，参见 Zoltán Haraszti, *John Adams and the Prophets of Progress* (Cambridge, Mass., 1952), p. 27; Smith, *John Adams*, I, 273–274; Richard M. Gummere, "The Classical Politics of John Adams," *Boston Public Library*

Quarterly, IX（Oct. 1957）, 167–182；Morris, *Seven Who Shaped Our Destiny*, p. 110；以及 *WJA*, IV, 181。

5. 关于亚当斯的著作反映其情绪波动的观点，参见 *WTJ*, I, 273（"他从不按部就班地行事，而总是根据当时的感觉行事"）；Frank W. Grinnell, "The Constitutional History of the Supreme Judicial Court of Massachusetts from the Revolution to 1813," *Massachusetts Law Quarterly*, II（19161917）, 394–405；Bernard Bailyn, "Butterfield's Adams: Notes for a Sketch," *WMQ*, 3rd Ser., XIX, 253；Shaw, *Character of John Adams*, pp. 210–212。关于亚当斯著作的混乱和他对其他作者的大量引用，参见 Haraszti, *Prophets of Progress*, 尤其是 pp. 46–48, 155–164。关于亚当斯的行为与其政治理论的关系，参见 Stephen G. Kurtz, "The Political Science of John Adams, A Guide to His Statecraft," *WMQ*, 3rd Ser., XXV（Oct. 1968）, 605–613。

6. Page Smith, *John Adams* 叙述了亚当斯的生平和职业生涯；Peter Shaw, *Character of John Adams* 如书名所示，尝试剖析亚当斯的品格。我们认为两者都很有帮助，尤其是后者，我们在本段和下面的段落中借鉴了他们的观点。

7. 亚当斯按照现代学术标准的排名可能无法确定，但很可能不是第一。他本人显然认为摩西·海门威（Moses Hemmenway）和塞缪尔·洛克（Samuel Locke）是班上最出色的学生，尽管威廉·布朗（William Browne）被选为毕业生代表，但在当时，这是一个因演说而非学术获得的荣誉。不过，每个毕业生在毕业典礼上都扮演了一些法庭角色，亚当斯的表现似乎令人印象深刻，引起了伍斯特的撒迪厄斯·麦卡蒂（Thaddeus Maccarty）牧师的注意，并邀请他到伍斯特担任校长。Clifford K. Shipton, ed., *Sibley's Harvard Graduates*, XIII（Boston, 1965）, 514, 551, 609, 620。

8. 该论文重印于 *WJA*, III, 447–464；关于布伦特里提案，见同上，465–468。Thomas Hutchinson, *The History of the Colony of Massachusetts-Bay*, ed. Lawrence S. Mayo（Cambridge, 1936）, III, 284。

9. *Thoughts on Government*, *WJA*, IV, 189–200；*Defence*, 同上, IV, 270–588, V, and VI, 3–220。佩吉·史密斯质疑《关于封建和教会法的论文》第一卷是否对费城会议的讨论产生了重大影响（*John Adams*, II, 701），尽管有令人信服的证据表明确实如此：参见 Haraszti, *Prophets of Progress*, pp. 31, 38；Wood, *Creation of the American Republic*, pp. 581–582；特别是 Merrill Jensen, ed., *The Documentary*

History of the Ratification of the Constitution（Madison, Wis., 1976）, II, 160-161, 167n., 205, 505, 507n., 509, 511, 512-513, 683, 686。

10. *AP: DAJA*, II, 362-363; to Abigail Adams, Apr. 7, 1783, APM, reel 360; Shaw, I, p. 12; to Abigail Adams, Dec. 31, 1778, *AP: AFC*, III, 129-130.

11. *AP: DAJA*, I, 6, 7-8, 31; to Abigail Adams, Dec. 7, 1796, APM, reel 382; Shaw, *Character of John Adams*, pp. 22, 33.

12. To Benjamin Waterhouse, Aug. 19, 1812, Worthington C. Ford, ed., *Statesman and Friend: Letters to John Adams to Benjamin Waterhouse, 1784-1822*（Boston, 1927）, p. 86; Shaw, *Character of John Adams*, pp. 97, 117; from *Boston Gazette*, Aug. 29, 1763, in *WJA*, III, 432.

13. To James Warren, July 17, 1774, *Warren-Adams Letters*（Boston, 1917-23）, I, 29. "政府的科学是我最应该研究的，比其他所有科学都要重要……" To Abigail Adams, May 12, 1780, *AP: AFC*, III, 342。

14. Wood, *Creation of the American Republic*, p. 568; Charles, *Origins*, p. 54.

15. 我们在这里沿用了Howe, *Changing Political Thought*中提出的分析思路，尽管肖在*Character of John Adams*, pp. 210-216中对此有所保留。

16. 关于亚当斯对联邦宪法的看法与其大多数同胞观点之间的差异，最有洞察力的叙述参见Wood, *Creation of the American Republic*, pp. 567-592。

17. "平衡"主题贯穿于亚当斯关于政府的所有著作。还可以补充一点，亚当斯在阅读时总是在书的空白处写满笔记，但他在1805年把莎士比亚通读了两遍，除了关于莎士比亚时代缺乏权力平衡的一条评论外，没有做任何其他旁注。Shaw, *Character of John Adams*, p. 313。

18. *AP: DAJA*, I, 335; iii, 284; to Mercy Warren, Apr. 16, 1776, *Warren-Adams Letters*, I, 222; Howe, *Changing Political Thought*, pp.28-58.

19. 同上, pp. 89-101。在此期间，亚当斯一直致力于制定州宪法，其主要思想首先体现在《关于政府的思考》中。他对导致费城会议召开的18世纪80年代的民族主义运动兴趣不大，也没有参与其中（当时他不在国内）。但尽管如此，他成为新宪法的坚定支持者。

20. 同上, pp. 102-103, 137-140, 147-155, 164; Wood, *Creation of the American Republic*, pp. 571-574。

21. Adams to Jefferson, Nov. 15, 1813, Lester J. Cappon, ed., *The Adams-Jefferson*

Letters: The Complete Correspondence between Thomas Jefferson and John Adams（Chapel Hill，1959），II，398；to John Taylor，*WJA*，VI，456；Howe，*Changing Political Thought*，pp. 167–176；Wood，*Creation of the American Republic*，pp. 574–580。关于撰写《为美利坚合众国政府诸宪法辩护》的直接刺激因素，参见 Appleby，"New Republican Synthesis"（上文注释4）；关于"被排斥"，参见 Shaw，*Character of John Adams*，p. 209n。*Discourses on Davila* 重印于 *WJA*，VI，223–403。

22. 关于头衔的争论，参见第一章。

23. 关于亚当斯所谓的"君主制"问题以及他的多次否认，参见 Haraszti，*Prophets of Progress*，pp. 39–42；以及 Dauer，*Adams Federalists*，pp. 53–54。

24. *Creation of the American Republic*，尤其是 pp. 580–582。

25. *AP: DAJA*，I，37。

26. Smith，*John Adams*，I，121–125；Shaw，*Character of John Adams*，pp. 58，77–78。

27. 同上，pp. 109–111；Smith，*John Adams*，I，402–406，422；Bailyn，"Butterfield's Adams，" 246–249。"但这一切对我有什么意义呢？看到这些东西，我并没有太快乐，因为我只是把它们看作时间和奢华带来的无足轻重的东西，以交换人类心灵的伟大品质和坚韧美德。我不禁怀疑，古今中外，愈是风雅，愈是少德。"To Abigail Adams，Apr. 12，1778，*AP: AFC*，III，10。或者："我可以在书中详细地描绘寺庙和宫殿、绘画、雕塑、挂毯、瓷器等——但如果这样做就必然会忽视我的职责。"To Abigail Adams，May 12，1780，同上，342。

28. 引自 Adrienne Koch，*Power, Morals, and the Founding Fathers: Essays in the Interpretation of the American Enlightenment*（Ithaca, N.Y.，1967），p. 82。

29. Adet to Pickering，Oct. 27，1796，*ASP: FR*，I，576–577；Monroe to Pickering，Aug 4，15，1796，同上，741。华盛顿直到31日下午才从弗农山庄抵达费城，而此时阿德的文章已被公布。Carroll and Ashworth，*Washington*，VII，412–413。

30. J. Q. Adams to John Adams，Aug. 13，1796，*WJQA*，II，19，24；R. King to Monroe，Aug. 11，1796，King，*King*，II，78。

31. Samuel F. Bemis，"Washington's Farewell Address: A Foreign Policy of Independence，" *AHR*，XXXIX（Jan. 1934），252–253n。

32. Albert H. Bowman，*The Struggle for Neutrality: Franco-American Diplomacy During the Federalist Era*（Knoxville, Tenn.，1974），pp. 108–117，185–186。关于美国航

运业在法国政策多次变化中的表现，以及一些具体案例（其中包括一个故事，讲述了一群有影响力的法国私掠船主如何通过废除1793年5月23日的法令，保留他们俘获的丰厚战利品），参见Pickering's report to Congress, Feb. 28, 1797（年份错标为1798），*ASP: FR*, I, 748-760。阿德的两份说明，日期分别为1796年10月27日和11月15日，出处同上，576-577，579-583。另参见注释34。

33. *ASP: FR*, I, 578.

34. 例如，*WJQA*, II, 112, 121, 143, 151; Alexander Hamilton, "The Warning," I-VI（1797年1月27日至3月27日期间在《美国公报》上发表的系列文章），*PAH*, XX, 特别是491-493，551-556。上述报告（注释32）中的大部分支持文件是由美国驻巴黎总领事富尔瓦·斯基普威思在门罗出使期间准备的，他在《杰伊条约》谈判之前编制了法国的掠夺清单。法国人自己也对颁布这项法令和其他海事法令的诚信提出质疑。1797年6月20日，克劳德·帕斯托雷在五百人院就此发表了长篇演讲，见于《国民报》(*Gazette National*)，或1797年6月25日、26日的《世界报》(*le Moniteur Universel*)；以及1797年9月19日的《美国公报》。另参见Alexander DeConde, *The Quasi-War: The Politics and Diplomacy of the Undeclared War with France, 1797–1801* (New York, 1966), pp. 390-391, n. 4。

35. Pickering to Adet, Nov.1, 1796（发表在11月3日的《曙光》和克雷普尔的《美国每日广告》）；另一封回复是1797年1月16日给平克尼的指令信（1月19日通报国会，发表在1797年1月20日、23日、24日、25日、26日、27日、28日、30日的《美国公报》）；*ASP: FR*, I, 578, 559-576。Hamilton to Washington, Jan. 19, 1797, *PAH*, XX, 469; Madison to Jefferson, Jan. 8, 1797, *PJM*, XVI, 447; "Report of the Secretary of State respecting the depredations committed on the commerce of the United States, since the last of October," 1796, June 21, 1797, *ASP: FR*, II, 28-65。直到1797年3月下旬，美国政府才收到关于平克尼未受到法国政府接待的最终报告，但有关此事的传言和猜测在六七周前就已经开始流传。亨利·塔兹韦尔早在2月1日写给杰斐逊的信中就提到了这种传言，Jefferson Papers, LC。另参见DeConde, *Quasi-War*, pp. 383-384n。

36. Jefferson, Anas, *WTJ*, I, 272-273.

37. "正如我所希望的那样，皮克林和他所有的同事都对我很忠诚。我在这方面没有任何嫉妒。" Adams to Elbridge Gerry, Feb. 13, 1797, *WJA*, VIII, 523。亚当斯后来在写给本杰明·林肯的信中说："当我上任时，我就下定决心要尽可能少地免职人员——免职不会出于个人动机，也不会出于党派因素。"Mar. 10，同上，IX，47。另参见 Kurtz, *Presidency of John Adams*, pp. 268-270；以及 Shaw, *Character of John Adams*, pp. 254-255。当然，亚当斯在这里的态度可以被视为与詹姆斯·麦克亨利后来的抱怨一致，即总统认为"各部门负责人只不过是办事员"。To Pickering, Feb. 23, 1811, Henry C. Lodge, *Life and Letters of George Cabot*（Boston, 1877）, p. 208。

38. Shaw, *Character of John Adams*, p. 247 敏锐地指出了这一区别。
39. *WTJ*, VII, 91-92。
40. John Adams to Abigail Adams, Jan. 3, 1797; John Adams to Abigail Adams, Jan. 1, 1797; APM, reel 383. Rush to Jefferson, Jan. 4, 1797, Jefferson Papers, LC. Adams to Tristram Dalton, Jan. 19, 1797, *WTJ*, VII, 108n. 关于亚当斯何时知晓汉密尔顿的选举操纵，这个问题非常复杂，因为亚当斯私下的反应与他在给其他人的信中对此事的叙述并不一致。虽然他肯定在12月初就已经知道了这些活动，但在接下来的三个月里，他要么继续声称不相信这些传闻，要么相信这些活动的主要目的不是夺走他的总统职位，或者即使如此，也是出于公共利益的考虑。从拉什告诉杰斐逊的他对于亚当斯"正确地"看待此事的评价（见上文引述），或者从亚当斯1797年1月9日给阿比盖尔的信中所说的"我鄙视他［汉密尔顿］在选举中的阴谋"，我们或许可以推断他偶尔在私下抱怨。当然，众所周知，亚当斯与汉密尔顿关系的最终结果——这一事件无疑是个转折点——是亚当斯对汉密尔顿的恨意持续了他的一生，并在亚当斯家族的传统中得以延续。与这个问题相关的书信证据包括：John Adams to Abigail Adams, Dec. 12, 1796, *WJA*, I, 496; John Adams to Abigail Adams, Dec. 16, 18, 1796, APM, reel 382; Elbridge Gerry to Abigail Adams, Dec. 28, 1796, Gerry Papers, LC; Elbridge Gerry to Abigail Adams, Jan. 7, 1797, Dauer, *Adams Federalists*, pp. 113-114; Abigail Adams to Gerry, Dec. 31, 1796, James T. Austin, *The Life of Elbridge Gerry*（Boston, 1829）, II, 144-145; John Adams to Abigail Adams, Jan. 9, 1797, APM, reel 383; Gerry to Adams, Feb. 3, 1797, *WJA*, VIII, 524; Adams to Rush, Feb. 13, 1797, APM, reel 117; Adams to Gerry, Feb. 13, 1797, *WJA*, VIII, 524; Elkanah Watson to Adams, Mar. 5, 1797, APM, reel 383; Adams to Thomas Welsh, Mar. 10, 1797, 引自 Brown, *Adams Presidency*, p. 20; Adams to Henry Knox, Mar. 30, 1797, *WJA*, VIII, 535。另参见 Brown, *Adams Presidency*, pp. 18-20;

Shaw, *Character of John Adams*, pp. 250–252；以及 Lynn H. Parsons, "Continuing Crusade: Four Generations of the Adams Family View of Alexander Hamilton," *NEQ*, XXXVII（Mar. 1964），43–63。

41. Jefferson to Madison, Jan. 1, 1797, *WTJ*, VII, 95–96.

42. Jefferson to Adams, Dec. 28, 1796（未发出），同上，95–96。

43. Madison to Jefferson, Jan. 15, 1797, *PJM*, XVI, 455–456.

44. Jefferson to Madison, Jan. 30, 1797, 同上, 479。

45. 杰斐逊和亚当斯都留下了对这一事件的记录，杰斐逊的记录收录于他的著作，主要基于当时所做的笔记，*WTJ*, I, 272–273；而亚当斯的记录是在十几年后的1809年写给《波士顿爱国者报》的信中，*WJA*, IX, 284–285。

46. *WJA*, I, 508；*WTJ*, I, 272–273.

47. *WJA*, IX, 105–111；*Aurora*, Mar. 14, 1797；McMaster, *History*, II, 310–311.

48. *WJA*, IX, 286.

49. 同上，285；*WTJ*, I, 272–273。

50. 大多数同情亚当斯的著作都有这种倾向（Kurtz, *Presidency*, p. 238；Dauer, *Adams Federalists*, p. 124；Smith, *Adams*, II, 922）；但正如我们下文所讨论的，这件事还有它的另一面。

51. Gibbs, *Memoirs*, I, 456, 462, 468. 关于对亚当斯性格的这种看法，注释2提到的著作也给予了一定程度的认可。

52. Marvin R. Zahniser, *Charles Cotesworth Pinckney, Founding Father*（Chapel Hill, N.C., 1967），pp. 134–135.

53. 例如，华盛顿在1797年2月20日写给亚当斯的信中说："强烈希望您不会因为约翰·[昆西·]亚当斯先生是您的儿子而否定他应得的晋升。我无意恭维他的父亲或母亲，也无意指责任何其他人，但我坚信，亚当斯先生是我们在国外最有价值的公众人物，他将证明自己是我们所有外交使团中最有能力的人。"华盛顿补充道，如果年轻的亚当斯的"才华和价值"被"您的过度谨慎所限制"，国家将"蒙受损失"。*WGW*, XXXV, 394。1797年11月3日，阿比盖尔·亚当斯在给儿子的信中写道："我完全相信，如果华盛顿先生留任，你此时就不会被派往柏林。但我可以告诉你，你会被派往任何处——作为特使前往法国。这是所有内阁成员的愿望和意见，除了你与总统的密切关系之外，没有什么能阻止你被提名。他对这个问题很谨慎，所以否决了。"*WJQA*, II, 253n。另参见 Wolcott to

Hamilton, Mar. 31, 1797, *PAH*, XX, 573。

54. Hamilton to Washington, Nov. 4, 5, 11, 1796; to Wolcott, Nov. 9, 22, 1796; 同上, XX, 373, 374, 389, 380, 412。

55. Hamilton to Washington, Jan. 19 [25-31], 1797; Washington to Hamilton, Jan. 22, 1797; 同上, XX, 470, 480-481, 477。

56. Hamilton to W. L. Smith, Jan. 19, Apr. 5, 10, 1797; to T. Sedgwick, Jan. 20, Feb. 26, 1797; to Pickering, Mar. 22, 29, May 11, 1797; to McHenry, Mar.[22], Apr. 29, 30, 1797; to Wolcott, Mar. 30, Apr. 5, 1797; 同上, XX, 468, XXI, 20-21, 29-41, XX, 474, 521-522, XX, 545, 556-557, XXI, 81-82, XX, 575, XXI, 61-68, 72-75, XX, 567-568, XXI, 22-23。关于对汉密尔顿想法的反应, 参见 Tracy to Hamilton, Mar. 23, Apr. 6, 1797; Pickering to Hamilton, Mar. 26, Apr. 29, 1797; Wolcott to Hamilton, Mar. 31, 1797; McHenry to Hamilton, Apr. 14, 1797; Smith to Hamilton, May 1, 1797; McHenry to Pickering, May 28, 1797; 同上, XX, 547, XXI, 24-26, XX, 549, XXI, 68-71, XX, 569, XXI, 48, 75-76; Bernard C. Steiner, *The Life and Correspondence of James McHenry* (Cleveland, 1907), pp. 224-226; Richard E. Welch Jr., *Theodore Sedgwick, Federalist: A Political Portrait* (Middletown, Conn., 1965), pp. 165-166。关于埃姆斯, 参见注释58。

57. 沃尔科特告诉汉密尔顿, "在我最诚挚、最紧急的恳求下, 这件事被推迟了"。Mar. 31, 1797, *PAH*, XX, 570。根据杰斐逊的说法, "查尔斯·李[总检察长]咨询了一位来自弗吉尼亚州的官员, 想知道是否会同意马歇尔。他提到您, 因为您更有可能让人满意。答复是: '任何具有麦迪逊先生思维方式的人都不会被提名。'" To Madison, June 1, 1797, *WTJ*, VII, 132。

58. 费舍尔·埃姆斯认为汉密尔顿建议的方案是正确的, 他在3月3日启程前往马萨诸塞州之前向亚当斯提出了这一建议; 尤赖亚·特雷西虽然不同意汉密尔顿的观点, 但还是在几周后向亚当斯陈述了这个建议。亚当斯对自己的计划得到这样的支持非但没有表示欢迎, 反而非常恼怒, 似乎对他们两人都相当冷淡。汉密尔顿在1800年写道: "联邦政府内阁向亚当斯先生建议派出一个新的法国使团, 经过了相当长的一段时间, 他才决定接受这个建议。" *WJA*, IX, 282-283, 288-290; Gibbs, *Memoirs*, I, 483-484; Winfred B. A. Bernhard, *Fisher Ames: Federalist and Statesman, 1758-1808* (Chapel Hill, N.C., 1965), pp. 292-293;

Letter ... Concerning the Public Conduct and Character of John Adams ..., *PAH*, XXV, 206。另参见1797年3月亚当斯与亨利·诺克斯的交流, *WJA*, VIII, 532–536。

59. Jefferson to Madison, Dec. 17, 1796; to Rutledge, Dec. 27, 1796; to Madison, Jan. 1797; *WJT*, VII, 91–92, 94, 104.

60. Jefferson to Madison, Jan. 22, 1797, 同上, VII, 107–108。

61. James D. Tagg, *Benjamin Franklin Bache and the Philadelphia Aurora* (Philadelphia, 1991), pp. 315–316; circular letters of Samuel Cabell (Va.), Jan. 12, 1797, and John Clopton (Va.), Jan. 24, 1797, Noble E. Cunningham Jr., ed., *Circular Letters of Congressmen to Their Constituents, 1789–1829* (Chapel Hill, N.C., 1978), I, 68–69, 77; *Aurora*, Jan. 24, 26, Feb. 14, 17, 1797; Washington to Hamilton, Jan. 22, 1797, *PAH*, XX, 477; Madison to Jefferson, Jan. 22, 1797, *PJM*, XVI, 471; Abigail Adams to John Adams, Jan. 27, 1797, APM, reel 383.

62. 联邦党人的回应以及汉密尔顿对联邦党人反对意见的回应,参见注释56。不过,关于这种谈判可能产生的弊端,他们之间并没有分歧。只是汉密尔顿认为,如果委员会中有联邦党人参加,就可以避免这些弊端。

63. Kurtz, *Presidency of John Adams*, pp. 211–212; Dauer, *Adams Federalists*, pp. 116–119.

64. Madison to Jefferson, Dec. 19, 1796, Jan. 29, Feb. 5, 1797, Jan. 15, 1797, *PJM*, XVI, 433, 476, 484, 456.

65. Madison to Jefferson, Jan. 22, 1797, 同上, 471。

66. Jefferson to Madison, Jan. 22, 1797, *WTJ*, VII, 108; Adams to Abigail Adams, Mar. 17, 1797, C. F. Adams, ed., *Letters of John Adams Addressed to his Wife* (Boston, 1841), II, 252.

67. Madison to Jefferson, Apr. 15, 1798, PJM, XVII, 113; Jefferson to Edmund Pendleton, Jan. 29, 1799, *WTJ*, VII, 336. 参见 Bowman, *Struggle for Neutrality*, 有关这件事的标题为"The X.Y.Z. Dish"。

68. 马歇尔似乎尤其被巴黎深深吸引,在那里过得非常愉快。参见 Marshall to Pinckney, Apr. 21, 1798, *PJnMl*, III, 463, 84。"XYZ事件"中的一个小插曲涉及"一位女士",根据一份电报, 1797年12月,也许是在一次聚会上,这位女士接近了平克尼,试图说服他对美国向法国贷款采取更接纳的态度。但塔列朗后来试图贬低此事，他称这位女士是"据说与平克尼先生有关联的女士"。这个故事有多种版本（其中一些带有色情成分），至今仍然只能猜测真相。根据一个版本，这位女士名叫维莱特夫人（Madame de Villette），马歇尔和格里曾在她的豪华住宅里寄宿。她是一位颇具魅力的寡妇，令他们俩都很高兴，他们与她共度了很多时光，包括在她巴黎郊外的乡村住所至少度过了一个长周末。当特使们从法国回国后，共和党人在国内散布谣言，说马歇尔和平克尼有各种闺房冒险，但出于某种原因，没有对格里做出类似的指责。关于这个故事的描述及其出处，参见 John C. Miller, *Crisis in Freedom: The Alien and Sedition Acts* (Boston, 1951), pp. 148–149。这个故事也出现在一些现代著作中（例如，Bowman, *Struggle for Neutrality*, p. 317; DeConde, *Quasi-War*, pp. 51–52; Zahniser, *Pinckney*, pp. 175–176），不过最近威廉·斯廷奇科姆（William Stinchcombe）提出，维莱特夫人和文件中的"女士"可能不是同一个人。*The XYZ Affair* (Westport, Conn., 1980), pp. 75–76; *PJnMl*, III, 318n。至于马歇尔和格里对那位女房东的迷恋，他们自己对此非常坦率（除了关于维莱特夫人是否就是向平克尼游说贷款问题的那个人，或者那位女士是否是塔列朗代理人的问题），这种迷恋的程度到底有多深，一直没有定论，也许永远也不会有结论。事实上，现有的证据基本上无法证明他们有过错（否则的话，几乎肯定会有人传出消息，或者至少会暗示一下；在巴黎的美国社区，也至少会有人八卦维莱特夫人的道德问题。但据我们所知，并没有人这样做）。*PJnMl*, III, 300 and n.; Marshall to Fulwar Skipwith, Apr. 21, 1798, 同上, 464; George A. Billias, *Elbridge Gerry: Founding Father and Republican Statesman* (New York, 1976), p. 268。还有一件事可能与上述内容无关，那就是平克尼在1797年春夏间在阿姆斯特丹写信给皮克林，信中提到了在巴黎的"一位女士"，他与这位女士有书信往来，她向他提供了一些信息。Zahniser, *Pinckney*, p. 155n。

69. 关于这种观点，参见 Stinchcombe, *XYZ Affair*, 以及 "A Neglected Memoir by Talleyrand French-American Relations, 1793–1797," *Proceedings of the American Philosophical Society*, CXXI (June 1977), 195–208。

70. Pinckney to Pickering, Dec. 20, 1796, *ASP: FR*, II, 5–10, 18; Zahniser, *Pinckney*, pp. 141–149 报告说，亚当斯于1797年3月21日正式得到了这一消息。

71. *ASP: FR*, I, 747; 另一个版本对巴拉斯演讲的翻译略有不同，参见同上, II, 12; Ammon, *Monroe*, pp. 155–156。

72. King to Hamilton, Feb. 6, 1797, *PAH*, XX, 507–508; Washington to McHenry, Apr. 3, 1797, *WGW*, XXXV, 430.

73. 亚当斯在随附文件中的法令（参见 *ASP: FR*, II, 12–13）内容不完整；完整的文本参见同上，II, 30–31。DeConde, *Quasi-War*, p. 17; Bowman, *Struggle for Neutrality*, pp. 275–278; Gardner W. Allen, *Our Naval War with France*（Boston, 1909), pp. 32–33。

74. *WJA*, IX, 111–119; Dauer, *Adams Federalists*, p.129 and n.; *Aurora*, May 18, 19, 1797; Adams to Abigail Adams, Dec. 12, 1796, *WJA*, I, 495; *AC*, 5 Cong., 1 Sess., 364; Jefferson to Peregrine Fitzhugh, June 4, 1797; to Aaron Burr, June 17, 1797, *WTJ*, VII, 136, 146.

75. 亚当斯于1797年4月14日和15日向内阁成员提出了两组问题，第一组问题涵盖整个局势，第二组问题则针对他在演讲中可能提到的内容。关于这些问题，参见 *WJA*, VIII, 540–541，以及Gibbs, *Memoirs*, I, 500–502。关于沃尔科特的答复，参见同上，502–517。皮克林（日期为1797年5月1日）、麦克亨利（一份未注明日期，另一份日期为4月29日）和李（日期分别为4月30日和5月5日）的答复参见APM, reel 384。亚当斯的孙子C.F.亚当斯作为编辑对这些答复有一个简短的评论，参见 *WJA*, VIII, 541–543。麦克亨利就这些问题向汉密尔顿征求意见，汉密尔顿有两份回复，一份日期为4月29日，另一份未注明日期，参见 *PAH*, XXI, 61–68, 72–75。麦克亨利在给亚当斯的回复中大部分内容是直接从汉密尔顿的建议中复制的，但并非全部。在每个建议下，麦克亨利都进行了一些编辑并补充了自己的内容。

76. Jefferson to Horatio Gates, May 30, 1797, *WTJ*, VII, 131.

77. Malone, *Jefferson*, III, 315–317, 322.

78. May 13, 1797, *WTJ*, VII, 121–122.

79. 随着和平的恢复，许多之前在切萨皮克地区开店的苏格兰人回到那里做生意——其中一些人成为美国公民，杰斐逊可能因此认为烟草贸易仍然由英国垄断。但到了1797年，来自美国商人的竞争不断加剧，尤其是欧洲战争爆发后，情况已经不再如此。参见 Jacob M. Price, *France and the Chesapeake: A History of the French Tobacco Monopoly, 1674–1791, and of its Relationship to the British and American Tobacco Trades*（Ann Arbor Mich., 1973), II. 773；作者同上，"The Last Phase of the Virginia-London Consignment Trade: James Buchanan & Co.,

1758-1768," *WMQ*, 3rd Ser., XLIII（Jan. 1986）, 64-98; Edward C. Papenfuse, *In Pursuit of Profit: The Annapolis Merchants in the Era of the American Revolution, 1763-1803*（Baltimore, 1975）, pp. 35-75; 以及 Charles G. Steffen, "The Rise of the Independent Merchant in the Chesapeake: Baltimore County, 1660-1769," *JAH*, LXXVI（June 1989）, 9-33。的确，同一时期，由于美国政府的强大信用，联邦证券和美国银行的股票对英国和欧洲大陆的投资者越来越有吸引力。但这并不意味着这些投资者对联邦金融政策产生了显著的影响。

80. "至于轻率地与法国开战，"亚当斯在5月3日写给格里的信中说，"我知道没有人愿意这样做……" APM, reel 117。乔治·卡伯特在1797年5月3日给《哥伦比亚哨兵报》的一封信中写道："但有人会问，我们必须对法国开战吗？我的回答是，不是。战争可能是正义的，但不是明智之举：它是一场巨大的灾难，应该永远避免，除非是为了防止比战争本身更大的邪恶。"引自Henry C. Lodge, *Life and Letters of George Cabot*（Boston, 1878）, p. 583。罗伯特·古德洛·哈珀在1797年7月30日致选民的通函中写道，和平将是"我们国家的一大福祉"。Cunningham, ed., *Circular Letters*, I, 104。当然，现阶段内阁中没有任何人希望发生战争，正如注释75引用文献所示，而汉密尔顿在亚当斯上任之前就开始努力促成向法国派遣新使团，也是为了避免战争。关于科贝特［笔名为"彼得·箭猪"（Peter Porcupine）］，费舍尔·埃姆斯宣称，箭猪"如果由有理智和经验的人指导，可能会更有益——他与英国建立密切联系的想法当然会冒犯正常思考的人，更不用说冒犯大多数人了"。To Hamilton, Jan. 26, 1797, *PAH*, XX, 488-489及注释。

81. 例如：to Madison, May 18, 1797; to Thomas Pinckney, May 29, 1797; to Peregrine Fitzhugh, June 4, 1797; to French Strother, June 8, 1797; to Madison, June 8, 15, 1797; to Burr, June 17, 1797; to Gerry, June 21, 1797; to Edward Rutledge, June 24, 1797; to Edmund Randolph, June 27, 1797; *WTJ*, VII, 124-130, 134-140, 142-156。所有这些信件都围绕两个主题：一是政府的好战意图；二是通过在所有防御立法上采取拖延和不作为的方式来阻挠政府的好战，同时等待欧洲战事发展——杰斐逊希望其结果是法国的伟大胜利。在上述写给伦道夫的信中，他将"波拿巴的胜利、莱茵河地区的胜利、奥地利的和平、爱尔兰叛乱、英国的破产、舰队的不服从等等"称为"奇迹般的事件"，并宣称"唯有在英国确立共和原则，才能牢固地确立我们政府的共和原则。法国将成为这一原则的倡导者"。杰斐逊与勒通布的对话参见下文，pp.566—567。

82. Malone，*Jefferson*，III，320—322；Adams to Uriah Forrest，June 20，1797，*WJA*，VIII，546—547. 这是杰斐逊在不到两个月的时间里第二次陷入这样的麻烦。5月初，他在一年多前写给菲利普·马泽的信在报纸上曝光。菲利普·马泽伊是意大利移民，曾经住在弗吉尼亚州，后来又回到意大利。其中有一段关于"英国圣公会君主制和贵族政党"的激烈言论，他认为这些人的目标是把美国变成"实质上的英国政府形式"，随后的一段话直指华盛顿："如果我告诉你那些背叛信仰并投奔异端的人的名字，你会感到非常困扰，他们是战场上的参孙和议会中的所罗门，但他们的头发被堕落的英国剪掉了。"Apr. 24，1796，*WTJ*，VII，72—78；细节见 Malone，*Jefferson*，III，266—268，302—308。

83. 杰斐逊在1797年6月17日写给伯尔的长信中讨论了所有问题，马龙教授将其视为共和党的政策文件。大约在同一时间，塞缪尔·A.奥蒂斯（Samuel A. Otis）写道："我们的新任副总统非常活跃，我认为他的影响力明显增强。"同上，322—324；引自 Carroll and Ashworth，*Washington*，VII，463n。关于为门罗举行的晚餐，参见 Malone，*Jefferson*，III，324—325；以及 Ammon，*Monroe*，p. 158。

84. 勒通布在1797年7月15日（特别会议已休会）前发出的大部分文件在9月底已送达巴黎。CFM，p. 1043n。美国特使于10月的第一个星期抵达。在从荷兰出发前往巴黎之前，马歇尔和平克尼得知，在一群银行家的一次晚餐对话中，人们理所当然地认为"我们中间有一个强大的党派，足以抵消我们政府的行动……"。Francis Childs to William Vans Murray，Sept. 11，1797，引自 *PJnMl*，III，257n。

85. Clarfield，*Pickering and American Diplomacy*，pp. 104，109—110；Billias Gerry，259—260；Stinchcombe，*XYZ Affair*，p. 31，n. 27；*WJA*，IX，286—287；Gibbs，*Memoirs*，I，467—469，531；McHenry to Pickering，Feb. 23，1811，Lodge，*Cabot*，pp. 204—205（另引自 Steiner，*McHenry*，p. 224）。

86. 在接下来的段落中，我们最依赖的资料是 Billias，*Gerry*（基于深入的学术研究），Samuel E. Morison，"Elbridge Gerry，Gentleman-Democrat，" *NEQ*，II（Jan. 1929），6—33，并收录于 Morison，*By Land and by Sea: Essays and Addresses*（New York，1953），以及"Elbridge Gerry" in *DAB*。有关格里其他文献的讨论，参见 Billias，*Gerry*，pp. 342—343。作者提出在古典共和主义框架下考虑格里的职业生涯和个性，参见同上，pp. xiii-xviii 及各处。

87. 引自同上，p. 292。Robert Dawidoff，*The Education of John Randolph*（New York，

1979）这一精彩的研究提出了与伦道夫的相似之处。

88. Billias, *Gerry*, p. 58.

89. Austin, *Life of Elbridge Gerry*, II, 307.

90. 引自 Billias, *Gerry*, p. 67。

91. Charles Thomson to Richard Peters, Jan. 19, 1784, E. C. Burnett, ed., *Letters of Members of the Continental Congress*（Washington, 1934）, VII, 422.

92. Billias, *Gerry*, p. 195; _____ to Jefferson, Oct. 11, 1787, Max Farrand, ed., *The Records of the Federal Convention of 1787*（New Haven, Conn., 1911）, III, 104.

93. Billias, *Gerry*, p. 262; Jefferson to Gerry, May 13, June 21, 1797, *WTJ*, VII, 119-124, 149-151. 这两封信中对英国的厌恶感令人吃惊。在第二封信中，杰斐逊敦促格里接受任命，他认为这一使命完全取决于格里，并坚持认为格里的提名给"之前已经死亡的希望带来了春天"。

94. To J. Q. Adams, Mar. 31, 1797, *WJA*, VIII, 537.

95. 迄今，还没有一本马歇尔的现代传记能超越 Albert J. Beveridge, *Life of John Marshall*（Boston, 1916-1919）, 4v.; Leonard Baker, *John Marshall: A Life in Law*（New York, 1974）远未达到那个水准。之所以如此，除了贝弗里奇（Beveridge）的著作仍然令人难以忘怀之外，还有一个原因可能是，马歇尔作为首席大法官的职业生涯漫长而富有创新性，这使得最有资格的作家在对其进行研究时，更倾向于研究法律史和宪法史领域，而不是其生平传记。不过，爱德华·S.考文（Edward S. Corwin）在 *DAB* 中对马歇尔的详细介绍非常精彩且有参考价值。

96. John Stokes Adams, ed., *An Autobiographical Sketch by John Marshall* ...（Ann Arbor, Mich., 1937）, p. 4.

97. 同上，pp. 9-10。

98. Jefferson to Madison, Nov. 26, 1975, *WTJ*, VII, 38.

99. *DAB*, XII, 318.

100. King to C. C. Pinckney, Oct. 17, 1797, King, *King*, II, 235.

101. 有关平克尼生平和职业生涯的最佳资料来源是 Zahniser, *Pinckney*, 上文注释 52。引自 Eliza Pinckney to C. C. Pinckney [late 1767], 同上, p. 18。

102. 同上, pp. 13-14, 20, 24-25, 34。

103. 引自同上, p. 98。

104. C. C. Pinckney to Thomas Pinckney, Jan. 7, 1793, 引自同上, p. 117n。

105. 研究塔列朗的学术著作非常多。以下这些是对我们的研究最有用的：Georges Lacour-Gayet, *Talleyrand: 1754–1838*（Paris, 192834）, 4v., 至今仍然是最全面的版本，其中引用了大量书信和其他文件；J. F. Bernard, *Talleyrand: A Biography*（New York, 1973）是一部内容丰富、文笔优美的著作，尽管脚注中没有引用文献，但有非常详尽的参考书目；Crane Brinton, *The Lives of Talleyrand*（New York, 1936）具有启发性，但很肤浅，且语气始终矫揉造作；Louis Madelin, *Talleyrand: A Vivid Biography of the Amoral, Unscrupulous, and Fascinating French Statesman*, tr. Rosalie Feltenstein（New York, 1948），作者是一位著名的法国历史学家，最初于1944年在巴黎出版，没有上述耸人听闻（尽管准确）的副标题。Pieter Geyl, "The French Historians and Talleyrand," *Debates with Historians*（The Hague, 1955）并不像书名所暗示的那样，是关于塔列朗文献的评论文章，而是一系列关于塔列朗政治手腕的有趣思考，尽管有些杂乱。一部新的传记正在撰写中，尽管到目前为止的各卷顺序与塔列朗职业生涯的实际时间不符，导致了一些重复：Michel Poniatowski, *Talleyrand aux Etats-Unis, 1794–1796*（Paris, 1967）; *Talleyrand et le Directoire*（Paris, 1982）; *Talleyrand et le Consulat*（Paris, 1986）; 及 *Talleyrand et l'ancienne France, 1754–1789*（Paris, 1988）。关于10世纪佩里戈尔伯爵阿达尔伯特（Adalbert）的故事，在所有塔列朗的传记中都有记载；关于被迫接受神职教育的经历，出自Madelin, *Tallyerand*, p. 16。

106. 关于汉密尔顿的故事，参见Nathan Schachner, *Alexander Hamilton*（New York, 1946）, p. 345；关于塔列朗对汉密尔顿的高度评价，参见Duc de Broglie, ed., *Memoirs of the Prince de Talleyrand*, tr. R. Ledos de Beaufort（New York, 1891）, I, 181–182。关于塔列朗在美国逗留期间的其他材料包括：Hans Huth and Wilma J. Pugh, eds., *Talleyrand in America as a Financial Promoter, 1794–1796*（Washington, 1942）; John L. Earl III, "Talleyrand in Philadelphia, 1794–1796," *PMHB*, XCI（July 1967）, 282–298；作者同上，"Talleyrand in America: A Study of His Exile, 1794–1796"（未发表的论文, Georgetown U., 1964）; Richard M. Brace, "Talleyrand in New England: Reality and Legend," *NEQ*, XVI（Sept. 1943）, 397–406; Edwin R. Baldridge Jr., "Talleyrand in the United States, 1794–1796"（未发表的论文, Lehigh U., 1963）。

107. Madelin, *Talleyrand*, p. 56. "Il faut y faire une fortune immense, une immense

fortune, une immense fortune, une fortune immense." Poniatowski, *Talleyrand et le Directoire*, p. 161.

108. Henry J. Ford, in "Timothy Pickering," S. Bemis, ed., *The American Secretaries of State and Their Diplomacy*（New York, 1927）, II, 217, 认为这个指令的主要作者是马歇尔；Beveridge, *Marshall*, II, 218, 尽管没有明言，但暗示马歇尔和汉密尔顿在7月初期都在费城的巧合"可能重要，也可能不重要"；Bowman, *Struggle for Neutrality*, p. 286, 认为两人可能合作起草了指令。一个更符合常理的可能性是，这些指令是由国务卿本人起草的，他在那个时候已经或多或少地同意了这些指令所体现的原则。这种观点被19世纪60年代的皮克林早期传记作者视为理所当然，他们将这些指示称为皮克林的"著名国务文件"之一。Pickering and Upham, *Pickering*, III, 371。Stinchcombe, *XYZ Affair*, pp. 22–23, 31, n. 29, 也假定皮克林是作者，但暗示汉密尔顿的观点可能也具有影响力，并且亚当斯知道这些观点来自哪里。他引用了一些亚当斯手写的无日期笔记，标题为"H Ideas"（APM, reel 387），这些笔记实际上与汉密尔顿向麦克亨利提出的建议相符（参见注释75）。不过，需要补充的是，上述文件中所述的所有内阁成员的建议都被纳入指示中。参见 *ASP: FR*, II, 153–157; 及 *PJnMl*, III, 102–119。

109. 同上，117。除了上述内容外，特使们还将争取对1788年美国和法国达成的《领事公约》（Consular Convention）进行修订，更清晰地表达其利益。这里的主要争议点是，领事对其本国公民的司法裁决是否应由东道国官员执行，法国认为这是公约所允许的。然而，Alexander Deconde, *Quasi-War*, p.45错误地主张，这也包括一方可以在另一方港口行使战利品的法庭管辖权。但实际上，没有任何条约或者公约允许过这种行为。《领事公约》的文本参见 Hunter Miller, ed., *Treaties and Other International Acts of the United States of America*（Washington, 1931）, II, 228–241。

110. *Gazette National, ou le Moniteur Universel*, June 25, 26, 1797. 这个版本省略了帕斯托雷在演讲中引用的条约、法律和法令摘录；全文的英译本发表在1797年9月19日的《美国公报》上。人们对帕斯托雷所陈述内容的详细情况和真实性感到震惊，但这些事实其实很容易获得：平克尼在阿姆斯特丹将皮克林1797年1月16日关于法美关系的报告（以发给他的信件形式）印制了1000份（参见 *ASP: FR*, I, 559–576），并寄给法国立法机构的每位成员。该机构在被果月政变（1797年9月4日）摧毁之前，就已经对督政府感到不满，因此很愿意倾听这样的斥责。在帕斯托雷发表演讲的几周前，路易-菲利浦·塞居尔（Louis-Philippe Ségur）在1797年4月25日和5月17日的《新政治》（*Nouvelles Politiques*）上发表了两篇非常有力的文章，提出了类似的论点。Zahniser, *Pinckney*, p. 156; Clarfield, *Pickering and American Diplomacy*, p. 112; Bernard Faÿ, *The Revolutionary Spirit in France and America: A Study of Moral and Intellectual Relations Between France and the United States at the End of the Eighteenth Century*, tr. Ramon Guthrie (New York, 1955), pp. 392–393。

111. Gilbert Chinard, ed., "Considérations sur la conduite du Gouvernement américain envers la France, depuis le commencement de la Révolution jusqu'en 1797, par Louis$ Guillaume Otto," *Bulletin de l'Institut Français*, No. XVI (Dec. 1943), 9–37.

112. Joseph Fauchet, *A Sketch of the Present State of our Political Relations with the United States of North-America*, tr. Benjamin F. Bache (Philadelphia, 1797), pp. 5, 13, 18, 28, 30; 1797年夏首次在巴黎出版。

113. Adet to Talleyrand, Sept. 22, 1797, AECPE-U 48, 258–264vo.；这句话引用自第263页及这一页的背页。

114. Talleyrand to Létombe, Aug. 4, Sept. 1, 1797, AECPE-U 48, 154–155, 214–215vo.

115. Talleyrand to Bourdieu and others, Jan. 15, 1795, Huth and Pugh, eds., *Talleyrand in America*, p. 92; Georges Pallain, ed., "Les Etats-Unis et l'Angleterreen 1795: Lettre de M. de Talleyrand [to Lord Lansdowne, Feb. 1, 1795]," *Revue d'histoire diplomatique*, III (1889), 76; Talleyrand, *Memoir Concerning the Commercial Relations of the United States with England ...* (Boston, 1809), p. 13, 1797年4月4日在国家研究院宣读的一篇文章的英译本。

116. "Objects which should figure in the forthcoming negotiations with the United States," Oct.2, 1797, AECPE-U 48, 278–286vo. 关于这份文件存在一些疑问。Bowman, *Struggle for Neutrality*, p. 312, 假设这个报告是由塔列朗准备的，E. Wilson Lyon, "The Directory and the United States," *AHR*, XLIII (Apr. 1938), 520–521也暗示了这一点。从内部证据来看，我们倾向于同意这一观点。然而，Stinchcombe, *XYZ Affair*, p. 49, 认为这肯定是由外交部其他人撰写的，因

为（1）"塔列朗在接下来的九个月里没有接受该报告关于赔偿、停止敌对行动和修改条约的任何建议"；（2）他"在旁注中明确拒绝了报告的一些建议"。但更准确地说，在那段时间里，他没有采取任何行动，因为出于各种原因，他无法这样做。此外，正如作者在多处明确指出的那样，这是一份初步的备忘录。几处旁注也不是对任何内容的否定；它们只是塔列朗手写的补充文字，是誊写文件的书记员不小心遗漏的内容。另外，文件的284页至286背页的部分，标题为"赔偿金——与美国的谈判"（Indemnities–Negotiations with the United States），里昂和鲍曼认为这是一份单独的备忘录；而我们将所有部分视为一个整体。这份文件很可能从未作为正式报告提交给督政府。

117. Stinchcombe, "Neglected Memoir by Talleyrand," pp. 206-207. 这份文件似乎是在10月份准备的，并且根据后来的证据，确实作为报告向督政府提交了。正如我们所知，其中关于对亚当斯总统的演讲进行"解释"的暗示，以及关于金钱的问题，后来都成为开始谈判的先决条件。关于赔偿问题的策略，参见"Objects which should figure in the forthcoming negotiations," pp. 284-286vo。

118. Frances S. Childs, "A Secret Agent's Advice on America," Edward M. Earle, ed., *Nationalism and Internationalism: Essays Inscribed to Carlton J. H. Hayes*（New York, 1950），pp. 18-44是对这一极其乏味的通信的幽默总结，其中包含许多摘录。这几句话引用自第33页、35页和38页。

119. Létombe to Minister of Exterior Relations, June 7, 1797, CFM, p. 1030. 杰斐逊在费城参加特别会议期间，勒通布在他的四封信件中都提到会见了杰斐逊：May 16, 30, June 5, 7, 同上, pp. 1018, 1025, 1027, 1029-1031。在次年冬天的另一封信件中，提到杰斐逊再次告诉勒通布"随时都可以去拜访他"。Jan.17, 1798, AECPE-U49, 145。奥特里夫在1797年7月16日的一封信中称，美国的共和党（"法国和自由的朋友"）当时并不支持立即或最终与法国和解："无论是基于理智还是爱国主义，似乎都建议暂缓，直到欧洲各国的海上命运更为稳定的时候。"引自Childs, "Secret Agent," p. 38。

120. To Minister of Exterior Relations, May 30, June 7, 1797, Jan. 17, 1798; CFM, pp. 1024-1025, 1031; AECPE-U49, 145.

121. 参见注释117。关于所提到的"暗示"，如下文所述，美国特使与塔列朗的中间人打交道的整个过程，都证明了这一暗示是如何进行的。

122. "Objects which should figure in the forthcoming negotiations," AECPE-U48, 284-

286vo.

123. 最详实的一手资料是：George Duruy, ed., *Memoirs of Barras: Member of the Directorate*（New York, 1895）, II, 530-573（几乎是最完整的）; *Memoirs of Talleyrand*, I, 188-190; Baroness de Stael, *Considerations on the Principal Events of the French Revolution*, ed. Duc de Broglie and Baron de Stael（New York, 1818）, I, 381-382; Robert d'Angers, ed., *Mmoires de Larevellière-Lépeaux...*（Paris, 1895）, II, 114-115; 一种类似于罗生门的情况，相关各方给出了关于真相的不同版本。有关此问题的评估，参见Bernard, *Talleyrand*, pp. 179-186。

124. Hippolyte Carnot, *Mémoires sur Carnot, par son fils*（Paris, 1863）, II, 116; Talleyrand, *Memoirs*, I, 191; Paul Bailleu, ed., *Preussen und Frankreich von 1795 bis 1807, Diplomatische Correspondenzen*（Leipzig, 1880）, I（disp. of Oct. 25, 1797）, 155.

125. 关于勒贝尔对塔列朗的态度，参见Barras, *Memoirs*, III, 218-220, 以及Lacour-Gayet, *Talleyrand*, I, 288-290, 其中列举了一些有趣的例子。关于法国在果月政变后的对外关系状况，参见Raymond Guyot, *Le Directoire et la Paix de l'Europe: des traités de Bâle à la deuxième coalition*（1795-1799）（Paris, 1911）, pp. 548-553。

126. 同上, pp. 553-557; Geyl, "French Historians and Talleyrand," pp. 198-203。引文摘自塔列朗1797年9月6日致法兰西共和国所有外国代理人的一份充满奉承之辞的通函，参见Georges Pallain, ed., *Le Ministère de Talleyrand sous le Directoire*（Paris, 1891）, p. 138。

127. Jean-Baptiste H. R. Capefigue, "Talleyrand," *Biographie universelle, ancienne et moderne...*, new ed.（Paris, 1870-1873）, XL, 610.

128. Bailleu, ed., *Preussen und Frankreich*, I, 168; Capefigue, "Talleyrand," 611.

129. Louis Bastide, *Vie politique et religieuse de Talleyrand-Périgord*（Paris, 1838）, p. 227; Lacour-Gayet, *Talleyrand*, I, 237-238; Whitelaw Reid, "Introduction," *Memoirs of Talleyrand*, I, xviii.

130. Georges Lefebvre, *The Directory*, tr. Robert Baldick（New York, 1967）, pp. 95-119。督政官对彼此的描述可以说生动形象。卡诺在谈到拉勒韦利埃-莱波时说，"大自然创造了他这个畸形和恶臭的人"，这么说是为了警告其他人"不要被他虚伪的性格和极度堕落的心灵所迷惑"，他还说勒贝尔是"被指控盗窃和贪污的人的保护神"。西哀士说："这位勒贝尔先生，每天早上必须偷点东西来保持健康"。（他甚至在离开督政府会议时把蜡烛装进口袋）。据拉勒韦利埃说，巴拉斯在卢森堡被"最无耻的恶棍、最堕落的贵族、被遗弃的女人、名誉扫地的人、投机者和掮客、情妇和男宠包围……谎言对他来说毫无成本；诽谤不过是一场游戏。他没有信仰，没有道德……"。Duruy, "Preface," *Memoirs of Barras*, III, xiii; *Mémoires de Larevellière-Lépeaux*, I, 338-339。巴拉斯本人的《回忆录》（*Memoirs*）中，尤其是第三卷，有很多关于"冷酷、奸诈、狭隘、背信弃义"的梅林（p.311）、"心狠手辣""粗鲁无礼"的特雷亚尔（pp.323, 417）、"年老放荡不羁，无论是疾病还是岁月都无法改变"的纳沙托（p.212）等人的轶事。

131. 在亚当斯派遣特使之前，督政府对美国的持续关注、关切或所采取政策的证据非常零散，几乎毫无意义。这并不是否认这一时期法国对美国的普遍敌意——针对美国船只的法令和对平克尼的态度就足以证明这一点——但这些行动应该被视为法国对美国事务的淡漠，而且需要在特定背景下理解，那就是法国在欧洲的军事行动，以及一个凌驾于其他一切事务之上，为了它再牵强的借口也不为过的问题，那就是支持这些行动所需的资源问题。例如，普鲁士大臣桑多兹-罗林在听完卡诺对汉堡城的抨击之后（"那些人太富有了，他们必须为他们的中立付出高昂代价"），于1796年5月6日记载："你们看到了，也听到了：其他一切考虑都为敲诈勒索和敛财的机会让位，这成为他们行动的主要动机，我敢说，也是他们主要的政策导向。"Bailleu, ed., *Preussen und Frankreich*, I, 67。针对美国的借口当然是《杰伊条约》，当个别督政官提到它时（这种情况并不常见），几乎只是机械地重复着相关说辞。

但除此之外，督政官们几乎对美国没有任何兴趣。在巴拉斯的所有回忆录（迄今最详细的回忆录）中，几乎没有提及美国；即使是关于《杰伊条约》，巴拉斯也是到1796年3月才开始提及，而且仅指出它在美国引发了不满（II, 97）。直到1799年，勒贝尔才开始撰写有关美国的文章，当时他准备了一份"辩护备忘录"，针对五百人院对督政府的一系列指控为自己辩护，其中一项较轻微的指控是中断与美国的关系。对此，勒贝尔在一篇长达34页的文章中写了三句话，但这三句话中的事实均有误（他说《杰伊条约》是由"国会主席"约翰·亚当斯签定的）。Gerlof D. Homan, *Jean-François Reubell: French Revolutionary, Patriot, and Director (1747–1807)* (The Hague, 1971), p. 153;

Bernard Nabonne, ed., "Le Mémoirejusticatif de Reubell, chef de la diplomatie du Directoire," *Revue d'histoire diplomatique*, LXIII（1949）, 85-86。拉勒韦利埃也是在1799年被指控的督政官之一，如果没有这次指控，他的回忆录中可能不会提及美国。他自称非常尊敬门罗（在他写这些文章时，门罗已成为美国总统，而他本人则是一名普通公民），但他也把时间顺序搞混了（他说门罗建议对"约翰·亚当斯政府的不公正行为"保持耐心，但实际上，门罗早在亚当斯上任之前就已被召回）。拉勒韦利埃还指责卡诺（他讨厌卡诺）想对美国宣战，以及他认为门罗令人厌烦。第一项指控值得怀疑；第二项指控则比较有依据，因为在卡诺儿子编写的卡诺自传中，唯一提到美国的地方是居高临下地评价门罗，说他比卡诺更像一位法国革命家，并在脚注中写道，门罗、杰斐逊和亚当斯在同一天去世，以纪念《独立宣言》。Larevellière-lépeaux, *Mémoires*, II, 257-260; III, 179-189; *Mémoires sur Carnot*, II, 133。梅林·德·杜埃是在果月政变后上任的两位新督政官之一，他曾在担任司法部长期间写过一篇关于船员名册的"论文"（见第十四章注释21），因而与美国有短暂的联系。我们可以充分想象当时的情形。据一贯刻薄的巴拉斯说，梅林"试图使用法律的诡计来支配战争、政治和革命"，他曾是拿破仑讲过的一个"甜点笑话"的主角。"每当我专断独行，"拿破仑回忆道，"不得不超越我的职责时，我第二天早上就会去找梅林，恳请他好心地帮我找出一些古代或现代的法律，让我可以依据这些法律获得庇护。他会思考一会儿，然后在很短的时间内找出答案，或者他会把手放入卷宗，手指放在页面上。这个好心的梅林从不会让我陷入困境。他就如同那位魔法师梅林。" Barras, *Memoirs*, II, 590, 413-414。弗朗索瓦·巴泰勒米是在果月政变后与卡诺一起遭到清洗的另一位督政官。他抗议说，他对美国的感情完全是和平的，并声称"不认为美国人与伦敦签订的条约是"1797年3月2日法令引发不宣而战的"正当理由"。Jean L. G. Soulavie, ed., *Mémoires historique et diplomatique de Barthelemy depuis le 14 juilletjusqu'au 30 prairial An 7*（Paris，1799），p. 60。尽管据说这部回忆录本身是伪造的，但这件事基本属实（Guyot, *Le Directoire et la paix de l'Europe*, p. 27）。

从1797年10月美国特使抵达直到年底，督政府的会议记录中只有三处简短地提到美国，内容都非常简略。一次是督政府授权外交部长，要求特使对亚当斯总统的讲话做出"解释"；另一次提及一艘缺少船员名册的美国商船被扣押；第三次是口头命令外交部长与来自美国和汉堡的特使讨论荷兰贷款（"巴达维亚贷款")的事宜。Sittings of Oct. 17, Nov. 17, Dec. 24, 1797, AF III, 8, 9, Archives Nationales, Paris。我们感谢伊塞·沃洛克提供的这些证据。

132. Stinchcombe, *XYZ Affair*, p. 35; Pinckney to Pickering, Dec. 20, 1796, *ASP: FR*, II, 8.

133. 参见下文，p.596。

134. Marshall, Paris Journal, Oct. 8, 14, 18–19, 1797; Envoys to Pickering, Oct. 22, 1797, *PJnMl*, III, 159–165, 255–258. 马歇尔的日记经常比特使们发回国内的报告更全面地记录了使团的工作进展，尽管并非总是如此。这里尽可能同时引用这两种资料来源。当这份材料被提交给国会并随后被公布时，国务卿皮克林用字母"X""Y"和"Z"代替了报告和日记中的姓名。实际上，早期还有一个"W"曾短暂露面，他是阿姆斯特丹 Van Staphorst and Hubbard 公司的尼古拉斯·哈伯德（Nicholas Hubbard）。严格地说，它可以被称为"WXYZ事件"，尽管很少有人这样做。同上，256n。

135. 同上，165–168, 258–261。

136. 同上，261–262。

137. 同上，168。

138. 同上，263–265。

139. 同上，265。

140. 同上，170–173; Envoys to Pickering, Nov. 8, 1797（10月22日至该日期之间发生的事件），276–279。当然，在此之后，特使们继续发出更多信件。截至1798年4月3日，总共有8封。第1封和第2封信件在美国引起了轩然大波，亚当斯总统于1798年4月3日向国会转交了这两封信；他于1798年5月4日、6月5日和6月18日递交了其余文件。*ASP: FR*, II, 157–163, 169–182, 185–188, 188–189。

141. *PJnMl*, III, 174–178, 280–283.

142. 同上，178–180, 283–285。

143. 同上，181–182, 286–287。

144. 同上，182–184, 287–289。

145. 同上，185–194, 293–295, 305–307, 331–382。

146. 同上，195–197。

147. 在给督政府的一份报告中，可能在1月下旬，塔列朗写道："平克尼和马歇尔先生都遵循费城的主流思想，他们已经不止一次地表现出这些观念……我建议督政府授权我绕过这两位特使……这样就只剩下格里先生了。"他的结论是，应该"请马歇尔和平克尼离开"。Pluviôse, Year VI[1798年1月20日至2月18日，但可能在2月4日之前]，AECPE-U49, 174–187 vo.。

148. *PJnMl*, III, 197–203.

149. 同上，203–205。

150. 同上，205–228。

151. *ASP: FR*, II, 188–191.

152. 马歇尔在日记中写道："他相信，平克尼将军和我本人会决心离开，除非我们能够获得认可。"马歇尔还认为，塔列朗相信格里不会做出同样的决定。Feb.4, 1798, *PJnMl*, III, 197。

153. 同上，231–232。Envoys to Talleyrand, Apr. 3, 1798, 同上，428–459，特别是459。

154. 同上，233。

155. 同上，232–242, 461–462; Zahniser, *Pinckney*, pp. 188–190。

156. *PJnMl*, III, 236–238; Marshall to Pinckney, Apr. 21, 1798, 同上，464; Billias, *Gerry*, p. 265。

157. 参见下文，pp.608–609。

第十三章
亚当斯和汉密尔顿

1798年对约翰·亚当斯来说，既是他整个总统任期中的巅峰，也是最低谷，既是最好的一年，也是最坏的一年。这一年里，亚当斯的情绪经历了一个循环，从年初几个月的沮丧，到夏天的意气风发，然后随着冬天的来临，他再次跌入阴郁和屈辱的深渊。这种情绪起伏与整个国家在与法兰西共和国关系上的情绪变化非常相似。一开始是因为党派之争和目标不同而产生分歧，然后经历了爱国主义团结情绪的高涨，但随后这种情绪又被新的不满情绪逐渐替代，民族热情再次减退。与此同时，亚历山大·汉密尔顿重新回到了公众视野中，这对联邦主义的命运产生了深远影响。

第一节 第二阶段：1798年的狂热

不论法国人在1797年夏季至1798年3月初对来自美国的信号的关注程度如何，这些信号都只能传达一个信息，那就是美国内部的分歧。

自杰斐逊以下，共和党领导层从未支持过总统的政策，一直拒绝接受总统在法国问题上的立场，并竭尽所能地阻挠其计划。甚至连亚当斯自己的内阁也在任命特使与法国人谈判的问题上给他带来了不少麻烦。他在1797年5月召集的国会特别会议基本上没有给他实质性的支持。在11月召开的常规会议上，他再次呼吁加强防御措施，但得到的支持更少。他提议建立一支能够保护美国商业的海军，但遭到众议院共和党多数派的否决，他本人也被指责故意在毫无必要的情况下制造战争的紧张气氛。到了1797年底，勒通布领事告诉塔列朗，共和党的影响力正在增强。美国人的分歧似乎比过去任何时候都更尖锐，对政府的不满也更强烈。当然，随着在几个月后收到并公布关于"XYZ事件"的报告，所有这一切都将出现巨大反转。但在那之前，没有人能够预见到这一变化，尤其是约翰·亚当斯。

到了1798年2月，亚当斯的情况几近跌入谷底。2月5日，他向众议院和参议院通报：一艘英国商船在查尔斯顿港内遭到法国私掠船的袭击。杰斐逊认为，这只是进一步挑衅的拙劣举动，旨在激怒国会采取行动。不管怎样，国会并没有给予太多关注。[1]事实上，这个月的大部分时间国会都在讨论如何处理里昂和格里斯沃尔德之间的纷争。在这场争执中，一名众议员向另一名众议员的脸上吐口水，而后者则用山核桃木手杖反击。[2]众议院还审议了弗吉尼亚州众议员尼古拉斯关于削减驻欧洲外交机构的议案，共和党人甚至试图废除上届会议为建造三艘护卫舰拨款的税收法案。[3]1月中旬以来，有传言流入费城，称亚当斯派往巴黎的特使仍未被接待，尽管这一消息尚未得到官方证实，但增加了事态的不确定性。阿比盖尔·亚当斯在给妹妹的信中写道，"持续的反对和毫不放松的施压"让总统感到心力交瘁，他们两人都"对公共生活产生了厌倦之情"。[4]

1798年3月4日深夜，特使们从巴黎发来的第一批信件终于送达费城。除了一封信外,其余的都是加密文件,需要几天时间解密。但有两点是显而易见的。首先,特使们并未被正式接待,这意味着这次任务实际上是失败的。其次,法国立法委员会批准了一项新的督政府法令,其范围比之前的任何法令都更加广泛,规定任何载有在英国或英国领地生产的任何物品的中立船只都将被视为战利品;此外,法国港口禁止任何曾经停靠过英国港口的中立船只入港,无论其装载何种货物。这意味着几乎所有在公海上航行的美国船只都将面临被扣押的风险,因为它们都载有英国制造或生产的商品。第二天,亚当斯向国会转交了包含这些内容的信件,并附上了一则简短附言,上面有三句话。[5]

面对这种情况,现在应如何应对?总统应当采取什么立场?早在六周前,亚当斯已经向内阁发出信函,就如何应对法国可能拒绝接受使节的情况,向内阁成员征求意见。3月13日,这些密函已经被解密,但其内容尚未公开,亚当斯再次写信询问内阁。该如何向国会完整报告这些信息?他应该建议采取什么措施?是否应该立即对法国宣战?是否应该考虑与英国建立更紧密的联系?(他本人显然并不支持这一点。)尽管有可靠证据表明每位内阁成员都发表了意见,但并非所有人都以书面形式对这两次的问题进行了回复。[6]为了完整地展现内阁的观点,我们也应该考虑副总统杰斐逊的看法,尽管他并未参与内阁的讨论,而且要在几周后才完全了解情况。

首要且最迫切的问题是,美国是否应当与法国开战。从危机一开始,杰斐逊就一直在通信和对话中坚持,战争将是一场巨大的灾难,应当不惜一切代价避免战争,这也是共和党反对派的一贯立场。无论是之前的传言还是新传来的消息,都没有改变他们的这一立场。[7]与之相对,内阁中的蒂莫西·皮克林最为激进,他不仅主张开战,还希望与英国结成紧密盟友,以便全力推进战争。[8]总检察长查尔斯·李是内阁中通常较为稳重的成员，他也两次以书面形式建议正式宣战。处于这两种观点中间的是奥利弗·沃尔科特和詹姆斯·麦克亨利（麦克亨利的每一步决策都受汉密尔顿的影响），他们都建议不要这样做。他们主张保持一种有限的敌对状态，认为这样可以使美国的立场更加灵活。同时，无论是否愿意，敌对关系似乎都是不可避免的，所以最好为未来的和谈铺平道路。除了皮克林之外，其他所有内阁成员都认为最好不要与英国建立任何正式联系。[9] 在权衡各方观点时，亚当斯反复考虑不同立场，并起草了多个版本的讲话和战争声明，但均未公开。最后，他决定不对法国宣战。

至于当时人们认为战争是否可取的逻辑，用现代的眼光看，可能并不是那么显而易见。当时，没有人会用现代主流的战争理论范畴来思考战争，例如战争的全局性、大规模参与、全面破坏和血腥杀戮。1798年的反战者也不是基于这些现代理由。即使到了18世纪后期，人们依然将战争视为外交的一种延伸，将其看作对挑战和危险的有节制回应（无论回应或不回应是谨慎还是愚蠢），以及实现某种具体目标的手段。因此，尽管法国大革命时期战争的传统特征已出现变化，并确实带来了极大困扰，但威廉·T.舍曼（William T. Sherman）在大约70年后对战争的看法，仍不符合当时人们的普遍心态。因此，即使这场战争真的发生了，与当时欧洲的战争相比，其规模也必定更为有限，因为无论在美国还是在其他地方，可以动员的战斗力量都是非常有限的。[10]

关于与法国开战，最极端的支持和反对观点分别来自皮克林和杰斐逊，但他们两人也有一些重要的共同点。他们的立场都深受其意识形态的影响；似乎都陷入了各自的思想迷雾。皮克林渴望发起一场声势浩大的十字军东征，以对抗来自雅各宾主义、放荡和混乱的可怕威胁，而实现这一目标的最佳途径就是与英国结盟，而且越紧密、越明确越好。杰斐逊的担忧与皮克林的正好相反。对杰斐逊来说，与法国对抗所带来的不是战争本身的恐惧，而是更可怕的结果，即将美国推向英国的怀抱，从而给那些潜伏在我们中间、伺机揭下面具发动突袭的反共和主义势力与君主主义势力提供机会。他认为，保持清醒并拖延时间，则可以让事态逐步发展——我们可以等到法国在欧洲取得全面军事胜利，甚至是英国的崩溃——从而使共和主义在每个角落扎根，永远确保美国的共和价值观。[11]

总的来说，联邦党内部关于是否参战这一具体问题存在分歧。但他们最渴望的，无疑是国家的团结，亚当斯本人更是如此。然而，为了实现这一目标，有些人不惜采取自毁的方式。在接下来的一年多时间里，正是在这些问题上的矛盾，成为联邦党走向衰败的关键因素。

起初，亚当斯通过麦克亨利从汉密尔顿那里得到的建议似乎是最合理的，至少表面上看起来是这样。麦克亨利告诉亚当斯，毫无疑问，美国人民不希望被卷入战争，尽管"法国人最近的暴力行径已经使两国关系大为恶化"，但"有相当一部分人仍然特别反对与法兰西共和国开战"。与法国公开宣战对美国并无益处。"法国与我们的贸易往来有限；至于岛屿，即使我们能够获得一些岛屿，在目前的情况下这样做也肯定是不明智的。"因此，最佳政策是制定"真正有效的防御计划"，同时保持对谈判的开放态度。与英国签订联盟条约也没有任何意义。考虑到英国的利益，无论有没有条约，美国都可以从英国那里得到同样的支持。如果英国未来形势不妙（这完全有可能），那么即使有条约，对双方也都无济于事。关于防御措施，汉密尔顿不仅提议制定一项全面的海军计划——武装商船、装备约20艘单桅战舰、购置约10艘军舰、"尽快"建好3艘护卫舰——而且还建议实施广泛的军事计划。他希望组建一支3万人的正规军和一支3万人的"预备军"，用于防卫（麦克亨利谨慎地将这两个数字分别减少至1.6万和2万），并启动"所有财政收入来源"。总统对国会的陈述应"谨慎、庄重、严肃",避免"任何不尊重或冒犯之词"。尽管应最大限度地强调当前危机的紧迫性,但"不应放弃或排除在不公开破裂的情况下达成和解的希望……"。最后,他还应该宣布一天作为斋戒和祈祷日,从而"利用宗教信仰的热忱来缓和政治狂热"。[12] 到目前为止一切看似都在掌控之中,但是汉密尔顿的全面军事计划在其丰富的想象力中迅速发展,最终完全偏离了他在危机初期所持的审慎平衡立场。

总检察长查尔斯·李既没有皮克林那种如同末日审判般的愤怒,也没有汉密尔顿的敏锐洞察力,他向亚当斯提出了一个相对简单、具有律师特色的观点,其中并没有涉及太多细节。虽然李也反对与英国建立任何联系,但他明确表示,鉴于使团没有得到法国的正式接待,并且法国颁布了新的法令,对法正式宣战成为唯一选择。新法令将给美国商业带来沉重打击,进而导致"国家的毁灭";与"公开的战争状态"相比,仅仅对商船进行武装会对被俘美国水手的生命构成更大危险;战争是唤起目前"处于沉寂状态的"公众的唯一方式。此外,除非"宣布法国为敌人",否则,"维持与现行制度下的法国的关系"将不能被视为叛国。他引用了瓦特尔的观点,大意是,如果"一个国家的行为一再表明它不尊重任何权利,那么为了全人类的安全,这个国家应当受到制裁"。李只是简略地提到防御策略,并没有涉及详细内容。另外,当亚当斯在3月13日的第二封信中征询关于公布特使密件的意见时,李认为,如果特使们尚未离开法国,这样做可能会置他们于危险之中(皮克林认为,不管怎样,如果决定宣战,就应当公布这些密件,以阐明战争的理由;而李则希望找到一个两全其美的方法)。在这个具体问题上,麦克亨利这次没有征求汉密尔顿的建议,尽管他并不赞成宣战,但他认为没有理由不公布这些密件。[13]

至于亚当斯自己当时的心态,可以看出,面对诸多的建议,他的思想显得有些混乱。在1798年3月8日或9日开始的那个星期，亚当斯似乎利用零碎时间，匆忙记录了一些可能会用于国会发言中的想法。这些笔记保存在他的档案中，大多似乎是在冲动之下写的，彼此之间并没有明确的联系。他可能刚刚看过李在8日寄来的备忘录，因为他在笔记中使用了其中的一些措辞。他最初似乎觉得战争的想法很有说服力，因为他为和解所做的所有努力都没有取得任何成效。笔记的第一页充满了愤怒和抱怨。他列举了法国人在海上的"连续暴行"；对平克尼及"派遣他的国家"的侮辱；拒绝接待三位特使所表现出的"史无前例的傲慢"；以及最近颁布的新法令。"所有这些事件叠加在一起构成的伤害和侮辱，任何一个未曾沦丧至失去人性的国家都不应该也不可能忍受。"因此，"我认为，鉴于这些行为，国会应该立即向法国宣战"。[14]

随后，亚当斯草拟了一篇杂乱无章的公共演讲，难以想象有人，即使是约翰·亚当斯，会真正打算在国会致辞中发表这些观点。他谴责"对欧洲某些政府形式持有过分的敌意，而对另一些政府形式盲目崇拜"的人；他主张，包括法国人在内的任何民族都有权自行决定最适合自己的政府形式；他否认法国大革命与美国独立革命有任何相似之处。接着，他意有所指地暗示"在美国有一个派系，虽然我希望他们是少数"，一直在寻求与法国决裂，然后利用这一机会"凭借法国的影响崛起"。之后，他再次转变话题，列举了一系列历史事件，以此证明"所有伟大的事业[他指的是美利坚共和国的建立]都始于被低估"。但不论我们有什么样的分歧，人们终将发现，美国人民"紧密团结、公正无私、独立自主……绝不会屈服于任何有意的伤害和侮辱……"。

至此，亚当斯似乎已经陷入思维的困境，余下的笔记显得零散且不连贯。他对和平仍然抱有一丝希望。随后，他深入反思了宪法在当前状况下对他的要求，并重新考虑宣战以及需要采取的行动。但在尝试思考一些外围问题后，如私掠许可证的问题和禁止与法国的任何贸易活动等，他停下了笔，笔记就此终止。他在3月19日递交给国会的简短致辞非常审慎，其中只字未提战争，也与他夜晚草拟的原稿截然不同。

我们无法确切地知道亚当斯最初和后续的真实思绪，但他与自己的这种较量并不罕见，他总是以自己特有的方式寻求"平衡"。在深思熟虑中，作为总统的他至少认识到一个基本逻辑：现在与法国正式开战没有什么益处。他的身边到处都是可能反对这一做法的迹象，内阁成员中已有一人，可能至少还有另外一人，向他提出了反对的合理观点。当前另一个棘手而不能忽视的问题是，是否公开特使报告的全部内容。一位内阁成员（或许还有另外一名）警告说，这样做可能会危及特使的人身安全。亚当斯显然被说服了。因此，他必须在这些限制下谨言慎行。如果说内阁中有谁的审慎观点（至少在这一阶段）最能代表亚当斯的最终立场，那这个人无疑是奥利弗·沃尔科特。3月15日，沃尔科特起草了一份简短的演讲稿——显然是应亚当斯本人的要求，亚当斯只改动了一两个词，增加了自己的一小段话，然后在19日提交给国会。[15]

亚当斯说，已经对特使的报告进行了细致的审查和深入的考虑。尽管特使们"真诚而不懈地"努力化解两国的分歧，但现在已经"没有理由期待他们能在确保安全、荣誉或国家根本利益的前提下实现其使命"。因此，他希望"重新考虑之前的建议"——

> ……以保护我们的航海和从商的公民；捍卫可能受到攻击的领土；补充我们的军械，建立铸造厂和军工厂；并确保必要的财政收入，以支付特殊开销，弥补因我们的商业遭到

破坏而可能造成的短缺。

他进一步指出,他不再认为有理由限制商船在航行时携带武器。最后,他希望国会在议事程序中展现出"与国家权益所面临的危险相匹配的热情、活力和团结,以捍卫国家权益"。[16]

尽管从当时的情况来看,这些话可能是相对温和的,但杰斐逊却对此焦虑万分,进而难以做出理智的判断。他称这是一次"疯狂的演讲",并再次建议其共和党盟友暂缓做出决策。他希望众议院剥夺总统在商船武装问题上的自由裁量权,接着,他又认为国会应该直接休会。这样,议员们就可以"返回各自的选区,与选民讨论"当前的公共事务危机,而且可以等待法国预期入侵英国的事态发酵("什么都不做,争取时间,这就是我们的策略……")。[17]但总统的演讲令国会中的共和党议员感到震惊,他们并不打算认真考虑休会的建议。3月27日,马里兰州的共和党议员理查德·斯普里格(Richard Sprigg)提出了一系列决议,尽管这些决议的初衷可能并无恶意,但其中隐含的意义不容小觑。决议明确指出,"鉴于当前的情况,美国对法兰西共和国发动战争是不利的";应制定法律"限制商船携带武器";同时,必须"为保护我国的海岸线和内陆"做出"充分准备"。[18]

正是关于斯普里格决议的辩论,导致出现了公开特使报告的呼声。议员们很快意识到,在审议第二和第三项议案之前,他们必须首先确定第一项决议(关于与法国开战是否有利)。为此,他们需要让自己确信总统再次提出采取全面措施的合理性,或者证明总统正在试图无端将国家推向战争。无论是哪一种结果,他们都需要看到总统决策背后的证据。这种逻辑一旦确立,就迅速变得势不可挡。弗吉尼亚州的贾尔斯率先提出这个问题,在3月29日的长篇演讲中,他猜测总统"正在采取对抗策略,并隐瞒了所有信息",并进一步怀疑,"这可能是文件未能及时提交的原因"。¹⁹第二天,康涅狄格州的约翰·艾伦(John Allen,一名坚定的联邦党人)提议,总统应提供相关文件,或至少是"他认为出于公共安全考虑可以公开的部分"。贾尔斯坚持说,不应该隐瞒任何信息;他希望"不仅看到特使们的来信,还要看到他们收到的指令"。²⁰现在再也没有退路了。一些联邦党人怀疑这些文件中可能确实包含了令人震惊的内容,因此要求公开;而其他联邦党人,如哈里森·格雷·奥蒂斯(Harrison Gray Otis),则认为应该保密。这些争论进一步刺激了共和党人。他们中的许多人相信,一定有材料可以证明继续谈判仍然有可能;即使是持疑虑态度的人,如艾伯特·加勒廷(据说贾尔斯本人最后也有些犹豫),此时也别无选择,只能随大流。4月2日,众议院以压倒性多数要求公开这些文件。阿比盖尔·亚当斯记录道,众议院希望看到这些文件和给特使们的指令,"他们今天就要收到这些文件"。²¹他们确实收到了,而斯普里格的决议再也没有了下文。短短一周内——尽管亚当斯当初在给国会的附言中建议,在议员们"仔细考虑公开这些文件的后果"之前"保持其机密"——这些文件被印刷出版,并迅速传遍全国。²²

自约翰·亚当斯就任总统以来,他所面对的世界已经发生了巨大的变化。在接下来的几个月里,他和众多同胞采取的大部分行动将为他后续的政治生涯奠定基础,留给他终生难忘的回忆。现在一切都在朝着他期望的方向发展:他终于掌控了局势,真正掌管了所有最重要的国家事务。

在国会中,反对势力已经式微。这并不意味着共和党的核心理念有所改变,而是他们正在努力减轻相关报告所提及的事情对他们的负面影响。杰斐逊坚持认为,这些文件"并没有提供更多开战的充足理由"。当然,塔列朗"很有可能"涉及索贿,因为众所周知他有不良记录。"但没有确切证据表明督政府知道此事，也难以证明这一点。"（九个月后，杰斐逊仍在指责"马歇尔炮制的XYZ骗局"被"恶意利用"，是骗子们伪装成法国政府的代表。）尽管如此，过去一年里共和党一直以多数票优势阻挠亚当斯的提议，而如今这种优势已经不复存在。据杰斐逊说，许多"立场摇摆不定的议员"已经转向"战争派"，以"避免被视为法国的支持者"，还有五名弗吉尼亚州的议员突然返回家乡，因此，联邦党人意识到他们在国会实际上已占多数。杰斐逊忧心忡忡地预言："在这种情况下，联邦党将会为所欲为。"联邦党人在这一年接下来的时间里，直至1799年，都享有投票优势，特别是在南方地区。[23]

在事件曝光后引发的爱国浪潮中，最大的受益者无疑是约翰·亚当斯本人。在这段短暂而令人眩晕的时期，他生平第一次也是唯一一次获得了这样广泛的支持。罗伯特·特劳普惊奇地写道："我敢肯定，自人类出现以及政府成立以来，从未有哪位公职人员比现任总统更得到国民的深厚信任与爱戴。"[24]这种新获得的荣誉最明显地反映在大量从各地寄来支持总统的爱国信件中。尽管信件纷至沓来，尽管还有其他紧迫的事务需要处理，亚当斯仍投入大量时间，亲自回复每一封信，确保他的回复都能与写信人的情感产生共鸣。[25]他内心的情感如潮水般起伏，有愤怒、自负、挑衅，还有轻蔑和喜悦。他在回复中的态度十分坚决，其中有两三次，他实际上暗示了战争几乎不可避免。他多次提到法国试图破坏一个主权国家的民族独立（"独立"是亚当斯描述自我时的一个关键词，几乎在每一次回复中都会使用）。他经常引述历史的警示：那些缺乏正义和公德，并受到派系纷争困扰的国家，最终都会沦为军事独裁统治（在回复这些信件时，亚当斯引用了他的大部分政治学原则）。他经常提及法国大革命的扭曲，并劝诫那些似乎对此持有疑虑的人，同时也不忘赞扬他们对自己的支持。他对普林斯顿的学生表示出善意与宽容（"你们纯真的心灵和纯洁的意图"），但同时也告诫他们，波吉亚家族和喀提林家族总是会胜过那些"在政府科学上阅读甚少"的善良之人。[26]

但超越一切的紧迫任务是民族团结。一方面，他为已经取得的团结感到欣喜；另一方面，当想到那些企图从外部破坏或从内部颠覆团结的"邪恶的阴谋家"时，他又感到愤怒。这也许可以解释他在回复信件时经常展现出的好战态度。亚当斯热切回应那些表示愿意为捍卫国家独立而做出牺牲和奉献的声音，不想抑制这样的情绪。这种情绪似乎让他看到渴望已久的民族团结的希望，这无疑令他感到欣慰。所有这一切都非常耗费精力，但他乐在其中。阿比盖尔觉得他看上去脸色苍白，身体消瘦。但他的睡眠和胃口都很好，她很少看到他如此充满活力。[27]

此外，国会已经满足了他的所有要求。他对颁布防卫海军和保护美国商业的措施尤为满意。国会不仅为接近完工的3艘大型护卫舰批准了最终经费，还同意立即购置12艘单桅战舰（每艘配备最多22门火炮）和10艘战船，以确保南部浅海区的安全。6月30日，国会批准建造12艘战舰，7月16日又增加了3艘。国会还为加强港口防御进行拨款，并决定建立大炮铸造工厂。同时，成立了独立的海军部门，负责监管新舰队的建设、维护和运作。6月24日，首任海军部长本杰明·斯托德特（Benjamin Stoddert）就职，他是一名成功的船舶商人，能力出众，判断力过人。针对与法国及其殖民地的所有贸易，国会决定实施禁令，并正式废除之前与法国签订的所有条约。现在，海军舰船已获得授权，可对任何掠夺美国船只的法国军舰进行反击，并收回被其俘获的美国船只。这一措施的范围不仅限于美国沿海水域，还包括西印度群岛以及所有公海地区。商船可以合法武装、抵抗袭击、捕获攻击者，并夺回被俘的美国船只。除了私掠行动外（这实质上等同于宣战），美国的商业船队现在已得到国家有限的海军资源所能提供的最大保护。[28]

因此，国会反对亚当斯的重要提议已不再成为问题。当前最大的困难在于，国会强加给他一些他从未要求的东西，而随着时间的流逝，这个困难越来越难以克服。其中之一是1798年6月和7月的《外侨与煽动叛乱法》（Alien and Sedition Laws）；另一个是在同一时期立法批准的大幅扩军和相应的税收支持。正是这些法律及其后果，导致亚当斯已取得的胜利成果付诸东流。

在远离公共生活多年后，当亚当斯提到《外侨与煽动叛乱法》时，他坚称这些法规并非他的本意，他"从未提议过此类事宜"。尽管他承认，在面对危机时，确实需要采纳类似的措施，这也是他支持这些法律的原因，但他仍然担心，"反对的呼声会犹如飓风般席卷而至，实际上，甚至比我预想的还要猛烈和暴力"。人们或许有理由怀疑，在1798年，无论是约翰·亚当斯还是全力支持他的阿比盖尔，可能都希望看到贝奇和其他反对者因为发表攻击性言论而受到惩罚，尤其是对亚当斯的诋毁。[29]不过，并没有证据显示，打击煽动性言论是亚当斯的主要关注点。作为总统，他更愿意寻求共识而不是进行胁迫。

值得注意的是，国会中的联邦党人在推进这些不光彩的措施时，并不像人们想象的那样坚定不移、团结一致，而且这些法律所获得的优势票数总体上比1798年危机中的任何其他重要立法都要少。这些初步措施最终促成了6月18日签署的《归化法》（Naturalization Act）。这些措施旨在阻止或限制获得美国公民身份的外国人的数量（因为新移民似乎更倾向于支持共和党），并阻止所有在海外出生的人士参加投票或担任公职。后一项提案以2:1的票数被否决，而最终法案的主要条款将入籍所需的居住时长从原来的5年延长到了14年，该法案在众议院和参议院均以一票的微弱优势获得通过。[30]

针对外籍居民和本国公民对政府的批评，联邦党人中最为积极的一些人希望推出一整套简洁而全面的措施，使行政部门可以高效处理来自外籍人士、国民或是各种可疑阴谋和煽动性言论的威胁。这种想法在后续的立法中得到了充分体现。然而，由于艾伯特·加勒廷的巧妙反击策略，以及联邦党人内部的种种疑虑，这些措施的最初形式后续被大幅修改，最后除了新的《归化法》，又出台了不止一部，而是三部法案。

其中最为严密、逻辑最清晰的是7月6日通过的《敌对外侨法》（Alien Enemies Act）。如果不是因为共和党人的坚持，这个法案可能根本不会被通过。它与最初的版本相比有很多改动，在最后阶段，正如一位权威人士所说，它"已实际上成了共和党的措施"。该法案规定在发生战争（仅限于战争或受到入侵）的情况下，总统有权将其认为存在危险的、在美国居住的敌国公民或臣民定为敌对外侨，并根据需要制定逮捕、限制或驱逐的规定。涉及联邦和州法院及执法人员的程序，应依法执行，而不是由总统自行决定。然而，由于未与法国公开宣战，该法从未被实际使用。另外，这是四部法案中唯一作为永久性法规保留下来的法案，其余三部中有两部设定了有效期限，另一部在颁布几年后被废除。[31]

可以说，在所有这些法案中，1798年6月25日颁布的《外侨法》（Alien Act）最为牵强，也最有误导性。不论是在和平时期还是战时，该法均适用，其针对的不仅仅是来自敌国的外国人，还包括可能因各种原因产生不满的外国人。根据这项法案，总统有权驱逐任何他认为"对美国的和平与安全构成威胁"的未归化的外国人，而无须进行公开听证或提出具体理由。如果这些外国人未能在规定时间内离境，他们可能会被判处长达三年的监禁，并永久禁止入籍美国。尽管这些规定显得十分专断且不合理，但与参议院的初稿相比，还是要宽松得多。参议院的初稿只想通过隔离和大规模驱逐，尽可能多地赶走外国人，因为他们中人数最多的是"难以控制的爱尔兰人",这些人具有天生的反抗精神,倾向于亲法立场,并参与美国的共和党政治,而任何类型的外国人大量流入都有可能危及国民性格的纯正性。最初的方案还包括了一个烦琐的登记、监视和个人居留许可制度。只有那些能提供良好过往行为记录的人才有资格获得居留许可,并且居住地受到特定限制。任何人不得"收留、接待或藏匿任何外国人",除非已经提前数日向联邦法官递交了书面通知(这势必对当时本来就不太发达的旅游业造成致命打击)。被驱逐出境后再次返回的外国人,可能面临终身监禁和劳役的处罚。所有这些规定在后续修订中都被删除,这主要是在联邦党的要求下。亚历山大·汉密尔顿在看到法案的早期版本时,大为震惊,甚至觉得他的同僚们肯定是失去理智了。最终法案在众议院以6票优势获得通过。但该法案从一开始就成为一纸空文。亚当斯决定按照最严格的解释执行,但他实际上从未援引过该法案,直到《外侨法》于1800年6月到期,也没有任何外国人依据其条款被驱逐,尽管这部法案的颁布无疑促使了一些人选择自主离境。[32]

1798年7月14日通过的《惩治煽动叛乱法》(Sedition Act)是新法案中最臭名昭著的一项。这项法案带来了深远的影响,自其发布之日起,即在公众中引发了广泛的讨论。正如对美国历史有所了解的人所知的,这项法律规定,发表或出版"任何针对美国政府或美国国会参众两院的不实、诋毁和恶意的文章或著作,旨在诽谤……或使其……受到蔑视或声誉受损……",都将被视为犯罪行为。然而,与某些担心过度的联邦党人最初提议的极端设想相比,这些规定还算是相对温和的。

最初,众议院计划制定一项有关外国人和煽动叛乱的综合性法案,其内容非常详尽,不仅诽谤,甚至威胁要进行诽谤的行为都会受到惩罚;这几乎等同于禁止任何批评联邦政府的言论。但到了6月份,参议院率先提出了关于煽动叛乱的提案,最终的法案基于的也是此提案,而非众议院的版本。参议院提案中的措施极为严苛。发起人是马里兰州的詹姆斯·劳埃德（James Lloyd），他在参议院中是激进派，与众议院的约翰·艾伦持相似的立场。劳埃德的议案不仅涵盖叛国罪，还包括煽动叛乱罪。他提出了一个新观点，认为和平时期也可能存在叛国罪——更确切地说，即便在非战争状态下，也可能有一个"敌人"，这个敌人就是法国，应该明确指出这一点，任何帮助、安慰和支持这个敌人的人都应被处以死刑。该提案中关于煽动叛乱的部分与众议院提案中的内容相似。任何可能让人相信联邦政府出于"违反宪法或损害人民自由和幸福"的动机而制定法律的言论都属于煽动性言论，这几乎涵盖了所有批判性的言论；而"诽谤或贬低"的文章或言论，无论真假，都将受到惩罚。为法国政府辩护的言论也不例外。对此，汉密尔顿再次感到不安，预感会有问题出现。但即使是通常比众议院更为激进的参议院，也对此持保留态度，并不需要汉密尔顿提醒他们审慎行事。他们删除了有关叛国罪的部分和所有提到法国的内容。最后，参议院提交给众议院的法案基本上反映了有关煽动叛乱问题的普通法惯例。[33]

但对众议院而言，这个版本仍然过于严苛。众议院持保留意见，并且又添加了一些限制条款，其中大部分是由联邦党议员提出的。正是由于这些修正案，一位当代的权威学者评论称，1798年的《惩治煽动叛乱法》实质上比当时有关煽动叛乱的普通法更为宽松。根据法案的最终版本，必须证明存在恶意的动机；被控诽谤的言论如果有事实依据，可以用其辩护；法律适用范围中剔除了对联邦法官的批评，只保留了针对国会和总统的批评；另外，还增加了一个附带条款，规定陪审团不仅可以判断事实（和传统做法一样），还可以裁定法律，这意味着他们可以做出有罪或无罪的一般性裁决。南卡罗来纳州的哈珀众议员提出了其中的大部分修正案，他还建议将法律的有效期限定为一年。但这一建议未被采纳,到期日被定为1801年3月3日,即现任政府任期结束的前一天。[34]

但无论该法案是否较为宽松,它也仅以44:41的微弱优势获得通过,而来自波托马克河以南的赞成票数只有4张。[35]这无疑预示着接下来的形势并不乐观。这四部法案并没有增进国家的团结,尤其是这部法案,反而对当时已经形成的团结造成了严重伤害。总而言之,这些法案对约翰·亚当斯来说是非常不利的。

另一件更为严重的不利于亚当斯的事情,是在此期间实施的军事计划。这个计划提议的军队规模远远超过亚当斯要求、期望或他认为必要的规模,而且这支军队实际上将由他最不信任的亚历山大·汉密尔顿指挥。在18世纪末的美国意识形态下,如果不是由于1798年的危机引发公众的强烈反应,建立如此庞大的军队是难以想象的。即便是在这场危机中,也令人难以置信。军队的概念远远超越了当前的危机;它在全体民众心中具有极其重要的意义;其直接的历史渊源至少可以追溯到独立战争结束之时。

1783年,由亚历山大·汉密尔顿担任主席的大陆会议军事委员会提交了首份和平时期的军队计划,其中规定,军队将由邦联政府而不是几个州控制。计划包括建立一支人数略超过3000人的正规军,还有一个规模更大的辅助军团,该军团介于正规军和民兵之间,结合了两者的一些优点。辅助军团将作为精锐的后备部队,在易于集结的城市和城镇招募,招募对象为原本有服民兵役的义务的人,现自愿服役8年,每年接受26天的训练。该军团将由邦联政府提供装备、薪资和日常管理,在发生战争或外敌入侵时被征召入伍。(这是1798年"临时军队"的前身。)整个计划实际上非常有创意,根据它的构想,一旦遇到敌对行动，正规部队至少可以立即增加一倍，作为对各州民兵力量的补充。这就意味着，在紧急情况下可以不再完全依赖各州民兵，尽管在这方面还有进一步改革和提高效率的可能性。[36]

但这项计划最终未能实施。邦联的税收长期受到征用制度的阻碍，沿海的各州也不愿意承担边疆的防卫费用，而和平时期军队存在的主要理由就是边疆防卫。实际上，军费开支占了整个预算的40%以上。还有其他一些原因，比如对中央集权的长期反感。[37]但更多的是出于一个根本原因。那就是18世纪欧洲传统常备军留下的可怕阴影：从社会底层征募的普通士兵，由傲慢专横的贵族军官指挥，无论到何处都成为残暴的祸患，完全为专制统治服务。在有关17世纪末和18世纪英国乡村党反对势力的文献中，对常备军的厌恶情绪被广泛提及。而在美洲殖民地，如洛伊斯·施沃雷尔（Lois Schwoerer）所指出的，这种情绪"几乎被认为是每一位政治领袖都具有的"。[38]尤其是18世纪70年代与英国驻军打过交道的新英格兰人，对这个问题特别敏感。在埃尔布里奇·格里的领导下，新英格兰议员成为反对1783年计划的主力。在格里的鼓动下，马萨诸塞州普通法院指示该州国会议员"坚决反对并采取一切方式和手段……阻止在和平时期出于任何理由组建任何规模的常备军"。鉴于边疆的动荡局势仍然需要某种形式的武装力量，邦联政府不得不组建一支700人左右、定义不明确的"军队"。但这些士兵并不完全由邦联政府控制，因为他们是由4个相关州从民兵中挑选出来的，服役期为12个月。[39]

联邦宪法理论上赋予了政府在和平时期建立常备军的权限，并且未对政府指挥军队设定任何限制。这是经过激烈的辩论后达成的，而"常备军"这一议题是制宪会议及之后的主要争议点。尽管有理论上的授权，但这并不意味着在实际操作中可以顺利实施。由于军队经费需要国会每两年审议一次，这就意味着军队的规模会受到国会意图的制约。至今，还没有人大胆提议组建一支大型的正规军，更不用说建立一支标准规模的"常备军"了。因此，当国家面临紧急情况时，仍然要依赖于民兵和临时征兵。实际上，美国军队在联邦共和国成立之初的几年里，与邦联时期相比没有太大变化。到了1790年，犹豫不决的华盛顿政府开始不情愿地对西北部的印第安人采取军事手段，当时哈马尔和圣克莱尔率领的军队主要由各州民兵组成。[40]

直到1791年11月圣克莱尔惨败后，政府才决定将正规军扩充至1500人，以应对西北地区的紧张局势，也只有在这种情况下，才最终说服国会批准这一计划。在安东尼·韦恩的有力领导下，军队进行了内部重组，改编为边疆"军团"，这是一个重大进步，而韦恩1794年在伐木之战中取得的最终成功显然证明了这一点。然而，事实仍然是，自独立战争结束以来，除非迫于危机，在极不情愿的情况下不得不做出调整，否则军事政策很难取得任何进展。此外，在韦恩获胜后，国会中依然有声音想要大幅缩减，甚至解散这支部队。华盛顿政府成功地顶住了这些压力，终于在1796年通过一项法案，该法案确立了在和平时期建立军队的原则，授权建立一支规模略超过3000人的正规军。但这个原则本质上是很有限的。军队主要被视为一支治安部队，分散部署在边疆地区的各个哨所，远离国民生活的主要中心和主流社会，而且正规军的基本架构和任务在整个19世纪都没有什么变化。[41]

与此同时，1783年委员会报告中的另一个目标——在紧急时刻迅速扩充正规军，而不是仅仅依赖州民兵——仍然没有实现。在1794年的危机期间，面对与英国可能爆发战争的风险，西奥多·塞奇威克再次提出组建后备部队的想法。然而，与英国这一传统对手相比，人们对于常备军的持久威胁更为担忧。麦迪逊在与杰斐逊的通信中明确表示，这一想法"比我预期的更容易被扼杀……"。[42]1797年，在与法国的冲突初期，再度出现类似的提议。除了两国的外交摩擦和法国的海上劫掠行为，维克多·科洛将军的秘密活动也引起了人们对法国在密西西比河流域有所图谋的担忧。甚至一向头脑冷静的约翰·昆西·亚当斯也确信，法国计划派遣军队入侵并分裂美国的西部，然后在当地不满政府的美国人的帮助下，成立一个附属国，就像欧洲正在建立的共和国一样。在可能受到入侵的威胁之下，威廉·史密斯再次提议组建一支2万人的临时军队以备战，并增加骑兵和炮兵来加强正规军的实力，但这次努力仍无结果。这就是"XYZ事件"曝光时的背景。[43]

在1798年春夏之际的特殊气氛下，最不寻常的事情莫过于国会批准建立一支规模庞大的军队，这在几个月前几乎没有人认为是可能发生的事情。正规军得到了一支由1.2万人组成的"补充部队"的增援，以及一支1万人的"临时军队"，将由总统在实际发生战争或遭到外部入侵，或面临"迫在眉睫的入侵威胁"时调动。[44]从一方面看，这样的规模远远超出了亚当斯本人的初衷。但另一方面，与亚历山大·汉密尔顿年初的预期（体现在麦克亨利回复总统的信中）或是联邦党领袖于5月、6月和7月在国会的提议相比，其规模、形式和重点都有很大差距。这不禁令人产生疑问：为什么最终的立法与亚当斯对于军事需求的预期存在如此巨大的差异，尤其考虑到其中的一项法案还获得了绝大多数共和党人的支持？而汉密尔顿建议的建立大规模临时军队的方案，最后的结果如何呢？

无论其他人（包括他自己的儿子）的观点是什么，约翰·亚当斯一直坚信法国不会派兵入侵美国。"法国从哪里调集船只把3万人运到美国？我们现在的人口已是1775年的两倍。我们的军事实力是过去的4倍，战争装备是过去的8倍。就算这3万人来这里又能如何？"[45]他在一年前曾呼吁加强防御措施，并详细论述了海军装备的必要性，但他只简要提及了扩充军队，目的是在受到攻击时防守港口。1798年4月，他让麦克亨利向国会提交了一份报告，但并未进一步阐明这个问题。汉密尔顿主张建立一支规模2万人的正规军和一支3万人的临时军队；而亚当斯除了他的海军计划外，建议在正规军中增加3个团，以及建立一支"在紧急情况下"可以调动的临时军队。他并没有将这支临时军队看得太重，因此对于其具体人数也不太关心，因为他没打算真正动用这支军队。[46]即使在那个夏天回复信件时，他充满战争热情的言辞中也没有提及陆地战场的辉煌。他在其中一篇回复中说："那么，我的年轻朋友们，拿起武器吧，尤其是在海上……"到了9月份，他的观点更为明确。他在另一篇回复中写道："浮动炮台和木墙，是我在过去23年里最钟爱的战争和防御方式。我几乎从未在这个信念上有所动摇。"[47]

夏初时节，联邦党及公众对战争的情绪愈加高涨。现在许多联邦党的领导人已开始支持对法宣战。然而，尽管联邦党内部都赞成采取有力的防御措施，但一些人对主动发起战争仍有保留意见。一部分人认为，即使美国不主动进攻，法国也会推动事态升级到那个地步；有的人则担心舆论还没有准备好；甚至还有人认为仍有可能完全避免战争。6月17日，约翰·马歇尔抵达纽约，两天后在费城受到英雄般的欢迎。尽管他获得了许多赞誉，并在答谢时呼吁大家支持总统的备战计划，但他并没有发表任何鼓吹战争的言论。当新泽西的民兵军官委员会向他保证，他们决心"用刀剑来实现那些温和的谈判手段无法确保的受损权益"时，他回应说，"在诉诸刀剑之前，应该尽一切体面的手段来避免战争"。马歇尔仍然不相信法国真的想要发动战争，尽管一些联邦党人试图曲解他的观点。杰斐逊对麦迪逊说："我觉得，他对党内同僚们的支持不够热忱。"[48]

如前所述，汉密尔顿也不支持轻易采取军事行动。"我们真的应该宣战吗？不——只要还有避免全面冲突的机会，我们就应该把握。未来的失败可能会让现在的专制君主恢复理智。"为最坏的情况做好准备，在"有限的、缓和的战争状态下，根据法国是否决定全面升级冲突"，在海上迎击他们的入侵。尽管汉密尔顿预感到战争的逼近——甚至可能期待它的到来，不过这是后话了——但他希望是法国主动挑起战争，而且实际上他也从未主张过立即宣战。约翰·杰伊以其一贯的谨慎态度，认为"目前不宜宣战，因为我认为民众还没有为此做好充分准备"。[49]

7月初，联邦党内的激进派推动宣战的议程似乎达到了高潮，随后势头有所减退。在1日或2日召开的党团会议上，来自康涅狄格州的约书亚·科伊特（Joshua Coit）和马萨诸塞州的塞缪尔·休厄尔（Samuel Sewall）等联邦党温和派认为，激进派没有足够的支持票数，并成功地说服了他们。尽管如此，约翰·艾伦决意继续推进这一议程，而他在7月5日提出的议案正是对此的一次考验。他提议，"成立一个委员会，审议是否有必要通过立法正式宣布美国和法兰西共和国之间的现状和关系"。第二天，该议案被否决，而且没有进行唱名表决。因此，尽管一些联邦党人假装相信民意对宣战议程的支持远远超过国会，但整个国会似乎并不这么认为。[50]尽管费舍尔·埃姆斯对皮克林的"迟钝和犹豫不决"表示理解，但他也暗示，正式宣战可能不明智，因为这会引起"分歧"。最好是"就像处于战争中一样"制定措施，但不要直言不讳地说出来。"实施战争行为，但称之为防御措施……"[51]

至于亚当斯本人对这一问题的立场，在某种程度上，似乎与费舍尔·埃姆斯较为接近。如果人民代表决定宣战，那再好不过，这将是迄今民族团结最强烈的展现。而且有证据显示——如果他妻子的观点能反映他自己的某些观点——亚当斯将对这种团结感到非常满意。阿比盖尔·亚当斯在国会即将休会时写信给儿子说，"还差一样东西……毫无疑问，应该宣战"。她在给妹妹的信中写道："既然决心已下，为什么还要在名义上犹豫不决……？"[52]然而，如果说亚当斯本人对国会发表的声明持欢迎态度——他无疑就是这么做的，那么他亲自呼吁发动战争则是另一回事。如果他"决心已下"，为什么还要因"名义"而冒破坏团结的风险呢？在海军方面，已经采取了所有必要措施，没有其他需要做的事情了；护卫舰已经入水，7月初，一艘美国战舰在新泽西海域俘获了一艘法国私掠船，海上局部的敌对行动已经开始。[53]无论是否正式宣战，约翰·亚当斯始终认为战争应以海军行动为主导。正是这一点使他有别于包括费舍尔·埃姆斯在内的联邦党人的主流观点。同样，如果正式宣战，无论多么激动人心，无论由谁发起，都必然会让人们更加关注陆军问题。这几乎肯定会引发问题。团结、团结、平衡、平衡：如何解决这些问题？当然，一种选择是收拾行李返回昆西。但在此之前，问题已经开始酝酿。

在共和党中，没有人支持宣战，反对常备军的情绪一直都很强烈。这种情绪在每次关于增加军事力量的辩论中都会呈现。但还有一个因素也影响了这些辩论的结果，同时它也是联邦党1798年在南方各州的选举中获胜的重要原因。这就是许多南方议员越来越担忧：法国人可能会从圣多明各出发，带领杜桑·卢维杜尔（Toussaint Louverture）的黑人军队或恶名昭彰的维克托·于格（Victor Hugues，督政府在西印度群岛的劫掠者）的部队，入侵南部沿海地区，目的是煽动奴隶反抗。南卡罗来纳州的罗伯特·古德洛·哈珀在关于军事行动的演说中充分利用了这种担忧。[54]

国会就两项涉及军事的重要议案进行了辩论，并分别于5月和7月将其颁布为法案。第一个法案的最终结果让那些希望建立一支庞大军队的人大失所望。4月23日，参议院通过了一项议案，批准组建一支2万人的临时军队，总统可以在"他认为公共安全需要时"（也就是说，根据他的判断）征召这支军队；他还可以接受个人自备武器组建的连队为国家效力。第二天，该法案被提交到众议院时，遭到了强烈反对。

宪法虽然赋予国会组建军队的权力，但并未给予总统如此强大的权力。这将成为建立常备军的第一步。至于志愿兵连队，这些精锐部队将从"特定的公民阶层，如商人、律师等中"挑选，并由总统调遣（换句话说，他们肯定都是联邦党人）。艾伯特·加勒廷质问，有什么安全保障能够确保这支军队"不会被用于危险目的"？这不禁让人联想到五年前皮特在英国开展的反颠覆运动："警报系统……每天都会提出各种动议，散布对想象中危险的恐惧；今天提出关于外国人的法案，明天……又提出违宪的煽动法案……批准一部分人组织军事协会，以打压社会上其他所谓的不满声音。"最后，任何入侵的危险都可以由民兵来应对。民兵被视为"一种完全有效的支持手段，而无须依赖常备军"。[55]

最终法案于5月18日以51票赞成、40票反对获得通过。尽管法案保留了志愿兵连队并仍授权组建临时军队，但将临时军队的规模缩减了一半。同时，法案规定，总统只有在其他国家对美国宣战或存在实际或即将发生的入侵威胁时，才能在"国会下一届会议开始之前"的这段时间内组建临时军队。[56]因此，该法案的实际有效期不到7个月。

但在随后的6个星期中，有关入侵的谣言和公众恐慌不断升级，南方各州的舆论强烈呼吁加强军事防御，这种呼声显然不能被置之不理。随着全民爱国日的临近，加上联邦党人对战争的鼓动，罗伯特·哈珀于7月3日决定再次提议，试图建立一支他与盟友认为完全适当的军队。哈珀希望将临时军队的人数增加到5万人，其中1.25万人应立即动员。虽然最终通过的法案与哈珀的议案有很大出入，但它是在共和党的合作下制定的，并于7月9日在共和党的大力支持下以60∶11的票数获得通过。临时军队的规模维持在之前法案中的水平，但正规军增加了12个新兵团和6个轻骑兵部队，并马上开始组建。这个将重心从临时军队转向正规军的建议是由马里兰州的共和党温和派塞缪尔·史密斯提出的，并得到了艾伯特·加勒廷的支持。为什么共和党人会认为这样更可取呢？因为在他们看来，哈珀的提议就像是一张赋予总统不受控制的权力的支票，总统可以随意调用、无限扩充这支庞大的军队，而新方案则是建立一支由国会明确规定和控制的固定规模的军队。[57]而且，这并不完全是正规军，只是为了应对当前的紧急情况而征召的。鉴于南方民众情绪高涨，共和党人不得不对此加以考虑。以上就是此次投票背后的考虑因素。国会在一个星期后休会。

作为名义上的局外人生活三年多之后，亚历山大·汉密尔顿现在再次逐渐回到国家大事的核心位置。虽然国会刚刚通过的法案并不完全符合汉密尔顿最初的设想，但这已足以为他长期渴望的目标——为美国建立一支令人尊敬的武装力量——奠定坚实基础。他打算亲自参与这个过程，实际上，几乎从关于"XYZ事件"的报告抵达的那刻起，他就开始构想军队的具体形态。诚然，扩充的军队现在只被授权在"美国和法兰西共和国之间现有分歧的持续期间"存在。尽管汉密尔顿非常谨慎地避免直接提议宣战，但他似乎预计这些"分歧"将会持续一段时间，从而为建立这支军队提供足够的时间，也许军队规模还会进一步扩大，无论如何，都将明确展现其作为国家实力强大工具的重要价值。

虽然这是他为自己设想的一个新角色，但却仍然是我们所熟知的那个汉密尔顿。他再次成为伟大的预言者，自认为能够洞悉全局，无论遇到任何困难，他坚信自己比其他任何人都更有能力预见所有突发事件、处理各种细节并预测所有结果。表面上，他还是一位普通公民，自1795年1月从财政部离职后，他一直在纽约从事律师职业，养活一个大家庭。但他精力充沛。在费城和其他地方的联邦党领导层中，他仍然拥有巨大的影响力，人们都非常尊重他的意见。而且，他已经开始采取行动了。3月30日至4月21日期间，他为纽约的一家报纸撰写了一系列文章，生动地揭示了法国的帝国野心，法国对荷兰、热那亚、威尼斯和瑞士的征服，以及占领路易斯安那和西班牙在新大陆的其他殖民地并分裂美国的计划。约翰·杰伊州长希望任命汉密尔顿填补参议院的一个空缺职位，并于4月19日写信，希望他接受此任命。但汉密尔顿有更崇高的理想。"也许会有一场危机，届时我可能需要再次为公共的召唤而牺牲家庭的利益。"[58]

5月及6月初，汉密尔顿主动发起与华盛顿的书信往来，在这个过程中，汉密尔顿明确表达了他所说的那种召唤。5月19日，他在给华盛顿的信中写道，在"当前公共事务的危急时刻"，"人们会自然而然地期待您的领导"，同时提醒华盛顿"如果与法国爆发公开冲突，民众将再次呼吁您指挥国家军队……"。他写道，当然，所有人都"不希望再次打扰您应享有的宁静退休生活——然而，与我交流过的所有人都认为，您可能需要做出这样的牺牲"。华盛顿在回复中持有谨慎态度。他承认自己对"法国对美国的无耻行径"以及"国内的法国派助长了法国的阴谋"感到关切。但他怀疑，尽管法国人"有能力做任何坏事"，但一旦他们看到"这个国家准备奋起抵抗的精神和政策"，他们是否还会发动"强大的入侵"？他很珍惜自己宁静的退休时光，但如果形势迫使他别无选择，他肯定希望提前了解"谁将成为我的助手，以及如果要诉诸武力，你是否愿意积极参与"。[59]

汉密尔顿立即做出明确的回应。他表示，得知华盛顿在危急时刻愿意再次挺身而出为国效力，他深感欣慰。"只有您能在这种关键时刻凝聚公众的信心……"至于自己，汉密尔顿直接进入主题。"如有适合我的职位，能让我为国家贡献的服务与所做的牺牲相匹配——我愿意加入军队。如果在您的领导下，我觉得能最大程度发挥我的才能的职务是有指挥权的监察长。我愿意承担这样的角色。"他深信，"您可以召集所有优秀的前任官员，而且您的选择将确立行政部门的方向。通过明智而谨慎的选择，我们完全可以组建一支出色的军队"。⁶⁰汉密尔顿有意亲自组织这支军队。在短短四个月内，尽管面对总统的坚决反对，他还是实现了自己的愿望。

汉密尔顿无须多费口舌就得到了内阁的支持。当英国战舰"忒提斯号"（Thetis）在查尔斯顿干扰美国的商船时，汉密尔顿写信给皮克林，建议派出一艘美国护卫舰制止这一行为。他认为美国应该"以同样的态度对待法国和英国，展现决心和勇气"。他坦言，"如果不能看到所有的牌，是无法做出准确判断的"，但他仍然会"以同样的态度对待英法两国"，这样，"我们的公民将热情地团结在政府周围。这表明我们既不是希腊人，也不是特洛伊人"*。皮克林对可能与英国对抗的想法感到不安，他在回信中暗示，这一纷争源于不诚实的美国商人为了供应西印度群岛的法国人而伪造货物信息，但他很快将话题转移到军事事务上。他的结论具有重要意义：

> 我希望您不仅能"看到所有的牌"，而且还能妥善利用它们；我愿意无保留地与您分享我的牌；我也愿意与您并肩参与其他任何游戏，我们会在同一阵线，共同迈向胜利。

皮克林这里所说的"游戏"是指汉密尔顿在新组建的美国军队中具有实权，地位仅次于华盛顿本人。⁶¹

至少在由华盛顿担任即将组建的军队的指挥官这一问题上，总统和他所有的顾问之间都没有任何分歧。实际上，亚当斯在7月2日就提名华盛顿为"所有现有及将来组建的美国军队的中将和总司令"，这一提名立即得到了确认，当时甚至还没有收到华盛顿同意此项任命的回

---

* "既不是希腊人，也不是特洛伊人"的意思是不偏向任何一方。

复（正式任命被庄重地安排在美国的国庆日——7月4日）。[62]但核心的疑问是：华盛顿的主要下属是谁？他们的级别如何分配？尤其是，当第一指挥官华盛顿缺席时，谁将作为第二指挥官代替他？这些问题直到9月底才得到解决。在此期间，事件的发展和时间线充斥着政治纷争，约翰·亚当斯对此深感不满，并且这些问题错综复杂，需要深思熟虑。

7月6日，皮克林直言不讳地写信给华盛顿，表示总统"似乎不太情愿""让汉密尔顿上校担任我们认为他最适合也是他唯一会考虑的职位，即作为您的副手，在您缺席时代理总指挥官"。皮克林进一步指出，如果"由于某些原因您无法亲自指挥军队，而且您不打算将指挥权交给汉密尔顿上校，那么，我先前的判断真的是大错特错了"。皮克林希望，不管是哪种情况，华盛顿都能发挥影响力，确保做出正确的决策，并提到麦克亨利即将带着华盛顿的委任书前往弗农山庄。[63]

但是，华盛顿从不喜欢在他人的催促下草率做出决策或表达意见。在7月11日麦克亨利到达之前，他给麦克亨利、亚当斯和皮克林写了几封措辞审慎的信。他对麦克亨利重申了之前告诉汉密尔顿的观点，即"尽管法国的督政府失去了理智和节制"，但他并不认为他们会愚蠢地发动"大规模入侵"。但如果他们真的入侵，或威胁要这样做，而他的"衰老"不被视为障碍的话，"我将随时准备提供我力所能及的一切服务来抵御……"。他对亚当斯说了同样的话，然后委婉但明确地指出，新军队的将领应该由那些曾在独立战争中服役过的最优秀军官组成，"不论他们的军衔如何"，他们应该是"总司令完全信任的人"。到目前为止，他还没有提到任何具体的名字。不过，他和皮克林讨论了"你所说的那位先生的能力和适合度"。在这个问题上，华盛顿没有任何犹豫，同意"几乎不惜任何代价也要确保他的服务"。但他和总统一样，都认为皮克林的建议难以实施。在独立战争结束时，汉密尔顿的军衔远远低于查尔斯·科茨沃思·平克尼，华盛顿认为，平克尼现在或许不太愿意成为汉密尔顿的下属。"如果法国人真的那么疯狂"，有意入侵美国，他们将"从南方开始"。华盛顿认为，在这种情况下，"像平克尼这样有影响力的人物"在军队中是不可或缺的。[64]

在出发前，性格温和的麦克亨利似乎得到了某些更有策略和决断力的人的建议，这让他能够至少在一定程度上缓解华盛顿对于国家是否会选择汉密尔顿作为副将，以及平克尼是否愿意在汉密尔顿领导下任职的担忧。华盛顿希望麦克亨利在写给亚当斯总统的信中提到，他已经送达了将军的委任状，并希望将军提供"一个他认为最适合的机要助手名单。如果缺少这些人，我担心他可能不会接受任命"。华盛顿列出的名单开头是三个名字，这三人是由新法案批准的少将职位的人选：亚历山大·汉密尔顿，查尔斯·科茨沃思·平克尼和亨利·诺克斯。华盛顿列出了这样的顺序，但他并没有说总统不能改变这个顺序。[65]

与此同时，汉密尔顿向皮克林表示，"如果有需要的话"，他愿意在诺克斯的领导下工作，但他认为自己的地位不应该低于平克尼。关于诺克斯的问题，皮克林向汉密尔顿保证："从来没有人这样想过。"实际上华盛顿也持同样的看法，他说他自己把诺克斯（"我深爱和尊敬的人"）排在了汉密尔顿和平克尼之后。真正的难题在于平克尼。华盛顿试图向汉密尔顿解释他的两难处境："我希望把你放在第一位，但又担心失去平克尼。"然后，一向谨慎的华盛顿回过神来，补充道："不过……最终，这要取决于总统的意愿。"[66]

汉密尔顿离他心中的愿望更近了一步，诺克斯似乎不再是个障碍，同时，他觉得华盛顿的暗示不够强烈，不足以让他主动为平克尼退让，因此他没有这样做。与此同时，华盛顿为了消除对平克尼的顾虑（后来的事实证明，他完全不必担心，因为平克尼在10月从法国回来后，就立即向麦克亨利表示，他乐意在汉密尔顿领导下工作），并确保自己对汉密尔顿的个人偏爱不会遇到太多问题，进一步采取了行动。他给诺克斯写了一封言辞委婉的信，希望诺克斯考虑接受其中一个少将的职位。他谨慎地解释道，他的名单上有"汉密尔顿上校、查尔斯·科茨沃思·平克尼将军和你。其中的第一位，在公众心目中，据我了解，已被视为首选的副指挥官；我承认，对此我有一些顾虑；但我也必须坦言，我不知道在哪里还能找到更合适的人选"。诺克斯充满"深情"地打开了这封来自老首长的信，但读完信后却感到"震惊"，最后陷入了失落和痛苦中。[67]

然而，对约翰·亚当斯而言，亚历山大·汉密尔顿是最不可能担任第二指挥官或相近职位的人选。当皮克林首次提及这个想法时，亚当斯断然反对："哦，不，这个职位还远远轮不到他。我宁愿选择盖茨、林肯或摩根。"（当皮克林提到摩根"健康状况欠佳"、盖茨像个"老太太"、林肯"总是昏昏欲睡"时，亚当斯迅速地终止了这场讨论。）7月17日，当麦克亨利带着华盛顿的推荐名单从弗农山庄返回后，亚当斯表示反对，认为汉密尔顿的名字不应该排在这么高的位置，而平克尼也不应该排在诺克斯之前。次日，亚当斯在准备提名时仍然心烦意乱。麦克亨利提议，"如果对名单顺序不满意，可以提交给军官委员会或总司令进行审议并做决定"。最终，亚当斯还是按照华盛顿建议的顺序提交了名单。之后，他于7月25日前往昆西。[68]

但亚当斯离开时并未签署任何委任状，而只要委任状上没有日期，职位的级别就没有最终确定。尽管如此，皮克林和其他人都认为级别问题现在已基本明确，华盛顿似乎也持同样看法。大家都清楚，华盛顿并不打算深入参与新军队的组建，除非绝对必要，因此，第二指挥官的人选尤为关键。但亚当斯在离开时决意已定：不能任命汉密尔顿担任这一职务，而应选择诺克斯。[69]

尽管内阁和华盛顿本人都还没有察觉亚当斯的固执已见，但他们已经做出了不同的决定。面对诺克斯的遗憾，华盛顿深情而坚决地回复道，虽然他非常希望同时得到诺克斯和汉密尔顿的协助，"但国会的联邦党议员已确定汉密尔顿上校为第二指挥官，如果我拒绝接受任命，汉密尔顿就会成为第一指挥官；这个决策确实反映了公众的情感"。尽管华盛顿在一定程度上推卸了责任，但面前的所有证据都证实了他的期望：任命汉密尔顿作为他的首席副将不会遇到任何合理的障碍。[70]

汉密尔顿的支持者希望，麦克亨利再给亚当斯发一封信，施加压力，进而推动此事得到解决。战争部长能立即征召汉密尔顿和诺克斯吗？（由于委任状还没有准备好，这实际上是在迫使亚当斯尽快做出决策。）然而，亚当斯反驳了这一逻辑，回复说，这样做"会有麻烦，除非级别问题得到解决"。他坚称，"按照法律，诺克斯将军的职位应仅次于华盛顿将军，其他任何安排都不会令人满意"。他补充说，平克尼也"应排在汉密尔顿之前"。如果诺克斯的排名低于另外两人中的任何一个，那么新英格兰地区的各州将"难以接受这一针对它们的侮辱"。麦克亨利则进一步施压，提醒亚当斯之前已经确定的提名顺序，这令亚当斯大为恼火（当时阿比盖尔的健康状况相当危急，这已经让他的情绪高度紧张）。他愤怒地回复麦克亨利，称提名的顺序并不重要，它不能决定级别问题，"在同一天任命的军官，无论提名顺序如何，都应根据其过往的服务经历来决定级别"。他坚持行政部门的权力，并明确表示，无论相关人员之间是否达成一致，这个问题的最终决策权在他，"届时我会坚持现在的决定：先是诺克斯，然后是平克尼，最后才是汉密尔顿"。最后，他生气地补充道："在这个问题上，围绕着华盛顿将军和我已经发生了太多的密谋……"[71]

然而，在这些特定情况下，行使行政权力并非那么简单。虽然麦克亨利同意按照亚当斯的指令签发委任状，但他感到受到伤害，抗议说，他没有参与任何幕后操作，"如果您还是不信任我，我可以立即辞职，因为这个职位需要总统和任职者之间完全相互信任"。亚当斯自以为已经赢得了这场斗争，因此心态变得宽容一些了。"好了，都过去了。"他的实际意思是："如今问题已经得到解决，责任由我承担。我对你在这件事上的行为没有什么不满，希望你能释怀。"[72]

但问题并没有得到解决。汉密尔顿已明确表示，他根本不会在这些条件下就职；诺克斯也无法接受自己的级别低于汉密尔顿或平克尼；华盛顿则很快会暗示，如果纷争继续，他会辞职；麦克亨利已经表达了辞职的意愿；而亚当斯本人也曾暗示可能辞职。为了（有选择性地）阻止这一辞职潮的发生，内阁开始紧张忙碌地工作。内阁的首要之务是振奋华盛顿的精神，并让亚当斯恢复理智。[73]

到目前为止，在亚当斯所抱怨的"幕后操作"中，奥利弗·沃尔科特的参与最不明显，因此他被指定承担说服的任务。沃尔科特在9月17日写了一封信，这封信更像是一份经过深思熟虑和协商的官方文件。在信中，他首先详细描述了华盛顿提名汉密尔顿、平克尼和诺克斯的背景情况，以及参议院随后的确认过程，所有这些都是出于汉密尔顿将担任第二指挥官的预期。他还指出，华盛顿暗示的顾虑仅限于平克尼，而不涉及诺克斯，这一点与他对诺克斯的个人感情无关。诺克斯基于独立战争时期的军衔提出自己的要求，但当时大陆会议制定的规则中并没有任何条款适用于当前的情况。沃尔科特进一步阐述，一旦华盛顿同意出任指挥官，"所有理智的人都会希望，华盛顿的合理愿望得到尊重"。至于新英格兰的各州可能会坚持支持诺克斯，总统无须过于担忧，因为"即使在马萨诸塞州，诺克斯将军也没有很多声望；在其他各州，他的影响力更为有限"（这一观点，再加上华盛顿认为诺克斯不够资格的看法，将成为一个难以避开的棘手问题）。最后，如果总统试图保持一致性，并在所有情况下都遵循旧军队的先例，他就会发现"根据军官实际功绩分配军衔是完全不可能的"。[74]

亚当斯最终陷入了困境，他也知道这一点。他准备最后进行一次个人反抗。他并不认为华盛顿一开始就倾向于汉密尔顿，至于他自己的观点——

> 如果我同意任命汉密尔顿为第二指挥官，我会认为这是我一生中要负最大责任的决策，也是最难证明其合理性的决策。汉密尔顿并非在美国本土出生，而是一名外国人，我相信，他在北美居住的时间不会比艾伯特·加勒廷长，至少不会长太久。他在旧军队中的军衔较低。他在党派中的声誉可以与约翰·卡尔文（John Calvin）相提并论——
>
> "有人视卡尔文为天堂之魂，
> 而其他人则视他为地狱之器。"
>
> 我知道，即使在马萨诸塞州，诺克斯的声望也不显赫。而我也知道，汉密尔顿在美国任何地方都不受欢迎。

但这都只是牢骚而已；人们对亚当斯是否真的打算发出这样一封信持怀疑态度。无论如何，他还是把这封信留了下来，只是在9月30日给麦克亨利写了一封简短的信："随函附上已签署的三位将军的委任状，签署日期为同一天。"[75]

包括查尔斯·弗朗西斯·亚当斯（Charles Francis Adams）在内的许多历史学家倾向于认为，华盛顿对亚当斯所受到的屈辱不负有主要责任，这更多是因为亚当斯内阁的幕后操作。从表面上看，这种观点似乎是合理的，但也仅仅是表面上。几乎所有人都联合起来反对亚当斯，其中也包括华盛顿。如果没有华盛顿的影响力——无论是直接、间接还是潜在的影响力,那么,这些将军的排名顺序,甚至他们的名字能否出现在名单中,可能都会有所不同。华盛顿在收到麦克亨利与亚当斯的通信记录后,给总统写了一封极为威严的信,这封信于10月8日送达昆西。在信中,华盛顿提醒亚当斯,任命他为指挥官时,并未事先征询他的意见或给他机会说明接受任命的条件,因此他只能事后才说明。尽管如此,他还是表明了自己的立场,并认为自己的意愿已经表达得非常明确。最后,他以极为克制的语气写道,请"告知您是否最终决定调整三位少将的排名……"。[76]实际上,亚当斯在两周前就已经决定忍受这一切,并通过签发委任状的方式付诸了行动。为了维护自己仅存的尊严,亚当斯硬着头皮回复,他以为华盛顿已经知晓了关于签署委任状的事宜,并表示,如果有任何进一步的争议,"我当然会向您报告……如果有人仍然固执地不服从总司令的决定,我会坚决支持您的决定"。[77]美国总统处于下风;他不得不向更高的道德权威屈服;但他不会轻易忘记这一切。

亚历山大·汉密尔顿现在拥有了他的军队。如果从实际情况来看,他可能确实有资格领导这支军队,因为如果需要组织一支军队,汉密尔顿无疑比其他人更能胜任。但问题是,首先,确实有必要组建这样的军队吗?其次,这支军队的用途是什么?虽然汉密尔顿组建军队的行动将不会受到总统的公开干涉,但也得不到总统的任何帮助。10月中旬,麦克亨利表示,希望总统能返回费城,以加快军队的组建进程,但亚当斯回复说,由于他妻子的健康状况,他无法做到这一点。亚当斯还补充道,军队"在任何地方都是昂贵的,但在这个国家比其他任何地方的成本都要高"。而军队的目的是什么呢?"目前在这里看到法国军队的可能性,和在天堂看到他们的一样,都是微乎其微的。"[78]

亚当斯感到受辱,因为他在军事问题上的自主权受到了严重限制,而这标志着他总体观点和意图的一个明显转折点。这一转变恰逢他开始重新思考对法国的政策方向之际，两者几乎是同步发生的。早在6月，他在致国会的信中就已经强调："除非能确保我国公使以一个伟大、自由、强盛且独立的国家的代表身份得到接待、受到尊重并获得荣誉，否则我不会再向法国派遣新的公使。"[79]但在此期间，由于亚当斯原本以为是其下属及支持者的一些人的某些行为，他的想法在10月初发生了一些变化。他开始愿意接受表明法国对美国的态度已发生变化的证据，哪怕这些证据看起来微不足道。

同时，大多数联邦党领袖在这个问题上的想法已经不再有太多灵活性。他们刚刚做出承诺，如果要与法国达成和解，就必须放弃这些承诺。或者更确切地说，他们深信，在目前的情况下根本不可能实现稳定的和平。这种观点当然有其合理之处。法国人为什么要停止在双方可能的进一步外交活动中继续操弄美国人，正如他们在过去两年甚至更长时间里一直做的那样，即一方面以更为狡猾的方式轻蔑地对待美国，另一方面继续进行掠夺，直至强大的武力和坚定的态度最终使他们恢复理智？这些联邦党人已意识到，他们不可能一边拥有自己的军队，一边再向法国派遣新的使团；实际上，这两者是互相排斥的。他们现在已全力支持军队，对于任何可能让他们改变策略的信息，他们必然持敌视态度。此外，他们逐渐清楚地认识到，总统显然并未全力支持他们，而且正在成为他们最大的担忧。因此，在接下来的几个月里，每当亚当斯试图改变政策，都会遭到内阁的强烈反对。在这种背景下，当亚当斯终于在1799年2月决定任命新的驻法公使时，整个联邦党阵营都为之震惊和愤怒。

埃尔布里奇·格里的情况就生动地反映了这两种对立态度的相互作用。1798年10月1日，格里从法国返回美国时，受到波士顿联邦党人的普遍冷落。不过，当格里在10月4日骑马前往昆西拜访总统并向他汇报在巴黎的经历时（仅仅四天前，亚当斯就汉密尔顿的委任状向麦克亨利做出了让步），他发现总统表现出浓厚的兴趣，尤其是对马歇尔和平克尼离开后他与塔列朗之间的交往情况。[80]如果在几周前，亚当斯是否会有这样的反应令人存疑。

6月初，有消息传回美国，称格里在使团中制造了分歧并单独留在了巴黎。听到这个消息时，亚当斯和其他人一样感到愤怒。事实上，这也是他突然决定不再派遣公使的原因之一。6月4日，阿比盖尔·亚当斯写信给她的表亲说："总统感到非常沮丧，但目前还没有发表任何评论。我担心那个卑鄙的阴谋家塔列朗已经欺骗了我曾经以为是最警觉的人——就像毒蛇迷惑了它的猎物，然后像毒蛇那样毁灭猎物。"而贝奇在《曙光》上的欢呼，也无疑是对亚当斯自制力的一次巨大考验。贝奇声称，亚当斯的挑衅行为是引发这场危机的首要原因；"我们好战的总统"本来就无意进行谈判；特使们原本应该同意法国的金钱要求；格里作为"和平的先知"，现在却要坐下来"计算战争的代价，而经过审慎计算，他得出的结论是，我们最好还是赔偿因英国条约给法国造成的损失，而不是现在与法国开战，之后再向法国支付赔款"。[81]

亚当斯只是把对格里行为的不满藏在心底（以及向自己的妻子抱怨），而国务卿皮克林则公开表达了愤怒。像其他联邦党人一样，皮克林也认为格里留在巴黎会带来麻烦，但他对此持有更为坚定的立场。美国驻荷兰公使威廉·万斯·默里（William Vans Murray）的来信证实了皮克林此前从伦敦的鲁弗斯·金处听到的消息，即格里"出于不可原谅的傲慢和愚蠢，决定按照督政府的指令，独自承担整个使团的责任"！任何人都看得出来，法国此举是为了束缚我们的手脚，让美国无法采取行动。法国政府擅自决定与美国的哪位特使打交道，以及把哪些特使驱逐，这无疑是对美国的侮辱；不仅如此，格里留下来会让平克尼和马歇尔的工作受到质疑,在美国公众中制造新的分歧(实际情况的确如此),并让法国人有机会继续拖延和欺骗,继续对美国商业进行掠夺。皮克林在3月份收到特使们的首批信件后,就已经向3人发出了召回函。现在,遵照总统的指示,他再次写信给格里,以防格里还未收到上一封信并采取相应行动。然而,11个星期过去了,皮克林听说格里仍留在巴黎。"等待法国政府的最后通牒!!!真是个可悲的家伙!"[82]

实际上,皮克林并不是唯一一个对格里的行为感到极端愤怒的人。美国驻欧洲的外交代表们在得知格里的所作所为后,都感到困惑和不满。驻海牙的默里写道:"这件事令我愤怒到了极点,甚至感到恶心。我担心这可能会影响我的判断力。格里决定单独行动是极为不妥的,这可能会给美国带来灾难性的后果。"驻伦敦的金表示:"如果我们一再被这种厚颜无耻的欺骗和分裂手段愚弄,我们无疑是忽略了瑞士以及其他国家成为这个"伟大国家"假意交好的牺牲品时所遭受的命运。格里先生与其同僚的分歧,将成为一个永远的遗憾……"驻柏林的约翰·昆西·亚当斯认为,法国人通过这一策略,成功实现了他们的目的:

> 首先,他们现在确信,与他们打交道的这个人宁愿忍受不名誉、耻辱和卑鄙的侮辱,也不愿看到双方关系破裂。其次,他们已确定,可以通过威胁关系破裂迫使他接受任何条件。再者,他们知道可以随意摆布他,并在他们认为合适的时候轻易摆脱他。最后,他们有充分的理由相信,可以让他接受他们知道在美国国内无法获得批准的和解条件,而这些条件将有助于煽动他们所期望的美国国内分歧,使他们看起来像是受害方。[83]

约翰·亚当斯当然完全了解所有这些观点，而且实际上也赞同。但到了秋季，情况似乎发生了变化，至少对他来说是这样。他认为格里的叙述值得一听，尤其是现在他可以亲自听到格里讲述这一切。格里并不愿意留在巴黎。他之所以留下，只是因为当时他认为这是唯一避免法美关系彻底破裂的方式。他并不觉得自己有全权代表的资格。事实上，他一直强调自己没有这样的权力，只能进行非正式沟通，并非正式地向政府转达法国外交部长可能提出的非正式建议。当他在5月12日收到皮克林的第一封召回函时，他回复说会立即离开，并且通知了塔列朗。他之所以推迟离开，只是为了等待法国的最新建议。然而，塔列朗坚持认为格里确实具有全权代表的资格，既然法国政府现在面对的是一个友善的美国代表，他们已经准备进行谈判。为什么不开始呢？"先生，您来这里难道不是为了在两个共和国之间建立友谊，并决心不遗余力地实现这个对美国和法国都至关重要的目标吗？难道授予特使全权不意味着他们可以单独进行谈判吗？……当法国政府抛开一切怨恨，仅仅回应正义的呼唤，急切地希望达成一个稳固和令双方满意的协议时，难道您会选择［退缩］吗？"[84]

但格里不肯让步，他坚持要求取回自己的护照，并再次强调，如果确实存在和平基础，法国可以派遣公使前往美国谈判并最终达成协议，而塔列朗则更加坚定地想要把格里留在巴黎。事实上，法国的态度似乎正在发生变化；塔列朗的请求似乎透露出一种前所未有的紧迫感。他再三承诺会修订法国的海事政策，到了7月，他向格里保证，既不需要向督政府贷款，也不需要对亚当斯的演讲做出解释。所有关于贿赂的话题也都不再被提及。5月，当索要贿赂的事情被曝光后，塔列朗装成无辜者，否认与此有任何关联，并要求格里透露提议者的身份。经过一番犹豫，格里最终还是帮塔列朗摆脱了困境，走过场地提供了X、Y和Z的名字，尽管他知道（塔列朗也明白他知道），这些代理人绝非冒名顶替者，塔列朗和他一样清楚这些人的真实身份。最后，塔列朗放弃了说服格里进行谈判的努力，并归还了他的护照。格里于8月8日启程回国，此时距他得知自己被召回的消息已近三个月。[85]

10月，亚当斯在昆西逗留期间，除了与格里进行了长时间的交谈外，他还从另外两个渠道得到消息：法国在美国事务方面有了新的动作。其中一则消息来自威廉·万斯·默里，他说法国驻海牙外交使团成员路易·皮雄（Louis Pichon）多次拜访他，并向他保证塔列朗"非常期待达成和解"（显然，塔列朗在格里那里没有达到目的，于是派皮雄前来进一步说服）。默里认为，法国现在"深感担忧"，美国的"强硬措施"已经"令他们感到震惊"。另一则消息来自居住在巴黎的波士顿商人理查德·科德曼（Richard Codman），他在信中坚称，法国人"显然急切地希望美国相信，他们愿意平息美国的不满"，并认为现在"是达成和解的绝佳时机"。[86]

当然，有足够的理由对这些消息持保留态度。格里的行为，尤其是其关于X、Y和Z的名字的处理方式，显得不够光明磊落，而塔列朗与格里的通信（部分已经见诸报端）并没有改变人们对这位外交部长的印象：一个狡猾的骗子，真正的意图难以揣测。默里在信中更多地强调自己决不会轻易上当受骗，而不是对法国的当前行为持乐观态度。他认为，"他们的动机只是想分裂和迷惑我们，削弱我们的斗志……"。[87]过去的所有经验都清楚地提醒我们，除了保持警惕和悲观之外，不应抱有其他期望。至于科德曼，此人是居住在巴黎的一个美国小团体的成员，可以毫不客气地称他们为一群骗子。这个团体中的两百多人都是被投机和快速获利的机会所吸引。这些机会只面向来自友好且中立的国家的公民，而美国几乎是当时唯一一个满足这一条件的国家。他们中的许多人与法国政府内部人员建立了肤浅的联系。他们通过交易被没收的地产、家具和掠夺来的艺术品盈利；他们从进口食品中赚取高额利润，低价购买在西印度群岛贸易中受损船东的索赔权，并向轻信的法国人出售美国偏远地区的土地。他们大多数人过着奢华的生活。当然，任何导致两国关系紧张的威胁都会让他们惶恐不安：作为既得利益者，他们比任何人都更不希望打破现状。不久之后，我们会听到更多来自这一团体的声音。[88]

因此，法国的局势确实存在很多不确定性。基于过去的经验，任何负责任的美国人在观察法国时，对于在那里看到或听到的一切都最好持保留态度。简而言之，联邦党人的观点确实有合理之处——但仅在一定程度上。一旦超出这个界限，行动的根据（如果有的话）将从何而来？目前的局势显然是不稳定的，联邦党人的想象在很大程度上已经限制和束缚了他们自身，因此不再完全可靠。共和党人同样陷入了困境。他们也有自己的承诺，并受制于这些承诺；从一开始，他们就难以完全把握整体情况。约翰·亚当斯自己的判断也并非总是准确。不过，他的观点的变化将是关键。为了向世界展示坚定的立场，并使美国有可能以最小代价影响欧洲事务，需要一个足以激发舆论的战争氛围。亚当斯在营造这种氛围方面发挥了主导作用，但现在事态似乎已经超出了他的掌控。事情进展得不尽如人意；他正在寻找解决办法；现在他可能已经意识到，在这个过程中，他可能不会得到太多的支持。这似乎导致了一种不寻常的情绪释放。从那时起，在联邦党人看来，亚当斯的行为变得极为反复无常，但对亚当斯来说，这只不过是总统开始独立行使权力的表现。

现在，亚当斯似乎与几乎所有人都产生了一种不寻常的疏离感。一个显著的例子是，关于他在12月向国会发表年度致辞时应如何表述，特别是涉及与法国关系的内容，他在昆西与格里会谈时就已经开始思考这个问题。10月10日，他给每位内阁成员都写了一封简短的信，征询他们的意见,然后又于10月20日给皮克林写了一封较长的信,信中提出了一些较为尖锐的问题,希望皮克林与其他同僚共同讨论。其中一个问题是:"总统是否应该建议国会考虑对法国宣战?"而另一个更为关键的问题是:"总统在演讲中是否可以提到,为确保谈判渠道的畅通,他打算提名一位驻法公使?一旦这位公使或总统从督政府得到令人满意的保证,即该公使将会被接待并享有国际公法规定的所有特权和权利,而且法国也将任命和授权一位具有同等职权的部长与他对接,公使就可以随时启程前往法国。"亚当斯甚至提到了几位可能的候选人。最后,他还征询了是否可以将格里的所有信件提交给国会。[89]因此,内阁成员对于亚当斯的思考方向并非一无所知。但他们随后开始采取一系列的回避、策略调整和反对行动,这一切最终都体现在亚当斯的演讲和他的实际言论中。

他们既以个人身份回信,也在沃尔科特起草的一封长信中(显然这封信是经过集体商议后而写成的)发出了一致的声音。李和斯托德特是两位最温和的成员,他们在自己的回复中主要回答了关于各自部门的问题,但都对法国的和平承诺表示怀疑。麦克亨利坚决主张"立即向法国宣战"。但他认为,为了避免行政部门受到指责,最好是总统提交充分的证据,使国会确信宣战的"必要性和适宜性",然后由国会采取行动。总统应明确表示,没有足够证据让他相信法国"已决心彻底改变针对美国的政策",并应重申6月21日的立场:"除非能确保我国公使以一个伟大、自由、强盛且独立的国家的代表身份得到接待、受到尊重并获得荣誉,否则我不会再向法国派遣新的公使。"皮克林先后两次回复。在11月5日的简短回复中,他提到了几个要点,其中最重要的是与法国的关系。他认为应该公开格里的信件,"因为这可能是公众所期待的",不过从上下文及麦克亨利信中的评论来看,皮克林计划亲自为这些信件做注解,以避免产生任何错误的解读。关于新使团的问题，他并没有直接给出答复。但在11月27日的长信中，他详尽地阐述了自己的观点。他认为，总统不仅应坚持6月21日关于不再派遣公使的决策，而且现在的"立场应比当时更坚决"。"在我看来，如果美国现在向法兰西共和国派遣第三个使团，无疑是在自取其辱。"关于建议宣战，他认为这"并不明智"，原因与麦克亨利两天前在信中提出的理由相同。然而，他坚持认为，在"这种介于和平与正式战争之间的状态，我们的安全完全有赖于为后者做好充分准备"。[90]

显然，每位内阁成员都阅读了其他人对总统询问的回复，并在亚当斯11月23日抵达费城之前进行了深入的磋商。他们之间并未展现出明显分歧。但沃尔科特的回复内容更为详尽、深入和全面，它最能反映经过共同商议后的共识，明确阐述了亚当斯应在演讲中包含的内容及表达方式。从杰斐逊后来的评论中，人们推测汉密尔顿也参与了这个过程，这很可能是事实，尽管他可能并未直接出面。[91]沃尔科特建议亚当斯在演讲中回顾，"本政府为友好解决分歧所采取的措施遭遇失败"，同时指出法国政府"以一种有所保留的方式，表示愿意接待我们的新公使，以重建双方的友好关系"。但沃尔科特建议亚当斯进一步表明，他"没有从法国政府的行为中看到任何应该改变或放松我们防御措施的理由；相反，在我看来，应该加强这些措施"。当然，我们不应该"给外界任何理由认为我们放弃了和平愿望"。然而——这一点至关重要——"重新派遣一位公使进行新的谈判尝试将是自取其辱，如果没有极端的必要性，美国不应采取这种政策；目前并不存在这种必要性，因此，如果法国真心希望达成和解，就必须由法国采取必要的步骤"。沃尔科特的意思是，如果法国人真的希望谈判，那么他们应当派代表到美国来。皮克林对草稿进行了最后的细微调整，并添加了一个序言，然后提交了一份符合亚当斯期望的回复。[92]

在12月8日的演讲中，亚当斯确实表达了所有这些观点，并且几乎完全采用了事先为他准备的措辞——只有一处做了几乎不易察觉的更改。在"未获得明确保证公使会被接待的条件下"再向法国派遣公使,这个前提条件构成了关键的差异。这是亚当斯和他的内阁成员都极为关注的一个问题,亚当斯也因此重新打开了一扇内阁们希望紧闭的大门。他们敏锐地注意到了这一变化,并对此感到不满。[93]

不过,亚当斯的这些言辞可能并不那么重要,仅仅是口头表述而已,但在此之前的讨论肯定已引起了他们的警觉。亚当斯一返城就立即把他们召集起来,讨论了主要议题。在宣战问题上,亚当斯没有表现出建议宣战的倾向,甚至也不希望国会这么做。他后来提到,从他们的面部表情来看,似乎对此有些失望。另一个讨论重点是关于新的谈判,这一议题在先前的信件中并未明确提到。皮克林、沃尔科特和麦克亨利都坚持认为,如果法国人真的希望达成和解,为维护美国的尊严,应该要求法国主动采取行动,谈判可以在费城进行,而不是为此再派一位公使去法国,而且总统也应该明确这一立场。对此,亚当斯似乎明确地回应说,"他不会做出承诺"。他怀疑内阁成员们之所以坚持这样的条件,是因为他们深知法国不会接受,特别是考虑到法国的代表可能需要与像蒂莫西·皮克林这样的强硬派当面打交道。[94]

因此,尽管除了那几个字的差别外,演讲最终稿的几乎所有内容都是皮克林提供的,但皮克林及其盟友仍感到愤怒,而共和党人则普遍感觉意外。"你将会从报纸上看到",艾伯特·加勒廷在给妻子的信中写道,"总统的演讲比我们预期的要温和得多。"但在皮克林看来,"他提到再向法国派遣一名公使的可能性,这实在令人遗憾"。皮克林告诉乔治·卡伯特:"我们原本希望他能明确表态,不会再派遣新的公使;我们都同意这一点,但是……"[95]

演讲中的另一个焦点问题是,是否公开格里与塔列朗之间的往来通信。在这一问题上，亚当斯和皮克林持有截然不同的观点，但这些分歧似乎直到几周后才显现出来。亚当斯含糊其辞地承诺（用皮克林的话来说），"这将是未来需要讨论的议题"。亚当斯的意图是公开这些文件，他认为这些文件本身就足以说明问题，从而在很大程度上证明格里的行为是正确的。而皮克林则希望，为这些信件附上一份由他自己撰写的报告，彻底驳斥格里的行为，并揭露塔列朗的和平主张是毫无价值的。这件事的起源可以追溯到9月，当时格里还没回到美国，也未将所有信件和他的详细解释寄给皮克林。

其中一些材料——包括关于X、Y和Z身份的书信往来，塔列朗假装要求提供相关人员的名字，而格里则假装按要求提供——已由塔列朗亲自安排在美国的报纸上发表。皮克林在公开回应弗吉尼亚州爱德华王子县公民的请愿书时，曾轻蔑地提到这些内容。当格里回国后读到皮克林的诋毁言论时，他向亚当斯抱怨，并给皮克林写了一封长信表达自己的委屈，声称事实被歪曲了。格里希望公开这封信，于是当时在昆西的亚当斯写信给皮克林，建议将格里的信公之于众，因为这样既能满足格里的愿望，又不会造成任何伤害。皮克林愤然拒绝，并反驳说，如果真的这样做，他将不得不做出回应，而这不仅会暴露格里的"胆怯、软弱和卑鄙，还会展现他的虚伪和背信弃义"。经过深思，亚当斯似乎意识到，让格里保持沉默或许更为明智，因为格里的主要论点——如他所述——大多基于琐碎和无意义的争论。如果格里的论点与平克尼和马歇尔的陈述有所冲突，格里很可能会处于下风。亚当斯向格里暗示了这一点，并建议他保持冷静，"等待我向国会提交这些往来书信"。[96]

的确，格里需要得到保护，以免他受到自身行为的负面影响。在1月中旬，阿比盖尔·亚当斯在昆西接待了格里。在听了他"拐弯抹角"的谈话后，她感叹道，如果要选择一位外交代表，她宁愿选一个"唠唠叨叨的老太太"。尽管格里确实采纳了亚当斯的建议,没有再提起公开信件的事,并在对话中坚定地支持政府及其备战策略,但国务卿皮克林并没有打算就此作罢。为了履行在演讲中做出的承诺——公开格里与塔列朗的信件往来,亚当斯在近一个月的时间里多次派其私人秘书前往皮克林的办公室索要文件,但皮克林总是以正在准备的报告需要使用这些文件为由,推脱亚当斯的请求(这是皮克林对待承诺的方式)。随着舆论逐渐失去耐心,最终,亚当斯坚决要求立即交出文件,并明确表示他不需要那份报告,而且他认为国会也无此需要。皮克林的报告已经接近完成,于是他交出了文件。1月18日,亚当斯将这些文件提交给国会,次日,皮克林给他看了自己的报告。尽管皮克林非常希望保留原文,但亚当斯还是删除了大段内容,尤其是涉及对格里负面评价的部分,然后才同意提交这份报告。当然,我们无法确定这些修改对整份报告产生了怎样的影响,但皮克林显然认为影响很大,因为他把删除的部分发给了所有的朋友,甚至在25年后仍然对此耿耿于怀,最终决定亲自公开这些内容。[97]这一事件使总统和国务卿之间日益加剧的矛盾变得公开化。

在这段时期,和平的局面呈现出紧张态势,总统与内阁之间似乎陷入"冷战"。这种情形持续了大约一个月,直到亚当斯决定采取行动。这一事件的重要性与一年前接到关于XYZ的报告相当,都标志着亚当斯执政期的关键转折点。但亚当斯为什么选择在那个时刻决定向法国派遣新使团呢?通常的推断认为,最主要的原因是有越来越多的证据表明,法国终于准备真诚地进行谈判,这样的迹象已经不容忽视。有充分的理由将亚当斯的决策与这一因素联系起来。但这并不是唯一的因素。

当时逐渐积累的信息并不都是机密的;事实上,许多信息为公众所共知。当然，有相当一部分信息包含在与格里活动相关的信件以及格里本人的叙述中，这些内容到1月中旬已完全公开。这些文件的内容非常详尽，因此皮克林及其盟友认为，最重要的是确保人们以正确的方式解读这些文件。另一个信息来源是巴黎的美国侨民社区。来自那里的各种报道和传闻已经传播了一段时间，尤其是在反对派的报纸上。[98]乔治·洛根医生是一位来自费城的贵格会名流，他在前一年的夏天私行前往巴黎，试图推进和平对话。最初，他被误认为是杰斐逊在《弗吉尼亚笔记》中提到的那位著名的印第安酋长洛根，后来他与法国高层官员进行了对话，并因其和平倡议在巴黎的报纸上受到高度赞誉［被誉为"勇敢的洛根"（le brave Logan）］。洛根于11月回到美国，深信法国已做好充分准备迎接美国的新公使。虽然皮克林对他的态度冷淡，但亚当斯在洛根拜访时礼貌地接待了他，并倾听了他的见解。洛根还在公共场合畅所欲言，他的活动和观点成为报纸关注的焦点。尽管遭到广泛批评，国会还是通过了一项法案，旨在防止未来再次出现类似的未经授权的外交行动，但洛根在自己的选区仍以压倒性优势被选入州议会。[99]

最终，在1799年1月，亚当斯的小儿子托马斯·博伊尔斯顿·亚当斯（Thomas Boylston Adams）回国之际，亚当斯得到了迄今关于法国态度最具说服力的描述。托马斯此前一直在柏林公使馆担任秘书，他的哥哥约翰·昆西·亚当斯是美国驻柏林的公使，两兄弟都与威廉·万斯·默里保持着密切联系。从前一年7月开始，塔列朗就通过在海牙的路易·皮雄向默里发出了友好信号。1月15日晚上，总统充满热情地迎接他的儿子回家。托马斯带回了大量信件、公文和最新情报，随后父子俩进行了连续几天几夜的长谈。托马斯告诉父亲，默里和约翰·昆西都改变了对法国进攻的看法；两人现在都认为法国人是真诚希望和解，应该以某种方式予以回应。也许可以像约翰·昆西·亚当斯建议的那样，让默里和法国驻荷兰的代表开始初步谈判。[100]

这是总统采取行动的直接原因吗？毫无疑问，这是一个重要的因素。然而，在接下来的五个星期里，亚当斯并未采取任何行动。毕竟，仍然有充分理由让他不要过于急切地抓住和平的橄榄枝，以免国家意志过于松懈。此外，还有其他原因，那就是汉密尔顿的军队。这个问题本身就已经让人非常不安。这种担忧在12月和1月期间不断加剧，到了2月初，亚当斯感到再也无法容忍下去。

随着时间的推移，人们对法国在夏季可能入侵的恐慌逐渐减弱。到了11月底，当法国舰队在8月1日的尼罗河战役中被纳尔逊击溃的消息传来后，这种威胁似乎已不再那么紧迫。早在10月，亚当斯就开始向麦克亨利抱怨军队的开支巨大，并预言，如果国家"继续维持一支庞大的军队，却没有可以对抗的敌人"，麻烦就会越来越大。11月，亚当斯离开昆西前往费城时，这个问题已经凸显。在马萨诸塞州各地，亚当斯和他的秘书威廉·肖（William Shaw）都听到了人们对征收土地税以筹集战争资金的强烈不满（肖甚至认为，如果埃尔布里奇·格里此时竞选州长，他可能会轻松获胜）。[101]而这不是开始出现不满情绪的唯一证据。接着，弗吉尼亚州和肯塔基州议会分别通过决议，反对《外侨与煽动叛乱法》，这些决议在12月被广大民众知晓。[102]到了1月和2月，成千上万份签名的请愿书纷纷从全国各地寄达国会，反对联邦党的各项政策，包括《外侨与煽动叛乱法》、新税收政策和军事措施等。几乎每一份请愿书都提到了"常备军"这个词。[103]

正是在这样的背景下，约翰·亚当斯忧心忡忡地看着新军队的推动者继续推进他们的计划。从他们采取的每一步行动，都可以直接或间接地看到汉密尔顿的影响。尽管他们承认目前的入侵可能性已经"减小，或者说比较遥远"，[104]但他们并不打算放慢进程或缩减军队规模。

恰恰相反，他们希望尽快地招募士兵和任命军官。他们还希望通过新的法案，全面重组原有的正规军，并实际上稍微扩大其规模，同时对7月16日法案批准建立的正规军的扩充兵力进行重组。此时，组建临时军队的授权已到期。他们希望恢复这一授权，并将允许招募的人数提高到原来的三倍，即三万人。这些内容都包含在战争部长于12月24日提交给总统的报告中。一周后，亚当斯将这份报告转交给众议院，但未作任何评论，至少没有留下书面评论。这份报告基于三份详细的备忘录，虽然备忘录表面上来自华盛顿，但实际上都是汉密尔顿起草的。同样，1月下旬的立法建议也出自汉密尔顿之手。此外，尽管根据法律，新军队应仅在当前的紧急状态下存在，但从为其制定的详细规则以及投入的大量时间和精力来看，似乎是在为建立常备军奠定基础。[105]

在军事政策立法过程中起到关键作用的人物包括：参议院国防特别委员会主席、来自佐治亚州的詹姆斯·冈恩（James Gunn）；众议院一个相应委员会的主席哈里森·格雷·奥蒂斯；以及马萨诸塞州的参议员西奥多·塞奇威克，他也是最积极关注军事事务的人之一。从12月底至2月初，他们都收到了亚历山大·汉密尔顿的来信，信中详细阐述了汉密尔顿希望他们在工作中采纳的立场和建议。[106]这些信被广泛传阅，有证据表明，其中至少有一封信引起了约翰·亚当斯的注意。汉密尔顿在信中不仅提出了他希望纳入即将制定的法律的内容，还探讨了新军队可能的其他职能，而非仅作为一支防御力量。其中一种可能是进入路易斯安那和佛罗里达，阻止法国占领这些地区的任何企图。另一种可能是"使南美洲摆脱西班牙的控制，因为法国正通过南美洲这条通道将墨西哥和秘鲁的财富运送到法国"。还有一个想法是，如果到1799年8月1日，美国和法国之间的谈判仍未开始，应授权总统宣战。最后，这支军队还应被视为对美国本土叛乱倾向的警告，尤其是弗吉尼亚州。[107]这些信中的任何一封都可能令约翰·亚当斯感到震惊。正如

他后来回忆的,当他看到那封信时,不禁惊呼:

> "是这个人疯了,还是我疯了?"他对这个国家的性质、原则、感情、观点和偏见一无所知。如果国会真的通过这些建议,那么从佐治亚州到新罕布什尔州,甚至整个国家都会立即发生暴动。[108]

1799年2月6日晚,当西奥多·塞奇威克拜访亚当斯,与其讨论军事事务时,压垮骆驼的那根稻草终于出现了。塞奇威克提到了他认为在弗吉尼亚出现的危险迹象。"关于弗吉尼亚人,"亚当斯的情绪突然激动起来,"担心他们构成任何威胁都是软弱的表现,但如果您坚持要求军队,我可以给您军队,但您需要明白,这样做会让政府更不受欢迎,比之前的任何行为都更加不得人心。弗吉尼亚人在面对税收时表现出比其他人更多的耐心……这些税收负担非常沉重,但他们的忍耐终究是有限的。"当塞奇威克提到参议院正在审议一项改组议案,提议授予华盛顿前所未有的新头衔"将军"(General)时,亚当斯再次情绪爆发。

> "什么?"他质问,"你们打算任命他为凌驾于总统之上的将军吗?""我不是那么容易被蒙蔽,我看到那些自诩为政府之友的人正在齐心协力削弱总统赋予政府的基本权利。先生,"他提高了声音说道,"我看得很清楚,我感受得很深。"[109]

华盛顿去世后,谁能继承如此崇高的称号呢?此后不久,亚当斯情绪激动地对埃尔布里奇·格里说,"他认为汉密尔顿和某个党派正在试图组建一支军队,让汉密尔顿担任指挥官,进而宣布成立一个君主制政府，并任命汉密尔顿为首领，从而为美国成为英国的一个省铺平道路"。[110]

显然，亚当斯已经准备采取行动，而且他决定事先不征求其他人的意见。他知道他们会说什么；他知道他们会采用各种手段来阻挠他的计划。他们或许真的会说服他改变主意，而他并不想被这样说服。

他计划的行动仍然面临一些障碍，但让他感到欣慰的是，这些障碍都在1799年2月的前两周被清除了。第一个障碍是，他到底能得到什么样的明确保证，确保法国不会再像过去那样对待美国的代表，而是会接待新的公使，同时法国政府也不会像对待格里那样，试图指定公使人选呢？现在，他从默里新近发来的信中获得了这种保证。信里附有塔列朗写给皮雄的一封信，其中针对亚当斯在6月21日演讲中提到的条件，塔列朗引用亚当斯自己的话做出回应："无论美国政府派遣哪位全权代表来法国，意在解决两国之间的现有分歧，无疑都将以一个伟大、自由、强盛且独立的国家的代表身份得到接待、受到尊重并获得荣誉。"皮雄奉命"将这一积极表态转告默里先生，以此表明我们的诚意，并希望默里将此情况报告给他的政府"。[111]此外，还有一个好消息是，1798年10月29日颁布的野蛮法令已被废止。按照该法令，任何在英国船上服务的美国人，即使是被强迫的，都将被视为海盗。[112]

最后，关于华盛顿还有一个令人困惑的问题：尽管他外表冷静深沉，但他确实批准并支持了汉密尔顿提出的所有军事计划。面对法国政策的突然改变，这位国父会如何回应呢？幸运的是，这个问题也得到了解答，至少在亚当斯看来是这样。华盛顿给亚当斯写了一封信，信中附有一封乔尔·巴洛的信，这个人也来自巴黎的美国侨民社区。巴洛在信中强调，"目前，法国督政府真诚地希望在相互尊重、互惠互利的条件下，与美国重修旧好"。他恳请华盛顿发挥影响力，"在您拔剑之前，请再次考虑谈判的可能性"。华盛顿在信中写道，如果亚当斯下达指令，他将很高兴回复巴洛的信——

> ……尤其是如果有理由相信，这将有助于美国在公正、光荣和有尊严的条件下恢复和平与安宁，无论这样的可能性多么渺茫。我相信这是这个新兴帝国所有的朋友所热切期盼的。[113]

亚当斯的回复显得有些失礼。巴洛的故事并不新鲜，他已经听过十几遍了。在亚当斯眼中，巴洛本人"微不足道"。亚当斯没有提及华盛顿建议回复的事宜，甚至没有对其转发这封信表示感谢。[114]最关键的是，如果亚当斯现在决定采取行动，他不再担心会有来自弗农山庄的反对。他非常清楚，自己将要做的事情，除了为实现和平铺平道路外，还将对汉密尔顿的军事计划构成毁灭性打击，比他能想到的任何其他行动都更致命。

1799年2月18日，亚当斯在国会的演讲使在场的议员们大为震惊。"我始终愿意并已经做好准备，把握一切可能的机会来维护或重建和平。因此，我提名现任美国驻海牙公使威廉·万斯·默里为美国驻法兰西共和国的全权代表。"[115]

第二节　1799年2月至10月：亚当斯的拖延

从亚当斯仓促地宣布任命新的驻法公使，到他最后签发使团启程的命令，整整过去了八个月的时间。在此期间，使团的成员人数也从一名增加到了三名。关于这么长时间的延迟，至今尚无一个完全合理的解释。虽然在2月至10月的几个关键时刻，确实存在一些看似合理的推迟使团出发或不急于派遣使团的理由，但这些理由是否完全站得住脚,以及为什么亚当斯在这漫长的间歇期结束时还是表现得和刚开始一样仓促,这些疑问至今仍是未解之谜。

亚当斯2月18日宣布的决定让每个人都感到"震惊"(thunderstruck),这个描述最早由蒂莫西·皮克林使用,后来历史学家们也多次重复这个词。皮克林在19日写给鲁弗斯·金的信中说:"昨天,当总统提名默里先生为驻法兰西共和国的全权公使时,我们都感到震惊!我们此前并未察觉到总统有这样的意图。"两天后,他告诉华盛顿,这一提名"完全是总统自己的决定,当我们听到这一消息时,都感到震惊"。同一天,英国公使罗伯特·利斯顿在给格伦维尔勋爵的信中说,"联邦党对此举感到震惊……亚当斯先生未与国务卿或其他政府成员商议此事,大家对此一无所知,他甚至未与政治盟友商量"。波士顿的反应也与此类似,这一消息让"公众为之震惊"。阿比盖尔·亚当斯从昆西报告称,"这完全出乎所有人的预料。社区中的人们就像一群受到惊吓的鸽子;没有人预料到这一消息;有人称其为鲁莽之举;有人批评其前后矛盾;有人咒骂,有人谴责……"。乔治·卡伯特表示,"对于我们国家真正的朋友来说,他们心中迅速交替出现惊讶、愤怒、悲伤和厌恶的情绪"。西奥多·塞奇威克则认为,"如果让世界上最险恶的心灵和最聪明的头脑,来选择一项最令人尴尬且破坏性最大的措施,可能他们选择的正是目前采取的这一措施"。这是"虚荣、嫉妒和一种半疯狂的心态所引发的疯狂和不理智行为给我们带来的又一场灾难"。然而,皮克林确信,总统已经因为他的行为而"经受炼狱般的痛苦"和"受到诅咒般的折磨",这很可能是事实。每当亚当斯做出重大决策时,几乎总是会承受巨大的心理压力。[116]

不久后,亚当斯对自己的决定进行了一些调整,尽管还是有很多"疯狂和不理智行为"。参议院成立了一个由塞奇威克领导的委员会来审议这一提名，该委员会成员于2月23日晚拜见了总统。联邦党人原本希望直接终止整个计划，但他们最终选择质疑默里独立执行任务的能力和权威，并建议额外任命两名成员，与他一起组成三人使团。在几次激烈的情绪爆发中，亚当斯愤怒地指责委员会成员干涉外交事务和他本人履行的行政职责，"某个党派决心操纵他，但他们注定会失望"，他声称不会任命这样的使团。尽管他们可以拒绝默里的提名，但"那是你们的责任"。但据塞奇威克称，亚当斯似乎也暗示，如果参议院真的驳回默里的提名，那么他可能会提名一个使团。这件事被搁置了两天，联邦党参议员在此期间召开了党团会议，决定否决默里的提名。但就在塞奇威克准备提交委员会报告时，亚当斯改变了主意。他向参议院提交了一份新名单，提议由三人组成使团前往法国，其成员包括：默里、首席大法官奥利弗·埃尔斯沃思和备受尊敬的弗吉尼亚人帕特里克·亨利。这份提名于2月27日得到参议院的确认，联邦党人内部达成共识，认为在目前情况下，这是他们所能获得的最佳结果。[117]

在随后的使团派遣过程中，第一次发生的延误可能被认为是不可避免的。亚当斯曾承诺，"在另外两名特使启程前，必须先获得法国督政府的保证，这个保证需由外交部长签署，确保特使将以其正式身份受到接待，享受国际法规定的与其身份相符的所有特权，此外，法国将指定并授权一名或数名地位和权力相当的部长与特使进行磋商"。[118]这就意味着，尽管法国实际上已经做出了保证，但对于新任命的两名特使，需再次明确这些保证。这也意味着，特使们原本可以立即前往海牙与默里会合，然后在那里等待法国的保证，但他们现在却必须留在原地，等待两次海上航行的进行（一次是向法国提出要求，另一次是收到法国的回应），直到美国收到这些保证为止。当然，特使们还需要再进行一次海上航行，才能最终抵达他们的目的地。

美国提出的条件通过默里转告给塔列朗后，塔列朗迅速做出回应并接受了这些条件。但他仍然提出了一些反对意见："实际上，完全没有必要等待好几个月，只是为了确认我之前已经向格里先生声明过的内容，而且在他离开后我又通过在海牙的外交官再次向您确认了这些内容。我由衷地感到遗憾，您的同事们不得不在那么遥远的地方等待这个答复。"尽管默里和塔列朗的回应都很迅速，但这些保证直到7月30日才抵达费城，而那时总统早已动身前往昆西了。与此同时，帕特里克·亨利因"年事已高和身体逐渐衰弱"谢绝了任命，因此，亚当斯任命北卡罗来纳州的州长威廉·R.戴维（William R. Davie）接替他的位置。[119]

亚当斯急于尽快离开费城，这对需要他关注的另外两件事造成了一定影响。其中一件事是给特使们的指示包括哪些内容；另一件是最近在费城北部德裔聚集的巴克斯和北安普敦爆发的抗税叛乱。尤其是第二件事，亚当斯允许其他人在他缺席的情况下处理这件事，这在政治上肯定对他不利。事实上，很有可能造成相当大的损害。至于给特使们的指示，亚当斯在忙着准备离开时，从皮克林那里收到了他八周前要求提供的一份文件，这是一份与法国签订的条约和领事公约的草案，皮克林认为这些条件是美国可以接受的。3月10日，亚当斯召集了内阁会议，基于这份草案的内容，他们很快确定了给特使的指示要点。这些指示在各方面都比之前给平克尼—马歇尔—格里使团的指示更为强硬，尤其是坚持要求法国对侵犯美国商业的行为做出全面赔偿。亚当斯没有提出反驳，11日上午完成最后的修改后，他当天就启程前往昆西。皮克林满意地告诉鲁弗斯·金，他本人"从道义上确信"法国绝不会接受这样的条件，"这让我们大家都感到宽慰"。他还讥讽地说："在上次会议留下大量行政事务等待处理而且一场叛乱正在进行之际，总统离开了政府所在地。"[120]

这次抗税叛乱只是1799年春天发生的多起动荡事件之一，这些事

第十三章 亚当斯和汉密尔顿 1019

件逐渐削弱了1798年的好战情绪。联邦党人认为，维持战争热情是加强他们逐渐衰退的道德权威的关键，这种观点无疑是正确的。

爱国热情不断消退直接对新军队的组建产生影响，使得它一直未能完全建成。当时没有一个有能力的行政机构来管理如此庞大的军事力量，而要建立这样的机构，首先需要共同的目标和意志，但这些在当时是完全缺失的。因此，在物资供应、兵员招募、财务管理及军事监督等方面，都面临诸多困难。名义上的军队首领正在弗农山庄忙于处理他的种植园事务。如众人所预期的，出于一生担任公职的习惯，华盛顿一直在关注军队的进展。但实际上，大家从一开始就默认他仅仅是一位顾问，没有人期望他真的带领军队上战场。另一个异常之处在于，在昆西的美国总统一言一行都表现出他对这件事毫不关心，甚至可以说是持反对态度。在战争部，性格善良的麦克亨利虽然尽心尽力，但他每日都被琐碎事务缠身，明显感到力不从心。面对汉密尔顿和华盛顿的压力，他更是深感他们对自己缺乏耐心和信任，尽管他所面临的问题即便是能力加倍的人可能也难以应对。虽然汉密尔顿在纽约一如既往地以魔鬼般的精力工作，但他也意识到自己不可能同时处理所有事务。有的部队可能发了工资却没有军装，而有的则配备了军装但没有资金。总的来说，军队既缺乏合理的薪资制度，也缺乏有效的补给系统。部队普遍受到劣质装备的困扰：无法穿一整天行军的鞋子，不能安全使用的武器，等等。最后，军队招募的人数也远未达标，实际入伍人数不及国会批准的一半。华盛顿在1799年3月写道："如果在法案通过之后，立刻根据当时的实际情况扩编军队，并随后发出组建军队的指令，那么就有可能组建一支前所未有的强大军队……但如今良机已失，恐怕再也难以寻觅。曾经在美国青年心中激烈燃烧的热情、决心和愤慨……如今已不复存在；它们烟消云散，取而代之的是倦怠和漠然。"[121]

组建新军队所需的热情逐渐减退，与亚当斯向法国派出新使团的计划密切相关——亚当斯的计划为实现和平带来了新的可能性，那些感受到失望的联邦党人也深知这一点。此外，亚当斯的新政策还明显影响到另一个领域，即与英国就一些共同关心的问题进行的非官方合作。这种合作自前一年开始稳步增长，但现在已明显减少。例如，在"XYZ事件"曝光后不久，英国政府放宽了对出口军事物资的限制，向美国提供了印度硝石以及美国军舰和商船使用的舰炮等各种物资。一些用于港口防御的大炮甚至被作为礼物赠予美国。在必要时，美国商船可以受邀加入英国的护航船队，尤其是在法国势力频繁活动的区域。双方合作的氛围相当融洽，以至于亚历山大·汉密尔顿曾乐观地设想，英美或许有可能在路易斯安那甚至拉丁美洲展开联合军事行动。[122]

然而，到了1799年春末，情况开始发生变化。首先，为解决战前债务问题而根据《杰伊条约》在费城成立的委员会的工作，因双方的对立情绪而陷入僵局。其次，英国对美国商业的掠夺活动明显增加，尤其在墨西哥湾地区，那些渴望获得赏金的指挥官，一旦在货物中发现任何可能被用于战争的物品，哪怕只是小钉子或棉布，都会将其视为违禁品，并扣押整批货物。这种变化是否与亚当斯的法国政策有直接关联尚不确定。但鲁弗斯·金认为，自从宣布默里的任命以来，他能够感觉到"英国对美国的态度变得冷淡，对其事务漠不关心，以及更多地从负面角度解读其行为，在与政府的日常交往中……我遇到了比之前更多的困难"。[123]

在各种事情似乎都不如预期的情况下，蒂莫西·皮克林的压力越来越大，终于使得他无法承受，并将爆发的怒火发泄在了亚当斯指定与法国重启谈判的威廉·万斯·默里身上。默里从海牙发回一份公文，其中毫无恶意地表示，尽管总统任命使团的消息"在这里出乎人们的预料"，但这一决定"被认为是明智之举"，而且鉴于采取的坚决措施，美国现在有能力应对法国的行动。这触发了皮克林积压的所有愤怒。他在7月10日回复说，费城对这一任命同样感到意外。

> 你所认识和尊敬的每个人，每一个真正的爱国者，每一个一直坚定且忠诚地支持本届及上届政府的人，都对此感到震惊，没有征询内阁成员意见就做出此决定的原因非常简单，因为总统知道我们都会反对这一决定！……事实上，与法国这样一个完全没有原则、毫无廉耻、不守信用的政府进行条约谈判，既无法给我们带来和平保障，也不会让我们获得损害赔偿……除非法国政府（而非其历任暴君）发生本质上的变化，否则我们不可能与法国达成任何安全的条约。[124]

这次爆发至今仍令人费解。国务卿将自己的不满发泄在他的直接下属身上，而这位下属是他的上级——美国总统——为实现自己的目标而选择的代理人。国务卿毫不掩饰地谴责了总统这一任命背后的整个政策。他明确地告诉默里，没有任何一位"真正的爱国者"支持默里即将执行的任务，更没有人相信与法国现政府达成任何协议是有可能的。几个月以来，皮克林的行为明显表现出对总统的不服从和不忠诚，这一点几乎无人不知；所有涉及这一主题的作家都注意到了这个现象，并对此进行了讨论。那么，背后的原因是什么呢？皮克林只是表现得最为过分的一个；总统的三名主要内阁成员虽然性格与脾气截然不同，却都在不同程度上表现出对总统的不忠。他们并未因为不赞成总统的政策而辞职，而是选择留任，为其他人的不服从和不忠诚提供支持。如何理解他们的行为呢？是什么背景和环境促使了他们扮演这样的角色？

在评价蒂莫西·皮克林在这一阶段及他公共生活其他阶段的行为

时，在大多数情况下，只需考虑他那狭隘、自负的个性似乎就可以解释许多事情。与他共事过的人中，很少有人认为他拥有卓越的行政管理能力，而他后来在杰斐逊时代作为政治家所发挥的影响也微乎其微，更多地被认为具有破坏性。从他的书信和其他著作来看，他并不是一个缺乏智慧的人；事实上，他在某些领域思维敏捷。但这种智慧似乎总是被局限于特定的目的，很少能够被充分施展，除非是为了发起某种形式的攻击。皮克林的性格需要他保持始终如一、坚定不移的精神。他痛恨妥协，往往以"原则"作为所有思想和行动的逻辑依据。正是这样的个性及其代表的"坚定决心"，使得亨利·卡伯特·洛奇（Henry Cabot Lodge）在1878年指出，要真正理解蒂莫西·皮克林的性格，"必须不断回顾他所代表的清教徒在精神和道德上显著而独特的品质"。也许的确如此，尽管这对清教徒来说是否公正可能是一个值得讨论的问题。查尔斯·威尔森·皮尔为皮克林绘制的著名肖像确实带有一些清教徒的风格。但埃塞克斯研究所（Essex Institute）的吉尔伯特·斯图尔特为他绘制的画像却似乎更接近撒旦的形象。[125]

  他的一生都为金钱问题所困扰，这与他的狭隘性格有关。皮克林的家族自1637年起就定居在塞勒姆，他们似乎都在农业和财富积累方面表现不错。这当然也包括蒂莫西·皮克林的父亲，他获得了大量的土地。蒂莫西生于1745年，在家里九个孩子中排行第八，他似乎未能分到很多家族财产。尽管如此，他的父亲还是确保他在哈佛接受了教育，但蒂莫西并没有从这段经历中获得太多智力或其他方面的满足。他的父亲迪肯·皮克林（Deacon Pickering）是一个固执己见的教条主义者，生活简朴，在家中是一位专断跋扈的暴君。他可能是镇上最不受欢迎的人（他认为，那些到他家拜访的神职人员中，很少有人能"充分明确地向人们指出他们的罪恶"）。他的儿子蒂莫西·皮克林也没有太多个人魅力。他内心充满骄傲和野心；虽然他学习法律并取得了律师资格，但由于某些原因，他在律师事业上表现并不出色。他渴望地位和影响力，并为此付出极大努力；二十多岁的时候，虽然经常面临反对的声音，他还是设法获得了几个地方性公职。这种模式持续了他的大半生。由于缺乏稳定的私人财富，他的生计主要依赖于公职的微薄薪水和津贴。每当经济极为困顿时，他总会因为自己为公共利益所作的牺牲没有得到回报而感到愤怒。他在三十岁时与丽贝卡·怀特（Rebecca White）结婚，她是他最宝贵、最珍视的财富。尽管丽贝卡没有给他带来物质财富，但作为忠诚的伴侣，陪伴了他五十多年。[126]

皮克林既担任过文职，也有军旅经历。独立战争爆发时，他已是埃塞克斯郡民兵第一团的上校。他对革命充满热情，1777年，当他所在的部队被分配至莫里斯敦的主力军时，华盛顿对他颇有好感，提议让他出任自己的副参谋长。但是华盛顿对皮克林最初的好印象并没有持续很久。皮克林还兼任了两个职位，一个是战争委员会成员，另一个是总军需官，随着时间的推移，华盛顿对他能力的评价越来越低。皮克林身上有一种能量，但并不是很集中，事实上他的关注范围可能过于广泛。他无法忍受将权力委派给他人，总是因为琐事而分心，如追究腐败、指责低效、设计改革方案等。结果，他负责的补给系统几乎陷入瘫痪，令人震惊［他的前任纳撒尼尔·格林（Nathanael Greene）似乎已经意识到，为了让系统正常运转，必须容忍某种程度的腐败行为］。皮克林曾提议动用军事力量强征运输工具和补给物资，但华盛顿没有同意，其忍耐已经接近极限。多亏了罗伯特·莫里斯在1781年挺身而出，凭借其个人信誉和影响，不仅挽救了补给系统，确保了约克镇战役的进行，还挽回了蒂莫西·皮克林的声誉。[127]

战争结束后，皮克林回归私人生活，但未能取得成功。由于同一行业的竞争者众多，市场供过于求，他作为佣金商人的短暂尝试以失败告终。皮克林和他的合伙人设法让自己的名字继续留在政府的工资名单上，直至1785年，这才避免破产的命运。在此期间，他们勉强凑齐资金，在宾夕法尼亚的偏远地区购买了数千英亩荒地，希望从中获得投机利润，当这些土地被证明难以出售时，皮克林试图亲自开垦部分地块。这段经历令他疲惫不堪，无论是财务上还是其他方面都受到重创。到了1790年，他开始争取联邦政府的任命。一些同情他的支持者为他向华盛顿施加压力，最后华盛顿有些不情愿地任命他为特使，前往西部的萨斯奎哈纳地区，解决塞内卡印第安人在那里制造的麻烦。

事实上，皮克林与印第安人的交涉可以说是他一生中最成功的经历。他与塞内卡人缔结了一项条约，确保了在可能爆发的美国与西北部各部落间的冲突中，塞内卡族将保持中立。皮克林不仅成功让塞内卡族相信，他是为数不多真正关心他们利益的人之一，同时自己也对此深信不疑，因而他全心全意、备受敬佩地投入于此项工作。自那时起，他一直是印第安人权益和公平待遇的坚定支持者。政府高度评价了他在此次及其后几次任务中的表现。1791年，华盛顿任命他为邮政总长，这使他和家人得以搬回费城，重新处于政务活动的核心。由于这一时期战争部主要关注印第安人问题，所以当亨利·诺克斯于1794年辞去战争部长职务时，蒂莫西·皮克林显然是最合适的接替人选，尽管华盛顿首先考虑了其他三位候选人。皮克林在战争部长的职位上任职了七个多月。1795年8月发生了伦道夫事件，这件事在很大程度上与皮克林有关。正如我们所见，皮克林在这件事中再次展现了他喜欢指责他人并具有报复心态的一面。最后，华盛顿不得不寻找新的国务卿人选。

迄今，蒂莫西·皮克林作为联邦官员的表现尚可称得上让人满意，他极少在公开场合露面，且其职责并未过分依赖政治或外交的技巧。然而，让一位性格火爆的政治人物来领导国家的对外关系在最初是令人难以想象的。华盛顿虽然让皮克林暂时担任国务卿，却并无让他长期在此职位任职的打算。但华盛顿每次邀请其他人选任职时，总是遭到拒绝。在第六次受到拒绝后，华盛顿不禁感到失望，于是转而考虑皮克林。皮克林并非华盛顿的崇拜者，他知道自己甚至不在华盛顿的候选名单上，这使他感到难以接受，于是他以一种婉拒的态度，坚称自己能力不足。在这种情况下，华盛顿必须做出某种礼仪性的回应，而这也正是皮克林所期待或需要的。实际上，皮克林别无选择。无论是心理上还是财务上，他都离不开公共职务。

现在，皮克林已转变为联邦党内的教条主义者，他深信雅各宾主义已经悄然渗透到每个角落，必须毫不留情地予以打击。但他的立场并非始终如此。皮克林早先是法国大革命的坚定支持者，认为路易十六和玛丽·安托瓦内特罪有应得；甚至直到1795年，乔治·哈蒙德还曾认为皮克林对英国怀有"最盲目且不加区分的仇恨"。[128]在皮克林看来，《杰伊条约》对其印第安政策的成功是不可或缺的，然而，当他看到民众对该条约的反对，以及埃德蒙·伦道夫的叛国行为时，他的观点开始发生转变。皮克林对真理与虚假、正义与邪恶的敏锐洞察，以及他令人战栗的仇恨和对细节的忽视——也许除了对可能造成伤害和毁灭的言辞有一种本能的敏感外：这些特质一直伴随着他。但当皮克林出任国务卿后，这些特质就展现在了全世界面前。例如，他在1796年和1797年与皮埃尔·阿德之间的激烈交锋——虽然阿德可能是咎由自取——甚至连他的盟友们都为之震惊。[129]无论如何，当约翰·亚当斯接任总统时，蒂莫西·皮克林已深信，自己继续留任内阁对于美国政府的安全是不可或缺的。出于多种原因，亚当斯并未认真考虑用自己任命的官员取代华盛顿的内阁。尽管亚当斯永远不会承认，但在内心深处，他也许对蒂莫西·皮克林存有几分敬畏之情。

在亚当斯离任（也就是皮克林本人被赶出政府不久后）之后的1/4多个世纪里，虽然皮克林一直保持着良好的健康，但他随后的职业生涯基本上只是一个漫长且略显苦涩的尾声。他的联邦党盟友原本寄望于皮克林能成为新英格兰联邦党残余势力的坚实后盾与核心，但事实证明他们的想法是错误的。一些盟友出资购买了他在宾夕法尼亚州几近一文不值的土地，使他能够重返家乡马萨诸塞州定居，并利用在马萨诸塞州议会中的影响力，使他进入了联邦参议院。不过，尽管皮克林在参议院连任两届，但作为一个年长且顽固的政客，他几乎没有为联邦党带来任何益处。他那些分裂的观点和对杰斐逊派所有议程的一概抨击，常常让联邦党人感到尴尬。他最后的荣耀时刻是在1812年战争期间——新英格兰的不满情绪此时达到顶峰——被埃塞克斯的民众选为联邦众议员，这也是他通过普选获得的最高职位。战争结束后，他失去了政治价值，于是回到自己的农场。在此后的12年里，他沉浸于对过去的思考，而那些事情对于除了他自己（和亚当斯家族）以外的人来说，早已成为旧事。尽管如此，直到最后，仍有一些人，如年轻的威廉·劳埃德·加里森（William Lloyd Garrison），认为蒂莫西·皮克林上校是正义和原则的极致代表。[130]

皮克林和奥利弗·沃尔科特这两个人，无论在外表还是性格上，都有显著的差异。皮克林身形高大，轮廓棱角分明，给人一种咄咄逼人的感觉，而沃尔科特则显得更为圆润，无论是从字面还是比喻的意义上理解都是如此。沃尔科特比皮克林年轻15岁，中等身材，体型偏胖。在社交场合，皮克林显然有些笨拙和拘谨，而沃尔科特则表现得随和亲切。皮克林的观点总是比较偏激，常常直言不讳；而沃尔科特更倾向于谨慎行事。但在其他方面，两人也有一些相似之处。两人虽然都出身于名门望族，经济状况却一直不宽裕。可以说，两人的人文修养相对薄弱，思维也缺乏创新。另外，他们两人在职业生涯初期的经历，深深地影响了他们后来担任公职时的满足感和成就感。[131]

1760年，奥利弗·沃尔科特出生于利奇菲尔德。他的曾祖父早在1636年就来到康涅狄格殖民地；他的祖父曾担任该殖民地总督；而他的父亲在独立战争中是一位将军，曾签署过《独立宣言》，之后担任了该州州长。奥利弗于1778年从耶鲁大学毕业（据诺亚·韦伯斯特回忆，"学习优秀，但并不出众"），然后在利奇菲尔德向塔平·里夫（Tapping Reeve）学习法律。他于1781年获得律师资格，但似乎并没有从事过任何执业活动。当奥利弗搬到哈特福德时，他口袋里只有3美元。幸运的是，他在州薪酬委员会（Committee of the Pay Table）找到了一份职员工作，得以维持生计。他在革命期间的服役经历相对有限。一次是在大学期间短暂回家时，他所在的民兵部队被征召，于是他参与了一场小型战斗；此外，他曾有一段时间在军需部工作，负责管理利奇菲尔德的军需物资；还有一次，他父亲不在家时，他邀请了正好经过这个小镇的华盛顿将军及其助手们（包括汉密尔顿中校）到家中做客。[132]

成年后，沃尔科特迈出的人生第一步并不辉煌，但是他非常耐心、稳健和谨慎。在整个邦联时期，他一直在州政府工作；他勤勉地履行职责，逐渐承担起更多的责任。1788年，他被任命为公共账目审计长（Comptroller of Public Accounts），这是一个新设立的职位。1789年，在耶利米·沃兹沃思和奥利弗·埃尔斯沃思的鼓励和推荐下，他申请了美国财政部的职位。他成功获得了审计员的职位；这与他的期望有一定差距，但他还是接受了。后来，财政部长汉密尔顿对他的工作表现印象深刻，因此当审计长于1791年去世时，汉密尔顿说服华盛顿任命沃尔科特为继任者。[133]

在华盛顿总统任期之初，内阁成员完全符合他对"最高品格者"的定义，然而，随着这批成员相继退休，由其他人接替，毫无疑问——至少华盛顿这样认为——内阁的整体素质经历了显著的下滑。[134]理想情况下，合格的内阁成员应满足两个首要条件。行政能力固然要有，但通常是次要考量因素。更重要的是其在公众中所享有的声望及能为政府带来的政治影响力。华盛顿选择的继任者在这方面明显不足，他也因此感到非常苦恼。然而，值得一提的是，当汉密尔顿辞去财政部长职务，由奥利弗·沃尔科特于1795年2月2日接替他时，这是第一次以行政能力作为唯一选拔标准，而且没有考虑其他任何候选人。

沃尔科特本人非常清楚，自己的资历肯定无法让人将他视为"一流人才"，他也从未期望成为这样的人物。在职位任命尚未正式确定时，他写信给他的父亲说："除了与财政部相关的业务技能和能力外，理想人选还应具备其他一些资质，而在这些方面，不可能找到一个能完全替代汉密尔顿上校的人。"他继续写道，如果这个职位最终提供给他，他会欣然接受，并以"有序和适当的方式"履行职责。然而，他并不具备在重大政策方面说服公众的才能和影响力，因此，"如果我获得任命，大家应该明白，在这类事务上我是不承担责任的"。[135]

沃尔科特以这种方式表明，他能够取得现在的地位，完全是因为他严格遵循其他人所制定的规则。汉密尔顿对他的了解仅基于他在汉密尔顿的关注和指导下所完成的工作；汉密尔顿和华盛顿都对沃尔科特能精确掌握汉密尔顿体系中的行政细节感到非常满意。沃尔科特的愿望只是确保这套系统的良好运转，而且他会定期写信给汉密尔顿，寻求其在这方面的建议。

服从指令的逻辑对奥利弗·沃尔科特来说是很容易接受的，并未给他带来过多压力。在他担任内阁职务的初期，几乎没有什么事能够打破他的冷静，但一个名叫坦奇·考克斯的下属却常常令他感到困扰，因为这个人似乎完全不知道如何遵循指令。考克斯是税务局监督官，他对自己的才能非常自负，总认为自己最懂得如何做事，因此总是我行我素。沃尔科特对于考克斯容忍了两年多的时间，然后突然将考克斯解雇了。[136]所有这些都使得沃尔科特在亚当斯政府任期内的某些行为显得令人困惑，因为这些行为与他的一贯风格大相径庭，令人难以置信。其中的一个关键因素可能是，亚当斯的内阁成员必须遵守的隶属体系似乎反复无常和难以预测，让人无法按照逻辑去理解。

亚当斯的战争部长詹姆斯·麦克亨利也是从上届政府留任的，他本人对战争深恶痛绝。他性格温和、富于感情，对他来说，生活中最大的回报似乎在于取悦那些比他更伟大的人。与皮克林和沃尔科特不同，麦克亨利在财务上并不依赖他所担任的职务。然而在其他大多数方面，他仍然要依赖这一身份。作为内阁成员——这也是他一生中担任过的最高职位——使他每天都能接近联邦党的核心成员，并与他们保持密切交往，这对他来说极为重要。麦克亨利对自己的联邦主义立场从未有过丝毫的怀疑。他虽然没有因为个人的独特优点而获得过荣誉，但他的性格中有许多吸引人之处，其中之一就是，他似乎优雅地接受了这一事实。因此，这种"内部人士"的身份为他提供了一个完全可以接受的，甚至是不可或缺的替代功能。[137]

詹姆斯·麦克亨利于1753年出生在爱尔兰的安特里姆郡，他的家族在当地经营贸易并且生意兴隆。1772年，麦克亨利举家移居美国，他的父亲和兄弟在巴尔的摩创办了一家极为成功的商行。他的父母和兄弟去世后，麦克亨利在1790年继承了家族的所有财产。麦克亨利接受了良好的教育，早年曾在都柏林的一家古典学院学习，后来又进入特拉华州纽瓦克的学院深造。他在课余时间写诗，但这些诗作从未发表过（实际上这些诗作写得相当不错，只是在押韵方面略有欠缺）。[138]之后，他跟随本杰明·拉什医生学习医学，而拉什医生也是他成长过程中结识的首位杰出朋友。独立战争期间，他志愿加入大陆军。他曾在剑桥的军事医院短暂地担任外科医生，后来被调往福吉谷。这可能是他仅有的一段行医经历。没有证据表明他对医学特别有兴趣，或者在这个领域表现出色。1778年或更早的时候，可能是在拉什的推荐下，他得到了华盛顿的青睐，并被任命为华盛顿的助手。[139]

如果说麦克亨利一生有一个最重要的特点，这个特点可以用来评估他一生中所有的行动和选择，那就是他具有出色的人际交往能力。几乎每个人都真心喜欢詹姆斯·麦克亨利，将他简单地视作一位依附于他人的人是不公平的。当然，他的朋友们最珍视的并非他的才华（尽管这些才华在某种程度上令人尊敬），而是他愿意为朋友真诚付出。我们不妨从华盛顿开始谈起，他一直是麦克亨利心中的英雄，并且这一形象永远铭刻在麦克亨利的心中。麦克亨利的开朗和愉快为司令部带来了轻松的氛围，当然也为华盛顿减轻了很多压力。与麦克亨利在一起时，华盛顿比在其他任何人身边都感觉更加舒适自在。正如一位作家所述，华盛顿写给麦克亨利的备忘录和信件"充满了亲切感，有时甚至带着戏谑的语气"。[140]在这一时期，麦克亨利结识了华盛顿身边的一些才华横溢的年轻人，如汉密尔顿、拉法耶特和本杰明·塔尔梅奇（Benjamin Tallmadge），他们的年龄都相差无几。他们的友谊建立在互相忠诚的基础上，这种深厚的友情一直持续到生命的最后一刻，长久不衰。尤其是汉密尔顿，他不仅是麦克亨利的朋友，更是他的楷模。麦克亨利对汉密尔顿的卓越才华没有丝毫嫉妒，只有深深的钦佩。我们看到，在战争即将结束时，麦克亨利急切地希望汉密尔顿写信给他，分享自己的人生规划，"这样我可以将你作为榜样努力效仿"。[141]麦克亨利结束军旅生涯时，军衔是少校。他似乎在巴尔的摩及周边地区颇有知名度，因此被州选举委员会选为州参议员，任职至1786年，期间曾短暂兼任大陆会议代表，以填补空缺。他还被选为1787年费城会议的代表。关于他的立法活动记录不多，但他在委员会工作时相当繁忙。在大会上，他很少参加辩论，但他认真记录了会议过程，并坚定地支持最终通过的文件。佐治亚州的威廉·皮尔斯（William Pierce）这样评价他:"他具有一些表面上的才华,但缺乏真正的天赋来提升这些才华。作为一名政治家,他并无突出之处,也没有演说家的风采。但他仍是一位非常受人尊敬的年轻绅士……"费城会议结束后,麦克亨利返回州议会,并在那里继续工作了七年。1796年1月,蒂莫西·皮克林接任国务卿,战争部长一职因此空缺,此时麦克亨利仍在州参议院任职。[142]

华盛顿接连邀请好几位人选担任这个职位,但都遭到了拒绝。当他最终向麦克亨利发出邀请时,他非常坦诚地告诉麦克亨利,他是第四个被考虑的人选。在此之前,汉密尔顿曾与华盛顿讨论过各个可能的人选,他提到:"麦克亨利,您也了解。他无法给政府增添更多力量,但绝不会让这个职位蒙羞。他的观点总是很中肯。"麦克亨利在说了一番关于内心在个人利益和公共利益之间挣扎的例行套话后,欣然接受了这一职位,并表示,"在您的领导下为公众服务的想法深深打动了我,有效地、不可抗拒地消除了我所有的疑虑"。[143]

关于詹姆斯·麦克亨利作为战争部长的能力,权威人士的观点存在分歧。近期的评价倾向于,他的表现并不像某些人所说的那样糟糕,然而这样的评价如果被雕刻在大理石碑上,也不足以让人名垂青史。1798年夏天,组建新军队的准备工作刚刚开始,汉密尔顿就向华盛顿感叹道:"我那位朋友麦克亨利完全不能胜任他的职位。"国会的一些议员也持同样观点。对此,华盛顿回应道:"你的观点……与我的一致,遗憾的是,在这个特殊时期,这种负面评价有充分的理由。在他上任不久,我就意识到他的能力不足以应对重大挑战或深入的策略问题。"然而,理查德·科恩(Richard Kohn)却认为,深入研究战争部本身,"而不仅仅听联邦党领导人的抱怨",就会发现麦克亨利的"个人弱点和行政能力不足"被"过度夸大和强调了"。[144]也许确实如此。综合考虑所有因素后,人们可能更倾向于对麦克亨利宽容一些。可以合理地设想,在其他某个时期,战争部在一个与麦克亨利能力相当的管理者领导下，能运作得相当顺畅。虽然我们不知道他花了多长时间才完成这些文件，但他的文件不仅专业，而且表达清晰，反映了他深厚的教育背景和实际智慧。不可避免的是，在麦克亨利所处的条件下，任何一个战争部长都不可能取得成功；不论是否是麦克亨利担任战争部长，新军队都没有什么机会。到了1800年，约翰·亚当斯实际上解除了麦克亨利的职务，但主要的原因并不是他的能力不足。

离开内阁后，麦克亨利没有再担任过公职。他经济殷实，因此在余生16年里，他得以在巴尔的摩郊区的乡间庄园过着悠闲的乡绅生活。他的健康状况一直不是特别好，即使在年轻时也是如此，因此后来的活动并不是很多。尽管如此，他仍然很关注公共事务，保持广泛的书信往来，坚持联邦主义立场，最重要的是，他极为珍视与朋友的深厚情谊。那些曾与他在内阁共事的人不只是他的前同事，更是他一生的朋友。尤其是蒂莫西·皮克林，麦克亨利称他为"挚友"。在麦克亨利最后一次参加的圣诞晚宴上，他与老上校蒂莫西·皮克林同席，欢喜之情溢于言表。对于年轻时的朋友，他也是如此，特别是塔尔梅奇和拉法耶特。在初识30多年后，拉法耶特写信给他说："亲爱的麦克亨利，请接受你最亲密的老朋友最深情的祝福和情感。"1784年，詹姆斯·麦克亨利与费城的玛格丽特·考德威尔（Margaret Caldwell）结婚。32年后，她在麦克亨利去世后写道："1816年5月，我失去了这个世界上最亲近、最好的朋友……"145

皮克林、沃尔科特和麦克亨利都是上届政府的留任官员，而上一任政府的行政标准和程序相对稳定且可预期。他们的职责主要集中在执行官僚职能，而非参与政治决策；他们都不属于"最高品格者"；每个人的社会地位，以及其中两人的实际生计，都依赖于他们所担任的职务，而不是职务依赖于他们。这三位官员无疑给约翰·亚当斯带来了很多困扰。但不可忽视的是，约翰·亚当斯也给他们制造了不少麻烦，甚至很可能更多。作为留任官员，他们都具备一种后来被称为"公务员心态"（civil service mentality）的特征：他们认为自己凭借先前的知识和经验为上司带来了价值，并因此应享有一定的自主权和受到尊重。公务员制度的另一准则是，一个新上任的政府要想顺利运作，必须赢得原有官僚机构的忠诚，否则将面临各种困难。约翰·亚当斯在任期内大部分时间里给人的印象是，他似乎认为内阁成员只是为了工作上的便利而存在，甚至觉得他们不是那么重要，不值得费心去解雇他们。

经常有人认为，这三个人都服从于亚历山大·汉密尔顿，而这是所有问题的根源。这在某种程度上是正确的。但在一开始，情况显然不是这样，而且孰因孰果的问题仍待探讨。那么，这种"服从"意味着什么，又是如何形成的呢？首先，亚历山大·汉密尔顿仍然是联邦党委员会中最有威望的人物，他与前一任政府及其标准和政策有着最紧密的联系。其次，他与这三个人的关系既非不光彩之事，亦非偶然形成的。汉密尔顿是一向多疑的皮克林唯一毫无保留钦佩的公众人物；沃尔科特的一切，包括他的整个职业生涯，都与汉密尔顿紧密相关；麦克亨利从他们一起在军队服役时起就是汉密尔顿的忠实朋友。而约翰·亚当斯则对汉密尔顿怀有深深的敌意，每当提及他的名字就会勃然大怒。这种基于忠诚和利益冲突的长期矛盾并不那么容易解决，我们至少应该认识到这一点。多年后，皮克林在给麦克亨利的一封信中提到："我并不完全赞同斯托德特先生关于各部门负责人职责的观点，特别是他关于绝对服从或辞职的观点。相反，我认为他们有责任尽可能阻止总统由于判断失误而采取的有害措施。"[146]（所有这些"有害措施"都与汉密尔顿及其军队有关。）一方面，每个人都陷入这样的处境，一旦发生冲突，就只能辞职；另一方面，在他们看来，他们面对的不仅是一个"判断失误"的总统,而且是一个大部分时间都缺席的总统。

当我们谈论这个"三人小组"的特点、个性以及社会关系时,我们实际指的是亚当斯内阁中最受关注的几名成员。当然,亚当斯的内阁一共有五名成员,而另外两名成员——总检察长查尔斯·李和海军部长本杰明·斯托德特——无论在行为还是在观点上,都与前述三人存在显著差异。那么,除了他们各自的性格特点外,还有哪些因素使他们显得不同呢?将查尔斯·李和本杰明·斯托德特称作"年薪一美元的人"*,也许并不为过,因为他们的社会地位并不依赖于担任公职,同时他们在私人生活中积累的独特知识和经验在公共领域发挥了作用。

奥利弗·沃尔科特在1799年描述道:"李先生为人睿智,我认为他非常坦诚,他对弗吉尼亚州怀有深切的关心……他经常对其他人的建议持不同意见,并支持总统的观点,但在具体措施上,他的参与并不积极。"这段对查尔斯·李的描述基本清晰明了,除了关键的那一句"他对弗吉尼亚州怀有深切的关心",可能需要进一步解读。沃尔科特在写给费舍·埃姆斯的一封长信中,试图解释他眼中联邦党的状况、组成元素以及其对"公共议会状态"的担忧。查尔斯·李无疑是联邦党的一员,但他是弗吉尼亚州的联邦党人,与其他地区的联邦党人有所不同。身处以杰斐逊派的共和党人为主的环境,弗吉尼亚的联邦党人常常按照自己的方式行事,并不总能对纽约和新英格兰发出的信号做出响应。值得一提的是,沃尔科特对另一位弗吉尼亚的联邦党人约

---

* "年薪一美元的人"(dollar-a-year men)这一词语最早可追溯至"一战"时期的美国,指的是一些企业高管或其他专业人士,他们出于将为公共服务置于个人经济利益之上的奉献精神,以每年一美元的象征性薪酬为政府或公共部门提供服务。——编者注

翰·马歇尔也存有同样的担忧。[147]

查尔斯·李的另一特殊身份——无论其个人成就是否全凭自身努力——在于他出身于声名显赫的李家，这个家族在弗吉尼亚州的影响已持续了约150年。他出生于1758年，是1641年来到弗吉尼亚的理查德·李（Richard Lee）上校（亦有"绅士"之称）的第五代后人；他是亨利（人称"轻骑兵哈里"）和理查德·布兰德·李的兄弟，是"斯特拉特福德"李家〔理查德·亨利、亚瑟·威廉（Arthur William）、菲利普·勒德韦尔（Philip Ludwell）和弗朗西斯·莱特富特·李（Francis Lightfoot Lee）〕的堂兄弟，并将成为他兄弟亨利的第三个儿子罗伯特·E.李（Robert E. Lee）的叔叔。查尔斯·罗伊斯特（Charles Royster）指出，查尔斯·李的"曾曾祖父、曾祖父和伯祖父都曾在弗吉尼亚议会任职"。[148]然而，有关查尔斯·李个人生活的记载很少，因而我们对他了解有限。他曾就读于新泽西学院并于1775年毕业（据说他的"努力和天赋"赢得了威瑟斯彭校长的高度评价）；他在独立战争和邦联时期担任"南波托马克海军官员"，并在1789年至1793年期间担任亚历山德里亚港的税务官。他曾学习法律并取得了律师执业资格，但具体时间不详。1793年，他当选为弗吉尼亚州议会议员。1795年11月，威廉·布拉德福德去世后，他被任命为美国的总检察长。[149]

李氏家族给弗吉尼亚州的政治带来了直接的影响和后果。这个家族与华盛顿家族的关系非常密切。虽然作为联邦党人的李家在某种程度上保持了相对的独立性，而且其行为有时难以预测，但他们始终在乔治·华盛顿的影响范围内行动。例如，尽管他们可能对汉密尔顿的财政体系持强烈的怀疑态度，但只要关乎对华盛顿的忠诚，他们就会毫不犹豫地团结在一起，这就使他们与日益壮大的杰斐逊—麦迪逊—门罗—贾尔斯阵营及其在里士满的支持者之间的分歧逐渐加剧。1793年，尽管在弗吉尼亚州遭到众多反对，查尔斯·李和他的兄弟亨利坚定支持华盛顿发布的《中立声明》。10月，州长亨利·李在议会中采取了前所未有的行动，呼吁发表强烈支持的声明。尽管面对亲法派的诸多抱怨，他还是成功地推动议会通过了这项声明，而他那身体虚弱的亲戚、查尔斯的岳父理查德·亨利·李在一旁给予鼓励。两年后，《杰伊条约》在弗吉尼亚州引起广泛关注，其中关于战前债务的条款在该州不受欢迎。查尔斯·李和约翰·马歇尔在总统批准条约后提出了一项表示对总统"信心不减"的决议，但最终没有获得通过（在后来的替代决议中，共和党人先是称赞参议员塔兹韦尔和梅森投了反对票，然后声明，他们无意批评华盛顿的"动机"）。1796年1月，查尔斯·李加入内阁后不久，有消息传来，称詹姆斯·门罗未能向法国政府有效地传达美国政府的政策。李强烈建议华盛顿将门罗召回。[150]

无论是弗吉尼亚州的政治事务还是国家大事，查尔斯·李与他的两个兄弟一样，总是坚持自己的独特见解。虽然他与内阁同僚相处融洽，但正如沃尔科特所述，他"经常"持有与其他人不同的意见。例如，当皮克林、沃尔科特和麦克亨利坚决主张华盛顿无须满足众议院关于提供《杰伊条约》文件的要求时，李则认为，虽然华盛顿没有这一义务，但如果这样做也没有什么大碍。和李氏家族的其他成员一样，他基本未受汉密尔顿的影响；而如果说他有一位思想上的导师，那此人可能是他的挚友约翰·马歇尔。[151]

查尔斯·李似乎具有一种直率而坦诚的个性。这一点不仅体现在他的书面言论中，还表现在他与总统的互动中。李对乔治·华盛顿抱有绝对的忠诚，而当约翰·亚当斯接替华盛顿继任总统时，李也毫不保留地将这份忠诚献给了新任总统。他从未给亚当斯带来任何麻烦，这可能是我们对他了解不多的原因之一。至少有一次，他给予亚当斯坚定的支持。1799年3月，总统回到昆西的家中后，李转发给亚当斯一封"来自我的朋友马歇尔"的信，信中包含了积极的反馈，这与亚当斯从大多数联邦党人,尤其是新英格兰的联邦党人那里听到的信息截然不同。在信中,马歇尔表达了对提名默里的坚定支持。李在转发信件的附注中写道:"我非常高兴地看到,他的意见与我一致……"[152]

本杰明·斯托德特是亚当斯内阁中唯一一位由亚当斯本人亲自任命的成员。为此,斯托德特暂时放下了私人事务,仅仅是出于想在新成立的海军部有所建树的愿望。在观察了斯托德特近两年半的工作表现后,沃尔科特评价他是"一个非常精明的人",甚至略带无奈地承认,他"比政府中的任何其他官员都更受总统信任"。沃尔科特注意到,斯托德特以成功又充满活力的方式管理着他的部门,但沃尔科特指出,"他装作自己知道的比实际少,声称自己无力承担构建或理解政治体系的任务;他在政府中的影响力日益增强,但他避免承担自己应负的责任"。[153]奥利弗·沃尔科特的这段描述,与他对查尔斯·李的评价一样,都言简意赅却意味深长。也就是说,到了1799年,本杰明·斯托德特可能已经有非常大的影响力,但无论如何,这都不是因为他的政治立场(尽管他无疑是一名很优秀的联邦党人),而是因为他成功地执行了所承担的特定任务,即建立一支海军。他对自己完成这项任务的能力充满信心,因此能够在同事面前保持谦逊,正如沃尔科特带有讽刺意味地指出的,他装作自己知道的比实际少。与此同时,他总是埋头于工作,既没有时间也没有意愿(在他看来也没必要)去承担沃尔科特、皮克林和麦克亨利认为他们现在有义务担负的那种对重大政治事务的"责任"。

斯托德特1751年出生于马里兰州查尔斯县,该县位于乔治敦以南约30英里处。他的父亲和祖父(后者大约在1675年从苏格兰移民至美国)在波托马克河沿岸拥有大片土地。当本杰明·斯托德特打算投身商界时,独立战争爆发,于是他加入了军队,在宾夕法尼亚州的部队先后担任上尉和少校，并在布兰迪万的战役中负伤。1779年，他被选为战争委员会的成员。斯托德特一直服役至1781年，然后离开军队，"回到马里兰州结婚，希望通过经商来养家糊口"。他的新婚妻子丽贝卡·朗兹（Rebecca Lowndes）是布莱登斯堡一名商人的女儿。斯托德特在乔治敦创立了一家船运公司，凭借其智慧和出色的管理能力，公司取得了极大成功。1791年，他作为华盛顿的私人代表，协助总统与新划定的联邦区域的土地所有者进行谈判。1798年春，约翰·亚当斯在物色海军部长人选时，首先考虑的是马萨诸塞州的乔治·卡伯特。在卡伯特拒绝后，亚当斯转而考虑本杰明·斯托德特。[154]

斯托德特对于是否接受这个职位犹豫不决。起初，他认为自己拒绝的几率"大约是30∶1"；然而，国家正处于面临危机的关键时刻，而他相信，凭借自己的经验，他和其他任何人一样具备应对这场危机的能力。他在给姐夫的信中写道："你知道，我一直有效地管理着和平时期的船队。那么，为什么我不能同样有效地指挥战时的船只呢？"1798年6月中旬，当斯托德特来到费城，开始管理他的新部门时，美国海军在海上仅有1艘船在执行任务。他的办公环境相当简陋，办公室是一个只有两个房间的套房，下属也仅有四五人。然而，在短短不到3年的时间里，当他离任时，美国海军已经壮大到拥有54艘船。[155]

到1799年仲夏，约翰·亚当斯似乎对未来还没有明确计划，这与本杰明·斯托德特形成了鲜明的对比。也许亚当斯有自己的规划，但周围的人完全看不出来。早在2月份，当他出人意料地提议组建一个前往法国的使团时，至少表现出了一定的决断和目标，不论外界如何评判。但几个月过去了，尤其是在他正式派遣使团前的最后6周到8周，外界对于亚当斯内心的真实想法感到困惑不解。有时他似乎准备迅速行动，有时又显得不急于采取措施，还有的时候，他似乎更倾向于听从3位内阁成员的意见，认为应当暂缓或取消此次外交任务。尽管许多批评者和支持者都强烈建议亚当斯返回首都亲自掌控政府事务，但他却执意要在昆西停留尽可能长的时间，这进一步增加了这种不确定性。所有这些犹疑，以及它们的后果，都将直接影响联邦党人在1800年的心理状态。因此，这段时期的历史记录比平时更为关键。

塔列朗关于使团将会受到正式接待的保证，经默里传递，终于在7月30日送达费城。皮克林将文件送到在昆西的亚当斯处，并讽刺地指出，塔列朗含沙射影地批评"美国总统要求这样的保证白白浪费了几个月的宝贵时间"，这对总统来说是一种侮辱。但亚当斯在回复中表现得既直接又坚决。他不理会塔列朗的无礼，也并未直接断言法国是否怀有"恶意和敌意"；任何报复情绪都是"他们自己造成的，非我所愿。我将本着这一立场进行谈判，并期待各部门主管的配合"。不论是海上还是陆地的防卫，都不应有丝毫懈怠，事实上应该"大幅加强"。与此同时，他希望为使团的启程做好一切安排。给他们的指示已经得到了充分的考虑和讨论，只待最终确定。他希望能迅速完成终稿，并"尽快"交给他审阅。亚当斯表示，他的立场已经非常明确，只需花一点时间浏览一遍，就能返还文件。[156]这封信是亚当斯在8月6日写的，但直到六周后，他才收到指示的终稿。

查尔斯·弗朗西斯·亚当斯认为，上述引用的信件表明，亚当斯始终坚持自己的路线，从未有所改变。在卸任数年后，亚当斯曾声称，在他3月份离开费城之前，他们已就指示的实质内容达成共识。回到昆西后，每当有信件到来，他总是期望能看到指示的草稿。"但周复一周，始终没有收到。我感到不安，因为我们的特使本该已经启程。"实际上，这两种说法——关于亚当斯始终坚持自己的立场和关于指示的事情——都存有一些疑问。不久后，亚当斯的态度将令人对他的真实意图产生困惑。至于这些指示，没有证据表明他迫切希望收到它们。在离开费城后的四个半月里，他在与皮克林的通信中只字未提这些指示，而且在收到法国的保证（这是亚当斯本人的要求）之前，特使们也不可能"启程"，而法国的保证直到7月底才到达。此外，尽管皮克林可能并不赞同派遣特使，但考虑到由于8月中旬黄热病暴发，政府办公地点从费城迁到特伦顿，其间，所有政府事务都被迫暂停，他确实尽快地准备了这些指示。[157]

当然，皮克林以及所有联邦党的支持者和盟友都一直坚定地反对这项任务，尤其是皮克林本人。尽管他没有选择辞职，但他的表态与他作为一个应当执行上级决策的公职人员的身份完全不符。尽管如此，我们还是应该承认，联邦党人这样做至少有一个理由。虽然这个理由可能不十分站得住脚，但这需要根据随后发生的事件来评价。正如我们所知，派遣使团无疑对联邦党的军事计划构成了严重的威胁：这是他们未明说的原因。但其实远不止此。自从1798年8月纳尔逊在阿布基尔海战中摧毁法国舰队以来，特别是苏沃洛夫（Suvarov）在意大利取得成功之后——苏沃洛夫的成功与其他事件一起使拿破仑的奇斯帕达纳共和国（Cisalpine Republic）在1799年4月终结，人们有充分的理由相信，由反法同盟主导的全面和平即将到来。一些联邦党人认为，如果美国加入反法同盟一方，那么美国在和平进程中就能享有话语权，并且这将成为美国政府实现从建国以来就渴望实现的国际目标的绝佳机会——按照斯蒂芬·希金森的说法，这一目标便是"通过良好的外交关系和受人尊敬的地位，来获得英国的尊重，并确保我们不受英国支配，而胆怯的拖延政策将使我们失去这些优势"。他们认为，无论如何，现在与法国人进一步接触毫无意义。无论最终结果如何，都只会让我们受到轻视——无论是第三次被拒绝和羞辱，还是在这种情况下获得几乎微不足道的承诺。此外，"英国和俄国政府，将有足够的手段来表达对我们背离其事业的不满，从利益和原则上说，这实际上也是我们的事业"。[158]

在8月的最后一周，有关法国牧月政变的消息传来，似乎让这一推论显得更加有说服力。由于法国议会的影响力持续扩大，多名督政府成员发生更替，人们开始怀疑督政府作为法国政府的行政机构还能维持多久。这些事件极大地激发了默里的想象力，他在传递这一消息时向皮克林表示，如果路易十八（Louis XVIII）在未来几个月后复位，他也不会感到惊讶[159]（尽管皮克林在许多问题上都不赞同默里的观点，但这一次是个例外。在接下来的几周里，皮克林充分利用了这一观点）。如果法国的现政府倒台，那么美国的特使将与谁进行谈判呢？甚至法国是否还会允许他们进行谈判？在法国政府的未来走向更为明朗之前，是否应该至少暂停使团的任务？

在特伦顿的临时政府办公室安顿好后，皮克林按照总统的要求，根据3月份达成的原则和内阁成员进一步讨论的结果，向总统提交了给特使的指示草案。这发生在9月10日。但在第二天，皮克林又给亚当斯写了一封信，当时在特伦顿的内阁成员有四名，他们都在信件上签了名。信中提到，他们附上了默里转发的文件，其中描述的事件让他们"对特使们是否应该立即启程产生了一些疑虑"。他们建议总统考虑"暂时搁置使团的任务"，"在我们看来，这会让美国处于更有利的位置"，并能让总统充分考虑法国政府的任何变化及可能提出的要求。[160]这封信似乎对亚当斯产生了一定影响，无论他后来如何解释。

蒂莫西·皮克林肯定会竭尽全力地阻止这项任务，从默里被提名的那一刻开始，他与几乎所有人的通信都无疑表明了这一点。来自欧洲的消息更是坚定了他的决心。他甚至尝试通过资深委员会成员、首席大法官奥利弗·埃尔斯沃思施加影响。其实埃尔斯沃思并不需要皮克林的劝说，因为他从一开始就不支持派遣使团的任务。他之所以勉强接受了大法官的职位，仅仅是为了避免"更糟糕的后果"（可能指任命一位共和党候选人）。他多次与皮克林分享自己的观点，尤其是最近从法国传来的消息让他更加坚信，正如他告诉皮克林和沃尔科特（以及乔治·卡伯特和其他人）的那样，总统会明智地选择暂停使团任务，直到能更清晰地知道特使们将与哪些人打交道。事实上，埃尔斯沃思在9月中旬给总统写信询问自己是否应该继续履行常规巡回法院的职责时，曾向亚当斯本人强烈暗示了这一观点。亚当斯的回复是，他应该继续。亚当斯在信中表示："法国的动荡、督政府的更迭，以及其他可能出现的重大变化，肯定会促使我短暂或较长时间地推迟派遣使团前往巴黎的计划。"[161]

在这一时期，关于自身的意图，亚当斯不断发出混杂的信号，让人感到困惑。他在社交场合似乎总是口无遮拦，而且他的说法时常前后矛盾。在法国内乱的消息传来之前，有报道称亚当斯之所以提名默里，是因为亚当斯当时认为，民众对法国及其事业仍有深厚的感情，需要先努力恢复和平，民众才有可能支持"他认为必要的"强硬措施。但他现在认为，民众反对任何形式的条约以及与法国现政权任何形式的联系。但斯蒂芬·希金森对此提出质疑：既然如此，亚当斯为什么还准备签订这样的条约呢？"亚当斯是个古怪的人物，他的言行经常自相矛盾，他的观点和行为会随着情绪起伏和当下感受而产生波动。"[162]

由于亚当斯的持续缺席，混乱状态变得更加严重。罗伯特·特劳普在前一年曾对亚当斯赞誉有加，然而现在却抱怨道："总统不亲自直接主持政府事务，导致政府的所有措施都受到拖延。"在1798年，阿比盖尔的健康状况是亚当斯缺席的主要原因。虽然现在她的健康有所恢复，但亚当斯仍然以此为借口缺席。巴尔的摩的尤赖亚·福里斯特（Uriah Forrest）将军是亚当斯的坚定支持者，他直言不讳地表达了自己的担忧。"公众强烈反对您长时间的缺席……民众选择您来管理政府，而不是您的下属，民众也不认为……在您缺席、未亲自掌控的情况下，他们能够有效地治理政府。"亚当斯的孙子也承认,亚当斯的回答"并未正面回应这一批评"。但亚当斯反驳说:"我在昆西这里同样可以管理政府,就像我在费城一样。"政府的日常事务都通过邮件发送给他,并由他回信处理,"因此没有任何事务被延误或遗漏"。他承认亚当斯夫人的病情有所好转,但她的身体仍然十分虚弱,他认为在炎热的夏天结束之前她不宜搬迁。[163]到了8月底,本杰明·斯托德特对此感到非常担忧,不断催促总统前往特伦顿,并一直施压,直到亚当斯最终答应。

斯托德特似乎是主张使团按计划出发的人之一;他一直都持这种观点,事实上,他和亚当斯不久前还就安排特使前往目的地的事宜进行了通信。然而,他也认为皮克林在信中提出的暂缓这项任务的理由颇为充分,因此同意在信上签字(查尔斯·李因缺席而没有在信上签字;他另外写信表明了自己的立场。他认为不应中止这项任务,特使们应该按计划行事,"即便他们发现法国已转为君主制"。但他对这种转变是否会很快发生持怀疑态度)。斯托德特真正关心的是,鉴于此事的重要性,无论最终做出什么样的决定,亚当斯都应亲临现场进行监督。他在8月29日的信中写道,亚当斯的亲临"会使全美国的善良民众感到极大满意……"。亚当斯并未给出明确的回应。他表示,他已对指示给予充分的关注;如果他前往特伦顿,"会给这件事带来不必要的关注";如果有新消息使得暂缓使团看起来是明智的选择,他"完全愿意"这样做(事实上,这样的消息已经传来,但亚当斯还不知道);同时,他认为自己没有必要亲自去特伦顿。[164]

然而,斯托德特不会轻易言退。在9月13日的一封长信中,他写道,他所做的一切"都与您和政府的荣誉有关。我希望您能谅解我坚持己见,恳请在使团启程前往法国之前,您与这里的官员一起处理相关事务"。大约在同一时间,亚当斯收到了斯托德特的这封信和皮克林11日发出的默里的信件，这使他感到愈发不安，随后得出结论，他最好还是亲自去特伦顿。于是，他于9月21日致信斯托德特和皮克林，告知自己将在"10月10日至15日之间"抵达特伦顿。[165]

关于亚当斯出发时的想法，从他的通信中可以读到很多相互矛盾的内容，因此存在多种解读的可能。可以推测，在实际派遣使团的问题上（即是否应该派遣使团），他的决定早已明确。即使在最犹豫不决的时刻，亚当斯也从未考虑过将使团出发的时间推迟超过两三个星期。这一观点得到了可靠的证据支持，甚至可以说是最接近事实的解读。然而，在某些人看来，亚当斯也为截然不同的推断提供了依据。例如，埃尔斯沃思根据亚当斯给他的关于继续履行巡回法院职责的信件，以及10月3日总统途经温莎前往特伦顿时与他的直接交谈，推测使团计划确实可能会被暂停。他将这一推测告诉了几位朋友，包括皮克林和沃尔科特。在9月16日，亚当斯已告诉皮克林："督政府的剧变和法国俱乐部及私人社团的复兴……似乎表明，我们突然仓促派遣特使的热情应该稍稍降温。"（皮克林很可能会质疑，这种热情究竟出自何人？）斯蒂芬·希金森对此感到很困惑。他从波士顿写信给沃尔科特："这里的人们都在讨论向法国派遣新使团的事情。总统和总统夫人的言论与这一计划截然相反，总统夫人对人们相信报纸上关于准备派遣特使的暗示表示非常惊讶。这种奇怪的态度差异令人困惑，使许多人对总统是否真的决定派遣特使感到怀疑。"[166]

亚当斯于10月10日抵达特伦顿。尽管我们不清楚他与内阁成员具体举行了多少次会议，但有一点可以确定：虽然亚当斯让内阁成员产生了他可能会暂缓派遣使团的印象，或至少在他抵达特伦顿后会就这个问题进行深入讨论，然而事实上，他从未将此事提出来讨论，也从未当面明确告知内阁他打算如何处理这件事。他们所做的只是仔细审阅了给特使的指令，并在10月15日晚11点对指令的最终版本达成共识。

次日上午9点，亚当斯给皮克林写了一张便条，要求他为所有的特使准备一份指令副本，并安排他们最迟于11月1日乘坐"美利坚合众国号"（United States）护卫舰启程。亚当斯决定就此为这件事画上句号。[167]

至于为什么会是这个结果，我们仍无从知晓。然而，这一决策在整个联邦党阵营激起了强烈且可能不可挽回的不满情绪，与此同时，另外两个事件也与这个不同寻常的事件有一定的关联。

其中之一是亚当斯本人晚年讲述的关于他与内阁在特伦顿会晤的故事。亚当斯曾在三个不同场合讲述了三个稍有差异的版本。他声称，他们对这次任务及是否应该派遣使团的问题进行了深入的讨论。他写道："我很高兴自己能控制住情绪，召集内阁成员，极为冷静和坦诚地听取了他们的所有意见，并在回应他们时阐明了我的理由，最终决定应尽快确定指令内容并安排特使们启程……"在另一个版本中，他详细叙述了内阁们的观点（与上面的描述类似）以及他自己的回应。然而，令人震惊的是，这个故事似乎是杜撰的。实际上并没有进行这样的讨论。当《波士顿爱国者报》（Boston Patriot）发表亚当斯的这个故事时，那些据称参与了讨论的人都对此感到震惊，他们相互交换了不满意见，甚至向亚当斯本人提出了抗议。[168]

亚当斯在特伦顿的实际行为，以及他的描述与事实情况的出入，这两点可能都涉及另一件事，那就是约翰·亚当斯与亚历山大·汉密尔顿在10月10日至16日之间的一次会面。除亚当斯本人的叙述之外，我们没有其他关于此次会面的记载，但除了可能有一两处稍有美化之外，故事的主要框架似乎是基本准确的。亚当斯认为，汉密尔顿来特伦顿的唯一目的就是说服他放弃派遣使团，因此，当在城里见到汉密尔顿时，他感到颇为不悦。但实际上，汉密尔顿此行是为了与战争部协调詹姆斯·威尔金森（James Wilkinson）将军在西部的军队部署事宜，他甚至在到达前都不知道总统也打算去特伦顿。尽管如此，这次谈话确实进行了，汉密尔顿也的确提出了暂缓使团任务的理由。亚当斯回忆称，汉密尔顿情绪激动，而"我听着他说"——亚当斯讲述自己的故事时经常使用这种让自己作为故事叙述者的方式——"以非常冷静、愉悦的心情"。他引述了汉密尔顿的话：

> ［皮特下定决心］"恢复波旁王朝，还有两个王室也有同样的目标，他们［法国］的敌人取得了胜利，在我的特使到达凡尔赛之前，路易十八可能已经重登宝座。此时向督政府派遣使团可能会引发他们的不满"。此外，汉密尔顿还自信满满地提出了其他二十多条荒唐的理由。

亚当斯以其一贯的温和与理性回应了汉密尔顿的所有观点，但他记录道，"我一生中从未听过有人说话这般愚蠢"。[169]

至少有一种解读似乎颇为合理：亚当斯所描述的内阁会议实际上是他与汉密尔顿的会谈。本杰明·斯托德特在几年后阅读亚当斯的叙述时，向他指出了这个问题。斯托德特写道："内阁与您会面是为了讨论给特使的指令，而非讨论是否应该派遣使团的问题；我相信您将汉密尔顿将军和其他人在特伦顿与您的谈话，错误地放在了内阁成员身上。"[170]

另一种解读可能并不十分明确，但或许值得一提，因为它与约翰·亚当斯的思想和性情的变化相吻合。如果需要一个推动因素来消除亚当斯对于派遣使团的疑虑和犹豫，那么亚历山大·汉密尔顿在特伦顿的意外出现极有可能就是这个推动力——因为这个人，是亚当斯在全世界最厌恶的人。[171]

注释

1. *AC*, 5 Cong., 2 Sess., 963–964; Jefferson to Madison, Feb. 8, 1798, *WTJ*, VII, 196. 勒通布致塔列朗的上述信件参见 CFM, pp. 1094–1096。
2. 关于马修·里昂及其行为，参见下文第十五章。
3. 关于众议院就里昂—格里斯沃尔德事件的辩论，以及削减外交使团和废除印花税的讨论，参见 *AC*, 5 Cong., 2 Sess., 955–969, 961–962, 964–1029, 1034, 1036–1043, 1048–1058, 1063–1068（里昂—格里斯沃尔德）; 849–945, 1058, 1083–1143, 1145–1200（外交事务）; 1069–1083, 1097–1098（印花税）。
4. Abigail Adams to Eliza Peabody, Feb. 13, 1798, Shaw Family Papers, LC.
5. *ASP: FR*, II, 151–152.
6. Adams to Heads of Department, Jan. 24, Mar. 13, 1798, *WJA*, VIII, 561–562, 568. 回复的摘要参见同上，562–563n. and 568–569n。另参见下文的注释9。
7. Malone, *Jefferson*, III, 370–371.
8. Gerard H. Clarfield, *Timothy Pickering and American Diplomacy, 1795–1800*（Columbia, Mo., 1969）, pp. 144–147.
9. McHenry to Adams, Feb. 14, Mar. 14, 1798; Charles Lee to Adams, Mar. 8, 14, 1798; Wolcott to Adams, Mar. 15, 1798（在 Gibbs, *Memoirs*, II, 14–15 中的日期错为3月19日）; APM, reel 387。麦克亨利2月15日的信与汉密尔顿致麦克亨利的信 [1798年1月27日至2月11日] 中的观点和实际措辞非常相似，参见 *PAH*, XXI, 341–346。
10. 例如 Reginald C. Stuart, *War and American Thought: From the Revolution to the Monroe Doctrine*（Kent, Ohio, 1982），探讨了作者所称的"有限战争心态"。
11. 这基本上是共和党的普遍看法。参见 John W. Kuehl, "The XYZ Affair and American Nationalism: Republican Victories in the Middle Atlantic States," *Maryland Historical Magazine*, LXVII（Spring 1972）, 2; Jefferson to Burr, June 17, 1797; to Gerry, June 21, 1797; to Edmund Randolph, June 27, 1797; to Arthur Campbell, Sept. 1, 1797; all in *WTJ*, VII, 145–49, 151, 155–156, 169–171, 218–221, 227–230。
12. McHenry to Adams, Feb. 15, 1798, APM, reel 387; Hamilton to McHenry, [Jan. 27–Feb. 11, 1798], *PAH*, XXI, 341–346.
13. Charles Lee to Adams, Mar. 8, 14, 1798; McHenry to Adams, Mar. 14, 1798;

APM, reel 387.

14. Notes for Message to Congress［无日期，但可能在1798年3月8日和3月19日之间］, APM, reel 387。

15. Wolcott to Adams, Mar. 15, 1798, Gibbs, *Memoirs*, II, 14-15; Adams, Message to Congress, Mar. 19, 1798, *ASP: FR*, II, 152.

16. 同上。

17. Jefferson to Madison, Mar. 21, 1798, *WTJ*, VII, 219.

18. *AC*, 5 Cong., 2 Sess., 1319-1320.

19. 同上，1349。

20. 同上，1357-1358。

21. 同上，1359-1371. Abigail Adams to J. Q. Adams, Apr. 4, 1798, APM, reel 388。关于贾尔斯和加勒廷的观点，参见 Abigail Adams to Mary Cranch, Apr. 4, 1798, *New Letters*, p. 151。决议以65∶27的投票结果获得通过；所有共和党人都投了赞成票，反对的27票都来自联邦党人，可能除了罗得岛的蒂林哈斯特（Tillinghast）以外。Rudolph M. Bell, *Party and Faction in American Politics: The House of Representatives, 1789-1801*（Westport, Conn., 1973）, pp. 166, 256-257。

22. *ASP: FR*, II, 153; DeConde, Quasi-War, pp. 72-73 and nn.

23. Jefferson to Madison, Apr. 6, 19, 26, 1798; to Peter Carr, Apr. 12, 1798; to Monroe, Apr. 19, 1798; to E. Pendleton, Jan. 29, 1799; *WTJ*, VII, 234-236, 238-246, 337. "在国会的两院中，民主党人几乎没有提出反对意见；而在国会之外，那些法国的崇拜者也正在迅速放弃他们的偶像。" Pickering to Washington, Apr. 14, 1798, Pickering Papers, XXXVII, MHS。关于联邦党在选举中的优势，参见 John W. Kuehl, "Southern Reaction to the XYZ Affair: An Incident in the Emergence of American Nationalism," *Kentucky State Historical Society Register*, LXX（Jan. 1972）, 2149。

24. Robert Troup to Rufus King, June 3, 1798, King, *King*, II, 329.

25. 阿比盖尔·亚当斯在给妹妹的信中写道："众多的来信使得总统时刻忙于回信，因为他要亲自回复每一封信。通过这种方式，他有机会更广泛地传播自己的观点，而这些观点也更有可能被人们阅读和重视。"英国公使罗伯特·利斯顿报告说："亚当斯先生每天早上从6点一直到中午12点或1点，都在写这些回信，这些回信经常与来信一样长。"阿比盖尔在7月中旬告诉她儿子，两个多月以来，

"他平均每天亲自回复4到5封信函"。Abigail Adms to Mary Cranch, May 18, 1798, *New Letters*, p. 175; Liston to Grenville, May 20, 1798, 引自 DeConde, *Quasi-War*, p. 403, n. 15; Abigail Adams to J. Q. Adams, July 14, 1798, APM, reel 390。

26. *WJA*, IX, 180-231转载了大量回信。报纸上也发表了大量的来信和回信,并将其编纂成书:*A Selection of the Patriotic Addresses to the President of the United States. Together with the President's Answers* ...(Boston, 1798)。来信和回信的原件均收录在APM, reels 388-390 and 119。

27. Abigail Adams to Eliza Peabody, June 22, 1798, Shaw Family Papers, LC; to Mary Cranch, May 21, 1798, *New Letters*, p. 178. "每天纷至沓来的大量信件让他花费很多时间回信。然而,这些信件证明了公众心满意足的感激和愉悦……" To Mary Cranch, May 13, 1798, 同上, p. 173。虽然负担沉重,但这是 "一份令人欣慰和愉悦的工作,因为这保证了他的行为和管理得到民众的认可、信任和满意"。To Eliza Peabody, June 22, 1798, Shaw Family Papers, LC。

28. *ASP: MA*, I, 120; AC, 5 Cong., 2 Sess., 2127, 3717, 3722-3727, 3733, 3747-3755; Smelser, *Congress Founds the Navy*, pp. 150-159; DeConde, *Quasi-War*, pp. 90-91.

29. *WJA*, IX, 291. 阿比盖尔·亚当斯的信件无疑表明了她的观点。她表示,"在国会通过《惩治煽动叛乱法》之前,任何措施都无法生效,我预测他们会在本届议会结束前通过此法案"。她补充说,这不是针对贝奇的报纸或《波士顿纪事报》(*Boston Chronicle*),"而是任何被认为是对总统和国会进行诽谤的内容都将受到起诉"。To Mary Cranch, Apr. 26, 1798, *New Letters*, p. 165. "在任何其他国家,贝奇和他所有的报纸都会被逮捕和没收,在这里也应该如此,但国会却迟迟没有通过一项法案,使总统不能逮捕可疑人员并扣押他们的报纸。" To Mary Cranch, June 19, 1798, 同上, p. 193。另参见同上, pp. 172, 179, 196。当国会最终休会时,她认为 "他们最后的行动可能是他们最好的措施之一,通过了《外侨法》和《惩治煽动叛乱法》,以及一个废除我们与法国之间所有条约和公约的法案……"。To Thomas Boylston Adams, July 20, 1798, APM, reel 390。

30. AC, 5 Cong., 2 Sess., 1571, 1580, 1778; James Morton Smith, *Freedom's Fetters: The Alien and Sedition Laws and American Civil Liberties* (Ithaca, N.Y., 1956), pp. 27-33.

31. 同上, p. 48。关于加勒廷反对最初版本的发言,以及他后来对针对最终版本进行表决的坚持,参见 *AC*, 5 Cong., 2 Sess., 1788–1790, 1792–1796, 2034–2035, 2049。

32. *Aurora*, May 8, 1798; Smith, *Freedom's Fetters*, pp. 59–93; Hamilton to Pickering, June 7, 1798, *PAH*, XXI, 495; *AC*, 5 Cong., 2 Sess., 1973–2029.

33. 同上, 596; *Aurora*, June 6, 1798; Smith, *Freedom's Fetters*, pp. 94–130; Hamilton to Wolcott, June 29, 1798, *PAH*, XXI, 522。

34. 参见第十五章注释25; *AC*, 5 Cong., 2 Sess., 2093–2116, 2133–2171。

35. 关于唱名表决的记录参见同上, 2171。四部法案的文本参见同上, 3739–3742, 3744, 3746, 3753–3754, 3776–3777, 以及 Smith, *Freedom's Fetters*, pp. 435–442。

36. *PAH*, III, 378–397; Richard W. Kohn, *Eagle and Sword: The Beginnings of the Military Establishment in America* (New York, 1975), pp. 47–48.

37. 同上, pp. 73–88。

38. Lois G. Schwoerer, *"No Standing Armies!" The Antiarmy Ideology in Seventeenth Century England* (Baltimore, 1974), p. 195.

39. Kohn, *Eagle and Sword*, pp. 60–62(引文在p.61)。

40. 同上, pp. 73–88。

41. 同上, pp. 91–127, 139–157, 174–189。

42. Madison to Jefferson, June 1, 1794, *PJM*, XV, 340.

43. J. Q. Adams to John Adams, Aug. 3, 1797, *WJQA*, II, 155–157; Kohn, *Eagle and Sword*, pp. 222–224.

44. 1798年7月16日批准"加强美国军队,以及为其他目的设立的法案"; 1798年5月28日批准"授权美国总统组建临时军队的法案"; *AC*, 5 Cong., Appendix, 3785–3787, 3729–3733。

45. Adams to Elbridge Gerry, May 3, 1797, APM, reel 117.

46. *ASP: MA*, I, 120–123.

47. *WJA*, IX, 194, 221.

48. *PJnMl*, III, 470–471; Jefferson to Madison, June 21, 1798, *WTJ*, VII, 272.

49. "The Stand," No. VI, Apr. 19, 1798, *PAH*, XXI, 437–438; Gilbert E. Lycan, *Alexander Hamilton and American Foreign Policy: A Design for Greatness* (Norman,

Okla., 1970), pp. 360–362; John Jay to William North, June 25, 1798, *CPJJ*, IV, 244–245.

50. DeConde, *Quasi-War*, pp. 103–106, 343, 411, n. 63, 412, n. 67; Kohn, *Eagle and Sword*, pp. 390–391n.; *AC*, 5 Cong., 2 Sess., 2114, 2120. 然而，阿比盖尔·亚当斯坚持认为，"除少数人外，美国各地的大多数民众都会全心全意地支持国会本可以做出的最果断的声明……但国会中的多数人并没有足够的坚定和决心来大胆地做出决定"。To J. Q. Adams, July 20, 1798, APM, reel 390。这当然是言过其实了。

51. Ames to Pickering, July 10, 1798, Ames, *Ames*, I, 233–234.

52. Abigail Adams to J. Q. Adams, July 14, 1798, APM, reel 390; to Mary Cranch, July 9, 1798, *New Letters*, p. 201.

53. Gardner W. Allen, *Our Naval War with France* (Boston, 1909), pp. 64–65.

54. Kuehl, "Southern Reaction to the XYZ Affair," 特别是25–26; *AC*, 5 Cong., 2 Sess., 1529–1531, 1646–1648, 1691–1692（哈珀关于法国入侵危险的演说）。

55. Kohn, *Eagle and Sword*, pp. 224–226; *AC*, 5 Cong., 2 Sess., 542–544, 546, 559–561, 1525–1545, 1561, 1594, 1631–1707, 1725–1772. 关于加勒廷和托马斯·萨姆特（Thomas Sumter）的内容参见同上，1743–1744, 1668。

56. 同上，3729–3733。

57. 同上，605, 609, 611, 613–614, 2084, 2088–2093, 2114, 2128–2132, 3785–3787; Kohn, *Eagle and Sword*, pp. 227–228。

58. "立场"（The Stand）系列文章最初发表在《纽约商业广告报》（*New York Commercial Advertiser*）上，重印在*PAH*, XXI, 386, 390–396, 402–408, 412–432, 434–447。Jay to Hamilton, Apr. 19, 1798; Hamilton to Jay, Apr. 24, 1798; 同上，433, 447。罗伯特·哈珀有一个计划，显然已原则上得到了总统的同意，即由汉密尔顿接替麦克亨利担任战争部长，但这个计划也没有实现。Harper to Hamilton, Apr. 27, 1798, 同上，449。

59. Hamilton to Washington, May 19, 1798; Washington to Hamilton, May 27, 1798; 同上，494, 500–506。

60. Hamilton to Washington, June 2, 1798, 同上，479。

61. Hamilton to Pickering, June 7, 8, 1798; Pickering to Hamilton, June 9, 1798; 同上，494, 500–506。

62. Adams to Washington, June 22, 1798, *WJA*, VIII, 572-573; Carroll and Ashworth, *Washington*, VII, 517-519.

63. Pickering to Washington, July 6, 1798, Sparks, ed., *Washington's Writings*, XI, 530-531.

64. Washington to McHenry, July 4, 1798; to Adams, July 4, 1798; to Pickering, July 11, 1798; *WGW*, XXXVI, 304-315, 323-327.

65. Washington to McHenry, July 5, 1798, 同上, 318; McHenry to Adams, July 12, 1798, Sparks, ed., *Washington's Writings*, XI, 533-534; Carroll and Ashworth, *Washington*, VII, 519-524; Steiner, *McHenry*, pp. 309-312.

66. Hamilton to Pickering, July 17, 1798; Pickering to Hamilton, July 18, 1798; Washington to Hamilton, July 14, 1798; *PAH*, XXII, 24-25, 17-21. 皮克林后来向汉密尔顿承认，为了避免搅浑水，他"隐瞒"了7月17日的信件，汉密尔顿在这封信中说，如果有需要的话，他愿意在诺克斯的领导下工作。Pickering to Hamilton, Aug. 21-22, 1798, 同上, 148。

67. Hamilton to Washington, [July 29-Aug 1, 1798], 同上, 36-40。Washington to Knox, July 16, 1798; Knox to Washington, July 29, 1798; *WGW*, XXXVI, 345-349。Pinckney to McHenry, Oct. 31, 1798, *PAH*, XXII, 202n。

68. Pickering to Washington, Sept. 13, 1798, Pickering Papers, IX, MHS; McHenry to Washington, Sept. 19, 1798, Sparks, ed., *Washington's Writings*, XI, 542-543.

69. 查尔斯·弗朗西斯·亚当斯（作为其祖父文献的出色编辑）给人的印象是：倘若没有内阁阴谋的干扰，华盛顿或许更倾向于任命诺克斯为副指挥官。但这似乎基本上是一厢情愿的想法。华盛顿8月9日给汉密尔顿的信表明，华盛顿或许可以被说服让诺克斯的排名高于平克尼，但肯定不会高于汉密尔顿，而且他7月9日已经告诉汉密尔顿，他将诺克斯排在"你们俩人的下面"。*PAH*, XXII, 62, 20; *WJA*, VIII, 590n。亚当斯的另一个困扰是，7月19日，主要由于皮克林的影响力，参议院驳回了他的女婿威廉·S.史密斯（William S. Smith）上校担任副官长的提名，理由是史密斯在商业交易中拥有不负责任的名声。亚当斯直到一段时间后才发现皮克林在这件事中的角色，但确切的时间不详。相关细节，参见Kohn, *Eagle and Sword*, pp. 233-234, 以及*WJA*, VIII, 618-619n。

70. Washington to Knox, Aug. 9, 1798, *WGW*, XXXVI, 396-401.

71. McHenry to Adams, Aug. 4, 20, 1798, APM, reel 390（在Sparks, ed., *Washington's*

Writings, XI, 543-544中也有详细的总结);Adams to McHenry, Aug, 14, 29, 1798, *WJA*, VIII, 580, 587-589。

72. McHenry to Adams, Sept. 6, 1798, Sparks, ed., *Washington's Writings*, XI, 546; Adams to McHenry, Sept. 13, 1798, *WJA*, VIII, 593-594。

73. 关于这些辞职或拒绝服务的威胁(含蓄地或以其他方式提出),参见Hamilton to McHenry, Sept. 8, 1798, *PAH*, XXII, 177; Knox to Washington, July 29, 1798, *WGW*, XXXVI, 347-349; Knox to McHenry, Aug. 5, 1798, *PAH*, XXII, 69-71; Knox to Washington, Aug. 26, 1798, Sparks, ed., *Washington's Writings*, XI, 538-540; Washington to Adams, Sept. 25, 1798, 及Washington to McHenry, Sept. 26, 1798(其中他提到可能我需要"选择最后一步"), *WGW*, XXXVI, 453-463; McHenry to Adams, Sept. 6, 1798, Sparks, ed., *Washington's Writings*, XI, 546; *WJA*, VIII, 588。

74. Wolcott to Adams, Sept. 17, 1798, Gibbs, *Memoirs*, II, 93-99.

75. Adams to Wolcott, Sept. 24, 1798(没有寄出), *WJA*, 601-604; to McHenry, Sept. 30, 1798, Steiner, *McHenry*, p. 341。

76. McHenry to Washington, Sept.19, 1798, Sparks, ed., *Washington's Writings*, XI, 542-547; Washington to Adams, Sept. 25, 1798, *WGW*, XXXVI, 453-462.

77. Adams to Washington, Oct. 9, 1798, *WJA*, VIII, 600-601.

78. Adams to McHenry, Oct. 22, 1798, 同上, 612-613。

79. June 21, 1798, 同上, IX, 159。

80. Billias, *Gerry*, pp. 290, 294-295.

81. 6月1日,鲁弗斯·金发来一些公文,其中有平克尼的一封信,报纸对这封信进行了报道,信中第一次暗示了格里打算留下。King to Pickering, Apr., 16, 1798; Pinckney to King, Apr. 4, 1798; King, *King*, II, 317, 303-304(原件上的批注为6月1日收到; Pickering Papers, XXII, MHS); *Philadelphia Aurora*, June 4, 5, 1798; Abigail Adams to William Smith, June 4, 1798, Smith-Carter Collection, MHS。贝奇的引文载于1798年6月6日的《曙光》。关于阿比盖尔·亚当斯提到总统及她对格里行为看法的其他信件,参见Letters to Mary Cranch, June 4, 13, 19, 25, 1798, *New Letters*, 186, 192, 194, 196; to William Smith, June 9, 1798, Smith Carter Collection, MHS; to Eliza Peabody, June 22, 1798, Shaw Family Papers, LC。

82. Pickering to King, June 12, 1798, King, *King*, II, 347; Pickering to Commissioners, Mar. 3, 1798, *PJnMl*, III, 422-424（另参见*ASP: FR*, II, 200-201）; Pickering to Gerry, June 25, 1798, *ASP: FR*, II, 204; Pickering to Benjamin Goodhue, Sept. 11, 1798, Pickering Papers, IX, MHS。

83. Murray to J. Q. Adams, Worthington C. Ford, ed., "Letters of William Vans Murray to John Quincy Adams, 1797-1803," *AHA: AR 1912*, 393; King to Pickering, June 14, 1798, King, *King*, II, 349; J. Q. Adams to Murray, Apr. 27, 1798, *WJQA*, II, 281-282.

84. Gerry to Pickering, Oct. 1, 1798; Talleyrand to Gerry, June 27, 1798; *ASP: FR*, II, 204-206, 215.

85. Gerry to Pickering, Oct. 1, 1798, 同上, 206-208; 另参见随附信函, 208-227。

86. Murray to Adams, July 17, 1798, *WJA*, VIII, 680-684; Richard Codman to H. G. Otis, Aug. 26, 1798, Samuel E. Morison, *Life and Letters of Harrison Gray Otis, Federalist, 1765-1848*（Boston, 1913）, I, 168-170.

87. 格里将这些通信和他自己10月1日的报告一起转给了皮克林，美国直到10月份才正式收到这些信函，而塔列朗之前已经把有关的副本寄给了勒通布，并指示安排发表。部分内容刊登在1798年8月31日和9月1日的《曙光》上；更多内容刊登在11月1日，这是该报在9月10日因贝奇去世而暂停出版后重新恢复出版的日期，另外还有很多内容刊登在11月3日。关于默里7月17日信件的引用内容，参见*WJA*, VIII, 682; 其他类似的私人信件（7月22日，8月3日），每一封都表达了怀疑的态度，参见同上, 685-687。默里写给皮克林的信件差不多也是同样的内容，Aug. 10, 1798, "Letters of Murray," 452。

88. Stinchcombe, *XYZ Affair*（Ch. 5, "A Member of the American Club"）, 特别是pp. 81-88。

89. Adams to Members of Cabinet, Oct. 10, 1798; to Pickering, Oct. 20, 1798; *WJA*, VIII, 602-604, 609-610.

90. Wolcott to Adams, Nov. 26, 1798, Gibbs, *Memoirs*, II, 168-171; McHenry to Adams, Nov. 25, 1798; Lee to Adams, Oct. 27, Nov. 1, 1798; Stoddert to Adams, Nov. 23, 25; Pickering to Adams, Nov. 5, 27, 1798; APM, reels 391, 392. 斯托德特11月23日的信参见Gibbs, *Memoirs*, II, 115-117。

91. Jefferson to Madison, Jan. 3, 1799, *WTJ*, VII, 313. 从后来亚当斯在"致《波士顿

爱国者报》的信"和C.F.亚当斯的随注中提供的证据来看，很显然，当时身在费城的汉密尔顿对内阁会议上发生的一切都了如指掌。*WJA*, IX, 304-308 and nn。但是，对于亚当斯应该在演讲中说些什么，内阁成员是否需要汉密尔顿的建议（类似于汉密尔顿之前给麦克亨利的建议），或者说汉密尔顿是否感到提供此项建议的紧迫性，这一点值得怀疑。关于这个问题，我们没有找到任何证据。我们推断内阁成员看了其他人对亚当斯10月10日信件的回复，是基于斯托德特于1798年11月27日致沃尔科特的一封信（参见Gibbs, *Memoirs*, II, 115），以及皮克林和麦克亨利在格里问题和建议宣战问题上的想法不谋而合。

92. 查尔斯·弗朗西斯·亚当斯（参见*WJA*, IX, 131n.）等历史学家普遍认为，亚当斯最终演讲的内容主要是基于沃尔科特的信。尽管我们不愿意做出不同的推断，但事实上，亚当斯实际使用的是皮克林的版本，其中有许多内容与沃尔科特的版本不同——当然，除了亚当斯要求法国保证公使受到正式接待的这项广受关注的修改。亚当斯对皮克林的手写草稿做了极少量的编辑，收录于APM, reel 392。

93. *WJA*, IX, 128-134.

94. 同上，305-309 and nn。法国政府不太可能派一位公使去费城进行谈判，这一点在上述科德曼的信中已经提到。科德曼写道，尽管他努力劝说法国人这样做，"但似乎有人担心，以美国政府现任官员的脾气来看，法国公使不会受到欢迎，因此他们不愿意冒这个险"。Morison, *Otis*, I, 169。

95. Gallatin to his wife, Dec. 14, 1798, Adams, *Gallatin*, p. 223; Pickering to Murray, Dec. 11, 1798, Pickering Papers, X, MHS; Pickering to Cabot, Feb. 4, 1799, Lodge, *Cabot*, p. 216. 另参见Stephen Higginson to Pickering, Jan.1, 1799（总统的表态"太不同寻常了"），Pickering Papers, XXIV, MHS; Higginson to Wolcott, Feb. 14, 1799, Gibbs, *Memoirs*, II, 179-180; Pickering to Cabot, Feb. 26, 1799, Lodge, *Cabot*, pp. 223-224。杰斐逊承认亚当斯的演讲"非常温和，与他本人的风格大相径庭"，甚至《曙光》也对"演讲的简洁和相对温和"表示祝贺。Jefferson to Madison, Jan. 3, 1799, *WTJ*, VII, 313; *Philadelphia Aurora*, Dec. 10, 1798。"这里的雅各宾派，"威廉·肖写信给他的姨妈阿比盖尔说，"说他们并未多加指责这次演讲——参议员和众议员说这是他们记忆中听过最温和的演讲。我可以告诉你原因。雅各宾派知道总统一向倡议和推行坚定无畏的政策，而且对于应当采取的行动有着清晰的认知，他们认为（我相信他们也预期），总统

将建议美国向法国宣战,并会得到两院的响应。但事实让他们感到失望,当然他们有理由感到高兴——这意味着他们现在仍然可以推行其干预和安抚的政策。" William Shaw to Abigail Adams, Dec. 20, 1798, APM, reel 392。

96. 这份日期为1798年8月21日的请愿书是写给总统的。但与几乎所有其他信件不同的是,这份请愿书批评了政府的对法政策。皮克林在亚当斯缺席的情况下决定亲自回复,理由是他不能转发任何"可能侮辱我国总统"的内容。在他的回复中(9月29日发表,并被广泛转载),他谴责了法国政府及其在美国的支持者,并对法国政府最近与格里的交易进行了讽刺的评论。Upham, *Pickering*, III, 471–478。可以理解,写请愿书的自耕农被激怒了,他们的发言人随即回应了皮克林的回信; *Aurora*, Nov. 22, 1798。关于格里在这场争议中的角色,参见 Gerry to Adams, Oct. 20, 1798; Adams to Pickering, Oct. 26, 1798; Pickering to Adams, Nov. 5, 1798; *WJA*, VIII, 610–612, 614, 616。具体的争议点(如塔列朗的代理人再次索要钱财的晚宴是"私人"晚宴还是"公共"晚宴)过于琐碎,无法在此赘述。总之,尽管皮克林充满报复心,但他似乎至少在事实上是正确的,而格里则经常无中生有,在这场争议中表现不佳(关于相反的观点,参见 Billias, *Gerry*, pp. 293–294)。马歇尔的巴黎日记为皮克林提供了大量信息,但马歇尔不愿卷入这场争论,最后他亲自写信给格里,建议格里放弃争论。Pickering to Marshall, Nov. 5, 1798; Marshall to Pickering, Nov. 12, 1798; Marshall to Gerry, Nov. 12, 1798; *PJnMl*, III, 520–528。

97. Abigail Adams to John Adams, Jan. 25, 1799, APM, reel 393; Billias, *Gerry*, p. 295; William Shaw to Abigail Adams, Jan. 15, 1799, APM, reel 393; Gerry, Minutes of a Conference with the President, Mar. 26, 1799, Gerry Papers, LC; Adams to William Cunningham, Mar. 20, 1809, APM, reel 118(部分引用来自 Clarfield, *Pickering and American Diplomacy*, p. 198); Pickering to Adams, Jan. 18, 1799, *WJA*, VIII, 621–623。格里与塔列朗之间的通信和皮克林的报告分别于1月18日和21日提交给国会,并被立即发表,参见 *ASP: FR*, II, 204–238。皮克林对亚当斯修改他的报告愤愤不平,立即写信将这件事告诉了华盛顿、马歇尔、杰伊、卡伯特和杰迪代亚·莫尔斯(Jedidiah Morse)等人(Upham, *Pickering*, III, 386–390, Pickering Papers, X, MHS; Lodge, Cabot, p. 215);关于删除的段落,另参见 Pickering, *A Review of the Correspondence between the Hon. John Adams ... and the late William Cunningham, Esq., ... Beginning in 1803*,

and Ending in 1812 (Salem, 1824), pp. 128–132。

98. 例如，*Philadelphia Aurora*, Nov. 7, 16, 22, 30, 1798, Jan. 9, Feb. 1, 1799; Nathaniel Cutting to Jefferson, Aug. 27, 1798（11月22日收到），Jefferson Papers, LC。这些公开发表的信件都没有署名，而是落款"一位在法国受人尊敬的美国人写给他在本市的一位商人朋友"，或"一位在巴黎的美国绅士写给巴尔的摩的一位商人"，等等。日期分别为1798年8月24日、26日、27日、30日，9月10日和11月5日。从这些日期来看（也许除了最后一两个日期），这个群体在8月的最后一周一定很忙，可能是受到了洛根医生当时寻求和平的行动的鼓舞（见下文）。

99. Frederick B. Tolles, *George Logan of Philadelphia* (New York, 1953), pp. 153–204.

100. Samuel F. Bemis, *John Quincy Adams and the Foundations of American Foreign Policy* (New York, 1949), pp. 99–101. William Shaw to Abigail Adams, Jan. 15, 1799; John Adams to Abigail Adams, Jan. 16, 1799; APM, reel 393.

101. 早期关于纳尔逊胜利的传言被《曙光》斥为"天方夜谭"（11月16日）；11月21日，一艘美国双桅船抵达格洛斯特，证实了早先的消息；11月30日，官方消息抵达纽约；12月3日，费城发表了完整的报道。*Aurora*, Nov. 30, Dec. 3, 1798, Adams to McHenry, Oct. 22, 1798, *WJA*, VIII, 613; William Shaw to Abigail Adams, Nov. 25, 1798, APM, reel 392。

102. Richard R. Beeman, *The Old Dominion and the New Nation, 1788–1801* (Lexington, Ky., 1972), pp. 188–194; Malone, *Jefferson*, III, 399–407; *PAH*, XXII, 454n.

103. 其中一些请愿书刊登在1799年1月22日、30日和2月12日的《曙光》上；另参见 *AC*, 5 Cong., 2 Sess., 2807, 2817, 2906, 2934, 2955, 2959, 2985。

104. McHenry's Report on Reorganization of the Army, Dec. 24, 1798, *ASP: MA*, I, 124.

105. 同上，124–129。华盛顿致麦克亨利的三封信，日期均为1798年12月13日，*PAH*, XXII, 351–366; Kohn, *Eagle and Sword*, p. 245。

106. Hamilton to Gunn, Dec. 22, 1798; to Otis, Dec. 27, 1798, Jan. 26, 1799; to Sedgwick, Feb. 2, 1799; *PAH*, XXII, 388–390, 393–394, 440–441, 452–453.

107. 同上，440–441，453。

108. 这句话出自多年后亚当斯在晚年写给哈里森·格雷·奥蒂斯的一封信，May 9, 1823, APM, reel 124。他提到了汉密尔顿"写给一位众议员的信，其中包含一篇文章，描述了一套完整的国内外管理制度"。这种说法很令人困惑，因为这位老人要么是对某些事实记不清楚了，要么是将汉密尔顿的两封或多封信合并为了一封信，或者两者兼而有之（他的描述与汉密尔顿现存的任何一封信都不完全相符）；但他显然记得一些事情。S. E. Morison, *Otis*, I, 162 提到这一幕时，语气十分含糊，以致历史学家一直被误导，不知道这究竟发生在何时。

109. Sedgwick to Hamilton, Feb. 7, 1799, *PAH*, XXII, 416–471.

110. Gerry, Minutes of a Conference with the President, Mar. 26, 1799, Gerry Papers, LC. 亚当斯终其一生都坚信这一点。除了上文注释108引用的那封信，他还给奥蒂斯写了三封大意相同的信：Mar.16, 29, Apr.4, 1823, APM, reel 124。

111. Murray to Adams, Oct. 7, 1798, 随附 Talleyrand to Pichon, Sept. 28, 1798, *WJA*, VIII, 688–691；塔列朗信件的翻译件见 *ASP: FR*, II, 239–240。收到的确切日期不详；C. F. Adams, *WJA*, VIII, 688n 认为"一定是在2月初收到的"；DeConde, *Quasi-War*, 174 认为"显然是在2月1日"；Bowman, *Struggle for Neutality*, 366 认为"很可能"是在"2月15日至18日之间"。无论收到的日期是哪天，这份文件是与亚当斯1799年2月18日的附信一起提交的。

112. *ASP: FR*, II, 238–239.

113. Barlow to Washington, Oct. 2, 1798, Sparks, ed., *Washington's Writings*, XI, 561; Washington to Adams, Feb. 1, 1799, *WGW*, XXXVII, 120.

114. Adams to Washington, Feb. 19, 1799, *WJA*, VIII, 624–626.

115. *ASP: FR*, II, 239.

116. Pickering to King, Feb. 19, 1799, Pickering Papers, X, MHS; Pickering to Washington, Feb. 21, 1799, Washington Papers, LC; Liston to Grenville, Feb. 22, 1799, *PAH*, XXII, 494–495; Abigail Adams to John Adams, Mar. 3, 1799, APM, reel 393; Cabot to King, Mar. 10, 1799, King, *King*, II, 551（Cabot to Pickering, Mar. 7, 1799, Lodge, *Cabot*, p. 224 表达了类似的情绪）；Sedgwick to Hamilton, Feb. 22, 1799, *PAH*, XXII, 494; Gibbs, *Memoirs*, II, 203。关于亚当斯在这些和类似情况下的个人痛苦，参见 Shaw, *Character of John Adams*，特别是Ch.10。

117. Sedgwick to Hamilton, Feb. 25, 1799, *PAH*, XXII, 503; Sedgwick to John Rutherfurd, Mar. 1, 1799, Welch, *Sedgwick*, pp. 188–189n.; Upham, *Pickering*, III, 439–443; *ASP: FR*, II, 240; DeConde, *Quasi-War*, pp. 184–185, 432, n. 11.

118. *ASP: FR*, II, 240.

119. 同上，244; Patrick Henry to Pickering, Apr. 16, 1799, 同上，241; DeConde,

Quasi-War, pp. 187, 432–433nn。

120. 同上, p. 186; Adams to Pickering, Jan. 15, 1799, *WJA*, VIII, 621; 同上, IX, 251.; Gibbs, *Memoirs*, II, 248; Pickering to King, Mar. 12, 1799, King, *King*, II, 558。

121. Kohn, *Eagle and Sword*, pp. 246–249; Washington to McHenry, Mar. 25, 1799, *WGW*, XXXVII, 159。

122. Bradford Perkins, *The First Rapprochement: England and the United States, 1795–1805* (Philadelphia, 1955), pp. 95–98; Maitland to Henry Dundas, Apr. 20, 1799, 引自同上, p. 109; Hamilton to H. G. Otis, Jan. 26, 1799, *PAH*, XXII, 440–441。

123. Clarfield, *Pickering and the American Republic*, pp. 195–196; King to Pickering, Oct. 11, 1799, King, *King*, III, 123–124。

124. Murray to Pickering, Apr. 23, 1799, "Letters of Murray," *AHA: AR 1912*, p. 543; Pickering to Murray, July 10, 1799, 同上, 574。

125. H. C. Lodge, "Timothy Pickering," *Atlantic Monthly*, XLI (June 1878), 751. 这幅由皮尔绘制的肖像更为人所熟知,许多地方都有复制品,其中包括Alexander Deconde, *Quasi-War* 一书; 斯图尔特的肖像则出现在Gerard Clarfield, *Timothy Pickering and American Diplomacy* 一书中,以及同一作者的人物传记 *Timothy Pickering and the American Republic* 中。

126. 关于皮克林最好且最便捷的著作是上文提到的克拉菲尔德(Gerard Clarfield)的两卷著作,我们在此提供的简介主要参考了其中的第二卷。其他著作包括他的儿子奥克塔维厄斯·皮克林(Octavius Pickering)和查尔斯·厄本(Charles W. Upham)合著的四卷本 *Life of Timothy Pickering* (Boston, 1867–1873), 该书的文献资料内容丰富,但对皮克林个人生活和性格的描述却非常有限(从中很难看出他与亚当斯之间存在实质性的矛盾); 威廉·A.罗宾逊(William A. Robinson)在 *DAB* 上发表的文章; 以及一篇未发表的博士论文,即Edward H. Phillips, "The Public Career of Timothy Pickering, Federalist, 1745–1802" (Harvard, 1950)。皮克林的大量文稿收藏在马萨诸塞州历史学会,该学会为此出版了一本精美的580页索引, *Collections of the Massachusetts Historical Society*, 6th ser., VIII (Boston, 1896)。这些文稿还有一个缩微胶片版本,排列顺序与原件在MHS档案馆的归档顺序相同。关于皮克林的父亲和神职人员的引用内容,参见T. Pickering to James McHenry, Jan. 5, 1811, Steiner, *McHenry*,

p. 561。

127. Clarfield, *Pickering and the American Republic*, pp. 16–74，各处。以下三段内容参见同上，pp. 85–164。

128. 同上，p. 154；Hammond to Grenville, Jan. 5, 1795, Bernard Mayo, ed., "Instructions to British Ministers," *AHA: AR 1936*, III, 83n。

129. 例如，1796年3月5日汉密尔顿写给华盛顿的信中表示，"皮克林先生是一个非常值得尊敬的人，但他的脾气有些暴躁，需要……警觉而又缓和的监督"，并在随后的信中补充道，"这些观点不仅仅是我一个人持有"。Hamilton to Washington, Nov. 11, 1796, *PAH*, XX, 374, 390。

130. 关于年轻的加里森对皮克林及其原则的崇敬，参见 John L. Thomas, *The Liberator: William Lloyd Garrison, A Biography*（Boston, 1963），pp. 30, 32–34, 40, 42。

131. 虽然关于奥利弗·沃尔科特的公共生活，尤其是他在联邦政府的服务有相当多的记录，但没有出版过他的传记。现有资料包括本书多次引用的 Gibbs, *Memoirs*（1846），这是一本非常有用的资料汇编，其中有沃尔科特的孙子的睿智评论（如果有偏见也是可以理解的）；以及三篇未发表的论文：Frederick H. Schmauch, "Oliver Wolcott: His Political Role and Thought Between 1789 and 1800"（St. John's, 1969）；James Bland, "The Oliver Wolcotts of Connecticut: The National Experience, 1775–1800"（Harvard, 1970）；以及 William C. Dennis, "A Federalist Persuasion: The American Ideal of the Connecticut Federalists"（Yale, 1971），其中有两章关于沃尔科特的内容。

132. Samuel Wolcott, *Memorial of Henry Wolcott and Some of His Descendants*（New York, 1881），p. 228；Schmauch, "Wolcott," pp. 6–8。

133. 同上，pp. 10–17, et seq。

134. "总之，由于有些人不被接受，有些最合适的人明显失职，还有一些人存在不可接受的劣势，以及我希望（如果可行的话）对政府的高级职位进行地域分配，挑选合适的人选是一项艰巨的任务。"Washington to Hamilton, Oct. 29, 1795, *PAH*, XIX, 358。同年早些时候，威廉·万斯·默里（时任众议员）写道："在品格方面，我们确实在倒退。"To James McHenry, Jan. 1, 1795, Steiner, *McHenry*, p. 158。约翰·亚当斯在1796年2月6日写给阿比盖尔的信中说："这些职位再次确定了人选，但与杰斐逊、汉密尔顿、杰伊等人在这里时相比，情况是多么不同！"C. F. Adams, ed., *Letters of John Adams, Addressed to His Wife*

（Boston, 1848）, p. 195。

135. To O. Wolcott, Sr., Jan. 6, 1795, Gibbs, *Memoirs*, I, 178.

136. Jacob E. Cooke, *Tench Coxe and the Early Republic*（Chapel Hill, N.C., 1978）, pp. 300–307.

137. Bernard C. Steiner, *Life and Correspondence of James McHenr*（1907）是目前唯一一本关于麦克亨利的传记。这本书有很多优点，但如果能运用现代学术的处理方式，并尽可能提供一些解释性的内容，就更受欢迎了。关于麦克亨利作为战争部长的表现，有一些理性的讨论，参见 M. Howard Mattsson-Boze, "James McHenry, Secretary of War, 1796–1800"（未发表的论文, U. of Minn., 1965）; 以及 Richard H. Kohn, *Eagle and Sword* 的相关章节，特别是 Ch.12。

138. "柏拉图何其沉闷，其道德何其枯燥，/无法比拟森林中那缥渺的歌声"，Steiner, *McHenry*, p. 3。

139. 同上, pp. 1–18。

140. Frederick J. Brown, *A Sketch of the Life of Dr. James McHenry*（Baltimore, 1877）, p. 12。

141. McHenry to Hamilton, Aug. 11, 1782, *PAH*, III, 129.

142. Steiner, *McHenry*, pp. 41–60.

143. Hamilton to Washington, Nov. 5, 1795, *PAH*, XIX, 397; Washington to McHenry, Jan. 20, 1796, *WGW*, XXXIV, 423–424; McHenry to Washington, Jan. 21, 24, 1796, Steiner, *McHenry*, pp. 163–164.

144. Hamilton to Washington, July 29, 1798; Washington to Hamilton, Aug. 9, 1798; *PAH*, XXII, 35, 62–63. Kohn, *Eagle and Sword*, pp. 395, n. 12, 248.

145. Wolcott to McHenry, Apr. 9, 1804（"在我所有的朋友中，我把你排在第一位"）, Steiner, *McHenry*, p. 529; T. Pickering to Rebecca Pickering, Dec. 19, 1815, Upham, *Pickering*, IV, 269–270; Lafayette to McHenry, Dec. 22, Steiner, *McHenry*, pp. 573, 615。

146. Pickering to McHenry, Feb. 3, 1811, 同上, p. 568。

147. Wolcott to Ames, Dec. 29, 1799, Gibbs, *Memoirs*, II, 315.

148. 关于查尔斯·李的资料不多，仅有的一些信息大多来自 Richard A. Harrison, ed., *Princetonians, 1769–1775: A Biographical Dictionary*（Princeton, N.J., 1980）, pp. 493–499 by Wesley F. Craven, 以及 *DAB* by Maude H. Woodfin。其他

信息只能从有关李氏家族的著作中寻找，这些著作数量相当多，其中最近的一本是Paul C. Nagel, *The Lees of Virginia: Seven Generations of an American Family* (New York, 1990)。上述引文出自Charles Royster, *Light-Horse Harry Lee and the Legacy of the American Revolution* (New York, 1981), p. 118。

149. Woodfin, "Charles Lee," 101; Washington to Lee, Nov. 19, 1795, *WGW*, XXXIV, 365-366.

150. Norman K. Risjord, *Chesapeake Politics, 1781-1800* (New York, 1978), pp. 432, 457-458; R. H. Lee to Richard Bland Lee, Feb. 4, 1794, James C. Ballagh, ed., *The Letters of Richard Henry Lee* (New York, 1914), II, 564; Carroll and Ashworth, *Washington*, VII, 393-394.

151. Wolcott to Ames, Dec. 29, 1799, Gibbs, *Memoirs*, II, 315; Carroll and Ashworth, *Washington*, VII, 354.

152. Lee to Adams, Mar. 14, 1799, *WJA*, VIII, 628.

153. Wolcott to Ames, Dec. 29, 1799, Gibbs, *Memoirs*, II, 315.

154. Harriot S. Turner, "Memoirs of Benjamin Stoddert, First Secretary of the United States Navy," *Columbia Historical Society Records*, XX (1917), 141-166; Stoddert to John Templeman [c. 1804], Wilhelmus B. Bryan, *A History of the National Capital* (New York, 1914), I, 98.

155. Stoddert to Francis Lowndes, May 26, 1798, Turner, "Memoirs," 152.

156. Talleyrand to Murray, May 12, 1799, *ASP: FR*, II, 243-244; Pickering to Adams, July 31, 1799; Adams to Pickering, Aug. 6, 1799, *WJA*, LX, 10-12.

157. C. F. Adams, 同上, IX, 12n.; Adams to William Cunningham, Nov. 7, 1808, E. M. Cunningham, ed., *Correspondence Between the Hon. John Adams ... and the Late Wm. Cunningham, Esq., Beginning in 1803, and Ending in 1812* (Boston, 1823), p. 46; Jacob E. Cooke, "Country Above Party: John Adams and the 1799 Mission to France," Edmund P. Willis, ed., *Fame and the Founding Fathers* (Bethlehem, Pa., 1967), pp. 66-67.

158. Higginson to Pickering, Aug. 7, 1799, "Letters of Stephen Higginson," *AHA: AR*, 1896, I, 822. 另参见memorandum of George Cabot, Sept. 22, 1799, Lodge, *Cabot*, pp. 238-240。

159. Peter P. Hill, *William Vans Murray, Federalist Diplomat: The Shaping of Peace*

with France, 1797–1801（Syracuse, N.Y., 1971），p. 155；Gibbs, *Memoirs*, II, 264–265. 1799年8月26日的《美国公报》和8月27日的《曙光》上都刊登了督政府动荡的消息。

160. Pickering to Adams, Sept. 11, 1799, *WJA*, IX, 23–25.
161. 埃尔斯沃思对派遣使团的看法，以及他与其他人就这些观点进行沟通的方式，可参见以下信件：Pickering to Cabot, Feb. 26, Sept. 13, 29, 1799, Lodge, *Cabot*, pp. 224, 235–237, 243；Cabot to Pickering, Sept. 23, Oct. 16, 1799, 同上, pp. 242, 247；Ellsworth to Pickering, Sept. 19, 20, 26, Oct. 1, 5, 1799, Pickering Papers, XXV, MHS；Ellsworth to Wolcott, Sept. 20, Oct. 1, 1799, Gibbs, *Memoirs*, II, 265–267；Ellsworth to Adams, Sept. 18, 1799, and Adams to Ellsworth, Sept. 22, 1799, *WJA*, IX, 31, 34–35。
162. Higginson to Pickering, Aug. 22, 1799, "Letters of Higginson," pp. 823–824.
163. Troup to King, Apr. 19, 1799, King, *King*, II, 597. Uriah Forrest to Adams, Apr. 28, 1799；Adams to Forrest, May 13, 1799；*WJA*, VIII, 637–638, 645–646. C. F. Adams in 同上, I, 551, VIII, 638n。
164. Lee to Adams, Oct. 6, 1799；Stoddert to Adams, Aug. 29, 1799；Adams to Stoddert, Sept. 4, 1799；同上, IX, 38, 18–19。
165. 同上, IX, 25–29, 33–34。
166. 同上, IX, 30；Higginson to Wolcott, Sept. 16, 1799, Gibbs, *Memoirs*, II, 262–263。另参见 Higginson to Pickering, Sept. 20, Oct. 3, 1799, "Letters of Higginson," pp. 827–828。
167. Cooke, "Country Above Party," pp. 68–69.
168. 这三个版本分别是：（1）亚当斯撰写的一篇文章，作为对汉密尔顿《亚历山大·汉密尔顿关于美国总统约翰·亚当斯的公共行为和性格的信》（1800年10月24日）的回应，该文章被 C. F. 亚当斯引用于 *WJA*, IX, 255–256 的注释中；（2）1809年发表的"致《波士顿爱国者报》的信件"的第六封，收录于 *WJA*, IX, 253–255；以及（3）Adams to William Cunningham, Jr., Nov. 7, 1808, Cunningham, *Correspondence*, pp. 47–48。关于内阁对《波士顿爱国者报》上的信件的反应，参见 McHenry to Pickering, Feb. 23, 1811, Lodge, *Cabot*, p. 208；Stoddert to Adams, Oct. 12, 1809, 同上, pp. 200–203；Stoddert to McHenry, Apr. 14, 1810, Steiner, *McHenry*, p. 557。在这些信件引起对这件事的关注之前，亚

当斯在与他们的会面中从未询问过他们对暂缓使团的意见,这一点已经得到了充分的证实。例如,参见 Wolcott to Hamilton, Oct. 2, 1800, *PAH*, XXV, 141; Wolcott, "Notes on the negotiation with France, written January, 1800"; Pickering to Washington, Oct. 24, 1799; Gibbs, *Memoirs*, II, 279-280。

169. 引文出自 Adams to William Cunningham, Jr., Nov. 7, 1808, Cunningham, *Correspondence*, p.48;"致《波士顿爱国者报》的信件"的第六封信中也有类似内容,参见 *WJA*, IX, 254-255;阿比盖尔·亚当斯也提到过这次会面,参见 A. Adams to Mary Cranch, Dec. 30, 1799, *New Letters*, p. 224;汉密尔顿本人也提到过这件事,参见 *Letter on John Adams*, *PAH*, XXV, 219。汉密尔顿前往特伦顿完全是因为军队事务,他对总统的意图一无所知,这一点的证据相当有说服力。参见 *Letter on John Adams*, 同上, 221; McHenry to Pickering, Feb. 3, 1811, Lodge, *Cabot*, pp. 209-210; Cooke, "Country Above Party," pp. 69-70n。
170. Stoddert to Adams, Oct 12, 1809, Lodge, *Cabot*, p. 203.
171. "汉密尔顿又一次像幽灵一样出现在他面前。在那里见到他,这个阴谋家……唤起了他心中潜伏的猜疑恶魔,从那一刻起,他变得无法控制自己了。"Gibbs, *Memoirs*, II, 276。

第十四章
和解方案

第一节　海上准战争

17世纪90年代美国与法国之间发生的冲突，虽然备受关注，但令人意外的是，大多数概述鲜有提及由这些冲突所引发的实际的敌对行动、发生冲突的具体战场，以及孕育这些冲突并决定其特点的总体军事、政治、经济和社会背景。这到底是一场什么样的"战争"，它又是如何发生的呢？与英国签订的《杰伊条约》，通常被视为这一系列事件的起点，但实际上，它与这些冲突的关系不大。从更广泛的角度来看，美国与法国本土之间的官方关系在推动事态走向危机的过程中只是一个次要因素，真正的关键所在是法属西印度群岛。那里的社会动荡和革命氛围，再加上英国军队的入侵，孕育出一种特殊的动力，而巴黎的督政府对此束手无策，也没有进行干预的意愿，仅偶尔以一种敷衍的态度介入。如前文所述，这给美国的商船运输带来了近乎灾难性的打击。在这种极端复杂的局势下，这些主要因素直接决定了即将进行的埃尔斯沃思—默里—戴维使团赴法任务的重要性。

如果说在18世纪末，美国政府有任何一项举措可以被评价为近乎圆满成功——无论是从策略实施、目标达成上看，还是从所克服的种种困难上看——那就是创立了美国海军，并在随后的两年半时间里成功地塑造了其运作方式。推动这项举措的人及其核心人物，并非某位舰队指挥官或任何类型的海军专业人士，而是一名文职官员，他就是首任海军部长本杰明·斯托德特。由于这项任务的特殊性，斯托德特承担了全部的监督职责，幸运的是，斯托德特精力充沛、足智多谋。独立战争后，陆军至少还名义上存在，而海军则不同，无论是人员还是船只都已不复存在，几乎一切都需要从零开始。

例如，根据1794年《海军法案》（Naval Armament Act）任命的6艘护卫舰的舰长，他们的经验大都来自商业航运。诚然，他们都曾参加过独立战争，要么是作为私人船只的船员，要么是在大陆海军的战舰上服役。但在独立战争结束后，海军被解散，他们都重新回到商业船队，在1798年之前的15年里，他们中没有任何人在军用船舰上服过役。事实上，6名海军军官都没有指挥过与新的重型护卫舰相似的舰船，其中只有托马斯·特拉克斯顿（Thomas Truxtun）在准战争时期崭露头角，曾指挥过私掠船，但他从未获得过海军的正式委任。[1]这更加说明了一个事实：1798年组建海军部时，既没有类似海军上将这样的高级指挥官，也没有专业的海军队伍。事实上，那些通常由专业人员承担的职能，几乎全部由斯托德特部长负责。他不仅要负责建造和采购更多的舰船，选拔新的指挥官，还要管理整个海军的装备和物资补给。此外，在制定海军战略和领导海军行动方面，他也起到了决定性的作用。

1798年6月18日，斯托德特上任。此时，海军除了4周前刚投入使用的一艘由商船改装的船只外，在海上没有任何其他舰船，尽管另外3艘新护卫舰已近乎完工。这3艘护卫舰是根据1794年国会批准的计划建造的，旨在对抗巴巴里国家在地中海的掠夺活动。该法案规定建造6艘护卫舰,护卫舰的建造、装备和人员配备由战争部负责。所有6艘护卫舰的建造工作于1795年开始,但根据同一项法案中的条款,在同年9月与阿尔及尔达成和平协议后,建造护卫舰的工程暂停(如果没有这样的条款,该法案根本不可能获得通过)。然而,华盛顿总统不愿放弃这一计划,并于1796年达成了一项妥协方案,使得其中的3艘护卫舰——"宪法号"(*Constitution*)、"美利坚合众国号"和"星座号"(*Constellation*)——最终得以完工。尽管在建造过程中遇到了种种困难,但事实证明这些护卫舰的设计和建造都非常出色。华盛顿和战争部长诺克斯幸运地聘请到了费城的造船专家约书亚·汉弗莱斯(Joshua Humphreys)担任首席海军造船师。汉弗莱斯不仅思维敏捷,而且充满想象力,他对战舰的各个方面显然都有深入的研究。汉弗莱斯有一个简单但深刻的理论:如果这些战舰值得建造,那它们就应该比任何其他国家的同类战舰都更强、更快、更重、更高效。华盛顿和诺克斯愿意在法律允许的范围内,给予汉弗莱斯最大的自由度以实现这一构想。与此同时,汉弗莱斯也坚信,他设计的44门大炮的军舰,完全有能力与任何64门大炮以下的战舰抗衡。"星座号"于1798年6月24日首次出海,"美利坚合众国号"和"宪法号"也分别于7月7日和7月23日开始首航。1798年夏天,斯托德特开始其工作时,他手头拥有的就是这样一支有潜力但规模很小的海军队伍。[2]

在建立海军力量方面,随着"XYZ事件"的曝光,国会在危机氛围中变得极为慷慨,批准提供所需资源。从4月至7月,国会相继通过一系列法案,批准建造3艘新护卫舰,并通过接受赠送或购置的方式再添6艘护卫舰,以及40多艘等级较低的船只,如单桅船、双桅船、纵帆船和大划桨船;允许商船配备武器;向私人武装船只发放委任状;以及建立一支海军陆战队。[3]斯托德特抓住了这一时机,充分发挥了赋予他的权力。到1798年底,他已经开始起草在和平时期建立永久性的海军编制的计划。该编制除了涵盖所有级别的军舰外，还将包括一支海军舰队，由配备74门炮的炮舰组成。上任之初，斯托德特就着手与现有的造船设施所有者建立合作关系，他联系了之前由战争部为大西洋重要港口委任的5名海军代理人，并亲自为一些规模较小的造船中心指派了特别代理人。他赋予这些代理人广泛的责任，包括采购材料、加快船只建造进度、购买和改装已完工的船只，以及招募船员。同时，斯托德特还凭借自己丰富的作为商船主的经验，确保舰船的建造符合适当的标准，配备得当的人员，并确保政府在这些投资中能够获得与他个人商业活动相当的丰厚回报。[4]

那年初春，整个沿海地带都陷入了一种近乎绝望的状态。自上年初以来，法国的私掠船已经扣押了330多艘美国船只。进出口均大幅下降，而航运保险的费率则从1796年夏季的平均不超过6%，激增至1798年初的30%~33%。前往牙买加的航线保险费甚至高达船舶和货物总价值的40%。[5]当时，法国巡洋舰的活动范围不再局限于加勒比海和大西洋外海，它们实际上已经开始侵袭美国沿海，并在长岛湾或特拉华湾的入口等重要水域移动徘徊，伺机袭击那些毫无防备的出海船只。因此，在缺乏合法的防御措施，且海上没有任何美国海军舰艇的情况下，美国商船得不到任何保护。这种可怕的无助感不仅困扰着海运业，而且影响到了整个南部沿海地区，有关法属西印度群岛即将入侵美国的传言也越来越多。4月份时，罗伯特·古德洛·哈珀向众议院宣告了一个确定的消息：恶名昭彰的维克托·于格（瓜德罗普岛上的法军指挥官，因其在那个不幸之岛上的暴行而臭名远扬）已经做好准备，"率领其麾下最精锐的5000名士兵……只等一声令下，他就会向南方州发起进攻"。就连亨利·诺克斯这样的资深将领也受到这种狂热情绪的影响。诺克斯在6月份曾警告亚当斯总统，法国人有可能迅速地"利用从我国公民那里劫掠的船只，输送一支由10000名黑人和有色人种组成的军队。他们可能会在南卡罗来纳州或弗吉尼亚州的无防御区域登陆。在这种情况下，奴隶们会立即加入他们，从而大大增强他们的兵力。我认为，此种设想并不过于夸张"。[6]

事实上，这种设想确实"过于夸张"。西印度群岛的任何人都不大可能真的考虑进行如此冒险的远征，因为这样的行动势必会让整个美国社会团结起来，对抗法国及其所有领地，而且他们可能还会得到英国的支持。诚然，最近抵达圣多明各的督政府代表加布里埃尔-泰奥多尔·埃杜维尔（Gabriel-Théodore Hédouville）将军曾试图诱使杜桑·卢维杜尔考虑入侵牙买加，甚至入侵美国。但杜桑十分精明——他当时正忙于巩固自己在岛上的统治地位——他似乎即刻识破了这一计划的真实意图，即它并非主要针对法国的敌人，而是设计陷害他，就像是把他扔入狼群中一样。[7]

然而，另一方面，在法属西印度群岛上活动的海盗行径也的确给美国沿海地区带来了威胁。因此，本杰明·斯托德特将所有的注意力和精力都集中到这个问题上。他开始采取行动，利用国会授予行政部门的资源与权力，迅速整顿了美国沿海地区。他下令在商船上装配大炮，购买旧商船并将其改装为装备齐全的单桅战舰，这就让法国私掠者在美国水域行动的风险大增，而且无利可图。一个典型的成功案例是：7月7日，"信念号"（Croyable）纵帆船在新泽西海岸附近受到诱导，试图追击由老斯蒂芬·迪凯特（Stephen Decatur, Sr.）船长指挥的"特拉华号"（Delaware）。由于距离较远，"信念号"没有察觉到"特拉华号"已经由商船改装为一艘配备了20门大炮的战舰。最终，纵帆船"信念号"被轻松俘获，并被纳入美国海军。到了仲夏，3艘护卫舰和几艘辅助战舰已经开始在从乔治河到圣玛丽河的整个海岸线巡逻，对这支规模虽小但不断壮大的舰队来说，这相当于一次试航。斯托德特现在对美国能够控制自己的海岸线有了充分信心，因此在7月初，他决定派遣新入列的"美利坚合众国号"战舰，在舰长约翰·巴里（John Barry）的带领下，前往加勒比海执行一次短途巡航任务。斯托德特后来告诉总统："通过在敌人自己的地盘上频繁地攻击法国巡洋舰，至少能在一定程度上遏制他们入侵我们的领地……"[8]

1798年夏季至初秋，美国海军的实质性军事行动并不多。在此时期，美国海军成功俘获的法国私掠船的数量有限，而"在敌人自己的地盘上"对付法国私掠船的挑战仍处于起步阶段。然而，春季和夏初时的恐慌情绪已基本消散。几艘重型护卫舰建成，以及公众意识到在深秋或冬季瓜德罗普岛或圣多明各发动入侵的可能性微乎其微（无论最终的可能性有多大），再加上纳尔逊于8月在阿布基尔海战中击败拿破仑舰队的消息，所有这些都让人感到非常安心。

这场"战争"尚未进入高潮，它还要持续近两年的时间，贯穿1799年至1800年的大部分时间。但这算是一场"真正的"战争吗？它当然是一场战争，但又是一场极不寻常、几乎独一无二的战争，这使我们很难从战争本身或外交角度对它进行令人满意的思考和分类。与常规战争的记录相比，这场战争缺少一些构成其主要结构和重要意义的元素。它没有正式的宣战；它既不是为了取得胜利，也不是出于报复；它的战略不是进行战斗，也并非以法国军舰为"敌人"，除非在某些特殊情况下。在这场准战争的整个过程中，法国和美国的官方船舰仅有三次实际的交锋。根据美国法律，私掠船被禁止攻击法国的非武装船只。这场准战争的目的是以谨慎、有节制的方式保障美国海外商业活动的安全。所有这些都意味着，衡量战争成功与否的标准，不是击沉法国军舰的数量，甚至也不是俘获商业掠夺者的数量，而主要是保险费率的波动。

此外，有充分理由表明：严格意义上，这场准战争并不是主权国家间的外交僵局导致的，尽管人们往往倾向于这样理解。

1796年9月1日，时任驻法公使的詹姆斯·门罗在得知法国因不满《杰伊条约》有意召回其驻美公使后，给他的朋友麦迪逊写了一封私人信件，信中写道："我已成功地使他们推迟了七个月，阻止了他们原本想要立即采取的行动。"[9]门罗指的是法国在1796年7月2日颁布的法令（后来法国又在1797年3月2日颁布了另一项法令），这些法令为1796年中期至1798年间，法国对美国商业的大规模掠夺提供了依据。由此看来，法国人进行这些掠夺行为的直接原因似乎是，他们认为美国与其敌人英国达成的全面谅解协议对法国构成了侮辱和伤害，因此作为报复而采取这种方式。这一因果关系有大量看起来可信的证据支持。

例如，福谢曾向督政府提议，应该让美国听到"法国对该条约的强烈不满和对正义的呼唤"。还有外交部长查尔斯·德拉克洛瓦也严肃警告过门罗。门罗在报告中描述了德拉克洛瓦的话：法国人认为，与英国签订的条约"实际上……背弃了我们与他们的盟约……他们宁可对抗一个公开的敌人，也不愿容忍一个背信弃义的朋友"。1796年7月2日，法国颁布法令，宣告从此法国对待中立国船只——特别是美国船只——的方式，"将与英国人对待它们的方式一样"。在1797年8月发给阿德的指令中，法国政府谴责《杰伊条约》"相当于与昔日的压迫者结盟……背弃了真诚的盟友与宽宏大量的解放者"。在此之前，法国政府已拒绝接待美国派遣的公使平克尼，并于1797年3月2日颁布法令，该法令不仅宣称中立国船只上的敌对国货物为战利品，还规定，任何船只如果无法提供经过公证的船员名单（即著名的"船员名册"，美国船只通常不会携带此类文件），都将被扣押和定罪。[10]

这些行动和表态，以及其他更多的例子，似乎都表明法国对《杰伊条约》强烈不满，并证实了报复政策是该条约所带来的直接影响。从某种意义上来说，这是事实：毫无疑问，确实有部分法国人对这一条约感到非常愤怒。但具体是哪一部分法国人呢？他们似乎主要来自一个特定的，甚至可能被边缘化的群体：那些曾被派到美国履行职责并因此心生不悦的官员，他们在那里维护法国利益时运气不佳；大多数情况下，他们甚至难以获得其在巴黎的上级的关注，因为这些上级的心思往往都在其他重要事务上。例如，福谢在1795年底回到法国后，花了近两个月的时间才见到外交部长，而外交部长最终坦言，他甚至还没有阅读福谢为他准备的关于美国事务的备忘录，但他承诺会尽快阅读。福谢在热切希望返回法国之际，曾认为通过表达法国对条约的不满，或许能说服美国人民选出一位比华盛顿更同情法国在欧洲的事业的总统。这一想法得到了包括门罗在内的美国亲法派的鼓励，甚至有可能是他们首先提出的。[11]

无论如何，法国在外交政策上对此事的反应，出人意料地反复无常和断断续续。在1796年1月或2月，法国外交部有人起草了一份计划——被称为"雨月计划"（Pluviôse projet），该计划旨在通过法令对美国商业实施一系列打击，然而，督政府并没有采取任何的行动。[12]而直至1796年7月2日才颁布的那份法令，其措辞也极其模糊不清。正如鲍曼（Bowman）教授所指出的，"该法令造成了极大的混乱，并引发了广泛的滥用行为"。这项法令并非一份公开声明，更不是"法国对该条约的强烈不满和对正义的呼唤"。它是秘密颁布的，直到10月，门罗才得知这一消息，而此前海军部长曾明确地向他否认过此类法令的存在。[13]更重要的是，这些法令似乎是在美国船只遭受攻击之后才发布的，而不是对美国船只发动攻击的直接推动因素。真正采取行动的是在西印度群岛的法国人，而不是在巴黎的法国政府。

驻圣多明各的特使莱热-费利西泰·桑托纳（Léger-Félicité Sonthonax）向海军部长承认（实际上是在炫耀），在1796年7月2日的法令到达西印度群岛数月前，美国船只就已经频繁地遭到扣押和定罪。[14]维克多·杜邦（Victor Dupont）后来也向塔列朗讲述了同样的故事。

"在美国得知那些限制中立国商业活动的各种法律和法令之前,实际上早已有比这些规定更严格的措施在实施。"[15]1796年的夏季和秋季,美国报纸上登出了数十艘被扣押和定罪的船只名单,这些都为此类报告提供了确凿证据。这种行为就像传染病一样迅速蔓延;据说在瓜德罗普,"几乎每艘船"都被改装为私掠船,用于袭击美国的商船。几乎没有人遵守法规,许多活动近乎赤裸裸的海盗行为,从底层的"有色公民"到打着法兰西共和国名义的官员,各个阶层的人都参与其中。[16]到1797年,私掠行为的规模已经非常庞大,即使当局想控制一下,可能也难以做到了。

有一个几乎是公认的历史观点,即:自法国大革命战争初起,直至整个拿破仑战争期间,中立国的航运业始终是交战国合理攻击的目标。无论中立国在外交领域的表现如何,都是如此。每个交战国除了要为自己争取中立贸易的利益外,还要阻止敌国从中受益,而中立国既不愿意也无法满足交战国的这些要求,这就为交战国攻击其无保护的资产提供了充足的理由,尤其在战利品的诱惑下。在18世纪90年代末的法属西印度群岛,这一点表现得尤为明显和过分。但为什么在那里尤为突出呢?

至少有两个重要因素促成了上述情况。首先,到1789年,这些主要依赖蔗糖业的法属岛屿和法国本土社会一样,革命的时机已经成熟,甚至其革命氛围可能更浓厚。其次,英国从1793年起开始入侵这些岛屿,群岛内部矛盾的基础上又叠加了外部战争的压力,使得整个地区陷入一片混乱,几乎难以言表。此外,由于对这些岛屿进行长期占领的代价越来越大,英国最终决定撤离,这一决策在很多方面加剧了当地的动荡和混乱。在这种背景下,整个地区不仅社会动荡不安,各种物资供应也十分短缺,加上即将出现的不受约束的地方势力,可以预见,那些甚至是在战时通常用来规范个人和文明国家行为的规则,将会发生意想不到的变化。

对法国而言,大革命前夕的圣多明各可被视为加勒比地区殖民地的典范。在所有西印度群岛中,包括英属殖民地在内,圣多明各是最高效的蔗糖和咖啡生产地,为法国供应了2/3的热带产品,在法国的海外贸易总额中占比高达1/3。1778年法美结盟后,美国商人开始分享这个繁荣的贸易市场。尽管出于嫉妒,法国国内的商人迫使皇室政府在1783年之后对美国贸易实施了限制,但由于圣多明各对廉价鱼类和木材的强烈需求,再加上1789年法国国内出现严重的粮食短缺,市场不得不再次全面对外开放。次年,美国对圣多明各的出口额达到了300万美元,仅次于美国对英国的690万美元的出口额,是美国对法国本土140万美元出口额的两倍多。[17]

然而,1789年不仅见证了圣多明各达到其繁荣的新高峰,同时也标志着当地不同社会群体间权力斗争的起点,而这场斗争将愈演愈烈,最终将导致整个社会分崩离析。自18世纪初以来,从种植园榨取的巨额利润已造就了一个等级分明的社会结构。在此结构里,处于顶端的是主导着当地政治和社交礼仪的皇家官员。其次是克里奥尔种植园主和富有的商人,即"大白种人"(grands blancs)。他们对皇家贵族的傲慢极为反感,但反过来又对"小白种人"(petits blancs,主要包括白人店主、工匠和小官员)展现出一种居高临下的态度。第4个阶层是有色人种(gens de couleur),即自由的混血儿,他们多为种植园主的后代,有的本身也是大型种植园的主人,但更多的是小业主和工匠。虽然有色人种在法律上拥有公民身份,并在民兵组织中服役,但他们仍受到最严重的公民和社会歧视,在西印度群岛,这种对混血儿的歧视可能比在其他地方更为严重。最后,处于社会结构底端的是占全岛人口5/6的40万黑奴。[18]

因此,随着法国大革命的爆发,在圣多明各发生的震荡不仅仅是法国本土事件的微弱回声。各个社会阶层的热情都被激发出来:大白种人渴望在当地政府中拥有更多话语权；小白种人既嫉妒种植园主的财富，又被雅各宾派的平等口号所吸引，然而，他们仍坚持认为，这种平等不能延伸到他们所鄙视的有色人种；而有色人种则决心争取法国大革命所承诺的完整的公民权利。当革命口号响彻整个岛屿时，没有任何群体能够及时地意识到，这些口号对占岛上人口大多数的非洲裔黑人奴隶所产生的深远影响。

1791年8月的奴隶大起义几乎在毫无征兆的情况下爆发。在这次事件中，数千名种植园主的家庭成员和奴隶遭到屠杀，富饶的北部平原上有几百座种植园被付之一炬，同时还涌现出了一支誓言不再为奴的规模庞大的黑人起义军。此次起义掀起了一场异常剧烈、几乎涉及每个人的全面内战，期间不断变化的盟友关系和相互冲突的斗争目标——公民权利、自我防卫、阶级仇恨和种族复仇等动机全都交织在一起——酿成了一场毁灭性的血雨腥风。在接下来的两年斗争中，法兰西角（Cap François）被摧毁，幸存的居民逃往美国；雅各宾派的特使桑托纳下令解放圣多明各岛上的所有奴隶；在绝望的种植园主残余势力的怂恿下，英国军队入侵了岛屿。或许，其中最引人瞩目且至关重要的是，杜桑·卢维杜尔和他领导的黑人起义军迅速地崭露头角，崛起为圣多明各最为重要的军事和政治力量。

当美国人，尤其是南部各州的居民目睹这一切时，他们仿佛陷入一种被催眠的恐惧之中。尽管如此，美国商船仍然继续与圣多明各和加勒比海其他岛屿进行贸易活动——不论是法国、英国、荷兰、丹麦还是西班牙的殖民地——只要它们愿意用糖、咖啡和糖蜜交换面粉、肉类、鱼类和木材。当英国人为这一地区制定军事计划时，他们决定遏制这类贸易活动，至少在短期内进行打压。因此，1793年11月6日，英国颁布了臭名昭著的枢密院令。这一法令直接导致约250艘美国船只被定罪，并最终催生了1794年杰伊与格伦维尔的和解协议。

对于皮特和负责战争及殖民地事务的国务大臣亨利·邓达斯来说，入侵法属岛屿似乎是对英国当前军事形势的合理应对。他们对于将英国全部军事力量都投向欧洲大陆的想法，仍然持保留态度。而相比之下，在西印度群岛投入较少的军事力量就可能会带来巨大回报。法国当局未能平息圣多明各的奴隶起义，以及白种人与有色人种间的冲突，不仅对拥有30万奴隶的近邻牙买加构成了威胁，更为英国创造了机会。来自圣多明各和其他地方的保王党种植园主代表向英国政府保证，他们将全力支持任何可能的军事行动。在这样的协助之下，同时因为当时西班牙仍是英国的盟友，英国正规军的一支特遣队与伊斯帕尼奥拉岛东部的西班牙军队联手，就可以确保占领圣多明各，而通过同样的策略，英国远征军还可以占领小安的列斯群岛的其他所有法属殖民地。此外，一旦占领法国私掠船活动的主要港口，英国就可以确保其在整个加勒比海地区的庞大贸易安全无虞。[19]

英国入侵第一阶段的进展十分顺利。1793年秋天，英国人占领了圣多明各的一系列重要港口，从南部的热雷米一直到北部的莫勒圣尼古拉，而英国人的西班牙盟友则控制了北部平原的大部分地区。1794年初，约翰·杰维斯（John Jervis）爵士率领一支远征军，成功夺取了小安的列斯群岛中的马提尼克岛、瓜德罗普和除圣巴泰勒米岛以外的其他所有岛屿。随后，杰维斯向圣多明各增派了四个营的兵力，对太子港发起了最后的进攻，1794年6月4日，太子港陷落。至此，英国在西印度群岛的全面胜利似乎已经触手可及。

然而，事实却是，英军陷入了极其严重的军事困境之中。英军的部署原本就过于分散，受到黄热病的侵袭后，兵力更为薄弱，有的部队甚至完全失去了战斗力。1794年6月，维克托·于格的到来进一步使形势加剧恶化。这位骁勇善战的雅各宾派指挥官率领一支小分队从法国赶来增援瓜德罗普的法国驻军，他成功避开了英军在罗什福尔的封锁。英国人来不及调集足够兵力进行对抗，到9月，于格已完全控制了整个岛屿。他招募了数千名获得自由的黑人加入他的部队，并得到了来自法国本土的进一步支援，在接下来的一年里，英国人在附近小岛上的立足之地也变得岌岌可危。而在圣多明各，英军的处境也并不乐观。直到1794年春天，杜桑·卢维杜尔的部队一直在为西班牙人抵御法军。但与此同时，杜桑深知，如果英军取得全面胜利，奴隶制必将卷土重来。于是，到了5月，他率领大部分部下转换阵营，并采用游击战术与常规战术相结合的策略，成功地导致英国和西班牙军队深陷僵局。到1796年初，杜桑和他的部队已经控制了北部省和西部省的大部分地区。

英国人逐渐清楚地认识到，他们在西印度群岛战役中付出了沉重的金钱和人力成本——各种原因导致近10万人伤亡，这让英国已难以承受。而且，西班牙和荷兰现在已转变立场，与法国结盟。鉴于此，内阁开始制定分阶段从圣多明各撤军的计划，同时大幅缩减在加勒比海地区的军事行动。这一决定与美国船只开始在西印度群岛贸易中遭受前所未有的损失密切相关。如果不是因为英国军事上的失利，那些劫掠行为很可能不会发生，至少不会达到这么大规模，美国也不会陷入准战争状态。[20]

凭借着维克托·于格的卓越战绩，瓜德罗普成为法国人的坚固基地。于是，法国私掠船可以从瓜德罗普出发，顺着盛行的信风路线驶入东加勒比海，随时对美国船只发起突然袭击。英国从圣多明各逐步撤军后，法国人的活动范围显著扩大，他们能够利用岛上众多的海湾和港口作为据点，袭击途经向风海峡的船只，而该海峡是加勒比海通往大西洋的主要航线。现在，由于法国可以使用荷兰和西班牙的基地，法国劫掠者还可以利用一连串广阔的小港口开展行动，从古巴起，沿着伊斯帕尼奥拉岛北岸，到波多黎各、瓜德罗普和马提尼克。对于维克托·于格这些人而言，他们的行为几乎不受任何约束。1797年2月1日，于格在瓜德罗普颁布了一项具有深远影响的法令，其中明确表示，"美国政府和商业界严重滥用了法兰西共和国的宽容"，任何前往"明显处于叛乱状态"的岛屿（在某种程度上，这理所当然地包括所有法国殖民地）的中立船只，均将遭到扣押并被出售，因为"期望在与一群无国家归属、无政府、无国旗的叛乱者打交道时，还能像文明国家那样在战时保持对彼此的尊重，这是违反所有原则的"。尽管法令的附加条款中指出，"在不违反本法令的前提下"，将继续实施督政府1796年7月2日颁布的命令，但督政府本身并没有表示出任何希望约束于格和其他特使的意图。相反，法国本土的各级政府官员似乎更愿意分享这些战利品。[21]

对美国海运业来说，1797年无疑是充满灾难的一年。船只的损失、进出口额的减少，以及保险费的激增，所有这些均达到了前所未有的程度。维克托·于格和桑托纳发布的公告，1797年3月2日要求提供船员名册的法令，以及1798年1月18日宣布的任何全部或部分装载英国货物的船只都将被视为战利品的法令，意味着任何被法国私掠船拦截的美国商船，都面临着被扣押的巨大风险。因此，在这样的形势下，除非美国人愿意放弃占其对外贸易总额1/3的贸易往来，否则，新成立的美国海军就需要肩负起保护美国商船的重任，其保护区域从哈瓦那起，到特立尼达，再进一步延伸到南美洲的海岸，是一条长达两千英里的弧线，沿途分布着众多岛屿和港口。

这无疑是一项充满挑战的艰巨任务。然而，如果目标明确、管理得当，这项任务并非不可能完成。本杰明·斯托德特持同样的观点。法国在这一地区的海军力量实际上非常有限，顶多只有一两艘护卫舰，而无论英国在岛上的军事形势如何，如果法国试图增强其海军力量，都必然会受到英国的挑战。此外，如果双方战舰之间发生直接的敌对行动，美国已经具备了优势。美国的护卫舰，尤其是大型战舰"宪法号"和"美利坚合众国号"，比法国在该地区现有的或可能调遣的任何战舰都更有实力。斯托德特真正需要关注的，是那些在向风海峡附近、伊斯帕尼奥拉岛北部沿岸以及小安的列斯群岛中的瓜德罗普一带活动的大量小型海盗团伙。

到了1798年夏末秋初，随着更多船只投入使用，斯托德特已草拟出完成海军总体任务的一套合理战略方案。他打算向哈瓦那派出一支小分队，保护美国与古巴日益增长的贸易，并对付那里偶尔出没的私掠船。而另一支部队将奔赴向风海峡，过去一年中美国商船在这片海域遭受不少打击，损失重大。但目前美国海军的主力，包括当时正在执行巡逻任务的3艘护卫舰，都将主要集结在小安的列斯群岛，因为绝大多数法国私掠船都在那里活动。斯托德特相信，一旦上述所有部署就位，"我们在这些海域的商船将得到近乎完美的保障"。他告诫各位指挥官，"最关键的是，你们必须全力以赴，确保我们的商船不受瓜德罗普海盗的威胁"。[22]

这一战略的实施需要对每个环节进行持续而周密的关注。其中，最大的挑战并非是否拥有充沛的兵力，而是必须在远离本土基地的地方开展行动。美国在西印度群岛没有补给或维修基地，这就意味着必须定期派遣补给舰队，在预先确定的地点与前方舰队会合。同时，还必须制定一份精心协调的舰队返航的时间表，以确保战舰获得适时的修整并更替船员，避免对单一舰队资源的过度消耗。可以预见，这些计划在实施过程中永远不会像在斯托德特脑海中构想的那样精确无误，然而，他所设计的战略体系运作极为高效，取得了非常令人满意的结果。1798年，被私掠船扣押的美国商船数量大幅度减少，到次年这一数字进一步降低。装备精良的美国护卫舰和其他战舰在1798年冬季至1799年春季捕获了多艘法国私掠船，并有力地遏制了私掠船的袭击活动。²³ 事实上，在成立仅8个月后，美国海军就已经充分证明了自己的价值。根据1799年1月17日众议院海军事务委员会（Naval Affairs Committee）的报告，仅保险费节省的金额就已经超过了自1794年首次拨款以来海军总成本的3倍，而随着美国海军实力的不断增强，保险费节省的金额有望持续增加。²⁴

然而，对于广大美国公众来说，最激动人心的时刻是在1799年2月9日。当日，托马斯·特拉克斯顿船长正率领"星座号"在尼维斯海域巡航，他"发现一艘向西行驶的帆船，[便]开始追击"。那艘船正是法国的"起义号"（l'Insurgente），据说是法国海军速度最快的护卫舰。"起义号"装备有36门大炮，由米歇尔-皮埃尔·巴罗（Michel-Pierre Barreaut）船长指挥。她在前不久刚刚夺回美国战舰"报复号"（Retaliation，原本是法国私掠船"信念号"，后被迪凯特船长俘获）。"起义号"之前曾成功地甩掉了所有追击她的英国军舰，3周前还摆脱过"宪法号"，此次是从瓜德罗普启航。但这一次，她就没那么幸运了。由于无法摆脱"星座号"的追击，巴罗被迫进行舰对舰的炮火交锋，而特拉克斯顿船长表现出了极高的战斗技巧和充沛旺盛的战斗精神。在短短1小时15分钟内，"起义号"便被攻击得毫无还手之力，在经受了两轮猛烈的侧舷炮火和一轮扫射后，船上的索具被打得粉碎，70名官兵伤亡，其中29人死亡，而美军只有5人伤亡，其中1人阵亡。船长巴罗别无选择，只能投降。特拉克斯顿船长随后将这艘破损的护卫舰送至圣基茨岛进行修复和改造，而"起义号"则为美国海军补充了宝贵的战斗力。当这一消息传回国内时，美国沸腾了，在全国各地的爱国庆祝活动中，特拉克斯顿和他的船员们受到人们的热烈赞誉。在某次独立日的庆祝活动上，人们一起为特拉克斯顿船长举杯，称他是"备受喜爱的驻法使节，在与法国的首次交锋中就获得了认可"。²⁵

在1798—1800年美国与西印度群岛的争端中,还有最后一个需要考虑的环节,而海军在其中再次成为重要的因素。这个环节涉及英国决定从圣多明各撤军后,由此产生的一系列极为复杂的非正式的三方外交活动。这些活动的参与方很少同时出现,它们包括英国、美国(美国的参与最初并不受欢迎)以及岛上崭露头角的力量——杜桑·卢维杜尔。美国国务卿蒂莫西·皮克林(在前文中他并未得到优厚的对待)在此过程中发挥了关键作用,展现出卓越的智慧和创造力。参与各方都期望从这个过程中获得更多的利益,并且都坚持不懈地追求这一目标。

1798年中期,甚至在英国有关圣多明各的政策尚在酝酿中时,众多的迹象已经开始逐渐地浮现出来。美国密切关注着杜桑·卢维杜尔的崛起。在英国公使罗伯特·利斯顿看来,美国人似乎不再关心法属殖民地是否会落入英国手中。相反,正如利斯顿在6月12日有些不安地写给格伦维尔的信中所述的,国务卿皮克林已经以赞许的态度暗示,圣多明各的黑人可能很快会"宣布独立……并将该岛建立为一个主权国家,而皮克林似乎认为这并不与美国的利益相矛盾"。格伦维尔和其他内阁成员对这种可能性"深感担忧"。[26]在西印度群岛出现一个黑人共和国,这对拥有大量奴隶人口的牙买加,以及所有其他英属加勒比领地都将构成最严重的威胁。英国人愿意与杜桑·卢维杜尔接触,事实上他们已经计划这样做,但这只是出于非常具体和有限的目的。在与杜桑接触时,英国方面不会将其视为一位被承认的政府首脑,而只是将其作为岛上最有影响力的人物,一个反抗法国统治的叛军首领,他们的主要目的是确保英军能在尽可能有利的条件下撤离。他们希望英国在一段时间内垄断圣多明各的对外贸易,并希望得到充分保证,即圣多明各不会试图以任何形式在牙买加挑起事端。杜桑·卢维杜尔将成为他们的临时工具,如果未来的条件发生变化,例如实现全面和平,他们不会因为之前的非正式约定而受到约束。[27]

实际上，无论美国人可能希望杜桑扮演何种角色，杜桑自己并不想表现得像一个独立国家的领导人——至少在目前的阶段，他还没有完全做好准备。他有自己的理由和目标。虽然他与法国本土的联系日益淡薄，但他仍然坚称自己对法兰西共和国忠诚，这在当前形势下更符合他的利益。他被公认为黑人领袖，而正是根据法国前政权颁布的法令，这些黑人才得以从奴隶制中解放出来。但他绝非岛上的主宰，当地仍然在饱受内战和抵抗外侵的苦难；敌人环伺四周，他们大多数都希望看到他的追随者再度沦为奴隶，而他自己则被打入深渊。他最主要的敌人包括混血将军安德烈·里戈（André Rigaud）和督政府特使埃杜维尔。安德烈·里戈在南方指挥着有色人种军队，与白人和黑人争夺控制权，而埃杜维尔则在挑拨双方和利用双方的矛盾，并且不惜出卖其中的任何一方。如今，英国人即将撤离，为了对安德烈·里戈发起致命的最后一击，杜桑迫切需要补给和其他任何形式的支持，不管这些支持来自英国、法国还是来自美国。关于杜桑，亚当斯总统的评价只说对了一半，他曾说："全世界对他都一筹莫展，正如他对自己的处境无所适从一样。"[28]鉴于杜桑所处的困境，他需要具备马基雅维利笔下的"王子"那样的机敏与智谋，而且事实上，杜桑不仅在军事方面展现出卓越的才能，他在国家治理方面的表现也同样十分出色。

在美国，皮克林设定的外交目标与美国海军力求达成的目标是一致的，那就是全面恢复美国在西印度群岛的商业地位。皮克林深知，要实现这一目标，没有英国的合作是无法做到的。然而，这绝不能以英国拿走圣多明各贸易中的大部分份额为代价，因为这部分贸易曾经非常繁荣，为美国商业界带来了丰厚的利润。在他看来，成功的最终关键不在于和法国的督政府达成新的谅解——正如我们已看到的那样，他对此毫无信心——而是杜桑·卢维杜尔的崛起。

于是，在上述背景下，1798年，参与方从各自的立场出发，开始了错综复杂的博弈。

由于偶然因素和人员减少,英国在圣多明各的指挥权意外地落到了一位充满活力的年轻军官托马斯·梅特兰(Thomas Maitland)之手。他在短时间内从中校迅速晋升为准将。面临重大职责,梅特兰表现得积极主动,并愿意承担多重职责。实际上,英国关于圣多明各的外交策略并非出自战争部,而是来自梅特兰的主张。他认为,英国唯一明智的选择是与杜桑直接进行谈判,并完全撤离该岛,而不是试图在热雷米和莫勒圣尼古拉维持任何形式的军事存在。于是,他和这位黑人将军于1798年8月31日达成了一项秘密协议。根据协议,英国承诺停止对圣多明各的进攻,也不再干涉其内政;杜桑也对牙买加做出了相应承诺;梅特兰将保证补给品在不受英国巡洋舰干扰的情况下,抵达圣多明各的港口。关于给予英国独家贸易特权的议题,杜桑选择暂时搁置,等英国政府批准现有协议后再进行磋商。英国政府随后批准了这份协议。梅特兰亲自将这份协议带回了伦敦。[29]

11月底,美国驻伦敦公使鲁弗斯·金得知梅特兰—杜桑协议的消息后,立即向英国外交部提出质疑。英国是否已经承认杜桑·卢维杜尔为一个独立国家的首脑?如果是这样,那么美国就和英国一样有权在那里进行贸易。反之,如果杜桑并未获得承认,只要美国于1798年6月13日通过的对法国领土的禁运令仍然有效,那么,如果货物原产地是美国,无论运输方是谁,美国都无法容忍英国向圣多明各输送这些货物。此外,谁又能确保这些货物不会被用于补给那些掠夺美国加勒比贸易的私掠船只呢?金认为,在最终批准梅特兰—杜桑协议之前,应该进行修订,增加一项保证条款,以禁止在杜桑控制的港口装备私掠船或允许其出海。金进一步指出,如果协议中关于补给品的条款确实意味着英国在圣多明各享有独家贸易权,那么,"我们的商人可能会感到嫉妒"。为什么不"对所有未与英国交战的国家"开放贸易呢？[30]

鲁弗斯·金的这些观点在内阁中掀起了波澜。皮特、邓达斯和格伦维尔都一致认为，在关于圣多明各的最终安排中，英美合作非常重要，而且他们都不愿意承认杜桑作为一个主权国家首脑的地位（尽管在这一点上，鲁弗斯·金持有不同意见）。格伦维尔对梅特兰与杜桑达成协议时所采取的宽松做法并不完全满意，并愿意对防范私掠船的内容进行修改。但他完全支持梅特兰希望英国在圣多明各贸易中获得尽可能多份额的愿望，尽管他也承认可能需要考虑让美国分享一定的经济利益。他认为最好的方案是成立一个英美联合贸易公司，垄断所有商业活动，由美国提供农产品和牲畜，而英国则供应工业制成品，并通过一个共同的港口进行管理。但金指出，美国人不喜欢垄断，这种构想在政治上将遭遇重重障碍，甚至可能无法实现，鲁弗斯·金还怀疑国会是否有权限建立这样一家公司（金完全可以想象，那些未能参与到这个计划中的美国商人，更不用说共和党反对派，会对这样的计划有何反应）。虽然皮特和邓达斯渴望合作，他们的态度比格伦维尔更灵活一些，但他们同样不同意不加以任何限制地向两国完全开放贸易。[31]

鲁弗斯·金也加入了他们的商议，经过长时间的讨论后，他们最终达成以下共识：派遣一名英国特使前往费城，拟定一份公平详细的协议草案，然后携该方案前往圣多明各，以此作为与杜桑达成的最终协议的基础。这名特使正是托马斯·梅特兰。他们期望并预计，那位处境艰难的黑人将军会接受他们所提的任何合理方案。梅特兰于1799年4月2日抵达费城，他在那里亲身体验了美国人的处事方式以及国务卿皮克林简朴的接待。[32]

然而，在此之前，皮克林早就独自开始了与圣多明各的外交接触。由于物资短缺，杜桑的部队处于半饥饿状态，而且在美国的禁运下，他无法获得补给。只要美国解除禁运，杜桑愿意承诺全力保护美国商人，打击私掠者，并给予美国商人优惠待遇。皮克林对此表示出极大的兴趣，他认为对禁运令可以进行更加灵活的解释。既然杜桑刚刚把法国特使埃杜维尔驱逐出去，既然禁运令是针对法国的领地，以及既然圣多明各的民众显然已不再接受法国的统治，那么，禁运也就不再适用于圣多明各了。对杜桑而言，皮克林的这一解释稍嫌激进，因为他并不希望冒着与法国完全断绝关系的风险。但是，杜桑的确需要物资补给，于是他决定派遣约瑟夫·布内尔（Joseph Bunel）作为私人代表前往美国，探求解决方案。12月，布内尔与美国驻法兰西角的领事雅各布·迈耶（Jacob Mayer）一同抵达美国，他们对国会议员和内阁成员的游说似乎颇有成效。1799年2月9日，国会签署法案，赋予总统一项权力，即只要总统认为美国的商业利益得到保障，即可解除对圣多明各的禁运。这让美国商人对潜在的商业机会充满期待。随后，皮克林准备任命爱德华·史蒂文斯（Edward Stevens）为新的总领事，直接与杜桑谈判。[33]与此同时，巴里舰长也接到指令——率领其"大部分"舰队代表美国方面前往法兰西角，以此向杜桑·卢维杜尔将军致敬，因为杜桑曾表示"期待看到一些属于美国的战舰"。[34]

皮克林成功地说服了南卡罗来纳州的关键领袖支持他与一位叛军首领进行外交接触的政策，这位叛军首领即将成为一个由被解放的奴隶建立起来的共和国的首脑。毫无疑问，这是一项精心筹划的策略。在皮克林的安排下，布内尔和迈耶会见了南卡罗来纳州的主要领导人物，并向他们讲述了埃杜维尔如何恶意地诱导杜桑侵略牙买加和美国，以及杜桑如何坚定地拒绝这一图谋，并最终将这位法国特使赶回国。显然，美国在那个地区的利益（包括蓄奴州的利益），由这样的人掌控比其他任何人都更安全。在梅特兰将军抵达美国前，所有这些事件都已经发生，史蒂文斯已登上军舰，满载着提供给杜桑的物资，在美国海军的护航下向圣多明各进发。[35]

亚当斯总统当时已前往昆西，因此，由皮克林全面负责与梅特兰和利斯顿公使的谈判。谈判过程异常艰难。英国人仍然想要垄断对圣多明各的所有制成品出口，并希望自由地向圣多明各输送任何其他产品；他们还要求所有产品的进口都必须通过唯一指定的入境口岸；并建立一个只能由英国代理人签发的复杂的护照制度，其目的是控制沿海贸易。皮克林坚决反对所有这些要求。鉴于皮特有关和解与合作的指令，英国代表不得不做出一系列让步，包括：两国的货物可以自由、平等地进入杜桑控制的地盘；设置两个入境口岸，而非一个（实际上，各方都认为，开放两个以上的口岸将会不安全）；管理沿海贸易的护照（两国都认为此类护照有必要）可以由任何一方的代理人签发。尽管利斯顿愿意从全局和长远的角度看问题，认为英国仍可以从协议中获得巨大利益，但梅特兰却愤然离去，并对所有美国人都产生了不满（不管这种不满有没有道理）。"我可以肯定地说，美国政府及其人民唯一关注的原则就是狭隘的商业利益……他们对任何观点的评判或争论，唯一的衡量标准就是利润和损失，对其他任何感受完全漠然……"[36]

事实证明，爱德华·史蒂文斯是一位非常老练的外交官，他和杜桑的关系从一开始就非常融洽。杜桑对英国仍存有一些疑虑，英方公开了他与梅特兰在前一年的协议细节，但这并未缓解杜桑的疑虑，反而有可能使其加深。尽管如此，史蒂文斯还是成功地说服杜桑接受了不久前在费城达成的安排，并采取措施防止其控制的地区在未来出现私掠活动。[37]现在，杜桑可以将全部精力集中在对付安德烈·里戈上了。

在1800年9月与法国的敌对行动正式结束前，以及在随后的短暂时期内，美国海军一直扮演着关键角色。在此期间，除了斯托德特部长制定的具体目标外，美国海军也在其他潜在领域发挥着作用。它的行动显然对法国产生了影响，法国的私掠活动因此变得越来越无利可图。但在一些更为间接的方面，例如，在改变美英关系上，美国海军所起的作用就不是那么显而易见了。过去美国与英国打交道时，即使在最好的情况下，美国也不得不在某种程度上以请求者的身份出现，然而，在刚刚结束的关于圣多明各的谈判中，美国不再是一个请求者，而是作为一方参与者，寻求双方的共同利益，尽管这一进程因双方利益的交织而变得复杂。这种新的关系发生在一个新的背景下，其中的新因素就是美国海军的活动范围已扩展到整个加勒比海。当然，有一句众所周知的格言，那就是军事实力在外交领域有多种用途。这句话暗示，军事实力的用途并非只限于战争或"威慑"。军力运用不仅适用于实际的或潜在的敌对国家，也适用于与"友好国家"的交往；对军事实力的正确认识（无论是否受到欢迎），可以极大地拓宽外交活动的空间。值得一提的是，杰斐逊时代的美国政府没有充分重视这一点。

美国海军的力量还被用于一些更直接的用途，这些用途既不在计划之内，也超出了预期。在1799年末至1800年初的冬季，杜桑与安德烈·里戈之间的战局出现了关键的转折点。当时，杜桑的军队正围攻南方省的雅克梅勒港，里戈的大部分军队都集结在那里。美国护卫舰"格林将军号"（General Greene）的指挥官雷蒙德·佩里（Raymond Perry）上校奉命前往雅克梅勒港，剿灭当地的私掠船。但当他到达时，杜桑正面临困境，既无法从海上切断里戈的补给线，也没有足够的火炮发动攻势，因此，他请求佩里提供一些非常关键的支援。"格林将军号"随即对港口实施封锁，拦截了里戈的补给船，并在最后的进攻中使用大炮猛烈轰击里戈的港口堡垒，迫使其撤退。杜桑于1800年2月27日成功占领雅克梅勒港。到了8月，里戈的抵抗彻底崩溃；他本人逃离该岛，并于1800年10月1日被美国双桅帆船"实验号"（Experiment）俘获。[38]

1800年9月，库拉索岛也发生了类似事件。法国从瓜德罗普调集了约2000人的军队，在17艘船只（大部分是私掠船）的支持下登陆库拉索岛，并向荷兰总督发出最后通牒，要求其交出对岛屿的控制权。荷兰总督紧急向驻扎在圣基茨岛的美国舰队请求援助，随后两艘美国军舰——"梅里马克号"（*Merrimack*）和"帕塔普斯科号"（*Patapsco*）驶入了威廉斯塔德港。当时，美军指挥官摩西·布朗（Moses Brown）和亨利·格迪斯（Henry Geddes）并未获得与法军在岛上作战的授权。尽管如此，9月21日夜晚，"帕塔普斯科号"进入了近岸射程距离；70名美国海军陆战队队员登岛；美军与法军展开了3小时的激战，格迪斯指挥26门大炮对法军阵地发起猛烈轰击，同时，海军陆战队队员展开了密集的火枪射击。法军伤亡近百人，而美军只有两人受伤。次日清晨，法国人开始撤回他们的船只。在接下来的几天内，法军从库拉索岛完全撤离。[39]

准战争结束时，美国海军并未彻底消除加勒比海域的私掠行为。事实上，1800年法国私掠船所劫持的美国商船数量较1799年有所增长，从78艘升至101艘。但这并不意味着美国海军的战斗力有所下降。恰恰相反：一方面，由于海军在加勒比海巡逻，这片海域的安全性得到了提升，吸引了更多的商船进入，这也为那些剩余的私掠船提供了更多的袭击目标。另一方面，美国军舰在1800年捕获的法国武装船只数量是1799年的两倍多。同一时期，美国军舰从法国人那里捕获或重新夺回的战利品，也超过了法国人从美国人手中抢夺的数量。此外，保险费率也持续下降。[40]到1801年，本杰明·斯托德特结束了他的任期。杰斐逊派的领导人将不会按照他所设定的方案维持海军机构，更不会像他所希望的那样，在未来数年进一步加强海军力量。然而，他们虽然热衷于削减军费开支，却也没有彻底地解散海军。海军的基础架构已经非常稳固，其价值已得到充分证明；不久之后，海军将再次被召唤，这次是为了应对北非的巴巴里诸国。特别值得一提的是，在斯托

第十四章 和解方案 1089

德特的推动下，在准战争的紧急情况下发展起来的某些技术和操作创新，将作为海军的长期资产保留下来。例如，由于1798年后无法进口铜护套以保护船底免受藤壶和海虫的侵蚀，必须在国内开发出轧制铜板和生产护套的技术，到1799年，这些目标已基本上实现。另一个类似的例子是国内生产的短距臼炮，这是由一名英国军官发明的一种出色的短程火炮，它能击碎和劈开木头，而不是穿透木头，最初在苏格兰的铸造厂生产。由于其他地方对短距臼炮的需求量非常大，美国海军很难从国外进口。在政府慷慨合同的激励下，费城的福克索尔炉厂（Foxall Furnace）对短距臼炮的技术进行了改良，改良后的新技术迅速在国内其他铸造厂传播开来。同样，在斯托德特的鼓励下，国内行业在麻和帆布制造方面的进步也成为一种长期资产。[41]此外，值得一提的是，在长期招募和培养海军领导人才方面，斯托德特采用了海军军官候补生制度（system of midshipmen）。他不仅迅速地实施了这一制度，而且大幅增加了候补生这个特殊类船员的人数，其规模前所未有。他的目标是选拔接受了良好的教育，家境优越，最好是没有航海经验的青年，直接让他们在军舰上服役，并接受系统的海军职业培训，为将来培养一支精英团队打下坚实基础。在1812年的海战中，许多表现出色的年轻军官最初都是斯托德特的海军军官候补生。[42]

到目前为止，蒂莫西·皮克林关于圣多明各的处理方式，无疑是这一准战争的外交政策最直接的体现。这种方式效果显著，国内外的许多观察者甚至认为超出了预期。这样的评价在很大程度上是基于对圣多明各最终实现独立的期望，以及对于杜桑·卢维杜尔作为一个自由共和国领导人的认可。但亚当斯总统对此持保留态度，共和党反对派也持同样的观点。英国方面当然对此也有顾虑。同样，拿破仑·波拿巴通过1799年11月9日的雾月政变夺取政权，成为法兰西共和国第一执政,他对此无疑也会有类似的担忧。对亚当斯来说,关于圣多明各的政策始终是一个次要议题,如果过分地关注,可能会与英国产生纷争,甚至带来其他无法预料的麻烦。[43] 皮克林也很清楚,他的外交理念与总统的,委婉地说,并不完全一致。总统决定与法国人在巴黎重启谈判,这对他自己关于圣多明各的设想构成了致命的威胁。[44] 他或许在思索,既然亚当斯总统如此重视与英国的和睦相处,为什么现在又准备与英国的敌对国法国进行接触呢?可以想象,这些想法在皮克林的脑海中堆积起来,最终在1799年7月导致他对震惊的默里大发雷霆。[45]

然而,相比于国家的宏大目标,关于圣多明各的政策仍存在局限性,这主要因为其他的一些因素。首先,尽管圣多明各的商业机会仍然有利可图,但它已不复有往日的辉煌。经过近十年的动乱和内战,圣多明各的社会和经济遭受了严重破坏,昔日的主要蔗糖产地和美国粮食与木材主要市场的地位,已经难以恢复。其次,尽管圣多明各的私掠活动大部分已被遏制,但在瓜德罗普和加勒比海其他港口仍有私掠船在活动,美国海军仍需保持警惕,并投入大量财力进行控制。归根结底,只有与法国达成新的和解,才能令人满意地解决这一问题,这无疑是本杰明·斯托德特坚决支持亚当斯在1799年再次向法国派遣使团的原因之一。法国对使团的接待不仅不会对他的海军构成威胁,反而可以被看作海军成功的标志。

在法国政局变动之际,塔列朗凭借其机智在督政府垮台后保住了自己的地位,如今已成为拿破仑政权中的关键人物。他早已意识到,法国所支持的针对美国商业的掠夺行径,其所获利益正逐渐减少。这些行为带来的利润已经微乎其微,而风险也远远超出预期。简而言之,这种做法不再划算,更没有必要因此而推动美国加深与英国的关系。第一执政拿破仑基于自身利益考虑,也认为现在是达成和解的恰当时机。

毫无疑问,最大的输家是杜桑·卢维杜尔,他很快就会被两个世界强国抛弃。1801年,英国与法国在亚眠签订和平协议,这使得拿破仑可以集中力量征服圣多明各,击溃杜桑的军队,甚至可能会在整个法属殖民地重新实行奴隶制。美国新任总统托马斯·杰斐逊毫不掩饰地向法国大使保证:"为你们的军队和舰队提供一切所需,让杜桑陷入困境,这对我们而言不费吹灰之力。"[46]1802年6月7日,杜桑被诱骗到北方省与法国军官会面,随即被捕并被送往法国,最后被囚禁在瑞士边境群山环绕的监狱堡垒中。1803年4月7日,他在寒冷的牢房里痛苦地死去。[47]

最后,我们用一则附言为这段稍显沉重的故事画上句号。到1806年的时候,圣多明各的黑人仍然拒绝屈从于法国的强权统治,事实上他们永远也不会屈服。但在那一年的年初,为迎合新加冕的皇帝拿破仑,杰斐逊总统推动国会通过了一项法案,以禁止与那个叛乱的岛屿进行任何贸易往来。为此,他收到一封来自一位马萨诸塞州参议员的信。这封信充满了对他的蔑视,并提出这样的质疑:一个曾在大革命时高度赞扬法国民众为"激愤的民众……为追求久失的自由不惜流血牺牲"的人,会签署这样一项令人鄙视的法案吗?

> 如果法国人……看到阁下竟为这种空前绝后的残暴行径辩护,——那些历经坎坷、长期受压的海地人民(仅仅"因为肤色与我们不同"就"被定罪"),他们被解放,被一个伟大的国家法令宣告自由……而现在这些人民,不仅被遗弃,被迫仅凭一己之力求存,而且还要被剥夺原本能够从美国获得的、关系到生死的必需品?……那么,根据国际法,他们有何权利?看到我们自己的政府,竟然站在他们敌人的一方,试图用饥饿迫使他们屈服!……阁下,趁您还有机会,救赎我们的国家吧,使其免于背负这些羞辱与束缚。

这位参议员的名字，毫无疑问，正是蒂莫西·皮克林。[48]

第二节　1800年公约

1800年9月下旬，由奥利弗·埃尔斯沃思、威廉·戴维和威廉·万斯·默里组成的美国特使团，经过6个月的艰苦谈判，最终与法国政府达成了一项协议。至少从表面上看，这项协议不能算是杰出的成果，这也是当时人们的普遍看法。无论是联邦党人还是共和党人，在得知这项公约的消息后，都没有为此感到欢欣鼓舞，或大肆举行庆祝活动。虽然联邦党人占多数席位的参议院最终批准了该项公约，但这是在极其不情愿的情况下批准的，而且，参议院在通过之前，还附加了重要的保留条件。即使是埃尔斯沃思的一些最忠实的朋友和拥护者，也对此感到失望。奥利弗·沃尔科特在一封私人信件中这样写道："你读完公约后一定会感到非常震惊。""我只能推测，埃尔斯沃思先生由于健康问题，其思维活力已大不如前。"即使是杰斐逊，虽然因为与法国开战的阴影已经散去而松了一口气，对此的评价也只是"一次笨拙的谈判"。[49]

后来的评论家们关于1800年公约的评价并不多。当然，约翰·亚当斯果断寻求与法国和解的行为赢得了人们的广泛赞誉，然而，一旦话题转向和平本身以及公约的具体条款时，赞美之声就明显减少了。事实上，一些当代作家直言不讳地指出了他们认为公约中存在的不足之处。福雷斯特·麦克唐纳（Forrest McDonald）认为："当最终达成结束准战争状态的协议时，美国不再是法国的敌对国，恢复向法国输送重要物资，并且放弃了价值1200万美元的美国公民对掠夺损失的正当赔偿要求。作为交换，美国得到的只是法国停止了本已无力维持的敌对行动。"⁵⁰根据这种观点，无论法国是否有能力维持其敌对行动，继续这些行动都不符合法国的自身利益。当时，法国对美国商业的侵扰行动，已对其自身的繁荣造成了比对美国更大的损害，塔列朗对此早有清晰的认识。此外，如果法国继续这一侵犯行径，塔列朗和拿破仑的另一个目标——联合瑞典、丹麦、普鲁士和俄国建立一个武装中立联盟，以抗衡英国在海上的控制权和对中立航运的侵犯——就会遭受严重的挫折。最后，甚至还可以认为，整个谈判都建立在欺骗的基础之上。正如后来揭露的那样，拿破仑一直在暗中诱使西班牙将路易斯安那领地归还给法国，显然，这一计划让人怀疑他是否真心希望与美国达成长期和解。事实上，就在与美国谈判代表签署公约的第二天，拿破仑麾下的驻西班牙公使便签下了一份将路易斯安那转让给法国的秘密协议，亨利·亚当斯对此评论道，"这无异于断绝了仅仅建立了24小时的关系"。⁵¹

毫无疑问，上述所有的考量都具有一定的说服力，在对这一稍显模棱两可的交易做出最终的结论之前，应当对这些观点进行综合考虑。那么，为什么要如此急迫地在那个特定的时刻达成这笔交易呢？法国人似乎和美国人一样急于签约，也许还更加迫切，那么，为什么当时不充分地利用这一点，采取拖延战术呢？为什么要满足于这些微不足道的协议条款呢？或者，反过来想，为什么不更早些采取行动呢？为什么不在两年多前，在收到法国人改变态度的第一个信号时，就立即采取行动结束准战争状态和海上掠夺行径呢？雅各布·库克认为，不管怎样，他们最终达成的解决方案，"更像是法国方面的外交胜利，而不是美国的"。⁵²

即便在最积极的评价中，历史学家们对待1800年公约的态度，也往往像对待《杰伊条约》那样充满了矛盾。总体而言，他们中大多数人实际上都认为，这项公约带来了和平，终结了令人困扰的联盟关系，这些优点可能胜过了它的缺点。这或许是一个审慎的评价，尽管表达上略显得晦涩。然而，我们可以设想，如果不使用"外交胜利"或"外交失败"这类限定性标签（就像关于《杰伊条约》的大多数讨论一样），对1800年公约进行分析时，我们可能会看到更有说服力的论证，原因是简单地将外交事件归结为"胜利"或"失败"，往往会忽略其他可能的评价。事实上，1800年公约对美国的价值——无论是被称为"胜利"还是"失败"——很可能是巨大的，其潜在的利益可能达到了不可估量的程度。

首先，美国的外交行为总体上受到许多因素的限制，其中大部分限制可能是有益的。然而，由于美国社会的特点，美国的外交从来没有，也不可能具备18世纪欧洲国家外交部所特有的那种灵活性。在欧洲，君主和政府能够根据个人意愿自由地做出外交决策。其次，与法国达成和解实际上已势在必行，不能再拖延了。而另一方面，早些时候的情形也不大可能容许和解。再次，美国人最迫切或最需要的，并不是获得对掠夺美国商船的赔偿，尽管他们可能一直在强调这个问题。有充分的证据表明，无论是在当时，还是在更早或更晚的时候，美国人都不可能获得对掠夺美国商船的赔偿，美国人自己对此也心知肚明。最后，出于对国内外稳定的考虑，在新共和国成立后的最初十来年，美国外交的首要任务是，根据实际情况确定美国在与旧世界两大强国的关系中处于何种地位。通过1794年的《杰伊条约》，无论利弊得失，美国明确了与英国的关系，很少有人考虑过如果没有签订这项条约会产生什么样的后果。至于美国与法国的关系，1800年公约使美国得以终结与法国的联盟关系。这段自1789年以来的关系，无论在国际舞台上还是在国内政治上，都给美国带来了一系列的麻烦和混乱。

与欧洲大国不同，美国在处理外交事务时必须顾及舆论的影响，因此，在宣战、签订和平协议或维持敌对状态等重要的外交决策上，政府无法完全根据自身意志行事。美国政府在外交领域的所有行动，都是在一个新成立的共和国的框架下进行，这个共和国拥有众多选民，其政治参与和民族情感都在很大程度上与国家的对外关系密切相关。与此同时，无法期待公众对国际事务的每一个细节都有深刻的理解，或在处理国际问题时对"国家利益"有极高的敏感度。他们所追求的解决方案往往是直接的、简单且明确的，而且对美国这个年轻国家的荣誉和尊严都怀有强烈、敏感的情感。在那个时代，美国外交正是在这样的背景下展开的。可以这样理解，美国的外交官必须忠实地服务于本国的民众，因此，处于欧洲错综复杂的政治局势中，他们所达成的任何协议在本质上都难以在国内赢得普遍的满意，因为总会有些方面无法完全满足所有人的期待。

到了1800年，与法国的准战争状态已经对美国公众的耐心提出了严峻的考验。那时，大多数美国民众都厌倦了这种既非战争也非和平的局面，厌倦了为一支缺少明确目标的军队纳税，甚至也厌倦了继续支持任务明确的美国海军。的确，法国在西印度群岛的商业掠夺行为已得到一定程度的遏制。那么，接下来的道路该如何走？即便是新英格兰的商人群体也有不同的诉求。在联邦党势力强大的地区，有些人主张通过一场公开、彻底的战争来解决问题。然而，大多数人则更希望恢复与法国本土之间曾经利润丰厚的粮食贸易。可见，几乎所有人期盼的都是确定性。他们渴求和平和一个解决方案。

然而，当此之时，要通过谈判达成这样的和平协议，需要两个必不可少的条件。首先，法国政府必须具有结束敌对状态的明确意愿和实现这一目标的能力。其次，美国特使必须拥有充分的政治和道德权威，能够通过谈判达成一个大多数美国公众能够接受的解决方案，哪怕只是勉强地接受。这两个条件缺一不可，而且它们的存在并非理所当然。准确地说，在1800年之前，上述条件根本就不存在。

1798年，巴黎的政治氛围第一次发生了戏剧性的转变。在那一年的春季末，纽约的新闻界兴奋地报道了马歇尔的"XYZ报告"，其中暗示了督政府和外交部索贿的大胆行径，伦敦的多数报纸也进行了转载，并将其翻译成法文，于是这一新闻迅速地在整个欧洲传开。这一事件成为咖啡馆中热议的话题，塔列朗尴尬的处境也成为各国使馆的议论焦点。在巴黎流传的一幅双语漫画中，督政府被描绘为五头蛇怪的形象，紧握着一把匕首，贪婪地大喊"钱，钱"，而三位正直的美国特使则坚定地站立着，对蛇怪回应道："够了，怪物，你连六便士都休想得到。"[53]

塔列朗当时陷入了极为艰难的境地，竭尽全力想要摆脱这种窘迫。在这方面，他似乎或多或少地取得了一些成果，或者说，在他能力所及的范围内尽可能地挽回了一些局面。他装模作样地要求仍在巴黎的格里提供X、Y和Z的真实身份，格里迎合他的要求，假装透露了这些名字。随后，塔列朗向督政官提交了一份长达23页的详细报告，该报告内容冗长、字体微小且极为繁杂（其中部分内容颇为真实）。是否真有督政官读完整份报告，这令人怀疑，更不用说将其中内容与马歇尔的报告进行对比了。塔列朗的报告旨在对马歇尔的叙述做出批评和反驳。在报告中，塔列朗否认与这些"外国阴谋家"有任何往来，只承认奥特勒瓦曾短暂地担任过他的翻译，并坚称马歇尔所指的"令人震惊的提议"并非出自他。同时，他还匿名发表文章，为自己的行为进行辩解。通过这些措施，塔列朗看似采取了一切必要的手段以挽回自己的名誉。然而，当贝拉米的名字被曝光后，他深感痛苦。贝拉米仓促地在报纸上刊登声明，坚称自己的"所有行动、言论和书信都是奉公民塔列朗之命令执行的"。[54]

对于塔列朗的辩解，极有可能没有任何人真正相信，但他为何没有被立即解职，这依旧是个谜。一个可能的解释是，督政府的其他成员可能也涉及其中，因此，用外交部长充当替罪羊，显然并非明智之举；另一个原因可能是，督政府在立法机构和公众眼中的地位已岌岌可危，他们必须不惜一切代价地避免激起更多质疑和新的批评。[55]

毫无疑问，这一事件确实在一定程度上标志着法国对美国事务态度的转折。法国从未真正打算对美国开战，正如马歇尔等人一直猜测的那样；而现在，美国人被激怒了，开始进行战争准备时，塔列朗采取了一系列积极的行动，希望寻求和解。他不断地向格里施压，敦促格里克服犹豫，并行使全权代表的职责。塔列朗坚信，美国政府赋予了格里全权代表的身份，而且这一职能仍然有效，因此，格里有资格与法方进行和平谈判。而此时的格里最迫切的愿望是返回美国，他只愿意以非官方的身份，将塔列朗可能提出的建议转达给总统，而不愿参与更多。同时，在他们频繁的书信往来中，格里一直要求归还他的护照。最后，塔列朗不得不放弃格里，并在1798年7月12日不情愿地交还了护照。但在同一时间，如前所述，塔列朗开始通过在海牙的路易·皮雄，秘密地与威廉·万斯·默里进行接触。[56]

与此同时，塔列朗还进行了其他努力。他试图说服督政府相信，法国对美国商业的掠夺已经成为一个沉重的负担，出于对法国自身利益的考虑，应采取措施予以遏制。塔列朗为此而使用的人选是维克多-马里·杜邦。自1795年起，杜邦一直担任法国驻查尔斯顿的领事。1798年初，杜邦被提拔为法兰西共和国驻美国总领事，准备接替勒通布的职务，但亚当斯总统拒绝了他的领事任命书，于是他返回了法国，并于1798年7月3日抵达波尔多。杜邦带回了大量美国民众对法国不满的消息，而他对法属西印度群岛的情况更是了如指掌，因为查尔斯顿是法国私掠船进出加勒比海最频繁停靠的美国港口。塔列朗迅速地认识到，这些第一手的信息可能非常有用。于是，他说服杜邦为他准备一份包括上述信息的报告，从最终报告的语气、冗长的篇幅、入微的细节、显而易见的精心准备，以及从提出要求到提交报告的令人惊讶的短暂时间跨度来看，塔列朗很可能是这份报告的主笔。[57]

报告以一种温和谦恭的语调开篇，假设督政官对法国或"所谓的法国"巡洋舰在安的列斯群岛的过激行为尚且一无所知，不仅如此，杜邦及其同僚就此事所提交的大量公文，也不知何故未能呈递到督政官手中。杜邦坚称，这些过分行径是导致"美国人对我们的态度日渐冷淡"的主要原因。接下来，报告用了4000词的篇幅，生动而详尽地描述了"法国巡洋舰或悬挂着法国旗帜的船只在美国海域针对美国商业实施的暴力、掠夺及海盗行径。这些行为不但没有受到驻圣多明各或瓜德罗普的共和国特使制止，反而在大多数情况下还得到了他们的鼓励或庇护"。最后，杜邦提出了三项建议，这些建议显然出自塔列朗之手，并构成了塔列朗随后与督政府关于美国事务的所有通信中的基本议题。首先是撤销安的列斯群岛所有私掠船现有的委任状；其次是修订战利品法规，改革有关战利品案件的司法程序，以纠正当前的不公；最后是"让美国政府知道，如果他们希望向巴黎、荷兰或西班牙派遣新的特使，我们愿意接待并与他们合作"。[58]这些建议中的措施最终都获得了采纳。

但是，这还要再等两年才会发生，而且，如果督政府继续作为法国行政权力机构，这些措施极有可能不会得到采纳。事实上，尽管塔列朗做出了一些迟来的尝试，但他实际上是无能为力的，而督政府本身不仅缺少行动的意愿和驱动力，甚至连做出最基础承诺的权威都没有——这样的承诺对于制定一份法国与美国都能满意的解决方案来说至关重要。

尽管出于实际考虑，塔列朗在"XYZ丑闻"后被允许继续留任，但他现在受到的冷落比以往更甚。他的公务活动减少了一半；重要外交文件由督政府的梅林、特雷亚尔（Treilhard）和勒贝尔起草，在秘书处抄写后，直接交给督政府的特使处理。大使和政治代理人的提名不再征询塔列朗的意见，有时甚至与他的推荐相悖。勒贝尔对他的态度比以前更加粗鲁，经常训斥他，并含沙射影地指责他无能，甚至有叛国之嫌。雷蒙德·盖约特（Raymond Guyot）评论道："换作其他人，早就受不了这种蔑视而选择辞职了。"然而，这位昔日的欧坦教区主教却没有退却，他决心坚持下去。[59]

塔列朗现在几乎被完全排斥在法国对欧洲的外交活动之外，尽管如此，督政官们似乎认为，鉴于他熟悉美国事务，以及他们自己对此缺乏兴趣，让他在美国事务中扮演某种看守者的角色，不仅无大碍，或许还有一些好处。于是在被允许的范围内，塔列朗积极尽职，同时也小心翼翼，以免越界。他在去年冬季获得授权，让马歇尔和平克尼离开巴黎，仅留下格里一人，这让他至少在名义上获得了与美国特使接触的权限。然而，在如何对待留下来的这位特使的问题上，他觉得仍然有必要迎合督政官们的急躁情绪、偏见和对其他事务的关注。7月10日，塔列朗提交了一份内容详实的报告，全面总结了法国的对外关系，包括了23个国家的事务，美国只是其中之一。在有关美国事务的部分中，塔列朗强调：

> ［他之所以留下格里，仅仅是］为了让他参与我们可以任意拖延的谈判。与美国彻底决裂将会带来极大的不便，而我们目前的"半敌半友"立场对法国有利：一方面，我们的殖民地能够持续从美国获得物资供应；另一方面，我们的私掠船可以继续通过掠夺他们而获利。[60]

但在11天后，塔列朗拿到了杜邦的报告，并借此成功地说服了此前一直主张对抗的海军部长厄斯塔什·布吕克斯（Eustache Bruix）上将。

塔列朗利用布吕克斯在督政府中的影响力（塔列朗本人没有多少影响力），颁布了一项旨在加强控制私掠船的法令。就在格里8月8日启程返回美国之前，塔列朗将这项法令的副本交到了格里手中。与此同时，路易·皮雄在海牙与默里的非正式对话也进展顺利。而主要因为这些对话所产生的积极影响，亚当斯总统终于被说服，相信法国人现在确实有真诚谈判的意愿。正如塔列朗通过皮雄传达给默里，继而由默里转告给亚当斯的话所表达的，无论美国政府派遣哪位全权代表，前来法国"解决两国之间的现有分歧，无疑都将以一个伟大、自由、强盛且独立的国家的代表身份得到接待、受到尊重并获得荣誉"。[61]

这的确是一个积极的信号；然而，如果美国在获得这些承诺后迅速地采取行动，并且，如果美国一能够派遣使团前往巴黎进行谈判，相关协商便立即展开，那么，谈判很可能不会取得任何实质性进展。塔列朗做出的这些承诺建立在不稳固的基础之上，完全是他个人的举动；即使是法国驻海牙的公使（皮雄在海牙公使馆担任秘书）也对此毫不知情；而督政府直到几个月后才偶然得知此事。[62]总之，法国对美国（或任何其他国家）的新政策，不应依赖于一个职位岌岌可危的外交部长的秘密操控，而是必须建立在更坚实的基础上，以确保政策的稳定性、严肃性和持久性。

一年后的1799年7月，在督政府勉强维持其最后几个月的存续时，塔列朗意识到此时辞职是一个明智的选择。事实上，这次"退隐"极为短暂。拿破仑于11月掌权后不到两周，塔列朗就被重新任命官职。在这18周的过渡时期，塔列朗的接任者是夏尔-弗雷德里克·雷纳尔（Charles-Frédéric Reinhard），他是塔列朗的朋友和忠实追随者，曾担任法国驻汉堡公使，被塔列朗的主要传记作者称为塔列朗的"傀儡"。[63]如果雷纳尔确实延续了其导师对美国的政策——正如一些评论家所推测的，那么他的执行方式无疑是断断续续、吹毛求疵的。在他关于美国事务的一份备忘录中,几乎看不到任何指导原则,更看不出对美国事务有深入的理解。在10月1日的一份"意见摘要"中,雷纳尔承认,与美国和解"符合法国的利益"。他进一步指出,美国"据说将派遣新的特使前往法兰西共和国进行谈判"。他表示,如果这些特使抵达,"我们不妨倾听一下他们的意见"。但不知为什么,他坚持认为这些特使全都是"在英国的影响下任命的",包括"海牙的那一位"(即默里,塔列朗在前一年夏天一直试图与他合作)。雷纳尔建议,应从实际操作层面着手,绕开这些特使,暗中展开法国的实质性谈判。他构想了一个妙计:派遣一名拥有充分授权的"秘密特使"前往美国,进行"直接谈判并达成协议",过程中"无须书信交流或等待答复",但这名特使应该"伪装成一名去美国处理个人业务的商人"。在"披露真实身份"之前,特使将秘密地与有充分影响力的共和党人接触,以争取参议院和众议院的多数票,并借此赢得"大多数民众的支持"。他唯一特别提到的谈判议题是赔款问题,他建议设计一个方案,使法国表面上看起来愿意赔偿,实则并不需要真正支付(他可能是从塔列朗那里得到这一策略的)。但真正激发他的是一个完全不同的目标,那就是唤起加拿大人的解放希望,实现"在法国保护下,加拿大、新斯科舍和纽芬兰等地的革命和独立"——这样做还有另一个好处,那就是挑起"美国和英国之间"的敌对情绪。自热内时代以来,没有任何尽责的法国官员认真考虑过这类异想天开的设想。[64]

在埃尔斯沃思使团接到启程前往巴黎的命令时,法国外交部正在这样复杂的情况下进行着外交准备。

督政府作为法国政府的行政机构,不仅应当支持,还应公开地积极推动有意义的解决方案。然而,至少在过去的两年里,督政府在国内的信誉持续下滑。在果月18日(1797年9月4日)的政变中,督政府动用军事力量,以涉嫌颠覆和推翻共和国为由,剥夺了约200名新当选议员的资格。然而，这次政变却导致雅各宾派势力抬头，督政府认为这同样令人担忧，甚至可能更加令人恐慌。于是在随后的一年里，督政府通过所谓的花月22日政变，利用一些鲜为人知的手段，清除了100多名反对派人士。演变至此，督政府所宣称的维护共和制稳定的理由已站不住脚。花月政变之后，"XYZ事件"成为轰动一时的新闻，督政府因滥用权力、腐败和财政混乱而饱受指责。1798年初秋，传来了法国舰队在阿布基尔被摧毁的消息。到1799年春天，雅各宾派和保守派至少在憎恨督政府这一点上达成共识，他们联盟的力量已经变得足够强大，现在五百人院能够对行政机构进行肃清了。在勒贝尔不幸抽中短签，根据年度抽签轮替规则被迫出局之后（这一过程是狡猾的巴拉斯精心策划的），立法机构找到了继续推进并清除其他3名督政官的办法。他们坚称，特雷亚尔继续留任已属违宪，因此他必须离职，继后，又通过威胁揭露其非法行为的方式，迫使拉勒韦利埃和梅林辞职。这就是1799年6月18日，即牧月30日的政变。新上任的4名督政官是埃马纽埃尔·约瑟夫·西哀士（Emmanuel Joseph Sieyès），他很快成为新督政府的核心人物，以及罗歇·迪科（Roger Ducos）、路易·安托万·戈耶（Louis Antoine Gohier）和让·弗朗索瓦·穆兰（Jean François Moulin）。[65]

尽管新的督政府与前任政府几乎截然不同，而且议会已坚定地重申了其宪法权威，然而，法国整个政府结构的稳定性仍在持续瓦解。军事形势看起来令人绝望。第二次反法同盟的联军夺回了意大利全境；俄军正在向瑞士进军；英军在荷兰已成功登陆；法国边境面临着压力。而在国内，政府采取的若干措施引发了左右翼的强烈不满。这些措施包括：6月28日的大规模征召新兵，针对移民家庭的人质法，8月6日实施的强制借贷法令，以及在新任警务部长的支持下，西哀士取缔了巴黎雅各宾俱乐部以及剩余的保王派报纸。

1799年9月，一场旨在夺取政权的民主运动差一点取得成功，五百人院也差点宣布全国进入紧急状态。在这种看似无解的分裂局面中，戏剧性的转机出现了：军事形势奇迹般地发生了逆转，法军在荷兰和瑞士接连取得胜利；拿破仑·波拿巴也在1799年10月9日返回法国，尽管在埃及和地中海东部遭遇挫折，但他的威望丝毫未损。随后，西哀士和塔列朗迅速启动了全面重组法国政府的计划。拿破仑成为他们的重要盟友。1799年11月9日，也就是共和八年雾月18日，他们通过一场政变完成了这一计划。[66]与此同时，美国谈判代表埃尔斯沃思和戴维正乘坐着护卫舰在北大西洋上进行第一周的航行。

在雾月政变之前的一年半时间里，在法国和美国之间达成新的、真诚的和解几乎是不可能的。最初导致准战争状态的根源——西印度群岛私掠船的掠夺活动——持续存在。即使现任或前任督政府愿意全力支持塔列朗改善这一局面，他们也难以凭自身力量扭转局势。他们在这方面的任何努力，都会遭到立法委员会（Legislative Councils）的强烈抵制。立法委员会是私掠船利益集团的堡垒，其势力横跨意识形态，覆盖了从左翼至右翼的整个政治谱系。海军部长在1798年夏天无奈地承认，这种利益关系已经在所有问题上"扭曲了民意"。立法委员会得到了港口官员和审判法院的支持，它们对任何试图改变现行法规或加强法律执行力的提案都视而不见。1799年2月，塔列朗徒劳地感叹，这股"新兴的、占据了支配地位的力量应该引起督政府的高度重视。这股力量在共和国内部迅速壮大，阻碍了工业、艺术及农业的进步，它使少数人受益，但损害了国家的整体利益。现在，恐怕为时已晚"！雾月政变的一个间接后果是对立法委员会进行了一次彻底的清洗。当这个消息传到海牙的威廉·万斯·默里耳中时，他感到非常满意。"对于五百人院被清洗，我感到由衷的高兴，"默里写道，"那里曾是私掠者的庇护所。"[67]

美国派往法国进行谈判的三名特使性格各异，彼此间似乎并未流露出相互欣赏的迹象。然而，官方文献中也没有任何证据表明，他们在合作中存在严重的分歧。此外，他们在被任命前和被任命后的职业生涯，存在许多值得注意的相似之处。他们中每个人都具有超乎常人的能力，但让他们的传记作者感到困惑的是，尽管如此，他们在历史文献中留下的足迹却相对较少。他们每个人都是坚定的联邦主义者，但都不走极端。尽管谈判开始时他们中最年长的还不到55岁，最年轻的刚满40岁，然而，对于他们中的任何一个人来说，缔结1800年公约都是他们在公共服务领域留下的最后一笔重要功绩。

凭借资历和在国内的地位，奥利弗·埃尔斯沃思自然成为此次使团的领队，这一职务的重要性堪比首席大法官。鉴于他在公共服务领域的丰富经验，以及他在费城核心圈子和康涅狄格州所获得的广泛尊重，没有人会对他被冠以"联邦党人先生"（Mr. Federalist）这一称号表示异议。

奥利弗·埃尔斯沃思1745年出生于康涅狄格州温莎镇。自17世纪该殖民地建立之初，埃尔斯沃思家族便在那里扎下了根。他的父亲是一位成功的农场主，希望他能成为一名牧师。埃尔斯沃思一生都积极参与公理会的活动，坚持每天早晨举行家庭祈祷会，并经常在温莎的聚会所担任平信徒读经员，但尽管如此，他从新泽西学院毕业（1766年）后不到一年，还是决定转行学习法律，并于1771年获得执业资格。起初3年，由于业务稀少，收入微薄，埃尔斯沃思的生活颇为拮据。但随后业务不断地增加，他很快成为哈特福德地区最受欢迎的律师之一。1775年，作为温莎的两名代表之一，埃尔斯沃思被选入殖民地议会。[68]

在同时代人的眼中，奥利弗·埃尔斯沃思给人的印象是严肃而令人敬畏的，他在公共场合的雄辩堪比古希腊演说家德摩斯梯尼

（Demosthenes）；他被视为能够洞悉事物本质的阐释者、荣誉和智慧的化身，以及被当作近乎完美的典型。这些赞誉或许不无道理，然而，埃尔斯沃思本人却曾经在不经意间展露出性格的另一面：虽然成就斐然，但他认为自己的天赋并不特别突出。他在晚年自述中坦言，大学毕业后不久，他对自己的理解力进行了一次"深思熟虑的审视"，发现自己在这方面"颇为欠缺"。"我缺少想象力，知识和文化也不丰富。"因此，他决定"每次只专注于一个主题，全情投入，哪怕耳边炮火轰鸣，我仍然会紧紧抓住我所专注的问题。阁下，这就是我的全部秘诀"。关于这段自述，抛开"炮火轰鸣"的夸张修辞，不难发现其中的真实性。埃尔斯沃思的确展现出了一种令人敬畏的专注力；他在每个关注的议题上都不遗余力，而且常常自言自语，人们普遍认为他在集中精力上有着非凡的天赋（但也有不同的声音，比如脾气暴躁的威廉·麦克莱曾称他是"喋喋不休的埃尔斯沃思"）。[69]所有这些性格特点，最终都以某种方式影响了1800年在巴黎的谈判。

埃尔斯沃思前往巴黎时，已经积累了多年的公共服务经验，其履历令人肃然起敬。1775年，康涅狄格州与其他殖民地一样，革命热情高涨。年轻的埃尔斯沃思从一开始就在州内的活动中发挥了重要作用，他曾任安全委员会、薪酬委员会、议会和总督委员会的职务。1777年至1783年间，他被选入大陆会议，并在其中三个最重要的常设委员会，即海军委员会、财政委员会和司法上诉委员会中担任职务。他曾在一封信中指出，亟须建立"一个稳固的公共信用体系"。这封信或许是他写过的最富有感情色彩的一封信。[70]尽管他起初并没有像汉密尔顿和麦迪逊那样热衷于民族主义，但他目睹了各州之间的纷争、《邦联条例》的弊端，以及邦联财政收入的枯竭，这些经历为他后来的联邦主义思想奠定了基础。与汉密尔顿的观点一致，他认为对昔日的保王党人采取报复措施毫无意义；他对英国并无怨恨，认为英国人最明智的做法是"优雅地"承认美国的独立,"同时使美国摆脱对法国的依赖"。[71]

参加制宪会议的康涅狄格州代表团由埃尔斯沃思、威廉·塞缪尔·约翰逊和罗杰·谢尔曼三人组成,堪称最强大的代表团之一,而埃尔斯沃思的表现尤为突出。他在推动康涅狄格州妥协案(Connecticut Compromise)的过程中发挥了关键作用,该方案解决了代表权的问题。尽管他因为必须在大会休会前回家处理私事而未能在最终文书上签字,但在此之前,他一直担任风格委员会(Committee of Style)的成员,负责文书起草工作。1789年新政府开始运作时,康涅狄格州选出的两名参议员正是威廉·塞缪尔·约翰逊和奥利弗·埃尔斯沃思。

埃尔斯沃思作为首届参议院的成员,一直服务到华盛顿第二任期即将结束,因而在政治核心层中占据了举足轻重的地位。他活跃于多个委员会,为新政府最初一年建立关键的先例和程序做出了重要贡献,他也是1789年《司法法案》的主要起草者之一,该法案为美国联邦法院系统的建立奠定了基础。汉密尔顿财政体系中的所有主要特征,实际上也就是与后来被称为"联邦主义"的意识形态紧密相关的政策,都得到了埃尔斯沃思的积极支持。在杰伊使团前往英国之前,一些有影响力的人物自发组成了一个团体,力图说服华盛顿认识到这一外交行动的必要性,埃尔斯沃思便是其中的主要发言人。他后来也坚定地支持最终签署的《杰伊条约》。1796年初,华盛顿提名埃尔斯沃思担任首席大法官。这项任命立即获得了确认。在接受任命整整一年后,他主持了约翰·亚当斯总统的就职宣誓仪式。亚当斯在多年后依然感叹,如果华盛顿让埃尔斯沃思留任参议院,他领导的政府在参议院将可以获得更多的支持。[72]

奥利弗·埃尔斯沃思对法国大革命始终缺乏热情,不仅如此,随着他对法国大革命了解的深入,这份热情就愈发减少。1799年,亚当斯总统请求埃尔斯沃思率领一个新使团前往法国,他极不情愿地答应了,因为他不信任督政府或其任何代表的行为。正如我们已经看到的,埃尔斯沃思的同意仅仅是为了避免"更糟糕的后果",即可能会提名一位共和党人。而在他接受这一职务时,他并未意识到这将是他最后一次担任公职。

威廉·理查森·戴维在刚刚就任北卡罗来纳州州长后不久,便被任命为外交使团的第二名成员。安德鲁·杰克逊(Andrew Jackson)在独立战争时期曾是戴维的勤务兵,到担任总统时,杰克逊已结识不少的军官,但他始终视戴维为"军人典范"。他称赞戴维"反应敏捷,但极为谨慎;策划行动时勇敢果断,执行时则谨小慎微;不知疲倦地积极行动;是那种能将非凡智慧运用于战争之道、冷静且敏捷之人;正是这种认真态度和洞察力,使其成为优秀的军人"。[73]然而,在北卡罗来纳州,人们铭记戴维,可能不是因为他是一名军事人物,而是因为他是他那个时代最杰出的刑事辩护律师和教堂山大学的创办者。尽管戴维对北卡罗来纳州民众以及大多数其他公共领袖所推崇的民主精神颇有微词,但他作为一名联邦党人,仍跻身于北卡罗来纳州公众人物的前列。

戴维1756年出生于苏格兰边境以南坎伯兰郡的埃格蒙特。他的叔叔威廉·理查森(William Richardson)在几年前已移居国外,膝下无子女,在叔叔的强烈建议下,在1763年,戴维的父母将他带到南卡罗来纳州仍处于原始状态的瓦克斯霍定居点。他们到达后不久,戴维的母亲就去世了,年幼的戴维便由叔叔抚养。叔叔负责他的教育,并在戴维十几岁时给他留下了一笔丰厚的遗产。戴维后来进入新泽西学院,当时正值约翰·威瑟斯彭的黄金时期。1776年,他从普林斯顿毕业,比麦迪逊、布拉肯里奇、伯尔、布拉德福德、弗雷诺和查尔斯·李晚了几年，更比埃尔斯沃思晚了十年。当时的普林斯顿洋溢着浓厚的革命氛围。一天，戴维和一帮学生很突然地组成一支志愿兵连队，急匆匆赶往伊丽莎白镇，想要加入华盛顿的军队。但似乎有人说服了他们，使他们相信他们如果此时返回学校继续学业，将来对国家更有益。在以优等荣誉的成绩毕业后，戴维立即前往北卡罗来纳州的索尔兹伯里，开始学习法律。索尔兹伯里也是一个爱国情绪激昂的地方，1777年，戴维再度中断学业，并拿起武器投身革命。

在戴维接下来五年的军事生涯记录中找不到任何瑕疵。诚然，我们知道的很多信息源自他本人的叙述，但其他证据也足以令人信服。他最初在普拉斯基军团担任骑兵中尉，不到一年就晋升为旅团少校。在查尔斯顿南边的石头渡口，他在带领部队冲锋时受了重伤。他利用短暂的康复时间准备律师资格考试，并于1779年11月获得了执业许可。然后他重返军队，组建了自己的骑兵队和两支步兵队。在接下来的一年半里，作为游击队指挥官，他的战绩让他与萨姆特（Sumter）、皮肯斯（Pickens）和马里昂（Marion）等人并肩。有作家甚至评价戴维"不仅才华横溢，而且在教育和礼仪方面，胜过了那三位著名的指挥官"。[74] 即便在盖茨将军溃败，从卡姆登撤退之时，他依然保持了自己部队的完整；他在瓦克斯霍对塔尔顿的据点发动了一次大胆的突袭；当康沃利斯率军深入北卡罗来纳州西部时，戴维采取了持续不断的骚扰战术。1781年，纳撒尼尔·格林将军在指挥南部军队进行卡罗来纳战役时，要物色一位军需总监，他强烈建议戴维接受这一职责。尽管戴维厌恶这种乏味的苦差事，更喜欢战场上的独立指挥，而且军队经费紧张，但他还是接受了这项任务，并尽全力为军队寻找补给，确保了部队的持续作战能力。战争结束时，年仅二十多岁的戴维已经与南北卡罗来纳州的重要政府官员建立了联系，并以精力充沛、能力出众和足智多谋而闻名。他选择在北卡罗来纳州的哈利法克斯定居，并在那里购买了房产，娶了一位前指挥官的女儿，重新开始了法律执业。凭借他的非凡才华，他的成功如同春季的雪崩一样势不可挡。而哈利法克斯，或许当时是北卡罗来纳州唯一具有一些优雅或精致格调的地方——对此，这位雄心勃勃的贵族绅士早已颇为钟情。

从1784年到1798年，戴维九次当选为州议会的议员。在这一时期，他履行了多项公职。1787年，他作为代表参加了制宪会议，并对康涅狄格州妥协案提供了关键支持。戴维在委员会中的一票决定了妥协案的最终形式，这"无疑是制宪会议上最为关键的一票"（他的传记作者有些夸张地指出）。[75]尽管戴维和詹姆斯·艾尔德尔（James Iredell）这两位宪法最有力的捍卫者尽了最大努力，但北卡罗来纳州仍是最初拒绝批准宪法的两个州之一。然而在之后一年里，他们为转变舆论所做的努力得到了回报，最终在1789年11月的第二次批准宪法大会上使该州加入联邦。戴维为创建北卡罗来纳大学而进行的努力，比托马斯·杰斐逊对弗吉尼亚大学的著名贡献还要早几年。1789年，戴维起草了设立北卡罗来纳大学的法案，并成功促使该法案获得议会批准。此后，无论是选择大学地址、募集建校资金、监督建设过程、设计课程体系，还是选拔教职人员，戴维都发挥了关键作用。1794年，随着与英国的关系变得紧张，戴维被任命为州民兵少将。1798年，面对与法国的更严重的冲突，他被任命为该州所有军队的总指挥官。同年11月，北卡罗来纳州的议会选举他为州长，因为他被视为该州最杰出的和最有能力的公民。

在与人面对面时，威廉·戴维给人留下的印象极为深刻。他拥有"军人般的气质"和"雄辩的口才"，以及"英俊的外表和优雅的举止"，他那与生俱来的些许高傲，则使他更具有吸引力。[76]总之，戴维非常出众。但是，鉴于他拥有这些卓越特质，并对自己的优点有着敏锐认识，北卡罗来纳州可能并不是他施展才华的最佳舞台，尤其是作为一名联邦党人。他坚持联邦主义立场，很大程度上是由于一类长期存在的负面参照群体——那些不断地给他设置障碍，或是在他看来拒绝履行自己的责任的粗鲁的同胞（他们给戴维的战时供应工作制造了种种困难，拒绝批准他捍卫的宪法，还不断对他创立的大学设置障碍）。在律师生涯最初的两起法律案件中，戴维在陪审团前为托利党人辩护，但这两起案件都遭遇败诉；后来戴维支持归还保王党人的财产，并废除州的没收法，但均以失败告终。他对法国大革命不屑一顾，坚决支持埃德蒙·伯克对其的谴责。在北卡罗来纳州，他几乎是唯一坚定支持《杰伊条约》的人。

但正是戴维的这些经历和观点，使他合乎逻辑地成为1799年赴法使团的合适人选。当帕特里克·亨利拒绝后，极有可能是奥利弗·埃尔斯沃思首先提议让戴维接替他，理由包括戴维拥有"高贵的举止、广博的政治知识以及正确的观点"等。[77]因此，当戴维启程前往法国时，他正处于个人声望的巅峰，即使有同僚心存不满，也不得不承认这一点。然而，在戴维离开的十五个月里，他们似乎发现，即使没有戴维的直接参与，事务依然能够顺利进行。而到了1800年后，由于某些原因，北卡罗来纳州已不再有威廉·戴维的位置了。[78]

威廉·万斯·默里的一生相对短暂，而且一直处于较为初级的职位。默里非常聪明且极具潜力，只需要再积累一些经验，增加一点稳重感和判断力，就能全面展现自我，然而，即便如此，他所处的环境却从未给予他足够的机会，让他迈向职业生涯的下一个合理的阶段。因此，尽管默里是美国使团中唯一具有外交经验的成员，对欧洲事务有其他成员所缺乏的直接了解，但在国内联邦党人眼中，默里担当这项使命，缺乏足够的政治分量或影响力。亚当斯总统私下里尽管并不情愿，但似乎也同意这一观点。默里表面上优雅地接受了这一决定。在随后的谈判中，他充分发挥了积极作用，表现非常出色。埃尔斯沃思和戴维虽然都没有留下任何评价默里的文字记录，但默里私下里认为——或许有一定道理——他从未受到过应有的重视。对于一个通常在外交使团中处于最重要位置的人物，现在被降为第三重要的位置，这无疑是很自然的感受。[79]

与其他两位特使一样，默里的联邦主义立场也是毋庸置疑的，而且他形成这一立场的过程在一定程度上是可以预见的。默里1760年出生于马里兰州东海岸的多切斯特县。他的家族在商业和专业服务领域处境稳固，对农业没有太大兴趣。默里没有在独立战争中服役，可能是因为健康状况欠佳，否则他很可能会入伍，因为他和家人都是坚定的辉格党人。他可能是接受私人家教或在当地某个学院学习，但具体情况现在不得而知。默里在适当的时候开始学习法律，并在伦敦的中殿律师学院学习了三年。1787年，默里在马里兰的剑桥开设了自己的律师事务所。然而，他对政治的关注似乎超过了法律。在一位有影响力的叔叔支持下，他当选为马里兰州众议院的议员，并连任三届。1790年，他被选为国会议员，并且在一个稳固的选区两度获得连任。在一系列关键问题上，他持有联邦党的立场。在贾尔斯决议案中，他站在汉密尔顿一边；他是《杰伊条约》坚定的支持者；他反对加勒廷和其他共和党人试图进一步削减原本已经很少的军事开支的提案。在华盛顿总统任期即将结束之际，默里被任命为美国驻荷兰公使，这是华盛顿最后的几项任命之一。默里于1797年春末赴任，开始履行他的外交使命。

但不知何故，默里似乎从未真正成为联邦党核心圈的成员，其中一个原因可能是他与亚当斯家族保持着密切且长期的关系。早在17世纪80年代，他和约翰·昆西·亚当斯就在伦敦相识。在那段时期，默里在老亚当斯的鼓励下，撰写了一本关于美国地方政府的政治论文集。

十年后，面对1796年总统竞选期间传闻中的密谋（企图排挤约翰·亚当斯，从而让托马斯·平克尼成为总统），默里发表了《对亚当斯先生的〈为美利坚合众国政府诸宪法辩护〉的简短澄清》（Short Vindication of Mr. Adams's "Defence of American Constitutions"）一文和其他报刊文章，作为忠诚的回应。

默里身材瘦小，马瑟·布朗（Mather Brown）为他绘制的肖像展现了他那异常精致的面容特征。他对自己总是缺乏足够的自信，有点多疑，这可能与他的健康状况有关；在智识方面，他很容易兴奋，经常在不同观点之间快速转换。法国大革命爆发后，与埃尔斯沃思和戴维的反应不同，默里最初充满激情。但他很快对法国大革命中发生的极端行为感到失望，他在海牙与约翰·昆西·亚当斯的通信中充满了对法国人（尤其是督政府）的不信任。默里重视稳定和秩序，他相信，或者说更愿意相信，在雾月政变之后，法兰西民族终于恢复了理智。在这种心态下，他对自己所见到的或以为所见到的拿破仑·波拿巴，感到强烈的震撼。

1800年3月8日，三位美国特使第一次与拿破仑·波拿巴会面。这三位美国人的职业生涯同样得益于一场成功的革命及随后建立的新国家政府。然而，这种表面的相似实则具有误导性：美国的历史经验无法让他们准备好面对拿破仑这样的人物。这些美国人自己，以及他们所在公民社会的领军人物，都是沿着一条清晰且被普遍认可的道路前进的。尽管生活在动荡不安的时代，但每个人都显然是其地区文化的产物；每个人的抱负都完全能被他的同胞理解；反过来，他们也理所当然地认为，不论个人的雄图大志和行动计划多么宏伟，都要受到所处环境的限制和既定期望的约束。然而，拿破仑的崛起仿佛是无中生有，突然出现的。他并不将自己最根本的忠诚献于一个地区、一个社会阶层、民族文化，甚至也不献于任何革命愿景。他的次要忠诚对象是他那默默无闻的家族，而首要忠诚对象，是在一个几乎没有任何约束的世界中的一种宏大的个人野心。[80]

人们可以想象，如果埃尔斯沃思、戴维和默里早出生几年，他们可能在美国独立战争前就已经声名显赫了。但在法国的旧制度下，像拿破仑·波拿巴这样的人物是没有上升空间的。波拿巴家族是科西嘉岛上贫穷的小贵族。科西嘉岛在拿破仑出生的前一年（1768年）才被法国征服，成为法国的领土。尽管科西嘉人已获得法国公民身份，年轻的波拿巴也在法国接受了精英军事教育，但他却屡屡地感到自己被边缘化。他与那些出身于法国显赫家庭的年轻人一起学习，但自己的生活却只能依赖专为贫穷贵族子弟设立的奖学金；他的外地人举止和意大利口音经常招致嘲笑；他发现自己莫名其妙地被分配到了炮兵部队，而这是一个通常与冒险和荣誉无关的兵种。拿破仑曾考虑投身于科西嘉岛的独立运动，但当他发现自己与曾经敬仰的爱国领袖帕斯夸莱·保利（Pasquale Paoli）产生分歧时，不得不放弃这一念头。到了1793年，拿破仑清楚地意识到，他必须以法国人的身份，在法国本土的革命浪潮中作为一名战士来建立自己的事业。在意大利取得战功之前的短短三年里，他展现出了惊人的能量——参与了平息南部叛乱、保卫土伦、镇压保王党的葡月政变，并从上尉晋升至炮兵将军。他的迅速崛起令人瞩目。

研究法国大革命和拿破仑时期的历史学家们总会反复强调，拿破仑崛起的每个阶段都充斥着偶然性，任何一个错误的选择都可能导致他的覆灭。然而，当我们粗略地回顾他的一生时，更让人印象深刻的是他如何始终如一、全神贯注地把握生命中的每一个"偶然机会"。雾月政变的密谋者们，尤其是西哀士，在重塑法国宪法的过程中对这位刚满30岁的平民英雄所应扮演的角色有自己的设想。但他们可能没有预料到，拿破仑会凭借其对细节的非凡掌控能力，以及在政变后连续几周夜以继日的努力，迅速地从他们手中夺取统治权。

人们对雾月政变的最初反应似乎有些冷淡，并且对此感到困惑。对许多已身心疲惫的法国人来说，这不过是又一次政变，其意义和影响尚不明朗。的确，在最初的几周里，新政权似乎更像是换了名称的督政府——由西哀士、罗歇·迪科和拿破仑组成的三人临时执政机构——而不是一个彻底改变了的政府。此外，拿破仑认为，暂时保留这种模糊性，并强调对秩序和节制的恢复，更符合他自身的利益。

然而，围绕新宪法起草的日常磋商一直持续至12月。与此同时，西哀士［从1789年起，他就一直在思考宪法问题，并因此被誉为"先知"（Oracle）］越发清楚地认识到，他与拿破仑在这个问题上的看法存在根本性的分歧：

> 西哀士希望制定一部宪法，确保没有任何权力在国家中占主导地位，以此实现完美的政治职能分工；而拿破仑则坚定地认为，应由一人统治。但因直接表达这种观点过于危险，所以，在讨论制定宪法的目标时，拿破仑对于如何实现这些目标的具体手段保持沉默，不愿透露自己的真实意图。[81]

然而，制定宪法这一进程中的每个转折点，都是由拿破仑亲自推动，最终形成的文本也被故意制定得简短而粗略。宪法文本的制定工作在12月中旬完成，并于25日正式颁布。原有的议会被解散，取而代之的是两个立法机构，它们可以对法律表示同意，但无权发起法律；从此，第一执政领导的行政院（Council of State）制定所有的法律，第一执政需对所有法律进行批准，并拥有否决任何法律的权力。按照拿破仑的意愿，原先的两位临时执政官西哀士和迪科，由让－雅克·康巴塞雷斯（Jean-Jacques Cambacères）和夏尔-弗朗索瓦·勒布伦（Charles-François Lebrun）替换，其中，前者曾经支持处决国王，后者是一位前保王派成员，两人在新政府中都只能发表咨询性意见。

拿破仑如今成为法国的统治者——他小心翼翼地没有公开夸耀此事，因为强大的反对力量仍然存在。他将对这些反对势力采取行动，在某些情况下，他会迅速而无情地进行镇压，而在其他大多数情况下，则会采取狡猾而谨慎的策略。但不管怎样，拿破仑得到支持的重要迹象早在其掌权初期就已显现，那就是证券交易所的国债价格急剧上涨。尽管当时的雅各宾派和保王党人还需要更多时间才能确定自己的立场，国债持有者们却已在赌注上押宝，他们视拿破仑为国家稳定的力量。[82]

在此之前，美国特使从未与这样的人物打过交道——一位职业军事家，正在逐步对欧洲最强大的国家实行独裁统治。事实上，其中的两位特使在开始他们横跨大西洋的旅程时，根本不知道他们最终将与谁交涉。埃尔斯沃思和戴维于11月27日抵达里斯本时，第一次得知雾月政变的消息，尽管他们还无法完全理解这将意味着什么。由于恶劣天气和意外事件，他们又过了三个月才最终抵达巴黎。当他们两人于1800年3月2日到达时——默里只比他们早到一天——所有与他们的特殊使命相关的迹象，都出乎意料地显得颇为有利。法国新政府在各方面都已经稳固建立，且明确表明将以所有应给予的荣誉和尊重接待美国使团。[83]

在1800年这一短暂而极其特殊的历史时刻，法国和美国的命运发生了交汇。从后来的历史来看，这个时期充满了讽刺。当时，人们还未能预见，在拿破仑·波拿巴的统治下，法国、欧洲乃至半个世界不久将经历何等的巨变。同样，那时也没有人能够确切预知美国即将迎来的变革：联邦主义思想，作为一种旨在充分且适当地指导社会和政府组织的原则体系，即将遭受重挫，永远失去其影响力。不久之后，新英格兰的联邦主义者们将沦为孤立无援的抗议者，并将法国的帝国暴君视为欧洲的敌基督（Antichrist）。尽管如此，1800年的巴黎仍是一个特殊历史时刻的特殊地方，在这里，法国人和美国人，或者更确切地说，雾月党人和联邦党人，他们似乎在意识形态上找到了某种共同点。至少在两个方面可以这么说，即使没有其他相似之处。1800年的联邦主义者并不认为有组织的反对派是必要的，这一立场自1789年以来没有太多改变。同样，拿破仑也不需要任何反对党。诚然，他让前雅各宾派成员和前保王党人进入他的顾问和大臣圈子，而他自己在向上攀升之初则是罗伯斯庇尔的盟友。但据说他最痛恨的就是雅各宾派，这很可能是因为在督政府时期，与法国其他任何政治团体相比，雅各宾派都更接近于一个有组织的、负责任的反对派。[84]

第二个共同点涉及民众对政府及公职的参与。在美国，地方政府的组织架构分工精细，职责界定明确，因此公职岗位相对更为开放，吸引了广泛的选民群体。然而，即便在美国，这样的体制也并未获得官方的积极肯定，尤其是联邦党人更是持保留态度。而拿破仑对于民众直接参与不仅仅是怀疑，更是深度的不信任，他决心阻止这种情况的发生。根据新宪法的规定，代议制政府实际上被一种新机制取代：每个社区的成年男性从自己的群体中选出1/10的人作为社区名士；这些社区名士再从自己的群体中选出1/10的人作为省级名士；然后，省级名士再从自己的群体中选出1/10的人，构成公职人员的候选名单，公职人员由国家参议院选出，而国家参议院成员大体上由执政官亲自挑选。

毫无疑问，如果这种政治制度在美国实施，这三位美国人肯定会持怀疑态度。然而，总体而言，法国新政府所展现的面貌，以及这对法国和美国可能带来的意义，都让他们感到了乐观。首先，美国国内的"雅各宾主义"——每位美国联邦党人都视之为不断蔓延的威胁——不会从法国目前的形势中得到任何鼓舞。其次,联邦主义所倡导的"稳定"和"秩序"两大原则,在这里得到了令人振奋的辩护。最后,在联邦共和国成立的十一年中,法国政府似乎是第一次认真地对待美国。3月8日,第一执政在一次"盛大的招待会"上亲自迎接了这三位美国特使,此举让他们感到非常满意。而且,当历时七个月的谈判最终完成时,每位美国特使都深感,在他们三人当中,拿破仑特别欣赏的是自己。[85]在他们最后离开之前,拿破仑与默里进行了一次愉快的闲谈,其间,第一执政询问默里美国人如何看待雾月政变。默里回答说,"秩序和理性的自由的支持者"感到"欢欣鼓舞";而"雅各宾派成员则不可能喜欢它"。至于拿破仑本人,默里后来表示:"除非他愿意将权力交还给路易十八,否则为了世界的和平,我希望他能够一生都掌握这份权力!"[86]如果默里和其他人都想到这一点,他们很可能会这样评价:至少拿破仑确保了国家运行的效率,正如确保驿站马车准时一般。

为了即将到来的与美国的谈判,巴黎这次进行了目标明确、有针对性的准备。雾月政变四天后,塔列朗重返外交部的安排便已确定下来;11月21日,塔列朗正式复职,而雷纳尔则被贬到瑞士。仅用了短短一周多的时间,塔列朗就为拿破仑准备好了一份关于美国局势的报告。这份报告流露出的自信,是他之前提交给督政府的所有备忘录中所缺乏的,反映了他自1797年担任外交部长以来首次在职位上感受到的安全感。报告在引言部分简短概述了法美之间的一系列矛盾。除了一些关于"英国影响"的套话以及对亚当斯和皮克林的例行抨击外,该报告第一次只字未提美国人应该为双边关系的恶化承担负责。在此之前,塔列朗觉得有必要在所有报告中对《杰伊条约》表达不满,而现在则完全略去了这一点,原因是他私下从未真正重视过这一问题。恰恰相反,他指出,责任应归咎于法国自身在处理美国事务时所积累的弊端,其根本原因是"每次都将外交任务交给不精于此道或喜欢争辩的人";事实上,法美两国之间"并不存在观点的竞争、利益的冲突或领土争端"。从1793年开始,法国在美国的代理人"受那个时代狂热情绪的影响",索要超出1778年法美条约所规定的更多特权,而正是基于这些代理人对美国行为(尤其是美国与英国签订条约)的解读,法国督政府颁布了针对美国航运的法令,结果导致"在安的列斯群岛及海岸附近的掠夺和海盗行为"。

塔列朗强调,没有任何理由让这种状况持续下去。他指出,美国人"将实现我们已无法阻止的命运,而与其保持友好关系的国家将是最后一个在新大陆保有殖民地的国家"。美国使团即将抵达,明智之举是做好一切准备,以"友好而有尊严"的态度迎接美国特使,"避免一切指责","表示实现公正对等原则的意愿",并"结束本不该出现的分歧"。简而言之,他直言不讳地建议:

> 通过坦诚的解释消除彼此之间的疑虑;就联盟、贸易和领事机构三项条约的意义达成共识;让双方重新享有各自的权利;并寻找补偿过去不当行为的方法——这些将是即将进行的谈判的基础。[87]

拿破仑以其特有的果断立即同意了这一提议,随后塔列朗又想出了另一个妙计。乔治·华盛顿已于12月14日在弗农山庄辞世;这一消息直到1800年2月1日才传到巴黎。尽管华盛顿品德高尚,但由于他生前并非法国大革命的热情拥护者,他在法国的声望稍显黯淡。华盛顿逝世的消息抵达之初,人们对如何回应感到迷茫不定。塔列朗此时敏锐地意识到,这是一个难得的机会,第一执政可以借此机会为民众定下基调:为华盛顿举行一场庄重的纪念活动,并实施得无懈可击。拿破仑立刻领悟，并迅速地采取行动。他下令全国哀悼十天，命令"在共和国所有的旗帜和军旗上"悬挂黑纱，以此缅怀"那位反抗暴政、巩固国家自由的伟大人物"。他还下令制作一尊胸像，安放在杜伊勒里宫，与凯撒、汉尼拔（Hannibal）、孔代（Condé）和杜伦尼（Turenne）等历史名人的雕像并列。最后，他筹划了一场盛大的仪式，定于1800年2月9日在战神殿（Temple of Mars）举行。这场仪式原来的构想已颇为精彩：作为一场军事庆典，其目的是敬献在埃及战场上从土耳其人手中夺取的军旗和其他战利品；而现在，一篇悼念华盛顿的悼词将使整个仪式达到高潮。悼词的演讲者是路易·丰塔纳（Louis Fontanes），这是一位前保王党人，据说现在是拿破仑妹妹埃莉萨（Elisa）的情人，他有可能是通过她的影响力而获此机会。虽然丰塔纳站在高台上的身姿并不如其他人般引人注目，因为他个头不高且身材略显圆润，但他拥有一口洁白的牙齿、一副悦耳的嗓音，并且精准地把握和表达了人们所期待的复杂情感。他的演讲如同一段激昂的交响乐，巧妙而明显地将美国的解放者和法国当前的救世主进行了比较。他强调："一般而言，在重大的政治危机之后，必然会出现一位非凡的人物，凭借他的荣耀气势就能遏制各方的鲁莽行为，从而在混乱中重建秩序。"华盛顿"不仅战胜了英国；面对党派的极端举动，他经历了一场同样艰苦卓绝、同样荣光无比的斗争"。

> 哦，华盛顿！战士！立法者！毫无瑕疵的公民！是的，您的智慧之言将会被倾听。那位在战场上超越您的年轻人，将会像您一样，以胜利之手疗愈国家的创伤。

这段文字得到了广泛的转载，并且关于丰塔纳的所有传记都证实，正是这次演讲奠定了他的未来。此外，这场仪式以及对华盛顿的其他致敬行为，在美国产生了极佳的影响。[88]第一执政精心挑选的即将与美方会谈的谈判代表，更是展现了他对这次会谈的重视。谈判代表团的负责人由他的亲兄弟约瑟夫·波拿巴（Joseph Bonaparte）担任。其他两位成员分别是皮埃尔-路易·勒德雷尔（Pierre-Louis Roederer）和夏尔-皮埃尔·克拉雷·德·弗勒里厄（Charles-Pierre Claret de Fleurieu）；他们都是声望卓著的参政院成员，能力出众，深得第一执政的高度信任。此前已与默里有所接触的勤勉的路易·皮雄将担任代表团秘书。[89]

因此，法国政府采取了诸多的措施，以增强即将举行的谈判的重要性。双方都表现出明确的决心力求谈判成功，这让人们有充分的理由期待，谈判双方能够在避免不必要的困难或延误的情况下，达成一个让双方都满意的解决方案。

然而，尽管每个人都抱有良好的意愿，实际情况却并非如此。双方都未能充分预见到，由于各方受制于自己收到的指示，而且目标相互矛盾，谈判注定会陷入无法打破的僵局。事实上，1800年谈判的非凡之处正在于，尽管面对这些障碍，美国与法国的谈判代表仍然能够在六个月的时间里保持耐心，坚持推进谈判，最终达成一个可以被看作合理的解决方案。

在谈判代表交换关于谈判程序的初步提议时，双方目标基本不兼容的问题迅速显现出来。他们在4月2日友好地举行了首次联合会议，双方同意鉴于语言障碍，讨论问题将主要通过书面形式进行。随后，美国代表提交了一份关于新条约前六条的草案，全部涉及美国商人对因法国私掠行为所遭受的损失提出的索赔。美国代表承诺，关于商业、航海和其他事项的其余条款将在稍后提交。这一举措意义重大。它反映了美国在指示中对支付赔偿金的重视，而这一点在1797年给平克尼—马歇尔—格里使团的指示中是没有的。美国方面现在坚持，两国之间达成的任何和解，都必须以针对对美国商业所造成的损害做出赔偿为前提，而这一点在之前并未被如此强调。一旦就索赔的解决方式达成一致，谈判代表便可以着手制定新条约。提出制定新条约这一点同样重要，它暗示了美国的立场：旧条约（已被国会在1798年宣布废除）不仅不再生效，也不应被恢复。[90]

这完全不符合法国人的预期，他们在回复中（尽管是间接而且非常礼貌地）表达了这一点。然而他们不仅没有反对赔偿的原则，反而完全同意"首要目标"应是"确定评估和赔偿损失的规则及程序"（他们内部已经意识到，必须在这方面做出姿态——实际上不仅仅是表面上的姿态——他们的指示中也特别强调了这一点）。但他们随后补充说，"第二个目标"应是"确保两国间现行的友好通商条约得到执行"，这意味着，在消除了暂时的误解后，那些条约就可以被视为始终有效，从未中断过。法国代表还提出了另外两点，目的是在一定程度上削弱美国初步提议的进展势头。一是他们提出对赔偿原则加以限定，引入国家受损和个人受损的概念，提出法国也因对最初条约的不同解释而受损，如对港口特权问题的解释，最终解决方案也应对这些加以考虑。另一点是，他们要求美方保证，总统已经下令暂停执行国会针对法国采取敌对措施的法案——尽管他们毫无疑问地清楚美国特使目前无法做出这样的保证。[91]

法国代表的这一回应，正如之前美国特使的提议一样，也充满了深意。它同样非常精确地体现了其背后的指示。这是法国人发出的第一个信号，表明他们决心尽可能地复杂化和拖延赔偿谈判过程，如果可能的话，甚至完全避免赔偿。在随后的谈判中，这种决心将变得越发明显。（塔列朗在这方面的指示非常明确：鉴于法国的"财政状况"，无论法国代表们最终可能不得不做出什么承诺，他们都必须"坚决拒绝任何实际或即时的赔偿"。）同样重要的还有关于条约的问题。对于法国目前在欧洲的目标来说，重新确立1778年与美国签订的友好通商条约和同盟条约，并尽可能恢复其原有的光辉，具有重要的象征意义，因此这构成了谈判的主要议题之一。

这些几乎从一开始就显现的分歧，成为理解整个谈判过程的关键，也解释了为何谈判需要这么长时间才得以结束。双方都渴望实现和平，在这一点上并无太多复杂之处。然而，他们各自追求的其他目标却是相互排斥的，且不存在明确的途径使双方能在这些议题上达成妥协。事实上，双方最终还是达成了妥协，考虑到当时的情况，这是一个相当不错的结果。但这些妥协必须通过某种不那么明确的方式实现。在此过程中，双方为了适应对方的立场同时维护本方的立场而做出的每一个转变、每一次努力，都是围绕着上述特定目标进行的。

在谈判的第一阶段，双方主要围绕以下几个核心问题进行辩论：1778年的条约是否如美国人所声称的那样实际上已经终止；美国国会是否有权在1798年7月7日的法案中，单方面宣布条约无效；以及如果条约被认为不再有效，那么就对过去的损害进行赔偿而言，当前的谈判在处理这一问题时是否依然有依据。法国否认条约可以通过简单的立法行为被废除，无论是根据国际法还是美国自身的宪法，除非双方同意废除或发生战争。双方并未就废除条约达成共识，而如果将1798年美国国会的措施视为对法宣战的话（这确实是一种可能的解释），那么美国对之前所受损害的任何索赔都将失去依据。另一方面，美国谈判代表坚持认为，美国并未对法国宣战；法国对美国商业的大规模掠夺行为已明确违反了条约；因此，根据国际法，美国完全有理由宣布条约终止，但这并不意味着美国不再具有对这些违约行为索赔的权利；同时，特使们也无权撤销本国政府的法案。

美国代表声称，他们的行动受到1794年《杰伊条约》的进一步限制，该条约规定的义务现在优先于美国可能订立的任何后续协定。本次谈判中的关键条款涉及一方的港口接纳另一方的军舰、私掠船和战利品的问题。1778年签订的法美通商条约的第17条规定，每一方均有权将这类船只及从敌人处夺取的货物自由驶入对方的港口，无须接受检查或缴纳关税，且离港时间不受限制，而此类待遇不得提供给对方的敌人。《杰伊条约》的第25条包含同样的规定，但附有一项保留条件：如果法国成为英国的敌对国，由于美国对法国有先前的条约义务，这种规定并不适用于法国。这意味着，只要美国与法国的条约仍然存在，法国就可以在战争期间享有在美国港口的独家特权，而一旦该条约终止，所有的优先权将完全归英国所有。[92]

法国代表们自然认为上述推论是不可接受的，而美国特使则因为受到指示的限制，无法基于其他理由再推进谈判。因此，谈判就此陷入僵局。

第一执政已于5月6日启程，前往意大利指挥那里的军队，预计7月初才返回。法国代表们认为，在没有新指示的情况下，他们无法继续谈判，在这样的背景下，约瑟夫·波拿巴亲自前往意大利寻求新的指示。与此同时，尤其是6月14日拿破仑在马伦戈对奥地利军队取得重大胜利的消息传来后，美国特使（特别是默里）不得不开始考虑，在不违反已有指示的前提下，他们是否能够继续谈判，以及如果能继续，那么哪些指示是必须遵循的。

7月11日，在约瑟夫·波拿巴家中享用过晚宴后，第一执政的想法被非正式地传达给了美国特使。进行任何赔偿都必须以旧条约继续有效作为前提；拿破仑不会签署任何将法国曾有的独家特权拱手让给敌人的条约；他所签署的任何条约都必须至少确保法国与英国享有平等的待遇。这并没有显著地扩大谈判空间，但似乎稍微拓宽了一点。随后，两国代表团都做出了一系列努力，试图最大限度地利用此次机会。[93]

7月15日，埃尔斯沃思提出了一个方案，明确表示这是美方代表在其指示范围内能做出的最大让步。根据这一方案，将基于早前提交的条约草案协商赔偿金额，但不需要立即支付赔偿金，而是直到美国在未来7年内提出相当于1778年条约第17条中的独家港口特权的等值条件时，才需支付（届时，《杰伊条约》将过期）。但对法国人来说，这是绝对不可能接受的：无论他们获得的港口特权具体是什么——更准确地说，无论欧洲其他国家认为他们得到了什么特权——他们都希望立即拥有这些特权，而不是在未来某个不确定的时刻。94

24日，皮雄将埃尔斯沃思从睡梦中唤醒，询问他和其他美国特使是否愿意在仅限于最惠国待遇的范围内恢复第17条（非独家特权，但确保平等权利）。皮雄暗示这可能是保留索偿权的一种方法。但这种暗示只能是极为模糊的，因为就在两天前，塔列朗已经告诉法国谈判代表："我们正在尽可能地设法搁置赔款问题。"尽管如此，在默里的推动下，特使们开始说服自己，《杰伊条约》并不像他们早先坚持的那样，是给予法国平等特权的法律障碍，如果这样做可以确保索赔权，他们愿意重新考虑。与此同时，法国代表勒德雷尔在与默里的非正式谈话中，从国际法中找出了支持这一新立场的先例。95

8月11日，拿破仑通过他的谈判代表明确地告诉美国特使，美国不能两者兼得，从而使得所有努力都化为泡影。美国要么完整地恢复旧条约（包括法国的独家特权），要么签订一份新条约，法国仅享有与其他国家相同的权利（拿破仑拒绝签署不包含此项内容的条约），但美国必须放弃索赔权。

谈判的倒数第二个阶段持续了一个月的时间。在此期间，美国方面在埃尔斯沃思的领导下，为保留索赔权进行了最后的坚持。他们提出的方案之一是制定一份新条约，新条约将包括旧条约中的几乎所有内容，除了通商条约的第17条（关于港口特权）和联盟条约的第11条

（双方"永久性地相互"保障彼此在新大陆的领土权益）。第17条将改为美国向法国支付100万美元的现金补偿，以及一条赋予法国最惠国待遇的替代条款。第11条将被完全取消，美国同样需要支付100万美元作为补偿。美国将在7年内支付这些款项。同时，美国的索赔要求将维持不变。

法国方面的回复虽不是直接拒绝，但实质上与拒绝无异，他们提出了新的条件：如果在这7年（在此期间，法国必须至少享有最惠国地位）结束时，美国未提出，法国也未接受完全恢复有争议的条款，那么法国将不再负有支付赔偿金的义务（不支付赔偿金的打算，就像写在墙壁上的字越来越大一般，正在变得越来越明显）。美国代表认为这完全无法接受，于是在9月6日提出了埃尔斯沃思最终版本的赔偿方案。旧条约将被恢复，除了第11条的保证（美国将支付100万美元作为补偿）；每一方都将赔偿另一方的索赔人；在交换批准文件时，如果美国政府同意放弃索赔权，那么美国将保留退出旧条约的选择权。

然而，法国人回应说，他们应享有同等的选择权，并重申了他们此前的立场，即他们无法接受任何既包含赔偿金又对旧条约做出修改的方案。他们最后公开承认，"真正的目的是尽一切可能避免承诺支付赔款"，因为法国"完全无力……支付，当前的战争让法国陷入了困境"。[96] 谈判再次陷入僵局。如果不是三名美国代表最终认识到一个事实（默里其实早已意识到这一点），那么，谈判可能就此结束。这个事实就是，给他们的指示所提出的要求过高，很难获得对方的接受。

次日，也就是9月13日，美国使团做出了一个关键决定。他们计划提议推迟关于赔偿和旧条约这两个主要议题的讨论，直到未来双方能在"面对较少困难的情况下重新开启对话"。这样做的目的是让两国代表立即着手进行"临时安排"，使两国的日常交往恢复正常，并调整有可能立即进行谈判的其他事项。因此，这几位美国特使实际上违背了给他们的指示，尽管没有明确地这样说。但他们终于至少是私下承认，如果他们还是决心无论如何都要摆脱法美联盟，那么就不可能获得任何形式的赔偿。"[我们]推迟——而不是放弃索赔权（尽管实际上是永远失去了！！）。"97 如果连奥利弗·埃尔斯沃思，在带领美国使团坚持了22周之久，并锲而不舍地寻找各种可能的替代方案后，最终也得出了这样的结论，那么实际上存在其他方案的可能性就微乎其微了。同时，平息国内那些坚持不妥协的声音，也将在很大程度上依赖于"联邦党人先生"的道德威望。埃尔斯沃思后来写道，他和同僚们采取这些行动，是为了"使美国摆脱一场难以体面退出、前景不明的纷争"。98 他们从一开始就面临困境，这并非完全是由法国导致的，还因为他们收到了一系列苛刻且不容妥协的指示，这些指示的制定者甚至自己也更希望法国方面根本不接受这些条件。

法国代表团同意在这个变更后的基础上继续谈判，在接下来不到两周的时间里，谈判代表们每天会面，最终达成了一项协议，这项协议比他们中任何人基于9月初的情况所能预料到的都更为全面。该项协议规定了"稳固的、不可侵犯的和普遍的和平"；相互归还尚未被没收的财产；追偿债务，"就好像没有发生过任何误解一样"；制定规则，以防止未来的海上侵权行为（包括废除臭名昭著的"船员名册"的规定）；并解决关于俘获的战利品的争议。旧条约以及1788年《领事公约》（Consular Convention）的大部分条款得到恢复，港口特权则基于最惠国待遇。法国方面还主动增加了一项美国人甚至没有提出的关于中立权利的条款，即恢复"自由船只，自由货物"的原则。

至于最终协议的名称，美国特使最初建议将其命名为"公约"；随后法国方面提议命名为"友好商业条约"；但美国人希望协议名称听起来不那么具有永久性，坚持认为它应该只是一个"临时条约"；于是第一执政亲自提议将其命名为"公约"——美国特使很开心地同意了。

1800年10月3日,在巴黎北部约瑟夫·波拿巴的乡间庄园莫特方丹举行的隆重仪式上,双方签署了这份公约。[99]

1800年12月11日,戴维携带公约副本返回美国,亚当斯总统在同月16日将其提交给参议院。共和党人对这份公约的热情不高(一位共和党人评论说,它"只是在两个共和国间勉强地建立和平")。不过,当他们注意到公约在联邦党人中所激起的强烈不满时("羞辱史册中的另一章节"),他们开始对其价值有了更多的认可。1801年1月23日,参议院的投票结果为16票支持、14票反对,支持票远未达到必要的2/3多数,因此,该公约实际上遭到了否决。[100]

然而,在这段时间内,逐渐出现了足够强烈的支持接受条约的情绪,在这样的情况下,参议院同意重新审议公约。亚历山大·汉密尔顿一直向他的盟友们建议,"最好是就此结束,而不是让雅各宾派政府做出更糟糕的决定"。当时担任国务卿的约翰·马歇尔倾向于接受公约,尽管他本人对此"非常不满意"。许多人曾担心,公约中的最惠国条款可能会激怒英国,但鲁弗斯·金1月中旬送达美国的报告称,英国外交部对该条款并无异议。此外,埃尔斯沃思整个冬季都在伦敦,他也受到了各方的尊敬。这些消息大大削弱了先前的担忧。到了2月3日,更多的联邦党参议员改变了他们的立场。参议院以22票赞成、9票反对的结果通过一项决议,批准了公约,但删除了其中的第2条(推迟赔偿和旧条约议题的条款),同时新增加了一条,将公约的有效期限定为了8年。[101]

他们这样做的动机十分复杂,而且不明确。他们希望以某种形式表达不满,但对于如何表达这种不满却意见不一,同时,大多数人都意识到,彻底拒绝公约是自找麻烦。在这些复杂的情绪中,他们所能想到的最佳平衡方式就是删除第2条。这样一来,他们可以假装赔偿问题仍然悬而未决,无论公约中是否有这样的条款。实际上,删除该条款后,公约中的其他内容,以及签订新公约而非坚持旧条约的事实,已经相当于宣布永久性地终结这些旧条约了。当年晚些时候,在巴黎交换批准书时,拿破仑立即识破了这一狡猾的策略,坚称他的批准是基于这样一种理解:删除第2条意味着美国放弃了未来对所有赔偿的要求。[102]（那时在美国是否还有人认真地持反对意见,值得怀疑。）总之,接替前一年3月份离任的亚当斯总统的杰斐逊总统认为,最好是将法国的"有条件批准"提交给新的参议院,以消除任何潜在的不明确之处,"先征求参议院的第二次建议和同意……然后我将予以最终批准,并宣布其为国家法律"。杰斐逊于1801年12月11日采取了这一行动,正如预期的那样,他极为顺利地获得了参议院的同意。[103]

无疑,对双方而言,1800年公约带来了实质性利益,并具有更为广泛的象征意义,关于两者之间的界限,可能有多种解读方式。但这两者都存在,每一种都相当重要,尤其对美国而言。一方面,从逻辑上看,人们可能会认为美国商界将因法国未对其商业掠夺行为所造成的损失进行赔偿而大为不满。但实际情况并非如此;事实上,自公约内容在美国公布之际起,推动批准公约的最大压力就来自商界。那些从事海外航运的美国商人从未真正期待过得到赔偿,至少他们不指望法国人会做出赔偿。他们目前最迫切的需求是结束准战争状态,重启利润丰厚的商业活动。[104]即便是在1800年12月到1801年1月间就批准问题展开激辩的联邦党参议员们,主要争议的也不是这一点。公约中,有一项相对次要的内容似乎与任何其他条款一样使他们感到不快,那就是第3条所规定的,在敌对行动中被捕获的公共船只应予以归还,这意味着美国必须归还特拉克斯顿所获的战利品——"起义号"战舰[105]（然而,如果美国谈判代表坚持美国从未真正对法国宣战,他们就很难拒绝这一条款）。与五年前《杰伊条约》的情况一样,批准过程中的困难在很大程度上与抽象概念有关。

另一方面，美国确实从1800年公约中获得了实质性利益，其中有些并未在公约文本中明确提及。这些利益包括法国领事机构所采取的一系列遏制大量泛滥的私掠行为的针对性措施，而这是此前的法国督政府几乎无力做到的。这一切都旨在为和解与进行谈判铺平道路，确保谈判一旦开始就能持续进行，并在谈判结束后巩固其成果。1799年12月初，拿破仑下令废除雪月29日的法律（该法律宣布没收全部或部分装载英国生产货物的船只），这一法律随后被霜月23日的法律和霜月29日的条例（分别对应12月13日和19日）所替代，重新确立了1778年的自由贸易原则。1800年3月27日，拿破仑下令在巴黎设立一个新的奖励理事会（Council of Prizes），该理事会拥有广泛的权力，可以审查所有当前的和未决案件的各个方面。公约完成后，塔列朗下令暂停所有涉及美国船只的此类案件。到了12月，理事会已经释放了12艘船只，当美国参议院行动的消息传来时，更多的船只被归还给了船主。1801年11月，路易·皮雄被任命为法国驻美国的新代办，他接收到的指示是，全力遏制西印度群岛的非法私掠活动，随后他也成功地执行了这一任务。[106]

除了免除赔款之外，法国人追求的最大利益是一些具有象征意义的好处，并为此竭尽全力。他们最渴望的是恢复与美国的旧条约，这并不是因为旧条约中的港口特权对他们来说多么重要（这些对法国人来说意义不大，对英国人也是如此，实际上他们也有类似的表示），而是因为法国人可以借此向欧洲的中立国展示，他们已经与世界主要的中立运输国重归于好。当然，由于美国谈判代表的坚持，他们并未完全实现这一目的。但仅仅能够达成无论何种形式的一项协议本身就极有价值，法国也充分利用了这一点。在莫特方丹举行的盛大庆典上，第一执政和150位国家要员出席，据说这是大革命开始以来最为辉煌的一次庆典，它向全世界宣告了法国对所取得成果的满意。与美国的谈判在拿破仑的战略中居核心地位，他计划联合北欧国家，基于包括"自由船只，自由货物"在内的自由原则，形成一个武装中立联盟，并希望美国最终能够加入，以此制衡英国的海洋霸权。实际上，尽管该联盟正式成立了，但不久后就解散了。[107] 至于美国加入该联盟，不用说，无论该联盟持续多久，也无论哪个政党控制联邦政府，显然都不太可能。

拿破仑的另一个目标是，在他对路易斯安那的野心为美国识破前，完成与美国的和解。在权衡1800年公约的利弊时考虑这一举措的道德性，会发现这是一个极为模棱两可的问题。一方面，此举涉及法国重新占有一块曾经属于她的领土的合理性，而美国也希望未来能够获得这些领土；另一方面，这又涉及拿破仑在不到三年后几乎是完全将这一领土转让给美国的合理性，而西班牙肯定不会这么做。

1800年公约带来的最重要利益——同样是象征性的——属于美国。美国的谈判代表们以实用主义的态度，永久废除了1778年的条约，这实际上为他们的共和党继任者留下了一份免费礼物。个中原因是，导致1778年条约成为美国沉重负担的，并不仅仅是同盟义务本身。即便是在1793年，美国对法国大革命的热情最高涨的时候，也鲜有美国人——无论是共和党人还是联邦党人，感到受制于这些义务。真正造成困扰的是围绕这些条约的意识形态压力，以及将条约与美国革命连接起来的整张兄弟情谊网络，这些因素在美国国内政治中引发了严重混乱。共和党人曾乐于接受这种意识形态压力，而联邦党人则对此越来越反感和抵制，现在，1800年公约在很大程度上消除了这种压力。然而，美国当时激烈的党派政治阻碍了客观评价公约的优点。大多数联邦党人感到有义务挑剔这项公约的每一处不足，因为他们认为该公约对他们所厌恶的法国做出了明显的让步。而共和党人对联邦党人主导的使团在法国取得的成果，也只能勉强认可。共和党人尚未完全做好准备承认，他们对法国意识形态的依恋，曾极大地促进了其党派形成，也曾一度为他们赢得了广泛的民众支持，但演变到此时，它已成为沉重的负担。现在，共和党人终于摆脱了这一窘境，而且无须为此付出额外代价，甚至无须公开表态。[108]

托马斯·杰斐逊在1801年准备就任总统时，没有人比他更深切地感到欣慰。杰斐逊现在可以完全不提及1800年公约，从容地宣布一项政策："与所有国家和平相处，进行商业往来，诚挚友好，避免卷入复杂的联盟关系……"[109]

注释

1. Dudley W. Knox, *A History of the United States Navy* (New York, 1936), p. 6; Eugene S. Ferguson, *Truxtun of the Constellation* (Baltimore, 1956), p. 102.

2. 1794年的立法及其后续修改的内容在 Marshall Smelser, *The Congress Founds the Navy, 1787–1798* (Notre Dame, Ind., 1959), pp. 48–86中有详细描述；在Craig L. Symonds, *Navalists and Antinavalists: The Naval Policy Debate in the United States, 1789–1827* (Newark, Del., 1980) 中有比较简短的介绍。关于汉弗莱斯，参见 Howard I. Chapelle, *The History of the American Sailing Navy: The Ships and Their Development* (New York, 1949), pp. 119–127及其他相关部分；Michael A. Palmer, *Stoddert's War: Naval Operations During the Quasi-War with France, 1798–1801* (Columbia, S.C., 1989), pp. 27–28; Humphreys to Knox, Dec. 23, 1794, *ASP: NA*, I, 8。目前关于汉弗莱斯的主流观点似乎是，他在海军思想领域比在船舶设计领域的影响更为重要；夏佩尔（Chapelle）对汉弗莱斯的绘图技术进行了指责，并对哪些舰船设计图应归功于他提出质疑，这些被后来的作者接受，在一定程度上降低了汉弗莱斯的历史声誉。无论对他的历史评价有什么样的修正主义观点，我们在此认为，汉弗莱斯在海军造船业发展的关键时刻展现了创造性才智，其影响是有益的。

3. 这些法案的时间顺序列表参见Robert G. Albion, "The First Days of the Navy Department," *Military Affairs*, XII (Spring 1948), 6；法案文本收录于 Dudley W.

Knox, ed., *Naval Documents Related to the Quasi-War Between the United States and France*（Washington, 1935）, I, 58, 64, 87–88, 127, 135–137, 181–183, 188–189, 211；关于法案通过情况的描述参见 Smelser, *Congress Founds the Navy*, 各处。在 Gardner W. Allen, *Our Naval War with France*（Boston, 1909）, Appendixes IV-V, pp. 301–305 中，列出了 1798—1801 年间所有海军的船只（共54艘）及其等级和指挥官名单，以及同一时期任命的所有一至三级军官的名单。有关这些船只的更多信息，参见 Chapelle, H*istory of the Sailing Navy*。

4. Albion, "First Days," 6–9; Palmer, *Stoddert's War*, pp. 14–17. Charles O. Paullin, "Early Naval Administration Under the Constitution," *United States Naval Institute Proceedings*, XXXIII（1906）, 1008, 其中有第一批造船者和代理人及他们工作港口的表格。关于斯托德特对未来的计划，参见 Stoddert to Josiah Parker, Dec. 29, 1798, *ASP: NA*, I, 65–66；以及 Robert F. Jones, "The Naval Thought and Policy of Benjamin Stoddert, First Secretary of the Navy, 1798–1801," *American Neptune*, XXIV（Jan. 1964）, 61–69。

5. Alexander DeConde, *The Quasi-War: The Politics and Diplomacy of the Undeclared War with France, 1797–1801*（New York, 1966）, pp. 124–125; Robert G. Albion and Jennie M. Pope, *Sea Lanes in Wartime: The American Experience, 1775–1942*（New York, 1942）, pp. 70, 83; Palmer, *Stoddert's War*, p. 6.

6. *AC*, 5 Cong., 2 Sess., 1531; Henry Knox to Adams, June 26, 1798, D. W. Knox, ed., *Naval Documents*, I, 140.

7. Thomas O. Ott, *The Haitian Revolution, 1789–1804*（Knoxville, Tenn., 1973）, p. 103.

8. Palmer, *Stoddert's War*, pp. 18–19, 30–31, 35–36, 56; Albion, "First Days," 10; Stoddert to Barry, July 11, 1798, and to Adams, July 30, 1798, *Naval Documents*, I, 189–191, 256.

9. *WJM*, III, 53.

10. Albert H. Bowman, *The Struggle for Neutrality: Franco-American Diplomacy During the Federalist Era*（Knoxville, Tenn., 1974）, pp. 234, 255; Monroe to Madison, Feb. 25, 1796, *WJM*, II, 460–461; *ASP: FR*, II, 12–13.

11. Carl L. Lokke, ed., "Mémoire sur les Etats-Unis d'Amérique," *AHA: AR*, 1936, I, 85–119; Bowman, *Struggle for Neutrality*, pp. 234–235, 238. 福谢的回忆录主要是对法国政府官员漠不关心美国事务的抱怨。这些官员从未认真地处理，甚至不

第十四章 和解方案 1133

愿阅读法国驻美国外交官发回的大量报告，此外，福谢及其前任们不得不等待数月（他本人曾等待长达一整年的时间），"才收到来自巴黎的任何正式指令"。关于门罗和其他人就法国应如何对条约做出回应的暗示，以及关于门罗建议他们耐心等待共和党总统的当选，参见第十一章的内容。

12. Bowman, *Struggle for Neutrality*, pp. 243–244.

13. Monroe to Pickering, Aug. 15, 1796; Delacroix to Monroe, Oct. 7, 1796; *ASP: FR*, I, 741, 745.

14. Sonthonax to Minister of Marine, Feb. 24, 1796, Archives de la Marine, Soussection Colonies, Archives Nationales, Paris.

15. Samuel E. Morison, ed., "DuPont, Talleyrand, and the French Spoliations," *MHS Proceedings*, XLIX (Oct. 1915–June 1916), 69.

16. Ulane Bonnel, *La France, les Etats-Unis, et la guerre de course* (1797–1815) (Paris, 1961), p. 96; Morison, ed., "DuPont," p. 68.

17. Ott, *Haitian Revolution*, p. 8; Rayford W. Logan, *The Diplomatic Relations of the United States with Haiti* (Chapel Hill, N.C., 1941), pp. 3 and n., 26–30; *ASP: CN*, I, 134.

18. Ott, *Haitian Revolution*, pp. 9–13. 下面三段内容大量借鉴了这部非常有价值的著作。

19. 关于英国在西印度群岛的战役，参见John W. Fortescue, *A History of the British Army* (London, 1899–1930), IV; 以及David P. Geggus, *Slavery, War, and Revolution: The British Occupation of Saint Domingue, 1793–1798* (Oxford, 1982)。

20. 帕尔默在*Stoddert's War*, "The Quasi-War and the Creation of the American Navy, 1798–1801" (未发表的论文, Temple U., 1981), p. 63的早期版本中特别指出了这一点。

21. *ASP: FR*, I, 759. 法国政府内部与私掠活动的利润有着直接的利益关系，这似乎是一件众所周知的事情。例如，约翰·马歇尔在他的日记中记载（后来公开的1797年11月8日的报告也提到），据"XYZ"之一、当时正向美国特使索贿的康拉德·奥廷格说，并非所有的督政官都期望分享这笔贿赂，因为其中一位，梅林·德·杜埃"是从另一个渠道得到报酬的"。平克尼后来评论说，他知道梅林的钱来自"私掠船的船主"，奥廷格"点头确认了这一事实"。正是梅林作为司法部长，想出了"船员名册"的借口并就此撰写了一份"论文"，从而满足了私掠船主的需要。作为回报，他们赠送给他4000个路易。根据后来对塔列朗担任部长时头三年所获腐败收入的估算，他本人也从同样的来源获利。此外，五百人院似乎也在继续扼杀任何试图改革战利品法的努力，因为正如威廉·万斯·默里所说，其本身就是"私掠者的巢穴"。*PJnMl*, III, 172, 247, 262, 278; Louis Bastide, *Vie politique et religieuse de Talleyrand Périgord*（Paris, 1838）, p. 227; Duc de Broglie, ed., *Memoirs of the Prince of Talleyrand*, tr. Raphael Ledos de Beaufort and Mrs. Angus Hall（Paris, 1895）, I, xviii; Murray to J. Q. Adams, Dec. 10, 1799, Worthington C. Ford, ed., "Letters of William Vans Murray to John Quincy Adams, 1797–1803." *AHA: AR*, 1912, p. 630; Hill, *Murray*, pp. 164–165。

22. Stoddert to Barry, Dec. 7, 1798, *Naval Documents*, II, 70–72.

23. Palmer, *Stoddert's War*, pp. 84–87, 235–236.

24. 海军事务委员会主席乔西亚·帕克在支持斯托德特提出的扩大海军建设计划时提出了这些论点，并希望尽可能强化其论据。反对这一计划的艾伯特·加勒廷对帕克的数据提出质疑，他认为海运保险费率的下降是全球性的，是由包括英国和法国海军政策变化在内的各种因素造成的，不能简单地归因于美国海军的存在。就具体细节而言，加勒廷的说法并非毫无根据。尽管如此，帕克的基本论点——海军为美国商人节省了大量的保险费用——是有道理的。如果范围仅限于西印度群岛，海军在那里降低保险费的作用是显而易见的，因此证明明确且令人信服。1796年夏天，法国私掠船开始攻击美国商业之前，西印度群岛航行的正常保险费率是船只和货物价值的6%；到了年底费率已翻了一番，1797年上升到15%至25%，1798年夏天达到30%至33%的峰值；而到了1800年，保险费率下降到10%。因此，如果估计1799年和1800年西印度群岛的贸易额约为1亿美元，并且这期间平均节省12%的保险费，那么仅在保险上的总节约额就达到约1200万美元，几乎是准战争期间海军建设成本的两倍。对商人和生产者同样重要的是，美国向西印度群岛出口的小麦、面粉、木材、咸牛肉和鱼类的价值，从1797年的1970万美元和1798年的1975万美元，上升到1799年的2740万美元和1800年的2350万美元。无论如何计算，海军带来的收益都是其建设成本的数倍，这一点是毫无疑问的，并且在当时也没有受到任何严肃的质疑。*ASP: NA*, I, 69–70; AC, 5 Cong., 3 Sess., 2823–2827; Albion and Pope, *Sea Lanes in Wartime*, p. 83; Palmer, *Stoddert's War*, pp. 130–131; *ASP: CN*, I, 384, 417, 431, 453。

25. Ferguson, *Truxtun*, pp. 160–171; *Naval Documents*, II, 326–338.

26. Charles C. Tansill, *The United States and Santo Domingo, 1789–1873: A Chapter in Caribbean Diplomacy* (Baltimore, 1938), p. 33; Rufus King to Pickering, July 14, 1798, King, *King*, II, 368.
27. Tansill, *U.S. and Santo Domingo*, pp. 38–39.
28. Adams to Pickering, July 2, 1799, *WJA*, VIII, 661.
29. Tansill, *U.S. and Santo Domingo*, pp. 23–29; Logan, *U.S. and Haiti*, pp. 64–66.
30. King to Pickering, Dec. 7, 1798; to Dundas, Dec. 8, 1798; Dundas to King, Dec. 9, 1798; King to Pickering, Dec. 11, 1798; King, *King*, II, 475–477, 483–488.
31. Grenville to King, Jan. 9, 1799; King to Pickering, Jan. 10, 16, 1799; 同上, II, 499–505, 511–512。
32. Bradford Perkins, *The First Rapprochement: England and the United States, 1795–1805* (Philadelphia, 1955), p. 108; Tansill, *U.S. and Santo Domingo*, p. 47.
33. 同上, p. 45; Logan, *U.S. and Haiti*, pp. 73–74; Toussaint to Adams, Nov. 6, 1798, J. Franklin Jameson, ed., "Letters of Toussaint Louverture and of Edward Stevens, 1796–1800," *AHR*, XVI (Oct. 1910), 65–66。
34. Stoddert to Barry, Jan. 16, 1799, *Naval Documents*, II, 242.
35. Logan, *U.S. and Haiti*, pp. 75, 179; Pickering to King, Mar. 12, 1799, King, *King*, II, 557–558; Robert G. Harper to constituents, Mar. 20, 1799, Noble Cunningham, ed., *Circular Letters of Congressmen to their Constituents, 1789–1829* (Chapel Hill, N.C., 1978), I, 171.
36. Tansill, *U.S. and Santo Domingo*, pp. 47–57; Maitland to Dundas, Apr. 20, 1799, 引自同上, p. 56; Perkins, *First Rapprochement*, pp. 108–109。
37. Tansill, *U.S. and Santo Domingo*, pp. 58–64.
38. Palmer, *Stoddert's War*, pp. 162–164, 217.
39. 同上, pp. 196–201。
40. 同上, p. 235; 另参见上文注释24。
41. 同上, pp. 34–35, 121。
42. Palmer, "Quasi-War," pp. 356–360; W. D. Puleston, *Annapolis: Gangway to the Quarterdeck* (New York, 1942), pp. 2–3, 19–22.
43. Logan, *U.S. and Haiti*, pp. 85–88; Tansill, *U.S. and Santo Domingo*, pp. 68–69; Adams to Pickering, Apr. 17, 1799, *Works*, VIII, 634–635.

44. Pickering to King, Feb. 19, 1799, Pickering Papers, MHS, X. "这对我们自己和我们在西印度群岛的前景,都将产生有害的影响。至于西印度群岛的前景,我指的是圣多明各的商业开放以及它脱离法兰西共和国的独立,杜桑很可能很快就会宣布独立。我相信他之所以等待,只是想知道可以从美国获得什么。"

45. Adams to Pickering, July 2, 1799, *WJA*, VIII, 661. 皮克林在7月10日向默里大发雷霆时,他很有可能刚收到这封信不久,当时手里正拿着这封信。

46. Louis Pichon to Talleyrand, July 22, 1801, 引自 Tansill, *U.S. and Santo Domingo*, p. 81。

47. Ott, *Haitian Revolution*, pp. 171–172.

48. Pickering to Jefferson, Feb. 24, 1806, Jefferson Papers, LC.

49. Wolcott to Pickering, Dec. 28, 1800, Gibbs, *Memoirs*, II, 468; Jefferson to Madison, Dec. 19, 1800, *WTJ*, VII, 471.

50. Forrest McDonald, *Alexander Hamilton: A Biography* (New York, 1979), p. 347.

51. 同上, pp. 347–348; Jacob E. Cooke, "Country Above Party: John Adams and the 1799 Mission to France," Edmund Willis, ed., *Fame and the Founding Fathers* (Bethlehem, Pa., 1967), 72页及以后的内容; Henry Adams, *History of the United States of America During the Administrations of Jefferson and Madison* (New York, 1889–91), I, 370。

52. Cooke, "Country Above Party," p. 75n. 麦克唐纳认为,这次任务"为法国赢得了辉煌的外交胜利"。*Hamilton*, p. 347。

53. R. King to Pickering, June 6, 1798, King, *King*, II, 336; Bernard Fay, *The Revolutionary Spirit in France and America: A Study of Moral and Intellectual Relations Between France and the United States at the end of the Eighteenth Century*, tr. Ramon Guthrie (New York, 1955), pp. 426–427; Georges Lacour-Gayet, *Talleyrand: 1754–1838* (Paris, 1928–1934), I, 238–239; Raymond Guyot, *Le Directoire et la paix de l'Europe: des traités de Bâle a la deuxieme coalition* (1795–1799) (Paris, 1911), pp. 563–564n.; Bonnel, Guerre de course, p. 61n. 1798年5月31日,普鲁士大臣桑多兹-罗林向其政府报告:"塔列朗对我说,美国报纸刊登了对他职务不利的消息,这些都是应国会指令而发布的,以此影响他的部长任期。他在提到最后一点时显得烦躁不安,这让我相信这些消息是真实的;我对他说,金钱的诱惑让他深陷困境……我认为他的外交部长职位岌岌可危。特吕盖(Truguet)先生从西班牙带回的证据显示了他在与葡萄牙签订条约

时的受贿行为。" Paul Bailleu, ed., *Preussen und Frankreich von 1795 bis 1807: DiplomatischeCorrespondenzen*（Osnabrück，1965），I，210。

54. *ASP: FR*, II, 206, 210–211（格里的叙述，以及他与塔列朗关于这一主题的通信）；Talleyrand, Report to Directory, May 31, 1798, AECPE-U 49, 393–404; *Talleyrand's Defence: Strictures on the American State Papers* ...（London，1798）；同样的内容以略有不同的翻译重印在 *ASP: FR*, II, 224–227。贝拉米6月25日的抗议信首次发表在《法律之友》(*L'Ami des loixin*)上，以回应该杂志在牧月21日（1798年6月9日）刊登的有关报道；他的信被翻译后于次月在伦敦的报纸上重新发表，随后被9月20日的《费城公报》(*Philadelphia Gazette*)、9月22日的波士顿《哥伦比亚哨兵报》、10月10日的《箭猪报》以及其他美国报纸转载。

55. Guyot, *Le Directoire et la paix de l'Europe*, pp. 562–563.

56. *ASP: FR*, II, 209–219; Hill, *Murray*, pp. 103–115.

57. Morison, "DuPont", pp. 63–66.

58. 同上, pp. 66–78。

59. *Le Directoire et la paix de l'Europe*, pp. 564–565.

60. Georges Pallain, ed., *Le ministère de Talleyrand sous le Directoire*（Paris，1891），p. 309.

61. E. Wilson Lyon, "The Directory and the United States," *AHR*, XLIII（Apr. 1938），527; Talleyrand to Bruix, July 27, 1798; Bruix to Directory, July 11, 1798; to Talleyrand, July 31, Aug. 18, 1798, AECPE-U50, 34, 132, 134, 178–179; *ASP: FR*, II, 222–223, 242; Hill, *Murray*, pp. 122–128; *WJA*, VIII, 688–691. 桑多兹-罗林认为，布吕克斯在这一时期似乎充当了中间人的角色。Bailleu, ed., *Preussen und Frankreich*, I, 213。

62. DeConde, *Quasi-War*, p. 148；塔列朗第一次提到皮雄—默里会谈是在1799年2月14日，AECPE-U 51, 40–50。

63. Lacour-Gayet, *Talleyrand*, I, 343. 关于雷纳尔的传记概述参见 *Nouvelle Biographiegénérale, depuis les temps les plus reculésjusqu'à 1850-60*（Copenhagen，1968），XLI，928。

64. Oct. 1, 1799, AECPE-U 51, 240–241VO. 鲍曼（*Struggle for Neutraldy*，第387页注释）指出其中的一处错误：档案馆错误地将其他作者的一篇文章误认为是雷纳尔撰写的，因而归档在第51卷的244—247页，但实际上这篇文章来自先前的官员，甚至比塔列朗时期还要早。查尔斯·德拉克洛瓦或他办公室里的某个人，似乎也有过类似的想法，尽管可能不是很认真。参见上文，p.508。

65. 关于这些事件的描述，参见 Alphonse Aulard, *The French Revolution: A Political History, 1789–1804*, tr. Bernard Miall（London, 1910），IV, 115–126; Leo Gershoy, *The French Revolution and Napoleon*（New York, 1964），pp. 329–331, 340–341。

66. 同上, pp. 340–347; Aulard, *French Revolution*, IV, 127–151。

67. Bruix to Talleyrand, Aug. 18, 1798, AECPE-U 50, 178–179; Albert DuCasse, ed., *Histoire des négotiations diplomatiques relatives aux traités de Mortfontaine, de Lunéville at d'Amiens*（Paris, 1855），I, 187; Talleyrand, Report to Directory, Feb. 14, 1799, AECPEU 51, 40–50; Murray to J. Q. Adams, Dec. 10, 1799, "Letters of Murray," p. 630.

68. 关于埃尔斯沃思的生平和职业生涯，主要资料来源是 William G. Brown, *The Life of Oliver Ellsworth*（New York, 1905）。这本书虽然年代久远，但仍具参考价值。我们在下面几段中大量参考了这本书中的内容。

69. 同上, p. 26n.; *Journal of William Maclay*, p. 133。

70. Brown, *Ellsworth*, pp. 76–77。

71. 同上, p. 100。

72. Adams to James Lloyd, Jan. 1815, *WJA*, X, 112–113.

73. James Parton, *Life of Andrew Jackson*（New York, 1861），I, 72. 关于戴维生平的唯一完整记载，参见 Blackwell P. Robinson, *William R. Davie*（Chapel Hill, N.C., 1957）。

74. Charles Caldwell, *Memoirs of the Life and Campaigns of the Hon. Nathaniel Greene*（Philadelphia, 1819），p. 113.

75. Robinson, *Davie*, p. 186.

76. 同上, pp. 39, 117, 226, 230, 354。

77. 同上, p. 322。

78. 到1800年，在杰斐逊及其日益盛行的政治思想的影响下，北卡罗来纳州的联邦主义实际上已经彻底消亡。该州的四位联邦党国会议员无一连任，而当时联邦党名义上的领袖戴维在1802年的国会竞选中遭遇惨败，他的票数还不到获胜者的一半。随后，他彻底离开了该州，退回到他在南卡罗来纳州的产业。同上, pp. 359–375。

79. 威廉·万斯·默里在43岁时英年早逝,彼得·P.希尔(Peter P. Hill)为他撰写的传记 *William Vaus Murray* 虽然简短,却极具智慧和风格。参见上文注释56。以下两篇文章在很大程度上被希尔的著作所取代,但仍具参考价值,参见Alexander DeConde, "The Role of William Vans Murray in the Peace Negotiations Between France and the United States, 1800," *Huntington Library Quarterly*, XV(Feb. 1952), 185–194; "William Vans Murrary and the Diplomacy of Peace: 1797–1800," *Maryland Historical Magazine*, XLVIII(Mar. 1953), 1–26。该作者的"William Vans Murray's *Political Sketches*: A Defense of the American Experiment," *MVHR*, XLI(Mar. 1955), 623–640 也值得关注。

默里私人日记中的一条记录(引自 Hill, *Murray*, p. 170)表现了他的不满,这也是某些说法认为在1800年谈判期间美国使团内部存在摩擦的依据。默里在日记中写道,他认为他的同僚们"对我没有好感或尊重",事实上,"没有任何人对其他人有好感!",他们"仅仅是表面上礼貌相待",另外两个人"太自负了,尤其是戴维,不愿意向我这个在使团中排名第三,也是最年轻的成员借鉴任何想法"。然而,我们认为对这一段话过分强调并不妥当,这段话是在特使们首次会面一年后写的,不应将其理解为他们的工作关系。默里在谈判期间所记录的日常日志中并没有显示任何此类"摩擦"的证据,虽然他们个人的关系可能确实没有超出"表面上的礼貌",而且在手段上并不总是一致,但有多个证据表明,他们在追求共同目标时表现出了强烈的团队精神。例如,默里有一次提到埃尔斯沃思"全心全意地投入,以取得成功。戴维也是如此。我也是"。使团任务完成后不久,默里对约翰·昆西·亚当斯说:"我的同僚们从一开始就表现出最明确、最紧迫的诚意。"几周后,在谈到埃尔斯沃思时,他说,"我深深地钦佩他思维的敏捷和准确",在谈到戴维时,他说,"戴维将军是一个坚定、有军人风度、知识渊博的人"。他又补充道:"我们确实尽了全力,而且是齐心协力。""Letters of Murray," pp. 654, 658–659。

80. 有关拿破仑·波拿巴的相关文献非常丰富。我们的主要观点基本上来自James M. Thompson, *Napoleon Bonaparte: His Rise and Fall*(New York, 1951);以及Georges Lefebvre, *Napoleon: From 18 Brumaire to Tilsit, 1799–1807*, tr. Henry F. Stockhold(New York, 1969)。

81. Thompson, *Bonaparte*, pp. 140–141。

82. Aulard, *French Revolution*, IV, 153。

83. 特使们的航行细节、阻碍他们通过海上和陆路航行前往巴黎的各种延误，以及他们抵达巴黎后受到的礼遇，均载于 ASP: FR, II, 307–310 中重印的公文和其他文件。

84. Isser Woloch, *Jacobin Legacy: The Democratic Movement under the Directory*（Princeton, N.J., 1970）, pp. 272–277 et seq 中对党派观念的不稳定状态进行了深刻分析，并特别指出了18世纪90年代末法国与美国在这方面的比较经验。据我们所知，还没有其他作家进行过这样的比较，而我们认为这种比较极具启发性。沃洛克教授的著作还包含了一则颇具启示意义的轶事（pp.276–277），展示了拿破仑早在雾月政变发生之前对该议题的看法。

85. 默里在1800年3月7日给约翰·昆西·亚当斯的信中描述了"盛大的招待会"（显然日期有误：招待会是在8日举行的），参见"Letters of Murray," p. 644。埃尔斯沃思的传记作者引用了一个"传闻"，称拿破仑在与首席大法官首次会面时，被他"严肃而坚定的面容"深深打动，他"对某人说，'我们必须与这个人签订条约'"。但据戴维的秘书称，"拿破仑在招待会上向美国使团发表讲话时，似乎暂时忘记了戴维州长只是使团中的第二号人物，他的注意力更多地集中在戴维身上"。但实际上，默里——使团中唯一会说一些法语的人——很可能比其他两人更能引起拿破仑的注意。默里详细描述了在约瑟夫·波拿巴的城堡举行的为期两天的盛大庆祝活动，这标志着公约的最后签署，以及他在那里与第一执政的长时间交谈（由后者主动要求）。这无疑给人留下了这样的印象。Brown, *Ellsworth*, p. 284; Robinson, *Davie*, pp. 354–355。默里关于在莫特方丹的活动的完整记录，参见 George F. Hoar, ed., "A Famous Fête," *Proceedings of the American Antiquarian Society*, XII（Apr. 1898）, 240–259。

86. 同上, 253–254。

87. Emile Dard, *Napoleon et Talleyrand*（Paris, 1935）, p. 37; Report to the Consuls of the Republic, Nov. 30, 1999, AECPE-U 51, 260–262vo.

88. A. Aulard, ed., *Paris sous le Consulat: recueil de documents pour l'histoire de l'esprit public à Paris*（Paris, 1903）, I, 144, 149, 267; Henri Plon, ed., *Correspondance de Napoleon Ier, publiée par ordre de l'Empereur Napoléon III*（Paris, 1858–1870）, VI, 118; Louis A.-P. Bourrienne, *The Life of Napoleon Bonaparte*（Philadelphia, 1832）, pp. 199–200; H. Noel Williams, *The Women Bonapartes: The Mother and Three Sisters of Napoleon I*（New York, 1909）, pp. 268–269; Fay, *Revolutionary*

Spirit, pp. 431–436. 官方报纸《箴言报》在1798年2月2日的一期上，以两句话宣布了华盛顿去世的消息，但没有发表任何评论。2月4日，《箴言报》报道了前一天立法团（Corps Legislatif）的会议情况。尽管有代表强烈建议对此消息做出回应，但由于尴尬和犹豫不决，立法团最终未采取任何行动。但如上文所述，由于第一执政2月7日的命令，几天之内情况就发生了戏剧性的变化。2月19日，《箴言报》以"增刊"的形式刊登了丰塔纳的演说全文，该演说也以小册子形式流传。关于丰塔纳职业生涯的简要介绍，参见 M. Prevost et al., *Dictionnaire de bioagraphie française*（Paris, 1979），IV, 325–327。

89. Hill, *Murray*, p. 174; E. Wilson Lyon, "The Franco-American Convention of 1800," *Journal of Modern History*, XII（Sept. 1940），310–311; *ASP: FR*, II, 310.

90. DuCasse, ed., *Histoire des négotiations*, I, 224–225, 229–230, 233–243; *ASP: FR*, II, 314–317. 美方的指示参见同上，301–306。

91. 同上，314–315; DuCasse, *Histoire*, I, 186–213（塔列朗对法国谈判代表的指示），230–231; "Some remarks on the status of our negotiations at Paris"（默里在整个会议期间的日记），LC, entries of Apr. 9, 15, 16, 18, 1800。

92. *ASP: FR*, II, 319–326; DuCasse, *Histoire*, I, 247–256（1800年5月5日，皮雄关于截至当日谈判情况的报告），256–272; DeConde, *Quasi-War*, pp. 229–237; Bowman, *Struggle for Neutrality*, pp. 394–400; Murray, "Some remarks," entries of May 15, 23, 25, 1800。

93. *ASP: FR*, II, 326–328; DuCasse, *Histoire*, I, 272–277; Bowman, *Struggle for Neutrality*, pp. 402–403; Hill, *Murray*, pp. 182–183.

94. *ASP: FR*, II, 328–330; DuCasse, *Histoire*, I, 277–286; Murray, "Some Remarks," entries of July 15, 20, 21, 22, 23, 1800.

95. 同上，July 25, 1800; Hill, *Murray*, pp. 183–185; 塔列朗给法国特使的信，未注明日期（但应在1800年7月27日或其后不久），AECPE-U 52, 187。

96. 上述四段的参考文献参见 *ASP: FR*, II, 330–339; DuCasse, *Histoire*, I, 291–308。

97. *ASP: FR*, II, 339; Murray, "Some remarks," entry of Sept. 20, 1800.

98. Ellsworth to Pickering（日期不详；原件不在皮克林文集中），引自 Pickering to Wolcott, Jan. 3, 1801, Gibbs, *Memoirs*, II, 463。默里后来表示，"赔偿金问题确实悬而未决……这一问题在这次谈判中如此重要，是因为政府指示要求这样做，而不是因为我们认为其具有首要重要性"。Murray to J. Q. Adams, Nov. 7, 1800,

"Letters of Murray," p. 658。

99. *ASP: FR*, II, 339–343. 最终版公约参见同上, 295–301; 以及其他著作, 包括James B. Scott, ed., *The Controversy over Neutral Rights Between the United States and France, 1797–1800: A Collection of American State Papers and Judicial Decisions* (New York, 1917), pp. 487–510; 以及 DeConde, *Quasi-War*, pp. 351–372。另参见 Hill, *Murray*, pp. 192–197; Hoar, ed., "Famous Fête," 245–259。如果希望更全面地了解公约最终形成的过程, 可参阅上述注释中引用的希尔、德孔德 (DeConde)、鲍曼和里昂 (Lyon) 的著作。为清晰起见, 本书省略了许多此类细节。

100. Robinson, *Davie*, pp. 356–357; H. G. Otis to Hamilton, Dec. 17, 1800; James Gunn to Hamilton, Dec. 18, 1800, *PAH*, XXV, 260, 263; *AC*, 6 Cong., 2 Sess., 775–776.

101. Hamilton to Sedgwick, Dec. 22, 1800; Marshall to Hamilton, Jan. 1, 1801, *PAH*, 270, 291. King to Secretary of State, Oct. 31, Nov. 22, 1800, *ASP: FR*, II, 343–344. *AC*, 6 Cong., 2 Sess., 777–778.

102. Hill, *Murray*, pp.210–212; *ASP: FR*, II, 344.

103. 同上, 345。

104. DeConde, *Quasi-War*, pp.290, 292; A. Gallatin to his wife, Jan. 15, 29, 1801, Henry Adams, *The Life of Albert Gallatin* (Philadelphia, 1879), pp. 254–255, 258. 汉密尔顿认为, "至于对掠夺行为的赔偿, 那更多是一种期望, 而非预期……这个国家的民众不会容忍因为这个原因而冒着与法国彻底决裂的风险"。Hamilton to Gouverneur Morris, Dec. 24, 1800, *PAH*, XXV, 272。

105. "联邦党人将强烈反对与法国的条约; 放弃我们夺取的船只是他们无法接受的条款。" Jefferson to Madison, Dec. 26, 1800, *WTJ*, VII, 473–474。"归还我们夺取的战舰, 我们就会失去荣誉……" John Rutledge, Jr. to Hamilton, Jan. 10, 1801, *PAH*, XXV, 309。另一方面, 正如威廉·万斯·默里所指出的, "如果我们处于战争状态, 他们就无权要求归还公共船只, 但既然不是战争, 而且我们不愿恢复之前的贸易和同盟条约等等, 我们就很难拒绝相互归还公共船只的提议"。Murray to J. Q. Adams, Mar. 23, 1801, "Letters of Murray," p. 691。

106. Eli F. Heckscher, *The Continental System: An Economic Interpretation* (Oxford, 1922), p. 50. Bonnel, *Guerre de course*, pp. 141–144. Murray to Pickering, No.

111, Dec. 26, 1799; to Marshall, No. 121, Dec. 28, 1800; No. 126, Jan. 30, 1801, Netherlands Dispatches, I, National Archives. Hill, *Murray*, pp. 198–199, 213–214.
107. Arthur A. Richmond, "Napoleon and the Armed Neutrality of 1800: A Diplomatic Challenge to British Sea Power," *Journal of the Royal United Service Institution*, *CIV*(May 1959), 186–194.
108. Joseph I. Shulim, *The Old Dominion and Napoleon Bonaparte: A Study in American Opinion*(New York, 1952), Ch. 3中描述，随着拿破仑上台，弗吉尼亚州的共和党人（包括杰斐逊）对他们的亲法立场日益感到不安。
109. First Inaugural Address, Mar. 4, 1801, James D. Richardson, ed., *A Compilation of the Messages and Papers of the Presidents, 1789–1897*(Washington, 1896–1899), I, 323.

第十五章
1800年联邦主义者的思维模式

1800年标志着联邦主义者在国家公共生活中的主导地位的结束,而这一地位自此再也未能确立。在那之后,联邦主义是否拥有未来,或者说,是否曾经可能拥有未来,是一个激发历史想象力的问题。历史是否可能朝着一个不同的方向发展?作为一个政党派别及一个思想体系,联邦主义是否有可能稳固其地位,并作为美国未来政治生活中相对稳定的两极之一延续下去?

托马斯·杰斐逊坚信,"1800年革命"在本质上是注定要发生的事件,而且这场革命极有可能是永久性的。"1800年革命"这一术语虽然可能不是杰斐逊首创,但他一直在使用。[1]他认为,联邦党人在那一年的失败,标志着自然形成的共和派多数对一个依赖人为手段长期掌控政府权力的少数派的决定性胜利。联邦党之所以能长期执政,是因为汉密尔顿财政部的影响和支持、华盛顿的巨大威望,以及对法国危机的蓄意利用。但杰斐逊认为,美国人民固有的共和精神终将摒弃联邦主义那些排他、财政主义、集权主义以及异常的亲英倾向,正如现在已经发生的那样。他认为这一选择是最终的,不太可能逆转。此外,杰斐逊本人从一开始便坚定地致力于确保这一结局成为现实，并将联邦主义永远驱逐出局。2

从各方面来看，杰斐逊确实取得了成功，而且直到我们这个时代，大多数历史评价都对杰斐逊的判断表示认可。然而，从20世纪50年代中期开始，对亚当斯总统任期的关注重新被唤起，人们开始以新的视角和不同方式重新提出这一问题。一些作家开始指出联邦主义实际上也具有温和理性的一面。他们强烈主张，应当在非理性的极端分子和温和派——曼宁·道尔（Manning Dauer）所描述的"亚当斯派联邦党人"（Adams Federalists）——之间做出明确区分，从这个视角看，1800年的权力交接可能并不像杰斐逊及其继任者，甚至历史本身所描述的那样具有"革命性"或似乎是命中注定的。例如，亚当斯本人对极端分子——也被称为主要联邦党人或"高层联邦党人"——及其主要原则和政策几乎不屑一顾。正是这些人推动了军队的过度扩张、《外侨与煽动叛乱法》以及繁重的联邦税收计划等。（在公共财政问题上，亚当斯的立场更接近杰斐逊而非汉密尔顿。）正是那些温和派为亚当斯处理法国危机的政策提供了联邦党的支持，并在汉密尔顿派暗中或半公开地试图让查尔斯·科茨沃思·平克尼领先亚当斯的情况下，继续为亚当斯的连任努力。的确，亚当斯突然决定派遣埃尔斯沃思使团前往法国，导致联邦党严重分裂——这一点在回顾这些事件时总是被以某种方式提及——这无疑对联邦主义在1800年的命运产生了影响。尽管如此，选举结果依然非常接近。如果不是亚伦·伯尔在关键的纽约州付出了巨大努力，以及那里原本稳定的联邦党选区有几百张选票转变了立场，亚当斯本有可能再次击败杰斐逊赢得总统职位。因此，尽管汉密尔顿派的极端分子进行了各种破坏行为，以及在一些关键地区存在不利因素，但1800年温和派联邦党人的实力可能比传统上所认为的要强大得多。3

所有这些都可能引发关于美国政治未来走向的各种猜想，这些走向也许与实际发生的历史大相径庭。我们是否可以想象，在1800年之后，出现了一个经过重组并吸取教训的联邦党，它经历了选举的考验，变得更为温和稳健，摒弃了极端言论，并在亚当斯、约翰·马歇尔、鲁弗斯·金、查尔斯·科茨沃思·平克尼、奥利弗·埃尔斯沃思、哈里森·格雷·奥蒂斯等志同道合的领导者们的引领下前行呢？这是联邦主义的一个真正具有建设性的未来吗？其所带来的结果可能是积极的。一方面，它可能实施一项明智而均衡的国内计划（适度削减债务，但不把减债本身作为目的；调整消费税结构，但不会将其彻底废除）；另一方面，它还可能实施一种能取得适度的和平但又坚定的外交政策（美国海军的继续存在不是为了对外挑战，而是作为外交和保障美国商业安全的一种隐性资源），这可能会在1812年之前的七八年间显著增强美国在国际谈判中的力量。但无论其具体的细节如何，我们都可以设想，这种发展可能意味着，当19世纪的美国人定期做出政治选择时，可以将负责任的、明智的保守主义作为一种常态化的替代选择方案——根据时代的需要决定是否接纳这种保守主义。[4]

这是一个引人入胜的设想，但恐怕不太可能实现。几乎没有迹象表明，1800年的联邦主义或其任何可想象的发展形式能够真正发挥这样的作用，或作为一种重要力量以任何的形式，在当时正逐步展开的政治未来中持续存在。联邦主义缺乏精神、意志、想象力及反应能力，因此无法扮演甚至想象这样的角色。1800年的联邦党人几乎陷入瘫痪，因为他们没有能力以真正政党的方式进行思考或行动，而在19世纪的美国，人们对"政治"一词的理解越来越深刻。他们无法将自己看作任何事物的"替代品"：更确切地说，他们无法在一个接受（哪怕是勉强接受）党派存在的世界里发挥作用，也无法想象"党派"这一概念可能具有其自身的道德性。尽管他们不情愿，但他们自己也成为一个政党——既是政党又不完全是政党——然而这是一种他们几乎无法忍受的状态,他们非常渴望能从中解脱出来。

此外,这些人还想象着自己正处于被围困的状态。他们自认为是秩序的捍卫者,但受到叛乱、雅各宾主义和反抗势力四面八方的威胁。现在,他们的观点中甚至已没有多少可以真正称得上"保守"的内容。一种稳定且明智的保守主义既要洞悉过去,也要预见未来,但这些人的心灵深处已被焦虑所充斥,使得他们无法发挥这种作用。

事实上,"高层联邦党人"和"亚当斯派联邦党人"之间的区别并不会显著改变整体局面。无论他们之间是否存在明显的选择差异(这本身就值得商榷),作为重塑联邦党的成功领导者,约翰·亚当斯将会与实际中的亚当斯截然不同。亚当斯对政党的依赖远不及其他联邦党人,并经常声明自己不会被任何党派束缚,包括自己所属的党派。认为联邦党在埃尔斯沃思使团问题上出现"分裂",只是看到了一个过程的终点,而不是它的起点。联邦党不仅分裂,而且士气低落,亚当斯本人至少一直是问题的一部分,而派遣至法国的使团仅仅是诸多问题的一种表现。无论如何,如果要在1800年选择一位可能有希望纠正联邦主义的公众人物,那么,最不可能的人选之一就是约翰·亚当斯。

因此,我们有充分的理由认为杰斐逊的观点基本上是正确的:"1800年革命"是一场真正的革命,美国人民对他所倡导的共和主义明确地表达了支持。而且,他们所支持的,是与某些东西形成鲜明对比的理念:那些在他们看来已不再具有真正美国特色的东西,甚至与他们当下所理解的真正的共和主义相悖的东西。

联邦主义在某些地区又延续了二十年,这或许可以提醒人们,不要急于断言它在1800年就已经注定失败。然而,诸多的迹象已表明,在19世纪初的政治生活中,类似全国性的联邦主义风潮已不再适宜。联邦主义所倡导的公民人文主义的古老价值观——社区和谐、公民美德以及超越派系和党派的公共服务——现在以其最无吸引力的形式存在着,它们不仅因社会观念的转变而被削弱,还受到新兴政治实践的冲击。诚然,杰斐逊派也不是完全接纳了将党派作为组织多数派的方式。他们的话语在未来仍将充斥着对党派制度的批评。但共和党人作为反对党的经历,以及基于原则性反对立场所克服的限制,至少让他们朝着这个方向迈出了决定性的一步。

因此,在1801年共和党掌权前夕,存在两种截然不同的心理状态,而在当时的几个关键节点上,两种心态之间的对比尤为明显。在这些节点上发生的事件——其中一些已经被提及——深刻揭示了1800年联邦主义者的思维模式。这些事件包括关于外侨和惩治煽动叛乱的争议、汉密尔顿的新军队,以及1800年选举中各政党或准政党的行为。

第一节 外侨和煽动叛乱者

在某种意义上,1798年的《归化法》比《惩治煽动叛乱法》更能反映联邦党人对可能与其建立某种政治联系的广泛群体所持的态度。值得一提的是,这项具有极端限制性和排他性的法律,并非由强硬派联邦党人所提出,而是出自"温和派"的亚当斯支持者哈里森·格雷·奥蒂斯之手。奥蒂斯的主要针对对象是18世纪90年代早期开始涌入美国城市的大批爱尔兰移民,他们中大多数人似乎都表现出强烈的反英和亲法情绪。奥蒂斯直言不讳地表示,"不愿邀请一群野蛮的爱尔兰人,或来自世界各地的骚乱者和不守秩序者,来到我们这里,他们在成功颠覆了自己的政府之后,将扰乱我们的安宁"。[5]这一呼声在1798年夏季得到了国会中联邦党全体成员的响应,并将针对对象蔓延至所有已在美国居住或新近抵达的外籍人士群体。随后产生的立法取代了相对温和的1795年的归化法,该法律仅要求在美国居住5年并在申请入籍前3年声明意向，而1798年的新法案则规定了14年的居住期以及在入籍前5年声明意向。很显然，新法案的目的就是长期阻止这些人群参与任何形式的政治活动。

实际上，如果奥蒂斯等人能够如愿以偿地达到目的，那么这些人将被永远排除在外。在共和党的强烈反对下，原法案被进行了修改，而从这些修正案及其带来的后果中可以洞察各方的某些心态。在修正案中，不仅联邦党人所提出的归化公民永久无资格投票或担任公职的提案遭到了否决，而且还有一项留下了较大漏洞的修改。最初的设想是赋予新法案明确的追溯力，但修改后放宽条件的版本允许在1795年法案之前抵达美国的外籍人士，在额外的一年宽限期内申请入籍，而那些根据1795年法案已声明入籍意向的外籍人士，可以在4年内完成入籍。因此，大量此前对自身权利不甚了解或没有积极行使权利的移民，立即开始在登记处排队。有确凿的证据显示，共和党的组织者在促使他们前往登记处方面发挥了重要作用。同样毋庸置疑的是，这些移民的投票对于1800年共和党赢得多数席位起到了不可小觑的作用。[6]

确实，我们不难理解，为何爱尔兰裔作为一个群体会成为联邦主义者的眼中钉。爱尔兰人对受英国压迫的记忆，以及法国在近期爱尔兰革命动荡中的支持，使他们自然而然地倾向于共和主义，并且在抵达美国后，他们也毫不掩饰自己的政治立场。那些政治意识较强的爱尔兰人从一开始就倾向于支持共和党。而且，联邦主义者现在对他们的指责和采取的行动，恰恰最不可能使他们改变立场。[7]

此外，除了爱尔兰人，联邦党人在对待德裔群体上也表现得迟钝和笨拙，尽管德裔在本质上可能更倾向于联邦主义。在18世纪90年代的少数族裔中，德裔的数量仅次于爱尔兰裔。但在美国，绝大多数德裔主要集中在宾夕法尼亚东南部的农业县，他们实际上是土生土长的美国人，其家族在此生活了一代又一代。的确，他们中大多数人仍然只会讲德语，对融入美国生活方式不感兴趣。他们主要与自己的社区保持联系，对爱尔兰人或法国人都没有什么好感，通常对政治也缺乏兴趣。尽管不能说德裔群体具有远大的视野或冒险精神，但他们很少制造麻烦，按照一位现代权威人士的说法，他们所关心的主要是"在市场上为他们的谷物卖个好价钱，确保拥有他们的土地，以及合理的税收"。当他们投票时，他们通常会支持联邦党人。[8]

在18世纪90年代的大部分时间，宾夕法尼亚州的联邦党人似乎都认为他们可以将德裔群体视作理所当然的支持者。但与此同时，德裔群体自己逐渐认识到，他们既没有被视作重要的政治力量，也没有在社会文化领域获得应有的尊重。他们被贬为"任劳任怨的牲畜"，被视为"无知之徒"，且容易轻信一切。1797年，在一家德国人的报纸上，一位记者抱怨，联邦党人"夸耀他们总能随心所欲地控制德国人，认为他们就像耐心的驴子一样"。[9]与此同时，自1793年起，费城的共和党人开始更有目的地争取少数族裔，到了1796年，他们已经在积极引导移民办理入籍手续。即便如此，他们在乡村地区的德裔中所取得的成功似乎最为有限——直到1798年的某个时刻，情况发生了根本性的变化。[10]

1798年联邦党的战时立法——包括关于军事拨款的立法、《外侨与煽动叛乱法》，尤其是税收措施——对宾夕法尼亚州东南部各县造成了显著的影响，这些法案不仅侵蚀了当地德裔群体的经济利益，还触及了他们的成见。而他们所谓的"无知"，尽管当时的普遍看法并非完全无根据，但在这种情况下对联邦党人来说绝非优势。很快，整个乡村都陷入了动荡。

当地大多数居民是忠于路德宗或改革宗的"教会德国人"，在独立战争时期几乎都坚定地支持爱国者的事业。相比之下，人数较少的"教派"团体——如摩拉维亚人、门诺会成员和贵格会教徒——则往往持观望态度,因此成为"教会德国人"容易指责的对象。几乎所有的罪恶都被归咎于这些"托利党人"。接着是1798年的财产税——这些社区之前的经验并未让他们准备好面对这种情况——到了冬天,联邦党的估税员开始在各地出现。8月份任命的北安普敦、韦恩和卢泽恩县的税收监督员是一名摩拉维亚人,他又选了其他摩拉维亚人协助他,而蒙哥马利和巴克斯的税收监督员则是一名贵格会教徒。共和党人抓住了这一机会进行宣传。从夏末开始,他们就四处宣称,"托利党人"和费城的当权者正准备征收沉重的税收,目的是夺走他们的农场,使他们沦为农奴。农民们被告知,用不了多久,甚至连杀鸡都需要得到税务官的许可。10月份,在巴克斯、北安普敦、蒙哥马利和伯克斯的选举中,共和党人取得了决定性的胜利,而联邦党人则对德裔群体的"无知和轻信"感到愤怒。[11]与此同时,共和党在全国各地发起了声势浩大的请愿运动,反对《外侨与煽动叛乱法》,以及税收和军备行动,其中来自宾夕法尼亚州东南部各县的签名最多。这些地区的民众比其他任何地方的人都更深切地感受到,这些法案造成了压迫、贫穷、排斥和强制的恐怖格局。然而,一个由联邦党人主导的众议院委员会却傲慢地驳回了所有请愿,宣称这些"无心的误解"将"随着反思和辩论而消散",而那些请愿书中所表达的"激烈又尖刻的抗议"精神,是"公共议会无法安全地与之进行对话或妥协"的,因此,废除这些法律是"不明智的"。[12]

联邦党人从未意识到他们对这些通常沉默寡言的群体造成的政治影响,并继续接连不断地采取愚蠢行动,最终导致了永远失去该群体支持的结果。到1799年1月和2月,德裔群体无论在象征意义上还是在实际行动上都开始了他们的抗争。他们通过举办喧闹的公众集会和组织流动的武装,有时甚至通过动员当地民兵,成功地恫吓了估税员,使其工作实际上停摆。由于感到遭受迫害以及对外界持狭隘看法，德裔群体似乎从未考虑自己的行为可能带来的后果，尤其是他们中许多人都误以为华盛顿将军本人也反对这些法律，并准备率领两万名士兵前来支援他们的抵抗。尽管并不知道有实际的伤害发生，但联邦地区法官在2月底还是做出这样的决定，即必须逮捕在阻挠法律实施方面表现最为突出的德裔人士。接着，美国法警逮捕了一批嫌疑人，并准备将他们押送到费城接受审查。1799年3月7日，约翰·弗里斯（John Fries）带领约140名武装人员，迫使法警释放了被关押在伯利恒太阳旅馆的18名囚犯，此举导致了联邦军队被派往宾夕法尼亚州东南部的乡村地区。[13]

但是否真有必要动用军事力量，关于这个问题仍然存有争议。华盛顿在不到五年前应对威士忌叛乱时采用了调停步骤，比如派遣调查委员会前去调查，而此时狂热的联邦党人并未采取这样的调停步骤，他们唯一考虑的应对措施就是进行惩罚。然而事实上，经过次日的冷静思考后，弗里斯及其同伴们在没有任何外界影响的情况下，已经对自己所做之事感到害怕，而整个地区也在几天内恢复了平静。在联邦政府打算采取行动的消息传来之前，他们召集了会议并达成共识：同意必须停止所有抵抗，遵守法律，允许估税官不受干扰地恢复工作。弗里斯本人甚至声明，当估税官来到他家时，他将以晚宴款待他们。[14]

然而，这一场景并未发生。费城的联邦当局似乎对任何可能减轻罪责的迹象都视而不见、听而不闻；他们的目的是要让那些阻挠法律实施的抵抗者屈服、感到恐惧并受到羞辱。3月12日，在准备前往昆西的最后时刻，亚当斯总统在内阁的强烈建议下发表了一份公告。前一天，他们刚刚收到有关伯利恒事件的消息。亚当斯在公告中声明，在北安普敦、蒙哥马利和巴克斯存在"意图阻挠法律执行的联合行动"，并且"据我所了解"，这些行动"已构成叛国罪"，因此，他决定"动用军事力量以平息这些行动"。但总统并没有留下来亲自监督这一重大军事行动,而是在当天就离开了,把所有事务都留给了他的内阁处理。[15]

总统发布公告后过去了将近4周的时间,联邦军队才最终集结完毕并开始出发,此时那些不满的县已经完全恢复和平。这支军队由实力强大的民兵和正规军组成,汉密尔顿曾告诫麦克亨利,"每当政府展示武力时,它应如大力神般威武",并认为"与力量的优势相比,花费并不重要"。[16]此次率领军队远征的指挥官是联邦党人威廉·麦克弗森(William McPherson),他在最后一刻晋升为准将,现在他向即将远征之地的民众发出了自己的公告。在这份充满激情的公告中,他为遭到无理反对的税收进行了长篇辩护,并明确地表示,那些"以叛国方式"妨碍法律实施的抵抗者将受到严惩,以"起到警示作用"。他敦促所有人"安静地回到自己家中",不要再听信"那些恶意之人的煽动,他们……自诩为共和党人,却违背了共和政府最基本的原则"。但由于那些民众在上个月亚当斯总统发出公告之前,就已经"安静地回到自己家中",威廉·麦克弗森这些多余的好战言论自然再次让他们感到不安。[17]

接下来,军队向民众发动攻击并开始追捕嫌疑人时,并未展现出"大力神般"的英勇,反倒更像是一些肆无忌惮的恶霸。士兵们蜂拥而至,横扫乡间,有时甚至仅凭当地的流言随意逮捕嫌疑人。他们对惊恐的俘虏感到幸灾乐祸,所到之处无不令人反感。弗里斯当时正在举行拍卖,他看见四支骑兵连沿路追来,于是急忙逃入树林,但终因自己狗的吠声暴露了躲藏地点。联邦军队的远征结束后,许多远征军的官兵对自己不得不参与的行动深感厌恶。一位军官写道:"我亲眼所见的悲惨场面……难以用言语描述……想象一下这样的情形,深夜你的家被一队武装人员闯入,你被强行拖走,一旁是你的妻子和尖声喊叫的孩子。"另一名官员这样抱怨,"这些可怜、善良但无知的德裔","并没有像本国公民那样受到尊重"。还有一位在巴克斯县营地的官员在信中表达了他的观点:"这次远征不仅毫无必要,而且极度荒谬","仅需一名中士和六名士兵,就足以完成我们被召集来做的所有工作,而为此美国却承担了巨大的开销"。[18]

大约六十名囚犯被押回费城,其中大约一半受到指控和审判,他们的罪名涉及叛国或其他较轻的罪行。到审判开始时,一种全面的理论已牢固确立,它将此次叛乱及其深远意义与联邦主义所面临的种种威胁紧密地联系起来。这一理论对诉讼的每一个环节都影响巨大,几乎没有给那些畏缩不安的被告留任何宽容的余地。费城的联邦党报纸坚称,这些威胁与法国雅各宾主义精神密不可分,必须得到彻底的解决。约翰·沃德·芬诺的《美国公报》称,"仅仅平息几个县的叛乱并不能达到全部目的,因为遍布联邦的法国雇佣军正在策划全州范围的大叛乱",其目的是"分裂联盟,并……将我们的手脚捆绑着交给督政府摆布"。威廉·科贝特在《箭猪报》(*Porcupine's Gazette*)上宣称,这些县的叛乱"如同毒害田野的野草;仅剪断其茎秆反而会使其再度猖獗,长出更多新芽。必须连根拔起;必须彻底根除叛乱的根源,否则无政府状态将随之而来"。在对约翰·弗里斯的审判中,两位主审法官都是坚定的联邦主义者,他们显然也深受这种理论的影响。[19]

两位主审法官首先驳回了弗里斯的律师提出的动议,即根据1789年《司法法案》的规定,此案件应在北安普敦县进行审理。该法案规定:"在可能判处死刑的案件中,审理案件应在犯罪发生的县进行;如果在该县审理会带来极大不便,则至少应从该县召集12名小陪审团成员。"然而,法官詹姆斯·艾尔德尔和理查德·彼得斯(Richard Peters)认为,由于整个县几乎都陷入了叛乱状态,因此无法在那里进行公正的审理。[20]在取证之后,辩护律师亚历山大·达拉斯和威廉·刘易斯(William Lewis)展开了详尽的论证,他们认为尽管弗里斯及其同伴的行为(弗里斯已全盘承认)可以被视为煽动、暴乱和劫狱,但因为未有暴力行为，也没有抵抗美国武装力量，所以这些行为并不符合叛国罪的法律定义。但艾尔德尔和彼得斯不接受这一论证，在对陪审团的指示中，他们采用了最广义的且最具字面意义的叛国罪定义：叛国罪是指通过联合和密谋，意图阻挠公共法律的执行，从而对美国发动战争。基于这一理解，陪审团别无选择，只能做出有罪的裁定。彼得·箭猪（Peter Porcupine）兴奋地宣称："这就是自由，亲爱的读者。这正是自由的精髓。如果所有法庭都如此行事，那么你们再也听不到我对共和主义有任何非议。"[21]

由于在第一次审理中一名陪审员外泄案情，弗里斯不得不再次受审。但第二次审判的结果并无二致，新任主审法官塞缪尔·蔡斯（Samuel Chase）对待辩护律师和陪审团的态度更加强硬，而且更坚决地要将弗里斯送上绞刑架。与此同时，亚当斯总统在仔细审视了达拉斯和刘易斯为案件辩护的法律依据后，对之前的判决日益感到不安。1800年5月23日，亚当斯总统顶住内阁成员坚持依法行事的强烈反对意见，颁布了全面赦令，不仅赦免了弗里斯及另外两名被定叛国罪的人，还赦免了所有因轻罪而被判刑的人。[22]

然而，对于在宾夕法尼亚州东南部德裔县造成的政治损失，任何补救措施都为时太晚。一名参与那次远征的士兵在从营地的来信中预言，政府处理叛乱的方式引发的当地民众的不满，"将在下一次选举中彻底终结联邦党的影响力"。事实正是如此。这些县彻底转向了共和主义，并自此坚定不移地坚持这一立场。共和党人已经获得爱尔兰人的支持；现在他们又赢得了德国人的心。与此同时，联邦党人的言行举止表明，他们并不具有包容开放的精神。约翰·弗里斯，曾是坚定的联邦党支持者，但在他余下的十八年生命中，他再也没有投过一张票给联邦党。[23]

1798年的《惩治煽动叛乱法》及其衍生法案，是联邦党人和共和党人面对政治未来时，各自所具有的截然不同心态的另一块试金石。

这项法案规定，发表或出版"任何针对美国政府或美国总统的不实、诋毁和恶意的文章或著作，旨在诽谤……或使其……受到蔑视或声誉受损"，即构成犯罪。该法案无疑已被广泛讨论，尤其是在20世纪。20世纪50年代对公民自由整体议题的浓厚兴趣激发了关于《惩治煽动叛乱法》及其引发的诉讼案的多种观点，其中一个观点倾向于将整个事件视为一种失误：一种偏离了已经确立的且实际上在《权利法案》中明确体现的自由主义传统的异常现象。当时普遍的假设是，关于煽动性诽谤罪的英国普通法规定，已经被宪法第一修正案有意取代，从而实质上消除了对新闻自由的所有限制，而《惩治煽动叛乱法》仅仅是对英国普通法的"声明"，因此是违宪的。[24]

后来的学者们对这种观点提出了质疑，认为这种看法过度简化了制宪者的初衷以及自由主义思想和实践在美国的历史发展，带有明显的现代视角。这些学者指出，没有证据表明第一修正案旨在废除英国普通法中的煽动性诽谤罪；事实上，有理由推断，制宪者默认联邦法院对普通法罪行具有管辖权，除非联邦法律另有明文规定。甚至可以说，《惩治煽动叛乱法》远不是对英国普通法的"声明"；它实际上是对英国普通法实践的一种明显的自由化改进，因为新法规允许将陈述的真实性作为辩护依据，由陪审团而非法官来判定言论是否构成诽谤，并且要求检方证明恶意意图。在共和党最初对该法律的反对中，托马斯·杰斐逊本人并未否认煽动性诽谤的原则，而是声称联邦政府无权管辖这一特定罪行，这些权限应属于各州。[25]事实上，几年后，身为总统的杰斐逊曾向宾夕法尼亚州州长暗示，对该州和其他州放肆的"托利党报刊"进行"几次起诉"，"将有助于恢复其诚信"。[26]人们还需要时间来完全理解煽动性诽谤的问题，并没有现成的理论可以用来反对

1798年的《外侨与煽动叛乱法》。当然，最引人注目的直接抗议是同年的弗吉尼亚州和肯塔基州的决议，其核心在于政府契约理论和抵制中央集权暴政的义务。最早对具体的自由主义理论做出贡献的不是杰斐逊，而是加勒廷、麦迪逊、图尼斯·沃特曼（Tunis Wortman）和约翰·尼古拉斯等其他共和党理论家。这些人提出，"真相"并不能充分保护新闻自由，因为真伪难辨；普通法中的"无事先限制"原则同样不足以提供充分保护，因为若作者在发表言论后可能受到惩罚，即便没有事先审查，新闻自由仍然是名存实亡。[27]

然而，公民自由的概念——无论是当时所理解的，还是最终被视为不证自明且不可剥夺的权利之一——可能并非《惩治煽动叛乱法》引发强烈反响和促使人们以新方式思考煽动性诽谤问题的唯一原因。另一个或许更关键的因素是，到18世纪末的最后两三年，美国新闻界与政治实践之间的关系已发展到一个新阶段。随着18世纪90年代报纸数量的激增，人们开始普遍认为对公共人物采用较为自由、随意的言论方式是可容忍的，而且这些言论并不一定都要表现出敬意。因此，无论法律如何规定，印刷商们都普遍相信，舆论为新闻界提供了相当大的自由空间，大陪审团很少会因煽动性诽谤提起诉讼，小陪审团也不太可能因此做出有罪裁决。

在这样的背景下，共和党开始作为一个有组织的反对派崭露头角。因此，共和党新闻媒体拥有对公职人员进行公开的、激进的甚至辱骂性的批评的自由至关重要，这对共和党的生存是不可或缺的。简而言之，煽动性诽谤这一概念与党派政治格格不入。共和党人——或许只是凭借本能和事后的认知——开始领悟到这一点，而联邦党人对此几乎毫无察觉。在煽动性诽谤的原则下，任何现代意义上的政党都无法正常运作，而当时政党已经存在，尽管公开承认这一事实仍让人感到不适。可以说，联邦党人此刻在所有混乱的行动中，所做的不止是反对"煽动性叛乱",甚至也不仅仅是试图通过打击政治对手来压制他们。无论他们是否意识到——可能没有人完全明白——他们实际上都是在猛烈地反对所有政党,试图在绝望中逆转历史潮流。

逆转历史潮流。这一想法可能需进一步阐释。在1787年制定宪法时,联邦主义者是否也做了类似于现在的事情,尽管他们当时可能拥有完全不同的心态和更坚定的信心?在构建"反对政党的宪法"(constitution against parties,使用理查德·霍夫施塔特的表述)这一制衡机制时,联邦主义者以开国元勋的身份,尽最大努力在政府架构中减少政党发展和活动的空间。当然,他们这样做是基于当时被普遍认同且深植于公民人文主义传统的信念,这一传统塑造了18世纪英美政治话语的价值体系。

但是,当时以詹姆斯·麦迪逊这位杰出人物为主要代言人的联邦党人,其考虑的似乎远不止是麦迪逊在《联邦党人文集》第10篇中提出的"治愈派系弊端"。这一目标的背后有着更全面的考量,那就是对能否选出具有启蒙精神和美德的合适人选担任共和国新政府中的重要职责的忧虑。这种担忧同样基于传统的公民人文主义价值体系,联邦党人认为这一体系已受到美国社会中新兴的激进势力的威胁,亟须对这一势力进行控制。在这方面,联邦党人的代言人同样是麦迪逊,他代表的不是新兴力量,而是传统的价值观。

戈登·伍德极具说服力地指出,18世纪80年代末,联邦党人(尤其是麦迪逊)在推动制宪的过程中,相比于《邦联条例》的缺陷,更让他们感到不安的是,各州立法机构在独立战争后几年里表现出的不负责任和狭隘思维。[28]最令他们感到无法容忍的是诸如纸币法、债务减免法、地方关税、税收延期等短视法律和行为,以及对法院改革和其他促进公共利益的举措横加阻挠,而所有这些都发生在主张地方需求、争夺自私的个人和地区利益,以及推动民粹政治的背景下。显然,亟需一个全面的解决方案。事实上，正是革命本身促成了这种情况。八年战争对食品和军事物资的大量需求，以及为满足这些需求而兴起的企业家精神，为美国的社会和经济生活带来了翻天覆地的变化，尤其是在地方层面。国内贸易的扩张和差异化催生了新的贪婪、新的欲望、新的借贷和消费习惯，形成全新的期待模式，其多样性和丰富性远远地超越了以往。伍德教授认为，"18世纪80年代的联邦主义者预见到了美国未来的发展方向——一个由普通人的金钱利益主导的、纷争不断的商业社会——而他们并不喜欢这一景象。他们认为，过度追求私人利益和奢侈生活，正在破坏美国共和政体的根基"。[29] 此外，随着社会变得更具有企业家精神，政治领域也变得更为广泛和多元；那些原本倾向于"安于现状"的边缘群体，现在越来越多地涌入地方和州级政治舞台。大多数联邦主义者在论及"派系"时，他们实际上指的是这两种趋势的融合，甚至是其不可分割性。

在《联邦党人文集》中，麦迪逊倾向于认为，"党派"和"派系"这两个术语基本上可以互换。同样，"派系"与"利益集团"（interest）之间的区别也微乎其微，几乎可以互相替代。他指出，利益集团无处不在：债务人和债权人，"土地所有者利益集团、金融利益集团以及众多小型利益集团"；它们形成相互竞争的党派和派系，充斥着"不友好的情感"和"相互的敌意"，更倾向于彼此纠缠和相互压制，而非为共同的利益合作。派系的暴力（在此过程中，"公共利益被忽视"）扰乱了有序共和国的和谐，而最大的威胁则是某一派系通过阴谋诡计和秘密勾结，成为多数势力，进而有能力压迫整个社会。[30]

众所周知，《联邦党人文集》第10篇的核心目标在于阐明，尽管在不压制自由本身的前提下，"无法根除造成派系的原因"，但仍然可以寻找方法来"控制其影响"，而在大型共和国比在小型共和国更有可能找到这些控制影响的方法。麦迪逊认为，大型共和国有三大优势。首先是"更多样化的党派,可以防止任何一个党派在数量上压倒并压迫其他党派";其次是地理空间和距离所构成的障碍,可以对共谋和实施"不公正且自私的多数派的秘密愿望"形成阻碍。而大型共和国最大的优势在于选区范围的扩大,从中可以选拔出符合条件的人选:"具有开明见解与高尚情操的代表,能够超越地方偏见和不公正的阴谋"。这一原则——选拔合适的人选——基本上是整个联邦主义思想体系的关键所在。

在现代,《联邦党人文集》第10篇经常被解读为多元国家中的掮客政治理论(theory of broker politics),但这样的解读更像是一种时代错位。我们有理由怀疑,这并非麦迪逊所设想的那些具有"开明见解与高尚情操"的人士所扮演的角色。[31]在他以及所有自诩为联邦主义者的人(无论是当时还是之后的联邦主义者)眼中,这些人士不是横向调解私人利益的代理人,而是能够超越局部利益,从更高的公共利益的角度洞察事物的超脱者。他们是与众不同的人士,他们的出身、教养、修为和独立的社会地位赋予了他们广阔的视野,因此他们特别适合将自己的才华和智慧无私地奉献于公共服务。

毫无疑问,詹姆斯·麦迪逊在撰写《联邦党人文集》第10篇之后的十余年里,与一些政治人物建立了联系,这些联系在某种程度上减弱了他对文中一些核心观点的坚持。但对1800年的联邦主义者来说,那种具有"开明见解与高尚情操"的形象已经成为他们的执念。这一形象专指他们自身——这个不断受到傲慢、粗俗、混乱、自利、派系斗争和煽动性言论威胁的、处于困境之中的群体。面对这些势力,联邦主义者们正通过他们的《惩治煽动叛乱法》,盲目地进行反击。

在关于这些"势力"的历史记载中,最常被讨论的是根据《惩治煽动叛乱法》起诉的案件(总共有14起),这些案件通常因其具有残酷和专横的一面而成为讨论焦点，这样的关注也是合理的。但这些案件的另一面更引人注目，那就是联邦党人在试图压制反对派新闻媒体时，所表现出来的近乎滑稽的笨拙和极端的政治无能。以下几个例子或许可以说明这一点。

其中的一个例子是对威廉·杜安（William Duane）的徒劳追捕。威廉·杜安是继本杰明·贝奇之后的费城《曙光》的编辑，该报以尖锐的评论著称。杜安一次次地面对挑战，不仅每次都巧妙地逃脱追捕，还使追捕者在公众面前颜面尽失。1799年初，杜安和三位刚到美国的爱尔兰朋友试图在一座当地的天主教堂的院子里散发反对《外侨法》的请愿书，结果引发了一场冲突，并因此被控煽动暴乱罪。检方声称，外国人无权请愿或"以任何方式干预这个国家的政府"。陪审团用了不到半小时就做出了无罪判决，法庭上爆发出一片欢呼声。之后，杜安在他的报纸上猛烈抨击政府，指其受到腐败的英国的影响。1799年7月，当国务卿皮克林以煽动性诽谤罪起诉杜安时，杜安宣称自己发表的每一个事实都有证据支持。他的"证据"是亚当斯几年前的一封亲笔信，信中抱怨华盛顿政府任命托马斯·平克尼为驻伦敦公使"受到了大量英国的影响"，杜安确信亚当斯现在不希望这封信被公开。经过长时间的延期后，杜安得意地告诉他的读者，这个案件已经"被总统命令撤销"。[32]

但追捕杜安的行动仍在继续。最终，给杜安的定罪，实际上牵涉了美国国会中的所有联邦党议员。杜安曾披露过一项由三位共和党参议员向他透露的、联邦党人发起的待审议的提案。该提案拟成立一个"大委员会"，用于决定即将到来的总统选举中哪些选举人票有效，哪些应该废弃。对此，杜安在编辑评论中谴责这是一个秘密操控选举的阴谋，但在此过程中他混淆了一些事实，因此，参议院的联邦党人决定对他采取行动。他们设立了一个特权委员会，试图寻找依据，使参议院能够避免烦琐的陪审团审判程序，直接对编辑进行惩处。他们的理由是，在议案通过之前就将其公开，是对参议院特权的非法侵犯（尽管此类事件并不是第一次发生），而且杜安的评论包含虚假、诽谤、丑化和恶意的内容，这可能导致参议院的名誉受损。

但接下来，情况开始急转直下。联邦党人主导的委员会未经正式听证会就预先做出了裁决，同时充当了检方、法官和陪审团的角色，而共和党的媒体则对这种"秘密法庭程序"大加嘲讽。随后，杜安被传唤到参议院，听取对他的指控，并对自己的言论进行"辩解或减轻罪行"的陈述。杜安出庭并要求律师为其辩护，却被告知，尽管他可以带律师出庭，但律师只能在否认指控事实和进行辩解或减轻罪行的陈述时发言（换句话说，律师不得质疑参议院的司法管辖权，不得传唤证人，甚至也不能按照《惩治煽动叛乱法》所允许的方式证明编辑言论的真实性）。于是，杜安聘请的律师亚历山大·达拉斯和托马斯·库珀（Thomas Cooper）拒绝出庭；杜安本人也没有再次露面；参议院随后宣布他藐视法庭，并发出了逮捕令；杜安藏匿起来，一直到国会休会，这期间他继续出版《曙光》，并向外界披露他所遭受的迫害细节。[33]

事态的后续发展或多或少像是受潮而未被点燃的烟花。参议院请求行政部门以煽动性诽谤罪提起诉讼，但当起诉书终于获得批准时，最初引起轩然大波的法案已被众议院否决，而政府也已迁至波托马克河畔的新址，这意味着大部分证人和相关人员现在都无法到场作证。案件在两次推迟后，最终定于1801年10月进行审理。那时，托马斯·杰斐逊已担任美国总统七个月，他迅速终止了这一案件。[34]

纽约州奥齐戈县的杰迪代亚·佩克（Jedidiah Peck）的案例，生动展现了一个联邦党的坚固阵地如何转变为共和党的活跃据点，而且这一转变主要是由联邦党人自身推动的。佩克个子不高,性格古怪。他穿着朴素,文字风格朴实无华,但智慧过人,并且会根据自己的意愿直截了当地表达自己的观点。他原本是坚定的联邦党人,至少在他开始就一些公共议题形成自己的独特见解之前是这样。1796年,佩克支持奥齐戈的联邦党领袖威廉·库珀竞选国会议员,并因此被任命为县普通法庭的副法官。然而,他于1798年被选为州议员后,便开始采取一系列引发争议的行动。在议会辩论弗吉尼亚州和肯塔基州的决议时,他反对否决这两项决议的动议;他支持共和党关于《外侨与煽动叛乱法》违宪的提案;他还支持通过公民投票而不是由州议会选出总统选举人的动议。这些行为激怒了联邦党内部高层人士,他们决定将不可靠的佩克从其法官职位上撤职,并成功地做到了这一点,且没有留下任何关于撤职原因的记录。之后,他们又联合起来反对佩克连任州议员。尽管如此,佩克还是以压倒性的多数票胜出。[35]

因此,尽管佩克之前有不同的政治立场,但他最终还是转变为共和党人。联邦党人发誓要不惜一切代价对付佩克,并认为他们在1799年夏天终于找到了机会。佩克收到了一份呼吁国会废除《外侨与煽动叛乱法》的措辞激烈的请愿书,随后他开始在县内分发这份请愿书。作为县首席法官的库珀判定这份请愿书具有煽动性;他将其移交给地方法官,后者又交给地方检察官,检察官建议根据《惩治煽动叛乱法》对佩克提起诉讼。于是,佩克被正式起诉。他于1799年9月下旬被捕(据一家共和党报纸描述,他是在"午夜时分被拘捕……戴上手铐,从家中强行带走"),然而,佩克被押送至纽约的五天旅程转变成了一次凯旋之旅。杰贝兹·哈蒙德(Jabez Hammond)写道:

> 在纽约和库珀斯敦之间,即使派出100名致力于民主事业的传教士,其对共和党事业的贡献,也难以与佩克法官作为

囚犯从奥齐戈到州首府的这段旅程相比。这段旅程实际成了一场公众展示，展示了一位为言论和新闻自由以及请愿权而受难的殉道者，法警带着囚犯经过各地时，当地居民都目睹了这一情景。[36]

审判定于1800年4月举行，但到了那时，连联邦党人也意识到他们已将事情搞砸。一方面，所有证人都住在约200英里外，首次审判因为没有证人出庭而不得不推迟；另一方面，随着审理的拖延，共和党在奥齐戈县的势力逐渐壮大。佩克即将再次竞选州议员，而联邦党人此时已经认识到，他们最好尽可能低调地退出这起事件。但一切都太迟了：佩克在选举中获得的选票比任何其他候选人都多，他在该州共和党创始元老中的荣誉地位也因此得以确立。

第二节　马修·里昂的巅峰人生

联邦党人本应从根据《惩治煽动叛乱法》审理的首个案例——马修·里昂（Matthew Lyon）的案件——中吸取教训。这些教训显而易见，对于任何有洞察力的人来说都不难理解。但在这个案例中，很少有联邦党人能够保持清醒的判断力，因为在他们眼中，里昂具备了一名公众人物最令人厌恶的所有特质。在正常情况下，不管是共和党人还是联邦党人，都难以对这类人物产生好感，詹姆斯·麦迪逊尤其如此，更不用说1787年的詹姆斯·麦迪逊了。但当时的形势远非常态，对于共和党人而言，尽管里昂的可取之处不多，却仍有可能在其中发掘出巨大的价值。

马修·里昂的粗鲁无礼、任性傲慢，以及对任何情况总是以自身利益为先的本能，在我们掌握的他早年生活的有限细节中显而易见。马修·里昂1749年出生于爱尔兰，在15岁时作为契约佣工来到康涅狄格省，最初在一位猪肉商人手下工作，不久被其卖给另一位主人，换取了一对公牛。据传，这位新主人坚信棍棒"是有效的管教工具"，经常对这个倔强的少年进行体罚。但最终，不论愿意与否，当"马修向［他的］头部扔了一把木槌……并逃跑"后，他终于被马修摆脱了。[37] 不管当时的直接后果如何，到了23岁时，马修已经积累了足够的资本，在康沃尔的边境小镇购买了100英亩的土地，并娶了当地一位定居者的女儿，这可能为他带来了一些额外的财产。当时，周围的人们都纷纷以便宜的价格购买土地，迁往后来被称为佛蒙特州的汉普夏赠地（Hampshire Grants）。里昂也渴望前往那里。他出售了在康涅狄格州的所有财产，在沃林福德镇购置了土地，并在1773年与他的新家庭一同搬迁至此。

里昂在这片新领土——在各个方面都处于"未定型"状态——上的活动逐步塑造了他的个性特征，为其添加了色彩鲜明的清晰轮廓，他将在1/4个世纪后于费城呈现那种形象。他在当地政治中获得的非凡影响力、在独立战争期间的军事服务，以及通过各种商业和贸易活动赚取的巨额财富，这些或许能勾勒出他职业生涯的大致轨迹，但却无法揭示他的独特风格和深层特质。

里昂很快与艾伦兄弟——伊桑（Ethan）、艾拉（Ira）和利瓦伊——产生了共鸣，他们的个性与里昂非常相似，但行事更加大胆。艾伦家族的全盘计划和复杂策略构成了佛蒙特州早期历史的核心。这些计划——无论是争取州权、独立或其他形式的运动，还是组织"绿山男孩"（Green Mountain Boys）以及设置佛蒙特在独立战争中的角色，或是与外国政府的秘密交易的关键——在某种程度上都与保护和增加艾伦家族在那片土地上累积的巨大财富有关，他们从中获得了巨大的利益。他们在组织对其行动的支持活动方面拥有巨大优势，因为汉普夏赠地的每位居民，不论其土地大小，都生活在土地权属不稳定的阴影中，这些土地的合法性长期以来一直是新罕布什尔和纽约两个殖民地之间的争议焦点。在法国和印第安人的战争之后，投机者纷纷涌入，纽约对先前由新罕布什尔总督授予的土地提出质疑，最终这一争议被提交至枢密院，而枢密院做出了有利于纽约的裁决。这样，不稳定的局势就成了常态，这种状况在独立战争期间以及随后的邦联时期持续存在，直至1790年与纽约州达成协议。即便达成了协议，在之后的许多年里，遗留问题也继续存在，如保王党对战时被没收财产的索赔等问题。[38]

在这种环境下，马修·里昂对影响力、地位和利益的追求几乎没有任何限制，而且道德底线极为低下。他参与革命的起因是加入了一支旨在保护定居者财产的民兵组织，但关于他的军事生涯的记录并不明确（他曾经历过一次军事审判，这件事在后来被反复提及）。不管怎样，在萨拉托加战役后，他离开了军队，转而投入到其他更紧迫的事务中。除了野心，他还拥有出众的说服力，形成了一种慷慨激昂的领导风格。到1778年，他已通过选举或任命担任了议员、总督和议会的副秘书、助理财务官以及财产没收审判法庭的书记等多个职务。在最后一个职位上，他利用内部信息为自己攫取了托利党的财产，并在1785年因忽视审查委员会的要求，没有交出记录以供审查而被弹劾。在奇滕登（Chittenden）总督的庇护下，他逃过了严重的后果。值得一提的是，里昂的第一任妻子在一年前去世，随后他与奇滕登总督的女儿结婚，于是总督成了他的新岳父。[39]

真正让他起步的是他自己提出的一个计划，该计划旨在通过向"能够为新州做出贡献的人"授予镇区土地增加政府收入。作为专门为此目的成立的委员会的成员之一，里昂使自己获取了5个镇区，他所支付的费用实际上是一种投机性投资,这使他积累了第一笔重要资本,随后他又将这些资本集中投入到费尔黑文镇。正如他的传记作者所描述的,"到1781年1月,他已经拥有400多英亩的土地,这些土地蕴藏着丰富的铁、木材和水力资源,这些资源激发了里昂作为企业家的想象力"。大约30年后,里昂在给一位通信者的信中写道:"在战争的后期和接近结束时,我一直专注于我的事务,得以在最有利的条件下开办了一些工厂和制造企业,这让我变得富有……"[40]到了18世纪90年代,他的远见似乎达到了汉密尔顿的高度,他主张政府在"推动实用制造业"方面提供支持——尽管他主要考虑的是佛蒙特州议会为他自己的高炉项目提供支持,但这个计划最终以一票之差被否决。[41]

但在那段时期,究竟是哪些力量塑造了马修·里昂,使他成了一位言辞浮夸的民粹主义者?几年前,这些力量最初以政治对手的形式在里昂所在的州出现,起初规模很小,但其影响力逐渐地扩大。这些力量的外表和价值观与艾伦—奇滕登—里昂联盟截然不同,对联盟所代表的一切构成了日益严峻的挑战,尤其威胁到里昂本人不断膨胀的政治野心。其中的关键人物是纳撒尼尔·奇普曼(Nathaniel Chipman),一个雄心勃勃的年轻人,曾在福吉谷为华盛顿效力,并在独立战争的末期来到佛蒙特从事法律工作。奇普曼很快也投身政治,在新英格兰的成长经历、常春藤盟校的教育和利奇菲尔德的法律培训所培养出的秩序感,使他对周围所见的一切都深感不满。奇普曼在法律界的大多数同行,无论是律师还是法官,都越来越明确地反对州政府在处理被剥夺财产的保王党的权利、法定货币法和债务人救济等问题上的随意性和不负责任,尤其当最大的债务人恰好是最大的投机者时。在这种背景下,对立派别的核心逐渐形成。可以推测,这些批评者在18世纪90年代以联邦党人的身份出现,在那段时期,他们获得了足够多的地方性支持,一度控制了州议会。马修·里昂与纳撒尼尔·奇普曼的直接对峙在所难免，他们甚至曾发生过肢体冲突。奇普曼所代表的挑战是直接的、个人的和全面的：对里昂成就自己所用手段的合法性，以及里昂及其同类参与治理的权利和适当性提出了质疑。在联邦主义和共和主义的力量开始探索自我和彼此的关键时刻，马修·里昂选择了最合逻辑的，实际上也是唯一可用的词汇来武装自己。正如里昂后来所解释的那样，"当贵族与民主派的斗争开始时，天性、思考和爱国主义促使我站在了民主派的一边"。[42]

在这样的环境和意识形态下，马修·里昂启动了竞选国会议员的宏伟计划。这一努力始于1791年，持续了近十年，在经历了一次又一次的失败和不断累积的挫败感后，终于在1797年勉强获得成功。一方面，马修·里昂受到奇普曼势力的坚决抵制，他们对他的腐败行为、"前所未有的卑劣行径"以及"冷酷无情，不知悔改"进行指责；另一方面，他在费尔黑文镇也招致了不满，因为他暗示，这个镇的存在完全归功于他，因此，"只要他愿意，他就有权代表它"。[43]同时，他还创办了周刊《农夫的图书馆》(Farmer's Library)，由他17岁的儿子担任"发行人"。该周刊致力于推广共和主义原则，关注"穷人和中产阶级"以及"佛蒙特州坚韧不拔的农民"的利益，但最重要的是，周刊是他个人竞选的宣传工具。1793年，他利用民众对法国的热情，呼吁在州内各地成立民主协会。尽管他从未公开加入任何一个民主协会，但他意识到，如果运气好的话，这些协会或许有助于实现他的政治抱负。当他被曝卷入了一项由法国策划、旨在破坏英国在加拿大的统治的叛乱计划时，形势急转直下，他随即发表了全面否认的声明：

> 关于我曾是民主协会的主席、热内的追随者，反对美国政府或支持西部叛乱的说法，全都是毫无根据的，它们不过是作者心中虚构的谎言罢了。[44]

在非正式外交策略方面，他似乎保持了一种公平均衡的态度。与此同时，他还卷入了一个截然不同的计划，该计划旨在通过与英国的暗中勾结，而不是通过征服，将独立的佛蒙特与加拿大紧密结合在一起。⁴⁵

然而，马修·里昂的坚持最终在1797年国会的决胜选举中获得了回报，他以396票的优势胜出。1797年5月，马修·里昂出席费城的特别会议，此时他的表现既自信又充满挑衅。从一踏入费城起，他就激起了联邦党人的极大愤怒，而这将导致他在不到一年半之后锒铛入狱。

马修·里昂与罗杰·格里斯沃尔德（Roger Griswold）在众议院会议厅的一场肢体冲突，或许比他后来因煽动罪被定罪更为人所熟知。似乎一直存在这样一条不成文的规则：任何新加入议事机构的成员，如果在其首次出席会议时未能保持沉默，这位新成员就可能遭到质疑。马修·里昂正是这样的一个例子。在他首次参加会议时，关于如何回应总统致辞的讨论引发了他的激烈反应。他声称自己"来到这里并不是为了赞同政府以往的行为，而是出于其他目的"，他嘲笑了整个致辞和回应的惯例，并对行政官员的"盲目追随"进行了批评，而马修·里昂的这些评论引起了众人的窃窃私语。奥蒂斯关于"野蛮的爱尔兰人"的言论又一次激怒了他，这是可以理解的。不久，他不仅成为越来越多的尖锐批评的靶子，还遭到了嘲笑和讽刺（例如，"我是粗犷的民主派人士马特"，在爱尔兰人的沼泽中被捕，以换取一对公牛，等等）。威廉·科贝特在《箭猪报》上发表了一篇讽刺文章，提到马修·里昂在战争期间因胆怯而被送上军事法庭，以及盖茨将军判他佩戴木剑的故事，这在议员休息室里引起了哄笑。⁴⁶在休会期间，有一天，里昂向听众讲述康涅狄格州民众的利益如何被他们的（贵族）代表出卖。他声称如果他能带着自己的报纸去那里，他可以在六个月内纠正这一切；这时康涅狄格州的罗杰·格里斯沃尔德问他是否打算用他的木剑与他们作战。里昂向他的脸上吐了一口唾沫；格里斯沃尔德随后买了一根山核桃木手杖，用它狠狠地打了里昂一顿；从此，无论是在字面意义上还是在象征意义上，马修·里昂都成了一个被标记的人物。

联邦党人试图通过表决将里昂逐出国会，从此摆脱他，但是，表决的结果未能达到必要的2/3多数票，里昂因此继续留在国会。⁴⁷然而，5个月后，《惩治煽动叛乱法》成为法律，里昂的另外两次行为似乎完全符合该法案第2条的规定："旨在诽谤……或使其……受到蔑视或声誉受损。"当时，里昂正在报纸上回应《斯普纳的佛蒙特日报》（Spooner's Vermont Journal）对他的严厉指控，该报将他反对总统的备战措施视为不忠罪行。里昂在回应中称，"当我看到关于公共福祉的所有考量都被对权力的追逐所吞噬，淹没在荒唐的炫耀、愚蠢的奉承或自私的贪婪中时……我绝不会沦为他们卑微的代言人"。另一个事件是他向佛蒙特州的各地民众宣读了乔尔·巴洛的一封信，尽管他是在承诺不公开发表的情况下获得了这封信。巴洛在欧洲写了这封信，信中称：当总统告诉国会，法国人"已经变成了海盗和掠夺者；尽管他们已处于和平状态，但我们必须时刻武装以防备他们，我们很惊讶，国会的回答竟不是命令把他送进疯人院"。1798年10月5日，里昂因煽动叛乱罪被起诉，并在3天后接受审判。他最终被判有罪，并处以4个月监禁和1000美元罚款。⁴⁸

正是在这个关键时刻，再加上他随后所受到的苛刻待遇，马修·里昂被塑造为了一个全新的象征。他化身为一个耀眼的抽象人物。联邦党人以一种连里昂本人都无法达到的精确度，将他塑造成了一名殉道者。他被关押的地方不是在他所在的拉特兰县，而是位于44英里外的弗金斯，并被在途经的每个定居点示众。他被关在一间冰冷的牢房里，那里没有窗户，也没有火炉，而且不得不与几名与他同一间牢房的流浪者共用一个恶臭的厕所。现在，他不再是那个"吐口水的里昂"和"爱尔兰佬"，而是真正成为他自己心目中的形象——直率的民众代表，却成为联邦主义恶行的牺牲品。他通过在牢房中新创办的报纸《贵族之祸》(*The Scourge of Aristocracy*),发起了自己的连任竞选活动,他的磨难经历被全国各地的共和党报纸广泛转载。又一次,马修·里昂以前所未有的巨大优势当选为议员,同时,他的遭遇激起一些共和党高层人士为支付他的罚款而发起募捐活动。

这场运动的核心就在于政治家的摇篮和文雅礼仪的堡垒——弗吉尼亚州的绅士阶层。参议员史蒂文斯·T.梅森向马修·里昂通报了他和他的朋友们为里昂所做的努力。梅森认为,这是他们对里昂能做的最起码的支持,并坦言:"你所承受的个人磨难,远超出你在共和主义的共同事业中所应承担的份额。"[49]马修·里昂已经获得了改变;他的人生已经被重新书写:他的一生都奉献给了"共和主义的共同事业"。

第三节 英国、美国的煽动叛乱与颠覆活动

正如我们所见,由于联邦党人坚决追击和惩处煽动性叛乱行为,马修·里昂和其他几人成为殉道者。另一方面,在英国,在威廉·皮特的领导下,一场类似的打击颠覆和不忠诚行为的行动也在如火如荼地展开,其严厉程度远远地超过了美国。不论是联邦党人还是共和党人,都在密切关注着英国的这些行动。然而,英国的这场运动并没有像美国那样,导致任何殉道者的出现。在英国,打击行动中的受害者所遭受的待遇比美国更为恶劣,即便如此,他们却未能引起和在美国一样的广泛的公众同情。[50]为什么会这样呢?

威廉·皮特领导的这场运动始于1792年。最初,政府发布了一份皇家公告,警告民众不得发表"可能引起骚动和混乱的煽动性文字"。公众对此反应热烈并表示支持,而同年9月在巴黎发生的大屠杀

则促使政府采取强硬措施，以应对任何国内动荡的威胁。[51]例如，两位贵族——森皮尔勋爵（Lord Sempill）和爱德华·菲茨杰拉德勋爵（Lord Edward Fitzgerald），分别因为代表宪法信息协会（Society for Constitutional Information）向法国国民议会提交请愿书和在巴黎就法国干预爱尔兰事务的谈话被立即免去军职。律师约翰·弗罗斯特（John Frost）因在咖啡馆醉酒后发表不忠言论被判煽动叛乱罪，处以"在纽盖特监狱服刑六个月，在查令十字街上的耻辱柱上站立一小时，被要求找人担保五年内的良好行为，并被从律师名册上除名"。他的一生从此被毁。当托马斯·潘恩的《人的权利》被指控为煽动性诽谤，潘恩因出版此书而被缺席审判定为违法分子时，那些推动改革的协会失去了最有效的宣传工具。任何印刷或销售潘恩作品的人都将受到起诉。[52]

当然，在讨论根据《惩治煽动叛乱法》起诉的诉讼案件时，人们常常会提到联邦党法官和美国其他法律官员在法律程序上的不规范和专断行为。然而，与英国财政部律师和总检察长为压制或排挤激进报刊和书商而采取的手段相比，美国的这些不规范行为就显得没那么专断了。艾伯特·古德温（Albert Goodwin）指出，检方利用职权，"可以绕过大陪审团……由他们挑选的特别陪审团审理案件……长时间地让诉讼的威胁笼罩在被告头上"。[53]另一个在美国案例中完全缺席的要素是不受政府干预的"保护自由和财产不受共和主义者与平等主义者侵犯协会"（Association for the Preservation of Liberty and Property against Republicans and Levellers），这是一个在英格兰广泛分布的类似于治安团体的组织，据估计全国有1/3的成年男性参与其中。[54]

英国同样制定了针对外籍人士和煽动叛乱的法律。然而，不同于美国法案常常仅以极小的优势通过，英国的类似法案在议会中获得了压倒性支持。1793年，英国通过了《外侨法》，紧接着在1795年底又陆续通过了《叛国罪法》（Treasonable Practices Act）和《煽动性集会法》(Seditious Meetings Act)。对违反这些法律和其他类似法律的行为，处罚的严厉程度远远超过相应的美国法律。例如，托马斯·缪尔（Thomas Muir）和牧师托马斯·菲什·帕尔默（Thomas Fyshe Palmer）因宣扬议会改革和传播潘恩主义文献被定煽动叛乱罪。两人均被判处流放至植物湾，帕尔默被判七年，缪尔被判十四年。在英国，针对此类罪行的起诉案件数量是美国的十倍。尽管如此，这并不能说明在这一特殊时期，英格兰和苏格兰是如何通过非正式手段有效地遏制了各种形式的颠覆活动。[55]

但为什么会有这种差异呢？乍看之下，1798年夏天的美国局势中似乎存在一些因素，使得这两种情况在某种程度上具有可比性。此外，联邦党人也许有充分的理由相信，皮特的先例及其打击一切煽动性活动所取得的显著成效，能够在美国复制。法国入侵的威胁、"XYZ事件"曝光后亚当斯总统支持率的飙升、动员志愿军的行动、对民主协会和威士忌叛乱的记忆，以及打击卑鄙的共和党媒体的强烈欲望：所有这些似乎都指向同一个方向——严厉的措施、目标明确的运动、迅速而毫不留情的正义，以及对所有形式的不忠行为的广泛打击。

然而，除了在夸张的描绘中，这一切并未发生，因为这两种情境实际上几乎没有真正的相似之处。英国的举措发生在与革命时期的法国实际交战的背景下；被入侵的威胁一直存在；皮特得到了持久而坚定的民意支持。而联邦党人并没有这样的优势。美国海岸受到入侵不过是一时的幻觉，在1798年中期，仅有少数人在不过两三个月的时间里将这一想法当真；舆论——仅从1799年初涌现的众多抗议请愿书以及日益增多的共和党报纸来看——始终存在深刻的分歧，而且随着时间的推移，对联邦主义的反对越来越多，每周都有所增加。

另一方面，在英国，激进的反对者呈现出极端边缘化的特征。改革社团的领导人在法国国民公会上的演说或类似活动适得其反，不仅使英国舆论对他们产生了疏离感,甚至还失去了许多原本可能的支持者。此外,英国社会的大多数人,或者说几乎整个政治共同体,都对激进派的各项主张怀有强烈敌意,他们深信,男性的普选权和平等代表权等创新措施对英国宪政构成了严重威胁。[56]

与此同时,正如托马斯·潘恩本人首先指出的那样,美国已经不再需要这种性质的"激进主义",因为宪法是全新制定的,而且美国已经实现了那些在英国被热切但徒劳地呼吁的改革,这些改革在美国已被视为理所当然的。美国的激进主义呈现出另一种面貌。美国的"激进分子"既包括南部沿海地区的贵族,也包括奋力开拓的企业家,他们以一种全新且不寻常的方式组织了比英国更广泛、更松散的政治阶层。他们的组织目的非常明确,就是要挑战现任官员和政府的执政权。如今,他们已形成一个长期存在的反对派,更准确地说,一个反对党。联邦党人唯一能想到的自卫和反击手段是过时的煽动性诽谤原则——即使作为理论前提,这一原则与美国新兴的政治实践也几乎毫无相关性。

最后,英国与美国在执政精英这一问题上的差异尤为显著。在英国,虽然政治阶层受到严格限制,但其精英地位实际上是无可争议的。而在美国,联邦党人仅能依靠自我认为拥有"开明见解与高尚情操"的形象作为支撑。尽管他们渴望获得真正统治精英的地位和权威,但这些愿望并未得到满足:在美国广泛的政治阶层中,这样的地位和权威几乎毫无意义。实际上,在美国,最接近这类精英的可能并非联邦党人,而是他们的"激进的"反对派——至少在弗吉尼亚州是这样,那里的激进分子既是奴隶主,也是依然顺从的自耕农的领袖。

第四节　汉密尔顿的军队

联邦党人的新军队，与他们打击煽动叛乱的行动一样，本身就有些不切实际。在某种意义上，联邦党人正试图复制他们在1787年的成功举措，当时他们调动了各种力量，最终促成了联邦宪法的诞生。他们试图利用当前的危机——如同之前对谢斯叛乱的处理方式——来构建一个永久性的机构架构，以确保国家政府的强大和稳定。但是，就新军队而言，除了他们自己之外，其他人似乎并不清楚他们所感知的需求与所提出的解决方案之间的关联。

当然，建立某种形式的军事机构本身并非不切实际，为其辩护也不是完全没有根据。仅从国家总体政策的层面来看，有充分理由支持建立一支训练有素、规模适中但充足的专业军队，在紧急时刻，可以围绕他们进行志愿兵的集结和动员。无论是华盛顿在独立战争中，还是几年后麦迪逊在1812年战争中，都深刻体会到了未经训练的民兵的不足，而在此期间，从圣克莱尔的失败和韦恩在旧西北地区（Old Northwest）的成功中，应该能吸取更深刻的教训。从当时的紧迫情况来看，可以说，任何了解18世纪90年代法美关系全貌的理性的联邦党人，都不应该因为支持1798年联邦党人试图建立这样的军事力量而受到指责。然而，困难是显而易见的。这支计划中的军队规模之大让人不安，而且一旦暂时的被入侵的威胁消退，美国公众就不再需要这支军队。

关于联邦党人可能为这支军队设想的具体用途，历史作家们有很多猜测。其军事用途不仅仅限于抵御法国的入侵。当时考虑的另一种可能性是参与拉丁美洲的行动，即与英国及弗朗西斯科·米兰达领导的当地革命力量合作，解放西班牙的殖民地，协助在当地建立友好政府,从而避免法国在该地区建立傀儡政权。美国驻伦敦公使鲁弗斯·金坚持推动这一方案,汉密尔顿对此也很积极。还有一项更具针对性、直接关系到美国安全的计划,那就是占领路易斯安那和佛罗里达。这一行动会尽可能与英国合作,但在必要时也可以单独行动。法国企图重新控制路易斯安那的各种迹象为这一想法提供了合理性,杰斐逊本人也在四年后简明扼要地阐述了这一观点。尽管许多人指出,这些计划的吸引力之一是亚历山大·汉密尔顿可能因此获得的军事荣耀,但这些计划本身并非完全没有合理之处。[57]

然而,这两个计划实际上都只有微弱的可能性,没有人比汉密尔顿本人更清楚这一点,尽管他可能并不希望如此。汉密尔顿在与米兰达关于南美行动的通信中表现出极度的谨慎。在没有总统支持的情况下,他甚至不愿做出最微小的承诺,而总统不太可能赞成与英国合作在那里进行大规模军事行动。即使是相对容易实施的路易斯安那计划,也面临着重重困难。参议院对预期会产生类似结果的布朗特阴谋(Blount conspiracy)的反应已经清楚地表明,在法国的意图得到证实之前,美国不会采取这种肯定会引发武装冲突的行动。此外,只要与法国的谈判仍然有可能(实际上一直如此),对路易斯安那的攻击就完全不会在考虑之列。[58]

另一种历史推测,最早可以追溯到总统的曾孙亨利·亚当斯,即认为联邦党人的真实计划是将军队公然用于国内政治目的:他们的目的无非是对自己的政治对手采取行动。[59]根据当时某些联邦党人的言论,这种目的似乎显而易见。在"XYZ事件"曝光时,西奥多·塞奇威克高呼:"这将是摧毁派系的绝佳机会。一定要好好利用它。"罗伯特·古德洛·哈珀表示,一支两万人的军队将"使我们拥有国家的精英;并将武器交到我们所有朋友的手中"。詹姆斯·劳埃德希望,军队的存在和宣战将"使我们能够对叛徒采取行动";而尤赖亚·特雷西(Uriah

Tracy)则宣称,"控制民主派的唯一原则……是恐惧"。当然,还有汉密尔顿本人后来向塞奇威克发出的著名呼吁:向弗吉尼亚州派遣军队,"然后采取措施,依法行事,看弗吉尼亚是否会抵抗"。[60]

然而,这些言论中所隐含的明确意愿和具体目标,在联邦党人的会议中可能很难找到。他们在不眠之夜所感受到的冲动,或在私人信件中无意表露的想法,是一回事;而真正准备好并尽力将这些想法付诸行动,则完全是另一回事。事实上,令人怀疑的是,这支军队是否具备执行任何具体行动政策所需的集体信心和使命感。他们如果能够找到真正的"叛徒",就算是幸运的了。即使"将武器交到我们所有朋友的手中",也仍然存在一个非常现实的问题:这些武器应该指向何处?头脑清醒的汉密尔顿几乎不会认为有可能用一支军队强迫一个州屈服,尤其是弗吉尼亚州。而且,并没有确凿证据表明弗吉尼亚打算通过武力反抗《外侨与煽动叛乱法》,杰斐逊、麦迪逊和门罗等弗吉尼亚领导人始终坚决主张不使用武力。[61]因此,想象乔治·华盛顿率领任何形式的军队对抗弗吉尼亚州,确实需要极大的想象力。

归根结底,联邦党人并不清楚他们想要这支军队具体做什么。他们唯一确定的是他们想要一支军队。这支军队象征着来自另一个时代、另一个国家的东西:权威,以及权威带来的安心感——除此之外别无他求。他们可能根本不需要将军队用于任何具体事务——大多数人实际上可能就是这么期望的——但他们想要它的存在,仅仅是为了拥有它。在从被入侵的威胁减弱到新军队明显走向消亡的整个时期,汉密尔顿始终拒绝接受任何可能缩减军队规模或降低开支的妥协方案。当这支军队最终在1800年初被解散时,汉密尔顿陷入了深深的失望和愤怒之中,这是另一个故事了。[62]

有人恰当地指出,联邦党人坚持建立一个规模过大、不成比例的军事机构,挑战了美国人长期以来对常备军原则普遍且深刻的怀疑。

这种敌视源远流长，可追溯至殖民地时代，事实上，无论是殖民地还是母国的社会都持有这种态度。这一基本理论起源于英国，最早由詹姆斯·哈林顿在1656年的《大洋国》中提出，后来被沃波尔时代的激进辉格党人扩展和改造。简而言之，这个理论有两个前提。首先，一个由所有自耕农参与的公民兵队伍是自由国家中自由制度的最佳保障，因为这样武器"永远不会落入不关心维护公共和平者之手"，公民也因此不必依赖政府来保卫自己的社区。其次，永久性的、有薪酬的职业军队——公民将其军事职责委托给他人的结果——被视为暴政和腐败的工具，对自由和道德构成持久威胁。同样，依赖政府谋生的职业士兵，由于与更广泛的社会及其利益几乎无关，可能被野心勃勃的统治者操纵，成为专制国家的帮凶。[63]

但在18世纪的后几十年里，英国关于军事力量管理的态度开始发生一些变化。激进辉格党的理论主要聚焦于对公民社会的道德影响，并且只是间接关注民兵和常备军各自的战斗力。随着温和辉格党以及丹尼尔·笛福（Daniel Defoe）、约翰·萨默斯（John Somers）和亚当·斯密等作家的出现，一种新的理解逐渐形成，他们更倾向于强调军事效率和国家稳定防御的重要性。他们认为，民兵既不适应现代战争，也不符合现代社会的实际需求，无法与训练有素、纪律严明的军队相抗衡，在适当的宪法监督和保障下，建立一个永久性的军事机构更为可取。[64]

尽管在英国，这种新观点已经取代了旧观念，并在18世纪中叶成为主流，但在殖民地却没有发生类似的改变。特伦查德和戈登等激进辉格党的小册子作者在美国有巨大影响力，他们持续宣扬反对常备军的传统观点，这种论点在美国始终是维持和使用军事力量方面的主导信念。殖民地人民坚持认为公民兵完全足够，这种观念可能带有自欺欺人的成分，因为与法国和印第安人的长期战争主要是由英国正规军和殖民地志愿者而不是民兵进行的。然而，英国在革命前夕使用红衣正规军来胁迫殖民地,同时民兵在列克星敦、康科德和邦克山的英勇事迹,使得公民士兵理想具有了某种神圣不可侵犯性,尽管后来遭遇了重重困难,这种理想仍被视为早期共和国神圣传奇的重要组成部分。[65]

现在,联邦党人正在打破这一深入人心的信念体系。他们正在努力建立一个庞大的军事机构,却没有明确或公认的目标。传统上,当社区面临危险时,会依靠那些最值得信任的人来维护其福祉,但现在这种做法却被改变,保卫社区的责任被交给了完全依赖于雇主并听命于雇主的雇佣兵。既然这些雇佣兵的指挥官都是忠诚的联邦党人,有什么能阻止他们的主人将军队变为实现其任意目的的工具呢?又如何保证公民的自由不会被剥夺,这一强大的军事机器不会沦为腐败、压迫和暴政的工具呢?

因此,他们面对的意识形态阻力极为巨大。联邦党人确实获得了他们的军队——在纸面上。但令人特别关注的是,各种力量汇集在一起,最终导致军队被从他们手中夺走,而联邦党人却未能领会其中的深层含义。他们或许本应从军队议案仅以微弱多数票通过中得到警示,并应意识到,他们所获得的成果只是在最佳时机达成的,而无论在此之前还是之后,都没有这样的时机。然而,现在他们已拥有军队;反对意见已不再重要;他们已经通过法律获得了它;他们可以按照自己的意愿行动。但事实并非如此:他们并未真正拥有它;反对意见确实重要。这背后有两个联邦党人从未真正理解的原因。其一,美国政治阶层的比例在现代国家中无先例可循,几乎涵盖所有成年白人男性,无论联邦党人自认为有何种特权,都没有在这个广泛的政治阶层中获得任何特殊地位。其二,更为重要的且至今仍然成立的一个原则是:当这样的国家尝试进行重大军事行动时,如果没有绝大多数社会成员的认可和支持,就不可能有成功的希望。任何远远低于这一支持标准的行动都将失败，不是出于这个原因，就是出于那个原因。新军队出于各种表面上毫不相关的原因失败了。但这些原因尽管各不相同，却都在某种程度上源于同一个根本原因：这个社会不想要这支军队，坚决反对拥有它，并实际上通过一个又一个代理人向所有人传递了这样的信息——这支军队是不必要的。

汉密尔顿很可能会因为采购物资时的一再拖延、大部分物资到达时的糟糕状况、刚开始运作的工资支付系统的问题，以及由于长达九个月未发工资而叛逃的士兵对麦克亨利不满。然而，麦克亨利的"无能"并不足以完全解释所发生的情况。更确切地说，作为一个能力一般的管理者，麦克亨利从与他打交道的每个人那里收到的信号都表明，周遭社会并未真正重视他提出的要求，也没有感到任何紧迫性。在一个被普遍认为存在的真正危机中，如此广泛的政治阶层本可以被激发出意想不到的能量，不会容忍那些劣质的鞋子、生锈的火枪、不配套的制服、滑稽的帽子和破烂的帐篷，也不会容忍提供这些物资的冷酷贪婪的供应商。[66]但如今，从四面八方传来的信号中几乎没有任何能激发这种能量的东西，只有对整个新军队计划的漠不关心甚至彻底反对。

这些反对声音不仅来自共和党的报纸、请愿书和公众集会，甚至还有一些来自联邦党内部。诺亚·韦伯斯特怀疑，组建这样一支军队的"主要目的"仅仅是"威慑和压制政府的反对者"。财政部长这位联邦党高层内部人士，每天都会与麦克亨利见面，他出于不同的理由表示了担忧，但结论是一致的：奥利弗·沃尔科特认为，"应该尽可能避免养活闲人的开支"。如果说谁有权威——至少是名义上——代表整个政治共同体发出信号的话，那应该是总统本人。以下是亚当斯发出的一个典型信号。麦克亨利曾向他提交汉密尔顿为改善供应系统而起草的计划，请正在昆西度夏的总统批准。亚当斯对此没有做出具体评论，他只是回复说，他将保留该计划，"以便在必要时重新考虑"，他推测实施这一计划可能需要国会通过一项法案（他是否真的这么认为尚有疑问），同时他建议内阁官员们先自行考虑这个计划，尽管他几乎可以确定他们已经进行了讨论。[67]

简而言之，联邦党人逐渐意识到——正如他们在实施《惩治煽动叛乱法》时所经历的，以及在不久后的1800年选举中再次遭遇的情况——在这种性质和规模的政治社会中，对任何事项的"授权"需要的都远超过幕后策划、操纵和几张选票的微弱优势。这个社会将通过多种方式来表达这一点。在这个案例中，最根本的表达方式无疑是最终采取的行动。根据法律规定，这支军队在实际宣战的情况下最多可达5万人。而且，法律授权立即招募1.5万人；这就是汉密尔顿和麦克亨利正在负责组建的"新军队"。但授权招募和实际征募完全是两码事：征兵官员仅能勉强说服1/4的目标人数相信，国家真正需要或希望他们加入军队。其余的人则根本没有响应。[68]

国会最终明白了，继续保留这支令人失望的军队是徒劳无益的。1800年1月底，国会投票决定停止新兵征募，到了5月则决定彻底解散新军队。在新军队即将解散时，亚历山大·汉密尔顿（正如他对妻子所述）试图"保持乐观——这实际上是勉强的自欺——在我心灵深处，实际上充满了比平时更深的忧郁"。[69]

第五节　弗吉尼亚州和肯塔基州的决议

1798年备受瞩目的决议案分别于11月13日和12月24日在肯塔基州和弗吉尼亚州的立法机构通过。这些决议案是由托马斯·杰斐逊和詹姆斯·麦迪逊秘密起草的，随后由肯塔基州的约翰·布雷肯里奇（John Breckinridge）和弗吉尼亚州的约翰·泰勒正式提出。它们旨在以非暴力方式抗议《外侨与煽动叛乱法》。这两项决议之所以声名显赫，一方面是因为它们的起草者是两位杰出人物（尽管这一点直到几年后才为人所知），另一方面是因为两个州的立法机构正式对国家政府的法案提出了抗议，这在当时是极为罕见的。

还有其他几个问题使这些决议案持续受到关注。首先，尽管引发这些决议的具体事件早已不再是争论焦点，但在整个内战前的时期，这些决议作为文本和范例，被南方的州权倡导者广泛应用。第二个问题是，这些决议作为宪法原则的声明应如何解读，以及它们与联邦制国家理念的兼容性如何。换句话说，从历史的角度看，这些决议案的直接背景最终被其产生的深远影响所超越，这些影响的范围远超出了激发它们产生并为之设计的场合。[70]

但对杰斐逊和麦迪逊来说，当时的形势非常严峻，他们力求将自己的立场建立在最广泛的原则基础上，即他们所认为的宪法本身获得最终批准的基础。杰斐逊的观点体现在篇幅更长的肯塔基州决议中，与相对较为谨慎且简洁的弗吉尼亚州决议相比，显得更为激进。尽管两者之间的差异后来被证实具有一定意义，但从实际应用角度看，它们的结论是可以互换的。两个州的决议都是基于严格解释原则，将宪法视为各州之间的契约，而最近通过的联邦立法违反了这一契约。它们主张，宪法授予联邦政府某些特定权力，这些权力已在宪法中明确列出，而未明确授予的其他权力则由各州保留。这与7年前杰斐逊和麦迪逊针对汉密尔顿的国家银行计划所表达的个人立场一致。弗吉尼亚州决议中提到："在蓄意、明显且危险地行使未由该契约授予的其他权力的情况下，各州……有义务介入，阻止邪恶势力的发展。"而联邦政府实施《外侨与煽动叛乱法》，行使的是不仅未被授权，且在第一修正案中被"明令禁止"的权力。这两个决议最后都呼吁其他各州加入它们，共同"宣布这些法案不具任何法律效力"（肯塔基州决议），而弗吉尼亚州决议则直接称其"违宪"。[71]

在弗吉尼亚州和肯塔基州决议发布后的大约一年时间里，其他14个被邀请的州立法机构均未表现出支持的意愿。其中有10个州明确拒绝了这些决议，而另外4个州则未采取任何行动。[72]然而，如果仅因此就认为这些决议没有达到其目的，不仅具有误导性，而且相当于在故事尚未开始时就匆忙结束。实际上，这一历史过程相当错综复杂，充满了多种复杂因素，产生了多种即时或长期的重大影响。

从某些方面来看，更显著且重大的影响之一源于这一事实：这些决议作为宪法理论的声明产生了比其作者所预期的更为持久的影响。此外，这一历史进程带来了不少困扰，尽管这并不是我们此处的主要关注点，但不应用其掩盖决议在1800年对共和党起到的某些重要作用。

然而有一点不应忽视，那就是，事实证明，这些决议的理论层面在当时以及之后更多地成为负担而非优势。由于杰斐逊（尽管受到麦迪逊温和立场的影响）在这些理论形成的过程中所扮演的角色，以及他在制定决议期间思想上的不确定性和波动性，这些理论的含义并不明确。实际上，无论是杰斐逊的版本还是麦迪逊的版本，都未被任何回应它们的州所接受，而那些给出理由的州都表达了相同的主要反对意见。佛蒙特州在回应弗吉尼亚州时表示，"裁决联邦政府制定的法律是否符合宪法不属于州立法机构的职责；这一权力专属于联邦的司法法院"。[73]麦迪逊的思维通常比杰斐逊更为精确，他的版本在措辞上明显比肯塔基州决议更简练且威胁性更小。不过这对于当时的目的而言并不重要，因为回应的各州几乎没看出两者之间的区别。然而，与麦迪逊相比，杰斐逊在更大程度上为不可预见的未来留下了一些不祥的隐患。

杰斐逊撰写肯塔基决议的秘密将最终被披露。同样，在若干年后，包含他未经修改的决议草案的文件也被曝光。这一事件发生在1832

年，当时正值南卡罗来纳州"联邦法令废止权运动"（the nullification movement）的高潮，杰斐逊在州权问题上的观点以夸张、威胁和模糊的措辞表达出来，正好符合废止权运动支持者的诉求。于是，"1798原则"成为他们的集结口号，并直至内战爆发前一直被视作州权特殊主义的圣经，杰斐逊也被奉为该运动的先驱。然而，杰斐逊本人从未明确表态，一个州是否有权判断联邦法律的合宪性。他似乎倾向于认为州有这样的权力，但也可能他并不完全清楚自己的想法。同样不明确的是，如果州有这样的权力，那么这种行动是否能由立法机构执行；在这一点上，他似乎也认为可以，而麦迪逊则试图说服他持相反观点，或许还成功了。那么，一个州或多个州应该如何捍卫它们被侵犯的权利呢？在1799年的第二份肯塔基州决议中，杰斐逊坚持认为"合理的补救措施"是实行"废止权"——尽管在第一份决议中他并未明确提出这一点——而且他私下里的表述比最终公开的版本更为强硬，这表明麦迪逊或布雷肯里奇可能说服他缓和了语气。然而，杰斐逊（在理论上）所指的"废止权"是否与南卡罗来纳州的定义相同，或者（同样在理论上）他的理解是否比他们更极端或更温和，这仍然是一个疑问。他似乎并不像他们那样认为，一个州可以在废止一项联邦法律的同时仍留在联邦内。他确实曾考虑过脱离联盟的想法，他在写给麦迪逊的一封信中暗示"决心……与我们如此珍视的联邦决裂，而不愿放弃我们保留的自治权……"。无论如何，1859年发布的决议新版本为南方州领导人提供了新的依据，他们以此构建出一个完整的州主权理论，其中包括和平分离的权利。梅里尔·彼得森认为，"总的来说……分离运动是对政府契约理论的显著证明，而杰斐逊比任何人都更深刻地将这一理论植入了美国的政治思想中"。[74]

但这只是一个题外话，或许它可以从不同的视角补充说明，共和党的两位主要精神领袖在联邦党执政的最后几个月所进行的活动具有直接的意义。在这个层面上，模糊不清和误判消失了，取而代之的是准确性、明确的目标以及对共和党未来的坚定信心，这在联邦党内部是看不到的。这种信心很快就会被接下来的事件所证实。如果我们不仅将弗吉尼亚州和肯塔基州的决议看作对宪法理论的阐释，而且将其作为一种强有力的政党宣传，特别是考虑到它们的发布和传播实际上是1800年竞选活动的开端——这几乎提前了两年，在表面上并不乐观的情况下——这一点就显得尤为清晰了。[75]

"竞选"这一概念——不仅仅是指候选人之间竞争公职的较量，更是指不同政党之间争夺国家政权的斗争——还没有在建国一代的词汇中出现，更不用说被理解了。因此，当时如果有竞选活动，也必然是以一种不同的形式或更多元的形式来呈现的。大量人士——至少是共和党人，如果可能的话，甚至包括一些联邦党人——如果要适应这种转变，某种心理上的准备和保护是必要的。

现在，杰斐逊似乎毫无疑问地渴望成为总统，并已准备好承担这一职责，这与1796年时的犹豫不决完全不同。[76]不仅在杰斐逊自己的圈子里，而且在各州的共和党组织中（无论组织多么松散，甚至是否完全意识到自己的存在），人们都普遍认为杰斐逊确实是最合适的总统人选，在1800年大选中应该积极推动杰斐逊的提名，而非其他人，而且这一提名代表了他们的立场。他们将不得不采取"党派"行动，思考"党派"策略，并以"党派"的方式进行组织和动员。在这个过程中，尽管他们必须采取行动，但在某种程度上却不能公开承认自己的做法，甚至很多人可能并没有完全认识到自己正在参与党派活动。这种情况从杰斐逊到他的追随者都有，因为即使是他们，也还没有完全接受"党派"这个概念，联邦党人更是如此。然而正是在这一点上，杰斐逊能够将他的思想与直觉完美结合，达到了战术上的精准，甚至可能超越了麦迪逊。这种方法的影响是显而易见的：在接下来的两年中，尽管经历了波折，但共和党人几乎没有犯下任何重大错误，成功地做对了所有关键的事情。与此同时，正如我们所见，联邦党人似乎在每个关键时刻都做出了错误的决策。

尤其是《惩治煽动叛乱法》，它对共和党人来说是一把双刃剑：既是一种全方位的威胁，又是一个天赐的机遇。这一法案对整个党派理念构成威胁，因此必须运用他们拥有的所有资源，在各种可能的基础上进行抵抗；而在抵制的过程中，由于更高层面原则的紧迫性，党派理念可以被暂时搁置，甚至几乎从他们的意识中淡出，不被提及。

托马斯·杰斐逊早已因政治操纵而闻名，[77]1791年，他曾策划让菲利普·弗雷诺进入国务院，部分原因是诱使弗雷诺在费城创办一家符合自己政治倾向的报纸。这种名声在某种程度上是不公平的，尤其是如果这种名声是在美国党派政治更加成熟的阶段形成的话。杰斐逊只是具有一种异常敏锐的洞察力——可能在当时是超前的——他能够准确感知和洞察政治局势的走向，并知道为了改变局势需要调整的关键点。这种能力的一部分可能是在一些艰难的经历中获得的，比如他的私人信件曾被泄露到报纸上，或落入反对者手中。然而，考虑到大量含有深入政治观察和分析的私人信件并未泄露，以及他个人的某些选择，比如在1796年有意保持低调，因为他清楚地认识到，如果在那个时候就任总统，将面临复杂的国际局势，他给人的整体印象是谨慎，拥有洞察力和稳健的行事风格。在1798年夏天，当杰斐逊充分认识到《惩治煽动叛乱法》的重要性，以及它可能对共和党命运产生的影响后，他的这些特质得到了充分的发挥。

为了确保杰斐逊构想的抗议宣言能够沿着正确的路径展开并发展，对其发起人进行保密是至关重要的。否则，杰斐逊作为联邦政府中的美国副总统，而麦迪逊作为他最亲密的朋友和政治伙伴，他们的特殊地位将成为巨大的障碍，为他们现在正在准备的行动带来风险。事实上，他们非常谨慎地掩饰了自己的行动，以致我们直到今天也不完全清楚他们从1798年夏天中旬到冬初肯塔基州和弗吉尼亚州立法机构通过这些决议期间的具体行动。[78]

杰斐逊的直觉（显然受到了麦迪逊敏锐洞察力和坚定立场的影响），引导他们准确把握住了正在展开的政治逻辑中的每个关键点。由于"XYZ事件"的曝光及其随后引发的爱国热潮，共和党在国家事务上的影响力严重受损。但在州级层面加强共和党的影响力，特别是在那些拥有明确基础的地方（以及可能的其他地区），则还是充满希望的（显然，弗吉尼亚州就是这样的地方，而正如约翰·布雷肯里奇在初秋时所保证的那样，肯塔基州的情况也类似）。[79]按照这种逻辑，在最终的决议中应当全力推动州权主张。对杰斐逊和麦迪逊来说，在这方面几乎不会感到压力；自从十年前麦迪逊在反对汉密尔顿财政计划的过程中转向严格解释宪法的理论以来，他们就一直在以这样或那样的方式推动州权议程。

但无论结果如何，都必须确保不出现任何混乱或非法的迹象；绝不能提供任何理由，使个人因煽动性言论受到追究；更不能有任何诉诸武力的举动。杰斐逊强调说："这些不是美国民众所能接受的反对形式。但要避免使用武力，民众可以通过宪法赋予的选举权和请愿权等手段，来抵制政府的邪恶倾向。"[80]

尽管这些决议表面上使用了州权的表述，但其核心语言却是最高共和主义原则的表述——他们声称，这些原则受到神圣宪法的保障，现在却遭到未经授权且具有压迫性的权力的侵犯。弗吉尼亚州的决议回顾了该州批准宪法时的情形，指出批准宪法大会曾明确声明，"信仰自由和新闻自由不得被美国任何权力机构取消、缩减、限制或改变"，并且"为此目的而通过的修正案……已适时加入宪法中"。[81]肯塔基州的决议补充了关于外国人（其固有的共和主义精神应受到尊重）的内容，强调"外国友人受到其所在州法律的管辖和保护"；"对外国人的权力既未被授予美国联邦政府，也未禁止各州行使，这些权力与各州对其公民的权力相同"；但《外侨法》（基于第4项、第5项和第6项决议，该法案在5个方面违宪）"使众多且珍贵的居民被置于无法律保护的境地，受制于一个人[总统]的绝对统治"，这实际上意味着"宪法为我们所有人提供的保护屏障已荡然无存"。[82] 简而言之，《外侨与煽动叛乱法》间接和直接地打击了民众根据宪法享有的每项权利和自由，而这只是联邦政府不断"扩张其权力"（再次引用弗吉尼亚州决议）的又一个证据，"目的是将各州逐步合并为一个主权国家"，并"将美国目前的共和制度转变为绝对君主制，或者至少是混合君主制"。[83]

这些都是共和党人耳熟能详的观点，能在每一个听到它们的共和党人心中引起共鸣。值得注意的是，无论是肯塔基州还是弗吉尼亚州的决议，或是詹姆斯·麦迪逊为1800年弗吉尼亚立法机构特别委员会所准备的文件（一份超过60页、两万字的关于这些决议及其被接受情况的详尽报告），均未明确提及"党派"一词。然而，这些观点的意图却毫无疑问。[84] 事实上，没有必要直白地提及"党派"，因为弗吉尼亚决议中的一句关键话语已经隐晦地表达了全部意图，无须进一步说明。《惩治煽动叛乱法》应当引起"普遍的警觉"，因为——

> 它针对的是自由审查公共人物和措施的权利，以及民众之间就此进行自由交流的权利，而这种权利长久以来一直被正当地视为维护所有其他权利的最有效保障。[85]

在那整整两年的时间里，尽管四周激情涌动，但最令人瞩目的是杰斐逊对未来坚如磐石的心态。在某些具体的理论和教义问题上，他可能显得模棱两可,摇摆不定。但高于一切的是他那种崇高的乐观主义,以及对一切终将归于正轨的坚定信念。由于当时所有共和党人的目光都集中在杰斐逊身上,这种态度无疑具有鼓舞人心的力量。当然也有挫折。1798年秋季和1799年春季的选举对联邦党来说并不是完全不利,他们成功地赢得了纽约市的全部十三个议席,从而加强了对纽约州议会的控制,同时在北卡罗来纳州和南卡罗来纳州也取得了不错的成绩,甚至在弗吉尼亚州的国会代表团中还额外赢得了四个席位。在国会,他们成功挫败了共和党试图废除《外侨与煽动叛乱法》的努力,并成功通过了进一步增强陆军和海军力量的法案。最后,当然,没有任何一个州立法机构愿意正式表态支持肯塔基州和弗吉尼亚州的决议要求。

但这一切似乎都没有对杰斐逊固有的乐观天性产生太大影响。对"XYZ事件"的狂热引发了这一切,但它不切实际,与"自然状态"不符。"再稍微耐心一些,我们就能看到女巫的统治结束,她们的咒语被解除,人民恢复清晰的视野,把政府重新引回正确的轨道。"因为这股狂热只是暂时的,而整体状况是健康的。"这场想象中的疾病将会消退,因为患者们本质上是共和主义者。实际上,治疗者已经在路上了,他将以税务官的面目出现,来治愈这一切。"至于那些选举,无须过度惊慌:总的来看,它们甚至可以被视为"对我们更有利";至于弗吉尼亚州的情形,选举结果是由于"偶然事件的组合,而非情绪变化所致"。总之,每个人都应振作起来,要"充分相信美国人民的良好判断力,以及他们对我们正在捍卫的那些权利的坚定支持,相信他们会在尚未太晚的时候,与我们团结在一起,支持我们联邦契约的真正原则"。[86]

实际上,一切正如他所预言的那样发展,共和党的士气在1799年直至1800年间稳步增强。到了2月份,请愿运动已全面展开("惊人而迅速的变化";国会"每天都收到大量反对《外侨法》《惩治煽动叛乱法》和常备军的请愿书"），在此期间，总统提名威廉·万斯·默里前往法国执行新任务（"昨天的重大事件……"），进一步削弱了联邦党高层有关法国入侵的炒作。同时，宾夕法尼亚州的局势越来越有利（"甚至德裔聚居的县区……也开始转变立场"），1799年10月的选举过后，宾夕法尼亚州终于落入共和党之手（"这是一个真正值得庆贺和充满希望的事情"），而在新泽西州和纽约州也出现了类似的可能性。[87]

在这一时期，杰斐逊还抽空为一位支持者详尽撰写了一份长篇原则目录，并坚信，"这些原则无疑是我们广大同胞共同拥有的"。[88] 显然，这正是关键所在：这首先是关于原则的问题，在这个问题上，托马斯·杰斐逊和"广大同胞"的立场是一致的。但这也许并非问题的全部。这种确信何时以及如何得以完全展现的呢？从那两年间向各地发出的信件中（许多信件都附有与"原则"信件类似的警告，提醒由于邮局及其他场所可能有人窥探，因此"我们的通信必须像是在密谋［国家的］灭亡一般保密"），[89] 我们可以窥见事态的另一面。我们看到杰斐逊不懈地鼓励他的同僚们发出自己的声音，主动提供可能在某地有用的材料、计算选举人票数、权衡各种可能性、评估普选和分区选举的优势、识别关键州，并预测摇摆选票。早在1799年2月，他就告诉麦迪逊，即将到来的夏天必定是一个辛勤工作的季节（"每个人都必须为此贡献出自己的钱包和笔"）。[90] 但就在向门罗详述所有这些技术性细节时，杰斐逊突然转换了话题。他谨慎地提出：

> 也许人们会认为我在这个议题上保持缄默才是得体之举。但你了解我，明白最能满足我个人欲望的，就是那种能让我在家中享受更多平静的事情。如果有什么能超越这种愿望，那无非是看到政府恢复共和主义原则，仅此而已。[91]

第十五章　1800年联邦主义者的思维模式　1191

的确是"仅此而已"！但这样一来，我们便再一次回到了18世纪。

从各方面来看，联邦党在1798年采取的措施，尤其是臭名昭著的《外侨与煽动叛乱法》，不仅为所有共和党的支持者提供了一个"议题"，更赋予了他们极大的解脱。这让他们摆脱了一整代人在成长过程中受到的、基于价值观和假设的种种束缚，这些束缚与华盛顿所指的"党派的有害精神"有关。如今，他们能够团结起来，不是作为追求个人职位和利益的小团体，而是作为一群团结一致的爱国者，共同抵抗日益蔓延的暴政和专制权力。他们能够基于共同的原则联合起来，采取必要行动，以实现那些在其他情况下可能被视为党派利益的更高目标。

弗吉尼亚州和肯塔基州的决议，作为对联邦党措施的首次反击，在确立基调和指引方向上的作用堪比，甚至可能超越了后来的任何行动。历史学家经常对这些决议在"1800年革命"中的实际影响（如果有的话）进行思考，他们正确地得出了一个结论：这个问题没有简单直接的答案。[92]但至少可以推测，这些决议在关键时刻发挥了重要的潜在作用。需要对这些决议做出反应，或者人们认为需要这样做，并且不是远离民众的国家事务中心，而是更贴近民众的十个州的立法机构需要做出反应。对于这些地方的共和党人来说，他们被联邦党多数派所包围，这一挑战并非易事，因此需要做出精准的判断。但幸运的是，这也为他们提供了一个机会，使他们作为一个政党在自我认知上迈出了重要一步，并在党派和原则之间取得了令人满意的平衡。虽然几乎没有共和党人对决议所体现的原则表示怀疑，但许多人对其中暗示的解决方案——州立法机构可以正式宣布国会法案违宪——持谨慎态度，其中一些人明确表达了这种看法。尽管如此，在如何处理这些决议的问题上，所有记录了赞成票和反对票的投票结果都显示，投票是严格按照党派来决定的。[93]党派和原则或许并未完全融合，这也许是件好事。共和党人现在比以前更清楚他们的工作重点、可能的援助来源以及他们的论点是什么。

第六节 联邦主义与1800年"竞选"

在所有事情中都可能存在运气的转变,因此可以设想,即使到了1799年12月第六届国会开幕时,联邦党人仍然有机会采取某种补救措施,有目的地逆转他们的命运正在明显恶化的趋势。这届国会依然由联邦党控制;事实上,它比之前的第五届国会更倾向于联邦党。其成员是在1798年仲夏对政府的爱国支持达到高潮时选出的,而选举结果为联邦党带来了比之前更显著的多数优势。诚然,共和党在宾夕法尼亚州的胜利和其势力在南方州立法机构的扩大使联邦党遭受了挫折。但仍有理由推测,在联邦党控制参众两院以及行政部门的情况下,如果朝着正确方向努力,联邦党在1800年至关重要的选举中仍有可能经受住考验并取得成功。[94]

从表面上看,联邦党真正的战略似乎显而易见,至少对后来的政治家来说是这样。曾在1798年促成国家高度统一的重大议题——革命中的法国日益增强的威胁、对防御准备的明显需求、国内阻止具有颠覆性的雅各宾派原则蔓延的紧迫性——现在必须被彻底放弃,或至少进行大幅修改。随着埃尔斯沃思使团最终启程,公众普遍支持总统派遣使团的决定,联邦党过去将法国视为非此即彼的威胁的极端立场已无法有效地团结民众。和平解决现在已成为一种必须考虑的可能性,他们的心中也需要为其可能带来的收益留出空间。鉴于法国入侵的可能性早已消散,再加上民众对高额税负、《外侨与煽动叛乱法》以及昂贵军队的不满日益加深,仅仅持续聚焦于雅各宾主义的威胁已毫无益处。现在是转变策略的时候了:应当充分利用民众对总统的和平倡议不断增加的支持,坚称正是联邦党坚定而明确的政策使和谈成为可能,并迫使法国接受基于美国条件的新谈判。同时,联邦党应以和平与繁荣的名义,发出国家团结的更有力号召,并通过现政府的成功连任来重新确认和强化这一点，从而使民众在联邦主义的旗帜下紧密团结起来。

另一方面，他们需要克服的障碍，主要不是来自外部环境，而是源自他们自身，这些障碍根深蒂固，几乎难以撼动。无论在国内还是国外，雅各宾派的威胁都已成为他们挥之不去的困扰。另一个更为复杂的困扰是，他们自视为拥有"开明见解与高尚情操"的人。他们不愿将自己视为代表多元选民群体的党派联盟代理人，因为这样的党派联盟要保持活力，就必须随时准备吸纳新的、各色各样的人群参与并使其感到受欢迎。但这并不是他们的使命。他们的任务不是去适应，而是树立榜样并指明方向：不是反映舆论，而是引领和矫正舆论。向大众情绪妥协就是在扮演煽动者的角色，迎合未经启蒙的民众，从而树立一个完全不同的典范——那是懦弱、虚伪和机会主义的典范。

因此，总统派遣埃尔斯沃思使团的行动，只会让他们陷入困惑与愤怒。亚当斯有意剔除了一个关键议题，而这一议题本可以使他们挺身而出，捍卫公共荣誉，武装国家，唤醒民众警惕所面临的危险，并采取行动对抗国内的潜在威胁。对于这种他们认为是故意的愚蠢行为，一些联邦党领导人现在正在秘密寻求策略，以便在1800年的选举中将亚当斯排除，用更合适的候选人取而代之。

事实上，在联邦党内，至少有一位近期崭露头角的人士对此持有不同的看法。他就是第六届国会弗吉尼亚州代表团的新成员之一约翰·马歇尔，他将在1799年12月开幕的会议中扮演极为活跃的角色。我们可以通过马歇尔的视角来理解这些议程及其意义。

当马歇尔抵达费城参加会议之初，他对所见所闻感到极为不安。他在写给兄弟的信中表达了自己的担忧：

> 东部人对总统最近向法国派遣使团感到极度不满。他们强烈倾向于抛弃总统,转而支持其他候选人。金或埃尔斯沃思,以及平克尼家族中的某位——最可能是[查尔斯·科茨沃思·平克尼]将军——都在考虑之列。如果他们因为担心这样做可能会让杰斐逊当选而犹豫不决,我觉得他们可能会同时投票给亚当斯和平克尼,以便在后者获得南方选票的情况下增加其成为总统的机会。这种不满情绪也许会在选举前消散——但目前态势看起来相当严峻。[95]

换句话说,如果这种"不满情绪"未能消散,那么只有一种结果:联邦党人将不再对抗反对派,而是在内部自己人之间划分界限。

与北方尤其是新英格兰地区的联邦党人相比,南方的联邦党人通常表现得更加温和。在选举议长这一议题上,马歇尔认为,为了增进党内和谐,选择一位南方人担任此职是个良策,因为此前的三任议长中有两位来自中部州,另一位则来自新英格兰。南卡罗来纳州的约翰·拉特利奇是一位能力出众且受人尊敬的主要候选人,得到了马歇尔的大力支持。但新英格兰的代表坚持提名马萨诸塞州的西奥多·塞奇威克,经过三次没有达成共识的党团会议后,拉特利奇意识到再这样争执下去没有任何意义。于是,他优雅地退出,为防止共和党人利用联邦党的分歧来选举他们自己的候选人,他还告诉自己的支持者转而投票给塞奇威克。塞奇威克是一个坚定的意识形态主义者,像其他联邦党高层领导人一样,他强烈反对亚当斯的法国政策。[96]

联邦党内各派别无疑都对马歇尔的才华有深刻认识,许多人都公开表示了这一点。他们甚至意识到,如果要在党内实现任何形式的有效和解,马歇尔的参与至关重要。西奥多·塞奇威克本人也承认马歇尔的重要性。"他拥有出色的才能,并且在应用这些才能方面极具技巧。他在南方的政府支持者中享有盛誉，这是他理应得到的。简而言之，没有他我们无法做成任何事。"[97]尽管如此，马歇尔身上有些特质让塞奇威克这样的联邦党人感到不安。首先，马歇尔过分重视舆论。"他总是……对主权人民表示极大的尊重，并以他们的观点作为真理的证据。"[98]其次，如今来自弗吉尼亚州的几乎任何事物都难以被看作纯粹的好消息，即使是马歇尔这样有影响力的人物也不例外。"我相信他的意图是绝对高尚的，但我确信，如果他的教育背景是在特拉华河的另一侧，他可能会更加坚定……"因此，尽管马歇尔在道德上拥有重大影响力（"在国会中，你可以看到马歇尔将军是领袖人物"），[99]但这还不足以改变理性的天平，这并不是因为他没有尝试过，也不是因为他对自己所做的一切缺乏清晰认知。

众议院一致决定，由马歇尔负责起草对总统年度演讲的传统回复。这份回复虽然语气得体而崇高，但却是费尽心思的产物。马歇尔在回复中礼貌地呼应了总统演讲中提及的各项议题，涵盖已采取的措施和期望的其他措施。不过，为了确保能在众议院顺利通过而不激发不适当的辩论，他不得不对某些侧重点进行细微的调整。例如，亚当斯对继续采取防御措施的必要性表述得相当敷衍，并暗示正在考虑"精确的节约措施"。马歇尔知道联邦党高层对此的看法，因此他在防御问题上的陈述更为有力，没有提及节约措施（除了"与我们的资源相称"），并谨慎地避免区分对军事和海军的拨款。当然，最敏感的话题是前往法国的埃尔斯沃思使团，以及总统对自己派遣使团这一决定的坚定自信。马歇尔的回复大力称赞了亚当斯的诚意（与"您一生致力于为国民服务和为自己赢得荣誉的行动相一致"），但也带有讽刺地表达了希望"法国方面能展现类似的态度"。这本应该已经足以解决问题，但众所周知，或很快就会发现，马歇尔本人事实上支持亚当斯的决定，亚当斯也清楚这一点。因此，结果是一种愠怒的僵持局面。根据奥利弗·沃尔科特的说法，马歇尔的这一回复是"在沉默的反对中"通过的。[100]

在大多数北方联邦党人眼中，马歇尔的一大缺点（除了普遍"认为他过分偏爱弗吉尼亚"之外），是他对《惩治煽动叛乱法》的公开反对。这是因为他们难以接受《惩治煽动叛乱法》本身已成为他们最糟糕的负担之一这个事实。马歇尔在竞选弗吉尼亚州国会议员时曾明确表示，他"不支持《外侨与煽动叛乱法》"，如果他当时在国会，他"肯定会反对它们"，因为他认为这些法案"无用"且"不必要地引发不满和嫉妒"。塞奇威克认为这是"卑鄙的拉票伎俩"，而费舍尔·埃姆斯则称，"借口也许可以稍作掩饰，未来对事业的热情或许能部分弥补，但他的形象已经受损"。然而，这个人毕竟是约翰·马歇尔，他们知道自己需要这样的人物：或许他还有被救赎的可能。乔治·卡伯特谨慎地表示："马歇尔还没有完全吸取教训。"但他们应该相信他最终会做到。"同时，也应该考虑弗吉尼亚氛围对他产生的影响……"[101]

这种宽容值得肯定，但如果能在马歇尔尝试挽回这些法案所带来的负面影响时"做出一些让步"，可能会更好。实际上，1800年1月确实提出了废除《惩治煽动叛乱法》的议案。马歇尔支持废除该法案的动议，并且该动议最终以两票优势获得通过。但随后，联邦党人在议会中采取了一项巧妙的策略：提出了一项修正案，用更加令人反感的诽谤罪普通法来替代被废除的法案，这迫使马歇尔不得不转变立场，投票反对该修正案。共和党的所有议员也都投了反对票。因此，《惩治煽动叛乱法》最终仍然维持原状。[102]

在那次会议期间，众议院还讨论了另一项重要议案，即罗斯选举法案，该议案提议设立一个由众议员和参议员组成的"大委员会"，负责审查即将到来的总统选举中各州选举人票的有效性。马歇尔坚决反对这一法案并成功阻止了它。尽管他的行动帮助了联邦党的同僚们免于做出短视的决定，但他们并不为此而感激他。罗斯法案设想的联合委员会将对选举相关的任何争议拥有最终裁决权；任何"违规行为"的判定都将取决于该委员会的判断；因此，这个由联邦党人主导的、由国会选出的13人组成的机构，将决定下一任美国总统的人选。众所周知，这项法案特别针对宾夕法尼亚州在选举中可能的行动，该州州政府刚刚转向共和党，而这样的委员会将很容易接受任何看似合理的借口来排除托马斯·杰斐逊。马歇尔与众议院中的其他联邦党人一样，对杰斐逊没有好感。但他认为这个计划不仅违宪，而且不光彩，在政治上也极为愚蠢。于是，他利用自己在议会和委员会中的影响力，对法案进行了修改，使其无法实现最初设计的功能，随后参议院便不再考虑这个法案。[103]

在处理军队这一棘手问题时，马歇尔的温和态度原本有可能发挥一定作用。当前，军队正深陷困境，联邦党人对此非常清楚并深感困扰。塞奇威克可能是众议院中最热情的军队支持者，但他私下也不得不承认，"军队在南方极其不受欢迎，而且这种情况正日益恶化"。[104] 此外，由于税收的不足，预计收入与支持国家扩张军备计划所需资金之间出现约500万美元的缺口，这意味着只能通过借款来弥补差额。共和党人正在利用这一点大做文章。[105]毫无疑问，最理想的解决方案是解散新军队，并将这一行动的功劳归于南方的联邦党人。

但事情远非那么简单。联邦党的立场已经变得极为固执，而共和党的立场则与之相去甚远，这让即使是最具和解精神的联邦党人也感到非常棘手。使情况更加复杂的是，由于汉密尔顿派坚决主张建立常备军，以及到目前为止还没有关于美国使团在巴黎将受到何种接待的任何消息，因此，尽管从政治角度来看，解散军队可能效果显著，但即便对于像马歇尔这样的人来说，这一步也是不可想象的。

尽管如此，马歇尔的思维始终走在前列，几乎总是比其他人领先一步，而且可能比任何人都更能洞察对大多数人来说难以预料的政治未来。在会议一开始的时候，马歇尔反对共和党提出的解散军队的动议，因为这一动议一旦成功，对联邦党士气造成的打击可能会比暂时维持现状还要大。不过，他支持了一项妥协方案，即保留新军队但暂停招募新兵。然而，这个方案没有规定在收到法国的积极消息时启动军队解散程序，这可以在美国特使受到拿破仑政府适当接待的消息传来时，为联邦党提供一些行动上的灵活性。那时，对新军队的支持已经开始瓦解，即使是最好战的联邦党人也意识到，要想防止共和党人因不可避免的局势转变获得政治优势，唯一的办法就是亲自采取行动。罗伯特·古德洛·哈珀于5月7日提出了这一动议，其中包括约翰·马歇尔提议的条款，即解除军队的决定应由总统根据其对外交形势的判断在适当时机做出。[106]马歇尔可能早就意识到，总统在此之前就已得出了这个结论。

  但一切都为时已晚，所做的努力也显得力不从心。如果亚当斯能在三个月前获得这样的权力，联邦党将可遏制共和党关于永久维持强大军事力量的批评，并可能利用从法国传来的首批鼓舞人心的消息为自己赢得优势。然而，他们甚至错过了这最后一刻的机会带来的微小好处。在哈珀的动议通过三天后，亚当斯解除了皮克林的国务卿职务，并在同一天宣布立即解散新军队。这一举动激怒了参议院的联邦党人，他们决定不让亚当斯有解散汉密尔顿军队的满足感，于是撤销了众议院动议中的授权，并投票决定由他们自己行使这项权力，最迟于1800年6月15日生效。[107]

  因此，当怀着愤怒和失望之情的联邦党国会议员最后一次离开费城，以及心情沉重的亚当斯在返回昆西的家中之前，前往新的联邦城华盛顿进行视察时，他们之间的裂痕已经变得无法修复。但这并不意味着他们将停止给自己制造麻烦，也不意味着他们不会展现出新的"能力"，以确保联邦主义的终结。

只有一个人真正躲过了风暴。约翰·马歇尔提前离开，回到里士满处理他日益减少的法律业务。与此同时，总统觉得需要一位新的战争部长。他心目中的人选是马歇尔，因为即使在竭尽所能地试图稳固摇摇欲坠的联邦党的过程中，马歇尔对总统的忠诚也始终坚如磐石。因顾及家中事务，马歇尔礼貌地谢绝了。几天后，总统又开始寻找新的国务卿人选。他再次希望马歇尔能够接任这一职务，这一次马歇尔接受了。他于1800年6月8日正式上任，勤勉地履行职责，直至亚当斯的任期结束。[108]在离任前夕，1801年1月20日，他被提名为首席大法官，从而离开了他那看似大有前途但可能注定失败的政治生涯。

到了1800年5月，马歇尔在前一年12月就已经隐隐察觉的联邦党内部的秘密行动——旨在阻止约翰·亚当斯连任的阴谋——已经愈演愈烈，变得难以控制。在接下来的整个夏天和秋天，一系列疯狂的政治事件不断上演。当然，这种疯狂并不完全是一方造成的。其中部分原因确实可以归咎于亚当斯自身。但从另一个角度看，这些因素实际上是相互交织和相互影响的。

纽约州议会席位的春季选举为联邦党自我毁灭和士气瓦解的最后阶段拉开了序幕。这场选举被广泛视为关键的考验，因为新产生的立法机构将通过参众两院的联合投票来选出纽约州的12名选举人。宾夕法尼亚州的局势使得这场选举更为关键，因为该州立法机构在决定如何选出15名选举人（是通过普选或分区选举选出，还是由立法机构自行选出）上陷入僵局，而且很有可能无法及时解决，导致宾夕法尼亚州的选举人票根本无法投出。[109]因此，考虑到杰斐逊在1796年赢得了宾夕法尼亚州15张选票中的14张，亚当斯则拿下了纽约州的全部12张选票，纽约州的选票很有可能成为1800年总统选举的关键。所以，一切都取决于纽约议会最终由联邦党还是共和党控制。

普遍认为，纽约州议会的选举结果实际上又取决于另一个因素：在乡村地区势均力敌的情况下，纽约市的态势将是决定性的关键。虽然从1789年到1796年，该市坚定地站在联邦党一边，但共和党在1797年和1798年的市议会选举中取得了胜利。然而在1799年，纽约市的联邦党人利用一项严格的市政议题——公众对一家由共和党主导的银行在获得特许经营过程中采取不当行为的敌意，赢得了压倒性的多数票，成功使他们所有的议会候选人当选。[110]因此，1800年的选举结果不可预测：只要候选人实力雄厚，胜利可能向任一方倾斜。共和党对他们面前的任务有清晰的认识，而联邦党则在分散的目标和不明确的方向中摸索前行。

罗伯特·特劳普是纽约最坚定的联邦党人之一，长期以来一直是亚历山大·汉密尔顿的挚友和亲密伙伴，并经常积极参与市政活动。特劳普深知联邦党若想在这场选举中胜出必须采取何种策略，并在两个月前给鲁弗斯·金的信中明确提到了这一点。他认为，即将到来的"选举立法机构以任命选举人"的选举"至关重要"。"我们这里充满了焦虑……找到有分量和影响力的人参与几乎是不可能的……我们必须调动所有力量；否则，我们就会输掉这场选举——如果立法机构选出的是反联邦的选举人，杰斐逊就将胜出。"[111]

然而，特劳普并没有意识到，有一个非常关键的原因，足以解释为何难以调动所有力量，以及为何"找到有分量和影响力的人参与"如此困难。他在信中坚定地表达自己的信念时，无意中透露了他的真实动机，这也是那些与他持相同观点的人的共识，即"联邦事业的关键在于撤换亚当斯先生，换一位更审慎的人担任总统"。[112]如果他们不全力以赴，不强调重新选举联邦党政府的重要性，他们就缺乏一个能全心全意团结选民的共同事业。

事态确实是这样发展的。纽约市的联邦党提名委员会，在内部派系斗争的撕扯下，耗费了整个三月和四月的上半月，才努力拼凑出一份市议会候选人名单。全纽约城都知道了他们的分歧，这些分歧在4月15日的公开会议上再次成为讨论焦点，他们努力的成果也在此会议上揭晓。根据一位早早得知名单并对此感到欢欣鼓舞的共和党忠实支持者所言，候选人名单包括了"两名杂货店老板、一名船用杂货供应商、一名面包师、一名陶匠、一名书商、一名石匠和一名鞋匠"。其他稍有知名度的人选只有卡德瓦拉德·科尔登（Cadwallader Colden）和加布里埃尔·弗曼（Gabriel Furman），但他们俩在城市选民中的受欢迎程度都不高。当这份名单公布后，共和党人中洋溢着"喜悦与热情"。[113]

与此同时，共和党人精心策划了每一个细节。亚伦·伯尔在共和党的市议会候选人名单方面默默工作了数周，成功地说服了三位显赫人物——前州长乔治·克林顿、杰出的律师及未来的最高法院大法官布罗克霍尔斯特·利文斯顿，以及萨拉托加战役的英雄霍雷肖·盖茨将军——领衔参加选举。伯尔及其副手们与共和党各个委员会密切合作，并借助新成立且充满活力的共和党报纸《美国公民报》（*American Citizen*）影响舆论。他们有一个明确的目标：推翻联邦党的所有努力，确保托马斯·杰斐逊当选。他们组织集会，分发宣传材料，并在选举的三天里在各个投票站开展大规模的行动。1800年5月3日公布的选举结果显示，纽约市共和党人的十二名市议会候选人全部当选，他们为州参议院和联邦国会提名的候选人也成功当选。现在，他们在州立法机构中占据了多数席位，将在11月的会议上投出纽约州的十二张选举人票支持杰斐逊。[114]

联邦党人无疑深受打击。亚历山大·汉密尔顿现在正从两个方向尝试挽回造成的损失。他写信给州长约翰·杰伊，恳请他重新召集现有的立法机构，并说服其通过一项按选区方式选出选举人的新法律，汉密尔顿认为这可能让联邦党人获得多数票。杰伊意识到这种牵强的策略很可能会在州内引发严重动荡，因此选择了沉默，什么都没有做。[115]汉密尔顿的另一个行动是通过他在国会中的密友，呼吁全面启动一个已经酝酿数月的秘密计划，旨在支持查尔斯·科茨沃思·平克尼取代亚当斯。这一计划的关键部分已在5月3日被国会联邦党提名小组接受。[116]尽管这个计划表面上看似直截了当，但实际上却隐藏着未明言或否认的意图，这需要向一些人传达一种信息，而向另一些人保证完全相反的内容。它远非一个召唤民众团结的号角。相反，其成功实际上依赖的不是团结人民，而是使他们分裂。

这个策略的简单逻辑是，联邦党北方和南方的选举人同时支持亚当斯和平克尼担任总统和副总统，并给予他们相等的投票。表面上看，这似乎只是为了避免因第二张选票分散而造成浪费，因为这可能有利于对手，同时，通过适当减少给平克尼的一票或多票，足以确保亚当斯的连任，并防止反对党赢得副总统职位（事实上，这正是共和党后来对杰斐逊和伯尔所采取的策略）。然而，这并非汉密尔顿和其他策划者真正的意图。他们的期望将最终取决于他们希望在平克尼的家乡南卡罗来纳州发生的事情。如果新英格兰和某些中部州都给亚当斯和平克尼投下相同数量的票，平克尼在南卡罗来纳州的受欢迎程度或许能给他带来足够的额外选票，使他成为总统，这样一来，即使南卡罗来纳州的选举人将其余票投给杰斐逊也不要紧。尽管联邦党的一些内部人士可能另有所愿，但亚当斯在选票上仍然必须是名义上的首选，因为他在北方，特别是在新英格兰，比任何其他联邦党人都拥有更广泛的民众支持。因此，平等支持的逻辑不是要在这些地方削弱亚当斯的实力，而是要利用亚当斯在那里的实力，让平克尼的票数与亚当斯的相当，从而使最终的结果可能倾向于平克尼。费舍尔·埃姆斯评价道，"这就像一出老西班牙剧中错综复杂的阴谋"。[117]

新英格兰地区的居民，尤其是亚当斯的坚定支持者，从一开始就感到不安和怀疑。马萨诸塞州的塞缪尔·德克斯特（Samuel Dexter）参加了党团会议，他反对这种做法，认为"在绝大多数联邦党人眼中，亚当斯先生不仅是美国最受欢迎的人物，而且最有资格履行总统职责"，因此，这样的安排会被视为具有"险恶的意图……把他从总统职位上撤下"，而这将"导致联邦党彻底瓦解"。哈里森·格雷·奥蒂斯持同样的观点，他的这种情绪已经为人所知。[118]汉密尔顿在6月份对新英格兰进行了一次巡视，名义上是对军事哨所进行最后的检查，但实际目的是了解当地的政治舆论。他自己也承认，他发现：

> 尽管新英格兰的许多有识之士不仅认为支持平克尼是权宜之计，因为他最有可能击败杰斐逊，甚至更倾向于最终选择平克尼而非亚当斯，然而，当地民众对亚当斯有着深厚的个人情感，而且大多数二线领导人非常渴望他连任，这使得很难让他们认识到亚当斯连任失败的真正风险有多大，或是让他们全力以赴地支持平克尼，尽管他们对杰斐逊普遍持有强烈的担忧。

据说，罗得岛州州长芬纳（Fenner）曾对汉密尔顿表示："先生，我明白你的意图了。你是想让平克尼将军上位。我不会参与这种欺骗游戏。"[119]

除了那些公然展示自己意图的人引发不信任之外，隐藏真实意图的人也在散布虚假信息。其中一位"操纵者"是罗伯特·古德洛·哈珀，他最近从南卡罗来纳州搬到马里兰州，同时紧密关注着这两个州的政治动态。哈珀试图缓解奥蒂斯的疑虑，他告诉奥蒂斯，只要新英格兰地区坚定地同等支持平克尼，亚当斯的支持者在这两个州就没有什么可担心的。他谎称南卡罗来纳州的联邦党人实际上更支持亚当斯而非平克尼。"毫无疑问，该州的联邦党人将全力支持亚当斯先生，没有哪个州的民众会更坚决地抵制任何试图取代他的行动。""在包括南卡罗来纳州在内的南方各州"，没有人将平克尼视为亚当斯的竞争对手。"他们对他的期待，正如谨慎的船长希望有备用桅杆一样，以防主桅杆在风暴中折断。"当然，与此同时，新英格兰的政治圈内人士也在向南卡罗来纳州的同僚保证，他们正在努力确保平克尼的上位。[120]

在整个过程中，最被忽视的是候选人自身的利益和尊严。到了夏季末，即使是天性纯朴的查尔斯·科茨沃思·平克尼也逐渐意识到，自己可能正被一些不光彩的势力所利用，他觉得有必要与之划清界限。因此，他向新英格兰的联邦党人做出承诺，除非选票同时支持亚当斯，否则他不会接受那些选票。这一承诺直接动摇了汉密尔顿—塞奇威克—哈珀针对南卡罗来纳州的策略，该策略依赖于平克尼能获得跨越党派的支持，即使在共和党主导的州中也能赢得选票——但如果平克尼拒绝接受那些同时投票给杰斐逊的选举人的票，这个计划就无法实现。[121]

另一位候选人约翰·亚当斯，在得知5月3日联邦党党团会议所作决定后，立即识破了所谓的"平等支持"策略的阴谋。他随即陷入了一场愤怒的风暴中，到1800年年底，这场风暴的余波进一步加剧了联邦党已经四分五裂的局面。党团会议结束两天后，也就是纽约的选举结果公布的当天，亚当斯召唤了正在参加晚宴、毫无戒备的詹姆斯·麦克亨利，表面上是为了处理一项部门内的小事务。亚当斯对汉密尔顿的憎恨几乎占据了他所有的清醒时光，他内心的怒火如岩浆般沸腾。将内部事务迅速处理完毕后，亚当斯突然爆发，指责汉密尔顿在纽约与他作对，导致他选举失败，而麦克亨利从一开始就是汉密尔顿的傀儡，1798年，他游说华盛顿让汉密尔顿担任首席少将，之后又在特伦顿策划暂停向法国派出使团，此外还有其他许多事情。他怒斥道，汉密尔顿是一个阴谋家，"世界上最大的阴谋家——一个毫无道德原则的私生子,和加勒廷一样是外来者。杰斐逊先生远比他优秀……你对汉密尔顿言听计从,他曾控制华盛顿,如果可能,他还会继续控制"。当麦克亨利试图为自己辩护时,亚当斯又对他在部门管理上的无能发起了猛烈抨击。心灰意冷的麦克亨利意识到自己别无选择,只能提出辞职,亚当斯立即接受了。[122]至于亚当斯是事先就有此意图,还是仅仅失去了自控,或者他确实有意为之但需要情绪被激发才能行动,这些当然无从得知。很可能他已经在某种程度上被这一想法困扰了一段时间。五天后,他向皮克林发去了一封简短的信,要求其辞职。当皮克林拒绝后,亚当斯立即将其解雇。[123]

麦克亨利整理了他与总统之间这次非同寻常的对话,并向总统本人发送了一份副本。他还把一份副本寄给了汉密尔顿,后者在启程前往新英格兰巡视的一两天前收到了这份记录。[124]这份记录无疑在汉密尔顿内心激起了强烈的情绪波动,这显然影响了他在新英格兰与每一位遇到的联邦党人的对话。这些情绪还可能促使他几个月后最终决定以自己的名义发表宣言,详尽地指责约翰·亚当斯的品性和行为,从而做出了他一生中最鲁莽的政治举动。这是他在面对强烈挑衅时的反应。亚当斯的支持者数量比任何其他潜在的联邦党候选人都多,但即便在这些支持者中,真正了解他的人现在也对他掌控自己及其履行总统职责的能力产生了疑虑,而那些被他疏远的人则认为他已经完全失去理智。西奥多·塞奇威克曾经作为亚当斯的密友是亚当斯家庭餐桌上的常客,他早就对亚当斯失去信心了。他评价亚当斯为"一个胸中满是痛苦激情的虚弱而疯狂的老人……"。[125]

在此期间,亚当斯的一些直率言论引起了各派联邦党人的极大反感。其中之一是他反复声称,在联邦党内存在一个"英国派系"。[126]这类言论更适合由"雅各宾派的"共和党人提出,他们本就每天都在进行这样的指控。另一种言论同样严重,因为它激起了人们的猜疑,那就是他对麦克亨利提及杰斐逊时所说的话：杰斐逊"远比汉密尔顿优秀"，"如果成为总统，[他]将做出明智的决策"，以及"我……宁愿作为他的副总统……也不愿意依赖像汉密尔顿这样的人成为总统"。这些言论及其类似的表述引发了谣言，尽管不属实，但被广泛地信以为真，人们认为亚当斯和杰斐逊实际上已达成一个秘密联盟，准备在下一届政府中共享权力。[127]

随着夏季的推移，联邦党的行动与共和党人的热情和专注形成了鲜明对比，呈现出越来越迷茫、目标不清、信念分裂和行事仓促的特征。越来越明显的是，除了汉密尔顿的坚定支持者的小圈子之外，将平克尼推上总统宝座的计划几乎没有得到其他任何人的实质性支持。奥利弗·沃尔科特甚至考虑，是否应该摒弃"平等支持"的伪装，直接放弃亚当斯，公开支持平克尼（汉密尔顿自己的伪装早就已经破绽百出）。但乔治·卡伯特和费舍尔·埃姆斯等马萨诸塞州的联邦党人反对这种做法，认为这只会让情况变得更糟。埃姆斯是极端的联邦主义者，但偶尔也会表现出一些理智之举，他声称，除非联邦党的唯一目标是阻止敌人上台，否则这种做法注定失败——

> 我们不应该去分析将我们的事业置于危险中的那个人的措施，而应该敲响关于杰斐逊的警钟；公民的希望和恐惧是唯一的影响力来源；我们当然有充分的理由害怕杰斐逊；通过不断敲响我们正当的警钟，我们可以与人民保持团结，而不是与他们隔绝……[128]

但亚历山大·汉密尔顿是一个执着的人。约翰·亚当斯解散了他的军队，如今又在痛斥所谓的英国派系和私生子外籍者的阴谋，美国总统的这些言论不仅质疑了汉密尔顿的爱国主义，更是对他共和国重要缔造者形象的全面攻击。汉密尔顿致信亚当斯,直接询问他是否确实提到了"英国派系的存在",以及是否"明确地暗示我"是这个派系的成员。[129] 在未收到任何回复的情况下,汉密尔顿开始撰写后来广为人知的《亚历山大·汉密尔顿关于美国总统约翰·亚当斯的公共行为和性格的信》(*Letter from Alexander Hamilton, Concerning the Public Conduct and Character of John Adams, Esq., President of the United States*)。卡伯特和埃姆斯知道他在准备这样一份文件——汉密尔顿曾表示只打算私下传播——两人均对此感到不安,希望如果汉密尔顿真的要做这件事,他能匿名进行。甚至沃尔科特也"坚持认为,你目前不应公开署名发表任何内容"。他们所有人都更希望汉密尔顿能彻底放弃这个计划。[130]

但汉密尔顿依旧坚持自己的计划,他将自己的信件以小册子的形式出版,日期为1800年10月24日。这份小册子共54页,八开本大,限量发行200份。可以想象,只要有一本小册子落入共和党人手中,它就会迅速在全国范围内传播,而这正是随后发生的情况。[131] 很可能这也是汉密尔顿所期望的。为何他会这么做?最佳解释可能隐藏在这本小册子的结构之中。

汉密尔顿首先阐述了他的目标。由于总统的亲信们贬低所有主张平等支持现任总统和平克尼将军的联邦党人的动机,并且随着越来越多关于他本人在这一努力中所扮演角色的诋毁的出现,他感到有必要反驳这些诋毁,同时承认在对待约翰·亚当斯的问题上,他的动机与大多数其他人确有所不同,并阐明了这种差异。之所以有这种差异,是因为"他坚信亚当斯缺乏管理政府的才能,且性格上存在重大且根本的缺陷,不适宜担任总统职务"。汉密尔顿表示,在革命初期,他"对亚当斯先生怀有崇高的敬意",但随着时间的推移和对亚当斯的观察,他逐渐——

形成了一个观点，而且后来的经历也不断证实这一点：
亚当斯是一个想象力丰富但行为古怪的人；既不能正常地展
现出理性的判断，也不能坚持执行一个系统的行动计划；我
开始意识到，除了这些缺陷外，亚当斯还有更为不幸的弱点，
那就是他具有极度的虚荣心和足以扭曲一切事物的嫉妒心。[132]

如果汉密尔顿的论述止步于此，他的评价可能恰好代表了历史本
应对约翰·亚当斯做出的评价。但由于各种原因，后来的历史评价与
此有所不同，而汉密尔顿小册子的其余部分可能是其中一个原因。

这本小册子的大部分内容都是对亚当斯整个公职生涯的尖锐批
判，列举了他在各个重要阶段的无能、矛盾、失误和愚蠢行为，尤其
是在总统任期内。其中最主要的批评集中在亚当斯对埃尔斯沃思使团
的处理方式上，这基于一个前提：使团根本不应该被派出。在法国多
次侮辱美国之后，美国的尊严要求法国不仅应首先提出新谈判，还应
派遣一名公使到美国来进行谈判。[133]但这个前提在当时已经过时，且
一段时间以来一直与舆论相悖。因此，其他的一系列批评——如亚当
斯不征询内阁的意见、不负责任地赦免弗里斯叛军、草率地解除皮克
林的职务、粗暴地对待麦克亨利等——最终未能构成有说服力的整体
论证。[134]

小册子的结尾部分，无疑应被视为汉密尔顿真挚的终结陈词，而
非事后的想法。他在此为自己的荣誉进行了充满激情的辩护。亚当斯
诬蔑他是"一个毫无道德原则的私生子"，并以"英国派系"这类夸
大之辞对他进行猛烈的抨击，这些都是对他荣誉的直接攻击。汉密尔
顿反驳称，如果他真的为了支持英国而牺牲了本国的利益，他就不可
能在杰伊使团的前期工作中扮演如此关键的角色。他曾主张"先谈判，
如果不成功则宣战"，并呼吁"为可能的冲突做好海陆方面的全面准

第十五章　1800年联邦主义者的思维模式　1209

备"。此外，当1797年与法国的关系紧张时，他建议成立一个委员会，甚至提议其成员中包括杰斐逊或麦迪逊，并"愿意为避免与法国决裂而对其做出比对英国做出的更大的让步……"。他质问道，"牺牲了家庭利益，在国会和战场上为国家服务，面对如此恶毒的诽谤"，怎能不感到震惊？[135]

如果说在这本小册子中真有事后的想法，那可能体现在汉密尔顿最后的坚持上：无论他对亚当斯的看法如何，他仍"最终决定不会建议任何人不给亚当斯投票"。[136]人们可能会好奇，那些阅读了小册子的人会如何解读这一立场呢？

汉密尔顿的朋友们和所有联邦党人都对小册子感到极度震惊。其中不仅揭示了政府内部的分裂状态，还暴露了联邦党整体上的混乱局面，使全世界目睹了这一切。它给人留下了一种普遍的印象：汉密尔顿出于对个人虚荣心受损的报复，将个人利益置于他所宣称的公共利益之上。这也导致了一个令人遗憾的结论：汉密尔顿在联邦党会议中曾经强大的影响力已告终结。[137]而共和党人则对此欢欣鼓舞。詹姆斯·麦迪逊认为这份小册子是"雷霆一击"。他向杰斐逊兴奋地表示："我与你共同庆祝，共和主义将可能彻底胜利……"《曙光》称：

> 汉密尔顿这封意义重大的信件在整个政界引起的震动，从联邦的一端到另一端都能感受到。从未有过结构如此奇特、破坏性如此巨大的出版物。它证实了之前已知但仍存疑的事实。它暴露了作者及其在公共会议中的追随者的背叛；尽管它对亚当斯先生的形象进行了一些虚假的渲染，但它也确实展现出了一些新的、真实的特质；更重要的是，它彻底揭露了作者及其党羽的真实性格和图谋。[138]

此外，这一事件还揭示了约翰·亚当斯和亚历山大·汉密尔顿性格中的许多细节，其中大多数并不令人称道。在共和国早期的历史中，两人相互憎恨的程度是任何其他人之间的敌意都无法相比的。但透过字里行间，我们能隐约看到他们之间的某些共鸣，这些共鸣可以被视为联邦主义在其衰落时刻的某种征兆。其中最显著的一个共性是他们对任何形式的党派道德都表现出强烈的蔑视。

在他们两位最光辉的时刻，他们都曾以公民人文主义的崇高理想为生活准则，追求着他们所认知与理解的公共福祉。然而现在，在他们最不堪的时候，他们却歪曲了美德这种力量，即亚当斯自己曾形容的"对公共利益的积极热情"，而这种力量本应激励着同样的追求。他们的行为暴露出了美德本身的真面目：它是公民人文主义传统中最脆弱的元素、最大的潜在风险。他们让公共利益与个人的不满、怨恨和愤怒紧密缠绕，以致忽视了可能存在的一种中间忠诚——对于他们1789年共同参与创建的事业的忠诚。自那以后，他们每个人都坚信，自己的美德超出了这个由志同道合之人所组成的团体的任何标准。这些人无论好坏，都曾完成了非凡的事情，而且作为一个整体，理论上还能取得更大的成就。约翰·亚当斯轻蔑地拒绝政党对他的任何期望，并宣称那些未能像他一样理解公共利益的联邦党人都是"英国派系"的仆从。而亚历山大·汉密尔顿，他对政党的诉求几乎同亚当斯一样视而不见，幻想通过操纵两三张选举人票，就能将自己对公共利益的理解强加于整个政治共同体。

此外，从两人对待杰斐逊的态度可以看出，他们都有某种自我毁灭的倾向。汉密尔顿曾对塞奇威克表示："我不会再直接支持［亚当斯］——即使这样做的后果是杰斐逊当选。如果政府首脑只能是我们的敌人，那么就让这个敌人是我们可以反对的，并且不必为他承担责任……"[139] 与亚当斯相比，汉密尔顿甚至宁愿选择杰斐逊；同样，亚当斯也宁愿选择杰斐逊，而不是除他自己之外的任何人。汉密尔顿现在已经摒弃了他曾作为党内有影响力的人物的所有伪装；而亚当斯则从未觉得有必要塑造这样的形象。九年后，巴尔的摩的一家联邦党报纸回顾性地做出了类似的评价："亚当斯先生从未得到联邦党高层的青睐，因为他们清楚地意识到，亚当斯不仅缺乏领导党派所需的能力和谨慎，更不具备治理国家的才干……"140

到1800年，共和党在对公共利益的理解上形成了统一，这与自1789年以来推动联邦主义发展的那种观念完全不同。尽管他们的大部分思想和言论仍依赖公民人文主义的词汇，但"美德"这一概念在他们心中的重要性相较于建国一代的价值体系已经有所下降。他们的承诺是一种集体决心，即作为他们所设想的公共利益的官方守护者的集体决心，体现了一种超越个体美德之间的矛盾诉求的自身完整性。他们还未曾像联邦党人在1800年那样，同僚之间相互伤害。

尽管当时的选举系统十分烦琐，但共和党对其提名候选人的支持尽可能地明确而直接。1800年5月11日，他们召开了国会党团会议，在会上一致同意由在纽约选举中发挥了关键作用的亚伦·伯尔作为副总统候选人。伯尔在1796年就曾作为副总统候选人，但他那时只是几位候选人中的领先者，并且对弗吉尼亚选举人几乎没有给予他任何支持而感到不满。杰斐逊本人决心不让类似情况再次发生，并特意出面确保弗吉尼亚的选举人保持立场一致。波士顿的联邦党人西奥菲勒斯·帕森斯（Theophilus Parsons）讽刺地指出，"雅各宾派"现在"似乎已经在全美范围内完全组织了起来。核心成员们派遣代理人四处活动；整个团体行动一致，这种团结通常只有在缺乏道德原则的群体中才会出现，因为他们不会因为观念不同而行为上有差异"。141

无论如何，共和党的纪律和团队精神得以保持。最终的选举结果显示，杰斐逊和伯尔各得73票，亚当斯得65票，平克尼得64票。

选举结果的公布过程异常缓慢，令人焦躁不安。从5月初纽约州的选择变得明朗化开始，历时超过7个月，一直到12月中下旬。直到12月20日，费城仍未收到来自佐治亚州、肯塔基州或田纳西州的消息。[142] 这种拖延以及票数本身的不确定性，部分原因在于宪法对总统选举的特殊规定（这一规定在1804年进行了修正）；另一部分原因在于各州选举法的差异性，以及各州举行选举的时间差异。此外，最终计票结果表面上非常接近，这掩盖了一个至关重要的历史事实：政治共同体已经明确地支持了杰斐逊，而亚当斯实际上并不应获得他所得到的那些选票。

由于宪法本身及各州选举法的规定，1800年的总统选举还无法充分反映民众意愿。在当时的16个州中，有10个州的选举人由立法机构的多数票选出；3个州采用地区选举；两个州实行全州普选；还有一个州则采用了地区选举和立法机构选举相结合的奇特方式。而且，这些选举法可以根据实际情况随时进行调整，并且在多个州已经发生了变更。地区选举可能导致选举人票分裂，正如1800年马里兰州和北卡罗来纳州发生的情况。无论是地区选举还是立法机构选举，都可能严重扭曲民众的真实意愿，宾夕法尼亚州和新泽西州的情况便是明证。宾夕法尼亚州的众议院在1799年由共和党控制，而在参议院则是联邦党保持微弱多数，两院在选举人的选举方法上陷入僵局，直到最后一刻才达成妥协，即由共和党控制的众议院任命8名选举人，由联邦党控制的参议院任命7名选举人。这15张选票本应全部投给杰斐逊。新泽西州的选举人也由立法机构选出，尽管联邦党在其中占多数席位，但在该州人口最多的3个县，共和党拥有压倒性的优势。如果进行全州普选，杰斐逊本可以获得全部7张选举人票，然而，这些选票却最终投给了亚当斯。不管怎样，全国范围内最能清楚反映民意的选举是1800年的国会选举。共和党在众议院首次取得了65∶41的多数席位，彻底扭转了上

第十五章　1800年联邦主义者的思维模式　1213

一届国会联邦党以63∶43的席位占多数的局面。[143]

正如汉密尔顿派所预料的那样，南卡罗来纳州成为1800年选举的关键州。但它的关键作用却与他们的期望完全相反。查尔斯·科茨沃思·平克尼的传记作者恰当地指出，当时，南卡罗来纳州"正处于混合政治体系的过渡时期"。[144]联邦党在那里原本的优势已在逐渐减弱，新选出的立法机构现在已由共和党占多数。然而，这种描述过于简化了当时的政治局势。事实上，那里的党派界限向来模糊不清，直至过去两三年才开始显现出较为明确的轮廓。与此同时，家庭背景、财富、地理和人际关系等因素的叠加造成了其他的分歧，使得政治行为充满难以捉摸的流动性。[145]

在这样的背景下，新立法机构于1800年11月在哥伦比亚市召开会议，以选出该州的总统选举人。一方面，联邦党在那里仍然保持着相当大的影响力，尽管有9名成员缺席——这些人全都来自富裕的低洼沿海地区，这里曾是联邦党的堡垒。这一现象也是该地区的显贵们开始逐渐淡出政界，转向其他公民生活领域的众多迹象之一。[146]而另一方面，新兴的共和党占据了多数，尽管还没有人知道它的确切规模，也无法预测其成员在面临重大选择时将如何行动。这是因为查尔斯·科茨沃思·平克尼的巨大影响力横跨两党，作为南卡罗来纳州极受欢迎的人物，他的忠诚、影响力和人气超越了诸多党派考量。在这种情况下，选举人的选择可能朝着几个方向发展：或者让平克尼成为总统，或者让他成为亚当斯或杰斐逊的副总统。当然，也有可能他最终一无所获。[147]

在这个复杂的政治图景中，还有另一位关键人物，他出现在哥伦比亚的唯一目的就是阻止几乎所有预期结果的发生，除了最后一个。他决定运用各种说服和阴谋手段来实现这一目的，以便确保托马斯·杰斐逊成为总统。这个人就是查尔斯·平克尼，查尔斯·科茨沃思·平克尼的堂兄弟。几年前，当华盛顿总统将驻伦敦的公使职位授予他的堂兄弟、查尔斯·科茨沃思的兄弟托马斯·平克尼时，他便将政治野心转向反对党。作为南卡罗来纳州共和党日益壮大势力中的关键人物，他疏远了大部分家族成员，在联邦党中被不友善地称为"无赖查理"。[148]1798年，他赢得了南卡罗来纳州在美国参议院的两个席位之一，原本会参加11月17日在华盛顿举行的冬季会议的开幕，但鉴于共和党在哥伦比亚所面临的紧迫任务，他选择留了下来。因此，在某种程度上，查尔斯·平克尼成为南卡罗来纳州的亚伦·伯尔。

对于他所使用的各种策略和方式，至今仍充满猜测。然而，对于这些策略所达成的具体成果，我们有较为深入的了解。联邦党议员的人数与支持杰斐逊和伯尔的议员人数几乎持平，但双方都未能获得确保其候选人组合胜出所需的多数票。在这两派之间，大约有12至16位犹豫不决者，他们或多或少倾向共和党，但对查尔斯·科茨沃思·平克尼的支持程度不亚于甚至超过了其党派忠诚度。在12月2日最终投票前的10天里，内部斗争此起彼伏，多重交叉压力对这些摇摆不定的人产生了影响。联邦党人试图拉拢其中一些人支持他们的候选人组合，而杰斐逊阵营中的临时联盟并不认可查尔斯·平克尼所希望的纯共和党候选人组合，他们至少尝试了两次妥协，以期产生一个支持杰斐逊——平克尼组合的选举人团，其中一个方案可能使平克尼成为副总统，而另一个则可能让他成为总统。

最终，查尔斯·平克尼的努力——包括呼吁共和党团结和以在杰斐逊政府中的影响力为诱惑——取得了成效，最后一天选出的8名选举人均坚定支持杰斐逊和伯尔。之后，查尔斯·平克尼积极地向杰斐逊陈述了自己在影响选举结果上的关键作用，杰斐逊也慷慨地采纳了他对南卡罗来纳州联邦职位的推荐。作为回报，查尔斯·平克尼被任命为美国驻西班牙的新任公使。

然而，关于1800年11月底在哥伦比亚所做出的决定，真正起决定性作用的可能还是查尔斯·科茨沃思·平克尼本人，而非他那位叛逆的堂兄弟。作为查尔斯顿地区的州参议员，他也出席了那次会议。似乎他曾两次面临诱惑，但均拒绝了。他已经向新英格兰人做出了承诺，现在也无意违背。他不愿意参与任何将自己与杰斐逊联系在一起的选票组合，也不会接受没有同时支持亚当斯的投票。他很清楚，如果成为共和党政府的副总统，他将成为一个异类；如果成为总统，但仅仅依赖少数联邦党人的支持，也不会给他带来真正的荣誉。正是这种坚定的信念和承诺，最终间接促成了"无赖查理"的胜利。

第七节 伯尔和"1800年革命"

在美国的开国元勋中，亚伦·伯尔虽不是最杰出的公众人物，但关于他的论著却格外丰富且不断出现，似乎每位作者都坚信有必要重新解读他的一生。从某种角度来说，这似乎显得多余：关于伯尔的记录已相当完备，至少与同时代其他杰出人物相比并不逊色。尽管如此，我们似乎仍不甘心就此止步。研究伯尔的学者基本上都会以某种方式指出，他的故事依旧充满"谜团"。[149]

这当然有其原因。尽管关于伯尔的资料非常丰富，但我们好奇的地方——他更深层的思考、行动和目的，却未被记录下来。更重要的是，亚伦·伯尔并不是他所处时代的代表性人物。他显然是个标新立异的人。他是否代表了除自身之外的任何事物或人物，这至今仍是一个有争议的话题。同时，伯尔无可否认的魅力、卓越的才华以及他曲折离奇的生活，再加上他后半生几乎普遍受到的厌恶，自然使他成为一个永恒的关注焦点。然而，我们始终难以确定一个合适的标准（如果真的存在这样一个标准的话），来评价这位差一点成为美国第三任总统的特殊人物。

亚伦·伯尔1756年出生于一个原本充满学术氛围的家庭。他的父亲老亚伦·伯尔（Aaron Burr, Sr.）及他伟大的祖父乔纳森·爱德华兹，都曾短暂地担任在普林斯顿新成立的学院的院长。但他未曾真正了解他们，因为在他还是婴儿的时候，他们便在几个月内相继去世。同年，他的母亲也离世了，使他和4岁的姐姐成为孤儿。亚伦·伯尔和萨拉·伯尔（Sarah Burr）随后被安置在其他家庭成员那里。尽管他们似乎得到了适当的照料，但他们在新泽西州、宾夕法尼亚州和马萨诸塞州的生活却颇为漂泊不定。亚伦最终被送到普林斯顿，并在16岁时以优异的成绩毕业，他的毕业演讲主题是"构建空中楼阁"（Building Castles in the Air）。之后他短暂地考虑过神学，但几个月后便放弃了这一领域的学习。独立战争爆发时，他正在康涅狄格州的利奇菲尔德跟随塔平·里夫学习法律，而里夫不久前刚与伯尔的姐姐萨拉结婚。

伯尔曾在大陆军担任军官，表现出色，后来在纽约市开办了一家成功的律师事务所。他自年轻时便开始过一种风流的生活，这在当时的社会环境中颇为罕见。他热衷于奢侈的生活方式，厌倦平淡，且一直不擅长理财。一生中，他的许多聪明才智都被用于躲避债主。

伯尔对政治有浓厚的兴趣，在这个领域也很有天赋。1784年，他当选为纽约州议会议员，1789年升任纽约州总检察长，并在1791年被州议会选为联邦参议员。在一次复杂的政治操作中，他成功说服有竞争关系的派系联手，从而罢免了菲利普·斯凯勒——亚历山大·汉密尔顿的岳父。从那时起，汉密尔顿一直警惕地紧盯着伯尔，直至汉密尔顿本人去世。同时，伯尔的命运、野心和活力与共和党在州和国家层面的事务紧密交织。

1800年的选举可以被视为伯尔职业生涯和声誉的真正转折点，尽管这种观点可能主要是基于随后发生的更具戏剧性的事件。正如我们所看到的那样，伯尔因在纽约市选举中的贡献被共和党提名为副总统候选人，同时，由于党内意外的团结以及对放弃一两张伯尔选票的忽视，[150]他与杰斐逊在选举人票数上并列。下文将详细叙述这一平局，以及它最终如何以杰斐逊的胜利而被打破。

我们可以先讲一讲后面的故事。继汉密尔顿不信任伯尔之后，杰斐逊也很快失去了对伯尔的信任。因此，当杰斐逊在1804年成功连任时，伯尔不再是共和党的副总统候选人。由于被排除在政府决策圈之外，且在联邦政府中看不到未来，伯尔接受了计划分裂国家的联邦党人对他竞选纽约州州长的支持，而他并未承诺会支持这种计划；实际上，他很可能根本不会这样做。但他在竞选中败北，而汉密尔顿在那次竞选中对伯尔的激烈反对，引发了伯尔的挑战，并最终导致汉密尔顿在1804年的决斗中丧生。

1805年，亚伦·伯尔的副总统任期结束后，他满怀宏伟而模糊的计划前往西部。"伯尔阴谋"（Burr Conspiracy）的具体形式各异，取决于他寻求的资金和支持的来源是谁。该计划的主要内容似乎是策划一次武装远征，进军西班牙统治下的墨西哥，意图建立一个由他统治的广大领地。据说还有一个较次要的方案，但他可能并未认真考虑过，其涉及将美国西南部的一部分领土纳入他的统治范围。伯尔最终被一名共谋者出卖，交由联邦政府羁押，并在里士满的联邦巡回法院接受约翰·马歇尔主持的叛国罪审判，但因缺乏确凿证据最终被判无罪。尽管杰斐逊总统曾一度依赖伯尔获得其职位，但他非常希望确保伯尔被定罪。

伯尔在欧洲度过了四年，期间他试图激起人们对拉丁美洲冒险计划的兴趣，但却未能如愿。1812年，他返回美国，重新在纽约市开展律师业务，但被大部分的昔日朋友疏远。他人生的最后一次大胆行动是在77岁时，与富有的寡妇伊丽莎·朱梅尔（Eliza Jumel）结婚。但当他开始挥霍她的财产时，伊丽莎迅速提起离婚诉讼。1836年，伯尔去世，享年81岁，他的离婚判决在他去世当天正式宣布。

所有研究伯尔的作者都倾向于认为他并不像看起来的那样糟糕。事实上，当我们今天以一种超然的心态回顾伯尔的一生时，其中的不良之处似乎都变得模糊起来。他的故事不仅没有引起我们的反感，反而激发了我们的好奇和思考。伯尔的私人生活比我们所知的其他同代人都要丰富得多，他们中大多数人的生活都缺乏格调，单调乏味。他对女性的迷恋包括了迷恋她们的智慧，这使他与当时的大多数人显著不同。他对女儿西奥多西娅（Theodosia）和年幼外孙的爱——他们的死亡都充满悲剧性——如同从复杂纷乱的内心深处透出的一丝光。

的确，他骗取了他人数千美元且未曾偿还，但他自己也容易受骗。作为一个真正有文化修养的人，他广泛阅读各类书籍。他的每一句话和每一篇文字——哪怕是撒谎时，而他常常撒谎，且技巧精妙——都透露出他那充满活力且敏锐的智慧。他或许狡猾且有心计，但并非彻头彻尾的恶人。他对人和事的判断力实在不怎么样，他谋取财富和权力的计划总是以失败告终。他并非一个怀恨在心的人，鲜少记仇。甚至他与汉密尔顿的决斗，可能更多是出于绝望而非复仇，是对一个冷酷追捕者的回击。[151]对于杰斐逊对伯尔的追捕，以及以最站不住脚的理由希望终结他的生命：我们往往自然而然地站在伯尔这一边。但为什么这个人会被如此穷追不舍呢？

伯尔的最新传记作者写道："伯尔的'罪孽'，在很大程度上是观察者主观臆断的产物。"[152]这或许正是问题的核心，尽管可能是无心之举。如今，我们与那些观察者相隔遥远，某种程度上已经与他们失去了联系。他们究竟看到了什么？更重要的是，对于他们未能看到的，他们又是如何解读的？亚伦·伯尔生活在共和国历史上的一个特殊时期，要说清楚他为何与之格格不入，或为何最终被共和国疏远，并非易事。伯尔的私生活几乎肯定并非解开这一谜团的关键。无疑，在任何时候，对金钱、女性和权力的追求，无论是出于恶意（伯尔实际上并没有太多恶意）还是漫不经心的自我陶醉，都有可能对他人造成严重伤害。伯尔在他看似漫不经心的行动中，确实给他人造成了很多伤害。但最终，最能触动那个时代敏感神经的是他对"权力"的追求，而非他的私人道德。他的私生活只是让这一切看起来更加一致。

我们再次回到那个政治意识极强的时代，那时存在两大对立的抽象观念：自由与权力。任何形式的权力都被视为对自由的潜在威胁，只有对其保持警惕才能维护自由。一个值得信赖的人甚至不应该渴望权力，但一旦他向权力伸手，其他人至少需要了解他对权力可被接受的用途及其界限的看法。亚伦·伯尔是那个时代唯一一位不屑于通过言论或行动提供任何此类信息的显赫人物，甚至不屑于提供错误信息。伯尔的传记作者表示，尽管伯尔的"政治通信极为丰富，但细致梳理这些通信，却难以找到哪怕一句能表明他的政治哲学的语句"。伯尔似乎更偏爱切斯特菲尔德勋爵（Lord Chesterfield）的私人准则，他本人也非常认同这一点，那就是，"一个绅士只要保持风度，便可为所欲为"——前提是"没有恶意"。[153]

从18世纪价值体系中的另一个核心抽象观念"美德"出发，我们可以稍微变换角度来探讨这个问题。正如我们所见，这个词的含义与今天的理解相去甚远。这种"对公共利益的热忱"，其理念可以追溯至罗马共和国，某种意义上它是一种理想化的构想，就像所有包罗万象的抽象概念一样。但在建国者那一代人的意识中，它占据了不成比例的重要位置，那个时代的人们希望在他们视为典范的人物身上看到这种美德的体现。在1800年末，人们向亚伦·伯尔提出的正是这类问题，涉及了权力的运用和美德的彰显。

杰斐逊和伯尔的平票将使得选举结果由众议院决断，每个州有一票，各州由代表团的多数票决定支持哪位候选人，投票定于1801年2月11日开始。联邦党人现在准备孤注一掷（当时的国会仍然是由联邦党主导的第六届国会；共和党的第七届国会要到将近一年后才召开）。他们认为，如果能够组织足够的支持力量，让伯尔而不是杰斐逊打破平局，就仍有机会夺走共和党的胜利。他们的逻辑是，伯尔的共和党原则可能是可调整的，而且他也清楚，如果想让自己的总统职位有实际影响力，就必须依赖于帮助他赢得总统宝座的联邦党，因此，一旦上任，他几乎别无选择，只能将自己置于联邦党之手。在16个州中，只有8个州的代表团是共和党占多数。因此，杰斐逊可能会在两种情况下无法获得所需的9票。一种是联邦党人能为伯尔争取到另外8个州的支持，并从杰斐逊阵营中拉走一两票投给伯尔，从而改变这些州的票数平衡，使伯尔当选。另一种是，即使未能为伯尔争取到多数票，只要让一些犹豫不决的州保持僵局，联邦党人仍有可能阻止杰斐逊获得多数票，而这可能会为通过其他手段决定总统人选铺平道路。[154]

当得知这个计划时，一位联邦党著名人士深感震惊，他就是与伯尔相识多年的亚历山大·汉密尔顿。他向西奥多·塞奇威克恳求道："看在上帝的分上，千万不要让联邦党为这个人的上台负责。"[155]接着，汉密尔顿向很多人发出了信件。他告诉古弗尼尔·莫里斯："在我看来，伯尔既没有公共原则也无私人信条，他不会受任何协议的约束，也不会听从任何建议，除了自己的野心……"他在给奥蒂斯的信中写道："伯尔只爱自己；他考虑的只有自己的利益，除了对权力的永久掌控，他别无所求。"[156]他建议,更好的做法是向杰斐逊寻求一些保证:他会维护现有的财政和公共信用体系,保持海军力量,对交战国保持严格中立,并在"除关键政府部门外的职位上保留我们联邦党的朋友。在这些关键部门和其他方面,杰斐逊应当享有决策自由"。[157]而伯尔若做出任何这样的承诺,"他会在做出承诺时心里暗笑,并且会在有利于自己时立刻违背这些承诺"。最后,汉密尔顿说:"至于他的理念,没人能够真正了解其实质。"[158]

在1800年12月中旬到1801年2月中旬的8周时间里,没有人能清楚地了解伯尔的想法和意图。他在12月16日写给马里兰州国会议员塞缪尔·史密斯的信中暗示了某种立场;然而,他随后的通信和沉默又似乎指向其他可能。最初,伯尔并不认为会出现平票,因为他听说佛蒙特州会有额外一张选票支持杰斐逊。基于这种信念,他向史密斯表达了自己放弃的意图。他表示,如果真的出现平局,他会"完全放弃所有野心",并指派史密斯作为自己的代理人,"在必要时宣布这些立场"。几天后,他又向杰斐逊本人表示,他对其即将成立的政府怀有"持续热忱",并暗示如果能在"任何活跃的职位上发挥更大作用",他愿意辞去副总统职务。[159]

然而,到了12月底,伯尔似乎又有了其他想法。那时,平票已经得到确认,杰斐逊并未从佛蒙特州得到那关键的一票。与此同时,伯尔不断收到询问他未来打算的信件,他似乎对这些信件颇感恼火。如果被选为总统,他会辞职吗?对于这个问题,他现在告诉塞缪尔·史密斯,他还没有答案,并补充道:"即便我有答案,那也会是目前不考虑辞职。"史密斯感到颇为不安,因为他已经将伯尔之前的高尚声明透露给了媒体,而现在却传闻伯尔对此"表达了不满"。这些谣言也传到了杰斐逊那里,但他表示这些说法不可置信。[160]

同时,伯尔还收到了罗伯特·古德洛·哈珀的一条忠告。哈珀是那些极力阻挠杰斐逊当选的人之一。哈珀表示，有"小道消息"称共和党正在努力说服伯尔让位于杰斐逊。但他建议："我劝你不要采取任何可能阻碍或使众议院的选择变得复杂的行动。要牢牢掌控局面，但不要回复这封信或任何其他联邦党人发给你的信件，也不要给他们写信。"[161]无论伯尔是否真的需要这样的建议，在投票基本上结束前，他没有再透露有关自己意图的任何信息。他已经决定，不论出于什么原因，都不会采取查尔斯·科茨沃思·平克尼在南卡罗来纳州的那种"高尚"之举。

西奥多·塞奇威克对选举伯尔所作的辩护反映出联邦党人心态的转变。塞奇威克向汉密尔顿坚称，"关于伯尔的性格"，他们之间"没有分歧"。

> 他野心勃勃、自私且放荡。他的野心是最糟糕的那种——仅仅是对权力的渴望……这是共识。然而，伯尔的举止得体，他擅长获取和利用必要的手段来实现自己的愿望……他不坚持任何有害的理论……他的极度自私使他不会对外国产生任何有害的偏爱。他所处的环境使他能够正确评估我们的商业和其他国家制度所带来的好处；这种自私也在一定程度上保证了，他不仅会支持维护这些制度，还会支持加强它们……伯尔必须依赖有影响力的联邦党人的支持，而只有通过与他们的观点保持一致，才能获得这种支持。[162]

为了支持杰斐逊，汉密尔顿于1月16日对特拉华州的联邦党议员詹姆斯·A.贝亚德（James A. Bayard）竭尽全力进行了游说。汉密尔顿坦言，对他个人而言，现在替杰斐逊辩护已为时已晚，"我也无意这样做"。

> 我承认他的政治立场带有狂热色彩，他过分热衷于民主，一直是上届政府主要措施的敌人，他狡猾且坚持自己的目标，为成功可以不择手段，不太重视真理，是一个可鄙的伪君子。

749　　"但"（稍作停顿）——

> 并非如所指控的那样，杰斐逊是行政权力的敌人……我曾多次反思，作为政权的可能继承者，他渴望接手一个良好的体系。杰斐逊没有狂热到因为原则而做出损害个人声望或利益的事情。他像我所知的其他人一样，可能会顺应潮流——权衡哪些行为可能提升自己的名声和利益；这种性格很可能导致他保留那些他最初反对的体系……因为颠覆这些体系可能会给自己带来危险……此外，没有充分的理由认为他会腐败，这意味着他不太可能越过某些界限。[163]

贝亚德从未公开表明他对汉密尔顿信件的态度，而且这封信似乎也没有直接影响他在华盛顿进行投票时的选择。他与联邦党的策略一致，致力于推动伯尔当选。作为特拉华州唯一的代表，他在决定选举结果上具有至关重要的作用。由于他的这一独特位置，他能够随时决定一个州的投票走向。[164]

连续6天的投票共进行了36轮计票。整个场面显得非常紧张，或至少看似如此：巨大的力量在脆弱的平衡中摇摆不定，随时可能倾向任何一方。第一轮投票导致了僵局，使杰斐逊距离所需的9票差1票，而这一僵局直到最后一天才被打破。支持杰斐逊的州有8个，支持伯尔的州有6个，两个州的投票结果持平。若任意3个州的代表团中各有一人转而支持伯尔，他便有可能成为总统。[165]

然而，事后看，这种紧张气氛只不过是一种幻象。尽管那6天的连续投票充满悬念，令人疲惫，但实际上可以相当肯定地说，从第一轮投票开始，伯尔就基本没有胜选的机会。至少需要转变一个共和党控制的州的立场（仅有纽约或新泽西是有可能的），同时还要转变两个平局的州（马里兰和佛蒙特）的立场，而僵局意味着，联邦党虽然竭尽全力，但实际上仍无法实现这一目标。没有伯尔的主动行动，他们无计可施。而伯尔显然也无法采取任何行动。与此同时，就职典礼的日期日益临近。[166]

在当时的情况下，詹姆斯·A.贝亚德成为决定性的人物。他不仅控制着特拉华州的投票，还实际上影响着两个平票州——马里兰和佛蒙特的决策。他与这两个州的联邦党代表达成了共识，无论如何行动都将保持一致。在前35轮投票中，他们始终坚持着这一约定。然而，随着每轮投票的进行，贝亚德的神经越来越紧绷，到了2月14日，他终于决定放弃（他后来承认："我主要是受到舆论的影响，认为与之对抗既不安全也不明智。"）。当晚，他在紧急召集的党团会议上宣布，下周一会将特拉华州的选票投给杰斐逊。他被说服推迟一天投票，以等待伯尔的信函。虽然伯尔的信件确实送达了，但未被保留下来。最终，伯尔退出了竞选，两个平票州随之倒向杰斐逊，使他获得了超过所需数目的选票。在这两个州中，联邦党的坚定支持者选择了弃权，使得共和党获得多数优势，而贝亚德为特拉华州投下了空白票。[167]

因此，虽然联邦党人实际上已经认输，但在众议院，没有任何一位联邦党人最终被要求做出体面之举，即将选票改投给杰斐逊。至于亚伦·伯尔为何最终退出，可能是下面两种情况之一：一是他迟来的道德觉醒促使他认清了自己的责任；二可能是他最终意识到局势已无可挽回，游戏已经结束。

第八节 "我们都是共和党人……"

联邦共和国历史上首次重大的权力交接——在许多人心目中堪称一场"革命"——最终以和平的方式并在法律的框架内顺利完成。这一历史性事件持续受到赞誉并不断被纪念。然而，这种赞誉的基调并非来自失败者，而是来自胜利者，特别是杰斐逊在首次就职演说中的和蔼语句。然而，事情的另一面既不和善也不吸引人。尽管联邦党人并未通过武力手段抵抗权力转移，他们在整个过程中的表现却颇为糟糕。而这也许足以促使我们最后去尝试探究那些导致他们处于如此境地的心理状态。

确实，联邦党人对托马斯·杰斐逊的就职充满了恐惧。他们担心，杰斐逊可能会推翻他们所建立的一切。他可能会废除银行，解散海军，甚至以某种方式摧毁整个公共信用体系。他可能会让美国政府在欧洲支持法国，从而使国家陷入与英国的灾难性战争，并最终导致美国回到邦联时期那些最混乱的日子。[168]

尽管在19世纪初，杰斐逊在联邦党人眼中可能是最令人恐惧的存在，也可能是他们所看到的种种弊端的最直接象征，但这并不能完全解释一切。杰斐逊及其追随者已经对这个世界造成的改变，以及未来可能造成的影响，已足够令人恐惧。然而，这只是联邦党所面临的困境的一部分。真正摧毁他们的士气、使他们崩溃的是笼罩在他们头上的阴云——这个世界对他们自身的地位、他们应有的地位，甚至他们是否曾真正拥有过这种地位的质疑。这是一场灵魂和精神的危机，是此后任何类似群体在这个国家的后续历程中都未曾经历的，是一个关系到他们在空间、时间上的确切定位，以及他们在后人记忆中的位置的重大问题。

正如我们所看到的那样，大多数联邦党人自诩为社会和公民的精英，而他们的政敌则经常指责他们的"贵族式"伪装。不难看出，这与他们对杰斐逊上台的恐惧有关，正如其中一人所说，他们担心杰斐逊"先让人民民主化，最终把一切权力都交到人民手中"。[169]但精英群体之间也是有区别的，而这些联邦党人属于一类特殊的群体。首先，将"贵族"一词用于18世纪90年代的联邦党人（至少是北方的联邦党人）有些不妥，因为这个词可能意味着家族渊源和随时间积累的尊重。许多联邦党人是靠自己奋斗白手起家的，比如西奥多·塞奇威克、罗伯特·莫里斯、威廉·库珀，甚至乔治·卡伯特，更不用说亚历山大·汉密尔顿和其他许多人——他们是完全靠自己的双手崛起的"新贵族"。[170]其次，那些在自己眼中或社会大众眼中地位不够稳固的精英群体，其行为与那些地位稳固的精英不尽相同。革命后公共生活中一个引人关注的现象是，许多后来被认为是联邦党人的人士，无论是作为法律顾问还是以其他方式，都站出来帮助和支持了战时的保王党人。这不完全是因为公平竞争的内在驱动或商业利益导致的亲英倾向。在纽约、宾夕法尼亚和新英格兰，许多在战前社会中拥有显赫地位和身份的保王党人，后来由于公众的敌意或赤裸裸的暴力行动，他们的财产被剥夺，受到粗暴对待，在许多情况下甚至被彻底驱逐。任何一个有精英抱负的人，无论其政治立场如何，都难以对此不感到震惊。一个有秩序的国家——他可能想象自己在其中扮演着某种角色，在这种动荡之下，是不可能繁荣昌盛的。事实上，随着时间推移和环境变化，他甚至可能预见到自己会遭受同样的命运。这些混乱场景及其引发的情绪在中北部各州似乎时有发生和出现，但在像弗吉尼亚和南卡罗来纳这样的地方则相对罕见，那里的统治精英大多是根深蒂固的辉格党人，而托利党人则规模微小且社会地位边缘化。[171]

然而，还有一个更关键的因素，使得联邦党人自认为是被选中的少数人，而这种自我评价并非基于世俗成功或社会地位。这个因素即是他们自视为历史的先行者,是见证并参与了非凡历史时刻的精英,是参与创立奇迹般存在的新政府、新共和国并推动其进行的政治家。

道格拉斯·阿代尔认为,这些开国元勋,即法律和政府的首批缔造者,最渴望得到的回报远远超越了财富和受人民欢迎。他们追求的是名誉:这种荣誉不是通过短暂被赞美和受大众青睐获得的,而是通过另一种途径实现的,并最终在某种意义上达到不朽的确立。这种荣誉的标准以一种等级制度的形式存在,为那些能辨识并符合这些标准的人而设。这些标准源自普鲁塔克笔下的古代英雄——如来库古(Lycurgus)、梭伦(Solon)、罗慕路斯(Romulus)和忒修斯(Theseus)——并在孟德斯鸠、培根(Bacon)、卢梭和休谟的著作中得到重申。[172] 正如休谟所言:"在所有因杰出成就而出类拔萃的人当中,最应受到尊敬的首先是那些立法者和国家缔造者,他们通过传承法律和制度体系来确保后代的和平、幸福与自由。"[173]

除了名誉的标准,休谟还补充了一个关于恶名的准则,这对1800年的联邦党人来说特别具有启发性:休谟以那些可能破坏立法者伟大工作的从事派系活动者为例证。

> 正如立法者和国家缔造者应当受到人们的尊敬和敬仰一样,那些创立宗派和派系的人应当被憎恨……派系颠覆政府,削弱法律,并在同一国家的民众之间引发极端的敌对情绪……而令这些党派创始人更加可恨的是,一旦这些"杂草"在国家中生根,将其铲除极其困难。[174]

确实,名誉至关重要。然而,在来库古和梭伦传奇般的例子中,有一个元素被1800年的联邦党人以及自古至今的许多国家先驱忽略了。那就是,制定法律的人不宜留下来执行法律,因为正如卢梭所言,"掌控法律的人，不该再掌控人民；否则他的法律将成为他满足私欲的工具……其个人目的将不可避免地破坏其工作的神圣性"。当来库古为他的国家制定法律时，他"首先放弃了王位"。卢梭可能还会补充说，这是一个很少有人能够追随的榜样。[175]

在任何新兴或革命性国家中，先驱者和内部人士都不愿轻易放手，因为他们参与了这个国家的建设，这让他们自认为，或许也有理由相信，一切都属于他们：他们是这个国家的主人。1800年的联邦党人正是这样。更糟糕的是，他们如今破坏了人民主权这一原则，而正是这一原则十多年前帮助他们击败了反对新宪法的力量。[176]这些人也因此赋予了人民主权——之前被视为陈词滥调——一种前所未有的活力和意义。[177]

1800年的联邦党人无法面对，甚至无法承认的是，主权人民选择了杰斐逊，而不是他们。

1801年3月4日，杰斐逊发表了就职演说，其中充满了和解之意。新任总统以得体的谦逊态度开场，承认"这项任务超出了我的能力所及"，并坦言自己"面对如此重大的职责和个人能力的局限感到既焦虑又敬畏"。他在演说中并未提及废除银行或海军的计划，而是特别强调了"诚实偿还我们的债务和维护神圣的公共信用"。此外，他表示打算与所有国家和平相处，避免与"任何国家缔结使自己纠缠于其中的联盟"，在国内则致力于"全面保持宪法赋予联邦政府的活力"。[178]

但在演说中最详尽的一段——就在上述内容之前，杰斐逊讨论了政治观点的公开表达——这或许是他心中最为重要的议题。这部分内容也表现出和解与安抚之意，尽管其安抚效果可能取决于解读方式，因为其中并不乏模糊之处。他说，近期的"观点之争"表现出一种"动力"，可能会让"不习惯自由思考、表达和书写自己的思想的外人"感到困惑。但尽管问题已经"按照宪法规定，由国家民意决定"，并且多数派的意志"在所有情况下都应当占上风，[但]这种意志必须基于合理性，才是正当的"。也就是说，少数派也具有受平等法律保护的平等权利，如果侵犯这些权利"即是压迫"。如果我们在消除宗教不宽容之后，却容忍同样"专制"与"邪恶"的政治不宽容，那么，我们的收获将微乎其微。而在真正重要的事项上，我们大多数人的看法是一致的："意见的不同，并非原则的差异。我们只是用不同的名字称呼拥有相同原则的兄弟。"接着，杰斐逊用八个单词阐述了可能是他最著名的一句话，即"我们都是共和党人——我们都是联邦党人"（We are all republicans—we are all federalists）。

这些缓和的言辞可以被理解为，杰斐逊正尽可能地在不明确声明的前提下，对党派政治表达隐晦的支持。毕竟，他刚刚领导一个反对党成功地战胜了执政党，而此一胜利的合法性已经根据"宪法规定"，"由国家民意决定"。此外，他还直言不讳地表明，在这个自由的共和国中，政治不宽容无立足之地，人们必须能够自由地"表达和书写自己的思想"。

这些人作为个体，并不会对社会的整体健康造成威胁。如果他们试图"解散这个联盟"或"改变其共和体制"，在允许理性自由地驳斥其错误观点的条件下，这些观点是可以容忍的，而他们自身也可作为这种宽容的具体见证人。这无疑是杰斐逊在官方层面发表的一个重要声明，而考虑到近期一些言论自由倡导者的遭遇，这一声明更加具有深远的意义。不过，杰斐逊的这段话并非针对党派，也没有这方面的意图，甚至他从未这么考虑过。[179]他认为党派政治在某种程度上仍缺乏真正的合法性；尤其是，他无法想象"国家民意"会呼唤联邦党的回归。

私下里，杰斐逊更为明确地表述了自己的意图。他一直认为，"我们国家的绝大多数民众，包括那些自诩为联邦党人的民众，实际上都是共和主义者"。[180]如果能让这些人认识到自己的错误，并引导他们改变原有的立场，一切问题便能迎刃而解。"如果我们能找到正确的途径……与那些所谓联邦党人中的诚实分子达成和解，"杰斐逊在给霍雷肖·盖茨的信中这样写道，"……我希望能……消除，或者更恰当地说[他可能认为不应该用'消除'这个词]，统一联邦党人与共和党人的名称。"[181]这样一来，党派之争的弊端也许就能被彻底根除！"我们能为国家做出的最大贡献，就是弥合党派分歧，使人民团结如一人。"[182]

但如果这种情况真的变成了现实，新的党派岂不是最终仍会兴起吗？杰斐逊承认有这种可能性。然而，新党派将不得不"使用另一个名称"，因为"联邦主义这个名字已被广泛地唾弃，任何党派都不会以它作为名字"。[183]杰斐逊将亲自确保这一点。"我将……通过确立共和主义原则……使联邦主义沉没于深渊，永无翻身之日。"[184]

注释

1. 关于这一术语的出现过程和使用者，请参阅 Daniel Sisson, *The American Revolution of 1800*（New York, 1974）。
2. Jefferson to Levi Lincoln, Oct. 25, 1802, *WTJ*, VIII, 175–176.
3. 这种思路主要是由 Manning Dauer, *The Adams Federalists*（Baltimore, 1953）和 Stephen G. Kurtz, *The Presidency of John Adams*（New York, 1957）首先提出；其他一些人也对类似的方法产生兴趣，其中包括 Page Smith, *John Adams*（Garden City, 1962），2V.; Clinton Rossiter, "The Legacy of John Adams," *Yale Review*, XLV（Summer 1957）, 528–550；以及 Ralph A. Brown, *The Presidency of John Adams*（Lawrence, Kan., 1975）。
4. 一个恰当的类比可能是丘吉尔在1940年对英国的价值（尽管在1945年则未必如此）。
5. *AC*, 5 Cong., 1 Sess., 429–430（July 1, 1797）.
6. Edward C. Carter II, "A 'Wild Irishman' Under Every Federalist's Bed: Naturalization

in Philadelphia, 1789-1806," *PMHB*, XCIV（July 1970）, 331-346; James M. Smith, *Freedom's Fetters: The Alien and Sedition Laws and American Civil Liberties* （Ithaca, N.Y., 1956）, pp. 22-34. 1800年杰斐逊派占多数的另一个重要因素，可能是这些移民，尤其是爱尔兰移民创办的大量报纸。参见 Michael Durey, "Thomas Paine's Apostles: Radical Emigrés and the Triumph of Jeffersonian Republicanism," *WMQ*, 3rd Ser., XLIV（Oct. 1987）, 661-688。

7. 遗憾的是，我们无法统计仅仅因奥蒂斯的"野蛮的爱尔兰人"的言论就失去的爱尔兰裔选票数量。例如，共和党的《波士顿纪事报》宣称，"该市的'野蛮的爱尔兰人'将选择一位新的代表，再也不会把选票投给'年轻的哈里'了"。Carter, "Wild Irishman," 334。

8. 引自 Kenneth W. Keller, "Diversity and Democracy: Ethnic Politics in Southeastern Pennsylvania, 1788-1799"（未发表的论文, Yale U., 1971）, p. 47。这篇文章以及同一作者的 "Rural Politics and the Collapse of Pennsylvania Federalism," *Transactions of the American Philosophical Society*, LXXII（1982）, 对于形成上述思想不可或缺。

9. Keller, "Diversity and Democracy," p. 214; 作者同上, "Rural Politics," p. 20。

10. Keller, "Diversity and Democracy," pp. 130-133, 177-178, 185.

11. 同上, pp. 16-18, 231-233, 235-237; Keller, "Rural Politics," pp. 12-13, 26-28。

12. Keller, "Diversity and Democracy," pp. 234-235; *AC*, 5 Cong., 3 Sess., 2992-2993. 另参见2795, 2807, 2955, 2958-2959, 2985。

13. 现代学术界对弗里斯叛乱还没有完整的研究。不过，William W. H. Davis, *The Fries Rebellion, 1798-99*（Doylestown, Pa., 1899）仍有价值。该书的研究工作大约是在成书的四十年前完成的，当时许多参与者仍然在世。有关叛乱和随后法律诉讼的主要文献来源是 Thomas Carpenter, comp., *The Two Trials of John Fries, on an Indictment for Treason; Together with a Brief Report of the Trials of Several Other Persons* ...（Philadelphia, 1800）; 以及 Francis Wharton, *State Trials of the United States During the Administrations of Washington and Adams; with References, Historical and Professional, and Preliminary Notes on the Politics of the Times*（Philadelphia, 1849）。Russel B. Nye, *A Baker's Dozen: Thirteen Unusual Americans*（East Lansing, Mich., 1956）, pp. 3-26 也很有价值。Peter Levine, "The Fries Rebellion: Social Violence and the Politics of the New Nation," *Pennsylvania History*, XL（July 1973）, 241-258 从群体行为理论的角度对这次叛乱进行了研

究。关于华盛顿和他的"两万人"的传闻参见 Wharton, *State Trials*, p. 130。

14. Davis, *Fries Rebellion*, pp. 67–69; Wharton, *State Trials*, p. 551.
15. 参见第十三章注释6。
16. *PAH*, XXII, 552–553.
17. Davis, *Fries Rebellion*, pp. 62–86.
18. 引自同上, pp. 102, 111, 139。
19. Nye, *Baker's Dozen*, p. 18; Carpenter, *Two Trials*, pp. 209–213, 226; *Gazette of the United States*, Apr. 26, 1799; *Porcupine's Gazette*, Mar. 30, 1799.
20. 事实上,只有两名小陪审团成员来自北安普敦,而不是12名。Davis, *Fries Rebellion*, pp. 118–119; Wharton, *State Trials*, pp. 487–490。
21. Wharton, S*tate Trials*, pp. 539–548, 565–577, 584–598; *Porcupine's Gazette*, May 10, 1799.
22. Adams, *Works*, IX, 178–179.
23. Nye, *Baker's Dozen*, p. 25.
24. John C. Miller, *Crisis in Freedom: The Alien and Sedition Acts* (Boston, 1951), p. 83; Smith, *Freedom's Fetters*, p. 431.
25. Mark DeWolfe Howe, review of *Freedom's Fetters*, *WMQ*, 3rd Ser., XIII (Oct. 1956), 573–576; Leonard W. Levy, *Legacy of Suppression: Freedom of Speech and Press in Early American History* (Cambridge, Mass., 1960), pp. 221–225.《福克斯法案》(Fox's Act, 1792年) 在一定程度上放宽了英国的法律实践,允许陪审团对煽动性诽谤案件中的事实和法律做出裁决。关于杰斐逊,参见 L. W. Levy, *Jefferson and Civil Liberties: The Darker Side* (Cambridge, Mass., 1963), pp. 46, 56–58。
26. 同上, pp. 57–61; Jefferson to Thomas McKean, Feb. 19, 1803, *WTJ*, VIII, 218。
27. 例如,尼古拉斯和加勒廷反对阻止马修·里昂在被判煽动叛乱罪后恢复其议会席位的决议的演说;尼古拉斯支持废除《惩治煽动叛乱法》的演说;*AC*, 5 Cong., 3 Sess., 2961–2966, 2969–2974, 3002–3014; Madison, "Report of 1800," *PJM*, XVII; 以及 Tunis Wortman, *A Treatise Concerning Political Enquiry, and the Liberty of the Press* (New York, 1800)。
28. Gordon S. Wood, "Interests and Disinterestedness in the Making of the Constitution," Richard Beeman et al., eds., *Beyond Confederation: Origins of the Constitution and*

American National Identity (Chapel Hill, N.C., 1987), p. 73.

29. 同上, p. 81。Janet A. Riesman, "The Origins of American Political Economy, 1690–1781" (未发表的论文, Brown U., 1983), pp. 302–377 对革命所催生的新的企业家精神进行了精彩阐述。

30. *Federalist*, Cooke ed., pp. 56–65.

31. 除了上文引用的 Wood, "Interests," Paul Bourke, "The Pluralist Reading of James Madison's Tenth Federalist," *Perspectives in American History*, IX (1975), 271–295 和 Robert J. Morgan, "Madison's Theory of Representation in the Tenth Federalist," *Journal of Politics*, XXXVII (Nov. 1974), 852–885, 在这一点上也得出同样的结论。关于这些人的真实地位和角色, 另一个具有启发性的观点参见 G. S. Wood, "The Democratization of Mind in the American Revolution," Library of Congress Symposia on the American Revolution, *Leadership in the American Revolution* (Washington, 1974), pp. 63–88。

32. Smith, *Freedom's Fetters*, pp. 277–287; Raymond Walters Jr., *Alexander James Dallas: Lawyer-Politician-Financier, 1759–1817* (Philadelphia, 1943), pp. 78–79; Wharton, *State Trials*, pp. 345–391. 这封信是指亚当斯在1792年5月写给坦奇·考克斯的一封信, Gibbs, *Memoirs*, II, 424–425。杜安的社论发表在1799年7月24日的《曙光》上, 标题明确定为"英国的影响" (BRITISH INFLUENCE)。

33. Smith, *Freedom's Fetters*, pp. 288–300; 针对杜安的诉讼程序参见 *AC*, 6 Cong., 1 Sess., 68–96, 104–105, 111–124。

34. Smith, *Freedom's Fetters*, pp. 301–305.

35. 同上, pp. 390–392; Throop Wilder, "Jedidiah Peck: Statesman, Soldier, Preacher," *New York History*, XXII (July 1941), 290–300; Alfred F. Young, *The Democratic-Republicans of New York: The Origins, 1763–1797* (Chapel Hill, N.C., 1967), 508–517。

36. Smith, *Freedom's Fetters*, pp. 392–398; Jabez D. Hammond, *The History of Political Parties in the State of New York* (Syracuse, N.Y., 1852), I, 132.

37. Aleine Austin, *Matthew Lyon: "New Man" of the Democratic Revolution, 1749–1822* (University Park, Pa., 1981), pp. 下文中的介绍将以这部著作为基础。这部著作的特色之一在于其有意识地构思了(如副标题所示)一个原型, 它是在革命的危险和机遇中被新塑造出来的, 对联邦主义的核心价值观构成了最严峻的威胁。

38. 同上，pp. 14–63；关于佛蒙特州早期政治经济环境的更详细、更全面的调查，请参见 Chilton Williamson, *Vermont in Quandary, 1763–1825* (Montpelier, Vt., 1949)。

39. Austin, *Lyon*, pp. 15–19, 22, 23–24, 25, 57–59.

40. 同上, p. 26; Lyon to Armisted C. Mason, Jan. 16, 1817, 引自 J. Fairfax McLaughlin, *Matthew Lyon, the Hampden of Congress: A Biography* (New York, 1900), p. 500。

41. Austin, *Lyon*, pp. 42–43.

42. 同上, pp. 45–54。关于奇普曼，参见 Daniel Chipman, *The Life of Hon. Nathaniel Chipman, L.L.D., Formerly Member of the United States Senate, and Chief Justice of the State of Vermont, with Selections from his Miscellaneous Papers* (Boston, 1846)。另参见 Gordon Wood, *The Radicalism of the American Revolution* (New York, 1991), pp. 242–243。引文来自 McLaughlin, *Lyon*, pp. 500–501。

43. Austin, *Lyon*, p. 69.

44. 同上, pp. 76–85。

45. 同上, p. 86。

46. 同上, pp. 91–95; *AC*, 5 Cong., 1 Sess., 194, 234–235, 425–426。里昂暗示，对入籍证书征收20美元税的提议（在奥蒂斯发表言论的场合）"是在某位外国公使的建议下提出的"，但议长裁定他的发言不符合规定。同上, 426。

47. 里昂—格里斯沃尔德事件的完整记录，与试图将里昂逐出众议院的有关各方的证词，参见 *AC*, 5 Cong., 2 Sess., 959–1058, 1063–1067。

48. Smith, *Freedom's Fetters*, pp. 221–246; Wharton, *State Trials*, pp. 333–344.

49. Austin, *Lyon*, pp. 119–127（引文在p. 120）; McLaughlin, *Lyon*, pp. 375–382。可以补充的是，弗吉尼亚州的共和党知名人士［杰斐逊、加罗林县的约翰·泰勒、菲利普·诺伯恩·尼古拉斯（Philip Norborne Nicholas）、威廉·沃特（William Wirt）、威廉·贾尔斯和州长詹姆斯·门罗］还为穷困潦倒的记者詹姆斯·卡伦德提供了类似的支持。卡伦德比马修·里昂更不讨人喜欢，1800年因煽动性诽谤罪被审判和定罪，他愿意诽谤任何人，后来还对杰斐逊进行诽谤。Malone, *Jefferson*, III, 466–472; IV, 207–220; Smith, *Freedom's Fetters*, pp. 345–346; 以及 Michael Durey, *"With the Hammer of Truth": James Thomson Callender and America's Early National Heroes* (Charlottesville, Va., 1990), pp. 127–137, 156–163。

50. 关于激进社团及英国政府与其打交道的文献很丰富，如 Albert Goodwin, *The Friends of Liberty: The English Democratic Movement in the Age of the French Revolution*（Cambridge, Mass., 1979）; Robert R. Dozier, *For King, Constitution, and Country: The English Loyalists and the French Revolution*（Lexington, Ky., 1983）; Ian R. Christie, *Stress and Stability in Late Eighteenth-Century Britain: Reflections on the British Avoidance of Revolution*（Oxford, 1984）。另参见 Malcolm I. Thomis and Peter Holt, *Threats of Revolution in Britain, 1789–1848*（Hamden, Conn., 1977）; John Ehrman, *The Younger Pitt: The Reluctant Transition*（London, 1983）。关于英国打击颠覆行动的消息在美国引起的反应，可参见 Dauer, *Adams Federalists*, pp. 157-159; 有关就该话题在国会辩论的两个例子，一个来自联邦党人，另一个来自共和党人，参见罗伯特·古德洛·哈珀在1798年6月19日关于《敌对外侨法》的演讲和艾伯特·加勒廷在1798年5月16日关于《临时军队法》（Provisional Army Bill）的演讲。*AC*, 5 Cong., 2 Sess., 1992, 及1744-1745。

51. Dozier, *King and Country*, p. 1. 1792年夏末，英国激进派倾向于为巴黎监狱中屠杀神父和贵族的事件脱罪，这一态度明显加剧了社会对他们的广泛警惕和打压。Goodwin, *Friends of Liberty*, pp. 230n., 241。

52. 同上, pp. 270-271。

53. 同上, pp. 271-273。

54. Dozier, *King and Country*, p. 63。

55. Ehrman, *Younger Pitt*, II, 225, 238, 390, 455-459; Goodwin, *Friends of Liberty*, pp. 266, 287-289, 387-388.

56. 同上, pp. 266-267; Christie, *Stress and Stability*, pp. 50-53。

57. 金非常重视在南美洲的行动计划，这从他写给皮克林的信中可以看出，参见1798年2月7日、26日，4月6日，8月17日和10月20日的信件，以及 King, *King*, II, 281, 283-284, 305-306, 393-394, 453-454。汉密尔顿谨慎地表达出自己的兴趣，参见 Hamilton to King, Aug. 22, 1798, *PAH*, XXII, 154-155。关于路易斯安那和佛罗里达的计划，显然汉密尔顿认为这些想法非常有吸引力，参见 Hamilton to Otis, Jan. 26, 1799; to McHenry, June 27, 1799; 同上, XXII, 441, XXIII, 227。

58. Hamilton to Miranda, Aug. 22, 1798, 同上, XXII, 155-156, 其中的态度相当模棱两可。同时，亚当斯完全了解南美洲的计划，但对此毫无兴趣。Miranda to

Adams, Mar. 24, Aug. 17, 1798; Pickering to Adams, Aug. 21, 1798; Adams to Pickering, Oct. 3, 1798; *WJA*, VIII, 569–572, 581–582 and n., 600。"布朗特阴谋"指的是威廉·布朗特（William Blount）一案。布朗特曾任西南领地总督，后来成为田纳西州参议员。1799年，人们发现他在英国支持下密谋入侵西班牙的路易斯安那，随后，他被逐出参议院。Thomas P. Abernethy, *The South in the New Nation, 1789–1819*（Baton Rouge, La., 1961）, pp. 169–216。

59. 例如，Henry Adams, *The Life of Albert Gallatin*（Philadelphia, 1879）, pp. 199, 211; Dauer, *Adams Federalists*, p. 210; Kurtz, *Presidency of John Adams*, pp. 313–314; Smith, *Freedom's Fetters*, p. 20n。

60. Sedgwick to _____, Mar. 7, 1798, 引自同上, p. 21; Harper to Hamilton, Apr. 27, 1798, *PAH*, XXI, 449; Lloyd to Washington, July 4, 1798, 引自Dauer, *Adams Federalists*, p. 199; Tracy to Jeremiah Wadsworth, Jan. 29, 1799, 引自Kohn, *Eagle and Sword*, p. 252; Hamilton to Sedgwick, Feb. 2, 1799, *PAH*, XXII, 453。

61. 联邦党人指责弗吉尼亚州计划以武力反对《外侨与煽动叛乱法》，其依据是议会投票通过了重组州民兵和在里士满建造军械库的措施。然而，Philip G. Davidson, "Virginia and the Alien and Sedition Laws," *AHR*, XXXVI（Jan. 1931）, 336–342得出的结论是，此类指控没有根据，因为这些措施早于《外侨与煽动叛乱法》，与它们没有任何关系。Richard R. Beeman, *The Old Dominion and the New Nation, 1788–1801*（Lexington, Ky., 1972）也持这一观点（比较参考Kohn, *Eagle and Sword*, p. 399, n. 50）；另参见William Heth to Hamilton, Jan. 18, 1799, *PAH*, XXII, 423, 特别是424, n. 6。杰斐逊反对诉诸武力，这在他的书信中有大量记载：例如，to Madison, Jan. 30, 1799; to Archibald Stuart, Feb. 13, 1799; to Edmund Pendleton, Feb. 14, 1799; to Madison, Nov. 26, 1799, *WTJ*, VII, 341, 354, 356; Adrienne Koch and Harry Ammon, "The Virginia and Kentucky Resolutions: An Episode in Jefferson's and Madison's Defense of Civil Liberties," *WMQ*, 3rd Ser., V（Apr. 1948）, 170。

62. Hamilton to Otis, Dec. 27, 1798; to Jonathan Dayton, [Oct.–Nov.] 1799; to King, Jan. 5, 1800; *PAH*, XXII, 394, XXIII, 602, XXIV, 169. 有关汉密尔顿对解散新军的心态，另参见下文第719页和注释69，以及Kohn, *Eagle and Sword*, p. 255。关于联邦党人渴望建立一支军队，却不清楚他们想要这支军队做什么的一个突出例子，参见Fisher Ames to Wolcott, Jan. 12, 1800, Gibbs, *Memoirs*, II, 318–

321。另参见 Kohn, *Eagle and Sword*, p. 252。

63. 关于这个问题，有两份非常有用的研究报告，一份涉及它在英国的起源，另一份关于它在美国所采取的形式，分别是：Lois G. Schwoerer, *"No Standing Armies!" The Antiarmy Ideology in Seventeenth-Century England*（Baltimore, 1974），和 Lawrence D. Cress, *Citizens in Arms: The Army and the Militia in American Society to the War of 1812*（Chapel Hill, N.C., 1982）。引文来自 Gibbs, Memoirs, I, 19。

64. 同上, pp. 25–33。

65. 同上, pp. 34–93。

66. 这些困难的例子在 PAH 的第22、23和24卷中随处可见：XXII, 453, 470, 483, 567, 586; XXIII, 88, 122, 160, 180, 184, 185, 187, 193, 214, 229, 243, 257–258, 307, 310, 320, 345–346, 391, 399, 430, 537; XXIV, 21, 35–36, 38, 50, 57–58, 100, 123–124, 182, 233。

67. 关于韦伯斯特的引文，参见 Dauer, *Adams Federalists*, p. 220; Wolcott to F. Ames, Dec. 29 1799, Gibbs, *Memoirs*, II, 317; PAH, XXIII, 100n.; McHenry to Hamilton, Sept. 20, 1799, 同上, XXIII, 447–448。

68. 应征入伍人数最多时约为4000人。Kohn, *Eagle and Sword*, p. 263。

69. To Elizabeth Hamilton, May 24, 1800, PAH, XXIV, 525.

70. 关于这些决议最详细的现代研究是科克（Koch）和阿蒙（Ammon）的研究（见上文注释61的引用），其最大优点在于作者们努力澄清了围绕决议起源仍存在的几处模糊之处，几乎包含了我们现在所能了解到的一切。A. Koch, *Jefferson and Madison: The Great Collaboration*（New York, 1950）第7章主要是对那篇文章的重复。另参见 Editorial Notes in *PJM*, XVII, 199–206, 303–307。Frank M. Anderson, "Contemporary Opinion of the Virginia and Kentucky Resolutions," *AHR*, V（Oct. 1899）以及（Jan. 1900), 45–63 及 225–252，探讨了各个州对这些决议的反应，虽然这项研究年代久远，但仍非常有用且富有启发性。Merrill D. Peterson, *The Jefferson Image in the American Mind*（New York, 1960), pp. 32–39, 51–66, 202–218, 296–300 对公众以及历史作家们如何使用和思考这些决议进行了非常有洞察力的讨论。

71. 决议案文本以及其他州的答复收录于 Jonathan Elliot, ed., *Debates ... on the Adoption of the Federal Constitution ... Together with ... Virginia and Kentucky*

Resolutions of '98-99 ... (Philadelphia, 1836), IV, 528-545。

72. 共有10个州采取了行动，但只有7个州（特拉华州、纽约州、康涅狄格州、罗得岛州、马萨诸塞州、新罕布什尔州和佛蒙特州）做出了实际答复；其他3个州（马里兰州、宾夕法尼亚州和新泽西州）在辩论后通过决议予以驳回，但没有正式将结果传递给肯塔基和弗吉尼亚的立法机构。Anderson, "Contemporary Opinion," 45-55。其余4个未采取任何行动的州是北卡罗来纳州、南卡罗来纳州、田纳西州和佐治亚州。

73. Elliot, *Debates*, IV, 539.

74. Jefferson to Madison, Aug. 23, 1799, 引自 Koch and Ammon, "Virginia and Kentucky Resolutions," 166; Peterson, *Jefferson Image*, p. 213。另参见同上，pp. 51-56；以及 William W. Freehling, *Prelude to War: The Nullification Controversy in South Carolina, 1816-1836* (New York, 1965), pp. 207-210。

75. 先前的作家肯定也注意到了这些方面：例如，Hofstadter, *Idea of a Party System*, p. 112; Koch and Ammon, "Virginia and Kentucky Resolutions," 147; 以及 Noble E. Cunningham, *The Jeffersonian Republicans: The Formation of Party Organization, 1789-1801* (Chapel Hill, N.C., 1957), p. 129。

76. 他的传记作家杜马斯·马龙在第三卷《杰斐逊和自由的考验》(*Jefferson and the Ordeal of Liberty*)的结尾章节中似乎默认了这一点。(1800年1月12日写给门罗的信，见上文，p.725，似乎是一条相当明显的线索。)坎宁安认为："随着肯塔基决议的起草，杰斐逊开始了他的总统竞选活动。" *Jeffersonian Republicans*, p. 128。

77. Malone, *Jefferson*, III, 317（遗憾地）提到了这一点。

78. Koch and Ammon, "Virginia and Kentucky Resolutions," 154.

79. 同上，p. 155。在此之前，杰斐逊考虑的似乎是北卡罗来纳州而不是肯塔基州。

80. Jefferson to Edmund Pendleton, Feb. 14, 1799, *WTJ*, VII, 356.

81. Elliot, *Debates*, IV, 529.

82. 同上，541-543。

83. 同上，528。

84. "The Report of 1800," *PJM*, XVII, 307-351.

85. Elliot, *Debates*, IV, 528.

86. Jefferson to John Taylor, June 1, Nov. 26, 1798; to Monroe, Jan. 23, 1799; to

Tench Coxe, May 21, 1799; to Wilson C. Nicholas, Sept. 5, 1799; *WTJ*, VII, 265, 310, 322, 380, 390–391.

87. Jefferson to Archibald Stuart, Feb. 13, 1799; to Edmund Pendleton, Feb. 19, 1799; to Aaron Burr, Feb. 11, 1799; 同上, VII, 354, 364, 349。

88. Jefferson to Elbridge Gerry, Jan. 26, 1799, 同上, VII, 329。

89. 同上, 336。

90. To Madison, Feb. 5, 1799, 同上, 344。

91. Jefferson to Monroe, Jan. 121, 1800, 同上, 402–403。

92. 例如, Anderson, "Contemporary Opinion," p. 244; Edward Channing, *History of the United States* (New York, 1917), IV, 232 (作者认为, "不可能找到任何联系……")。

93. Anderson, "Contemporary Opinion," pp. 52, 53, 57. 在共和党议员人数较少的康涅狄格州和新罕布什尔州, 大部分共和党议员选择了缺席最终的投票。

94. 在第五届国会, 联邦党人和共和党人在众议院中的席位比是56∶49, 联邦党人在第六届国会将这一优势扩大至63∶43。Dauer, *Adams Federalists*, pp. 316, 326。关于共和党在南方的胜利, 参见 Lisle A. Rose, *Prologue to Democracy: The Federalists in the South, 1789–1800* (Lexington, Ky., 1968), pp. 229–230。

95. Marshall to James M. Marshall, Dec. 16, 1799, *PJnMl*, IV, 44–45.

96. Patrick J. Furlong, "John Rutledge, Jr., and the Election of a Speaker of the House in 1799," *WMQ*, 3rd Ser., XXIV (July 1967), 432–436.

97. Sedgwick to King, Dec. 29, 1799, King, *King*, III, 163.

98. Sedgwick to King, May 11, 1800, 同上, III, 237。

99. Sedgwick to King (根据上文注释97); George Cabot to King, Jan. 20, 1800, 同上, III, 184。另参见 Wolcott to Ames, Dec. 29, 1799, Gibbs, *Memoirs*, II, 314。

100. 同上, 314; Albert J. Beveridge, *The Life of John Marshall* (Boston, 1916), II, 433–436; "Speech to Both Houses of Congress," *WJA*, IX, 136–140; "Address," ca. Dec. 6, 1799, *PJnMl*, IV, 39–43。

101. "To a Freeholder," Oct. 2, 1798, 同上, III, 505–506; Sedgwick to Pickering, Oct. 23, 1798, 引自 Richard E. Welch, *Theodore Sedgwick, Federalist: A Political Portrait* (Middletown, Conn., 1965), p. 97; Ames to C. Gore, Dec. 18, 1798, *WFA*, I, 246; Cabot to King, Apr. 26, 1799, King, *King*, III, 9。

102. *AC*, 6 Cong., 1 Sess., 404–419; Beveridge, *Marshall*, II, 451; *PJnMl*, IV, 37.
103. 同上, IV, 36–37, 121–124; Beveridge, *Marshall*, II, 452–458; *AC*, 6 Cong., 1 Sess., 29–33, 47, 126–146, 649, 670, 673–674, 678, 692, 694–697, 709–710, 713。
104. Sedgwick to King, Dec. 29, 1799, King, *King*, III, 163.
105. Kohn, *Eagle and Sword*, pp. 260–261.
106. 同上, 262–263, 266; Beveridge, *Marshall*, II, 476–481; *PJnMl*, IV, 33, 53–58.
107. Kohn, *Eagle and Sword*, pp. 266–267.
108. Adams to Pickering, May 10, 1800; Pickering to Adams, May 12, 1800; Adams to Pickering, May 12, 1800; *WJA*, IX, 53–55. *PJnMl*, IV, 148–149, 156–161.
109. Harry M. Tinkcom, *The Republicans and Federalists in Pennsylvania, 1790–1801: A Study in National Stimulus and Local Response*（Harrisburg, Pa., 1950）, pp. 243–245.
110. Arthur I. Bernstein, "The Rise of the Democratic-Republican Party in New York City, 1789–1800"（未发表的论文, Columbia U., 1964）, pp. 341–362。
111. Troup to King, Mar. 9, 1800, King, *King*, III, 208–209.
112. 同上, 208。
113. *PCAB*, I, 423; Bernstein, "Democratic-Republican Party," pp. 390–399.
114. 同上, pp. 400–414; *PCAB*, I, 423–425。另参见 *AH*, XXIV, 452–453n。
115. Hamilton to Jay, May 7, 1800, 同上, XXIV, 464–466。杰伊在这封信的末尾写道: "为党派目的提出了一项措施, 我认为自己不宜采纳。"同上, 467n。
116. Hamilton to Sedgwick, May 4, 1800, 同上, XXIV, 452–453。实际上, 这封信的日期是党团会议之后的第二天, 这表明塞奇威克和他的朋友们不需要任何提示。另参见同上, 446。
117. Ames to King, July 15, 1800, King, *King*, III, 275.
118. Sedgwick to Hamilton, May 7, 1800, *PAH*, XXIV, 467; Samuel E. Morison, *The Life and Letters of Harrison Gray Otis, Federalist, 1765–1848*（Boston, 1913）, I, 189.
119. Hamilton to Charles Carroll of Carrollton, July 1, 1800, *PAH*, XXV, 2. Abigail Adams to Thomas B. Adams, July 12, 1800, 同上, XXIV, 576; 另参见 Arthur Fenner to [Christopher G. Champlin?], June 25–26, 1800, 同上, XXIV, 595–597; 以及 Introductory Note, 同上, 574–585。

120. Harper to Otis, June 25, Oct. 10, 1800, Morison, *Otis*, I, 192, 197; Joseph W. Cox, *Champion of Southern Federalism: Robert Goodloe Harper of South Carolina* (Port Washington, N.Y., 1972), p. 198, n. 21.

121. Marvin R. Zahniser, *Charles Cotesworth Pinckney: Founding Father* (Chapel Hill, N.C., 1967), pp. 221–222.

122. McHenry to John McHenry, Jr., May 20, 1800; McHenry to Adams, May 31, 1800; *PAH*, XXIV, 507–512, 551–565（这句话引自p.557）。应该补充一点，亚当斯在几周前收到了两封匿名信，日期分别是1800年3月11日和19日，他在与麦克亨利的谈话中提到了这两封信。其中第一封警告他："汉密尔顿说，无论如何你在纽约都不会得到任何票。"另一封则透露："南方各州一旦看到你没有成功的机会，将与汉密尔顿派联合起来。"APM，reel 397。3月19日的信，除开头一段外，均载于Welch, *Sedgwick*, pp. 214–215n。

123. 参见注释108。

124. McHenry to Hamilton, June 2, 1800; Hamilton to McHenry, June 6, 1800; *PAH*, XXIV, 550, 573.

125. Welch, *Sedgwick*, p. 105; Sedgwick to Hamilton, May 13, 1800, 同上，XXIV, 482。"哦，疯了！疯了！疯了！"Hamilton to McHenry, May 23, 1800, 同上，XXIV, 520。奥利弗·沃尔科特说："民众认为他们的总统疯了。"Wolcott to Hamilton, Sept. 3, 1800, 同上，XXV, 108。

126. "英国派系"的指控似乎被随意地广泛提出。Hamilton to Wolcott, July 1, Aug. 3, 1800; Wolcott to Hamilton, Sept. 3, 1800; 同上，XXV, 5, 54, 106–107。即使是忠于亚当斯的约翰·马歇尔也认为，"联邦党人最难以忍受的是被指责受到英国的影响"。Fisher Ames to Christopher Gore, Dec. 29, 1800, *WFA*, I, 287。

127. *PAH*, XXIV, 557. 有关这些谣言的详细讨论另参见同上，483–486, n. 3。

128. Ames to Wolcott, June 12, 1800, Gibbs, *Memoirs*, II, 368.

129. Hamilton to Adams, Aug. 1, Oct. 1, 1800, *PAH*, XXV, 51, 125–126.

130. Cabot to Hamilton, Aug. 21, 1800; Ames to Hamilton, Aug. 26, 1800; Wolcott to Hamilton, Sept. 3, 1800; 同上，XXV, 75, 87–88, 106。

131. 关于这封信公开时情形的讨论参见同上，XXV, 173–178。

132. 信件全文参见同上，186–234。引文见pp.186, 187, 190。

133. 同上，210–211。

134. 同上，214-228。

135. 同上，230，232-233。

136. 同上，233。

137. Introductory Note，同上，178-185。

138. Nov.5，1800，引文参见同上，181-182。

139. Hamilton to Sedgwick，May 10，1800，同上，XXIV，475。

140. *Federal Republican & Commercial Gazette*，Mar. 31，1809，引自同上，XXV，183-184。

141. Cunningham，*Jeffersonian Republicans*，pp. 162-164，240；Parsons to Jay，May 5，1800，*CPJJ*，IV，270。

142. *PAH*，XXIV，446。

143. 杰斐逊与伯尔的平局，当然是美国宪法（第2条第1款）不允许选举人通过分别投票选举总统和副总统导致的结果。宪法只是规定，得票最多的候选人（如果该票数占选举人票的多数）"将成为总统"，票数第二多的将成为副总统（关于这个难题的另一种说法是，宪法的最初形式并没有预见到政党的存在）。1804年通过的第十二修正案纠正了这一缺陷。关于宾夕法尼亚州的情况，参见 Tinkcom，*Republicans and Federalists*，pp. 247-253；关于新泽西州的情况，参见 Prince Carl E.，*New Jersey's Jeffersonian Republicans: The Genesis of an Early Party Machine, 1789-1817*（Chapel Hill, N.C., 1967），pp. 61-65。关于州选举法的变化，参见 Cunningham，*Jeffersonian Republicans*，pp. 144-47，189-190。

以上段落中提到的大多数其他事项在以下综合表格中均有体现：

州	1800年的选票					选举人产生方式	第六届国会人员组成		第七届国会人员组成	
	杰斐逊	伯尔	亚当斯	平克尼	杰伊		联邦党人	共和党人	联邦党人	共和党人
康涅狄格州			9	9		立法机构	7	0	7	0
特拉华州			3	3		立法机构	1	0	1	0
佐治亚州	4	4				立法机构	2	0	0	2
肯塔基州	4	4				地区	0	2	0	2
马里兰州	5	5	5	5		地区	5	3	3	5

续表

马萨诸塞州		16	16		立法机构	12	2	8	6
新罕布什尔州		6	6		立法机构	4	0	4	0
新泽西州		7	7		立法机构	2	3	0	5
纽约州	12	12			立法机构	4	6	3	7
北卡罗来纳州	8	8	4	4	地区	5	5	5	5
宾夕法尼亚州	8	8	7	7	立法机构	5	8	4	9
罗得岛州		4	3	1	普选	2	0	0	2
南卡罗来纳州	8	8			立法机构	5	1	3	3
田纳西州	3	3			立法机构和地区	0	1	0	1
佛蒙特州			4	4	立法机构	1	1	1	1
弗吉尼亚州	21	21			普选	8	11	2	17
合计	73	73	65	64	1	63	43	41	65

144. Zahniser, *Pinckney*, p. 224.

145. 同上, pp. 222-225; Rose, *Prologue to Democracy*, pp. 51-59, 179-186。

146. Mark D. Kaplanoff, "Making the South Solid: Parties and the Structure of Society in South Carolina, 1790-1815"（未发表的论文, Cambridge U., 1979）, 特别是 pp. 200-201 令人信服地认为, 当时南卡罗来纳州的种植园主贵族越来越倾向于不参与政治。

147. Zahniser, *Pinckney*, pp. 224-233, 对 1800 年 11 月和 12 月在南卡罗来纳州议会大厦发生的事情进行了最敏锐的分析; 另参见 Cunningham, *Jeffersonian Republicans*, pp. 231-237; John H. Wolfe, *Jeffersonian Democracy in South Carolina*（Chapel Hill, N.C., 1940）, pp. 135-165（请对比参考 Zahniser, p.232n.）; 以及 J. F. Jameson, ed., "South Carolina in the Presidential Election of 1800," *AHR*, IV（Oct. 1898）, 111-129。

148. 这些段落主要是基于上述引用的 Zahniser, *Pinckney*。

149. 例如, J. C. A. Stagg, "The Enigma of Aaron Burr," *Reviews in American History*, XII（Sept. 1984）, 378-382。关于伯尔的文献包括: Matthew L. Davis, *Memoirs of Aaron Burr; With Miscellaneous Selections from his Correspondence*（New York, 1836-37）, 2v.; James Parton, *The Life and Times of Aaron Burr*（New York,

1858）; Nathan Schachner, *Aaron Burr: A Biography*（New York, 1937）; Herbert S. Parmet and Marie B. Hecht, *Aaron Burr: Portrait of an Ambitious Man*（New York, 1967）; Gore Vidal, *Burr: A Novel*（New York, 1973）; Charles J. Nolan, *Aaron Burr and the American Literary Imagination*（Westport, Conn., 1980）; Milton Lomask, *Aaron Burr*（New York, 1979–83）, 2v.; Mary-Jo Kline, ed., *Political Correspondence and Public Papers of Aaron Burr*（Princeton, N.J., 1983）, 2v.（其他地方标为 *PCAB*）; Gordon S. Wood, "The Revenge of Aaron Burr," *New York Review of Books*, Feb. 2, 1984, pp. 23–26; 以及 R. Jackson Wilson, "The Foundling Father（Aaron Burr was not the villain you think）," *New Republic*, June 13, 1983, pp. 25–31。上述介绍改编自 Eric L. McKitrick, "Confounding Father," *New York Times Book Review*, Jan. 23, 1983, pp. 6, 23。

150. Cunningham, *Jeffersonian Republicans*, pp. 239–240.

151. 关于伯尔是否被逼至无法选择的地步，或者汉密尔顿在还有机会避免决斗时拒绝为自己辩解，这是否近似于自我毁灭的选择，一直有所猜测。参见 Thomas P. Slaughter, "Conspiratorial Politics: The Public Life of Aaron Burr," *New Jersey History*, CIII（Spring-Summer 1985）, 69–81。

152. Lomask, *Burr*, 封面上的简介。

153. 同上, I, 69; II, xvii。

154. 关于众议院选举，参见 Morton Borden, *The Federalism of James A. Bayard*（New York, 1955）, pp. 73–95; Kline, "The Electoral Tie of 1801," *PCAB*, I, 481–487; Elizabeth Donnan, ed., "The Papers of James A. Bayard, 1796–1815," *AHA: AR 1913*, II。当时也存在寻找其他方式决定总统候选人的可能性，例如在持续僵局的情况下，任命一位参议院临时议长，或通过一项特别法律。然而，当杰斐逊表示他打算继续担任参议院议长直到会议结束，并且众议院决定在选出总统之前不进行任何事务时，这些可能性就被排除了。*PCAB*, I, 485–486。

155. Hamilton to Sedgwick, Dec. 22, 1800, *PAH*, XXV, 270.

156. To Morris, Dec. 24, 1800; to Otis, Dec. 23, 1800; 同上, 271–272。

157. To McHenry, Jan. 4, 1801, 同上, 292–293。

158. To James Ross, Dec. 29, 1800, 同上, 280–281。

159. Burr to Samuel Smith, Dec. 16, 1800; to Jefferson, Dec. 23, 1800; *PCAB*, I, 471, 474.

160. Burr to Smith, Dec. 29, 1800, 同上, 479。伯尔和史密斯于1月3日至4日的周

末在费城会面，当时伯尔似乎重复了他在这封信中已经说过的话。据当地报纸报道，"伯尔暗示他感到自己与杰斐逊一样有能力行使总统职能"。同上，483-484。伯尔对其12月16日给史密斯的信件被公开表示"不悦"，参见 Sedgwick to Hamilton, Jan. 10, 1801, *PAH*, XXV, 312。1801年1月5日，本杰明·希奇伯恩（Benjamin Hichborn）从费城向杰斐逊报告："在离开这里之前，我必须向你透露一个情况，这让我有些不安。伯尔上校和我住在一起，巴尔的摩的史密斯将军也来过这里。我确信，我们的一些自称为朋友的人，如果他们要团结起来支持伯尔上校，他们愿意与另一个党派联合。" Jefferson Papers, LC。关于杰斐逊是否这么早就对伯尔产生怀疑的问题，参见 Kline, "Electoral Tie," *PCAB*, I, 483; Malone, *Jefferson*, III, 494-495; 以及 Jefferson to Mary Jefferson Eppes, Jan. 4, 1801, *WTJ*, VII, 478。

161. Harper to Burr, Dec. 24, 1800, *PCAB*, I, 474.

162. Sedgwick to Hamilton, Jan. 10, 1801, *PAH*, XXV, 311.

163. Hamilton to Bayard, Jan. 16, 1801, 同上，319-320。

164. Borden, *Bayard*, pp. 87-88.

165. *PAH*, XXV, 258n., 346, n. 7.

166. *PCAB*, I, 485-486. 一方面，持续的僵局让联邦党人清楚地认识到，支持杰斐逊的8个代表团中的多数派已巩固了他们的立场，并决心保持这种状态；因此，唯一能够转变他们立场的机会，将是伯尔明确表现出合作的信号——尽管哈珀此前对伯尔的建议是最好保持沉默。但另一方面，无论伯尔采取何种行动，目前几乎不可能出现任何转变选票趋势，使之对他有利的情况。因此，一旦伯尔与联邦党人的密谋失败（失败的几率很大）并为人所知（这当然不可避免），伯尔的政治前途就会毁于一旦。如果伯尔没有察觉到这一点，那他就真的太迟钝了。贝亚德后来对伯尔的不行动感到愤怒（"他再也没有机会成为总统了……而他对已经出现的机会利用甚少，让我对这个没有原则的人的才能评价很低"），这让人觉得既具有讽刺意味又极不合理。Bayard to Hamilton, Mar. 8, 1801, *PAH*, XXV, 345。另参见 John S. Pancake, "Aaron Burr: Would-be Usurper," *WMQ*, 3rd Ser., VIII（Apr. 1951），204-213。

167. Borden, *Bayard*, pp. 88-95; *PCAB*, I, 486-487. 从贝亚德在这段短暂的时期内写下的大量信件中，我们可以了解到他的煎熬。Donnan, ed., "Bayard Papers," pp. 122-132. 引文出自贝亚德在1805年作的证词，半个世纪后重新印刷在

Congressional Globe, 33 Cong., 2 Sess., Appendix, 136（Jan. 1855）。

168. 例如，约翰·马歇尔说："对于杰斐逊先生……我感到几乎难以克服的反感。我认为，他对外国的偏见使他完全不适合成为一个国家的最高领导人，这个国家若迁就这些偏见，将不可避免地承受债务和长期伤害。"詹姆斯·贝亚德表示："人们确实有理由担心，政府在杰斐逊先生的道德和政治实验中将无法生存。"西奥多·塞奇威克认为："［他］对所有那些伟大的行政体系都怀有敌意，而这些体系的综合效果表现为我们国家的繁荣，以及我们所拥有的品格和声望……［而且］众所周知，他忠于那些人的观点……这些人一直不遗余力地试图在实践中将这个政府的管理简化为旧邦联的原则……" Marshall to Hamilton, Jan. 1, 1801; Bayard to Hamilton, Jan. 7, 1801; Sedgwick to Hamilton, Jan. 10, 1801; *PAH*, XXV, 290, 301, 310–311。汉密尔顿敦促杰斐逊就财政体系、海军以及与外国政府的关系做出保证，这反映了联邦党人一直以来最担心的问题。

169. John Rutledge, Jr., to Hamilton, Jan. 10, 1801, *PAH*, XXV, 309.

170. David H. Fischer, *Revolution of American Conservatism: The Federalist Party in the Era of Jeffersonian Democracy*（New York, 1965）, pp. 227–412 及其他各处提供了许多此类例子。戈登·伍德同样指出，独立战争领导人中"第一代绅士"的数量惊人。*Radicalism of the American Revolution*, p. 197。

171. 北部和中部各州的一些知名人士在革命前曾是辉格党人，1789 年后成为联邦党人，他们往往主张温和地对待前保王党人，这一点非常引人注目。这很容易让人想到汉密尔顿、杰伊、埃尔斯沃思、塞奇威克、埃姆斯和希金森这些名字，但肯定还有很多其他人。华莱士·布朗（Wallace Brown）认为，弗吉尼亚州的保王党，"与马萨诸塞州不同的是，明显缺乏才华横溢的人物和主要家族的代表"。南卡罗来纳州的情况也大致相同，"统治阶级的辉格党阵线非常稳固"，保王党"主要是移民"。Brown, *The King's Friends: The Composition and Motives of the American Loyalist Claimants*（Providence, 1966）, pp. 185, 219。

172. Trevor Colbourn, ed., *Fame and the Founding Fathers: Essays by Douglass Adair*（New York, 1974）, pp. 3–26. 上述作家认为，在最值得赞誉和名垂青史的人物中，立法者和国家缔造者居于最高层，其地位远远高于贤明的统治者和军事征服者［尽管培根——正如阿代尔所指出的，培根最初也赞同这种排序——后来改变了主意，主张增设一个高于所有其他类别的类别，即哲学家和发明家，他们的"天赋理性"（Divine gift of Reason）造福了人类。托马斯·杰斐逊认为这种重新表述特别有吸引力]。同上，p. 16。

173. "Of Parties in General," T. H. Green and T. H. Grose, eds., *Essays Moral, Political, and Literary by David Hume*(London, 1882), I, 127.

174. 同上，127-128。

175. Jean-Jacques Rousseau, *The Social Contract, and Discourses*, tr. by G. D. H. Cole (New York, 1950), p. 39.

176. 当然，在当今世界，革命精英在他们的时代过后仍在苦苦支撑的案例比比皆是。

177. 关于人民主权的这一观点的发展，是 Gordon Wood, *Creation of the American Republic*，特别是 pp. 530-532 中的众多见解之一。

178. 杰斐逊的第一次就职演说（很简短，令人钦佩）的全文参见 James D. Richardson, ed., *A Compilation of the Messages and Papers of the Presidents*(Washington, 1911), I, 309-312；或参见 Adrienne Koch and William Peden, eds., *The Life and Selected Writings of Thomas Jefferson*(New York, 1944), pp. 321-325。

179. 更准确地说，他似乎曾经考虑过这个想法，但最终打消了。他的资料中有一段话是这样写的：他承认"有人的地方就有党派"，但在"危险或骚乱的情况下……要将法律视为你们团结的标准"。*WTJ*, VIII, 1 n。

180. To Thomas McKean, July 24, 1801, 同上，78。

181. To Gates, Mar. 8, 1801, 同上，11-12。

182. To John Dickinson, July 23, 1801, 同上，76。

183. To Joel Barlow, May 3, 1802, 同上，150。

184. To Levi Lincoln, Oct. 25, 1802, 同上，175-176。

索 引

索引中的页码为原书页码，即本书边码。

Accounts 账目。See Revolutionary accounts, final settlement of 参见革命时期账目的最终核算

Adair, Douglass 道格拉斯·阿代尔, 86, 751

Adams, Abigail 阿比盖尔·亚当斯, 531, 533, 582; on Gerry 谈格里, 556, 607, 613; on war with France 谈与法国的战争, 597

Adams, Charles Francis 查尔斯·弗朗西斯·亚当斯, 605, 635, 638

Adams, Henry 亨利·亚当斯, 308, 663, 715

Adams, John 约翰·亚当斯: addresses and memorials to (1798) 回信和回忆 (1798年), 588–589;
advice from cabinet on speech to Congress (Dec. 1798) 内阁关于国会演讲的建议（1798年12月）, 611–612;
character portrait of 人物描述, 531–537;
and commercial treaties, commission to negotiate in 1780s 与18世纪80年代商业条约的谈判任务, 69, 70, 532;
and commissions in New Army 与新军队中的军职, 603–605;
Defence of the Constitutions《为美利坚合众国政府诸宪法辩护》, 532, 534, 536;
Discourses on Davila《论达维拉》, 237, 534, 536;
dismisses McHenry 解雇麦克亨利, 735–736;
dismisses Pickering 解雇皮克林,

736；

election as Vice President（1789）被选为副总统（1789年），33，292；

and election of 1800 与1800年的选举，736页及其后各页；

and France, plans for mission to（1797）与派遣使团到法国的计划（1797年），539页及其后各页；

and French Revolution, attitudes toward 对法国大革命的看法，312-314；

on Gerry's remaining in France 谈格里留在法国，607-610；

Hamilton, hatred of 对汉密尔顿的敌意，593，739，865 n.40；

Hamilton, interview with, at Trenton 在特伦顿与汉密尔顿的会谈，640；

historical reputation of 历史声誉，529-530，738；

instructions to Ellsworth–Davie–Murray mission 对埃尔斯沃思—戴维—默里使团的指示，620，637；

Madison, JA's desire to appoint as envoy（1797）约翰·亚当斯希望任命麦迪逊为特使（1797年），539，542-545；

message to special session（1797）给特别会议的信息（1797年），552-553；

as minister to Great Britain 担任驻英公使，127，532；

Murray, nomination of, as minister to France 提名默里为驻法公使，618；

new mission to France, JA hints at 约翰·亚当斯对向法国派遣新使团的暗示，612；

nominates 3-man commission to France（1799）提名前往法国的三人使团（1799年），619-620；

pardons Fries 赦免弗里斯，699；

Pinckney-Gerry-Marshall mission, appointment of 任命平克尼—格里—马歇尔使团，555-556；

presidential candidacy（1796）总统候选人资格（1796年），515；

Rights of Man, brush with Jefferson over 与杰斐逊关于《人的权利》的冲突，237-239，539；

and St.Domingue 与圣多明各，660-661；

Thoughts on Government《关于政府的思考》，532，534；

and titles 与头衔，46-48，50，536；

and Washington, at JA's inauguration 华盛顿在约翰·亚当斯的就职典礼上，528；

and Washington, nomination as

commander-in-chief（1775）提名华盛顿为总司令（1775年），40

　　See also XYZ mission 另见XYZ事件

Adams, John Quincy 约翰·昆西·亚当斯，103，238，502，608

Adams, Samuel 塞缪尔·亚当斯，40，519，532

Adams, Thomas Boylston 托马斯·博伊尔斯顿·亚当斯，614–615

Addison, Joseph 约瑟夫·艾迪生，163，200

Adet, Pierre Auguste 皮埃尔·奥古斯特·阿德: and Collot 与科洛，504；

　　and election of 1796, effort to influence 努力对1796年的选举施加影响，520–521，565，859 n.80；

　　and Jay Treaty 与《杰伊条约》，420，509；

　　on Jefferson, francophilia of 谈杰斐逊的亲法情绪，315；

　　on maintenance of peace with U.S. 谈维持与美国的和平，565；

　　and Pickering 与皮克林，538

Alexander, William（"Lord Stirling"）威廉·亚历山大（"斯特灵勋爵"），273

Algiers, and other Barbary powers 阿尔及尔，以及其余的巴巴里势力，378，383，386，390，444，447，644

Alien and Sedition Acts《外侨与煽动叛乱法》，590–593，694–695，700–701

　　similar laws in England 英国的类似法律，712

Allen, John 约翰·艾伦，587，592，597

Allen, Margaret 玛格丽特·艾伦，245，246

Allen brothers（Ethan, Ira, Levi）艾伦兄弟（伊桑、艾拉和利瓦伊），218，222，707

Ames, Fisher 费舍尔·埃姆斯: on Bank of U.S. 谈美国银行，230–231；

　　bounties on fish 渔业奖励金，277；

　　on commercial coercion proposals（Madison）谈贸易禁运方案（麦迪逊），383，385–387，390；

　　and Democratic Societies 与民主协会，486–487，488；

　　and funding 与融资，142；

　　and Jay Treaty 与《杰伊条约》，417，448；

　　and parties 与党派，271；

　　on C.C. Pinckney, plot to elect（1800）谈选举查尔斯·科茨沃思·平克尼的阴谋（1800年），734，737；

on Revolutionary accounts 谈革命时期的账目，150；

and tariff of 1789 与1789年的关税，66–67；

on tonnage discrimination 谈歧视性吨位税，74；

on war with France（1798）谈与法国的战争（1798年），597；

on Washington, retirement of 谈华盛顿的退休，513

Anglophobia 英国恐惧症。*See* Jefferson, Thomas; Madison, James 参见托马斯·杰斐逊；詹姆斯·麦迪逊

Annapolis Convention 安纳波利斯会议，43，102

Antifederalism and antifederalists 反联邦主义和反联邦主义者，12，32，33；

and Bill of Rights 与《权利法案》，59–61；

and Judiciary Act（1789）与《司法法案》（1789年），63–64；

in N.Y. 在纽约州，102；

in Va. 在弗吉尼亚州，135，266

Bache, Benjamin F., and Philadelphia *Aurora* 本杰明·F.贝奇，与费城《曙光》；

Adams, BFB's initial support of 本杰明·F.贝奇对亚当斯最初的支持，542；

Adams, BFB's opposition to 本杰明·F.贝奇反对亚当斯，552；

and Democratic Society（Phila.）与民主协会（费城），458–459；

and election of 1796 与1796年的选举，518，520；

and Gerry（1798）与格里（1798年），607；

and Jay Treaty 与《杰伊条约》，420，442；

Whiskey Rebellion, denounces 谴责威士忌暴乱，481

Bailey, Francis 弗朗西斯·贝利，239–240

Bailyn, Bernard 伯纳德·贝林，5–7，10，12

Bank of England 英格兰银行，14，227

Bank of U.S., 1st 美国第一银行：

features of 特征，226–227；

Jefferson opposes 杰斐逊反对，232；

Madison opposes 麦迪逊反对，229–232；

Randolph opposes 伦道夫反对，232；

subscription of shares 认购股票，242–244

See also Hamilton, Alexander 另见亚历山大·汉密尔顿

Banning, Lance 兰斯·班宁，18

Baptists（Va.）浸信会（弗吉尼亚州），60，82，453

Barbary pirates 巴巴里海盗。See Algiers 参见阿尔及尔

Barbé-Marbois, François 弗朗索瓦·巴尔贝-马布瓦，199

Barère, Bertrand 伯特兰·巴雷尔，367-368

Barlow, Joel 乔尔·巴洛，240，617-618，710

Barras, Paul François Nicolas 保罗·弗朗索瓦·尼古拉斯·巴拉斯：

and Monroe, leavetaking speech to 针对门罗离任发表的演讲，551；

and XYZ mission 与XYZ事件，567-571；

mentioned 被提到，669

Barreaut, Capt. Michel-Pierre (*L'Insurgente*) 米歇尔-皮埃尔·巴罗船长（"起义号"），654

Barry, Capt. John 约翰·巴里舰长，646，657

Barthélemy, François de 弗朗索瓦·德·巴泰勒米，569

Baumann, Roland 罗兰·鲍曼，458

Bayard, James A. 詹姆斯·A.贝亚德：and Burr-Jefferson tie 与伯尔—杰斐逊投票结果持平，748-750

Beckley, John 约翰·贝克利：and campaign against Jay Treaty 与反对《杰伊条约》的行动，442，443，446；

and election of 1796 与1796年的选举，520，521；

and Reynolds affair 与雷诺兹事件，295；

mentioned 被提到，237，288

Beckwith, Maj. George 乔治·贝克维斯少校：arrival in N.Y.（1789）抵达纽约（1789年），124，334；

Hamilton, talks with 与汉密尔顿会谈，125-128，130，212，221-223，228，400

Bellamy, Pierre（"Y" of "XYZ"）皮埃尔·贝拉米（"XYZ"中的"Y"），571-573，574-575，665

Bemis, Samuel F. 塞缪尔·F.贝米斯，399，402，411，795n.27

Bill of Rights《权利法案》: absence of, from text of Constitution 宪法文本缺少，32；

Madison and 麦迪逊与，60-62，135；

Washington recommends 华盛顿建议，59

Bingham, William 威廉·宾厄姆，121-122

Blackstone, William 威廉·布莱克斯通，97，231，465

索　引　1253

Blodgett, Samuel 塞缪尔·布洛杰特, 177, 179

Bolívar, Simón 西蒙·玻利瓦尔: compared with Napoleon 与拿破仑相比, 42;

compared with Washington 与华盛顿相比, 42–43

Bolingbroke, Henry St. John, Viscount 亨利·圣约翰, 博林布鲁克子爵, 6, 9, 264, 758 n.13

Bonaparte, Joseph 约瑟夫·波拿巴, 682, 684, 687

Bonaparte, Napoleon 拿破仑·波拿巴: Campo Formio, makes Treaty of 签订《坎波福尔米奥条约》, 570;

Italy, exploits in 在意大利的壮举, 511;

and Louisiana 与路易斯安那, 372, 508, 663, 689;

and negotiations with U.S. envoys 与美国特使的谈判, 684–685, 687;

and opposition parties 与反对党, 679;

and popular participation 与民众参与, 679;

and St. Domingue 与圣多明各, 661–662;

sketch of 概述, 677–678;

welcomes U.S. envoys 欢迎美国特使, 680

Bond, Phineas 菲尼亚斯·邦德, 244–245

Boston Associates 波士顿协会, 280, 281

Boudinot, Elias 伊莱亚斯·布迪诺特, 51, 95, 99, 142, 230–232, 262

Bowers, Claude 克劳德·鲍尔斯, 241

Bowman, Albert H. 阿尔伯特·H.鲍曼, 648

Brackenridge, Hugh Henry 休·亨利·布拉肯里奇: and Gen. Collot 与科洛将军, 504;

on Indians 谈印第安人, 272;

on party and faction 谈党派和派系, 289;

at Princeton 在普林斯顿, 81, 239, 673;

and Whiskey Rebellion 与威士忌暴乱, 462, 467, 469, 474–477, 485

Braddock, Gen. Edward 爱德华·布拉多克将军, 35, 271

Bradford, David 戴维·布拉德福德: and Whiskey Rebellion 与威士忌暴乱, 462, 467, 475, 476–477, 485

Bradford, William 威廉·布拉德福德: death of 去世, 633;

Madison, friend of 麦迪逊的朋友, 82;

at Princeton 在普林斯顿, 81, 239,

673；

and Whiskey Rebellion 与威士忌暴乱，479，480，481

Brant, Irving 欧文·布兰特，139，838n.160

Breckinridge, John 约翰·布雷肯里奇，719，721

Brissot de Warville, Jacques Pierre 雅克·皮埃尔·布里索·德瓦维尔，49，331-332，366，370

Brogan, Denis 丹尼斯·布罗根，186

Brooks, Van Wyck 范·威克·布鲁克斯，165，166

Brown, Capt. Moses 摩西·布朗舰长，659

Brown, Richard D. 理查德·D.布朗，454

Bryant, William Cullen 威廉·卡伦·布莱恩特，191

Bunel, Joseph 约瑟夫·布内尔，657

Burgesses, House of 弗吉尼亚市民院，35，36，38-39

Burke, Aedanus 伊达诺斯·伯克，66，142，151

Burke, Edmund 埃德蒙·伯克：and Thomas Paine 与托马斯·潘恩，237，325-326；

and parties 与政党，265；

Reflections on the Revolution in France《法国大革命之反思》，313，404

Burlamaqui, Jean Jacques 让·雅克·柏拉马基，84，97

Burr, Aaron 亚伦·伯尔：character portrait 人物描述，743-746；

and Jefferson, tie with 与杰斐逊的选举票数持平，744，747-750；

and N.Y. election (1800) 与纽约选举（1800年），692，733；

at Princeton 在普林斯顿，81，474，673，744；

and vice-presidential nomination：(1792)，298；(1796)，514；(1800)，740 副总统候选人提名：(1792年)，298；(1796年)，514；(1800年)，740

Burr, Sarah 萨拉·伯尔，744

Cabot, George 乔治·卡伯特，276，389，395，396，619，634，737，751

Callender, James T. 詹姆斯·T.卡伦德，294，900 n.49

Campo Formio, Treaty of《坎波福尔米奥条约》，570，573，574

Canning, George 乔治·坎宁，245，354

Carleton, Gen. Sir Guy 将军盖伊·卡尔顿爵士。See Dorchester, Lord 参

见多切斯特勋爵

Carmichael, William 威廉·卡迈克尔, 440

Carnot, Lazare 拉扎尔·卡诺, 367, 569

Carondelet, Francisco Louis Hector de 赫克托·德·卡龙德莱特, 439

Carrington, Edward 爱德华·卡林顿, 145

Carroll, Daniel 丹尼尔·卡罗尔, 177

Channing, William Ellery 威廉·埃勒里·钱宁, 454-455

Chase, Samuel 塞缪尔·蔡斯, 699

Chateaubriand, François René de 弗朗索瓦·勒内·德·夏多布里昂, 49, 165

Chew, Benjamin 本杰明·丘, 459, 522

Chipman, Nathaniel 纳撒尼尔·奇普曼, 708-709

Chittenden, Thomas 托马斯·奇滕登, 708

Civic humanism 公民人文主义, 8, 17, 28, 693, 739

Civil War, English 英国内战, 6, 11

Clark, George Rogers 乔治·罗杰斯·克拉克, 349

Clavière, Etienne 艾蒂安·克拉维埃, 370

Clingman, Jacob 雅各布·克林格曼, 293-295

Clinton, DeWitt 德威特·克林顿, 191, 442

Clinton, George 乔治·克林顿, 99, 241;
election as governor (1792) 竞选州长 (1792年), 288;
and election of 1800 与1800年的选举, 733;
vice-presidential candidacy (1792) 副总统候选人资格 (1792年), 288, 292

Clymer, George 乔治·克莱默: and Whiskey Rebellion 与威士忌暴乱, 462, 465, 467

Cobbett, William ("Peter Porcupine") 威廉·科贝特 ("彼得·箭猪"), 518, 555, 698-699, 833-834n.112

Codman, Richard 理查德·科德曼, 609, 882 n.94

Coit, Joshua 约书亚·科伊特, 597

Coke, Sir Edward 爱德华·科克爵士, 97

Collot, Gen. Victor 维克多·科洛将军, 504, 566

Combs, Jerald A. 杰拉尔德·A.康姆斯, 794 n.10, 795-796 n.27

Committee of Public Safety (France) 公共安全委员会 (法国), 366-370,

500，506，509

Condorcet, Marie Jean Antoine, marquis de 孔多塞，72，210，310，312，328

Consolato del mare 海事法则，409，410，421

Constable, William 威廉·康斯特布尔，262，274，318

Constitution, English 英国宪政体制：
blessings ascribed to 得益于，7，10，16

Constitution, U.S. 美国联邦宪法，10，31-32，58；
broad construction of 广泛的共识，105-106；
strict construction of, Madison and 麦迪逊与严格解释，224，229-232，276-277

Constitutional Convention 制宪会议，31，43-44，54，83，103，104-105，557-558，560

Consular Convention (U.S. and France)《领事公约》（美国和法国），686，872 n.109

Continental Congress 大陆会议，12，23，31，51，81，199，604

"Continentalist" side of Revolutionary war effort "大陆主义"一派在独立战争中的努力，23-24

Convention of 1800 (also C. of Môrtefontaine)，1800年公约（即《莫特方丹协定》）：
advantages of 有利之处，688-690；
disposition of, by U.S.Senate 美国参议院对公约的处置，687；
Negotiations 谈判，682-687；
opinion on 对协议的看法，662-663

Conway Cabal 康威阴谋，273

Cooke, Jacob E. 雅各布·E.库克，156，663，851 n 59

Cooper, James Fenimore 詹姆斯·费尼莫尔·库柏，191

Cooper, Myles 迈尔斯·库珀，129

Cooper, Thomas 托马斯·库珀，705

Cooper, William 威廉·库珀，447，705，751

Cornwallis, Gen. Charles, Lord 查尔斯·康沃利斯将军，100

Corwin, Edward 爱德华·科温，559，870 n.95

Coups d'état (France) 政变（法国）：
of 18 Brumaire 雾月18日政变，660，670，676，680；
of 22 Floréal 花月22日政变，669；
of 18 Fructidor 果月18日政变，569，570，609；
of 30 Prairial 牧月30日政变，636，670

Coxe, Tench 坦奇·考克斯，262，475，

628

Craigie, Andrew 安德鲁·克雷吉, 138, 262

Crèvecoeur, Hector St. John de 圣约翰·德·克雷夫科尔, 33

Cruger, Nicholas 尼古拉斯·克鲁格, 94-95, 115

Cruger, Tileman 蒂勒曼·克鲁格, 95

Cunliffe, Marcus 马库斯·康利夫, 37, 762 n.5

Cunningham, Noble E. 诺贝尔·E.坎宁安, 288

Cutler, Manasseh 曼纳西·卡特勒, 275

Dallas, Alexander J. 亚历山大·詹姆斯·达拉斯:
  and Democratic Society of Phila. 与费城民主协会, 458;
  Duane, William, counsel for 与威廉·杜安的诉讼, 705;
  and Fries trial 与对弗里斯的审判, 699;
  Jay Treaty, attacks 攻击《杰伊条约》, 432, 834 n.112;
  and Pa. politics in 1790s 与18世纪90年代宾夕法尼亚州的政治, 519, 521

Dana, Francis 弗朗西斯·达纳, 556

Da Ponte, Lorenzo 洛伦佐·达·彭特, 191

Dauer, Manning 曼宁·道尔, 692

Davie, William R. 威廉·R.戴维: character sketch 人物描述, 673-675; mission to France, appointed to 被任命出使法国, 620

Dayton, Jonathan 乔纳森·代顿, 262, 448, 449

Deane, Silas 塞拉斯·迪恩, 275

Debt 债务:
  Jefferson on 杰斐逊谈, 91-92;
  Madison on, 麦迪逊谈, 90, Ch.III 各处;
  significance of in Va.life 在弗吉尼亚州生活中的重要性, 90-92

Debts, unpaid pre-Revolutionary, owed to British creditors 独立革命前未偿还的拖欠英国债权人的债务, 90, 126, 211, 216, 218, 219, 222, 247, 252, 253, 401, 436; provision for settlement of, in Jay Treaty《杰伊条约》中偿还债务的条款, 408

Decatur, Capt. Stephen, Sr. 老斯蒂芬·迪凯特船长, 646

Declaration of Independence《独立宣言》, 81, 197

Deforgues, François Louis Michel 德福

格: and Genet 与热内, 367, 368;
    replaces Lebrun as Foreign Minister
    接替勒布朗出任外交部长, 354,
    366
Delacroix, Charles 查尔斯·德拉克洛
    瓦, 508, 551, 562, 647
Democracy 民主: emergence of, as civic
    and social value 作为公民和社会价
    值出现, 29, 451
Democratic Societies 民主协会, 342,
    388
    French Revolution as stimulus for
        formation of 法国大革命作为……
        形成的刺激因素, 456;
    Washington denounces 华盛顿的指
        责, 484–485;
    in western Pa. 在宾夕法尼亚州的西
        部, 462, 485;
    Whiskey Rebellion, disapproved of,
        by Societies 协会反对威士忌暴
        乱, 481, 482
Directory, French Executive 督政府,
    法国行政机构:
    Committee of Public Safety replaced
        by 公共安全委员会被取代, 508;
    fall of 倒台, 669–670;
    members, character of 成员的品质,
        568–569, 874 n.13
Dorchester, Guy Carleton, Lord 多切

斯特勋爵, 126, 130, 218, 220,
    247, 478;
    and Beckwith 与贝克维斯, 124, 219;
    speech to Indians 对印第安人的演
        讲, 392, 395, 405
Douglas, Ann 安·道格拉斯, 167–
    168
Drucker, Peter 彼得·德鲁克, 261
Duane, James 詹姆斯·杜安, 99,
    101
Duane, William 威廉·杜安, 704–705
Ducher, Gaspard Joseph Armand
    G.J.A. 杜歇, 370–371
Duer, William 威廉·杜尔, 99, 129,
    262, 263;
    sketch of 概述, 272–276;
    ruin of 毁灭, 278
Dumouriez, Charles François 迪穆里
    埃, 321, 327, 331
Dundas, Henry 亨利·邓达斯, 406,
    651, 656
Dunlap, William 威廉·邓拉普, 190–
    191
DuPont de Nemours, Victor Marie 杜
    邦·德·内穆尔: report on French
    attacks on U.S. shipping 关于法国
    袭击美国船只的报告, 648–649,
    666–668

Eden, William 威廉·伊登: free trade treaty with France 与法国的自由贸易条约, 71-72, 211;

and Nootka Sound affair 与努特卡湾事件, 214

Edwards, Jonathan 乔纳森·爱德华兹, 452, 744

Elections 选举: of 1788 1788年的选举, 33;

of 1792 1792年的选举, 282, 288-292;

of 1796 1796年的选举, 513页及其后各页;

of 1800 1800年的选举, 741页及其后各页

Ellicott, Andrew 安德鲁·埃利科特, 173, 176

Ellis, Joseph J. 约瑟夫·J.埃利斯, 163

Ellsworth, Oliver 奥利弗·埃尔斯沃思:

Adams and 亚当斯与, 620, 637;

character sketch 人物描述, 671-673;

France, appointed as member of mission to 被提名担任出使法国的使团成员, 619;

and Jay mission 与杰伊使团, 389-390, 393, 395, 396;

and Judiciary Act (1789) 与《司法法案》(1789年), 63-64;

reservations as to French mission 推迟向法国派遣使团, 637, 673

and Wolcott 与沃尔科特, 627

Emerson, Ralph Waldo 拉尔夫·沃尔多·爱默生, 164, 166

Enlightenment, 18th-century 18世纪的启蒙运动, 19, 84, 86, 105, 108, 111, 305

Fallen Timbers, battle of 伐木之战, 438, 483, 594

Farewell Address (Washington) 告别演说 (华盛顿): interpretations of 解读, 492-497;

Monroe and 门罗与, 513;

mentioned 被提到, 427

Fauchet, Jean Antoine Joseph 约瑟夫·福谢: Foreign Office pays little attention to 外交部很少关注, 648;

Genet's successor 热内的继任者, 369, 372;

on Jay Treaty 谈《杰伊条约》, 647;

on peace with U.S. 谈与美国的和平, 564;

and Randolph affair 与伦道夫事件, 425页及其后各页, 479

Fauquier, Gov. Francis 弗朗西斯·福基尔总督, 203

Federalism 联邦主义: as social and political philosophy 作为社会和政治

哲学，21-25；

disintegration of 瓦解，726页及其后各页

The Federalist《联邦党人文集》，22-23，102页及其后各页；

No.9 第9篇文章，103；

No.10 第10篇文章，22，84，86-88，103，106，107；

No.44 第44篇文章，105，232；

No.57 第57篇文章，22；

No.77 第77篇文章，106

Fennell, Dorothy 多萝西·芬内尔，470，853 n.113

Fenner, Gov. Arthur 芬纳州长，735

Fenno, John, and Gazette of the U.S. 约翰·芬诺与《美国公报》，240，282，284，449，518

Fenno, John Ward 约翰·沃德·芬诺：on Fries Rebellion 谈弗里斯叛乱，698

Ferguson, E. James E. 詹姆斯·弗格森，139

"Financial Revolution" of 1690s (England) 17世纪90年代的"金融革命"（英国），14-15，116

Findley, William 威廉·芬德利：and Democratic Societies 与民主协会，485；

and election of 1796 与1796年的选举，520；

and Whiskey Rebellion 与威士忌暴乱，462-469，474，483；

mentioned 被提到，283

Fishbourn, Benjamin 本杰明·菲什伯恩，54

FitzSimons, Thomas 托马斯·菲茨西蒙斯：and Pa. Politics 与宾夕法尼亚州的政治，522；

and "self-created societies" 与"自创协会"，485，486；

on Tariff of 1789 谈1789年的关税法案，66

Flahaut, Adélaïde Marie Emilie, comtesse de 弗拉霍特伯爵夫人阿德莱德·玛丽·艾米丽，318，321

Fletcher, Mildred 米尔德里德·弗莱彻，372

Fleurieu, Charles-Piefre Claret de 夏尔-皮埃尔·克拉雷·德·弗勒里厄，682

Florence, noted citizens of 佛罗伦萨著名的公民，183-184

Fontanes, Louis 路易·丰塔纳，681-682，764 n.30

Forrest, Uriah 尤赖亚·福里斯特，638

Fox, Charles James 查尔斯·詹姆斯·福克斯，130，221，404

France 法国：and America, mutual

attitudes 与美国相互的态度，303页及其后各页；

attacks on American shipping 袭击美国船只，537–538；

and Eden Treaty with England 与英国签订的《伊登条约》，71–72，211；

Revolutionary debt, U.S., to 美国革命时期欠法国的债务，334，342，345–348；

trade with U.S., state of 与美国的贸易，70–72

See also Treaty of Amity and Commerce 另见《友好商业条约》

Franklin, Benjamin 本杰明·富兰克林：antislavery petitions（1790）反对奴隶制的请愿书（1790年），151；

and commission to negotiate trade treaties 与谈判贸易条约的委员会，69；

death of 辞世，152；

and grandson Bache 与孙子贝奇，458；

vogue of, in France 在法国走红，305

Franklin, Letters of 富兰克林书信。See Letters of Franklin on the Conduct... 参见《富兰克林关于……行为的书信》

"Free ships, free goods" "自由船只，自由货物"，353，410，417，538，552，687，689

Freeman, Douglas S. 道格拉斯·S.弗里曼，37，50

Freneau, Philip 菲利普·弗雷诺：anglophobia 英国恐惧症，239；

National Gazette, founds 创办《国民报》，240，264；

newspaper war（1792）报纸之战（1792年），282页及其后各页；

at Princeton 在普林斯顿，81，474，673；

Washington denounces 华盛顿谴责，361

Fries Rebellion 弗里斯叛乱，620–621，696–700

Gallatin, Albert 艾伯特·加勒廷：on Adams's speech to Congress（Dec. 1798）谈亚当斯在国会的演讲（1798年12月），612；

and Alien and Sedition laws 与《外侨与煽动叛乱法》，591，701；

and election of 1796 与1796年的选举，520；

and Jay Treaty 与《杰伊条约》，444，446–447；

on Revolutionary accounts, settlement of 谈革命时期账目的核算，149；

and Whiskey Rebellion 与威士忌暴

乱，462，467，468，469，474，475，477，483

Garrison, William Lloyd 威廉·劳埃德·加里森, 626

Gates, Gen. Horatio 霍雷肖·盖茨将军, 98, 603, 674, 710, 733, 753

Geddes, Capt. Henry 亨利·格迪斯舰长, 659

Genet, Edmé Jacques 埃德梅·雅克·热内, 330

Genet, Edmond Charles 埃德蒙·查尔斯·热内：

and Canada, plans for 与关于加拿大的计划, 333, 334, 335, 367, 371-372；

and Catherine II 与凯瑟琳二世, 331；

expeditions against Spanish colonies, projected 远征西班牙殖民地的项目, 333, 334, 335, 349, 353, 367；

family background 家庭背景, 330；

instructions of 指令, 332-335；

Jefferson, blamed for misfortunes in America 杰斐逊为热内在美国的不幸遭遇受到责备, 373；

Little Democrat, case of "小民主号"事件, 350-352；

marriage to Cornelia Clinton 与科妮莉亚·克林顿结婚, 372；

and privateers 与武装私掠船, 333, 335, 345页及其后各页；

recall of 召回, 351-352, 359；

remarriage to Martha Osgood 与玛莎·奥斯古德再婚, 372；

Tocqueville and Beaumont, visit of 托克维尔和博蒙特拜访, 373

"Genteel Tradition" "文雅的传统", 164, 165, 168

George III 乔治三世, 322, 329

Gerry, Elbridge 埃尔布里奇·格里, 19；

anti-military views of 反对军队的观念, 557, 594；

Bank of U.S. 合众国银行, 231；

bounties on fish 渔业奖励金, 276；

character sketch 人物描述, 556-558；

decision to remain in France 决定留在法国, 578；

reactions to EG's remaining in France 对格里留在法国的反应, 607-609；

return to U.S. 回到美国, 607页及其后各页；

and Talleyrand, fiction of supplying XYZ names to 向塔列朗随意提供XYZ的名字, 609, 611, 665；

索引 1263

and XYZ mission 与XYZ事件，555-556，569页及其后各页

Giles, William Branch 威廉·B.贾尔斯: on Adams 谈亚当斯，552; bounties on fish 渔业奖励金，276; resolutions on Hamilton and Treasury 关于汉密尔顿和财政部的决议，295页及其后各页

Girard, Stephen 史蒂芬·吉拉德，459，521

Gironde and Girondins 吉伦特派: diplomacy of 外交事务，331页及其后各页; fall of, and execution of leaders 倒台以及领导人被处决，354，366

Glorious Revolution（1688）光荣革命（1688年），15，21

Godoy, Manuel de 曼纽尔·德·戈多伊，440

Goodhue, Benjamin 本杰明·古德休，276

Goodwin, Albert 艾伯特·古德温，712

Gordon, Thomas 托马斯·戈登。See Trenchard, John 参见约翰·特伦查德

Graham, Catharine Macaulay 凯瑟琳·麦考利·格雷厄姆，75，309

Great Britain 英国: trade with U.S. after Revolution 与独立后的美国的贸易，69-71，73

Greene, Gen. Nathanael 纳撒尼尔·格林将军，624，674

Greenleaf, James 詹姆斯·格林里夫，178-179

Greenville, Treaty of《格林维尔条约》，436，439，483

Grenville, William Wyndham, Lord: 威廉·温德姆·格伦维尔勋爵 and Beckwith 与贝克维斯，124; and cabinet crisis（1794）与内阁危机（1794年），404; Dorchester, communications to 与多切斯特转递信息，216-223; Indian buffer state 印第安人居住区作为缓冲区，222，223，250; instructions to Hammond 发给哈蒙德的指令，246，247; Jay, negotiations with 与杰伊的协商，407页及其后各页; and St. Domingue, evacuation of 与撤离圣多明各，656-657

Griswold, A. Whitney A.惠特尼·格里斯沃尔德，197

Griswold, Roger 罗杰·格里斯沃尔德: scuffle with Lyon 与里昂的争执，582，709-710

Grotius, Hugo 格劳秀斯，97

Gunn, James 詹姆斯·冈恩，616

Guyot, Raymond 雷蒙德·盖约特, 667

Hadfield, George 乔治·哈德菲尔德, 178
Hallam, Lewis 刘易斯·哈勒姆, 189-190
Hallet, Stephen 斯蒂芬·哈雷特, 178
Hamilton, Alexander 亚历山大·汉密尔顿：
 Adams, interview with at Trenton (1799) 在特伦顿与亚当斯的会面（1799年），640；
 and Maj. André 与安德烈少校，129；
 and Charles Asgill 与查尔斯·阿斯吉尔，129；
 and assumption of state debts 与联邦承担州债务，118-121, 123；
 Bank bill, defense of 为银行法案辩护，232-233；
 Beckwith, George, talks with 与乔治·贝克维斯会谈，125-128, 130, 212, 221-223, 228, 400；
 on Burr and election of 1800 谈伯尔与1800年的选举，747, 748-749；
 character portrait 人物描述，93页及其后各页；
 at Constitutional Convention 在制宪会议上，102, 103-105；
 on Convention of 1800 谈1800年公约，687；
 on declaration of war (1798) 谈宣战（1798年），584, 596；
 "The Defence" (of Jay Treaty, as "Camillus") "辩护"（以"卡米卢斯"为笔名为《杰伊条约》辩护的系列文章），433-436, 442；
 early life 早年生活，94页及其后各页；
 The Farmer Refuted《农夫一驳就倒》，97, 109, 232；
 The Federalist, co-author of《联邦党人文集》的合著者，22-23, 83, 103, 104；
 Freneau, attack on 攻击弗雷诺，284；
 and Fries Rebellion 与弗里斯叛乱，697；
 and Giles Resolutions 与贾尔斯决议，295页及其后各页；
 hatred of, by Adams 被亚当斯憎恨，593, 865 n.40；
 and Hume 与休谟，107页及其后各页；
 and Jay, instructions to 与给杰伊的指令，396页及其后各页；
 Jefferson, attack on (1792) 抨击杰斐逊（1792年），285-288；

and Jefferson on election of 1800 与杰斐逊在1800年的选举，749；

and Jefferson, enmity of 与杰斐逊的尖锐对立，4，77，211，236，287-288，290-292，315-316；

Letter on John Adams 关于约翰·亚当斯的信件，737-739；

and Madison, allies in Continental Congress 与麦迪逊是大陆会议时期的盟友，82，100-102；

Madison, collaboration with, in constitutional movement and *Federalist* papers 与麦迪逊在制定宪法和撰写《联邦党人文集》时的合作，102页及其后各页；

and Madison, estrangement of 与麦迪逊的敌意，77，79，88，92-93，137；

Madison, favored by AH as envoy to France 汉密尔顿赞成任命麦迪逊为法国特使，544-545；

military career 军事生涯，97-100；

military role, resumption of 重新开始的军事角色，600页及其后各页；

Mint, Report on 《关于铸币的报告》，235-236；

on neutrality, issue of 谈中立问题，337-338；

nominated as Secretary of Treasury 被提名为财政部长，52；

"Pacificus" letters "帕西菲斯"的文章，360-362，435；

Pickering, AH deplores belligerence of, toward France 汉密尔顿强烈反对皮克林对法国的好战行为，544；

Pinckney, C.C., plot to elect (1800) 选举查尔斯·科茨沃思·平克尼的阴谋（1800年），734页及其后各页；

Pinckney, Thomas, plot to elect (1796) 选举托马斯·平克尼的阴谋（1796年），524页及其后各页，540，865 n.40；

public credit, theory of 公共信用的理论，115页及其后各页；

Report on Manufactures《关于制造业的报告》，123，258-262；

and residence-assumption bargain (1790) 与定都—联邦接管州债的交易（1790年），156-161；

retirement from Treasury 从财政部退休，420，835 n.127；

on Revolutionary accounts, settlement of 谈革命时期账目的核算，119-121，123；

Rutgers v. *Waddington* case (1784) 罗格斯诉沃丁顿案（1784年），

129；

Secretary of Treasury, takes office 就任财政部长，114-115；

Seabury, pamphlet debate with 与塞缪尔·西伯里的宣传册较量，96-97；

slavery, views on 对奴隶制的观点，99；

and Society for Establishment of Useful Manufactures（SUM）与建立有用制造业协会，262-263，271，274，279-280；

and tonnage discrimination, Madison's plan for 与麦迪逊的吨位税歧视计划，113，125；

and Whiskey Rebellion 与威士忌暴乱，462，464-465，467，469，470，480-481

Hammond, George 乔治·哈蒙德：

Hamilton, conversations with 与汉密尔顿的对话，250-252，255，405；

and Jay Treaty, ratification of 与批准《杰伊条约》，423，426；

Jefferson, correspondence with, published 公布与杰斐逊之间的通信，377-378，386-387；

on Louis XIV s execution, American reactions to 谈美国对处决路易十六的反应，356；

mission to U.S., failure of 出使美国失败，245页及其后各页，257；

reports on U.S. reaction to British spoliations 关于美国对英国劫掠行为的反应的报告，402-403，405；

sketch of 概述，244-246

Handlin, Oscar and Mary 奥斯卡·汉德林和玛丽·汉德林，453

Harmar, Gen. Josiah 约西亚·哈马尔准将，250，438

Harper, Robert Goodloe 罗伯特·古德洛·哈珀：and election of 1796 与1796年的选举，524，525；

and election of 1800 与1800年的选举，735，738；

and military measures 与军事措施，598-599，715；

mentioned 被提到，310

Harrington, James 詹姆斯·哈林顿，6，9

Hauterive, Alexandre Maurice, comte d' 亚历山大·奥特里夫，566

Hauteval, Lucien （"Z" of "XYZ"）吕西恩·奥特勒瓦（"XYZ"中的"Z"），573，665

Hawkesbury, Robert Jenkinson, earl of 霍克斯伯里勋爵，216，222，246，247，413，414；

索引　1267

Report on Commerce with U.S.A.《关于国王陛下同……美利坚合众国之间的商业与航行……报告》，379–382，400

Hédouville, Gen. Gabriel-Théodore 加布里埃尔-泰奥多尔·埃杜维尔将军，646，657

Henfield, Gideon 吉迪恩·亨菲尔德，345，349

Henry, Patrick 帕特里克·亨利，204，524，559；

and assumption 与债务接管，265；

in First Continental Congress 在第一届大陆会议上，39–40；

mission to France, appointed to 被任命为出使法国使团成员，619；

mission to France, declines appointment 谢绝被任命为出使法国使团成员，620，675；

Paine, PH denounces 帕特里克·亨利谴责潘恩，329

Higginson, Stephen 斯蒂芬·希金森，121–122，636，638，639

Hirschman, Albert O. 赫希曼，281，802 n.11

Hoban, James 詹姆斯·霍本，177

Hofstadter, Richard 理查德·霍夫施塔特，191，205，263，264，412，523，701

Hottinguer, Conrad ("X" of "XYZ") 让·康拉德·奥廷格（"XYZ"中的"X"），571–573

Howe, John R., Jr. 约翰·豪，4

Howe, Richard, Adm. Lord 上将豪勋爵：victory over French fleet (1794) 击败法国舰队（1794年），403

Hugues, Victor 维克托·于格，645，651，652

Hume, David 大卫·休谟：on commerce as civilizing influence 论商业对文明的影响，110，201；

as economic thinker 作为经济思想家，107页及其后各页；

on funded debts 谈债务融资，112；

Hamilton, influence on 对汉密尔顿的影响，97页及其他各处；

and Hamilton, Report on Manufactures 与汉密尔顿的《关于制造业的报告》，258–261；

Madison, influence on 对麦迪逊的影响，86–87，105，106；

Witherspoon on 威瑟斯彭谈，85；

on party and faction 谈党派和派系，264，268，752

Humphreys, Joshua 约书亚·汉弗莱斯，644

Hutcheson, Francis 弗朗西斯·哈奇森，85

Hutchinson, Lt.-Gov. Thomas 副总督托马斯·哈钦森, 465, 532

Ideology 意识形态: importance of, in new nations 在新国家的重要性, 78-79;

nature of 特征, 13-14

Indians 印第安人, 220, 247, 401;

buffer state, idea of 缓冲区的计划, 222, 223, 255;

and fur trade 与毛皮贸易, 126;

Ohio valley, resistance to settlement of 抵制在俄亥俄河谷定居, 217;

policy of federal government toward 联邦政府对……的政策, 437-438;

Southern, treaty with 与南部……的条约, 55页及其后各页

See also Dorchester, Lord; Harmar, Josiah; Pickering, Timothy; St. Clair, Arthur; Wayne, Anthony 另见多切斯特勋爵；约西亚·哈马尔；蒂莫西·皮克林；阿瑟·圣克莱尔；安东尼·韦恩

Ingersoll, Jared 贾里德·英格索尔, 478

Innes, James 詹姆斯·英尼斯, 237

Iredell, James 詹姆斯·艾尔德尔, 674, 699

Irvine, William 威廉·欧文, 520

Irving, Washington 华盛顿·欧文, 191

Israel, Israel 伊斯雷尔·伊斯雷尔, 521

Izard, Ralph 拉尔夫·伊扎德, 336, 524, 525, 526

Jackson, James 詹姆斯·杰克逊, 141, 143, 155, 229

Jacobins (France) 雅各宾派（法国）: disposition of Genet case 处理热内事件, 366页及其后各页;

overthrow of Gironde ministry 推翻吉伦特派, 354

James, Henry 亨利·詹姆斯, 166, 307-308

Jay, John 约翰·杰伊: Chief Justice 首席大法官; 54;

and Cooper, James Fenimore 与詹姆斯·费尼莫尔·库柏; 191;

The Federalist, co-author of《联邦党人文集》的合著者, 22;

and French Revolution 与法国大革命, 310;

and gubernatorial election (N.Y., 1792) 与州长选举（纽约，1792年）, 288;

Hamilton, JJ's plan to appoint to

Senate 约翰·杰伊打算任命汉密尔顿任职参议院, 599-600;

instructions to, as special envoy 担任特使收到的指令, 396页及其后各页;

Grenville, first meeting with 与格伦维尔的第一次会面, 406;

Grenville, negotiations with 与格伦维尔谈判, 407页及其后各页;

Monroe's welcome in Paris, reaction to 对门罗在巴黎受欢迎的反应, 409-410;

and N.Y. constitution, drafting of 与纽约州宪法的起草, 273, 318;

and N.Y. election of 1800 与1800年纽约州选举, 734;

nomination of, as special envoy 被任命为特使, 394-395;

reception of, in England 在英国受到的接待, 406-407, 416;

mentioned 被提到, 355

Jay Treaty《杰伊条约》: appropriations for, movement to deny 拒绝为条约生效拨款的运动, 441页及其后各页;

as limit on negotiations with France (1800) 对与法国谈判的限制 (1800年), 684, 685;

as pretext for French attacks on U.S.shipping 作为法国袭击美国船舰的借口, 546, 647-648;

public opinion, reversal of, on 舆论的逆转, 431页及其后各页;

reception of, in U.S. 美国的接受情况, 415-422;

Senate, approval by 参议院的批准, 418-419

Jefferson, Martha 玛莎·杰斐逊, 196, 204-205

Jefferson, Peter 彼得·杰斐逊, 202-203

Jefferson, Thomas 托马斯·杰斐逊:

Adams, overtures to (1796-1797) 对亚当斯的友好行为 (1796—1797年), 540-541, 546;

anglophobia 英国恐惧症, 209, 315, 338, 554;

on Bill of Rights 谈《权利法案》, 62;

"botanizing tour" with Madison (1791) 与麦迪逊的"植物学之旅", 240-242;

and Burr, breaking of tie with 打破和伯尔的平局, 750;

character portrait 人物描述, 195页及其后各页;

and cities 与城市, 195-196;

and coinage 与铸币, 234-236;

commercial coercion, policy of 商业

抵制政策，209-210，211，224；

commercial concessions from France 法国的贸易优惠，70，72，210；

and commission for negotiating trade treaties in 1780s 与18世纪80年代的商业条约谈判委员会，69，70，210，532；

on Convention of 1800 谈1800年公约，662，688，690；

First Inaugural 第一次就职演说，690，750，752-753；

fisheries, report on 关于渔业的报告，224-225，276；

Francophilia 亲法情绪，210-211；

French Revolution, as seen by 所了解的法国大革命，314-317；

Freneau, overtures to 向弗雷诺提议，239-240，286，722；

Genet, politics of disengaging from 热内抵达之前的政治活动，357页及其后各页；

Genet, relations with 与热内的关系，343页及其后各页；

and Hamilton, enmity of 对汉密尔顿的敌意，4，77，211，236，287-288，290-292，315-316；

Hammond, George, treatment of 给乔治·哈蒙德的待遇，248页及其后各页；

on Indians 谈印第安人，272，803 n.34；

Jay Treaty, opposition to 反对《杰伊条约》，442；

Létombe, talks with 与勒通布的谈话，555，566-567；

and liberal tradition 与自由主义传统，207；

on neutrality, issue of 谈中立问题，337，338；

nominated as Secretary of State 被任命为国务卿，52；

Notes on Virginia《弗吉尼亚笔记》，199，269；

and Paine's *Rights of Man* 与潘恩的《人的权利》，237-238；

presidential candidacy (1796) 总统候选人（1796年），515，519，522-523；

reluctance to become President (1796-1797) 不希望当选总统（1796—1797年），540，546；

Report on Commerce (1793)《关于美国在国外的商业特权和所受商业限制的报告》（1793年），378，380；

Republican opposition, assumes charge of (1797) 掌控反对派共和党（1797年），553-555

and residence-assumption bargain（1790）与定都—联邦接管州债的交易（1790年），156-161；

resignation as Secretary of State 辞去国务卿的职务，211；

and "revolution of 1800" 与 "1800年革命"，691，693；

Richmond, removal of state capital to 将州府迁至里士满，169，207；

and St. Domingue 与圣多明各，661-662；

on speculation in Bank stock 谈投机买卖银行股票，242-244；

Statute of Religious Liberty《宗教自由法》，197；

Virginia Code, revision of, 修订《弗吉尼亚法典》，197，210；

Virginia and Kentucky Resolutions 弗吉尼亚州决议和肯塔基州决议，719页及其后各页；

on war crisis with France 谈与法国的战争危机，566-567，583，584，587，588；

war governor of Virgina 战时弗吉尼亚州的州长，205-206

Jervis, Sir John 约翰·杰维斯爵士，651

Jogues, Fr. Isaac 艾萨克·乔格神父，187

Johnson, Thomas 托马斯·约翰逊，177

Johnson, William Samuel 威廉·塞缪尔·约翰逊，125，672

Jones, Howard Mumford 霍华德·芒福德·琼斯，50

Jones, Joseph 约瑟夫·琼斯，443

Judiciary Act（1789）《司法法案》（1789年），62-64

Kent, James 詹姆斯·肯特，432

Kimball, Fiske 菲斯克·金博尔，171

King, Rufus 鲁弗斯·金：and Genet affair 与热内事件，355，372；

on Gerry in Paris 谈格里在巴黎，608；

and Jay mission 与杰伊使团，389，392-394，395，396；

and Jay Treaty, ratification of 与批准《杰伊条约》，419，432，435；

minister to Great Britain 驻英公使，551；

and residence debate（1790）与定都争论（1790年），158，159；

and St. Domingue, negotiations on 关于圣多明各的协商，656-657

Knox, Henry 亨利·诺克斯：criticism of 对……批评，272；

and French invasion, fears of 担忧法

国人侵，645-646；

and frigates, construction of 与建造护卫舰，644；

and ranking in New Army 与新军队的军衔，602-604；

report on Indian affairs（1789）关于印第安人事务的报告（1789年），437；

Secretary of War under Confederation 邦联时期的战争部长，51；

Secretary of War, renominated as (1789) 被重新提名为战争部长（1789年），52；

and treaty with Southern Indians 与南部印第安部落谈判的条约，55-57

Kohn, Richard 理查德·科恩，630

Lafayette, Marie Joseph du Motier, marquis de 拉法耶特，72，100，210，303，307，309，310，629，631

Lansing, John, Jr. 兰辛，102，105

Larevellière-Lépeaux, Louis Marie de 拉勒韦利埃·莱波，569，670

La Rochefoucauld-Liancourt, François Alexandre Frédéric, due de 拉罗什富科-利昂库尔，187，210，310

Latrobe, Benjamin 拉特罗布，201

Laurance, John 约翰·劳伦斯，73-74，142，388

Laurens, John 约翰·劳伦斯，99，100，323

Lebrun-Tondu, Pierre-Henri 勒布朗，331，366，370

Lee, Charles 查尔斯·李：appointed Attorney-General 被任命为总检察长，633；

on declaration of war（1798）谈宣战（1798年），583，584-585；

Monroe, urges recall of 主张召回门罗，503，633；

sketch of 概述，632-634

Lee, Henry 亨利·李，135，141，271，632

Lee, Richard Bland 理查德·布兰德·李，160，385，632

Lee, Richard Henry 理查德·亨利·李，39，47，632，633

Leeds, Francis Osborne, duke of 利兹公爵，215，216，217，219，221

Leib, Michael 迈克尔·莱布，442，520，521

L'Enfant, Pierre Charles 皮埃尔·查尔斯·朗方：and Federal City 与联邦城，170-172，173，175-177，180-181；

and Federal Hall (N.Y.) 与联邦大厅（纽约），188；

and Society for Useful Manufactures

与建立有用制造业协会，279

Lenox, David 戴维·伦诺克斯，463，471

Létombe, Philippe Joseph 约瑟夫·菲利普·勒通布，565，575，582；
Jefferson, talks with 与杰斐逊会谈，555，566-567

Letters of Franklin on the Conduct...《富兰克林关于……行为的书信》416-417，418，833 n.112

Lewis, William 威廉·刘易斯: and Fries trial 与对弗里斯的审判，699

Liberty and power, antithesis of 自由与权力之间的对峙，6，7，28-29，

Lincoln, Benjamin 本杰明·林肯，438，603

Link, Eugene P. 尤金·P.林克，457

Listen, Robert 罗伯特·利斯顿，245，618，654，658

Livermore, Samuel 塞缪尔·利弗莫尔，141-142

Livingston, Brockholst 布罗克霍尔斯特·利文斯顿，262，432，733

Livingston, Edward 爱德华·利文斯顿，443，444

Livington, Robert R. 罗伯特·R.利文斯顿，46，241-242；
on Jay Treaty 谈《杰伊条约》，418，432-433，435，437，443

Livingston, William 威廉·利文斯顿，95

Lloyd, James 詹姆斯·劳埃德，592，715

Locke, John 约翰·洛克，6，81，84，97，557，760 n.31

Logan, George 乔治·洛根，503，614

Lopez, Robert S. 罗伯特·S.洛佩兹，182

Louis XIV 路易十四，14，174

Louis XVI 路易十六，215，307，311，319，320，331，332；
reaction in U.S. to execution of 美国对处决……的反应，356-357

Louis XVIII 路易十八，637，680

Loyalists 保王党人，126，173，217，247，251，252，253，401

Lycurgus 来库古，752

Lyon, Matthew 马修·里昂: character sketch 人物描述，706-711；
and Democratic Societies 与民主协会，709；
Griswold, scuffle with 与格里斯沃尔德的冲突，582，709-710；
"martyrdom" of "殉道者"，710-711

Machiavelli, Niccolò 尼科洛·马基雅

维利，8，9，183

Maclay, William 威廉·麦克莱，19；

debt, plan for scaling down 缩减债务计划，142；

and election of 1796 与1796年的选举，520；

and funding, debates on 与关于融资的辩论，144；

and removal power, debates on 与关于罢免权的辩论，51；

and residence debate 与定都争论，158；

on speculation in state debts 谈州债投机，138；

and titles, issue of 与头衔问题，46-48；

on tonnage discrimination proposals (Madison) 谈关于吨位税的歧视性政策（麦迪逊），73；

and treaty with Southern Indians 与南部印第安部落的条约，55-58

Macomb, Alexander 亚历山大·马科姆，262，276，278

Madelin, Louis 路易·马德兰，511

Madison, James 詹姆斯·麦迪逊：

anglophobia 英国恐惧症，83，269；

and antislavery petitions (1790) 与废除奴隶贸易的请愿书（1790年），143，151-152；

Bank, opposes 反对银行，229-232；

and Bill of Rights 与《权利法案》，60-62，135；

"botanizing tour" with Jefferson (1791) 与杰斐逊的"植物学之旅"（1791年），240-242；

on bounties 谈奖励金，276-277；

on broad construction, *Federalist* 在《联邦党人文集》中谈广义解释，44，105-106，231；

and capital, location of 与首都的位置，133-134，156-161；

character profile 人物简介，79页及其后各页；

and commercial coercion 与贸易胁迫，130-131，224，376，381页及其后各页；

and compensation to original holders of public debt 与对公共债务原始持有人的补偿，143-145；

at Constitutional Convention 在制宪会议上，80，83；

in Continental Congress 在大陆会议上，82，89；

and debt, idea of 债务的观念，90；

essays in *National Gazette* 刊载在《国民报》上的文章，266页及其后各页；

The Federalist, co-author of《联邦

党人文集》的合著者，22，23，83；

Federalist No.10《联邦党人文集》的第 10 篇文章，84，86-88，106，107，702；

Federalist opposition to JM as envoy to France 联邦党人反对麦迪逊出任法国特使，542-545；

France, JM's determination not to accept appointment as envoy to 麦迪逊决定不接受出任法国特使的任命，542-545；

and Hamilton, allies in Continental Congress 在大陆会议上与汉密尔顿是盟友，82，100-102；

and Hamilton, collaboration in constitutional movement and *Federalist* 在制定宪法和撰写《联邦党人文集》时与汉密尔顿合作，102 页及其后各页；

and Hamilton, estrangement of 与汉密尔顿的争端，77，79，88，92-93，137；

"Helvidius" letters "赫尔维迪乌斯"的信件，362，435；

and Jay Treaty 与《杰伊条约》，417-418，443 页及其后各页；

Jefferson, cautions on overtures to Adams 关心杰斐逊对亚当斯的示好，541，547-548；

and Jefferson's presidential candidacy (1796) 与杰斐逊的总统候选人资格（1796 年），515；

on luxuries 谈奢靡，20；

money, treatise on (1779) 关于货币的论文（1779 年），89-90；

Morris mission, opposition to 反对莫里斯的特别使团，127-128，135；

motives for opposing funding plan 反对债务融资计划的动机，137-141，145，146；

Neutrality Proclamation, opposition to 反对《中立声明》，358；

on parties 谈党派，266-269；

at Princeton 在普林斯顿，81-82，83-84，239，673；

on religious liberty 谈宗教自由，82，84；

and removal power 与削弱权力，51-52；

and residence-assumption bargain (1790) 与定都—联邦接管州债的交易（1790 年），156-161；

retirement from Congress 从国会退休，549；

and "self-created societies," debate on 与关于"自创协会"的争论，

485-488；

on speculation in Bank stock 谈投机买卖银行股票，242-244；

on state legislatures, irresponsibility of in 1780s 谈18世纪80年代无责任感的州立法机构，11，702；

strict construction, adopts doctrine of 采用严格解释原则，224，229-232，276-277；

and Tariff of 1789 与1789年的关税法案，65-67；

and tonnage discrimination against British shipping 与对英国航运业的吨位歧视性征税，65，67-68，69，73-74，88-89，123，153-155；

and Treasury Department, establishment of 与财政部的成立，52；

and Virginia and Kentucky Resolutions 与弗吉尼亚州决议和肯塔基州决议，719页及其后各页

Madison, Col. James, Sr. 老詹姆斯·麦迪逊上校，81，82

Maitland, Thomas 托马斯·梅特兰，655-656，657，658

Malone, Dumas 杜马斯·马龙，202，295

Malthus, Thomas 托马斯·马尔萨斯，19

Mangourit, Michel-Ange de 米歇尔-安格·德·曼古里特，335，510

Manigault, Gabriel 加布里埃尔·马尼戈，527

Manufactures, Report on《关于制造业的报告》，258-262，271

Marat, Jean-Paul 让-保尔·马拉，328

Marshall, James 詹姆斯·马歇尔：and Whiskey Rebellion 与威士忌暴乱，462，463，485

Marshall, John 约翰·马歇尔：character sketch 人物描述，558-559；

Chief Justice, appointed 被提名为首席大法官，732；

Federalist opinions of 联邦党人的观点，728-730；

and French Revolution 与法国大革命，310；

and New Army 与新军队，730-731；

on Pinckney, plot to elect 谈选举平克尼的阴谋，728；

return home（1798）返回故乡（1798年），596；

Secretary of State 国务卿，687，732；

Sedition Act, disapproval of 反对《惩治煽动叛乱法》，728-730；

XYZ dispatches, author of XYZ事件报告的作者，550，570；

XYZ mission, leadership of XYZ 事件的领导者, 570 页及其后各页; mentioned 被提到, 26

Marx, Leo 利奥·马克斯, 200

Mason, George 乔治·梅森, 59, 82, 237, 266

Mason, Stevens T. 史蒂文斯·T.梅森, 420, 443, 633, 711

Maury, Rev. James 詹姆斯·莫里牧师, 202

McClenachan, Blair 布莱尔·麦克莱纳根, 432, 459

McCoy, Drew R. 德鲁·R.麦考伊, 19

McDonald, Forrest 福雷斯特·麦克唐纳, 663

McDougall, Alexander 亚历山大·麦克道尔, 98

McHenry, James 詹姆斯·麦克亨利:
character sketch 人物描述, 628–631;
and commissions in New Army 与新军队中的军职, 603–604;
on declaration of war (1798) 谈宣战 (1798年), 583, 584;
dismissal of 辞职, 735–736;
Madison, opposition to, as envoy to France 反对麦迪逊出任法国特使, 543, 545;

and New Army 与新军队, 718

McKean, Thomas 托马斯·麦基恩, 478, 520

McPherson, William 威廉·麦克弗森, 698

Meares, John 约翰·米尔斯: and Nootka Sound 与努特卡湾事件, 214

Meier, Richard L. 理查德·L.迈耶, 182–183

Mercantilism 重商主义, 20, 23, 261

Mercer, John 约翰·默瑟, 278, 283

Merlin de Douai, Philippe Antoine 梅林·德·杜埃, 499, 568, 569, 667, 670;
and rôle d'équipage 与船员名册, 572, 875 n.131

Michaux, André 安德烈·米肖, 349–350

Mifflin, Thomas 托马斯·米夫林, 351, 458, 519;
and Whiskey Rebellion 与威士忌暴乱, 477–482

Military measures (1798–1799) 军事措施 (1798—1799年), 395, 598–599, 615–616

Military policy 军事政策: under Confederation and in early 1790s 在邦联时期和18世纪90年代早期, 593–595

Miller, John C 约翰·C.米勒, 181

Milton, John 弥尔顿, 6, 486

Mint, Hamilton's Report on 汉密尔顿的《关于铸币的报告》, 235-236

Mirabeau, Honoré Gabriel Raquetti 奥诺莱·加里布埃尔·米拉波, 562

Miranda, Francisco de 弗朗西斯科·米兰达, 43, 215

Minuit, Peter 彼得·米努伊特, 186

Mississippi, free navigation of 密西西比河的自由航行权: and Pinckney Treaty 与平克尼的协议, 439-440, 500;

urgency of 紧迫性, 126, 217, 220, 254-255, 461;

and whiskey, transportation of 与威士忌的运输, 468, 471, 472

"Modernization" "现代化", 454, 455

Monroe, James 詹姆斯·门罗: France, mission to 出使法国, 498页及其后各页;

and Jay negotiations 与杰伊谈判, 415-416, 500-503, 509, 512-513, 647;

and Jefferson, defense of (1792) 与为杰斐逊辩护 (1792年), 285, 295, 806 n.76;

recall of 召回, 503, 504, 551;

reception of, in Paris 在巴黎受到的待遇, 409-410, 429, 499, 506, 512;

and Reynolds affair 与雷诺兹事件, 294-295

Montesquieu, Charles de Secondat, baron de 孟德斯鸠, 6, 81, 84, 87, 97, 557

Montmorin, Armand Marc St. Héreme, comte de 蒙莫兰, 319, 320

Morris, Gouverneur 古弗尼尔·莫里斯: constitution, N.Y. state, drafting of : 起草纽约州宪法, 273, 318;

England, special mission to (1790) 派往英国的特别使团 (1790年), 127-128, 131, 154, 212页及其后各页, 225;

on federal judiciary 谈联邦司法机构, 64, 766 n.58;

France, minister to 驻法公使, 316, 321-322, 369, 512;

and French Revolution 与法国大革命, 317-322

Morris, Robert 罗伯特·莫里斯, 53, 318, 522, 624, 751;

debtors' prison 债务人监狱, 179, 459;

and residence question 与定都问题, 133-134, 156, 158-159;

syndicate for financing Federal City

联邦城资金财团, 178–179;

tobacco monopoly 烟草垄断, 70, 99, 100

Môrtefontaine, fête at, to celebrate Convention of 1800 在莫特方丹举行庆典, 庆祝1800年公约, 683, 689

Moultrie, Gov. William 威廉·莫尔特里州长, 335, 336

Moustier, Eléanor-François-Elie, comte de 德·穆斯蒂埃伯爵, 114, 372

Muhlenberg, Frederick A. 弗雷德里克·A.穆伦伯格, 293, 294, 449

Muhlenberg, Peter 彼得·穆伦伯格, 520

Mumford, Lewis 刘易斯·芒福德, 180

Mundy, John 约翰·蒙迪, 182

Murray, William Vans 威廉·万斯·默里: on Bonaparte 关于波拿巴, 680; character sketch 人物描述, 675–676;

France, nominated as minister to 被提名为驻法公使, 618–619;

on Gerry's remaining in Paris 谈格里留在巴黎, 607;

on Legislative Councils (French), fall of 谈清洗立法委员会（法国）, 671;

and Pichon 与皮雄, 609, 615, 617, 666, 668

Murrin, John M. 约翰·M.默林, 21

Naval defense measures (1798) 海军防卫措施（1798年）, 589–590

Necker, Jacques 雅克·内克尔, 107, 113

Nelson, Adm. Horatio Lord 纳尔逊: Battle of Nile (Aboukir) 尼罗河战役（阿布基尔海战）, 615, 636, 646, 669

Nelson, Thomas 托马斯·纳尔逊, 91, 206

Nelson, William 威廉·纳尔逊, 91

Neufchâteau, Nicolas Louis François de 弗朗索瓦·德·纳沙托, 569

Neville, Gen. John 约翰·内维尔将军: and Whiskey Rebellion 与威士忌暴乱, 463, 467, 468, 470, 471, 474, 485

Neutrality, U.S. policy of 美国的中立政策, 352–354

Neutrality Proclamation (1793) 《中立声明》(1793年), 338–339;

public opinion on 舆论, 356

New Army 新军队: demobilization of 解散, 731;

difficulty in raising and supplying 筹

措资金和供应物资方面的困难，621，718-719；

Federalist intentions for 联邦党人的目的，714-716；

ideological resistance to 意识形态阻力，594，716-717

See also Military measures 另见军事措施

New York City 纽约市：elections of 1800 1800年的选举，732-734；

as imaginary national capital 作为想象中的首都，186页及其后各页

Nicholas, John 约翰·尼古拉斯，394，582，701

Nicholson, John 约翰·尼科尔森，178-179

Northwest posts, British occupation of 英国占领西北边境哨所：as grievance 不满，126，127，154，211，216-222，271，377，383，401，402；

Hammond and 哈蒙德与，247，251，252；

Jay Treaty, issue resolved by 问题由《杰伊条约》解决，408-412，483

Orders in Council, British 英国枢密院令：July 2, 1783（reaffirmation of Navigation Act）1783年7月2日（重申《航海法案》），70

June 8, 1793（"provision order"）1793年6月8日（"粮食令"），353，365，367，377，389；

Nov.6, 1793（blockade of French West Indies）1793年11月6日（封锁法属西印度群岛），389，392，393，398，402-404；

Jan.8, 1794（revocation of Nov. 6 Order）1794年1月8日（撤销11月6日的枢密院令），391，393，402-404；

Aug.6, 1794（permitting appeals）1794年8月6日（允许提出诉讼），408；

Apr.25, 1795（secret, preemption of grain cargoes）1795年4月25日（密令，对粮食货物具有优先购买权），421，423，425，426，835 n.131

Ordinances of 1784 and 1785 1784年和1785年的法令，199

Otis, Harrison Gray 哈里森·格雷·奥蒂斯，587，616；

and Naturalization Act 与《归化法》，694；

on plot to elect Pinckney（1800）谈选举平克尼的阴谋（1800年），734；

"wild Irish" speech "野蛮的爱尔兰人"的言语, 694, 710

Otis, James 詹姆斯·奥蒂斯, 531

Otto, Louis-Guillaume 路易-纪尧姆·奥托, 368, 369, 371, 564, 566

Page, John 约翰·佩奇, 277

Paine, Thomas 托马斯·潘恩: *Age of Reason*《理性时代》, 324, 329;
Bastille, transmits key of, to Washington 华盛顿收到巴士底狱的钥匙, 309, 814 n.68;
and Burke 与伯克, 325–336;
and Franklin 与富兰克林, 323;
and French Revolution 与法国大革命, 322–329;
Louis XVI, plea for reprieve of 请求对路易十六缓刑, 328–329;
memorandum on American affairs 关于美国事务的备忘录, 367–368;
on Pinckney, appointment of, as minister to France 谈任命平克尼为驻法公使, 510;
Rights of Man《人的权利》, 237–238, 324, 325–327, 404

Panic, financial (1792) 金融恐慌 (1792年), 270, 278–279, 283

Parkinson, Benjamin 本杰明·帕金森:
and Whiskey Rebellion 与威士忌暴乱, 467

Parsons, Theophilus 西奥菲勒斯·帕森斯, 740

"Party" and "Faction" "党派"和"派系", 18, 263页及其后各页, 286, 702

Pastoret, Claude-Emmanuel Joseph Pierre 克劳德·帕斯托雷, 563–564, 566

Paterson, William 威廉·帕特森, 262

Peace Treaty of 1783 1783年的和平条约。See Northwest posts; Debts, unpaid; Loyalists; Slaves, carried off 参见西北边境哨所;未偿还的债务;保王党人,被带走的奴隶

Peale, Charles Willson 查尔斯·威尔森·皮尔, 37, 623, 783 n.1

Peck, Jedidiah 杰迪代亚·佩克: sketch of 概述, 705–706

Pelham, Henry 亨利·佩勒姆, 14

Pendleton, Edmund 埃德蒙·彭德尔顿, 39, 91, 204, 243

Pennsylvania politics in 1790s 18世纪90年代宾夕法尼亚州的政治活动, 519–523

Perry, Capt. Raymond 雷蒙德·佩里舰长, 659

Peter the Great 彼得大帝, 97, 174; builds St. Petersburg 建造圣彼得堡,

184-186

Peters, Richard 理查德·彼得斯, 699

Peterson, Merrill 梅里尔·彼得森, 204, 721

Physiocrats 重农学派, 199, 200, 211

Pichon, Louis 路易·皮雄, 685, 689;
　approaches to Murray 接近默里, 609, 615, 666, 667, 668

Pickering, Timothy 蒂莫西·皮克林:
　and Adet 与皮埃尔·阿德, 538;
　character sketch 人物描述, 623-626;
　on declaration of war (1798) 谈宣战 (1798年), 583;
　and French Revolution 与法国大革命, 310, 625;
　and Gerry 与格里, 607-608, 613-614;
　on Hamilton, ranking of, in New Army 谈汉密尔顿在新军队的军衔, 601;
　Indian diplomacy 印第安部落的外交, 438;
　on Indian War 谈与印第安人的战争, 272;
　Madison, opposition to, as envoy to France 反对麦迪逊出任法国特使, 343, 545;
　Postmaster-General 邮政总长, 625;

and Randolph affair 与伦道夫事件, 425, 431;
Secretary of State 国务卿, 625
Secretary of War 战争部长, 625
West Indies, diplomacy of 西印度群岛的外交, 654-655, 657-658, 660-661

Pinckney, Charles 查尔斯·平克尼, 742-743

Pinckney, Charles Cotesworth 查尔斯·科茨沃思·平克尼: character sketch 人物描述, 559-561
　Hamiltonian plot to elect CCP as President 汉密尔顿选举查尔斯·科茨沃思·平克尼为总统的阴谋, 692, 735, 742
　minister to France, appointed as 被任命为驻法公使, 510;
　non-reception of, in Paris 在巴黎没有得到接待, 538, 551;
　"not a sixpence" "连六便士也不会给", 573;
　ranking in New Army 在新军队的军衔, 602-604;
　and South Carolina politics 与南卡罗来纳州的政治活动, 523;
　and XYZ mission 与XYZ事件, 549, 555, 569页及其后各页

Pinckney, Thomas 托马斯·平克尼,

索　引　1283

393，704；

    candidacy for Vice-President（1796）副总统候选人资格（1796年），515，523，527；

    plot to make TP President（1796）选举平克尼成为总统的阴谋（1796年），515，525，528；

    Treaty of San Lorenzo《圣洛伦索条约》，439-440，483

Pitt, William 威廉·皮特，130；

    career of, as example to Hamilton 汉密尔顿将皮特作为职业榜样，227-228；

    and French West Indies, invasion of 与入侵法属西印度群岛，393，403，651，656，657；

    and Jay mission 与杰伊使团，401-402，407，413；

    and Morris mission 与莫里斯使团，219；

    and Nootka Sound affair 与努特卡湾事件，213页及其后各页；

    and Portland Whigs 与波特兰辉格党人，404，406；

    subversion, campaign against 反颠覆运动，404，598，711-713

Plutarch 普鲁塔克，6，94，752

Pocock, J.G.A. J.G.A.波考克，8-9，10，12，13

Pope, Alexander 亚历山大·蒲柏，94，558

Postlethwayt, Malachi 马拉基·波斯尔思韦特，97，107，227

Potomac, navigation of 波托马克河航道，43，44，170，181

Princeton（College of N.J.）普林斯顿（新泽西学院），81，83-86

"Publius," pseud, of Federalist authors《联邦党人文集》的作者署名"普布利乌斯"，22，92；

    as "split personality" "双重人格"，103-106

Pufendorf, Samuel, baron von 普芬多夫，97

Randolph, Beverley 贝弗利·伦道夫，438

Randolph, Edmund 埃德蒙·伦道夫：

    Bank, opinion on 对银行的观点，232；

    disgrace of 不光彩，424-431；

    and Jay mission 与杰伊使团，393，398；

    and Jay Treaty, ratification of 与批准《杰伊条约》，422页及其后各页；

    Jefferson's exasperation with 杰斐逊言辞刻薄，358-359；

    and Monroe mission to France 与门

罗出使法国，498，505-506；

and Whiskey Rebellion 与威士忌暴乱，428-429，479-481，484

Randolph, Jane 简·伦道夫，202

Randolph, Peyton 佩顿·伦道夫，39

Randolph, William 威廉·伦道夫，202

Reeve, Tapping 塔平·里夫，627，744

Reinhard, Charles-Frédéric 夏尔-弗雷德里克·雷纳尔，668-669，680

Reubell, Jean-François 让-弗朗索瓦·勒贝尔，568，569，570，667

"Revolution of 1800" "1800年革命"：Jefferson's view of 杰斐逊的观点，691

Revolutionary accounts, final settlement of 革命时期账目的最终核算，119-121，147-151，160

Reynolds, James 詹姆斯·雷诺兹，293-294

Reynolds, Maria 玛丽亚·雷诺兹，293-294

Rigaud, André 安德烈·里戈，655，658-659

Ritcheson, Charles R. 查尔斯·R.里奇森，402，795 n.27

Roberdeau, Isaac 艾萨克·罗伯多，176，788 n.37

Robespierre, Maximilien 马克西米连·罗伯斯庇尔，332，354，366，475，506

Robinson affair (1766) 罗宾逊事件（1766年），91

Roederer, Pierre-Louis 皮埃尔-路易·勒德雷尔，682，685

Roland, Jean-Marie 让-玛丽·罗兰，327，331

Rôle d'équipage 船员名册，552，563，564，648

Roman republic 罗马共和国，6；

imagery of, in early America 早期美国对其的形象描述，48，55，193

Ross Election Bill 罗斯选举法案，704，730

Rousseau, Jean-Jacques 让-雅克·卢梭，6，200，304

Royster, Charles 查尔斯·罗伊斯特，632

"Rule of 1756" "1756年规则"，397，398，399，400

Rush, Benjamin 本杰明·拉什，443，444，459，521，540，629，823 n.182

Rutledge, Edward 爱德华·拉特利奇，244；

and election of 1796 与1796年的选举，525页及其后各页

Rutledge, John 约翰·拉特利奇，526，527

Rutledge, John, Jr. 小约翰·拉特利奇, 526

St. Clair, Gen. Arthur 阿瑟·圣克莱尔将军, 47, 250, 255, 270–272, 471

St. Domingue 圣多明各：
　British invasion 英国入侵, 403, 651–652, 655–656；
　Jefferson and 杰斐逊与, 661–662；
　relief of 救济, 334, 368；
　revolution and civil war 革命与内战, 650页及其后各页；
　society of 社会, 649–650
　See also West Indies, French 另见法属西印度群岛

Sandoz-Rollin, David Alfons von 桑多兹-罗林, 568

San Martín, José de 何塞·德·圣马丁, 43

Santayana, George 乔治·桑塔亚纳, 164–165, 167

Santo Domingo 圣多明各。See St. Domingue 参见圣多明各

Saratoga, battle of（1777）萨拉托加战役（1777年）, 98

Schlesinger, Daniel 丹尼尔·施莱辛格, 192

Schuyler, Philip 菲利普·斯凯勒, 100, 125, 242, 273

Schwoerer, Lois 洛伊斯·施沃雷尔, 594

Scioto Company 西奥托公司, 275

Scott, Thomas 托马斯·斯科特, 142, 485

"Scottish Renaissance" "苏格兰启蒙", 84–85, 86, 107–108。
　See also Enlightenment 另见启蒙运动

Seabury, Samuel 塞缪尔·西伯里：
　pamphlet debate with Hamilton 和汉密尔顿的宣传册较量, 96–97

Sedgwick, Theodore 西奥多·塞奇威克: on Adams 谈亚当斯, 736；
　on assumption 谈联邦接管州债, 152；
　on Bank 谈银行, 230；
　and Burr, effort to elect 与竭力选举伯尔, 748；
　and Jay Treaty 与《杰伊条约》, 447；
　and military preparations 与组建后备部队, 595, 616, 715；
　and speakership election（1799）与议长选举（1799年）, 728；
　on tonnage discrimination 谈吨位歧视性征税, 154；
　mentioned 被提到, 751

Sedition Act《惩治煽动叛乱法》：
　prosecutions under 根据……的诉讼, 703–706, 710–711

Sewall, Samuel 塞缪尔·休厄尔, 597

Shays's Rebellion 谢斯起义, 25, 43

Sheffield, John Baker Holroyd, earl of 谢菲尔德伯爵:
Observations on the Commerce of the United States《论美利坚合众国之商业》, 69-70, 130, 378-379

Shelburne, William Petty Fitzmaurice, earl of 谢尔本伯爵:
liberal trade policy of 自由贸易政策, 69, 125, 130, 378, 402

Shelby, Isaac 艾萨克·谢尔比, 349, 353

Sherman, Roger 罗杰·谢尔曼, 152, 532, 672

Shipbuilding boom 造船业的繁荣, 382, 413, 826 n.9

Short, William 威廉·肖特, 316-317, 321, 440

Sieyès, Emmanuel Joseph 埃马纽埃尔·约瑟夫·西哀士, 670, 677-678

Simcoe, John Graves 约翰·格雷夫斯·西姆科, 392, 395, 405

Sinking fund 偿债基金, 123, 279, 296, 301

Skelton, Martha Wayles (Jefferson) 玛莎·威利斯·斯凯尔顿 (杰斐逊), 203

Skipwith, Fulwar 富尔瓦·斯基普威思, 391, 392, 393

Slavery 奴隶制度: Hamilton and 汉密尔顿与, 99;
and Ordinance of 1784 与1784年的法令, 199;
petitions on 关于……的请愿书, 142-143, 150-151

Slaves, carried off by British 被英国人带走的奴隶, 216, 250, 251, 401, 434-435

Small, William 威廉·斯莫尔, 203

Smelser, Marshall 马歇尔·斯梅尔瑟, 3

Smilie, John 约翰·斯迈利:
and election of 1796 与1796年的选举, 520;
and Whiskey Rebellion 与威士忌暴乱, 462, 469, 474

Smith, Adam 亚当·斯密, 67, 260, 384, 385;
and agriculture 与农业, 200, 258;
Hamilton's use of 汉密尔顿借用, 259, 261;
and Hume 与休谟, 107-108;
mercantilism, indictment of 批判重商主义, 20;
and "Scottish Renaissance" 与"苏格兰启蒙", 85

Smith, Page 佩吉·史密斯, 455

Smith, Samuel 塞缪尔·史密斯, 385, 447, 599, 747-748

Smith, William Loughton 威廉·劳顿·史密斯:

and antislavery petitions 与反奴隶制度的请愿书, 151-152;

and assumption, debate on 与联邦接管州债的争论, 150;

on commercial coercion 谈贸易禁运, 383-384;

and election of 1796 与1796年的选举, 523页及其后各页;

on funding 谈融资, 142;

and Jay Treaty 与《杰伊条约》, 444-445;

and military measures(1798)与军事措施(1798年), 595

Society for Establishing Useful Manufactures 建立有用制造业协会

See Hamilton, Alexander 参见亚历山大·汉密尔顿

Solon 梭伦, 752

Sons of Liberty 自由之子, 96, 456

Sonthonax, Léger-Félicité 莱热-费利西泰·桑托纳, 648, 650, 652

South Carolina 南卡罗来纳州: politics in 1790s 18世纪90年代的政治, 523页及其后各页, 742-743

Sovereignty, problem of 主权问题, 11-13

Speculation 投机: in Bank stock 银行股票, 242-244, 275, 278;

in public debt 公共债务, 137页及其后各页, 275, 278

Sprigg, Richard 理查德·斯普里格: resolutions on war crisis (1798) 关于战争危机的决议 (1798年), 587-588

Staël, Anne Louise Germaine 热尔梅娜·德·斯塔尔, 562, 567

Stamp Act (1765) 《印花税法案》(1765年), 39, 531, 560

Standing armies 常备军: ideological resistance to 意识形态上的抵制, 9, 17, 20, 594

Statue of Liberty 自由女神像, 303, 809 n.9

Stendhal (pseud. of Marie Henri Beyle) 司汤达(原名为马里-亨利·贝尔), 94, 166, 306

Steuben, Frederick William, baron von 弗里德里希·冯·斯特本男爵, 206

Stevens, Edward 爱德华·史蒂文斯, 657-658

Stiles, Ezra 斯拉·斯泰尔斯, 163

Stoddert, Benjamin 本杰明·斯托德特:

Adams, BS urges return to seat of government（1799）催促亚当斯前往特伦顿处理政府事务, 638-639;

on Adams's recollections of meetings at Trenton 谈亚当斯对特伦顿会议的回忆, 640;

innovations of 创新, 660;

and organization of navy 与海军组织, 643页及其后各页;

Secretary of Navy, takes office 就任海军部长, 589;

sketch of 概述 634-635;

strategy of, in West Indies 在西印度群岛的战略方案, 653

Strong, Caleb 凯莱布·斯特朗, 389, 394

Stuart, David 大卫·斯图尔特, 177

Stuart, Gilbert 吉尔伯托·斯图尔特, 190, 623

Sullivan, Gen. John 约翰·沙利文将军, 98

Swanwick, John 约翰·斯旺尼克, 459, 521, 522

Taine, Hippolyte 伊波利特·丹纳, 332

Talleyrand-Périgord, Charles-Maurice de 夏尔-莫里斯·德·塔列朗-佩里戈尔:

and Bonaparte 与波拿巴, 568, 680-681;

and Brumaire 与雾月政变, 670;

character sketch 人物描述, 561-562;

Foreign Minister, appointment as 被任命为外交部长, 562, 567;

and Gerry 与格里, 608-609, 666-667;

impotence of, under Directory 在督政府下的无能为力, 567-568, 667-668;

Jay Treaty, private attitude on 私下对《杰伊条约》的态度, 565;

and Morris, Gouverneur 与古弗尼尔·莫里斯, 318;

overtures to U.S. 对美国的友好表示, 609, 615, 617, 666;

U.S. envoys, treatment of（1797-1798）对待美国特使（1797—1798年）, 571页及其后各页;

visit to America 访问美国, 187

Tarleton, Banastre 塔尔顿, 206, 674

Taylor, John, of Caroline 加罗林县的约翰·泰勒, 91, 719

Tazewell, Henry 亨利·塔兹维尔, 443, 633

Temple, Sir John 约翰·坦普尔爵士,

242

Ternant, Jean-Baptiste 让－巴蒂斯特·泰尔南, 331, 334, 343, 368

Thomson, James 詹姆斯·汤姆森, 18, 200

Thornton, Edward 爱德华·桑顿, 244-245, 248

Thornton, Dr. William 威廉·桑顿博士, 178

Tocqueville, Alexis de 阿历克西·德·托克维尔, 5, 108, 303, 307, 373, 455

Tonnage discrimination against British shipping 对英国航运业的吨位歧视性征税, 65, 67-68, 69, 153-155, 223, 225

Toussaint Louverture, François-Dominique 弗朗索瓦－多米尼克·杜桑·卢维杜尔:

betrayal and death 被出卖和死亡, 661;

initial emergence 最初崛起, 650;

invasion of U.S., rumors of 入侵美国的谣言, 598;

intrigue against 密谋入侵, 646, 655;

St. Domingue, efforts to consolidate control of 努力加强对圣多明各的控制, 651, 654页及其后各页

Tracy, Uriah 尤赖亚·特雷西, 715, 866 n.58

Treaty of Amity and Commerce (U.S. and France, 1778)《友好商业条约》(美国和法国, 1778年), 308, 334, 339-340, 346-353;

terminated 最终版本, 686

Treaty of Paris (U.S. and Gt. Britain, 1783)《巴黎条约》(美国和英国, 1783年)。

See Peace Treaty of 1783 参见1783年的和平条约。

Treaty of San Lorenzo《圣洛伦索条约》。See Pinckney, Thomas 参见托马斯·平克尼

Treilhard, Jean-Baptiste 让－巴蒂斯特·特雷亚尔, 667, 669

Trenchard, John 约翰·特伦查德, 6, 9, 264, 717

Troup, Robert 罗伯特·特劳普, 242, 588, 733

Truman, Margaret 玛格丽特·杜鲁门, 786 n.24

Trumbull, John 约翰·特朗布尔, 163, 190, 240

Truxtun, Thomas 托马斯·特拉克斯顿, 644, 654, 688

Tucker, Thomas Tudor 托马斯·都铎·塔克: and Tariff of 1789 与1789年的关税法案, 66

Turgot, Anne Robert Jacques 安·罗伯

特·雅克·杜尔哥，305，312

Turner, Frederick Jackson 弗雷德里克·杰克逊·特纳: on Louisiana 谈路易斯安那，372

Van Buren, Martin 马丁·范布伦，191

Vattel, Emmerich de 瓦特尔，84，348，585

Venable, Abraham 亚伯拉罕·维纳布尔，294

Vergennes, Charles Gravier, comte de 韦尔热内，70

"Veritas" letters（1793）"维瑞塔斯"的系列文章（1793年），343，344，348，356，360，821 n.157

Virginia 弗吉尼亚: as cradle of revolutionary republicanism 革命时期共和主义的发源地，38

Virginia and Kentucky Resolutions 弗吉尼亚州决议和肯塔基州决议，615，700;

 non-violent character of 不诉诸武力性，723;

 and nullification movement in S.C. 与南卡罗来纳州"联邦法令废止权运动"，720-721;

 as party propaganda 作为党派宣传，721-726

"Virginia principle" "弗吉尼亚原则"，26-27

Virtue 美德，8，11，15，17，22，28，739-740

Voltaire, Jean François Marie Arouet de 伏尔泰，84，304

Voluntary associations in American life 美国社会活动中的自治协会，451-455

Wadsworth, Jeremiah 耶利米·沃兹沃思，152，627

Walpole, Sir Robert 罗伯特·沃波尔爵士，6，14，15，19，52-53，55，264

Washington, Bushrod 布什罗德·华盛顿，55

Washington, George 乔治·华盛顿:

 bill of rights, recommends 提议权利法案，59;

 Bolívar, compared with 与西蒙·玻利瓦尔相比较，42-43

 capital, desire for Potomac location of 希望建都在波托马克河畔，161，169;

 character/personality, problem of 品格/个性问题，37，44;

 Cincinnati, Order of 辛辛那提勋章会，43;

 death of 辞世，681;

 and election of 1792 与1792年的选

举，289 页及其后各页；

eulogy on, in Paris 巴黎的悼词，681；

executive functions in Revolution 革命中的执行能力，41；

expectation that GW would be first president 对华盛顿将担任首任总统的预期，33-34, 35, 45；

farewell to officers (1783) 与军官们告别（1783年），42；

and Federal City (Washington), building of 与联邦城（华盛顿）的建设，169 页及其后各页；

on gentry's style of life 谈上流社会的生活方式，90-91；

inaugural journey 就职之旅，45, 74；

and Jay Treaty, ratification of 与《杰伊条约》的批准，417, 419 页及其后各页；

Jefferson and Hamilton, GW's desire for reconciliation of 华盛顿希望杰斐逊和汉密尔顿和解，290-291；

land hunger 对西部土地的欲望，35-36；

military aspirations 军事抱负，34-35；

as military commander 作为军事指挥官，40-41；

Morris's report from London, reaction to 对莫里斯发自伦敦的报告的反应，220；

and neutrality (1793) 与中立（1793年），336 页及其后各页；

New England, visit to (1789) 访问新英格兰（1789年），74-75；

as "Patriot King" 作为"爱国者君主"，266, 292, 483, 488, 517；

and patronage 与恩庇，52-55；

and petitions on Jay Treaty 与关于《杰伊条约》的请愿书，420, 424, 432；

preparation for presidency 为担任制宪会议主席做准备，44-45；

and Randolph affair 与伦道夫事件，425-431；

and ranking of generals in New Army 与新军队中少将的排序，601-605

recall to military duty (1798) 被召回军队（1798年），601；

reelection of (1792) desired by Jefferson, Hamilton, Madison 被杰斐逊、汉密尔顿、麦迪逊期望连任（1792年），290, 292；

revolutionary movement in Va., support of 支持弗吉尼亚的革命运动，39-40；

Roman symbolism ascribed to 被认为

借鉴了罗马象征主义，48–49；

satisfaction over first year of federal government 对联邦政府第一年工作的满意度，75；

style of entertainment 接待方式，49–50；

theater, love of 热爱戏剧，49，190；

and titles 与头衔，46–48，763–764 n.25；

and treaty-making procedure 与条约制定的程序，55–58；

and Whiskey Rebellion 与威士忌暴乱，462，463，474，475，478页及其后各页

Wayles, John 约翰·威利斯，203

Wayne, Gen. Anthony 安东尼·韦恩将军，272，391，395，432，436，438–439，478，483，594

Webster, Daniel 丹尼尔·韦伯斯特，191

Webster, Noah 诺亚·韦伯斯特，310；

defends Jay Treaty 为《杰伊条约》辩护，432；

on O. Wolcott 谈奥利弗·沃尔科特，627；

and New Army 与新军队，718

West Indies, British 英属西印度群岛：

admission, formal, of U.S. ships 准许美国船只进入，401，413–414；

U.S. trade with 和美国的贸易，73，125，130，131，211，216，247，251，252，379–380，382

West Indies, French 法属西印度群岛：

British invasion of 英国入侵，393，402–403，649，651–652，654页及其后各页；

Quasi-War, as key to 对……关键的准战争，643页及其后各页；

U.S. trade with 与美国的贸易，73，649，650，652，661

See also St. Domingue 另见圣多明各

White, Alexander 亚历山大·怀特：

and assumption debate 与联邦接管州债的辩论，150；

and residence-assumption bargain (1790) 与定都—联邦接管州债的交易（1790年），156

Wilentz, Sean 肖恩·威伦茨，25，757 n.5

William III 威廉三世，14

Williams, John 约翰·威廉姆斯，445，447

Williamson, Hugh 休·威廉姆森，150，276

Willis, Nathaniel 纳撒尼尔·威利斯，167

Wills, Garry 加里·威尔斯，764 n.27，

776 n.75

Wilson, James 詹姆斯·威尔逊, 12, 478, 479, 480

Witherspoon, John 约翰·威瑟斯彭, 81, 84, 85-86, 96, 673

Wolcott, Oliver 奥利弗·沃尔科特, 182, 256, 278, 281;

 character sketch 人物描述, 626-628;

 and commissioning of generals in New Army (1798) 与新军队中将军的任命 (1798年), 604;

 on declaration of war (1798) 谈宣战 (1798年), 583;

 and election of 1800 与1800年的选举, 737;

 on Madison as envoy to France 谈麦迪逊作为特使出使法国, 542-543, 545;

 and New Army 与新军队, 718;

 and Randolph affair 与伦道夫事件, 425;

 Secretary of Treasury, appointment as 被任命为财政部长, 627

Wood, Gordon S., 戈登·S.伍德, 10-12, 536, 702, 761 n.34

Wythe, George 乔治·威思, 203

XYZ mission (Marshall-Pinckney-Gerry, 1797-98) XYZ事件（马歇尔—平克尼—格里，1797—1798年）：

 dispatches, arrival of, in U.S. 文件到达美国, 582;

 dispatches, release of 要求公开文件, 588;

 instructions to envoys 对特使的指示, 562-563;

 sensation caused 事件引起的轰动, 579, 665, 669, 723, 724

Yates, Robert 罗伯特·耶茨, 102, 105

Yellow fever, Phila 费城流行的黄热病, 365, 636

Yorktown, battle of 约克镇战役, 41, 100, 624

Zuckerman, Michael 迈克尔·朱克曼, 452

图书在版编目（CIP）数据

1788—1800年的美利坚共和国 /（美）斯坦利·埃尔金斯,（美）埃里克·迈特里克著；韩华译. -- 太原：山西人民出版社, 2025.8. -- ISBN 978-7-203-13544-9

Ⅰ．K712.41

中国国家版本馆CIP数据核字第2024F9U866号

著作权合同登记号：图字04-2025-010
© 1993 Stanley Elkins and Eric McKitrick

The Age of Federalism: The Early American Republic, 1788–1800 was originally published in English in 1993. This translation is published by arrangement with Oxford University Press.Beijing Han Tang Zhi Dao Book Distribution Co., Ltd. is solely responsible for this translation from the original work and Oxford University Press shall have no liability for any errors, omissions or inaccuracies or ambiguities in such translation or for any losses caused by reliance thereon.

The Age of Federalism: The Early American Republic, 1788–1800最初出版于1993年。本译本经牛津大学出版社授权出版。北京汉唐之道图书发行有限公司对该译本负全部责任，牛津大学出版社对译本中的任何错误、遗漏、不准确或含糊之处，或译本造成的任何损失不承担任何责任。

1788—1800年的美利坚共和国

著　　者：	（美）斯坦利·埃尔金斯,（美）埃里克·迈特里克
译　　者：	韩　华
责任编辑：	贾　娟
复　　审：	李　鑫
终　　审：	梁晋华
装帧设计：	陆红强
出 版 者：	山西出版传媒集团·山西人民出版社
地　　址：	太原市建设南路21号
邮　　编：	030012
发行营销：	0351-4922220　4955996　4956039　4922127（传真）
天猫官网：	https://sxrmcbs.tmall.com　电话：0351-4922159
E－mail：	sxskcb@163.com　发行部 sxskcb@126.com　总编室
网　　址：	www.sxskcb.com
经 销 者：	山西出版传媒集团·山西人民出版社
承 印 厂：	鸿博昊天科技有限公司
开　　本：	635mm×965mm　1/16
印　　张：	82.5
字　　数：	1150千字
版　　次：	2025年8月　第1版
印　　次：	2025年8月　第1次印刷
书　　号：	ISBN 978-7-203-13544-9
定　　价：	348.00元（上下册）

如有印装质量问题请与本社联系调换